champignon [ʃɑ̃piɲɔ̃] nm mushroom; (*terme générique*) fungus (pl i); **~ de couche** ou **de Paris** cultivated mushroom; **~ vénéneux** toadstool, poisonous mushroom.

champion, ne [ʃɑ̃pjɔ̃, -jɔn] a, nm/f champion; **championnat** nm championship.

chance [ʃɑ̃s] nf: **la ~** luck; **une ~** a stroke ou piece of luck ou good fortune; (*occasion*) a lucky break; **~s** nfpl (*probabilités*) chances; **avoir de la ~** to be lucky; **il a des ~s de gagner** he has a chance of winning.

chanceler [ʃɑ̃sle] vi to totter.

chancelier [ʃɑ̃səlje] nm (*allemand*) chancellor; (*d'ambassade*) secretary.

chanceux, euse [ʃɑ̃sø, -øz] a lucky, fortunate.

chancre [ʃɑ̃kr(ə)] nm canker.

chandail [ʃɑ̃daj] nm (thick) jumper ou sweater.

Chandeleur [ʃɑ̃dlœr] nf: **la ~** Candlemas.

chandelier [ʃɑ̃dəlje] nm candlestick; (à *plusieurs branches*) candelabra, candlestick.

chandelle [ʃɑ̃dɛl] nf (tallow) candle; **dîner aux ~s** candlelight dinner.

change [ʃɑ̃ʒ] nm (COMM) exchange; **opérations de ~** (foreign) exchange transactions; **contrôle des ~s** exchange control.

changeant, e [ʃɑ̃ʒɑ̃, -ɑ̃t] a changeable, fickle.

changement [ʃɑ̃ʒmɑ̃] nm change; **~ de vitesses** gears; gear change.

changer [ʃɑ̃ʒe] vt (*modifier*) to change, alter; (*remplacer*, COMM, *rhabiller*) to change // vi to change, alter; **se ~** to change (o.s.); **~ de** (*remplacer: adresse, nom, voiture etc*) to change one's; (*échanger, alterner: côté, place, train etc*) to change + npl; **~ de couleur/direction** to change colour/direction; **~ d'idée** to change one's mind; **~ de place avec qn** to change places with sb; **~ (de train etc)** to change (trains etc); **~ qch en** to change sth into.

changeur [ʃɑ̃ʒœr] nm (*personne*) moneychanger; **~ automatique** change machine; **~ de disques** record changer, autochange.

chanoine [ʃanwan] nm canon.

chanson [ʃɑ̃sɔ̃] nf song.

chansonnier [ʃɑ̃sɔnje] nm cabaret artist (*specializing in political satire*); song book.

chant [ʃɑ̃] nm song; (*art vocal*) singing; (*d'église*) hymn; (*de poème*) canto; (TECH): **de ~** on edge.

chantage [ʃɑ̃taʒ] nm blackmail; **faire du ~** to use blackmail; **soumettre qn à un ~** to blackmail sb.

chanter [ʃɑ̃te] vt, vi to sing; **si cela lui chante** (fam) if he feels like it ou fancies it.

chanterelle [ʃɑ̃trɛl] nf chanterelle (*edible mushroom*).

chanteur, euse [ʃɑ̃tœr, -øz] nm/f singer.

chantier [ʃɑ̃tje] nm (building) site; (*sur une route*) roadworks pl; **mettre en ~** to put in hand, start work on; **~ naval** shipyard.

chantonner [ʃɑ̃tɔne] vi, vt to sing to oneself, hum.

chanvre [ʃɑ̃vr(ə)] nm hemp.

chaos [kao] nm chaos; **chaotique** a chaotic.

chaparder [ʃaparde] vt to pinch, pilfer.

chapeau, x [ʃapo] nm hat; **~ mou** trilby; **~x de roues** hub caps.

chapeauter [ʃapote] vt (ADMIN) to head, oversee.

chapelet [ʃaplɛ] nm (REL) rosary; (fig): **un ~ de** a string of; **dire son ~** to tell one's beads.

chapelle [ʃapɛl] nf chapel; **~ ardente** chapel of rest.

chapelure [ʃaplyr] nf (dried) bread-crumbs pl.

chaperon [ʃaprɔ̃] nm chaperon; **chaperonner** vt to chaperon.

chapiteau, x [ʃapito] nm (ARCHIT) capital; (*de cirque*) marquee, big top.

chapitre [ʃapitr(ə)] nm chapter; (fig) subject, matter; **avoir voix au ~** to have a say in the matter.

chapitrer [ʃapitre] vt to lecture.

chaque [ʃak] dét each, every; (*indéfini*) every.

char [ʃar] nm (à foin etc) cart, waggon; (*de carnaval*) float; **~ (d'assaut)** tank.

charabia [ʃarabja] nm (péj) gibberish, gobbledygook.

charade [ʃarad] nf riddle; (*mimée*) charade.

charbon [ʃarbɔ̃] nm coal; **~ de bois** charcoal; **charbonnage** nm: **les charbonnages de France** the (French) Coal Board sg; **charbonnier** nm coalman.

charcuterie [ʃarkytri] nf (*magasin*) pork butcher's shop and delicatessen; (*produits*) cooked pork meats pl; **charcutier, ière** nm/f pork butcher.

chardon [ʃardɔ̃] nm thistle.

charge [ʃarʒ(ə)] nf (fardeau) load, burden; (*explosif, ELEC, MIL, JUR*) charge; (*rôle, mission*) responsibility; **~s** nfpl (du *loyer*) service charges; **à la ~ de** (*dépendant de*) dependent upon, supported by; (*aux frais de*) chargeable to, payable by; **j'accepte, à ~ de revanche** I accept, provided I can do the same for you (in return) one day; **prendre en ~** to take charge of; (*suj: véhicule*) to take on; (*dépenses*) to take care of; **~ utile** (AUTO) live load; **~s sociales** social security contributions.

chargé [ʃarʒe] nm: **~ d'affaires** chargé d'affaires; **~ de cours** ≈ senior lecturer.

chargement [ʃarʒəmɑ̃] nm (*action*) loading; charging; (*objets*) load.

charger [ʃarʒe] vt (*voiture, fusil, caméra*) to load; (*batterie*) to charge // vi (MIL etc) to charge; **se ~ de** to see to, take care ou charge of; **~ qn de qch/faire qch** to give sb the responsibility for sth/of doing sth; to put sb in charge of sth/doing sth.

chariot [ʃarjo] nm trolley; (*charrette*) waggon; (*de machine à écrire*) carriage; **~ élévateur** fork-lift truck.

charitable [ʃaritabl(ə)] a charitable; kind.

charité [ʃarite] nf charity; **faire la ~ à** to

give to charity; to do charitable works; **faire la ~ à** to give (something) to.

charlatan [ʃaRlatɑ̃] nm charlatan.

charmant, e [ʃaRmɑ̃, -ɑ̃t] a charming.

charme [ʃaRm(ə)] nm charm; **charmer** vt to charm; **je suis charmé de** I'm delighted to; **charmeur, euse** nm/f charmer; **charmeur de serpents** snake charmer.

charnel, le [ʃaRnɛl] a carnal.

charnier [ʃaRnje] nm mass grave.

charnière [ʃaRnjɛR] nf hinge; (fig) turning-point.

charnu, e [ʃaRny] a fleshy.

charogne [ʃaRɔɲ] nf carrion q; (fam!) bastard (!).

charpente [ʃaRpɑ̃t] nf frame(work); (fig) structure, framework; build, frame; **charpentier** nm carpenter.

charpie [ʃaRpi] nf: **en ~** (fig) in shreds ou ribbons.

charretier [ʃaRtje] nm carter.

charrette [ʃaRɛt] nf cart.

charrier [ʃaRje] vt to carry (along); to cart, carry.

charrue [ʃaRy] nf plough.

charte [ʃaRt(ə)] nf charter.

chas [ʃa] nm eye (of needle).

chasse [ʃas] nf hunting; (au fusil) shooting; (poursuite) chase; (aussi: ~ d'eau) flush; **la ~ est ouverte** the hunting season is open; **~ gardée** private hunting grounds pl; **prendre en ~**, **donner la ~ à** to give chase to; **tirer la ~ (d'eau)** to flush the toilet, pull the chain; **~ à courre** hunting; **~ à l'homme** manhunt; **~ sous-marine** underwater fishing.

châsse [ʃas] nf reliquary, shrine.

chassé-croisé [ʃasekRwaze] nm (DANSE) chassé-croisé; (fig) mix-up where people miss each other in turn.

chasse-neige [ʃasnɛʒ] nm inv snowplough.

chasser [ʃase] vt to hunt; (expulser) to chase away ou out, drive away ou out; (dissiper) to chase ou sweep away; to dispel, drive away; **chasseur, euse** nm/f hunter // nm (avion) fighter; (domestique) page (boy), messenger (boy); **chasseurs alpins** mountain infantry sg ou pl.

chassieux, ieuse [ʃasjø, -øz] a sticky, gummy.

châssis [ʃasi] nm (AUTO) chassis; (cadre) frame; (de jardin) cold frame.

chaste [ʃast(ə)] a chaste; **~té** nf chastity.

chasuble [ʃazybl(ə)] nf chasuble.

chat [ʃa] nm cat; **~ sauvage** wildcat.

châtaigne [ʃatɛɲ] nf chestnut; **châtaignier** nm chestnut (tree).

châtain [ʃatɛ̃] a inv chestnut (brown); chestnut-haired.

château, x [ʃato] nm castle; **~ d'eau** water tower; **~ fort** stronghold, fortified castle; **~ de sable** sandcastle.

châtier [ʃatje] vt to punish, castigate; (fig: style) to polish, refine; **châtiment** nm punishment, castigation.

chatoiement [ʃatwamɑ̃] nm shimmer(ing).

chaton [ʃatɔ̃] nm (ZOOL) kitten; (BOT) catkin; (de bague) bezel; stone.

chatouiller [ʃatuje] vt to tickle; (l'odorat, le palais) to titillate; **chatouilleux, euse** a ticklish; (fig) touchy, over-sensitive.

chatoyer [ʃatwaje] vi to shimmer.

châtrer [ʃatRe] vt to castrate; to geld; to doctor.

chatte [ʃat] nf (she-)cat.

chaud, e [ʃo, -od] a (gén) warm; (très chaud) hot; (fig) hearty; keen; heated; **il fait ~** it's warm; it's hot; **manger ~** to have something hot to eat; **avoir ~** to be warm; to be hot; **ça me tient ~** it keeps me warm; **rester au ~** to stay in the warmth; **chaudement** ad warmly; (fig) hotly.

chaudière [ʃodjɛR] nf boiler.

chaudron [ʃodRɔ̃] nm cauldron.

chaudronnerie [ʃodRɔnRi] nf (usine) boilerworks; (activité) boilermaking; (boutique) coppersmith's workshop.

chauffage [ʃofaʒ] nm heating; **~ central** central heating.

chauffant, e [ʃofɑ̃, -ɑ̃t] a: **couverture ~e** electric blanket; **plaque ~e** hotplate.

chauffard [ʃofaR] nm (péj) reckless driver; roadhog; hit-and-run driver.

chauffe-bain [ʃofbɛ̃] nm, **chauffe-eau** [ʃofo] nm inv water-heater.

chauffer [ʃofe] vt to heat // vi to heat up, warm up; (trop chauffer: moteur) to overheat; **se ~** (se mettre en train) to warm up; (au soleil) to warm o.s.

chaufferie [ʃofRi] nf boiler room.

chauffeur [ʃofœR] nm driver; (privé) chauffeur.

chaume [ʃom] nm (du toit) thatch; (tiges) stubble.

chaumière [ʃomjɛR] nf (thatched) cottage.

chaussée [ʃose] nf road(way); (digue) causeway.

chausse-pied [ʃospje] nm shoe-horn.

chausser [ʃose] vt (bottes, skis) to put on; (enfant) to put shoes on; (suj: soulier) to fit; **~ du 38/42** to take size 38/42; **~ grand/bien** to be big-/well-fitting; **se ~** to put one's shoes on.

chaussette [ʃosɛt] nf sock.

chausseur [ʃosœR] nm (marchand) footwear specialist, shoemaker.

chausson [ʃosɔ̃] nm slipper; (aux pommes) (apple) turnover.

chaussure [ʃosyR] nf shoe; (commerce) shoe industry ou trade; **~s montantes** ankle boots; **~s de ski** ski boots.

chaut [ʃo] vb: **peu me ~** it matters little to me.

chauve [ʃov] a bald.

chauve-souris [ʃovsuRi] nf bat.

chauvin, e [ʃovɛ̃, -in] a chauvinistic, jingoistic; **chauvinisme** nm chauvinism; jingoism.

chaux [ʃo] nf lime; **blanchi à la ~** whitewashed.

chavirer [ʃaviRe] vi to capsize, overturn.

chef [ʃɛf] nm head, leader; (de cuisine) chef; **en ~** (MIL etc) in chief; **~ d'accusation** charge, count (of indictment); **~ d'atelier** (shop) foreman; **~ de bureau** head clerk; **~ de clinique** senior hospital lecturer; **~ d'entreprise**

company head ; ~ **d'équipe** team leader ; ~ **d'état** head of state ; ~ **de famille** head of the family ; ~ **de file** (de parti etc) leader ; ~ **de gare** station master ; ~ **d'orchestre** conductor ; ~ **de rayon** department(al) supervisor ; ~ **de service** departmental head.

chef-d'œuvre [ʃɛdœvʀ(ə)] nm masterpiece.

chef-lieu [ʃɛfljø] nm county town.

cheftaine [ʃɛftɛn] nf (guide) captain.

cheik [ʃɛk] nm sheik.

chemin [ʃəmɛ̃] nm path ; (itinéraire, direction, trajet) way ; **en** ~ on the way ; ~ **de fer** railway ; **par** ~ **de fer** by rail ; **les** ~**s de fer** the railways.

cheminée [ʃəmine] nf chimney ; (à l'intérieur) chimney piece, fireplace ; (de bateau) funnel.

cheminement [ʃəminmũ] nm progress ; course.

cheminer [ʃəmine] vi to walk (along).

cheminot [ʃəmino] nm railwayman.

chemise [ʃəmiz] nf shirt ; (dossier) folder ; ~ **de nuit** nightdress ; ~**rie** nf (gentlemen's) outfitters' ; **chemisette** nf short-sleeved shirt.

chemisier [ʃəmizje] nm blouse.

chenal, aux [ʃənal, -o] nm channel.

chêne [ʃɛn] nm oak (tree) ; (bois) oak.

chenet [ʃənɛ] nm fire-dog, andiron.

chenil [ʃənil] nm kennels pl.

chenille [ʃənij] nf (ZOOL) caterpillar ; (AUTO) caterpillar track ; **véhicule à** ~**s** tracked vehicle, caterpillar ; **chenillette** nf tracked vehicle.

cheptel [ʃɛptɛl] nm livestock.

chèque [ʃɛk] nm cheque ; ~ **barré/sans provision** crossed/bad cheque ; ~ **au porteur** cheque to bearer ; **chéquier** nm cheque book.

cher, ère [ʃɛʀ] a (aimé) dear ; (coûteux) expensive, dear // ad: **cela coûte** ~ it's expensive, it costs a lot of money // nf: **la bonne chère** good food ; **mon** ~, **ma chère** my dear.

chercher [ʃɛʀʃe] vt to look for ; (gloire etc) to seek ; **aller** ~ to go for, go and fetch ; ~ **à faire** to try to do.

chercheur, euse [ʃɛʀʃœʀ, -øz] nm/f researcher, research worker ; ~ **de** seeker of ; hunter of ; ~ **d'or** gold digger.

chère [ʃɛʀ] a,nf voir **cher**.

chéri, e [ʃeʀi] a beloved, dear ; (mon) ~ darling.

chérir [ʃeʀiʀ] vt to cherish.

cherté [ʃɛʀte] nf: **la** ~ **de la vie** the high cost of living.

chérubin [ʃeʀybɛ̃] nm cherub.

chétif, ive [ʃetif, -iv] a puny, stunted.

cheval, aux [ʃəval, -o] nm horse ; (AUTO): ~ **(vapeur)** (C.V.) horsepower q ; **50 chevaux (au frein)** 50 brake horsepower, 50 b.h.p. ; **10 chevaux (fiscaux)** 10 horsepower (for tax purposes) ; **faire du** ~ to ride ; **à** ~ on horseback ; **à** ~ **sur** astride, straddling ; (fig) overlapping ; ~ **d'arçons** vaulting horse.

chevaleresque [ʃəvalʀɛsk(ə)] a chivalrous.

chevalerie [ʃəvalʀi] nf chivalry ; knighthood.

chevalet [ʃəvalɛ] nm easel.

chevalier [ʃəvalje] nm knight ; ~ **servant** escort.

chevalière [ʃəvaljɛʀ] nf signet ring.

chevalin, e [ʃəvalɛ̃, -in] a of horses, equine ; (péj) horsy ; **boucherie** ~**e** horsemeat butcher's.

cheval-vapeur [ʃəvalvapœʀ] nm voir **cheval**.

chevauchée [ʃəvoʃe] nf ride ; cavalcade.

chevaucher [ʃəvoʃe] vi (aussi: **se** ~) to overlap (each other) // vt to be astride, straddle.

chevelu, e [ʃəvly] a with a good head of hair, hairy (péj).

chevelure [ʃəvlyʀ] nf hair q.

chevet [ʃəvɛ] nm: **au** ~ **de qn** at sb's bedside ; **lampe de** ~ bedside lamp.

cheveu, x [ʃəvø] nm hair ; // nmpl (chevelure) hair sg ; **avoir les** ~**x courts** to have short hair.

cheville [ʃəvij] nf (ANAT) ankle ; (de bois) peg ; (pour enfoncer un clou) plug ; ~ **ouvrière** (fig) kingpin.

chèvre [ʃɛvʀ(ə)] nf (she-)goat.

chevreau, x [ʃəvʀo] nm kid.

chèvrefeuille [ʃɛvʀəfœj] nm honeysuckle.

chevreuil [ʃəvʀœj] nm roe deer inv ; (CULIN) venison.

chevron [ʃəvʀɔ̃] nm (poutre) rafter ; (motif) chevron, v(-shape) ; **à** ~**s** chevron-patterned ; herringbone.

chevronné, e [ʃəvʀɔne] a seasoned, experienced.

chevrotant, e [ʃəvʀɔtũ, -ũt] a quavering.

chevrotine [ʃəvʀɔtin] nf buckshot q.

chewing-gum [ʃwiŋgɔm] nm chewing gum.

chez [ʃe] prép (à la demeure de): ~ **qn** at (ou to) sb's house ou place ; (parmi) among ; ~ **moi** at home ; (avec direction) home ; ~ **le boulanger** (à la boulangerie) at the baker's ; ~ **ce musicien** (dans ses œuvres) in this musician ; ~**-soi** nm inv home.

chic [ʃik] a inv chic, smart ; (généreux) nice, decent // nm stylishness ; **avoir le** ~ **de** to have the knack of ; **de** ~ ad off the cuff ; ~! great!, terrific!

chicane [ʃikan] nf (obstacle) zigzag ; (querelle) squabble.

chiche [ʃiʃ] a niggardly, mean // excl (à un défi) you're on!

chicorée [ʃikɔʀe] nf (café) chicory ; (salade) endive.

chicot [ʃiko] nm stump.

chien [ʃjɛ̃] nm dog ; (de pistolet) hammer ; **en** ~ **de fusil** curled up ; ~ **de garde** guard dog.

chiendent [ʃjɛ̃dũ] nm couch grass.

chien-loup [ʃjɛ̃lu] nm wolfhound.

chienne [ʃjɛn] nf dog, bitch.

chier [ʃje] vi (fam!) to crap (!).

chiffe [ʃif] nf: **il est mou comme une** ~, **c'est une** ~ **molle** he's spineless ou wet.

chiffon [ʃifɔ̃] nm (de ménage) (piece of) rag.

chiffonner [ʃifɔne] *vt* to crumple, crease.
chiffonnier [ʃifɔnje] *nm* ragman, rag-and-bone man ; (*meuble*) chiffonier.
chiffre [ʃifʀ(ə)] *nm* (*représentant un nombre*) figure ; numeral ; (*montant, total*) total, sum ; (*d'un code*) code, cipher ; ~**s romains/arabes** roman/arabic figures *ou* numerals ; **en** ~**s ronds** in round figures ; **écrire un nombre en** ~**s** to write a number in figures ; ~ **d'affaires** turnover ; **chiffrer** *vt* (*dépense*) to put a figure to, assess ; (*message*) to (en)code, cipher.
chignole [ʃiɲɔl] *nf* drill.
chignon [ʃiɲɔ̃] *nm* chignon, bun.
Chili [ʃili] *nm*: **le** ~ Chile ; **chilien, ne** *a, nm/f* Chilean.
chimère [ʃimɛʀ] *nf* (*wild*) dream, chimera ; pipe dream, idle fancy.
chimie [ʃimi] *nf*: **la** ~ chemistry ; **chimique** *a* chemical ; **produits chimiques** chemicals ; **chimiste** *nm/f* chemist.
Chine [ʃin] *nf*: **la** ~ China.
chiné, e [ʃine] *a* flecked.
chinois, e [ʃinwa, -waz] *a* Chinese ; (*fig: péj*) pernickety, fussy // *nm/f* Chinese // *nm* (*langue*): **le** ~ Chinese.
chiot [ʃjo] *nm* pup(py).
chipoter [ʃipɔte] *vi* to nibble ; to quibble ; to haggle.
chips [ʃips] *nfpl* (*aussi:* **pommes** ~) crisps.
chique [ʃik] *nf* quid, chew.
chiquenaude [ʃiknod] *nf* flick, flip.
chiquer [ʃike] *vi* to chew tobacco.
chiromancien, ne [kiʀɔmɑ̃sjɛ̃, -ɛn] *nm/f* palmist.
chirurgical, e, aux [ʃiʀyʀʒikal, -o] *a* surgical.
chirurgie [ʃiʀyʀʒi] *nf* surgery ; ~ **esthétique** plastic surgery ; **chirurgien, ne** *nm/f* surgeon.
chiure [ʃjyʀ] *nf*: ~**s de mouche** fly specks.
chlore [klɔʀ] *nm* chlorine.
chloroforme [klɔʀɔfɔʀm(ə)] *nm* chloroform.
chlorophylle [klɔʀɔfil] *nf* chlorophyll.
choc [ʃɔk] *nm* impact ; shock ; crash ; (*moral*) shock ; (*affrontement*) clash ; ~ **opératoire/nerveux** post-operative/(nervous) shock.
chocolat [ʃɔkɔla] *nm* chocolate ; (*boisson*) (hot) chocolate ; ~ **à croquer** plain chocolate ; ~ **au lait** milk chocolate.
chœur [kœʀ] *nm* (*chorale*) choir ; (*OPÉRA, THÉÂTRE*) chorus ; (*ARCHIT*) choir, chancel ; **en** ~ in chorus.
choir [ʃwaʀ] *vi* to fall.
choisi, e [ʃwazi] *a* (*de premier choix*) carefully chosen ; select ; **textes** ~**s** selected writings.
choisir [ʃwaziʀ] *vt* to choose, select.
choix [ʃwa] *nm* choice ; selection ; **avoir le** ~ to have the choice ; **premier** ~ (*COMM*) class *ou* grade one ; **de** ~ choice, selected ; **au** ~ as you wish *ou* prefer.
choléra [kɔleʀa] *nm* cholera.
chômage [ʃomaʒ] *nm* unemployment ; **mettre au** ~ to make redundant, put out of work ; **être au** ~ to be unemployed *ou*

out of work ; ~ **partiel** short-time working ; ~ **technique** lay-offs *pl* ; **chômer** *vi* to be unemployed, be idle ; **jour chômé** public holiday ; **chômeur, euse** *nm/f* unemployed person, person out of work.
chope [ʃɔp] *nf* tankard.
choquer [ʃɔke] *vt* (*offenser*) to shock ; (*commotionner*) to shake (up).
choral, e [kɔʀal] *a* choral // *nf* choral society, choir.
chorégraphe [kɔʀegʀaf] *nm/f* choreographer.
chorégraphie [kɔʀegʀafi] *nf* choreography.
choriste [kɔʀist(ə)] *nm/f* choir member ; (*OPÉRA*) chorus member.
chorus [kɔʀys] *nm*: **faire** ~ (**avec**) to voice one's agreement (with).
chose [ʃoz] *nf* thing ; **c'est peu de** ~ it's nothing (really) ; it's not much.
chou, x [ʃu] *nm* cabbage // *a inv* cute ; **mon petit** ~ (my) sweetheart ; ~ **à la crème** cream bun (*made of choux pastry*).
choucas [ʃuka] *nm* jackdaw.
chouchou, te [ʃuʃu, -ut] *nm/f* (*SCOL*) teacher's pet.
choucroute [ʃukʀut] *nf* sauerkraut.
chouette [ʃwɛt] *nf* owl // *a* (*fam*) great, smashing.
chou-fleur [ʃuflœʀ] *nm* cauliflower.
chou-rave [ʃuʀav] *nm* kohlrabi.
choyer [ʃwaje] *vt* to cherish ; to pamper.
chrétien, ne [kʀetjɛ̃, -ɛn] *a, nm/f* Christian ; **chrétiennement** *ad* in a Christian way *ou* spirit ; **chrétienté** *nf* Christendom.
Christ [kʀist] *nm*: **le** ~ Christ ; **c**~ (*crucifix etc*) figure of Christ ; **christianiser** *vt* to convert to Christianity ; **christianisme** *nm* Christianity.
chromatique [kʀɔmatik] *a* chromatic.
chrome [kʀɔm] *nm* chromium ; **chromé, e** *a* chromium-plated.
chromosome [kʀɔmozom] *nm* chromosome.
chronique [kʀɔnik] *a* chronic // *nf* (*de journal*) column, page ; (*historique*) chronicle ; (*RADIO, TV*): **la** ~ **sportive/théâtrale** the sports/theatre review ; **la** ~ **locale** local news and gossip ; **chroniqueur** *nm* columnist ; chronicler.
chronologie [kʀɔnɔlɔʒi] *nf* chronology ; **chronologique** *a* chronological.
chronomètre [kʀɔnɔmɛtʀ(ə)] *nm* stopwatch ; **chronométrer** *vt* to time.
chrysalide [kʀizalid] *nf* chrysalis.
chrysanthème [kʀizɑ̃tɛm] *nm* chrysanthemum.
chu, e [ʃy] *pp de* **choir**.
chuchoter [ʃyʃɔte] *vt, vi* to whisper.
chuinter [ʃɥɛ̃te] *vi* to hiss.
chut [ʃyt] *excl* sh!
chute [ʃyt] *nf* fall ; (*de bois, papier: déchet*) scrap ; **la** ~ **des cheveux** hair loss ; **faire une** ~ (**de 10 m**) to fall (10 m) ; ~**s de pluie/neige** rain/snowfalls ; ~ (**d'eau**) waterfall ; ~ **libre** free fall.

Chypre [ʃipʀ] n Cyprus; **chypriote** a, nm/f = **cypriote.**

-ci, ci- [si] ad voir **par, ci-contre, ci-joint** etc // dét: **ce garçon-ci/-là** this/that boy; **ces femmes-ci/-là** these/those women.

ci-après [siapʀɛ] ad hereafter.

cible [sibl(ə)] nf target.

ciboire [sibwaʀ] nm ciborium (vessel).

ciboule [sibul] nf (large) chive; **ciboulette** nf (smaller) chive.

cicatrice [sikatʀis] nf scar.

cicatriser [sikatʀize] vt to heal; **se ~** to heal (up), form a scar.

ci-contre [sikɔ̃tʀ(ə)] ad opposite.

ci-dessous [sidəsu] ad below.

ci-dessus [sidəsy] ad above.

ci-devant [sidəvɑ̃] nm/f aristocrat who lost his/her title in the French Revolution.

cidre [sidʀ(ə)] nm cider.

Cie abr de **compagnie.**

ciel [sjɛl] nm sky; (REL) heaven; **~s** nmpl (PEINTURE etc) skies; **cieux** nmpl sky sg, skies; (REL) heaven sg; **à ~ ouvert** open-air; (mine) opencast; **~ de lit** canopy.

cierge [sjɛʀʒ(ə)] nm candle.

cigale [sigal] nf cicada.

cigare [sigaʀ] nm cigar.

cigarette [sigaʀɛt] nf cigarette.

ci-gît [siʒi] ad + vb here lies.

cigogne [sigɔɲ] nf stork.

ciguë [sigy] nf hemlock.

ci-inclus, e [siɛ̃kly, -yz] a, ad enclosed.

ci-joint, e [siʒwɛ̃, -ɛt] a, ad enclosed.

cil [sil] nm (eye)lash.

ciller [sije] vi to blink.

cimaise [simɛz] nf picture rail.

cime [sim] nf top; (montagne) peak.

ciment [simɑ̃] nm cement; **~ armé** reinforced concrete; **cimenter** vt to cement; **cimenterie** nf cement works sg.

cimetière [simtjɛʀ] nm cemetery; (d'église) churchyard; **~ de voitures** scrapyard.

cinéaste [sineast(ə)] nm/f film-maker.

ciné-club [sineklœb] nm film club; film society.

cinéma [sinema] nm cinema; **~scope** nm cinemascope; **~thèque** nf film archives pl ou library; **~tographique** a film cpd, cinema cpd.

cinéphile [sinefil] nm/f film ou cinema enthusiast.

cinétique [sinetik] a kinetic.

cinglé, e [sɛ̃gle] a (fam) barmy.

cingler [sɛ̃gle] vt to lash; (fig) to sting // vi (NAVIG): **~ vers** to make ou head for.

cinq [sɛ̃k] num five.

cinquantaine [sɛ̃kɑ̃tɛn] nf: **une ~ (de)** about fifty.

cinquante [sɛ̃kɑ̃t] num fifty; **~naire** a, nm/f fifty-year-old; **cinquantième** num fiftieth.

cinquième [sɛ̃kjɛm] num fifth.

cintre [sɛ̃tʀ(ə)] nm coat-hanger; (ARCHIT) arch; **~s** nmpl (THÉÂTRE) flies.

cintré, e [sɛ̃tʀe] a curved; (chemise) fitted, slim-fitting.

cirage [siʀaʒ] nm (shoe) polish.

circoncision [siʀkɔ̃sizjɔ̃] nf circumcision.

circonférence [siʀkɔ̃feʀɑ̃s] nf circumference.

circonflexe [siʀkɔ̃flɛks(ə)] a: **accent ~** circumflex accent.

circonscription [siʀkɔ̃skʀipsjɔ̃] nf district; **~ électorale** (d'un député) constituency.

circonscrire [siʀkɔ̃skʀiʀ] vt to define, delimit; (incendie) to contain.

circonspect, e [siʀkɔ̃spɛkt] a circumspect, cautious.

circonstance [siʀkɔ̃stɑ̃s] nf circumstance; (occasion) occasion; **~s atténuantes** attenuating circumstances.

circonstancié, e [siʀkɔ̃stɑ̃sje] a detailed.

circonstanciel, le [siʀkɔ̃stɑ̃sjɛl] a: **complément/proposition ~(le)** adverbial phrase/clause.

circonvenir [siʀkɔ̃vniʀ] vt to circumvent.

circonvolutions [siʀkɔ̃vɔlysjɔ̃] nfpl twists, convolutions.

circuit [siʀkɥi] nm (trajet) tour, (round) trip; (ÉLEC, TECH) circuit; **~ automobile** motor circuit; **~ de distribution** distribution network.

circulaire [siʀkylɛʀ] a, nf circular.

circulation [siʀkylasjɔ̃] nf circulation; (AUTO): **la ~** (the) traffic; **mettre en ~** to put into circulation.

circuler [siʀkyle] vi to drive (along); to walk along; (train etc) to run; (sang, devises) to circulate; **faire ~** (nouvelle) to spread (about), circulate; (badauds) to move on.

cire [siʀ] nf wax.

ciré [siʀe] nm oilskin.

cirer [siʀe] vt to wax, polish; **cireur** nm shoeshine-boy; **cireuse** nf floor polisher.

cirque [siʀk(ə)] nm circus; (arène) amphitheatre; (GÉO) cirque; (fig) chaos, bedlam; carry-on.

cirrhose [siʀoz] nf: **~ du foie** cirrhosis of the liver.

cisaille(s) [sizaj] nf(pl) (gardening) shears pl; **cisailler** vt to clip.

ciseau, x [sizo] nm: **~ (à bois)** chisel; // nmpl (pair of) scissors; **sauter en ~x** to do a scissors jump; **à froid** cold chisel.

ciseler [sizle] vt to chisel, carve.

citadelle [sitadɛl] nf citadel.

citadin, e [sitadɛ̃, -in] nm/f city dweller // a town cpd, city cpd, urban.

citation [sitasjɔ̃] nf (d'auteur) quotation; (JUR) summons sg; (MIL) récompense) mention.

cité [site] nf town; (plus grande) city; **~ ouvrière** (workers') housing estate; **~ universitaire** students' residences pl.

citer [site] vt (un auteur) to quote (from); (nommer) to name; (JUR) to summon.

citerne [sitɛʀn(ə)] nf tank.

cithare [sitaʀ] nf zither.

citoyen, ne [sitwajɛ̃, -ɛn] nm/f citizen; **citoyenneté** nf citizenship.

citron [sitʀɔ̃] nm lemon; **~ vert** lime; **citronnade** nf lemonade; **citronnier** nm lemon tree.

citrouille [sitʀuj] nf pumpkin.

civet [sivɛ] nm stew; **~ de lièvre** jugged hare.

civette [sivɛt] *nf* (*BOT*) chives *pl*; (*ZOOL*) civet (cat).
civière [sivjɛR] *nf* stretcher.
civil, e [sivil] *a* (*JUR, ADMIN, poli*) civil; (*non militaire*) civilian // *nm* civilian; **en ~** in civilian clothes; **dans le ~** in civilian life.
civilisation [sivilizɑsjɔ̃] *nf* civilization.
civiliser [sivilize] *vt* to civilize.
civique [sivik] *a* civic.
civisme [sivism(ə)] *nm* public-spiritedness.
claie [klɛ] *nf* grid, riddle.
clair, e [klɛR] *a* light; (*chambre*) light, bright; (*eau, son, fig*) clear // *ad*: **voir ~** to see clearly; **bleu ~** light blue; **tirer qch au ~** to clear sth up, clarify sth; **mettre au ~** (*notes etc*) to tidy up; **le plus ~ de son temps/argent** the better part of his time/money; **en ~** (*non codé*) in clear; **~ de lune** *nm* moonlight; **~ement** *ad* clearly.
claire-voie [klɛRvwa]: **à ~** *ad* letting the light through; openwork *cpd*.
clairière [klɛRjɛR] *nf* clearing.
clairon [klɛRɔ̃] *nm* bugle; **claironner** *vt* (*fig*) to trumpet, shout from the rooftops.
clairsemé, e [klɛRsəme] *a* sparse.
clairvoyant, e [klɛRvwajɑ̃, -ɑ̃t] *a* perceptive, clear-sighted.
clameur [klamœR] *nf* clamour.
clandestin, e [klɑ̃dɛstɛ̃, -in] *a* clandestine; (*POL*) underground, clandestine.
clapier [klapje] *nm* (rabbit) hutch.
clapoter [klapɔte] *vi* to lap; **clapotis** *nm* lap(ping).
claquage [klakaʒ] *nm* pulled *ou* strained muscle.
claque [klak] *nf* (*gifle*) slap.
claquer [klake] *vi* (*drapeau*) to flap; (*porte*) to bang, slam; (*coup de feu*) to ring out // *vt* (*porte*) to slam, bang; (*doigts*) to snap; **se ~ un muscle** to pull *ou* strain a muscle.
claquettes [klakɛt] *nfpl* tap-dancing *sg*.
clarifier [klaRifje] *vt* (*fig*) to clarify.
clarinette [klaRinɛt] *nf* clarinet.
clarté [klaRte] *nf* lightness; brightness; (*d'un son, de l'eau*) clearness; (*d'une explication*) clarity.
classe [klɑs] *nf* class; (*SCOL: local*) class(room); (: *leçon*) class; (: *élèves*) class, form; **~ touriste** economy class; **faire ses ~s** (*MIL*) to do one's (recruit's) training; **faire la ~** (*SCOL*) to be a *ou* the teacher; to teach; **aller en ~** to go to school.
classement [klɑsmɑ̃] *nm* classifying; filing; grading; closing; (*rang: SCOL*) place; (: *SPORT*) placing; (*liste: SCOL*) class list (in order of merit); (: *SPORT*) placings *pl*; **premier au ~ général** (*SPORT*) first overall.
classer [klɑse] *vt* (*idées, livres*) to classify; (*papiers*) to file; (*candidat, concurrent*) to grade; (*JUR: affaire*) to close; **se ~ premier/dernier** to come first/last; (*SPORT*) to finish first/last.
classeur [klɑsœR] *nm* (*cahier*) file; (*meuble*) filing cabinet.

classification [klasifikɑsjɔ̃] *nf* classification.
classifier [klasifje] *vt* to classify.
classique [klasik] *a* classical; (*sobre: coupe etc*) classic(al); (*habituel*) standard, classic // *nm* classic; classical author.
claudication [klodikɑsjɔ̃] *nf* limp.
clause [kloz] *nf* clause.
claustrer [klostRe] *vt* to confine.
claustrophobie [klostRɔfɔbi] *nf* claustrophobia.
clavecin [klavsɛ̃] *nm* harpsichord.
clavicule [klavikyl] *nf* clavicle, collarbone.
clavier [klavje] *nm* keyboard.
clé *ou* **clef** [kle] *nf* key; (*MUS*) clef; (*de mécanicien*) spanner // *a*: **problème ~** key problem; **~ de sol/de fa** treble/bass clef; **~ anglaise** (monkey) wrench; **~ de contact** ignition key; **~ à molette** adjustable spanner; **~ de voûte** keystone.
clémence [klemɑ̃s] *nf* mildness; leniency.
clément, e [klemɑ̃, -ɑ̃t] *a* (*temps*) mild; (*indulgent*) lenient.
cleptomane [klɛptɔman] *nm/f* = **kleptomane**.
clerc [klɛR] *nm*: **~ de notaire** solicitor's clerk.
clergé [klɛRʒe] *nm* clergy.
clérical, e, aux [kleRikal, -o] *a* clerical.
cliché [kliʃe] *nm* (*PHOTO*) negative; print; (*TYPO*) (printing) plate; (*LING*) cliché.
client, e [klijɑ̃, -ɑ̃t] *nm/f* (*acheteur*) customer, client; (*d'hôtel*) guest, patron; (*du docteur*) patient; (*de l'avocat*) client; **clientèle** [klijɑ̃tɛl] *nf* (*du magasin*) customers *pl*, clientèle; (*du docteur, de l'avocat*) practice; **accorder sa clientèle à** to give one's custom to.
cligner [kliɲe] *vi*: **~ des yeux** to blink (one's eyes); **~ de l'œil** to wink.
clignotant [kliɲɔtɑ̃] *nm* (*AUTO*) indicator.
clignoter [kliɲɔte] *vi* (*étoiles etc*) to twinkle; (*lumière: à intervalles réguliers*) to flash; (: *vaciller*) to flicker.
climat [klima] *nm* climate; **climatique** *a* climatic.
climatisation [klimatizɑsjɔ̃] *nf* air conditioning; **climatisé, e** *a* air-conditioned.
clin d'œil [klɛ̃dœj] *nm* wink; **en un ~** in a flash.
clinique [klinik] *a* clinical // *nf* nursing home, (private) clinic.
clinquant, e [klɛ̃kɑ̃, -ɑ̃t] *a* flashy.
cliqueter [klikte] *vi* to clash; to jangle, jingle; to chink.
clitoris [klitɔRis] *nm* clitoris.
clivage [klivaʒ] *nm* cleavage.
clochard, e [klɔʃaR, -aRd(ə)] *nm/f* tramp.
cloche [klɔʃ] *nf* (*d'église*) bell; (*fam*) clot; **~ à fromage** cheese-cover.
cloche-pied [klɔʃpje]: **à ~** *ad* on one leg, hopping (along).
clocher [klɔʃe] *nm* church tower; (*en pointe*) steeple // *vi* (*fam*) to be *ou* go wrong; **de ~** (*péj*) parochial.
clocheton [klɔʃtɔ̃] *nm* pinnacle.
clochette [klɔʃɛt] *nf* bell.
cloison [klwazɔ̃] *nf* partition (wall); **cloisonner** *vt* to partition (off); to divide up; (*fig*) to compartmentalize.

cloître [klwatʀ(ə)] *nm* cloister.
cloîtrer [klwatʀe] *vt*: **se ~ to** shut o.s. up *ou* away ; (*REL*) to enter a convent *ou* monastery.
clopin-clopant [klɔpɛ̃klɔpɑ̃] *ad* hobbling along ; (*fig*) so-so.
cloporte [klɔpɔʀt(ə)] *nm* woodlouse (*pl* lice).
cloque [klɔk] *nf* blister.
clore [klɔʀ] *vt* to close; **clos, e** *a voir* **maison, huis, vase** // *nm* (enclosed) field.
clôture [klotyʀ] *nf* closure, closing; (*barrière*) enclosure, fence ; **clôturer** *vt* (*terrain*) to enclose, close off ; (*festival, débats*) to close.
clou [klu] *nm* nail ; (*MÉD*) boil ; **~s** *nmpl* = **passage clouté; pneus à ~s** studded tyres ; **le ~ du spectacle** the highlight of the show ; **~ de girofle** clove ; **~er** *vt* to nail down *ou* up ; (*fig*): **~er sur/contre** to pin to/against ; **~té, e** *a* studded.
clown [klun] *nm* clown ; **faire le ~** (*fig*) to clown (about), play the fool.
club [klœb] *nm* club.
C.N.R.S. *sigle m* = *Centre national de la recherche scientifique.*
coaguler [kɔagyle] *vi, vt,* **se ~ to** coagulate.
coaliser [kɔalize]: **se ~** *vi* to unite, join forces.
coalition [kɔalisjɔ̃] *nf* coalition.
coasser [kɔase] *vi* to croak.
cobaye [kɔbaj] *nm* guinea-pig.
cocagne [kɔkaɲ] *nf*: **pays de ~** land of plenty ; **mât de ~** greasy pole (*fig*).
cocaïne [kɔkain] *nf* cocaine.
cocarde [kɔkaʀd(ə)] *nf* rosette.
cocardier, ère [kɔkaʀdje, -ɛʀ] *a* jingoistic, chauvinistic.
cocasse [kɔkas] *a* comical, funny.
coccinelle [kɔksinɛl] *nf* ladybird.
coccyx [kɔksis] *nm* coccyx.
cocher [kɔʃe] *nm* coachman // *vt* to tick off ; (*entailler*) to notch.
cochère [kɔʃɛʀ] *af*: **porte ~** carriage entrance.
cochon, ne [kɔʃɔ̃, -ɔn] *nm* pig // *nm/f* (*péj*) (filthy) pig ; beast ; swine // *a* (*fam*) dirty, smutty ; **cochonnerie** *nf* (*fam*) filth ; rubbish, trash.
cochonnet [kɔʃɔnɛ] *nm* (*BOULES*) jack.
cocktail [kɔktɛl] *nm* cocktail ; (*réception*) cocktail party.
coco [kɔko] *nm voir* **noix** ; (*fam*) bloke, geezer.
cocon [kɔkɔ̃] *nm* cocoon.
cocorico [kɔkɔriko] *excl, nm* cock-a-doodle-do.
cocotier [kɔkɔtje] *nm* coconut palm.
cocotte [kɔkɔt] *nf* (*en fonte*) casserole ; **~ (minute)** pressure cooker ; **~ en papier** paper shape ; **ma ~** (*fam*) sweetie (pie).
cocu [kɔky] *nm* cuckold.
code [kɔd] *nm* code // *a*: **éclairage ~, phares ~s** dipped lights ; **se mettre en ~(s)** to dip one's (head)lights ; **~ civil** Common Law ; **~ pénal** penal code ; **~ postal** (*numéro*) postal code ; **~ de la route** highway code ; **coder** *vt* to (en)code ; **codifier** *vt* to codify.

coefficient [kɔefisjɑ̃] *nm* coefficient.
coercition [kɔɛʀsisjɔ̃] *nf* coercion.
cœur [kœʀ] *nm* heart ; (*CARTES: couleur*) hearts *pl* ; (: *carte*) heart ; **avoir bon ~** to be kind-hearted ; **avoir mal au ~** to feel sick ; **~ de laitue/d'artichaut** lettuce/artichoke heart ; **avoir tout son ~** with all one's heart ; **en avoir le ~ net** to be clear in one's own mind (about it) ; **par ~** by heart ; **de bon ~** willingly ; **avoir à ~ de faire** to make a point of doing ; **cela lui tient à ~** that's (very) close to his heart.
coffrage [kɔfʀaʒ] *nm* (*CONSTR: action*) coffering ; (: *dispositif*) form(work).
coffre [kɔfʀ(ə)] *nm* (*meuble*) chest ; (*d'auto*) boot ; **avoir du ~** (*fam*) to have a lot of puff ; **~-fort** *nm* safe.
coffrer [kɔfʀe] *vt* (*fam*) to put inside, lock up.
coffret [kɔfʀɛ] *nm* casket ; **~ à bijoux** jewel box.
cogner [kɔɲe] *vi* to knock.
cohabiter [kɔabite] *vi* to live together.
cohérent, e [kɔeʀɑ̃, -ɑ̃t] *a* coherent, consistent.
cohésion [kɔezjɔ̃] *nf* cohesion.
cohorte [kɔɔʀt(ə)] *nf* troop.
cohue [kɔy] *nf* crowd.
coi, coite [kwa, kwat] *a*: **rester ~** to remain silent.
coiffe [kwaf] *nf* headdress.
coiffé, e [kwafe] *a*: **bien/mal ~** with tidy/untidy hair ; **~ d'un béret** wearing a beret ; **~ en arrière** with one's hair brushed *ou* combed back.
coiffer [kwafe] *vt* (*fig*) to cover, top ; **~ qn** to do sb's hair ; **~ qn d'un béret** to put a beret on sb ; **se ~** to do one's hair ; to put on a *ou* one's hat.
coiffeur, euse [kwafœʀ, -øz] *nm/f* hairdresser // *nf* (*table*) dressing table.
coiffure [kwafyʀ] *nf* (*cheveux*) hairstyle, hairdo ; (*chapeau*) hat, headgear *q* ; (*art*): **la ~** hairdressing.
coin [kwɛ̃] *nm* corner ; (*pour graver*) die ; (*pour coincer*) wedge ; (*poinçon*) hallmark ; **l'épicerie du ~** the local grocer ; **dans le ~** (*les alentours*) in the area, around about ; locally ; **au ~ du feu** by the fireside ; **regard en ~** side(ways) glance.
coincer [kwɛ̃se] *vt* to jam ; (*fam*) to catch (out) ; to nab.
coïncidence [kɔɛ̃sidɑ̃s] *nf* coincidence.
coïncider [kɔɛ̃side] *vi*: **~ (avec)** to coincide (with).
coing [kwɛ̃] *nm* quince.
coït [kɔit] *nm* coitus.
coite [kwat] *af voir* **coi.**
coke [kɔk] *nm* coke.
col [kɔl] *nm* (*de chemise*) collar ; (*encolure, cou*) neck ; (*de montagne*) pass ; **~ du fémur** neck of the thighbone ; **~ roulé** polo-neck ; **~ de l'utérus** cervix.
coléoptère [kɔleɔptɛʀ] *nm* beetle.
colère [kɔlɛʀ] *nf* anger ; **une ~** a fit of anger ; **coléreux, euse** *a*, **colérique** *a* quick-tempered, irascible.
colifichet [kɔlifiʃɛ] *nm* trinket.
colimaçon [kɔlimasɔ̃] *nm*: **escalier en ~** spiral staircase.

colin [kɔlɛ̃] nm hake.
colique [kɔlik] nf diarrhoea ; colic (pains).
colis [kɔli] nm parcel.
collaborateur, trice [kɔlabɔratœr, -tris] nm/f (aussi POL) collaborator ; (d'une revue) contributor.
collaboration [kɔlabɔrasjɔ̃] nf collaboration.
collaborer [kɔlabɔre] vi to collaborate ; ~ à to collaborate on ; (revue) to contribute to.
collant, e [kɔlɑ̃, -ɑ̃t] a sticky ; (robe etc) clinging, skintight ; (péj) clinging // nm (bas) tights pl ; (de danseur) leotard.
collation [kɔlasjɔ̃] nf light meal.
colle [kɔl] nf glue ; (à papiers peints) (wallpaper) paste ; (devinette) teaser, poser.
collecte [kɔlɛkt(ə)] nf collection.
collecter [kɔlɛkte] vt to collect ; **collecteur** nm (égout) main sewer.
collectif, ive [kɔlɛktif, -iv] a collective ; (visite, billet etc) group cpd.
collection [kɔlɛksjɔ̃] nf collection ; (EDITION) series ; **pièce de** ~ collector's item ; **faire (la)** ~ **de** to collect ; **collectionner** vt (tableaux, timbres) to collect ; **collectionneur, euse** nm/f collector.
collectivité [kɔlɛktivite] nf group ; **la** ~ the community, the collectivity ; **les** ~**s locales** local communities.
collège [kɔlɛʒ] nm (école) (secondary) school ; (assemblée) body ; **collégial, e, aux** a collegiate ; **collégien, ne** nm/f schoolboy/girl.
collègue [kɔlɛg] nm/f colleague.
coller [kɔle] vt (papier, timbre) to stick (on) ; (affiche) to stick up ; (enveloppe) to stick down ; (morceaux) to stick ou glue together ; (fam: mettre, fourrer) to stick, shove ; (SCOL: fam) to keep in, give detention to // vi (être collant) to be sticky ; (adhérer) to stick ; ~ qch sur to stick (ou paste ou glue) sth on(to) ; ~ à to stick to ; (fig) to cling to.
collerette [kɔlrɛt] nf ruff ; (TECH) flange.
collet [kɔlɛ] nm (piège) snare, noose ; (cou): **prendre qn au** ~ to grab sb by the throat ; ~ **monté** a inv straight-laced.
collier [kɔlje] nm (bijou) necklace ; (de chien, TECH) collar ; ~ **(de barbe), barbe en** ~ narrow beard along the line of the jaw.
colline [kɔlin] nf hill.
collision [kɔlizjɔ̃] nf collision, crash ; **entrer en** ~ **(avec)** to collide (with).
colloque [kɔlɔk] nm colloquium, symposium.
colmater [kɔlmate] vt (fuite) to seal off ; (brèche) to plug, fill in.
colombe [kɔlɔ̃b] nf dove.
colon [kɔlɔ̃] nm settler ; (enfant) boarder (in children's holiday camp).
côlon [kolɔ̃] nm colon.
colonel [kɔlɔnɛl] nm colonel ; (armée de l'air) group captain.
colonial, e, aux [kɔlɔnjal, -o] a colonial ; ~**isme** nm colonialism.
colonie [kɔlɔni] nf colony ; ~ **(de vacances)** holiday camp (for children).

colonisation [kɔlɔnizasjɔ̃] nf colonization.
coloniser [kɔlɔnize] vt to colonize.
colonne [kɔlɔn] nf column ; **se mettre en** ~ **par deux/quatre** to get into twos/fours ; **en** ~ **par deux** in double file ; ~ **de secours** rescue party ; ~ **(vertébrale)** spine, spinal column.
colophane [kɔlɔfan] nf rosin.
colorant [kɔlɔrɑ̃] nm colouring.
coloration [kɔlɔrasjɔ̃] nf colour(ing).
colorer [kɔlɔre] vt to colour.
colorier [kɔlɔrje] vt to colour (in) ; **album à** ~ colouring book.
coloris [kɔlɔri] nm colour, shade.
colossal, e, aux [kɔlɔsal, -o] a colossal, huge.
colporter [kɔlpɔrte] vt to hawk, peddle ; **colporteur, euse** nm/f hawker, pedlar.
colza [kɔlza] nm rape(seed).
coma [kɔma] nm coma ; **être dans le** ~ to be in a coma ; ~**teux, euse** a comatose.
combat [kɔ̃ba] nm fight ; fighting q ; ~ **de boxe** boxing match ; ~ **de rues** street fighting q.
combatif, ive [kɔ̃batif, -iv] a of a fighting spirit.
combattant [kɔ̃batɑ̃] nm combatant ; (d'une rixe) brawler ; **ancien** ~ war veteran.
combattre [kɔ̃batr(ə)] vt to fight ; (épidémie, ignorance) to combat, fight against.
combien [kɔ̃bjɛ̃] ad (quantité) how much ; (nombre) how many ; (exclamatif) how ; ~ **de** how much ; how many ; ~ **de temps** how long, how much time ; ~ **coûte/pèse ceci?** how much does this cost/weigh?
combinaison [kɔ̃binɛzɔ̃] nf combination ; (astuce) device, scheme ; (de femme) slip ; (d'aviateur) flying suit ; (d'homme-grenouille) wetsuit ; (bleu de travail) boilersuit.
combine [kɔ̃bin] nf trick ; (péj) scheme, fiddle.
combiné [kɔ̃bine] nm (aussi: ~ **téléphonique**) receiver.
combiner [kɔ̃bine] vt to combine ; (plan, horaire) to work out, devise.
comble [kɔ̃bl(ə)] a (salle) packed (full) // nm (du bonheur, plaisir) height ; ~**s** nmpl (CONSTR) attic sg, loft sg ; **c'est le** ~! that beats everything!, that takes the biscuit!
combler [kɔ̃ble] vt (trou) to fill in ; (besoin, lacune) to fill ; (déficit) to make good ; (satisfaire) to gratify, fulfil ; ~ **qn de joie** to fill sb with joy ; ~ **qn d'honneurs** to shower sb with honours.
combustible [kɔ̃bystibl(ə)] a combustible // nm fuel.
combustion [kɔ̃bystjɔ̃] nf combustion.
comédie [kɔmedi] nf comedy ; (fig) playacting q ; ~ **musicale** musical ; **comédien, ne** nm/f actor/actress ; (comique) comedy actor/actress, comedian/comedienne ; (fig) sham.
comestible [kɔmɛstibl(ə)] a edible.
comète [kɔmɛt] nf comet.
comique [kɔmik] a (drôle) comical ; (THÉÂTRE) comic // nm (artiste) comic,

comedian; **le** ～ **de qch** the funny *ou* comical side of sth.

comité [kɔmite] *nm* committee; ～ **d'entreprise** work's council.

commandant [kɔmɑ̃dɑ̃] *nm* (*gén*) commander, commandant; (*MIL: grade*) major; (*armée de l'air*) squadron leader; (*NAVIG, AVIAT*) captain.

commande [kɔmɑ̃d] *nf* (*COMM*) order; ～**s** *nfpl* (*AVIAT etc*) controls; **passer une** ～ (**de**) to put in an order (for); **sur** ～ to order; ～ **à distance** remote control.

commandement [kɔmɑ̃dmɑ̃] *nm* command; (*ordre*) command, order; (*REL*) commandment.

commander [kɔmɑ̃de] *vt* (*COMM*) to order; (*diriger, ordonner*) to command; ～ **à** (*MIL*) to command; (*contrôler, maîtriser*) to have control over; ～ **à qn de faire** to command *ou* order sb to do.

commanditaire [kɔmɑ̃ditɛʀ] *nm* sleeping partner.

commandite [kɔmɑ̃dit] *nf*: (**société en**) ～ limited partnership.

commando [kɔmɑ̃do] *nm* commando (squad).

comme [kɔm] *prép* like; (*en tant que*) as // *cj* as; (*parce que, puisque*) as, since // *ad*: ～ **il est fort/c'est bon!** how strong he is/good it is!; **faites-le** ～ **cela** *ou* **ça** do it like this *ou* this way; ～ **ci** ～ **ça** so-so, middling; **joli** ～ **tout** ever so pretty.

commémoration [kɔmemɔʀɑsjɔ̃] *nf* commemoration.

commémorer [kɔmemɔʀe] *vt* to commemorate.

commencement [kɔmɑ̃smɑ̃] *nm* beginning; start; commencement; ～**s** (*débuts*) beginnings.

commencer [kɔmɑ̃se] *vt* to begin, start, commence; (*être placé au début de*) to begin // *vi* to begin, start, commence; ～ **à** *ou* **de faire** to begin *ou* start doing.

commensal, e, aux [kɔmɑ̃sal, -o] *nm/f* companion at table.

comment [kɔmɑ̃] *ad* how; ～**?** (*que dites-vous*) (I beg your) pardon?

commentaire [kɔmɑ̃tɛʀ] *nm* comment; remark; ～ (**de texte**) (*SCOL*) commentary.

commentateur, trice [kɔmɑ̃tatœʀ, -tris] *nm/f* commentator.

commenter [kɔmɑ̃te] *vt* (*jugement, événement*) to comment (up)on; (*RADIO, TV: match, manifestation*) to cover, give a commentary on.

commérages [kɔmeʀaʒ] *nmpl* gossip *sg*.

commerçant, e [kɔmɛʀsɑ̃, -ɑ̃t] *a* commercial; shopping; trading; commercially shrewd // *nm/f* shopkeeper, trader.

commerce [kɔmɛʀs(ə)] *nm* (*activité*) trade, commerce; (*boutique*) business; **le petit** ～ small shopowners *pl*, small traders *pl*; **faire** ～ **de** to trade in; (*fig: péj*) to trade on; **vendu dans le** ～ sold in the shops; **vendu hors-**～ sold directly to the public; **commercial, e, aux** *a* commercial, trading; (*péj*) commercial; **commercialiser** *vt* to market.

commère [kɔmɛʀ] *nf* gossip.

commettre [kɔmɛtʀ(ə)] *vt* to commit.

commis [kɔmi] *nm* (*de magasin*) (shop) assistant; (*de banque*) clerk; ～ **voyageur** commercial traveller.

commisération [kɔmizeʀɑsjɔ̃] *nf* commiseration.

commissaire [kɔmisɛʀ] *nm* (*de police*) ≈ (police) superintendent; (*de rencontre sportive etc*) steward; ～**-priseur** *nm* auctioneer.

commissariat [kɔmisaʀja] *nm* police station; (*ADMIN*) commissionership.

commission [kɔmisjɔ̃] *nf* (*comité, pourcentage*) commission; (*message*) message; (*course*) errand; ～**s** *nfpl* (*achats*) shopping *sg*; **commissionnaire** *nm* delivery boy (*ou* man); messenger.

commissure [kɔmisyʀ] *nf*: **les** ～**s des lèvres** the corners of the mouth.

commode [kɔmɔd] *a* (*pratique*) convenient, handy; (*facile*) easy; (*air, personne*) easy-going; (*personne*): **pas** ～ awkward (to deal with) // *nf* chest of drawers; **commodité** *nf* convenience.

commotion [kɔmɔsjɔ̃] *nf*: ～ (**cérébrale**) concussion; **commotionné, e** *a* shocked, shaken.

commuer [kɔmɥe] *vt* to commute.

commun, e [kɔmœ̃, -yn] *a* common; (*pièce*) communal, shared; (*réunion, effort*) joint // *nf* (*ADMIN*) commune, ≈ district; (: *urbaine*) ≈ borough; ～**s** *nmpl* (*bâtiments*) outbuildings; **cela sort du** ～ it's out of the ordinary; **le** ～ **des mortels** the common run of people; **en** ～ (*faire*) jointly; **mettre en** ～ to pool, share; **communal, e, aux** *a* (*ADMIN*) of the commune, ≈ (district *ou* borough) council *cpd*.

communauté [kɔmynote] *nf* community; (*JUR*): **régime de la** ～ communal estate settlement.

commune [kɔmyn] *a, nf voir* **commun**.

communiant, e [kɔmynjɑ̃, -ɑ̃t] *nm/f* communicant; **premier** ～ child taking his first communion.

communicatif, ive [kɔmynikatif, -iv] *a* (*personne*) communicative; (*rire*) infectious.

communication [kɔmynikasjɔ̃] *nf* communication; ～ (**téléphonique**) (telephone) call; **vous avez la** ～ this is your call, you're through; **donnez-moi la** ～ **avec** put me through to; ～ **interurbaine** trunk call; ～ **en PCV** reverse charge call.

communier [kɔmynje] *vi* (*REL*) to receive communion; (*fig*) to be united.

communion [kɔmynjɔ̃] *nf* communion.

communiqué [kɔmynike] *nm* communiqué.

communiquer [kɔmynike] *vt* (*nouvelle, dossier*) to pass on, convey; (*maladie*) to pass on; (*peur etc*) to communicate; (*chaleur, mouvement*) to transmit // *vi* to communicate; **se** ～ **à** (*se propager*) to spread to.

communisme [kɔmynism(ə)] *nm* communism; **communiste** *a, nm/f* communist.

commutateur [kɔmytatœʀ] *nm* (*ÉLEC*) (change-over) switch, commutator.

compact, e [kɔ̃pakt] *a* dense; compact.
compagne [kɔ̃paɲ] *nf* companion.
compagnie [kɔ̃paɲi] *nf* (*firme*, MIL) company; (*groupe*) gathering; (*présence*): **la ~ de qn** sb's company; **tenir ~ à qn** to keep sb company; **fausser ~ à** to give sb the slip, slip *ou* sneak away from sb; **en ~ de** in the company of; **Dupont et ~, Dupont et Cie** Dupont and Company, Dupont and Co.
compagnon [kɔ̃paɲɔ̃] *nm* companion; (*autrefois: ouvrier*) craftsman; journeyman.
comparable [kɔ̃paʀabl(ə)] *a*: **~ (à)** comparable (to).
comparaison [kɔ̃paʀɛzɔ̃] *nf* comparison; (*métaphore*) simile.
comparaître [kɔ̃paʀɛtʀ(ə)] *vi*: **~ (devant)** to appear (before).
comparatif, ive [kɔ̃paʀatif, -iv] *a* comparative.
comparé, e [kɔ̃paʀe] *a*: **littérature** *etc* **~e** comparative literature *etc.*
comparer [kɔ̃paʀe] *vt* to compare; **~ qch/qn à** *ou* **et** (*pour choisir*) to compare sth/sb with *ou* and; (*pour établir une similitude*) to compare sth/sb to.
comparse [kɔ̃paʀs(ə)] *nm/f* (*péj*) associate, stooge.
compartiment [kɔ̃paʀtimɑ̃] *nm* compartment; **compartimenté, e** *a* partitioned; (*fig*) compartmentalized.
comparution [kɔ̃paʀysjɔ̃] *nf* appearance.
compas [kɔ̃pa] *nm* (GÉOM) (pair of) compasses *pl*; (NAVIG) compass.
compassé, e [kɔ̃pase] *a* starchy, formal.
compassion [kɔ̃pasjɔ̃] *nf* compassion.
compatible [kɔ̃patibl(ə)] *a* compatible.
compatir [kɔ̃patiʀ] *vi*: **~ (à)** to sympathize (with).
compatriote [kɔ̃patʀijɔt] *nm/f* compatriot.
compensation [kɔ̃pɑ̃sɑsjɔ̃] *nf* compensation; (BANQUE) clearing.
compenser [kɔ̃pɑ̃se] *vt* to compensate for, make up for.
compère [kɔ̃pɛʀ] *nm* accomplice.
compétence [kɔ̃petɑ̃s] *nf* competence.
compétent, e [kɔ̃petɑ̃, -ɑ̃t] *a* (*apte*) competent, capable; (JUR) competent.
compétition [kɔ̃petisjɔ̃] *nf* (*gén*) competition; (SPORT: *épreuve*) event; **la ~ automobile** competitive sport; **la ~** motor racing.
compiler [kɔ̃pile] *vt* to compile.
complainte [kɔ̃plɛ̃t] *nf* lament.
complaire [kɔ̃plɛʀ]: **se ~** *vi*: **se ~ dans/parmi** to take pleasure in/in being among.
complaisance [kɔ̃plɛzɑ̃s] *nf* kindness; (*péj*) indulgence; **attestation de ~** certificate produced to oblige a patient *etc*; **pavillon de ~** flag of convenience.
complaisant, e [kɔ̃plɛzɑ̃, -ɑ̃t] *a* (*aimable*) kind; obliging; (*péj*) over-obliging, indulgent.
complément [kɔ̃plemɑ̃] *nm* complement; supplement; remainder; (LING) complement; **~ d'information** (ADMIN) supplementary *ou* further information; **~ d'agent** agent; **~ (d'objet) direct/indirect** direct/indirect object; **~**

(*circonstanciel*) **de lieu/temps** adverbial phrase of place/time; **~ de nom** possessive phrase; **complémentaire** *a* complementary; (*additionnel*) supplementary.
complet, ète [kɔ̃plɛ, -ɛt] *a* complete; (*plein*: *hôtel etc*) full // *nm* (*aussi*: **~-veston**) suit; **compléter** *vt* (*porter à la quantité voulue*) to complete; (*augmenter*) to complement, supplement; to add to; **se compléter** *vt réciproque* (*personnes*) to complement one another // *vi* (*collection etc*) to be building up.
complexe [kɔ̃plɛks(ə)] *a* a complex // *nm* (PSYCH) complex, hang-up; (*bâtiments*): **~ hospitalier** hospital complex; **complexé, e** *a* mixed-up, hung-up; **complexité** *nf* complexity.
complication [kɔ̃plikɑsjɔ̃] *nf* complexity, intricacy; (*difficulté, ennui*) complication.
complice [kɔ̃plis] *nm* accomplice; **complicité** *nf* complicity.
compliment [kɔ̃plimɑ̃] *nm* (*louange*) compliment; **~s** *nmpl* (*félicitations*) congratulations; **complimenter qn (sur** *ou* **de)** to congratulate *ou* compliment sb (on).
compliqué, e [kɔ̃plike] *a* complicated, complex, intricate; (*personne*) complicated.
compliquer [kɔ̃plike] *vt* to complicate; **se ~** *vi* (*situation*) to become complicated; **se ~ la vie** to make life difficult *ou* complicated for o.s.
complot [kɔ̃plo] *nm* plot; **comploter** *vi, vt* to plot.
comportement [kɔ̃pɔʀtəmɑ̃] *nm* behaviour; (TECH: *d'une pièce, d'un véhicule*) behaviour, performance.
comporter [kɔ̃pɔʀte] *vt* to be composed of, consist of, comprise; (*être équipé de*) to have; (*impliquer*) to entail, involve; **se ~** *vi* to behave; (TECH) to behave, perform.
composant [kɔ̃pozɑ̃] *nm* component, constituent.
composante [kɔ̃pozɑ̃t] *nf* component.
composé, e [kɔ̃poze] *a* (*visage, air*) studied; (BIO, CHIMIE, LING) compound // *nm* (CHIMIE, LING) compound.
composer [kɔ̃poze] *vt* (*musique, texte*) to compose; (*mélange, équipe*) to make up; (*faire partie de*) to make up, form; (TYPO) to set // *vi* (SCOL) to sit *ou* do a test; (*transiger*) to come to terms; **se ~ de** to be composed of, be made up of; **~ un numéro** (*au téléphone*) to dial a number.
composite [kɔ̃pozit] *a* heterogeneous.
compositeur, trice [kɔ̃pozitœʀ, -tʀis] *nm/f* (MUS) composer; (TYPO) compositor, typesetter.
composition [kɔ̃pozisjɔ̃] *nf* composition; (SCOL) test; (TYPO) typesetting, composition; **de bonne ~** (*accommodant*) easy to deal with; **amener qn à ~** to get sb to come to terms.
composter [kɔ̃pɔste] *vt* to date stamp; to punch; **composteur** *nm* date stamp; punch; (TYPO) composing stick.
compote [kɔ̃pɔt] *nf* stewed fruit *q*; **~ de pommes** stewed apples; **compotier** *nm* fruit dish *ou* bowl.
compréhensible [kɔ̃pʀeɑ̃sibl(ə)] *a* comprehensible; (*attitude*) understandable.

compréhensif, ive [kɔ̃pʀeɑ̃sif, -iv] *a* understanding.

compréhension [kɔ̃pʀeɑ̃sjɔ̃] *nf* understanding ; comprehension.

comprendre [kɔ̃pʀɑ̃dʀ(ə)] *vt* to understand ; (*se composer de*) to comprise, consist of.

compresse [kɔ̃pʀɛs] *nf* compress.

compresseur [kɔ̃pʀɛsœʀ] *am voir* **rouleau.**

compression [kɔ̃pʀɛsjɔ̃] *nf* compression ; reduction.

comprimé, e [kɔ̃pʀime] *a:* **air ~** compressed air // *nm* tablet.

comprimer [kɔ̃pʀime] *vt* to compress ; (*fig: crédit etc*) to reduce, cut down.

compris, e [kɔ̃pʀi, -iz] *pp de* **comprendre** // *a* (*inclus*) included ; **~ entre** (*situé*) contained between ; **la maison ~e/non ~e, y/non ~ la maison** including/excluding the house ; **service ~** service (charge) included ; **100 F tout ~** 100 F all inclusive *ou* all-in.

compromettre [kɔ̃pʀɔmɛtʀ(ə)] *vt* to compromise.

compromis [kɔ̃pʀɔmi] *nm* compromise.

compromission [kɔ̃pʀɔmisjɔ̃] *nf* compromise, deal.

comptabilité [kɔ̃tabilite] *nf* (*activité, technique*) accounting, accountancy ; (*d'une société: comptes*) accounts *pl*, books *pl* ; (: *service*) accounts office *ou* department.

comptable [kɔ̃tabl(ə)] *nm/f* accountant // *a* accounts *cpd*, accounting.

comptant [kɔ̃tɑ̃] *ad:* **payer ~** to pay cash ; **acheter ~** to buy for cash.

compte [kɔ̃t] *nm* count, counting ; (*total, montant*) count, (right) number ; (*bancaire, facture*) account ; **~s** *nmpl* accounts, books ; (*fig*) explanation *sg* ; **faire le ~ de** to count up, make a count of ; **en fin de ~** (*fig*) all things considered, weighing it all up ; **à bon ~** at a favourable price ; (*fig*) lightly ; **avoir son ~** (*fig: fam*) to have had it ; **pour le ~ de** on behalf of ; **travailler à son ~** to work for oneself ; **rendre ~** (**à qn**) **de qch** to give (sb) an account of sth ; **~ chèques postaux (C.C.P.)** ≈ (Post Office) Giro account ; **~ courant** current account ; **~ de dépôt** deposit account ; **~ à rebours** countdown.

compte-gouttes [kɔ̃tgut] *nm inv* dropper.

compter [kɔ̃te] *vt* to count ; (*facturer*) to charge for ; (*avoir à son actif, comporter*) to have ; (*prévoir*) to allow, reckon ; (*espérer*): **~ réussir/revenir** to expect to succeed/return // *vi* to count ; (*être économe*) to economize ; (*être non négligeable*) to count, matter ; (*valoir*): **~ pour** to count for ; (*figurer*): **~ parmi** to be *ou* rank among ; **~ sur** *vt* to count (up)on ; **~ avec qch/qn** to reckon with *ou* take account of sth/sb ; **sans ~ que** besides which ; **à ~ du 10 janvier** (COMM) (as) from 10th January.

compte-rendu [kɔ̃tʀɑ̃dy] *nm* account, report ; (*de film, livre*) review.

compte-tours [kɔ̃ttuʀ] *nm inv* rev(olution) counter.

compteur [kɔ̃tœʀ] *nm* meter ; **~ de vitesse** speedometer.

comptine [kɔ̃tin] *nf* nursery rhyme.

comptoir [kɔ̃twaʀ] *nm* (*de magasin*) counter ; (*de café*) counter, bar ; (*colonial*) trading post.

compulser [kɔ̃pylse] *vt* to consult.

comte, comtesse [kɔ̃t, kɔ̃tɛs] *nm/f* count/countess.

con, ne [kɔ̃, kɔn] *a* (*fam!*) bloody stupid (!).

concave [kɔ̃kav] *a* concave.

concéder [kɔ̃sede] *vt* to grant ; (*défaite, point*) to concede ; **~ que** to concede that.

concentration [kɔ̃sɑ̃tʀɑsjɔ̃] *nf* concentration.

concentrationnaire [kɔ̃sɑ̃tʀɑsjɔnɛʀ] *a* of *ou* in concentration camps.

concentré [kɔ̃sɑ̃tʀe] *nm* concentrate.

concentrer [kɔ̃sɑ̃tʀe] *vt* to concentrate ; **se ~** to concentrate.

concentrique [kɔ̃sɑ̃tʀik] *a* concentric.

concept [kɔ̃sɛpt] *nm* concept.

conception [kɔ̃sɛpsjɔ̃] *nf* conception.

concerner [kɔ̃sɛʀne] *vt* to concern ; **en ce qui me concerne** as far as I am concerned ; **en ce qui concerne ceci** as far as this is concerned, with regard to this.

concert [kɔ̃sɛʀ] *nm* concert ; **de ~** *ad* in unison ; together.

concerter [kɔ̃sɛʀte] *vt* to devise ; **se ~** (*collaborateurs etc*) to put one's heads together, consult (each other).

concertiste [kɔ̃sɛʀtist(ə)] *nm/f* concert artist.

concerto [kɔ̃sɛʀto] *nm* concerto.

concession [kɔ̃sesjɔ̃] *nf* concession.

concessionnaire [kɔ̃sesjɔnɛʀ] *nm/f* agent, dealer.

concevoir [kɔ̃svwaʀ] *vt* (*idée, projet*) to conceive (of) ; (*méthode, plan d'appartement, décoration etc*) to plan, devise ; (*enfant*) to conceive ; **appartement bien-/mal conçu** well-/badly-designed *ou* -planned flat.

concierge [kɔ̃sjɛʀʒ(ə)] *nm/f* caretaker.

concile [kɔ̃sil] *nm* council, synod.

conciliabules [kɔ̃siljabyl] *nmpl* (*private*) discussions, confabulations.

conciliation [kɔ̃siljɑsjɔ̃] *nf* conciliation.

concilier [kɔ̃silje] *vt* to reconcile ; **se ~ qn/l'appui de qn** to win sb over/sb's support.

concis, e [kɔ̃si, -iz] *a* concise ; **concision** *nf* concision, conciseness.

concitoyen, ne [kɔ̃sitwajɛ̃, -jɛn] *nm/f* fellow citizen.

conclave [kɔ̃klav] *nm* conclave.

concluant, e [kɔ̃klyɑ̃, -ɑ̃t] *a* conclusive.

conclure [kɔ̃klyʀ] *vt* to conclude ; **~ à l'acquittement** to decide in favour of an acquittal ; **~ au suicide** to come to the conclusion (*ou* JUR) to pronounce) that it is a case of suicide.

conclusion [kɔ̃klyzjɔ̃] *nf* conclusion ; **~s** *nfpl* (JUR) submissions ; findings.

conçois *etc vb voir* **concevoir.**

concombre [kɔ̃kɔ̃bʀ(ə)] *nm* cucumber.

concordance [kɔ̃kɔʀdɑ̃s] *nf* concordance ; **la ~ des temps** (LING) the sequence of tenses.

concorde [kɔ̃kɔʀd(ə)] *nf* concord.

concorder [kɔ̃kɔʀde] *vi* to tally, agree.
concourir [kɔ̃kuʀiʀ] *vi* (*SPORT*) to compete ; ~ **à** *vt* (*effet etc*) to work towards.
concours [kɔ̃kuʀ] *nm* competition ; (*SCOL*) competitive examination ; (*assistance*) aid, help ; **recrutement par voie de** ~ recruitment by (competitive) examination ; ~ **de circonstances** combination of circumstances ; ~ **hippique** horse show.
concret, ète [kɔ̃kʀɛ, -ɛt] *a* concrete.
concrétiser [kɔ̃kʀetize] *vt* (*plan, projet*) to put in concrete form ; **se** ~ *vi* to materialize.
conçu, e [kɔ̃sy] *pp de* **concevoir**.
concubinage [kɔ̃kybinaʒ] *nm* (*JUR*) cohabitation.
concupiscence [kɔ̃kypisɑ̃s] *nf* concupiscence.
concurremment [kɔ̃kyʀamɑ̃] *ad* concurrently ; jointly.
concurrence [kɔ̃kyʀɑ̃s] *nf* competition ; **jusqu'à** ~ **de** up to ; ~ **déloyale** unfair competition.
concurrent, e [kɔ̃kyʀɑ̃, -ɑ̃t] *a* competing // *nm/f* (*SPORT, ÉCON etc*) competitor ; (*SCOL*) candidate.
condamnation [kɔ̃danasjɔ̃] *nf* condemnation ; sentencing ; sentence ; conviction ; ~ **à mort** death sentence.
condamner [kɔ̃dane] *vt* (*blâmer*) to condemn ; (*JUR*) to sentence ; (*porte, ouverture*) to fill in, block up ; (*obliger*): ~ **qn à qch/faire** to condemn sb to sth/to do ; ~ **qn à 2 ans de prison** to sentence sb to 2 years' imprisonment ; ~ **qn à une amende** to impose a fine on sb, request sb to pay a fine.
condensateur [kɔ̃dɑ̃satœʀ] *nm* condenser.
condensation [kɔ̃dɑ̃sasjɔ̃] *nf* condensation.
condensé [kɔ̃dɑ̃se] *nm* digest.
condenser [kɔ̃dɑ̃se] *vt*, **se** ~ *vi* to condense.
condescendre [kɔ̃desɑ̃dʀ(ə)] *vi*: ~ **à** to condescend to.
condiment [kɔ̃dimɑ̃] *nm* condiment.
condisciple [kɔ̃disipl(ə)] *nm/f* school fellow, fellow student.
condition [kɔ̃disjɔ̃] *nf* condition ; ~**s** *nfpl* (*tarif, prix*) terms ; (*circonstances*) conditions ; **sans** ~ a unconditional // *ad* unconditionally ; **sous** ~ **que** on condition that ; **à** ~ **de/que** provided that ; **conditionnel, le** a conditional // *nm* conditional (tense) ; **conditionner** *vt* (*déterminer*) to determine ; (*COMM: produit*) to package ; (*fig: personne*) to condition ; **air conditionné** air conditioning ; **réflexe conditionné** conditioned reflex.
condoléances [kɔ̃dɔleɑ̃s] *nfpl* condolences.
conducteur, trice [kɔ̃dyktœʀ, -tʀis] *a* (*ÉLEC*) conducting // *nm/f* driver // *nm* (*ÉLEC etc*) conductor.
conduire [kɔ̃dɥiʀ] *vt* (*véhicule, passager*) to drive ; (*délégation, troupeau*) to lead ; **se** ~ *vi* to behave ; ~ **vers/à** to lead towards/to ; ~ **qn quelque part** to take sb somewhere ; to drive sb somewhere.

conduit [kɔ̃dɥi] *nm* (*TECH*) conduit, pipe ; (*ANAT*) duct, canal.
conduite [kɔ̃dɥit] *nf* (*en auto*) driving ; (*comportement*) behaviour ; (*d'eau, de gaz*) pipe ; **sous la** ~ **de** led by ; ~ **forcée** pressure pipe ; ~ **à gauche** left-hand drive ; ~ **intérieure** saloon (car).
cône [kon] *nm* cone.
confection [kɔ̃fɛksjɔ̃] *nf* (*fabrication*) making ; (*COUTURE*): **la** ~ the clothing industry, the rag trade ; **vêtement de** ~ ready-to-wear *ou* off-the-peg garment.
confectionner [kɔ̃fɛksjɔne] *vt* to make.
confédération [kɔ̃federasjɔ̃] *nf* confederation.
conférence [kɔ̃feʀɑ̃s] *nf* (*exposé*) lecture ; (*pourparlers*) conference ; ~ **de presse** press conference ; **conférencier, ère** *nm/f* lecturer.
conférer [kɔ̃feʀe] *vt*: ~ **à qn** (*titre, grade*) to confer on sb ; ~ **à qch/qn** (*aspect etc*) to endow sb/sth with, give (to) sth/sb.
confesser [kɔ̃fese] *vt* to confess ; **se** ~ (*REL*) to go to confession ; **confesseur** *nm* confessor.
confession [kɔ̃fesjɔ̃] *nf* confession ; (*culte: catholique etc*) denomination ; **confessionnal, aux** *nm* confessional ; **confessionnel, le** a denominational.
confetti [kɔ̃feti] *nm* confetti *q*.
confiance [kɔ̃fjɑ̃s] *nf* confidence, trust ; faith ; **avoir** ~ **en** to have confidence *ou* faith in, trust ; **mettre qn en** ~ to win sb's trust ; ~ **en soi** self-confidence.
confiant, e [kɔ̃fjɑ̃, -ɑ̃t] *a* confident ; trusting.
confidence [kɔ̃fidɑ̃s] *nf* confidence.
confident, e [kɔ̃fidɑ̃, -ɑ̃t] *nm/f* confidant/confidante.
confidentiel, le [kɔ̃fidɑ̃sjɛl] *a* confidential.
confier [kɔ̃fje] *vt*: ~ **à qn** (*objet en dépôt, travail etc*) to entrust to sb ; (*secret, pensée*) to confide to sb ; **se** ~ **à qn** to confide in sb.
configuration [kɔ̃figyʀasjɔ̃] *nf* configuration, layout.
confiné, e [kɔ̃fine] *a* enclosed ; stale.
confiner [kɔ̃fine] *vt*: **se** ~ **dans** *ou* **à** to confine o.s. to ; ~ **à** *vt* to confine to.
confins [kɔ̃fɛ̃] *nmpl*: **aux** ~ **de** on the borders of.
confirmation [kɔ̃fiʀmasjɔ̃] *nf* confirmation.
confirmer [kɔ̃fiʀme] *vt* to confirm.
confiscation [kɔ̃fiskasjɔ̃] *nf* confiscation.
confiserie [kɔ̃fizʀi] *nf* (*magasin*) confectioner's *ou* sweet shop ; ~**s** *nfpl* (*bonbons*) confectionery *sg*, sweets ; **confiseur, euse** *nm/f* confectioner.
confisquer [kɔ̃fiske] *vt* to confiscate.
confit, e [kɔ̃fi, -it] *a*: **fruits** ~**s** crystallized fruits // *nm*: ~ **d'oie** conserve of goose.
confiture [kɔ̃fityʀ] *nf* jam ; ~ **d'oranges** (orange) marmalade.
conflit [kɔ̃fli] *nm* conflict.
confluent [kɔ̃flyɑ̃] *nm* confluence.
confondre [kɔ̃fɔ̃dʀ(ə)] *vt* (*jumeaux, faits*) to confuse, mix up ; (*témoin, menteur*) to confound ; **se** ~ *vi* to merge ; **se en**

excuses to offer profuse apologies, apologize profusely.

confondu, e [kɔ̃fɔ̃dy] *a* (*stupéfait*) speechless, overcome.

conformation [kɔ̃fɔrmɑsjɔ̃] *nf* conformation.

conforme [kɔ̃fɔrm(ə)] *a*: ~ à in accordance with ; in keeping with ; true to.

conformé, e [kɔ̃fɔrme] *a*: **bien** ~ well-formed.

conformer [kɔ̃fɔrme] *vt*: ~ qch à to model sth on ; **se** ~ **à** to conform to ; **conformisme** *nm* conformity ; **conformiste** *a, nm/f* conformist.

conformité [kɔ̃fɔrmite] *nf* conformity ; agreement ; **en** ~ **avec** in accordance with ; in keeping with.

confort [kɔ̃fɔr] *nm* comfort ; **tout** ~ (*COMM*) with all mod cons ; **confortable** *a* comfortable.

confrère [kɔ̃frɛr] *nm* colleague ; fellow member ; **confrérie** *nf* brotherhood.

confrontation [kɔ̃frɔ̃tɑsjɔ̃] *nf* confrontation.

confronté, e [kɔ̃frɔ̃te] *a*: ~ **à** confronted by, facing.

confronter [kɔ̃frɔ̃te] *vt* to confront ; (*textes*) to compare, collate.

confus, e [kɔ̃fy, -yz] *a* (*vague*) confused ; (*embarrassé*) embarrassed.

confusion [kɔ̃fyzjɔ̃] *nf* (*voir confus*) confusion ; embarrassment ; (*voir confondre*) confusion ; mixing up ; (*erreur*) confusion.

congé [kɔ̃ʒe] *nm* (*vacances*) holiday ; (*arrêt de travail*) time off *q* ; leave *q* ; (*MIL*) leave *q* ; (*avis de départ*) notice ; **en** ~ on holiday ; off (work) ; on leave ; **semaine/jour de** ~ week/day off ; **prendre** ~ **de qn** to take one's leave of sb ; **donner son** ~ **à** to hand ou give in one's notice to ; ~ **de maladie** sick leave ; ~**s payés** paid holiday.

congédier [kɔ̃ʒedje] *vt* to dismiss.

congélateur [kɔ̃ʒelatœr] *nm* freezer, deep freeze.

congeler [kɔ̃ʒle] *vt* to freeze.

congénère [kɔ̃ʒenɛr] *nm/f* fellow (bear ou lion etc), fellow creature.

congénital, e, aux [kɔ̃ʒenital, -o] *a* congenital.

congère [kɔ̃ʒɛr] *nf* snowdrift.

congestion [kɔ̃ʒɛstjɔ̃] *nf* congestion ; ~ **cérébrale** stroke ; ~ **pulmonaire** congestion of the lungs.

congestionner [kɔ̃ʒɛstjɔne] *vt* to congest ; (*MED*) to flush.

congratuler [kɔ̃gratyle] *vt* to congratulate.

congre [kɔ̃gr(ə)] *nm* conger (eel).

congrégation [kɔ̃gregɑsjɔ̃] *nf* (*REL*) congregation ; (*gén*) assembly ; gathering.

congrès [kɔ̃grɛ] *nm* congress.

congru, e [kɔ̃gry] *a*: **la portion** ~**e** the smallest ou meanest share.

conifère [kɔnifɛr] *nm* conifer.

conique [kɔnik] *a* conical.

conjecture [kɔ̃ʒɛktyr] *nf* conjecture, speculation *q*.

conjecturer [kɔ̃ʒɛktyre] *vt, vi* to conjecture.

conjoint, e [kɔ̃ʒwɛ̃, -wɛ̃t] *a* joint // *nm/f* spouse.

conjonctif, ive [kɔ̃ʒɔ̃ktif, -iv] *a*: **tissu** ~ connective tissue.

conjonction [kɔ̃ʒɔ̃ksjɔ̃] *nf* (*LING*) conjunction.

conjonctivite [kɔ̃ʒɔ̃ktivit] *nf* conjunctivitis.

conjoncture [kɔ̃ʒɔ̃ktyr] *nf* circumstances *pl* ; **la** ~ (**économique**) the economic climate ou circumstances.

conjugaison [kɔ̃ʒygɛzɔ̃] *nf* (*LING*) conjugation.

conjugal, e, aux [kɔ̃ʒygal, -o] *a* conjugal ; married.

conjuguer [kɔ̃ʒyge] *vt* (*LING*) to conjugate ; (*efforts etc*) to combine.

conjuration [kɔ̃ʒyrɑsjɔ̃] *nf* conspiracy.

conjuré, e [kɔ̃ʒyre] *nm/f* conspirator.

conjurer [kɔ̃ʒyre] *vt* (*sort, maladie*) to avert ; ~ **qn de faire qch** to beseech ou entreat sb to do sth.

connaissance [kɔnɛsɑ̃s] *nf* (*savoir*) knowledge *q* ; (*personne connue*) acquaintance ; (*conscience, perception*) consciousness ; **être sans** ~ to be unconscious ; **perdre** ~ to lose consciousness ; **à ma/sa** ~ to (the best of) my/his knowledge ; **avoir** ~ **de** to be aware of ; **prendre** ~ **de** (*document etc*) to peruse ; **en** ~ **de cause** with full knowledge of the facts.

connaisseur, euse [kɔnɛsœr, -øz] *nm/f* connoisseur // *a* expert.

connaître [kɔnɛtr(ə)] *vt* to know ; (*éprouver*) to experience ; (*avoir*) to have ; to enjoy ; ~ **de nom/vue** to know by name/sight ; **ils se sont connus à Genève** they (first) met in Geneva.

connecter [kɔnɛkte] *vt* to connect.

connexe [kɔnɛks(ə)] *a* closely related.

connexion [kɔnɛksjɔ̃] *nf* connection.

connu, e [kɔny] *a* (*célèbre*) well-known.

conquérant, e [kɔ̃kerɑ̃, -ɑ̃t] *nm/f* conqueror.

conquérir [kɔ̃kerir] *vt* to conquer, win ; **conquête** *nf* conquest.

consacrer [kɔ̃sakre] *vt* (*REL*) : ~ **qch (à)** to consecrate sth (to) ; (*fig: usage etc*) to sanction, establish ; (*employer*) : ~ **qch à** to devote ou dedicate sth to ; **se** ~ **à qch/faire** to dedicate ou devote o.s. to/to doing.

consanguin, e [kɔ̃sɑ̃gɛ̃, -in] *a* between blood relations.

conscience [kɔ̃sjɑ̃s] *nf* conscience ; (*perception*) consciousness ; **avoir/prendre** ~ **de** to be/become aware of ; **perdre** ~ to lose consciousness ; **avoir bonne/mauvaise** ~ to have a clear/guilty conscience ; **professionnelle** professional conscience ; **consciencieux, euse** *a* conscientious ; **conscient, e** *a* conscious ; **conscient de** aware ou conscious of.

conscription [kɔ̃skripsjɔ̃] *nf* conscription.

conscrit [kɔ̃skri] *nm* conscript.

consécration [kɔ̃sekrɑsjɔ̃] *nf* consecration.

consécutif, ive [kɔ̃sekytif, -iv] *a* consecutive ; ~ **à** following upon.

conseil [kɔ̃sɛj] *nm* (*avis*) piece of advice, advice *q* ; (*assemblée*) council ; (*expert*): ~ **en recrutement** recruitment consultant // **à: ingénieur-~** consulting engineer, engineering consultant ; **tenir** ~ to hold a meeting ; to deliberate ; **prendre** ~ (**auprès de qn**) to take advice (from sb) ; ~ **d'administration** board (of directors) ; ~ **de discipline** disciplinary committee ; ~ **de guerre** court-martial ; **le** ~ **des ministres** ≈ the Cabinet ; ~ **municipal** town council.

conseiller [kɔ̃seje] *vt* (*personne*) to advise ; (*méthode, action*) to recommend, advise.

conseiller, ère [kɔ̃seje, kɔ̃sɛjɛʀ] *nm/f* adviser ; ~ **matrimonial** marriage guidance counsellor ; ~ **municipal** town councillor.

consentement [kɔ̃sɑ̃tmɑ̃] *nm* consent.

consentir [kɔ̃sɑ̃tiʀ] *vt*: ~ (**à qch/faire**) to agree *ou* consent (to sth/to doing) ; ~ **qch à qn** to grant sb sth.

conséquence [kɔ̃sekɑ̃s] *nf* consequence, outcome ; ~**s** *nfpl* consequences, repercussions ; **en** ~ (*donc*) consequently ; (*de façon appropriée*) accordingly ; **ne pas tirer à** ~ to be unlikely to have any repercussions.

conséquent, e [kɔ̃sekɑ̃, -ɑ̃t] *a* logical, rational ; **par** ~ consequently.

conservateur, trice [kɔ̃sɛʀvatœʀ, -tʀis] *a* conservative // *nm/f* (*POL*) conservative ; (*de musée*) curator.

conservation [kɔ̃sɛʀvɑsjɔ̃] *nf* preserving ; preservation ; retention ; keeping.

conservatoire [kɔ̃sɛʀvatwaʀ] *nm* academy.

conserve [kɔ̃sɛʀv(ə)] *nf* (*gén pl*) canned *ou* tinned food ; ~**s de poisson** canned *ou* tinned fish ; **en** ~ canned, tinned ; **de** ~ (*ensemble*) in convoy ; in concert.

conserver [kɔ̃sɛʀve] *vt* (*faculté*) to retain, keep ; (*amis, livres*) to keep ; (*maintenir en bon état, aussi CULIN*) to preserve ; **conserverie** *nf* canning factory.

considérable [kɔ̃sideʀabl(ə)] *a* considerable, significant, extensive.

considération [kɔ̃sideʀɑsjɔ̃] *nf* consideration ; (*estime*) esteem, respect ; ~**s** *nfpl* (*remarques*) reflections ; **prendre en** ~ to take into consideration *ou* account ; **en** ~ **de** given, because of.

considéré, e [kɔ̃sideʀe] *a* respected.

considérer [kɔ̃sideʀe] *vt* to consider ; (*regarder*) to consider, study ; ~ **qch comme** to regard sth as.

consigne [kɔ̃siɲ] *nf* (*COMM*) deposit ; (*de gare*) left luggage (office) ; (*punition: SCOL*) detention ; (: MIL) confinement to barracks ; (*ordre, instruction*) orders *pl*.

consigner [kɔ̃siɲe] *vt* (*note, pensée*) to record ; (*punir*) to confine to barracks ; to put in detention ; (*COMM*) to put a deposit on.

consistance [kɔ̃sistɑ̃s] *nf* consistency.

consistant, e [kɔ̃sistɑ̃, -ɑ̃t] *a* thick ; solid.

consister [kɔ̃siste] *vi*: ~ **en/dans/à faire** to consist of/in/in doing.

consœur [kɔ̃sœʀ] *nf* (lady) colleague ; fellow member.

consolation [kɔ̃sɔlɑsjɔ̃] *nf* consolation *q*, comfort *q*.

console [kɔ̃sɔl] *nf* console.

consoler [kɔ̃sɔle] *vt* to console ; **se** ~ (**de qch**) to console o.s. (for sth).

consolider [kɔ̃sɔlide] *vt* to strengthen, reinforce ; (*fig*) to consolidate.

consommateur, trice [kɔ̃sɔmatœʀ, -tʀis] *nm/f* (*ÉCON*) consumer ; (*dans un café*) customer.

consommation [kɔ̃sɔmɑsjɔ̃] *nf* consumption ; (*JUR*) consummation ; (*boisson*) drink ; ~ **aux 100 km** (*AUTO*) (fuel) consumption per 100 km, ≈ miles per gallon (m.p.g.).

consommé, e [kɔ̃sɔme] *a* consummate // *nm* consommé.

consommer [kɔ̃sɔme] *vt* (*suj: personne*) to eat *ou* drink, consume ; (*suj: voiture, usine, poêle*) to use (up), consume ; (*JUR*) to consummate // *vi* (*dans un café*) to (have a) drink.

consonance [kɔ̃sɔnɑ̃s] *nf* consonance ; **nom à** ~ **étrangère** foreign-sounding name.

consonne [kɔ̃sɔn] *nf* consonant.

consorts [kɔ̃sɔʀ] *nmpl*: **et** ~ (*péj*) and company, and his bunch *ou* like.

conspirateur, trice [kɔ̃spiʀatœʀ, -tʀis] *nm/f* conspirator, plotter.

conspiration [kɔ̃spiʀɑsjɔ̃] *nf* conspiracy.

conspirer [kɔ̃spiʀe] *vi* to conspire, plot.

conspuer [kɔ̃spɥe] *vt* to boo, shout down.

constamment [kɔ̃stamɑ̃] *ad* constantly.

constant, e [kɔ̃stɑ̃, -ɑ̃t] *a* constant ; (*personne*) steadfast.

constat [kɔ̃sta] *nm* (*d'huissier*) certified report (*by bailiff*) ; (*de police*) report.

constatation [kɔ̃statɑsjɔ̃] *nf* noticing ; certifying ; (*remarque*) observation.

constater [kɔ̃state] *vt* (*remarquer*) to note, notice ; (*ADMIN, JUR*: *attester*) to certify ; (*dégâts*) to note ; ~ **que** (*dire*) to state that.

constellation [kɔ̃stelɑsjɔ̃] *nf* constellation.

constellé, e [kɔ̃stele] *a*: ~ **de** studded *ou* spangled with ; spotted with.

consternation [kɔ̃stɛʀnɑsjɔ̃] *nf* consternation, dismay.

constipation [kɔ̃stipɑsjɔ̃] *nf* constipation.

constipé, e [kɔ̃stipe] *a* constipated ; (*fig*) stiff.

constitué, e [kɔ̃stitɥe] *a*: ~ **de** made up *ou* composed of ; **bien** ~ of sound constitution ; well-formed.

constituer [kɔ̃stitɥe] *vt* (*comité, équipe*) to set up, form ; (*dossier, collection*) to put together, build up ; (*suj: éléments, parties: composer*) to make up, constitute ; (*représenter, être*) to constitute ; **se** ~ **prisonnier** to give o.s. up.

constitution [kɔ̃stitysjɔ̃] *nf* setting up ; building up ; (*composition*) composition, make-up ; (*santé, POL*) constitution ; **constitutionnel, le** *a* constitutional.

constructeur [kɔ̃stʀyktœʀ] *nm* manufacturer, builder.

construction [kɔ̃stʀyksjɔ̃] *nf* construction, building.

construire [kɔ̃stʀɥiʀ] *vt* to build, construct.

consul [kɔ̃syl] *nm* consul ; **~aire** *a* consular ; **~at** *nm* consulate.

consultation [kɔ̃syltɑsjɔ̃] *nf* consultation ; **~s** *nfpl* (POL) talks ; **aller à la ~** (MÉD) to go to the surgery ; **heures de ~** (MÉD) surgery hours.

consulter [kɔ̃sylte] *vt* to consult // *vi* (*médecin*) to hold surgery.

consumer [kɔ̃syme] *vt* to consume ; **se ~** *vi* to burn ; **se ~ de chagrin/douleur** to be consumed with sorrow/grief.

contact [kɔ̃takt] *nm* contact ; **au ~ de** (*air, peau*) on contact with ; (*gens*) through contact with ; **mettre/couper le ~** (AUTO) to switch on/off the ignition ; **entrer en ~** (*fils, objets*) to come into contact, make contact ; **se mettre en ~ avec** (RADIO) to make contact with ; **prendre ~ avec** (*relation d'affaires, connaissance*) to get in touch *ou* contact with ; **~er** *vt* to contact, get in touch with.

contagieux, euse [kɔ̃taʒjø, -øz] *a* contagious, infectious.

contagion [kɔ̃taʒjɔ̃] *nf* contagion.

container [kɔ̃tɛnɛʀ] *nm* container.

contaminer [kɔ̃tamine] *vt* to contaminate.

conte [kɔ̃t] *nm* tale ; **~ de fées** fairy tale.

contempler [kɔ̃tɑ̃ple] *vt* to contemplate, gaze at.

contemporain, e [kɔ̃tɑ̃pɔʀɛ̃, -ɛn] *a, nm/f* contemporary.

contenance [kɔ̃tnɑ̃s] *nf* (*d'un récipient*) capacity ; (*attitude*) bearing, attitude ; **perdre ~** to lose one's composure ; **se donner une ~** to give the impression of composure.

contenir [kɔ̃tniʀ] *vt* to contain ; (*avoir une capacité de*) to hold.

content, e [kɔ̃tɑ̃, -ɑ̃t] *a* pleased, glad ; **~ de** pleased with ; **contentement** *nm* contentment, satisfaction ; **contenter** *vt* to satisfy, please ; (*envie*) to satisfy ; **se contenter de** to content o.s. with.

contentieux [kɔ̃tɑ̃sjø] *nm* (COMM) litigation ; litigation department ; (POL *etc*) contentious issues *pl*.

contenu [kɔ̃tny] *nm* (*d'un bol*) contents *pl* ; (*d'un texte*) content.

conter [kɔ̃te] *vt* to recount, relate.

contestable [kɔ̃tɛstablə] *a* questionable.

contestation [kɔ̃tɛstɑsjɔ̃] *nf* questioning, contesting ; (POL): **la ~** anti-establishment activity, protest.

conteste [kɔ̃tɛst(ə)]: **sans ~** *ad* unquestionably, indisputably.

contester [kɔ̃tɛste] *vt* to question, contest // *vi* (POL, *gén*) to protest, rebel (against established authority).

conteur, euse [kɔ̃tœʀ, -øz] *nm/f* storyteller.

contexte [kɔ̃tɛkst(ə)] *nm* context.

contigu, ë [kɔ̃tigy] *a*: **~ (à)** adjacent (to).

continent [kɔ̃tinɑ̃] *nm* continent ; **continental, e, aux** *a* continental.

contingences [kɔ̃tɛ̃ʒɑ̃s] *nfpl* contingencies.

contingent [kɔ̃tɛ̃ʒɑ̃] *nm* (MIL) contingent ; (COMM) quota ; **contingenter** *vt* (COMM) to fix a quota on.

continu, e [kɔ̃tiny] *a* continuous ; (**courant**) **~** direct current, DC.

continuation [kɔ̃tinɥasjɔ̃] *nf* continuation.

continuel, le [kɔ̃tinɥɛl] *a* (*qui se répète*) constant, continual ; (*continu*) continuous.

continuer [kɔ̃tinɥe] *vt* (*travail, voyage etc*) to continue (with), carry on (with), go on (with) ; (*prolonger: alignement, rue*) to continue // *vi* (*pluie, vie, bruit*) to continue, go on ; (*voyageur*) to go on ; **~ à ou de faire** to go on *ou* continue doing.

continuité [kɔ̃tinɥite] *nf* continuity ; continuation.

contorsion [kɔ̃tɔʀsjɔ̃] *nf* contortion ; **se contorsionner** *vi* to contort o.s., writhe about.

contour [kɔ̃tuʀ] *nm* outline, contour ; **~s** *nmpl* (*d'une rivière etc*) windings.

contourner [kɔ̃tuʀne] *vt* to bypass, walk (*ou* drive) round.

contraceptif, ive [kɔ̃tʀasɛptif, -iv] *a, nm* contraceptive.

contraception [kɔ̃tʀasɛpsjɔ̃] *nf* contraception.

contracté, e [kɔ̃tʀakte] *a* (*muscle*) tense, contracted ; (*personne: tendu*) tense, tensed up.

contracter [kɔ̃tʀakte] *vt* (*muscle etc*) to tense, contract ; (*maladie, dette, obligation*) to contract ; (*assurance*) to take out ; **se ~** *vi* (*métal, muscles*) to contract ; **contraction** *nf* contraction.

contractuel, le [kɔ̃tʀaktɥɛl] *a* contractual // *nm/f* (*agent*) traffic warden ; (*employé*) contract employee.

contradiction [kɔ̃tʀadiksjɔ̃] *nf* contradiction ; **contradictoire** *a* contradictory, conflicting ; **débat contradictoire** (open) debate.

contraignant, e [kɔ̃tʀɛɲɑ̃, -ɑ̃t] *a* restricting.

contraindre [kɔ̃tʀɛ̃dʀ(ə)] *vt*: **~ qn à faire** to force *ou* compel sb to do.

contraint, e [kɔ̃tʀɛ̃, -ɛ̃t] *a* (*mine, air*) constrained, forced // *nf* constraint ; **sans ~e** unrestrainedly, unconstrainedly.

contraire [kɔ̃tʀɛʀ] *a, nm* opposite ; **~ à** contrary to ; **au ~** *ad* on the contrary.

contrarier [kɔ̃tʀaʀje] *vt* (*personne*) to annoy, bother ; (*fig*) to impede ; to thwart, frustrate ; **contrariété** *nf* annoyance.

contraste [kɔ̃tʀast(ə)] *nm* contrast ; **contraster** *vi* to contrast.

contrat [kɔ̃tʀa] *nm* contract.

contravention [kɔ̃tʀavɑ̃sjɔ̃] *nf* (*infraction*): **~ à** contravention of ; (*amende*) fine ; (*P.V. pour stationnement interdit*) parking ticket ; **dresser ~ à** (*automobiliste*) to book ; to write out a parking ticket for.

contre [kɔ̃tʀ(ə)] *prép* against ; (*en échange*) (in exchange) for // *préfixe*: **~-amiral, aux** *nm* rear admiral ; **~-attaque** *nf* counter-attack ; **~attaquer** *vi* to counter-attack ; **~balancer** *vt* to counter-balance ; (*fig*) to offset.

contrebande [kɔ̃tʀabɑ̃d] *nf* (*trafic*) contraband, smuggling ; (*marchandise*) contraband, smuggled goods *pl* ; **faire la ~ de** to smuggle ; **contrebandier** *nm* smuggler.

contrebas [kɔ̃trəbɑ]: **en** ~ *ad* (down) below.

contrebasse [kɔ̃trəbɑs] *nf* (double) bass; **contrebassiste** *nm/f* (double) bass player.

contrecarrer [kɔ̃trəkare] *vt* to thwart.

contrecœur [kɔ̃trəkœr]: **à** ~ *ad* (be)grudgingly, reluctantly.

contrecoup [kɔ̃trəku] *nm* repercussions *pl*.

contre-courant [kɔ̃trəkurɑ̃]: **à** ~ *ad* against the current.

contredire [kɔ̃trədir] *vt* (*personne*) to contradict; (*témoignage, assertion, faits*) to refute.

contrée [kɔ̃tre] *nf* region; land.

contre-écrou [kɔ̃trekru] *nm* lock nut.

contre-espionnage [kɔ̃trɛspjɔnaʒ] *nm* counter-espionage.

contre-expertise [kɔ̃trɛkspɛrtiz] *nf* second (expert) assessment.

contrefaçon [kɔ̃trəfasɔ̃] *nf* forgery.

contrefaire [kɔ̃trəfɛr] *vt* (*document, signature*) to forge, counterfeit; (*personne, démarche*) to mimic; (*dénaturer: sa voix etc*) to disguise.

contrefait, e [kɔ̃trəfɛ, -ɛt] *a* misshapen, deformed.

contreforts [kɔ̃trəfɔr] *nmpl* foothills.

contre-indication [kɔ̃trɛ̃dikɑsjɔ̃] *nf* contra-indication.

contre-jour [kɔ̃trəʒur]: **à** ~ *ad* against the sunlight.

contremaître [kɔ̃trəmɛtr(ə)] *nm* foreman.

contre-manifestation [kɔ̃trəmanifɛstɑsjɔ̃] *nf* counter-demonstration.

contremarque [kɔ̃trəmark(ə)] *nf* (*ticket*) pass-out ticket.

contre-offensive [kɔ̃trɔfɑ̃siv] *nf* counter-offensive.

contrepartie [kɔ̃trəparti] *nf* compensation; **en** ~ in compensation; in return.

contre-performance [kɔ̃trəpɛrfɔrmɑ̃s] *nf* below-average performance.

contrepèterie [kɔ̃trəpetri] *nf* spoonerism.

contre-pied [kɔ̃trəpje] *nm*: **prendre le** ~ **de** to take the opposing view of; to take the opposite course to; **prendre qn à** ~ (*SPORT*) to wrong-foot sb.

contre-plaqué [kɔ̃trəplake] *nm* plywood.

contre-plongée [kɔ̃trəplɔ̃ʒe] *nf* low-angle shot.

contrepoids [kɔ̃trəpwa] *nm* counterweight, counterbalance; **faire** ~ to act as a counterbalance.

contrepoint [kɔ̃trəpwɛ̃] *nm* counter point.

contrer [kɔ̃tre] *vt* to counter.

contresens [kɔ̃trəsɑ̃s] *nm* misinterpretation; mistranslation; nonsense *q*; **à** ~ *ad* the wrong way.

contresigner [kɔ̃trəsiɲe] *vt* to countersign.

contretemps [kɔ̃trətɑ̃] *nm* hitch, contretemps; **à** ~ *ad* (*MUS*) out of time; (*fig*) at an inopportune moment.

contre-terrorisme [kɔ̃trətɛrɔrism(ə)] *nm* counter-terrorism.

contre-torpilleur [kɔ̃trətɔrpijœr] *nm* destroyer.

contrevenir [kɔ̃trəvnir]: ~ **à** *vt* to contravene.

contribuable [kɔ̃tribyabl(ə)] *nm/f* taxpayer.

contribuer [kɔ̃tribye]: ~ **à** *vt* to contribute towards; **contribution** *nf* contribution; **les contributions** (*bureaux*) ≈ the Tax Office, the Inland Revenue; **contributions directes/indirectes** (*impôts*) direct/indirect taxation; **mettre à contribution** to call upon.

contrit, e [kɔ̃tri, -it] *a* contrite.

contrôle [kɔ̃trol] *nm* checking *q*, check; supervision; monitoring; **perdre le** ~ **de son véhicule** to lose control of one's vehicle; ~ **d'identité** identity check; ~ **des naissances** birth control.

contrôler [kɔ̃trole] *vt* (*vérifier*) to check; (*surveiller*) to supervise; to monitor, control; (*maîtriser, COMM: firme*) to control; **contrôleur, euse** *nm/f* (*de train*) (ticket) inspector; (*de bus*) (bus) conductor/tress.

contrordre [kɔ̃trɔrdr(ə)] *nm* counter-order, countermand; **sauf** ~ unless otherwise directed.

controverse [kɔ̃trɔvɛrs(ə)] *nf* controversy; **controversé, e** *a* much debated.

contumace [kɔ̃tymas]: **par** ~ *ad* in absentia.

contusion [kɔ̃tyzjɔ̃] *nf* bruise, contusion.

convaincre [kɔ̃vɛ̃kr(ə)] *vt*: ~ **qn (de qch)** to convince sb (of sth); ~ **qn (de faire)** to persuade sb (to do); ~ **qn de** (*JUR: délit*) to convict sb of.

convalescence [kɔ̃valesɑ̃s] *nf* convalescence; **maison de** ~ convalescent home.

convalescent, e [kɔ̃valesɑ̃, -ɑ̃t] *a, nm/f* convalescent.

convenable [kɔ̃vnabl(ə)] *a* (*décent*) acceptable, proper; (*assez bon*) decent, acceptable; adequate, passable.

convenance [kɔ̃vnɑ̃s] *nf*: **à ma/votre** ~ to my/your liking; ~**s** *nfpl* proprieties.

convenir [kɔ̃vnir] *vi* to be suitable; ~ **à** to suit; **il convient de** it is advisable to; (*bienséant*) it is right *ou* proper to; ~ **de** *vt* (*bien-fondé de qch*) to admit (to), acknowledge; (*date, somme etc*) to agree upon; ~ **que** (*admettre*) to admit that, acknowledge the fact that; ~ **de faire qch** to agree to do sth; **il a été convenu que** it has been agreed that; **comme convenu** as agreed.

convention [kɔ̃vɑ̃sjɔ̃] *nf* convention; ~**s** *nfpl* (*convenances*) convention *sg*, social conventions; **de** ~ conventional; ~ **collective** (*ÉCON*) collective agreement; **conventionné, e** *a* (*ADMIN*) ≈ National Health *cpd*; **conventionnel, le** *a* conventional.

conventuel, le [kɔ̃vɑ̃tɥɛl] *a* monastic; monastery *cpd*; conventual, convent *cpd*.

convenu, e *pp* de **convenir.**

convergent, e [kɔ̃vɛrʒɑ̃, -ɑ̃t] *a* convergent.

converger [kɔ̃vɛrʒe] *vi* to converge.

conversation [kɔ̃vɛrsɑsjɔ̃] *nf* conversation; **avoir de la** ~ to be a good conversationalist.

converser [kɔ̃vɛʀse] *vi* to converse.

conversion [kɔ̃vɛʀsjɔ̃] *nf* conversion; (SKI) kick turn.

convertir [kɔ̃vɛʀtiʀ] *vt*: ~ qn (à) to convert sb (to); ~ qch en to convert sth into; se ~ (à) to be converted (to).

convexe [kɔ̃vɛks(ə)] *a* convex.

conviction [kɔ̃viksjɔ̃] *nf* conviction.

convienne *etc vb voir* **convenir**.

convier [kɔ̃vje] *vt*: ~ qn à (dîner etc) to (cordially) invite sb to; ~ qn à faire to urge sb to do.

convive [kɔ̃viv] *nm/f* guest (at table).

convocation [kɔ̃vɔkasjɔ̃] *nf* convening, convoking; invitation; summoning; (document) notification to attend; summons *sg*.

convoi [kɔ̃vwa] *nm* (de voitures, prisonniers) convoy; (train) train; ~ (funèbre) funeral procession.

convoiter [kɔ̃vwate] *vt* to covet; **convoitise** *nf* covetousness; (sexuelle) lust, desire.

convoler [kɔ̃vɔle] *vi*: ~ (en justes noces) to be wed.

convoquer [kɔ̃vɔke] *vt* (assemblée) to convene, convoke; (subordonné, témoin) to summon; ~ qn (à) (réunion) to invite sb (to attend).

convoyer [kɔ̃vwaje] *vt* to escort; **convoyeur** *nm* (NAVIG) escort ship; **convoyeur de fonds** security guard.

convulsions [kɔ̃vylsjɔ̃] *nfpl* convulsions.

coopératif, ive [kɔɔpeʀatif, -iv] *a*, *nf* cooperative.

coopération [kɔɔpeʀasjɔ̃] *nf* cooperation; (ADMIN): la C~ ≈ Voluntary Service Overseas (sometimes done in place of Military Service).

coopérer [kɔɔpeʀe] *vi*: ~ (à) to cooperate (in).

coordination [kɔɔʀdinasjɔ̃] *nf* coordination.

coordonné, e [kɔɔʀdɔne] *a* coordinated // *nf* (LING) coordinate clause; ~s *nmpl* (vêtements) coordinates; ~es *nfpl* (MATH) coordinates.

coordonner [kɔɔʀdɔne] *vt* to coordinate.

copain, copine [kɔpɛ̃, kɔpin] *nm/f* mate, pal // *a*: être ~ avec to be pally with.

copeau, x [kɔpo] *nm* shaving; (de métal) turning.

copie [kɔpi] *nf* copy; (SCOL) script, paper; exercise.

copier [kɔpje] *vt* to copy; **copieuse** *nf* photo-copier.

copieux, euse [kɔpjø, -øz] *a* copious, hearty.

copilote [kɔpilɔt] *nm* (AVIAT) co-pilot; (AUTO) co-driver, navigator.

copine [kɔpin] *nf voir* **copain**.

copiste [kɔpist(ə)] *nm/f* copyist, transcriber.

coproduction [kɔpʀɔdyksjɔ̃] *nf* coproduction, joint production.

copropriété [kɔpʀɔpʀijete] *nf* coownership, joint ownership; **acheter en** ~ to buy on a co-ownership basis.

copulation [kɔpylasjɔ̃] *nf* copulation.

coq [kɔk] *nm* cock, rooster.

coq-à-l'âne [kɔkalan] *nm inv* abrupt change of subject.

coque [kɔk] *nf* (de noix, mollusque) shell; (de bateau) hull; à la ~ (CULIN) boiled.

coquelicot [kɔkliko] *nm* poppy.

coqueluche [kɔklyʃ] *nf* whooping-cough.

coquet, te [kɔkɛ, -ɛt] *a* flirtatious; appearance-conscious; pretty.

coquetier [kɔktje] *nm* egg-cup.

coquillage [kɔkijaʒ] *nm* (mollusque) shellfish *inv*; (coquille) shell.

coquille [kɔkij] *nf* shell; (TYPO) misprint; ~ de beurre shell of butter; ~ de noix nutshell; ~ St Jacques scallop.

coquin, e [kɔkɛ̃, -in] *a* mischievous, roguish; (polisson) naughty // *nm/f* (péj) rascal.

cor [kɔʀ] *nm* (MUS) horn; (MÉD): ~ (au pied) corn; réclamer à ~ et à cri (fig) to clamour for; ~ anglais cor anglais; ~ de chasse hunting horn.

corail, aux [kɔʀaj, -o] *nm* coral *q*.

Coran [kɔʀɑ̃] *nm*: le ~ the Koran.

corbeau, x [kɔʀbo] *nm* crow.

corbeille [kɔʀbɛj] *nf* basket; (à la Bourse): la ~ the stockbrokers' central enclosure; ~ de mariage (fig) wedding presents *pl*; ~ à ouvrage work-basket; ~ à pain bread-basket; ~ à papier waste paper basket *ou* bin.

corbillard [kɔʀbijaʀ] *nm* hearse.

cordage [kɔʀdaʒ] *nm* rope; ~s *nmpl* (de voilure) rigging *sg*.

corde [kɔʀd(ə)] *nf* rope; (de violon, raquette, d'arc) string; (trame): la ~ the thread; (ATHLÉTISME, AUTO): la ~ the rails *pl*; semelles de ~ rope soles; ~ à linge washing *ou* clothes line; ~ lisse (climbing) rope; ~ à nœuds knotted climbing rope; ~ raide tight-rope; ~ à sauter skipping rope; ~s vocales vocal cords.

cordeau, x [kɔʀdo] *nm* string, line; tracé au ~ as straight as a die.

cordée [kɔʀde] *nf* (d'alpinistes) rope, roped party.

cordial, e, aux [kɔʀdjal, -jo] *a* warm, cordial; ~ité *nf* warmth, cordiality.

cordon [kɔʀdɔ̃] *nm* cord, string; ~ sanitaire/de police sanitary/police cordon; ~ bleu cordon bleu; ~ ombilical umbilical cord.

cordonnerie [kɔʀdɔnʀi] *nf* shoe repairer's *ou* mender's (shop).

cordonnier [kɔʀdɔnje] *nm* shoe repairer *ou* mender, cobbler.

coreligionnaire [kɔʀeliʒjɔnɛʀ] *nm/f* (d'un musulman, juif etc) fellow Mahometan/Jew *etc*.

coriace [kɔʀjas] *a* tough.

cormoran [kɔʀmɔʀɑ̃] *nm* cormorant.

cornac [kɔʀnak] *nm* elephant driver.

corne [kɔʀn(ə)] *nf* horn; (de cerf) antler; ~ d'abondance horn of plenty; ~ de brume (NAVIG) foghorn.

cornée [kɔʀne] *nf* cornea.

corneille [kɔʀnɛj] *nf* crow.

cornélien, ne [kɔʀneljɛ̃, -jɛn] *a* (débat etc) where love and duty conflict.

cornemuse [kɔʀnəmyz] *nf* bagpipes *pl*.

corner nm [kɔʀnɛʀ] (FOOTBALL) corner (kick) // vb [kɔʀne] vt (pages) to make dog-eared // vi (klaxonner) to blare out.

cornet [kɔʀnɛ] nm (paper) cone ; (de glace) cornet, cone ; ~ à piston cornet.

cornette [kɔʀnɛt] nf cornet (headgear).

corniaud [kɔʀnjo] nm (chien) mongrel ; (péj) twit, clot.

corniche [kɔʀniʃ] nf cornice.

cornichon [kɔʀniʃɔ̃] nm gherkin.

cornue [kɔʀny] nf retort.

corollaire [kɔʀɔlɛʀ] nm corollary.

corolle [kɔʀɔl] nf corolla.

coron [kɔʀɔ̃] nm mining cottage ; mining village.

coronaire [kɔʀɔnɛʀ] a coronary.

corporation [kɔʀpɔʀɑsjɔ̃] nf corporate body ; (au moyen-âge) guild.

corporel, le [kɔʀpɔʀɛl] a bodily ; (punition) corporal ; soins ~s care sg of the body.

corps [kɔʀ] nm (gén) body ; (cadavre) (dead) body ; à son ~ défendant against one's will ; à ~ perdu headleadlong ; perdu ~ et biens lost with all hands ; prendre ~ to take shape ; faire ~ avec to be joined to ; to form one body with ; ~ d'armée army corps ; ~ de ballet corps de ballet ; le ~ consulaire (CC) the consular corps ; ~ à ~ ad hand-to-hand // nm clinch ; le ~ du délit (JUR) corpus delicti ; le ~ diplomatique (CD) the diplomatic corps ; le ~ électoral the electorate ; le ~ enseignant the teaching profession ; ~ étranger (MÉD) foreign body ; ~ de garde guardroom.

corpulent, e [kɔʀpylɑ̃, -ɑ̃t] a stout, corpulent.

correct, e [kɔʀɛkt] a (exact) accurate, correct ; (bienséant, honnête) correct ; (passable) adequate ; ~ement ad accurately ; correctly.

correcteur, trice [kɔʀɛktœʀ, -tʀis] nm/f (SCOL) examiner, marker ; (TYPO) proofreader.

correction [kɔʀɛksjɔ̃] nf (voir corriger) correction ; marking ; (voir correct) correctness ; (rature, surcharge) correction, emendation ; (coups) thrashing ; ~ (des épreuves) proofreading.

correctionnel, le [kɔʀɛksjɔnɛl] a (JUR): chambre ~le ≈ police magistrate's court.

corrélation [kɔʀelɑsjɔ̃] nf correlation.

correspondance [kɔʀɛspɔ̃dɑ̃s] nf correspondence ; (de train, d'avion) connection ; ce train assure la ~ avec l'avion de 10 heures this train connects with the 10 o'clock plane ; cours par ~ correspondence course ; vente par ~ mail-order business ; correspondancier, ère nm/f correspondence clerk.

correspondant, e [kɔʀɛspɔ̃dɑ̃, -ɑ̃t] nm/f correspondent.

correspondre [kɔʀɛspɔ̃dʀ(ə)] vi (données, témoignages) to correspond, tally ; (chambres) to communicate ; ~ à to correspond to ; ~ avec qn to correspond with sb.

corrida [kɔʀida] nf bullfight.

corridor [kɔʀidɔʀ] nm corridor, passage.

corrigé [kɔʀiʒe] nm (SCOL) correct version ; fair copy.

corriger [kɔʀiʒe] vt (devoir) to correct, mark ; (texte) to correct, emend ; (erreur, défaut) to correct, put right ; (punir) to thrash ; ~ qn de (défaut) to cure sb of.

corroborer [kɔʀɔbɔʀe] vt to corroborate.

corroder [kɔʀɔde] vt to corrode.

corrompre [kɔʀɔ̃pʀ(ə)] vt (soudoyer) to bribe ; (dépraver) to corrupt.

corrosion [kɔʀɔzjɔ̃] nf corrosion.

corruption [kɔʀypsjɔ̃] nf bribery ; corruption.

corsage [kɔʀsaʒ] nm bodice ; blouse.

corsaire [kɔʀsɛʀ] nm pirate, corsair ; privateer.

corse [kɔʀs(ə)] a, nm/f Corsican // nf: la C~ Corsica.

corsé, e [kɔʀse] a vigorous ; full-flavoured ; (fig) spicy ; tricky.

corselet [kɔʀsəlɛ] nm corselet.

corset [kɔʀsɛ] nm corset ; bodice.

corso [kɔʀso] nm: ~ fleuri procession of floral floats.

cortège [kɔʀtɛʒ] nm procession.

corvée [kɔʀve] nf chore, drudgery q ; (MIL) fatigue (duty).

cosmétique [kɔsmetik] nm hair-oil ; beauty care product.

cosmique [kɔsmik] a cosmic.

cosmonaute [kɔsmɔnɔt] nm/f cosmonaut, astronaut.

cosmopolite [kɔsmɔpɔlit] a cosmopolitan.

cosmos [kɔsmɔs] nm outer space ; cosmos.

cosse [kɔs] nf (BOT) pod, hull.

cossu, e [kɔsy] a opulent-looking, well-to-do.

costaud, e [kɔsto, -od] a strong, sturdy.

costume [kɔstym] nm (d'homme) suit ; (de théâtre) costume ; costumé, e a dressed up.

cote [kɔt] nf (en Bourse etc) quotation ; quoted value ; (d'un cheval): la ~ de the odds pl on ; (d'un candidat etc) rating ; (mesure: sur une carte) spot height ; (: sur un croquis) dimension ; (de classement) (classification) mark ; reference number ; inscrit à la ~ quoted on the Stock Exchange ; ~ d'alerte danger ou flood level.

côte [kot] nf (rivage) coast(line) ; (pente) slope ; (: sur une route) hill ; (d'un tricot, tissu) rib, ribbing q ; ~ à ~ ad side by side ; la C~ (d'Azur) the (French) Riviera.

côté [kote] nm (gén) side ; (direction) way, direction ; de tous les ~s from all directions ; de quel ~ est-il parti? which way ou in which direction did he go? ; de ce/de l'autre ~ this/the other way ; du ~ de (provenance) from ; (direction) towards ; du ~ de Lyon (proximité) the Lyons way, near Lyons ; de ~ ad sideways ; on one side ; to one side ; aside ; laisser de ~ to leave on one side ; mettre de ~ to put on one side, put aside ; à ~ ad (right) nearby ; beside ; next door ; (d'autre part) besides ; à ~ de beside, next to ; (fig) in comparison to ; à ~ (de la cible) off target, wide (of the mark) ; être aux ~s de to be by the side of.

coteau, x [kɔto] *nm* hill.

côtelé, e [kotle] *a* ribbed; **pantalon en velours** ~ corduroy trousers *pl*.

côtelette [kotlɛt] *nf* chop.

coter [kɔte] *vt* (*en Bourse*) to quote.

coterie [kɔtʀi] *nf* set.

côtier, ière [kotje, -jɛʀ] *a* coastal.

cotisation [kɔtizɑsjɔ̃] *nf* subscription, dues *pl*; (*pour une pension*) contributions *pl*.

cotiser [kɔtize] *vi*: ~ (**à**) to pay contributions (to); **se** ~ to club together.

coton [kɔtɔ̃] *nm* cotton; ~ **hydrophile** (absorbent) cotton-wool.

côtoyer [kotwaje] *vt* to be close to; to rub shoulders with; to run alongside; to be bordering *ou* verging on.

cotte [kɔt] *nf*: ~ **de mailles** coat of mail.

cou [ku] *nm* neck.

couard, e [kwaʀ, -aʀd] *a* cowardly.

couchage [kuʃaʒ] *nm voir* **sac**.

couchant [kuʃã] *a*: **soleil** ~ setting sun.

couche [kuʃ] *nf* (*strate: gén, GÉO*) layer, stratum (*pl* a); (*de peinture, vernis*) coat; (*de poussière, crème*) layer; (*de bébé*) nappy, napkin; ~**s** *nfpl*, (*MÉD*) confinement *sg*; (*sociales* social levels *ou* strata; ~**-culotte** *nf* disposable nappy and waterproof pants in one.

coucher [kuʃe] *nm* (*du soleil*) setting // *vt* (*personne*) to put to bed; (: *loger*) to put up; (*objet*) to lay on its side; (*écrire*) to inscribe, couch // *vi* (*dormir*) to sleep, spend the night; (*fam*): ~ **avec qn** to sleep with sb, go to bed with sb; **se** ~ *vi* (*pour dormir*) to go to bed; (*pour se reposer*) to lie down; (*soleil*) to set, go down; **à prendre avant le** ~ (*MÉD*) take at night *ou* before going to bed; ~ **de soleil** sunset.

couchette [kuʃɛt] *nf* couchette; (*de marin*) bunk.

coucou [kuku] *nm* cuckoo // *excl* peek-a-boo.

coude [kud] *nm* (*ANAT*) elbow; (*de tuyau, de la route*) bend; ~ **à** ~ *ad* shoulder to shoulder, side by side.

cou-de-pied [kudpje] *nm* instep.

coudre [kudʀ(ə)] *vt* (*bouton*) to sew on; (*robe*) to sew (up) // *vi* to sew.

couenne [kwan] *nf* (*de lard*) rind.

couettes [kwɛt] *nfpl* bunches.

couffin [kufɛ̃] *nm* Moses basket; (straw) basket.

couiner [kwine] *vi* to squeal.

coulant, e [kulɑ̃, -ɑ̃t] *a* (*indulgent*) easy-going; (*fromage etc*) runny.

coulée [kule] *nf* (*de lave, métal en fusion*) flow; ~ **de neige** snowslide.

couler [kule] *vi* to flow, run; (*fuir: stylo, récipient*) to leak; (*sombrer: bateau*) to sink // *vi* (*cloche, sculpture*) to cast; (*bateau*) to sink; (*fig*) to ruin, bring down; **se** ~ **dans** (*interstice etc*) to slip into; **il a coulé une bielle** (*AUTO*) his big-end went.

couleur [kulœʀ] *nf* colour; (*CARTES*) suit.

couleuvre [kulœvʀ(ə)] *nf* grass snake.

coulisse [kulis] *nf* (*TECH*) runner; ~**s** *nfpl* (*THÉÂTRE*) wings; (*fig*): **dans les** ~**s** behind the scenes; **porte à** ~ sliding door; **coulisser** *vi* to slide, run.

couloir [kulwaʀ] *nm* corridor, passage; (*de bus*) gangway; (*SPORT: de piste*) lane; (*GÉO*) gully; ~ **de navigation** shipping lane.

coulpe [kulp(ə)] *nf*: **battre sa** ~ to repent openly.

coup [ku] *nm* (*heurt, choc*) knock; (*affectif*) blow, shock; (*agressif*) blow; (*avec arme à feu*) shot; (*de l'horloge*) chime; stroke; (*SPORT*) shot; shot; blow; (*ÉCHECS*) move; ~ **de coude/genou** nudge (with the elbow)/with the knee; **à** ~**s de hache/marteau** (hitting) with an axe/a hammer; ~ **de tonnerre** clap of thunder; ~ **de sonnette** ring of the bell; ~ **de crayon/pinceau** stroke of the pencil/brush; **donner un** ~ **de balai** to sweep up, give the floor a sweep; **donner un** ~ **de chiffon** to go round with the duster; **avoir le** ~ (*fig*) to have the knack; **boire un** ~ to have a drink; **d'un seul** ~ (*subitement*) suddenly; (*à la fois*) at one go; in one blow; **du premier** ~ first time ou go, at the first attempt; **du même** ~ at the same time; **à** ~ **sûr** definitely, without fail; ~ **sur** ~ in quick succession; **sur le** ~ outright; **sous le** ~ **de** (*surprise etc*) under the influence of; **tomber sous le** ~ **de la loi** to constitute a statutory offence; ~ **de chance** stroke of luck; ~ **de couteau** stab (of a knife); ~ **dur** hard blow; ~ **d'envoi** kick-off; ~ **d'essai** first attempt; ~ **d'état** coup d'état; ~ **de feu** shot; ~ **de filet** (*POLICE*) haul; ~ **franc** free kick; ~ **de frein** (sharp) braking *q*; ~ **de fusil** rifle shot; ~ **de grâce** coup de grâce; ~ **de main**: **donner un** ~ **de main à qn** to give sb a (helping) hand; ~ **d'œil** glance; ~ **de pied** kick; ~ **de poing** punch; ~ **de soleil** sunburn; ~ **de téléphone** phone call; ~ **de tête** (*fig*) (sudden) impulse; ~ **de théâtre** (*fig*) dramatic turn of events; ~ **de vent** gust of wind.

coupable [kupabl(ə)] *a* guilty; (*pensée*) guilty, culpable // *nm/f* (*gén*) culprit; (*JUR*) guilty party; ~ **de** guilty of.

coupe [kup] *nf* (*verre*) goblet; (*à fruits*) dish; (*SPORT*) cup; (*de cheveux, de vêtement*) cut; (*graphique, plan*) (cross) section; **être sous la** ~ **de** to be under the control of; **faire des** ~**s sombres dans** to make drastic cuts in.

coupé [kupe] *nm* (*AUTO*) coupé.

coupe-circuit [kupsiʀkɥi] *nm inv* cutout, circuit breaker.

coupée [kupe] *nf* (*NAVIG*) gangway.

coupe-papier [kuppapje] *nm inv* paper knife.

couper [kupe] *vt* to cut; (*retrancher*) to cut (out), take out; (*route, courant*) to cut off; (*appétit*) to take away; (*fièvre*) to take down, reduce; (*vin, cidre*) to blend; (: *à table*) to dilute (with water) // *vi* to cut; (*prendre un raccourci*) to take a short-cut; (*CARTES: diviser le paquet*) to cut; (: *avec l'atout*) to trump; **se** ~ (*se blesser*) to cut o.s.; (*en témoignant etc*) to give o.s. away; ~ **la parole à qn** to cut sb short.

couperet [kupʀɛ] *nm* cleaver, chopper.

couperosé, e [kupʀoze] *a* blotchy.

couple [kupl(ə)] *nm* couple; ~ **de torsion** torque.

coupler [kuple] *vt* to couple (together).

couplet [kuplɛ] *nm* verse.

coupole [kupɔl] *nf* dome ; cupola.

coupon [kupɔ̃] *nm* (*ticket*) coupon ; (*de tissu*) remnant ; roll ; **~-réponse international** international reply coupon.

coupure [kupyʀ] *nf* cut ; (*billet de banque*) note ; (*de journal*) cutting ; **~ de courant** power cut.

cour [kuʀ] *nf* (*de ferme, jardin*) (court)yard ; (*d'immeuble*) back yard ; (*JUR, royale*) court ; **faire la ~ à qn** to court sb ; **~ d'assises** court of assizes, ≈ Crown Court ; **~ de cassation** Court of Cassation ; **~ martiale** court-martial.

courage [kuʀaʒ] *nm* courage, bravery ; **courageux, euse** *a* brave, courageous.

couramment [kuʀamɑ̃] *ad* commonly ; (*avec aisance: parler*) fluently.

courant, e [kuʀɑ̃, -ɑ̃t] *a* (*fréquent*) common ; (*COMM, gén: normal*) standard ; (*en cours*) current // *nm* current ; (*fig*) movement ; trend ; **être au ~ (de)** (*fait, nouvelle*) to know (about) ; **mettre qn au ~ (de)** (*fait, nouvelle*) to tell sb (about) ; (*nouveau travail etc*) to teach sb the basics (of) ; **se tenir au ~ (de)** (*techniques etc*) to keep o.s. up-to-date (on) ; **dans le ~ de** (*pendant*) in the course of ; **le 10 ~** (*COMM*) the 10th inst ; **~ d'air** draught ; **~ électrique** (electric) current, power.

courbature [kuʀbatyʀ] *nf* ache ; **courbaturé, e** *a* aching.

courbe [kuʀb(ə)] *a* curved // *nf* curve ; **~ de niveau** contour line.

courber [kuʀbe] *vt* to bend ; **~ la tête** to bow one's head ; **se ~** *vi* (*branche etc*) to bend, curve ; (*personne*) to bend (down).

courbette [kuʀbɛt] *nf* low bow.

coureur, euse [kuʀœʀ, -øz] *nm/f* (*SPORT*) runner (*ou* driver) ; (*péj*) womaniser/ manhunter ; **~ cycliste/automobile** racing cyclist/driver.

courge [kuʀʒ(ə)] *nf* (*BOT*) gourd ; (*CULIN*) marrow.

courgette [kuʀʒɛt] *nf* courgette, zucchini.

courir [kuʀiʀ] *vi* (*gén*) to run ; (*se dépêcher*) to rush ; (*fig: rumeurs*) to go round ; (*COMM: intérêt*) to accrue // *vt* (*SPORT: épreuve*) to compete in ; (*risque*) to run ; (*danger*) to face ; **~ les cafés/bals** to do the rounds of the cafés/dances ; **le bruit court que** the rumour is going round that ; **~ après qn** to run after sb, chase (after) sb.

couronne [kuʀɔn] *nf* crown ; (*de fleurs*) wreath, circlet.

couronnement [kuʀɔnmɑ̃] *nm* coronation, crowning ; (*fig*) crowning achievement.

couronner [kuʀɔne] *vt* to crown.

courons *etc vb voir* **courir.**

courre [kuʀ] *vb voir* **chasse.**

courrier [kuʀje] *nm* mail, post ; (*lettres à écrire*) letters *pl* ; (*rubrique*) column ; **long/moyen ~** *a* (*AVIAT*) long-/medium-haul ; **~ du cœur** problem page.

courroie [kuʀwa] *nf* strap ; (*TECH*) belt ; **~ de transmission/de ventilateur** driving/fan belt.

courrons *etc vb voir* **courir.**

courroucé, e [kuʀuse] *a* wrathful.

cours [kuʀ] *nm* (*leçon*) lesson ; class ; (*série de leçons*) course ; (*cheminement*) course ; (*écoulement*) flow ; (*avenue*) walk ; (*COMM*) rate ; price ; **donner libre ~ à** to give free expression to ; **avoir ~** (*monnaie*) to be legal tender ; (*fig*) to be current ; (*SCOL*) to have a class *ou* lecture ; **en ~** (*année*) current ; (*travaux*) in progress ; **en ~ de route** on the way ; **au ~ de** in the course of, during ; **le ~ du change** the exchange rate ; **~ d'eau** water course, *generic term for streams, rivers* ; **~ du soir** night school.

course [kuʀs(ə)] *nf* running ; (*SPORT: épreuve*) race ; (*trajet: du soleil*) course ; (: *d'un projectile*) flight ; (: *d'une pièce mécanique*) travel ; (*excursion*) outing ; climb ; (*un taxi, autocar*) journey, trip ; (*petite mission*) errand ; **~s** *nfpl* (*achats*) shopping *sg* ; (*HIPPISME*) races.

court, e [kuʀ, kuʀt(ə)] *a* short // *ad* short // *nm*: **~ (de tennis)** (tennis) court ; **tourner ~** to come to a sudden end ; **à ~ de** short of ; **prendre qn de ~** to catch sb unawares ; **tirer à la ~e paille** to draw lots ; **~-bouillon** *nm* court-bouillon ; **~-circuit** *nm* short-circuit.

courtier, ère [kuʀtje, -jɛʀ] *nm/f* broker.

courtisan [kuʀtizɑ̃] *nm* courtier.

courtisane [kuʀtizan] *nf* courtesan.

courtiser [kuʀtize] *vt* to court, woo.

courtois, e [kuʀtwa, -waz] *a* courteous ; **courtoisie** *nf* courtesy.

couru, e *pp de* **courir.**

cousais *etc vb voir* **coudre.**

cousin, e [kuzɛ̃, -in] *nm/f* cousin.

coussin [kusɛ̃] *nm* cushion.

cousu, e [kuzy] *pp de* **coudre** // *a*: **~ d'or** rolling in riches.

coût [ku] *nm* cost ; **le ~ de la vie** the cost of living.

coûtant [kutɑ̃] *am*: **au prix ~** at cost price.

couteau, x [kuto] *nm* knife ; **~ à cran d'arrêt** flick-knife ; **~ de poche** pocket knife ; **~-scie** *nm* serrated-edged knife.

coutellerie [kutɛlʀi] *nf* cutlery shop ; cutlery.

coûter [kute] *vt, vi* to cost ; **combien ça coûte?** how much is it?, what does it cost? ; **coûte que coûte** at all costs ; **coûteux, euse** *a* costly, expensive.

coutume [kutym] *nf* custom ; **coutumier, ère** *a* customary.

couture [kutyʀ] *nf* sewing ; dress-making ; (*points*) seam.

couturier [kutyʀje] *nm* fashion designer, couturier.

couturière [kutyʀjɛʀ] *nf* dressmaker.

couvée [kuve] *nf* brood, clutch.

couvent [kuvɑ̃] *nm* (*de sœurs*) convent ; (*de frères*) monastery ; (*établissement scolaire*) convent (school).

couver [kuve] *vt* to hatch ; (*maladie*) to be sickening for // *vi* (*feu*) to smoulder ; (*révolte*) to be brewing ; **~ qn/qch des yeux** to look lovingly at ; to look longingly at.

couvercle [kuvɛʀkl(ə)] *nm* lid ; (*de bombe aérosol etc, qui se visse*) cap, top.

couvert, e [kuvɛʀ, -ɛʀt(ə)] pp de **couvrir**
// a (ciel) overcast ; (coiffé d'un chapeau)
wearing a hat // nm place setting ; (place
à table) place ; (au restaurant) cover
charge ; **~s** nmpl place settings ; cutlery
sg ; **~ de** covered with ou in ; **bien ~**
(habillé) well wrapped up ; **mettre le ~**
to lay the table ; **à ~** under cover ; **sous
le ~ de** under the shelter of ; (fig) under
cover of.

couverture [kuvɛʀtyʀ] nf (de lit) blanket ;
(de bâtiment) roofing ; (de livre, fig: d'un
espion etc) cover.

couveuse [kuvøz] nf (à poules) sitter,
brooder ; (de maternité) incubator.

couvre... [kuvʀ(ə)] préfixe: **~-chef** nm
hat ; **~-feu** nm curfew ; **~-lit** nm
bedspread.

couvreur [kuvʀœʀ] nm roofer.

couvrir [kuvʀiʀ] vt to cover ; **se ~** (ciel)
to cloud over ; (s'habiller) to cover up,
wrap up ; (se coiffer) to put on one's hat ;
(par une assurance) to cover o.s. ; **se ~ de**
(fleurs, boutons) to become covered in.

crabe [kʀɑb] nm crab.

crachat [kʀaʃa] nm spittle q, spit q.

cracher [kʀaʃe] vi to spit // vt to spit out ;
(fig: lave etc) to belch (out) ; **~ du sang**
to spit blood.

crachin [kʀaʃɛ̃] nm drizzle.

crachoir [kʀaʃwaʀ] nm spittoon ; (de
dentiste) bowl.

craie [kʀɛ] nf chalk.

craindre [kʀɛ̃dʀ(ə)] vt to fear, be afraid
of ; (être sensible à: chaleur, froid) to be
easily damaged by ; **~ de/que** to be afraid
of/that.

crainte [kʀɛ̃t] nf fear ; **de ~ de/que** for
fear of/that ; **craintif, ive** a timid.

cramoisi, e [kʀamwazi] a crimson.

crampe [kʀɑ̃p] nf cramp ; **~ d'estomac**
stomach cramp.

crampon [kʀɑ̃pɔ̃] nm (de semelle) stud ;
(ALPINISME) crampon.

cramponner [kʀɑ̃pɔne]: **se ~** vi: **se ~
(à)** to hang ou cling on (to).

cran [kʀɑ̃] nm (entaille) notch ; (de
courroie) hole ; (courage) guts pl ; **~
d'arrêt** safety catch ; **~ de mire** bead.

crâne [kʀɑn] nm skull.

crâner [kʀɑne] vi (fam) to swank, show
off.

crânien, ne [kʀɑnjɛ̃, -jɛn] a cranial, skull
cpd, brain cpd.

crapaud [kʀapo] nm toad.

crapule [kʀapyl] nf villain.

craquelure [kʀaklyʀ] nf crack ; crackle q.

craquement [kʀakmɑ̃] nm crack, snap ;
(du plancher) creak, creaking q.

craquer [kʀake] vi (bois, plancher) to
creak ; (fil, branche) to snap ; (couture) to
come apart, burst ; (fig) to break down //
vt: **~ une allumette** to strike a match.

crasse [kʀas] nf grime, filth.

crassier [kʀasje] nm slag heap.

cratère [kʀatɛʀ] nm crater.

cravache [kʀavaʃ] nf (riding) crop ;
cravacher vt to use the crop on.

cravate [kʀavat] nf tie ; **cravater** vt to put
a tie on ; (fig) to grab round the neck.

crawl [kʀol] nm crawl ; **dos crawlé**
backstroke.

crayeux, euse [kʀɛjø, -øz] a chalky.

crayon [kʀɛjɔ̃] nm pencil ; (de rouge à
lèvres etc) stick, pencil ; **écrire au ~** to
write in pencil ; **~ à bille** ball-point pen ;
~ de couleur crayon, colouring pencil.

créance [kʀeɑ̃s] nf (COMM) (financial)
claim, (recoverable) debt ; **créancier, ière**
nm/f creditor.

créateur, trice [kʀeatœʀ, -tʀis] a
creative // nm/f creator.

création [kʀeasjɔ̃] nf creation.

créature [kʀeatyʀ] nf creature.

crécelle [kʀesɛl] nf rattle.

crèche [kʀɛʃ] nf (de Noël) crib ; (garderie)
crèche, day nursery.

crédence [kʀedɑ̃s] nf (small) sideboard.

crédit [kʀedi] nm (gén) credit ; **~s** nmpl
funds ; **payer/acheter à ~** to pay/buy on
credit ou on easy terms ; **faire ~ à qn** to
give sb credit ; **créditer** vt: **créditer un
compte (de)** to credit an account (with) ;
créditeur, trice a in credit, credit cpd //
nm/f customer in credit.

crédule [kʀedyl] a credulous, gullible ;
crédulité nf credulity, gullibility.

créer [kʀee] vt to create ; (THÉÂTRE) to
produce (for the first time).

crémaillère [kʀemajɛʀ] nf (RAIL) rack ;
(tige crantée) trammel ; **direction à ~**
(AUTO) rack and pinion steering ; **pendre
la ~** to have a house-warming party.

crémation [kʀemasjɔ̃] nf cremation.

crématoire [kʀematwaʀ] a: **four ~**
crematorium.

crème [kʀɛm] nf cream ; (entremets)
cream dessert // a inv cream(-coloured) ;
un (café) ~ ≈ a white coffee ; **~
fouettée** whipped cream ; **~ à raser**
shaving cream ; **crèmerie** nf dairy ;
(tearoom) teashop ; **crémeux, euse** a
creamy ; **crémier, ière** nm/f dairy-
man/woman.

créneau, x [kʀeno] nm (de fortification)
crenel(le) ; (fig) gap ; slot ; (AUTO): **faire un
~** to reverse into a parking space (between
cars alongside the kerb).

créole [kʀeɔl] a, nm, nf Creole.

crêpe [kʀɛp] nf (galette) pancake // nm
(tissu) crêpe ; (de deuil) black mourning
crêpe ; black armband (ou hatband ou
ribbon) ; **semelle (de) ~** crêpe sole ;
crêpé, e a (cheveux) backcombed ; **~rie**
nf pancake shop ou restaurant.

crépi [kʀepi] nm roughcast ; **crépir** vt to
roughcast.

crépiter [kʀepite] vi to sputter, splutter ;
to crackle ; to rattle out ; to patter.

crépon [kʀepɔ̃] nm seersucker.

crépu, e [kʀepy] a frizzy, fuzzy.

crépuscule [kʀepyskyl] nm twilight, dusk.

crescendo [kʀeʃɛndo] nm, ad (MUS)
crescendo ; **aller ~** (fig) to rise higher and
higher, grow ever greater.

cresson [kʀesɔ̃] nm watercress.

crête [kʀɛt] nf (de coq) comb ; (de vague,
montagne) crest.

crétin, e [kʀetɛ̃, -in] nm/f cretin.

cretonne [kʀətɔn] nf cretonne.

creuser [kʀøze] *vt* (*trou, tunnel*) to dig ; (*sol*) to dig a hole in ; (*bois*) to hollow out ; (*fig*) to go (deeply) into ; **cela creuse** (**l'estomac**) that gives you a real appetite ; **se ~ (la cervelle)** to rack one's brains.

creuset [kʀøze] *nm* crucible ; (*fig*) melting pot ; (severe) test.

creux, euse [kʀø, -øz] *a* (*tuyau*) // *nm* hollow ; (*fig: sur graphique etc*) trough ; **heures creuses** slack periods ; off-peak periods ; **le ~ de l'estomac** the pit of the stomach.

crevaison [kʀəvɛzɔ̃] *nf* puncture.

crevasse [kʀəvas] *nf* (*dans le sol*) crack, fissure ; (*de glacier*) crevasse ; (*de la peau*) crack.

crevé, e [kʀəve] *a* (*fatigué*) fagged out, worn out.

crève-cœur [kʀɛvkœʀ] *nm inv* heartbreak.

crever [kʀəve] *vt* (*papier*) to tear, break ; (*tambour, ballon*) to burst // *vi* (*pneu*) to burst ; (*automobiliste*) to have a puncture ; (*abcès, outre, nuage*) to burst (open) ; (*fam*) to die ; **cela lui a crevé un œil** it blinded him in one eye.

crevette [kʀəvɛt] *nf:* **~ (rose)** prawn ; **~ grise** shrimp.

cri [kʀi] *nm* cry, shout ; (*d'animal: spécifique*) cry, call ; **c'est le dernier ~** (*fig*) it's the latest fashion.

criant, e [kʀijɑ̃, -ɑ̃t] *a* (*injustice*) glaring.

criard, e [kʀijaʀ, -aʀd(ə)] *a* (*couleur*) garish, loud ; yelling.

crible [kʀibl(ə)] *nm* riddle ; (*mécanique*) screen, jig ; **passer qch au ~** to put sth through a riddle ; (*fig*) to go over sth with a fine-tooth comb.

criblé, e [kʀible] *a:* **~ de** riddled with.

cric [kʀik] *nm* (AUTO) jack.

crier [kʀije] *vi* (*pour appeler*) to shout, cry (out) ; (*de peur, de douleur etc*) to scream, yell ; (*fig: grincer*) to screech // *vt* (*ordre, injure*) to shout (out), yell (out) ; **crieur de journaux** *nm* newspaper seller.

crime [kʀim] *nm* crime ; (*meurtre*) murder ; **criminaliste** *nm/f* specialist in criminal law ; **criminalité** *nf* criminality, crime ; **criminel, le** *a* criminal // *nm/f* criminal ; murderer ; **criminel de guerre** war criminal ; **criminologiste** *nm/f* criminologist.

crin [kʀɛ̃] *nm* hair *q* ; (*fibre*) horsehair ; **à tous ~s, à tout ~** diehard, out-and-out.

crinière [kʀinjɛʀ] *nf* mane.

crique [kʀik] *nf* creek, inlet.

criquet [kʀikɛ] *nm* locust ; grasshopper.

crise [kʀiz] *nf* crisis (*pl* crises) ; (MÉD) attack ; fit ; **~ cardiaque** heart attack ; **~ de foi** crisis of belief ; **~ de foie** bilious attack ; **~ de nerfs** attack of nerves.

crispation [kʀispasjɔ̃] *nf* twitch ; contraction ; tenseness.

crisper [kʀispe] *vt* to tense ; (*poings*) to clench ; **se ~** to tense ; to clench ; (*personne*) to get tense.

crisser [kʀise] *vi* (*neige*) to crunch ; (*tissu*) to rustle ; (*pneu*) to screech.

cristal, aux [kʀistal, -o] *nm* crystal // *nmpl* (*objets*) crystal(ware) *sg* ; **~ de plomb** (lead) crystal ; **~ de roche** rock-

crystal ; **cristaux de soude** washing soda *sg.*

cristallin, e [kʀistalɛ̃, -in] *a* a crystal-clear // *nm* (ANAT) crystalline lens.

cristalliser [kʀistalize] *vi, vt,* **se ~** *vi* to crystallize.

critère [kʀitɛʀ] *nm* criterion (*pl* ia).

critique [kʀitik] *a* critical // *nm/f* (*de théâtre, musique*) critic // *nf* criticism ; (THÉÂTRE etc: *article*) review ; **la ~** (*activité*) criticism ; (*personnes*) the critics *pl.*

critiquer [kʀitike] *vt* (*dénigrer*) to criticize ; (*évaluer, juger*) to assess, examine (critically).

croasser [kʀɔase] *vi* to caw.

croc [kʀo] *nm* (*dent*) fang ; (*de boucher*) hook.

croc-en-jambe [kʀɔkɑ̃ʒɑ̃b] *nm:* **faire un ~ à qn** to trip sb up.

croche [kʀɔʃ] *nf* (MUS) quaver ; **double ~** semiquaver.

crochet [kʀɔʃɛ] *nm* hook ; (*clef*) picklock ; (*détour*) detour ; (BOXE): **~ du gauche** left hook ; (TRICOT: *aiguille*) crochet-hook ; (: *technique*) crochet ; **~s** *nmpl* (TYPO) square brackets ; **vivre aux ~s de qn** to live *ou* sponge off sb ; **crocheter** *vt* (*serrure*) to pick.

crochu, e [kʀɔʃy] *a* hooked ; claw-like.

crocodile [kʀɔkɔdil] *nm* crocodile.

crocus [kʀɔkys] *nm* crocus.

croire [kʀwaʀ] *vt* to believe ; **~ qn honnête** to believe sb (to be) honest ; **se ~ fort** to think one is strong ; **~ que** to believe *ou* think that ; **~ à, ~ en** to believe in.

crois *vb voir* **croître.**

croisade [kʀwazad] *nf* crusade.

croisé, e [kʀwaze] *a* (*veston*) double-breasted // *nm* (*guerrier*) crusader // *nf* (*fenêtre*) window, casement ; **~e d'ogives** intersecting ribs ; **à la ~e des chemins** at the crossroads.

croisement [kʀwazmɑ̃] *nm* (*carrefour*) crossroads *sg* ; (BIO) crossing ; crossbreed.

croiser [kʀwaze] *vt* (*personne, voiture*) to pass ; (*route*) to cross, cut across ; (BIO) to cross // *vi* (NAVIG) to cruise ; **~ les jambes/bras** to cross one's legs/fold one's arms ; **se ~** (*personnes, véhicules*) to pass each other ; (*routes*) to cross, intersect ; (*lettres*) to cross (in the post) ; (*regards*) to meet.

croiseur [kʀwazœʀ] *nm* cruiser (*warship*).

croisière [kʀwazjɛʀ] *nf* cruise ; **vitesse de ~** (AUTO *etc*) cruising speed.

croisillon [kʀwazijɔ̃] *nm:* **motif/fenêtre à ~s** lattice pattern/window.

croissance [kʀwasɑ̃s] *nf* growing, growth ; **maladie de ~** growth disease ; **~ économique** economic growth.

croissant, e [kʀwasɑ̃, -ɑ̃t] *a* growing ; rising // *nm* (*à manger*) croissant ; (*motif*) crescent.

croître [kʀwɑtʀ(ə)] *vi* to grow ; (*lune*) to wax.

croix [kʀwa] *nf* cross ; **en ~** *a, ad* in the form of a cross ; **la C~ Rouge** the Red Cross.

croquant, e [kʀɔkɑ̃, -ɑ̃t] *a* crisp, crunchy // *nm/f* (*péj*) yokel, (country) bumpkin.

croque... [kʀɔk] *préfixe:* ~-**mitaine** *nm* bog(e)y-man ; ~-**monsieur** *nm inv* toasted ham and cheese sandwich ; ~-**mort** *nm* (*péj*) pallbearer.

croquer [kʀɔke] *vt* (*manger*) to crunch ; to munch ; (*dessiner*) to sketch // *vi* to be crisp *ou* crunchy.

croquet [kʀɔkɛ] *nm* croquet.

croquette [kʀɔkɛt] *nf* croquette.

croquis [kʀɔki] *nm* sketch.

cross(-country) [kʀɔs(kuntʀi)] *nm* cross-country race *ou* run ; cross-country racing *ou* running.

crosse [kʀɔs] *nf* (*de fusil*) butt ; (*de revolver*) grip ; (*d'évêque*) crook, crosier ; (*de hockey*) hockey stick.

crotte [kʀɔt] *nf* droppings *pl*.

crotté, e [kʀɔte] *a* muddy, mucky.

crottin [kʀɔtɛ̃] *nm*: ~ (**de cheval**) (horse) dung *ou* manure.

crouler [kʀule] *vi* (*s'effondrer*) to collapse ; (*être délabré*) to be crumbling.

croupe [kʀup] *nf* croup, rump ; **en** ~ pillion.

croupier [kʀupje] *nm* croupier.

croupir [kʀupiʀ] *vi* to stagnate.

croustillant, e [kʀustijɑ̃, -ɑ̃t] *a* crisp ; (*fig*) spicy.

croustiller [kʀustije] *vi* to be crisp *ou* crusty.

croûte [kʀut] *nf* crust ; (*du fromage*) rind ; (*de vol-au-vent*) case ; (*MÉD*) scab ; **en** ~ (*CULIN*) in pastry, in a pie ; ~ **aux champignons** mushrooms on toast ; ~ **au fromage** cheese *ou* toast *q* ; ~ **de pain** (*morceau*) crust (of bread) ; ~ **terrestre** earth's crust.

croûton [kʀutɔ̃] *nm* (*CULIN*) crouton ; (*bout du pain*) crust, heel.

croyance [kʀwajɑ̃s] *nf* belief.

croyant, e [kʀwajɑ̃, -ɑ̃t] *nm/f* believer.

C.R.S. *sigle fpl* = Compagnies républicaines de sécurité (*a state security police force*) // *sigle m* member of the C.R.S..

cru, e [kʀy] *pp de* **croire** // *a* (*non cuit*) raw ; (*lumière, couleur*) harsh ; (*paroles, description*) crude // *nm* (*vignoble*) vineyard ; (*vin*) wine // *nf* (*d'un cours d'eau*) swelling, rising ; **de son (propre)** ~ (*fig*) of his own devising ; **du** ~ local ; **en** ~**e** in spate.

crû *pp de* **croître**.

cruauté [kʀyote] *nf* cruelty.

cruche [kʀyʃ] *nf* pitcher, (earthenware) jug.

crucial, e, aux [kʀysjal, -o] *a* crucial.

crucifier [kʀysifje] *vt* to crucify.

crucifix [kʀysifi] *nm* crucifix.

cruciforme [kʀysifɔʀm(ə)] *a* cruciform, cross-shaped.

cruciverbiste [kʀysivɛʀbist(ə)] *nm/f* crossword puzzle enthusiast.

crudité [kʀydite] *nf* crudeness *q* ; harshness *q* ; ~**s** *nfpl* (*CULIN*) salads.

crue [kʀy] *nf voir* **cru.**

cruel, le [kʀyɛl] *a* cruel.

crus *etc*, **crûs** *etc vb voir* **croire, croître.**

crustacés [kʀystase] *nmpl* shellfish.

crypte [kʀipt(ə)] *nf* crypt.

cubage [kyba3] *nm* cubage, cubic content.

cube [kyb] *nm* cube ; (*jouet*) brick, building block ; **mètre** ~ cubic metre ; **2 au** ~ = **8 2** cubed is **8** ; **élever au** ~ to cube ; **cubique** *a* cubic.

cueillette [kœjɛt] *nf* picking, gathering ; harvest *ou* crop (of fruit).

cueillir [kœjiʀ] *vt* (*fruits, fleurs*) to pick, gather ; (*fig*) to catch.

cuiller *ou* **cuillère** [kɥijɛʀ] *nf* spoon ; ~ **à café** coffee spoon ; (*CULIN*) ≈ teaspoonful ; ~ **à soupe** soup-spoon ; (*CULIN*) ≈ tablespoonful ; **cuillerée** *nf* spoonful.

cuir [kɥiʀ] *nm* leather ; (*avant tannage*) hide ; ~ **chevelu** scalp.

cuirasse [kɥiʀas] *nf* breastplate ; **cuirassé** *nm* (*NAVIG*) battleship.

cuire [kɥiʀ] *vt* (*aliments*) to cook ; (*poterie*) to fire // *vi* to cook ; (*picoter*) to smart, sting, burn ; **bien cuit** (*viande*) well done ; **trop cuit** overdone.

cuisine [kɥizin] *nf* (*pièce*) kitchen ; (*art culinaire*) cookery, cooking ; (*nourriture*) cooking, food ; **faire la** ~ to cook, make a *ou* the meal ; **cuisiner** *vt* to cook ; (*fam*) to grill // *vi* to cook ; **cuisinier, ière** *nm/f* cook // *nf* (*poêle*) cooker.

cuisse [kɥis] *nf* (*ANAT*) thigh ; (*CULIN*) leg.

cuisson [kɥisɔ̃] *nf* cooking ; firing.

cuistre [kɥistʀ(ə)] *nm* prig.

cuit, e *pp de* **cuire.**

cuivre [kɥivʀ(ə)] *nm* copper ; **les** ~**s** (*MUS*) the brass ; **cuivré, e** *a* coppery ; bronzed.

cul [ky] *nm* (*fam!*) arse (!), bum ; ~ **de bouteille** bottom of a bottle.

culasse [kylas] *nf* (*AUTO*) cylinder-head ; (*de fusil*) breech.

culbute [kylbyt] *nf* somersault ; (*accidentelle*) tumble, fall ; **culbuter** *vi* to (take a) tumble, fall (head over heels) ; **culbuteur** *nm* (*AUTO*) rocker arm.

cul-de-jatte [kyd3at] *nm/f* legless cripple.

cul-de-sac [kydsak] *nm* cul-de-sac.

culinaire [kylinɛʀ] *a* culinary.

culminant, e [kylminɑ̃, -ɑ̃t] *a*: **point** ~ highest point.

culminer [kylmine] *vi* to reach its highest point ; to tower.

culot [kylo] *nm* (*d'ampoule*) cap ; (*effronterie*) cheek, nerve.

culotte [kylɔt] *nf* (*pantalon*) pants *pl*, trousers *pl* ; (*de femme*): (**petite**) ~ knickers *pl* ; ~ **de cheval** riding breeches *pl*.

culotté, e [kylɔte] *a* (*pipe*) seasoned ; (*cuir*) mellowed ; (*effronté*) cheeky.

culpabilité [kylpabilite] *nf* guilt.

culte [kylt(ə)] *nm* (*religion*) religion ; (*hommage, vénération*) worship ; (*protestant*) service.

cultivateur, trice [kyltivatœʀ, -tʀis] *nm/f* farmer.

cultivé, e [kyltive] *a* (*personne*) cultured, cultivated.

cultiver [kyltive] *vt* to cultivate ; (*légumes*) to grow, cultivate.

culture [kyltyʀ] *nf* cultivation ; growing ; (*connaissances etc*) culture ; (**champs de**) ~**s** land(s) under cultivation ; ~ **physique** physical training ; **culturel, le** *a* cultural ; **culturisme** *nm* body-building.

cumin [kymɛ̃] nm (CULIN) caraway seeds pl, cumin.

cumul [kymyl] nm (voir cumuler) holding (ou drawing) concurrently; ~ de peines sentences to run consecutively.

cumuler [kymyle] vt (emplois, honneurs) to hold concurrently; (salaires) to draw concurrently; (JUR: droits) to accumulate.

cupide [kypid] a greedy, grasping.

curatif, ive [kyRatif, -iv] a curative.

cure [kyR] nf (MÉD) course of treatment; (REL) cure, ≈ living; presbytery, ≈ vicarage; **faire une ~ de fruits** to go on a fruit cure ou diet; **n'avoir ~ de** to pay no attention to; **~ de sommeil** sleep therapy q.

curé [kyRe] nm parish priest; **M. le ~** ≈ Vicar.

cure-dent [kyRdɑ̃] nm toothpick.

cure-pipe [kyRpip] nm pipe cleaner.

curer [kyRe] vt to clean out.

curieux, euse [kyRjø, -øz] a (étrange) strange, curious; (indiscret) curious, inquisitive; (intéressé) inquiring, curious // nmpl (badauds) onlookers, bystanders // **curiosité** nf curiosity, inquisitiveness; (objet) curio(sity); (site) unusual feature ou sight.

curiste [kyRist(ə)] nm/f person taking the waters at a spa.

curriculum vitae [kyRikylɔmvite] nm inv (abr **C.V.**) curriculum vitae.

curry [kyRi] nm curry; **poulet au ~** curried chicken, chicken curry.

curseur [kyRsœR] nm (de règle) slide; (de fermeture-éclair) slider.

cursif, ive [kyRsif, -iv] a: **écriture cursive** cursive script.

cutané, e [kytane] a cutaneous, skin cpd.

cuti-réaction [kytiReaksjɔ̃] nf (MÉD) skin-test.

cuve [kyv] nf vat; (à mazout etc) tank.

cuvée [kyve] nf vintage.

cuvette [kyvɛt] nf (récipient) bowl, basin; (du lavabo) (wash)basin; (des w.-c.) pan; (GÉO) basin.

C.V. sigle m (AUTO) voir **cheval**; (COMM) = **curriculum vitae**.

cyanure [sjanyR] nm cyanide.

cybernétique [sibɛRnetik] nf cybernetics sg.

cyclable [siklabl(ə)] a: **piste ~ cycle** track.

cyclamen [siklamɛn] nm cyclamen.

cycle [sikl(ə)] nm cycle.

cyclique [siklik] a cyclic(al).

cyclisme [siklism(ə)] nm cycling.

cycliste [siklist(ə)] nm/f cyclist // a cycle cpd.

cyclomoteur [siklɔmɔtœR] nm moped; **cyclomotoriste** nm/f moped-rider.

cyclone [siklon] nm hurricane.

cygne [siɲ] nm swan.

cylindre [silɛ̃dR(ə)] nm cylinder; **moteur à 4 ~s en ligne** straight-4 engine; **cylindrée** nf (AUTO) (cubic) capacity; **une (voiture de) grosse cylindrée** a big-engined car; **cylindrique** a cylindrical.

cymbale [sɛ̃bal] nf cymbal.

cynique [sinik] a cynical; **cynisme** nm cynicism.

cyprès [sipRɛ] nm cypress.

cypriote [sipRjɔt] a, nm/f Cypriot.

cyrillique [siRilik] a Cyrillic.

cystite [sistit] nf cystitis.

cytise [sitiz] nm laburnum.

D

d' prép, dét voir **de**.

dactylo [daktilo] nf (aussi: ~graphe) typist; (aussi: ~graphie) typing, typewriting; ~graphier vt to type (out).

dada [dada] nm hobby-horse.

daigner [deɲe] vt to deign.

daim [dɛ̃] nm (fallow) deer inv; (peau) buckskin; (imitation) suede.

dallage [dalaʒ] nm paving.

dalle [dal] nf paving stone, flag(stone); slab.

daltonien, ne [daltɔnjɛ̃, -jɛn] a colour-blind.

dam [dam] nm: **au grand ~ de** much to the detriment ou annoyance of.

dame [dam] nf lady; (CARTES, ÉCHECS) queen; ~s nfpl (jeu) draughts sg.

damer [dame] vt to ram ou pack down; **~ le pion à** (fig) to get the better of.

damier [damje] nm draughtboard; (dessin) check (pattern).

damner [dane] vt to damn.

dancing [dɑ̃siŋ] nm dance hall.

dandiner [dɑ̃dine]: **se ~** vi to sway about; to waddle along.

Danemark [danmaRk] nm Denmark.

danger [dɑ̃ʒe] nm danger; **mettre en ~** to endanger, put in danger; **dangereux, euse** a dangerous.

danois, e [danwa, -waz] a Danish // nm/f: **D~, e** Dane // nm (langue) Danish.

dans [dɑ̃] prép in; (direction) into, to; (à l'intérieur de) in, inside; **je l'ai pris ~ le tiroir/salon** I took it out of ou from the drawer/lounge; **boire ~ un verre** to drink out of ou from a glass; **~ 2 mois** in 2 months, in 2 months' time, 2 months from now; **~ les 20 F** about 20 F.

dansant, e [dɑ̃sɑ̃, -ɑ̃t] a: **soirée ~e** evening of dancing; dinner dance.

danse [dɑ̃s] nf: **la ~** dancing; (classique) (ballet) dancing; **une ~** a dance; **danser** vi, vt to dance; **danseur, euse** nm/f ballet dancer/ballerina; (au bal etc) dancer; partner; **en danseuse** (à vélo) standing on the pedals.

dard [daR] nm sting (organ).

darder [daRde] vt to shoot, send forth.

date [dat] nf date; **faire ~** to mark a milestone; **~ de naissance** date of birth; **dater** vt, vi to date; **dater de** to date from, go back to; **à dater de** (as) from.

datif [datif] nm dative.

datte [dat] nf date; **dattier** nm date palm.

dauphin [dofɛ̃] nm (ZOOL) dolphin; (du roi) dauphin; (fig) heir apparent.

daurade [dɔRad] nf gilt-head.

davantage [davɑ̃taʒ] ad more; (plus longtemps) longer; **~ de** more.

DCA [desea] sigle f (= défense contre avions): **la ~** anti-aircraft defence.

de (*de* + *le* = **du**, *de* + *les* = **des**) [də, dy, de] *prép* of ; (*provenance*) from ; (*moyen*) with ; **la voiture d'Élisabeth/de mes parents** Elizabeth's/my parents' car ; **un mur de brique/bureau d'acajou** a brick wall/mahogany desk ; **augmenter etc de 10F** to increase by 10F ; **une pièce de 2 m de large** *ou* **large de 2 m** a room 2 m wide *ou* in width, a 2 m wide room ; **un bébé de 10 mois** a 10-month-old baby ; **un séjour de 2 ans** a 2-year stay ; **12 mois de crédit/travail** 12 months' credit/work // *dét*: **du vin, de l'eau, des pommes** (some) wine, (some) water, (some) apples ; **des enfants sont venus** some children came ; **a-t-il du vin?** has he got any wine? ; **il ne veut pas de pommes** he doesn't want any apples ; **il n'a pas d'enfants** he has no children, he hasn't got any children ; **pendant des mois** for months.

dé [de] *nm* (*à jouer*) die *ou* dice (*pl* dice) ; (*aussi*: ~ **à coudre**) thimble ; **~s** *nmpl* (*jeu*) (game of) dice ; **un coup de ~s** a throw of the dice.

déambuler [deãbyle] *vi* to stroll about.

débâcle [debakl(ə)] *nf* rout.

déballer [debale] *vt* to unpack.

débandade [debãdad] *nf* rout ; scattering.

débarbouiller [debaRbuje] *vt* to wash ; **se ~** to wash (one's face).

débarcadère [debaRkadɛR] *nm* landing stage.

débardeur [debaRdœR] *nm* docker, stevedore ; (*maillot*) slipover, tank top.

débarquement [debaRkəmã] *nm* unloading ; landing ; disembarcation ; (*MIL*) landing.

débarquer [debaRke] *vt* to unload, land // *vi* to disembark ; (*fig*) to turn up.

débarras [debaRa] *nm* lumber room ; junk cupboard ; outhouse ; **bon ~!** good riddance!

débarrasser [debaRase] *vt* to clear ; **~ qn de** (*vêtements, paquets*) to relieve sb of ; (*habitude, ennemi*) to rid sb of ; **~ qch de** (*fouillis etc*) to clear sth of ; **se ~ de** *vt* to get rid of ; to rid o.s. of.

débat [deba] *nm* discussion, debate ; **~s** (*POL*) proceedings, debates.

débattre [debatR(ə)] *vt* to discuss, debate ; **se ~** *vi* to struggle.

débauche [deboʃ] *nf* debauchery ; **une ~ de** (*fig*) a profusion of ; a riot of.

débaucher [deboʃe] *vt* (*licencier*) to lay off, dismiss ; (*entraîner*) to lead astray, debauch.

débile [debil] *a* weak, feeble ; ~ **mental, e** *nm/f* mental defective.

débit [debi] *nm* (*d'un liquide, fleuve*) (rate of) flow ; (*d'un magasin*) turnover (of goods) ; (*élocution*) delivery ; (*bancaire*) debit ; **avoir un ~ de 10 F** to be 10 F in debit ; ~ **de boissons** drinking establishment ; ~ **de tabac** tobacconist's (shop) ; **débiter** *vt* (*compte*) to debit ; (*liquide, gaz*) to yield, produce, give out ; (*couper: bois, viande*) to cut up ; (*vendre*) to retail ; (*péj: paroles etc*) to come out with, churn out ; **débiteur, trice** *nm/f* debtor // *a* in debit.

déblai [deblɛ] *nm* earth (*moved*).

déblaiement [deblɛmã] *nm* clearing ; **travaux de ~** earth moving *sg*.

déblayer [debleje] *vt* to clear.

débloquer [deblɔke] *vt* (*frein*) to release ; (*prix, crédits*) to free.

déboires [debwaR] *nmpl* setbacks.

déboiser [debwaze] *vt* to clear of trees ; to deforest.

déboîter [debwate] *vt* (*AUTO*) to pull out ; **se ~ le genou** *etc* to dislocate one's knee *etc*.

débonnaire [debɔnɛR] *a* easy-going, good-natured.

débordé, e [debɔRde] *a*: **être ~ de** (*travail, demandes*) to be snowed under with.

débordement [debɔRdəmã] *nm* overflowing.

déborder [debɔRde] *vi* to overflow ; (*lait etc*) to boil over // *vt* (*MIL, SPORT*) to outflank ; ~ (**de) qch** (*dépasser*) to extend beyond sth ; ~ **de** (*joie, zèle*) to be brimming over with *ou* bursting with.

débouché [debuʃe] *nm* (*pour vendre*) outlet ; (*perspective d'emploi*) opening ; (*sortie*): **au ~ de la vallée** where the valley opens out (onto the plain) ; **au ~ de la rue Dupont (sur le boulevard)** where the rue Dupont meets the boulevard.

déboucher [debuʃe] *vt* (*évier, tuyau etc*) to unblock ; (*bouteille*) to uncork, open // *vi*: ~ **de** to emerge from, come out of ; ~ **sur** to come out onto ; to open out onto ; (*fig*) to arrive at, lead up to.

débourser [debuRse] *vt* to pay out, lay out.

debout [dəbu] *ad*: **être ~** (*personne*) to be standing, stand ; (: *levé, éveillé*) to be up (and about) ; (*chose*) to be upright ; **être encore ~** (*fig: en état*) to be still going ; to be still standing ; **se mettre ~** to get up (on one's feet) ; **se tenir ~** to stand ; **~!** stand up! ; (*du lit*) get up! ; **cette histoire ne tient pas ~** this story doesn't hold water.

déboutonner [debutɔne] *vt* to undo, unbutton ; **se ~** *vi* to come undone *ou* unbuttoned.

débraillé, e [debRaje] *a* slovenly, untidy.

débrayage [debRɛjaʒ] *nm* (*AUTO*) clutch ; (: *action*) disengaging the clutch ; (*grève*) stoppage ; **faire un débrayé ~** to double-declutch.

débrayer [debRɛje] *vi* (*AUTO*) to declutch, disengage the clutch ; (*cesser le travail*) to stop work.

débridé, e [debRide] *a* unbridled, unrestrained.

débris [debRi] *nm* (*fragment*) fragment // *nmpl* (*déchets*) pieces ; rubbish *sg* ; debris *sg*.

débrouillard, e [debRujaR, -aRd(ə)] *a* smart, resourceful.

débrouiller [debRuje] *vt* to disentangle, untangle ; (*fig*) to sort out, unravel ; **se ~** *vi* to manage.

débroussailler [debRusaje] *vt* to clear (of brushwood).

débusquer [debyske] *vt* to drive out (from cover).

début [deby] *nm* beginning, start; ∼**s** *nmpl* beginnings; **début** *sg*.
débutant, e [debytɑ̃, -ɑ̃t] *nm/f* beginner, novice.
débuter [debyte] *vi* to begin, start; *(faire ses débuts)* to start out.
deçà [dəsa]: **en** ∼ **de** *prép* this side of.
décacheter [dekaʃte] *vt* to unseal, open.
décade [dekad] *nf (10 jours)* (period of) ten days; *(10 ans)* decade.
décadence [dekadɑ̃s] *nf* decadence; decline.
décaféiné, e [dekafeine] *a* decaffeinated, caffeine-free.
décalage [dekalaʒ] *nm* gap; discrepancy; move forward *ou* back; shift forward *ou* back; ∼ **horaire** time difference (between time zones); time-lag.
décalcomanie [dekalkɔmani] *nf* transfer.
décaler [dekale] *vt (dans le temps: avancer)* to bring forward; (: *retarder*) to put back; *(changer de position)* to shift forward *ou* back; ∼ **de 2 h** to bring *ou* move forward 2 hours; to put back 2 hours.
décalquer [dekalke] *vt* to trace; *(par pression)* to transfer.
décamper [dekɑ̃pe] *vi* to clear out *ou* off.
décanter [dekɑ̃te] *vt* to (allow to) settle (and decant); **se** ∼ to settle.
décapant [dekapɑ̃] *nm* acid solution; scouring agent; paint stripper.
décaper [dekape] *vt* to clean; *(avec abrasif)* to scour; *(avec papier de verre)* to sand.
décapiter [dekapite] *vt* to behead; *(par accident)* to decapitate; *(fig)* to cut the top off; to remove the top men from.
décapotable [dekapɔtabl(ə)] *a* convertible.
décapoter [dekapɔte] *vt* to put down the top of.
décapsuler [dekapsyle] *vt* to take the cap *ou* top off; **décapsuleur** *nm* bottle-opener.
décathlon [dekatlɔ̃] *nm* decathlon.
décédé, e [desede] *a* deceased.
décéder [desede] *vi* to die.
déceler [desle] *vt* to discover, detect; to indicate, reveal.
décélération [deseleʀasjɔ̃] *nf* deceleration.
décembre [desɑ̃bʀ(ə)] *nm* December.
décemment [desamɑ̃] *ad* decently.
décence [desɑ̃s] *nf* decency.
décennie [desni] *nf* decade.
décent, e [desɑ̃, -ɑ̃t] *a* decent.
décentraliser [desɑ̃tʀalize] *vt* to decentralize.
décentrer [desɑ̃tʀe] *vt* to decentre; **se** ∼ to move off-centre.
déception [desɛpsjɔ̃] *nf* disappointment.
décerner [desɛʀne] *vt* to award.
décès [desɛ] *nm* death, decease.
décevoir [dɛsvwaʀ] *vt* to disappoint.
déchaîner [deʃene] *vt (passions, colère)* to unleash; *(rires etc)* to give rise to, arouse; **se** ∼ *vi* to rage; to burst out, explode; *(se mettre en colère)* to fly into a rage, loose one's fury.
déchanter [deʃɑ̃te] *vi* to become disillusioned.

décharge [deʃaʀʒ(ə)] *nf (dépôt d'ordures)* rubbish tip *ou* dump; *(électrique)* electrical discharge; *(salve)* volley of shots; **à la** ∼ **de** in defence of.
déchargement [deʃaʀʒəmɑ̃] *nm* unloading.
décharger [deʃaʀʒe] *vt (marchandise, véhicule)* to unload; *(ELEC)* to discharge; *(arme: neutraliser)* to unload; (: *faire feu*) to discharge, fire; ∼ **qn de** *(responsabilité)* to relieve sb of, release sb from.
décharné, e [deʃaʀne] *a* bony, emaciated, fleshless.
déchausser [deʃose] *vt (personne)* to take the shoes off; *(skis)* to take off; **se** ∼ to take off one's shoes; *(dent)* to come *ou* work loose.
déchéance [deʃeɑ̃s] *nf* degeneration; decay, decline; fall.
déchet [deʃɛ] *nm (de bois, tissu etc)* scrap; *(perte: gén COMM)* wastage, waste; ∼**s** *nmpl (ordures)* refuse *sg*, rubbish *sg*.
déchiffrer [deʃifʀe] *vt* to decipher.
déchiqueter [deʃikte] *vt* to tear *ou* pull to pieces.
déchirant, e [deʃiʀɑ̃, -ɑ̃t] *a* heart-breaking, heart-rending.
déchirement [deʃiʀmɑ̃] *nm (chagrin)* wrench, heartbreak; *(gén pl: conflit)* rift, split.
déchirer [deʃiʀe] *vt* to tear; *(mettre en morceaux)* to tear up; *(pour ouvrir)* to tear off; *(arracher)* to tear out; *(fig)* to rack; to tear; to tear apart; **se** ∼ *vi* to tear, rip; **se** ∼ **un muscle** to tear a muscle.
déchirure [deʃiʀyʀ] *nf (accroc)* tear, rip; ∼ **musculaire** torn muscle.
déchoir [deʃwaʀ] *vi (personne)* to lower o.s., demean o.s.
déchu, e [deʃy] *a* fallen; deposed.
décibel [desibɛl] *nm* decibel.
décidé, e [deside] *a (personne, air)* determined; **c'est** ∼ it's decided; **être** ∼ **à faire** to be determined to do.
décidément [desidemɑ̃] *ad* undoubtedly; really.
décider [deside] *vt*: ∼ **qch** to decide on sth; ∼ **de faire/que** to decide to do/that; ∼ **qn (à faire qch)** to persuade *ou* induce sb (to do sth); ∼ **de qch** to decide upon sth; (*suj: chose*) to determine sth; **se** ∼ *(à faire)* to decide (to do), make up one's mind (to do); **se** ∼ **pour** to decide on *ou* in favour of.
décilitre [desilitʀ(ə)] *nm* decilitre.
décimal, e, aux [desimal, -o] *a, nf* decimal.
décimer [desime] *vt* to decimate.
décimètre [desimɛtʀ(ə)] *nm* decimetre; **double** ∼ (20 cm) ruler.
décisif, ive [desizif, -iv] *a* decisive; *(qui l'emporte)*: **le facteur/ l'argument** ∼ the deciding factor/ argument.
décision [desizjɔ̃] *nf* decision; *(fermeté)* decisiveness, decision; **emporter** *ou* **faire la** ∼ to be decisive.
déclamation [deklamɑsjɔ̃] *nf* declamation; *(péj)* ranting, spouting.
déclaration [deklaʀɑsjɔ̃] *nf* declaration; registration; *(discours: POL etc)* statement; ∼ **(d'amour)** declaration; ∼ **de décès**

registration of death; ~ **de guerre** declaration of war; ~ **(d'impôts)** statement of income, tax declaration, ≈ tax return; ~ **(de sinistre)** (insurance) claim.

déclarer [deklaʀe] vt to declare, announce; (revenus, marchandises) to declare; (décès, naissance) to register; **se** ~ (feu, maladie) to break out; ~ **que** to declare that.

déclassement [deklɑsmɑ̃] nm (RAIL etc) change of class.

déclasser [deklɑse] vt to relegate; to downgrade; to lower in status.

déclenchement [deklɑ̃ʃmɑ̃] nm release; setting off.

déclencher [deklɑ̃ʃe] vt (mécanisme etc) to release; (sonnerie) to set off, activate; (attaque, grève) to launch; (provoquer) to trigger off; **se** ~ vi to release itself; to go off.

déclic [deklik] nm trigger mechanism; (bruit) click.

déclin [deklɛ̃] nm decline.

déclinaison [deklinɛzɔ̃] nf declension.

décliner [dekline] vi to decline // vt (invitation) to decline, refuse; (responsabilité) to refuse to accept; (nom, adresse) to state; (LING) to decline.

déclivité [deklivite] nf slope, incline; **en** ~ sloping, on the incline.

décocher [dekɔʃe] vt to throw; to shoot.

décoder [dekɔde] vt to decipher, decode.

décoiffer [dekwafe] vt: ~ **qn** to disarrange ou mess up sb's hair; to take sb's hat off; **se** ~ to take off one's hat.

décoincer [dekwɛ̃se] vt to unjam, loosen.

déçois etc vb voir **décevoir**.

décolérer [dekɔleʀe] vi: **il ne décolère pas** he's still angry, he hasn't calmed down.

décollage [dekɔlaʒ] nm (AVIAT) takeoff.

décoller [dekɔle] vt to unstick // vi (avion) to take off; **se** ~ to come unstuck.

décolletage [dekɔltaʒ] nm (TECH) cutting.

décolleté, e [dekɔlte] a low-necked, low-cut; wearing a low-cut dress // nm low neck(line); (bare) neck and shoulders; (plongeant) cleavage.

décolorant [dekɔlɔʀɑ̃] nm decolorant, bleaching agent.

décoloration [dekɔlɔʀɑsjɔ̃] nf: **se faire une** ~ (chez le coiffeur) to have one's hair bleached ou lightened.

décolorer [dekɔlɔʀe] vt (tissu) to fade; (cheveux) to bleach, lighten; **se** ~ vi to fade.

décombres [dekɔ̃bʀ(ə)] nmpl rubble sg, debris sg.

décommander [dekɔmɑ̃de] vt to cancel; (invités) to put off; **se** ~ to cancel one's appointment etc, cry off.

décomposé, e [dekɔ̃poze] a (visage) haggard, distorted.

décomposer [dekɔ̃poze] vt to break up; (CHIMIE) to decompose; (MATH) to factorize; **se** ~ vi (pourrir) to decompose; **décomposition** nf breaking up; decomposition; factorization; **en décomposition** (organisme) in a state of decay, decomposing.

décompression [dekɔ̃pʀɛsjɔ̃] nf decompression.

décompte [dekɔ̃t] nm deduction; (facture) breakdown (of an account), detailed account.

déconcentration [dekɔ̃sɑ̃tʀɑsjɔ̃] nf (des industries etc) dispersal.

déconcentré, e [dekɔ̃sɑ̃tʀe] a (sportif etc) who has lost (his/her) concentration.

déconcerter [dekɔ̃sɛʀte] vt to disconcert, confound.

déconfit, e [dekɔ̃fi, -it] a crestfallen, downcast.

déconfiture [dekɔ̃fityʀ] nf failure, defeat; collapse, ruin.

décongeler [dekɔ̃ʒle] vt to thaw (out).

décongestionner [dekɔ̃ʒɛstjɔne] vt (MÉD) to decongest; (rues) to relieve congestion in.

déconnecter [dekɔnɛkte] vt to disconnect.

déconseiller [dekɔ̃seje] vt: ~ **qch (à qn)** to advise (sb) against sth; ~ **à qn de faire** to advise sb against doing.

déconsidérer [dekɔ̃sideʀe] vt to discredit.

déconsigner [dekɔ̃siɲe] vt (valise) to collect (from left luggage); (bouteille) to return the deposit on.

décontenancer [dekɔ̃tnɑse] vt to disconcert, discountenance.

décontracter [dekɔ̃tʀakte] vt, **se** ~ to relax.

déconvenue [dekɔ̃vny] nf disappointment.

décor [dekɔʀ] nm décor; (paysage) scenery; ~**s** nmpl (THÉÂTRE) scenery sg, décor sg; (CINÉMA) set sg.

décorateur [dekɔʀatœʀ] nm (interior) decorator; (CINÉMA) set designer.

décoratif, ive [dekɔʀatif, -iv] a decorative.

décoration [dekɔʀɑsjɔ̃] nf decoration.

décorer [dekɔʀe] vt to decorate.

décortiquer [dekɔʀtike] vt to shell; (riz) to hull; (fig) to dissect.

décorum [dekɔʀɔm] nm decorum; etiquette.

découcher [dekuʃe] vi to spend the night away from home.

découdre [dekudʀ(ə)] vt to unpick, take the stitching out of; **se** ~ to corne unstitched; **en** ~ (fig) to fight, do battle.

découler [dekule] vi: ~ **de** to ensue ou follow from.

découpage [dekupaʒ] nm cutting up; carving; (image) cut-out (figure); ~ **électoral** division into constituencies.

découper [dekupe] vt (papier, tissu etc) to cut up; (volaille, viande) to carve; (détacher: manche, article) to cut out; **se** ~ **sur** (ciel, fond) to stand out against.

découplé, e [dekuple] a: **bien** ~ well-built, well-proportioned.

découpure [dekupyʀ] nf: ~**s** (morceaux) cut-out bits; (d'une côte, arête) indentations, jagged outline sg.

découragement [dekuʀaʒmɑ̃] nm discouragement, despondency.

décourager [dekuʀaʒe] vt to discourage, dishearten; (dissuader) to discourage, put off; **se** ~ to lose heart, become discouraged ; ~ **qn de faire/de qch** to discourage sb from doing/from sth, put sb off doing/sth.

décousu, e [dekuzy] a unstitched ; (fig) disjointed, disconnected.

découvert, e [dekuvɛʀ, -ɛʀt(ə)] a (tête) bare, uncovered ; (lieu) open, exposed // nm (bancaire) overdraft // nf discovery ; **à ~** ad (MIL) exposed, without cover ; (fig) openly // a (COMM) overdrawn ; **aller à la ~e de** to go in search of.

découvrir [dekuvʀiʀ] vt to discover ; (apercevoir) to see ; (enlever ce qui couvre ou protège) to uncover ; (montrer, dévoiler) to reveal ; **se ~** to take off one's hat ; to take off some clothes ; (au lit) to uncover o.s. ; (ciel) to clear ; **~ que** to discover that, find out that.

décrasser [dekʀase] vt to clean.

décrépi, e [dekʀepi] a peeling ; with roughcast rendering removed.

décrépit, e [dekʀepi, -it] a decrepit ; **décrépitude** nf decrepitude ; decay.

decrescendo [dekʀeʃɛndo] nm (MUS) decrescendo ; **aller ~** (fig) to decline, be on the wane.

décret [dekʀɛ] nm decree ; **décréter** vt to decree ; to order ; to declare ; **~-loi** nm statutory order.

décrié, e [dekʀije] a disparaged.

décrire [dekʀiʀ] vt to describe ; (courbe, cercle) to follow, describe.

décrochement [dekʀɔʃmã] nm (d'un mur etc) recess.

décrocher [dekʀɔʃe] vt (dépendre) to take down ; (téléphone) to take off the hook ; (: pour répondre): **~ (le téléphone)** to pick up ou lift the receiver ; (fig: contrat etc) to get, land // vi to drop out ; to switch off.

décroître [dekʀwatʀ(ə)] vi to decrease, decline, diminish.

décrue [dekʀy] nf drop in level (of the waters).

décrypter [dekʀipte] vt to decipher.

déçu, e [desy] pp de **décevoir.**

déculotter [dekylɔte] vt: **~ qn** to take off ou down sb's trousers.

décuple [dekyplə] nm: **le ~** ten times ; **au ~** tenfold ; **décupler** vt, vi to increase tenfold.

dédaigner [dedeɲe] vt to despise, scorn ; (négliger) to disregard, spurn ; **~ de faire** to consider it beneath one to do ; not to deign to do ; **dédaigneux, euse** a scornful, disdainful.

dédain [dedɛ̃] nm scorn, disdain.

dédale [dedal] nm maze.

dedans [dədã] ad inside ; (pas en plein air) indoors, inside // nm inside ; **au ~** on the inside ; inside ; **en ~** (vers l'intérieur) inwards ; voir aussi **là.**

dédicace [dedikas] nf dedication ; (manuscrite, sur une photo etc) inscription.

dédicacer [dedikase] vt: **~ (à qn)** to sign (for sb), autograph (for sb), inscribe (to sb).

dédier [dedje] vt to dedicate.

dédire [dediʀ]: **se ~** vi to go back on one's word ; to retract, recant.

dédit [dedi] nm (COMM) forfeit, penalty.

dédommagement [dedɔmaʒmã] nm compensation.

dédommager [dedɔmaʒe] vt: **~ qn (de)** to compensate sb (for) ; (fig) to repay sb (for).

dédouaner [dedwane] vt to clear through customs.

dédoublement [dedubləmã] nm splitting ; (PSYCH): **~ de la personnalité** split ou dual personality.

dédoubler [deduble] vt (classe, effectifs) to split (into two) ; (couverture etc) to unfold ; (manteau) to remove the lining of ; **~ un train/les trains** to run a relief train/additional trains.

déduction [dedyksjɔ̃] nf (d'argent) deduction ; (raisonnement) deduction, inference.

déduire [dedɥiʀ] vt: **~ qch (de)** (ôter) to deduct sth (from) ; (conclure) to deduce ou infer sth (from).

déesse [deɛs] nf goddess.

défaillance [defajãs] nf (syncope) blackout ; (fatigue) (sudden) weakness q ; (technique) fault, failure ; (morale etc) weakness ; **~ cardiaque** heart failure.

défaillant, e [defajã, -ãt] a (JUR: témoin) defaulting.

défaillir [defajiʀ] vi to faint ; to feel faint ; (mémoire etc) to fail.

défaire [defɛʀ] vt (installation, échafaudage) to take down, dismantle ; (paquet etc, nœud, vêtement) to undo ; **se ~** vi to come undone ; **se ~ de** vt (se débarrasser de) to get rid of ; (se séparer de) to part with.

défait, e [defɛ, -ɛt] a (visage) haggard, ravaged // nf defeat.

défaitiste [defetist(ə)] a, nm/f defeatist.

défalquer [defalke] vt to deduct.

défaut [defo] nm (moral) fault, failing, defect ; (d'étoffe, métal) fault, flaw, defect ; (manque, carence): **~ de** lack of ; shortage of ; **en ~** at fault ; in the wrong ; **faire ~** (manquer) to be lacking ; **à ~** ad failing that ; **à ~ de** for lack ou want of ; **par ~** (JUR) in his (ou her etc) absence.

défaveur [defavœʀ] nf disfavour.

défavorable [defavɔʀabl(ə)] a unfavourable.

défavoriser [defavɔʀize] vt to put at a disadvantage.

défectif, ive [defɛktif, -iv] a: **verbe ~** defective verb.

défection [defɛksjɔ̃] nf defection, failure to give support ou assistance ; failure to appear ; **faire ~** (d'un parti etc) to withdraw one's support, leave.

défectueux, euse [defɛktɥø, -øz] a faulty, defective ; **défectuosité** nf defectiveness q ; defect, fault.

défendre [defãdʀ(ə)] vt to defend ; (interdire) to forbid ; **~ à qn qch/de faire** to forbid sb sth/to do ; **se ~** to defend o.s. ; **il se défend** (fig) he can hold his own ; **ça se défend** (fig) it holds together ; **se ~ de/contre** (se protéger) to protect o.s. from/against ; **se ~ de** (se garder de) to refrain from ; (nier): **se ~ de vouloir** to deny wanting.

défense [defãs] nf defence ; (d'éléphant etc) tusk ; **'~ de fumer/cracher'** 'no smoking/ spitting', 'smoking/spitting prohibited'; **défenseur** nm defender; (JUR) counsel for the defence; **défensif, ive** a, nf defensive.

déférent, e [defeRɑ̃, -ɑ̃t] a (poli) deferential, deferent.

déférer [defere] vt (JUR) to refer; ~ à vt (requête, décision) to defer to; ~ qn à la justice to hand sb over to justice.

déferlement [defɛRləmɑ̃] nm breaking; surge.

déferler [defɛRle] vi (vagues) to break; (fig) to surge.

défi [defi] nm (provocation) challenge; (bravade) defiance.

défiance [defjɑ̃s] nf mistrust, distrust.

déficience [defisjɑ̃s] nf deficiency.

déficit [defisit] nm (COMM) deficit; (PSYCH etc: manque) defect; **être en** ~ to be in deficit, be in the red.

défier [defje] vt (provoquer) to challenge; (fig) to defy, brave; **se** ~ **de** (se méfier de) to distrust, mistrust; ~ **qn de faire** to challenge ou defy sb to do; ~ **qn à** (jeu etc) to challenge sb to.

défigurer [defigyRe] vt to disfigure; (suj: boutons etc) to mar ou spoil (the looks of); (fig: œuvre) to mutilate, deface.

défilé [defile] nm (GEO) (narrow) gorge ou pass; (soldats) parade; (manifestants) procession, march; **un** ~ **de** (voitures, visiteurs etc) a stream of.

défiler [defile] vi (troupes) to march past; (sportifs) to parade; (manifestants) to march; (visiteurs) to pour, stream; **se** ~ vi (se dérober) to slip away, sneak off.

défini, e [defini] a definite.

définir [definiR] vt to define.

définitif, ive [definitif, -iv] a (final) final, definitive; (pour longtemps) permanent, definitive; (sans appel) final, definite // nf: **en définitive** eventually; (somme toute) when all is said and done.

définition [definisjɔ̃] nf definition; (de mots croisés) clue; (TV) (picture) resolution.

définitivement [definitivmɑ̃] ad definitively; permanently; definitely.

déflagration [deflagRasjɔ̃] nf explosion.

déflation [deflusjɔ̃] nf deflation; **déflationniste** a deflationist, deflationary.

déflecteur [deflɛktœR] nm (AUTO) quarterlight.

déflorer [deflɔRe] vt (jeune fille) to deflower; (fig) to spoil the charm of.

défoncer [defɔ̃se] vt (caisse) to stave in; (porte) to smash in ou down; (lit, fauteuil) to burst (the springs of); (terrain, route) to rip ou plough up.

déformant, e [defɔRmɑ̃, -ɑ̃t] a: **glace** ou **miroir** ~(e) distorting mirror.

déformation [defɔRmasjɔ̃] nf loss of shape; deformation; distortion; ~ **professionnelle** conditioning by one's job.

déformer [defɔRme] vt to put out of shape; (corps) to deform; (pensée, fait) to distort; **se** ~ vi to lose its shape.

défouler [defule]: **se** ~ vi (PSYCH) to work off one's tensions, release one's pent-up feelings; (gén) to unwind, let off steam.

défraîchir [defReʃiR]: **se** ~ vi to fade; to become worn.

défrayer [defReje] vt: ~ **qn** to pay sb's expenses; ~ **la chronique** to be in the news, be the main topic of conversation.

défricher [defRiʃe] vt to clear (for cultivation).

défroquer [defRɔke] vi (gén: **se** ~) to give up the cloth, renounce one's vows.

défunt, e [defœ̃, -œ̃t] a: **son** ~ **père** his late father // nm/f deceased.

dégagé, e [degaʒe] a clear; (ton, air) casual, jaunty.

dégagement [degaʒmɑ̃] nm emission; freeing; clearing; (espace libre) clearing; passage; clearance; (FOOTBALL) clearance; **voie de** ~ slip road; **itinéraire de** ~ alternative route (to relieve traffic congestion).

dégager [degaʒe] vt (exhaler) to give off, emit; (délivrer) to free, extricate; (MIL: troupes) to relieve; (désencombrer) to clear; (isoler: idée, aspect) to bring out; ~ **qn de** (engagement, parole etc) to release ou free sb from; **se** ~ vi (odeur) to emanate, be given off; (passage, ciel) to clear; **se** ~ **de** (fig: engagement etc) to get out of; to go back on.

dégainer [degene] vt to draw.

dégarnir [degaRniR] vt (vider) to empty, clear; **se** ~ vi to empty; to be cleaned out ou cleared; (tempes, crâne) to go bald.

dégâts [degu] nmpl damage sg.

dégazer [degaze] vi (pétrolier) to clean its tanks.

dégel [deʒɛl] nm thaw.

dégeler [deʒle] vt to thaw (out); (fig) to unfreeze // vi to thaw (out).

dégénéré, e [deʒeneRe] a, nm/f degenerate.

dégénérer [deʒeneRe] vi to degenerate; (empirer) to go from bad to worse.

dégingandé, e [deʒɛ̃gɑ̃de] a gangling, lanky.

dégivrage [deʒivRaʒ] nm defrosting de-icing.

dégivrer [deʒivRe] vt (frigo) to defrost; (vitres) to de-ice; **dégivreur** nm defroster; de-icer.

déglutir [deglytiR] vi to swallow.

dégonflé, e [degɔ̃fle] a (pneu) flat.

dégonfler [degɔ̃fle] vt (pneu, ballon) to let down, deflate; **se** ~ vi (fam) to chicken out.

dégouliner [deguline] vi to trickle, drip; ~ **de** to be dripping with.

dégoupiller [degupije] vt (grenade) to take the pin out of.

dégourdi, e [deguRdi] a smart, resourceful.

dégourdir [deguRdiR] vt to warm (up); **se** ~ **(les jambes)** to stretch one's legs (fig).

dégoût [degu] nm disgust, distaste.

dégoûtant, e [degutɑ̃, -ɑ̃t] a disgusting.

dégoûter [degute] vt to disgust; **cela me dégoûte** I find this disgusting ou revolting; ~ **qn de qch** to put sb off sth.

dégoutter [degute] vi to drip; ~ **de** to be dripping with.

dégradé, e [degRade] a (couleur) shaded off // nm (PEINTURE) gradation.

dégrader [degRade] vt (MIL: officier) to degrade; (abîmer) to damage, deface;

(*avilir*) to degrade, debase ; **se** ~ (*relations, situation*) to deteriorate.

dégrafer [degʀafe] vt to unclip, unhook, unfasten.

dégraissage [degʀɛsaʒ] nm: ~ **et nettoyage à sec** dry cleaning.

dégraisser [degʀese] vt (*soupe*) to skim ; (*vêtement*) to take the grease marks out of.

degré [dəgʀe] nm degree ; (*d'escalier*) step ; **brûlure au 1er/2ème** ~ 1st/2nd degree burn ; **équation du 1er/2ème** ~ linear/ quadratic equation ; **alcool à 90** ~**s** 90% proof alcohol (*on Gay-Lussac scale*) ; **vin de 10** ~**s** 10° wine (*on Gay-Lussac scale*) ; **par** ~(**s**) ad by degrees, gradually.

dégressif, ive [degʀesif, -iv] a on a decreasing sliding scale, degressive.

dégrever [degʀave] vt to grant tax relief to ; to reduce the tax burden on.

dégringoler [degʀɛ̃gɔle] vi to tumble (down).

dégriser [degʀize] vt to sober up.

dégrossir [degʀosiʀ] vt (*bois*) to trim ; (*fig*) to work out roughly ; to knock the rough edges off.

déguenillé, e [dɛgnije] a ragged, tattered.

déguerpir [degɛʀpiʀ] vi to clear off, scarper.

déguisement [degizmɑ̃] nm disguise.

déguiser [degize] vt to disguise ; **se** ~ (*se costumer*) to dress up ; (*pour tromper*) to disguise o.s.

dégustation [degystɑsjɔ̃] nf tasting ; sampling ; savouring ; (*séance*): ~ **de vin(s)** wine-tasting session.

déguster [degyste] vt (*vins*) to taste ; (*fromages etc*) to sample ; (*savourer*) to enjoy, savour.

déhancher [deɑ̃ʃe]: **se** ~ vi to sway one's hips ; to lean (one's weight) on one hip.

dehors [dəɔʀ] ad outside ; (*en plein air*) outdoors, outside // nm outside // nmpl (*apparences*) appearances, exterior sg ; **mettre** ou **jeter** ~ (*expulser*) to throw out ; **au** ~ outside ; outwardly ; **au** ~ **de** outside ; **en** ~ (*vers l'extérieur*) outside ; outwards ; **en** ~ **de** (*hormis*) apart from.

déjà [deʒa] ad already ; (*auparavant*) before, already ; **quel nom,** ~? what was the name again?

déjanter [deʒɑ̃te]: **se** ~ vi (*pneu*) to come off the rim.

déjeté, e [dɛʒte] a lop-sided, crooked.

déjeuner [deʒœne] vi to (have) lunch ; (*le matin*) to have breakfast // nm lunch ; (*petit déjeuner*) breakfast.

déjouer [deʒwe] vt to elude ; to foil, thwart.

delà [dəla] ad: **par** ~, **en** ~ (**de**), **au** ~ (**de**) beyond.

délabrer [delabʀe]: **se** ~ vi to fall into decay, become dilapidated.

délacer [delase] vt to unlace, undo.

délai [delɛ] nm (*attente*) waiting period ; (*sursis*) extension (of time) ; (*temps accordé*) time limit ; **sans** ~ without delay ; **à bref** ~ shortly, very soon ; at short notice ; **dans les** ~**s** within the time limit ; **comptez un** ~ **de livraison de 10 jours** allow 10 days for delivery.

délaisser [delese] vt to abandon, desert.

délasser [delase] vt (*reposer*) to relax ; (*divertir*) to divert, entertain ; **se** ~ to relax.

délateur, trice [delatœʀ, -tʀis] nm/f informer.

délation [delɑsjɔ̃] nf denoucement, informing.

délavé, e [delave] a faded.

délayer [deleje] vt (*CULIN*) to mix (with water *etc*) ; (*peinture*) to thin down ; (*fig*) to pad out, spin out.

delco [dɛlko] nm (*AUTO*) distributor.

délecter [delɛkte]: **se** ~ vi: **se** ~ **de** to revel ou delight in.

délégation [delegɑsjɔ̃] nf delegation.

délégué, e [delege] a delegated // nm/f delegate ; representative.

déléguer [delege] vt to delegate.

délester [delɛste] vt (*navire*) to unballast.

délibération [deliberɑsjɔ̃] nf deliberation.

délibéré, e [delibeʀe] a (*conscient*) deliberate ; (*déterminé*) determined, resolute.

délibérément [deliberemɑ̃] ad deliberately.

délibérer [delibeʀe] vi to deliberate.

délicat, e [delika, -at] a delicate ; (*plein de tact*) tactful ; (*attentionné*) thoughtful ; (*exigeant*) fussy, particular ; **procédés peu** ~**s** unscrupulous methods ; **délicatement** ad delicately ; (*avec douceur*) gently ; **délicatesse** nf delicacy, delicate nature ; tactfulness ; thoughtfulness ; **délicatesses** nfpl attentions, consideration sg.

délice [delis] nm delight.

délicieux, euse [delisjø, -jøz] a (*au goût*) delicious ; (*sensation, impression*) delightful.

délictueux, euse [deliktɥø, -ɥøz] a criminal.

délié, e [delje] a nimble, agile ; slender, fine // nm: **les** ~**s** the upstrokes (*in handwriting*).

délier [delje] vt to untie ; ~ **qn de** (*serment etc*) to free ou release sb from.

délimitation [delimitɑsjɔ̃] nf delimitation, demarcation.

délimiter [delimite] vt to delimit, demarcate ; to determine ; to define.

délinquance [delɛ̃kɑ̃s] nf criminality ; ~ **juvénile** juvenile delinquency.

délinquant, e [delɛ̃kɑ̃, -ɑ̃t] a, nm/f delinquent.

déliquescence [delikesɑ̃s] nf: **en** ~ in a state of decay.

délire [deliʀ] nm (*fièvre*) delirium ; (*fig*) frenzy ; lunacy.

délirer [deliʀe] vi to be delirious ; (*fig*) to be raving, be going wild.

délit [deli] nm (*criminal*) offence ; ~ **de droit commun** violation of common law ; ~ **politique** political offence ; ~ **de presse** violation of the press laws.

délivrance [delivʀɑ̃s] nf freeing, release ; (*sentiment*) relief.

délivrer [delivʀe] vt (*prisonnier*) to (set) free, release ; (*passeport, certificat*) to issue ; ~ **qn de** (*ennemis*) to set sb free from, deliver ou free sb from ; (*fig*) to relieve sb of ; to rid sb of.

déloger [delɔʒe] vt (*locataire*) to turn out ; (*objet coincé, ennemi*) to dislodge.

déloyal, e, aux [delwajal, -o] *a* disloyal ; unfair.

delta [dɛlta] *nm* (GÉO) delta.

déluge [delyʒ] *nm* (*biblique*) Flood, Deluge ; (*grosse pluie*) downpour, deluge ; (*grand nombre*): **~ de** flood of.

déluré, e [delyʀe] *a* smart, resourceful ; (*péj*) forward, pert.

démagnétiser [demaɲetize] *vt* to demagnetize.

démagogie [demagɔʒi] *nf* demagogy, demagoguery ; **démagogique** *a* demagogic, popularity-seeking ; votecatching ; **démagogue** *a* demagogic // *nm* demagogue.

démaillé, e [demaje] *a* (*bas*) laddered, with a run, with runs.

demain [dəmɛ̃] *ad* tomorrow.

demande [dəmɑ̃d] *nf* (*requête*) request ; (*revendication*) demand ; (ADMIN, *formulaire*) application ; (ÉCON): **la ~** demand ; **'~s d'emploi'** situations wanted ; **~ en mariage** (marriage) proposal ; **~ de naturalisation** application for naturalization ; **~ de poste** job application.

demandé, e [dəmɑ̃de] *a* (*article etc*): **très ~** (very) much in demand.

demander [dəmɑ̃de] *vt* to ask for ; (*question: date, heure etc*) to ask ; (*requérir, nécessiter*) to require, demand ; **~ qch à qn** to ask sb for sth ; to ask sb sth ; **~ à qn de faire** to ask sb to do ; **~ que/pourquoi** to ask that/why ; **se ~ si/pourquoi** *etc* to wonder if/why *etc* ; (*sens purement réfléchi*) to ask o.s. if/why *etc* ; **on vous demande au téléphone** you're wanted on the phone, someone's asking for you on the phone.

demandeur, euse [dəmɑ̃dœʀ, -øz] *nm/f*: **~ d'emploi** job-seeker ; (job) applicant.

démangeaison [demɑ̃ʒɛzɔ̃] *nf* itching.

démanger [demɑ̃ʒe] *vi* to itch ; **la main me démange** my hand is itching ; **l'envie me démange de** I'm itching to.

démanteler [demɑ̃tle] *vt* to break up ; to demolish.

démaquillant [demakijɑ̃] *nm* make-up remover.

démaquiller [demakije] *vt*: **se ~** to remove one's make-up.

démarcage [demaʀkaʒ] *nm* = **démarquage.**

démarcation [demaʀkɑsjɔ̃] *nf* demarcation.

démarchage [demaʀʃaʒ] *nm* (COMM) door-to-door selling.

démarche [demaʀʃ(ə)] *nf* (*allure*) gait, walk ; (*intervention*) step ; approach ; (*fig: intellectuelle*) thought processes *pl* ; approach ; **faire des ~s auprès de qn** to approach sb.

démarcheur, euse [demaʀʃœʀ, -øz] *nm/f* (COMM) door-to-door salesman/woman.

démarquage [demaʀkaʒ] *nm* mark-down.

démarqué, e [demaʀke] *a* (FOOTBALL) unmarked.

démarquer [demaʀke] *vt* (*prix*) to mark down ; (*joueur*) to stop marking.

démarrage [demaʀaʒ] *nm* starting *q*, start ; **~ en côte** hill start.

démarrer [demaʀe] *vi* (*conducteur*) to start (up) ; (*véhicule*) to move off ; (*travaux*) to get moving ; (*coureur: accélérer*) to pull away ; **démarreur** *nm* (AUTO) starter.

démasquer [demaske] *vt* to unmask.

démâter [demɑte] *vt* to dismast // *vi* to be dismasted.

démêler [demele] *vt* to untangle, disentangle.

démêlés [demele] *nmpl* problems.

démembrer [demɑ̃bʀe] *vt* to slice up, tear apart.

déménagement [demenaʒmɑ̃] *nm* (*du point de vue du locataire*) move ; (: *du déménageur*) removal ; **entreprise/camion de ~** removal firm/van.

déménager [demenaʒe] *vt* (*meubles*) to (re)move // *vi* to move (house) ; **déménageur** *nm* removal man ; (*entrepreneur*) furniture remover.

démence [demɑ̃s] *nf* dementia ; madness, insanity.

démener [demne] : **se ~** *vi* to thrash about ; (*fig*) to exert o.s.

démenti [demɑ̃ti] *nm* denial, refutation.

démentiel, le [demɑ̃sjɛl] *a* insane.

démentir [demɑ̃tiʀ] *vt* (*nouvelle*) to refute ; (*suj: faits etc*) to belie, refute ; **~ que** to deny that ; **ne pas se ~** not to fail ; to keep up.

démériter [demeʀite] *vi*: **~ auprès de qn** to come down in sb's esteem.

démesure [deməzyʀ] *nf* immoderation, immoderateness ; **démesuré, e** *a* immoderate, disproportionate.

démettre [demɛtʀ(ə)] *vt*: **~ qn de** (*fonction, poste*) to dismiss sb from ; **se ~ (de ses fonctions)** to resign (from) one's duties ; **se ~ l'épaule** *etc* to dislocate one's shoulder *etc*.

demeurant [dəmœʀɑ̃]: **au ~** *ad* for all that.

demeure [dəmœʀ] *nf* residence ; **mettre qn en ~ de faire** to enjoin *ou* order sb to do ; **à ~** *ad* permanently.

demeurer [dəmœʀe] *vi* (*habiter*) to live ; (*séjourner*) to stay ; (*rester*) to remain.

demi, e [dəmi] *a*: **et ~: trois heures/bouteilles et ~es** three and a half hours/bottles, three hours/bottles and a half ; **il est 2 heures/midi et ~e** it's half past 2/12 // *nm* (*bière*) ≈ half-pint (.25 litre) ; (FOOTBALL) half-back ; **à ~** *ad* half- ; **ouvrir à ~** to half-open ; **à ~ fini** half-completed ; **à la ~e** (*heure*) on the half-hour.

demi... [dəmi] *préfixe* half-, semi..., demi- ; **~-cercle** *nm* semicircle ; **en ~-cercle** *a* semicircular // *ad* in a half circle ; **~-douzaine** *nf* half-dozen, half a dozen ; **~-finale** *nf* semifinal ; **~-fond** *nm* (SPORT) medium-distance running ; **~-frère** *nm* half-brother ; **~-gros** *nm* wholesale trade ; **~-heure** *nf* half-hour, half an hour ; **~-jour** *nm* half-light ; **~-journée** *nf* half-day, half a day.

démilitariser [demilitaʀize] *vt* to demilitarize.

demi-litre [dəmilitʀ(ə)] *nm* half-litre, half a litre.

demi-livre [dəmilivʀ(ə)] *nf* half-pound, half a pound.
demi-longueur [dəmilɔ̃gœʀ] *nf* (SPORT) half-length, half a length.
demi-lune [dəmilyn] *ad*: **en ~** semicircular.
demi-mesure [dəmimzyʀ] *nf* half-measure.
demi-mot [dəmimo]: **à ~** *ad* without having to spell things out.
déminer [demine] *vt* to clear of mines; **démineur** *nm* bomb disposal expert.
demi-pension [dəmipɑ̃sjɔ̃] *nf* (à l'hôtel) half-board.
demi-pensionnaire [dəmipɑ̃sjɔnɛʀ] *nm/f* (au lycée) half-boarder.
demi-place [dəmiplas] *nf* half-fare.
démis, e [demi, -iz] *a* (épaule etc) dislocated.
demi-saison [dəmisɛzɔ̃] *nf*: **vêtements de ~** spring ou autumn clothing.
demi-sel [dəmisɛl] *a inv* (beurre, fromage) slightly salted.
demi-sœur [dəmisœʀ] *nf* half-sister.
démission [demisjɔ̃] *nf* resignation; **donner sa ~** to give ou hand in one's notice, hand in one's resignation; **démissionner** *vi* (de son poste) to resign, give ou hand in one's notice.
demi-tarif [dəmitaʀif] *nm* half-price; (TRANSPORTS) half-fare.
demi-tour [dəmituʀ] *nm* about-turn; **faire un ~** (MIL etc) to make an about-turn; **faire ~** to turn (and go) back; (AUTO) to do a U-turn.
démobilisation [demɔbilizasjɔ̃] *nf* demobilization.
démocrate [demɔkʀat] *a* democratic // *nm/f* democrat.
démocratie [demɔkʀasi] *nf* democracy; **~ populaire/libérale** people's/liberal democracy.
démocratique [demɔkʀatik] *a* democratic.
démocratiser [demɔkʀatize] *vt* to democratize.
démodé, e [demɔde] *a* old-fashioned.
démographie [demɔgʀafi] *nf* demography.
démographique [demɔgʀafik] *a* demographic; **poussée ~** increase in population.
demoiselle [dəmwazɛl] *nf* (jeune fille) young lady; (célibataire) single lady, maiden lady; **~ d'honneur** bridesmaid.
démolir [demɔliʀ] *vt* to demolish.
démolisseur [demɔlisœʀ] *nm* demolition worker.
démolition [demɔlisjɔ̃] *nf* demolition.
démon [demɔ̃] *nm* demon, fiend; evil spirit; (enfant turbulent) devil, demon; **le D~** the Devil.
démoniaque [demɔnjak] *a* fiendish.
démonstrateur, trice [demɔ̃stʀatœʀ, -tʀis] *nm/f* demonstrator.
démonstratif, ive [demɔ̃stʀatif, -iv] *a* (aussi LING) demonstrative.
démonstration [demɔ̃stʀasjɔ̃] *nf* demonstration; (aérienne, navale) display.
démonté, e [demɔ̃te] *a* (fig) raging, wild.

démonter [demɔ̃te] *vt* (machine etc) to take down, dismantle; (fig: personne) to disconcert; **se ~** *vi* (personne) to lose countenance.
démontrer [demɔ̃tʀe] *vt* to demonstrate, show.
démoraliser [demɔʀalize] *vt* to demoralize.
démordre [demɔʀdʀ(ə)] *vi*: **ne pas ~ de** to refuse to give up, stick to.
démouler [demule] *vt* (gâteau) to turn out.
démoustiquer [demustike] *vt* to clear of mosquitoes.
démultiplication [demyltiplikasjɔ̃] *nf* reduction; reduction ratio.
démuni, e [demyni] *a* (sans argent) impoverished; **~ de** without, lacking in.
démunir [demyniʀ] *vt*: **~ qn de** to deprive sb of; **se ~ de** to part with, give up.
dénatalité [denatalite] *nf* fall in the birth rate.
dénaturer [denatyʀe] *vt* (goût) to alter (completely); (pensée, fait) to distort, misrepresent.
dénégations [denegasjɔ̃] *nfpl* denials.
dénicher [denife] *vt* to unearth; to track ou hunt down.
dénier [denje] *vt* to deny.
dénigrer [denigʀe] *vt* to denigrate, run down.
dénivellation [denivɛlasjɔ̃] *nf*, **dénivellement** [denivɛlmɑ̃] *nm* ramp; dip; difference in level.
dénombrer [denɔ̃bʀe] *vt* (compter) to count; (énumérer) to enumerate, list.
dénominateur [denɔminatœʀ] *nm* denominator; **~ commun** common denominator.
dénomination [denɔminasjɔ̃] *nf* designation, appellation.
dénommer [denɔme] *vt* to name.
dénoncer [denɔ̃se] *vt* to denounce; **se ~** to give o.s. up, come forward; **dénonciation** *nf* denunciation.
dénoter [denɔte] *vt* to denote.
dénouement [denumɑ̃] *nm* outcome, conclusion; (THÉÂTRE) dénouement.
dénouer [denwe] *vt* to unknot, undo.
dénoyauter [denwajɔte] *vt* to stone; **appareil à ~, dénoyauteur** *nm* stoner.
denrée [dɑ̃ʀe] *nf* food(stuff); **~s alimentaires** foodstuffs.
dense [dɑ̃s] *a* dense.
densité [dɑ̃site] *nf* denseness; density; (PHYSIQUE) density.
dent [dɑ̃] *nf* tooth (pl teeth); **faire ses ~s** to teethe, cut (one's) teeth; **en ~s de scie** serrated; jagged; **~ de lait/sagesse** milk/wisdom tooth; **dentaire** *a* dental; **denté, e** *a*: **roue dentée** cog wheel.
dentelé, e [dɑ̃tle] *a* jagged, indented.
dentelle [dɑ̃tɛl] *nf* lace q.
dentier [dɑ̃tje] *nm* denture.
dentifrice [dɑ̃tifʀis] *nm, a*: **(pâte) ~** toothpaste.
dentiste [dɑ̃tist(ə)] *nm/f* dentist.
dentition [dɑ̃tisjɔ̃] *nf* teeth pl; dentition.
dénudé, e [denyde] *a* bare.
dénuder [denyde] *vt* to bare.

dénué, e [denɥe] a: ~ **de** devoid of; lacking in.

dénuement [denymɑ̃] nm destitution.

déodorant [deɔdɔʀɑ̃] nm deodorant.

dépannage [depanaʒ] nm: **service de ~** (AUTO) breakdown service.

dépanner [depane] vt (voiture, télévision) to fix, repair ; (fig) to bail out, help out ; **dépanneuse** nf breakdown lorry.

déparer [depaʀe] vt to spoil, mar.

départ [depaʀ] nm leaving q, departure ; (SPORT) start ; (sur un horaire) departure ; **à son ~** when he left.

départager [depaʀtaʒe] vt to decide between.

département [depaʀtəmɑ̃] nm department.

départir [depaʀtiʀ]: **se ~ de** vt to abandon, depart from.

dépassé, e [depase] a superseded, outmoded.

dépassement [depasmɑ̃] nm (AUTO) overtaking q.

dépasser [depase] vt (véhicule, concurrent) to overtake ; (endroit) to pass, go past ; (somme, limite) to exceed ; (fig: en beauté etc) to surpass, outshine ; (être en saillie sur) to jut out above (ou in front of) // vi (AUTO) to overtake ; (jupon) to show.

dépaysement [depeizmɑ̃] nm disorientation ; change of scenery.

dépayser [depeize] vt to disorientate.

dépecer [depase] vt to joint, cut up ; to dismember.

dépêche [depɛʃ] nf dispatch ; ~ **(télégraphique)** wire.

dépêcher [depeʃe] vt to dispatch ; **se ~** vi to hurry.

dépeindre [depɛ̃dʀ(ə)] vt to depict.

dépendance [depɑ̃dɑ̃s] nf dependence, dependency.

dépendre [depɑ̃dʀ(ə)] vt (tableau) to take down ; ~ **de** vt to depend on ; (financièrement etc) to be dependent on.

dépens [depɑ̃] nmpl: **aux ~ de** at the expense of.

dépense [depɑ̃s] nf spending q, expense, expenditure q ; (fig) consumption ; expenditure q ; **une ~ de 100 F** an outlay ou expenditure of 100 F ; ~ **physique** (physical) exertion ; **~s publiques** public expenditure.

dépenser [depɑ̃se] vt to spend ; (gaz, eau) to use ; (fig) to expend, use up ; **se ~** (se fatiguer) to exert o.s.

dépensier, ière [depɑ̃sje, -jɛʀ] a: **il est ~** he's a spendthrift.

déperdition [depɛʀdisjɔ̃] nf loss.

dépérir [depeʀiʀ] vi to waste away ; to wither.

dépêtrer [depetʀe] vt: **se ~ de** to extricate o.s. from.

dépeupler [depœple] vt to depopulate ; **se ~** to be depopulated ; (rivière, forêt) to empty of wildlife etc.

déphasé, e [defaze] a (ÉLEC) out of phase ; (fig) out of touch.

dépilatoire [depilatwaʀ] a depilatory, hair removing.

dépistage [depistaʒ] nm (MÉD) detection.

dépister [depiste] vt to detect ; (voleur) to track down ; (poursuivants) to throw off the scent.

dépit [depi] nm vexation, frustration ; **en ~ de** prép in spite of ; **en ~ du bon sens** contrary to all good sense ; **dépité, e** a vexed, frustrated.

déplacé, e [deplase] a (propos) out of place, uncalled-for.

déplacement [deplasmɑ̃] nm moving ; shifting ; transfer ; trip, travelling q ; ~ **d'air** displacement of air ; ~ **de vertèbre** slipped disc.

déplacer [deplase] vt (table, voiture) to move, shift ; (employé) to transfer, move ; **se ~** vi to move ; (organe) to be displaced ; (voyager) to travel // vt (vertèbre etc) to displace.

déplaire [deplɛʀ] vi: **ceci me déplaît** I don't like this, I dislike this ; **il cherche à nous ~** he's trying to displease us ou be disagreeable to us ; **se ~ quelque part** to dislike it somewhere ; **déplaisant, e** a disagreeable, unpleasant.

déplaisir [deplezir] nm displeasure, annoyance.

dépliant [deplijɑ̃] nm leaflet.

déplier [deplije] vt to unfold.

déplisser [deplise] vt to smooth out.

déploiement [deplwamɑ̃] nm deployment ; display.

déplorer [deplɔʀe] vt to deplore ; to lament.

déployer [deplwaje] vt to open out, spread ; to deploy ; to display, exhibit.

dépoli, e [depɔli] a: **verre ~** frosted glass.

déportation [depɔʀtasjɔ̃] nf deportation.

déporté, e [depɔʀte] nm/f deportee ; (39-45) concentration camp prisoner.

déporter [depɔʀte] vt (POL) to deport ; (dévier) to carry off course.

déposant, e [depozɑ̃, -ɑ̃t] nm/f (épargnant) depositor.

dépose [depoz] nf taking out ; taking down.

déposer [depoze] vt (gén: mettre, poser) to lay down, put down, set down ; (à la banque, à la consigne) to deposit ; (passager) to drop (off), set down ; (démonter: serrure, moteur) to take out ; (: rideau) to take down ; (roi) to depose ; (ADMIN: faire enregistrer) to file ; to lodge ; to submit ; to register // vi to form a sediment ou deposit ; (JUR): ~ **(contre)** to testify ou give evidence (against) ; **se ~** vi to settle ; **dépositaire** nm/f (JUR) depository ; (COMM) agent ; **déposition** nf (JUR) deposition.

déposséder [deposede] vt to dispossess.

dépôt [depo] nm (à la banque, sédiment) deposit ; (entrepôt, réserve) warehouse, store ; (gare) depot ; (prison) cells pl ; ~ **légal** registration of copyright.

dépotoir [depɔtwaʀ] nm dumping ground, rubbish dump.

dépouille [depuj] nf (d'animal) skin, hide ; (humaine): ~ **(mortelle)** mortal remains pl.

dépouillé, e [depuje] a (fig) bare, bald ; ~ **de** stripped of ; lacking in.

dépouiller [depuje] vt (animal) to skin ; (spolier) to deprive of one's possessions ; (documents) to go through, peruse ; ~

qn/qch de to strip sb/sth of ; ~ le scrutin to count the votes.

dépourvu, e [depuʀvy] a: ~ de lacking in, without ; au ~ ad unprepared.

dépoussiérer [depusjeʀe] vt to remove dust from.

dépravation [depʀavɑsjɔ̃] nf depravity.

dépraver [depʀave] vt to deprave.

dépréciation [depʀesjɑsjɔ̃] nf depreciation.

déprécier [depʀesje] vt, se ~ vi to depreciate.

déprédations [depʀedɑsjɔ̃] nfpl damage sg.

dépression [depʀɛsjɔ̃] nf depression ; ~ (nerveuse) (nervous) breakdown.

déprimer [depʀime] vt to depress.

dépuceler [depysle] vt (fam) to take the virginity of.

depuis [dəpɥi] prép (temps: date) since ; (: période) for ; (espace) since, from ; (quantité, rang: à partir de) from // ad (ever) since ; ~ que (ever) since ; quand le connaissez-vous? how long have you known him?; je le connais ~ 3 ans I've known him for 3 years ; ~ lors since then.

députation [depytɑsjɔ̃] nf deputation ; (fonction) position of deputy, ≈ Parliamentary seat.

député, e [depyte] nm/f (POL) deputy, ≈ Member of Parliament.

députer [depyte] vt to delegate ; ~ qn auprès de to send sb (as a representative) to.

déraciner [deʀasine] vt to uproot.

déraillement [deʀɑjmɑ̃] nm derailment.

dérailler [deʀɑje] vi (train) to be derailed ; faire ~ to derail.

dérailleur [deʀɑjœʀ] nm (de vélo) dérailleur gears pl.

déraisonnable [deʀɛzɔnabl(ə)] a unreasonable.

déraisonner [deʀɛzɔne] vi to talk nonsense, rave.

dérangement [deʀɑ̃ʒmɑ̃] nm (gêne) trouble ; (gastrique etc) disorder ; (mécanique) breakdown ; en ~ (téléphone) out of order.

déranger [deʀɑ̃ʒe] vt (personne) to trouble, bother ; to disturb ; (projets) to disrupt, upset ; (objets, vêtements) to disarrange ; se ~ to put o.s. out ; to (take the trouble to) come ou go out ; est-ce que cela vous dérange si do you mind if.

dérapage [deʀapɑʒ] nm skid, skidding q.

déraper [deʀape] vi (voiture) to skid ; (personne, semelles, couteau) to slip ; (fig) to go out of control.

dératiser [deʀatize] vt to rid of rats.

déréglé, e [deʀegle] a (mœurs) dissolute.

dérégler [deʀegle] vt (mécanisme) to put out of order, cause to break down ; (estomac) to upset ; se ~ vi to break down, go wrong.

dérider [deʀide] vt, se ~ vi to brighten up.

dérision [deʀizjɔ̃] nf: tourner en ~ to deride.

dérisoire [deʀizwaʀ] a derisory.

dérivatif [deʀivatif] nm distraction.

dérivation [deʀivɑsjɔ̃] nf derivation ; diversion.

dérive [deʀiv] nf (de dériveur) centre-board ; aller à la ~ (NAVIG, fig) to drift.

dérivé, e [deʀive] a derived // nm (LING) derivative ; (TECH) by-product // nf (MATH) derivative.

dériver [deʀive] vt (MATH) to derive ; (cours d'eau etc) to divert // vi (bateau) to drift ; ~ de to derive from ; **dériveur** nm sailing dinghy.

dermatologie [dɛʀmatɔlɔʒi] nf dermatology ; **dermatologue** nm/f dermatologist.

dernier, ière [dɛʀnje, -jɛʀ] a last ; (le plus récent) latest, last ; lundi/le mois ~ last Monday/month ; du ~ chic extremely smart ; les ~s honneurs the last tribute ; en ~ ad last ; ce ~ the latter ; **dernièrement** ad recently ; ~-né, **dernière-née** nm/f (enfant) last-born.

dérobade [deʀɔbad] nf side-stepping q.

dérobé, e [deʀɔbe] a (porte) secret, hidden ; à la ~e surreptitiously.

dérober [deʀɔbe] vt to steal ; ~ qch à (la vue de) qn to conceal ou hide sth from sb('s view) ; se ~ vi (s'esquiver) to slip away ; to shy away ; se ~ sous (s'effondrer) to give way beneath ; se ~ à (justice, regards) to hide from ; (obligation) to shirk.

dérogation [deʀɔgɑsjɔ̃] nf (special) dispensation.

déroger [deʀɔʒe] : ~ à vt to go against, depart from.

dérouiller [deʀuje] vt: se ~ les jambes to stretch one's legs (fig).

déroulement [deʀulmɑ̃] nm (d'une opération etc) progress.

dérouler [deʀule] vt (ficelle) to unwind ; (papier) to unroll ; se ~ vi to unwind ; to unroll, come unrolled ; (avoir lieu) to take place ; (se passer) to go on ; to go (off) ; to unfold.

déroute [deʀut] nf rout ; total collapse ; mettre en ~ to rout.

dérouter [deʀute] vt (avion, train) to reroute, divert ; (étonner) to disconcert, throw (out).

derrière [dɛʀjɛʀ] ad behind // prép behind // nm (d'une maison) back ; (postérieur) behind, bottom ; les pattes de ~ the back legs, the hind legs ; par ~ from behind ; (fig) in an underhand way, behind one's back.

des [de] dét, prép + dét voir de.

dès [dɛ] prép from ; ~ que cj as soon as ; ~ son retour as soon as he was (ou is) back ; ~ lors ad from then on ; ~ lors que cj from the moment (that).

D.E.S. sigle m = diplôme d'études supérieures.

désabusé, e [dezabyze] a disillusioned.

désaccord [dezakɔʀ] nm disagreement.

désaccordé, e [dezakɔʀde] a (MUS) out of tune.

désaffecté, e [dezafɛkte] a disused.

désaffection [dezafɛksjɔ̃] nf: ~ pour estrangement from.

désagréable [dezagʀeable(ə)] *a* unpleasant, disagreeable.

désagréger [dezagʀeʒe]: **se** ~ *vi* to disintegrate, break up.

désagrément [dezagʀemɑ̃] *nm* annoyance, trouble *q*.

désaltérer [dezalteʀe] *vt*: **se** ~ to quench one's thirst; **ça désaltère** it's thirst-quenching, it takes your thirst away.

désamorcer [dezamɔʀse] *vt* to remove the primer from; (*fig*) to defuse; to forestall.

désappointé, e [dezapwɛte] *a* disappointed.

désapprobation [dezapʀɔbasjɔ̃] *nf* disapproval.

désapprouver [dezapʀuve] *vt* to disapprove of.

désarçonner [dezaʀsɔne] *vt* to unseat, throw; (*fig*) to throw, nonplus.

désarmement [dezaʀməmɑ̃] *nm* disarmament.

désarmer [dezaʀme] *vt* (*MIL, aussi fig*) to disarm; (*NAVIG*) to lay up.

désarroi [dezaʀwa] *nm* helplessness, disarray.

désarticulé, e [dezaʀtikyle] *a* (*pantin, corps*) dislocated.

désarticuler [dezaʀtikyle] *vt*: **se** ~ (*acrobate*) to contort (o.s.).

désassorti, e [dezasɔʀti] *a* unmatching, unmatched.

désastre [dezastʀ(ə)] *nm* disaster; **désastreux, euse** *a* disastrous.

désavantage [dezavɑ̃taʒ] *nm* disadvantage; (*inconvénient*) drawback, disadvantage; **désavantager** *vt* to put at a disadvantage; **désavantageux, euse** *a* unfavourable, disadvantageous.

désavouer [dezavwe] *vt* to disown, repudiate, disclaim.

désaxé, e [dezakse] *a* (*fig*) unbalanced.

désaxer [dezakse] *vt* (*roue*) to put out of true.

desceller [desele] *vt* (*pierre*) to pull free.

descendance [desɑ̃dɑ̃s] *nf* (*famille*) descendants *pl*, issue; (*origine*) descent.

descendant, e [desɑ̃dɑ̃, -ɑ̃t] *nm/f* descendant.

descendre [desɑ̃dʀ(ə)] *vt* (*escalier, montagne*) to go (*ou* come) down; (*valise, paquet*) to take *ou* get down; (*étagère etc*) to lower; (*fam: abattre*) to shoot down // *vi* to go (*ou* come) down; (*chemin*) to go down; (*passager: s'arrêter*) to get out, alight; (*niveau, température*) to go *ou* come down, fall, drop; ~ **à pied/en voiture** to walk/drive down, to go down on foot/by car; ~ **de** (*famille*) to be descended from; ~ **du train** to get out of *ou* off the train; ~ **d'un arbre** to climb down from a tree; ~ **de cheval** to dismount, get off one's horse.

descente [desɑ̃t] *nf* descent, going down; (*chemin*) way down; (*SKI*) downhill (race); **au milieu de la** ~ halfway down; **freinez dans les** ~**s** use the brakes going downhill; ~ **de lit** bedside rug; ~ **(de police)** (*police*) raid.

description [dɛskʀipsjɔ̃] *nf* description.

désembuer [dezɑ̃bɥe] *vt* to demist.

désemparé, e [dezɑ̃paʀe] *a* bewildered, distraught; (*véhicule*) crippled.

désemparer [dezɑ̃paʀe] *vi*: **sans** ~ without stopping.

désemplir [dezɑ̃pliʀ] *vi*: **ne pas** ~ to be always full.

désenchantement [dezɑ̃ʃɑ̃tmɑ̃] *nm* disenchantment; disillusion.

désenfler [dezɑ̃fle] *vi* to become less swollen.

désengagement [dezɑ̃gaʒmɑ̃] *nm* (*POL*) disengagement.

désensibiliser [desɑ̃sibilize] *vt* (*MÉD*) to desensitize.

déséquilibre [dezekilibʀ(ə)] *nm* (*position*): **être en** ~ to be unsteady; (*fig: des forces, du budget*) imbalance; (*PSYCH*) unbalance.

déséquilibré, e [dezekilibʀe] *nm/f* (*PSYCH*) unbalanced person.

déséquilibrer [dezekilibʀe] *vt* to throw off balance.

désert, e [dezɛʀ, -ɛʀt(ə)] *a* deserted // *nm* desert.

déserter [dezɛʀte] *vi, vt* to desert; **déserteur** *nm* deserter; **désertion** *nf* desertion.

désertique [dezɛʀtik] *a* desert *cpd*; barren, empty.

désescalade [dezɛskalad] *nf* (*MIL*) de-escalation.

désespéré, e [dezɛspeʀe] *a* desperate; ~**ment** *ad* desperately.

désespérer [dezɛspeʀe] *vt* to drive to despair // *vi*, **se** ~ *vi* to despair; ~ **de** to despair of.

désespoir [dezɛspwaʀ] *nm* despair; **faire le** ~ **de qn** to be the despair of sb; **en** ~ **de cause** in desperation.

déshabillé, e [dezabije] *a* undressed // *nm* négligée.

déshabiller [dezabije] *vt* to undress; **se** ~ to undress (o.s.).

déshabituer [dezabitɥe] *vt*: **se** ~ **de** to get out of the habit of.

désherbant [dezɛʀbɑ̃] *nm* weed-killer.

déshériter [dezeʀite] *vt* to disinherit.

déshérités [dezeʀite] *nmpl*: **les** ~ the underprivileged.

déshonneur [dezɔnœʀ] *nm* dishonour, disgrace.

déshonorer [dezɔnɔʀe] *vt* to dishonour, bring disgrace upon.

déshydraté, e [dezidʀate] *a* dehydrated.

desiderata [dezideʀata] *nmpl* requirements.

désignation [deziɲasjɔ̃] *nf* naming, appointment; (*signe, mot*) name, designat on.

désigner [deziɲe] *vt* (*montrer*) to point out, indicate; (*dénommer*) to denote, refer to; (*nommer: candidat etc*) to name, appoint.

désillusion [dezilyzjɔ̃] *nf* disillusion(ment).

désinence [dezinɑ̃s] *nf* ending, inflexion.

désinfectant, e [dezɛ̃fɛktɑ̃, -ɑ̃t] *a, nm* disinfectant.

désinfecter [dezɛ̃fɛkte] *vt* to disinfect.

désinfection [dezɛfɛksjɔ̃] nf disinfection.
désintégrer [dezɛ̃tegʀe] vt, se ~ vi to disintegrate.
désintéressé, e [dezɛ̃teʀese] a disinterested, unselfish.
désintéresser [dezɛ̃teʀese] vt: se ~ (de) to lose interest (in).
désintoxication [dezɛ̃tɔksikɑsjɔ̃] nf treatment for alcoholism.
désinvolte [dezɛ̃vɔlt(ə)] a casual, off-hand; **désinvolture** nf casualness.
désir [deziʀ] nm wish; (fort, sensuel) desire.
désirer [deziʀe] vt to want, wish for; (sexuellement) to desire; **je désire ...** (formule de politesse) I would like ...; **il désire que tu l'aides** he would like ou he wants you to help him; ~ **faire** to want ou wish to do.
désireux, euse [deziʀø, -øz] a: ~ **de faire** anxious to do.
désistement [dezistəmɑ̃] nm withdrawal.
désister [deziste] : se ~ vi to stand down, withdraw.
désobéir [dezɔbeiʀ] vi: ~ (à qn/qch) to disobey (sb/sth); **désobéissance** nf disobedience; **désobéissant, e** a disobedient.
désobligeant, e [dezɔbliʒɑ̃, -ɑ̃t] a disagreeable, unpleasant.
désodorisant [dezɔdɔʀizɑ̃] nm air freshener, deodorizer.
désœuvré, e [dezœvʀe] a idle; **désœuvrement** nm idleness.
désolation [dezɔlɑsjɔ̃] nf distress, grief; desolation, devastation.
désolé, e [dezɔle] a (paysage) desolate; **je suis** ~ I'm sorry.
désoler [dezɔle] vt to distress, grieve.
désolidariser [desɔlidaʀize] vt: se ~ **de** ou **d'avec** vt to dissociate o.s. from.
désopilant, e [dezɔpilɑ̃, -ɑ̃t] a screamingly funny, hilarious.
désordonné, e [dezɔʀdɔne] a untidy, disorderly.
désordre [dezɔʀdʀ(ə)] nm disorder(liness), untidiness; (anarchie) disorder; ~**s** nmpl (POL) disturbances, disorder sg; **en** ~ in a mess, untidy.
désorganiser [dezɔʀganize] vt to disorganize.
désorienté, e [dezɔʀjɑ̃te] a disorientated; (fig) bewildered.
désormais [dezɔʀmɛ] ad in future, from now on.
désosser [dezɔse] vt to bone.
despote [dɛspɔt] nm despot; tyrant; **despotisme** nm despotism.
desquels, desquelles [dekɛl] prép + pronom voir **lequel**.
dessaisir [deseziʀ]: se ~ **de** vt to give up, part with.
dessaler [desale] vt (eau de mer) to desalinate; (CULIN) to soak.
desséché, e [deseʃe] a dried up.
dessécher [deseʃe] vt to dry out, parch; **se** ~ vi to dry out.
dessein [desɛ̃] nm design; **dans le** ~ **de** with the intention of; **à** ~ intentionally, deliberately.
desserrer [deseʀe] vt to loosen; (frein) to

release; (poing, dents) to unclench; (objets alignés) to space out.
dessert [desɛʀ] nm dessert, pudding.
desserte [desɛʀt(ə)] nf (table) sideboard table; (transport): **la** ~ **du village est assurée par autocar** there is a coach service to the village.
desservir [desɛʀviʀ] vt (ville, quartier) to serve; (nuire à) to go against, put at a disadvantage; ~ **(la table)** to clear the table.
dessin [desɛ̃] nm (œuvre, art) drawing; (motif) pattern, design; (contour) (out)line; ~ **animé** cartoon (film); ~ **humoristique** cartoon.
dessinateur, trice [desinatœʀ, -tʀis] nm/f drawer; (de bandes dessinées) cartoonist; (industriel) draughtsman.
dessiner [desine] vt to draw; (concevoir: carrosserie, maison) to design.
dessoûler [desule] vt, vi to sober up.
dessous [dəsu] ad underneath, beneath // nm underside // nmpl (sous-vêtements) underwear sg; **en** ~, **par** ~ underneath; below; **au**-~ below; **de** ~ **le lit** from under the bed; **au-**~ **de** below; (peu digne de) beneath; **avoir le** ~ to get the worst of it; ~**-de-plat** nm inv tablemat.
dessus [dəsy] ad on top; (collé, écrit) on it // nm top; **en** ~ above; **par** ~ ad over it // prép over; **au-**~ above; **au-**~ **de** above; **avoir le** ~ to get the upper hand; ~**-de-lit** nm inv bedspread.
destin [dɛstɛ̃] nm fate; (avenir) destiny.
destinataire [dɛstinatɛʀ] nm/f (POSTES) addressee; (d'un colis) consignee.
destination [dɛstinɑsjɔ̃] nf (lieu) destination; (usage) purpose; **à** ~ **de** bound for, travelling to.
destinée [dɛstine] nf fate; (existence, avenir) destiny.
destiner [dɛstine] vt: ~ **qn à** (poste, sort) to destine sb for, intend sb to + verbe; ~ **qn/qch à** (prédestiner) to mark sb/sth out for, destine sb/sth to + verbe; ~ **qch à** (envisager d'affecter) to intend to use sth for; ~ **qch à qn** (envisager de donner) to intend to give sth to sb, intend sb to have sth; (adresser) to intend sth for sb; to aim sth at sb; **se** ~ **à l'enseignement** to intend to become a teacher; **être destiné à** (sort) to be destined to + verbe; (usage) to be intended ou meant for; (suj: sort) to be in store for.
destituer [dɛstitɥe] vt to depose.
destructeur, trice [dɛstʀyktœʀ, -tʀis] a destructive.
destruction [dɛstʀyksjɔ̃] nf destruction.
désuet, ète [desɥɛ, -ɛt] a outdated, outmoded; **désuétude** nf: **tomber en désuétude** to fall into disuse, become obsolete.
désuni, e [dezyni] a divided, disunited.
détachant [detaʃɑ̃] nm stain remover.
détachement [detaʃmɑ̃] nm detachment.
détacher [detaʃe] vt (enlever) to detach, remove; (délier) to untie; (ADMIN): ~ **qn (auprès de/à)** to send sb on secondment (to); (MIL) to detail; **se** ~ vi (tomber) to come off; to come out; (se défaire) to come undone; (SPORT) to pull ou break away; **se**

~ sur to stand out against; **se ~ de** (*se désintéresser*) to grow away from.

détail [detaj] *nm* detail; (*COMM*): **le ~** retail; **au ~** *ad* (*COMM*) retail; separately; **donner le ~ de** to give a detailed account of; (*compte*) **~** to give a breakdown of; **en ~** in detail.

détaillant [detajā] *nm* retailer.

détaillé, e [detaje] *a* (*récit*) detailed.

détailler [detaje] *vt* (*COMM*) to sell retail; to sell separately; (*expliquer*) to explain in detail; to detail; (*examiner*) to look over, examine.

détartrant [detartrā] *nm* descaling agent.

détaxer [detakse] *vt* to reduce the tax on; to remove the tax from.

détecter [detɛkte] *vt* to detect; **détecteur** *nm* detector; **détection** *nf* detection.

détective [detɛktiv] *nm* (*Brit: policier*) detective; **~ (privé)** private detective *ou* investigator.

déteindre [detɛdʀ(ə)] *vi* (*tissu*) to lose its colour; (*fig*): **~ sur** to rub off on.

dételer [detle] *vt* to unharness; to unhitch.

détendre [detādʀ(ə)] *vt* (*fil*) to slacken, loosen; (*relaxer*) to relax; **se ~** to lose its tension; to relax.

détenir [detniʀ] *vt* (*fortune, objet, secret*) to be in possession of, have (in one's possession); (*prisonnier*) to detain, hold; (*record*) to hold; **~ le pouvoir** to be in power.

détente [detāt] *nf* relaxation; (*POL*) détente; (*d'une arme*) trigger; (*d'un athlète qui saute*) spring.

détenteur, trice [detātœʀ, -tʀis] *nm/f* holder.

détention [detāsjɔ̃] *nf* possession; detention; holding; **~ préventive** (pretrial) custody.

détenu, e [detny] *nm/f* prisoner.

détergent [detɛʀʒā] *nm* detergent.

détérioration [deteʀjɔʀasjɔ̃] *nf* damaging; deterioration, worsening.

détériorer [deteʀjɔʀe] *vt* to damage; **se ~** *vi* to deteriorate.

déterminant [detɛʀminā] *nm* (*LING*) determiner.

détermination [detɛʀminasjɔ̃] *nf* determining; (*résolution*) determination.

déterminé, e [detɛʀmine] *a* (*résolu*) determined; (*précis*) specific, definite.

déterminer [detɛʀmine] *vt* (*fixer*) to determine; (*décider*): **~ qn à faire** to decide sb to do; **se ~ à faire** to make up one's mind to do.

déterrer [detɛʀe] *vt* to dig up.

détersif [detɛʀsif] *nm* detergent.

détestable [detɛstabl(ə)] *a* foul, ghastly; detestable, odious.

détester [detɛste] *vt* to hate, detest.

détonant, e [detɔnā, -āt] *a*: **mélange ~** explosive mixture.

détonateur [detɔnatœʀ] *nm* detonator.

détonation [detɔnasjɔ̃] *nf* detonation, bang, report (of a gun).

détoner [detɔne] *vi* to detonate, explode.

détonner [detɔne] *vi* (*MUS*) to go out of tune; (*fig*) to clash.

détour [detuʀ] *nm* detour; (*tournant*) bend, curve; **sans ~** (*fig*) without beating

about the bush, in a straightforward manner.

détourné, e [detuʀne] *a* (*moyen*) roundabout.

détournement [detuʀnəmā] *nm* diversion, rerouting; **~ d'avion** hijacking; **~ (de fonds)** embezzlement *ou* misappropriation (of funds); **~ de mineur** corruption of a minor.

détourner [detuʀne] *vt* to divert; (*avion*) to divert, reroute; (: *par la force*) to hijack; (*yeux, tête*) to turn away; (*de l'argent*) to embezzle, misappropriate; **se ~** to turn away.

détracteur, trice [detʀaktœʀ, -tʀis] *nm/f* disparager, critic.

détraquer [detʀake] *vt* to put out of order; (*estomac*) to upset; **se ~** *vi* to go wrong.

détrempe [detʀāp] *nf* (*ART*) tempera.

détrempé, e [detʀāpe] *a* (*sol*) sodden, waterlogged.

détresse [detʀɛs] *nf* distress.

détriment [detʀimā] *nm*: **au ~ de** to the detriment of.

détritus [detʀitys] *nmpl* rubbish *sg*, refuse *sg*.

détroit [detʀwa] *nm* strait.

détromper [detʀɔ̃pe] *vt* to disabuse.

détrôner [detʀone] *vt* to dethrone, depose; (*fig*) to oust, dethrone.

détrousser [detʀuse] *vt* to rob.

détruire [detʀɥiʀ] *vt* to destroy.

dette [dɛt] *nf* debt.

D.E.U.G. [døg] *sigle m* = **diplôme d'études universitaires générales**.

deuil [dœj] *nm* (*perte*) bereavement; (*période*) mourning; (*chagrin*) grief; **porter le/être en ~** to wear/be in mourning.

deux [dø] *num* two; **les ~** both; **ses ~ mains** both his hands, his two hands; **les ~ points** the colon *sg*; **deuxième** *num* second; **~pièces** *nm inv* (*tailleur*) two-piece suit; (*de bain*) two-piece (swimsuit); (*appartement*) two-roomed flat; **~roues** *nm inv* two-wheeled vehicle; **~temps** *a* two-stroke.

devais *etc vb voir* **devoir**.

dévaler [devale] *vt* to hurtle down.

dévaliser [devalize] *vt* to rob, burgle.

dévaloriser [devalɔʀize] *vt*, **se ~** *vi* to depreciate.

dévaluation [devalɥasjɔ̃] *nf* depreciation; (*ÉCON: mesure*) devaluation.

dévaluer [devalɥe] *vt* to devalue.

devancer [dəvāse] *vt* to be ahead of; to get ahead of; to arrive before; (*prévenir*) to anticipate; **~ l'appel** (*MIL*) to enlist before call-up; **devancier, ière** *nm/f* precursor.

devant [dəvā] *ad* in front; (*à distance: en avant*) ahead // *prép* in front of; ahead of; (*avec mouvement: passer*) past; (*fig*) before, in front of; faced with, in the face of; in view of // *nm* front; (*position*): **prendre les ~s** to make the first move; **les pattes de ~** the front legs, the forelegs; **par ~** (*boutonner*) at the front; (*entrer*) the front way; **aller au-~ de qn** to go out to meet sb; **aller au-~ de** (*désirs de qn*) to anticipate.

devanture [dəvãtyʀ] *nf* (*façade*) (shop) front; (*étalage*) display; (*shop*) window.

dévastation [devastɑsjɔ̃] *nf* devastation.

dévaster [devaste] *vt* to devastate.

déveine [devɛn] *nf* rotten luck *q*.

développement [devlɔpmã] *nm* development.

développer [devlɔpe] *vt* to develop; **se ~** *vi* to develop.

devenir [dəvniʀ] *vb avec attribut* to become; **~ instituteur** to become a teacher; **que sont-ils devenus?** what has become of them?

dévergondé, e [devɛʀgɔ̃de] *a* wild, shameless.

devers [dəvɛʀ] *ad*: **par ~ soi** to oneself.

déverser [devɛʀse] *vt* (*liquide*) to pour (out); (*ordures*) to tip (out); **se ~ dans** (*fleuve, mer*) to flow into; **déversoir** *nm* overflow.

dévêtir [devetiʀ] *vt*, **se ~** to undress.

devez *etc vb voir* **devoir**.

déviation [devjɑsjɔ̃] *nf* (*aussi AUTO*) diversion; **~ de la colonne (vertébrale)** curvature of the spine.

dévider [devide] *vt* to unwind; **dévidoir** *nm* reel.

devienne *etc vb voir* **devenir**.

dévier [devje] *vt* (*fleuve, circulation*) to divert; (*coup*) to deflect // *vi* to veer (off course); **(faire) ~** (*projectile*) to deflect; (*véhicule*) to push off course.

devin [dəvɛ̃] *nm* soothsayer, seer.

deviner [dəvine] *vt* to guess; (*prévoir*) to foretell; to foresee; (*apercevoir*) to distinguish.

devinette [dəvinɛt] *nf* riddle.

devins *etc vb voir* **devenir**.

devis [dəvi] *nm* estimate, quotation.

dévisager [devizaʒe] *vt* to stare at.

devise [dəviz] *nf* (*formule*) motto, watchword; (*ÉCON: monnaie*) currency; **~s** *nfpl* (*argent*) currency *sg*.

deviser [dəvize] *vi* to converse.

dévisser [devise] *vt* to unscrew, undo; **se ~** *vi* to come unscrewed.

dévoiler [devwale] *vt* to unveil.

devoir [dəvwaʀ] *nm* duty; (*SCOL*) piece of homework, homework *q*; (: *en classe*) exercise // *vt* (*argent, respect*): **~ qch (à qn)** to owe (sb) sth; (*suivi de l'infinitif: obligation*): **il doit le faire** he has to do it, he must do it; (: *intention*): **il doit partir demain** he is (due) to leave tomorrow; (: *probabilité*): **il doit être tard** it must be late.

dévolu, e [devɔly] *a*: **~ à** allotted to // *nm*: **jeter son ~ sur** to fix one's choice on.

dévorant, e [devɔʀã, -ãt] *a* (*faim, passion*) raging.

dévorer [devɔʀe] *vt* to devour; (*suj: feu, soucis*) to consume.

dévot, e [devo, -ɔt] *a* devout, pious.

dévotion [devɔsjɔ̃] *nf* devoutness; **être à la ~ de qn** to be totally devoted to sb.

dévoué, e [devwe] *a* devoted.

dévouement [devumã] *nm* devotion, dedication.

dévouer [devwe]: **se ~** *vi* (*se sacrifier*): **se ~ (pour)** to sacrifice o.s. (for); (*se consacrer*): **se ~ à** to devote ou dedicate o.s. to.

dévoyé, e [devwaje] *a* delinquent.

devrai *etc vb voir* **devoir**.

dextérité [dɛkstexite] *nf* skill, dexterity.

diabète [djabɛt] *nm* diabetes *sg*; **diabétique** *nm/f* diabetic.

diable [djɑbl(ə)] *nm* devil; **diabolique** *a* diabolical.

diabolo [djabɔlo] *nm* (*boisson*) lemonade and fruit (*ou mint etc*) cordial.

diacre [djakʀ(ə)] *nm* deacon.

diadème [djadɛm] *nm* diadem.

diagnostic [djagnɔstik] *nm* diagnosis *sg*; **diagnostiquer** *vt* to diagnose.

diagonal, e aux [djagɔnal, -o] *a, nf* diagonal; **en ~e** diagonally; **lire en ~e** to skim through.

diagramme [djagʀam] *nm* chart, graph.

dialecte [djalɛkt(ə)] *nm* dialect.

dialogue [djalɔg] *nm* dialogue; **dialoguer** *vi* to converse; (*POL*) to have a dialogue.

diamant [djamã] *nm* diamond; **diamantaire** *nm* diamond dealer.

diamètre [djamɛtʀ(ə)] *nm* diameter.

diapason [djapazɔ̃] *nm* tuning fork.

diaphragme [djafʀagm] *nm* (*ANAT, PHOTO*) diaphragm; (*contraceptif*) diaphragm, cap; **ouverture du ~** (*PHOTO*) aperture.

diapositive [djapozitiv] *nf* transparency, slide.

diapré, e [djapʀe] *a* many-coloured.

diarrhée [djaʀe] *nf* diarrhoea.

diatribe [djatʀib] *nf* diatribe.

dictaphone [diktafɔn] *nm* Dictaphone.

dictateur [diktatœʀ] *nm* dictator; **dictatorial, e, aux** *a* dictatorial; **dictature** *nf* dictatorship.

dictée [dikte] *nf* dictation; **prendre sous ~** to take down (*sth dictated*).

dicter [dikte] *vt* to dictate.

diction [diksjɔ̃] *nf* diction, delivery; **cours de ~** speech production lesson.

dictionnaire [diksjɔnɛʀ] *nm* dictionary; **~ bilingue/encyclopédique** bilingual/encyclopaedic dictionary.

dicton [diktɔ̃] *nm* saying, dictum.

didactique [didaktik] *a* technical; didactic.

dièse [djɛz] *nm* sharp.

diesel [djezɛl] *nm, a inv* diesel.

diète [djɛt] *nf* (*jeûne*) starvation diet; (*régime*) diet; **être à la ~** to be on a starvation diet.

diététicien, ne [djetetisjɛ̃, -jɛn] *nm/f* dietician.

diététique [djetetik] *nf* dietetics *sg*; **magasin ~** health food shop.

dieu, x [djø] *nm* god; **D~** God; **le bon D~** the good Lord.

diffamation [difamɑsjɔ̃] *nf* slander; (*écrite*) libel; **attaquer qn en ~** to sue sb for libel (*ou* slander).

diffamer [difame] *vt* to slander, defame; to libel.

différé [difeʀe] *nm* (*TV*): **en ~** (pre-)recorded.

différence [difeRɑ̃s] *nf* difference ; **à la ~ de** unlike.

différencier [difeRɑ̃sje] *vt* to differentiate ; **se ~ vi** (*organisme*) to become differentiated ; **se ~ de** to differentiate o.s. from ; to differ from.

différend [difeRɑ̃] *nm* difference (of opinion), disagreement.

différent, e [difeRɑ̃, -ɑ̃t] *a*: **~ (de)** different (from) ; **~s objets** different *ou* various objects.

différentiel, le [difeRɑ̃sjɛl] *a, nm* differential.

différer [difeRe] *vt* to postpone, put off // *vi*: **~ (de)** to differ (from) ; **~ de faire** to delay doing.

difficile [difisil] *a* difficult ; (*exigeant*) hard to please, difficult (to please) ; **~ment** *ad* with difficulty ; **~ment lisible** difficult *ou* hard to read.

difficulté [difikylte] *nf* difficulty ; **en ~** (*bateau, alpiniste*) in trouble *ou* difficulties ; **avoir de la ~ à faire** to have difficulty (in) doing.

difforme [difɔRm(ə)] *a* deformed, misshapen ; **difformité** *nf* deformity.

diffracter [difRakte] *vt* to diffract.

diffus, e [dify, -yz] *a* diffuse.

diffuser [difyze] *vt* (*chaleur, bruit*) to diffuse ; (*émission, musique*) to broadcast ; (*nouvelle, idée*) to circulate ; (*COMM*) to distribute ; **diffuseur** *nm* diffuser ; distributor ; **diffusion** *nf* diffusion ; broadcast(ing) ; circulation ; distribution.

digérer [diʒeRe] *vt* to digest ; (*fig: accepter*) to stomach, put up with ; **digestible** *a* digestible ; **digestif, ive** *a* digestive // *nm* (after-dinner) liqueur ; **digestion** *nf* digestion.

digital, e, aux [diʒital, -o] *a* digital.

digne [diɲ] *a* dignified ; **~ de** worthy of ; **~ de foi** trustworthy.

dignitaire [diɲitɛR] *nm* dignitary.

dignité [diɲite] *nf* dignity.

digue [dig] *nf* dike, dyke.

dilapider [dilapide] *vt* to squander, waste.

dilater [dilate] *vt* to dilate ; (*gaz, métal*) to cause to expand ; (*ballon*) to distend ; **se ~ vi** to expand.

dilemme [dilɛm] *nm* dilemma.

diligence [diliʒɑ̃s] *nf* stagecoach, diligence ; (*empressement*) despatch.

diligent, e [diliʒɑ̃, -ɑ̃t] *a* prompt and efficient, diligent.

diluer [dilɥe] *vt* to dilute.

diluvien, ne [dilyvjɛ̃, -jɛn] *a*: **pluie ~ne** torrential rain.

dimanche [dimɑ̃ʃ] *nm* Sunday.

dimension [dimɑ̃sjɔ̃] *nf* (*grandeur*) size ; (*cote, de l'espace*) dimension.

diminuer [diminɥe] *vt* to reduce, decrease ; (*ardeur etc*) to lessen ; (*personne: physiquement*) to undermine ; (*dénigrer*) to belittle // *vi* to decrease, diminish ; **diminutif** *nm* (*LING*) diminutive ; (*surnom*) pet name ; **diminution** *nf* decreasing, diminishing.

dinde [dɛ̃d] *nf* turkey.

dindon [dɛ̃dɔ̃] *nm* turkey.

dîner [dine] *nm* dinner // *vi* to have dinner.

dingue [dɛ̃g] *a* (*fam*) crazy.

diode [djɔd] *nf* diode.

diphtérie [difteRi] *nf* diphtheria.

diphtongue [diftɔ̃g] *nf* diphthong.

diplomate [diplɔmat] *a* diplomatic // *nm* diplomat ; (*fig*) diplomatist.

diplomatie [diplɔmasi] *nf* diplomacy ; **diplomatique** *a* diplomatic.

diplôme [diplom] *nm* diploma, certificate ; (*diploma*) examination ; **diplômé, e** *a* qualified.

dire [diR] *nm*: **au ~ de** according to ; **leur ~s** what they say // *vt* to say ; (*secret, mensonge*) to tell ; **~ l'heure/la vérité** to tell the time/the truth ; **~ qch à qn** to tell sb sth ; **~ que** to say that ; **~ à qn que** to tell sb that ; **~ à qn qu'il fasse ou de faire** to tell sb to do ; **on dit que** they say that ; **si cela lui dit** (*plaire*) if he fancies it ; **que dites-vous de** (*penser*) what do you think of ; **on dirait que** it looks (*ou* sounds *etc*) as though.

direct, e [diRɛkt] *a* direct // *nm* (*TV*): **en ~** live ; **~ement** *ad* directly.

directeur, trice [diRɛktœR, -tRis] *nm/f* (*d'entreprise*) director ; (*de service*) manager/eress ; (*d'école*) headmaster/mistress ; **~ de thèse** (*SCOL*) supervisor.

direction [diRɛksjɔ̃] *nf* management ; conducting ; supervision ; (*AUTO*) steering ; (*sens*) direction ; **sous la ~ de** (*MUS*) conducted by.

directive [diRɛktiv] *nf* directive, instruction.

dirent *vb voir* **dire**.

dirigeable [diRiʒabl(ə)] *a, nm*: **(ballon) ~** dirigible.

dirigeant, e [diRiʒɑ̃, -ɑ̃t] *a* managerial ; ruling // *nm/f* (*d'un parti etc*) leader ; (*d'entreprise*) manager, member of the management.

diriger [diRiʒe] *vt* (*entreprise*) to manage, run ; (*véhicule*) to steer ; (*orchestre*) to conduct ; (*recherches, travaux*) to supervise, be in charge of ; (*braquer: regard, arme*): **~ sur** to point *ou* level *ou* aim at ; (*fig: critiques*): **~ contre** to aim at ; **se ~** (*s'orienter*) to find one's way ; **se ~ vers** *ou* **sur** to make *ou* head for.

dirigisme [diRiʒism(ə)] *nm* (*ÉCON*) state intervention, interventionism.

dis *etc vb voir* **dire**.

discernement [disɛRnəmɑ̃] *nm* discernment, judgment.

discerner [disɛRne] *vt* to discern, make out.

disciple [disipl(ə)] *nm/f* disciple.

disciplinaire [disiplinɛR] *a* disciplinary.

discipline [disiplin] *nf* discipline ; **discipliné, e** *a* (well-)disciplined ; **discipliner** *vt* to discipline ; to control.

discontinu, e [diskɔ̃tiny] *a* intermittent.

discontinuer [diskɔ̃tinɥe] *vi*: **sans ~** without stopping, without a break.

disconvenir [diskɔ̃vniR] *vi*: **ne pas ~ de qch/que** not to deny sth/that.

discordance [diskɔRdɑ̃s] *nf* discordance ; conflict.

discordant, e [diskɔRdɑ̃, -ɑ̃t] *a* discordant ; conflicting.

discorde [diskɔRd(ə)] *nf* discord, dissension.

discothèque [diskɔtɛk] *nf* (*disques*) record collection ; (: *dans une bibliothèque*) record library ; (*boîte de nuit*) disco(thèque).

discourir [diskuRiR] *vi* to discourse, hold forth.

discours [diskuR] *nm* speech.

discréditer [diskRedite] *vt* to discredit.

discret, ète [diskRɛ, -ɛt] *a* discreet ; (*fig*) unobtrusive ; quiet ; **discrètement** *ad* discreetly.

discrétion [diskResjɔ̃] *nf* discretion ; **être à la ~ de qn** to be in sb's hands ; **à ~** unlimited ; as much as one wants.

discrimination [diskRiminasjɔ̃] *nf* discrimination ; **sans ~** indiscriminately ; **discriminatoire** *a* discriminatory.

disculper [diskylpe] *vt* to exonerate.

discussion [diskysjɔ̃] *nf* discussion.

discuté, e [diskyte] *a* controversial.

discuter [diskyte] *vt* (*contester*) to question, dispute ; (*débattre: prix*) to discuss // *vi* to talk ; (*ergoter*) to argue ; **~ de** to discuss.

dise *etc vb voir* **dire.**

disert, e [dizɛR, -ɛRt(ə)] *a* loquacious.

disette [dizɛt] *nf* food shortage.

diseuse [dizøz] *nf:* **~ de bonne aventure** fortuneteller.

disgrâce [disgRɑs] *nf* disgrace.

disgracieux, euse [disgRasjø, -jøz] *a* ungainly, awkward.

disjoindre [disʒwɛ̃dR(ə)] *vt* to take apart ; **se ~** *vi* to come apart.

disjoncteur [disʒɔ̃ktœR] *nm* (*ÉLEC*) circuit breaker, cutout.

dislocation [dislɔkasjɔ̃] *nf* dislocation.

disloquer [dislɔke] *vt* (*membre*) to dislocate ; (*chaise*) to dismantle ; (*troupe*) to disperse ; **se ~** *vi* (*parti, empire*) to break up ; **se ~ l'épaule** to dislocate one's shoulder.

disons *vb voir* **dire.**

disparaître [dispaRɛtR(ə)] *vi* to disappear ; (*à la vue*) to vanish, disappear ; to be hidden *ou* concealed ; (*être manquant*) to go missing, disappear ; (*se perdre: traditions etc*) to die out ; **faire ~** to remove ; to get rid of.

disparate [dispaRat] *a* disparate ; ill-assorted.

disparité [dispaRite] *nf* disparity.

disparition [dispaRisjɔ̃] *nf* disappearance.

disparu, e [dispaRy] *nm/f* missing person ; (*défunt*) departed.

dispendieux, euse [dispɑ̃djø, -jøz] *a* extravagant, expensive.

dispensaire [dispɑ̃sɛR] *nm* community clinic.

dispense [dispɑ̃s] *nf* exemption ; **~ d'âge** special exemption from age limit.

dispenser [dispɑ̃se] *vt* (*donner*) to lavish, bestow ; (*exempter*): **~ qn de** to exempt sb from ; **se ~ de** to avoid ; to get out of.

disperser [dispɛRse] *vt* to scatter ; (*fig: son attention*) to dissipate ; **se ~** *vi* to scatter ; (*fig*) to dissipate one's efforts.

disponibilité [dispɔnibilite] *nf* availability ; (*ADMIN*): **être en ~** to be on leave of absence.

disponible [dispɔnibl(ə)] *a* available.

dispos [dispo] *am*: **(frais et) ~** fresh (as a daisy).

disposé, e [dispoze] *a* (*d'une certaine manière*) arranged, laid-out ; **bien/mal ~** (*humeur*) in a good/bad mood ; **~ à** (*prêt à*) willing *ou* prepared to.

disposer [dispoze] *vt* (*arranger, placer*) to arrange ; (*inciter*): **~ qn à qch/faire qch** to dispose *ou* incline sb towards sth/to do sth // *vi*: **vous pouvez ~** you may leave ; **~ de** *vt* to have (at one's disposal) ; to use ; **se ~ à faire** to prepare to do, be about to do.

dispositif [dispozitif] *nm* device ; (*fig*) system, plan of action ; set-up.

disposition [dispozisjɔ̃] *nf* (*arrangement*) arrangement, layout ; (*humeur*) mood ; (*tendance*) tendency ; **~s** *nfpl* (*mesures*) steps, measures ; (*préparatifs*) arrangements ; (*testamentaires*) provisions ; (*aptitudes*) bent *sg*, aptitude *sg* ; **à la ~ de qn** at sb's disposal.

disproportion [dispRopɔRsjɔ̃] *nf* disproportion ; **disproportionné, e** *a* disproportionate, out of all proportion.

dispute [dispyt] *nf* quarrel, argument.

disputer [dispyte] *vt* (*match*) to play ; (*combat*) to fight ; (*course*) to run, fight ; **se ~** *vi* to quarrel, have a quarrel ; **~ qch à qn** to fight with sb for *ou* over sth.

disquaire [diskɛR] *nm/f* record dealer.

disqualification [diskalifikasjɔ̃] *nf* disqualification.

disqualifier [diskalifje] *vt* to disqualify.

disque [disk(ə)] *nm* (*MUS*) record ; (*forme, pièce*) disc ; (*SPORT*) discus ; **~ d'embrayage** (*AUTO*) clutch plate.

dissection [disɛksjɔ̃] *nf* dissection.

dissemblable [disɑ̃blabl(ə)] *a* dissimilar.

disséminer [disemine] *vt* to scatter.

disséquer [diseke] *vt* to dissect.

dissertation [disɛRtasjɔ̃] *nf* (*SCOL*) essay.

disserter [disɛRte] *vi*: **~ sur** to discourse upon.

dissident, e [disidɑ̃, -ɑ̃t] *a, nm/f* dissident.

dissimulation [disimylasjɔ̃] *nf* concealing ; (*duplicité*) dissimulation.

dissimuler [disimyle] *vt* to conceal ; **se ~** to conceal o.s. ; to be concealed.

dissipation [disipasjɔ̃] *nf* squandering ; unruliness ; (*débauche*) dissipation.

dissiper [disipe] *vt* to dissipate ; (*fortune*) to squander, fritter away ; **se ~** *vi* (*brouillard*) to clear, disperse ; (*doutes*) to disappear, melt away ; (*élève*) to become undisciplined *ou* unruly.

dissolu, e [disɔly] *a* dissolute.

dissolution [disɔlysjɔ̃] *nf* dissolving ; (*POL, JUR*) dissolution.

dissolvant, e [disɔlvɑ̃, -ɑ̃t] *a* (*fig*) debilitating // *nm* (*CHIMIE*) solvent ; **~ (gras)** nail varnish remover.

dissonant, e [disɔnɑ̃, -ɑ̃t] *a* discordant.

dissoudre [disudR(ə)] *vt* to dissolve ; **se ~** *vi* to dissolve.

dissuader [disɥade] *vt*: **~ qn de faire/de qch** to dissuade sb from doing/from sth.

dissuasion [disɥazjɔ̃] *nf* dissuasion ; **force de ~** deterrent power.

dissymétrique [disimetrik] *a* dissymmetrical.

distance [distɑ̃s] *nf* distance ; *(fig: écart)* gap ; **à ~** at *ou* from a distance ; **à une ~ de 10 km, à 10 km de ~** 10 km away, at a distance of 10 km ; **à 2 ans de ~** with a gap of 2 years ; **garder ses ~s** to keep one's distance ; **tenir la ~** *(SPORT)* to cover the distance, last the course ; **distancer** *vt* to outdistance, leave behind.

distant, e [distɑ̃, -ɑ̃t] *a (réservé)* distant, aloof ; *(éloigné)* distant, far away ; **~ de** *(lieu)* far away *ou* a long way from ; **~ de 5 km (d'un lieu)** 5 km away (from a place).

distendre [distɑ̃dʀ(ə)] *vt*, **se ~** *vi* to distend.

distillation [distilasjɔ̃] *nf* distillation, distilling.

distillé, e [distile] *a*: **eau ~e** distilled water.

distiller [distile] *vt* to distil ; *(fig)* to exude ; **to · elaborate ; distillerie** *nf* distillery.

distinct, e [distɛ̃(kt), distɛ̃kt(ə)] *a* distinct ; **distinctement** *ad* distinctly ; **distinctif, ive** *a* distinctive.

distinction [distɛ̃ksjɔ̃] *nf* distinction.

distingué, e [distɛ̃ge] *a* distinguished.

distinguer [distɛ̃ge] *vt* to distinguish.

distraction [distʀaksjɔ̃] *nf (manque d'attention)* absent-mindedness ; *(oubli)* lapse (in concentration *ou* attention) ; *(détente)* diversion, recreation ; *(passetemps)* distraction, entertainment.

distraire [distʀɛʀ] *vt (déranger)* to distract ; *(divertir)* to entertain, divert ; *(détourner: somme d'argent)* to divert, misappropriate ; **se ~** to amuse *ou* enjoy o.s.

distrait, e [distʀɛ, -ɛt] *a* absent-minded.

distribuer [distʀibɥe] *vt* to distribute ; to hand out ; *(CARTES)* to deal (out) ; *(courrier)* to deliver ; **distributeur** *nm (COMM)* distributor ; *(automatique)* (vending *ou* slot) machine ; **distribution** *nf* distribution ; *(postale)* delivery ; *(choix d'acteurs)* casting, cast ; **distribution des prix** *(SCOL)* prize giving.

district [distʀik(t)] *nm* district.

dit, e [di, dit] *pp de* **dire** // *a (fixé)*: **le jour ~** the arranged day ; *(surnommé)*: **X, ~ Pierrot** X, known as *ou* called Pierrot.

dites *vb voir* **dire**

dithyrambique [ditiʀɑ̃bik] *a* eulogistic.

diurétique [djyʀetik] *a* diuretic.

diurne [djyʀn(ə)] *a* diurnal, daytime *cpd.*

divagations [divagɑsjɔ̃] *nfpl* wanderings, ramblings ; ravings.

divaguer [divage] *vi* to ramble ; to rave.

divan [divɑ̃] *nm* divan ; **~-lit** *nm* divan (bed).

divergence [divɛʀʒɑ̃s] *nf* divergence.

divergent, e [divɛʀʒɑ̃, -ɑ̃] *a* divergent.

diverger [divɛʀʒe] *vi* to diverge.

divers, e [divɛʀ, -ɛʀs(ə)] *a (varié)* diverse, varied ; *(différent)* different, various, // *dét (plusieurs)* various, several ; **(frais) ~** sundries, miscellaneous (expenses) ;

diversement *ad* in various *ou* diverse ways ; **diversifier** *vt* to diversify.

diversion [divɛʀsjɔ̃] *nf* diversion ; **faire ~** to create a diversion.

diversité [divɛʀsite] *nf* diversity ; variety.

divertir [divɛʀtiʀ] *vt* to amuse, entertain ; **se ~** to amuse *ou* enjoy o.s. ; **divertissement** *nm* entertainment ; *(MUS)* divertimento, divertissement.

dividende [dividɑ̃d] *nm (MATH, COMM)* dividend.

divin, e [divɛ̃, -in] *a* divine ; **diviniser** *vt* to deify ; **divinité** *nf* divinity.

diviser [divize] *vt (gén, MATH)* to divide ; *(morceler, subdiviser)* to divide (up), split (up) ; **diviseur** *nm (MATH)* divisor ; **division** *nf (gén)* division.

divorce [divɔʀs(ə)] *nm* divorce ; **divorcé, e** *nm/f* divorcee ; **divorcer** *vi* to get a divorce, get divorced ; **divorcer de** *ou* **d'avec qn** to divorce sb.

divulgation [divylgɑsjɔ̃] *nf* disclosure.

divulguer [divylge] *vt* to divulge, disclose.

dix [dis] *num* ten ; **dixième** *num* tenth.

dizaine [dizɛn] *nf (10)* ten ; *(environ 10)*: **une ~ (de)** about ten, ten or so.

do [do] *nm (note)* C ; *(en chantant la gamme)* do(h).

docile [dɔsil] *a* docile ; **docilité** *nf* docility.

dock [dɔk] *nm* dock.

docker [dɔkɛʀ] *nm* docker.

docte [dɔkt(ə)] *a* learned.

docteur [dɔktœʀ] *nm* doctor.

doctoral, e, aux [dɔktɔʀal, -o] *a* pompous, bombastic.

doctorat [dɔktɔʀa] *nm*: **~ d'Université** ≈ Ph.D. ; **~ d'état** ≈ Higher Doctorate.

doctoresse [dɔktɔʀɛs] *nf* lady doctor.

doctrinaire [dɔktʀinɛʀ] *a* doctrinaire ; pompous, sententious.

doctrine [dɔktʀin] *nf* doctrine.

document [dɔkymɑ̃] *nm* document.

documentaire [dɔkymɑ̃tɛʀ] *a, nm* documentary.

documentaliste [dɔkymɑ̃talist(ə)] *nm/f* archivist ; researcher.

documentation [dɔkymɑ̃tɑsjɔ̃] *nf* documentation, literature ; *(PRESSE, TV: service)* research.

documenté, e [dɔkymɑ̃te] *a* well-informed, well-documented ; well-researched.

documenter [dɔkymɑ̃te] *vt*: **se ~ (sur)** to gather information *ou* material (on *ou* about).

dodeliner [dɔdline] *vi*: **~ de la tête** to nod one's head gently.

dodo [dɔdo] *nm*: **aller faire ~** to go to bye-byes.

dodu, e [dɔdy] *a* plump.

dogmatique [dɔgmatik] *a* dogmatic.

dogme [dɔgm(ə)] *nm* dogma.

dogue [dɔg] *nm* mastiff.

doigt [dwa] *nm* finger ; **à deux ~s de** within an ace *ou* an inch of ; **un ~ de lait/whisky** a drop of milk/whisky ; **~ de pied** toe.

doigté [dwate] *nm (MUS)* fingering ; fingering technique ; *(fig: habileté)* diplomacy, tact.

doigtier [dwatje] *nm* fingerstall.

doit *etc vb voir* **devoir**.

doléances [dɔleɑ̃s] *nfpl* complaints ; grievances.

dolent, e [dɔlɑ̃, -ɑ̃t] *a* doleful, mournful.

dollar [dɔlar] *nm* dollar.

D.O.M. [*parfois* dɔm] *sigle m ou mpl* = département(s) d'outre-mer.

domaine [dɔmɛn] *nm* estate, property ; *(fig)* domain, field ; **tomber dans le ~ public** *(JUR)* to be out of copyright.

domanial, e, aux [dɔmanjal, -jo] *a (forêt, biens)* national, state *cpd*.

dôme [dom] *nm* dome.

domesticité [dɔmɛstisite] *nf* (domestic) staff.

domestique [dɔmɛstik] *a* domestic // *nm/f* servant, domestic.

domestiquer [dɔmɛstike] *vt* to domesticate.

domicile [dɔmisil] *nm* home, place of residence ; **à ~** at home ; **domicilié, e** *a*: **être domicilié à** to have one's home in *ou* at.

dominant, e [dɔminɑ̃, -ɑ̃t] *a* dominant ; predominant.

dominateur, trice [dɔminatœr, -tris] *a* dominating ; domineering.

domination [dɔminɑsjɔ̃] *nf* domination.

dominer [dɔmine] *vt* to dominate ; *(passions etc)* to control, master ; *(surpasser)* to outclass, surpass ; *(surplomber)* to tower above, dominate // *vi* to be in the dominant position ; **se ~** to control o.s.

dominical, e, aux [dɔminikal, -o] *a* Sunday *cpd*, dominical.

domino [dɔmino] *nm* domino ; **~s** *nmpl (jeu)* dominoes *sg*.

dommage [dɔmaʒ] *nm (préjudice)* harm, injury ; *(dégâts, pertes)* damage *q* ; **c'est ~ de faire/que** it's a shame *ou* pity to do/that ; **~s-intérêts** *nmpl* damages.

dompter [dɔ̃te] *vt* to tame ; **dompteur, euse** *nm/f* trainer ; liontamer.

don [dɔ̃] *nm (cadeau)* gift ; *(charité)* donation ; *(aptitude)* gift, talent ; **avoir des ~s pour** to have a gift *ou* talent for.

donateur, trice [dɔnatœr, -tris] *nm/f* donor.

donation [dɔnɑsjɔ̃] *nf* donation.

donc [dɔ̃k] *cj* therefore, so ; (*après une digression*) so, then.

donjon [dɔ̃ʒɔ̃] *nm* keep, donjon.

donné, e [dɔne] *a (convenu)* given // *nf (MATH, gén)* datum (*pl* data) ; **étant ~ ...** given ... .

donner [dɔne] *vt* to give ; *(vieux habits etc)* to give away ; *(spectacle)* to show ; to put on ; **~ qch à qn** to give sb sth, give sth to sb ; **~ sur** *(suj: fenêtre, chambre)* to look (out) onto ; **~ dans** *(piège etc)* to fall into ; **se ~ à fond (à son travail)** to give one's all (to one's work) ; **s'en ~ à cœur joie** *(fam)* to have a great time (of it).

donneur, euse [dɔnœr, -øz] *nm/f (MÉD)* donor ; *(CARTES)* dealer ; **~ de sang** blood donor.

dont [dɔ̃] *pronom relatif*: **la maison ~ je vois le toit** the house whose roof I can see, the house I can see the roof of ; **la**

maison ~ le toit est rouge the house whose roof is red *ou* the roof of which is red ; **l'homme ~ je connais la sœur** the man whose sister I know ; **10 blessés, ~ 2 grièvement** 10 injured, 2 of them seriously ; **2 livres, ~ l'un est** 2 books, one of which is ; **il y avait plusieurs personnes, ~ Gabrielle** there were several people, among whom was Gabrielle ; **le fils ~ il est si fier** the son he's so proud of ; **ce ~ je parle** what I'm talking about ; *voir adjectifs et verbes à complément prépositionnel*: **responsable de, souffrir de** *etc*.

dorade [dɔrad] *nf* = **daurade**.

doré, e [dɔre] *a* golden ; *(avec dorure)* gilt, gilded.

dorénavant [dɔrenavɑ̃] *ad* from now on, henceforth.

dorer [dɔre] *vt (cadre)* to gild ; **(faire) ~** *(CULIN)* to brown (in the oven).

dorloter [dɔrlɔte] *vt* to pamper, cosset.

dormant, e [dɔrmɑ̃, -ɑ̃t] *a*: **eau ~e** still water.

dormeur, euse [dɔrmœr, -øz] *nm/f* sleeper.

dormir [dɔrmir] *vi* to sleep ; *(être endormi)* to be asleep.

dorsal, e, aux [dɔrsal, -o] *a* dorsal.

dortoir [dɔrtwar] *nm* dormitory.

dorure [dɔryr] *nf* gilding.

doryphore [dɔrifɔr] *nm* Colorado beetle.

dos [do] *nm* back ; *(de livre)* spine ; **'voir au ~'** 'see over' ; **de ~** from the back, from behind ; **à ~ de chameau** riding on a camel.

dosage [dozaʒ] *nm* mixture.

dos-d'âne [dodɑn] *nm* humpback.

dose [doz] *nf* dose.

doser [doze] *vt* to measure out ; to mix in the correct proportions ; *(fig)* to expend in the right amounts *ou* proportion ; to strike a balance between ; **doseur** *nm* measure.

dossard [dɔsar] *nm* number (*worn by competitor*).

dossier [dɔsje] *nm (renseignements, fichier)* file ; *(enveloppe)* folder, file ; *(de chaise)* back.

dot [dɔt] *nf* dowry.

doter [dɔte] *vt*: **~ qn/qch de** to equip sb/sth with.

douairière [dwɛrjɛr] *nf* dowager.

douane [dwan] *nf (poste, bureau)* customs *pl* ; *(taxes)* (customs) duty ; **passer la ~** to go through customs ; **douanier, ière** *a* customs *cpd* // *nm* customs officer.

doublage [dublaʒ] *nm (CINÉMA)* dubbing.

double [dubl(ə)] *a, ad* double // *nm (2 fois plus)*: **le ~ (de)** twice as much (*ou* many) (as), double the amount (*ou* number) (of) ; *(autre exemplaire)* duplicate, copy ; *(sosie)* double ; **en ~ (exemplaire)** in duplicate ; **faire ~ emploi** to be redundant ; **carburateur** twin carburettor ; **à ~s commandes** dual-control ; **~ messieurs/mixte** men's/mixed doubles *sg* ; **~ toit** *(de tente)* fly sheet.

doublé, e [duble] *a (vêtement)*: **~ (de)** lined (with).

doublement [dubləmɑ̃] *nm* doubling ;

twofold increase // ad doubly; in two ways, on two counts.

doubler [duble] vt (*multiplier par 2*) to double; (*vêtement*) to line; (*dépasser*) to overtake, pass; (*film*) to dub; (*acteur*) to stand in for // vi to double, increase twofold; ~ (**la classe**) (*SCOL*) to repeat a year.

doublure [dublyR] nf lining; (*CINÉMA*) stand-in.

douce [dus] a *voir* **doux**; ~**âtre** a sickly sweet; ~**ment** ad gently; slowly; ~**reux, euse** a (*péj*) sugary, suave; **douceur** nf mildness; gentleness; softness; sweetness; **douceurs** nfpl (*friandises*) sweets.

douche [duʃ] nf shower; ~**s** nfpl (*salle*) shower room sg; **se doucher** to have ou take a shower.

doué, e [dwe] a gifted, talented; ~ **de** endowed with.

douille [duj] nf (*ÉLEC*) socket; (*de projectile*) case.

douillet, te [dujɛ, -ɛt] a cosy; (*péj*) soft.

douleur [dulœR] nf pain; (*chagrin*) grief, distress; **il a eu la ~ de perdre son père** he suffered the grief of losing his father; **douloureux, euse** a painful.

doute [dut] nm doubt; **sans ~** ad no doubt.

douter [dute] vt to doubt; ~ **de** vt (*allié*) to doubt, have (one's) doubts about; (*résultat*) to be doubtful of; **se ~ de qch/que** to suspect sth/that; **je m'en doutais** I suspected as much.

douteux, euse [dutø, -øz] a (*incertain*) doubtful; (*discutable*) dubious, questionable; (*péj*) dubious-looking.

douve [duv] nf (*de château*) moat; (*de tonneau*) stave.

Douvres [duvʀ(ə)] n Dover.

doux, douce [du, dus] a (*lisse, moelleux, pas vif: couleur, non calcaire: eau*) soft; (*sucré, agréable*) sweet; (*peu fort: moutarde etc, clément: climat*) mild; (*pas brusque*) gentle.

douzaine [duzɛn] nf (12) dozen; (*environ* 12): **une ~ (de)** a dozen or so, twelve or so.

douze [duz] num twelve; **douzième** num twelfth.

doyen, ne [dwajɛ̃, -ɛn] nm/f (*en âge, ancienneté*) most senior member; (*de faculté*) dean.

draconien, ne [dʀakɔnjɛ̃, -jɛn] a draconian; stringent.

dragage [dʀagaʒ] nm dredging.

dragée [dʀaʒe] nf sugared almond; (*MÉD*) (sugar-coated) pill.

dragon [dʀagɔ̃] nm dragon.

drague [dʀag] nf (*filet*) dragnet; (*bateau*) dredger; **draguer** vt (*rivière*) to dredge; to drag // vi (*fam*) to try and pick up girls; to chat up birds; **dragueur de mines** nm minesweeper.

drainage [dʀɛnaʒ] nm drainage.

drainer [dʀene] vt to drain.

dramatique [dʀamatik] a dramatic; (*tragique*) tragic // nf (*TV*) (television) drama.

dramatiser [dʀamatize] vt to dramatize.

dramaturge [dʀamatyʀʒ(ə)] nm dramatist, playwright.

drame [dʀam] nm (*THÉÂTRE*) drama; (*catastrophe*) drama, tragedy.

drap [dʀa] nm (*de lit*) sheet; (*tissu*) woollen fabric.

drapeau, x [dʀapo] nm flag; **sous les ~x** with the colours, in the army.

draper [dʀape] vt to drape.

draperies [dʀapʀi] nfpl hangings.

drapier [dʀapje] nm (woollen) cloth manufacturer; (*marchand*) clothier.

dresser [dʀese] vt (*mettre vertical, monter: tente*) to put up, erect; (*fig: liste, bilan, contrat*) to draw up; (*animal*) to train; **se ~** vi (*falaise, obstacle*) to stand; to tower (up); (*personne*) to draw o.s. up; ~ **qn contre qn d'autre** to set sb against sb else.

dresseur, euse [dʀesœʀ, -øz] nm/f trainer.

dressoir [dʀeswaʀ] nm dresser.

dribbler [dʀible] vt, vi (*SPORT*) to dribble.

drogue [dʀɔg] nf drug; **la ~** drugs pl.

drogué, e [dʀɔge] nm/f drug addict.

droguer [dʀɔge] vt (*victime*) to drug; (*malade*) to give drugs to; **se ~** (*aux stupéfiants*) to take drugs; (*péj: de médicaments*) to dose o.s. up.

droguerie [dʀɔgʀi] nf hardware shop.

droguiste [dʀɔgist(ə)] nm keeper (*ou* owner) of a hardware shop.

droit, e [dʀwa, dʀwat] a (*non courbe*) straight; (*vertical*) upright, straight; (*fig: loyal, franc*) upright, straight(forward); (*opposé à gauche*) right, right-hand // ad straight // nm (*prérogative*) right; (*taxe*) duty, tax; (: *d'inscription*) fee; (*lois, branche*): **le ~** law // nf (*ligne*) straight line; **avoir le ~ de** to be allowed to; **avoir ~ à** to be entitled to; **être en ~ de** to have a ou the right to; **faire ~ à** to grant, accede to; **être dans son ~** to be within one's rights; **à ~e** on the right; (*direction*) (to the) right; **de ~e** (*POL*) right-wing; ~ **d'auteur** copyright; ~**s d'auteur** royalties; **le ~ de vote** the right to vote.

droitier, ière [dʀwatje, -jɛʀ] nm/f right-handed person.

droiture [dʀwatyʀ] nf uprightness, straightness.

drôle [dʀol] a (*amusant*) funny, amusing; (*bizarre*) funny, peculiar.

dromadaire [dʀɔmadɛʀ] nm dromedary.

dru, e [dʀy] a (*cheveux*) thick, bushy; (*pluie*) heavy.

drugstore [dʀœgstɔʀ] nm drugstore.

D.S.T. sigle f = direction de la surveillance du territoire (*the French internal security service*).

du [dy] prép + dét, dét *voir* **de**.

dû, due [dy] vb *voir* **devoir** // a (*somme*) owing, owed; (: *venant à échéance*) due; (*causé par*): ~ **à** due to // nm due; (*somme*) dues pl.

dubitatif, ive [dybitatif, -iv] a doubtful, dubious.

duc [dyk] nm duke; **duché** nm dukedom; **duchesse** nf duchess.

duel [dɥɛl] nm duel.

dûment [dymɑ̃] ad duly.

dune [dyn] nf dune.
Dunkerque [dœkɛrk] n Dunkirk.
duo [dɥo] nm (MUS) duet; (fig: couple) duo, pair.
dupe [dyp] nf dupe // a: **(ne pas) être ~ de** (not) to be taken in by.
duper [dype] vt to dupe, deceive.
duperie [dypri] nf deception, dupery.
duplex [dyplɛks] nm (appartement) split-level appartment, duplex.
duplicata [dyplikata] nm duplicate.
duplicateur [dyplikatœr] nm duplicator.
duplicité [dyplisite] nf duplicity.
duquel [dykɛl] prép + pronom voir **lequel**.
dur, e [dyr] a (pierre, siège, travail, problème) hard; (lumière, voix, climat) harsh; (sévère) hard, harsh; (cruel) hard(-hearted); (porte, col) stiff; (viande) tough // ad hard; **~ d'oreille** hard of hearing.
durable [dyrabl(ə)] a lasting.
durant [dyrã] prép (au cours de) during; (pendant) for; **~ des mois, des mois ~** for months.
durcir [dyrsir] vt, vi, **se ~** vi to harden.
durcissement [dyrsismã] nm hardening.
durée [dyre] nf length; (d'une pile etc) life; (déroulement: des opérations etc) duration; **pour une ~ illimitée** for an unlimited length of time.
durement [dyrmã] ad harshly.
durer [dyre] vi to last.
dureté [dyrte] nf hardness; harshness; stiffness; toughness.
durit [dyrit] nf ® (radiator) hose (for car).
dus etc vb voir **devoir**.
duvet [dyvɛ] nm down; **(sac de couchage en) ~** down-filled sleeping bag.
dynamique [dinamik] a dynamic.
dynamisme [dinamism(ə)] nm dynamism.
dynamite [dinamit] nf dynamite.
dynamiter [dinamite] vt to (blow up with) dynamite.
dynamo [dinamo] nf dynamo.
dynastie [dinasti] nf dynasty.
dysenterie [disãtri] nf dysentery.
dyslexie [dislɛksi] nf dyslexia, word-blindness.
dyspepsie [dispɛpsi] nf dyspepsia.

E

eau, x [o] nf water // nfpl waters; **prendre l'~** to leak, let in water; **faire ~** to leak; **tomber à l'~** (fig) to fall through; **~ de Cologne** Eau de Cologne; **~ courante** running water; **~ douce** fresh water; **~ de Javel** bleach; **~ minérale** mineral water; **~ salée** salt water; **~ de toilette** toilet water; **les E—x et Forêts** (ADMIN) ≈ the National Forestry Commission; **~-de-vie** nf brandy; **~-forte** nf etching.
ébahi, e [ebai] a dumbfounded, flabbergasted.
ébats [eba] nmpl frolics, gambols.
ébattre [ebatr(ə)]: **s'~** vi to frolic.
ébauche [eboʃ] nf (rough) outline, sketch.
ébaucher [eboʃe] vt to sketch out, outline; **s'~** vi to take shape.

ébène [ebɛn] nf ebony.
ébéniste [ebenist(ə)] nm cabinetmaker;
ébénisterie nf cabinetmaking; (bâti) cabinetwork.
éberlué, e [ebɛrlɥe] a astounded, flabbergasted.
éblouir [ebluir] vt to dazzle.
éblouissement [ebluismã] nm dazzle; (faiblesse) dizzy turn.
éborgner [ebɔrɲe] vt: **~ qn** to blind sb in one eye.
éboueur [ebwœr] nm dustman.
ébouillanter [ebujãte] vt to scald; (CULIN) to blanch.
éboulement [ebulmã] nm falling rocks pl, rock fall.
ébouler [ebule]: **s'~** vi to crumble, collapse.
éboulis [ebuli] nmpl fallen rocks.
ébouriffé, e [eburife] a tousled, ruffled.
ébranler [ebrãle] vt to shake; (rendre instable: mur) to weaken; **s'~** vi (partir) to move off.
ébrécher [ebreʃe] vt to chip.
ébriété [ebrijete] nf: **en état d'~** in a state of intoxication.
ébrouer [ebrue]: **s'~** vi to shake o.s.; to snort.
ébruiter [ebrɥite] vt to spread, disclose.
ébullition [ebylisjõ] nf boiling point; **en ~** boiling; (fig) in an uproar.
écaille [ekaj] nf (de poisson) scale; (de coquil'age) shell; (matière) tortoiseshell; (de roc etc) flake.
écailler [ekaje] vt (poisson) to scale; (huître) to open; **s'~** vi to flake ou peel (off).
écarlate [ekarlat] a scarlet.
écarquiller [ekarkije] vt: **~ les yeux** to stare wide-eyed.
écart [ekar] nm gap; (embardée) swerve; sideways leap; (fig) departure, deviation; **à l'~** ad out of the way; **à l'~ de** prép away from; (fig) out of; **~ de conduite** misdemeanour.
écarté, e [ekarte] a (maison, route) out-of-the-way, remote; (ouvert): **les jambes ~es** legs apart; **les bras ~s** arms outstretched.
écarteler [ekartəle] vt to quarter; (fig) to tear.
écartement [ekartəmã] nm space, gap; (RAIL) gauge.
écarter [ekarte] vt (séparer) to move apart, separate; (éloigner) to push back, move away; (ouvrir: bras, jambes) to spread, open; (: rideau) to draw (back); (éliminer: candidat, possibilité) to dismiss; **s'~** vi to part; to move away; **s'~ de** to wander from.
ecchymose [ekimoz] nf bruise.
ecclésiastique [eklezjastik] a ecclesiastical // nm ecclesiastic.
écervelé, e [esɛrvale] a scatterbrained, featherbrained.
échafaud [eʃafo] nm scaffold.
échafaudage [eʃafodaʒ] nm scaffolding; (fig) heap, pile.
échafauder [eʃafode] vt (plan) to construct.

échalas [eʃala] *nm* stake, pole.
échalote [eʃalɔt] *nf* shallot.
échancrure [eʃɑ̃kRyR] *nf* (*de robe*) scoop neckline; (*de côte, arête rocheuse*) indentation.
échange [eʃɑ̃ʒ] *nm* exchange; **en ~ de** in exchange *ou* return for.
échanger [eʃɑ̃ʒe] *vt*: **~ qch (contre)** to exchange sth (for); **échangeur** *nm* (*AUTO*) interchange.
échantillon [eʃɑ̃tijɔ̃] *nm* sample; **échantillonnage** *nm* selection of samples.
échappatoire [eʃapatwaR] *nf* way out.
échappée [eʃape] *nf* (*vue*) vista; (*CYCLISME*) breakaway.
échappement [eʃapmɑ̃] *nm* (*AUTO*) exhaust.
échapper [eʃape]: **~ à** *vt* (*gardien*) to escape (from); (*punition, péril*) to escape; **~ à qn** (*détail, sens*) to escape sb; (*objet qu'on tient*) to slip out of sb's hands; **s'~** *vi* to escape; **l'~ belle** to have a narrow escape.
écharde [eʃaRd(ə)] *nf* splinter (of wood).
écharpe [eʃaRp(ə)] *nf* scarf (*pl* scarves); (*de maire*) sash; **avoir un bras en ~** to have one's arm in a sling; **prendre en ~** (*dans une collision*) to hit sideways on.
écharper [eʃaRpe] *vt* to tear to pieces.
échasse [eʃas] *nf* stilt.
échassier [eʃasje] *nm* wader.
échauffement [eʃofmɑ̃] *nm* overheating.
échauffer [eʃofe] *vt* (*métal, moteur*) to overheat; (*fig: exciter*) to fire, excite; **s'~** (*SPORT*) to warm up; (*dans la discussion*) to become heated.
échauffourée [eʃofuRe] *nf* clash, brawl.
échéance [eʃeɑ̃s] *nf* (*d'un paiement: date*) settlement date; (*: somme due*) financial commitment(s); (*fig*) deadline; **à brève/longue ~** *a* short-/long-term // *ad* in the short/long run.
échéant [eʃeɑ̃]: **le cas ~** *ad* if the case arises.
échec [eʃɛk] *nm* failure; (*ÉCHECS*): **~ et mat/au roi** checkmate/check; **~s** *nmpl* (*jeu*) chess *sg*; **tenir en ~** to hold in check; **faire ~ à** to foil *ou* thwart.
échelle [eʃɛl] *nf* ladder; (*fig, d'une carte*) scale; **à l'~ de** on the scale of; **sur une grande ~** on a large scale; **faire la courte ~ à qn** to give sb a leg up.
échelon [eʃlɔ̃] *nm* (*d'échelle*) rung; (*ADMIN*) grade.
échelonner [eʃlɔne] *vt* to space out, spread out.
écheveau, x [eʃvo] *nm* skein, hank.
échevelé, e [eʃəvle] *a* tousled, dishevelled; wild, frenzied.
échine [eʃin] *nf* backbone, spine.
échiquier [eʃikje] *nm* chessboard.
écho [eko] *nm* echo; **~s** *nmpl* (*potins*) gossip *sg*, rumours.
échoir [eʃwaR] *vi* (*dette*) to fall due; (*délais*) to expire; **~ à** *vt* to fall to.
échoppe [eʃɔp] *nf* stall, booth.
échouer [eʃwe] *vi* to fail // *vt* (*bateau*) to ground; **s'~** *vi* to run aground.
échu, e [eʃy] *pp voir* **échoir**.
éclabousser [eklabuse] *vt* to splash.

éclair [eklɛR] *nm* (*d'orage*) flash of lightning, lightning *q*; (*fig*) flash, spark; (*gâteau*) éclair.
éclairage [eklɛRaʒ] *nm* lighting.
éclaircie [eklɛRsi] *nf* bright *ou* sunny interval.
éclaircir [eklɛRsiR] *vt* to lighten; (*fig*) to clear up; to clarify; (*CULIN*) to thin (down); **s'~ la voix** to clear one's throat; **éclaircissement** *nm* clearing up; clarification.
éclairer [eklere] *vt* (*lieu*) to light (up); (*personne: avec une lampe de poche etc*) to light the way for; (*fig*) to enlighten; to shed light on // *vi*: **~ mal/bien** to give a poor/good light; **s'~ à la bougie/l'électricité** to use candlelight/have electric lighting.
éclaireur, euse [eklœRœR, -øz] *nm/f* (*scout*) (boy) scout/(girl) guide // *nm* (*MIL*) scout; **partir en ~** to go off to reconnoitre.
éclat [ekla] *nm* (*de bombe, de verre*) fragment; (*du soleil, d'une couleur etc*) brightness, brilliance; (*d'une cérémonie*) splendour; (*scandale*): **faire un ~** to cause a commotion; **des ~s de verre** broken glass; flying glass; **~ de rire** burst *ou* roar of laughter; **~ de voix** shout.
éclatant, e [eklatɑ̃, -ɑ̃t] *a* brilliant, bright.
éclater [eklate] *vi* (*pneu*) to burst; (*bombe*) to explode; (*guerre, épidémie*) to break out; (*groupe, parti*) to break up; **~ de rire** to burst out laughing.
éclipse [eklips(ə)] *nf* eclipse.
éclipser [eklipse] *vt* to eclipse; **s'~** *vi* to slip away.
éclopé, e [eklɔpe] *a* lame.
éclore [eklɔR] *vi* (*œuf*) to hatch; (*fleur*) to open (out).
écluse [eklyz] *nf* lock; **éclusier** *nm* lock keeper.
écœurer [ekœRe] *vt*: **~ qn** to make sb feel sick.
école [ekɔl] *nf* school; **aller à l'~** to go to school; **faire ~** to collect a following; **~ de dessin/danse** art/dancing school; **~ hôtelière** catering college; **~ normale (d'instituteurs)** teachers' training college; **~ de secrétariat** secretarial college; **écolier, ière** *nm/f* schoolboy/girl.
écologie [ekɔlɔʒi] *nf* ecology; environmental studies *pl*; **écologique** *a* ecological; environmental; **écologiste** *nm/f* ecologist; environmentalist.
éconduire [ekɔ̃dɥiR] *vt* to dismiss.
économat [ekɔnɔma] *nm* bursar's office.
économe [ekɔnɔm] *a* thrifty // *nm/f* (*de lycée etc*) bursar.
économie [ekɔnɔmi] *nf* (*vertu*) economy, thrift; (*gain: d'argent, de temps etc*) saving; (*science*) economics *sg*; (*situation économique*) economy; **~s** *nfpl* (*pécule*) savings; **économique** *a* (*avantageux*) economical; (*ÉCON*) economic.
économiser [ekɔnɔmize] *vt, vi* to save.
économiste [ekɔnɔmist(ə)] *nm/f* economist.
écoper [ekɔpe] *vi* to bale out; (*fig*) to cop it; **~ (de)** *vt* to get.
écorce [ekɔRs(ə)] *nf* bark; (*de fruit*) peel; **écorcer** *vt* to bark.

écorché [ekɔRʃe] *nm* cut-away drawing.
écorcher [ekɔRʃe] *vt* (*animal*) to skin ; (*égratigner*) to graze ; **écorchure** *nf* graze.
écossais, e [ekɔsɛ, -ɛz] *a* Scottish // *nm/f*: É~, e Scot.
Écosse [ekɔs] *nf* Scotland.
écosser [ekɔse] *vt* to shell.
écot [eko] *nm*: **payer son ~** to pay one's share.
écouler [ekule] *vt* to sell ; to dispose of ; **s'~** *vi* (*eau*) to flow (out) ; (*jours, temps*) to pass (by).
écourter [ekuRte] *vt* to curtail, cut short.
écoute [ekut] *nf* (*RADIO, TV*): **temps/heure d'~** listening (*ou* viewing) time/hour ; **prendre l'~** to tune in ; **rester à l'~ (de)** to stay listening (to) *ou* tuned in (to) ; **~s téléphoniques** phone tapping *sg*.
écouter [ekute] *vt* to listen to ; **écouteur** *nm* (*TÉL*) receiver ; (*RADIO*) headphones *pl*, headset.
écoutille [ekutij] *nf* hatch.
écran [ekRɑ̃] *nm* screen.
écrasant, e [ekRɑzɑ̃, -ɑ̃t] *a* overwhelming.
écraser [ekRɑze] *vt* to crush ; (*piéton*) to run over ; **s'~ (au sol)** to crash ; **s'~ contre** to crash into.
écrémer [ekReme] *vt* to skim.
écrevisse [ekRəvis] *nf* crayfish *inv*.
écrier [ekRije]: **s'~** *vi* to exclaim.
écrin [ekRɛ̃] *nm* case, box.
écrire [ekRiR] *vt* to write ; **ça s'écrit comment?** how is it spelt?, how do you write that? ; **écrit** *nm* document ; (*examen*) written paper ; **par écrit** in writing.
écriteau, x [ekRito] *nm* notice, sign.
écritoire [ekRitwaR] *nf* writing case.
écriture [ekRityR] *nf* writing ; (*COMM*) entry ; **~s** *nfpl* (*COMM*) accounts, books ; **l'É~ (sainte), les É~s** the Scriptures.
écrivain [ekRivɛ̃] *nm* writer.
écrou [ekRu] *nm* nut.
écrouer [ekRue] *vt* to imprison ; to remand in custody.
écrouler [ekRule]: **s'~** *vi* to collapse.
écru, e [ekRy] *a* (*toile*) raw, unbleached.
écueil [ekœj] *nm* reef ; (*fig*) pitfall ; stumbling block.
écuelle [ekɥɛl] *nf* bowl.
éculé, e [ekyle] *a* (*chaussure*) down-at-heel ; (*fig: péj*) hackneyed.
écume [ekym] *nf* foam ; (*CULIN*) scum ; **écumer** *vt* (*CULIN*) to skim ; (*fig*) to plunder // *vi* (*mer*) to foam ; (*fig*) to boil with rage ; **écumoire** *nf* skimmer.
écureuil [ekyRœj] *nm* squirrel.
écurie [ekyRi] *nf* stable.
écusson [ekysɔ̃] *nm* badge.
écuyer, ère [ekɥije, -ɛR] *nm/f* rider.
eczéma [ɛgzema] *nm* eczema.
édenté, e [edɑ̃te] *a* toothless.
E.D.F. *sigle f* = *Électricité de France*, ≈ Electricity Board.
édifice [edifis] *nm* building, edifice.
édifier [edifje] *vt* to build, erect ; (*fig*) to edify.
édiles [edil] *nmpl* city fathers.
édit [edi] *nm* edict.
éditer [edite] *vt* (*publier*) to publish ; (: *disque*) to produce ; (*préparer: texte*) to

edit ; **éditeur, trice** *nm/f* editor ; publisher ; **édition** *nf* editing *q* ; edition ; (*industrie du livre*) publishing.
éditorial, aux [editɔRjal, -o] *nm* editorial, leader ; **~iste** *nm/f* editorial *ou* leader writer.
édredon [edRədɔ̃] *nm* eiderdown.
éducatif, ive [edykatif, -iv] *a* educational.
éducation [edykasjɔ̃] *nf* education ; (*familiale*) upbringing ; (*manières*) (good) manners *pl* ; **l'É~ (Nationale)** ≈ The Department of Education ; **~ physique** physical education.
édulcorer [edylkɔRe] *vt* to sweeten ; (*fig*) to tone down.
éduquer [edyke] *vt* to educate ; (*élever*) to bring up ; (*faculté*) to train.
effacer [efase] *vt* to erase, rub out ; **s'~** *vi* (*inscription etc*) to wear off ; (*pour laisser passer*) to step aside ; **~ le ventre** to pull one's stomach in.
effarement [efaRmɑ̃] *nm* alarm.
effarer [efaRe] *vt* to alarm.
effaroucher [efaRuʃe] *vt* to frighten *ou* scare away ; to alarm.
effectif, ive [efɛktif, -iv] *a* real ; effective // *nm* (*MIL*) strength ; (*SCOL*) total number of pupils, size ; **~s** *nmpl* numbers, strength *sg* ; **effectivement** *ad* effectively ; (*réellement*) actually, really ; (*en effet*) indeed.
effectuer [efɛktɥe] *vt* (*opération, mission*) to carry out ; (*déplacement, trajet*) to make, complete ; (*mouvement*) to execute, make.
efféminé, e [efemine] *a* effeminate.
effervescent, e [efɛRvesɑ̃, -ɑ̃t] *a* (*cachet, boisson*) effervescent ; (*fig*) agitated, in a turmoil.
effet [efɛ] *nm* (*résultat, artifice*) effect ; (*impression*) impression ; **~s** *nmpl* (*vêtements etc*) things ; **faire de l'~** (*médicament, menace*) to have an effect, be effective ; **en ~** *ad* indeed.
effeuiller [efœje] *vt* to remove the leaves (*ou* petals) from.
efficace [efikas] *a* (*personne*) efficient ; (*action, médicament*) effective ; **efficacité** *nf* efficiency ; effectiveness.
effigie [efiʒi] *nf* effigy.
effilé, e [efile] *a* slender ; sharp ; streamlined.
effiler [efile] *vt* (*cheveux*) to thin (out) ; (*tissu*) to fray.
effilocher [efilɔʃe]: **s'~** *vi* to fray.
efflanqué, e [eflɑ̃ke] *a* emaciated.
effleurer [eflœRe] *vt* to brush (against) ; (*sujet, idée*) to touch upon ; (*suj: idée, pensée*): **~ qn** to cross sb's mind.
effluves [eflyv] *nmpl* exhalation(s).
effondrement [efɔ̃dRəmɑ̃] *nm* collapse.
effondrer [efɔ̃dRe]: **s'~** *vi* to collapse.
efforcer [efɔRse]: **s'~ de** *vt*: **s'~ de faire** to try hard to do.
effort [efɔR] *nm* effort ; **faire un ~** to make an effort.
effraction [efRaksjɔ̃] *nf* breaking-in ; **s'introduire par ~ dans** to break into.
effrangé, e [efRɑ̃ʒe] *a* fringed ; (*effiloché*) frayed.
effrayant, e [efRɛjɑ̃, -ɑ̃t] *a* frightening, fearsome ; (*sens affaibli*) dreadful.

effrayer [efʁeje] vt to frighten, scare ; (rebuter) to put off ; **s'~ (de)** to be frightened ou scared (by).

effréné, e [efʁene] a wild.

effriter [efʁite]: **s'~** vi to crumble.

effroi [efʁwa] nm terror, dread q.

effronté, e [efʁɔ̃te] a insolent, brazen.

effroyable [efʁwajabl(ə)] a horrifying, appalling.

effusion [efyzjɔ̃] nf effusion ; **sans ~ de sang** without bloodshed.

égailler [egaje]: **s'~** vi to scatter, disperse.

égal, e, aux [egal, -o] a (identique, ayant les mêmes droits) equal ; (plan: surface) even, level ; (constant: vitesse) steady ; (équitable) even // nm/f equal ; **être ~ à** (prix, nombre) to be equal to ; **ça lui est ~** it's all the same to him, it doesn't matter to him ; he doesn't mind ; **sans ~** matchless, unequalled ; **à l'~ de** (comme) just like ; **d'~ à ~** as equals ; **~ement** ad equally ; evenly ; steadily ; (aussi) too, as well ; **~er** vt to equal ; **~iser** vt (sol, salaires) to level (out) ; (chances) to equalize // vi (SPORT) to equalize ; **~itaire** a egalitarian ; **~ité** nf equality ; evenness ; steadiness ; (MATH) identity ; **être à ~ité (de points)** to be level ; **~ité de droits** equality of rights ; **~ité d'humeur** evenness of temper.

égard [egaʁ] nm: **~s** nmpl consideration sg ; **à cet ~** in this respect ; **eu ~ à** in view of ; **par ~ pour** out of consideration for ; **sans ~ pour** without regard for ; **à l'~ de** prép towards ; concerning.

égarement [egaʁmɑ̃] nm distraction ; aberration.

égarer [egaʁe] vt (objet) to mislay ; (moralement) to lead astray ; **s'~** vi to get lost, lose one's way ; (objet) to go astray ; (fig: dans une discussion) to wander.

égayer [egeje] vt (personne) to amuse ; to cheer up ; (récit, endroit) to brighten up, liven up.

égide [eʒid] nf: **sous l'~ de** under the aegis of.

églantier [eglɑ̃tje] nm wild ou dog rose(-bush).

églantine [eglɑ̃tin] nf wild ou dog rose.

églefin [egləfɛ̃] nm haddock.

église [egliz] nf church ; **aller à l'~** (être pratiquant) to go to church, be a churchgoer.

égocentrique [egosɑ̃tʁik] a egocentric, self-centred.

égoïsme [egoism(ə)] nm selfishness, egoism ; **égoïste** a selfish, egoistic // nm/f egoist.

égorger [egɔʁʒe] vt to cut the throat of.

égosiller [egozije]: **s'~** vi to shout o.s. hoarse.

égout [egu] nm sewer ; **égoutier** nm sewer worker.

égoutter [egute] vt (linge) to wring out ; (vaisselle) to drain // vi, **s'~** vi to drip ; **égouttoir** nm draining board ; (mobile) draining rack.

égratigner [egʁatiɲe] vt to scratch ; **égratignure** nf scratch.

égrener [egʁəne] vt: **~ une grappe, ~ des raisins** to pick grapes off a bunch.

égrillard, e [egʁijaʁ, -aʁd(ə)] a ribald, bawdy.

Égypte [eʒipt(ə)] nf Egypt ; **égyptien, ne** a, nm/f Egyptian ; **égyptologie** nf Egyptology.

eh [e] excl hey! ; **~ bien** well.

éhonté, e [eɔ̃te] a shameless, brazen.

éjaculation [eʒakylasjɔ̃] nf ejaculation.

éjaculer [eʒakyle] vi to ejaculate.

éjectable [eʒɛktabl(ə)] a: **siège ~** ejector seat.

éjecter [eʒɛkte] vt (TECH) to eject ; (fam) to kick ou chuck out.

élaboration [elabɔʁasjɔ̃] nf elaboration.

élaborer [elabɔʁe] vt to elaborate.

élaguer [elage] vt to prune.

élan [elɑ̃] nm (ZOOL) elk, moose ; (SPORT: avant le saut) run up ; (de véhicule ou objet en mouvement) momentum ; (fig: de tendresse etc) surge ; **prendre son ~/de l'~** to take a run up/gather speed.

élancé, e [elɑ̃se] a slender.

élancement [elɑ̃smɑ̃] nm shooting pain.

élancer [elɑ̃se]: **s'~** vi to dash, hurl o.s. ; (fig: arbre, clocher) to soar (upwards).

élargir [elaʁʒiʁ] vt to widen ; (vêtement) to let out ; (JUR) to release ; **s'~** vi to widen ; (vêtement) to stretch.

élasticité [elastisite] nf (aussi ÉCON) elasticity.

élastique [elastik] a elastic // nm (de bureau) rubber band ; (pour la couture) elastic q.

électeur, trice [elɛktœʁ, -tʁis] nm/f elector, voter.

élection [elɛksjɔ̃] nf election ; **~s** nfpl (POL) election(s) ; **~ partielle** ≈ by-election.

électoral, e, aux [elɛktɔʁal, -o] a electoral, election cpd.

électorat [elɛktɔʁa] nm electorate.

électricien, ne [elɛktʁisjɛ̃, -jɛn] nm/f electrician.

électricité [elɛktʁisite] nf electricity ; **allumer/éteindre l'~** to put on/off the light ; **~ statique** static electricity.

électrifier [elɛktʁifje] vt (RAIL) to electrify.

électrique [elɛktʁik] a electric(al).

électriser [elɛktʁize] vt to electrify.

électro... [elɛktʁo] préfixe: **~aimant** nm electromagnet ; **~cardiogramme** nm electrocardiogram ; **~choc** nm electric shock treatment ; **~cuter** vt to electrocute ; **~cution** nf electrocution ; **électrode** nf electrode ; **~encéphalogramme** nm electroencephalogram ; **~gène** a: **groupe ~gène** generating set ; **~lyse** nf electrolysis sg ; **~magnétique** a electromagnetic ; **~ménager** a: **appareils ~ménagers** domestic (electrical) appliances.

électron [elɛktʁɔ̃] nm electron.

électronicien, ne [elɛktʁɔnisjɛ̃, -jɛn] nm/f electronics engineer.

électronique [elɛktʁɔnik] a electronic // nf electronics sg.

électrophone [elɛktʁɔfɔn] nm record player.

élégance [elegɑ̃s] nf elegance.

élégant, e [elegɑ̃, -ɑ̃t] a elegant ; (solution)

neat, elegant; (attitude, procédé) courteous, civilized.

élément [elemɑ̃] nm element; (pièce) component, part; ~s nmpl (aussi: rudiments) elements; **élémentaire** a elementary; (CHIMIE) elemental.

éléphant [elefɑ̃] nm elephant.

élevage [elvaʒ] nm breeding; (de bovins) cattle breeding ou rearing.

élévateur [elevatœR] nm elevator.

élévation [elevasjɔ̃] nf (gén) elevation; (voir élever) raising; (voir s'élever) rise.

élève [elɛv] nm/f pupil; ~ **infirmière** nf student nurse.

élevé, e [elve] a (prix, sommet) high; (fig: noble) elevated; **bien/mal** ~ well-/ill-mannered.

élever [elve] vt (enfant) to bring up, raise; (bétail, volaille) to breed; (abeilles) to keep; (hausser: immeuble, taux, niveau) to raise (fig: âme, esprit) to elevate; (édifier: monument) to put up, erect; **s'**~ vi (avion, alpiniste) to go up; (niveau, température, aussi: cri etc) to rise; survenir: difficultés) to arise; **s'**~ **à** (suj: frais, dégâts) to amount to, add up to; **s'**~ **contre qch** to rise up against sth; ~ **une pro-testation/critique** to raise a protest/make a criticism; ~ **la voix** to raise one's voice; ~ **qn au rang de** to raise ou elevate sb to the rank of; **éleveur, euse** nm/f cattle breeder.

élidé, e [elide] a elided.

éligible [eliʒibl(ə)] a eligible.

élimé, e [elime] a worn (thin), threadbare.

élimination [eliminɑsjɔ̃] nf elimination.

éliminatoire [eliminatwaR] a eliminatory; disqualifying // nf (SPORT) heat.

éliminer [elimine] vt to eliminate.

élire [eliR] vt to elect; ~ **domicile à** to take up residence in ou at.

élision [elizjɔ̃] nf elision.

élite [elit] nf elite.

elle [ɛl] pronom (sujet) she; (: chose) it; (complément) her; it; ~**s** (sujet) they; (complément) them; ~-**même** herself; it-self; ~**s-mêmes** themselves; voir note sous **il**.

ellipse [elips(ə)] nf ellipse; (LING) ellipsis sg; **elliptique** a elliptical.

élocution [elɔkysjɔ̃] nf delivery; **défaut d'**~ speech impediment.

éloge [elɔʒ] nm praise (gén q); **faire l'**~ **de** to praise; **élogieux, euse** a laudatory, full of praise.

éloigné, e [elwaɲe] a distant, far-off.

éloignement [elwaɲmɑ̃] nm removal; putting off; estrangement; distance.

éloigner [elwaɲe] vt (objet): ~ **qch (de)** to move ou take sth away (from); (personne): ~ **qn (de)** to take sb away ou remove sb (from); (échéance) to put off, postpone; (soupçons, danger) to ward off; **s'**~ **(de)** (personne) to go away (from); (véhicule) to move away (from); (affectivement) to become estranged (from).

élongation [elɔ̃gɑsjɔ̃] nf strained muscle.

éloquence [elɔkɑ̃s] nf eloquence.

éloquent, e [elɔkɑ̃, -ɑ̃t] a eloquent.

élu, e [ely] pp de **élire** // nm/f (POL) elected representative.

élucider [elyside] vt to elucidate.

élucubrations [elykybrɑsjɔ̃] nfpl wild imaginings.

éluder [elyde] vt to evade.

émacié, e [emasje] a emaciated.

émail, aux [emaj, -o] nm enamel.

émaillé, e [emaje] a enamelled; (fig): ~ **de** dotted with.

émanation [emanɑsjɔ̃] nf emanation, exhalation.

émanciper [emɑ̃sipe] vt to emancipate; **s'**~ (fig) to become emancipated ou liberated.

émaner [emane]: ~ **de** vt to come from; (ADMIN) to proceed from.

émarger [emaRʒe] vt to sign; ~ **de 1000 F à un budget** to receive 1000 F out of a budget.

émasculer [emaskyle] vt to emasculate.

emballage [ɑ̃balaʒ] nm wrapping; packaging.

emballer [ɑ̃bale] vt to wrap (up); (dans un carton) to pack (up); (fig: fam) to thrill (to bits); **s'**~ vi (moteur) to race; (cheval) to bolt; (fig: personne) to get carried away.

embarcadère [ɑ̃baRkadɛR] nm landing stage, pier.

embarcation [ɑ̃baRkɑsjɔ̃] nf (small) boat, (small) craft inv.

embardée [ɑ̃baRde] nf swerve; **faire une** ~ to swerve.

embargo [ɑ̃baRgo] nm embargo; **mettre l'**~ **sur** to put an embargo on, embargo.

embarquement [ɑ̃baRkəmɑ̃] nm embarkation; loading; boarding.

embarquer [ɑ̃baRke] vt (personne) to embark; (marchandise) to load; (fam) to cart off; to nick // vi (passager) to board; (NAVIG) to ship water; **s'**~ vi to board; **s'**~ **dans** (affaire, aventure) to embark upon.

embarras [ɑ̃baRa] nm (obstacle) hindrance; (confusion) embarrassment; (ennuis): **être dans l'**~ to be in a predicament ou an awkward position; ~ **gastrique** stomach upset.

embarrasser [ɑ̃baRase] vt (encombrer) to clutter (up); (gêner) to hinder, hamper; (fig) to cause embarrassment to; to put in an awkward position; **s'**~ **de** to burden o.s. with.

embauche [ɑ̃boʃ] nf hiring; **bureau d'**~ labour office.

embaucher [ɑ̃boʃe] vt to take on, hire; **s'**~ to get o.s. hired.

embauchoir [ɑ̃boʃwaR] nm shoetree.

embaumer [ɑ̃bome] vt to embalm; to fill with its fragrance; ~ **la lavande** to be fragrant with (the scent of) lavender.

embellir [ɑ̃beliR] vt to make more attractive; (une histoire) to embellish // vi to grow lovelier ou more attractive.

embêtements [ɑ̃bɛtmɑ̃] nmpl trouble sg.

embêter [ɑ̃bete] vt to bother; **s'**~ vi (s'ennuyer) to be bored; **il ne s'embête pas!** (ironique) he does all right for himself!

emblée [ɑ̃ble]: **d'**~ ad straightaway.

emblème [ãblɛm] *nm* emblem.
emboîter [ãbwate] *vt* to fit together ; **s'~ dans** to fit into ; **s'~ (l'un dans l'autre)** to fit together ; **~ le pas à qn** to follow in sb's footsteps.
embolie [ãbɔli] *nf* embolism.
embonpoint [ãbɔ̃pwɛ̃] *nm* stoutness.
embouché, e [ãbuʃe] *a*: **mal ~** foul-mouthed.
embouchure [ãbuʃyʀ] *nf* (GÉO) mouth ; (MUS) mouthpiece.
embourber [ãbuʀbe]: **s'~** *vi* to get stuck in the mud.
embourgeoiser [ãbuʀʒwaze]: **s'~** *vi* to adopt a middle-class outlook.
embout [ãbu] *nm* (*de canne*) tip ; (*de tuyau*) nozzle.
embouteillage [ãbutɛjaʒ] *nm* traffic jam, (traffic) holdup.
emboutir [ãbutiʀ] *vt* (TECH) to stamp ; (*heurter*) to crash into, ram.
embranchement [ãbʀãʃmã] *nm* (*routier*) junction ; (*classification*) branch.
embraser [ãbʀaze]: **s'~** *vi* to flare up.
embrassades [ãbʀasad] *nfpl* hugging and kissing *sg*.
embrasser [ãbʀase] *vt* to kiss ; (*sujet, période*) to embrace, encompass ; (*carrière, métier*) to take up, enter upon.
embrasure [ãbʀazyʀ] *nf*: **dans l'~ de la porte** in the door(way).
embrayage [ãbʀɛjaʒ] *nm* (*mécanisme*) clutch.
embrayer [ãbʀeje] *vi* (AUTO) to let in the clutch.
embrigader [ãbʀigade] *vt* to recruit.
embrocher [ãbʀɔʃe] *vt* to (put on a) spit.
embrouillamini [ãbʀujamini] *nm* (*fam*) muddle.
embrouiller [ãbʀuje] *vt* (*fils*) to tangle (up) ; (*fiches, idées, personne*) to muddle up ; **s'~** *vi* (*personne*) to get in a muddle.
embroussaillé, e [ãbʀusaje] *a* overgrown, bushy.
embruns [ãbʀœ̃] *nmpl* sea spray *sg*.
embryon [ãbʀijɔ̃] *nm* embryo ; **embryonnaire** *a* embryonic.
embûches [ãbyʃ] *nfpl* pitfalls, traps.
embué, e [ãbɥe] *a* misted up.
embuscade [ãbyskad] *nf* ambush ; **tendre une ~ à** to lay an ambush for.
embusquer [ãbyske] *vt* to put in ambush ; **s'~** *vi* to take up position (for an ambush).
éméché, e [emeʃe] *a* tipsy, merry.
émeraude [ɛmʀod] *nf* emerald // *a inv* emerald-green.
émerger [emɛʀʒe] *vi* to emerge ; (*faire saillie, aussi fig*) to stand out.
émeri [ɛmʀi] *nm*: **toile** *ou* **papier ~** emery paper.
émérite [emeʀit] *a* highly skilled.
émerveiller [emɛʀveje] *vt* to fill with wonder ; **s'~** to marvel at.
émetteur, trice [emɛtœʀ, -tʀis] *a* transmitting ; (*poste*) **~** transmitter.
émettre [emɛtʀ(ə)] *vt* (*son, lumière*) to give out, emit ; (*message etc*: RADIO) to transmit ; (*billet, timbre, emprunt*) to issue ; (*hypothèse, avis*) to voice, put forward //

vi: **~ sur ondes courtes** to broadcast on short wave.
émeus *etc vb voir* **émouvoir**.
émeute [emøt] *nf* riot ; **émeutier, ère** *nm/f* rioter.
émietter [emjete] *vt* to crumble ; (*fig*) to split up, to disperse.
émigrant, e [emigʀã, -ãt] *nm/f* emigrant.
émigré, e [emigʀe] *nm/f* expatriate.
émigrer [emigʀe] *vi* to emigrate.
éminemment [eminamã] *ad* eminently.
éminence [eminãs] *nf* distinction ; (*colline*) knoll, hill ; **Son É~** his (*ou* her) Eminence.
éminent, e [eminã, -ãt] *a* distinguished.
émir [emiʀ] *nm* emir ; **~at** *nm* emirate.
émissaire [emisɛʀ] *nm* emissary.
émission [emisjɔ̃] *nf* emission ; transmission ; issue ; (RADIO, TV) programme, broadcast.
emmagasiner [ãmagazine] *vt* to (put into) store ; (*fig*) to store up.
emmailloter [ãmajɔte] *vt* to wrap up.
emmanchure [ãmãʃyʀ] *nf* armhole.
emmêler [ãmele] *vt* to tangle (up) ; (*fig*) to muddle up ; **s'~** to get into a tangle.
emménager [ãmenaʒe] *vi* to move in ; **~ dans** to move into.
emmener [ãmne] *vt* to take (with one) ; (*comme otage, capture*) to take away ; (SPORT, MIL: *joueurs, soldats*) to lead ; **~ qn au cinéma** to take sb to the cinema.
emmerder [ãmɛʀde] (*fam*!) *vt* to bug, bother ; **s'~** (*s'ennuyer*) to be bored stiff.
emmitoufler [ãmitufle] *vt* to wrap up (warmly).
emmurer [ãmyʀe] *vt* to wall up, immure.
émoi [emwa] *nm* (*agitation, effervescence*) commotion ; (*trouble*) agitation.
émoluments [emɔlymã] *nmpl* remuneration *sg*, fee *sg*.
émonder [emɔ̃de] *vt* to prune.
émotif, ive [emɔtif, -iv] *a* emotional.
émotion [emɔsjɔ̃] *nf* emotion ; **avoir des ~s** (*fig*) to get a fright ; **émotionnel, le** *a* emotional.
émoulu, e [emuly] *a*: **frais ~ de** fresh from, just out of.
émousser [emuse] *vt* to blunt ; (*fig*) to dull.
émouvoir [emuvwaʀ] *vt* (*troubler*) to stir, affect ; (*toucher, attendrir*) to move ; (*indigner*) to rouse ; (*effrayer*) to disturb, worry ; **s'~** *vi* to be affected ; to be moved ; to be roused ; to be disturbed *ou* worried.
empailler [ãpaje] *vt* to stuff.
empaler [ãpale] *vt* to impale.
empaqueter [ãpakte] *vt* to pack up.
emparer [ãpaʀe]: **s'~ de** *vt* (*objet*) to seize, grab ; (*comme otage, MIL*) to seize ; (*suj: peur, doute*) to take hold of.
empâter [ãpate]: **s'~** *vi* to thicken out.
empattement [ãpatmã] *nm* (AUTO) wheelbase ; (TYPO) serif.
empêchement [ãpɛʃmã] *nm* (unexpected) obstacle, hitch.
empêcher [ãpeʃe] *vt* to prevent ; **~ qn de faire** to prevent *ou* stop sb (from) doing ; **~ que qch (n')arrive/qn (ne)**

fasse to prevent sth from happening/sb from doing; **il n'empêche que** nevertheless, be that as it may; **il n'a pas pu s'~ de rire** he couldn't help laughing.

empêcheur [ɑ̃pɛʃœʀ] nm: **~ de danser en rond** spoilsport, killjoy.

empeigne [ɑ̃pɛɲ] nf upper(s).

empereur [ɑ̃pʀœʀ] nm emperor.

empesé, e [ɑ̃pəze] a (fig) stiff, starchy.

empeser [ɑ̃pəze] vt to starch.

empester [ɑ̃pɛste] vt (lieu) to stink out // vi to stink, reek; **~ le tabac/le vin** to stink ou reek of tobacco/wine.

empêtrer [ɑ̃petʀe] vt: **s'~ dans** (fils etc) to get tangled up in.

emphase [ɑ̃faz] nf pomposity, bombast.

empierrer [ɑ̃pjeʀe] vt (route) to metal.

empiéter [ɑ̃pjete]: **~ sur** vt to encroach upon.

empiffrer [ɑ̃pifʀe]: **s'~** vi (péj) to stuff o.s.

empiler [ɑ̃pile] vt to pile (up), stack (up).

empire [ɑ̃piʀ] nm empire; (fig) influence.

empirer [ɑ̃piʀe] vi to worsen, deteriorate.

empirique [ɑ̃piʀik] a empirical.

emplacement [ɑ̃plasmɑ̃] nm site.

emplâtre [ɑ̃plɑtʀ(ə)] nm plaster; (fam) twit.

emplette [ɑ̃plɛt] nf: **faire l'~ de** to purchase; **~s** nfpl shopping sg.

emplir [ɑ̃pliʀ] vt to fill; **s'~ (de)** to fill (with).

emploi [ɑ̃plwa] nm use; (COMM, ÉCON) employment; (poste) job, situation; **d'~ facile** easy to use; **~ du temps** timetable, schedule.

employé, e [ɑ̃plwaje] nm/f employee; **~ de bureau/banque** office/bank employee ou clerk.

employer [ɑ̃plwaje] vt (outil, moyen, méthode, mot) to use; (ouvrier, main-d'œuvre) to employ; **s'~ à faire** to apply ou devote o.s. to doing; **employeur, euse** nm/f employer.

empocher [ɑ̃pɔʃe] vt to pocket.

empoignade [ɑ̃pwaɲad] nf row, set-to.

empoigne [ɑ̃pwaɲ] nf: **foire d'~** free-for-all.

empoigner [ɑ̃pwaɲe] vt to grab; **s'~** (fig) to have a row ou set-to.

empoisonnement [ɑ̃pwazɔnmɑ̃] nm poisoning.

empoisonner [ɑ̃pwazɔne] vt to poison; (empester: air, pièce) to stink out; (fam): **~ qn** to drive sb mad.

emportement [ɑ̃pɔʀtəmɑ̃] nm fit of rage, anger q.

emporte-pièce [ɑ̃pɔʀtəpjɛs] nm inv (TECH) punch; **à l'~** a (fig) incisive.

emporter [ɑ̃pɔʀte] vt to take (with one); (en dérobant ou enlevant; blessés, voyageurs) to take away; (entraîner) to carry away ou along; (arracher) to tear off; to carry away; (MIL: position) to take; (avantage, approbation) to win; **s'~** vi (de colère) to fly into a rage, lose one's temper; **l'~ (sur)** to get the upper hand (of); (méthode etc) to prevail (over); **boissons à (l')~** take-away drinks.

empourpré, e [ɑ̃puʀpʀe] a crimson.

empreint, e [ɑ̃pʀɛ̃, -ɛ̃t] a: **~ de** marked with; tinged with // nf (de pied, main) print; (fig) stamp, mark; **~e (digitale)** fingerprint.

empressé, e [ɑ̃pʀese] a attentive; (péj) overanxious to please, overattentive.

empressement [ɑ̃pʀɛsmɑ̃] nm (hâte) eagerness.

empresser [ɑ̃pʀese]: **s'~** vi to bustle about; **s'~ auprès de qn** to surround sb with attentions; **s'~ de faire** (se hâter) to hasten to do.

emprise [ɑ̃pʀiz] nf hold, ascendancy; **sous l'~ de** under the influence of.

emprisonnement [ɑ̃pʀizɔnmɑ̃] nm imprisonment.

emprisonner [ɑ̃pʀizɔne] vt to imprison, jail.

emprunt [ɑ̃pʀœ̃] nm borrowing q, loan (from debtor's point of view); (LING etc) borrowing; **~ public à 5%** 5% public loan.

emprunté, e [ɑ̃pʀœ̃te] a (fig) ill-at-ease, awkward.

emprunter [ɑ̃pʀœ̃te] vt to borrow; (itinéraire) to take, follow; (style, manière) to adopt, assume; **emprunteur, euse** nm/f borrower.

empuantir [ɑ̃pɥɑ̃tiʀ] vt to stink out.

ému, e [emy] pp de **émouvoir** // a excited; touched; moved.

émulation [emylasjɔ̃] nf emulation.

émule [emyl] nm/f imitator.

émulsion [emylsjɔ̃] nf emulsion.

en [ɑ̃] prép in; (avec direction) to; (moyen): **~ avion/taxi** by plane/taxi; (composition): **~ verre** made of glass, glass cpd; **se casser ~ plusieurs morceaux** to break into several pieces; **~ dormant** while sleeping, as one sleeps; **~ sortant** on going out, as he went out; **~ réparation** being repaired, under repair; **~ T/étoile** T-/star-shaped; **~ chemise/chaussettes** in one's shirt/socks; **peindre qch ~ rouge** to paint sth red; **~ soldat** as a soldier; **le même ~ plus grand** the same only ou but bigger // pronom (provenance): **j'~ viens** I've come from there; (cause): **il ~ est malade** he's ill because of it; (complément de nom): **j'~ connais les dangers** I know its dangers; (indéfini): **j'~ ai/veux** I have/want some; **~ as-tu?** have you got any?; **je n'~ veux pas** I don't want any; **j'~ ai assez** I've got enough (of it ou them); (fig) I've had enough; **j'~ ai 2** I've got 2 (of them); **combien y ~ a-t-il?** how many (of them) are there?; **j'~ suis fier/ai besoin** I am proud of it/need it: voir le verbe ou l'adjectif lorsque 'en' correspond à 'de' introduisant un complément prépositionnel.

E.N.A. [ena] sigle f = École Nationale d'Administration: one of the Grandes Écoles; **énarque** nm/f former E.N.A. student.

encablure [ɑ̃kablyʀ] nf (NAVIG) cable's length.

encadrement [ɑ̃kadʀəmɑ̃] nm framing; training; (de porte) frame.

encadrer [ɑ̃kadʀe] vt (tableau, image) to frame; (fig: entourer) to surround; to flank; (*personnel, soldats etc*) to train; **encadreur** *nm* (picture) framer.

encaisse [ɑ̃kɛs] *nf* cash in hand; ~ **or/métallique** gold/gold and silver reserves.

encaissé, e [ɑ̃kese] *a* steep-sided; with steep banks.

encaisser [ɑ̃kese] *vt* (*chèque*) to cash; (*argent*) to collect; (*fig: coup, défaite*) to take; **encaisseur** *nm* collector (*of debts etc*).

encan [ɑ̃kɑ̃]: à l'~ *ad* by auction.

encanailler [ɑ̃kɑnaje]: s'~ *vi* to become vulgar ou common; to mix with the riff-raff.

encart [ɑ̃kaʀ] *nm* insert.

encastrer [ɑ̃kastʀe] *vt*: ~ **qch dans** (*mur*) to embed sth in(to); (*boîtier*) to fit sth into; **s'~ dans** to fit into; (*heurter*) to crash into.

encaustique [ɑ̃kɔstik] *nf* polish, wax; **encaustiquer** *vt* to polish, wax.

enceinte [ɑ̃sɛ̃t] *af*: ~ **(de 6 mois)** (6 months) pregnant // *nf* (*mur*) wall; (*espace*) enclosure; ~ **(acoustique)** speaker system.

encens [ɑ̃sɑ̃] *nm* incense; **encenser** *vt* to (in)cense; (*fig*) to praise to the skies; **encensoir** *nm* thurible.

encercler [ɑ̃sɛʀkle] *vt* to surround.

enchaîner [ɑ̃ʃene] *vt* to chain up; (*mouvements, séquences*) to link (together) // *vi* to carry on.

enchanté, e [ɑ̃ʃɑ̃te] *a* delighted; enchanted; ~ **(de faire votre connaissance)** pleased to meet you, how do you do?.

enchantement [ɑ̃ʃɑ̃tmɑ̃] *nm* delight; (*magie*) enchantment; **comme par** ~ as if by magic.

enchanter [ɑ̃ʃɑ̃te] *vt* to delight.

enchâsser [ɑ̃ʃase] *vt* ~ **qch (dans)** to set sth (in).

enchère [ɑ̃ʃɛʀ] *nf* bid; **faire une** ~ to (make a) bid; **mettre/vendre aux** ~**s** to put up for (sale by)/sell by auction.

enchevêtrer [ɑ̃ʃvetʀe] *vt* to tangle (up).

enclave [ɑ̃klav] *nf* enclave; **enclaver** *vt* to enclose, hem in.

enclencher [ɑ̃klɑ̃ʃe] *vt* (*mécanisme*) to engage; **s'~** *vi* to engage.

enclin, e [ɑ̃klɛ̃, -in] *a*: ~ **à** inclined ou prone to.

enclore [ɑ̃klɔʀ] *vt* to enclose.

enclos [ɑ̃klo] *nm* enclosure.

enclume [ɑ̃klym] *nf* anvil.

encoche [ɑ̃kɔʃ] *nf* notch.

encoignure [ɑ̃kɔɲyʀ] *nf* corner.

encoller [ɑ̃kɔle] *vt* to paste.

encolure [ɑ̃kɔlyʀ] *nf* (*tour de cou*) collar size; (*col, cou*) neck.

encombrant, e [ɑ̃kɔ̃brɑ̃, -ɑ̃t] *a* cumbersome, bulky.

encombre [ɑ̃kɔ̃bʀ(ə)]: **sans** ~ *ad* without mishap ou incident.

encombrement [ɑ̃kɔ̃brəmɑ̃] *nm* (*d'un lieu*) cluttering (up); (*d'un objet: dimensions*) bulk.

encombrer [ɑ̃kɔ̃bʀe] *vt* to clutter (up); (*gêner*) to hamper; **s'~ de** (*bagages etc*) to load ou burden o.s. with; ~ **le passage** to block ou obstruct the way.

encontre [ɑ̃kɔ̃tʀ(ə)]: **à l'~ de** *prép* against, counter to.

encorbellement [ɑ̃kɔrbɛlmɑ̃] *nm* corbelled construction; **fenêtre en**~ oriel window.

encore [ɑ̃kɔʀ] *ad* (*continuation*) still; (*de nouveau*) again; (*restriction*) even then ou so; (*intensif*): ~ **plus fort/mieux** even louder/better; **pas** ~ not yet; ~ **une fois** (once) again; ~ **deux jours** still two days, two more days; **si** ~ if only.

encouragement [ɑ̃kuʀaʒmɑ̃] *nm* encouragement.

encourager [ɑ̃kuʀaʒe] *vt* to encourage.

encourir [ɑ̃kuʀiʀ] *vt* to incur.

encrasser [ɑ̃kʀase] *vt* to foul up; to soot up.

encre [ɑ̃kʀ(ə)] *nf* ink; ~ **de Chine** Indian ink; ~ **sympathique** invisible ink; **encrer** *vt* to ink; **encreur** *am*: **rouleau encreur** inking roller; **encrier** *nm* inkwell.

encroûter [ɑ̃kʀute]: **s'~** *vi* (*fig*) to get into a rut, get set in one's ways.

encyclique [ɑ̃siklik] *nf* encyclical.

encyclopédie [ɑ̃siklɔpedi] *nf* encyclopaedia; **encyclopédique** *a* encyclopaedic.

endémique [ɑ̃demik] *a* endemic.

endetter [ɑ̃dete] *vt*, **s'~** *vi* to get into debt.

endeuiller [ɑ̃dœje] *vt* to plunge into mourning; **manifestation endeuillée par** event over which a tragic shadow was cast by.

endiablé, e [ɑ̃djable] *a* furious; boisterous.

endiguer [ɑ̃dige] *vt* to dyke (up); (*fig*) to check, hold back.

endimancher [ɑ̃dimɑ̃ʃe] *vt*: **s'~** to put on one's Sunday best.

endive [ɑ̃div] *nf* chicory q.

endocrine [ɑ̃dɔkʀin] *af*: **glande** ~ endocrine (gland).

endoctriner [ɑ̃dɔktʀine] *vt* to indoctrinate.

endommager [ɑ̃dɔmaʒe] *vt* to damage.

endormi, e [ɑ̃dɔʀmi] *a* asleep; (*fig*) sleepy, drowsy; sluggish.

endormir [ɑ̃dɔʀmiʀ] *vt* to put to sleep; (*MÉD: dent, nerf*) to anaesthetize; (*fig: soupçons*) to allay; **s'~** *vi* to fall asleep, go to sleep.

endosser [ɑ̃dose] *vt* (*responsabilité*) to take, shoulder; (*chèque*) to endorse; (*uniforme, tenue*) to put on, don.

endroit [ɑ̃dʀwa] *nm* place; (*opposé à l'envers*) right side; **à l'~** right side out; the right way up; (*vêtement*) the right way out; **à l'~ de** *prép* regarding, with regard to.

enduire [ɑ̃dɥiʀ] *vt* to coat; ~ **qch de** to coat sth with; **enduit** *nm* coating.

endurance [ɑ̃dyʀɑ̃s] *nf* endurance.

endurant, e [ɑ̃dyʀɑ̃, -ɑ̃t] *a* a tough, hardy.

endurcir [ɑ̃dyʀsiʀ] *vt* (*physiquement*) to toughen; (*moralement*) to harden; **s'~** *vi* to become tougher; to become hardened.

endurer [ɑ̃dyʀe] *vt* to endure, bear.

énergétique [enɛʀʒetik] *a* (*ressources etc*) energy *cpd*.

énergie [enɛʀʒi] *nf* (*PHYSIQUE*) energy; (*TECH*) power; (*fig: physique*) energy;

(: *morale*) vigour, spirit ; **énergique** *a* energetic ; vigorous ; (*mesures*) drastic, stringent.

énergumène [enɛʀgymɛn] *nm* rowdy character *ou* customer.

énerver [enɛʀve] *vt* to irritate, annoy ; **s'~** *vi* to get excited, get worked up.

enfance [ɑ̃fɑ̃s] *nf* (*âge*) childhood ; (*fig*) infancy ; (*enfants*) children *pl* ; **petite ~** infancy.

enfant [ɑ̃fɑ̃] *nm/f* child (*pl* children) ; **~ de chœur** *nm* (*REL*) altar boy ; **~ prodige** child prodigy ; **enfanter** *vi* to give birth // *vt* to give birth to ; **enfantillage** *nm* (*péj*) childish behaviour *q* ; **enfantin, e** *a* childlike ; child *cpd*.

enfer [ɑ̃fɛʀ] *nm* hell.

enfermer [ɑ̃fɛʀme] *vt* to shut up ; (*à clef, interner*) to lock up.

enferrer [ɑ̃feʀe] : **s'~** *vi* : **s'~ dans** to tangle o.s. up in.

enfiévré, e [ɑ̃fjevʀe] *a* (*fig*) feverish.

enfilade [ɑ̃filad] *nf* : **une ~ de** a series *ou* line of (interconnecting).

enfiler [ɑ̃file] *vt* (*vêtement*): **~ qch** to slip sth on, slip into sth ; (*insérer*): **~ qch dans** to stick sth into ; (*rue, couloir*) to take ; (*perles*) to string ; (*aiguille*) to thread ; **s'~ dans** to disappear into.

enfin [ɑ̃fɛ̃] *ad* at last ; (*en énumérant*) lastly ; (*de restriction, résignation*) still ; well ; (*pour conclure*) in a word.

enflammer [ɑ̃flame] *vt* to set fire to ; (*MÉD*) to inflame ; **s'~** to catch fire ; to become inflamed.

enflé, e [ɑ̃fle] *a* swollen ; (*péj: style*) bombastic, turgid.

enfler [ɑ̃fle] *vi* to swell (up) ; **s'~** *vi* to swell ; **enflure** *nf* swelling.

enfoncer [ɑ̃fɔ̃se] *vt* (*clou*) to drive in ; (*faire pénétrer*): **~ qch dans** to push *ou* knock *ou* drive sth into ; (*forcer: porte*) to break open ; (: *plancher*) to cause to cave in ; (*fam: surpasser*) to lick // *vi* (*dans la vase etc*) to sink in ; (*sol, surface porteuse*) to give way ; **s'~** *vi* to sink ; **s'~ dans** to sink into ; (*forêt, ville*) to disappear into.

enfouir [ɑ̃fwiʀ] *vt* (*dans le sol*) to bury ; (*dans un tiroir etc*) to tuck away ; **s'~ dans/sous** to bury o.s. in/under.

enfourcher [ɑ̃fuʀʃe] *vt* to mount.

enfourner [ɑ̃fuʀne] *vt*: **~ qch dans** to shove *ou* stuff sth into.

enfreindre [ɑ̃fʀɛ̃dʀ(ə)] *vt* to infringe, break.

enfuir [ɑ̃fɥiʀ] : **s'~** *vi* to run away *ou* off.

enfumer [ɑ̃fyme] *vt* to smoke out.

engagé, e [ɑ̃gaʒe] *a* (*littérature etc*) engagé, committed.

engageant, e [ɑ̃gaʒɑ̃, -ɑ̃t] *a* attractive, appealing.

engagement [ɑ̃gaʒmɑ̃] *nm* taking on, engaging ; starting ; investing ; (*d'un écrivain etc, professionnel, financier*) commitment ; (*promesse*) agreement, promise ; (*MIL: combat*) engagement ; **prendre l'~ de faire** to undertake to do ; **sans ~** (*COMM*) without obligation.

engager [ɑ̃gaʒe] *vt* (*embaucher*) to take on, engage ; (*commencer*) to start ; (*lier*) to bind, commit ; (*impliquer, entraîner*) to

involve ; (*investir*) to invest, lay out ; (*faire intervenir*) to engage ; (*inciter*): **~ qn à faire** to urge sb to do ; (*faire pénétrer*): **~ qch dans** to insert sth into ; **s'~** (*s'embaucher*) to hire o.s., get taken on ; (*MIL*) to enlist ; (*promettre, politiquement*) to commit o.s. ; (*débuter*) to start (up) ; **s'~ à faire** to undertake to do ; **s'~ dans** (*rue, passage*) to enter, turn into ; (*s'emboîter*) to engage *ou* fit into ; (*fig: affaire, discussion*) to enter into, embark on.

engelures [ɑ̃ʒlyʀ] *nfpl* chilblains.

engendrer [ɑ̃ʒɑ̃dʀe] *vt* to father ; (*fig*) to create, breed.

engin [ɑ̃ʒɛ̃] *nm* machine ; instrument ; vehicle ; (*AVIAT*) aircraft *inv* ; missile ; **~ (explosif)** (explosive) device.

englober [ɑ̃glɔbe] *vt* to include.

engloutir [ɑ̃glutiʀ] *vt* to swallow up ; **s'~** to be engulfed.

engoncé, e [ɑ̃gɔ̃se] *a* : **~ dans** cramped in.

engorger [ɑ̃gɔʀʒe] *vt* to obstruct, block ; **s'~** *vi* to become blocked.

engouement [ɑ̃guma] *nm* (sudden) passion.

engouffrer [ɑ̃gufʀe] *vt* to swallow up, devour ; **s'~ dans** to rush into.

engourdi, e [ɑ̃guʀdi] *a* numb.

engourdir [ɑ̃guʀdiʀ] *vt* to numb ; (*fig*) to dull, blunt ; **s'~** *vi* to go numb.

engrais [ɑ̃gʀɛ] *nm* manure ; **~ (chimique)** (chemical) fertilizer.

engraisser [ɑ̃gʀese] *vt* to fatten (up) // *vi* (*péj*) to get fat(ter).

engrenage [ɑ̃gʀənaʒ] *nm* gears *pl*, gearing ; (*fig*) chain.

engueuler [ɑ̃gœle] *vt* (*fam*) to bawl out.

enhardir [ɑ̃aʀdiʀ] : **s'~** *vi* to grow bolder.

énigmatique [enigmatik] *a* enigmatic.

énigme [enigm(ə)] *nf* riddle.

enivrer [ɑ̃nivʀe] *vt* : **s'~** to get drunk ; **s'~ de** (*fig*) to become intoxicated with.

enjambée [ɑ̃ʒɑ̃be] *nf* stride.

enjamber [ɑ̃ʒɑ̃be] *vt* to stride over ; (*suj: pont etc*) to span, straddle.

enjeu, x [ɑ̃ʒø] *nm* stakes *pl*.

enjoindre [ɑ̃ʒwɛ̃dʀ(ə)] *vt* : **~ à qn de faire** to enjoin *ou* order sb to do.

enjôler [ɑ̃ʒole] *vt* to coax, wheedle.

enjoliver [ɑ̃ʒɔlive] *vt* to embellish ; **enjoliveur** *nm* (*AUTO*) hub cap.

enjoué, e [ɑ̃ʒwe] *a* playful.

enlacer [ɑ̃lase] *vt* (*étreindre*) to embrace, hug ; (*suj: lianes*) to wind round, entwine.

enlaidir [ɑ̃lediʀ] *vt* to make ugly // *vi* to become ugly.

enlèvement [ɑ̃lɛvmɑ̃] *nm* removal ; abduction, kidnapping ; **l'~ des ordures ménagères** refuse collection.

enlever [ɑ̃lve] *vt* (*ôter: gén*) to remove ; (: *vêtement, lunettes*) to take off ; (: *MÉD: organe*) to remove, take out ; (*emporter: ordures etc*) to collect, take away ; (*prendre*): **~ qch à qn** to take sth (away) from sb ; (*kidnapper*) to abduct, kidnap ; (*obtenir: prix, contrat*) to win ; (*MIL: position*) to take ; (*morceau de piano etc*) to execute with spirit *ou* brio.

enliser [ɑ̃lize] : **s'~** *vi* to sink, get stuck.

enluminure [ɑ̃lyminyʀ] nf illumination.
enneigé, e [ɑ̃neʒe] a snowy; snowed-up.
enneigement [ɑ̃nɛʒmɑ̃] nm depth of snow, snowfall; **bulletin d'~** snow report.
ennemi, e [ɛnmi] a hostile; (MIL) enemy cpd // nm, nf enemy; **être ~ de** to be strongly averse ou opposed to.
ennoblir [ɑ̃nɔbliʀ] vt to ennoble.
ennui [ɑ̃nɥi] nm (lassitude) boredom; (difficulté) trouble q; **avoir des ~s** to be in trouble; **ennuyer** vt to bother; (lasser) to bore; **s'ennuyer** to be bored; **s'ennuyer de** (regretter) to miss; **ennuyeux, euse** a boring, tedious, annoying.
énoncé [enɔ̃se] nm terms pl; wording; (LING) utterance.
énoncer [enɔ̃se] vt to say, express; (conditions) to set out, state.
enorgueillir [ɑ̃nɔʀgœjiʀ]: **s'~ de** vt to pride o.s. on; to boast.
énorme [enɔʀm(ə)] a enormous, huge; **énormément** ad enormously, tremendously; **énormément de neige/gens** an enormous amount of snow/number of people; **énormité** nf enormity, hugeness; outrageous remark.
enquérir [ɑ̃keʀiʀ]: **s'~ de** vt to inquire about.
enquête [ɑ̃kɛt] nf (de journaliste, de police) investigation; (judiciaire, administrative) inquiry; (sondage d'opinion) survey; **enquêter** vi to investigate; to hold an inquiry; to conduct a survey; **enquêteur, euse** ou **trice** nm/f officer in charge of the investigation; person conducting the survey.
enquiers etc vb voir **enquérir**.
enraciné, e [ɑ̃ʀasine] a deep-rooted.
enragé, e [ɑ̃ʀaʒe] a (MÉD) rabid, with rabies; (fig) fanatical.
enrageant, e [ɑ̃ʀaʒɑ̃, -ɑ̃t] a infuriating.
enrager [ɑ̃ʀaʒe] vi to be furious, be in a rage.
enrayer [ɑ̃ʀeje] vt to check, stop; **s'~** vi (arme à feu) to jam.
enregistrement [ɑ̃ʀʒistʀəmɑ̃] nm recording; (ADMIN) registration; **~ des bagages** (à l'aéroport) luggage check-in.
enregistrer [ɑ̃ʀʒistʀe] vt (MUS etc) to record; (remarquer, noter) to note, record; (fig: mémoriser) to make a mental note of; (ADMIN) to register; (bagages: par train) to register; (: à l'aéroport) to check in.
enrhumer [ɑ̃ʀyme]: **s'~** vi to catch a cold.
enrichir [ɑ̃ʀiʃiʀ] vt to make rich(er); (fig) to enrich; **s'~** to get rich(er).
enrober [ɑ̃ʀɔbe] vt: **~ qch de** to coat sth with; (fig) to wrap sth up in.
enrôler [ɑ̃ʀole] vt to enlist; **s'~** (dans) to enlist (in).
enrouer [ɑ̃ʀwe]: **s'~** vi to go hoarse.
enrouler [ɑ̃ʀule] vt (fil, corde) to wind (up); **~ qch autour de** to wind sth (a)round; **s'~** to coil up; to wind; **enrouleur** nm voir **ceinture**.
enrubanné, e [ɑ̃ʀybane] a trimmed with ribbon.
ensabler [ɑ̃sable] vt (port, canal) to silt up, sand up; (embarcation) to strand (on a sandbank); **s'~** vi to silt up; to get stranded.

ensanglanté, e [ɑ̃sɑ̃glɑ̃te] a covered with blood.
enseignant, e [ɑ̃sɛɲɑ̃, -ɑ̃t] a teaching // nm/f teacher.
enseigne [ɑ̃sɛɲ] nf sign // nm: **~ de vaisseau** lieutenant; **à telle ~ que** so much so that; **~ lumineuse** neon sign.
enseignement [ɑ̃sɛɲmɑ̃] nm teaching; (ADMIN): **~ primaire/ secondaire** primary/secondary education.
enseigner [ɑ̃sɛɲe] vt, vi to teach; **~ qch à qn/à qn que** to teach sb sth/sb that.
ensemble [ɑ̃sɑ̃bl(ə)] ad together // nm (assemblage, MATH) set; (totalité): **l'~ du/de la** the whole ou entire; (vêtement féminin) ensemble, suit; (unité, harmonie) unity; (résidentiel) housing development; **impression/idée d'~** overall ou general impression/ idea; **dans l'~** (en gros) on the whole; **~ vocal/musical** vocal/musical ensemble.
ensemblier [ɑ̃sɑ̃blije] nm interior designer.
ensemencer [ɑ̃smɑ̃se] vt to sow.
enserrer [ɑ̃seʀe] vt to hug (tightly).
ensevelir [ɑ̃səvliʀ] vt to bury.
ensoleillé, e [ɑ̃sɔleje] a sunny.
ensoleillement [ɑ̃sɔlɛjmɑ̃] nm period ou hours of sunshine.
ensommeillé, e [ɑ̃sɔmeje] a sleepy, drowsy.
ensorceler [ɑ̃sɔʀsəle] vt to enchant, bewitch.
ensuite [ɑ̃sɥit] ad then, next; (plus tard) afterwards, later; **~ de quoi** after which.
ensuivre [ɑ̃sɥivʀ(ə)]: **s'~** vi to follow, ensue.
entaille [ɑ̃taj] nf (encoche) notch; (blessure) cut.
entailler [ɑ̃taje] vt to notch; to cut; **s'~ le doigt** to cut one's finger.
entamer [ɑ̃tame] vt (pain, bouteille) to start; (hostilités, pourparlers) to open; (fig: altérer) to make a dent in; to shake; to damage.
entartrer [ɑ̃taʀtʀe]: **s'~** vi to fur up; (dents) to scale.
entassement [ɑ̃tɑsmɑ̃] nm (tas) pile, heap.
entasser [ɑ̃tɑse] vt (empiler) to pile up, heap up; (tenir à l'étroit) to cram together; **s'~** vi to pile up; to cram.
entendement [ɑ̃tɑ̃dmɑ̃] nm understanding.
entendre [ɑ̃tɑ̃dʀ(ə)] vt to hear; (comprendre) to understand; (vouloir dire) to mean; (vouloir): **~ être obéi/que** to intend ou mean to be obeyed/that; **j'ai entendu dire que** I've heard (it said) that; **~ raison** to see sense; **s'~** vi (sympathiser) to get on; (se mettre d'accord) to agree; **s'~ à qch/à faire** (être compétent) to be good at sth/doing.
entendu, e [ɑ̃tɑ̃dy] a (réglé) agreed; (au courant: air) knowing; **(c'est) ~!** all right, agreed; **c'est ~** (concession) all right, granted; **bien ~!** of course!
entente [ɑ̃tɑ̃t] nf (entre amis, pays) understanding, harmony; (accord, traité) agreement, understanding; **à double ~** (sens) with a double meaning.

entériner [ɑ̃teʀine] *vt* to ratify, confirm.
entérite [ɑ̃teʀit] *nf* enteritis *q*.
enterrement [ɑ̃tɛʀmɑ̃] *nm* burying; (*cérémonie*) funeral, burial.
enterrer [ɑ̃teʀe] *vt* to bury.
entêtant, e [ɑ̃tɛtɑ̃, -ɑ̃t] *a* heady.
en-tête [ɑ̃tɛt] *nm* heading; **papier à ~** headed notepaper.
entêté, e [ɑ̃tete] *a* stubborn.
entêter [ɑ̃tete]: **s'~** *vi*: **s'~ (à faire)** to persist (in doing).
enthousiasme [ɑ̃tuzjasm(ə)] *nm* enthusiasm; **enthousiasmer** *vt* to fill with enthusiasm; **s'enthousiasmer (pour qch)** to get enthusiastic (about sth); **enthousiaste** *a* enthusiastic.
enticher [ɑ̃tiʃe]: **s'~ de** *vt* to become infatuated with.
entier, ère [ɑ̃tje, -jɛʀ] *a* (*non entamé, en totalité*) whole; (*total, complet*) complete; (*fig: caractère*) unbending, averse to compromise // *nm* (MATH) whole; **en ~** totally; in its entirety; **lait ~** full-cream milk; **pain ~** wholemeal bread; **entièrement** *ad* entirely, completely, wholly.
entité [ɑ̃tite] *nf* entity.
entonner [ɑ̃tɔne] *vt* (*chanson*) to strike up.
entonnoir [ɑ̃tɔnwaʀ] *nm* (*ustensile*) funnel; (*trou*) shell-hole, crater.
entorse [ɑ̃tɔʀs(ə)] *nf* (MÉD) sprain; (*fig*): **~ à la loi/au règlement** infringement of the law/rule.
entortiller [ɑ̃tɔʀtije] *vt* (*envelopper*): **qch dans/avec** to wrap sth in/with; (*enrouler*): **~ qch autour de** to twist ou wind sth (a)round; (*fam*): **~ qn** to get round sb; to hoodwink sb.
entourage [ɑ̃tuʀaʒ] *nm* circle; family (circle); entourage; (*ce qui enclôt*) surround.
entourer [ɑ̃tuʀe] *vt* to surround; (*apporter son soutien à*) to rally round; **~ de** to surround with; (*trait*) to encircle with.
entourloupettes [ɑ̃tuʀlupɛt] *nfpl* mean tricks.
entracte [ɑ̃tʀakt(ə)] *nm* interval.
entraide [ɑ̃tʀɛd] *nf* mutual aid ou assistance; **s'entraider** to help each other.
entrailles [ɑ̃tʀaj] *nfpl* entrails; bowels.
entrain [ɑ̃tʀɛ̃] *nm* spirit; **avec/sans ~** spiritedly/half-heartedly.
entraînant, e [ɑ̃tʀɛnɑ̃, -ɑ̃t] *a* (*musique*) stirring, rousing.
entraînement [ɑ̃tʀɛnmɑ̃] *nm* training; (TECH): **~ à chaîne/galet** chain/wheel drive.
entraîner [ɑ̃tʀene] *vt* (*tirer: wagons*) to pull; (*charrier*) to carry ou drag along; (TECH) to drive; (*emmener: personne*) to take (off); (*mener à l'assaut, influencer*) to lead; (SPORT) to train; (*impliquer*) to entail; (*causer*) to lead to, bring about; **~ qn à faire** (*inciter*) to lead sb to do; **s'~** (SPORT) to train; **s'~ à qch/à faire** to train o.s. for sth/to do; **entraîneur, euse** *nm/f* (SPORT) coach, trainer // *nm* (HIPPISME) trainer // *nf* (*de bar*) hostess.
entrave [ɑ̃tʀav] *nf* hindrance.
entraver [ɑ̃tʀave] *vt* (*circulation*) to hold up; (*action, progrès*) to hinder, hamper.

entre [ɑ̃tʀ(ə)] *prép* between; (*parmi*) among(st); **l'un d'~ eux/nous** one of them/us; **ils se battent ~ eux** they are fighting among(st) themselves.
entrebâillé, e [ɑ̃tʀəbɑje] *a* half-open, ajar.
entrechoquer [ɑ̃tʀəʃɔke]: **s'~** *vi* to knock ou bang together.
entrecôte [ɑ̃tʀəkot] *nf* entrecôte ou rib steak.
entrecouper [ɑ̃tʀəkupe] *vt*: **~ qch de** to intersperse sth with.
entrecroiser [ɑ̃tʀəkʀwaze] *vt*, **s'~** *vi* intertwine.
entrée [ɑ̃tʀe] *nf* entrance; (*accès: au cinéma etc*) admission; (*billet*) (admission) ticket; (CULIN) first course; **d'~** *ad* from the outset; **'~ interdite'** 'no admittance ou entry'; **'~ libre'** 'admission free'; **~ des artistes** stage door; **~ en matière** introduction; **~ de service** service entrance.
entrefaites [ɑ̃tʀəfɛt]: **sur ces ~** *ad* at this juncture.
entrefilet [ɑ̃tʀəfile] *nm* paragraph (*short article*).
entregent [ɑ̃tʀəʒɑ̃] *nm*: **avoir de l'~** to have an easy manner.
entrejambes [ɑ̃tʀəʒɑ̃b] *nm* crotch.
entrelacer [ɑ̃tʀəlase] *vt*, **s'~** *vi* to intertwine.
entrelarder [ɑ̃tʀəlaʀde] *vt* to lard.
entremêler [ɑ̃tʀəmele] *vt*: **~ qch de** to (inter)mingle sth with.
entremets [ɑ̃tʀəmɛ] *nm* cream dessert.
entremetteur, euse [ɑ̃tʀəmɛtœʀ, -øz] *nm/f* go-between.
entremettre [ɑ̃tʀəmɛtʀ(ə)]: **s'~** *vi* to intervene.
entremise [ɑ̃tʀəmiz] *nf* intervention; **par l'~ de** through.
entrepont [ɑ̃tʀəpɔ̃] *nm* steerage.
entreposer [ɑ̃tʀəpoze] *vt* to store, put into storage.
entrepôt [ɑ̃tʀəpo] *nm* warehouse.
entreprenant, e [ɑ̃tʀəpʀənɑ̃, -ɑ̃t] *a* (*actif*) enterprising; (*trop galant*) forward.
entreprendre [ɑ̃tʀəpʀɑ̃dʀ(ə)] *vt* (*se lancer dans*) to undertake; (*commencer*) to begin ou start (upon); (*personne*) to buttonhole; to tackle; **~ de faire** to undertake to do.
entrepreneur [ɑ̃tʀəpʀənœʀ] *nm*: **~ (en bâtiment)** (building) contractor; **~ de pompes funèbres** (funeral) undertaker.
entreprise [ɑ̃tʀəpʀiz] *nf* (*société*) firm, concern; (*action*) undertaking, venture.
entrer [ɑ̃tʀe] *vi* to go (ou come) in, enter; **(faire) ~ qch dans** to get sth into; **~ dans** (*gén*) to enter; (*pièce*) to go (ou come) into, enter; (*club*) to join; (*heurter*) to run into; (*partager: vues, craintes de qn*) to share; (*être une composante de*) to go into; to form part of; **~ à l'hôpital** to go into hospital; **laisser ~ qn/qch** to let sb/sth in; **faire ~** (*visiteur*) to show in.
entresol [ɑ̃tʀəsɔl] *nm* entresol, mezzanine.
entre-temps [ɑ̃tʀətɑ̃] *ad* meanwhile, (in the) meantime.
entretenir [ɑ̃tʀətniʀ] *vt* to maintain; (*amitié*) to keep alive; (*famille, maîtresse*) to support, keep; **~ qn (de)** to speak to sb (about); **s'~ (de)** to converse (about).

entretien [ɑ̃trətjɛ̃] *nm* maintenance; (*discussion*) discussion, talk; (*audience*) interview.

entrevoir [ɑ̃trəvwar] *vt* (*à peine*) to make out; (*brièvement*) to catch a glimpse of.

entrevue [ɑ̃trəvy] *nf* meeting; (*audience*) interview.

entrouvert, e [ɑ̃truvɛr, -ɛrt(ə)] *a* half-open.

énumérer [enymere] *vt* to list, enumerate.

envahir [ɑ̃vair] *vt* to invade; (*suj: inquiétude, peur*) to come over; **envahissant, e** *a* (*péj: personne*) interfering, intrusive; **envahisseur** *nm* (MIL) invader.

enveloppe [ɑ̃vlɔp] *nf* (*de lettre*) envelope; (TECH) casing; outer layer; **mettre sous** ~ to put in an envelope.

envelopper [ɑ̃vlɔpe] *vt* to wrap; (*fig*) to envelop, shroud.

envenimer [ɑ̃vnime] *vt* to aggravate.

envergure [ɑ̃vɛrgyr] *nf* (*d'un oiseau, avion*) wingspan; (*fig*) scope; calibre.

enverrai *etc vb voir* **envoyer**.

envers [ɑ̃vɛr] *prép* towards, to // *nm* other side; (*d'une étoffe*) wrong side; **à l'** ~ upside down; back to front; (*vêtement*) inside out.

envie [ɑ̃vi] *nf* (*sentiment*) envy; (*souhait*) desire, wish; (*tache sur la peau*) birthmark; (*filet de peau*) hangnail; **avoir** ~ **de** to feel like; (*désir plus fort*) to want; **avoir** ~ **de faire** to feel like doing; to want to do; **avoir** ~ **que** to wish that; **donner à qn l'** ~ **de faire** to make sb want to do; **ça lui fait** ~ he would like that; **envier** *vt* to envy; **envieux, euse** *a* envious.

environ [ɑ̃virɔ̃] *ad*: ~ **3 h/2 km, 3 h/2 km** ~ (around) about 3 o'clock/2 km, 3 o'clock/2 km or so; ~**s** *nmpl* surroundings; **aux** ~**s de** around.

environnement [ɑ̃virɔnmɑ̃] *nm* environment.

environner [ɑ̃virɔne] *vt* to surround.

envisager [ɑ̃vizaʒe] *vt* (*examiner, considérer*) to view, contemplate; (*avoir en vue*) to envisage; ~ **de faire** to consider *ou* contemplate doing.

envoi [ɑ̃vwa] *nm* sending; (*paquet*) parcel, consignment.

envol [ɑ̃vɔl] *nm* takeoff.

envolée [ɑ̃vɔle] *nf* (*fig*) flight.

envoler [ɑ̃vɔle] **s'** ~ *vi* (*oiseau*) to fly away *ou* off; (*avion*) to take off; (*papier, feuille*) to blow away; (*fig*) to vanish (into thin air).

envoûter [ɑ̃vute] *vt* to bewitch.

envoyé, e [ɑ̃vwaje] *nm/f* (POL) envoy; (PRESSE) correspondent.

envoyer [ɑ̃vwaje] *vt* to send; (*lancer*) to hurl, throw; ~ **chercher** to send for; **envoyeur, euse** *nm/f* sender.

éolien, ne [eɔljɛ̃, -jɛn] *a* wind *cpd*.

épagneul, e [epaɲœl] *nm/f* spaniel.

épais, se [epɛ, -ɛs] *a* thick; **épaisseur** *nf* thickness; **épaissir** *vt*, **s'épaissir** *vi* to thicken.

épanchement [epɑ̃ʃmɑ̃] *nm*: **un** ~ **de sinovie** water on the knee; ~**s** *nmpl* (*fig*) (sentimental) outpourings.

épancher [epɑ̃ʃe] *vt* to give vent to; **s'** ~ *vi* to open one's heart; (*liquide*) to pour out.

épandage [epɑ̃daʒ] *nm* manure spreading.

épanouir [epanwir]: **s'** ~ *vi* (*fleur*) to bloom, open out; (*visage*) to light up; (*fig*) to blossom (out), bloom; to open up; **épanouissement** *nm* blossoming; opening up.

épargnant, e [eparɲɑ̃, -ɑ̃t] *nm/f* saver, investor.

épargne [eparɲ(ə)] *nf* saving.

épargner [eparɲe] *vt* to save; (*ne pas tuer ou endommager*) to spare // *vi* to save; ~ **qch à qn** to spare sb sth.

éparpiller [eparpije] *vt* to scatter; (*pour répartir*) to disperse; (*fig: efforts*) to dissipate; **s'** ~ *vi* to scatter; (*fig*) to dissipate one's efforts.

épars, e [epar, -ars(ə)] *a* scattered.

épatant, e [epatɑ̃, -ɑ̃t] *a* (*fam*) super, splendid.

épaté, e [epate] *a*: **nez** ~ flat nose (with wide nostrils).

épater [epate] *vt* to amaze; to impress.

épaule [epol] *nf* shoulder.

épaulement [epolmɑ̃] *nm* escarpment; retaining wall.

épauler [epole] *vt* (*aider*) to back up, support; (*arme*) to raise (to one's shoulder) // *vi* to (take) aim.

épaulette [epolɛt] *nf* (MIL) epaulette; (*de combinaison*) shoulder strap.

épave [epav] *nf* wreck.

épée [epe] *nf* sword.

épeler [eple] *vt* to spell.

éperdu, e [epɛrdy] *a* distraught, overcome; passionate; frantic.

éperon [eprɔ̃] *nm* spur; **éperonner** *vt* to spur (on); (*navire*) to ram.

épervier [epɛrvje] *nm* (ZOOL) sparrowhawk; (PÊCHE) casting net.

éphèbe [efɛb] *nm* beautiful young man.

éphémère [efemɛr] *a* ephemeral, fleeting.

éphéméride [efemerid] *nf* block *ou* tear-off calendar.

épi [epi] *nm* (*de blé, d'orge*) ear; **stationnement en** ~ angled parking.

épice [epis] *nf* spice; **épicé, e** *a* highly spiced, spicy; (*fig*) spicy.

épicéa [episea] *nm* spruce.

épicer [epise] *vt* to spice; (*fig*) to add spice to.

épicerie [episri] *nf* (*magasin*) grocer's shop; (*denrées*) groceries *pl*; ~ **fine** delicatessen (shop); **épicier, ière** *nm/f* grocer.

épidémie [epidemi] *nf* epidemic.

épiderme [epidɛrm(ə)] *nm* skin, epidermis; **épidermique** *a* skin *cpd*, epidermic.

épier [epje] *vt* to spy on, watch closely; (*occasion*) to look out for.

épieu, x [epjø] *nm* (hunting-)spear.

épilatoire [epilatwar] *a* depilatory, hair-removing.

épilepsie [epilɛpsi] *nf* epilepsy; **épileptique** *a, nm/f* epileptic.

épiler [epile] *vt* (*jambes*) to remove the hair from; (*sourcils*) to pluck; **se faire** ~ to get unwanted hair removed.

épilogue [epilɔg] *nm (fig)* conclusion, dénouement.
épiloguer [epilɔge] *vi*: ~ **sur** to hold forth on.
épinard [epinaʀ] *nm* spinach *q*.
épine [epin] *nf* thorn, prickle ; *(d'oursin etc)* spine, prickle ; ~ **dorsale** backbone ; **épineux, euse** *a* thorny, prickly.
épingle [epɛ̃gl(ə)] *nf* pin ; **virage en ~ à cheveux** hairpin bend ; ~ **de cravate** tie pin ; ~ **de nourrice** *ou* **de sûreté** *ou* **double safety pin.
épingler [epɛ̃gle] *vt (badge, décoration)*: ~ **qch sur** to pin sth on(to) ; *(fam)* to catch, nick.
épinière [epinjɛʀ] *af voir* **moelle.**
Épiphanie [epifani] *nf* Epiphany.
épique [epik] *a* epic.
épiscopal, e, aux [episkɔpal, -o] *a* episcopal.
épiscopat [episkɔpa] *nm* bishopric, episcopate.
épisode [epizɔd] *nm* episode ; **film/roman à ~s** serialized film/novel, serial ; **épisodique** *a* occasional.
épissure [episyʀ] *nf* splice.
épistolaire [epistɔlɛʀ] *a* epistolary.
épitaphe [epitaf] *nf* epitaph.
épithète [epitɛt] *nf (nom, surnom)* epithet ; **adjectif ~** attributive adjective.
épître [epitʀ(ə)] *nf* epistle.
éploré, e [eplɔʀe] *a* in tears, tearful.
épluche-légumes [eplyʃlegym] *nm inv* potato peeler.
éplucher [eplyʃe] *vt (fruit, légumes)* to peel ; *(comptes, dossier)* to go over with a fine-tooth comb ; **éplucheur** *nm* (automatic) peeler ; **épluchures** *nfpl* peelings.
épointer [epwɛ̃te] *vt* to blunt.
éponge [epɔ̃ʒ] *nf* sponge ; **éponger** *vt (liquide)* to mop *ou* sponge up ; *(surface)* to sponge ; *(fig: déficit)* to soak up, absorb ; **s' éponger le front** to mop one's brow.
épopée [epɔpe] *nf* epic.
époque [epɔk] *nf (de l'histoire)* age, era ; *(de l'année, la vie)* time ; **d'~** *a (meuble)* period *cpd.*
épouiller [epuje] *vt* to pick lice off ; to delouse.
époumoner [epumɔne]: **s'~** *vi* to shout o.s. hoarse.
épouse [epuz] *nf* wife *(pl wives).*
épouser [epuze] *vt* to marry ; *(fig: idées)* to espouse ; (: *forme)* to fit.
épousseter [epuste] *vt* to dust.
époustouflant, e [epustuflɑ̃, -ɑ̃t] *a* staggering, mind-boggling.
épouvantable [epuvɑ̃tabl(ə)] *a* appalling, dreadful.
épouvantail [epuvɑ̃taj] *nm (à moineaux)* scarecrow ; *(fig)* bog(e)y ; bugbear.
épouvante [epuvɑ̃t] *nf* terror ; **film d'~** horror film ; **épouvanter** *vt* to terrify.
époux [epu] *nm* husband // *nmpl* (married) couple.
éprendre [epʀɑ̃dʀ(ə)]: **s'~ de** *vt* to fall in love with.
épreuve [epʀœv] *nf (d'examen)* test ; *(malheur, difficulté)* trial, ordeal ; *(PHOTO)* print ; *(d'imprimerie)* proof ; *(SPORT)* event ;

à l'~ **des balles** bulletproof ; **à toute ~** unfailing ; **mettre à l'~** to put to the test.
épris, e [epʀi, -iz] *vb voir* **éprendre.**
éprouver [epʀuve] *vt (tester)* to test ; *(mettre à l'épreuve)* to put to the test ; *(marquer, faire souffrir)* to afflict, distress ; *(ressentir)* to feel.
éprouvette [epʀuvɛt] *nf* test tube.
épuisé, e [epɥize] *a* exhausted ; *(livre)* out of print.
épuisement [epɥizmɑ̃] *nm* exhaustion ; **jusqu'à ~ des stocks** while stocks last.
épuiser [epɥize] *vt (fatiguer)* to exhaust, wear *ou* tire out ; *(stock, sujet)* to exhaust ; **s'~** *vi* to wear *ou* tire o.s. out, exhaust o.s. *(stock)* to run out.
épuisette [epɥizɛt] *nf* landing net ; shrimping net.
épurer [epyʀe] *vt (liquide)* to purify ; *(parti, administration)* to purge ; *(langue, texte)* to refine.
équarrir [ekaʀiʀ] *vt (pierre, arbre)* to square (off) ; *(animal)* to quarter.
équateur [ekwatœʀ] *nm* equator ; **(la république de) l'É~** Ecuador.
équation [ekwasjɔ̃] *nf* equation ; **mettre en ~** to equate.
équatorial, e, aux [ekwatɔʀjal, -o] *a* equatorial.
équerre [ekɛʀ] *nf (à dessin)* (set) square ; *(pour fixer)* brace ; **en ~** at right angles ; **à l'~, d'~** straight.
équestre [ekɛstʀ(ə)] *a* equestrian.
équidistant, e [ekɥidistɑ̃, -ɑ̃t] *a*: ~ **(de)** equidistant (from).
équilatéral, e, aux [ekɥilateʀal, -o] *a* equilateral.
équilibrage [ekilibʀaʒ] *nm (AUTO)*: ~ **des roues** wheel balancing.
équilibre [ekilibʀ(ə)] *nm* balance ; *(d'une balance)* equilibrium ; **garder/perdre l'~** to keep/lose one's balance ; **être en ~** to be balanced ; **équilibré, e** *a (fig)* well-balanced, stable ; **équilibrer** *vt* to balance ; **s'équilibrer** *(poids)* to balance ; *(fig: défauts etc)* to balance each other out ; **équilibriste** *nm/f* tightrope walker.
équinoxe [ekinɔks] *nm* equinox.
équipage [ekipaʒ] *nm* crew.
équipe [ekip] *nf* team ; *(bande: parfois péj)* bunch.
équipée [ekipe] *nf* escapade.
équipement [ekipmɑ̃] *nm* equipment ; ~**s** *nmpl* amenities, facilities ; installations.
équiper [ekipe] *vt* to equip ; *(voiture, cuisine)* to equip, fit out ; ~ **qn/qch de** to equip sb/sth with ; **s'~** *(sportif)* to equip o.s., kit o.s. out.
équipier, ière [ekipje, -jɛʀ] *nm/f* team member.
équitable [ekitabl(ə)] *a* fair.
équitation [ekitasjɔ̃] *nf* (horse-)riding.
équité [ekite] *nf* equity.
équivalence [ekivalɑ̃s] *nf* equivalence.
équivalent, e [ekivalɑ̃, -ɑ̃t] *a, nm* equivalent.
équivaloir [ekivalwaʀ] : ~ **à** *vt* to be equivalent to ; *(représenter)* to amount to.
équivoque [ekivɔk] *a* equivocal, ambiguous ; *(louche)* dubious // *nf* ambiguity.

érable [eRabl(ə)] *nm* maple.

érafler [eRafle] *vt* to scratch ; **éraflure** *nf* scratch.

éraillé, e [eRaje] *a* (*voix*) rasping, hoarse.

ère [ɛR] *nf* era ; **en l'an 1050 de notre ~** in the year 1050 A.D.

érection [eRɛksjɔ̃] *nf* erection.

éreinter [eRɛ̃te] *vt* to exhaust, wear out ; (*fig: critiquer*) to slate.

ergot [ɛRgo] *nm* (*de coq*) spur ; (*TECH*) lug.

ériger [eRiʒe] *vt* (*monument*) to erect ; **s'~ en critique** to set o.s. up as a critic.

ermitage [ɛRmitaʒ] *nm* retreat.

ermite [ɛRmit] *nm* hermit.

éroder [eRɔde] *vt* to erode ; **érosion** *nf* erosion.

érotique [eRɔtik] *a* erotic ; **érotisme** *nm* eroticism.

erratum, a [ɛRatɔm, -a] *nm* erratum (*pl* a).

errer [ɛRe] *vi* to wander.

erreur [ɛRœR] *nf* mistake, error ; (*morale*) error ; **être dans l'~** to be mistaken ; **par ~** by mistake ; **~ judiciaire** miscarriage of justice ; **~ de jugement** error of judgment.

erroné, e [eRɔne] *a* wrong, erroneous.

éructer [eRykte] *vt* belch, eructate.

érudit, e [eRydi, -it] *a* erudite, learned // *nm/f* scholar ; **érudition** *nf* erudition, scholarship.

éruptif, ive [eRyptif, -iv] *a* eruptive.

éruption [eRypsjɔ̃] *nf* eruption ; (*cutanée*) outbreak.

es *vb voir* **être**.

ès [ɛs] *prép:* **licencié ~ lettres/sciences** ≈ Bachelor of Arts/Science.

escabeau, x [ɛskabo] *nm* (*tabouret*) stool ; (*échelle*) stepladder.

escadre [ɛskadR(ə)] *nf* (*NAVIG*) squadron ; (*AVIAT*) wing.

escadrille [ɛskadRij] *nf* (*AVIAT*) flight.

escadron [ɛskadRɔ̃] *nm* squadron.

escalade [ɛskalad] *nf* climbing *q* ; (*POL etc*) escalation.

escalader [ɛskalade] *vt* to climb, scale.

escale [ɛskal] *nf* (*NAVIG*) call ; port of call ; (*AVIAT*) stop(over) ; **faire ~ à** to put in at, call in at ; to stop over at.

escalier [ɛskalje] *nm* stairs *pl* ; **dans l'~ ou les ~s** on the stairs ; **~ roulant** escalator ; **~ de service** backstairs.

escalope [ɛskalɔp] *nf* escalope.

escamotable [ɛskamɔtabl(ə)] *a* retractable ; fold-away.

escamoter [ɛskamɔte] *vt* (*esquiver*) to get round, evade ; (*faire disparaître*) to conjure away.

escapade [ɛskapad] *nf:* **faire une ~** to go on a jaunt ; to run away *ou* off.

escargot [ɛskaRgo] *nm* snail.

escarmouche [ɛskaRmuʃ] *nf* skirmish.

escarpé, e [ɛskaRpe] *a* steep.

escarpement [ɛskaRpəmɑ̃] *nm* steep slope.

escarpin [ɛskaRpɛ̃] *nm* flat(-heeled) shoe.

escarre [ɛskaR] *nf* bedsore.

escient [ɛsjɑ̃] *nm:* **à bon ~** advisedly.

esclaffer [ɛsklafe] **s'~** *vi* to guffaw.

esclandre [ɛsklɑ̃dR(ə)] *nm* scene, fracas.

esclavage [ɛsklavaʒ] *nm* slavery.

esclave [ɛsklav] *nm/f* slave ; **être ~ de** (*fig*) to be a slave of.

escompte [ɛskɔ̃t] *nm* discount.

escompter [ɛskɔ̃te] *vt* (*COMM*) to discount ; (*espérer*) to expect, reckon upon ; **~ que** to reckon *ou* expect that.

escorte [ɛskɔRt(ə)] *nf* escort ; **escorter** *vt* to escort ; **escorteur** *nm* (*NAVIG*) escort (ship).

escouade [ɛskwad] *nf* squad.

escrime [ɛskRim] *nf* fencing ; **escrimeur, euse** *nm/f* fencer.

escrimer [ɛskRime] **s'~** *vi:* **s'~ à faire** to wear o.s. out doing.

escroc [ɛskRo] *nm* swindler, conman.

escroquer [ɛskRɔke] *vt:* **~ qn (de qch)/qch (à qn)** to swindle sb (out of sth)/sth (out of sb) ; **escroquerie** *nf* swindle.

espace [ɛspas] *nm* space ; **~ vital** living space.

espacer [ɛspase] *vt* to space out ; **s'~** *vi* (*visites etc*) to become less frequent.

espadon [ɛspadɔ̃] *nm* swordfish *inv*.

espadrille [ɛspadRij] *nf* rope-soled sandal.

Espagne [ɛspan(ə)] *nf:* **l'~** Spain ; **espagnol, e** *a* Spanish // *nm/f:* **Espagnol, e** Spaniard // *nm* (*langue*) Spanish.

espagnolette [ɛspaɲɔlɛt] *nf* (*window*) catch ; **fermé à l'~** resting on the catch.

espèce [ɛspɛs] *nf* (*BIO, BOT, ZOOL*) species *inv* ; (*gén: sorte*) sort, kind, type ; (*péj*): **~ de maladroit/de brute!** you clumsy oaf/brute! ; **~s** *nfpl* (*COMM*) cash *sg* ; (*REL*) species ; **en l'~** *ad* in the case in point.

espérance [ɛspeRɑ̃s] *nf* hope ; **~ de vie** (*DÉMOGRAPHIE*) life expectancy.

espérer [ɛspeRe] *vt* to hope for ; **j'espère (bien)** I hope so ; **~ que/faire** to hope that/to do ; **~ en** to trust in.

espiègle [ɛspjɛgl(ə)] *a* mischievous ; **~rie** *nf* mischievousness ; piece of mischief.

espion, ne [ɛspjɔ̃, -ɔn] *nm/f* spy ; **avion ~** spy plane.

espionnage [ɛspjɔnaʒ] *nm* espionage, spying.

espionner [ɛspjɔne] *vt* to spy (up)on.

esplanade [ɛsplanad] *nf* esplanade.

espoir [ɛspwaR] *nm* hope.

esprit [ɛspRi] *nm* (*pensée, intellect*) mind ; (*humour, ironie*) wit ; (*mentalité, d'une loi etc, fantôme etc*) spirit ; **l'~ d'équipe/de compétition** team/competitive spirit ; **faire de l'~** to try to be witty ; **reprendre ses ~s** to come to ; **perdre l'~** to lose one's mind ; **~s chagrins** faultfinders.

esquif [ɛskif] *nm* skiff.

esquimau, de, x [ɛskimo, -od] *a, nm/f* Eskimo.

esquinter [ɛskɛ̃te] *vt* (*fam*) to mess up.

esquisse [ɛskis] *nf* sketch ; **l'~ d'un sourire/changement** the suggestion of a smile/of change.

esquisser [ɛskise] *vt* to sketch ; **s'~** *vi* (*amélioration*) to begin to be detectable ; **~ un sourire** to give a vague smile.

esquive [ɛskiv] *nf* (*BOXE*) dodging ; (*fig*) side-stepping.

esquiver [ɛskive] *vt* to dodge ; **s'~** *vi* to slip away.

essai [ɛsɛ] *nm* testing ; trying ; (*tentative*) attempt, try, (RUGBY) try ; (LITTÉRATURE) essay ; **~s** (AUTO) trials ; **~ gratuit** (COMM) free trial ; **à l'~** on a trial basis.

essaim [ɛsɛ̃] *nm* swarm ; **essaimer** *vi* to swarm ; (*fig*) to spread, expand.

essayage [ɛsɛjaʒ] *nm* (*d'un vêtement*) trying on, fitting.

essayer [eseje] *vt* (*gén*) to try ; (*vêtement, chaussures*) to try (on) ; (*tester: ski, voiture*) to test ; (*restaurant, méthode*) to try (out) // *vi* to try ; **~ de faire** to try ou attempt to do ; **s'~ à faire** to try one's hand at doing.

essence [ɛsɑ̃s] *nf* (*de voiture*) petrol ; (*extrait de plante, PHILOSOPHIE*) essence ; (*espèce: d'arbre*) species *inv* ; **prendre de l'~** to get petrol ; **~ de citron/rose** lemon/rose oil.

essentiel, le [ɛsɑ̃sjɛl] *a* essential ; **emporter l'~** to take the essentials ; **c'est l'~** (*ce qui importe*) that's the main thing ; **l'~ de** (*la majeure partie*) the main part of.

esseulé, e [ɛsœle] *a* forlorn.

essieu, x [ɛsjø] *nm* axle.

essor [ɛsɔʀ] *nm* (*de l'économie etc*) rapid expansion ; **prendre son ~** (*oiseau*) to fly off.

essorer [ɛsɔʀe] *vt* (*en tordant*) to wring (out) ; (*par la force centrifuge*) to spin-dry ; **essoreuse** *nf* mangle, wringer ; spin-dryer.

essouffler [ɛsufle] *vt* to make breathless ; **s'~** *vi* to get out of breath.

essuie-glace [ɛsɥiglas] *nm inv* windscreen wiper.

essuie-mains [ɛsɥimɛ̃] *nm inv* hand towel.

essuyer [ɛsɥije] *vt* to wipe ; (*fig: subir*) to suffer ; **s'~** (*après le bain*) to dry o.s. ; **~ la vaisselle** to dry up, dry the dishes.

est [ɛst] *vb* (*ɛ*) *voir* **être** // *nm*: **l'~** the east // *a east* ; (*côte*) east(ern) ; **à l'~** in the east ; (*direction*) to the east, east(wards) ; **à l'~ de** (to the) east of.

estafette [ɛstafɛt] *nf* (MIL) dispatch rider.

estafilade [ɛstafilad] *nf* gash, slash.

est-allemand, e [ɛstalmɑ̃, -ɑ̃d] *a* East German.

estaminet [ɛstaminɛ] *nm* tavern.

estampe [ɛstɑ̃p] *nf* print, engraving.

estampille [ɛstɑ̃pij] *nf* stamp.

est-ce que [ɛskə] *ad*: **~ c'est cher/c'était bon?** is it expensive/was it good? ; **quand est-ce qu'il part?** when does he leave? ; **when is he leaving?** ; **qui est-ce qui le connaît/a fait ça?** who knows him/did that? ; *voir aussi* **que**.

esthète [ɛstɛt] *nm/f* aesthete.

esthéticienne [ɛstetisjɛn] *nf* beautician.

esthétique [ɛstetik] *a* attractive ; aesthetically pleasing // *nf* aesthetics *sg*.

estimation [ɛstimasjɔ̃] *nf* valuation ; assessment.

estime [ɛstim] *nf* esteem, regard.

estimer [ɛstime] *vt* (*respecter*) to esteem, hold in high regard ; (*expertiser*) to value ; (*évaluer*) to assess, estimate ; (*penser*) **~ que/être** to consider that/o.s. to be ;

j'estime la distance à 10 km I reckon the distance to be 10 km.

estival, e, aux [ɛstival, -o] *a* summer *cpd*.

estivant, e [ɛstivɑ̃, -ɑ̃t] *nm/f* (summer) holiday-maker.

estocade [ɛstɔkad] *nf* death-blow.

estomac [ɛstɔma] *nm* stomach.

estomaqué, e [ɛstɔmake] *a* flabbergasted.

estompe [ɛstɔ̃p] *nf* stump ; stump-drawing.

estomper [ɛstɔ̃pe] *vt* (ART) to shade off ; (*fig*) to blur, dim ; **s'~** *vi* to soften ; to become blurred.

estrade [ɛstʀad] *nf* platform, rostrum.

estragon [ɛstʀagɔ̃] *nm* tarragon.

estropié, e [ɛstʀɔpje] *nm/f* cripple.

estropier [ɛstʀɔpje] *vt* to cripple, maim ; (*fig*) to twist, distort.

estuaire [ɛstɥɛʀ] *nm* estuary.

estudiantin, e [ɛstydjɑ̃tɛ̃, -in] *a* student *cpd*.

esturgeon [ɛstyʀʒɔ̃] *nm* sturgeon.

et [e] *cj* and ; **~ lui?** what about him? ; **~ alors!** so what!.

étable [etabl(ə)] *nf* cowshed.

établi [etabli] *nm* (work)bench.

établir [etabliʀ] *vt* (*papiers d'identité, facture*) to make out ; (*liste, programme*) to draw up ; (*gouvernement, artisan etc: aider à s'installer*) to set up, establish ; (*entreprise, atelier, camp*) to set up ; (*réputation, usage, fait, culpabilité*) to establish ; **s'~** *vi* (*se faire: entente etc*) to be established ; **s'~** (**à son compte**) to set up one's own business ; **s'~ à/près de** to settle in/near.

établissement [etablismɑ̃] *nm* making out ; drawing up ; setting up, establishing ; (*entreprise, institution*) establishment ; **~ de crédit** credit institution ; **~ industriel** industrial plant, factory ; **~ scolaire** school, educational establishment.

étage [etaʒ] *nm* (*d'immeuble*) storey, floor ; (*de fusée*) stage ; (GÉO: *de culture, végétation*) level ; **au 2ème ~** on the 2nd floor ; **de bas ~** a low ; **étager** *vt* (*cultures*) to lay out in tiers ; **s'étager** *vi* (*prix*) to range ; (*zones, cultures*) to lie on different levels.

étagère [etaʒɛʀ] *nf* (*rayon*) shelf ; (*meuble*) shelves *pl*, set of shelves.

étai [etɛ] *nm* stay, prop.

étain [etɛ̃] *nm* tin ; (ORFÈVRERIE) pewter *q*.

étais *etc vb voir* **être.**

étal [etal] *nm* stall.

étalage [etalaʒ] *nm* display ; display window ; **faire ~ de** to show off, parade ; **étalagiste** *nm/f* window-dresser.

étale [etal] *a* (*mer*) slack.

étalement [etalmɑ̃] *nm* spreading, staggering.

étaler [etale] *vt* (*carte, nappe*) to spread (out) ; (*peinture, liquide*) to spread ; (*échelonner: paiements, dates, vacances*) to spread, stagger ; (*exposer: marchandises*) to display ; (*richesses, connaissances*) to parade ; **s'~** *vi* (*liquide*) to spread out ; (*fam*) to come a cropper ; **s'~ sur** (*suj: paiements etc*) to be spread out over.

étalon [etalɔ̃] *nm* (*mesure*) standard ; (*cheval*) stallion ; **étalonner** *vt* to calibrate.

étamer [etame] vt (casserole) to tin(plate) ; (glace) to silver.
étamine [etamin] nf (BOT) stamen ; (tissu) butter muslin.
étanche [etɑ̃ʃ] a (récipient) watertight ; (montre, vêtement) waterproof.
étancher [etɑ̃ʃe] vt (liquide) to stop (flowing) ; ~ **sa soif** to quench ou slake one's thirst.
étang [etɑ̃] nm pond.
étant [etɑ̃] vb voir **être, donné**.
étape [etap] nf stage ; (lieu d'arrivée) stopping place ; (: CYCLISME) staging point ; **faire** ~ **à** to stop off at.
état [eta] nm (POL, condition) state ; (d'un article d'occasion etc) condition, state ; (liste) inventory, statement ; (condition professionnelle) profession, trade ; (: sociale) status ; **en mauvais** ~ in poor condition ; **en** ~ (**de marche**) in (working) order ; **remettre en** ~ to repair ; **hors d'** ~ out of order ; **être en** ~/**hors d'** ~ **de faire** to be in a/in no fit state to do ; **en tout** ~ **de cause** in any event ; **être dans tous ses** ~ **s** to be in a state ; **faire** ~ **de** (alléguer) to put forward ; **en** ~ **d'arrestation** under arrest ; **en** ~ **de grâce** (REL) in a state of grace ; (fig) inspired ; ~ **civil** civil status ; ~ **des lieux** inventory of fixtures ; ~ **de santé** state of health ; ~ **de siège/d'urgence** state of siege/emergency ; ~ **s d'âme** moods ; ~ **s de service** service record sg ; **étatiser** vt to bring under state control.
état-major [etamaʒɔʀ] nm (MIL) staff ; (d'un parti etc) top advisers pl ; top management.
États-Unis [etazyni] nmpl: **les** ~ (**d'Amérique**) the United States (of America).
étau, x [eto] nm vice.
étayer [eteje] vt to prop ou shore up ; (fig) to back up.
et c(a)etera [ɛtseteʀa], **etc.** ad et cetera, and so on, etc.
été [ete] pp de **être** // nm summer.
éteignoir [etɛɲwaʀ] nm (candle) extinguisher ; (péj) killjoy, wet blanket.
éteindre [etɛ̃dʀ(ə)] vt (lampe, lumière, radio) to turn ou switch off ; (cigarette, incendie, bougie) to put out, extinguish ; (JUR: dette) to extinguish ; **s'** ~ vi to go out ; to go off ; (mourir) to pass away ; **éteint, e** a (fig) lacklustre, dull ; (volcan) extinct.
étendard [etɑ̃daʀ] nm standard.
étendre [etɑ̃dʀ(ə)] vt (appliquer: pâte, liquide) to spread ; (déployer: carte etc) to spread out ; (sur un fil: lessive, linge) to hang up ou out ; (bras, jambes, par terre: blessé) to stretch out ; (diluer) to dilute, thin ; (fig: agrandir) to extend ; (fam: adversaire) to floor ; **s'** ~ vi (augmenter, se propager) to spread ; (terrain, forêt etc): **s'** ~ **jusqu'à/de** ... **à** to stretch as far as/from ... to ; **s'** ~ (**sur**) (s'allonger) to stretch out (upon) ; (se reposer) to lie down (on) ; (fig: expliquer) to elaborate ou enlarge (upon).
étendu, e [etɑ̃dy] a extensive // nf (d'eau, de sable) stretch, expanse ; (importance) extent.

éternel, le [etɛʀnɛl] a eternal ; **les neiges** ~**les** perpetual snow.
éterniser [etɛʀnize]: **s'** ~ vi to last for ages ; to stay for ages.
éternité [etɛʀnite] nf eternity ; **de toute** ~ from time immemorial.
éternuer [etɛʀnɥe] vi to sneeze.
êtes vb voir **être**.
étêter [etete] vt (arbre) to poll(ard) ; (clou, poisson) to cut the head off.
éther [etɛʀ] nm ether.
éthique [etik] a ethical // nf ethics sg.
ethnie [ɛtni] nf ethnic group.
ethnographie [ɛtnɔgʀafi] nf ethnography.
ethnologie [ɛtnɔlɔʒi] nf ethnology ; **ethnologue** nm/f ethnologist.
éthylisme [etilism(ə)] nm alcoholism.
étiage [etjaʒ] nm low water.
étiez vb voir **être**.
étinceler [etɛ̃sle] vi to sparkle.
étincelle [etɛ̃sɛl] nf spark.
étioler [etjole]: **s'** ~ vi to wilt.
étique [etik] a skinny, bony.
étiqueter [etikte] vt to label.
étiquette [etikɛt] nf label ; (protocole): **l'** ~ etiquette.
étirer [etiʀe] vt to stretch ; (ressort) to stretch out ; **s'** ~ vi (personne) to stretch ; (convoi, route): **s'** ~ **sur** to stretch out over.
étoffe [etɔf] nf material, fabric.
étoffer [etɔfe] vt, **s'** ~ vi to fill out.
étoile [etwal] nf star ; **à la belle** ~ in the open ; ~ **filante** shooting star ; ~ **de mer** starfish ; **étoilé, e** a starry.
étole [etɔl] nf stole.
étonnant, e [etɔnɑ̃, -ɑ̃t] a amazing.
étonnement [etɔnmɑ̃] nm surprise, amazement.
étonner [etɔne] vt to surprise, amaze ; **s'** ~ **que/de** to be amazed that/at ; **cela m'étonnerait (que)** (j'en doute) I'd be very surprised (if).
étouffant, e [etufɑ̃, -ɑ̃t] a stifling.
étouffée [etufe]: **à l'** ~ ad (CULIN) steamed ; braised.
étouffer [etufe] vt to suffocate ; (bruit) to muffle ; (scandale) to hush up // vi to suffocate ; (avoir trop chaud) to feel stifled ; **s'** ~ vi (en mangeant etc) to choke.
étourderie [etuʀdəʀi] nf heedlessness ; thoughtless blunder.
étourdi, e [etuʀdi] a (distrait) scatterbrained, heedless.
étourdir [etuʀdiʀ] vt (assommer) to stun, daze ; (griser) to make dizzy ou giddy ; **étourdissant, e** a staggering ; **étourdissement** nm dizzy spell.
étourneau, x [etuʀno] nm starling.
étrange [etʀɑ̃ʒ] a strange.
étranger, ère [etʀɑ̃ʒe, -ɛʀ] a foreign ; (pas de la famille, non familier) strange // nm/f foreigner ; stranger // nm: **à l'** ~ abroad ; **de l'** ~ from abroad ; ~ **à** (fig) unfamiliar to ; irrelevant to.
étranglement [etʀɑ̃gləmɑ̃] nm (d'une vallée etc) constriction, narrow passage.
étrangler [etʀɑ̃gle] vt to strangle ; **s'** ~ vi (en mangeant etc) to choke ; (se resserrer) to make a bottleneck.

étrave [etʀav] *nf* stem.

être [ɛtʀ(ə)] *nm* being // *vb avec attribut*, *vi* to be // *vb auxiliaire* to have (*ou parfois* be); **il est instituteur** he is a teacher; **c'est à moi/eux** it is *ou* it's mine/theirs; **c'est à lui de le faire** it's up to him to do it; ~ **de** (*provenance, origine*) to be from; (*appartenance*) to belong to; **nous sommes le 10 janvier** it's the 10th of January (today); **il est 10 heures, c'est 10 heures** it is *ou* it's 10 o'clock; **c'est à réparer** it needs repairing; **c'est à essayer** it should be tried; ~ **humain** human being; *voir aussi* **est-ce que, n'est-ce pas, c'est-à-dire, ce.**

étreindre [etʀɛ̃dʀ(ə)] *vt* to clutch, grip; (*amoureusement, amicalement*) to embrace; **s'~** to embrace; **étreinte** *nf* clutch, grip; embrace.

étrenner [etʀene] *vt* to use (*ou* wear) for the first time.

étrennes [etʀɛn] *nfpl* Christmas box *sg* (*fig*).

étrier [etʀije] *nm* stirrup.

étriller [etʀije] *vt* (*cheval*) to curry; (*fam: battre*) to trounce.

étriper [etʀipe] *vt* to gut; (*fam*): ~ **qn** to tear sb's guts out.

étriqué, e [etʀike] *a* skimpy.

étroit, e [etʀwa, -wat] *a* narrow; (*vêtement*) tight; (*fig: serré*) close, tight; **à l'~** *ad* cramped; ~ **d'esprit** narrow-minded; **étroitesse** *nf* narrowness.

étude [etyd] *nf* studying; (*ouvrage, rapport*) study; (*de notaire: bureau*) office; (: *charge*) practice; (*SCOL: salle de travail*) study room; **~s** *nfpl* (*SCOL*) studies; **être à l'~** (*projet etc*) to be under consideration; **faires des ~s de droit/médecine** to study *ou* read law/medicine.

étudiant, e [etydjɑ̃, -ɑ̃t] *nm/f* student.

étudié, e [etydje] *a* (*démarche*) studied; (*système*) carefully designed.

étudier [etydje] *vt, vi* to study.

étui [etyi] *nm* case.

étuve [etyv] *nf* steamroom; (*appareil*) sterilizer.

étuvée [etyve] *nf*: **à l'~** *ad* braised.

étymologie [etimɔlɔʒi] *nf* etymology; **étymologique** *a* etymological.

eu, eue [y] *pp voir* **avoir.**

eucalyptus [økaliptys] *nm* eucalyptus.

eugénique [øʒenik] *a* eugenic // *nf* eugenics *sg.*

euh [ø] *excl* er.

eunuque [ønyk] *nm* eunuch.

euphémisme [øfemism(ə)] *nm* euphemism.

euphonie [øfɔni] *nf* euphony.

euphorie [øfɔʀi] *nf* euphoria; **euphorique** *a* euphoric.

eurasien, ne [øʀazjɛ̃, -ɛn] *a, nm/f* Eurasian.

Europe [øʀɔp] *nf* Europe; **européen, ne** *a, nm/f* European.

eus *etc vb voir* **avoir.**

euthanasie [øtanazi] *nf* euthanasia.

eux [ø] *pronom* (*sujet*) they; (*objet*) them.

évacuation [evakɥasjɔ̃] *nf* evacuation.

évacuer [evakɥe] *vt* (*salle, région*) to evacuate, clear; (*occupants, population*) to evacuate; (*toxine etc*) to evacuate, discharge.

évadé, e [evade] *a* escaped // *nm/f* escapee.

évader [evade]: **s'~** *vi* to escape.

évaluation [evalɥasjɔ̃] *nf* assessment, evaluation.

évaluer [evalɥe] *vt* to assess, evaluate.

évangélique [evɑ̃ʒelik] *a* evangelical.

évangéliser [evɑ̃ʒelize] *vt* to evangelize.

évangile [evɑ̃ʒil] *nm* gospel.

évanouir [evanwiʀ]: **s'~** *vi* to faint, pass out; (*disparaître*) to vanish, disappear.

évanouissement [evanwismɑ̃] *nm* (*syncope*) fainting fit; (*dans un accident*) loss of consciousness.

évaporation [evapɔʀasjɔ̃] *nf* evaporation.

évaporé, e [evapɔʀe] *a* giddy, scatterbrained.

évaporer [evapɔʀe]: **s'~** *vi* to evaporate.

évaser [evaze] *vt* (*tuyau*) to widen, open out; (*jupe, pantalon*) to flare; **s'~** *vi* to widen, open out.

évasif, ive [evazif, -iv] *a* evasive.

évasion [evazjɔ̃] *nf* escape; **littérature d'~** escapist literature.

évêché [eveʃe] *nm* bishopric; bishop's palace.

éveil [evɛj] *nm* awakening; **être en ~** to be alert.

éveillé, e [eveje] *a* awake; (*vif*) alert, sharp.

éveiller [eveje] *vt* to (a)waken; **s'~** *vi* to (a)waken; (*fig*) to be aroused.

événement [evɛnmɑ̃] *nm* event.

éventail [evɑ̃taj] *nm* fan; (*choix*) range; **en ~** fanned out; fan-shaped.

éventaire [evɑ̃tɛʀ] *nm* stall, stand.

éventer [evɑ̃te] *vt* (*secret*) to discover, lay open; (*avec un éventail*) to fan; **s'~** *vi* (*parfum*) to go stale.

éventrer [evɑ̃tʀe] *vt* to disembowel; (*fig*) to tear *ou* rip open.

éventualité [evɑ̃tɥalite] *nf* eventuality; possibility; **dans l'~ de** in the event of.

éventuel, le [evɑ̃tɥɛl] *a* possible; **~lement** *ad* possibly.

évêque [evɛk] *nm* bishop.

évertuer [evɛʀtɥe]: **s'~** *vi*: **s'~ à faire** to try very hard to do.

éviction [eviksjɔ̃] *nf* ousting, supplanting; (*de locataire*) eviction.

évidemment [evidamɑ̃] *ad* obviously.

évidence [evidɑ̃s] *nf* obviousness; obvious fact; **de toute ~** quite obviously *ou* evidently; **en ~** conspicuous; **mettre en ~** to highlight; to bring to the fore.

évident, e [evidɑ̃, -ɑ̃t] *a* obvious, evident.

évider [evide] *vt* to scoop out.

évier [evje] *nm* (kitchen) sink.

évincer [evɛ̃se] *vt* to oust, supplant.

évitement [evitmɑ̃] *nm*: **place d'~** (*AUTO*) passing place.

éviter [evite] *vt* to avoid; ~ **de faire/que qch ne se passe** to avoid doing/sth happening; ~ **qch à qn** to spare sb sth.

évocateur, trice [evɔkatœr, -tris] *a* evocative, suggestive.

évocation [evɔkɑsjɔ̃] *nf* evocation.

évolué, e [evɔlɥe] *a* advanced.

évoluer [evɔlɥe] *vi* (*enfant, maladie*) to develop ; (*situation, moralement*) to evolve, develop ; (*aller et venir: danseur etc*) to move about, circle ; **évolution** *nf* development ; evolution ; **évolutions** *nfpl* movements.

évoquer [evɔke] *vt* to call to mind, evoke ; (*mentionner*) to mention.

ex... [ɛks] *préfixe* ex-.

exacerber [ɛgzasɛrbe] *vt* to exacerbate.

exact, e [ɛgzakt] *a* (*précis*) exact, accurate, precise ; (*correct*) correct ; (*ponctuel*) punctual ; **l'heure ~e** the right *ou* exact time ; **~ement** *ad* exactly, accurately, precisely ; correctly ; (*c'est cela même*) exactly.

exactions [ɛgzaksjɔ̃] *nfpl* exactions.

exactitude [ɛgzaktityd] *nf* exactitude, accurateness, precision.

ex aequo [ɛgzeko] *a* equally placed ; **classé 1er ~** placed equal first.

exagération [ɛgzaʒerɑsjɔ̃] *nf* exaggeration.

exagéré, e [ɛgzaʒere] *a* (*prix etc*) excessive.

exagérer [ɛgzaʒere] *vt* to exaggerate // *vi* (*abuser*) to go too far ; overstep the mark ; (*déformer les faits*) to exaggerate.

exaltation [ɛgzaltɑsjɔ̃] *nf* exaltation.

exalté, e [ɛgzalte] *a* (over)excited // *nm/f* (*péj*) fanatic.

exalter [ɛgzalte] *vt* (*enthousiasmer*) to excite, elate ; (*glorifier*) to exalt.

examen [ɛgzamɛ̃] *nm* examination ; (*SCOL*) exam, examination ; **à l'~** under consideration ; (*COMM*) on approval ; **~ blanc** mock exam(ination) ; **~ de la vue** sight test.

examinateur, trice [ɛgzaminatœr, -tris] *nm/f* examiner.

examiner [ɛgzamine] *vt* to examine.

exaspération [ɛgzasperɑsjɔ̃] *nf* exasperation.

exaspérer [ɛgzaspere] *vt* to exasperate ; to exacerbate.

exaucer [ɛgzose] *vt* (*vœu*) to grant, fulfil ; **~ qn** to grant sb's wishes.

excavateur [ɛkskavatœr] *nm* excavator, mechanical digger.

excavation [ɛkskavɑsjɔ̃] *nf* excavation.

excavatrice [ɛkskavatris] *nf* = **excavateur.**

excédent [ɛksedɑ̃] *nm* surplus ; **en ~** surplus ; **~ de bagages** excess luggage ; **excédentaire** *a* surplus, excess.

excéder [ɛksede] *vt* (*dépasser*) to exceed ; (*agacer*) to exasperate.

excellence [ɛksɛlɑ̃s] *nf* excellence ; (*titre*) Excellency.

excellent, e [ɛksɛlɑ̃, -ɑ̃t] *a* excellent.

exceller [ɛksele] *vi*: **~ (dans)** to excel (in).

excentricité [ɛksɑ̃trisite] *nf* eccentricity ; **excentrique** *a* eccentric ; (*quartier*) outlying.

excepté, e [ɛksɛpte] *a, prép*: **les élèves ~s, ~ les élèves** except for *ou* apart from the pupils ; **~ si** except if.

excepter [ɛksɛpte] *vt* to except.

exception [ɛksɛpsjɔ̃] *nf* exception ; **à l'~ de** except for, with the exception of ; **d'~** (*mesure, loi*) special, exceptional ; **exceptionnel, le** *a* exceptional.

excès [ɛksɛ] *nm* surplus // *nmpl* excesses ; **à l'~** (*méticuleux, généreux*) to excess ; **~ de vitesse** speeding *q*, exceeding the speed limit ; **~ de zèle** overzealousness *q* ; **excessif, ive** *a* excessive.

exciper [ɛksipe]: **~ de** *vt* to plead.

excitant [ɛksitɑ̃] *nm* stimulant.

excitation [ɛksitɑsjɔ̃] *nf* excitement.

exciter [ɛksite] *vt* to excite ; (*suj: café etc*) to stimulate ; **s'~** *vi* to get excited ; **~ qn à** (*révolte etc*) to incite sb to.

exclamation [ɛksklamɑsjɔ̃] *nf* exclamation.

exclamer [ɛksklame]: **s'~** *vi* to exclaim.

exclure [ɛksklyr] *vt* (*faire sortir*) to expel ; (*ne pas compter*) to exclude, leave out ; (*rendre impossible*) to exclude, rule out ; **exclusif, ive** *a* exclusive ; **exclusion** *nf* expulsion ; **à l'exclusion de** with the exclusion *ou* exception of ; **exclusivement** *ad* exclusively ; **exclusivité** *nf* exclusiveness ; (*COMM*) exclusive rights *pl* ; **film passant en exclusivité à** film showing only at.

excommunier [ɛkskɔmynje] *vt* to excommunicate.

excréments [ɛkskremɑ̃] *nmpl* excrement *sg*, faeces.

excroissance [ɛkskrwasɑ̃s] *nf* excrescence, outgrowth.

excursion [ɛkskyrsjɔ̃] *nf* (*en autocar*) excursion, trip ; (*à pied*) walk, hike ; **faire une ~** to go on an excursion *ou* a trip ; to go on a walk *ou* hike ; **excursionniste** *nm/f* tripper ; hiker.

excuse [ɛkskyz] *nf* excuse ; **~s** *nfpl* apology *sg*, apologies.

excuser [ɛkskyze] *vt* to excuse ; **s'~ (de)** to apologize (for) ; **'excusez-moi'** 'I'm sorry' ; (*pour attirer l'attention*) 'excuse me'.

exécrable [ɛgzekrabl(ə)] *a* atrocious.

exécrer [ɛgzekre] *vt* to loathe, abhor.

exécutant, e [ɛgzekytɑ̃, -ɑ̃t] *nm/f* performer.

exécuter [ɛgzekyte] *vt* (*prisonnier*) to execute ; (*tâche etc*) to execute, carry out ; (*MUS: jouer*) to perform, execute ; **s'~** *vi* to comply ; **exécuteur, trice** *nm/f* (*testamentaire*) executor // *nm* (*bourreau*) executioner ; **exécutif, ive** *a*, *nm* (*POL*) executive ; **exécution** *nf* execution ; carrying out ; **mettre à exécution** to carry out.

exégèse [ɛgzeʒɛz] *nf* exegesis.

exemplaire [ɛgzɑ̃plɛr] *a* exemplary // *nm* copy.

exemple [ɛgzɑ̃pl(ə)] *nm* example ; **par ~** for instance, for example ; **donner l'~** to set an example ; **prendre ~ sur** to take as a model ; **à l'~ de** just like.

exempt, e [ɛgzɑ̃, -ɑ̃t] *a*: **~ de** (*dispensé de*) exempt from ; (*ne comportant pas de*) free from.

exempter [ɛgzɑ̃te] *vt*: **~ de** to exempt from.

exercé, e [ɛgzɛRse] *a* trained.
exercer [ɛgzɛRse] *vt* (*pratiquer*) to exercise, practise; (*faire usage de: prérogative*) to exercise; (*effectuer: influence, contrôle, pression*) to exert; (*former*) to exercise, train // *vi* (*médecin*) to be in practice; **s'~** (*sportif, musicien*) to practise; (*se faire sentir: pression etc*) to be exerted.
exercice [ɛgzɛRsis] *nm* practice; exercising; (*tâche, travail*) exercise; (*activité, sportive, physique*): **l'~** exercise; (*MIL*): **l'~** drill; (*COMM, ADMIN: période*) accounting period; **en ~** (*juge*) in office; (*médecin*) practising; **dans l'~ de ses fonctions** in the discharge of his duties.
exhaler [ɛgzale] *vt* to exhale; to utter, breathe; **s'~** *vi* to rise (up).
exhaustif, ive [ɛgzostif, -iv] *a* exhaustive.
exhiber [ɛgzibe] *vt* (*montrer: papiers, certificat*) to present, produce; (*péj*) to display, flaunt **s'~** to parade; (*suj: exhibitionniste*) to expose o.s; **exhibitionnisme** *nm* exhibitionism.
exhorter [ɛgzɔRte] *vt*: **~ qn à faire** to urge sb to do.
exhumer [ɛgzyme] *vt* to exhume.
exigeant, e [ɛgziʒɑ̃, -ɑ̃t] *a* demanding; (*péj*) hard to please.
exigence [ɛgziʒɑ̃s] *nf* demand, requirement.
exiger [ɛgziʒe] *vt* to demand, require.
exigu, ë [ɛgzigy] *a* (*lieu*) cramped, tiny.
exil [ɛgzil] *nm* exile; **en ~** in exile; **~é, e** *nm/f* exile; **~er** *vt* to exile; **s'~er** to go into exile.
existence [ɛgzistɑ̃s] *nf* existence.
exister [ɛgziste] *vi* to exist; **il existe un/des** there is a/are (some).
exode [ɛgzɔd] *nm* exodus.
exonérer [ɛgzɔneRe] *vt*: **~ de** to exempt from.
exorbitant, e [ɛgzɔRbitɑ̃, -ɑ̃t] *a* exorbitant.
exorbité, e [ɛgzɔRbite] *a*: **yeux ~s** bulging eyes.
exorciser [ɛgzɔRsize] *vt* to exorcise.
exotique [ɛgzɔtik] *a* exotic; **exotisme** *nm* exoticism; exotic flavour *ou* atmosphere.
expansif, ive [ɛkspɑ̃sif, -iv] *a* expansive, communicative.
expansion [ɛkspɑ̃sjɔ̃] *nf* expansion.
expatrier [ɛkspatRije] *vt*: **s'~** to leave one's country, expatriate o.s.
expectative [ɛkspɛktativ] *nf*: **être dans l'~** to be still waiting.
expectorer [ɛkspɛktɔRe] *vi* to expectorate.
expédient [ɛkspedjɑ̃] *nm* (*péj*) expedient; **vivre d'~s** to live by one's wits.
expédier [ɛkspedje] *vt* (*lettre, paquet*) to send; (*troupes*) to dispatch; (*péj: travail etc*) to dispose of, dispatch; **expéditeur, trice** *nm/f* sender.
expéditif, ive [ɛkspeditif, -iv] *a* quick, expeditious.
expédition [ɛkspedisjɔ̃] *nf* sending; (*scientifique, sportive, MIL*) expedition.
expéditionnaire [ɛkspedisjɔnɛR] *a*: **corps ~** task force.

expérience [ɛkspeRjɑ̃s] *nf* (*de la vie*) experience; (*scientifique*) experiment; **avoir de l'~** to have experience, be experienced; **avoir l'~ de** to have experience of.
expérimental, e, aux [ɛkspeRimɑ̃tal, -o] *a* experimental.
expérimenté, e [ɛkspeRimɑ̃te] *a* experienced.
expérimenter [ɛkspeRimɑ̃te] *vt* (*technique*) to test out, experiment with.
expert, e [ɛkspɛR, -ɛRt(ə)] *a, nm* expert; **~ en assurances** insurance valuer; **~-comptable** *nm* ≈ chartered accountant.
expertise [ɛkspɛRtiz] *nf* valuation; assessment; valuer's (*ou* assessor's) report; (*JUR*) (forensic) examination.
expertiser [ɛkspɛRtize] *vt* (*objet de valeur*) to value; (*voiture accidentée etc*) to assess damage to.
expier [ɛkspje] *vt* to expiate, atone for.
expiration [ɛkspiRasjɔ̃] *nf* expiry; breathing out *q.*
expirer [ɛkspiRe] *vi* (*venir à échéance, mourir*) to expire; (*respirer*) to breathe out.
explétif, ive [ɛkspletif, -iv] *a* expletive.
explicatif, ive [ɛksplikatif, -iv] *a* explanatory.
explication [ɛksplikɑsjɔ̃] *nf* explanation; (*discussion*) discussion; argument; **~ de texte** (*SCOL*) critical analysis (of a text).
explicite [ɛksplisit] *a* explicit; **expliciter** *vt* to make explicit.
expliquer [ɛksplike] *vt* to explain; **s'~** (*discuter*) to discuss things; to have it out; **son erreur s'explique** one can understand his mistake.
exploit [ɛksplwa] *nm* exploit, feat.
exploitant [ɛksplwatɑ̃] *nm* farmer.
exploitation [ɛksplwatɑsjɔ̃] *nf* exploitation; running; **~ agricole** farming concern.
exploiter [ɛksplwate] *vt* (*mine*) to exploit, work; (*entreprise, ferme*) to run, operate; (*clients, ouvriers, erreur, don*) to exploit; **exploiteur, euse** *nm/f* exploiter.
explorateur, trice [ɛksplɔRatœR, -tRis] *nm/f* explorer.
exploration [ɛksplɔRɑsjɔ̃] *nf* exploration.
explorer [ɛksplɔRe] *vt* to explore.
exploser [ɛksploze] *vi* to explode, blow up; (*engin explosif*) to go off; (*fig: joie, colère*) to burst out, explode; (*personne: de colère*) to explode, flare up; **explosif, ive** *a, nm* explosive; **explosion** *nf* explosion.
exportateur, trice [ɛkspɔRtatœR, -tRis] *a* export *cpd*, exporting // *nm* exporter.
exportation [ɛkspɔRtɑsjɔ̃] *nf* exportation; export.
exporter [ɛkspɔRte] *vt* to export.
exposant [ɛkspozɑ̃] *nm* exhibitor; (*MATH*) exponent.
exposé, e [ɛkspoze] *nm* talk // *a*: **~ au sud** facing south, with a southern aspect; **bien ~** well situated; **très ~** very exposed.
exposer [ɛkspoze] *vt* (*marchandise*) to display; (*peinture*) to exhibit, show; (*parler de: problème, situation*) to explain, set out; (*mettre en danger, orienter, PHOTO*) to expose; **~ qn/qch à** to expose sb/sth

to ; **exposition** nf displaying ; exhibiting ; setting out ; (voir exposé) aspect, situation ; (manifestation) exhibition ; (PHOTO) exposure.

exprès [ɛksprɛ] ad (délibérément) on purpose ; (spécialement) specially ; **faire ~ de faire qch** to do sth on purpose.

exprès, esse [ɛksprɛs] a (ordre, défense) express, formal // a inv, ad (PTT) express.

express [ɛksprɛs] a, nm: (café) ~ espresso ; (train) ~ fast train.

expressément [ɛksprɛsemɑ̃] ad expressly ; specifically.

expressif, ive [ɛksprɛsif, -iv] a expressive.

expression [ɛksprɛsjɔ̃] nf expression.

exprimer [ɛksprime] vt (sentiment, idée) to express ; (jus, liquide) to press out ; **s'~** vi (personne) to express o.s.

expropriation [ɛksprɔprijasjɔ̃] nf expropriation ; **frapper d'~** to put a compulsory purchase order on.

exproprier [ɛksprɔprije] vt to buy up (ou buy the property of) by compulsory purchase, expropriate.

expulser [ɛkspylse] vt to expel ; (locataire) to evict ; (FOOTBALL) to send off ; **expulsion** nf expulsion ; eviction ; sending off.

expurger [ɛkspyrʒe] vt to expurgate, bowdlerize.

exquis, e [ɛkski, -iz] a exquisite ; delightful.

exsangue [ɛksɑ̃g] a bloodless, drained of blood.

extase [ɛkstɑz] nf ecstasy ; **s'extasier sur** to go into ecstasies ou raptures over.

extenseur [ɛkstɑ̃sœr] nm (SPORT) chest expander.

extensible [ɛkstɑ̃sibl(ə)] a extensible.

extensif, ive [ɛkstɑ̃sif, -iv] a extensive.

extension [ɛkstɑ̃sjɔ̃] nf (d'un muscle, ressort) stretching ; (MÉD) à l'~ in traction ; (fig) extension ; expansion.

exténuer [ɛkstenɥe] vt to exhaust.

extérieur, e [ɛksterjœr] a (porte, mur etc) outer, outside ; (au dehors: escalier, w.-c.) outside ; (commerce) foreign ; (influences) external ; (apparent: calme, gaieté etc) surface cpd // nm (d'une maison, d'un récipient etc) outside, exterior ; (d'une personne: apparence) exterior ; (d'un groupe social): l'~ the outside world ; à l'~ outside ; (à l'étranger) abroad ; **~ement** ad on the outside ; (en apparence) on the surface ; **extérioriser** vt to show ; to exteriorize.

exterminer [ɛkstɛrmine] vt to exterminate, wipe out.

externat [ɛkstɛrna] nm day school.

externe [ɛkstɛrn(ə)] a external, outer // nm/f (MÉD) non-resident medical student ; (SCOL) day pupil.

extincteur [ɛkstɛktœr] nm (fire) extinguisher.

extinction [ɛkstɛksjɔ̃] nf extinction ; (JUR: d'une dette) extinguishment ; **~ de voix** loss of voice.

extirper [ɛkstirpe] vt (tumeur) to extirpate ; (plante) to root out, pull up.

extorquer [ɛkstɔrke] vt: **~ qch à qn** to extort sth from sb.

extra [ɛkstra] a inv first-rate ; top-quality // nm inv extra help.

extraction [ɛkstraksjɔ̃] nf extraction.

extrader [ɛkstrade] vt to extradite ; **extradition** nf extradition.

extraire [ɛkstrɛr] vt to extract ; **extrait** nm (de plante) extract ; (de film, livre) extract, excerpt.

extra-lucide [ɛkstralysid] a: **voyante ~** clairvoyant.

extraordinaire [ɛkstraɔrdinɛr] a extraordinary ; (POL: mesures) special ; **ambassadeur ~** ambassador extraordinary.

extravagance [ɛkstravagɑ̃s] nf extravagance q ; extravagant behaviour q.

extravagant, e [ɛkstravagɑ̃, -ɑ̃t] a extravagant ; wild.

extraverti, e [ɛkstravɛrti] a extrovert.

extrême [ɛkstrɛm] a, nm extreme ; **~ment** ad extremely ; **~-onction** nf last rites pl, Extreme Unction ; **E~-Orient** nm Far East ; **extrémiste** a, nm/f extremist.

extrémité [ɛkstremite] nf end ; (situation) straits pl, plight ; (geste désespéré) extreme action ; **~s** nfpl (pieds et mains) extremities ; **à la dernière ~** (à l'agonie) on the point of death.

exubérant, e [ɛgzyberɑ̃, -ɑ̃t] a exuberant.

exulter [ɛgzylte] vi to exult.

exutoire [ɛgzytwar] nm outlet, release.

ex-voto [ɛksvɔto] nm inv ex-voto.

F

F abr de **franc.**

fa [fa] nm inv (MUS) F ; (en chantant la gamme) fa.

fable [fabl(ə)] nf fable ; (mensonge) story, tale.

fabricant [fabrikɑ̃] nm manufacturer, maker.

fabrication [fabrikasjɔ̃] nf manufacture, making.

fabrique [fabrik] nf factory.

fabriquer [fabrike] vt to make ; (industriellement) to manufacture, make ; (fig): **qu'est-ce qu'il fabrique?** what is he doing?

fabulation [fabylasjɔ̃] nf fantasizing.

fabuleux, euse [fabylø, -øz] a fabulous, fantastic.

façade [fasad] nf front, façade ; (fig) façade.

face [fas] nf face ; (fig: aspect) side // a: **le côté ~** heads ; **perdre la ~** to lose face ; **en ~ de** prép opposite ; (fig) in front of ; **de ~** ad from the front ; face on ; **~ à** prép facing ; (fig) faced with, in the face of ; **faire ~ à** to face ; **~ à ~** ad facing each other // nm inv encounter ; **~-à-main** nm lorgnette.

facéties [fasesi] nfpl jokes, pranks.

facétieux, euse [fasesjø, -øz] a mischievous.

facette [fasɛt] nf facet.

fâché, e [fɑʃe] a angry ; (désolé) sorry.

fâcher [fɑʃe] vt to anger ; **se ~** vi to get angry ; **se ~ avec** (se brouiller) to fall out with.

fâcheux, euse [fɑʃø, -øz] a unfortunate, regrettable.

facial, e, aux [fasjal, -o] a facial.

faciès [fasjɛs] nm features pl, facies.

facile [fasil] a easy ; (accommodant) easy-going ; **~ment** ad easily ; **facilité** nf easiness ; (disposition, don) aptitude ; **facilités** nfpl facilities ; **facilités de paiement** easy terms ; **faciliter** vt to make easier.

façon [fasɔ̃] nf (manière) way ; (d'une robe etc) making-up ; cut ; **~s** nfpl (péj) fuss sg ; **de quelle ~?** (in) what way? ; **de ~ à** so as to ; **de ~ à ce que** so that ; **de toute ~** anyway, in any case.

faconde [fakɔ̃d] nf loquaciousness, volubility.

façonner [fasɔne] vt (fabriquer) to manufacture ; (travailler: matière) to shape, fashion ; (fig) to mould, shape.

fac-similé [faksimile] nm facsimile.

facteur, trice [faktœr, -tris] nm/f postman/woman // nm (MATH, fig: élément) factor ; **~ d'orgues** organ builder ; **~ de pianos** piano maker.

factice [faktis] a artificial.

faction [faksjɔ̃] nf (groupe) faction ; (surveillance) guard ou sentry (duty) ; watch ; **en ~** on guard ; standing watch ; **factionnaire** nm guard, sentry.

factoriel, le [faktɔrjɛl] a factorial.

factotum [faktɔtɔm] nm odd-job man, dogsbody.

facture [faktyr] nf (à payer: gén) bill ; (: COMM) invoice ; (d'un artisan, artiste) technique, workmanship ; **facturer** vt to invoice.

facultatif, ive [fakyltatif, -iv] a optional ; (arrêt de bus) request cpd.

faculté [fakylte] nf (intellectuelle, d'université) faculty ; (pouvoir, possibilité) power.

fadaises [fadɛz] nfpl twaddle sg.

fade [fad] a insipid.

fading [fadiŋ] nm (RADIO) fading.

fagot [fago] nm (de bois) bundle of sticks.

fagoté, e [fagɔte] a (fam): **drôlement ~** in a peculiar getup.

faible [fɛbl(ə)] a weak ; (voix, lumière, vent) faint ; (rendement, intensité, revenu etc) low // nm weak point ; weakness, soft spot ; **~ d'esprit** feeble-minded ; **faiblesse** nf weakness ; **faiblir** vi to weaken ; (lumière) to dim ; (vent) to drop.

faïence [fajɑ̃s] nf earthenware q ; piece of earthenware.

faignant, e [fɛɲɑ̃, -ɑ̃t] nm/f = **fainéant, e.**

faille [faj] vb voir **falloir** // nf (GÉO) fault ; (fig) flaw, weakness.

faillible [fajibl(ə)] a fallible.

faim [fɛ̃] nf hunger ; **avoir ~** to be hungry ; **rester sur sa ~** (aussi fig) to be left wanting more.

fainéant, e [fɛneɑ̃, -ɑ̃t] nm/f idler, loafer.

faire [fɛr] vt to make ; (effectuer: travail, opération) to do ; **vraiment? fit-il** really? he said ; **fait à la main/machine** hand-/machine-made ; **~ du bruit/des taches** to make a noise/marks ; **~ du rugby/piano** to play rugby/play the piano ; **~ le malade/l'ignorant** to act the invalid/the fool ; **~ de qn un frustré/avocat** to make sb a frustrated person/a lawyer ; **cela ne me fait rien** (m'est égal) I don't care ou mind ; (ne laisse froid) it has no effect on me ; **cela ne fait rien** it doesn't matter ; **je vous le fais 10 F** (j'en demande 10 F) I'll let you have it for 10 F ; **que faites-vous?** (quel métier etc) what do you do? ; (quelle activité: au moment de la question) what are you doing? ; **comment a-t-il fait pour** how did he manage to ; **qu'a-t-il fait de sa valise?** what has he done with his case? ; **2 et 2 font 4** 2 and 2 are ou make 4 // vb avec attribut: **ça fait 10 m/15 F** it's 10 m/15 F // vb substitut: **ne le casse pas comme je l'ai fait** don't break it as I did // vb impersonnel voir **jour, froid** etc ; **ça fait 2 ans qu'il est parti** it's 2 years since he left ; **ça fait 2 ans qu'il y a été** he's been there for 2 years ; **faites!** please do! ; **il ne fait que critiquer** (sans cesse) all he (ever) does is criticize ; (seulement) he's only criticizing ; **~ vieux/démodé** to look old/old-fashioned // **~ faire: ~ réparer qch** to get ou have sth repaired ; **~ tomber/bouger qch** to make sth fall/move ; **cela fait dormir** it makes you sleep ; **~ travailler les enfants** to make the children work, get the children to work ; **~ punir les enfants** to have the children punished ; **~ démarrer un moteur/chauffer de l'eau** to start up an engine/heat some water ; **se ~ examiner la vue/opérer** to have one's eyes tested/have an operation ; **il s'est fait aider (par qn)** he got sb to help him ; **il va se ~ tuer/punir** he's going to get himself killed/get (himself) punished ; **se ~ faire un vêtement** to get a garment made for o.s. // **se ~ vi** (fromage, vin) to mature ; **se ~ à** (s'habituer) to get used to ; **cela se fait beaucoup/ne se fait pas** it's done a lot/not done ; **comment se fait-il/faisait-il que** how is it/was it that ; **se ~ vieux** to be getting old ; **se ~ des amis** to make friends ; **il ne s'en fait pas** he doesn't worry.

faisable [fəzabl(ə)] a feasible.

faisan, e [fəzɑ̃, -an] nm/f pheasant.

faisandé, e [fəzɑ̃de] a high.

faisceau, x [fɛso] nm (de lumière etc) beam ; (de branches etc) bundle.

faiseur, euse [fəzœr, -øz] nm/f (gén:péj): **~ de** maker of // nm (bespoke) tailor.

faisons vb voir **faire.**

fait [fɛ] nm (événement) event, occurrence ; (réalité, donnée: s'oppose à hypothèse) fact ; **le ~ que/de manger** the fact that/of eating ; **être le ~ de** (causé par) to be the work of ; **être au ~ (de)** to be informed (of) ; **au ~** (à propos) by the way ; **en venir au ~** to get to the point ; **de ~** a (opposé à: de droit) de facto // ad in fact ; **du ~ de ceci/qu'il a menti** because of ou on account of this/his having lied ; **de ce ~** therefore, for this reason ; **en ~** in fact ; **en ~ de repas** by way of a meal ; **prendre ~ et cause pour qn** to support sb, side with sb ; **prendre qn sur le ~** to catch sb in the act ; **~ d'armes** feat of arms ; **~ divers** (short) news item ; **les ~s et gestes de qn** sb's actions ou doings.

fait, e [fɛ, fɛt] a (mûr: fromage, melon) ripe ; **un homme ~** a grown man ; **c'en est ~ de notre tranquillité** that's the end of our peace.

faîte [fɛt] nm top ; (fig) pinnacle, height.

faites vb voir **faire**.

faîtière [fɛtjɛR] nf (de tente) ridge pole.

fait-tout nm inv, **faitout** nm [fɛtu] stewpot.

fakir [fakiR] nm wizard.

falaise [falɛz] nf cliff.

fallacieux, euse [falasjø, -øz] a fallacious ; deceptive ; illusory.

falloir [falwaR] vb impersonnel: **il va ~ 100 F** we'll (ou I'll) need 100 F ; **il doit ~ du temps** that must take time ; **il me faudrait 100 F** I would need 100 F ; **il vous faut tourner à gauche après l'église** you have to ou want to turn left past the church ; **nous avons ce qu'il (nous) faut** we have what we need ; **il faut qu'il parte/a fallu qu'il parte** (obligation) he has to ou must leave/had to leave ; **il a fallu le faire** it had to be done // s'en **~** : **il s'en est fallu de 100 F/5 minutes** we (ou they) were 100 F short/5 minutes late (ou early) ; **il s'en faut de beaucoup qu'il soit** he is far from being ; **il s'en est fallu de peu que cela n'arrive** it very nearly happened.

falot, e [falo, -ɔt] a dreary, colourless // nm lantern.

falsifier [falsifje] vt to falsify ; to doctor.

famé, e [fame] a: **mal ~** disreputable, of ill repute.

famélique [famelik] a half-starved.

fameux, euse [famø, -øz] a (illustre) famous ; (bon: repas, plat etc) first-rate, first-class.

familial, e, aux [familjal, -o] a family cpd // af (AUTO) estate car.

familiariser [familjaRize] vt: **~ qn avec** to familiarize sb with.

familiarité [familjaRite] nf informality ; familiarity ; **avec** (sujet, science) familiarity with ; **~s** nfpl familiarities.

familier, ière [familje, -jɛR] a (connu, impertinent) familiar ; (dénotant une certaine intimité) informal, friendly ; (LING) informal, colloquial // nm regular (visitor).

famille [famij] nf family ; **il a de la ~ à Paris** he has relatives in Paris.

famine [famin] nf famine.

fan [fan] nm/f fan.

fanal, aux [fanal, -o] nm beacon ; lantern.

fanatique [fanatik] a fanatical // nm/f fanatic ; **fanatisme** nm fanaticism.

faner [fane]: **se ~** vi to fade.

faneur, euse [fanœR, -øz] nm/f hay-maker.

fanfare [fɑ̃faR] nf (orchestre) brass band ; (musique) fanfare.

fanfaron, ne [fɑ̃faRɔ̃, -ɔn] nm/f braggart.

fange [fɑ̃ʒ] nf mire.

fanion [fanjɔ̃] nm pennant.

fanon [fanɔ̃] nm (de baleine) plate of baleen ; (repli de peau) dewlap, wattle.

fantaisie [fɑ̃tezi] nf (spontanéité) fancy, imagination ; (caprice) whim ; extravagance ; (MUS) fantasia // a : **bijou/pain ~** fancy jewellery/bread ;

fantaisiste a (péj) unorthodox, eccentric // nm/f (de music-hall) variety artist ou entertainer.

fantasme [fɑ̃tasm(ə)] nm fantasy.

fantasque [fɑ̃task(ə)] a whimsical, capricious ; fantastic.

fantassin [fɑ̃tasɛ̃] nm infantryman.

fantastique [fɑ̃tastik] a fantastic.

fantoche [fɑ̃tɔʃ] nm (péj) puppet.

fantomatique [fɑ̃tɔmatik] a ghostly.

fantôme [fɑ̃tom] nm ghost, phantom.

faon [fɑ̃] nm fawn.

farce [faRs(ə)] nf (viande) stuffing ; (blague) (practical) joke ; (THÉÂTRE) farce ; **~s et attrapes** jokes and novelties ; **farceur, euse** nm/f practical joker ; **farcir** vt (viande) to stuff ; (fig): **farcir qch de** to stuff sth with.

fard [faR] nm make-up.

fardeau, x [faRdo] nm burden.

farder [faRde] vt to make up.

farfelu, e [faRfəly] a cranky, hare-brained.

farfouiller [faRfuje] vi (péj) to rummage around.

farine [faRin] nf flour ; **farineux, euse** a (sauce, pomme) floury // nmpl (aliments) starchy foods.

farouche [faRuʃ] a a shy, timid ; savage, wild ; fierce.

fart [faR(t)] nm (ski) wax ; **farter** vt to wax.

fascicule [fasikyl] nm volume.

fascination [fasinasjɔ̃] nf fascination.

fasciner [fasine] vt to fascinate.

fascisme [faʃism(ə)] nm fascism ; **fasciste** a, nm/f fascist.

fasse etc vb voir **faire**.

faste [fast(ə)] nm splendour // a: **c'est un jour ~** it's his (ou our) lucky day.

fastidieux, euse [fastidjø, -øz] a tedious, tiresome.

fastueux, euse [fastɥø, -øz] a sumptuous, luxurious.

fat [fa] am conceited, smug.

fatal, e [fatal] a fatal ; (inévitable) inevitable ; **~isme** nm fatalism ; fatalistic outlook ; **~ité** nf fate ; fateful coincidence ; inevitability.

fatidique [fatidik] a fateful.

fatigant, e [fatigɑ̃, -ɑ̃t] a tiring ; (agaçant) tiresome.

fatigue [fatig] nf tiredness, fatigue.

fatiguer [fatige] vt to tire, make tired ; (TECH) to put a strain on, strain ; (fig: importuner) to wear out // vi (moteur) to labour, strain ; **se ~** to get tired ; to tire o.s. (out).

fatras [fatRa] nm jumble, hotchpotch.

fatuité [fatɥite] nf conceitedness, smug-ness.

faubourg [fobuR] nm suburb.

fauché, e [foʃe] a (fam) broke.

faucher [foʃe] vt (herbe) to cut ; (champs, blés) to reap ; (fig) to cut down ; to mow down ; **faucheur, euse** nm/f, af (machine) reaper, mower.

faucille [fosij] nf sickle.

faucon [fokɔ̃] nm falcon, hawk.

faudra vb voir **falloir**.

faufiler [fofile] vt to tack, baste ; **se ~** vi: **se ~ dans** to edge one's way into ; **se ~**

parmi/entre to thread one's way among/between.

faune [fon] *nf* (ZOOL) wildlife, fauna // *nm* faun.

faussaire [fosɛʀ] *nm* forger.

fausse [fos] *a voir* **faux**.

faussement [fosmɑ̃] *ad* (*accuser*) wrongly, wrongfully; (*croire*) falsely, erroneously.

fausser [fose] *vt* (*objet*) to bend, buckle; (*fig*) to distort.

fausset [fosɛ] |nm: **voix de ~** falsetto voice.

faussete [foste] *nf* wrongness; falseness.

faut *vb voir* **falloir**.

faute [fot] *nf* (*erreur*) mistake, error; (*péché, manquement*) misdemeanour; (*FOOTBALL etc*) offence; (*TENNIS*) fault; (*responsabilité*): **par la ~ de** through the fault of, because of; **c'est de sa/ma ~** it's his/my fault; **être en ~** to be in the wrong; **~ de** (*temps, argent*) for ou through lack of; **sans ~** *ad* without fail; **~ de frappe** typing error; **~ d'orthographe** spelling mistake; **~ professionnelle** professional misconduct q.

fauteuil [fotœj] *nm* armchair; **~ club** (big) easy chair; **~ d'orchestre** seat in the front stalls; **~ roulant** wheelchair.

fauteur [fotœʀ] *nm*: **~ de troubles** trouble-maker.

fautif, ive [fotif, -iv] *a* (*incorrect*) incorrect, inaccurate; (*responsable*) at fault, in the wrong; guilty // *nm/f* culprit.

fauve [fov] *nm* wildcat // *a* (*couleur*) fawn.

faux [fo] *nf* scythe.

faux, fausse [fo, fos] *a* (*inexact*) wrong; (*falsifié*) fake; forged; (*sournois, postiche*) false // *ad* (MUS) out of tune // *nm* (*copie*) fake, forgery; (*opposé au vrai*): **le ~** falsehood; **le ~ numéro/la fausse clef** the wrong number/key; **faire ~ bond à qn** to stand sb up; **~ col** detachable collar; **~ frais** *nmpl* extras, incidental expenses; **~ mouvement** awkward movement; **~ nez** funny nose; **~ pas** tripping q; (*fig*) faux pas; **~ témoignage** (*délit*) perjury; **fausse alerte** false alarm; **fausse couche** miscarriage; **~-filet** *nm* sirloin; **~-fuyant** *nm* equivocation; **~-monnayeur** *nm* counterfeiter, forger.

faveur [favœʀ] *nf* favour; (*ruban*) ribbon; **traitement de ~** preferential treatment; **à la ~ de** under cover of; thanks to; **en ~ de** in favour of.

favorable [favɔʀabl(ə)] *a* a favourable.

favori, te [favɔʀi, -it] *a*, *nm/f* favourite; **~s** *nmpl* (*barbe*) sideboards, sideburns.

favoriser [favɔʀize] *vt* to favour.

favoritisme [favɔʀitism(ə)] *nm* (*péj*) favouritism.

FB *sigle = franc belge*.

fébrile [febʀil] *a* a feverish, febrile.

fécal, e, aux [fekal, -o] *a voir* **matière**.

fécond, e [fekɔ̃, -ɔ̃d] *a* fertile; **féconder** *vt* to fertilize; **fécondité** *nf* fertility.

fécule [fekyl] *nf* potato flour.

fédéral, e, aux [fedeʀal, -o] *a* federal; **fédéralisme** *nm* federalism.

fédération [fedeʀɑsjɔ̃] *nf* federation.

fée [fe] *nf* fairy; **~rie** *nf* enchantment; **~rique** *a* magical, fairytale *cpd*.

feignant, e [fɛɲɑ̃, -ɑ̃t] *nm/f* = **fainéant, e**.

feindre [fɛ̃dʀ(ə)] *vt* to feign // *vi* to dissemble; **~ de faire** to pretend to do.

feinte [fɛ̃t] *nf* (SPORT) dummy.

fêler [fele] *vt* to crack.

félicitations [felisitɑsjɔ̃] *nfpl* congratulations.

félicité [felisite] *nf* bliss.

féliciter [felisite] *vt*: **~ qn (de)** to congratulate sb (on).

félin, e [felɛ̃, -in] *a* feline // *nm* (big) cat.

félon, ne [felɔ̃, -ɔn] *a* perfidious, treacherous.

fêlure [felyʀ] *nf* crack.

femelle [fəmɛl] *a* (*aussi* ÉLEC, TECH) female // *nf* female; **souris ~** female mouse, she-mouse.

féminin, e [feminɛ̃, -in] *a* feminine; (*sexe*) female; (*équipe, vêtements etc*) women's // *nm* feminine; **féministe** *a* feminist; **féminité** *nf* femininity.

femme [fam] *nf* woman; (*épouse*) wife (*pl* wives); **devenir ~** to attain womanhood; **~ de chambre** cleaning lady; **~ de ménage** domestic help, cleaning lady.

fémur [femyʀ] *nm* femur, thighbone.

fenaison [fənɛzɔ̃] *nf* haymaking.

fendre [fɑ̃dʀ(ə)] *vt* (*couper en deux*) to split; (*fissurer*) to crack; (*fig: traverser*) to cut through; to cleave through; **se ~** *vi* to crack; **fendu, e** *a* (*sol, mur*) cracked; (*jupe*) slit.

fenêtre [fənɛtʀ(ə)] *nf* window.

fenouil [fənuj] *nm* fennel.

fente [fɑ̃t] *nf* (*fissure*) crack; (*de boîte à lettres etc*) slit.

féodal, e, aux [feɔdal, -o] *a* feudal; **féodalité** *nf* feudality.

fer [fɛʀ] *nm* iron; (*de cheval*) shoe; **au ~ rouge** with a red-hot iron; **~ à cheval** horseshoe; **~ forgé** wrought iron; **~ de lance** spearhead; **~ (à repasser)** iron; **~ à souder** soldering iron.

ferai *etc vb voir* **faire**.

fer-blanc [fɛʀblɑ̃] *nm* tin(plate); **ferblanterie** *nf* tinplate making; tinware; **ferblantier** *nm* tinsmith.

férié, e [feʀje] *a*: **jour ~** public holiday.

ferions *etc vb voir* **faire**.

férir [feʀiʀ] *vt*: **sans coup ~** *ad* without meeting any opposition.

ferme [fɛʀm(ə)] *a* firm // *ad* (*travailler etc*) hard // *nf* (*exploitation*) farm; (*maison*) farmhouse.

fermé, e [fɛʀme] *a* closed, shut; (*gaz, eau etc*) off; (*fig: personne*) uncommunicative; (: *milieu*) exclusive.

ferment [fɛʀmɑ̃] *nm* ferment.

fermentation [fɛʀmɑ̃tɑsjɔ̃] *nf* fermentation.

fermenter [fɛʀmɑ̃te] *vi* to ferment.

fermer [fɛʀme] *vt* to close, shut; (*cesser l'exploitation de*) to close down, shut down; (*eau, lumière, électricité, robinet*) to put off, turn off; (*aéroport, route*) to close // *vi* to close, shut; to close down, shut down; **se**

~ *vi (yeux)* to close, shut ; *(fleur, blessure)* to close up.

fermeté [fɛʀməte] *nf* firmness.

fermeture [fɛʀmətyʀ] *nf* closing ; shutting ; closing *ou* shutting down ; putting *ou* turning off ; *(dispositif)* catch ; fastening, fastener ; **heure de ~** *(COMM)* closing time ; **jour de ~** *(COMM)* day on which the shop *(etc)* is closed ; **~ éclair** ® *ou* **à glissière** zip (fastener), zipper.

fermier, ière [fɛʀmje, -jɛʀ] *nm* farmer // *nf* woman farmer ; farmer's wife // *a:* **beurre/cidre ~** farm butter/cider.

fermoir [fɛʀmwaʀ] *nm* clasp.

féroce [feʀɔs] *a* ferocious, fierce.

ferons *vb voir* **faire**.

ferraille [feʀaj] *nf* scrap iron ; **mettre à la ~** to scrap ; **ferrailleur** *nm* scrap merchant.

ferré, e [feʀe] *a* hobnailed ; steel-tipped ; *(fam):* ~ **en** well up on, hot at.

ferrer [feʀe] *vt (cheval)* to shoe ; *(chaussure)* to nail ; *(canne)* to tip ; *(poisson)* to strike.

ferreux, euse [feʀø, -øz] *a* ferrous.

ferronnerie [feʀɔnʀi] *nf* ironwork ; **~ d'art** wrought iron work ; **ferronnier** *nm* craftsman in wrought iron ; ironware merchant.

ferroviaire [feʀɔvjɛʀ] *a* rail(way) *cpd*.

ferrure [feʀyʀ] *nf* (ornamental) hinge.

ferry-boat [feʀebot] *nm* ferry.

fertile [fɛʀtil] *a* fertile ; ~ **en incidents** eventful, packed with incidents ; **fertiliser** *vt* to fertilize ; **fertilité** *nf* fertility.

féru, e [feʀy] *a:* ~ **de** with a keen interest in.

férule [feʀyl] *nf:* **être sous la ~ de qn** to be under sb's (iron) rule.

fervent, e [fɛʀvã, -ãt] *a* fervent.

ferveur [fɛʀvœʀ] *nf* fervour.

fesse [fɛs] *nf* buttock ; **fessée** *nf* spanking.

festin [fɛstɛ̃] *nm* feast.

festival [fɛstival] *nm* festival ; **~ier** *nm* festival-goer.

festivités [fɛstivite] *nfpl* festivities, merry-making *sg*.

feston [fɛstɔ̃] *nm* (*ARCHIT*) festoon ; (*COUTURE*) scallop.

festoyer [fɛstwaje] *vi* to feast.

fêtard [fɛtaʀ] *nm (péj)* high liver, merry-maker.

fête [fɛt] *nf (religieuse)* feast ; *(publique)* holiday ; *(en famille etc)* celebration ; *(kermesse)* fête, fair, festival ; *(du nom)* feast day, name day ; **faire la ~** to live it up ; **faire ~ à qn** to give sb a warm welcome ; **les ~s (de fin d'année)** the Christmas and New Year holidays, the festive season ; **la salle/le comité des ~s** the village hall/ festival committee ; **~ foraine** (fun) fair ; **~ mobile** movable feast (day) ; **la F~ Nationale** the national holiday ; **la Fête-Dieu** Corpus Christi ; **fêter** *vt* to celebrate ; *(personne)* to have a celebration for.

fétiche [fetiʃ] *nm* fetish ; **fétichisme** *nm* fetishism.

fétide [fetid] *a* fetid.

fétu [fety] *nm:* ~ **de paille** wisp of straw.

feu [fø] *a inv:* ~ **son père** his late father.

feu, x [fø] *nm (gén)* fire ; *(signal lumineux)* light ; *(de cuisinière)* ring ; *(sensation de brûlure)* burning (sensation) // *nmpl (éclat, lumière)* fire *sg* ; *(AUTO)* (traffic) lights ; **à ~ doux/vif** over a slow/brisk heat ; **à petit ~** *(CULIN)* over a gentle heat ; **faire ~** to fire ; **tué au ~** killed in action ; **mettre à ~** *(fusée)* to fire off ; **prendre ~** to catch fire ; **mettre le ~ à** to set fire to, set on fire ; **faire du ~** to make a fire ; **avez-vous du ~?** *(pour cigarette)* have you (got) a light? ; **~ rouge/vert/orange** red/green/ amber light ; **~ arrière** rear light ; **~ d'artifice** firework ; *(spectacle)* fireworks *pl* ; **~ de camp** campfire ; **~ de cheminée** chimney fire ; **~ de joie** bonfire ; **~ de paille** *(fig)* flash in the pan ; **~x de brouillard** fog-lamps ; **~x de croisement** dipped headlights ; **~x de position** sidelights ; **~x de route** headlights, headlamps.

feuillage [fœjaʒ] *nm* foliage, leaves *pl*.

feuille [fœj] *nf (d'arbre)* leaf *(pl* leaves) ; **~ (de papier)** sheet (of paper) ; **~ d'or/de métal** gold/metal leaf ; **~ d'impôts** tax form ; **~ morte** dead leaf ; **~ de température** temperature chart ; **~ de vigne** *(BOT)* vine leaf ; *(sur statue)* fig leaf ; **~ volante** loose sheet.

feuillet [fœjɛ] *nm* leaf *(pl* leaves), page.

feuilleté, e [fœjte] *a (CULIN)* flaky.

feuilleter [fœjte] *vt (livre)* to leaf through.

feuilleton [fœjtɔ̃] *nm* serial.

feuillu, e [fœjy] *a* leafy ; **~s** *nmpl (BOT)* broad-leaved trees.

feulement [fœlmã] *nm* growl.

feutre [føtʀ(ə)] *nm* felt ; *(chapeau)* felt hat ; **feutré, e** *a* feltlike ; *(pas, voix)* muffled ; **feutrer** *vt* to felt ; *(fig)* to muffle // *vi*, **se feutrer** *vi* to felt ; **feutrine** *nf* (lightweight) felt.

fève [fɛv] *nf* broad bean.

février [fevʀije] *nm* February.

FF *sigle* = **franc français**.

F.F.I. *sigle fpl* = **Forces françaises de l'intérieur** (1942-45) // *sigle m* member of the F.F.I.

fi [fi] *excl:* **faire ~ de** to snap one's fingers at.

fiacre [fjakʀ(ə)] *nm* (hackney) cab *ou* carriage.

fiançailles [fjãsaj] *nfpl* engagement *sg*.

fiancé, e [fjãse] *nm/f* fiancé/fiancée // *a:* **être ~ (à)** to be engaged (to).

fiancer [fjãse] : **se ~** *vi:* **se ~ (avec)** to become engaged (to).

fibre [fibʀ(ə)] *nf* fibre ; **~ de verre** fibreglass, glass fibre ; **fibreux, euse** *a* fibrous ; *(viande)* stringy.

ficeler [fisle] *vt* to tie up.

ficelle [fisɛl] *nf* string *q* ; piece *ou* length of string.

fiche [fiʃ] *nf (pour fichier)* (index) card ; *(formulaire)* form ; *(ÉLEC)* plug.

ficher [fiʃe] *vt (pour un fichier)* to file ; *(POLICE)* to put on file ; *(planter):* ~ **qch dans** to stick *ou* drive sth into ; *(fam)* to do ; to give ; to stick *ou* shove ; **fiche(-moi) le camp** *(fam)* clear off ; **fiche-moi la paix** *(fam)* leave me alone ; **se ~ dans** *(s'enfoncer)* to get stuck in, embed itself

in ; **se ~ de** (fam) to make fun of ; not to care about.
fichier [fiʃje] nm file ; card index.
fichu, e [fiʃy] pp de **ficher** (fam) // a (fam: fini, inutilisable) bust, done for ; (: intensif) wretched, darned // nm (foulard) (head)scarf (pl scarves) ; **mal ~** (fam) feeling lousy ; useless.
fictif, ive [fiktif, -iv] a fictitious.
fiction [fiksjɔ̃] nf fiction ; (fait imaginé) invention.
fidèle [fidɛl] a: **~ (à)** faithful (to) // nm/f (REL): **les ~s** the faithful ; (à l'église) the congregation ; **fidélité** nf faithfulness ; **fidélité conjugale** marital fidelity.
fief [fjɛf] nm fief ; (fig) preserve ; stronghold.
fiel [fjɛl] nm gall.
fiente [fjɑ̃t] nf (bird) droppings pl.
fier [fje]: **se ~ à** vt to trust.
fier, fière [fjɛʀ] a proud ; **~ de** proud of ; **avoir fière allure** to cut a fine figure ; **~té** nf pride.
fièvre [fjɛvʀ(ə)] nf fever ; **avoir de la ~/39 de ~** to have a high temperature/a temperature of 39°C ; **~ typhoïde** typhoid fever ; **fiévreux, euse** a feverish.
fifre [fifʀ(ə)] nm fife ; fife-player.
figer [fiʒe] vt to congeal ; (fig: personne) to freeze, root to the spot ; **se ~** vi to congeal ; to freeze ; (institutions etc) to become set, stop evolving.
figue [fig] nf fig ; **figuier** nm fig tree.
figurant, e [figyʀɑ̃, -ɑ̃t] nm/f ; (THÉÂTRE) walk-on ; (CINÉMA) extra.
figuratif, ive [figyʀatif, -iv] a representational, figurative.
figuration [figyʀɑsjɔ̃] nf walk-on parts pl ; extras pl.
figure [figyʀ] nf (visage) face ; (image, tracé, forme, personnage) figure ; (illustration) picture, diagram ; **faire ~ de** to look like.
figuré, e [figyʀe] a (sens) figurative.
figurer [figyʀe] vi to appear // vt to represent ; **se ~ que** to imagine that.
figurine [figyʀin] nf figurine.
fil [fil] nm (brin, fig: d'une histoire) thread ; (du téléphone) cable, wire ; (textile de lin) linen ; (d'un couteau: tranchant) edge ; **au ~ des années** with the passing of the years ; **au ~ de l'eau** with the stream ou current ; **donner/recevoir un coup de ~** to make/get a phone call ; **~ à coudre** (sewing) thread ou yarn ; **~ électrique** electric wire ; **~ de fer** wire ; **~ de fer barbelé** barbed wire ; **~ à pêche** fishing line ; **~ à plomb** plumbline ; **~ à souder** soldering wire.
filament [filamɑ̃] nm (ÉLEC) filament ; (de liquide) trickle, thread.
filandreux, euse [filɑ̃dʀø, -øz] a stringy.
filasse [filas] a inv white blond.
filature [filatyʀ] nf (fabrique) mill ; (policière) shadowing q, tailing q.
file [fil] nf line ; **~ (d'attente)** queue ; **prendre la ~** to join the (end of the) queue ; **prendre la ~ de droite** (AUTO) to move into the right-hand lane ; **se mettre en ~** to form a line ; (AUTO) to get into

lane ; **en ~ indienne** in single file ; **à la ~ ad** (d'affilée) in succession.
filer [file] vt (tissu, toile, verre) to spin ; (dérouler: câble etc) to pay ou let out ; to veer out ; (fam: prendre en filature) to shadow, tail ; (fam: donner): **~ qch à qn** to slip sb sth // vi (bas, maille, liquide, pâte) to run ; (aller vite) to fly past ou by ; (fam: partir) to make off ; **~ doux** to behave o.s., toe the line.
filet [filɛ] nm net ; (CULIN) fillet ; (d'eau, de sang) trickle ; **~ (à provisions)** string bag.
filetage [filtaʒ] nm threading ; thread.
fileter [filte] vt to thread.
filial, e, aux [filjal, -o] a filial // nf (COMM) subsidiary.
filiation [filjɑsjɔ̃] nf filiation.
filière [filjɛʀ] nf: **passer par la ~** to go through the (administrative) channels ; **suivre la ~** (dans sa carrière) to work one's way up (through the hierarchy).
filiforme [filifɔʀm(ə)] a spindly ; threadlike.
filigrane [filigʀan] nm (d'un billet, timbre) watermark ; **en ~** (fig) showing just beneath the surface.
filin [filɛ̃] nm rope.
fille [fij] nf girl ; (opposé à fils) daughter ; **~ de joie** prostitute ; **~ de salle** waitress ; **~-mère** (péj) unmarried mother ; **fillette** nf (little) girl.
filleul, e [fijœl] nm/f godchild, godson/daughter.
film [film] nm (pour photo) (roll of) film ; (œuvre) film, picture, movie ; (couche) film ; **~ muet/parlant** silent/talking picture ou movie ; **~ d'animation** animated film ; **filmer** vt to film.
filon [filɔ̃] nm vein, lode ; (fig) lucrative line, money spinner.
fils [fis] nm son ; **~ de famille** moneyed young man.
filtre [filtʀ(ə)] nm filter ; **'~ ou sans ~?'** 'tipped or plain?' ; **~ à air** (AUTO) air filter ; **filtrer** vt to filter ; (fig: candidats, visiteurs) to screen // vi to filter (through).
fin [fɛ̃] nf end ; **~s** nfpl (but) ends ; **à (la) ~ mai** at the end of May ; **en ~ de semaine** at the end of the week ; **prendre ~** to come to an end ; **mettre ~ à** to put an end to ; **à la ~** ad in the end, eventually ; **sans ~** a endless // ad endlessly.
fin, e [fɛ̃, fin] a (papier, couche, fil) thin ; (cheveux, poudre, pointe, visage) fine ; (taille) neat, slim ; (esprit, remarque) subtle ; shrewd // ad (moudre, couper) finely // nf (alcool) liqueur brandy ; **prêt/soûl** quite ready/drunk ; **un ~ tireur** a crack shot ; **avoir la vue/l'ouïe ~e** to have sharp eyes/ears, have keen eyesight/hearing ; **or/linge/vin ~** fine gold/linen/wine ; **repas ~** gourmet meal ; **une ~e mouche** (fig) a sharp customer ; **~es herbes** mixed herbs.
final, e [final] a, nf final ; **quarts de ~e** quarter finals ; **8èmes/16èmes de ~e** 2nd/1st round (in 5 round knock-out competition) ; **~ement** ad finally, in the end ; (après tout) after all ; **~iste** nm/f finalist.

finance [finɑ̃s] *nf* finance; **~s** *nfpl* (*situation financière*) finances; (*activités financières*) finance *sg*; **moyennant ~** for a fee *ou* consideration; **financer** *vt* to finance; **financier, ière** *a* financial // *nm* financier.

finaud, e [fino, -od] *a* wily.

finesse [finɛs] *nf* thinness; fineness; neatness; slimness; subtlety; shrewdness; **~s** *nfpl* (*subtilités*) niceties; finer points.

fini, e [fini] *a* finished; (*MATH*) finite; (*intensif*): **un égoïste ~** an egotist through and through // *nm* (*d'un objet manufacturé*) finish.

finir [finiʀ] *vt* to finish // *vi* to finish, end; **~ quelque part** to end *ou* finish up somewhere; **~ de faire** to finish doing; (*cesser*) to stop doing; **~ par faire** to end *ou* finish up doing; **il finit par m'agacer** he's beginning to get on my nerves; **~ en pointe/tragédie** to end in a point/in tragedy; **en ~ avec** to be *ou* have done with; **il va mal ~** he will come to a bad end.

finish [finiʃ] *nm* (*SPORT*) finish.

finissage [finisaʒ] *nm* finishing.

finition [finisjɔ̃] *nf* finishing; finish.

finlandais, e [fɛ̃lɑ̃dɛ, -ɛz] *a* Finnish // *nm/f* Finn.

Finlande [fɛ̃lɑ̃d] *nf*: **la ~** Finland; **finnois** *nm* Finnish.

fiole [fjɔl] *nf* phial.

fiord [fjɔʀ(d)] *nm* = **fjord**.

fioriture [fjɔʀityʀ] *nf* embellishment, flourish.

firmament [fiʀmamɑ̃] *nm* firmament, skies *pl*.

firme [fiʀm(ə)] *nf* firm.

fis *vb voir* **faire**.

fisc [fisk] *nm* tax authorities *pl*, ≈ Inland Revenue; **~al, e, aux** *a* tax *cpd*, fiscal; **~alité** *nf* tax system; (*charges*) taxation.

fission [fisjɔ̃] *nf* fission.

fissure [fisyʀ] *nf* crack.

fissurer [fisyʀe] *vt*, **se ~** *vi* to crack.

fiston [fistɔ̃] *nm* (*fam*) son, lad.

fit *vb voir* **faire**.

fixateur [fiksatœʀ] *nm* (*PHOTO*) fixer; (*pour cheveux*) hair cream.

fixatif [fiksatif] *nm* fixative.

fixation [fiksɑsjɔ̃] *nf* fixing; fastening; setting; (*de ski*) binding; (*PSYCH*) fixation.

fixe [fiks(ə)] *a* fixed; (*emploi*) steady, regular // *nm* (*salaire*) basic salary; **à heure ~** at a set time; **menu à prix ~** set menu.

fixé, e [fikse] *a*: **être ~ (sur)** (*savoir à quoi s'en tenir*) to have made up one's mind (about); to know for certain (about).

fixement [fiksəmɑ̃] *ad* (*regarder*) fixedly, steadily.

fixer [fikse] *vt* (*attacher*): **~ qch (à/sur)** to fix *ou* fasten sth (to/onto); (*déterminer*) to fix, set; (*CHIMIE, PHOTO*) to fix; (*poser son regard sur*) to look hard at, stare at; **~ (s'établir)** to settle down; **se ~ sur** (*suj: attention*) to focus on.

fjord [fjɔʀ(d)] *nm* fjord, fiord.

flacon [flakɔ̃] *nm* bottle.

flageller [flaʒele] *vt* to flog, scourge.

flageoler [flaʒɔle] *vi* (*jambes*) to sag.

flageolet [flaʒɔlɛ] *nm* (*MUS*) flageolet; (*CULIN*) dwarf kidney bean.

flagorneur, euse [flagɔʀnœʀ, -øz] *nm/f* toady, fawner.

flagrant, e [flagʀɑ̃, -ɑ̃t] *a* flagrant, blatant; **en ~ délit** in the act, in flagrante delicto.

flair [flɛʀ] *nm* sense of smell; (*fig*) intuition; **flairer** *vt* (*humer*) to sniff (at); (*détecter*) to scent.

flamand, e [flamɑ̃, -ɑ̃d] *a*, *nm* (*langue*) Flemish // *nm/f* Fleming; **les F~s** the Flemish.

flamant [flamɑ̃] *nm* flamingo.

flambant [flɑ̃bɑ̃] *ad*: **~ neuf** brand new.

flambé, e [flɑ̃be] *a* (*CULIN*) flambé // *nf* blaze; (*fig*) flaring-up, explosion.

flambeau, x [flɑ̃bo] *nm* (flaming) torch.

flamber [flɑ̃be] *vi* to blaze (up) // *vt* (*poulet*) to singe; (*aiguille*) to sterilize.

flamboyant, e [flɑ̃bwajɑ̃, -ɑ̃t] *a* flashing, blazing; flaming.

flamboyer [flɑ̃bwaje] *vi* to blaze (up); to flame.

flamingant, e [flamɛ̃gɑ̃, -ɑ̃t] *a* Flemish-speaking.

flamme [flam] *nf* flame; (*fig*) fire, fervour; **en ~s** on fire, ablaze.

flammèche [flamɛʃ] *nf* (flying) spark.

flan [flɑ̃] *nm* (*CULIN*) custard tart *ou* pie.

flanc [flɑ̃] *nm* side; (*MIL*) flank; **à ~ de colline** on the hillside; **prêter le ~ à** (*fig*) to lay o.s. open to.

flancher [flɑ̃ʃe] *vi* to fail, pack up.

flanelle [flanɛl] *nf* flannel.

flâner [flɑne] *vi* to stroll; **flânerie** *nf* stroll.

flanquer [flɑ̃ke] *vt* to flank; (*fam: mettre*): **~ qch sur/dans** to bung *ou* shove sth on/into; (: *jeter*): **~ par terre/à la porte** to fling to the ground/chuck out.

flapi, e [flapi] *a* dog-tired.

flaque [flak] *nf* (*d'eau*) puddle; (*d'huile, de sang etc*) pool.

flash, *pl* **flashes** [flaʃ] *nm* (*PHOTO*) flash; **~ d'information** newsflash.

flasque [flask] *a* flabby.

flatter [flate] *vt* to flatter; (*caresser*) to stroke; **se ~ de qch** to pride o.s. on sth; **flatterie** *nf* flattery *q*; **flatteur, euse** *a* flattering // *nm/f* flatterer.

fléau, x [fleo] *nm* scourge, curse; (*de balance*) beam; (*pour le blé*) flail.

flèche [flɛʃ] *nf* arrow; (*de clocher*) spire; (*de grue*) jib; **monter en ~** (*fig*) to soar, rocket; **flécher** *vt* to arrow, mark with arrows; **fléchette** *nf* dart; **fléchettes** *nfpl* (*jeu*) darts *sg*.

fléchir [fleʃiʀ] *vt* (*corps, genou*) to bend; (*fig*) to sway, weaken // *vi* (*poutre*) to sag, bend; (*fig*) to weaken, flag; **fléchissement** *nm* bending; sagging; flagging.

flegmatique [flɛgmatik] *a* phlegmatic.

flegme [flɛgm(ə)] *nm* composure.

flemmard, e [flemaʀ, -aʀd(ə)] *nm/f* lazy-bones *sg*, loafer.

flétrir [fletʀiʀ] *vt* to wither; (*stigmatiser*) to condemn (in the most severe terms); **se ~** *vi* to wither.

fleur [flœʀ] nf flower; (d'un arbre) blossom, bloom; **être en ~** (arbre) to be in blossom ou bloom; **tissu à ~s** flowered ou flowery fabric; **à ~ de terre** just above the ground; **~ de lis** fleur-de-lis.

fleurer [flœʀe] vt: **~ la lavande** to be fragrant with the scent of lavender.

fleuret [flœʀɛ] nm (arme) foil; (sport) fencing.

fleuri, e [flœʀi] a in flower ou bloom; surrounded by flowers; (fig) flowery; florid.

fleurir [flœʀiʀ] vi (rose) to flower; (arbre) to blossom; (fig) to flourish ; / vt (tombe) to put flowers on; (chambre) to decorate with flowers.

fleuriste [flœʀist(ə)] nm/f florist.

fleuron [flœʀɔ̃] nm jewel (fig).

fleuve [flœv] nm river.

flexible [flɛksibl(ə)] a flexible.

flexion [flɛksjɔ̃] nf flexing, bending; (LING) inflection.

flibustier [flibystje] nm buccaneer.

flic [flik] nm (fam: péj) cop.

flirter [flœʀte] vi to flirt.

F.L.N. sigle m = Front de libération nationale (during the Algerian war).

flocon [flɔkɔ̃] nm flake; (de laine etc: boulette) flock; **~s d'avoine** oatflakes.

flonflons [flɔ̃flɔ̃] nmpl blare sg.

floraison [flɔʀɛzɔ̃] nf flowering; blossoming; flourishing.

floral, e, aux [flɔʀal, -o] a floral, flower cpd.

floralies [flɔʀali] nfpl flower show sg.

flore [flɔʀ] nf flora.

florissant, e [flɔʀisɑ̃, -ɑ̃t] vb voir **fleurir** // a flourishing.

flot [flo] nm flood, stream; (marée) flood tide; **~s** nmpl (de la mer) waves; **être à ~** (NAVIG) to be afloat; (fig) to be on an even keel; **entrer à ~s** to be streaming ou pouring in.

flottage [flɔtaʒ] nm (du bois) floating.

flottaison [flɔtɛzɔ̃] nf: **ligne de ~** waterline.

flottant, e [flɔtɑ̃, -ɑ̃t] a (vêtement) loose (-fitting); (cours, barème) floating.

flotte [flɔt] nf (NAVIG) fleet; (fam) water; rain.

flottement [flɔtmɑ̃] nm (fig) wavering, hesitation.

flotter [flɔte] vi to float; (nuage, odeur) to drift; (drapeau) to fly; (vêtements) to hang loose; (monnaie) to float // vt to float; **faire ~** to float; **flotteur** nm float.

flottille [flɔtij] nf flotilla.

flou, e [flu] a fuzzy, blurred; (fig) woolly, vague.

flouer [flue] vt to swindle.

fluctuation [flyktɥasjɔ̃] nf fluctuation.

fluet, te [flyɛ, -ɛt] a thin, slight.

fluide [flɥid] a fluid; (circulation etc) flowing freely // nm fluid; (force) (mysterious) power; **fluidité** nf fluidity; free flow.

fluor [flyɔʀ] nm fluorine.

fluorescent, e [flyɔʀɛsɑ̃, -ɑ̃t] a fluorescent.

flûte [flyt] nf flute; (verre) flute glass; (pain) long loaf (pl loaves); **~!** drat it!;

petite ~ piccolo (pl s); **~ à bec** recorder; **~ de Pan** panpipes pl; **flûtiste** nm/f flautist, flute player.

fluvial, e, aux [flyvjal, -o] a river cpd, fluvial.

flux [fly] nm incoming tide; (écoulement) flow; **le ~ et le reflux** the ebb and flow.

fluxion [flyksjɔ̃] nf: **~ de poitrine** pneumonia.

FM sigle voir **modulation**.

F.M.I. sigle m voir **fonds**.

foc [fɔk] nm jib.

focal, e, aux [fɔkal, -o] a focal // nf focal length.

fœtal, e, aux [fetal, -o] a foetal, fetal.

fœtus [fetys] nm foetus, fetus.

foi [fwa] nf faith; **sous la ~ du serment** under ou on oath; **ajouter ~ à** to lend credence to; **digne de ~** reliable; **sur la ~ de** on the word ou strength of; **être de bonne/mauvaise ~** to be sincere/insincere.

foie [fwa] nm liver; **~ gras** foie gras.

foin [fwɛ̃] nm hay; **faire les ~s** to make hay; **faire du ~** (fig: fam) to kick up a row.

foire [fwaʀ] nf fair; (fête foraine) (fun) fair; **faire la ~** (fig: fam) to whoop it up; **~ (exposition)** trade fair.

fois [fwa] nf: **une/deux ~** once/twice; **trois/vingt ~** three/twenty times; **2 ~ 2** twice 2, 2 times 2; **deux/quatre ~ plus grand (que)** twice/four times as large (as); **une ~** (dans le passé) once; (dans le futur) sometime; **une ~ pour toutes** once and for all; **une ~ que c'est fait** once it's done; **une ~ parti** once he had left; **des ~** (parfois) sometimes; **cette ~** this (ou that) time; **à la ~** (ensemble) (all) at once; **à la ~ grand et beau** both tall and handsome.

foison [fwazɔ̃] nf: **une ~ de** an abundance of; **à ~** ad in plenty.

foisonner [fwazɔne] vi to abound; **~ en** ou **de** to abound in.

fol [fɔl] a voir **fou**.

folâtre [fɔlɑtʀ(ə)] a playful.

folâtrer [fɔlɑtʀe] vi to frolic (about).

folie [fɔli] nf (d'une décision, d'un acte) madness, folly; (état) madness, insanity; (acte) folly; **la ~ des grandeurs** delusions of grandeur; **faire des ~s** (en dépenses) to be extravagant.

folklore [fɔlklɔʀ] nm folklore; **folklorique** a folk cpd; (fam) weird.

folle [fɔl] a, nf voir **fou**; **follement** ad (très) madly, wildly.

follet [fɔlɛ] a: **feu ~** will-o'-the-wisp.

fomenter [fɔmɑ̃te] vt to stir up, foment.

foncé, e [fɔ̃se] a dark; **bleu ~** dark blue.

foncer [fɔ̃se] vt to make darker // vi to go darker; (fam: aller vite) to tear ou belt along; **~ sur** to charge at.

foncier, ière [fɔ̃sje, -jɛʀ] a (honnêteté etc) basic, fundamental; (malhonnêteté) deep-rooted; (COMM) real estate cpd; **foncièrement** ad basically; thoroughly.

fonction [fɔ̃ksjɔ̃] nf (rôle, MATH, LING) function; (emploi, poste) post, position; **~s** (professionnelles) duties; **entrer en ~s** to take up one's post ou duties; to take

up office; **voiture de** ~ car provided with
the post; **être** ~ **de** (*dépendre de*) to
depend on; **en** ~ **de** (*par rapport à*)
according to; **faire** ~ **de** to serve as; **la**
~ **publique** the public *ou* state service.
fonctionnaire [fɔ̃ksjɔnɛʀ] *nm/f* state
employee, local authority employee; (*dans
l'administration*) ≈ civil servant.
fonctionnel, le [fɔ̃ksjɔnɛl] *a* functional.
fonctionnement [fɔ̃ksjɔnmɑ̃] *nm*
functioning.
fonctionner [fɔ̃ksjɔne] *vi* to work,
function; (*entreprise*) to operate, function;
faire ~ to work, operate.
fond [fɔ̃] *nm voir aussi* **fonds**; (*d'un
récipient, trou*) bottom; (*d'une salle, scène*)
back; (*d'un tableau, décor*) background;
(*opposé à la forme*) content; (*SPORT*): **le** ~
long distance (running); **au** ~ **de** at the
bottom of; **à** ~ (*connaître, soutenir*) thoroughly; (*appuyer,
visser*) right down *ou* home; **à** ~ (*de
train*) *ad* (*fam*) full tilt; **dans le** ~, **au** ~
ad (*en somme*) basically, really; **de** ~ **en
comble** *ad* from top to bottom; ~ **sonore**
background noise; ~ **de teint** make-up
base.
fondamental, e, aux [fɔ̃damɑ̃tal, -o] *a*
fundamental.
fondant, e [fɔ̃dɑ̃, -ɑ̃t] *a* (*neige*) melting;
(*poire*) that melts in the mouth; (*chocolat*)
fondant.
fondateur, trice [fɔ̃datœʀ, -tʀis] *nm/f*
founder; **membre** ~ founder member.
fondation [fɔ̃dasjɔ̃] *nf* founding;
(*établissement*) foundation; ~**s** *nfpl* (*d'une
maison*) foundations; **travaux de** ~ foun-
dation works.
fondé, e [fɔ̃de] *a* (*accusation etc*) well-
founded; **mal** ~ unfounded; **être** ~ **à
croire** to have grounds for believing *ou*
good reason to believe; ~ **de pouvoir** *nm*
authorized representative; (banking)
executive (*having the signature*).
fondement [fɔ̃dmɑ̃] *nm* (*derrière*) behind;
~**s** *nmpl* foundations; **sans** ~ *a* (*rumeur
etc*) groundless, unfounded.
fonder [fɔ̃de] *vt* to found; (*fig*): ~ **qch sur**
to base sth on; **se** ~ **sur** (*suj: personne*)
to base o.s. on.
fonderie [fɔ̃dʀi] *nf* smelting works *sg*.
fondeur [fɔ̃dœʀ] *nm*: (**ouvrier**) ~ caster.
fondre [fɔ̃dʀ(ə)] *vt* to melt; (*dans l'eau:
sucre, sel*) to dissolve; (*fig: mélanger*) to
merge, blend // *vi* to melt; to dissolve;
(*fig*) to melt away; (*se précipiter*): ~ **sur**
to swoop down on; **faire** ~ to melt; to
dissolve; ~ **en larmes** to burst into tears.
fondrière [fɔ̃dʀijɛʀ] *nf* rut.
fonds [fɔ̃] *nm* (*de bibliothèque*) collection;
(*COMM*): ~ **(de commerce)** business; (*fig*):
~ **de probité** etc fund of integrity etc //
nmpl (*argent*) funds; **à** ~ **perdus** *ad* with
little or no hope of getting the money
back; **F**~ **Monétaire International
(FMI)** International Monetary Fund
(IMF); ~ **de roulement** *nm* float.
fondu, e [fɔ̃dy] *a* (*beurre, neige*) melted;
(*métal*) molten // *nm* (*CINÉMA*): ~
(enchaîné) dissolve // *nf* (*CULIN*) fondue.
font *vb voir* **faire**.

fontaine [fɔ̃tɛn] *nf* fountain; (*source*)
spring.
fonte [fɔ̃t] *nf* melting; (*métal*) cast iron;
la ~ **des neiges** the (spring) thaw.
fonts baptismaux [fɔ̃batismo] *nmpl*
(baptismal) font *sg*.
football [futbol] *nm* football, soccer; ~
de table table football; ~**eur** *nm*
footballer, football *ou* soccer player.
footing [futiŋ] *nm* jogging.
for [fɔʀ] *nm*: **dans son** ~ **intérieur** in
one's heart of hearts.
forage [fɔʀaʒ] *nm* drilling, boring.
forain, e [fɔʀɛ̃, -ɛn] *a* fairground *cpd* //
nm stallholder; fairground entertainer.
forçat [fɔʀsa] *nm* convict.
force [fɔʀs(ə)] *nf* strength; (*puissance:
surnaturelle etc*) power; (*PHYSIQUE,
MÉCANIQUE*) force; ~**s** *nfpl* (*physiques*)
strength *sg*; (*MIL*) forces; (*effectifs*): **d'im-
portantes** ~**s de police** big contingents
of police; **à** ~ **d'insister** by dint of in-
sisting; as he (*ou* I) kept on insisting; **de**
~ *ad* forcibly, by force; **par la** ~ using
force; **faire** ~ **de rames/voiles** to ply the
oars/cram on sail; **être de** ~ **à faire** to
be up to doing; **de première** ~ first class;
~ **d'âme** fortitude; ~ **de frappe** strike
force; ~ **d'inertie** force of inertia; **la** ~
publique the authorities responsible for
public order; ~**s d'intervention** peace-
keeping force *sg*; **les** ~**s de l'ordre** the
police.
forcé, e [fɔʀse] *a* forced; unintended;
inevitable.
forcément [fɔʀsemɑ̃] *ad* necessarily; in-
evitably; (*bien sûr*) of course.
forcené, e [fɔʀsəne] *a* frenzied // *nm/f*
maniac.
forceps [fɔʀsɛps] *nm* forceps *pl*.
forcer [fɔʀse] *vt* (*contraindre*): ~ **qn à
faire** to force sb to do; (*porte, serrure,
plante*) to force; (*moteur, voix*) to strain //
vi (*SPORT*) to overtax o.s.; ~ **la
dose/l'allure** to overdo it/increase the
pace; ~ **l'attention/le respect** to
command attention/respect.
forcing [fɔʀsiŋ] *nm*: **faire le** ~ to pile on
the pressure.
forcir [fɔʀsiʀ] *vi* (*grossir*) to broaden out;
(*vent*) to freshen.
forer [fɔʀe] *vt* to drill, bore.
forestier, ière [fɔʀɛstje, -jɛʀ] *a* forest *cpd*.
foret [fɔʀɛ] *nm* drill.
forêt [fɔʀɛ] *nf* forest.
foreuse [fɔʀøz] *nf* (electric) drill.
forfait [fɔʀfɛ] *nm* (*COMM*) fixed *ou* set
price; all-in deal *ou* price; (*crime*) infamy;
déclarer ~ to withdraw; **gagner par** ~
to win by a walkover; **travailler à** ~ to
work for a lump sum; **forfaitaire** *a* in-
clusive; set; ~**-vacances** *nm* (all-
inclusive) holiday package.
forfanterie [fɔʀfɑ̃tʀi] *nf* boastfulness *q*.
forge [fɔʀʒ(ə)] *nf* forge, smithy.
forger [fɔʀʒe] *vt* to forge; (*fig:
personnalité*) to form; (: *prétexte*) to
contrive, make up; **être forgé de toutes
pièces** to be a complete fabrication.
forgeron [fɔʀʒəʀɔ̃] *nm* (black)smith.

formaliser [fɔrmalize]: **se ~** *vi*: **se ~ (de)** to take offence (at).
formalité [fɔrmalite] *nf* formality.
format [fɔrma] *nm* size; **petit ~** small size; (*PHOTO*) 35 mm (film).
formation [fɔrmasjɔ̃] *nf* forming; training; (*MUS*) group; (*MIL, AVIAT, GÉO*) formation; **la ~ professionnelle** professional training.
forme [fɔrm(ə)] *nf* (*gén*) form; (*d'un objet*) shape, form; **~s** *nfpl* (*bonnes manières*) proprieties; (*d'une femme*) figure *sg*; **en ~ de poire** pear-shaped, in the shape of a pear; **être en ~** (*SPORT etc*) to be on form; **en bonne et due ~** in due form; **prendre ~** to take shape.
formel, le [fɔrmɛl] *a* (*preuve, décision*) definite, positive; (*logique*) formal; **~lement** *ad* (*absolument*) positively.
former [fɔrme] *vt* (*gén*) to form; (*éduquer: soldat, ingénieur etc*) to train; **se ~** *vi* to form.
formidable [fɔrmidabl(ə)] *a* tremendous.
formol [fɔrmɔl] *nm* formalin, formol.
formulaire [fɔrmylɛr] *nm* form.
formule [fɔrmyl] *nf* (*gén*) formula; (*formulaire*) form; **~ de politesse** polite phrase; letter ending.
formuler [fɔrmyle] *vt* (*émettre: réponse, vœux*) to formulate; (*expliciter: sa pensée*) to express.
fort, e [fɔr, fɔrt(ə)] *a* strong; (*intensité, rendement*) high, great; (*corpulent*) stout // *ad* (*serrer, frapper*) hard; (*sonner*) loud(ly); (*beaucoup*) greatly, very much; (*très*) most // *nm* (*édifice*) fort; (*point fort*) strong point, forte; **c'est un peu ~!** it's a bit much!; **avoir ~ à faire pour faire** to have a hard job doing; **se faire ~ de ...** to claim one can ...; **~ bien/peu** very well/few; **au plus ~ de** (*au milieu de*) in the thick of, at the height of.
forteresse [fɔrtərɛs] *nf* fortress.
fortifiant [fɔrtifjã] *nm* tonic.
fortifications [fɔrtifikɑsjɔ̃] *nfpl* fortifications.
fortifier [fɔrtifje] *vt* to strengthen, fortify; (*MIL*) to fortify.
fortin [fɔrtɛ̃] *nm* (small) fort.
fortiori [fɔrtjɔri]: **à ~** *ad* all the more so.
fortuit, e [fɔrtɥi, -it] *a* fortuitous, chance *cpd*.
fortune [fɔrtyn] *nf* fortune; **faire ~** to make one's fortune; **de ~** *a* makeshift; chance *cpd*.
fortuné, e [fɔrtyne] *a* wealthy, well-off.
forum [fɔrɔm] *nm* forum.
fosse [fos] *nf* (*grand trou*) pit; (*tombe*) grave; **la ~ aux lions/ours** the lions' den/bear pit; **~ commune** common *ou* communal grave; **~ (d'orchestre)** (orchestra) pit; **~ à purin** cesspit; **~s nasales** nasal fossae *pl*.
fossé [fose] *nm* ditch; (*fig*) gulf, gap.
fossette [fosɛt] *nf* dimple.
fossile [fosil] *nm* fossil // *a* fossilized, fossil.
fossoyeur [foswajœr] *nm* gravedigger.
fou(fol), folle [fu, fɔl] *a* mad; (*déréglé etc*) wild, erratic; (*fam: extrême, très grand*) terrific, tremendous // *nm/f* mad-

man/woman // *nm* (*du roi*) jester, fool; (*ÉCHECS*) bishop; **être ~ de** to be mad *ou* crazy about; **faire le ~** (*enfant etc*) to play *ou* act the fool; **avoir le ~ rire** to have the giggles.
foudre [fudr(ə)] *nf* lightning; **~s** *nfpl* (*colère*) wrath *sg*.
foudroyant, e [fudrwajã, -ãt] *a* lightning *cpd*, stunning.
foudroyer [fudrwaje] *vt* to strike down; **il a été foudroyé** he was struck by lightning.
fouet [fwɛ] *nm* whip; (*CULIN*) whisk; **de plein ~ ad** (*se heurter*) head on; **~ter** *vt* to whip; to whisk.
fougère [fuʒɛr] *nf* fern.
fougue [fug] *nf* ardour, spirit; **fougueux, euse** *a* fiery, ardent.
fouille [fuj] *nf* search; **~s** *nfpl* (*archéologiques*) excavations; **passer à la ~** to be searched.
fouiller [fuje] *vt* to search; (*creuser*) to dig // *vi*: **~ dans/parmi** to rummage in/among.
fouillis [fuji] *nm* jumble, muddle.
fouine [fwin] *nf* stone marten.
fouiner [fwine] *vi* (*péj*): **~ dans** to nose around *ou* about in.
fouisseur, euse [fwisœr, -øz] *a* burrowing.
foulante [fulɑ̃t] *af*: **pompe ~** force pump.
foulard [fular] *nm* scarf (*pl* scarves).
foule [ful] *nf* crowd; **la ~** crowds *pl*; **les ~s** the masses; **une ~ de** masses of.
foulée [fule] *nf* stride.
fouler [fule] *vt* to press; (*sol*) to tread upon; **se ~** (*fam*) to overexert o.s.; **se ~ la cheville** to sprain one's ankle; **~ aux pieds** to trample underfoot.
foulure [fulyr] *nf* sprain.
four [fur] *nm* oven; (*de potier*) kiln; (*THÉATRE: échec*) flop.
fourbe [furb(ə)] *a* deceitful; **~rie** *nf* deceitfulness; deceit.
fourbi [furbi] *nm* (*fam*) gear, clobber.
fourbir [furbir] *vt*: **~ ses armes** (*fig*) to get ready for the fray.
fourbu, e [furby] *a* exhausted.
fourche [furʃ(ə)] *nf* pitchfork; (*de bicyclette*) fork.
fourchette [furʃɛt] *nf* fork; (*STATISTIQUE*) bracket, margin.
fourchu, e [furʃy] *a* split; forked.
fourgon [furgɔ̃] *nm* van; (*RAIL*) wag(g)on; **~ mortuaire** hearse.
fourgonnette [furgɔnɛt] *nf* (delivery) van.
fourmi [furmi] *nf* ant; **~s** *nfpl* (*fig*) pins and needles; **~lière** *nf* ant-hill.
fourmiller [furmije] *vi* to swarm; **~ de** to be teeming with; to be swarming with.
fournaise [furnɛz] *nf* blaze; (*fig*) furnace, oven.
fourneau, x [furno] *nm* stove.
fournée [furne] *nf* batch.
fourni, e [furni] *a* (*barbe, cheveux*) thick; (*magasin*): **bien ~ (en)** well stocked (with).
fournir [furnir] *vt* to supply; (*preuve, exemple*) to provide, supply; (*effort*) to put in; **~ qch à qn** to supply sth to sb, to supply *ou* provide sb with sth; **~ qn en**

(COMM) to supply sb with; **fournisseur, euse** nm/f supplier.

fourniture [fuʀnityʀ] nf supply(ing); ~s nfpl supplies; ~s de bureau office supplies, stationery; ~s scolaires school stationery.

fourrage [fuʀaʒ] nm fodder, forage.

fourrager [fuʀaʒe] vi: ~ dans/ parmi to rummage through/among.

fourrager, ère [fuʀaʒe, -ɛʀ] a fodder cpd.

fourré, e [fuʀe] a (bonbon, chocolat) filled; (manteau, botte) fur-lined // nm thicket.

fourreau, x [fuʀo] nm sheath; (de parapluie) cover.

fourrer [fuʀe] vt (fam): ~ qch dans to stick ou shove sth into; se ~ dans/sous to get into/under.

fourre-tout [fuʀtu] nm inv (sac) holdall; (péj) junk room ou cupboard; (fig) rag-bag.

fourreur [fuʀœʀ] nm furrier.

fourrière [fuʀjɛʀ] nf pound.

fourrure [fuʀyʀ] nf fur; (sur l'animal) coat; **manteau/col de** ~ fur coat/collar.

fourvoyer [fuʀvwaje]: **se** ~ vi to go astray, stray; **se** ~ **dans** to stray into.

foutre [futʀ(ə)] vt (fam!) = **ficher** (fam); **foutu, e** a (fam!) = **fichu, e** a.

foyer [fwaje] nm (de cheminée) hearth; (fig) seat, centre; family; home; (social) club; hostel; (salon) foyer; (OPTIQUE, PHOTO) focus sg; **lunettes à double** ~ bi-focal glasses.

fracas [fʀaka] nm din; crash; roar.

fracassant, e [fʀakasɑ̃, -ɑ̃t] a sensational, staggering.

fracasser [fʀakase] vt to smash.

fraction [fʀaksjɔ̃] nf fraction; **fractionner** vt to divide (up), split (up).

fracture [fʀaktyʀ] nf fracture; ~ **du crâne** fractured skull; ~ **de la jambe** broken leg.

fracturer [fʀaktyʀe] vt (coffre, serrure) to break open; (os, membre) to fracture.

fragile [fʀaʒil] a fragile, delicate; (fig) frail; **fragilité** nf fragility.

fragment [fʀagmɑ̃] nm (d'un objet) fragment, piece; (d'un texte) passage, extract; **fragmentaire** a sketchy; **fragmenter** vt to split up.

frai [fʀɛ] nm spawn; spawning.

fraîche [fʀɛʃ] a voir frais; ~ment ad coolly; freshly, newly; **fraîcheur** nf coolness; freshness; **fraîchir** vi to get cooler; (vent) to freshen.

frais, fraîche [fʀɛ, fʀɛʃ] a (air, eau, accueil) cool; (petit pois, œufs, souvenir, couleur, troupes) fresh // ad (récemment) newly, fresh(ly); **Il fait** ~ it's cool; **servir** ~ chill before serving, serve chilled // nm: **mettre au** ~ to put in a cool place; **prendre le** ~ to take a breath of cool air // nmpl (débours) expenses; (COMM) costs; charges; **faire des** ~ to spend; to go to a lot of expense; ~ **de déplacement** travel(ling) expenses; ~**généraux** overheads; ~ **de scolarité** school fees.

fraise [fʀɛz] nf strawberry; (TECH) countersink (bit); (de dentiste) drill; ~ **des bois** wild strawberry; **fraiser** vt to countersink; **fraisier** nm strawberry plant.

framboise [fʀɑ̃bwaz] nf raspberry; **framboisier** nm raspberry bush.

franc, franche [fʀɑ̃, fʀɑ̃ʃ] a (personne) frank, straightforward; (visage, rire) open; (net: refus, couleur) clear; (: coupure) clean; (intensif) downright; (exempt): ~ **de port** post free, postage paid, carriage paid // ad: **parler** ~ to be frank ou candid // nm franc.

français, e [fʀɑ̃sɛ, -ɛz] a French // nm/f: **F~, e** Frenchman/woman // nm (langue) French; **les F~** the French.

France [fʀɑ̃s] nf: **la** ~ France.

franche [fʀɑ̃ʃ] a voir franc; ~ment frankly; clearly; (tout à fait) downright.

franchir [fʀɑ̃ʃiʀ] vt (obstacle) to clear, get over; (seuil, ligne, rivière) to cross; (distance) to cover.

franchise [fʀɑ̃ʃiz] nf frankness; (douanière, d'impôt) exemption; (ASSURANCES) excess.

franciser [fʀɑ̃size] vt to gallicize, Frenchify.

franc-maçon [fʀɑ̃masɔ̃] nm freemason; **franc-maçonnerie** nf freemasonry.

franco [fʀɑ̃ko] ad (COMM) carriage paid, postage paid.

franco... [fʀɑ̃ko] préfixe: ~**phile** a francophile; ~**phone** a French-speaking // nm/f French speaker; ~**phonie** nf French-speaking communities.

franc-parler [fʀɑ̃paʀle] nm inv outspokenness.

franc-tireur [fʀɑ̃tiʀœʀ] nm (MIL) irregular; (fig) freelance.

frange [fʀɑ̃ʒ] nf fringe.

frangipane [fʀɑ̃ʒipan] nf almond paste.

franquette [fʀɑ̃kɛt]: **à la bonne** ~ ad without (any) fuss.

frappe [fʀap] nf (d'une dactylo, pianiste, machine à écrire) touch; (BOXE) punch; (péj) hood, thug.

frappé, e [fʀape] a iced.

frapper [fʀape] vt to hit, strike; (étonner) to strike; (monnaie) to strike, stamp; **se** ~ (s'inquiéter) to get worked up; ~ **à la porte** to knock (at) the door; ~ **dans ses mains** to clap one's hands; ~ **du poing sur** to bang one's fist on; **frappé de stupeur** dumbfounded.

frasques [fʀask(ə)] nfpl escapades.

fraternel, le [fʀatɛʀnɛl] a brotherly, fraternal.

fraterniser [fʀatɛʀnize] vi to fraternize.

fraternité [fʀatɛʀnite] nf brotherhood.

fratricide [fʀatʀisid] a fratricidal.

fraude [fʀod] nf fraud; (SCOL) cheating; **passer qch en** ~ to smuggle sth in (ou out); ~ **fiscale** tax evasion; **frauder** vi, vt to cheat; **fraudeur, euse** nm/f person guilty of fraud; candidate who cheats; tax evader; **frauduleux, euse** a fraudulent.

frayer [fʀeje] vt to open up, clear // vi to spawn; (fréquenter): ~ **avec** to mix ou associate with; **se** ~ **un passage dans** to clear o.s. a path through, force one's way through.

frayeur [fʀejœʀ] nf fright.

fredaines [fʀədɛn] nfpl mischief sg, escapades.

fredonner [fʀədɔne] vt to hum.

freezer [fʀizœʀ] nm freezing compartment.

frégate [fʀegat] nf frigate.

frein [fʀɛ̃] nm brake; **mettre un ~ à** (fig) to put a brake on, check; **~ à main** handbrake; **~ moteur** engine braking; **~s à disques** disc brakes; **~s à tambour** drum brakes.

freinage [fʀɛnaʒ] nm braking; **distance de ~** braking distance; **traces de ~** tyre marks.

freiner [fʀene] vi to brake // vt (progrès etc) to check.

frelaté, e [fʀəlate] a adulterated; (fig) tainted.

frêle [fʀɛl] a frail, fragile.

frelon [fʀəlɔ̃] nm hornet.

frémir [fʀemiʀ] vi to tremble, shudder; to shiver; to quiver.

frêne [fʀɛn] nm ash.

frénésie [fʀenezi] nf frenzy; **frénétique** a frenzied, frenetic.

fréquemment [fʀekamɑ̃] ad frequently.

fréquence [fʀekɑ̃s] nf frequency.

fréquent, e [fʀekɑ̃, -ɑ̃t] a frequent.

fréquentation [fʀekɑ̃tasjɔ̃] nf frequenting; seeing; **~s** nfpl company sg.

fréquenté, e [fʀekɑ̃te] a: **très ~** (very) busy; **mal ~** patronized by disreputable elements.

fréquenter [fʀekɑ̃te] vt (lieu) to frequent; (personne) to see (frequently).

frère [fʀɛʀ] nm brother.

fresque [fʀɛsk(ə)] nf (ART) fresco.

fret [fʀɛ] nm freight.

fréter [fʀete] vt to charter.

frétiller [fʀetije] vi to wriggle.

fretin [fʀətɛ̃] nm: **le menu ~** the small fry.

friable [fʀijabl(ə)] a crumbly, friable.

friand, e [fʀijɑ̃, -ɑ̃d] a: **~ de** very fond of.

friandise [fʀijɑ̃diz] nf sweet.

fric [fʀik] nm (fam) cash.

fric-frac [fʀikfʀak] nm break-in.

friche [fʀiʃ]: **en ~** a, ad (lying) fallow.

friction [fʀiksjɔ̃] nf (massage) rub, rub-down; (chez le coiffeur) scalp massage; (TECH, fig) friction; **frictionner** vt to rub (down); to massage.

frigidaire [fʀiʒidɛʀ] nm ® refrigerator.

frigide [fʀiʒid] a frigid; **frigidité** nf frigidity.

frigo [fʀigo] nm fridge.

frigorifier [fʀigɔʀifje] vt to refrigerate; **frigorifique** a refrigerating.

frileux, euse [fʀilø, -øz] a sensitive to (the) cold.

frimas [fʀima] nmpl wintry weather sg.

frimousse [fʀimus] nf (sweet) little face.

fringale [fʀɛ̃gal] nf: **avoir la ~** to be ravenous.

fringant, e [fʀɛ̃gɑ̃, -ɑ̃t] a dashing.

fripé, e [fʀipe] a crumpled.

fripier, ère [fʀipje, -jɛʀ] nm/f secondhand clothes dealer.

fripon, ne [fʀipɔ̃, -ɔn] a roguish, mischievous // nm/f rascal, rogue.

fripouille [fʀipuj] nf scoundrel.

frire [fʀiʀ] vt, vi, **faire ~** to fry.

frise [fʀiz] nf frieze.

frisé, e [fʀize] a curly, curly-haired; (chicorée) **~e** curly endive.

friser [fʀize] vt, vi to curl; **se faire ~** to have one's hair curled.

frisson [fʀisɔ̃] nm shudder, shiver; quiver; **frissonner** vi to shudder, shiver; to quiver.

frit, e [fʀi, fʀit] pp de **frire** // a fried // nf: (**pommes**) **~es** chips, French fried potatoes; **friteuse** nf chip pan; **friture** nf (huile) (deep) fat; (plat): **friture (de poissons)** fried fish; (RADIO) crackle, crackling q.

frivole [fʀivɔl] a frivolous.

froid, e [fʀwa, fʀwad] a, nm cold; **il fait ~** it's cold; **avoir ~** to be cold; **prendre ~** to catch a chill ou cold; **jeter un ~** (fig) to cast a chill; **être en ~ avec** to be on bad terms with; **froidement** ad (accueillir) coldly; (décider) coolly.

froisser [fʀwase] vt to crumple (up), crease; (fig) to hurt, offend; **se ~** vi to crumple, crease; to take offence ou umbrage; **se ~ un muscle** to strain a muscle.

frôler [fʀole] vt to brush against; (suj: projectile) to skim past; (fig) to come within a hair's breadth of; to come very close to.

fromage [fʀɔmaʒ] nm cheese; **~ blanc** soft white cheese; **~ de tête** pork brawn; **fromager, ère** nm/f cheesemonger; **fromagerie** nf cheese dairy.

froment [fʀɔmɑ̃] nm wheat.

froncer [fʀɔ̃se] vt to gather; **~ les sourcils** to frown.

frondaisons [fʀɔ̃dɛzɔ̃] nfpl foliage sg.

fronde [fʀɔ̃d] nf sling; (fig) rebellion, rebelliousness.

front [fʀɔ̃] nm forehead, brow; (MIL) front; **avoir le ~ de faire** to have the effrontery ou front to do; **de ~** ad (se heurter) head-on; (rouler) together (i.e. 2 or 3 abreast); (simultanément) at once; **faire ~ à** to face up to; **~ de mer** (sea) front; **frontal, e, aux** a frontal.

frontalier, ière [fʀɔ̃talje, -jɛʀ] a border cpd, frontier cpd // nm/f: (**travailleurs**) **~s** workers who cross the border to go to work, commuters from across the border.

frontière [fʀɔ̃tjɛʀ] nf (GÉO, POL) frontier, border; (fig) frontier, boundary.

frontispice [fʀɔ̃tispis] nm frontispiece.

fronton [fʀɔ̃tɔ̃] nm pediment; (de pelote basque) (front) wall.

frottement [fʀɔtmɑ̃] nm rubbing, scraping; rubbing ou scraping noise.

frotter [fʀɔte] vi to rub, scrape // vt to rub; (pour nettoyer) to rub (up); to scrub; **~ une allumette** to strike a match.

frottoir [fʀɔtwaʀ] nm (d'allumettes) friction strip; (pour encaustiquer) (long-handled) brush.

fructifier [fʀyktifje] vi to yield a profit; **faire ~** to turn to good account.

fructueux, euse [fʀyktɥø, -øz] a fruitful; profitable.

frugal, e, aux [fʀygal, -o] a frugal.

fruit [fʀɥi] nm fruit (gén q); **~s de mer** seafood(s); **~s secs** dried fruit sg; **fruité, e** a fruity; **fruitier, ière** a: **arbre fruitier** fruit tree // nm/f fruiterer, greengrocer.

fruste [fʀyst(ə)] a unpolished, uncultivated.

frustration [fʀystʀasjɔ̃] nf frustration.

frustrer [fʀystʀe] vt to frustrate.

FS sigle = franc suisse.

fugace [fygas] a fleeting.

fugitif, ive [fyʒitif, -iv] a (lueur, amour) fleeting; (prisonnier etc) fugitive, runaway // nm/f fugitive.

fugue [fyg] nf (d'un enfant) running away q; (MUS) fugue; **faire une ~** to run away, abscond.

fuir [fɥiʀ] vt to flee from; (éviter) to shun // vi to run away; (gaz, robinet) to leak.

fuite [fɥit] nf flight; (écoulement) leak, leakage; (divulgation) leak; **être en ~** to be on the run; **mettre en ~** to put to flight; **prendre la ~** to take flight.

fulgurant, e [fylgyʀɑ̃, -ɑ̃t] a lightning cpd, dazzling.

fulminer [fylmine] vi: **~ (contre)** to thunder forth (against).

fume-cigarette [fymsigaʀɛt] nm inv cigarette holder.

fumé, e [fyme] a (CULIN) smoked; (verres) (grey)-tinted // nf smoke.

fumer [fyme] vi to smoke; (soupe) to steam // vt to smoke; (terre, champ) to manure.

fumerie [fymʀi] nf: **~ d'opium** opium den.

fumerolles [fymʀɔl] nfpl gas and smoke (from volcano).

fûmes vb voir être.

fumet [fymɛ] nm aroma.

fumeur, euse [fymœʀ, -øz] nm/f smoker.

fumeux, euse [fymø, -øz] a (péj) woolly.

fumier [fymje] nm manure.

fumigation [fymigasjɔ̃] nf fumigation.

fumigène [fymiʒɛn] a smoke cpd.

fumiste [fymist(ə)] nm (ramoneur) chimney sweep // nm/f (péj) shirker; phoney.

fumisterie [fymistəʀi] nf (péj) fraud, con.

fumoir [fymwaʀ] nm smoking room.

funambule [fynɑ̃byl] nm tightrope walker.

funèbre [fynɛbʀ(ə)] a funeral cpd; (fig) doleful; funereal.

funérailles [fyneʀaj] nfpl funeral sg.

funéraire [fyneʀɛʀ] a funeral cpd, funerary.

funeste [fynɛst(ə)] a disastrous; deathly.

funiculaire [fynikylɛʀ] nm funicular (railway).

fur [fyʀ]: **au ~ et à mesure** ad as one goes along; **au ~ et à mesure que** as, as soon as; **au ~ et à mesure de leur progression** as they advance (ou advanced).

furet [fyʀɛ] nm ferret.

fureter [fyʀte] vi (péj) to nose about.

fureur [fyʀœʀ] nf fury; (passion): **~ de** passion for; **faire ~** to be all the rage.

furibond, e [fyʀibɔ̃, -ɔ̃d] a furious.

furie [fyʀi] nf fury; (femme) shrew, vixen; **en ~** (mer) raging; **furieux, euse** a furious.

furoncle [fyʀɔ̃kl(ə)] nm boil, furuncle.

furtif, ive [fyʀtif, -iv] a furtive.

fus vb voir être.

fusain [fyzɛ̃] nm (BOT) spindle-tree; (ART) charcoal.

fuseau, x [fyzo] nm (pour filer) spindle; **~ horaire** time zone.

fusée [fyze] nf rocket; **~ éclairante** flare.

fuselage [fyzlaʒ] nm fuselage.

fuselé, e [fyzle] a slender; tapering.

fuser [fyze] vi (rires etc) to burst forth.

fusible [fyzibl(ə)] nm (ELEC: fil) fuse wire; (: fiche) fuse.

fusil [fyzi] nm (de guerre, à canon rayé) rifle, gun; (de chasse, à canon lisse) shotgun, gun; **fusilier** [-lje] nm rifleman; **fusillade** [-jad] nf gunfire q, shooting q; shooting battle; **fusiller** vt to shoot; **~-mitrailleur** nm machine gun.

fusion [fyzjɔ̃] nf fusion, melting; (fig) merging; (COMM) merger; **en ~** (métal, roches) molten; **fusionner** vi to merge.

fustiger [fystiʒe] vt to denounce.

fut vb voir être.

fût [fy] nm (tonneau) barrel, cask; (de canon) stock; (d'arbre) bole, trunk; (de colonne) shaft.

futaie [fytɛ] nf forest, plantation.

futile [fytil] a futile; frivolous.

futur, e [fytyʀ] a nm future; **au ~** (LING) in the future; **~iste** a futuristic.

fuyant, e [fɥijɑ̃, -ɑ̃t] vb voir **fuir** // a (regard etc) evasive; (lignes etc) receding; (perspective) vanishing.

fuyard, e [fɥijaʀ, -aʀd(ə)] nm/f runaway.

G

gabardine [gabaʀdin] nf gabardine.

gabarit [gabaʀi] nm (fig) size; calibre; (TECH) template.

gabegie [gabʒi] nf (péj) chaos.

gâcher [gaʃe] vt (gâter) to spoil, ruin; (gaspiller) to waste; (plâtre) to temper; (mortier) to mix.

gâchette [gaʃɛt] nf trigger.

gâchis [gaʃi] nm waste q.

gadoue [gadu] nf sludge.

gaffe [gaf] nf (instrument) boat hook; (erreur) blunder; **faire ~** (fam) to be careful; **gaffer** vi to blunder.

gag [gag] nm gag.

gage [gaʒ] nm (dans un jeu) forfeit; (fig: de fidélité) token; **~s** nmpl (salaire) wages; (garantie) guarantee sg; **mettre en ~** to pawn; **laisser en ~** to leave as a security.

gager [gaʒe] vt: **~ que** to bet ou wager that.

gageure [gaʒyʀ] nf: **c'est une ~** it's attempting the impossible.

gagnant, e [gaɲɑ̃, -ɑ̃t] a: **billet/ numéro ~** winning ticket/number // nm/f winner.

gagne-pain [gaɲpɛ̃] nm inv job.

gagner [gaɲe] vt to win; (somme d'argent, revenu) to earn; (aller vers, atteindre) to reach // *vi* to win; (*fig*) to gain; ~ **du temps/de la place** to gain time/save space; ~ **sa vie** to earn one's living; ~ **du terrain** to gain ground; ~ **à faire** (*s'en trouver bien*) to be better off doing.

gai, e [ge] *a* a gay, cheerful; (*un peu ivre*) merry.

gaieté [gete] *nf* cheerfulness; ~**s** *nfpl* (*souvent ironique*) delights; **de** ~ **de cœur** with a light heart.

gaillard, e [gajar, -ard(ə)] *a* (*robuste*) sprightly; (*grivois*) bawdy, ribald // *nm/f* (*strapping*) fellow/wench.

gain [gɛ̃] *nm* (*revenu*) earnings *pl*; (*bénéfice*: gén *pl*) profits *pl*; (*au jeu*: gén *pl*) winnings *pl*; (*fig*: *de temps, place*) saving; **avoir** ~ **de cause** to win the case; (*fig*) to be proved right.

gaine [gɛn] *nf* (*corset*) girdle; (*fourreau*) sheath; (*de fil électrique etc*) outer covering; ~**-culotte** *nf* pantie girdle; **gainer** *vt* to cover.

gala [gala] *nm* official reception; **soirée de** ~ gala evening.

galant, e [galɑ̃, -ɑ̃t] *a* (*courtois*) courteous, gentlemanly; (*entreprenant*) flirtatious, gallant; (*aventure, poésie*) amorous; **en** ~**e compagnie** with a lady friend/gentleman friend.

galaxie [galaksi] *nf* galaxy.

galbe [galb(ə)] *nm* curve(s); shapeliness.

gale [gal] *nf* scabies *sg*.

galéjade [galeʒad] *nf* tall story.

galère [galɛr] *nf* galley.

galerie [galri] *nf* gallery; (*THÉÂTRE*) circle; (*de voiture*) roof rack; (*fig*: *spectateurs*) audience; ~ **marchande** shopping arcade; ~ **de peinture** (*private*) art gallery.

galérien [galerjɛ̃] *nm* galley slave.

galet [galɛ] *nm* pebble; (*TECH*) wheel; ~**s** *nmpl* pebbles, shingle *sg*.

galette [galɛt] *nf* flat cake.

galeux, euse [galo, -øz] *a*: **un chien** ~ a mangy dog.

galimatias [galimatja] *nm* (*péj*) gibberish.

Galles [gal] *n*: **le pays de** ~ Wales.

gallicisme [galisism(ə)] *nm* French idiom; (*tournure fautive*) gallicism.

gallois, e [galwa, -waz] *a, nm* (*langue*) Welsh // *nm/f*: **G~, e** Welshman/woman.

galon [galɔ̃] *nm* (*MIL*) stripe; (*décoratif*) piece of braid.

galop [galo] *nm* gallop; **au** ~ at a gallop.

galopade [galopad] *nf* stampede.

galoper [galope] *vi* to gallop.

galopin [galopɛ̃] *nm* urchin, ragamuffin.

galvaniser [galvanize] *vt* to galvanize.

galvauder [galvode] *vt* to debase.

gambader [gɑ̃bade] *vi* (*animal, enfant*) to leap about.

gamelle [gamɛl] *nf* mess tin; billy can; (*fam*): **ramasser une** ~ to come a cropper.

gamin, e [gamɛ̃, -in] *nm/f* kid // *a* mischievous, playful.

gamme [gam] *nf* (*MUS*) scale; (*fig*) range.

gammé, e [game] *a*: **croix** ~**e** swastika.

gang [gɑ̃g] *nm* gang.

ganglion [gɑ̃glijɔ̃] *nm* ganglion.

gangrène [gɑ̃grɛn] *nf* gangrene.

gangue [gɑ̃g] *nf* coating.

ganse [gɑ̃s] *nf* braid.

gant [gɑ̃] *nm* glove; ~ **de toilette** (face) flannel; ~**s de boxe** boxing gloves; **ganté, e** *a*: **ganté de blanc** wearing white gloves; **ganterie** *nf* glove trade; glove shop.

garage [garaʒ] *nm* garage; ~ **à vélos** bicycle shed; **garagiste** *nm/f* garage owner; garage mechanic *ou* man.

garant, e [garɑ̃, -ɑ̃t] *nm/f* guarantor // *nm* guarantee; **se porter** ~ **de** to vouch for; to be answerable for.

garantie [garɑ̃ti] *nf* guarantee; (*gage*) security, surety; (**bon de**) ~ guarantee *ou* warranty slip.

garantir [garɑ̃tir] *vt* to guarantee; (*protéger*): ~ **de** to protect from; **je vous garantis que** I can assure you that; **garanti 2 ans/pure laine** guaranteed for 2 years/pure wool.

garçon [garsɔ̃] *nm* boy; (*célibataire*) bachelor; (*jeune homme*) boy, lad; ~ **boucher/coiffeur** butcher's/hairdresser's assistant; ~ **de courses** messenger; ~ **d'écurie** stable lad; **garçonnet** *nm* small boy; **garçonnière** *nf* bachelor flat.

garde [gard(ə)] *nm* (*de prisonnier*) guard; (*de domaine etc*) warden; (*soldat, sentinelle*) guardsman // *nf* guarding; looking after; (*soldats, BOXE, ESCRIME*) guard; (*faction*) watch; (*d'une arme*) hilt; (*TYPO*): (**page de**) ~ endpaper; flyleaf; **de** ~ *a, ad* on duty; **monter la** ~ to stand guard; **être sur ses** ~**s** to be on one's guard; **mettre en** ~ to warn; **prendre** ~ (**à**) to be careful (of); ~ **champêtre** *nm* rural policeman; ~ **du corps** *nm* bodyguard; ~ **d'enfants** *nf* child minder; ~ **des enfants** *nf* (*après divorce*) custody of the children; ~ **forestier** *nm* forest warden; ~ **mobile** *nm, nf* mobile guard; ~ **des Sceaux** ≈ Lord Chancellor; ~ **à vue** *nf* (*JUR*) ≈ police custody; ~**-à-vous** *nm inv*: **être/se mettre au** ~**-à-vous** to be at/stand to attention.

garde... [gard(ə)] *préfixe*: ~**-barrière** *nm/f* level-crossing keeper; ~**-boue** *nm inv* mudguard; ~**-chasse** *nm* gamekeeper; ~**-fou** *nm* railing, parapet; ~**-malade** *nf* home nurse; ~**-manger** *nm inv* meat safe; pantry, larder; ~**-meuble** *nm* furniture depository; ~**-pêche** *nm inv* water bailiff; fisheries protection ship.

garderie [gardəri] *nf* day nursery, crèche.

garde-robe [gardərɔb] *nf* wardrobe.

gardeur, euse [gardœr, -øz] *nm/f* (*d'animaux*) cowherd; goatherd.

gardien, ne [gardjɛ̃, -jɛn] *nm/f* (*garde*) guard; (*de prison*) warder; (*de domaine, réserve*) warden; (*de musée etc*) attendant; (*de phare, cimetière*) keeper; (*d'immeuble*) caretaker; (*fig*) guardian; ~ **de but**

goalkeeper ; ~ **de nuit** night watchman ;
~ **de la paix** policeman.
gare [gaʀ] nf (railway) station // excl
watch out! ; ~ **à ne pas ...** mind you don't
... ; ~ **maritime** harbour station ; ~
routière coach station.
garenne [gaʀɛn] nf voir **lapin.**
garer [gaʀe] vt to park ; **se** ~ to park ;
(pour laisser passer) to draw into the side.
gargariser [gaʀgaʀize]: **se** ~ vi to
gargle ; **gargarisme** nm gargling q ; gargle.
gargote [gaʀgɔt] nf cheap restaurant.
gargouille [gaʀguj] nf gargoyle.
gargouiller [gaʀguje] vi to gurgle.
garnement [gaʀnəmã] nm tearaway,
scallywag.
garni, e [gaʀni] a (plat) served with
vegetables (and chips or pasta or rice) //
nm furnished accommodation q.
garnir [gaʀniʀ] vt to decorate ; to fill ; to
cover ; ~ **qch de** (orner) to decorate sth
with ; to trim sth with ; (approvisionner) to
fill ou stock sth with ; (protéger) to fit sth
with ; (CULIN) to garnish sth with.
garnison [gaʀnizɔ̃] nf garrison.
garniture [gaʀnityʀ] nf (CULIN) vegetables
pl ; trimmings pl ; filling ; (décoration)
trimming ; (protection) fittings pl ; ~ **de
frein** brake lining ; ~ **intérieure** (AUTO)
interior trim.
garrot [gaʀo] nm (MÉD) tourniquet ;
(torture) garrotte.
garrotter [gaʀɔte] vt to tie up ; (fig) to
muzzle.
gars [ga] nm lad ; guy.
gas-oil [gazɔjl] nm diesel oil.
gaspillage [gaspijaʒ] nm waste.
gaspiller [gaspije] vt to waste.
gastrique [gastʀik] a gastric, stomach cpd.
gastronome [gastʀɔnɔm] nm/f gourmet.
gastronomie [gastʀɔnɔmi] nf gastron-
omy.
gâteau, x [gɑto] nm cake ; ~ **sec** biscuit.
gâter [gɑte] vt to spoil ; **se** ~ vi (dent, fruit)
to go bad ; (temps, situation) to change for
the worse.
gâterie [gɑtʀi] nf little treat.
gâteux, euse [gɑtø, -øz] a senile.
gauche [goʃ] a left, left-hand ; (maladroit)
awkward, clumsy // nf (POL) left (wing) ;
à ~ on the left ; (direction) (to the) left ;
à ~ **de** (on ou to the) left of ; **à la** ~ **de**
to the left of ; **gaucher, ère** a left-handed ;
~**rie** nf awkwardness, clumsiness ;
gauchir vt to warp ; **gauchisant, e** a with
left-wing tendencies ; **gauchiste** nm/f
leftist.
gaufre [gofʀ(ə)] nf waffle.
gaufrer [gofʀe] vt (papier) to emboss ;
(tissu) to goffer.
gaufrette [gofʀɛt] nf wafer.
gaule [gol] nf (long) pole.
gaulois, e [golwa, -waz] a Gallic ; (grivois)
bawdy // nm/f : **G~, e** Gaul.
gausser [gose]: **se** ~ **de** vt to deride.
gaver [gave] vt to force-feed ; (fig): **se** ~ **de**
to cram with, fill up with.
gaz [gaz] nm inv gas ; **mettre les** ~ (AUTO)
to put one's foot down ; ~ **lacrymogène**
tear gas ; ~ **de ville** town gas.

gaze [gaz] nf gauze.
gazéifié, e [gazeifje] a aerated.
gazelle [gazɛl] nf gazelle.
gazer [gaze] vt to gas // vi (fam) to be
going ou working well.
gazette [gazɛt] nf news sheet.
gazeux, euse [gazø, -øz] a gaseous ; **eau
gazeuse** soda water.
gazoduc [gazɔdyk] nm gas pipeline.
gazomètre [gazɔmɛtʀ(ə)] nm gasometer.
gazon [gazɔ̃] nm (herbe) turf ; grass ;
(pelouse) lawn.
gazouiller [gazuje] vi to chirp ; (enfant)
to babble.
geai [ʒɛ] nm jay.
géant, e [ʒeã, -ãt] a gigantic, giant ;
(COMM) giant-size // nm/f giant.
geindre [ʒɛ̃dʀ(ə)] vi to groan, moan.
gel [ʒɛl] nm frost ; freezing.
gélatine [ʒelatin] nf gelatine ; **gélatineux,
euse** a jelly-like, gelatinous.
gelé, e [ʒəle] a frozen.
gelée [ʒəle] nf jelly ; (gel) frost ; ~
blanche hoarfrost, white frost.
geler [ʒəle] vt, vi to freeze ; **il gèle** it's
freezing ; **gelures** nfpl frostbite sg.
Gémeaux [ʒemo] nmpl: **les** ~ Gemini,
the Twins ; **être des** ~ to be Gemini.
gémir [ʒemiʀ] vi to groan, moan ;
gémissement nm groan, moan.
gemme [ʒɛm] nf gem(stone).
gênant, e [ʒɛnã, -ãt] a annoying ;
embarrassing.
gencive [ʒãsiv] nf gum.
gendarme [ʒãdaʀm(ə)] nm gendarme ;
~**rie** nf military police force in countryside
and small towns ; their police station or
barracks.
gendre [ʒãdʀ(ə)] nm son-in-law.
gêne [ʒɛn] nf (à respirer, bouger)
discomfort, difficulty ; (dérangement)
bother, trouble ; (manque d'argent)
financial difficulties pl ou straits pl ;
(confusion) embarrassment.
gêné, e [ʒɛne] a embarrassed.
généalogie [ʒenealɔʒi] nf genealogy ;
généalogique a genealogical.
gêner [ʒɛne] vt (incommoder) to bother ;
(encombrer) to hamper ; to be in the way ;
(déranger) to bother ; (embarrasser): ~ **qn**
to make sb feel ill-at-ease ; **se** ~ to put
o.s. out.
général, e, aux [ʒeneʀal, -o] a, nm
general // nf: (répétition) ~**e** final dress
rehearsal ; **en** ~ usually, in general ;
~**ement** ad generally.
généralisation [ʒeneʀalizasjɔ̃] nf
generalization.
généralisé, e [ʒeneʀalize] a general.
généraliser [ʒeneʀalize] vt, vi to
generalize ; **se** ~ vi to become widespread.
généraliste [ʒeneʀalist(ə)] nm/f general
practitioner, G.P.
généralités [ʒeneʀalite] nfpl generalities ;
(introduction) general points.
générateur, trice [ʒeneʀatœʀ, -tʀis] a:
~ **de** which causes ou brings about // nf
generator.
génération [ʒeneʀasjɔ̃] nf generation.

généreusement [ʒenerøzmɑ̃] *ad* generously.

généreux, euse [ʒenerø, -øz] *a* generous.

générique [ʒenerik] *a* generic // *nm* (CINÉMA) credits *pl*, credit titles *pl*.

générosité [ʒenerozite] *nf* generosity.

genèse [ʒɑ̃nɛz] *nf* genesis.

genêt [ʒɑ̃nɛ] *nm* broom *q*.

génétique [ʒenetik] *a* genetic // *nf* genetics *sg*.

Genève [ʒɑ̃nɛv] *n* Geneva ; **genevois, e** *a*, *nm/f* Genevan.

génial, e, aux [ʒenjal, -o] *a* of genius.

génie [ʒeni] *nm* genius ; (MIL): **le ~** the Engineers *pl* ; **~ civil** civil engineering.

genièvre [ʒɑ̃njɛvR(ə)] *nm* juniper (tree) ; (*boisson*) geneva ; **grain de ~** juniper berry.

génisse [ʒenis] *nf* heifer.

génital, e, aux [ʒenital, -o] *a* genital.

génitif [ʒenitif] *nm* genitive.

genou, x [ʒnu] *nm* knee ; **à ~x** on one's knees ; **se mettre à ~x** to kneel down ; **genouillère** *nf* (SPORT) kneepad.

genre [ʒɑ̃R] *nm* kind, type, sort ; (*allure*) manner ; (LING) gender ; (ART) genre ; (ZOOL *etc*) genus.

gens [ʒɑ̃] *nmpl* (*f in some phrases*) people *pl*.

gentil, le [ʒɑ̃ti, -ij] *a* kind ; (*enfant: sage*) good ; (*sympa: endroit etc*) nice ; **gentillesse** *nf* kindness ; **gentiment** *ad* kindly.

génuflexion [ʒenyflɛksjɔ̃] *nf* genuflexion.

géographe [ʒeɔgRaf] *nm/f* geographer.

géographie [ʒeɔgRafi] *nf* geography ; **géographique** *a* geographical.

geôlier [ʒolje] *nm* jailer.

géologie [ʒeɔlɔʒi] *nf* geology ; **géologique** *a* geological ; **géologue** *nm/f* geologist.

géomètre [ʒeɔmɛtR(ə)] *nm/f*: **(arpenteur-)~** (land) surveyor.

géométrie [ʒeɔmetRi] *nf* geometry ; **à ~ variable** (AVIAT) swing-wing ; **géométrique** *a* geometric.

gérance [ʒeRɑ̃s] *nf* management ; **mettre en ~** to appoint a manager for.

géranium [ʒeRanjɔm] *nm* geranium.

gérant, e [ʒeRɑ̃, -ɑ̃t] *nm/f* manager/manageress ; **~ d'immeuble** managing agent.

gerbe [ʒɛRb(ə)] *nf* (*de fleurs*) spray ; (*de blé*) sheaf (*pl* sheaves) ; (*fig*) shower, burst.

gercé, e [ʒɛRse] *a* chapped.

gerçure [ʒɛRsyR] *nf* crack.

gérer [ʒeRe] *vt* to manage.

gériatrie [ʒeRjatRi] *nf* geriatrics *sg* ; **gériatrique** *a* geriatric.

germain, e [ʒɛRmɛ̃, -ɛn] *a*: **cousin ~** first cousin.

germanique [ʒɛRmanik] *a* Germanic.

germe [ʒɛRm(ə)] *nm* germ.

germer [ʒɛRme] *vi* to sprout ; to germinate.

gésier [ʒezje] *nm* gizzard.

gésir [ʒezir] *vi* to be lying (down) ; *voir aussi* **ci-gît.**

gestation [ʒɛstasjɔ̃] *nf* gestation.

geste [ʒɛst(ə)] *nm* gesture ; move ; motion.

gesticuler [ʒɛstikyle] *vi* to gesticulate.

gestion [ʒɛstjɔ̃] *nf* management.

gibecière [ʒibsjɛR] *nf* gamebag.

gibet [ʒibɛ] *nm* gallows *pl*.

gibier [ʒibje] *nm* (*animaux*) game ; (*fig*) prey.

giboulée [ʒibule] *nf* sudden shower.

giboyeux, euse [ʒibwajø, -øz] *a* well-stocked with game.

gicler [ʒikle] *vi* to spurt, squirt.

gicleur [ʒiklœR] *nm* (AUTO) jet.

gifle [ʒifl(ə)] *nf* slap (in the face) ; **gifler** *vt* to slap (in the face).

gigantesque [ʒigɑ̃tɛsk(ə)] *a* gigantic.

gigogne [ʒigɔɲ] *a*: **lits ~s** pull-out *ou* stowaway beds ; **tables/poupées ~s** nest of tables/dolls.

gigot [ʒigo] *nm* leg (of mutton *ou* lamb).

gigoter [ʒigote] *vi* to wriggle (about).

gilet [ʒilɛ] *nm* waistcoat ; (*pull*) cardigan ; (*de corps*) vest ; **~ pare-balles** bulletproof jacket ; **~ de sauvetage** life jacket.

gin [dʒin] *nm* gin.

gingembre [ʒɛ̃ʒɑ̃bR(ə)] *nm* ginger.

girafe [ʒiRaf] *nf* giraffe.

giratoire [ʒiRatwaR] *a*: **sens ~** roundabout.

girofle [ʒiRɔfl(ə)] *nm*: **clou de ~** clove.

girouette [ʒiRwɛt] *nf* weather vane *ou* cock.

gisait *etc vb voir* **gésir.**

gisement [ʒizmɑ̃] *nm* deposit.

gît *vb voir* **gésir.**

gitan, e [ʒitɑ̃, -an] *nm/f* gipsy.

gîte [ʒit] *nm* home ; shelter ; **~ rural** farmhouse accommodation *q* (for tourists).

givrage [ʒivRaʒ] *nm* icing.

givre [ʒivR(ə)] *nm* (hoar) frost.

glabre [glabR(ə)] *a* hairless ; clean-shaven.

glace [glas] *nf* ice ; (*crème glacée*) ice cream ; (*verre*) sheet of glass ; (*miroir*) mirror ; (*de voiture*) window ; **~s** *nfpl* (GÉO) ice sheets, ice *sg.*

glacé, e [glase] *a* icy ; (*boisson*) iced.

glacer [glase] *vt* to freeze ; (*boisson*) to chill, ice ; (*gâteau*) to ice ; (*papier, tissu*) to glaze ; (*fig*): **~ qn** to chill sb ; to make sb's blood run cold.

glaciaire [glasjɛR] *a* ice *cpd* ; glacial.

glacial, e [glasjal] *a* icy.

glacier [glasje] *nm* (GÉO) glacier ; (*marchand*) ice-cream maker.

glacière [glasjɛR] *nf* icebox.

glaçon [glasɔ̃] *nm* icicle ; (*pour boisson*) ice cube.

glaïeul [glajœl] *nm* gladiola.

glaire [glɛR] *nf* (MÉD) phlegm *q.*

glaise [glɛz] *nf* clay.

gland [glɑ̃] *nm* acorn ; (*décoration*) tassel ; (ANAT) glans.

glande [glɑ̃d] *nf* gland.

glaner [glane] *vt*, *vi* to glean.

glapir [glapiR] *vi* to yelp.

glas [glɑ] *nm* knell, toll.

glauque [glok] *a* a dull blue-green.

glissade [glisad] *nf* (*par jeu*) slide ; (*chute*) slip ; (*dérapage*) skid.

glissant, e [glisɑ̃, -ɑ̃t] *a* slippery.

glissement [glismɑ̃] *nm* sliding ; (*fig*) shift ; **~ de terrain** landslide.

glisser [glise] *vi* (*avancer*) to glide *ou* slide along; (*coulisser, tomber*) to slide; (*déraper*) to slip; (*être glissant*) to be slippery // *vt*: ~ **qch sous/dans/à** to slip sth under/into/to; ~ **sur** (*fig: détail etc*) to skate over; **se** ~ **dans/entre** to slip into/between; **glissière** *nf* slide channel; **à glissière** sliding; **glissoire** *nf* slide.

global, e, aux [glɔbal, -o] *a* overall.

globe [glɔb] *nm* globe; **sous** ~ under glass; ~ **oculaire** eyeball; **le** ~ **terrestre** the globe.

globule [glɔbyl] *nm* (*du sang*): ~ **blanc/rouge** white/red corpuscle.

globuleux, euse [glɔbylø, -øz] *a*: **yeux** ~ protruding eyes.

gloire [glwaʀ] *nf* glory; (*mérite*) distinction, credit; (*personne*) celebrity; **glorieux, euse** *a* glorious; **glorifier** *vt* to glorify, extol.

glossaire [glɔsɛʀ] *nm* glossary.

glousser [gluse] *vi* to cluck; (*rire*) to chuckle.

glouton, ne [glutɔ̃, -ɔn] *a* gluttonous, greedy.

glu [gly] *nf* birdlime.

gluant, e [glyɑ̃, -ɑ̃t] *a* sticky, gummy.

glycine [glisin] *nf* wisteria.

go [go]: **tout de** ~ *ad* straight out.

G.O. *sigle* = **grandes ondes**.

gobelet [gɔblɛ] *nm* tumbler; beaker; (*à dés*) cup.

gober [gɔbe] *vt* to swallow.

godet [gɔdɛ] *nm* pot.

godiller [gɔdije] *vi* to scull.

goéland [gɔelɑ̃] *nm* (sea)gull.

goélette [gɔelɛt] *nf* schooner.

goémon [gɔemɔ̃] *nm* wrack.

gogo [gɔgo] *nm* (*péj*) mug, sucker; **à** ~ *ad* galore.

goguenard, e [gɔgnaʀ, -aʀd(ə)] *a* mocking.

goguette [gɔgɛt] *nf*: **en** ~ on the binge.

goinfre [gwɛ̃fʀ(ə)] *nm* glutton; **se goinfrer** *vi* to make a pig of o.s.; **se goinfrer de** to guzzle.

goitre [gwatʀ(ə)] *nm* goitre.

golf [gɔlf] *nm* golf; golf course; ~ **miniature** crazy *ou* miniature golf.

golfe [gɔlf(ə)] *nm* gulf; bay.

gomme [gɔm] *nf* (*à effacer*) rubber, eraser; (*résine*) gum; **gommer** *vt* to erase; to gum.

gond [gɔ̃] *nm* hinge; **sortir de ses** ~**s** (*fig*) to fly off the handle.

gondole [gɔ̃dɔl] *nf* gondola.

gondoler [gɔ̃dɔle] *vi*, **se** ~ *vi* to warp; to buckle.

gondolier [gɔ̃dɔlje] *nm* gondolier.

gonflage [gɔ̃flaʒ] *nm* inflating, blowing up.

gonflé, e [gɔ̃fle] *a* swollen; bloated.

gonfler [gɔ̃fle] *vt* (*pneu, ballon*) to inflate, blow up; (*nombre, importance*) to inflate // *vi* to swell (up); (*CULIN*: pâte) to rise; **gonfleur** *nm* air pump.

gong [gɔ̃g] *nm* gong.

goret [gɔʀɛ] *nm* piglet.

gorge [gɔʀʒ(ə)] *nf* (*ANAT*) throat; (*poitrine*) breast; (*GÉO*) gorge; (*rainure*) groove.

gorgé, e [gɔʀʒe] *a*: ~ **de** filled with; (*eau*) saturated with // *nf* mouthful; sip; gulp.

gorille [gɔʀij] *nm* gorilla; (*fam*) bodyguard.

gosier [gozje] *nm* throat.

gosse [gɔs] *nm/f* kid.

gothique [gɔtik] *a* gothic.

goudron [gudʀɔ̃] *nm* tar; **goudronner** *vt* to tarmac.

gouffre [gufʀ(ə)] *nm* abyss, gulf.

goujat [guʒa] *nm* boor.

goujon [guʒɔ̃] *nm* gudgeon.

goulée [gule] *nf* gulp.

goulet [gulɛ] *nm* bottleneck.

goulot [gulo] *nm* neck; **boire au** ~ to drink from the bottle.

goulu, e [guly] *a* greedy.

goupillon [gupijɔ̃] *nm* (*REL*) sprinkler.

gourd, e [guʀ, guʀd(ə)] *a* numb (with cold).

gourde [guʀd(ə)] *nf* (*récipient*) flask.

gourdin [guʀdɛ̃] *nm* club, bludgeon.

gourmand, e [guʀmɑ̃, -ɑ̃d] *a* greedy; **gourmandise** *nf* greed; (*bonbon*) sweet.

gourmet [guʀmɛ] *nm* epicure.

gourmette [guʀmɛt] *nf* chain bracelet.

gousse [gus] *nf*: ~ **d'ail** clove of garlic.

gousset [gusɛ] *nm* (*de gilet*) fob.

goût [gu] *nm* taste; **prendre** ~ **à** to develop a taste *ou* a liking for.

goûter [gute] *vt* (*essayer*) to taste; (*apprécier*) to enjoy // *vi* to have (afternoon) tea // *nm* (afternoon) tea; ~ **à** to taste, sample; ~ **de** to have a taste of.

goutte [gut] *nf* drop; (*MÉD*) gout; (*alcool*) brandy; ~**s** *nfpl* (*MÉD*) (nose) drops.

goutte-à-goutte [gutagut] *nm* (*MÉD*) drip; **alimenter au** ~ to drip-feed.

gouttelette [gutlɛt] *nf* droplet.

gouttière [gutjɛʀ] *nf* gutter.

gouvernail [guvɛʀnaj] *nm* rudder; (*barre*) helm, tiller.

gouvernante [guvɛʀnɑ̃t] *nf* governess.

gouverne [guvɛʀn(ə)] *nf*: **pour sa** ~ for his guidance.

gouvernement [guvɛʀnəmɑ̃] *nm* government; **membre du** ~ ≈ Cabinet member; **gouvernemental, e, aux** *a* government *cpd*; pro-government.

gouverner [guvɛʀne] *vt* to govern; **gouverneur** *nm* governor; commanding officer.

grâce [gʀɑs] *nf* grace; favour; (*JUR*) pardon; ~**s** *nfpl* (*REL*) grace *sg*; **dans les bonnes** ~**s de qn** in favour with sb; **faire** ~ **à qn de qch** to spare sb sth; **rendre** ~(**s**) **à** to give thanks to; **demander** ~ to beg for mercy; **droit de** ~ right of reprieve; ~ **à** *prép* thanks to; **gracier** *vt* to pardon; **gracieux, euse** *a* graceful.

gracile [gʀasil] *a* slender.

gradation [gʀadasjɔ̃] *nf* gradation.

grade [gʀad] *nm* rank; **monter en** ~ to be promoted.

gradé [gʀade] *nm* officer.

gradin [gʀadɛ̃] *nm* tier; step; ~**s** *nmpl* (*de stade*) terracing *sg*.

graduation [gʀadyasjɔ̃] *nf* graduation.

graduel, le [gʀadyɛl] *a* gradual; progressive.

graduer [gʀadɥe] vt (effort etc) to increase gradually; (règle, verre) to graduate; **exercices gradués** exercises graded for difficulty.

graffiti [gʀafiti] nmpl graffiti.

grain [gʀɛ̃] nm (gén) grain; (NAVIG) squall; ~ **de beauté** beauty spot; ~ **de café** coffee bean; ~ **de poivre** peppercorn; ~ **de poussière** speck of dust; ~ **de raisin** grape.

graine [gʀɛn] nf seed; ~**tier** nm seed merchant.

graissage [gʀɛsaʒ] nm lubrication, greasing.

graisse [gʀɛs] nf fat; (lubrifiant) grease; **graisser** vt to lubricate, grease; (tacher) to make greasy; **graisseux, euse** a greasy; (ANAT) fatty.

grammaire [gʀamɛʀ] nf grammar; **grammatical, e, aux** a grammatical.

gramme [gʀam] nm gramme.

grand, e [gʀɑ̃, gʀɑ̃d] a (haut) tall; (gros, vaste, large) big, large; (long) long; (sens abstraits) great // ad: ~ **ouvert** wide open; **son** ~ **frère** his older brother; **il est assez** ~ **pour** he's old enough to; **au** ~ **air** in the open (air); ~**s blessés/brûlés** casualties with severe injuries/burns; ~ **angle** nm (PHOTO) wide-angle lens sg; + **écart** splits pl; ~ **ensemble** housing scheme; ~ **magasin** department store; ~**e personne** grown-up; ~**es écoles** prestige schools of university level, with competitive entrance examination; ~**es lignes** (RAIL) main lines; ~**es vacances** summer holidays; **grand-chose** nm/f inv: **pas grand-chose** not much; **Grande-Bretagne** nf: **la Grande-Bretagne** (Great) Britain; **grandeur** nf (dimension) size; magnitude; (fig) greatness; **grandeur nature** life-size; **grandir** vi (enfant, arbre) to grow; (bruit, hostilité) to increase, grow // vt: **grandir qn** (suj: vêtement, chaussure) to make sb look taller; (fig) to make sb grow in stature; ~**-mère** nf grandmother; ~**-messe** nf high mass; ~**-père** nm grandfather; ~**-route** nf main road; ~**-rue** nf high street; ~**s-parents** nmpl grandparents.

grange [gʀɑ̃ʒ] nf barn.

granit [gʀanit] nm granite.

granulé [gʀanyle] nm granule.

granuleux, euse [gʀanylø, -øz] a granular.

graphie [gʀafi] nf written form.

graphique [gʀafik] a graphic // nm graph.

graphisme [gʀafism(ə)] nm graphic arts pl; graphics sg.

graphologie [gʀafɔlɔʒi] nf graphology; **graphologue** nm/f graphologist.

grappe [gʀap] nf cluster; ~ **de raisin** bunch of grapes.

grappiller [gʀapije] vt to glean.

grappin [gʀapɛ̃] nm grapnel; **mettre le** ~ **sur** (fig) to get one's claws on.

gras, se [gʀɑ, gʀɑs] a (viande, soupe) fatty; (personne) fat; (surface, main) greasy; (toux) loose, phlegmy; (rire) throaty; (plaisanterie) coarse; (crayon) soft-lead; (TYPO) bold // nm (CULIN) fat; **faire la** ~**se matinée** to have a lie-in;

~**sement** ad: ~**sement payé** handsomely paid; ~**souillet, te** a podgy, plump.

gratification [gʀatifikasjɔ̃] nf bonus.

gratifier [gʀatifje] vt: ~ **qn de** to favour sb with, reward sb with; (sourire etc) to favour sb with.

gratin [gʀatɛ̃] nm (CULIN) cheese-topped dish; cheese topping.

gratiné, e [gʀatine] a (CULIN) au gratin; (fam) hellish.

gratis [gʀatis] ad free.

gratitude [gʀatityd] nf gratitude.

gratte-ciel [gʀatsjɛl] nm inv skyscraper.

grattement [gʀatmɑ̃] nm (bruit) scratching (noise).

gratte-papier [gʀatpapje] nm inv (péj) penpusher.

gratter [gʀate] vt (frotter) to scrape; (enlever) to scrape off; (bras, bouton) to scratch; **grattoir** nm scraper.

gratuit, e [gʀatɥi, -ɥit] a (entrée, billet) free; (fig) gratuitous.

gratuitement [gʀatɥitmã] ad free.

gravats [gʀava] nmpl rubble sg.

grave [gʀav] a (maladie, accident) serious, bad; (sujet, problème) serious, grave; (air) grave, solemn; (voix, son) deep, low-pitched // nm (MUS) low register; **blessé** ~ seriously injured person; ~**ment** ad seriously; gravely.

graver [gʀave] vt to engrave; **graveur** nm engraver.

gravier [gʀavje] nm gravel q; **gravillons** nmpl gravel sg, loose chippings ou gravel.

gravir [gʀaviʀ] vt to climb (up).

gravitation [gʀavitasjɔ̃] nf gravitation.

gravité [gʀavite] nf seriousness; gravity; (PHYSIQUE) gravity.

graviter [gʀavite] vi: ~ **autour de** to revolve around.

gravure [gʀavyʀ] nf engraving; (reproduction) print; plate.

gré [gʀe] nm: **à son** ~ to his liking; as he pleases; **au** ~ **de** according to, following; **contre le** ~ **de qn** against sb's will; **de son (plein)** ~ of one's own free will; **de** ~ **ou de force** whether one likes it or not; **de bon** ~ willingly; **de** ~ **à** ~ (COMM) by mutual agreement; **savoir** ~ **à qn de qch** to be grateful to sb for sth.

grec, grecque [gʀɛk] a Greek; (classique: vase etc) Grecian // nm/f Greek.

Grèce [gʀɛs] nf: **la** ~ Greece.

gréement [gʀemã] nm rigging.

greffe [gʀɛf] nf grafting q, graft; transplanting q, transplant // nm (JUR) office.

greffer [gʀefe] vt (BOT, MÉD: tissu) to graft; (MÉD: organe) to transplant.

greffier [gʀefje] nm clerk of the court.

grégaire [gʀegɛʀ] a gregarious.

grège [gʀɛʒ] a: **soie** ~ raw silk.

grêle [gʀɛl] a (very) thin // nf hail.

grêlé, e [gʀele] a pockmarked.

grêler [gʀele] vb impersonnel: **il grêle** it's hailing.

grêlon [gʀelɔ̃] nm hailstone.

grelot [gʀəlo] nm little bell.

grelotter [gʀələte] vi (trembler) to shiver.

grenade [grənad] nf (*explosive*) grenade ; (*BOT*) pomegranate ; ~ **lacrymogène** teargas grenade.

grenadier [grənadje] nm (*MIL*) grenadier ; (*BOT*) pomegranate tree.

grenat [grəna] a *inv* dark red.

grenier [grənje] nm attic ; (*de ferme*) loft.

grenouille [grənuj] nf frog.

grenu, e [grəny] a grainy, grained.

grès [grɛ] nm sandstone ; (*poterie*) stoneware.

grésiller [grezije] vi to sizzle ; (*RADIO*) to crackle.

grève [grɛv] nf (*d'ouvriers*) strike ; (*plage*) shore ; **se mettre en/faire** ~ to go on/be on strike ; ~ **de la faim** hunger strike ; ~ **sauvage** wildcat strike ; ~ **sur le tas** sit down strike ; ~ **tournante** strike by rota ; ~ **du zèle** work-to-rule q.

grever [grəve] vt to put a strain on ; **grevé d'impôts** crippled by taxes.

gréviste [grevist(ə)] nm/f striker.

gribouiller [gribuje] vt to scribble, scrawl // vi to doodle.

grief [grijɛf] nm grievance ; **faire** ~ **à qn de** to reproach sb for.

grièvement [grijɛvmɑ̃] ad seriously.

griffe [grif] nf claw ; (*fig*) signature.

griffer [grife] vt to scratch.

griffonner [grifɔne] vt to scribble.

grignoter [griɲɔte] vt to nibble *ou* gnaw at.

gril [gril] nm steak *ou* grill pan.

grillade [grijad] nf grill.

grillage [grijaʒ] nm (*treillis*) wire netting ; wire fencing.

grille [grij] nf (*portail*) (metal) gate ; (*d'égout*) (metal) grate ; (*fig*) grid.

grille-pain [grijpɛ̃] nm *inv* toaster.

griller [grije] vt (*aussi*: **faire** ~: *pain*) to toast ; (: *viande*) to grill ; (*fig*: *ampoule etc*) to burn out, blow.

grillon [grijɔ̃] nm cricket.

grimace [grimas] nf grimace ; (*pour faire rire*) **faire des** ~**s** to pull *ou* make faces.

grimer [grime] vt to make up.

grimper [grɛ̃pe] vi, vt to climb.

grincement [grɛ̃smɑ̃] nm grating (noise) ; creaking (noise).

grincer [grɛ̃se] vi (*porte, roue*) to grate ; (*plancher*) to creak ; ~ **des dents** to grind one's teeth.

grincheux, euse [grɛ̃ʃø, -øz] a grumpy.

grippe [grip] nf flu, influenza ; **grippé, e** a: **être grippé** to have flu.

gripper [gripe] vt, vi to jam.

gris, e [gri, griz] a grey ; (*ivre*) tipsy.

grisaille [grizaj] nf greyness, dullness.

grisant, e [grizɑ̃, -ɑ̃t] a intoxicating, exhilarating.

griser [grize] vt to intoxicate.

grisonner [grizɔne] vi to be going grey.

grisou [grizu] nm firedamp.

grive [griv] nf thrush.

grivois, e [grivwa, -waz] a saucy.

grog [grɔg] nm grog.

grogner [grɔɲe] vi to growl ; (*fig*) to grumble.

groin [grwɛ̃] nm snout.

grommeler [grɔmle] vi to mutter to o.s.

grondement [grɔ̃dmɑ̃] nm rumble.

gronder [grɔ̃de] vi to rumble ; (*fig*: *révolte*) to be brewing // vt to scold.

gros, se [gro, gros] a big, large ; (*obèse*) fat ; (*travaux, dégâts*) extensive ; (*large: trait, fil*) thick, heavy // ad: **risquer/gagner** ~ to risk/win a lot // nm (*COMM*): **le** ~ the wholesale business ; **prix de** ~ wholesale price ; **par** ~ **temps/** ~**se mer** in rough weather/heavy seas ; **le** ~ **de** the main body of ; the bulk of ; **en** ~ roughly ; (*COMM*) wholesale ; ~ **intestin** large intestine ; ~ **lot** jackpot ; ~ **mot** coarse word, vulgarity ; ~ **plan** (*PHOTO*) close-up ; ~ **sel** cooking salt ; ~**se caisse** big drum.

groseille [grozɛj] nf: ~ (**rouge**)/ (**blanche**) red/white currant ; ~ **à maquereau** gooseberry ; **groseillier** nm red *ou* white currant bush ; gooseberry bush.

grosse [gros] a *voir* **gros**.

grossesse [grosɛs] nf pregnancy.

grosseur [grosœr] nf size ; fatness ; (*tumeur*) lump.

grossier, ière [grosje, -jɛr] a coarse ; (*travail*) rough ; crude ; (*évident: erreur*) gross ; **grossièrement** ad coarsely ; roughly ; crudely ; (*en gros*) roughly.

grossir [grosir] vi (*personne*) to put on weight ; (*fig*) to grow, get bigger ; (*rivière*) to swell // vt to increase ; to exaggerate ; (*au microscope*) to magnify ; (*suj: vêtement*): ~ **qn** to make sb look fatter ; **grossissement** nm (*optique*) magnification.

grossiste [grosist(ə)] nm/f wholesaler.

grosso modo [grɔsomɔdo] ad roughly.

grotte [grɔt] nf cave.

grouiller [gruje] vi to mill about ; to swarm about ; ~ **de** to be swarming with.

groupe [grup] nm group ; ~ **sanguin** blood group.

groupement [grupmɑ̃] nm grouping ; group.

grouper [grupe] vt to group ; **se** ~ to get together.

gruau [gryo] nm: **pain de** ~ wheaten bread.

grue [gry] nf crane.

grumeaux [grymo] nmpl lumps.

grutier [grytje] nm crane driver.

Guadeloupe [gwadlup] nf: **la** ~ Guadeloupe.

gué [ge] nm ford ; **passer à** ~ to ford.

guenilles [gənij] nfpl rags.

guenon [gənɔ̃] nf female monkey.

guépard [gepar] nm cheetah.

guêpe [gɛp] nf wasp.

guêpier [gepje] nm (*fig*) trap.

guère [gɛr] ad (*avec adjectif, adverbe*): **ne** ... ~ hardly ; (*avec verbe*): **ne** ... ~ *tournure négative* + much ; hardly ever ; *tournure négative* + (very) long ; **il n'y a** ~ **que/de** there's hardly anybody (*ou* anything) but/hardly any.

guéridon [geridɔ̃] nm pedestal table.

guérilla [gerija] nf guerrilla warfare.

guérillero [gerijero] nm guerrilla.

guérir [gerir] vt (*personne, maladie*) to cure ; (*membre, plaie*) to heal // vi

(personne) to recover, be cured ; **(plaie, chagrin)** to heal ; **~ de** to be cured of, recover from ; **~ qn de** to cure sb of ; **guérison** nf curing ; healing ; recovery ; **guérissable** a curable ; **guérisseur, euse** nm/f healer.

guérite [geʀit] nf sentry box.

guerre [gɛʀ] nf war ; **(méthode): ~ atomique/de tranchées** atomic/ trench warfare q ; **en ~** at war ; **faire la ~ à** to wage war against ; **de ~ lasse** finally ; **~ civile/ mondiale** civil/world war ; **~ d'usure** war of attrition ; **guerrier, ière** a warlike // nm/f warrior ; **guerroyer** vi to wage war.

guet [gɛ] nm: **faire le ~** to be on the watch ou look-out.

guet-apens [gɛtapɑ̃] nm ambush.

guêtre [gɛtʀ(ə)] nf gaiter.

guetter [gete] vt **(épier)** to watch (intently) ; **(attendre)** to watch (out) for ; to be lying in wait for ; **guetteur** nm look-out.

gueule [gœl] nf mouth ; **(fam)** face ; mouth ; **~ de bois** (fam) hangover.

gueuler [gœle] vi (fam) to bawl.

gueux [gø] nm beggar ; rogue.

gui [gi] nm mistletoe.

guichet [giʃɛ] nm (de bureau, banque) counter, window ; (d'une porte) wicket, hatch ; **les ~s** (à la gare, au théâtre) the ticket office ; **guichetier, ière** nm/f counter clerk.

guide [gid] nm guide.

guider [gide] vt to guide.

guidon [gidɔ̃] nm handlebars pl.

guignol [giɲɔl] nm ≈ Punch and Judy show ; (fig) clown.

guillemets [gijmɛ] nmpl: **entre ~** in inverted commas ou quotation marks ; **~ de répétition** ditto marks.

guilleret, te [gijʀɛ, -ɛt] a perky, bright.

guillotine [gijɔtin] nf guillotine ; **guillotiner** vt to guillotine.

guindé, e [gɛ̃de] a stiff, starchy.

guirlande [giʀlɑ̃d] nf garland ; (de papier) paper chain.

guise [giz] nf: **à votre ~** as you wish ou please ; **en ~ de** by way of.

guitare [gitaʀ] nf guitar ; **guitariste** nm/f guitarist, guitar player.

gustatif, ive [gystatif, -iv] a gustatory ; voir **papille**.

guttural, e, aux [gytyʀal, -o] a guttural.

Guyane [gɥijan] n: **la ~** Guiana.

gymkhana [ʒimkana] nm rally.

gymnase [ʒimnɑz] nm gym(nasium).

gymnaste [ʒimnast(ə)] nm/f gymnast.

gymnastique [ʒimnastik] nf gymnastics sg ; (au réveil etc) keep fit exercises pl.

gynécologie [ʒinekɔlɔʒi] nf gynaecology ; **gynécologue** nm/f gynaecologist.

gypse [ʒips(ə)] nm gypsum.

H

h. abr de **heure**.

habile [abil] a skilful ; (malin) clever ; **~té** nf skill, skilfulness ; cleverness.

habilité, e [abilite] a: **~ à faire** entitled to do, empowered to do.

habillé, e [abije] a dressed ; (chic) dressy ; (TECH): **~ de** covered with ; encased in.

habillement [abijmɑ̃] nm clothes pl ; (profession) clothing industry.

habiller [abije] vt to dress ; (fournir en vêtements) to clothe ; **s'~** to dress (o.s.) ; (se déguiser, mettre des vêtements chic) to dress up ; **s'~ de/en** to dress in/dress up as ; **s'~ chez/à** to buy one's clothes from/at.

habit [abi] nm outfit ; **~s** nmpl (vêtements) clothes ; **~ (de soirée)** tails pl ; evening dress.

habitable [abitabl(ə)] a (in)habitable.

habitacle [abitakl(ə)] nm cockpit ; (AUTO) passenger cell.

habitant, e [abitɑ̃, -ɑ̃t] nm/f inhabitant ; (d'une maison) occupant, occupier ; **loger chez l'~** to stay with the locals.

habitat [abita] nm housing conditions pl ; (BOT, ZOOL) habitat.

habitation [abitɑsjɔ̃] nf living ; residence, home ; house ; **~s à loyer modéré (HLM)** low-rent housing sg, ≈ council flats.

habité, e [abite] a inhabited ; lived in.

habiter [abite] vt to live in ; (suj: sentiment) to dwell in // vi: **~ à/dans** to live in ou at/in.

habitude [abityd] nf habit ; **avoir l'~ de faire** to be in the habit of doing ; (expérience) to be used to doing ; **d'~** usually ; **comme d'~** as usual.

habitué, e [abitɥe] a: **être ~ à** to be used ou accustomed to // nm/f regular visitor ; regular (customer).

habituel, le [abitɥɛl] a usual.

habituer [abitɥe] vt: **~ qn à** to get sb used to ; **s'~ à** to get used to.

***hâbleur, euse** [ˈɑblœʀ, -øz] a boastful.

***hache** [ˈaʃ] nf axe.

***haché, e** [ˈaʃe] a minced ; (fig) jerky.

***hacher** [ˈaʃe] vt (viande) to mince ; (persil) to chop.

***hachis** [ˈaʃi] nm mince q.

***hachisch** [ˈaʃiʃ] nm hashish.

***hachoir** [ˈaʃwaʀ] nm chopper ; (meat) mincer ; chopping board.

***hachures** [ˈaʃyʀ] nfpl hatching sg.

***hagard, e** [ˈagaʀ, -aʀd(ə)] a wild, distraught.

***haie** [ˈɛ] nf hedge ; (SPORT) hurdle ; (fig: rang) line, row ; **200 m ~s** 200 m hurdles ; **~ d'honneur** guard of honour.

***haillons** [ˈajɔ̃] nmpl rags.

***haine** [ˈɛn] nf hatred ; **haineux, euse** a full of hatred.

***haïr** [ˈaiʀ] vt to detest, hate.

***halage** [ˈalaʒ] nm: **chemin de ~** towpath.

***hâle** [ˈɑl] nm (sun)tan ; ***hâlé, e** a (sun)tanned, sunburnt.

haleine [alɛn] nf breath ; **hors d'~** out of breath ; **tenir en ~** to hold spellbound ; to keep in suspense ; **de longue ~** a long-term.

***haleter** [ˈalte] vi to pant.

***hall** [ˈol] nm hall.

hallali [alali] nm kill.

***halle** [ˈal] nf (covered) market ; **~s** nfpl central food market sg.

hallucinant, e [alysinɑ̃, -ɑ̃t] *a* staggering.
hallucination [alysinɑsjɔ̃] *nf* hallucination.

halluciné, e [alysine] *nm/f* person suffering from hallucinations; (raving) lunatic.

*__**halo** [alo] *nm* halo.

*__**halte** [alt(ə)] *nf* stop, break; stopping place; (RAIL) halt // *excl* stop!; **faire ~** to stop.

haltère [altɛʀ] *nm* dumbbell, barbell; **~s** *nmpl* (*activité*) weight lifting *sg*; **haltérophile** *nm/f* weight lifter.

*__**hamac** ['amak] *nm* hammock.

*__**hameau, x** ['amo] *nm* hamlet.

hameçon [amsɔ̃] *nm* (fish) hook.

hampe ['ɑ̃p] *nf* shaft.

*__**hamster** ['amstɛʀ] *nm* hamster.

hanche ['ɑ̃ʃ] *nf* hip.

*__**hand-ball** ['ɑdbal] *nm* handball.

*__**handicap** ['ɑ̃dikap] *nm* handicap; *__**~é, e** *a* handicapped // *nm/f* physically (*ou* mentally) handicapped person; *__**~é moteur** spastic; *__**~er** *vt* to handicap.

hangar ['ɑ̃gaʀ] *nm* shed.

hanneton ['antɔ̃] *nm* cockchafer.

hanter ['ɑ̃te] *vt* to haunt.

hantise ['ɑ̃tiz] *nf* obsessive fear.

*__**happer** ['ape] *vt* to snatch; (*suj: train etc*) to hit.

*__**haranguer** [aʀɑ̃ge] *vt* to harangue.

haras ['aʀɑ] *nm* stud farm.

harassant, e [aʀasɑ̃, -ɑ̃t] *a* exhausting.

*__**harceler** ['aʀsəle] *vt* (MIL, CHASSE) to harass, harry; (*importuner*) to plague.

*__**hardes** ['aʀd(ə)] *nfpl* rags.

*__**hardi, e** ['aʀdi] *a* bold, daring.

*__**hareng** ['aʀɑ̃] *nm* herring.

*__**hargne** ['aʀɲ(ə)] *nf* aggressiveness.

*__**haricot** ['aʀiko] *nm* bean; **~ vert/blanc** French/haricot bean.

harmonica [aʀmɔnika] *nm* mouth organ.

harmonie [aʀmɔni] *nf* harmony; **harmonieux, euse** *a* harmonious; **harmonique** *nm ou a* harmonic; **harmoniser** *vt* to harmonize.

*__**harnaché, e** ['aʀnaʃe] *a* (*fig*) rigged out.

*__**harnacher** ['aʀnaʃe] *vt* to harness.

*__**harnais** ['aʀnɛ] *nm* harness.

*__**harpe** ['aʀp(ə)] *nf* harp; *__**harpiste** *nm/f* harpist.

*__**harpon** ['aʀpɔ] *nm* harpoon; *__**harponner** *vt* to harpoon; (*fam*) to collar.

*__**hasard** ['azaʀ] *nm*: **le ~** chance, fate; **un ~ a** coincidence; a stroke of luck; **au ~** aimlessly; at random; haphazardly; **par ~** by chance; **à tout ~** just in case; on the off chance.

*__**hasarder** ['azaʀde] *vt* (*mot*) to venture; (*fortune*) to risk; **se ~ à faire** to risk doing, venture to do.

*__**hasardeux, euse** ['azaʀdø, -øz] *a* hazardous, risky; (*hypothèse*) rash.

*__**haschisch** ['aʃiʃ] *nm* hashish.

*__**hâte** ['ɑt] *nf* haste; **à la ~** hurriedly, hastily; **en ~** posthaste, with all possible speed; **avoir ~ de** to be eager *ou* anxious to; *__**hâter** *vt* to hasten; **se hâter** to hurry; **se hâter de** to hurry *ou* hasten to.

*__**hâtif, ive** ['ɑtif, -iv] *a* hurried; hasty; (*légume*) early.

*__**hausse** ['os] *nf* rise, increase; (*de fusil*) backsight adjuster; **en ~** rising.

*__**hausser** ['ose] *vt* to raise; **~ les épaules** to shrug (one's shoulders).

*__**haut, e** ['o, 'ot] *a* high; (*grand*) tall; (*son, voix*) high(-pitched) // *ad* high // *nm* top (part); **de 3 m de ~** 3 m high, 3 m in height; **des ~s et des bas** ups and downs; **en ~ lieu** in high places; **à ~e voix** aloud, out loud; **du ~ de** from the top of; **de ~ en bas** up and down; downwards; **plus ~** higher up, further up; (*dans un texte*) above; (*parler*) louder; **en ~** up above; at (*ou* to) the top; (*dans une maison*) upstairs; **en ~ de** at the top of; **la ~e couture/coiffure** haute couture/coiffure; **~e fidélité** hi-fi, high fidelity.

*__**hautain, e** ['otɛ, -ɛn] *a* (*personne, regard*) haughty.

*__**hautbois** ['obwa] *nm* oboe.

*__**haut-de-forme** ['odfɔʀm(ə)] *nm* top hat.

*__**hautement** ['otmɑ̃] *ad* highly.

*__**hauteur** ['otœʀ] *nf* height; (GÉO) height, hill; (*fig*) loftiness; haughtiness; **à ~ des yeux** at eye level; **à la ~ de** (*sur la même ligne*) level with; by; (*fig*) equal to; **à la ~** (*fig*) up to it, equal to the task.

*__**haut-fond** ['ofɔ̃] *nm* shallow, shoal.

*__**haut-fourneau** ['ofuʀno] *nm* blast *ou* smelting furnace.

*__**haut-le-cœur** ['olkœʀ] *nm inv* retch, heave.

*__**haut-parleur** ['opaʀlœʀ] *nm* (loud)speaker.

*__**hâve** ['av] *a* gaunt.

*__**havre** ['avʀ(ə)] *nm* haven.

*__**Haye** ['ɛ] *n*: **la ~** the Hague.

*__**hayon** ['ɛjɔ̃] *nm* tailgate.

hebdomadaire [ɛdbɔmadɛʀ] *a, nm* weekly.

héberger [ebɛʀʒe] *vt* to accommodate, lodge; (*réfugiés*) to take in.

hébété, e [ebete] *a* dazed.

hébraïque [ebʀaik] *a* Hebrew, Hebraic.

hébreu, x [ebʀø] *am, nm* Hebrew.

H.E.C. *sigle fpl* = *Hautes études commerciales*.

*__**hécatombe** [ekatɔ̃b] *nf* slaughter.

hectare [ɛktaʀ] *nm* hectare, 10,000 square metres.

hectolitre [ɛktolitʀ] *nm* hectolitre.

hégémonie [eʒemɔni] *nf* hegemony.

*__**hein** ['ɛ̃] *excl* eh?

*__**hélas** ['elas] *excl* alas! // *ad* unfortunately.

*__**héler** ['ele] *vt* to hail.

hélice [elis] *nf* propeller.

hélicoïdal, e, aux [elikɔidal, -o] *a* helical; helicoid.

hélicoptère [elikɔptɛʀ] *nm* helicopter.

héliogravure [eljɔgʀavyʀ] *nf* heliogravure.

héliport [elipɔʀ] *nm* heliport.

héliporté, e [elipɔʀte] *a* transported by helicopter.

hellénique [elenik] *a* Hellenic.

helvétique [ɛlvetik] *a* Swiss.

hématome [ematom] *nm* haematoma.
hémicycle [emisikl(ə)] *nm* semicircle;
(*POL*): **l'~** ≈ the benches (of the
Commons).
hémiplégie [emipleʒi] *nf* paralysis of one
side, hemiplegia.
hémisphère [emisfɛʀ] *nf*: **~ nord/sud**
northern/southern hemisphere.
hémophile [emɔfil] *a* haemophiliac.
hémorragie [emɔʀaʒi] *nf* bleeding *q*,
haemorrhage.
hémorroïdes [emɔʀɔid] *nfpl* piles,
haemorrhoids.
*****hennir** [ˈeniʀ] *vi* to neigh, whinny.
hépatite [epatit] *nf* hepatitis, liver
infection.
herbe [ɛʀb(ə)] *nf* grass; (*CULIN, MÉD*) herb;
en ~ unripe; (*fig*) budding; **herbeux,
euse** *a* grassy; **herbicide** *nm* weed-killer;
herbier *nm* herbarium; **herboriser** *vi* to
collect plants, botanize; **herboriste** *nm/f*
herbalist; **herboristerie** *nf* herbalist's
shop; herb trade.
*****hère** [ˈɛʀ] *nm*: **pauvre ~** poor wretch.
héréditaire [eʀeditɛʀ] *a* hereditary.
hérédité [eʀedite] *nf* heredity.
hérésie [eʀezi] *nf* heresy; **hérétique** *nm/f*
heretic.
*****hérissé, e** [eʀise] *a* bristling; **~ de**
spiked with; (*fig*) bristling with.
*****hérisser** [eʀise] *vt*: **~ qn** (*fig*) to ruffle
sb; **se ~** *vi* to bristle, bristle up.
*****hérisson** [eʀisɔ̃] *nm* hedgehog.
héritage [eʀitaʒ] *nm* inheritance; (*fig*)
heritage; legacy; **faire un (petit) ~** to
come into (a little) money.
hériter [eʀite] *vi*: **~ de qch (de qn)** to
inherit sth (from sb); **~ de qn** to inherit
sb's property; **héritier, ière** *nm/f*
heir/heiress.
hermétique [ɛʀmetik] *a* airtight;
watertight; (*fig*) abstruse; impenetrable;
~ment *ad* tightly, hermetically.
hermine [ɛʀmin] *nf* ermine.
*****hernie** [ˈɛʀni] *nf* hernia.
héroïne [eʀɔin] *nf* heroine; (*drogue*)
heroin.
héroïque [eʀɔik] *a* heroic.
héroïsme [eʀɔism(ə)] *nm* heroism.
*****héron** [eʀɔ̃] *nm* heron.
*****héros** [ˈeʀo] *nm* hero.
*****herse** [ˈɛʀs(ə)] *nf* harrow; (*de château*)
portcullis.
hésitant, e [ezitɑ̃, -ɑ̃t] *a* hesitant.
hésitation [ezitɑsjɔ̃] *nf* hesitation.
hésiter [ezite] *vi*: **~ (à faire)** to hesitate
(to do).
hétéroclite [eteʀɔklit] *a* heterogeneous;
(*objets*) sundry.
*****hêtre** [ˈɛtʀ(ə)] *nm* beech.
heure [œʀ] *nf* hour; (*SCOL*) period;
(*moment, moment fixé*) time; **c'est l'~** it's
time; **quelle ~ est-il?** what time is it?;
être à l'~ to be on time; (*montre*) to be
right; **mettre à l'~** to set right; **à toute
~** at any time; **24 ~s sur 24** round the
clock, 24 hours a day; **à l'~ qu'il est** at
this time (of day); by now; **sur l'~** at
once; **~ locale/d'été** local/summer
time; **~s de bureau** office hours; **~s
supplémentaires** overtime *sg*.

heureusement [œʀøzmɑ̃] *ad* (*par
bonheur*) fortunately, luckily.
heureux, euse [œʀø, -øz] *a* happy;
(*chanceux*) lucky, fortunate; (*judicieux*)
felicitous, fortunate.
*****heurt** [ˈœʀ] *nm* (*choc*) collision; **~s** *nmpl*
(*fig*) clashes.
*****heurté, e** [ˈœʀte] *a* (*fig*) jerky, uneven.
*****heurter** [ˈœʀte] *vt* (*mur*) to strike, hit;
(*personne*) to collide with; (*fig*) to go
against, upset; **se ~ à** *vt* to collide with;
(*fig*) to come up against; **heurtoir** *nm* door
knocker.
hexagone [ɛgzagɔn] *nm* hexagon.
*****hiatus** [ˈjatys] *nm* hiatus.
hiberner [ibɛʀne] *vi* to hibernate.
*****hibou, x** [ˈibu] *nm* owl.
*****hideux, euse** [ˈidø, -øz] *a* hideous.
hier [jɛʀ] *ad* yesterday; **~ matin/soir**
yesterday morning/ evening; **toute la
journée d'~** all day yesterday; **toute la
matinée d'~** all yesterday morning.
*****hiérarchie** [ˈjeʀaʀʃi] *nf* hierarchy;
*****hiérarchique** *a* hierarchic;
*****hiérarchiser** *vt* to organize into a
hierarchy.
hiéroglyphe [jeʀɔglif] *nm* hieroglyphic.
hilare [ilaʀ] *a* mirthful; **hilarité** *nf* hilarity,
mirth.
hindou, e [ɛ̃du] *a, nm/f* Hindu; Indian.
hippique [ipik] *a* equestrian, horse *cpd*.
hippisme [ipism(ə)] *nm* (horse) riding.
hippodrome [ipɔdʀom] *nm* racecourse.
hippopotame [ipɔpɔtam] *nm*
hippopotamus.
hirondelle [iʀɔ̃dɛl] *nf* swallow.
hirsute [iʀsyt] *a* hairy; shaggy; tousled.
hispanique [ispanik] *a* Hispanic.
*****hisser** [ˈise] *vt* to hoist, haul up; **se ~
sur** to haul o.s. up onto.
histoire [istwaʀ] *nf* (*science, événements*)
history; (*anecdote, récit, mensonge*) story;
(*affaire*) business *q*; (*chichis: gén pl*) fuss
q; **~s** *nfpl* (*ennuis*) trouble *sg*; **historien,
ne** *nm/f* historian; **historique** *a* historic.
hiver [ivɛʀ] *nm* winter; **~nal, e, aux a**
winter *cpd*; wintry; **~ner** *vi* to winter.
H.L.M. *sigle m ou f voir* **habitation.**
*****hocher** [ˈɔʃe] *vt*: **~ la tête** to nod; (*signe
négatif ou dubitatif*) to shake one's head.
*****hochet** [ˈɔʃɛ] *nm* rattle.
*****hockey** [ˈɔkɛ] *nm*: **~ (sur glace/gazon)**
(ice/field) hockey; *****hockeyeur** *nm*
hockey player.
holding [ˈɔldiŋ] *nm* holding company.
hold-up [ˈɔldœp] *nm inv* hold-up.
*****hollandais, e** [ˈɔlɑ̃dɛ, -ɛz] *a, nm* (*langue*)
Dutch // *nm/f*: **H~, e** Dutchman/
woman; **les H~** the Dutch.
*****Hollande** [ˈɔlɑ̃d] *nf* Holland.
*****homard** [ˈɔmaʀ] *nm* lobster.
homéopathie [ɔmeɔpati] *nf*
homoeopathy; **homéopathique** *a*
homoeopathic.
homérique [ɔmeʀik] *a* Homeric.
homicide [ɔmisid] *nm* murder // *nm/f*
murderer/eress; **~ involontaire**
manslaughter.
hommage [ɔmaʒ] *nm* tribute; **~s** *nmpl*:
présenter ses ~s to pay one's respects;

rendre ~ **à** to pay tribute ou homage to ; **faire** ~ **de qch à qn** to present sb with sth.

homme [ɔm] nm man ; ~ **d'affaires** businessman ; ~ **d'État** statesman ; ~ **de main** hired man ; ~ **de paille** stooge ; ~-**grenouille** nm frogman ; ~-**orchestre** nm one-man band.

homogène [ɔmɔʒɛn] a homogeneous ; **homogénéité** nf homogeneity.

homologue [ɔmɔlɔg] nm/f counterpart, opposite number.

homologué, e [ɔmɔlɔge] a (SPORT) officially recognized, ratified ; (tarif) authorized.

homonyme [ɔmɔnim] nm (LING) homonym ; (d'une personne) namesake.

homosexualité [ɔmɔsɛksɥalite] nf homosexuality.

homosexuel, le [ɔmɔsɛksɥɛl] a homosexual.

*****Hongrie** [ˈɔ̃gri] nf: **la** ~ Hungary ; ***hongrois, e** a, nm/f, nm (langue) Hungarian.

honnête [ɔnɛt] a (intègre) honest ; (juste, satisfaisant) fair ; ~**ment** ad honestly ; ~**té** nf honesty.

honneur [ɔnœr] nm honour ; (mérite): **l'** ~ **lui revient** the credit is his ; **en l'** ~ **de** in honour of ; (événement) on the occasion of ; **faire** ~ **à** (engagements) to honour ; (famille) to be a credit to ; (fig: repas etc) to do justice to ; **être à l'** ~ to be in the place of honour ; **être en** ~ to be in favour ; **membre d'** ~ honorary member ; **table d'** ~ top table.

honorable [ɔnɔrabl(ə)] a worthy, honourable ; (suffisant) decent ; ~**ment** ad honorably ; decently.

honoraire [ɔnɔrɛr] a honorary ; ~**s** nmpl fees pl ; **professeur** ~ professor emeritus.

honorer [ɔnɔre] vt to honour ; (estimer) to hold in high regard ; (faire honneur à) to do credit to ; **s'** ~ **de** to pride o.s. upon ; **honorifique** a honorary.

*****honte** [ˈɔ̃t] nf shame ; **avoir** ~ **de** to be ashamed of ; **faire** ~ **à qn** to make sb (feel) ashamed ; ***honteux, euse** a ashamed ; (conduite, acte) shameful, disgraceful.

hôpital, aux [ɔpital, -o] nm hospital.

*****hoquet** [ˈɔkɛ] nm hiccough ; **avoir le** ~ to have (the) hiccoughs ; **hoqueter** vi to hiccough.

horaire [ɔrɛr] a hourly // nm timetable, schedule.

*****horions** [ˈɔrjɔ̃] nmpl blows.

horizon [ɔrizɔ̃] nm horizon ; (paysage) landscape, view ; **sur l'** ~ on the skyline ou horizon.

horizontal, e, aux [ɔrizɔ̃tal, -o] a horizontal ; ~**ement** ad horizontally.

horloge [ɔrlɔʒ] nf clock ; **l'** ~ **parlante** the speaking clock ; **horloger, ère** nm/f watchmaker ; clockmaker ; ~**rie** nf watchmaking ; watchmaker's (shop) ; clockmaker's (shop) ; **pièces d'** ~**rie** watch parts ou components.

*****hormis** [ˈɔrmi] prép save.

hormonal, e, aux [ɔrmɔnal, -o] a hormonal.

hormone [ɔrmɔn] nf hormone.

horoscope [ɔrɔskɔp] nm horoscope.

horreur [ɔrœr] nf horror ; **avoir** ~ **de** to loathe ou detest ; **horrible** a horrible ; **horrifier** vt to horrify.

horripiler [ɔripile] vt to exasperate.

*****hors** [ˈɔr] prép except (for) ; ~ **de** out of ; ~ **pair** outstanding ; ~ **de propos** inopportune ; **être** ~ **de soi** to be beside o.s. ; ~-**bord** nm inv speedboat (with outboard motor) ; ~-**concours** a ineligible to compete ; (fig) in a class of one's own ; ~-**d'œuvre** nm inv hors d'œuvre ; ~-**jeu** nm inv offside ; ~-**la-loi** nm inv outlaw ; ~-**taxe** a duty-free ; ~-**texte** nm inv plate.

hortensia [ɔrtɑ̃sja] nm hydrangea.

horticulteur, trice [ɔrtikyltœr, -tris] nm/f horticulturalist.

horticulture [ɔrtikyltyr] nf horticulture.

hospice [ɔspis] nm (de vieillards) home.

hospitalier, ière [ɔspitalje, -jɛr] a (accueillant) hospitable ; (MÉD: service, centre) hospital cpd.

hospitaliser [ɔspitalize] vt to take (ou send) to hospital, hospitalize.

hospitalité [ɔspitalite] nf hospitality.

hostie [ɔsti] nf host.

hostile [ɔstil] a hostile ; **hostilité** nf hostility ; **hostilités** nfpl hostilities.

hôte [ot] nm (maître de maison) host ; (invité) guest ; (client) patron ; (fig) inhabitant, occupant.

hôtel [otɛl] nm hotel ; **aller à l'** ~ to stay in a hotel ; ~ **(particulier)** (private) mansion ; ~ **de ville** town hall ; **hôtelier, ière** a hotel cpd // nm/f hotelier, hotel-keeper ; ~**lerie** nf hotel business ; (auberge) inn.

hôtesse [otɛs] nf hostess ; ~ **de l'air** air hostess ou stewardess.

*****hotte** [ˈɔt] nf (panier) basket (carried on the back) ; (de cheminée) hood ; ~ **aspirante** cooker hood.

*****houblon** [ˈublɔ̃] nm (BOT) hop ; (pour la bière) hops pl.

*****houille** [ˈuj] nf coal ; ~ **blanche** hydroelectric power ; ***houiller, ère** a coal cpd ; coal-bearing.

*****houle** [ˈul] nf swell.

*****houlette** [ˈulɛt] nf: **sous la** ~ **de** under the guidance of.

*****houleux, euse** [ˈulø, -øz] a heavy, swelling ; (fig) stormy, turbulent.

*****houppe** [ˈup] nf, ***houpette** [ˈupɛt] nf powder puff.

*****hourra** [ˈura] nm cheer // excl hurrah !

*****houspiller** [ˈuspije] vt to scold.

*****housse** [ˈus] nf cover ; dust cover ; loose ou stretch cover ; ~ **(penderie)** hanging wardrobe.

*****houx** [ˈu] nm holly.

*****hublot** [ˈyblo] nm porthole.

*****huche** [ˈyʃ] nf: ~ **à pain** bread bin.

*****huées** [ˈɥe] nfpl boos.

*****huer** [ˈɥe] vt to boo.

huile [ɥil] nf oil ; (ART) oil painting ; (fam) bigwig ; ~ **de foie de morue** cod-liver oil ; ~ **de table** salad oil ; **huiler** vt to oil ; **huileux, euse** a oily.

huis [ɥi] nm: **à** ~ **clos** in camera.

huissier [ɥisje] *nm* usher ; (*JUR*) ≈ bailiff.
*huit ['ɥit] *num* eight ; **samedi en ~** a week on Saturday ; **dans ~ jours** in a week('s time) ; **une huitaine de jours** a week or so ; ***huitième** *num* eighth.
huître [ɥitʀ(ə)] *nf* oyster.
humain, e [ymɛ̃, -ɛn] *a* human ; (*compatissant*) humane // *nm* human (being) ; **humaniser** *vt* to humanize ; **humanitaire** *a* humanitarian ; **humanité** *nf* humanity.
humble [œ̃bl(ə)] *a* humble.
humecter [ymɛkte] *vt* to dampen ; **s'~ les lèvres** to moisten one's lips.
*humer ['yme] *vt* to smell ; to inhale.
humeur [ymœʀ] *nf* mood ; (*tempérament*) temper ; (*irritation*) bad temper ; **de bonne/mauvaise ~** in a good/bad mood.
humide [ymid] *a* damp ; (*main, yeux*) moist ; (*climat, chaleur*) humid ; (*route*) wet ; **humidificateur** *nm* humidifier ; **humidifier** *vt* to humidify ; **humidité** *nf* humidity ; dampness ; **traces d'humidité** traces of moisture *ou* damp.
humiliation [ymiljɑsjɔ̃] *nf* humiliation.
humilier [ymilje] *vt* to humiliate.
humilité [ymilite] *nf* humility, humbleness.
humoriste [ymɔʀist(ə)] *nm/f* humorist.
humoristique [ymɔʀistik] *a* humorous ; humoristic.
humour [ymuʀ] *nm* humour ; **avoir de l'~** to have a sense of humour ; **~ noir** sick humour.
*huppé, e [ype] *a* crested ; (*fam*) posh.
*hurlement ['yʀləmɑ̃] *nm* howling *q*, howl, yelling *q*, yell.
*hurler [yʀle] *vi* to howl, yell.
hurluberlu [yʀlybɛʀly] *nm* (*péj*) crank.
*hutte ['yt] *nf* hut.
hybride [ibʀid] *a* hybrid.
hydratant, e [idʀatɑ̃, -ɑ̃t] *a* (*crème*) moisturizing.
hydrate [idʀat] *nm*: **~s de carbone** carbohydrates.
hydraulique [idʀolik] *a* hydraulic.
hydravion [idʀavjɔ̃] *nm* seaplane, hydroplane.
hydro... [idʀɔ] *préfixe*: **~carbures** *nmpl* hydrocarbon oils ; **~cution** *nf* immersion syncope ; **~électrique** *a* hydroelectric ; **~gène** *nm* hydrogen ; **~glisseur** *nm* hydroplane ; **~graphie** *nf* (*fleuves*) hydrography ; **~phile** *a voir* **coton.**
hyène [jɛn] *nf* hyena.
hygiène [iʒjɛn] *nf* hygiene ; **~ intime** personal hygiene ; **hygiénique** *a* hygienic.
hymne [imn(ə)] *nm* hymn ; **~ national** national anthem.
hypermarché [ipɛʀmaʀʃe] *nm* hypermarket.
hypermétrope [ipɛʀmetʀɔp] *a* long-sighted, hypermetropic.
hypertension [ipɛʀtɑ̃sjɔ̃] *nf* high blood pressure, hypertension.
hypnose [ipnoz] *nf* hypnosis ; **hypnotique** *a* hypnotic ; **hypnotiser** *vt* to hypnotize.
hypocrisie [ipɔkʀizi] *nf* hypocrisy.
hypocrite [ipɔkʀit] *a* hypocritical // *nm/f* hypocrite.

hypotension [ipɔtɑ̃sjɔ̃] *nf* low blood pressure, hypotension.
hypothécaire [ipɔtekɛʀ] *a* hypothecary ; **garantie/prêt ~** mortgage security/loan.
hypothèque [ipɔtɛk] *nf* mortgage ; **hypothéquer** *vt* to mortgage.
hypothèse [ipɔtɛz] *nf* hypothesis ; **hypothétique** *a* hypothetical.
hystérie [isteʀi] *nf* hysteria ; **hystérique** *a* hysterical.

I

ibérique [ibeʀik] *a*: **la péninsule ~** the Iberian peninsula.
iceberg [isbɛʀg] *nm* iceberg.
ici [isi] *ad* here ; **jusqu'~** as far as this ; until now ; **d'~ là** by then ; in the meantime ; **d'~ peu** before long.
icône [ikon] *nf* icon.
iconographie [ikɔnɔgʀafi] *nf* iconography ; (collection of) illustrations.
idéal, e, aux [ideal, -o] *a* ideal // *nm* ideal ; ideals *pl* ; **~iser** *vt* to idealize ; **~iste** *a* idealistic // *nm/f* idealist.
idée [ide] *nf* idea ; **avoir dans l'~ que** to have an idea that ; **~ fixe** idée fixe, obsession ; **~s noires** black *ou* dark thoughts ; **~s reçues** accepted ideas.
identification [idɑ̃tifikɑsjɔ̃] *nf* identification.
identifier [idɑ̃tifje] *vt* to identify ; **~ qch/qn à** to identify sth/sb with ; **s'~ à** (*héros etc*) to identify with.
identique [idɑ̃tik] *a*: **~ (à)** identical (to).
identité [idɑ̃tite] *nf* identity.
idéologie [ideɔlɔʒi] *nf* ideology.
idiomatique [idjɔmatik] *a*: **expression ~** idiom, idiomatic expression.
idiot, e [idjo, idjɔt] *a* idiotic // *nm/f* idiot ; **idiotie** [-si] *nf* idiocy ; idiotic remark *etc.*
idiotisme [idjɔtism(ə)] *nm* idiom, idiomatic phrase.
idolâtrer [idɔlɑtʀe] *vt* to idolize.
idole [idɔl] *nf* idol.
idylle [idil] *nf* idyll ; **idyllique** *a* idyllic.
if [if] *nm* yew.
I.F.O.P. [ifɔp] *sigle m* = *Institut français d'opinion publique.*
igloo [iglu] *nm* igloo.
ignare [iɲaʀ] *a* ignorant.
ignifugé, e [iɲifyʒe] *a* fireproof(ed).
ignoble [iɲɔbl(ə)] *a* vile.
ignominie [iɲɔmini] *nf* ignominy ; ignominious *ou* base act.
ignorance [iɲɔʀɑ̃s] *nf* ignorance.
ignorant, e [iɲɔʀɑ̃, -ɑ̃t] *a* ignorant.
ignorer [iɲɔʀe] *vt* (*ne pas connaître*) not to know, be unaware *ou* ignorant of ; (*être sans expérience de: plaisir, guerre etc*) not to know about, have no experience of ; (*bouder: personne*) to ignore ; **j'ignore comment/si** I do not know how/if ; **~ que** to be unaware that, not to know that.
il [il] *pronom* he ; (*animal, chose, en tournure impersonnelle*) it ; NB: *en anglais les navires et les pays sont en général assimilés aux femelles, et les bébés aux choses, si le sexe n'est pas spécifié* ; **~s** they ; **il neige** it's snowing ; *voir aussi* **avoir.**

île [il] *nf* island ; **les ~s anglo-normandes** the Channel Islands ; **les ~s Britanniques** the British Isles.

illégal, e, aux [ilegal, -o] *a* illegal, unlawful ; **~ité** *nf* illegality, unlawfulness ; **être dans l'~ité** to be outside the law.

illégitime [ileʒitim] *a* illegitimate ; *(optimisme, sévérité)* unjustified ; unwarranted ; **illégitimité** *nf* illegitimacy ; **gouverner dans l'illégitimité** to rule illegally.

illettré, e [iletʀe] *a*, *nm/f* illiterate.

illicite [ilisit] *a* illicit.

illimité, e [ilimite] *a (immense)* boundless, unlimited ; *(congé, durée)* indefinite, unlimited.

illisible [ilizibl(ə)] *a* illegible ; *(roman)* unreadable.

illogique [ilɔʒik] *a* illogical.

illumination [ilyminasjɔ̃] *nf* illumination, floodlighting ; flash of inspiration ; **~s** *nfpl* illuminations, lights.

illuminer [ilymine] *vt* to light up ; *(monument, rue: pour une fête)* to illuminate, floodlight ; **s'~** *vi* to light up.

illusion [ilyzjɔ̃] *nf* illusion ; **se faire des ~s** to delude o.s. ; **faire ~** to delude *ou* fool people ; **~ d'optique** optical illusion ; **illusionniste** *nm/f* conjuror ; **illusoire** *a* illusory, illusive.

illustrateur [ilystʀatœʀ] *nm* illustrator.

illustration [ilystʀasjɔ̃] *nf* illustration ; *(d'un ouvrage: photos)* illustrations *pl*.

illustre [ilystʀ(ə)] *a* illustrious, renowned.

illustré, e [ilystʀe] *a* illustrated // *nm* illustrated magazine ; comic.

illustrer [ilystʀe] *vt* to illustrate ; **s'~** to become famous, win fame.

îlot [ilo] *nm* small island, islet ; *(de maisons)* block.

image [imaʒ] *nf (gén)* picture ; *(comparaison, ressemblance, OPTIQUE)* image ; **~ de marque** brand image ; *(d'un politicien)* public image ; **~ pieuse** holy picture ; **imagé, e** *a* full of imagery.

imaginaire [imaʒinɛʀ] *a* imaginary.

imagination [imaʒinasjɔ̃] *nf* imagination ; *(chimère)* fancy ; **avoir de l'~** to be imaginative, have a good imagination.

imaginer [imaʒine] *vt* to imagine ; *(inventer: expédient, mesure)* to devise, think up ; **s'~** *vt (se figurer: scène etc)* to imagine, picture ; **s'~ que** to imagine that ; **~ de faire** *(se mettre dans l'idée de)* to dream up the idea of doing.

imbattable [ɛ̃batabl(ə)] *a* unbeatable.

imbécile [ɛ̃besil] *a* idiotic // *nm/f* idiot ; *(MÉD)* imbecile ; **imbécillité** *nf* idiocy ; imbecility ; idiotic action *(ou remark etc)*.

imberbe [ɛ̃bɛʀb(ə)] *a* beardless.

imbiber [ɛ̃bibe] *vt:* **~ qch de** to moisten *ou* wet sth with ; **s'~ de** to become saturated with.

imbriquer [ɛ̃bʀike] *s'~* *vi* to overlap (each other) ; *(fig)* to become interlinked *ou* interwoven.

imbu, e [ɛ̃by] *a:* **~ de** full of.

imbuvable [ɛ̃byvabl(ə)] *a* undrinkable.

imitateur, trice [imitatœʀ, -tʀis] *nm/f (gén)* imitator ; *(MUSIC-HALL: d'une personnalité)* impersonator.

imitation [imitasjɔ̃] *nf* imitation ; *(sketch)* imitation, impression ; impersonation ; **sac ~ cuir** bag in imitation *ou* simulated leather.

imiter [imite] *vt* to imitate ; *(contrefaire: signature, document)* to forge, copy ; *(avoir l'aspect de)* to look like ; **il se leva et je l'imitai** he got up and I did likewise.

immaculé, e [imakyle] *a* spotless ; immaculate.

immangeable [ɛ̃mɑ̃ʒabl(ə)] *a* inedible, uneatable.

immanquable [ɛ̃mɑ̃kabl(ə)] *a (cible)* impossible to miss.

immatriculation [imatʀikylasjɔ̃] *nf* registration.

immatriculer [imatʀikyle] *vt* to register ; **faire/se faire ~** to register ; **voiture immatriculée dans la Seine** car with a Seine registration (number).

immédiat, e [imedja, -at] *a* immediate // *nm:* **dans l'~** for the time being ; **immédiatement** *ad* immediately.

immense [imɑ̃s] *a* immense.

immergé, e [imɛʀʒe] *a* submerged.

immerger [imɛʀʒe] *vt* to immerse, submerge ; to lay under water ; **s'~** *vi (sous-marin)* to dive, submerge.

immérité, e [imeʀite] *a* undeserved.

immeuble [imœbl(ə)] *nm* building // *a (JUR)* immovable, real ; **~ locatif** block of rented flats.

immigrant, e [imigʀɑ̃, -ɑ̃t] *nm/f* immigrant.

immigration [imigʀasjɔ̃] *nf* immigration.

immigré, e [imigʀe] *nm/f* immigrant.

immigrer [imigʀe] *vi* to immigrate.

imminent, e [iminɑ̃, -ɑ̃t] *a* imminent, impending.

immiscer [imise] *s'~* *vi:* **s'~ dans** to interfere in *ou* with.

immobile [imɔbil] *a* still, motionless ; *(pièce de machine)* fixed ; *(fig)* unchanging.

immobilier, ière [imɔbilje, -jɛʀ] *a* property *cpd*, in real property // *nm:* **l'~** the property *ou* the real estate business.

immobilisation [imɔbilizasjɔ̃] *nf* immobilization ; **~s** *nfpl (COMM)* fixed assets.

immobiliser [imɔbilize] *vt (gén)* to immobilize ; *(circulation, véhicule, affaires)* to bring to a standstill ; **s'~** *(personne)* to stand still ; *(machine, véhicule)* to come to a halt *ou* standstill.

immobilité [imɔbilite] *nf* stillness ; immobility.

immodéré, e [imɔdeʀe] *a* immoderate, inordinate.

immoler [imɔle] *vt* to immolate, sacrifice.

immonde [imɔ̃d] *a* foul.

immondices [imɔ̃dis] *nmpl* refuse *sg* ; filth *sg*.

immoral, e, aux [imɔʀal, -o] *a* immoral.

immortaliser [imɔʀtalize] *vt* to immortalize.

immortel, le [imɔʀtɛl] *a* immortal.

immuable [imyabl(ə)] *a* immutable ; unchanging.

immunisé, e [imynize] a: ~ **contre** immune to.

immuniser [imynize] vt to immunize.

immunité [imynite] nf immunity; ~ **diplomatique** diplomatic immunity; ~ **parlementaire** parliamentary privilege.

impact [ɛ̃pakt] nm impact.

impair, e [ɛ̃pɛʀ] a odd // nm faux pas, blunder.

imparable [ɛ̃paʀablə] a unstoppable.

impardonnable [ɛ̃paʀdɔnablə] a unpardonable, unforgivable.

imparfait, e [ɛ̃paʀfɛ, -ɛt] a imperfect // nm imperfect (tense).

impartial, e, aux [ɛ̃paʀsjal, -o] a impartial, unbiased; ~**ité** nf impartiality.

impartir [ɛ̃paʀtiʀ] vt: ~ **qch à qn** to assign sth to sb; to bestow sth upon sb.

impasse [ɛ̃pɑs] nf dead-end, cul-de-sac; (fig) deadlock.

impassible [ɛ̃pasiblə] a impassive.

impatience [ɛ̃pasjɑ̃s] nf impatience.

impatient, e [ɛ̃pasjɑ̃, -ɑ̃t] a impatient; **impatienter** vt to irritate, annoy; **s'impatienter** to get impatient; **s'impatienter de/contre** to lose patience at/with, grow impatient at/with.

impayable [ɛ̃pɛjablə] a (drôle) priceless.

impayé, e [ɛ̃peje] a unpaid.

impeccable [ɛ̃pekablə] a faultless, impeccable; spotlessly clean; impeccably dressed; (fam) smashing.

impénétrable [ɛ̃penetʀablə] a impenetrable.

impénitent, e [ɛ̃penitɑ̃, -ɑ̃t] a unrepentant.

impensable [ɛ̃pɑ̃sablə] a unthinkable; unbelievable.

impératif, ive [ɛ̃peʀatif, -iv] a imperative; (JUR) mandatory // nm (LING) imperative; ~**s** nmpl requirements; demands.

impératrice [ɛ̃peʀatʀis] nf empress.

imperceptible [ɛ̃pɛʀsɛptiblə] a imperceptible.

imperfection [ɛ̃pɛʀfɛksjɔ̃] nf imperfection.

impérial, e, aux [ɛ̃peʀjal, -o] a imperial // nf upper deck; **autobus à ~e** double-decker bus.

impérialiste [ɛ̃peʀjalist(ə)] a imperialist.

impérieux, euse [ɛ̃peʀjø, -øz] a (caractère, ton) imperious; (obligation, besoin) pressing, urgent.

impérissable [ɛ̃peʀisablə] a undying; imperishable.

imperméabiliser [ɛ̃pɛʀmeabilize] vt to waterproof.

imperméable [ɛ̃pɛʀmeablə] a waterproof; (GÉO) impermeable; (fig): ~ **à** impervious to // nm raincoat; ~ **à l'air** airtight.

impersonnel, le [ɛ̃pɛʀsɔnɛl] a impersonal.

impertinence [ɛ̃pɛʀtinɑ̃s] nf impertinence.

impertinent, e [ɛ̃pɛʀtinɑ̃, -ɑ̃t] a impertinent.

imperturbable [ɛ̃pɛʀtyʀbablə] a imperturbable; unruffled; unshakeable.

impétrant, e [ɛ̃petʀɑ̃, -ɑ̃t] nm/f (JUR) applicant.

impétueux, euse [ɛ̃petɥø, -øz] a fiery.

impie [ɛ̃pi] a impious, ungodly; **impiété** nf impiety.

impitoyable [ɛ̃pitwajablə] a pitiless, merciless.

implacable [ɛ̃plakablə] a implacable.

implanter [ɛ̃plɑ̃te] vt (usine, industrie, usage) to establish; (colons etc) to settle; (idée, préjugé) to implant; **s'~ dans** to be established in; to settle in; to become implanted in.

implication [ɛ̃plikasjɔ̃] nf implication.

implicite [ɛ̃plisit] a implicit.

impliquer [ɛ̃plike] vt to imply; ~ **qn (dans)** to implicate sb (in).

implorer [ɛ̃plɔʀe] vt to implore.

implosion [ɛ̃plosjɔ̃] nf implosion.

impoli, e [ɛ̃pɔli] a impolite, rude; ~**tesse** nf impoliteness, rudeness; impolite ou rude remark.

impondérable [ɛ̃pɔ̃deʀablə] nm imponderable.

impopulaire [ɛ̃pɔpylɛʀ] a unpopular.

importance [ɛ̃pɔʀtɑ̃s] nf importance; **avoir de l'~** to be important; **sans ~** unimportant.

important, e [ɛ̃pɔʀtɑ̃, -ɑ̃t] a important; (en quantité) considerable, sizeable; extensive; (péj: airs, ton) self-important // nm: **l'~** the important thing.

importateur, trice [ɛ̃pɔʀtatœʀ, -tʀis] a importing // nm importer; **pays ~ de blé** wheat-importing country.

importation [ɛ̃pɔʀtasjɔ̃] nf importation; introduction; (produit) import.

importer [ɛ̃pɔʀte] vt (COMM) to import; (maladies, plantes) to introduce // vi (être important) to matter; ~ **à qn** to matter to sb; **il importe qu'il fasse** he must do, it is important that he should do; **peu m'importe** I don't mind; I don't care; **peu importe (que)** it doesn't matter (if); voir aussi **n'importe**.

import-export [ɛ̃pɔʀɛkspɔʀ] nm import-export business.

importun, e [ɛ̃pɔʀtœ̃, -yn] a irksome, importunate; (arrivée, visite) inopportune, ill-timed // nm intruder; **importuner** vt to bother.

imposable [ɛ̃pozablə] a taxable.

imposant, e [ɛ̃pozɑ̃, -ɑ̃t] a imposing.

imposer [ɛ̃poze] vt (taxer) to tax; ~ **qch à qn** to impose sth on sb; **s'~** (être nécessaire) to be imperative; (montrer sa prominence) to stand out, emerge; (artiste: se faire connaître) to win recognition, come to the fore; **en ~ à** to impress.

imposition [ɛ̃pozisjɔ̃] nf (ADMIN) taxation.

impossibilité [ɛ̃pɔsibilite] nf impossibility; **être dans l'~ de faire** to be unable to do, find it impossible to do.

impossible [ɛ̃pɔsiblə] a impossible; **il m'est ~ de le faire** it is impossible for me to do it, I can't possibly do it; **faire l'~ (pour que)** to do one's utmost (so that).

imposteur [ɛ̃pɔstœʀ] nm impostor.

imposture [ɛ̃pɔstyʀ] nf imposture, deception.

impôt [ɛpo] *nm* tax; *(taxes)* taxation; taxes *pl* ; ~s *nmpl (contributions)* (income) tax *sg* ; **payer 1000 F d'~s** to pay 1,000 F in tax; ~ **sur le chiffre d'affaires** corporation tax; ~ **foncier** land tax; ~ **sur les plus-values** capital gains tax; ~ **sur le revenu** income tax.

impotent, e [ɛpɔtɑ̃, -ɑ̃t] *a* disabled.

impraticable [ɛpʀatikabl(ə)] *a (projet)* impracticable, unworkable; *(piste)* impassable.

imprécation [ɛpʀekɑsjɔ̃] *nf* imprecation.

imprécis, e [ɛpʀesi, -iz] *a (contours, souvenir)* imprecise, vague; *(tir)* inaccurate, imprecise.

imprégner [ɛpʀeɲe] *vt (tissu, tampon)*: ~ **(de)** to soak *ou* impregnate (with); *(lieu, air)*: ~ **(de)** to fill (with); *(suj: amertume, ironie)* to pervade; **s'~ de** to become impregnated with; to be filled with; *(fig)* to absorb.

imprenable [ɛpʀənabl(ə)] *a (forteresse)* impregnable; **vue** ~ unimpeded outlook.

impresario [ɛpʀesaʀjo] *nm* manager, impresario.

impression [ɛpʀesjɔ̃] *nf* impression; *(d'un ouvrage, tissu)* printing; *(PHOTO)* exposure; **faire bonne** ~ to make a good impression.

impressionnant, e [ɛpʀesjɔnɑ̃, -ɑ̃t] *a* impressive; upsetting.

impressionner [ɛpʀesjɔne] *vt (frapper)* to impress; *(troubler)* to upset; *(PHOTO)* to expose.

impressionnisme [ɛpʀesjɔnism(ə)] *nm* impressionism.

imprévisible [ɛpʀeviziblə)] *a* unforeseeable.

imprévoyant, e [ɛpʀevwajɑ̃, -ɑ̃t] *a* lacking in foresight; *(en matière d'argent)* improvident.

imprévu, e [ɛpʀevy] *a* unforeseen, unexpected // *nm* unexpected incident; **en cas d'~** if anything unexpected happens.

imprimé [ɛpʀime] *nm (formulaire)* printed form; *(POSTES)* printed matter *q* ; *(tissu)* printed fabric.

imprimer [ɛpʀime] *vt* to print; *(apposer: visa, cachet)* to stamp; *(empreinte etc)* to imprint; *(publier)* to publish; *(communiquer: mouvement, impulsion)* to impart, transmit; **imprimerie** *nf* printing; *(établissement)* printing works *sg* ; *(atelier)* printing house, printery; **imprimeur** *nm* printer; **imprimeur-éditeur/-libraire** printer and publisher/bookseller.

improbable [ɛpʀɔbabl(ə)] *a* unlikely, improbable.

improductif, ive [ɛpʀɔdyktif, -iv] *a* unproductive.

impromptu, e [ɛpʀɔ̃pty] *a* impromptu; sudden.

impropre [ɛpʀɔpʀ(ə)] *a* inappropriate; ~ **à** unsuitable for; **impropriété** *nf (de langage)* incorrect usage *q*.

improvisé, e [ɛpʀovize] *a* makeshift, improvised; *(jeu etc)* scratch, improvised.

improviser [ɛpʀovize] *vt, vi* to improvise; **s'~** *(secours, réunion)* to be improvised; **s'~ cuisinier** to (decide to) act as cook.

improviste [ɛpʀovist(ə)]: **à l'~** *ad* unexpectedly, without warning.

imprudemment [ɛpʀydamɑ̃] *ad* carelessly; unwisely, imprudently.

imprudence [ɛpʀydɑ̃s] *nf* carelessness; imprudence; act of carelessness; foolish *ou* unwise action.

imprudent, e [ɛpʀydɑ̃, -ɑ̃t] *a (conducteur, geste, action)* careless; *(remarque)* unwise, imprudent; *(projet)* foolhardy.

impubère [ɛpybɛʀ] *a* below the age of puberty.

impudent, e [ɛpydɑ̃, -ɑ̃t] *a* impudent; brazen.

impudique [ɛpydik] *a* shameless.

impuissance [ɛpɥisɑ̃s] *nf* helplessness; ineffectiveness; impotence.

impuissant, e [ɛpɥisɑ̃, -ɑ̃t] *a* helpless; *(sans effet)* ineffectual; *(sexuellement)* impotent // *nm* impotent man; ~ **à faire** powerless to do.

impulsif, ive [ɛpylsif, -iv] *a* impulsive.

impulsion [ɛpylsjɔ̃] *nf (ELEC. instinct)* impulse; *(élan, influence)* impetus.

impunément [ɛpynemɑ̃] *ad* with impunity.

impur, e [ɛpyʀ] *a* impure; ~**eté** *nf* impurity.

imputation [ɛpytɑsjɔ̃] *nf* imputation, charge.

imputer [ɛpyte] *vt (attribuer)*: ~ **qch à** to ascribe *ou* impute sth to; *(COMM)*: ~ **à** *ou* **sur** to charge to.

imputrescible [ɛpytʀesibl(ə)] *a* which does not rot.

inabordable [inabɔʀdabl(ə)] *a (lieu)* inaccessible; *(cher)* prohibitive.

inaccentué, e [inaksɑ̃tɥe] *a (LING)* unstressed.

inacceptable [inaksɛptabl(ə)] *a* unacceptable; inadmissible.

inaccessible [inaksesibl(ə)] *a* inaccessible; unattainable; *(insensible)*: ~ **à** impervious to.

inaccoutumé, e [inakutyme] *a* unaccustomed.

inachevé, e [inaʃve] *a* unfinished.

inactif, ive [inaktif, -iv] *a* inactive, idle.

inaction [inaksjɔ̃] *nf* inactivity.

inactivité [inaktivite] *nf (ADMIN)*: **en** ~ out of active service.

inadapté, e [inadapte] *a (gén)*: ~ **à** not adapted to, unsuited to; *(PSYCH)* maladjusted.

inadmissible [inadmisibl(ə)] *a* inadmissible.

inadvertance [inadvɛʀtɑ̃s]: **par** ~ *ad* inadvertently.

inaliénable [inaljenabl(ə)] *a* inalienable.

inaltérable [inaltɛʀabl(ə)] *a (matière)* stable; *(fig)* unchanging; ~ **à** unaffected by; **couleur** ~ **(au lavage/à la lumière)** fast colour/fade-resistant colour.

inamovible [inamɔvibl(ə)] *a* fixed; *(JUR)* irremovable.

inanimé, e [inanime] *a (matière)* inanimate; *(évanoui)* unconscious; *(sans vie)* lifeless.

inanité [inanite] *nf* futility.

inanition [inanisjɔ̃] *nf*: **tomber d'~** to faint with hunger (and exhaustion).

inaperçu, e [inapɛʀsy] a: passer ~ to go unnoticed.

inappliqué, e [inaplike] a lacking in application.

inappréciable [inapʀesjabl(ə)] a (service) invaluable; (différence, nuance) inappreciable.

inapte [inapt(ə)] a: ~ à incapable of; unfit for.

inattaquable [inatakabl(ə)] a (MIL) unassailable; (texte, preuve) irrefutable.

inattendu, e [inatɑ̃dy] a unexpected.

inattentif, ive [inatɑ̃tif, -iv] a inattentive; ~ à (dangers, détails) heedless of; inattention nf inattention; faute d'inattention careless mistake.

inaugural, e, aux [inɔgyʀal, -o] a (cérémonie) inaugural, opening; (vol, voyage) maiden.

inauguration [inɔgyʀusjɔ̃] nf opening; unveiling.

inaugurer [inɔgyʀe] vt (monument) to unveil; (exposition, usine) to open; (fig) to inaugurate.

inavouable [inavwabl(ə)] a shameful; undisclosable.

inavoué, e [inavwe] a unavowed.

incalculable [ɛ̃kalkylabl(ə)] a incalculable.

incandescence [ɛ̃kɑ̃desɑ̃s] nf incandescence; porter à ~ to heat white-hot.

incantation [ɛ̃kɑ̃tɑsjɔ̃] nf incantation.

incapable [ɛ̃kapabl(ə)] a incapable; ~ de faire incapable of doing; (empêché) unable to do.

incapacité [ɛ̃kapasite] nf incapability; (JUR) incapacity; être dans l'~ de faire to be unable to do; ~ permanente/de travail permanent/industrial disablement; ~ électorale ineligibility to vote.

incarcérer [ɛ̃kaʀseʀe] vt to incarcerate.

incarnation [ɛ̃kaʀnɑsjɔ̃] nf incarnation.

incarné, e [ɛ̃kaʀne] a incarnate; (ongle) ingrown.

incarner [ɛ̃kaʀne] vt to embody, personify; (THÉÂTRE) to play; (REL) to incarnate.

incartade [ɛ̃kaʀtad] nf prank, escapade.

incassable [ɛ̃kasabl(ə)] a unbreakable.

incendiaire [ɛ̃sɑ̃djɛʀ] a incendiary; (fig: discours) inflammatory // nm/f fire-raiser, arsonist.

incendie [ɛ̃sɑ̃di] nm fire; ~ criminel arson q; ~ de forêt forest fire.

incendier [ɛ̃sɑ̃dje] vt (mettre le feu à) to set fire to, set alight; (brûler complètement) to burn down.

incertain, e [ɛ̃sɛʀtɛ̃, -ɛn] a uncertain; (temps) uncertain, unsettled; (imprécis: contours) indistinct, blurred; incertitude nf uncertainty.

incessamment [ɛ̃sɛsamɑ̃] ad very shortly.

incessant, e [ɛ̃sɛsɑ̃, -ɑ̃t] a incessant, unceasing.

inceste [ɛ̃sɛst(ə)] nm incest.

inchangé, e [ɛ̃ʃɑ̃ʒe] a unchanged, unaltered.

incidemment [ɛ̃sidamɑ̃] ad in passing.

incidence [ɛ̃sidɑ̃s] nf (effet, influence) effect; (PHYSIQUE) incidence.

incident [ɛ̃sidɑ̃] nm incident; ~ de parcours minor hitch ou setback; ~ technique technical difficulties pl.

incinérateur [ɛ̃sineʀatœʀ] nm incinerator.

incinérer [ɛ̃sineʀe] vt (ordures) to incinerate; (mort) to cremate.

incise [ɛ̃siz] nf (LING) interpolated clause.

incisif, ive [ɛ̃sizif, -iv] a incisive, cutting // nf incisor.

incision [ɛ̃sizjɔ̃] nf incision; (d'un abcès) lancing.

inciter [ɛ̃site] vt: ~ qn à faire to incite ou prompt sb to do.

inclinaison [ɛ̃klinɛzɔ̃] nf (déclivité: d'une route etc) incline; (: d'un toit) slope; (état penché: d'un mur) lean; (: de la tête) tilt; (: d'un navire) list.

inclination [ɛ̃klinɑsjɔ̃] nf (penchant) inclination, tendency; ~ de (la) tête nod (of the head); ~ (de buste) bow.

incliner [ɛ̃kline] vt (tête, bouteille) to tilt; (inciter): ~ qn à qch/à faire to encourage sb towards sth/to do // vi: ~ à qch/à faire to incline towards sth/doing; to tend towards sth/to do; s'~ (route) to slope; s'~ (devant) to bow (before); (céder) to give in ou yield (to); ~ la tête ou le front to give a slight bow.

inclure [ɛ̃klyʀ] vt to include; (joindre à un envoi) to enclose; jusqu'au 10 mars inclus until 10th March inclusive.

incoercible [ɛ̃kɔɛʀsibl(ə)] a uncontrollable.

incognito [ɛ̃kɔɲito] ad incognito.

incohérence [ɛ̃kɔeʀɑ̃s] nf inconsistency.

incohérent, e [ɛ̃kɔeʀɑ̃, -ɑ̃t] a inconsistent; incoherent.

incollable [ɛ̃kɔlabl(ə)] a: il est ~ he's got all the answers.

incolore [ɛ̃kɔlɔʀ] a colourless.

incomber [ɛ̃kɔbe]: ~ à vt (suj: devoirs, responsabilité) to rest ou be incumbent upon; (: frais, travail) to be the responsibility of.

incombustible [ɛ̃kɔbystibl(ə)] a incombustible.

incommensurable [ɛ̃kɔmɑ̃syʀabl(ə)] a immeasurable.

incommode [ɛ̃kɔmɔd] a inconvenient; (posture, siège) uncomfortable.

incommoder [ɛ̃kɔmɔde] vt: ~ qn to bother ou inconvenience sb; (embarrasser) to make sb feel uncomfortable ou ill at ease.

incomparable [ɛ̃kɔpaʀabl(ə)] a not comparable; (inégalable) incomparable, matchless.

incompatibilité [ɛ̃kɔpatibilite] nf incompatibility; ~ d'humeur (mutual) incompatibility.

incompatible [ɛ̃kɔpatibl(ə)] a incompatible.

incompétent, e [ɛ̃kɔpetɑ̃, -ɑ̃t] a (ignorant) inexpert; (JUR) incompetent, not competent.

incomplet, ète [ɛ̃kɔplɛ, -ɛt] a incomplete.

incompréhensible [ɛ̃kɔpʀeɑ̃sibl(ə)] a incomprehensible.

incompréhensif, ive [ɛ̃kɔ̃pʀeɑ̃sif, -iv] *a* lacking in understanding; unsympathetic.
incompris, e [ɛ̃kɔ̃pʀi, -iz] *a* misunderstood.
inconcevable [ɛ̃kɔ̃svabl(ə)] *a* inconceivable.
inconciliable [ɛ̃kɔ̃siljabl(ə)] *a* irreconcilable.
inconditionnel, le [ɛ̃kɔ̃disjɔnɛl] *a* unconditional; (*partisan*) unquestioning.
inconduite [ɛ̃kɔ̃dɥit] *nf* wild behaviour *q*.
inconfortable [ɛ̃kɔ̃fɔʀtabl(ə)] *a* uncomfortable.
incongru, e [ɛ̃kɔ̃gʀy] *a* unseemly.
inconnu, e [ɛ̃kɔny] *a* unknown; new, strange // *nm/f* stranger; unknown person (*ou* artist *etc*) // *nm*: l'~ the unknown // *nf* (MATH) unknown; (*fig*) unknown factor.
inconsciemment [ɛ̃kɔ̃sjamɑ̃] *ad* unconsciously; thoughtlessly.
inconscience [ɛ̃kɔ̃sjɑ̃s] *nf* unconsciousness; thoughtlessness, recklessness.
inconscient, e [ɛ̃kɔ̃sjɑ̃, -ɑ̃t] *a* unconscious; (*irréfléchi*) thoughtless, reckless // *nm* (PSYCH): l'~ the subconscious, the unconscious; ~ **de** unaware of.
inconsidéré, e [ɛ̃kɔ̃sidere] *a* illconsidered.
inconsistant, e [ɛ̃kɔ̃sistɑ̃, -ɑ̃t] *a* flimsy, weak; runny.
inconstant, e [ɛ̃kɔ̃stɑ̃, -ɑ̃t] *a* inconstant, fickle.
incontestable [ɛ̃kɔ̃tɛstabl(ə)] *a* indisputable.
incontesté, e [ɛ̃kɔ̃tɛste] *a* undisputed.
incontinence [ɛ̃kɔ̃tinɑ̃s] *nf* incontinence.
incontinent, e [ɛ̃kɔ̃tinɑ̃, -ɑ̃t] *a* incontinent // *ad* forthwith.
incontrôlable [ɛ̃kɔ̃tʀolabl(ə)] *a* unverifiable.
inconvenant, e [ɛ̃kɔ̃vnɑ̃, -ɑ̃t] *a* unseemly, improper.
inconvénient [ɛ̃kɔ̃venjɑ̃] *nm* (*d'une situation, d'un projet*) disadvantage, drawback; (*d'un remède, changement etc*) risk, inconvenience; **si vous n'y voyez pas d'~** if you have no objections.
incorporation [ɛ̃kɔʀpɔʀasjɔ̃] *nf* (MIL) callup.
incorporer [ɛ̃kɔʀpɔʀe] *vt* ~ **(à)** to mix in (with); (*paragraphe etc*): ~ **(dans)** to incorporate (in); (*territoire, immigrants*): ~ **(à)** to incorporate (into); (*MIL: appeler*) to recruit, call up; (: *affecter*): ~ **qn dans** to enlist sb into.
incorrect, e [ɛ̃kɔʀɛkt] *a* (*impropre, inconvenant*) improper; (*défectueux*) faulty; (*inexact*) incorrect; (*impoli*) impolite; (*déloyal*) underhand.
incorrigible [ɛ̃kɔʀiʒibl(ə)] *a* incorrigible.
incorruptible [ɛ̃kɔʀyptibl(ə)] *a* incorruptible.
incrédule [ɛ̃kʀedyl] *a* incredulous; (REL) unbelieving.
increvable [ɛ̃kʀəvabl(ə)] *a* (*pneu*) puncture-proof; (*fam*) tireless.
incriminer [ɛ̃kʀimine] *vt* (*personne*) to incriminate; (*action, conduite*) to bring

under attack; (*bonne foi, honnêteté*) to call into question.
incroyable [ɛ̃kʀwajabl(ə)] *a* incredible; unbelievable.
incroyant, e [ɛ̃kʀwajɑ̃, -ɑ̃t] *nm/f* nonbeliever.
incrustation [ɛ̃kʀystɑsjɔ̃] *nf* inlaying *q*; inlay; (*dans une chaudière etc*) fur *q*, scale *q*.
incruster [ɛ̃kʀyste] *vt* (ART): ~ **qch dans/qch de** to inlay sth into/sth with; (*radiateur etc*) to coat with scale *ou* fur; **s'**~ *vi* (*invité*) to take root; (*radiateur etc*) to become coated with fur *ou* scale; **s'**~ **dans** (*suj: corps étranger, caillou*) to become embedded in.
incubateur [ɛ̃kybatœʀ] *nm* incubator.
incubation [ɛ̃kybɑsjɔ̃] *nf* incubation.
inculpation [ɛ̃kylpɑsjɔ̃] *nf* charging *q*; charge.
inculpé, e [ɛ̃kylpe] *nm/f* accused.
inculper [ɛ̃kylpe] *vt*: ~ **(de)** to charge (with).
inculquer [ɛ̃kylke] *vt*: ~ **qch à** to inculcate sth in *ou* instil sth into.
inculte [ɛ̃kylt(ə)] *a* uncultivated; (*esprit, peuple*) uncultured; (*barbe*) unkempt.
incurable [ɛ̃kyʀabl(ə)] *a* incurable.
incurie [ɛ̃kyʀi] *nf* carelessness.
incursion [ɛ̃kyʀsjɔ̃] *nf* incursion, foray.
incurvé, e [ɛ̃kyʀve] *a* curved.
Inde [ɛ̃d] *nf*: l'~ India.
indécence [ɛ̃desɑ̃s] *nf* indecency; indecent remark (*ou* act *etc*).
indécent, e [ɛ̃desɑ̃, -ɑ̃t] *a* indecent.
indéchiffrable [ɛ̃deʃifʀabl(ə)] *a* indecipherable.
indécis, e [ɛ̃desi, -iz] *a* indecisive; (*perplexe*) undecided; **indécision** *nf* indecision; indecisiveness.
indéfendable [ɛ̃defɑ̃dabl(ə)] *a* indefensible.
indéfini, e [ɛ̃defini] *a* (*imprécis, incertain*) undefined; (*illimité, LING*) indefinite; ~**ment** *ad* indefinitely; ~**ssable** *a* indefinable.
indéformable [ɛ̃defɔʀmabl(ə)] *a* that keeps its shape.
indélébile [ɛ̃delebil] *a* indelible.
indélicat, e [ɛ̃delika, -at] *a* tactless; dishonest.
indémaillable [ɛ̃demɑjabl(ə)] *a* run-resist.
indemne [ɛ̃dɛmn(ə)] *a* unharmed.
indemniser [ɛ̃dɛmnize] *vt*: ~ **qn (de)** to compensate sb (for).
indemnité [ɛ̃dɛmnite] *nf* (*dédommagement*) compensation *q*; (*allocation*) allowance; ~ **de licenciement** redundancy payment; ~ **de logement** housing allowance; ~ **parlementaire** ≈ M.P.'s salary.
indéniable [ɛ̃denjabl(ə)] *a* undeniable, indisputable.
indépendamment [ɛ̃depɑ̃damɑ̃] *ad* independently; ~ **de** (*abstraction faite de*) irrespective of; (*en plus de*) over and above.
indépendance [ɛ̃depɑ̃dɑ̃s] *nf* independence.
indépendant, e [ɛ̃depɑ̃dɑ̃, -ɑ̃t] *a* independent; ~ **de** independent of;

chambre ~e room with private entrance.
indescriptible [ɛ̃dɛskʀiptibl(ə)] a indescribable.

indésirable [ɛ̃deziʀabl(ə)] a undesirable.

indestructible [ɛ̃dɛstʀyktibl(ə)] a indestructible; (marque, impression) indelible.

indétermination [ɛ̃detɛʀminɑsjɔ̃] nf indecision; indecisiveness.

indéterminé, e [ɛ̃detɛʀmine] a unspecified; indeterminate; indeterminable.

index [ɛ̃dɛks] nm (doigt) index finger; (d'un livre etc) index; **mettre à l'~** to blacklist.

indexé, e [ɛ̃dɛkse] a (ÉCON): ~ (**sur**) index-linked (to).

indicateur [ɛ̃dikatœʀ] nm (POLICE) informer; (livre) guide; directory; (TECH) gauge; indicator; ~ **des chemins de fer** railway timetable; ~ **de direction** (AUTO) indicator; ~ **immobilier** property gazette; ~ **de rues** street directory; ~ **de vitesse** speedometer.

indicatif, ive [ɛ̃dikatif, -iv] a: **à titre** ~ for (your) information // nm (LING) indicative; (d'une émission) theme ou signature tune; (téléphonique) dialling code; ~ **d'appel** (RADIO) call sign.

indication [ɛ̃dikɑsjɔ̃] nf indication; (renseignement) information q; ~**s** nfpl (directives) instructions.

indice [ɛ̃dis] nm (marque, signe) indication, sign; (POLICE: lors d'une enquête) clue; (JUR: présomption) piece of evidence; (SCIENCE, TECH) index; (ADMIN) grading; rating; ~ **d'octane** octane rating; ~ **des prix** price index; ~ **de traitement** salary grading.

indicible [ɛ̃disibl(ə)] a inexpressible.

indien, ne [ɛ̃djɛ̃, -jɛn] a Indian // nm/f: **I~, ne** (d'Amérique) Red Indian; (d'Inde) Indian.

indifféremment [ɛ̃difeʀamɑ̃] ad (sans distinction) equally (well); indiscriminately.

indifférence [ɛ̃difeʀɑ̃s] nf indifference.

indifférent, e [ɛ̃difeʀɑ̃, -ɑ̃t] a (peu intéressé) indifferent; ~ **à** (insensible à) indifferent to, unconcerned about; (peu intéressant pour) indifferent to; immaterial to.

indigence [ɛ̃diʒɑ̃s] nf poverty.

indigène [ɛ̃diʒɛn] a native, indigenous; local // nm/f native.

indigent, e [ɛ̃diʒɑ̃, -ɑ̃t] a destitute, poverty-stricken; (fig) poor.

indigeste [ɛ̃diʒɛst(ə)] a indigestible.

indigestion [ɛ̃diʒɛstjɔ̃] nf indigestion q.

indignation [ɛ̃diɲɑsjɔ̃] nf indignation.

indigne [ɛ̃diɲ] a unworthy.

indigner [ɛ̃diɲe] vt to make indignant; **s'~ (de/contre)** to be (ou become) indignant (at).

indignité [ɛ̃diɲite] nf unworthiness q; shameful act.

indiqué, e [ɛ̃dike] a (adéquat) appropriate, suitable; (conseillé) suitable, advisable.

indiquer [ɛ̃dike] vt (désigner): ~ **qch/qn à qn** to point sth/sb out to sb; (suj: pendule, aiguille) to show; (suj: étiquette, plan) to show, indicate; (faire connaître:

médecin, restaurant): ~ **qch/qn à qn** to tell sb of sth/sb; (renseigner sur) to point out, tell; (déterminer: date, lieu) to give, state; (dénoter) to indicate, point to; **pourriez-vous m'~ les toilettes/l'heure?** could you direct me to the toilets/tell me the time?

indirect, e [ɛ̃diʀɛkt] a indirect.

indiscipline [ɛ̃disiplin] nf lack of discipline; **indiscipliné, e** a undisciplined; (fig) unmanageable.

indiscret, ète [ɛ̃diskʀɛ, -ɛt] a indiscreet; **indiscrétion** nf indiscretion.

indiscutable [ɛ̃diskytabl(ə)] a indisputable.

indispensable [ɛ̃dispɑ̃sabl(ə)] a indispensable; essential.

indisponible [ɛ̃disponibl(ə)] a unavailable.

indisposé, e [ɛ̃dispoze] a indisposed, unwell.

indisposer [ɛ̃dispoze] vt (incommoder) to upset; (déplaire à) to antagonize.

indistinct, e [ɛ̃distɛ̃, -ɛ̃kt(ə)] a indistinct; **indistinctement** ad (voir, prononcer) indistinctly; (sans distinction) without distinction, indiscriminately.

individu [ɛ̃dividy] nm individual; ~**aliser** vt to individualize; (personnaliser) to tailor to individual requirements; ~**aliste** nm/f individualist.

individuel, le [ɛ̃dividɥɛl] a (gén) individual; (opinion, livret, contrôle, avantages) personal; **chambre ~le** single room; **maison ~le** detached house; **propriété ~le** personal ou private property.

indocile [ɛ̃dɔsil] a unruly.

indolent, e [ɛ̃dɔlɑ̃, -ɑ̃t] a indolent.

indolore [ɛ̃dɔlɔʀ] a painless.

indomptable [ɛ̃dɔ̃tabl(ə)] a untameable; (fig) invincible, indomitable.

Indonésie [ɛ̃dɔnezi] nf Indonesia; **indonésien, ne** a, nm/f Indonesian.

indu, e [ɛ̃dy] a: **à des heures ~es** at some ungodly hour.

indubitable [ɛ̃dybitabl(ə)] a indubitable.

induire [ɛ̃dɥiʀ] vt: ~ **qch de** to induce sth from; ~ **qn en erreur** to lead sb astray, mislead sb.

indulgence [ɛ̃dylʒɑ̃s] nf indulgence; leniency.

indulgent, e [ɛ̃dylʒɑ̃, -ɑ̃t] a (parent, regard) indulgent; (juge, examinateur) lenient.

indûment [ɛ̃dymɑ̃] ad wrongfully; without due cause.

industrialiser [ɛ̃dystʀijalize] vt to industrialize; **s'~** to become industrialized.

industrie [ɛ̃dystʀi] nf industry; ~ **du spectacle** entertainment business; **industriel, le** a industrial // nm industrialist; manufacturer.

industrieux, euse [ɛ̃dystʀijø, -øz] a industrious.

inébranlable [inebʀɑ̃labl(ə)] a (masse, colonne) solid; (personne, certitude, foi) steadfast, unwavering.

inédit, e [inedi, -it] a (correspondance etc)

hitherto unpublished; (*spectacle*, *moyen*) novel, original.

ineffable [inefabl(ə)] *a* inexpressible, ineffable.

ineffaçable [inefasabl(ə)] *a* indelible.

inefficace [inefikas] *a* (*remède*, *moyen*) ineffective; (*machine*, *employé*) inefficient; **inefficacité** *nf* ineffectiveness; inefficiency.

inégal, e, aux [inegal, -o] *a* unequal; uneven.

inégalable [inegalabl(e)] *a* matchless.

inégalé, e [inegale] *a* unmatched, unequalled.

inégalité [inegalite] *nf* inequality; unevenness *q*; ~ **de 2 hauteurs** difference *ou* disparity between 2 heights.

inélégant, e [inelegã, -ãt] *a* inelegant; (*indélicat*) discourteous.

inéligible [ineliʒibl(ə)] *a* ineligible.

inéluctable [inelyktabl(ə)] *a* inescapable, ineluctable.

inemployé, e [inãplwaje] *a* unused.

inénarrable [inenaʀabl(ə)] *a* hilarious.

inepte [inɛpt(ə)] *a* inept; **ineptie** [-si] *nf* ineptitude; nonsense *q*.

inépuisable [inepɥizabl(ə)] *a* inexhaustible.

inerte [inɛʀt(ə)] *a* lifeless; (*apathique*) passive, inert; (*PHYSIQUE*, *CHIMIE*) inert.

inertie [inɛʀsi] *nf* inertia.

inespéré, e [inɛspeʀe] *a* unhoped-for.

inesthétique [inɛstetik] *a* unsightly.

inestimable [inɛstimabl(e)] *a* priceless; (*fig: bienfait*) invaluable.

inévitable [inevitabl(ə)] *a* unavoidable; (*fatal, habituel*) inevitable.

inexact, e [inɛgzakt] *a* inaccurate, inexact; unpunctual; ~**itude** *nf* inaccuracy.

inexcusable [inɛkskyzabl(ə)] *a* inexcusable, unforgivable.

inexécutable [inɛgzekytabl(ə)] *a* impracticable, unworkable; (*MUS*) unplayable.

inexistant, e [inɛgzistã, -ãt] *a* non-existent.

inexorable [inɛgzɔʀabl(ə)] *a* inexorable.

inexpérience [inɛkspeʀjũs] *nf* inexperience, lack of experience.

inexplicable [inɛksplikabl(ə)] *a* inexplicable.

inexpliqué, e [inɛksplike] *a* unexplained.

inexploité, e [inɛksplwate] *a* unexploited, untapped.

inexpressif, ive [inɛkspʀesif, -iv] *a* inexpressive; expressionless.

inexprimable [inɛkspʀimabl(ə)] *a* inexpressible.

inexprimé, e [inɛkspʀime] *a* unspoken, unexpressed.

inextensible [inɛkstãsibl(ə)] *a* (*tissu*) non-stretch.

in extenso [inɛkstɛ̃so] *ad* in full.

inextricable [inɛkstʀikabl(ə)] *a* inextricable.

in extremis [inɛkstʀemis] *ad* at the last minute // *a* last-minute; (*testament*) death bed *cpd*.

infaillibilité [ɛ̃fajibilite] *nf* infallibility.

infaillible [ɛ̃fajibl(ə)] *a* infallible; (*instinct*) infallible, unerring.

infâme [ɛ̃fɑm] *a* vile.

infanterie [ɛ̃fɑ̃tʀi] *nf* infantry.

infanticide [ɛ̃fɑ̃tisid] *nm/f* child-murderer/eress // *nm* (*meurtre*) infanticide.

infantile [ɛ̃fɑ̃til] *a* (*MÉD*) infantile, child *cpd*; (*ton, réaction, péj*) infantile, childish.

infarctus [ɛ̃faʀktys] *nm*: ~ **(du myocarde)** coronary (thrombosis).

infatigable [ɛ̃fatigabl(ə)] *a* tireless, indefatigable.

infatué, e [ɛ̃fatɥe] *a* conceited; ~ **de** full of.

infécond, e [ɛ̃fekɔ̃, -ɔ̃d] *a* infertile, barren.

infect, e [ɛ̃fɛkt] *a* vile, foul; (*repas, vin*) revolting, foul.

infecter [ɛ̃fɛkte] *vt* (*atmosphère, eau*) to contaminate; (*MÉD*) to infect; **s'**~ to become infected *ou* septic; **infectieux, euse** [-sjø, -øz] *a* infectious; **infection** [-sjɔ̃] *nf* infection.

inféoder [ɛ̃feɔde] *vt*: **s'**~ **à** to pledge allegiance to.

inférer [ɛ̃feʀe] *vt*: ~ **qch de** to infer sth from.

inférieur, e [ɛ̃feʀjœʀ] *a* lower; (*en qualité, intelligence*) inferior // *nm/f* inferior; ~ **à** (*somme, quantité*) less *ou* smaller than; (*moins bon que*) inferior to; (*tâche: pas à la hauteur de*) unequal to; **infériorité** *nf* inferiority.

infernal, e, aux [ɛ̃fɛʀnal, -o] *a* (*chaleur, rythme*) infernal; (*méchanceté, complot*) diabolical.

infester [ɛ̃fɛste] *vt* to infest; **infesté de moustiques** infested with mosquitoes, mosquito-ridden.

infidèle [ɛ̃fidɛl] *a* unfaithful; (*REL*) infidel; **infidélité** *nf* unfaithfulness *q*.

infiltration [ɛ̃filtʀasjɔ̃] *nf* infiltration.

infiltrer [ɛ̃filtʀe]: **s'**~ *vi*: **s'**~ **dans** to penetrate into; (*liquide*) to seep into; (*fig: noyauter*) to infiltrate.

infime [ɛ̃fim] *a* minute, tiny; (*inférieur*) lowly.

infini, e [ɛ̃fini] *a* infinite // *nm* infinity; **à l'**~ (*MATH*) to infinity; (*discourir*) *ad infinitum*, endlessly; (*agrandir, varier*) infinitely; (*à perte de vue*) endlessly (into the distance); ~**ment** *ad* infinitely; **infinité** *nf*: **une infinité de** an infinite number of.

infinitif, ive [ɛ̃finitif, -iv] *a, nm* infinitive.

infirme [ɛ̃fiʀm(ə)] *a* disabled // *nm/f* disabled person; ~ **de guerre** war cripple; ~ **du travail** industrially disabled person.

infirmer [ɛ̃fiʀme] *vt* to invalidate.

infirmerie [ɛ̃fiʀmeʀi] *nf* sick bay.

infirmier, ière [ɛ̃fiʀmje, -jɛʀ] *nm/f* nurse; **infirmière chef** sister; **infirmière diplômée** registered nurse; **infirmière visiteuse** ≈ district nurse.

infirmité [ɛ̃fiʀmite] *nf* disability.

inflammable [ɛ̃flamabl(ə)] *a* (in)flammable.

inflammation [ɛ̃flamɑsjɔ̃] *nf* inflammation.

inflation [ɛflɑsjɔ̃] *nf* inflation; **inflationniste** *a* inflationist.

infléchir [ɛfleʃiR] *vt* (*fig: politique*) to reorientate, redirect.

inflexible [ɛflɛksibl(ə)] *a* inflexible.

inflexion [ɛflɛksjɔ̃] *nf* inflexion; ~ **de la tête** slight nod (of the head).

infliger [ɛfliʒe] *vt*: ~ **qch (à qn)** to inflict sth (on sb); (*amende, sanction*) to impose sth (on sb).

influençable [ɛflyɑ̃sabl(ə)] *a* easily influenced.

influence [ɛflyɑ̃s] *nf* influence; (*d'un médicament*) effect; **influencer** *vt* to influence; **influent, e** *a* influential.

influer [ɛflye]: ~ **sur** *vt* to have an influence upon.

influx [ɛfly] *nm*: ~ **nerveux** (nervous) impulse.

informaticien, ne [ɛfɔRmatisjɛ̃, -jɛn] *nm/f* computer scientist.

information [ɛfɔRmɑsjɔ̃] *nf* (*renseignement*) piece of information; (*PRESSE, TV: nouvelle*) news *sg*; (*diffusion de renseignements, INFORMATIQUE*) information; (*JUR*) inquiry, investigation; **voyage d'**~ fact-finding trip; **agence d'**~ news agency; **journal d'**~ quality newspaper.

informatique [ɛfɔRmatik] *nf* (*techniques*) data processing; (*science*) computer science; **informatiser** *vt* to computerize.

informe [ɛfɔRm(ə)] *a* shapeless.

informer [ɛfɔRme] *vt*: ~ **qn (de)** to inform sb (of) // *vi* (*JUR*): ~ **contre/sur** to initiate inquiries about; **s'**~ **(sur)** to inform o.s. (about); **s'**~ **(de/si)** to inquire *ou* find out (about/whether *ou* if).

infortune [ɛfɔRtyn] *nf* misfortune.

infraction [ɛfRaksjɔ̃] *nf* offence; ~ **à** violation *ou* breach of; **être en** ~ to be in breach of the law.

infranchissable [ɛfRɑ̃ʃisabl(ə)] *a* impassable; (*fig*) insuperable.

infrarouge [ɛfRaRuʒ] *a*, *nm* infrared.

infrastructure [ɛfRastRyktyR] *nf* (*d'une route etc*) substructure; (*AVIAT, MIL*) ground installations *pl*; (*ÉCON: touristique etc*) infrastructure.

infroissable [ɛfRwasabl(ə)] *a* crease-resistant.

infructueux, euse [ɛfRyktɥø, -øz] *a* fruitless, unfruitful.

infus, e [ɛfy, -yz] *a*: **avoir la science** ~**e** to have innate knowledge.

infuser [ɛfyze] *vt* (*thé*) to brew; (*tisane*) to infuse // *vi* to brew; to infuse; **infusion** *nf* (*tisane*) infusion, herb tea.

ingambe [ɛ̃gɑ̃b] *a* spry, nimble.

ingénier [ɛ̃ʒenje]: **s'**~ *vi*: **s'**~ **à faire** to strive to do.

ingénieur [ɛ̃ʒenjœR] *nm* engineer; ~ **agronome/chimiste** agricultural/chemical engineer; ~ **du son** sound engineer.

ingénieux, euse [ɛ̃ʒenjø, -øz] *a* ingenious, clever; **ingéniosité** *nf* ingenuity.

ingénu, e [ɛ̃ʒeny] *a* ingenuous, artless // *nf* (*THÉÂTRE*) ingénue.

ingérer [ɛ̃ʒeRe]: **s'**~ *vi*: **s'**~ **dans** to interfere in.

ingrat, e [ɛ̃gRa, -at] *a* (*personne*) ungrateful; (*sol*) barren, arid; (*travail, sujet*) arid, thankless; (*visage*) unprepossessing; **ingratitude** *nf* ingratitude.

ingrédient [ɛ̃gRedjɑ̃] *nm* ingredient.

inguérissable [ɛ̃geRisabl(ə)] *a* incurable.

ingurgiter [ɛ̃gyRʒite] *vt* to swallow.

inhabile [inabil] *a* clumsy; (*fig*) inept.

inhabitable [inabitabl(ə)] *a* uninhabitable.

inhabité, e [inabite] *a* (*régions*) uninhabited; (*maison*) unoccupied.

inhabituel, le [inabitɥɛl] *a* unusual.

inhalateur [inalatœR] *nm* inhaler; ~ **d'oxygène** oxygen mask.

inhalation [inalɑsjɔ̃] *nf* (*MÉD*) inhalation; **faire des** ~**s** to use an inhalation bath.

inhérent, e [ineRɑ̃, -ɑ̃t] *a*: ~ **à** inherent in.

inhibition [inibisjɔ̃] *nf* inhibition.

inhospitalier, ière [inɔspitalje, -jɛR] *a* inhospitable.

inhumain, e [inymɛ̃, -ɛn] *a* inhuman.

inhumation [inymɑsjɔ̃] *nf* interment, burial.

inhumer [inyme] *vt* to inter, bury.

inimaginable [inimaʒinabl(ə)] *a* unimaginable.

inimitable [inimitabl(ə)] *a* inimitable.

inimitié [inimitje] *nf* enmity.

ininflammable [inɛ̃flamabl(ə)] *a* non-flammable.

inintelligent, e [inɛ̃teliʒɑ̃, -ɑ̃t] *a* unintelligent.

inintelligible [inɛ̃teliʒibl(ə)] *a* unintelligible.

inintéressant, e [inɛ̃teResɑ̃, -ɑ̃t] *a* uninteresting.

ininterrompu, e [inɛ̃teRɔ̃py] *a* (*file, série*) unbroken; (*flot, vacarme*) uninterrupted, non-stop; (*effort*) unremitting, continuous.

iniquité [inikite] *nf* iniquity.

initial, e, aux [inisjal, -o] *a*, *nf* initial.

initiateur, trice [inisjatœR, -tRis] *nm/f* initiator; (*d'une mode, technique*) innovator, pioneer.

initiative [inisjativ] *nf* initiative; **prendre l'**~ **de qch/de faire** to take the initiative for sth/of *ou* in doing; **avoir de l'**~ to have initiative, show enterprise.

initier [inisje] *vt*: ~ **qn à** to initiate sb into; (*faire découvrir: art, jeu*) to introduce sb to.

injecté, e [ɛ̃ʒɛkte] *a*: **yeux** ~**s de sang** bloodshot eyes.

injecter [ɛ̃ʒɛkte] *vt* to inject; **injection** [-sjɔ̃] *nf* injection; **à injection** *a* (*AUTO*) fuel injection *cpd*.

injonction [ɛ̃ʒɔ̃ksjɔ̃] *nf* injunction, order.

injure [ɛ̃ʒyR] *nf* insult, abuse *q*.

injurier [ɛ̃ʒyRje] *vt* to insult, abuse; **injurieux, euse** *a* abusive, insulting.

injuste [ɛ̃ʒyst(ə)] *a* unjust, unfair; **injustice** *nf* injustice.

inlassable [ɛlɑsabl(ə)] *a* tireless, indefatigable.

inné, e [ine] *a* innate, inborn.

innocence [inɔsɑ̃s] *nf* innocence.

innocent, e [inɔsɑ̃, -ɑ̃t] *a* innocent // *nm/f*

innocent person ; **innocenter** *vt* to clear, prove innocent.

innombrable [inɔ̃bʀabl(ə)] *a* innumerable.

innommable [inɔmabl(ə)] *a* unspeakable.

innover [inɔve] *vi* to break new ground.

inobservation [inɔpsɛʀvɑsjɔ̃] *nf* non-observation, inobservance.

inoccupé, e [inɔkype] *a* unoccupied.

inoculer [inɔkyle] *vt* : ~ **qch à qn** (*volontairement*) to inoculate sb with sth ; (*accidentellement*) to infect sb with sth ; ~ **qn contre** to inoculate sb against.

inodore [inɔdɔʀ] *a* (*gaz*) odourless ; (*fleur*) scentless.

inoffensif, ive [inɔfɑ̃sif, -iv] *a* harmless, innocuous.

inondation [inɔ̃dɑsjɔ̃] *nf* flooding *q* ; flood.

inonder [inɔ̃de] *vt* to flood ; (*fig*) to inundate, overrun ; ~ **de** (*fig*) to flood *ou* swamp with.

inopérable [inɔpeʀabl(ə)] *a* inoperable.

inopérant, e [inɔpeʀɑ̃, -ɑ̃t] *a* inoperative, ineffective.

inopiné, e [inɔpine] *a* unexpected, sudden.

inopportun, e [inɔpɔʀtœ̃, -yn] *a* ill-timed, untimely ; inappropriate ; (*moment*) inopportune.

inoubliable [inublijabl(ə)] *a* unforgettable.

inouï, e [inwi] *a* unheard-of, extraordinary.

inoxydable [inɔksidabl(ə)] *a* stainless ; (*couverts*) stainless steel *cpd*.

inqualifiable [ɛ̃kalifjabl(ə)] *a* unspeakable.

inquiet, ète [ɛ̃kjɛ, -ɛt] *a* (*par nature*) anxious ; (*momentanément*) worried.

inquiétant, e [ɛ̃kjetɑ̃, -ɑ̃t] *a* worrying, disturbing.

inquiéter [ɛ̃kjete] *vt* to worry, disturb ; (*harceler*) to harass ; **s'~** to worry, become anxious ; **s'~ de** to worry about ; (*s'enquérir de*) to inquire about.

inquiétude [ɛ̃kjetyd] *nf* anxiety ; **donner de l'~ ou des ~s à** to worry ; **avoir de l'~ ou des ~s au sujet de** to feel anxious *ou* worried about.

inquisition [ɛ̃kizisjɔ̃] *nf* inquisition.

insaisissable [ɛ̃sezisabl(ə)] *a* elusive.

insalubre [ɛ̃salybʀ(ə)] *a* insalubrious, unhealthy.

insanité [ɛ̃sanite] *nf* madness *q*, insanity *q*.

insatiable [ɛ̃sasjabl(ə)] *a* insatiable.

insatisfait, e [ɛ̃satisfɛ, -ɛt] *a* (*non comblé*) unsatisfied ; unfulfilled ; (*mécontent*) dissatisfied.

inscription [ɛ̃skʀipsjɔ̃] *nf* (*sur un mur, écriteau etc*) inscription ; (*à une institution: voir s'inscrire*) enrolment ; registration.

inscrire [ɛ̃skʀiʀ] *vt* (*marquer: sur son calepin etc*) to note *ou* write down ; (: *sur un mur, une affiche etc*) to write ; (: *dans la pierre, le métal*) to inscribe ; (*mettre: sur une liste, un budget etc*) to put down ; ~ **qn à** (*club, école etc*) to enrol sb at ; **s'~** (*pour une excursion etc*) to put one's name down ; **s'~ (à)** (*club, parti*) to join ; (*université*) to register *ou* enrol (at) ; (*examen, concours*) to register *ou* enter (for) ; **s'~ en faux contre** to challenge.

insecte [ɛ̃sɛkt(ə)] *nm* insect ; **insecticide** *nm* insecticide.

insécurité [ɛ̃sekyʀite] *nf* insecurity, lack of security.

I.N.S.E.E. [inse] *sigle m* = *Institut national de la statistique et des études économiques*.

insémination [ɛ̃seminɑsjɔ̃] *nf* insemination.

insensé, e [ɛ̃sɑ̃se] *a* insane.

insensibiliser [ɛ̃sɑ̃sibilize] *vt* to anaesthetize.

insensible [ɛ̃sɑ̃sibl(ə)] *a* (*nerf, membre*) numb ; (*dur, indifférent*) insensitive ; (*imperceptible*) imperceptible.

inséparable [ɛ̃sepaʀabl(ə)] *a* inseparable.

insérer [ɛ̃seʀe] *vt* to insert ; **s'~ dans** to fit into ; to come within.

insidieux, euse [ɛ̃sidjø, -øz] *a* insidious.

insigne [ɛ̃siɲ] *nm* (*d'un parti, club*) badge // *a* distinguished ; **~s** *nmpl* (*d'une fonction*) insignia *pl*.

insignifiant, e [ɛ̃siɲifjɑ̃, -ɑ̃t] *a* insignificant ; trivial.

insinuation [ɛ̃sinɥɑsjɔ̃] *nf* innuendo, insinuation.

insinuer [ɛ̃sinɥe] *vt* to insinuate, imply ; **s'~ dans** to seep into ; (*fig*) to worm one's way into ; to creep into.

insipide [ɛ̃sipid] *a* insipid.

insistance [ɛ̃sistɑ̃s] *nf* insistence ; **avec ~** insistently.

insister [ɛ̃siste] *vi* to insist ; (*s'obstiner*) to keep trying ; ~ **sur** (*détail, note*) to stress.

insociable [ɛ̃sɔsjabl(ə)] *a* unsociable.

insolation [ɛ̃sɔlɑsjɔ̃] *nf* (*MÉD*) sunstroke *q* ; (*ensoleillement*) period of sunshine.

insolence [ɛ̃sɔlɑ̃s] *nf* insolence *q*.

insolent, e [ɛ̃sɔlɑ̃, -ɑ̃t] *a* insolent.

insolite [ɛ̃sɔlit] *a* strange, unusual.

insoluble [ɛ̃sɔlybl(ə)] *a* insoluble.

insolvable [ɛ̃sɔlvabl(ə)] *a* insolvent.

insomnie [ɛ̃sɔmni] *nf* insomnia *q*, sleeplessness *q*.

insondable [ɛ̃sɔ̃dabl(ə)] *a* unfathomable.

insonore [ɛ̃sɔnɔʀ] *a* soundproof ; **insonoriser** *vt* to soundproof.

insouciance [ɛ̃susjɑ̃s] *nf* carefree attitude ; heedless attitude.

insouciant, e [ɛ̃susjɑ̃, -ɑ̃t] *a* carefree ; (*imprévoyant*) heedless.

insoumis, e [ɛ̃sumi, -iz] *a* (*caractère, enfant*) rebellious, refractory ; (*contrée, tribu*) unsubdued.

insoumission [ɛ̃sumisjɔ̃] *nf* rebelliousness ; (*MIL*) absence without leave.

insoupçonnable [ɛ̃supsɔnabl(ə)] *a* above suspicion.

insoupçonné, e [ɛ̃supsɔne] *a* unsuspected.

insoutenable [ɛ̃sutnabl(ə)] *a* (*argument*) untenable ; (*chaleur*) unbearable.

inspecter [ɛ̃spɛkte] *vt* to inspect.

inspecteur, trice [ɛ̃spɛktœʀ, -tʀis] *nm/f* inspector ; ~ **d'Académie** ≈ Chief Education Officer ; ~ **des finances** ≈ Treasury Inspector.

inspection [ɛ̃spɛksjɔ̃] *nf* inspection.

inspiration [ɛ̃spiʀɑsjɔ̃] *nf* inspiration ; breathing in *q* ; **sous l'~ de** prompted by.

inspirer [ɛ̃spiʀe] *vt* (*gén*) to inspire // *vi* (*aspirer*) to breathe in ; **s'~ de** (*suj: artiste*) to draw one's inspiration from ; (*suj: tableau*) to be inspired by ; **~ à qn** (*œuvre, action*) to inspire sb with ; (*dégoût, crainte*) to fill sb with ; **ça ne m'inspire pas** I'm not keen on the idea.

instable [ɛ̃stabl(ə)] *a* (*meuble, équilibre*) unsteady ; (*population, temps*) unsettled ; (*paix, régime, caractère*) unstable.

installation [ɛ̃stalɑsjɔ̃] *nf* installation ; putting in *ou* up ; fitting out ; settling in ; (*appareils etc*) fittings *pl*, installations *pl* ; **~s** *nfpl* installations, plant *sg* ; facilities.

installer [ɛ̃stale] *vt* (*loger*): **~ qn** to get sb settled, install sb ; (*placer*) to put, place ; (*meuble*) to put in ; (*rideau, étagère, tente*) to put up ; (*gaz, électricité etc*) to put in, install ; (*appartement*) to fit out ; **s'~** (*s'établir: artisan, dentiste etc*) to set o.s. up ; (*se loger*) to settle (o.s.) ; (*emménager*) to settle in ; (*sur un siège, à un emplacement*) to settle (down) ; (*fig: maladie, grève*) to take a firm hold *ou* grip.

instamment [ɛ̃stamɑ̃] *ad* urgently.

instance [ɛ̃stɑ̃s] *nf* (*JUR: procédure*) (legal) proceedings *pl* ; (*ADMIN: autorité*) authority ; **~s** *nfpl* (*prières*) entreaties ; **affaire en ~** matter pending ; **être en ~ de divorce** to be awaiting a divorce ; **en seconde ~** on appeal.

instant [ɛ̃stɑ̃] *nm* moment, instant ; **dans un ~** in a moment ; **à l'~** this instant ; **à tout ~** at any moment ; constantly ; **pour l'~** for the moment, for the time being ; **par ~s** at times ; **de tous les ~s** perpetual.

instantané, e [ɛ̃stɑ̃tane] *a* (*lait, café*) instant ; (*explosion, mort*) instantaneous // *nm* snapshot.

instar [ɛ̃staʀ]: **à l'~ de** *prép* following the example of, like.

instaurer [ɛ̃stɔʀe] *vt* to institute.

instigateur, trice [ɛ̃stigatœʀ, -tʀis] *nm/f* instigator.

instigation [ɛ̃stigɑsjɔ̃] *nf*: **à l'~ de qn** at sb's instigation.

instinct [ɛ̃stɛ̃] *nm* instinct ; **~ de conservation** instinct of self-preservation ; **instinctif, ive** *a* instinctive.

instituer [ɛ̃stitɥe] *vt* to institute, set up.

institut [ɛ̃stity] *nm* institute ; **~ de beauté** beauty salon ; **I~ Universitaire de Technologie (IUT)** ≈ Polytechnic.

instituteur, trice [ɛ̃stitytœʀ, -tʀis] *nm/f* (primary school) teacher.

institution [ɛ̃stitysjɔ̃] *nf* institution ; (*collège*) private school.

instructeur, trice [ɛ̃stʀyktœʀ, -tʀis] *a* (*MIL*): **sergent ~** drill sergeant ; (*JUR*): **juge ~** examining magistrate // *nm/f* instructor.

instructif, ive [ɛ̃stʀyktif, -iv] *a* instructive.

instruction [ɛ̃stʀyksjɔ̃] *nf* (*enseignement, savoir*) education ; (*JUR*) (preliminary) investigation and hearing ; (*directive*) instruction ; **~s** *nfpl* (*mode d'emploi*) directions, instructions ; **~ civique** civics *sg* ; **~ religieuse** religious instruction ; **~ professionnelle** vocational training.

instruire [ɛ̃stʀɥiʀ] *vt* (*élèves*) to teach ; (*recrues*) to train ; (*JUR: affaire*) to conduct the investigation for ; **s'~** to educate o.s. ; **~ qn de qch** (*informer*) to inform *ou* advise sb of sth ; **instruit, e** *a* educated.

instrument [ɛ̃stʀymɑ̃] *nm* instrument ; **~ à cordes/vent** stringed/wind instrument ; **~ de mesure** measuring instrument ; **~ de musique** musical instrument ; **~ de travail** (working) tool.

insu [ɛ̃sy] *nm*: **à l'~ de qn** without sb knowing (it).

insubmersible [ɛ̃sybmɛʀsibl(ə)] *a* unsinkable.

insubordination [ɛ̃sybɔʀdinɑsjɔ̃] *nf* rebelliousness ; (*MIL*) insubordination.

insuccès [ɛ̃syksɛ] *nm* failure.

insuffisance [ɛ̃syfizɑ̃s] *nf* insufficiency ; inadequacy ; **~s** *nfpl* (*lacunes*) inadequacies ; **~ cardiaque** cardiac insufficiency *q*.

insuffisant, e [ɛ̃syfizɑ̃, -ɑ̃t] *a* insufficient ; (*élève, travail*) inadequate.

insuffler [ɛ̃syfle] *vt*: **~ qch dans** to blow sth into ; **~ qch à qn** to inspire sb with sth.

insulaire [ɛ̃sylɛʀ] *a* island *cpd* ; (*attitude*) insular.

insulte [ɛ̃sylt(ə)] *nf* insult ; **insulter** *vt* to insult.

insupportable [ɛ̃sypɔʀtabl(ə)] *a* unbearable.

insurgé, e [ɛ̃syʀʒe] *a, nm/f* insurgent, rebel.

insurger [ɛ̃syʀʒe]: **s'~** *vi*: **s'~ (contre)** to rise up *ou* rebel (against).

insurmontable [ɛ̃syʀmɔ̃tabl(ə)] *a* (*difficulté*) insuperable ; (*aversion*) unconquerable.

insurrection [ɛ̃syʀɛksjɔ̃] *nf* insurrection, revolt.

intact, e [ɛ̃takt] *a* intact.

intangible [ɛ̃tɑ̃ʒibl(ə)] *a* intangible ; (*principe*) inviolable.

intarissable [ɛ̃taʀisabl(ə)] *a* inexhaustible.

intégral, e, aux [ɛ̃tegʀal, -o] *a* complete // *nf* (*MATH*) integral ; **~ement** *ad* in full.

intégrant, e [ɛ̃tegʀɑ̃, -ɑ̃t] *a*: **faire partie ~e de** to be an integral part of, be part and parcel of.

intègre [ɛ̃tɛgʀ(ə)] *a* upright.

intégrer [ɛ̃tegʀe] *vt*: **~ qch à/dans** to integrate sth into ; **s'~ à/dans** to become integrated into.

intégrité [ɛ̃tegʀite] *nf* integrity.

intellect [ɛ̃telɛkt] *nm* intellect.

intellectuel, le [ɛ̃telɛktɥɛl] *a* intellectual // *nm/f* intellectual ; (*péj*) highbrow.

intelligence [ɛ̃teliʒɑ̃s] *nf* intelligence ; (*compréhension*): **l'~ de** the understanding of ; (*complicité*): **regard d'~** glance of complicity ; (*accord*): **vivre en bonne ~ avec qn** to be on good terms with sb ; **~s** *nfpl* (*MIL, fig*) secret contacts.

intelligent, e [ɛ̃teliʒɑ̃, -ɑ̃t] *a* intelligent.

intelligible [ɛ̃teliʒibl(ə)] *a* intelligible.

intempérance [ɛ̃tɑ̃peʀɑ̃s] *nf* intemperance *q* ; overindulgence *q*.

intempéries [ɛ̃tɑ̃peʀi] *nfpl* bad weather *sg*.

intempestif, ive [ɛ̃tɑ̃pɛstif, -iv] *a* untimely.

intenable [ɛ̃tnabl(ə)] *a* (*chaleur*) unbearable.

intendance [ɛ̃tɑ̃dɑ̃s] *nf* (MIL) supply corps; supplies office; (SCOL: *bureau*) bursar's office.

intendant [ɛ̃tɑ̃dɑ̃, -ɑ̃t] *nm/f* (MIL) quartermaster; (SCOL) bursar; (*d'une propriété*) steward.

intense [ɛ̃tɑ̃s] *a* intense; **intensif, ive** *a* intensive; **intensifier** *vt*, **s'intensifier** to intensify; **intensité** *nf* intensity.

intenter [ɛ̃tɑ̃te] *vt*: ~ **un procès contre** *ou* **à** to start proceedings against.

intention [ɛ̃tɑ̃sjɔ̃] *nf* intention; (JUR) intent; **avoir l'** ~ **de faire** to intend to do, have the intention of doing; **à l'** ~ **de** *prép* for; (*renseignement*) for the benefit *ou* information of; (*film, ouvrage*) aimed at; **à cette** ~ with this aim in view; **intentionné, e** *a*: **bien intentionné** well-meaning *ou* -intentioned; **mal intentionné** ill-intentioned; **intentionnel, le** *a* intentional, deliberate.

inter [ɛ̃tɛʀ] *nm* (TÉL) *abr de* **interurbain**; (SPORT): ~-**gauche**/-**droit** inside-left/-right.

intercalaire [ɛ̃tɛʀkalɛʀ] *a*: **feuillet** ~ insert; **fiche** ~ divider.

intercaler [ɛ̃tɛʀkale] *vt* to insert; **s'** ~ **entre** to come in between; to slip in between.

intercéder [ɛ̃tɛʀsede] *vi*: ~ (**pour qn**) to intercede (on behalf of sb).

intercepter [ɛ̃tɛʀsɛpte] *vt* to intercept; (*lumière, chaleur*) to cut off; **interception** [-sjɔ̃] *nf* interception; **avion d'interception** interceptor.

interchangeable [ɛ̃tɛʀʃɑ̃ʒabl(ə)] *a* interchangeable.

interclasse [ɛ̃tɛʀklɑs] *nm* (SCOL) break (between classes).

interdiction [ɛ̃tɛʀdiksjɔ̃] *nf* ban; ~ **de séjour** (JUR) order banning ex-prisoner from frequenting specified places.

interdire [ɛ̃tɛʀdiʀ] *vt* to forbid; (ADMIN: *stationnement, meeting, passage*) to ban, prohibit; (: *journal, livre*) to ban; ~ **qch à qn** to forbid sb sth; ~ **à qn de faire** to forbid sb to do, prohibit sb from doing; (*suj: empêchement*) to prevent *ou* preclude sb from doing.

interdit, e [ɛ̃tɛʀdi, -it] *a* (*stupéfait*) taken aback // *nm* interdict, prohibition.

intéressant, e [ɛ̃teʀɛsɑ̃, -ɑ̃t] *a* interesting.

intéressé, e [ɛ̃teʀese] *a* (*parties*) involved, concerned; (*amitié, motifs*) self-interested; **les** ~s those concerned *ou* involved.

intéressement [ɛ̃teʀɛsmɑ̃] *nm* (COMM) profit-sharing.

intéresser [ɛ̃teʀese] *vt* (*captiver*) to interest; (*toucher*) to be of interest *ou* concern to; (ADMIN: *concerner*) to affect, concern; (COMM: *travailleur*) to give a share in the profits to; (: *partenaire*) to interest (in the business); **s'** ~ **à** to take an interest in, be interested in.

intérêt [ɛ̃teʀɛ] *nm* (gén, *aussi* COMM) interest; (*égoïsme*) self-interest; **avoir des** ~s **dans** (COMM) to have a financial

interest *ou* a stake in; **avoir** ~ **à faire** to be well-advised to do.

interférer [ɛ̃tɛʀfeʀe] *vi*: ~ (**avec**) to interfere (with).

intérieur, e [ɛ̃teʀjœʀ] *a* (*mur, escalier, poche*) inside; (*commerce, politique*) domestic; (*cour, calme, vie*) inner; (*navigation*) inland // *nm* (*d'une maison, d'un récipient etc*) inside; (*d'un pays, aussi: décor, mobilier*) interior; (POL): **l'I** ~ the Interior, ≈ the Home Office; **à l'** ~ (**de**) inside; (*fig*) within; **en** ~ (CINÉMA) in the studio; **vêtement d'** ~ indoor garment.

intérim [ɛ̃teʀim] *nm* interim period; **assurer l'** ~ (**de**) to deputize (for); **par** ~ *a* interim // *ad* in a temporary capacity; ~**aire** *a* temporary, interim.

intérioriser [ɛ̃teʀjɔʀize] *vt* to internalize.

interjection [ɛ̃tɛʀʒɛksjɔ̃] *nf* interjection.

interligne [ɛ̃tɛʀliɲ] *nm* space between the lines // *nf* lead; **simple/double** ~ single/double spacing.

interlocuteur, trice [ɛ̃tɛʀlɔkytœʀ, -tʀis] *nm/f* speaker; **son** ~ the person he was speaking to.

interlope [ɛ̃tɛʀlɔp] *a* shady.

interloquer [ɛ̃tɛʀlɔke] *vt* to take aback.

interlude [ɛ̃tɛʀlyd] *nm* interlude.

intermède [ɛ̃tɛʀmɛd] *nm* interlude.

intermédiaire [ɛ̃tɛʀmedjɛʀ] *a* intermediate; middle; half-way // *nm/f* intermediary; (COMM) middleman; **sans** ~ directly; **par l'** ~ **de** through.

interminable [ɛ̃tɛʀminabl(ə)] *a* never-ending.

intermittence [ɛ̃tɛʀmitɑ̃s] *nf*: **par** ~ sporadically, intermittently.

intermittent, e [ɛ̃tɛʀmitɑ̃, -ɑ̃t] *a* intermittent.

internat [ɛ̃tɛʀna] *nm* (SCOL) boarding school.

international, e, aux [ɛ̃tɛʀnasjɔnal, -o] *a* international // *nm/f* (SPORT) international player.

interne [ɛ̃tɛʀn(ə)] *a* internal // *nm/f* (SCOL) boarder; (MÉD) houseman.

interner [ɛ̃tɛʀne] *vt* (POL) to intern; (MÉD) to confine to a mental institution.

interpellation [ɛ̃tɛʀpelɑsjɔ̃] *nf* interpellation; (POL) question.

interpeller [ɛ̃tɛʀpele] *vt* (*appeler*) to call out to; (*apostropher*) to shout at; (POLICE) to take in for questioning; (POL) to question.

interphone [ɛ̃tɛʀfɔn] *nm* intercom.

interposer [ɛ̃tɛʀpoze] *vt* to interpose; **s'** ~ *vi* to intervene; **par personnes interposées** through a third party.

interprétariat [ɛ̃tɛʀpʀetaʀja] *nm* interpreting.

interprétation [ɛ̃tɛʀpʀetɑsjɔ̃] *nf* interpretation.

interprète [ɛ̃tɛʀpʀɛt] *nm/f* interpreter; (*porte-parole*) spokesman.

interpréter [ɛ̃tɛʀpʀete] *vt* to interpret.

interrogateur, trice [ɛ̃teʀɔgatœʀ, -tʀis] *a* questioning, inquiring // *nm/f* (SCOL) (oral) examiner.

interrogatif, ive [ɛ̃teʀɔgatif, -iv] *a* (LING) interrogative.

interrogation [ɛ̃teRɔgɑsjɔ̃] *nf* question ; (*SCOL*) (written *ou* oral) test.

interrogatoire [ɛ̃teRɔgatwaR] *nm* (*POLICE*) questioning *q* ; (*JUR*) cross-examination.

interroger [ɛ̃teRɔʒe] *vt* to question ; (*données, ordinateur*) to consult ; (*SCOL*) to test.

interrompre [ɛ̃teRɔ̃pR(ə)] *vt* (*gén*) to interrupt ; (*travail, voyage*) to break off, interrupt ; **s'~** to break off.

interrupteur [ɛ̃teRyptœR] *nm* switch.

interruption [ɛ̃teRypsjɔ̃] *nf* interruption ; **sans ~** without a break ; **~ de grossesse** termination of pregnancy.

intersection [ɛ̃tɛRsɛksjɔ̃] *nf* intersection.

interstice [ɛ̃tɛRstis] *nm* crack ; slit.

interurbain [ɛ̃tɛRyRbɛ̃] *nm* (*TÉL*) trunk call service.

intervalle [ɛ̃tɛRval] *nm* (*espace*) space ; (*de temps*) interval ; **dans l'~** in the meantime.

intervenir [ɛ̃tɛRvəniR] *vi* (*gén*) to intervene ; (*survenir*) to take place ; **~ auprès de** to intervene with ; **la police a dû ~** police had to be called in ; **les médecins ont dû ~** the doctors had to operate.

intervention [ɛ̃tɛRvɑ̃sjɔ̃] *nf* intervention ; **~ chirurgicale** (surgical) operation.

intervertir [ɛ̃tɛRvɛRtiR] *vt* to invert (the order of), reverse.

interview [ɛ̃tɛRvju] *nf* interview ; **interviewer** *vt* [-ve] to interview.

intestin, e [ɛ̃tɛstɛ̃, -in] *a* internal // *nm* intestine ; **~ grêle** small intestine ; **intestinal, e, aux** *a* intestinal.

intime [ɛ̃tim] *a* intimate ; (*vie, journal*) private ; (*conviction*) inmost ; (*dîner, cérémonie*) held among friends, quiet // *nm/f* close friend.

intimer [ɛ̃time] *vt* (*JUR*) to notify ; **~ à qn l'ordre de faire** to order sb to do.

intimider [ɛ̃timide] *vt* to intimidate.

intimité [ɛ̃timite] *nf* intimacy ; privacy ; private life ; **dans l'~** in private ; (*sans formalités*) with only a few friends, quietly.

intitulé [ɛ̃tityle] *nm* title.

intituler [ɛ̃tityle] *vt* : **comment a-t-il intitulé son livre?** what title did he give his book? ; **s'~** to be entitled ; (*personne*) to call o.s.

intolérable [ɛ̃tɔleRabl(ə)] *a* intolerable.

intolérance [ɛ̃tɔleRɑ̃s] *nf* intolerance.

intolérant, e [ɛ̃tɔleRɑ̃, -ɑ̃t] *a* intolerant.

intonation [ɛ̃tɔnɑsjɔ̃] *nf* intonation.

intouchable [ɛ̃tuʃabl(ə)] *a* (*fig*) above the law, sacrosanct ; (*REL*) untouchable.

intoxication [ɛ̃tɔksikɑsjɔ̃] *nf* poisoning *q* ; (*fig*) brainwashing ; **~ alimentaire** food poisoning.

intoxiquer [ɛ̃tɔksike] *vt* to poison ; (*fig*) to brainwash.

intraduisible [ɛ̃tRaduizibl(ə)] *a* untranslatable ; (*fig*) impossible to render.

intraitable [ɛ̃tRɛtabl(ə)] *a* inflexible, uncompromising.

intransigeance [ɛ̃tRɑ̃ziʒɑ̃s] *nf* intransigence.

intransigeant, e [ɛ̃tRɑ̃ziʒɑ̃, -ɑ̃t] *a* intransigent ; (*morale, passion*) uncompromising.

intransitif, ive [ɛ̃tRɑ̃zitif, -iv] *a* (*LING*) intransitive.

intransportable [ɛ̃tRɑ̃spɔRtabl(ə)] *a* (*blessé*) unable to travel.

intraveineux, euse [ɛ̃tRavɛnø, -øz] *a* intravenous.

intrépide [ɛ̃tRepid] *a* dauntless.

intrigant, e [ɛ̃tRigɑ̃, -ɑ̃t] *nm/f* schemer.

intrigue [ɛ̃tRig] *nf* intrigue.

intriguer [ɛ̃tRige] *vi* to scheme // *vt* to puzzle, intrigue.

intrinsèque [ɛ̃tRɛ̃sɛk] *a* intrinsic.

introduction [ɛ̃tRɔdyksjɔ̃] *nf* introduction.

introduire [ɛ̃tRɔduiR] *vt* to introduce ; (*visiteur*) to show in ; (*aiguille, clef*) : **~ qch dans** to insert *ou* introduce sth into ; **s'~** (*techniques, usages*) to be introduced ; **s'~ dans** to gain entry into ; to get o.s. accepted into ; (*eau, fumée*) to get into.

introniser [ɛ̃tRɔnize] *vt* to enthrone.

introspection [ɛ̃tRɔspɛksjɔ̃] *nf* introspection.

introuvable [ɛ̃tRuvabl(ə)] *a* which cannot be found ; (*COMM*) unobtainable.

introverti, e [ɛ̃tRɔvɛRti] *nm/f* introvert.

intrus, e [ɛ̃tRy, -yz] *nm/f* intruder.

intrusion [ɛ̃tRyzjɔ̃] *nf* intrusion ; interference.

intuitif, ive [ɛ̃tuitif, -iv] *a* intuitive.

intuition [ɛ̃tuisjɔ̃] *nf* intuition.

inusable [inyzabl(ə)] *a* hard-wearing.

inusité, e [inyzite] *a* not in common use ; unaccustomed.

inutile [inytil] *a* useless ; (*superflu*) unnecessary ; **inutilisable** *a* unusable ; **inutilité** *nf* uselessness.

invaincu, e [ɛ̃vɛ̃ky] *a* unbeaten ; unconquered.

invalide [ɛ̃valid] *a* disabled ; **~ de guerre** disabled ex-serviceman ; **~ du travail** industrially disabled person.

invalider [ɛ̃valide] *vt* to invalidate.

invalidité [ɛ̃validite] *nf* disability.

invariable [ɛ̃vaRjabl(ə)] *a* invariable.

invasion [ɛ̃vɑzjɔ̃] *nf* invasion.

invectiver [ɛ̃vɛktive] *vt* to hurl abuse at // *vi* : **~ contre** to rail against.

invendable [ɛ̃vɑ̃dabl(ə)] *a* unsaleable ; unmarketable ; **invendus** *nmpl* unsold goods.

inventaire [ɛ̃vɑ̃tɛR] *nm* inventory ; (*COMM: liste*) stocklist ; (: *opération*) stocktaking *q* ; (*fig*) survey.

inventer [ɛ̃vɑ̃te] *vt* to invent ; (*subterfuge*) to devise, invent ; (*histoire, excuse*) to make up, invent ; **~ de faire** to hit on the idea of doing ; **inventeur** *nm* inventor ; **inventif, ive** *a* inventive ; **invention** [-sjɔ̃] *nf* invention.

inventorier [ɛ̃vɑ̃tɔRje] *vt* to make an inventory of.

inverse [ɛ̃vɛRs(ə)] *a* reverse ; opposite ; inverse // *nm* inverse, reverse ; **en proportion ~** in inverse proportion ; **dans l'ordre ~** in the reverse order ; **en sens ~** in (*ou* from) the opposite direction ; **~ment** *ad* conversely ; **inverser** *vt* to invert, reverse ; (*ÉLEC*) to reverse ; **inversion** *nf* inversion ; reversal.

inverti, e [ɛ̃vɛʀti] *nm f* homosexual.
investigation [ɛ̃vɛstigasjɔ̃] *nf* investigation, inquiry
investir [ɛ̃vɛstiʀ] *vt* to invest; **investissement** *nm* investment; **investiture** *nf* investiture; (*à une élection*) nomination.
invétéré, e [ɛ̃vetere] *a* (*habitude*) ingrained; (*bavard, buveur*) inveterate.
invincible [ɛ̃vɛ̃sibl(ə)] *a* invincible, unconquerable.
invisible [ɛ̃vizibl(ə)] *a* invisible.
invitation [ɛ̃vitasjɔ̃] *nf* invitation.
invité, e [ɛ̃vite] *nm/f* guest.
inviter [ɛ̃vite] *vt* to invite; **~ qn à faire** to invite sb to do; (*suj: chose*) to induce *ou* tempt sb to do.
involontaire [ɛ̃vɔlɔ̃tɛʀ] *a* (*mouvement*) involuntary; (*insulte*) unintentional; (*complice*) unwitting.
invoquer [ɛ̃vɔke] *vt* (*Dieu, muse*) to call upon, invoke; (*prétexte*) to put forward (as an excuse); (*témoignage*) to call upon; (*loi, texte*) to refer to; **~ la clémence de qn** to beg sb *ou* appeal to sb for clemency.
invraisemblable [ɛ̃vʀɛsɑ̃blabl(ə)] *a* unlikely, improbable; incredible.
invulnérable [ɛ̃vylneʀabl(ə)] *a* invulnerable.
iode [jɔd] *nm* iodine.
ion [jɔ̃] *nm* ion.
ionique [jɔnik] *a* (ARCHIT) Ionic; (SCIENCE) ionic.
irai *etc vb voir* **aller.**
Irak [iʀak] *nm* Iraq; **irakien, ne** *a, nm/f* Iraqi.
Iran [iʀɑ̃] *nm* Iran; **Iranien, ne** *nm/f* Iranian.
irascible [iʀasibl(ə)] *a* short-tempered, irascible.
irions *etc vb voir* **aller.**
iris [iʀis] *nm* iris.
irisé, e [iʀize] *a* iridescent.
irlandais, e [iʀlɑ̃dɛ, -ɛz] *a, nm* (*langue*) Irish // *nm/f*: **I~,** e Irishman/woman; **les I~** the Irish.
Irlande [iʀlɑ̃d] *nf* Ireland; **~ du Nord** Northern Ireland.
ironie [iʀɔni] *nf* irony; **ironique** *a* ironical; **ironiser** *vi* to be ironical.
irons *etc vb voir* **aller.**
irradier [iʀadje] *vi* to radiate // *vt* to irradiate.
irraisonné, e [iʀɛzɔne] *a* irrational, unreasoned.
irrationnel, le [iʀasjɔnɛl] *a* irrational.
irréalisable [iʀealizabl(ə)] *a* unrealizable; impracticable.
irréconciliable [iʀekɔ̃siljabl(ə)] *a* irreconcilable.
irrécupérable [iʀekypeʀabl(ə)] *a* unreclaimable, beyond repair; (*personne*) beyond redemption *ou* recall.
irrécusable [iʀekyzabl(ə)] *a* unimpeachable.
irréductible [iʀedyktibl(ə)] *a* indomitable, implacable; (MATH) irreducible.
irréel, le [iʀeɛl] *a* unreal.
irréfléchi, e [iʀeflefi] *a* thoughtless.

irréfutable [iʀefytabl(ə)] *a* irrefutable.
irrégularité [iʀegylaʀite] *nf* irregularity; unevenness *q.*
irrégulier, ière [iʀegylje, -jɛʀ] *a* irregular; uneven; (*élève, athlète*) erratic.
irrémédiable [iʀemedjabl(ə)] *a* irreparable.
irremplaçable [iʀɑ̃plasabl(ə)] *a* irreplaceable.
irréparable [iʀepaʀabl(ə)] *a* beyond repair; (*fig*) irreparable.
irrépressible [iʀepʀesibl(ə)] *a* irrepressible, uncontrollable.
irréprochable [iʀepʀɔʃabl(ə)] *a* irreproachable, beyond reproach; (*tenue, toilette*) impeccable.
irrésistible [iʀezistibl(ə)] *a* irresistible; (*preuve, logique*) compelling.
irrésolu, e [iʀezɔly] *a* irresolute.
irrespectueux, euse [iʀɛspɛktɥø, -øz] *a* disrespectful.
irrespirable [iʀɛspiʀabl(ə)] *a* unbreathable; (*fig*) oppressive, stifling.
irresponsable [iʀɛspɔ̃sabl(ə)] *a* irresponsible.
irréversible [iʀevɛʀsibl(ə)] *a* irreversible.
irrévocable [iʀevɔkabl(ə)] *a* irrevocable.
irrigation [iʀigasjɔ̃] *nf* irrigation.
irriguer [iʀige] *vt* to irrigate.
irritable [iʀitabl(ə)] *a* irritable.
irritation [iʀitasjɔ̃] *nf* irritation.
irriter [iʀite] *vt* (*agacer*) to irritate, annoy; (MÉD: *enflammer*) to irritate; **s'~ contre/de** to get annoyed *ou* irritated at/with.
irruption [iʀypsjɔ̃] *nf* irruption *q*; **faire ~ dans** to burst into.
Islam [islam] *nm* Islam; **islamique** *a* Islamic.
islandais, e [islɑ̃dɛ, -ɛz] *a, nm* (*langue*) Icelandic // *nm/f* Icelander.
Islande [islɑ̃d] *nf* Iceland.
isocèle [izɔsɛl] *a* isoceles.
isolant, e [izɔlɑ̃, -ɑ̃t] *a* insulating; (*insonorisant*) soundproofing.
isolation [izɔlasjɔ̃] *nf* insulation.
isolé, e [izɔle] *a* isolated; insulated.
isolement [izɔlmɑ̃] *nm* isolation; solitary confinement.
isoler [izɔle] *vt* to isolate; (*prisonnier*) to put in solitary confinement; (*ville*) to cut off, isolate; (ÉLEC) to insulate; **isoloir** *nm* polling booth.
Israël [isʀaɛl] *nm* Israel; **israélien, ne** *a, nm/f* Israeli; **israélite** *a* Jewish // *nm/f* Jew/Jewess.
issu, e [isy] *a*: **~ de** descended from; (*fig*) stemming from // *nf* (*ouverture, sortie*) exit; (*solution*) way out, solution; (*dénouement*) outcome; **à l'~ e de** at the conclusion *ou* close of; **rue sans ~e** dead end, no through road.
isthme [ism(ə)] *nm* isthmus.
Italie [itali] *nf* Italy; **Italien, ne** *a, nm, nf* Italian.
italique [italik] *nm*: **en ~** in italics.
itinéraire [itineʀɛʀ] *nm* itinerary, route.

itinérant, e [itinerɑ̃, -ɑ̃t] a itinerant, travelling.

I.U.T. sigle m voir **institut**.

ivoire [ivwaʀ] nm ivory.

ivre [ivʀ(ə)] a drunk; ~ **de** (colère, bonheur) wild with; **ivresse** nf drunkenness; **ivrogne** nm/f drunkard.

J

j' [ʒ] pronom voir **je**.

jabot [ʒabo] nm (ZOOL) crop; (de vêtement) jabot.

jacasser [ʒakase] vi to chatter.

jachère [ʒaʃɛʀ] nf: (être) en ~ (to lie) fallow.

jacinthe [ʒasɛ̃t] nf hyacinth.

jade [ʒad] nm jade.

jadis [ʒadis] ad in times past, formerly.

jaillir [ʒajiʀ] vi (liquide) to spurt out, gush out; (fig) to rear up; to burst out; to flood out.

jais [ʒɛ] nm jet; (**d'un noir) de** ~ jet-black.

jalon [ʒalɔ̃] nm range pole; (fig) milestone; **jalonner** vt to mark out; (fig) to mark, punctuate.

jalouser [ʒaluze] vt to be jealous of.

jalousie [ʒaluzi] nf jealousy; (store) (venetian) blind.

jaloux, se [ʒalu, -uz] a jealous.

jamais [ʒamɛ] ad never; (sans négation) ever; **ne ...** ~ never.

jambage [ʒɑ̃baʒ] nm (de lettre) downstroke; (de porte) jamb.

jambe [ʒɑ̃b] nf leg; **jambières** nfpl leggings; (SPORT) shin pads.

jambon [ʒɑ̃bɔ̃] nm ham.

jante [ʒɑ̃t] nf (wheel) rim.

janvier [ʒɑ̃vje] nm January.

Japon [ʒapɔ̃] nm Japan; **japonais, e** a, nm, nf Japanese.

japper [ʒape] vi to yap, yelp.

jaquette [ʒakɛt] nf (de cérémonie) morning coat; (de livre) dust cover, dust jacket.

jardin [ʒaʀdɛ̃] nm garden; ~ **d'acclimatation** zoological gardens pl; ~ **d'enfants** nursery school; ~ **public** (public) park, public gardens pl; **jardinage** nm gardening; **jardinier, ière** nm/f gardener // nf (de fenêtre) window box; **jardinière d'enfants** nursery school teacher.

jargon [ʒaʀgɔ̃] nm jargon.

jarre [ʒaʀ] nf (earthenware) jar.

jarret [ʒaʀɛ] nm back of knee, ham; (CULIN) knuckle, shin.

jarretelle [ʒaʀtɛl] nf suspender.

jarretière [ʒaʀtjɛʀ] nf garter.

jaser [ʒaze] vi to chatter, prattle; (indiscrètement) to gossip.

jasmin [ʒasmɛ̃] nm jasmin.

jaspe [ʒasp(ə)] nm jasper.

jatte [ʒat] nf basin, bowl.

jauge [ʒoʒ] nf (capacité) capacity, tonnage; (instrument) gauge; **jauger** vt to gauge the capacity of; (fig) to size up; **jauger 3000 tonneaux** to measure 3,000 tons.

jaune [ʒon] a, nm yellow // nm/f Asiatic // ad (fam): **rire** ~ to laugh on the other side of one's face; ~ **d'œuf** (egg) yolk; **jaunir** vi, vt to turn yellow.

jaunisse [ʒonis] nf jaundice.

javel [ʒavɛl] nf voir **eau**.

javelot [ʒavlo] nm javelin.

jazz [dʒaz] nm jazz.

J.-C. sigle voir **Jésus-Christ**.

je, j' [ʒ(ə)] pronom I.

jean [dʒin] nm jeans pl.

jérémiades [ʒeʀemjad] nfpl moaning sg.

jerrycan [ʒeʀikan] nm jerrycan.

jersey [ʒɛʀze] nm jersey.

Jésus-Christ [ʒezykʀi(st)] n Jesus Christ; **600 avant/après** ~ ou **J.-C.** 600 B.C./A.D.

jet [ʒɛ] nm (lancer) throwing q, throw; (jaillissement) jet; spurt; (de tuyau) nozzle; (avion) [dʒɛt] jet; **arroser au** ~ to hose; **du premier** ~ at the first attempt or shot; ~ **d'eau** fountain; spray.

jetée [ʒəte] nf jetty; pier.

jeter [ʒəte] vt (gén) to throw; (se défaire de) to throw away ou out; (son, lueur etc) to give out; ~ **qch à qn** to throw sth to sb; (de façon agressive) to throw ou hurl sth at sb; ~ **un coup d'œil (à)** to take a look (at); ~ **l'effroi parmi** to spread fear among; ~ **un sort à qn** to cast a spell on sb; **se** ~ **dans** (fleuve) to flow into.

jeton [ʒətɔ̃] nm (au jeu) counter; (de téléphone) token; ~**s de présence** (director's) fees.

jette etc vb voir **jeter**.

jeu, x [ʒø] nm (divertissement, TECH: d'une pièce) play; (défini par des règles, TENNIS: partie, FOOTBALL etc: façon de jouer) game; (THÉÂTRE etc) acting; (au casino): **le** ~ gambling; (fonctionnement) working, interplay; (série d'objets, jouet) set; (CARTES) hand; **en** ~ at stake; at work; (FOOTBALL) in play; **remettre en** ~ to throw in; **entrer/mettre en** ~ to come/bring into play; ~ **de boules** game of bowls; (endroit) bowling pitch; (boules) set of bowls; ~ **de cartes** card game; (paquet) pack of cards; ~ **de construction** building set; ~ **d'échecs** chess set; ~ **de hasard** game of chance; ~ **de mots** pun; **le** ~ **de l'oie** snakes and ladders sg; ~ **d'orgue(s)** organ stop; ~ **de société** parlour game; **J**~**x olympiques (J.O.)** Olympic Games.

jeudi [ʒødi] nm Thursday.

jeûn [ʒœ̃]: **à** ~ ad on an empty stomach.

jeune [ʒœn] a young; **les** ~**s** young people, the young; ~ **fille** nf girl; ~ **homme** nm young man; ~ **premier** leading man; ~ **s gens** nmpl young people.

jeûne [ʒøn] nm fast.

jeunesse [ʒœnɛs] nf youth; (aspect) youthfulness; youngness; (jeunes) young people pl, youth.

J. O. sigle mpl voir **jeu**.

joaillerie [ʒoujʀi] nf jewel trade; jewellery; **joaillier, ière** nm/f jeweller.

jobard [ʒobaʀ] nm (péj) sucker, mug.

jockey [ʒokɛ] nm jockey.

joie [ʒwa] *nf* joy.

joindre [ʒwɛ̃dʀ(ə)] *vt* to join; (*à une lettre*): ~ **qch à** to enclose sth with; (*contacter*) to contact, get in touch with; ~ **les mains/talons** to put one's hands/heels together; **se ~ à** to join.

joint [ʒwɛ̃] *nm* joint; (*ligne*) join; (*de ciment etc*) pointing *q*; ~ **de cardan** cardan joint; ~ **de culasse** cylinder head gasket; ~ **de robinet** washer.

joli [ʒɔli] *a* pretty, attractive; **c'est du ~!** (*ironique*) that's very nice!; **~ment** *ad* prettily, attractively; (*fam: très*) pretty.

jonc [ʒɔ̃] *nm* (bul)rush.

joncher [ʒɔ̃ʃe] *vt* (*suj: choses*) to be strewed on; **jonché de** strewn with.

jonction [ʒɔ̃ksjɔ̃] *nf* joining; (**point de**) ~ junction; **opérer une ~** (MIL *etc*) to rendez-vous.

jongler [ʒɔ̃gle] *vi* to juggle; **jongleur, euse** *nm/f* juggler.

jonquille [ʒɔ̃kij] *nf* daffodil.

Jordanie [ʒɔʀdani] *nf*: **la ~** Jordan.

joue [ʒu] *nf* cheek; **mettre en ~** to take aim at.

jouer [ʒwe] *vt* (*partie, carte, coup,* MUS: *morceau*) to play; (*somme d'argent, réputation*) to stake, wager; (*pièce, rôle*) to perform; (*film*) to show; (*simuler: sentiment*) to affect, feign // *vi* to play; (THÉÂTRE, CINÉMA) to act, perform; (*bois, porte: se voiler*) to warp; (*clef, pièce: avoir du jeu*) to be loose; ~ **sur** (*miser*) to gamble on; ~ **de** (MUS) to play; ~ **du couteau/des coudes** to use knives/one's elbows; ~ **à** (*jeu, sport, roulette*) to play; ~ **au héros** to play the hero; ~ **avec** (*risquer*) to gamble with; **se ~ de** (*difficultés*) to make light of; **se ~ de qn** to deceive *ou* dupe sb; ~ **un tour à qn** to play a trick on sb; ~ **serré** to play a close game; ~ **de malchance** to be dogged with ill-luck.

jouet [ʒwɛ] *nm* toy; **être le ~ de** (*illusion etc*) to be the victim of.

joueur, euse [ʒwœʀ, -øz] *nm/f* player; **être beau/mauvais ~** to be a good/bad loser.

joufflu, e [ʒufly] *a* chubby-cheeked, chubby.

joug [ʒu] *nm* yoke.

jouir [ʒwiʀ]: ~ **de** *vt* to enjoy; **jouissance** *nf* pleasure; (JUR) use; **jouisseur, euse** *nm/f* sensualist.

joujou [ʒuʒu] *nm* (*fam*) toy.

jour [ʒuʀ] *nm* day; (*opposé à la nuit*) day, daytime; (*clarté*) daylight; (*fig: aspect*) light; (*ouverture*) opening; openwork *q*; **au ~ le ~** from day to day; **de nos ~s** these days, nowadays; **il fait ~** it's daylight; **au ~** in daylight; **au grand ~** (*fig*) in the open; **mettre au ~** to uncover, disclose; **mettre à ~** to bring up to date, update; **donner le ~ à** to give birth to; **voir le ~** to be born; **se faire ~** to become clear.

journal, aux [ʒuʀnal, -o] *nm* (news)paper; (*personnel*) journal, diary; ~ **parlé/télévisé** radio/ television news *sg*; ~ **de bord** log.

journalier, ière [ʒuʀnalje, -jɛʀ] *a* daily; (*banal*) everyday // *nm* day labourer.

journalisme [ʒuʀnalism(ə)] *nm* journalism; **journaliste** *nm/f* journalist.

journée [ʒuʀne] *nf* day; **la ~ continue** the 9 to 5 working day (with short lunch break).

journellement [ʒuʀnɛlmã] *ad* daily.

joute [ʒut] *nf* duel.

jouvence [ʒuvɑ̃s] *nf*: **bain de ~** rejuvenating experience.

jovial [ʒɔvjal] *a* jovial, jolly.

joyau, x [ʒwajo] *nm* gem, jewel.

joyeux, euse [ʒwajø, -øz] *a* joyful, merry; ~ **Noël!** merry *ou* happy Christmas!; ~ **anniversaire!** many happy returns!

jubilé [ʒybile] *nm* jubilee.

jubiler [ʒybile] *vi* to be jubilant, exult.

jucher [ʒyʃe] *vt*: ~ **qch sur** to perch sth (up)on // *vi* (*oiseau*): ~ **sur** to perch (up)on; **se ~ sur** to perch o.s. (up)on.

judaïque [ʒydaik] *a* (*loi*) Judaic; (*religion*) Jewish.

judaïsme [ʒydaism(ə)] *nm* Judaism.

judas [ʒyda] *nm* (*trou*) spy-hole.

judiciaire [ʒydisjɛʀ] *a* judicial.

judicieux, euse [ʒydisjø, -øz] *a* judicious.

judo [ʒydo] *nm* judo; **~ka** *nm/f* judoka.

juge [ʒyʒ] *nm* judge; ~ **d'instruction** examining magis-trate; ~ **de paix** justice of the peace; ~ **de touche** linesman.

jugé [ʒyʒe]: **au ~** *ad* by guesswork.

jugement [ʒyʒmã] *nm* judgment; (JUR: *au criminel*) sentence; (: *au civil*) decision; ~ **de valeur** value judgment.

jugeote [ʒyʒɔt] *nf* (*fam*) gumption.

juger [ʒyʒe] *vt* to judge; ~ **qn/qch satisfaisant** to consider sb/sth (to be) satisfactory; ~ **que** to think *ou* consider that; ~ **bon de faire** to consider it a good idea to do, see fit to do; ~ **de** *vt* to appreciate.

jugulaire [ʒygylɛʀ] *a* jugular // *nf* (MIL) chinstrap.

juif, ive [ʒɥif, -iv] *a* Jewish // *nm/f* Jew/Jewess.

juillet [ʒɥijɛ] *nm* July.

juin [ʒɥɛ̃] *nm* June.

jumeau, elle, x [ʒymo, -ɛl] *a, nm/f* twin; **jumelles** *nfpl* binoculars.

jumeler [ʒymle] *vt* to twin; **roues jumelées** double wheels.

jumelle [ʒymɛl] *a, nf voir* **jumeau**.

jument [ʒymã] *nf* mare.

jungle [ʒɔ̃gl(ə)] *nf* jungle.

jupe [ʒyp] *nf* skirt; **~-culotte** *nf* divided skirt, culotte(s).

jupon [ʒypɔ̃] *nm* waist slip *ou* petticoat.

juré, e [ʒyʀe] *nm* juror, juryman/wo-man // *a*: **ennemi ~** sworn enemy.

jurer [ʒyʀe] *vt* (*obéissance etc*) to swear, vow // *vi* (*dire des jurons*) to swear, curse; (*dissoner*): ~ **(avec)** to clash (with); (*s'engager*): ~ **de faire/que** to swear *ou* vow to do/that; (*affirmer*): ~ **que** to swear *ou* vouch that; ~ **de qch** (*s'en porter garant*) to swear to sth.

juridiction [ʒyʀidiksjɔ̃] *nf* jurisdiction; court(s) of law.

juridique [ʒyʀidik] *a* legal.

juriste [ʒyʀist(ə)] nm/f jurist ; lawyer.

juron [ʒyʀɔ̃] nm curse, swearword.

jury [ʒyʀi] nm (JUR) jury ; (SCOL) board of examiners), jury.

jus [ʒy] nm juice ; (de viande) gravy, (meat) juice ; ~ **de fruits** fruit juice ; ~ **de raisin/tomates** grape/tomato juice.

jusant [ʒyzɑ̃] nm ebb (tide).

jusque [ʒysk(ə)]: **jusqu'à** prép (endroit) as far as, (up) to ; (moment) until, till ; (limite) up to ; ~ **sur/dans** up to, as far as ; (y compris) even on/in ; **jusqu'à présent** until now, so far.

juste [ʒyst(ə)] a (équitable) just, fair ; (légitime) just, justified ; (exact, vrai) right ; (étroit, insuffisant) tight // ad right ; tight ; (chanter) in tune ; (seulement) just ; ~ **assez/au-dessus** just enough/above ; **pouvoir tout ~ faire** to be only just able to do ; **au ~** exactly, actually ; **le ~ milieu** the happy medium ; ~**ment** ad rightly ; justly ; (précisément): **c'est ~ment ce que** that's just ou precisely what ; **justesse** nf (précision) accuracy ; (d'une remarque) aptness ; (d'une opinion) soundness ; **de justesse** just, by a narrow margin.

justice [ʒystis] nf (équité) fairness, justice ; (ADMIN) justice ; **rendre la ~** to dispense justice ; **obtenir ~** to obtain justice ; **rendre ~ à qn** to do sb justice ; **se faire ~** to take the law into one's own hands ; (se suicider) to take one's life.

justiciable [ʒystisjabl(ə)] a: ~ **de** (JUR) answerable to.

justicier, ière [ʒystisje, -jɛʀ] nm/f judge, righter of wrongs.

justifiable [ʒystifjabl(ə)] a justifiable.

justification [ʒystifikɑsjɔ̃] nf justification.

justifier [ʒystifje] vt to justify ; ~ **de** vt to prove.

jute [ʒyt] nm jute.

juteux, euse [ʒytø, -øz] a juicy.

juvénile [ʒyvenil] a young, youthful.

juxtaposer [ʒykstapoze] vt to juxtapose.

K

kaki [kaki] a inv khaki.

kaléidoscope [kaleidɔskɔp] nm kaléidoscope.

kangourou [kɑ̃guʀu] nm kangaroo.

karaté [kaʀate] nm karate.

karting [kaʀtiŋ] nm go-carting, karting.

kayac, kayak [kajak] nm kayak.

képi [kepi] nm kepi.

kermesse [kɛʀmɛs] nf bazaar, (charity) fête ; village fair.

kérosène [keʀozɛn] nm jet fuel ; rocket fuel.

kibboutz [kibuts] nm kibbutz.

kidnapper [kidnape] vt to kidnap.

kilogramme [kilɔgʀam] nm, **kilo** nm kilogramme.

kilométrage [kilɔmetʀaʒ] nm number of kilometres travelled, ≈ mileage.

kilomètre [kilɔmɛtʀ(ə)] nm kilometre.

kilométrique [kilɔmetʀik] a (distance) in kilometres ; **compteur ~** ≈ mileage indicator.

kilowatt [kilɔwat] nm kilowatt.

kinésithérapeute [kinezitéʀapøt] nm/f physiotherapist.

kiosque [kjɔsk(ə)] nm kiosk, stall.

kirsch [kiʀʃ] nm kirsch.

klaxon [klaksɔn] nm horn ; **klaxonner** vi, vt to hoot.

kleptomane [klɛptɔman] nm/f kleptomaniac.

km. abr de **kilomètre** ; **km./h** (= kilomètres-heure) ≈ m.p.h. (miles per hour).

knock-out [nɔkawt] nm knock-out.

K.-O. [kao] a inv (knocked) out, out for the count.

kolkhoze [kɔlkoz] nm kolkhoz.

kyrielle [kiʀjɛl] nf: **une ~ de** a stream of.

kyste [kist(ə)] nm cyst.

L

l' [l] dét voir **le**.

la [la] nm (MUS) A ; (en chantant la gamme) la.

la [la] dét voir **le**.

là [la] (voir aussi -ci, celui) ad there ; (ici) here ; (dans le temps) then ; **est-ce que Catherine est ~?** is Catherine there ou in? ; **elle n'est pas ~** she isn't in ou here ; **c'est ~ que** this is where ; ~ **où** where ; **de ~** (fig) hence ; **par ~** (fig) by that ; **tout est~** (fig) that's what it's all about ; ~**-bas** ad there.

label [labɛl] nm stamp, seal.

labeur [labœʀ] nm toil q, toiling q.

labo [labo] nm (abr de **laboratoire**) lab.

laborantin, e [labɔʀɑ̃tɛ̃, -in] nm/f laboratory assistant.

laboratoire [labɔʀatwaʀ] nm laboratory ; ~ **de langues/ d'analyses** language/(medical) analysis laboratory.

laborieux, euse [labɔʀjø, -øz] a (tâche) laborious ; (personne) hard-working, industrious.

labour [labuʀ] nm ploughing q ; ~**s** nmpl ploughed fields ; **cheval de ~** plough- ou cart-horse ; **bœuf de ~** ox (pl oxen).

labourer [labuʀe] vt to plough ; (fig) to make deep gashes ou furrows in ; **laboureur** nm ploughman.

labyrinthe [labiʀɛ̃t] nm labyrinth, maze.

lac [lak] nm lake.

lacer [lase] vt to lace ou do up.

lacérer [laseʀe] vt to tear to shreds, lacerate.

lacet [lasɛ] nm (de chaussure) lace ; (de route) sharp bend ; (piège) snare.

lâche [lɑʃ] a (poltron) cowardly ; (desserré) loose, slack // nm/f coward.

lâcher [lɑʃe] nm (de ballons, oiseaux) release // vt to let go of ; (ce qui tombe, abandonner) to drop ; (oiseau, animal: libérer) to release, set free ; (fig: mot, remarque) to let slip, come out with ; (SPORT: distancer) to leave behind // vi (fil, amarres) to break, give way ; (freins) to fail ; ~ **les amarres** (NAVIG) to cast off (the moorings) ; ~ **les chiens** to unleash the dogs ; ~ **prise** to let go.

lâcheté [lɑʃte] *nf* cowardice ; lowness.
lacis [lɑsi] *nm* maze.
laconique [lakɔnik] *a* laconic.
lacrymogène [lakrimɔʒɛn] *a voir* **gaz**, **grenade**.
lacté, e [lakte] *a* (*produit, régime*) milk *cpd*.
lacune [lakyn] *nf* gap.
lacustre [lakystʀ(ə)] *a* lake *cpd*, lakeside *cpd*.
lad [lad] *nm* stable-lad.
là-dedans [ladədɑ̃] *ad* inside (there), in it ; (*fig*) in that ; **là-dehors** *ad* out there ; **là-derrière** *ad* behind there ; (*fig*) behind that ; **là-dessous** *ad* underneath, under there ; (*fig*) behind that ; **là-dessus** *ad* on there ; (*fig*) at that point ; about that ; **là-devant** *ad* there (in front).
ladite [ladit] *dét voir* **ledit**.
ladre [ladʀ(ə)] *a* miserly.
lagon [lagɔ̃] *nm* lagoon.
lagune [lagyn] *nf* lagoon.
là-haut [lɑ'o] *ad* up there.
laïc [laik] *a*, *nm/f* = **laïque**.
laïciser [laisize] *vt* to secularize.
laid, e [lɛ, lɛd] *a* (*fig: acte*) mean, cheap ; **laideron** *nm* ugly girl ; **laideur** *nf* ugliness *q* ; meanness *q*.
laie [lɛ] *nf* wild sow.
lainage [lɛnaʒ] *nm* woollen garment ; woollen material.
laine [lɛn] *nf* wool ; ~ **de verre** glass wool ; **laineux, euse** *a* woolly.
laïque [laik] *a* lay, civil ; (*SCOL*) state *cpd* (*as opposed to private and Roman Catholic*) // *nm/f* layman/woman.
laisse [lɛs] *nf* (*de chien*) lead, leash ; **tenir en** ~ to keep on a lead.
laisser [lɛse] *vt* to leave // *vb auxiliaire*: ~ **qn faire** to let sb do ; **se** ~ **exploiter** to let o.s. be exploited ; **se** ~ **aller** to let o.s. go ; **laisse-toi faire** let me (*ou* him) do it ; **cela ne laisse pas de surprendre** nonetheless it is surprising ; ~-**aller** *nm* carelessness, slovenliness ; **laissez-passer** *nm inv* pass.
lait [lɛ] *nm* milk ; **frère/sœur de** ~ foster brother/sister ; ~ **écrémé/ concentré** skimmed/evaporated milk ; ~ **démaquillant/de beauté** cleansing/beauty lotion ; **laitage** *nm* milk food ; **laiterie** *nf* dairy ; **laiteux, euse** *a* milky ; **laitier, ière** *a* milk *cpd* // *nm/f* milkman/dairywoman.
laiton [lɛtɔ̃] *nm* brass.
laitue [lety] *nf* lettuce.
laïus [lajys] *nm* (*péj*) spiel.
lambeau, x [lɑ̃bo] *nm* scrap ; **en** ~**x** in tatters, tattered.
lambin, e [lɑ̃bɛ̃, -in] *a* (*péj*) slow.
lambris [lɑ̃bʀi] *nm* panelling *q* ; **lambrissé, e** *a* panelled.
lame [lam] *nf* blade ; (*vague*) wave ; (*lamelle*) strip ; ~ **de fond** ground swell *q* ; ~ **de rasoir** razor blade.
lamé [lame] *nm* lamé.
lamelle [lamɛl] *nf* thin strip *ou* blade ; (*de champignon*) gill.
lamentable [lamɑ̃tabl(ə)] *a* appalling ; pitiful.
lamentation [lamɑ̃tasjɔ̃] *nf* wailing *q*, lamentation ; moaning *q*.

lamenter [lamɑ̃te]: **se** ~ *vi*: **se** ~ **(sur)** to moan (over).
laminer [lamine] *vt* to laminate ; **laminoir** *nm* rolling mill.
lampadaire [lɑ̃padɛʀ] *nm* (*de salon*) standard lamp.
lampe [lɑ̃p(ə)] *nf* lamp ; (*TECH*) valve ; ~ **à pétrole** paraffin lamp ; ~ **de poche** torch ; ~ **à souder** blowlamp.
lampée [lɑ̃pe] *nf* gulp, swig.
lampe-tempête [lɑ̃ptɑ̃pɛt] *nf* storm lantern.
lampion [lɑ̃pjɔ̃] *nm* Chinese lantern.
lampiste [lɑ̃pist(ə)] *nm* light (*maintenance*) man ; (*fig*) underling.
lance [lɑ̃s] *nf* spear ; ~ **d'incendie** fire hose.
lancée [lɑ̃se] *nf*: **être/continuer sur sa** ~ to be under way/keep going.
lance-flammes [lɑ̃sflam] *nm inv* flamethrower.
lance-grenades [lɑ̃sgʀənad] *nm inv* grenade launcher.
lancement [lɑ̃smɑ̃] *nm* launching.
lance-pierres [lɑ̃spjɛʀ] *nm inv* catapult.
lancer [lɑ̃se] *nm* (*SPORT*) throwing *q*, throw ; (*PÊCHE*) rod and reel fishing // *vt* to throw ; (*émettre, projeter*) to throw out, send out ; (*produit, fusée, bateau, artiste*) to launch ; (*injure*) to hurl, fling ; (*proclamation, mandat d'arrêt*) to issue ; (*moteur*) to send roaring away ; ~ **qch à qn** to throw sth to sb ; (*de façon aggressive*) to throw *ou* hurl sth at sb ; **se** ~ *vi* (*prendre de l'élan*) to build up speed ; (*se précipiter*): **se** ~ **sur/contre** to rush at ; **se** ~ **dans** (*discussion*) to launch into ; (*aventure*) to embark on ; ~ **du poids** *nm* putting the shot ; **lance-roquettes** *nm inv* rocket launcher ; **lance-torpilles** *nm inv* torpedo tube.
lancinant, e [lɑ̃sinɑ̃, -ɑ̃t] *a* (*regrets etc*) haunting ; (*douleur*) shooting, throbbing.
landau [lɑ̃do] *nm* pram.
lande [lɑ̃d] *nf* moor.
langage [lɑ̃gaʒ] *nm* language.
lange [lɑ̃ʒ] *nm* flannel blanket ; ~**s** swaddling clothes.
langer [lɑ̃ʒe] *vt* to change (the nappy of) ; **table à** ~ changing table.
langoureux, euse [lɑ̃guʀø, -øz] *a* languorous.
langouste [lɑ̃gust(ə)] *nf* crayfish *inv* ; **langoustine** *nf* Dublin Bay prawn.
langue [lɑ̃g] *nf* (*ANAT, CULIN*) tongue ; (*LING*) language ; (*bande*): ~ **de terre** spit of land ; **tirer la** ~ **(à)** to stick out one's tongue (at) ; **de** ~ **française** French-speaking ; ~ **maternelle** native language ; **mother tongue** ; ~ **verte** slang ; ~ **vivante** living language ; ~-**de-chat** *nf* finger biscuit, sponge finger.
languette [lɑ̃gɛt] *nf* tongue.
langueur [lɑ̃gœʀ] *nf* languidness.
languir [lɑ̃giʀ] *vi* to languish ; (*conversation*) to flag ; **faire** ~ **qn** to keep sb waiting.
lanière [lanjɛʀ] *nf* (*de fouet*) lash ; (*de valise, bretelle*) strap.
lanterne [lɑ̃tɛʀn(ə)] *nf* (*portable*) lantern ;

(électrique) light, lamp ; (de voiture) (side)light ; ~ **rouge** (fig) tail-ender.

lapalissade [lapalisad] nf statement of the obvious.

laper [lape] vt to lap up.

lapereau, x [lapʀo] nm young rabbit.

lapidaire [lapidɛʀ] a (fig) terse.

lapider [lapide] vt to stone.

lapin [lapɛ̃] nm rabbit ; (peau) rabbitskin ; ~ **de garenne** wild rabbit.

laps [laps] nm: ~ **de temps** space of time, time q.

lapsus [lapsys] nm slip.

laquais [lakɛ] nm lackey.

laque [lak] nf lacquer ; (brute) lac, shellac // nm lacquer ; piece of lacquer ware ; **laqué, e** a lacquered ; with lacquer finish.

laquelle [lakɛl] pronom voir **lequel**.

larbin [laʀbɛ̃] nm (péj) flunkey.

larcin [laʀsɛ̃] nm theft.

lard [laʀ] nm (graisse) fat ; (bacon) (streaky) bacon.

larder [laʀde] vt (CULIN) to lard.

lardon [laʀdɔ̃] nm (CULIN) lardon.

large [laʀʒ(ə)] a wide ; broad ; (fig) generous // ad: **calculer/voir** ~ to allow extra/think big // nm (largeur): **5 m de** ~ **5 m** wide ou in width ; (mer): **le** ~ **the** open sea ; **en** ~ ad sideways ; **au** ~ **de** off ; ~ **d'esprit** broad-minded ; ~**ment** ad widely ; greatly ; easily ; amply ; generously ; **largesse** nf generosity ; **largesses** liberalities ; **largeur** nf (qu'on mesure) width ; (impression visuelle) wideness, width ; breadth ; broadness.

larguer [laʀge] vt to drop: ~ **les amarres** to cast off (the moorings).

larme [laʀm(ə)] nf tear ; (fig): **une** ~ **de** a drop of ; **en** ~**s** in tears ; **larmoyant, e** a tearful ; **larmoyer** vi (yeux) to water ; (se plaindre) to whimper.

larron [laʀɔ̃] nm thief (pl thieves).

larve [laʀv(ə)] nf (ZOOL) larva (pl ae) ; (fig) worm.

larvé, e [laʀve] a (fig) latent.

laryngite [laʀɛ̃ʒit] nf laryngitis.

laryngologiste [laʀɛ̃gɔlɔʒist(ə)] nm/f throat specialist.

larynx [laʀɛ̃ks] nm larynx.

las, lasse [lɑ, lɑs] a weary.

lascar [laskaʀ] nm character ; rogue.

lascif, ive [lasif, -iv] a lascivious.

laser [lazɛʀ] a, nm: **(rayon)** ~ laser (beam).

lasse [lɑs] af voir **las**.

lasser [lɑse] vt to weary, tire ; **se** ~ **de** to grow weary ou tired of.

lassitude [lɑsityd] nf lassitude, weariness.

lasso [laso] nm lasso.

latent, e [latɑ̃, -ɑ̃t] a latent.

latéral, e, aux [lateʀal, -o] a side cpd, lateral.

latex [latɛks] nm latex.

latin, e [latɛ̃, -in] a, nm, nf Latin ; **latiniste** nm/f Latin scholar (ou student) ; **latino-américain, e** a Latin-American.

latitude [latityd] nf latitude ; (fig): **avoir la** ~ **de faire** to be left free ou be at liberty to do ; **à 48° de** ~ **Nord** at latitude 48° North.

latrines [latʀin] nfpl latrines.

latte [lat] nf lath, slat ; (de plancher) board.

lattis [lati] nm lathwork.

lauréat, e [lɔʀea, -at] nm/f winner.

laurier [lɔʀje] nm (BOT) laurel ; (CULIN) bay leaves pl ; ~**s** nmpl (fig) laurels.

lavable [lavabl(ə)] a washable.

lavabo [lavabo] nm (de salle de bains) washbasin ; ~**s** nmpl toilet sg.

lavage [lavaʒ] nm washing q, wash ; ~ **d'estomac/d'intestin** stomach/intestinal wash ; ~ **de cerveau** brainwashing q.

lavande [lavɑ̃d] nf lavender.

lavandière [lavɑ̃djɛʀ] nf washerwoman.

lave [lav] nf lava q.

lave-glace [lavglas] nm (AUTO) windscreen washer.

lavement [lavmɑ̃] nm (MÉD) enema.

laver [lave] vt to wash ; (tache) to wash off ; (fig: affront) to avenge ; **se** ~ to have a wash, wash ; **se** ~ **les mains/dents** to wash one's hands/clean one's teeth ; ~ **qn de** (accusation) to clear sb of ; **laverie** nf: **laverie (automatique)** launderette.

lavette [lavɛt] nf dish cloth.

laveur, euse [lavœʀ, -øz] nm/f cleaner.

lave-vaisselle [lavvɛsɛl] nm inv dishwasher.

lavis [lavi] nm (technique) washing ; (dessin) wash drawing.

lavoir [lavwaʀ] nm wash house ; washtub.

laxatif, ive [laksatif, -iv] a, nm laxative.

laxisme [laksism(ə)] nm laxity.

layette [lɛjɛt] nf layette.

le(l'), la, les [l(ə), la, le] dét the // pronom (personne: mâle) him ; (: femelle) her ; (animal, chose) it ; (remplaçant une phrase) it ou non traduit ; (indique la possession): **se casser la jambe** etc to break one's leg etc ; voir note sous **il** ; **les** them ; **je ne le savais pas** I didn't know (about it) ; **il était riche et ne l'est plus** he was once rich but no longer is ; **levez la main** put your hand up ; **avoir les yeux gris/le nez rouge** to have grey eyes/a red nose ; **le jeudi** etc ad (d'habitude) on Thursdays etc ; (ce jeudi-là) on the Thursday etc ; **le matin/soir** ad in the morning/evening ; mornings/evenings ; **10 F le mètre/kilo** 10 F a ou per metre/kilo ; **le tiers/quart de** a third/quarter of.

lécher [leʃe] vt to lick ; (laper: lait, eau) to lick ou lap up ; ~ **les vitrines** to go window-shopping.

leçon [ləsɔ̃] nf lesson ; **faire la** ~ to teach ; **faire la** ~ **à** (fig) to give a lecture to ; ~**s de conduite** driving lessons ; ~**s particulières** private lessons ou tuition sg.

lecteur, trice [lɛktœʀ, -tʀis] nm/f reader ; (d'université) foreign language assistant // nm (TECH): ~ **de cassettes** cassette player.

lecture [lɛktyʀ] nf reading.

ledit [lədi], **ladite** [ladit], mpl **lesdits** [ledi], fpl **lesdites** [ledit] dét the aforesaid.

légal, e, aux [legal, -o] a legal ; ~**ement** ad legally ; ~**iser** vt to legalize ; ~**ité** nf legality, lawfulness ; **être dans/sortir de la** ~**ité** to be within/step outside the law.

légataire [legatɛʀ] nm: ~ **universel** sole legatee.

légation [legɑsjɔ̃] nf legation.
légendaire [leʒɑ̃dɛʀ] a legendary.
légende [leʒɑ̃d] nf (mythe) legend; (de carte, plan) key, legend; (de dessin) caption, legend.
léger, ère [leʒe, -ɛʀ] a light; (bruit, retard) slight; (superficiel) thoughtless; (volage) free and easy; flighty; **blessé** ~ slightly injured person; **à la légère** ad (parler, agir) rashly, thoughtlessly; **légèrement** ad lightly; thoughtlessly, rashly; **légèrement plus grand** slightly bigger; **légèreté** nf lightness; thoughtlessness.
légiférer [leʒifeʀe] vi to legislate.
légion [leʒjɔ̃] nf legion; ~ **étrangère** foreign legion; ~ **d'honneur** Legion of Honour; **légionnaire** nm legionnaire.
législateur [leʒislatœʀ] nm legislator, lawmaker.
législatif, ive [leʒislatif, -iv] a legislative.
législation [leʒislɑsjɔ̃] nf legislation.
législature [leʒislatyʀ] nf legislature; term (of office).
légiste [leʒist(ə)] a: **médecin** ~ forensic surgeon.
légitime [leʒitim] a (JUR) lawful, legitimate; (fig) justified, rightful, legitimate; **en état de** ~ **défense** in self-defence; ~**ment** ad justifiably, rightfully; **légitimité** nf (JUR) legitimacy.
legs [lɛg] nm legacy.
léguer [lege] vt: ~ **qch à qn** (JUR) to bequeath sth to sb; (fig) to hand sth down ou pass sth on to sb.
légume [legym] nm vegetable.
lendemain [lɑ̃dmɛ̃] nm: **le** ~ the next ou following day; **le** ~ **matin/soir** the next ou following morning/evening; **le** ~ **de** the day after; **au** ~ **de** in the days following; in the wake of; **penser au** ~ to think of the future; **sans** ~ short-lived; **de beaux** ~ **s** bright prospects.
lénifiant, e [lenifjɑ̃, -ɑ̃t] a soothing.
lent, e [lɑ̃, lɑ̃t] a slow; **lentement** ad slowly; **lenteur** nf slowness q.
lentille [lɑ̃tij] nf (OPTIQUE) lens sg; (BOT) lentil.
léopard [leɔpaʀ] nm leopard.
lèpre [lɛpʀ(ə)] nf leprosy; **lépreux, euse** nm/f leper // a (fig) flaking, peeling.
lequel, laquelle [ləkɛl, lakɛl], mpl **lesquels**, fpl **lesquelles** [lekɛl] (avec à, de: **auquel, duquel** etc) pronom (interrogatif) which, which one; (relatif: personne: sujet) who; (: objet, après préposition) whom; (: chose) which // a: **auquel cas** in which case.
les [le] dét voir **le.**
lesbienne [lɛsbjɛn] nf lesbian.
lesdits [ledi], **lesdites** [ledit] dét voir **ledit.**
léser [leze] vt to wrong.
lésiner [lezine] vt: ~ (**sur**) to skimp (on).
lésion [lezjɔ̃] nf lesion, damage q; ~**s cérébrales** brain damage.
lesquels, lesquelles [lekɛl] pronom voir **lequel.**
lessive [lesiv] nf (poudre) washing powder; (linge) washing q, wash; (opération) washing q; **faire la** ~ to do the washing.

lessivé, e [lesive] a (fam) washed out; cleaned out.
lessiver [lesive] vt to wash.
lessiveuse [lesivøz] nf (récipient) (laundry) boiler.
lest [lɛst] nm ballast.
leste [lɛst(ə)] a sprightly, nimble.
lester [lɛste] vt to ballast.
léthargie [letaʀʒi] nf lethargy.
léthargique [letaʀʒik] a lethargic.
lettre [lɛtʀ(ə)] nf letter; ~**s** nfpl literature sg; (SCOL) arts (subjects); **à la** ~ literally; **en toutes** ~**s** in words, in full; ~ **de change** bill of exchange.
lettré, e [letʀe] a well-read, scholarly.
leu [lø] voir **queue.**
leucémie [løsemi] nf leukaemia.
leur [lœʀ] dét their // pronom them; **le(la)** ~, **les** ~**s** theirs; **à** ~ **approche** as they came near; **à** ~ **vue** at the sight of them.
leurre [lœʀ] nm (appât) lure; (fig) delusion; snare.
leurrer [lœʀe] vt to delude, deceive.
levain [ləvɛ̃] nm leaven.
levant, e [ləvɑ̃, -ɑ̃t] a: **soleil** ~ rising sun // nm: **le L**~ the Levant.
levé, e [ləve] a: **être** ~ to be up.
levée [ləve] nf (POSTES) collection; (CARTES) trick; ~ **de boucliers** general outcry; ~ **du corps** collection of the body from house of the deceased, before funeral; ~ **d'écrou** release from custody; ~ **de terre** levee; ~ **de troupes** levy.
lever [ləve] vt (vitre, bras etc) to raise; (soulever de terre, supprimer: interdiction, siège) to lift; (séance) to close; (impôts, armée) to levy; (CHASSE) to start; to flush; (fam: fille) to pick up // vi (CULIN) to rise // nm: **au** ~ on getting up; **se** ~ vi to get up; (soleil) to rise; (jour) to break; (brouillard) to lift; **ça va se** ~ the weather will clear; ~ **du jour** daybreak; ~ **du rideau** curtain; ~ **de rideau** curtain raiser; ~ **de soleil** sunrise.
levier [ləvje] nm lever; **faire** ~ **sur** to lever up (ou off); ~ **de changement de vitesse** gear lever.
lèvre [lɛvʀ(ə)] nf lip; **petites/grandes** ~**s** (ANAT) labia minora/majora.
lévrier [levʀije] nm greyhound.
levure [ləvyʀ] nf yeast.
lexicographie [lɛksikɔgʀafi] nf lexicography, dictionary writing.
lexique [lɛksik] nm vocabulary; lexicon.
lézard [lezaʀ] nm lizard.
lézarde [lezaʀd(ə)] nf crack; **lézarder: se lézarder** vi to crack.
liaison [ljɛzɔ̃] nf (rapport) connection, link; (RAIL, AVIAT etc) link; (amoureuse) affair; (PHONÉTIQUE) liaison; **entrer/être en** ~ **avec** to get/be in contact with; ~ **radio** radio contact.
liane [ljan] nf creeper.
liant, e [ljɑ̃, -ɑ̃t] a sociable.
Liban [libɑ̃] nm: **le** ~ (the) Lebanon; **libanais, e** a, nm/f Lebanese.
libations [libasjɔ̃] nfpl libations.
libelle [libɛl] nm lampoon.
libeller [libele] vt (chèque, mandat): ~ (**au nom de**) to make out (to); (lettre) to word.

libellule [libelyl] *nf* dragonfly.
libéral, e, aux [libeʀal, -o] *a, nm/f* liberal ;
~ **-iser** *vt* to liberalize ; ~ **-isme** *nm*
liberalism.
libéralité [libeʀalite] *nf* liberality *q,*
generosity *q.*
libérateur, trice [libeʀatœʀ, -tʀis] *a*
liberating // *nm/f* liberator.
libération [libeʀɑsjɔ̃] *nf* liberation,
freeing ; release ; discharge.
libérer [libeʀe] *vt* (*délivrer*) to free,
liberate ; (: *moralement, PSYCH*) to liberate ;
(*relâcher*) to release ; to discharge ;
(*dégager: gaz, cran d'arrêt*) to release ; **se**
~ (*de rendez-vous*) to try and be free, get
out of previous engagements ; ~ **qn de** to
free sb from ; (*promesse*) to release sb from.
libertaire [libeʀtɛʀ] *a* a libertarian.
liberté [libeʀte] *nf* freedom ; (*loisir*) free
time ; ~ **s** *nfpl* (*privautés*) liberties ;
mettre/être en ~ to set/be free ; **en** ~
provisoire/surveillée/conditionnelle on
bail/ probation/parole ; ~ **d'esprit**
independence of mind ; ~ **d'opinion**
freedom of thought ; ~ **de réunion** right
to hold meetings ; ~ **s individuelles**
personal freedom *sg.*
libertin, e [libeʀtɛ̃, -in] *a* libertine,
licentious ; **libertinage** *nm* licentiousness.
libidineux, euse [libidinø, -øz] *a*
libidinous, lustful.
libido [libido] *nf* libido.
libraire [libʀɛʀ] *nm/f* bookseller.
librairie [libʀɛʀi] *nf* bookshop.
libre [libʀ(ə)] *a* free ; (*route*) clear ; (*pas pris
ou occupé: place etc*) vacant ; empty ; not
engaged ; not taken ; (*SCOL*) private and
Roman Catholic (*as opposed to 'laïque'*) ; ~
de qch/de faire free from sth/ to do ;
~ **-échange** *nm* free trade ; ~ **ment** *ad*
freely ; ~ **-service** *nm* self-service store.
librettiste [libʀetist(ə)] *nm/f* librettist.
Libye [libi] *nf:* **la** ~ Libya ; **libyen, ne** *a,
nm/f* Libyan.
licence [lisɑ̃s] *nf* (*permis*) permit ;
(*diplôme*) (first) degree ; (*liberté*) liberty ;
licence ; licentiousness ; **licencié, e** *nm/f*
(*SCOL*): **licencié ès lettres/en droit** ≈
Bachelor of Arts/Law ; (*SPORT*) member of
a sports federation.
licenciement [lisɑ̃simɑ̃] *nm* dismissal ;
laying off *q* ; redundancy.
licencier [lisɑ̃sje] *vt* (*renvoyer*) to dismiss ;
(*débaucher*) to make redundant ; to lay off.
licencieux, euse [lisɑ̃sjø, -øz] *a*
licentious.
lichen [likɛn] *nm* lichen.
licite [lisit] *a* lawful.
licorne [likɔʀn(ə)] *nf* unicorn.
licou [liku] *nm* halter.
lie [li] *nf* dregs *pl,* sediment.
lié, e [lje] *a:* **très** ~ **avec** very friendly
with *ou* close to ; ~ **par** (*serment*) bound
by.
liège [ljɛʒ] *nm* cork.
lien [ljɛ̃] *nm* (*corde, fig: affectif*) bond ;
(*rapport*) link, connection ; ~ **de parenté**
family tie.
lier [lje] *vt* (*attacher*) to tie up ; (*joindre*)
to link up ; (*fig: unir, engager*) to bind ;
(*CULIN*) to thicken ; ~ **qch à** to tie sth to ;

to link sth to ; ~ **conversation avec** to
strike up a conversation with ; **se** ~ **avec**
to make friends with.
lierre [ljɛʀ] *nm* ivy.
liesse [ljɛs] *nf:* **être en** ~ to be celebrating
ou jubilant.
lieu, x [ljø] *nm* place // *nmpl* (*habitation*)
premises ; (*endroit: d'un accident etc*) scene
sg ; **en** ~ **sûr** in a safe place ; **en premier**
~ in the first place ; **en dernier** ~ lastly ;
avoir ~ to take place ; **avoir** ~ **de faire**
to have grounds *ou* good reason for doing ;
tenir ~ **de** to take the place of ; to serve
as ; **donner** ~ **à** to give rise to, give cause
for ; **au** ~ **de** instead of ; **au** ~ **qu'il y**
aille instead of him going ; ~ **commun**
commonplace ; ~ **géométrique** locus.
lieu-dit *nm, pl* **lieux-dits** [ljødi] locality.
lieue [ljø] *nf* league.
lieutenant [ljøtnɑ̃] *nm* lieutenant.
lièvre [ljɛvʀ(ə)] *nm* hare.
liftier [liftje] *nm* lift boy.
ligament [ligamɑ̃] *nm* ligament.
ligature [ligatyʀ] *nf* ligature ; **ligaturer** *vt*
to ligature.
lige [liʒ] *a:* **homme** ~ (*péj*) henchman.
ligne [liɲ] *nf* (*gén*) line ; (*TRANSPORTS: liaison*)
service ; (: *trajet*) route ; (*silhouette
féminine*): **garder la** ~ to keep one's
figure ; **'à la** ~ **'** 'new paragraph' ; **entrer**
en ~ **de compte** to be taken into account ;
to come into it ; ~ **de but/médiane**
goal/halfway line ; ~ **d'horizon** skyline.
lignée [liɲe] *nf* line ; lineage ; descendants
pl.
ligneux, euse [liɲø, -øz] *a* ligneous,
woody.
lignite [liɲit] *nm* lignite.
ligoter [ligɔte] *vt* to tie up.
ligue [lig] *nf* league ; **liguer: se liguer** *vi*
to form a league ; **se liguer contre** (*fig*)
to combine against.
lilas [lila] *nm* lilac.
limace [limas] *nf* slug.
limaille [limaj] *nf:* ~ **de fer** iron filings
pl.
limande [limɑ̃d] *nf* dab.
lime [lim] *nf* file ; ~ **à ongles** nail file ;
limer *vt* to file (down) ; (*ongles*) to file ;
(*fig: prix*) to pare down, trim.
limier [limje] *nm* bloodhound ; (*détective*)
sleuth.
liminaire [liminɛʀ] *a* (*propos*)
introductory.
limitation [limitɑsjɔ̃] *nf* limitation,
restriction.
limite [limit] *nf* (*de terrain*) boundary ;
(*partie ou point extrême*) limit ;
charge/vitesse ~ maximum speed/load ;
cas ~ borderline case ; **date** ~ deadline.
limiter [limite] *vt* (*restreindre*) to limit,
restrict ; (*délimiter*) to border, form the
boundary of.
limitrophe [limitʀɔf] *a* border *cpd* ; ~ **de**
bordering on.
limoger [limɔʒe] *vt* to dismiss.
limon [limɔ̃] *nm* silt.
limonade [limɔnad] *nf* (fizzy) lemonade.
limpide [lɛ̃pid] *a* limpid.
lin [lɛ̃] *nm* flax.

linceul [lɛ̃sœl] *nm* shroud.

linéaire [lineɛʀ] *a* linear.

linge [lɛ̃ʒ] *nm* (*serviettes etc*) linen ; (*pièce de tissu*) cloth ; (*aussi*: ~ **de corps**) underwear ; (*aussi*: ~ **de toilette**) towel ; (*lessive*) washing ; ~ **sale** dirty linen.

lingerie [lɛ̃ʒʀi] *nf* lingerie, underwear.

lingot [lɛ̃go] *nm* ingot.

linguiste [lɛ̃gɥist(ə)] *nm/f* linguist.

linguistique [lɛ̃gɥistik] *a* linguistic // *nf* linguistics *sg.*

lino(léum) [lino(leɔm)] *nm* lino(leum).

lion, ne [ljɔ̃, ljɔn] *nm/f* lion/lioness ; (*signe*): **le L~** Leo, the Lion ; **être du L~** to be Leo ; **lionceau, x** *nm* lion cub.

lippu, e [lipy] *a* thick-lipped.

liquéfier [likefje] *vt*, **se** ~ *vi* to liquefy.

liqueur [likœʀ] *nf* liqueur.

liquidation [likidasjɔ̃] *nf* liquidation ; (*COMM*) clearance (sale).

liquide [likid] *a* liquid // *nm* liquid ; (*COMM*): **en** ~ in ready money *ou* cash.

liquider [likide] *vt* (*société, biens, témoin gênant*) to liquidate ; (*compte, problème*) to settle ; (*COMM*: *articles*) to clear, sell off.

liquidités [likidite] *nfpl* (*COMM*) liquid assets.

liquoreux, euse [likɔʀø, -øz] *a* syrupy.

lire [liʀ] *nf* (*monnaie*) lira // *vt*, *vi* to read ; ~ **qch à qn** to read sth (out) to sb.

lis *vb* [li] *voir* **lire** // *nm* [lis] = **lys.**

liseré [lizʀe] *nm* border, edging.

liseron [lizʀɔ̃] *nm* bindweed.

liseuse [lizøz] *nf* book-cover.

lisible [lizibl(ə)] *a* legible.

lisière [lizjɛʀ] *nf* (*de forêt*) edge ; (*de tissu*) selvage.

lisons *vb voir* **lire.**

lisse [lis] *a* smooth ; **lisser** *vt* to smooth.

liste [list(ə)] *nf* list ; **faire la** ~ **de** to list, make out a list of ; ~ **électorale** electoral roll.

lit [li] *nm* (*gén*) bed ; **faire son** ~ to make one's bed ; **aller/se mettre au** ~ to go to/get into bed ; **prendre le** ~ to take to one's bed ; **d'un premier** ~ (*JUR*) of a first marriage ; ~ **de camp** camped.

litanie [litani] *nf* litany.

literie [litʀi] *nf* bedding ; bedclothes *pl.*

lithographie [litɔgʀafi] *nf* lithography ; (*épreuve*) lithograph.

litière [litjɛʀ] *nf* litter.

litige [litiʒ] *nm* dispute ; **litigieux, euse** *a* litigious, contentious.

litre [litʀ(ə)] *nm* litre ; (*récipient*) litre measure.

littéraire [liteʀɛʀ] *a* literary.

littéral, e, aux [liteʀal, -o] *a* literal.

littérature [liteʀatyʀ] *nf* literature.

littoral, e, aux [litɔʀal, -o] *a* coastal // *nm* coast.

liturgie [lityʀʒi] *nf* liturgy ; **liturgique** *a* liturgical.

livide [livid] *a* livid, pallid.

livraison [livʀɛzɔ̃] *nf* delivery.

livre [livʀ(ə)] *nm* book // *nf* (*poids, monnaie*) pound ; ~ **de bord** logbook ; ~ **d'or** visitors' book ; ~ **de poche** paperback (*cheap and pocket size*).

livré, e [livʀe] *a*: ~ **à soi-même** left to o.s. *ou* one's own devices // *nf* livery.

livrer [livʀe] *vt* (*COMM*) to deliver ; (*otage, coupable*) to hand over ; (*secret, information*) to give away ; **se** ~ **à** (*se confier*) to confide in ; (*se rendre*) to give o.s. up to ; (*s'abandonner à: débauche etc*) to give o.s. up *ou* over to ; (*faire: pratiques, actes*) to indulge in ; (*: travail*) to be engaged in, engage in ; (*: sport*) to practise ; (*: enquête*) to carry out ; ~ **bataille** to give battle.

livresque [livʀɛsk(ə)] *a* bookish.

livret [livʀɛ] *nm* booklet ; (*d'opéra*) libretto (*pl* s) ; ~ **de caisse d'épargne** (savings) bank-book ; ~ **de famille** (official) family record book ; ~ **scolaire** (school) report book.

livreur, euse [livʀœʀ, -øz] *nm/f* delivery boy *ou* man/girl *ou* woman.

lobe [lɔb] *nm*: ~ **de l'oreille** ear lobe.

lobé, e [lɔbe] *a* (*ARCHIT*) foiled.

lober [lɔbe] *vt* to lob.

local, e, aux [lɔkal, -o] *a* local // *nm* (*salle*) premises *pl* // *nmpl* premises.

localiser [lɔkalize] *vt* (*repérer*) to locate, place ; (*limiter*) to localize, confine.

localité [lɔkalite] *nf* locality.

locataire [lɔkatɛʀ] *nm/f* tenant ; (*de chambre*) lodger.

locatif, ive [lɔkatif, -iv] *a* (*charges, réparations*) incumbent upon the tenant ; (*valeur*) rental ; (*immeuble*) with rented flats, used as a letting concern.

location [lɔkasjɔ̃] *nf* (*par le locataire*) renting ; (*par l'usager: de voiture etc*) hiring ; (*par le propriétaire*) renting out, letting ; hiring out ; '~ **de voitures**' 'car hire *ou* rental' ; ~-**vente** *nf* form of hire purchase for housing.

lock-out [lɔkawt] *nm inv* lockout.

locomotion [lɔkɔmosjɔ̃] *nf* locomotion.

locomotive [lɔkɔmɔtiv] *nf* locomotive, engine ; (*fig*) pacesetter, pacemaker.

locution [lɔkysjɔ̃] *nf* phrase, locution.

loge [lɔʒ] *nf* (*THÉÂTRE: d'artiste*) dressing room ; (*: de spectateurs*) box ; (*de concierge, franc-maçon*) lodge.

logement [lɔʒmɑ̃] *nm* accommodation *q*, flat ; housing *q* ; **chercher un** ~ to look for a flat *ou* for accommodation ; **construire des** ~**s bon marché** to build cheap housing *sg ou* flats ; **crise du** ~ housing shortage.

loger [lɔʒe] *vt* to accommodate // *vi* to live ; **se** ~: **trouver à se** ~ to find accommodation ; **se** ~ **dans** (*suj: balle, flèche*) to lodge itself in ; **logeur, euse** *nm/f* landlord/landlady.

loggia [lɔdʒja] *nf* loggia.

logiciel [lɔʒisjɛl] *nm* software.

logique [lɔʒik] *a* logical // *nf* logic ; ~**ment** *ad* logically.

logis [lɔʒi] *nm* home ; abode, dwelling.

logistique [lɔʒistik] *nf* logistics *sg.*

loi [lwa] *nf* law ; **faire la** ~ to lay down the law.

loin [lwɛ̃] *ad* far ; (*dans le temps*) a long way off ; a long time ago ; **plus** ~ further ; **moins** ~ (**que**) not as far (as) ; ~ **de far**

from ; **pas ~ de 1000 F** not far off a 1000
F ; **au ~ far** off ; **de ~** ad from a distance ;
(fig: de beaucoup) by far ; **il vient de ~**
he's come a long way ; he comes from a
long way away.

lointain, e [lwε̃tε̃, -εn] a faraway, distant ;
(dans le futur, passé) distant, far-off ;
(cause, parent) remote, distant // nm: **dans
le ~** in the distance.

loir [lwaʀ] nm dormouse (pl mice).

loisir [lwaziʀ] nm: **heures de ~** spare
time ; **~s** nmpl leisure sg ; leisure
activities ; **avoir le ~ de faire** to have the
time ou opportunity to do ; **à ~** at leisure ;
at one's pleasure.

londonien, ne [lɔ̃dɔnjε̃, -jεn] a London
cpd, of London // nm/f: **L~, ne** Londoner.

Londres [lɔ̃dʀ(ə)] n London.

long, longue [lɔ̃, lɔ̃g] a long // ad: **en
savoir ~** to know a great deal / nm: **de
3 m de ~** 3 m long, 3 m in length // nf:
à la longue in the end ; **faire ~ feu** to
fizzle out ; **ne pas faire ~ feu** not to last
long ; **du ~ cours** (NAVIG) ocean cpd, ocean-
going ; **être ~ à faire** to take a long time
to do ; **en ~** ad lengthwise ; **(tout) le ~
de** (all) along ; **tout au ~ de** (année, vie)
throughout ; **de ~ en large** (marcher) to
and fro, up and down.

longanimité [lɔ̃ganimite] nf forbearance.

longe [lɔ̃ʒ] nf (corde) tether ; lead ; (CULIN)
loin.

longer [lɔ̃ʒe] vt to go (ou walk ou drive)
along(side) ; (suj: mur, route) to border.

longévité [lɔ̃ʒevite] nf longevity.

longiligne [lɔ̃ʒiliɲ] a long-limbed.

longitude [lɔ̃ʒityd] nf longitude ; **à 45° de
~ ouest** at 45° longitude west.

longitudinal, e, aux [lɔ̃ʒitydinal, -o] a
longitudinal, lengthways ; running
lengthways.

longtemps [lɔ̃tɑ̃] ad (for) a long time,
(for) long ; **avant ~** before long ;
pour/pendant ~ for a long time/long ;
mettre ~ à faire to take a long time to
do.

longue [lɔ̃g] af voir **long** ; **~ment** ad for
a long time, at length.

longueur [lɔ̃gœʀ] nf length ; **~s** nfpl (fig:
d'un film etc) lengthy ou drawn-out parts ;
sur une ~ de 10 km for ou over 10 km ;
en ~ ad lengthwise ; **tirer en ~** to drag
on ; **à ~ de journée** all day long ; **~
d'onde** wavelength.

longue-vue [lɔ̃gvy] nf telescope.

lopin [lɔpε̃] nm: **~ de terre** patch of land.

loquace [lɔkas] a loquacious, talkative.

loque [lɔk] nf (personne) wreck ; **~s** nfpl
(habits) rags.

loquet [lɔkε] nm latch.

lorgner [lɔʀɲe] vt to eye ; to have one's
eye on.

lorgnon [lɔʀɲɔ̃] nm lorgnette.

loriot [lɔʀjo] nm (golden) oriole.

lors [lɔʀ]: **~ de** prép at the time of ;
during ; **~ même que** even though.

lorsque [lɔʀsk(ə)] cj when, as.

losange [lɔzɑ̃ʒ] nm diamond ; (GÉOM)
lozenge ; **en ~** diamond-shaped.

lot [lo] nm (part) share ; (de loterie) prize ;
(fig: destin) fate, lot.

loterie [lɔtʀi] nf lottery ; raffle.

loti, e [lɔti] a: **bien/mal ~** well-/badly off
(as regards luck, circumstances).

lotion [losjɔ̃] nf lotion.

lotir [lɔtiʀ] vt (terrain) to divide into plots ;
to sell by lots ; **lotissement** nm housing
development ; plot, lot.

loto [lɔto] nm lotto ; numerical lottery.

louable [lwabl(ə)] a praiseworthy,
commendable.

louage [lwaʒ] nm: **voiture de ~** hired
car ; hire car.

louange [lwɑ̃ʒ] nf: **à la ~ de** in praise
of ; **~s** nfpl praise sg.

louche [luʃ] a shady, fishy, dubious // nf
ladle.

loucher [luʃe] vi to squint ; (fig): **~ sur**
to have one's eye on.

louer [lwe] vt (maison: suj: propriétaire) to
let, rent (out) ; (: locataire) to rent ; (voiture
etc) to hire out, rent (out) ; to hire, rent ;
(réserver) to book ; (faire l'éloge de) to
praise ; **'à louer'** 'to let' ; **~ qn de** to praise
sb for ; **se ~ de** to congratulate o.s. on.

loufoque [lufɔk] a crazy, zany.

loulou [lulu] nm (chien) spitz.

loup [lu] nm wolf (pl wolves) ; **~ de mer**
(marin) old seadog.

loupe [lup] nf magnifying glass ; **~ de
noyer** burr walnut.

louper [lupe] vt (manquer) to miss ;
(gâcher) to mess up, bungle.

lourd, e [luʀ, luʀd(ə)] a, ad heavy ; (de
conséquences, menaces) charged ou
fraught with ; **lourdaud, e** a (péj) clumsy ;
oafish ; **lourdement** ad heavily ; **lourdeur**
nf heaviness ; **lourdeur d'estomac**
indigestion q.

loutre [lutʀ(ə)] nf otter.

louve [luv] nf she-wolf.

louveteau, x [luvto] nm wolf-cub ; (scout)
cub.

louvoyer [luvwaje] vi (NAVIG) to tack ;
(fig) to hedge, evade the issue.

lover [lɔve]: **se ~** vi to coil up.

loyal, e, aux [lwajal, -o] a (fidèle) loyal,
faithful ; (fair-play) fair ; **loyauté** nf
loyalty, faithfulness ; fairness.

loyer [lwaje] nm rent.

lu, e [ly] pp de **lire**.

lubie [lybi] nf whim, craze.

lubrifiant [lybʀifjɑ̃] nm lubricant.

lubrifier [lybʀifje] vt to lubricate.

lubrique [lybʀik] a lecherous.

lucarne [lykaʀn(ə)] nf skylight.

lucide [lysid] a (conscient) lucid,
conscious ; (perspicace) clear-headed ;
lucid ; **lucidité** nf lucidity.

luciole [lysjɔl] nf firefly.

lucratif, ive [lykʀatif, -iv] a lucrative ;
profitable ; **à but non ~** non profit-
making.

luette [lɥεt] nf uvula.

lueur [lɥœʀ] nf (chatoyante) glimmer q ;
(métallique, mouillée) gleam q ;
(rougeoyante, chaude) glow q ; (pâle) (faint)
light ; (fig) glimmer ; gleam.

luge [lyʒ] nf sledge.

lugubre [lygybʀ(ə)] a gloomy ; dismal.

lui [lɥi] *pronom* (*chose, animal*) it ; (*personne: mâle*) him ; (: *en sujet*) he ; (: *femelle*) her ; *voir note sous* **il** ; **~-même** himself ; itself.

luire [lɥiʀ] *vi* to shine ; to glow ; to gleam.

lumbago [lɔ̃bago] *nm* lumbago.

lumière [lymjɛʀ] *nf* light ; **~s** *nfpl* (*d'une personne*) knowledge *sg*, wisdom *sg* ; **à la ~ de** by the light of ; (*fig*) in the light of ; **fais de la ~** let's have some light, give us some light ; **mettre en ~** (*fig*) to bring out *ou* to light ; **~ du jour/soleil** day/sunlight.

luminaire [lyminɛʀ] *nm* lamp, light.

lumineux, euse [lyminø, -øz] *a* (*émettant de la lumière*) luminous ; (*éclairé*) illuminated ; (*ciel, journée, couleur*) bright ; (*relatif à la lumière: rayon etc*) of light, light *cpd* ; (*fig: regard*) radiant ; **luminosité** *nf* (*TECH*) luminosity.

lunaire [lynɛʀ] *a* lunar, moon *cpd*.

lunatique [lynatik] *a* whimsical, temperamental.

lunch [lœntʃ] *nm* (*réception*) buffet lunch.

lundi [lœdi] *nm* Monday ; **~ de Pâques** Easter Monday.

lune [lyn] *nf* moon ; **~ de miel** honeymoon.

luné, e [lyne] *a*: **bien/mal ~** in a good/bad mood.

lunette [lynɛt] *nf*: **~s** *nfpl* glasses, spectacles ; (*protectrices*) goggles ; **~ d'approche** telescope ; **~ arrière** (*AUTO*) rear window ; **~s noires** dark glasses ; **~s de soleil** sunglasses.

lurette [lyʀɛt] *nf*: **il y a belle ~** ages ago.

luron, ne [lyʀɔ̃, -ɔn] *nm/f* lad/lass ; **joyeux** *ou* **gai ~** gay dog.

lus *etc vb voir* **lire**.

lustre [lystʀ(ə)] *nm* (*de plafond*) chandelier ; (*fig: éclat*) lustre.

lustrer [lystʀe] *vt* (*faire briller*) to lustre ; (*poil d'un animal*) to put a sheen on ; (*user*) to make shiny.

lut *vb voir* **lire**.

luth [lyt] *nm* lute ; **luthier** *nm* (stringed-)instrument maker.

lutin [lytɛ̃] *nm* imp, goblin.

lutrin [lytʀɛ̃] *nm* lectern.

lutte [lyt] *nf* (*conflit*) struggle ; (*sport*) wrestling ; **lutter** *vi* to fight, struggle ; to wrestle ; **lutteur** *nm* wrestler ; (*fig*) battler, fighter.

luxation [lyksasjɔ̃] *nf* dislocation.

luxe [lyks(ə)] *nm* luxury ; **de ~** *a* luxury *cpd*.

Luxembourg [lyksɑ̃buʀ] *nm*: **le ~** Luxemburg.

luxer [lykse] *vt*: **se ~ l'épaule** to dislocate one's shoulder.

luxueux, euse [lyksɥø, -øz] *a* luxurious.

luxure [lyksyʀ] *nf* lust.

luxuriant, e [lyksyʀjɑ̃, -ɑ̃t] *a* luxuriant, lush.

luzerne [lyzɛʀn(ə)] *nf* lucerne, alfalfa.

lycée [lise] *nm* (state) secondary school ; **lycéen, ne** *nm/f* secondary school pupil.

lymphatique [lɛ̃fatik] *a* (*fig*) lethargic, sluggish.

lymphe [lɛ̃f] *nf* lymph.

lyncher [lɛ̃ʃe] *vt* to lynch.

lynx [lɛ̃ks] *nm* lynx.

lyophilisé, e [ljɔfilize] *a* freeze-dried.

lyre [liʀ] *nf* lyre.

lyrique [liʀik] *a* lyrical ; (*OPÉRA*) lyric ; **comédie ~** comic opera ; **théâtre ~** opera house (*for light opera*) ; **lyrisme** *nm* lyricism.

lys [lis] *nm* lily.

M

m' [m] *pronom voir* **me**.

M. [ɛm] *abr de* **Monsieur**.

ma [ma] *dét voir* **mon**.

maboul, e [mabul] *a* (*fam*) loony.

macabre [makɑbʀ(ə)] *a* macabre, gruesome.

macadam [makadam] *nm* tarmac.

macaron [makaʀɔ̃] *nm* (*gâteau*) macaroon ; (*insigne*) (round) badge.

macaronis [makaʀɔni] *nmpl* macaroni *sg*.

macédoine [masedwan] *nf*: **~ de fruits** fruit salad.

macérer [maseʀe] *vi, vt* to macerate ; (*dans du vinaigre*) to pickle.

mâchefer [maʃfɛʀ] *nm* clinker, cinders *pl*.

mâcher [maʃe] *vt* to chew ; **ne pas ~ ses mots** not to mince one's words.

machin [maʃɛ̃] *nm* (*fam*) thingummy, whatsit ; contraption, thing.

machinal, e, aux [maʃinal, -o] *a* mechanical, automatic.

machination [maʃinasjɔ̃] *nf* scheming, frame-up.

machine [maʃin] *nf* machine ; (*locomotive*) engine ; (*fig: rouages*) machinery ; **faire ~ arrière** (*NAVIG*) to go astern ; **~ à laver/coudre/ tricoter** washing/sewing/knitting machine ; **~ à écrire** typewriter ; **~ à sous** fruit machine ; **~ à vapeur** steam engine ; **~-outil** *nf* machine tool ; **~rie** *nf* machinery, plant ; (*d'un navire*) engine room ; **machinisme** *nm* mechanization ; **machiniste** *nm* (*THÉÂTRE*) scene shifter ; (*de bus, métro*) driver.

mâchoire [maʃwaʀ] *nf* jaw ; **~ de frein** brake shoe.

mâchonner [maʃɔne] *vt* to chew (at).

maçon [masɔ̃] *nm* bricklayer ; builder.

maçonner [masɔne] *vt* (*revêtir*) to face, render (with cement) ; (*boucher*) to brick up.

maçonnerie [masɔnʀi] *nf* (*murs*) brickwork ; masonry, stonework ; (*activité*) bricklaying ; building.

maçonnique [masɔnik] *a* masonic.

maculer [makyle] *vt* to stain ; (*TYPO*) to mackle.

Madame [madam], *pl* **Mesdames** [medam] *nf*: **~ X** Mrs ['mɪsɪz] X ; **occupez-vous de ~/Monsieur/ Mademoiselle** please serve this lady/gentleman/(young) lady ; **bonjour ~/Monsieur/Mademoiselle** good morning ; (*ton déférent*) good morning Madam/Sir/Madam ; (*le nom est connu*) good morning Madam/Mr/Miss X ; **~/Monsieur/ Mademoiselle!** (*pour appeler*) Madam/Sir/Miss! ; **~/Monsieur/Mademoiselle** (*sur lettre*) Dear Madam/Sir/Madam ; **chère ~/cher**

Monsieur/chère **Mademoiselle** Dear Mrs/Mr/Miss X.

Mademoiselle [madmwazɛl], pl **Mesdemoiselles** [medmwazɛl] nf Miss; voir aussi **Madame**.

madère [madɛʀ] nm Madeira (wine).

madone [madɔn] nf madonna.

madré, e [madʀe] a crafty, wily.

madrier [madʀije] nm beam.

madrilène [madʀilɛn] a of ou from Madrid.

maestria [maɛstʀija] nf (masterly) skill.

maf(f)ia [mafja] nf Maf(f)ia.

magasin [magazɛ̃] nm (boutique) shop; (entrepôt) warehouse; (d'une arme) magazine; **en ~** (COMM) in stock; **magasinier** nm warehouseman.

magazine [magazin] nm magazine.

mage [maʒ] nm: **les Rois M~s** the Magi, the (Three) Wise Men.

magicien, ne [maʒisjɛ̃, -jɛn] nm/f magician.

magie [maʒi] nf magic; **magique** a magic; (enchanteur) magical.

magistral, e, aux [maʒistʀal, -o] a (œuvre, addresse) masterly; (ton) authoritative; (gifle etc) resounding; (ex cathedra): **enseignement ~** lecturing, lectures pl.

magistrat [maʒistʀa] nm magistrate.

magistrature [maʒistʀatyʀ] nf magistracy, magistrature.

magma [magma] nm (GÉO) magma; (fig) jumble.

magnanerie [maɲanʀi] nf silk farm.

magnanime [maɲanim] a magnanimous.

magnat [magna] nm tycoon, magnate.

magnésie [maɲezi] nf magnesia.

magnésium [maɲezjɔm] nm magnesium.

magnétique [maɲetik] a magnetic.

magnétiser [maɲetize] vt to magnetize; (fig) to mesmerize, hypnotize.

magnétisme [maɲetism(ə)] nm magnetism.

magnéto [maɲeto] nf (ÉLEC) magneto.

magnétophone [maɲetɔfɔn] nm tape recorder; **~ à cassettes** cassette recorder.

magnétoscope [maɲetɔskɔp] nm videotape recorder.

magnificence [maɲifisɑ̃s] nf (faste) magnificence, splendour.

magnifique [maɲifik] a magnificent.

magnolia [maɲɔlja] nm magnolia.

magnum [magnɔm] nm magnum.

magot [mago] nm (argent) pile (of money); nest egg.

mahométan, e [maɔmetɑ̃, -an] a Mohammedan, Mahometan.

mai [mɛ] nm May.

maigre [mɛgʀ(ə)] a (very) thin, skinny; (viande) lean; (fromage) low-fat; (végétation) thin, sparse; (fig) poor, meagre, skimpy // ad: **faire ~** not to eat meat; **jours ~s** days of abstinence, fish days; **maigreur** nf thinness; **maigrir** vi to get thinner, lose weight.

maille [maj] nf stitch; **avoir ~ à partir avec qn** to have a brush with sb.

maillet [majɛ] nm mallet.

maillon [majɔ̃] nm link.

maillot [majo] nm (aussi: ~ **de corps**) vest; (de danseur) leotard; (de sportif) jersey; ~ **de bain** bathing costume, swimsuit; (d'homme) bathing trunks pl.

main [mɛ̃] nf hand; **à la ~** in one's hand; **se donner la ~** to hold hands; **donner ou tendre la ~ à qn** to hold out one's hand to sb; **se serrer la ~** to shake hands; **serrer la ~ à qn** to shake hands with sb; **sous la ~** to ou at hand; **à ~ levée** (ART) freehand; **à ~s levées** (voter) with a show of hands; **attaque à ~ armée** armed attack; **à ~ droite/gauche** to the right/left; **à remettre en ~s propres** to be delivered personally; **de première ~** (renseignement) first-hand; (COMM: voiture etc) second-hand with only one previous owner; **faire ~ basse sur** to help o.s. to; **mettre la dernière ~ à** to put the finishing touches to; **se faire/perdre la ~** to get one's hand in/lose one's touch; ~ **courante** handrail.

mainate [mɛnat] nm myna(h) bird.

main-d'œuvre [mɛ̃dœvʀ(ə)] nf manpower, labour.

main-forte [mɛ̃fɔʀt(ə)] nf: **prêter ~ à qn** to come to sb's assistance.

mainmise [mɛ̃miz] nf seizure; (fig): ~ **sur** complete hold on.

maint, e [mɛ̃, mɛt] a many a; ~**s** many; **à ~es reprises** time and (time) again.

maintenant [mɛ̃tnɑ̃] ad now; (actuellement) nowadays.

maintenir [mɛ̃tniʀ] vt (retenir, soutenir) to support; (contenir: foule etc) to keep in check, hold back; (conserver) to maintain, uphold; (affirmer) to maintain; **se ~** vi to hold; to keep steady; to persist.

maintien [mɛ̃tjɛ̃] nm maintaining, upholding; (attitude) bearing.

maire [mɛʀ] nm mayor.

mairie [meʀi] nf (résidence) town hall; (administration) town council.

mais [mɛ] cj but; ~ **non!** of course not!; ~ **enfin** but after all; (indignation) look here!

maïs [mais] nm maize.

maison [mɛzɔ̃] nf house; (chez-soi) home; (COMM) firm // a inv (CULIN) home-made; made by the chef; (fig) in-house, own; (fam) first-rate; **à la ~** at home; (direction) home; ~ **d'arrêt** ≈ remand home; ~ **close** brothel; ~ **de correction** reformatory; ~ **des jeunes** ≈ youth club; ~ **mère** parent company; ~ **de repos** convalescent home; ~ **de retraite** old people's home; ~ **de santé** mental home; **maisonnée** nf household, family; **maisonnette** nf small house, cottage.

maître, esse [mɛtʀ(ə), mɛtʀɛs] nm/f master/mistress; (SCOL) teacher, schoolmaster/mistress // nm (peintre etc) master; (titre): **M~ (Me)** Maître, term of address gen for a barrister // nf (amante) mistress // a (principal, essentiel) main; **être ~ de** (soi-même, situation) to be in control of; **se rendre ~ de** (pays, ville) to gain control of; (situation, incendie) to bring under control; **une maîtresse femme** a managing woman; ~ **d'armes** fencing master; ~ **chanteur** blackmailer;

~ **de chapelle** choirmaster; ~ **de conférences** ≈ senior lecturer; ~/**maîtresse d'école** teacher, schoolmaster/ mistress; ~ **d'hôtel** (*domestique*) butler; (*d'hôtel*) head waiter; ~ **de maison** host; ~ **nageur** lifeguard; ~ **à penser** intellectual leader; ~ **queux** chef; **maîtresse de maison** hostess; housewife (*pl* wives); ~**autel** *nm* high altar.

maîtrise [mɛtʀiz] *nf* (*aussi:* ~ **de soi**) self-control, self-possession; (*habileté*) skill, mastery; (*suprématie*) mastery, command; (*diplôme*) ≈ master's degree.

maîtriser [mɛtʀize] *vt* (*cheval, incendie*) to (bring under) control; (*sujet*) to master; (*émotion*) to control, master; **se** ~ *vt* réfléchi to control o.s.

majesté [maʒɛste] *nf* majesty.

majestueux, euse [maʒɛstɥø, -øz] *a* majestic.

majeur, e [maʒœʀ] *a* (*important*) major; (*JUR*) of age; (*fig*) adult // *nm/f* person who has come of age *ou* attained his/her majority // *nm* (*doigt*) middle finger; **en** ~**e partie** for the most part.

major [maʒɔʀ] *nm* (*SCOL*): ~ **de la promotion** first of one's year.

majordome [maʒɔʀdɔm] *nm* majordomo.

majorer [maʒɔʀe] *vt* to increase.

majorette [maʒɔʀɛt] *nf* majorette.

majoritaire [maʒɔʀitɛʀ] *a* majority *cpd*: **système/scrutin** ~ majority system/ballot.

majorité [maʒɔʀite] *nf* (*gén*) majority; (*parti*) party in power; **en** ~ mainly.

majuscule [maʒyskyl] *a, nf*: (**lettre**) ~ capital (letter).

mal, maux [mal, mo] *nm* (*opposé au bien*) evil; (*tort, dommage*) harm; (*douleur physique*) pain, ache; (*maladie*) illness, sickness *q* // *ad* badly // *a*: **c'est** ~ (**de faire**) it's bad *ou* wrong (to do); **être** ~ to be uncomfortable; **être** ~ **avec qn** to be on bad terms with sb; **il comprend** ~ he has difficulty in understanding; **il a** ~ **compris** he misunderstood; **dire du** ~ **de** to speak ill of; **ne voir aucun** ~ **à** to see no harm in, see nothing wrong in; **craignant** ~ **faire** fearing he was doing the wrong thing; **faire du** ~ **à qn** to hurt sb; to harm sb; **se faire** ~ to hurt o.s.; **se faire** ~ **au pied** to hurt one's foot; **ça fait** ~ it hurts; **j'ai** ~ (**ici**) it hurts (here); **j'ai** ~ **au dos** my back aches, I've got a pain in my back; **avoir** ~ **à la tête/aux dents/au cœur** to have a headache/have toothache/feel sick; **avoir le** ~ **de l'air** to be airsick; **avoir le** ~ **du pays** to be homesick; **prendre** ~ to be taken ill, feel unwell; ~ **de mer** seasickness; ~ **en point** *a inv* in a bad state; **maux de ventre** stomach ache *sg*.

malade [malad] *a* ill, sick; (*poitrine, jambe*) bad; (*plante*) diseased // *nm/f* invalid, sick person; (*à l'hôpital etc*) patient; **tomber** ~ to fall ill; **être** ~ **du cœur** to have heart trouble *ou* a bad heart; ~ **mental** mentally sick *ou* ill person.

maladie [maladi] *nf* (*spécifique*) disease, illness; (*mauvaise santé*) illness, sickness; (*fig: manie*) mania; ~ **de peau** skin disease; **maladif, ive** *a* sickly; (*curiosité, besoin*) pathological.

maladresse [maladʀɛs] *nf* clumsiness *q*; (*gaffe*) blunder.

maladroit, e [maladʀwa, -wat] *a* clumsy.

malaise [malɛz] *nm* (*MED*) feeling of faintness; feeling of discomfort; (*fig*) uneasiness, malaise.

malaisé, e [maleze] *a* difficult.

malappris, e [malapʀi, -iz] *nm/f* ill-mannered *ou* boorish person.

malaria [malaʀja] *nf* malaria.

malavisé, e [malavize] *a* ill-advised, unwise.

malaxer [malakse] *vt* to knead; to mix.

malchance [malʃɑ̃s] *nf* misfortune, ill luck *q*; **par** ~ unfortunately; **malchanceux, euse** *a* unlucky.

malcommode [malkɔmɔd] *a* impractical, inconvenient.

maldonne [maldɔn] *nf* (*CARTES*) misdeal; **il y a** ~ (*fig*) there's been a misunderstanding.

mâle [mɑl] *a* (*aussi ÉLEC, TECH*) male; (*viril: voix, traits*) manly // *nm* male; **souris** ~ male mouse, he-mouse.

malédiction [malediksjɔ̃] *nf* curse.

maléfice [malefis] *nm* evil spell.

maléfique [malefik] *a* evil, baleful.

malencontreux, euse [malɑ̃kɔ̃tʀø, -øz] *a* unfortunate, untoward.

malentendu [malɑ̃tɑ̃dy] *nm* misunderstanding.

malfaçon [malfasɔ̃] *nf* fault.

malfaisant, e [malfəzɑ̃, -ɑ̃t] *a* evil, harmful.

malfaiteur [malfɛtœʀ] *nm* lawbreaker, criminal; burglar, thief (*pl* thieves).

malfamé, e [malfame] *a* disreputable, of ill repute.

malformation [malfɔʀmɑsjɔ̃] *nf* malformation.

malfrat [malfʀa] *nm* villain, crook.

malgache [malgaʃ] *a, nm/f* Madagascan, Malagasy // *nm* (*langue*) Malagasy.

malgré [malgʀe] *prép* in spite of, despite; ~ **tout** *ad* all the same.

malhabile [malabil] *a* clumsy.

malheur [malœʀ] *nm* (*situation*) adversity, misfortune; (*événement*) misfortune; disaster, tragedy; **malheureux, euse** *a* (*triste*) unhappy, miserable; (*infortuné, regrettable*) unfortunate; (*malchanceux*) unlucky; (*insignifiant*) wretched // *nm/f* poor soul; unfortunate creature; **les malheureux** the destitute.

malhonnête [malɔnɛt] *a* dishonest; (*impoli*) rude; ~**té** *nf* dishonesty; rudeness *q*.

malice [malis] *nf* mischievousness; (*méchanceté*): **par** ~ out of malice *ou* spite; **sans** ~ guileless; **malicieux, euse** *a* mischievous.

malin, igne [malɛ̃, -iɲ] *a* (*futé: f gén: maline*) smart, shrewd; (*MED*) malignant; **faire le** ~ to show off; **éprouver un** ~ **plaisir à** to take malicious pleasure in.

malingre [malɛ̃gʀ(ə)] *a* puny.

malle [mal] *nf* trunk.

malléable [maleabl(ə)] *a* malleable.

malle-poste [malpɔst(ə)] *nf* mail coach.
mallette [malɛt] *nf* (small) suitcase ;
overnight case ; attaché case.
malmener [malməne] *vt* to manhandle ;
(*fig*) to give a rough handling to.
malodorant, e [malɔdɔrɑ̃, -ɑ̃t] *a* foul- *ou*
ill-smelling.
malotru [malɔtry] *nm* lout, boor.
malpoli, e [malpɔli] *nm/f* rude individual.
malpropre [malprɔpr(ə)] *a* dirty.
malsain, e [malsɛ̃, -ɛn] *a* unhealthy.
malséant, e [malseɑ̃, -ɑ̃t] *a* unseemly,
unbecoming.
malsonnant, e [malsɔnɑ̃, -ɑ̃t] *a* offensive.
malt [malt] *nm* malt.
maltais, e [maltɛ, -ɛz] *a, nm/f* Maltese.
Malte [malt(ə)] *nf* Malta.
maltraiter [maltrete] *vt* (*brutaliser*) to
manhandle, ill-treat.
malveillance [malvɛjɑ̃s] *nf* (*animosité*) ill
will ; (*intention de nuire*) malevolence ; (*JUR*)
malicious intent *q.*
malveillant, e [malvɛjɑ̃, -ɑ̃t] *a*
malevolent, malicious.
malversation [malvɛrsɑsjɔ̃] *nf*
embezzlement, misappropriation (of
funds).
maman [mamɑ̃] *nf* mum, mother.
mamelle [mamɛl] *nf* teat.
mamelon [mamlɔ̃] *nm* (*ANAT*) nipple ;
(*colline*) knoll, hillock.
mammifère [mamifɛr] *nm* mammal.
mammouth [mamut] *nm* mammoth.
manche [mɑ̃ʃ] *nf* (*de vêtement*) sleeve ;
(*d'un jeu, tournoi*) round ; (*GÉO*): **la M ~**
the Channel // *nm* (*d'outil, casserole*)
handle ; (*de pelle, pioche etc*) shaft ; (*de
violon, guitare*) neck ; (*fam*) clumsy oaf ; **~
à air** *nf* (*AVIAT*) wind-sock ; **~ à balai** *nm*
broomstick ; (*AVIAT*) joystick.
manchette [mɑ̃ʃɛt] *nf* (*de chemise*) cuff ;
(*coup*) forearm blow ; (*titre*) headline.
manchon [mɑ̃ʃɔ̃] *nm* (*de fourrure*) muff ;
~ à incandescence incandescent (gas)
mantle.
manchot [mɑ̃ʃo] *nm* one-armed man ;
armless man ; (*ZOOL*) penguin.
mandarine [mɑ̃darin] *nf* mandarin
(orange), tangerine.
mandat [mɑ̃da] *nm* (*postal*) postal *ou*
money order ; (*d'un député etc*) mandate ;
(*procuration*) power of attorney, proxy ;
(*POLICE*) warrant ; **~ d'amener** summons
sg ; **~ d'arrêt** warrant for arrest ; **~ de
dépôt** committal order ; **mandataire** *nm/f*
representative ; proxy.
mander [mɑ̃de] *vt* to summon.
mandibule [mɑ̃dibyl] *nf* mandible.
mandoline [mɑ̃dɔlin] *nf* mandolin(e).
manège [manɛʒ] *nm* riding school ; (*à la
foire*) roundabout, merry-go-round ; (*fig*)
game, ploy.
manette [manɛt] *nf* lever, tap.
manganèse [mɑ̃ganɛz] *nm* manganese.
mangeable [mɑ̃ʒabl(ə)] *a* edible, eatable.
mangeaille [mɑ̃ʒuj] *nf* (*péj*) grub.
mangeoire [mɑ̃ʒwar] *nf* trough, manger.
manger [mɑ̃ʒe] *vt* to eat ; (*ronger: suj:
rouille etc*) to eat into *ou* away // *vi* to
eat ; **mangeur, euse** *nm/f* eater.

mangouste [mɑ̃gust(ə)] *nf* mongoose.
mangue [mɑ̃g] *nf* mango.
maniable [manjabl(ə)] *a* (*outil*) handy ;
(*voiture, voilier*) easy to handle.
maniaque [manjak] *a* finicky, fussy ;
suffering from a mania // *nm/f* maniac.
manie [mani] *nf* mania ; (*tic*) odd habit.
maniement [manimɑ̃] *nm* handling ; **~
d'armes** arms drill.
manier [manje] *vt* to handle.
manière [manjɛr] *nf* (*façon*) way,
manner ; **~s** *nfpl* (*attitude*) manners ;
(*chichis*) fuss *sg* ; **de ~ à** so as to ; **de telle
~ que** in such a way that ; **de cette ~**
in this way *ou* manner ; **d'une ~ générale**
generally speaking, as a general rule ; **de
toute ~** in any case ; **adverbe de ~**
adverb of manner.
maniéré, e [manjere] *a* affected.
manif [manif] *nf* demo (*pl* s).
manifestant, e [manifɛstɑ̃, -ɑ̃t] *nm/f*
demonstrator.
manifestation [manifɛstɑsjɔ̃] *nf* (*de joie,
mécontentement*) expression, demonstra-
tion ; (*symptôme*) outward sign ; (*fête etc*)
event ; (*POL*) demonstration.
manifeste [manifɛst(ə)] *a* obvious,
evident // *nm* manifesto (*pl* s).
manifester [manifɛste] *vt* (*volonté,
intentions*) to show, indicate ; (*joie, peur*)
to express, show // *vi* to demonstrate ; **se
~ vi** (*émotion*) to show *ou* express itself ;
(*difficultés*) to arise ; (*symptômes*) to
appear ; (*témoin etc*) to come forward.
manigance [manigɑ̃s] *nf* scheme.
manigancer [manigɑ̃se] *vt* to plot, devise.
manioc [manjɔk] *nm* cassava, manioc.
manipuler [manipyle] *vt* to handle ; (*fig*)
to manipulate.
manivelle [manivɛl] *nf* crank.
manne [man] *nf* (*REL*) manna ; (*fig*)
godsend.
mannequin [manekɛ̃] *nm* (*COUTURE*)
dummy ; (*MODE*) model.
manœuvre [manœvr(ə)] *nf* (*gén*)
manœuvre // *nm* labourer.
manœuvrer [manœvre] *vt* to manœuvre ;
(*levier, machine*) to operate // *vi* to
manœuvre.
manoir [manwar] *nm* manor *ou* country
house.
manomètre [manɔmɛtr(ə)] *nm* gauge,
manometer.
manquant, e [mɑ̃kɑ̃, -ɑ̃t] *a* missing.
manque [mɑ̃k] *nm* (*insuffisance*): **~ de**
lack of ; (*vide*) emptiness, gap ; (*MÉD*)
withdrawal ; **~s** *nmpl* (*lacunes*) faults,
defects ; **~ à gagner** loss of profit *ou*
earnings.
manqué, e [mɑ̃ke] *a* failed ; **garçon ~**
tomboy.
manquement [mɑ̃kmɑ̃] *nm*: **~ à**
(*discipline, règle*) breach of.
manquer [mɑ̃ke] *vi* (*faire défaut*) to be
lacking ; (*être absent*) to be missing ;
(*échouer*) to fail // *vt* to miss // *vb
impersonnel*: **il (nous) manque encore 100
F** we are still 100 F short ; **il manque des
pages (au livre)** there are some pages
missing *ou* some pages are missing (from
the book) ; **l'argent qui leur manque** the

money they need *ou* are short of; **le pied/la voix lui manqua** he missed his footing/his voice failed him; ~ **à qn** (*absent etc*): **il/cela me manque** I miss him/this; ~ **à** *vt* (*règles etc*) to be in breach of, fail to observe; ~ **de** *vt* to lack; **ne pas** ~ **de faire:** il n'a pas manqué **de le dire** he sure enough said it, he didn't fail to say it; ~ **(de) faire:** il a manqué **(de) se tuer** he very nearly got killed.

mansarde [mɑ̃saʀd(ə)] *nf* attic; **mansardé, e** *a* attic *cpd*.

mansuétude [mɑ̃sɥetyd] *nf* leniency.

mante [mɑ̃t] *nf*: ~ **religieuse** praying mantis.

manteau, x [mɑ̃to] *nm* coat; ~ **de cheminée** mantelpiece.

mantille [mɑ̃tij] *nf* mantilla.

manucure [manykyʀ] *nf* manicurist.

manuel, le [manɥɛl] *a* manual // *nm/f* manually gifted pupil *etc* (*as opposed to intellectually gifted*) // *nm* (*ouvrage*) manual, handbook.

manufacture [manyfaktyʀ] *nf* factory.

manufacturé, e [manyfaktyʀe] *a* manufactured.

manuscrit, e [manyskʀi, -it] *a* handwritten // *nm* manuscript.

manutention [manytɑ̃sjɔ̃] *nf* (*COMM*) handling; **manutentionnaire** *nm/f* warehouseman/woman, packer.

mappemonde [mapmɔ̃d] *nf* (*plane*) map of the world; (*sphère*) globe.

maquereau, x [makʀo] *nm* (*ZOOL*) mackerel *inv*; (*fam*) pimp.

maquerelle [makʀɛl] *nf* (*fam*) madam.

maquette [makɛt] *nf* (*d'un décor, bâtiment, véhicule*) (*scale*) model; (*d'une page illustrée*) paste-up.

maquignon [makiɲɔ̃] *nm* horse-dealer.

maquillage [makijaʒ] *nm* making up; faking; (*crème etc*) make-up.

maquiller [makije] *vt* (*personne, visage*) to make up; (*truquer: passeport, statistique*) to fake; (: *voiture volée*) to do over (*respray etc*); **se** ~ to make up (one's face).

maquis [maki] *nm* (*GÉO*) scrub; (*fig*) tangle; (*MIL*) maquis, underground fighting *q*.

marabout [maʀabu] *nm* (*ZOOL*) marabou(t).

maraîcher, ère [maʀeʃe, maʀeʃɛʀ] *a*: **cultures maraîchères** market gardening *sg* // *nm/f* market gardener.

marais [maʀɛ] *nm* marsh, swamp; ~ **salant** salt pen, saltern.

marasme [maʀasm(ə)] *nm* stagnation, slump.

marathon [maʀatɔ̃] *nm* marathon.

marâtre [maʀɑtʀ(ə)] *nf* cruel mother.

maraude [maʀod] *nf* pilfering, thieving (*of poultry, crops*); (*dans un verger*) scrumping; (*vagabondage*) prowling; **en** ~ **on** the prowl; (*taxi*) cruising.

marbre [maʀbʀ(ə)] *nm* (*pierre, statue*) marble; (*d'une table, commode*) marble top; (*TYPO*) stone, bed; **rester de** ~ to remain stonily indifferent; **marbrer** *vt* to mottle, blotch; (*TECH: papier*) to marble; ~**rie** *nf* monumental mason's yard; **marbrier** *nm* monumental mason.

marc [maʀ] *nm* (*de raisin, pommes*) marc; ~ **de café** coffee grounds *pl ou* dregs *pl*.

marcassin [maʀkasɛ̃] *nm* young wild boar.

marchand, e [maʀʃɑ̃, -ɑ̃d] *nm/f* shopkeeper, tradesman/woman; (*au marché*) stallholder; (*spécifique*): ~ **de cycles/tapis** bicycle/carpet dealer; ~ **de charbon/vins** coal/wine merchant // *a*: **prix/valeur** ~**(e)** market price/value; ~ **de biens** real estate agent; ~ **de couleurs** ironmonger; ~**/e de fruits** fruiterer, fruit merchant; ~**/e de journaux** newsagent; ~**/e de légumes** greengrocer; ~ **e de poisson** fishmonger, fish merchant; ~**e de quatre saisons** costermonger; ~ **de tableaux** art dealer.

marchander [maʀʃɑ̃de] *vt* (*article*) to bargain *ou* haggle over; (*éloges*) to be sparing with // *vi* to bargain, haggle.

marchandise [maʀʃɑ̃diz] *nf* goods *pl*, merchandise *q*.

marche [maʀʃ(ə)] *nf* (*d'escalier*) step; (*activité*) walking; (*promenade, trajet, allure*) walk; (*démarche*) walk, gait; (*MIL etc, MUS*) march; (*fonctionnement*) running; (*progression*) progress; course; **ouvrir/fermer la** ~ to lead the way/bring up the rear; **dans le sens de la** ~ (*RAIL*) facing the engine; **en** ~ (*monter etc*) while the vehicle is moving *ou* in motion; **mettre en** ~ to start; **remettre qch en** ~ to set *ou* start sth going again; **se mettre en** ~ (*personne*) to get moving; (*machine*) to start; ~ **arrière** reverse (gear); **faire** ~ **arrière** to reverse; (*fig*) to backtrack, back-pedal; ~ **à suivre** (*correct*) procedure; (*sur notice*) (step by step) instructions *pl*.

marché [maʀʃe] *nm* (*lieu, COMM, ÉCON*) market; (*ville*) trading centre; (*transaction*) bargain, deal; **M**~ **commun** Common Market; ~ **aux fleurs** flower market; ~ **noir** black market; **faire du** ~ **noir** to buy and sell on the black market; ~ **aux puces** flea market.

marchepied [maʀʃəpje] *nm* (*RAIL*) step; (*AUTO*) running board; (*fig*) stepping stone.

marcher [maʀʃe] *vi* to walk; (*MIL*) to march; (*aller: voiture, train, affaires*) to go; (*prospérer*) to go well; (*fonctionner*) to work, run; (*fam*) to go along, agree; to be taken in; ~ **sur** to walk on; (*mettre le pied sur*) to step on *ou* in; (*MIL*) to march upon; ~ **dans** (*herbe etc*) to walk in *ou* on; (*flaque*) to step in; **faire** ~ **qn** to pull sb's leg; to lead sb up the garden path; **marcheur, euse** *nm/f* walker.

mardi [maʀdi] *nm* Tuesday; **M**~ **gras** Shrove Tuesday.

mare [maʀ] *nf* pond; ~ **de sang** pool of blood.

marécage [maʀekaʒ] *nm* marsh, swamp; **marécageux, euse** *a* marshy, swampy.

maréchal, -o [maʀeʃal, -o] *nm* marshal; ~ **des logis** (*MIL*) sergeant.

maréchal-ferrant [maʀeʃalfɛʀɑ̃] *nm* blacksmith, farrier.

maréchaussée [maʀeʃose] *nf* constabulary.

marée [maʀe] *nf* tide; (*poissons*) fresh (sea) fish; ~ **haute/basse** high/low tide;

~ **montante/ descendante** rising/ebb tide.

marelle [maʀɛl] *nf*: (jouer à) la ~ (to play) hopscotch.

marémotrice [maʀemɔtʀis] *af* tidal.

mareyeur, euse [maʀɛjœʀ, -øz] *nm/f* wholesale (sea) fish merchant.

margarine [maʀgaʀin] *nf* margarine.

marge [maʀʒ(ə)] *nf* margin ; **en** ~ in the margin ; **en** ~ **de** (*fig*) on the fringe of ; cut off from ; connected with ; ~ **bénéficiaire** profit margin.

margelle [maʀʒɛl] *nf* coping.

margeur [maʀʒœʀ] *nm* margin stop.

marginal, e, aux [maʀʒinal, -o] *a* marginal.

marguerite [maʀgəʀit] *nf* marguerite, (oxeye) daisy.

marguillier [maʀgije] *nm* churchwarden.

mari [maʀi] *nm* husband.

mariage [maʀjaʒ] *nm* (*union, état, fig*) marriage ; (*noce*) wedding ; **civil/religieux** civil *ou* registry office/church wedding ; **un** ~ **de raison/d'amour** a marriage of convenience/love match ; ~ **en blanc** unconsummated marriage ; ~ **en blanc** white wedding.

marié, e [maʀje] *a* married // *nm/f* (bride)groom/bride; **les** ~**s** the bride and groom; **les (jeunes)** ~**s** the newly-weds.

marier [maʀje] *vt* to marry ; (*fig*) to blend ; **se** ~ **(avec)** to marry, get married (to) ; (*fig*) to blend (with).

marin, e [maʀɛ̃, -in] *a* sea *cpd*, marine // *nm* sailor // *nf* navy ; (*ART*) seascape ; ~**e de guerre** navy ; ~**e marchande** merchant navy ; ~**e à voiles** sailing ships *pl*.

marinade [maʀinad] *nf* marinade.

marine [maʀin] *af, nf voir* **marin** // *a inv* navy (blue) // *nm* (*MIL*) marine.

mariner [maʀine] *vi, vt* to marinate, marinade.

marinier [maʀinje] *nm* bargee.

marinière [maʀinjɛʀ] *nf* smock // *a inv:* **moules** ~ mussels in white wine.

marionnette [maʀjɔnɛt] *nf* puppet.

marital, e, aux [maʀital, -o] *a* marital, husband's ; ~**ement** *ad* as husband and wife.

maritime [maʀitim] *a* sea *cpd*, maritime.

marjolaine [maʀʒɔlɛn] *nf* marjoram.

mark [maʀk] *nm* mark.

marmaille [maʀmaj] *nf* (*péj*) (gang of) brats *pl*.

marmelade [maʀməlad] *nf* stewed fruit, compote ; **en** ~ (*fig*) crushed (to a pulp).

marmite [maʀmit] *nf* (cooking-)pot.

marmiton [maʀmitɔ̃] *nm* kitchen boy.

marmonner [maʀmɔne] *vt, vi* to mumble, mutter.

marmot [maʀmo] *nm* brat.

marmotte [maʀmɔt] *nf* marmot.

marmotter [maʀmɔte] *vt* (*prière*) to mumble, mutter.

marne [maʀn(ə)] *nf* marl.

Maroc [maʀɔk] *nm*: **le** ~ Morocco ; **marocain, e** *a, nm/f* Moroccan.

maroquin [maʀɔkɛ̃] *nm* morocco (leather) ; (*fig*) (minister's) portfolio.

maroquinerie [maʀɔkinʀi] *nf* leather craft ; fine leather goods *pl*.

marotte [maʀɔt] *nf* fad.

marquant, e [maʀkɑ̃, -ɑ̃t] *a* outstanding.

marque [maʀk(ə)] *nf* mark ; (*SPORT, JEU:* *décompte des points*) score ; (*COMM: de produits*) brand ; make ; (: *de disques*) label ; **à vos** ~**s!** (*SPORT*) on your marks! ; **de** ~ *a* (*COMM*) brand-name *cpd* ; proprietary ; (*fig*) high-class ; distinguished ; ~ **déposée** registered trademark ; ~ **de fabrique** trademark.

marqué, e [maʀke] *a* marked.

marquer [maʀke] *vt* to mark ; (*inscrire*) to write down ; (*bétail*) to brand ; (*SPORT: but etc*) to score ; (: *joueur*) to mark ; (*accentuer: taille etc*) to emphasize ; (*manifester: refus, intérêt*) to show // *vi* (*événement, personnalité*) to stand out, be outstanding ; (*SPORT*) to score ; ~ **les points** (*tenir la marque*) to keep the score.

marqueterie [maʀkətʀi] *nf* inlaid work, marquetry.

marquis, e [maʀki, -iz] *nm/f* marquis *ou* marquess/marchioness // *nf* (*auvent*) glass canopy *ou* awning.

marraine [maʀɛn] *nf* godmother.

marrant, e [maʀɑ̃, -ɑ̃t] *a* (*fam*) funny.

marre [maʀ] *ad* (*fam*): **en avoir** ~ **de** to be fed up with.

marrer [maʀe] : **se** ~ *vi* (*fam*) to have a (good) laugh.

marron [maʀɔ̃] *nm* (*fruit*) chestnut // *a inv* brown // *am* (*péj*) crooked ; bogus ; ~**s glacés** marrons glacés ; **marronnier** *nm* chestnut (tree).

mars [maʀs] *nm* March.

Mars [maʀs] *nf ou m* Mars.

marsouin [maʀswɛ̃] *nm* porpoise.

marsupiaux [maʀsypjo] *nmpl* marsupials.

marteau, x [maʀto] *nm* hammer ; (*de porte*) knocker ; ~**-piqueur** *nm* pneumatic drill.

martel [maʀtɛl] *nm*: **se mettre** ~ **en tête** to worry o.s.

marteler [maʀtəle] *vt* to hammer.

martial, e, aux [maʀsjal, -o] *a* martial.

martien, ne [maʀsjɛ̃, -jɛn] *a* Martian, of *ou* from Mars.

martinet [maʀtinɛ] *nm* (*fouet*) small whip ; (*ZOOL*) swift.

martingale [maʀtɛ̃gal] *nf* (*COUTURE*) half-belt ; (*JEU*) winning formula.

Martinique [maʀtinik] *nf*: **la** ~ Martinique.

martin-pêcheur [maʀtɛ̃peʃœʀ] *nm* kingfisher.

martre [maʀtʀ(ə)] *nf* marten.

martyr, e [maʀtiʀ] *nm/f* martyr // *a* martyred ; **enfants** ~**s** battered children.

martyre [maʀtiʀ] *nm* martyrdom ; (*fig: sens affaibli*) agony, torture.

martyriser [maʀtiʀize] *vt* (*REL*) to martyr ; (*fig*) to bully ; to batter.

marxisme [maʀksism(ə)] *nm* Marxism.

mascarade [maskaʀad] *nf* masquerade.

mascotte [maskɔt] *nf* mascot.

masculin, e [maskylɛ̃, -in] *a* masculine ; (*sexe, population*) male ; (*équipe, vêtements*) men's ; (*viril*) manly // *nm* masculine.

masochisme [mazɔʃism(ə)] *nm* masochism.

masque [mask(ə)] *nm* mask ; ~ **à gaz** gas mask.

masqué, e [maske] *a* masked.

masquer [maske] *vt* (*cacher: paysage, porte*) to hide, conceal ; (*dissimuler: vérité, projet*) to mask, obscure.

massacrant, e [masakrɑ̃, -ɑ̃t] *a*: **humeur** ~**e** foul temper.

massacre [masakʀ(ə)] *nm* massacre, slaughter.

massacrer [masakʀe] *vt* to massacre, slaughter ; (*fig: texte etc*) to murder.

massage [masaʒ] *nm* massage.

masse [mas] *nf* mass ; (*péj*): **la** ~ **the masses** *pl* ; (*ELEC*) earth ; (*maillet*) sledgehammer ; ~**s** *nfpl* masses ; **une** ~ **de, des** ~**s de** (*fam*) masses ou loads of ; **en** ~ *ad* (*en bloc*) in bulk ; (*en foule*) en masse // *a* (*exécutions, production*) mass *cpd* ; ~ **salariale** aggregate remuneration (of employees).

massepain [maspɛ̃] *nm* marzipan.

masser [mase] *vt* (*assembler*) to gather ; (*pétrir*) to massage ; **se** ~ *vi* to gather ; **masseur, euse** *nm/f* masseur/masseuse.

massicot [masiko] *nm* guillotine.

massif, ive [masif, -iv] *a* (*porte*) solid, massive ; (*visage*) heavy, large ; (*bois, or*) solid ; (*dose*) massive ; (*déportations etc*) mass *cpd* // *nm* (*montagneux*) massif ; (*de fleurs*) clump, bank.

massue [masy] *nf* club, bludgeon.

mastic [mastik] *nm* (*pour vitres*) putty ; (*pour fentes*) filler.

mastiquer [mastike] *vt* (*aliment*) to chew, masticate ; (*fente*) to fill ; (*vitre*) to putty.

masturbation [mastyʀbɑsjɔ̃] *nf* masturbation.

masure [mɑzyʀ] *nf* tumbledown cottage.

mat, e [mat] *a* (*couleur, métal*) mat(t) ; (*bruit, son*) dull // *a inv* (*ÉCHECS*): **être** ~ to be checkmate.

mât [mɑ] *nm* (*NAVIG*) mast ; (*poteau*) pole, post.

match [matʃ] *nm* match ; ~ **nul** draw ; **faire** ~ **nul** to draw.

matelas [matla] *nm* mattress ; ~ **pneumatique** air bed ou mattress ; ~ **à ressorts** spring ou interior-sprung mattress.

matelasser [matlase] *vt* to pad ; to quilt.

matelot [matlo] *nm* sailor, seaman.

mater [mate] *vt* (*personne*) to bring to heel, subdue ; (*révolte*) to put down.

matérialiser [mateʀjalize]: **se** ~ *vi* to materialize.

matérialiste [mateʀjalist(ə)] *a* materialistic.

matériau, x [mateʀjo] *nm* material // *nmpl* material(s).

matériel, le [mateʀjɛl] *a* material // *nm* equipment *q* ; (*de camping etc*) gear *q* ; ~ **d'exploitation** (*COMM*) plant.

maternel, le [mateʀnɛl] *a* (*amour, geste*) motherly, maternal ; (*grand-père, oncle*) maternal // *nf* (*aussi*: **école** ~**le**) (state) nursery school.

maternité [mateʀnite] *nf* (*établissement*) maternity hospital ; (*état de mère*)

motherhood, maternity ; (*grossesse*) pregnancy.

mathématicien, ne [matematisjɛ̃, -jɛn] *nm/f* mathematician.

mathématique [matematik] *a* mathematical ; ~**s** *nfpl* (*science*) mathematics *sg*.

matière [matjɛʀ] *nf* (*PHYSIQUE*) matter ; (*COMM, TECH*) material, matter *q* ; (*fig: d'un livre etc*) subject matter, material ; (*SCOL*) subject ; **en** ~ **de** as regards ; **donner** ~ **à** to give cause to ; ~ **plastique** plastic ; ~**s fécales** faeces ; ~**s grasses** fat content *sg* ; ~**s premières** raw materials.

matin [matɛ̃] *nm*, *ad* morning ; **matinal, e, aux** *a* (*toilette, gymnastique*) morning *cpd* ; (*de bonne heure*) early ; **être matinal** (*personne*) to be up early ; to be an early riser.

matinée [matine] *nf* morning ; (*spectacle*) matinée, afternoon performance.

mâtiner [mɑtine] *vt* to cross.

matois, e [matwa, -waz] *a* wily.

matou [matu] *nm* tom(cat).

matraque [matʀak] *nf* cosh ; (*de policier*) truncheon ; **matraquer** *vt* to beat up (with a truncheon) ; to cosh ; (*fig: disque*) to plug.

matriarcal, e, aux [matʀijaʀkal, -o] *a* matriarchal.

matrice [matʀis] *nf* (*ANAT*) womb ; (*TECH*) mould ; (*MATH etc*) matrix.

matricule [matʀikyl] *nf* (*aussi*: **registre** ~) roll, register // *nm* (*aussi*: **numéro** ~) (*MIL*) regimental number ; (*ADMIN*) reference number.

matrimonial, e, aux [matʀimɔnjal, -o] *a* marital, marriage *cpd*.

mâture [mɑtyʀ] *nf* masts *pl*.

maturité [matyʀite] *nf* maturity ; (*d'un fruit*) ripeness, maturity.

maudire [modiʀ] *vt* to curse.

maudit, e [modi, -it] *a* (*fam: satané*) blasted, confounded.

maugréer [mogʀee] *vi* to grumble.

Mauresque [mɔʀɛsk] *a* Moorish.

mausolée [mozɔle] *nm* mausoleum.

maussade [mosad] *a* sullen.

mauvais, e [mɔvɛ, -ɛz] *a* bad ; (*faux*): **le** ~ **numéro/moment** the wrong number/moment ; (*méchant, malveillant*) malicious, spiteful // *ad*: **il fait** ~ the weather is bad ; **sentir** ~ to have a nasty smell, smell bad ou nasty ; **la mer est** ~**e** the sea is rough ; ~ **coup** (*fig*) criminal venture ; ~ **garçon** tough ; ~ **plaisant** hoaxer ; ~ **traitements** ill treatment *sg* ; ~**e herbe** weed ; ~**e langue** gossip, scandalmonger ; ~**e passe** difficult situation ; bad patch ; ~**e tête** rebellious ou headstrong customer.

mauve [mov] *a* mauve // *nf* mallow.

mauviette [movjɛt] *nf* (*péj*) weakling.

maux [mo] *nmpl* voir **mal**.

maximal, e, aux [maksimal, -o] *a* maximal.

maxime [maksim] *nf* maxim.

maximum [maksimɔm] *a*, *nm* maximum ; **au** ~ *ad* (*le plus possible*) to the full ; as much as one can ; (*tout au plus*) at the (very) most ou maximum.

mayonnaise [majɔnɛz] *nf* mayonnaise.
mazout [mazut] *nm* (fuel) oil.
me, m' [m(ə)] *pronom* me ; (*réfléchi*) myself.
Me *abr de* **Maître.**
méandres [meɑ̃dʀ(ə)] *nmpl* meanderings.
mec [mɛk] *nm* (*fam*) bloke.
mécanicien, ne [mekanisjɛ̃, -jɛn] *nm/f* mechanic ; (*RAIL*) (train *ou* engine) driver ; **~-dentiste** *nm/f* dental technician.
mécanique [mekanik] *a* mechanical // *nf* (*science*) mechanics *sg* ; (*technologie*) mechanical engineering ; (*AUTO*): **s'y connaître en ~** to be mechanically minded ; (*mécanisme*) mechanism ; engineering ; works *pl* ; **ennui ~** engine trouble *q* ; **mécaniser** *vt* to mechanize.
mécanisme [mekanism] *nm* mechanism.
mécanographie [mekanɔgrafi] *nf* (mechanical) data processing.
mécène [mesɛn] *nm* patron.
méchanceté [meʃɑ̃ste] *nf* nastiness, maliciousness ; nasty *ou* spiteful *ou* malicious remark (*ou* action).
méchant, e [meʃɑ̃, -ɑ̃t] *a* nasty, malicious, spiteful ; (*enfant : pas sage*) naughty ; (*animal*) vicious ; (*avant le nom: valeur péjorative*) nasty ; miserable ; (: *intensive*) terrific.
mèche [mɛʃ] *nf* (*de lampe, bougie*) wick ; (*d'un explosif*) fuse ; (*de vilebrequin, perceuse*) bit ; (*de fouet*) lash ; (*de cheveux*) lock ; **vendre la ~** to give the game away ; **de ~ avec** en league with.
méchoui [meʃwi] *nm* whole sheep barbecue.
mécompte [mekɔ̃t] *nm* miscalculation ; (*déception*) disappointment.
méconnaissable [mekɔnɛsabl(ə)] *a* unrecognizable.
méconnaissance [mekɔnɛsɑ̃s] *nf* ignorance.
méconnaître [mekɔnɛtʀ(ə)] *vt* (*ignorer*) to be unaware of ; (*mésestimer*) to misjudge.
mécontent, e [mekɔ̃tɑ̃, -ɑ̃t] *a*: **~ (de)** discontented *ou* dissatisfied *ou* displeased (with) ; (*contrarié*) annoyed (at) ; **mécontentement** *nm* dissatisfaction, discontent, displeasure ; annoyance ; **mécontenter** *vt* to displease.
médaille [medaj] *nf* medal ; **médaillé, e** *nm/f* (*SPORT*) medal-holder.
médaillon [medajɔ̃] *nm* (*portrait*) medallion ; (*bijou*) locket ; (*CULIN*) médaillon ; **en ~** *a* (*carte etc*) inset.
médecin [medsɛ̃] *nm* doctor ; **~ généraliste** general practitioner, G.P.
médecine [medsin] *nf* medicine ; **~ légale** forensic medicine ; **~ du travail** occupational *ou* industrial medicine.
médian, e [medjɑ̃, -an] *a* (*MATH*) median ; **médiatrice, trice** [medjatœr, -tʀis] *nm/f* mediator ; arbitrator.
médiation [medjɑsjɔ̃] *nf* mediation ; (*dans conflit social etc*) arbitration.
médical, e, aux [medikal, -o] *a* medical.
médicament [medikamɑ̃] *nm* medicine, drug.
médicinal, e, aux [medisinal, -o] *a* medicinal.

médico-légal, e, aux [medikɔlegal, -o] *a* forensic.
médiéval, e, aux [medjeval, -o] *a* medieval.
médiocre [medjɔkʀ(ə)] *a* mediocre, poor ; **médiocrité** *nf* mediocrity.
médire [medir] *vi*: **~ de** to speak ill of ; **médisance** *nf* scandalmongering ; piece of scandal *ou* of malicious gossip.
méditatif, ive [meditatif, -iv] *a* thoughtful.
méditation [meditɑsjɔ̃] *nf* meditation.
méditer [medite] *vt* (*approfondir*) to meditate on, ponder (over) ; (*combiner*) to meditate // *vi* to meditate ; **~ de faire** to contemplate doing, plan to do.
Méditerranée [mediteʀane] *nf*: **la (mer) ~** the Mediterranean (Sea) ; **méditerranéen, ne** *a, nm/f* Mediterranean.
médium [medjɔm] *nm* medium (*person*).
médius [medjys] *nm* middle finger.
méduse [medyz] *nf* jellyfish.
méduser [medyze] *vt* to dumbfound.
meeting [mitiŋ] *nm* (*POL, SPORT*) rally ; **~ d'aviation** air show.
méfait [mefɛ] *nm* (*faute*) misdemeanour, wrongdoing ; **~s** *nmpl* (*ravages*) ravages, damage *sg*.
méfiance [mefjɑ̃s] *nf* mistrust, distrust.
méfiant, e [mefjɑ̃, -ɑ̃t] *a* mistrustful, distrustful.
méfier [mefje]: **se ~ vi** to be wary ; to be careful ; **se ~ de** *vt* to mistrust, distrust, be wary of ; (*faire attention*) to be careful about.
mégarde [megaʀd(ə)] *nf*: **par ~** accidentally ; by mistake.
mégère [meʒɛʀ] *nf* shrew.
mégot [mego] *nm* cigarette end.
meilleur, e [mɛjœʀ] *a, ad* better ; (*valeur superlative*) best // *nm*: **le ~** (*celui qui ...*) the best (one) ; (*ce qui ...*) the best // *nf*: **la ~e** the best (one) ; **le ~ des deux** the better of the two ; **~ marché** cheaper.
mélancolie [melɑ̃kɔli] *nf* melancholy, gloom ; **mélancolique** *a* melancholic, melancholy.
mélange [melɑ̃ʒ] *nm* mixture.
mélanger [melɑ̃ʒe] *vt* (*substances*) to mix ; (*vins, couleurs*) to blend ; (*mettre en désordre*) to mix up, muddle (up).
mélasse [melas] *nf* treacle, molasses *sg*.
mêlée [mele] *nf* mêlée, scramble ; (*RUGBY*) scrum(mage).
mêler [mele] *vt* (*substances, odeurs, races*) to mix ; (*embrouiller*) to muddle (up), mix up ; **se ~** to mix ; to mingle ; **se ~ à** (*suj: personne*) to join ; to mix with ; (: *odeurs etc*) to mingle with ; **se ~ de** (*suj: personne*) to meddle with, interfere in ; **~ qn à** (*affaire*) to get sb mixed up *ou* involved in.
mélodie [melɔdi] *nf* melody ; **mélodieux, euse** *a* melodious, tuneful ; **mélodique** *a* melodic.
mélodrame [melɔdʀam] *nm* melodrama.
mélomane [melɔman] *nm/f* music lover.
melon [məlɔ̃] *nm* (*buʊt*) (honeydew) melon ; (*aussi*: **chapeau ~**) bowler (hat) ; **~ d'eau** watermelon.

mélopée [melɔpe] *nf* monotonous chant.
membrane [mãbʀan] *nf* membrane.
membre [mãbʀ(ə)] *nm* (ANAT) limb; (*personne, pays, élément*) member // *a* member; ~ (**viril**) (male) organ.
même [mɛm] *a* same // *pronom*: **le(la)** ~ the same (one) // *ad* even; **en** ~ **temps at the same time**; **ce sont ses paroles/celles-là** ~**s** they are his very words/the very ones; **il n'a** ~ **pas pleuré** he didn't even cry; **ici** ~ at this very place; **à** ~ **la bouteille** straight from the bottle; **à** ~ **la peau** next to the skin; **être à** ~ **de faire** to be in a position to be able to do; **mettre qn à** ~ **de faire** to enable sb to do; **faire de** ~ to do likewise; **lui de** ~ so does (*ou* did *ou* is) he; **de** ~ **que** just as; **il en va/est allé de** ~ **pour** the same goes/happened for.
mémento [memɛto] *nm* (*agenda*) engagement diary; (*ouvrage*) summary.
mémoire [memwaʀ] *nf* memory // *nm* (ADMIN, JUR) memorandum (*pl* a); (SCOL) dissertation, paper; ~**s** *nmpl* memoirs; **avoir la** ~ **des chiffres** to have a good memory for figures; **à la** ~ **de** to the *ou* in memory of; **pour** ~ *ad* for the record; **de** ~ **d'homme** in living memory; **de** ~ *ad* from memory.
mémorable [memɔʀabl(ə)] *a* memorable.
mémorandum [memɔʀãdɔm] *nm* memorandum (*pl* a).
mémorial, aux [memɔʀjal, -o] *nm* memorial.
menaçant, e [mənasã, -ãt] *a* threatening, menacing.
menace [mənas] *nf* threat.
menacer [mənase] *vt* to threaten.
ménage [menaʒ] *nm* (*travail*) housekeeping, housework; (*couple*) (married) couple; (*famille,* ADMIN) household; **faire le** ~ to do the housework; **faire des** ~**s** to go out charring; **monter son** ~ to set up house; **se mettre en** ~ **(avec)** to set up house (with); **heureux en** ~ happily married; **faire bon** ~ **avec** to get on well with; ~ **de poupée** doll's kitchen set; ~ **à trois** love triangle.
ménagement [menaʒmã] *nm* care and attention; ~**s** *nmpl* (*égards*) consideration *sg*, attention *sg*.
ménager [menaʒe] *vt* (*traiter*) to handle with tact; to treat considerately; (*utiliser*) to use sparingly; to use with care; (*prendre soin de*) to take (great) care of, look after; (*organiser*) to arrange; (*installer*) to put in; to make; ~ **qch à qn** (*réserver*) to have sth in store for sb.
ménager, ère [menaʒe, -ɛʀ] *a* household *cpd*, domestic // *nf* housewife (*pl* wives).
ménagerie [menaʒʀi] *nf* menagerie.
mendiant, e [mãdjã, -ãt] *nm/f* beggar.
mendicité [mãdisite] *nf* begging.
mendier [mãdje] *vi* to beg // *vt* to beg (for).
menées [məne] *nfpl* intrigues, manœuvres.
mener [məne] *vt* to lead; (*enquête*) to conduct; (*affaires*) to manage // *vi*: ~ (à la marque) to lead, be in the lead; ~ à/dans (*emmener*) to take to/into; ~ qch à terme *ou* à bien to see sth through (to

a successful conclusion), complete sth successfully.
meneur, euse [mənœʀ, -øz] *nm/f* leader; (*péj*) agitator; ~ **d'hommes** born leader; ~ **de jeu** compère; quizmaster.
méningite [menɛ̃ʒit] *nf* meningitis *q*.
ménopause [menɔpoz] *nf* menopause.
menotte [mənɔt] *nf* (*main*) mitt, tiny hand; ~**s** *nfpl* handcuffs; **passer les** ~**s à** to handcuff.
mensonge [mãsɔ̃ʒ] *nm* lie; lying *q*; **mensonger, ère** *a* false.
mensualité [mãsyalite] *nf* monthly payment; monthly salary.
mensuel, le [mãsɥɛl] *a* monthly.
mensurations [mãsyʀasjɔ̃] *nfpl* measurements.
mental, e, aux [mãtal, -o] *a* mental.
mentalité [mãtalite] *nf* mentality.
menteur, euse [mãtœʀ, -øz] *nm/f* liar.
menthe [mãt] *nf* mint; ~ (**à l'eau**) peppermint cordial.
mention [mãsjɔ̃] *nf* (*note*) note, comment; (SCOL): ~ **bien** *etc* ≈ grade B *etc* (*ou* upper 2nd class *etc*) pass; **faire** ~ **de** to mention; **mentionner** *vt* to mention.
mentir [mãtiʀ] *vi* to lie; to be lying.
menton [mãtɔ̃] *nm* chin.
menu, e [məny] *a* slim, slight; tiny; (*frais, difficulté*) minor // *ad* (*couper, hacher*) very fine // *nm* menu; **par le** ~ (*raconter*) in minute detail; ~**e monnaie** small change.
menuet [mənɥɛ] *nm* minuet.
menuiserie [mənɥizʀi] *nf* (*travail*) joinery, carpentry; woodwork; (*local*) joiner's workshop; (*ouvrage*) woodwork *q*.
menuisier [mənɥizje] *nm* joiner, carpenter.
méprendre [mepʀãdʀ(ə)]: **se** ~ *vi*: **se** ~ **sur** to be mistaken (about).
mépris [mepʀi] *nm* (*dédain*) contempt, scorn; (*indifférence*): **le** ~ **de** contempt *ou* disregard for; **au** ~ **de** regardless of, in defiance of.
méprisable [mepʀizabl(ə)] *a* contemptible, despicable.
méprisant, e [mepʀizã, -ãt] *a* contemptuous, scornful.
méprise [mepʀiz] *nf* mistake, error; misunderstanding.
mépriser [mepʀize] *vt* to scorn, despise; (*gloire, danger*) to scorn, spurn.
mer [mɛʀ] *nf* sea; (*marée*) tide; **en** ~ at sea; **prendre la** ~ to put out to sea; **en haute** ~ off shore, on the open sea; **la** ~ **du Nord/Rouge** the North/Red Sea.
mercantile [mɛʀkãtil] *a* (*péj*) mercenary.
mercenaire [mɛʀsənɛʀ] *nm* mercenary, hired soldier.
mercerie [mɛʀsəʀi] *nf* haberdashery; haberdasher's shop.
merci [mɛʀsi] *excl* thank you // *nf*: **à la** ~ **de qn/qch** at sb's mercy/the mercy of sth; ~ **beaucoup** thank you very much; ~ **de** thank you for; **sans** ~ merciless.
mercier, ière [mɛʀsje, -jɛʀ] *nm/f* haberdasher.
mercredi [mɛʀkʀədi] *nm* Wednesday; ~ **des Cendres** Ash Wednesday.
mercure [mɛʀkyʀ] *nm* mercury.

merde [mɛʀd(ə)] (*fam!*) *nf* shit (!) // *excl* bloody hell (!).

mère [mɛʀ] *nf* mother; ~ **célibataire** unmarried mother.

méridien [meʀidjɛ̃] *nm* meridian.

méridional, e, aux [meʀidjɔnal, -o] *a* southern // *nm/f* Southerner.

meringue [məʀɛ̃g] *nf* meringue.

merisier [məʀizje] *nm* wild cherry (tree).

méritant, e [meʀitɑ̃, -ɑ̃t] *a* deserving.

mérite [meʀit] *nm* merit; **le ~ (de ceci) lui revient** the credit (for this) is his.

mériter [meʀite] *vt* to deserve.

méritoire [meʀitwaʀ] *a* praiseworthy, commendable.

merlan [mɛʀlɑ̃] *nm* whiting.

merle [mɛʀl(ə)] *nm* blackbird.

merveille [mɛʀvɛj] *nf* marvel, wonder; **faire ~** to work wonders; **à ~** perfectly, wonderfully.

merveilleux, euse [mɛʀvɛjø, -øz] *a* marvellous, wonderful.

mes [me] *dét voir* **mon**.

mésalliance [mezaljɑ̃s] *nf* misalliance, mismatch.

mésange [mezɑ̃ʒ] *nf* tit(mouse) (*pl* mice); ~ **bleue** blue tit.

mésaventure [mezavɑ̃tyʀ] *nf* misadventure, misfortune.

Mesdames [medam] *nfpl voir* **Madame**.

Mesdemoiselles [medmwazɛl] *nfpl voir* **Mademoiselle**.

mésentente [mezɑ̃tɑ̃t] *nf* dissension, disagreement.

mésestimer [mezɛstime] *vt* to underestimate, underrate; to have low regard for.

mesquin, e [mɛskɛ̃, -in] *a* mean, petty; **mesquinerie** *nf* pettiness *q*, meanness *q*.

mess [mɛs] *nm* mess.

message [mesaʒ] *nm* message; ~ **téléphoné** telegram dictated by telephone; **messager, ère** *nm/f* messenger; **messageries** *nfpl* parcels service *sg*; distribution service *sg*.

messe [mɛs] *nf* mass; **aller à la ~** to go to mass; ~ **de minuit** midnight mass.

messie [mesi] *nm*: **le M—** the Messiah.

Messieurs [mesjø] *nmpl* (*abr* **Messrs**) *voir* **Monsieur**.

mesure [məzyʀ] *nf* (*évaluation, dimension*) measurement; (*étalon, récipient, contenu*) measure; (*MUS: cadence*) time, tempo; (*: division*) bar; (*retenue*) moderation; (*disposition*) measure, step; **sur ~** (*costume*) made-to-measure; **à la ~ de** (*fig*) worthy of; **on the same scale as**; **dans la ~ où** insofar as, inasmuch as; **à ~ que** as; **en ~** (*MUS*) in time ou tempo; **être en ~ de** to be in a position to; **dépasser la ~** (*fig*) to overstep the mark.

mesurer [məzyʀe] *vt* to measure; (*juger*) to weigh up, assess; (*limiter*) to limit, ration; (*modérer*) to moderate; (*proportionner*): ~ **qch à** to match sth to, gear sth to; **se ~ avec** to have a confrontation with; to tackle; **il mesure 1 m 80** he's 1 m 80 tall.

met *vb voir* **mettre**.

métairie [meteʀi] *nf* smallholding.

métal, aux [metal, -o] *nm* metal; ~**lique** *a* metallic; ~**lisé, e** *a* (*peinture*) metallic; ~**lurgie** *nf* metallurgy; ~**lurgiste** *nm/f* steel *ou* metal worker; metallurgist.

métamorphose [metamɔʀfoz] *nf* metamorphosis (*pl* oses).

métaphore [metafɔʀ] *nf* metaphor.

métaphysique [metafizik] *nf* metaphysics *sg* // *a* metaphysical.

métayer, ère [meteje, metɛjɛʀ] *nm/f* (*tenant*) farmer.

météo [meteo] *nf* weather report; ≈ Met Office.

météore [meteɔʀ] *nm* meteor.

météorologie [meteɔʀɔlɔʒi] *nf* meteorology; **météorologique** *a* meteorological, weather *cpd*.

métèque [metɛk] *nm* (*péj*) wop.

méthode [metɔd] *nf* method; (*livre, ouvrage*) manual, tutor; **méthodique** *a* methodical.

méticuleux, euse [metikylø, -øz] *a* meticulous.

métier [metje] *nm* (*profession: gén*) job; (*: manuel*) trade; (*: artisanal*) craft; (*technique, expérience*) (acquired) skill *ou* technique; (*aussi*: ~ **à tisser**) (weaving) loom; **être du ~** to be in the trade *ou* profession.

métis, se [metis] *a, nm/f* half-caste, half-breed.

métisser [metise] *vt* to cross.

métrage [metʀaʒ] *nm* (*de tissu*) length, ≈ yardage; (*CINÉMA*) footage, length; **long/moyen/court ~** full-length/medium-length/short film.

mètre [mɛtʀ(ə)] *nm* metre; (*règle*) (metre) rule; (*ruban*) tape measure; **métrique** *a* metric // *nf* metrics *sg*.

métro [metʀo] *nm* underground, subway.

métropole [metʀɔpɔl] *nf* (*capitale*) metropolis; (*pays*) home country; **métropolitain, e** *a* metropolitan.

mets [me] *nm* dish.

metteur [mɛtœʀ] *nm*: ~ **en scène** (*THÉÂTRE*) producer; (*CINÉMA*) director; ~ **en ondes** producer.

mettre [mɛtʀ(ə)] *vt* (*placer*) to put; (*vêtement: revêtir*) to put on; (*: porter*) to wear; (*installer: gaz, l'électricité*) to put in; (*faire fonctionner: chauffage, électricité*) to put on; (*noter, écrire*) to say, put down; **mettons que** let's suppose *ou* say that; ~ **en bouteille/en sac** to bottle/put in bags *ou* sacks; **y ~ du sien** to pull one's weight; ~ **du temps/2 heures à faire** to take time/2 hours doing; **se ~: n'avoir rien à se ~** to have nothing to wear; **se ~ de l'encre sur les doigts** to get ink on one's fingers; **se ~ au lit** to get into bed; **se ~ au piano** (*s'asseoir*) to sit down at the piano; (*apprendre*) to start learning the piano; **se ~ à faire** to begin ou start doing *ou* to do; **se ~ au travail/à l'étude** to get down to work/one's studies.

meublant, e [mœblɑ̃, -ɑ̃t] *a* (*tissus etc*) effective (in the room), decorative.

meuble [mœbl(ə)] *nm* piece of furniture; furniture *q* // *a* (*terre*) loose, friable; (*JUR*): **biens ~s** movables; **meublé** *nm* furnished room (*ou* flatlet); **meubler** *vt* to furnish;

(fig): **meubler qch (de)** to fill sth (with) ; **se meubler** to furnish one's house.

meugler [møgle] vi to low, moo.

meule [møl] nf (à broyer) millstone ; (à aiguiser) grindstone ; (à polir) buffwheel ; (de foin, blé) stack ; (de fromage) round.

meunerie [mønʀi] nf flour trade ; milling ; **meunier, ière** nm miller // nf miller's wife // af inv (CULIN) meunière.

meure etc vb voir **mourir**.

meurtre [mœʀtʀ(ə)] nm murder ; **meurtrier, ière** a (arme etc) deadly ; (fureur, instincts) murderous // nm/f murderer/eress // nf (ouverture) loophole.

meurtrir [mœʀtʀiʀ] vt to bruise ; (fig) to wound ; **meurtrissure** nf bruise ; (fig) scar.

meus etc vb voir **mouvoir**.

meute [møt] nf pack.

mexicain, e [mɛksikɛ̃, -ɛn] a, nm/f Mexican.

Mexico [mɛksiko] n Mexico City.

Mexique [mɛksik] nm: **le** ~ Mexico.

MF sigle f voir **modulation**.

Mgr abr de **Monseigneur**.

mi [mi] nm (MUS) E ; (en chantant la gamme) mi.

mi... [mi] préfixe half(-) ; mid- ; **à la** ~-**janvier** in mid-January ; ~-**bureau**, ~-**chambre** half office, half bedroom ; **à** ~-**jambes/-corps** (up ou down) to the knees/waist ; **à** ~-**hauteur/-pente** halfway up ou down/up ou down the hill.

miauler [mjole] vi to mew.

mica [mika] nm mica.

mi-carême [mikaʀɛm] nf: **la** ~ the third Thursday in Lent.

miche [miʃ] nf round ou cob loaf.

mi-chemin [miʃmɛ̃]: **à** ~ ad halfway, midway.

mi-clos, e [miklo, -kloz] a half-closed.

micmac [mikmak] nm (péj) carry-on.

micro [mikʀo] nm mike, microphone.

microbe [mikʀɔb] nm germ, microbe.

microfiche [mikʀɔfiʃ] nf microfiche.

microfilm [mikʀɔfilm] nm microfilm.

microphone [mikʀɔfɔn] nm microphone.

microscope [mikʀɔskɔp] nm microscope ; **au** ~ under ou through the microscope.

midi [midi] nm midday, noon ; (moment du déjeuner) lunchtime ; **à** ~ at 12 (o'clock) ou midday ou noon ; (sud) south ; **en plein** ~ (right) in the middle of the day ; facing south.

mie [mi] nf crumb (of the loaf).

miel [mjɛl] nm honey.

mielleux, euse [mjɛlø, -øz] a (péj) sugary, honeyed.

mien, ne [mjɛ̃, mjɛn] pronom: **le(la)** ~**(ne), les** ~**s** mine ; **les** ~**s** my family.

miette [mjɛt] nf (de pain, gâteau) crumb ; (fig: de la conversation etc) scrap ; **en** ~**s** (fig) in pieces ou bits.

mieux [mjø] ad better // a better ; (plus joli) better-looking // nm (progrès) improvement ; **le** ~ the best (thing) ; **le(la)** ~, **les** ~ the best ; **le** ~ **des deux** the better of the two ; **les livres les** ~ **faits** the best made books ; **de mon/ton** ~ as best I/you can (ou could) ; **de** ~ **en** ~ better and better ; **pour le** ~ for the best ;

au ~ at best ; **au** ~ **avec** on the best of terms with.

mièvre [mjɛvʀ(ə)] a mawkish, sickly sentimental.

mignon, ne [miɲɔ̃, -ɔn] a sweet, cute.

migraine [migʀɛn] nf headache ; migraine.

migrateur, trice [migʀatœʀ, -tʀis] a migratory.

migration [migʀɑsjɔ̃] nf migration.

mijaurée [miʒɔʀe] nf pretentious girl.

mijoter [miʒɔte] vt to simmer ; (préparer avec soin) to cook lovingly ; (affaire, projet) to plot, cook up // vi to simmer.

mil [mil] num = **mille**.

mildiou [mildju] nm mildew.

milice [milis] nf militia ; **milicien, ne** nm/f militia man/woman.

milieu, x [miljø] nm (centre) middle ; (fig) middle course ou way ; happy medium ; (BIO, GÉO) environment ; (entourage social) milieu ; background ; circle ; (pègre) : **le** ~ the underworld ; **au** ~ **de** in the middle of.

militaire [militɛʀ] a military, army cpd // nm serviceman.

militant, e [militɑ̃, -ɑ̃t] a, nm/f militant.

militer [milite] vi to be a militant ; ~ **pour/contre** (suj: faits, raisons etc) to militate in favour of/against.

mille [mil] num a ou one thousand // nm (mesure): ~ **(marin)** nautical mile ; **mettre dans le** ~ to hit the bull's-eye ; to be bang on target ; **millefeuille** nm cream ou vanilla slice ; **millénaire** nm millennium // a (millénaire) a thousand-year-old ; (fig) ancient ; ~-**pattes** nm inv centipede.

millésime [milezim] nm year ; **millésimé, e** a vintage cpd.

millet [mijɛ] nm millet.

milliard [miljaʀ] nm milliard, thousand million ; **milliardaire** nm/f multi-millionaire.

millier [milje] nm thousand ; **un** ~ **(de)** a thousand or so, about a thousand ; **par** ~**s** in (their) thousands, by the thousand.

milligramme [miligʀam] nm milligramme.

millimètre [milimɛtʀ(ə)] nm millimetre ; **millimétré, e** a: **papier millimétré** graph paper.

million [miljɔ̃] nm million ; **deux** ~**s de** two million ; **toucher cinq** ~**s** to get five million ; **riche à** ~**s** worth millions ; **millionnaire** nm/f millionaire.

mime [mim] nm/f (acteur) mime(r) // nm (art) mime, miming.

mimer [mime] vt to mime ; (singer) to mimic, take off.

mimétisme [mimetism(ə)] nm (BIO) mimicry.

mimique [mimik] nf (funny) face ; (signes) gesticulations pl, sign language q.

mimosa [mimoza] nm mimosa.

minable [minabl(ə)] a shabby (-looking) ; pathetic.

minauder [minode] vi to mince, simper.

mince [mɛ̃s] a thin ; (personne, taille) slim, slender ; (fig: profit, connaissances) slight, small // excl drat it! ; **minceur** nf thinness ; slimness, slenderness.

mine [min] nf (physionomie) expression, look; (extérieur) exterior, appearance; (de crayon) lead; (gisement, exploitation, explosif) mine; ~s nfpl (péj) simpering airs; **avoir bonne** ~ (personne) to look well; (ironique) to look an utter idiot; **avoir mauvaise** ~ to look unwell ou poorly; **faire** ~ **de faire** to make a pretence of doing; **to make as if to do**; ~ **de rien** ad with a casual air; although you wouldn't think so; ~ **de charbon** coalmine; ~ **à ciel ouvert** opencast mine.

miner [mine] vt (saper) to undermine, erode; (MIL) to mine.

minerai [minʀɛ] nm ore.

minéral, e, aux [mineʀal, -o] a mineral; (CHIMIE) inorganic // nm mineral.

minéralogie [mineʀalɔʒi] nf mineralogy.

minéralogique [mineʀalɔʒik] a mineralogical; **plaque** ~ number plate; **numéro** ~ registration number.

minet, te [minɛ, -ɛt] nm/f (chat) pussy-cat; (péj) young trendy/dollybird.

mineur, e [minœʀ] a minor // nm/f (JUR) minor, person under age // nm (travailleur) miner; ~ **de fond** face worker.

miniature [minjatyʀ] a, nf miniature; **miniaturiser** vt to miniaturize.

minibus [minibys] nm minibus.

minier, ière [minje, -jɛʀ] a mining.

mini-jupe [miniʒyp] nf mini-skirt.

minimal, e, aux [minimal, -o] a minimum.

minime [minim] a minor, minimal // nm/f (SPORT) junior.

minimiser [minimize] vt to minimize; (fig) to play down.

minimum [minimɔm] a, nm minimum; **au** ~ (au moins) at the very least; ~ **vital** living wage; subsistence level.

ministère [ministɛʀ] nm (aussi REL) ministry; (cabinet) government; ~ **public** (JUR) Prosecution, State Prosecutor; **ministériel, le** a cabinet cpd; ministerial.

ministre [ministʀ(ə)] nm (aussi REL) minister; ~ **d'État** senior minister (of the Interior or of Justice).

minium [minjɔm] nm red lead paint.

minois [minwa] nm little face.

minoritaire [minɔʀitɛʀ] a minority cpd.

minorité [minɔʀite] nf minority; **être en** ~ to be in the ou a minority; **mettre en** ~ (POL) to defeat.

minoterie [minɔtʀi] nf flour-mill.

minuit [minɥi] nm midnight.

minuscule [minyskyl] a a minute, tiny // nf: (lettre) ~ small letter.

minute [minyt] nf minute; (JUR: original) minute, draft; **à la** ~ (just) this instant; there and then; ~ **steak** ~ minute steak; **minuter** vt to time; **minuterie** nf time switch.

minutieux, euse [minysjø, -øz] a meticulous; minutely detailed; requiring painstaking attention to detail.

mioche [mjɔʃ] nm (fam) nipper, brat.

mirabelle [miʀabɛl] nf (cherry) plum; (eau-de-vie) plum brandy.

miracle [miʀɑkl(ə)] nm miracle; **miraculé, e** a who has been miraculously cured (ou rescued); **miraculeux, euse** a miraculous.

mirador [miʀadɔʀ] nm (MIL) watchtower.

mirage [miʀaʒ] nm mirage.

mire, e [mi, miz] pp de **mire** nf: **point de** ~ target; (fig) focal point; **ligne de** ~ line of sight.

mirer [miʀe] vt (œufs) to candle; **se** ~ vi: **se** ~ **dans** to gaze at one's reflection in; to be mirrored in.

mirifique [miʀifik] a wonderful.

mirobolant, e [miʀɔbɔlɑ̃, -ɑ̃t] a fantastic.

miroir [miʀwaʀ] nm mirror.

miroiter [miʀwate] vi to sparkle, shimmer; **faire** ~ **qch à qn** to paint sth in glowing colours for sb, dangle sth in front of sb's eyes.

miroiterie [miʀwatʀi] nf mirror factory; mirror dealer's (shop).

mis, e [mi, miz] pp de **mettre** // a: **bien** ~ well dressed // nf (argent: au jeu) stake; (tenue) clothing; attire; **être de** ~ to be acceptable ou in season; ~**e de fonds** capital outlay; ~**e à mort** kill; ~**e en plis** set; ~**e au point** (fig) clarification (voir aussi **point**); ~**e en scène** production.

misaine [mizɛn] nf: **mât de** ~ foremast.

misanthrope [mizɑ̃tʀɔp] nm/f misanthropist.

mise [miz] a, nf voir **mis**.

miser [mize] vt (enjeu) to stake, bet; ~ **sur** vt (cheval, numéro) to bet on; (fig) to bank ou count on.

misérable [mizeʀabl(ə)] a (lamentable, malheureux) pitiful, wretched; (pauvre) poverty-stricken; (insignifiant, mesquin) miserable // nm/f wretch; (miséreux) poor wretch.

misère [mizɛʀ] nf (extreme) poverty, destitution; ~s nfpl woes, miseries; little troubles; **être dans la** ~ to be destitute ou poverty-stricken; **salaire de** ~ starvation wage; **miséreux, euse** nm/f down-and-out.

miséricorde [mizeʀikɔʀd(ə)] nf mercy, forgiveness; **miséricordieux, euse** a merciful, forgiving.

misogyne [mizɔʒin] a misogynous // nm/f misogynist.

missel [misɛl] nm missal.

missile [misil] nm missile.

mission [misjɔ̃] nf mission; **partir en** ~ (ADMIN, POL) to go on an assignment; **missionnaire** nm/f missionary.

missive [misiv] nf missive.

mit vb voir **mettre**.

mitaine [mitɛn] nf mitt(en).

mite [mit] nf clothes moth; **mité, e** a moth-eaten.

mi-temps [mitɑ̃] nf inv (SPORT: période) half (pl halves); (: pause) half-time; **à** ~ a, ad part-time.

miteux, euse [mitø, -øz] a a seedy, shabby.

mitigé, e [mitiʒe] a lukewarm; mixed.

mitonner [mitɔne] vt to cook with loving care; (fig) to cook up quietly.

mitoyen, ne [mitwajɛ̃, -ɛn] a common, party cpd; **maisons** ~**nes** semi-detached houses; (plus de deux) terraced houses.

mitraille [mitRɑj] nf grapeshot ; shellfire.
mitrailler [mitRɑje] vt to machine-gun ;
(fig: photographier) to take shot after shot
of ; ~ **qn de** to pelt sb with, bombard sb
with ; **mitraillette** nf submachine gun ;
mitrailleur nm machine gunner ;
mitrailleuse nf machine gun.
mitre [mitR(ə)] nf mitre.
mitron [mitRɔ̃] nm baker's boy.
mi-voix [mivwa]: **à** ~ ad in a low ou
hushed voice.
mixage [miksaʒ] nm (CINÉMA) (sound)
mixing.
mixer [miksœR] nm (food) mixer.
mixité [miksite] nf (SCOL) coeducation.
mixte [mikst(ə)] a (gén) mixed ; (SCOL)
mixed, coeducational ; **à usage** ~ dual-
purpose ; **cuisinière** ~ gas and electric
cooker ; **équipe** ~ combined team.
mixture [mikstyR] nf mixture ; (fig)
concoction.
M.L.F. sigle m = mouvement de libération
de la femme, ≈ Women's Lib.
Mlle, pl **Miles** abr de **Mademoiselle.**
MM abr de **Messieurs.**
Mme, pl **Mmes** abr de **Madame.**
mnémotechnique [mnemɔtɛknik] a
mnemonic.
Mo abr de **métro.**
mobile [mɔbil] a mobile ; (pièce de
machine) moving ; (élément de meuble etc)
movable // nm (motif) motive ; (œuvre
d'art) mobile ; (PHYSIQUE) moving object ou
body.
mobilier, ière [mɔbilje, -jɛR] a (JUR)
personal // nm furniture ; **valeurs
mobilières** transferable securities ; **vente
mobilière** sale of personal property ou
chattels.
mobilisation [mɔbilizasjɔ̃] nf
mobilization.
mobiliser [mɔbilize] vt (MIL, gén) to
mobilize.
mobilité [mɔbilite] nf mobility.
mocassin [mɔkasɛ̃] nm moccasin.
moche [mɔʃ] a (fam) ugly ; rotten.
modalité [mɔdalite] nf form, mode ; ~**s**
nfpl (d'un accord etc) clauses, terms.
mode [mɔd] nf fashion ; (commerce)
fashion trade ou industry // nm (manière)
form, mode ; (LING) mood ; (MUS) mode ; **à
la** ~ fashionable, in fashion ; ~ **d'emploi**
directions pl (for use) ; ~ **de vie** way of
life.
modèle [mɔdɛl] a, nm model ; (qui pose:
de peintre) sitter ; ~ **déposé** registered
design ; ~ **réduit** small-scale model ; ~
de série production model.
modelé [mɔdle] nm relief ; contours pl.
modeler [mɔdle] vt (ART) to model, mould ;
(suj: vêtement, érosion) to mould, shape ; ~
qch sur/d'après to model sth on.
modérateur, trice [mɔdeRatœR, -tRis] a
moderating // nm/f moderator.
modération [mɔdeRasjɔ̃] nf moderation.
modéré, e [mɔdeRe] a, nm/f moderate.
modérer [mɔdeRe] vt to moderate ; **se** ~
vi to restrain o.s.
moderne [mɔdɛRn(ə)] a modern // nm
modern style ; modern furniture ;
moderniser vt to modernize.

modeste [mɔdɛst(ə)] a modest ; **modestie**
nf modesty.
modicité [mɔdisite] nf: **la** ~ **des prix** etc
the low prices etc.
modification [mɔdifikɑsjɔ̃] nf
modification.
modifier [mɔdifje] vt to modify, alter ;
(LING) to modify ; **se** ~ vi to alter.
modique [mɔdik] a modest.
modiste [mɔdist(ə)] nf milliner.
modulation [mɔdylɑsjɔ̃] nf modulation ;
~ **de fréquence (FM** ou **MF)** frequency
modulation.
module [mɔdyl] nm module.
moduler [mɔdyle] vt to modulate ; (air) to
warble.
moelle [mwal] nf marrow ; (fig) pith, core ;
~ **épinière** spinal chord.
moelleux, euse [mwalø, -øz] a soft ; (au
goût, à l'ouïe) mellow.
moellon [mwalɔ̃] nm rubble stone.
mœurs [mœR] nfpl (conduite) morals ;
(manières) manners ; (pratiques sociales,
mode de vie) habits ; **passer dans les** ~
to become the custom ; **contraire aux
bonnes** ~ contrary to proprieties.
mohair [mɔɛR] nm mohair.
moi [mwa] pronom me ; (emphatique): ~,
je for my part, I, I myself
moignon [mwaɲɔ̃] nm stump.
moi-même [mwamɛm] pronom myself ;
(emphatique) I myself.
moindre [mwɛ̃dR(ə)] a a lesser ; lower ;
le(la) ~, **les** ~**s** the least, the slightest.
moine [mwan] nm monk, friar.
moineau, x [mwano] nm sparrow.
moins [mwɛ̃] ad less // cj: ~ **2** minus 2 ;
~ **je travaille, mieux je me porte** the less
I work the better I feel ; ~ **grand que** not
as tall as, less tall than ; **le(la)** ~ **doué(e)**
the least gifted ; **le** ~ **le least** ; ~ **de**
(sable, eau) less ; (livres, gens) fewer ; ~
de 2 ans/100 F less than 2 years/100 F ;
~ **de midi** not yet midday ; **100 F/3 jours
de** ~ **100 F/3** days less ; **3 livres en** ~
3 books fewer ; 3 books too few ; **de
l'argent en** ~ less money ; **le soleil en**
~ but for the sun, minus the sun ; **à**
que cj unless ; **à** ~ **de faire** unless we do
(ou he does) ; **à** ~ **de** (imprévu, accident)
barring any ; **au** ~ at least ; **de** ~ **en**
less and less ; **pour le** ~ at the very least ;
du ~ at least ; **il est** ~ **cinq** it's five to ;
il fait ~ **cinq** it's five below (freezing) ou
minus five.
moiré, e [mwaRe] a (tissu, papier) moiré,
watered ; (reflets) shimmering.
mois [mwa] nm month ; ~ **double** (COMM)
extra month's salary.
moïse [mɔiz] nm Moses basket.
moisi, e [mwazi] a mouldy, mildewed //
nm mould, mildew ; **odeur de** ~ musty
smell.
moisir [mwaziR] vi to go mouldy ; (fig) to
rot ; to hang about.
moisissure [mwazisyR] nf mould q.
moisson [mwasɔ̃] nf harvest ; (fig): **faire
une** ~ **de** to gather a wealth of ;
moissonner vt to harvest, reap ; (fig) to
collect ; **moissonneur, euse** nm/f
harvester, reaper // nf (machine)

harvester; **moissonneuse-batteuse** *nf* combine harvester.
moite [mwat] *a* sweaty, sticky.
moitié [mwatje] *nf* half (*pl* halves); (*épouse*): **sa ~** his loving wife, his better half; **la ~** half; **la ~ de** half (of), half the amount (*ou* number) of; **la ~ du temps/des gens** half the time/the people; **à la ~ de** halfway through; **~ moins grand** half as tall; **~ plus long** half as long again, longer by half; **à ~** half (*avant le verbe*); half- (*avant l'adjectif*); **de ~** by half; **~ ~** half-and-half.
moka [mɔka] *nm* mocha coffee; mocha cake.
mol [mɔl] *a voir* **mou**.
molaire [mɔlɛʀ] *nf* molar.
molécule [mɔlekyl] *nf* molecule.
moleskine [mɔlɛskin] *nf* imitation leather.
molester [mɔlɛste] *vt* to manhandle, maul (about).
molette [mɔlɛt] *nf* toothed *ou* cutting wheel.
molle [mɔl] *af voir* **mou**; **~ment** *ad* softly; (*péj*) sluggishly; (*protester*) feebly; **mollesse** *nf* softness; flabbiness; limpness; sluggishness.
mollet [mɔlɛ] *nm* calf (*pl* calves) // *am*: **œuf ~** soft-boiled egg; **molletière** *af*: **bande molletière** puttee.
molletonné, e [mɔltɔne] *a* fleece-lined, flannelette-lined.
mollir [mɔliʀ] *vi* to give way; to relent; to go soft.
mollusque [mɔlysk(ə)] *nm* (*ZOOL*) mollusc.
molosse [mɔlɔs] *nm* big ferocious dog.
môme [mom] *nm/f* (*fam: enfant*) brat; (: *fille*) bird.
moment [mɔmã] *nm* moment; **ce n'est pas le ~** this is not the (right) time; **à un certain ~** at some point; **pour un bon ~** for a good while; **pour le ~** for the moment, for the time being; **au ~ de** at the time of; **au ~ où** as; at a time when; **à tout ~** at any time *ou* moment; constantly, continually; **en ce ~** at the moment; at present; **sur le ~** at the time; **par ~s** now and then, at times; **du ~ où** *ou* **que** seeing that, since; **momentané, e** *a* temporary, momentary.
momie [mɔmi] *nf* mummy.
mon [mɔ̃], **ma** [ma], *pl* **mes** [me] *dét* my.
monacal, e, aux [mɔnakal, -o] *a* monastic.
monarchie [mɔnaʀʃi] *nf* monarchy; **monarchiste** *a, nm/f* monarchist.
monarque [mɔnaʀk(ə)] *nm* monarch.
monastère [mɔnastɛʀ] *nm* monastery.
monastique [mɔnastik] *a* monastic.
monceau, x [mɔ̃so] *nm* heap.
mondain, e [mɔ̃dɛ̃, -ɛn] *a* society *cpd*; social; fashionable // *nm/f* society man/woman, socialite // *nf*: **la M~e, la police ~e** ≃ the vice squad; **mondanités** *nfpl* society life *sg*; (*society*) small talk *sg*; (*society*) gossip column *sg*.
monde [mɔ̃d] *nm* world; (*haute société*): **le ~** (high) society; (*milieu*): **être du même ~** to move in the same circles; (*gens*): **il y a du ~** (*beaucoup de gens*) there are many people; (*quelques personnes*) there

are some people; **y a-t-il du ~ dans le salon?** is there anybody in the lounge?; **beaucoup/peu de ~** many/few people; **le meilleur** *etc* **du ~** the best *etc* in the world *ou* on earth; **mettre au ~** to bring into the world; **pas le moins du ~** not in the least; **se faire un ~ de qch** to make a great deal of fuss about sth; **mondial, e, aux** *a* (*population*) world *cpd*; (*influence*) world-wide; **mondialement** *ad* throughout the world; **mondovision** *nf* world coverage by satellite.
monégasque [mɔnegask(ə)] *a* Monegasque, of *ou* from Monaco.
monétaire [mɔnetɛʀ] *a* monetary.
mongolien, ne [mɔ̃gɔljɛ̃, -jɛn] *a, nm/f* mongol.
mongolisme [mɔ̃gɔlism(ə)] *nm* mongolism.
moniteur, trice [mɔnitœʀ, -tʀis] *nm/f* (*SPORT*) instructor/instructress; (*de colonie de vacances*) supervisor // *nm*: **~ cardiaque** cardiac monitor; **~ d'auto-école** driving instructor.
monnaie [mɔnɛ] *nf* (*pièce*) coin; (*ÉCON, gén: moyen d'échange*) currency; (*petites pièces*): **avoir de la ~** to have (some) change; **faire de la ~** to get (some) change; **avoir/faire la ~ de 20 F** to have change of/get change for 20 F; **faire à qn la ~ de 20 F** to give sb change for 20 F, change 20 F for sb; **rendre à qn la ~ (sur 20 F)** to give sb the change (out of *ou* from 20 F); **c'est ~ courante** it's a common occurrence; **monnayer** *vt* to convert into cash; (*talent*) to capitalize on; **monnayeur** *nm voir* **faux**.
monocle [mɔnɔkl(ə)] *nm* monocle, eyeglass.
monocorde [mɔnɔkɔʀd(ə)] *a* monotonous.
monoculture [mɔnɔkyltyʀ] *nf* single-crop farming, monoculture.
monogramme [mɔnɔgʀam] *nm* monogram.
monolingue [mɔnɔlɛ̃g] *a* monolingual.
monologue [mɔnɔlɔg] *nm* monologue, soliloquy; **monologuer** *vi* to soliloquize.
monôme [mɔnom] *nm* (*MATH*) monomial; (*d'étudiants*) students' rag procession.
monoplace [mɔnɔplas] *a, nm, nf* single-seater, one-seater.
monopole [mɔnɔpɔl] *nm* monopoly; **monopoliser** *vt* to monopolize.
monorail [mɔnɔʀaj] *nm* monorail, monorail train.
monosyllabe [mɔnɔsilab] *nm* monosyllable, word of one syllable.
monotone [mɔnɔtɔn] *a* monotonous; **monotonie** *nf* monotony.
monseigneur [mɔ̃sɛɲœʀ] *nm* (*archevêque, évêque*) Your (*ou* His) Grace; (*cardinal*) Your (*ou* His) Eminence; **Mgr Thomas** Bishop Thomas; Cardinal Thomas.
Monsieur [məsjø], *pl* **Messieurs** [mesjø] *titre* Mr ['mɪstə*] // *nm* (*homme quelconque*): **un/le m~** a/the gentleman; *voir aussi* **Madame**.
monstre [mɔ̃stʀ(ə)] *nm* monster // *a*: **un travail** ~ a fantastic amount of work; an enormous job; **monstrueux, euse** *a* monstrous; **monstruosité** *nf* monstrosity.

mont [mɔ̃] *nm*: par ~s et par vaux up hill and down dale; **le M— Blanc** Mont Blanc; **le ~ de Vénus** mons veneris.

montage [mɔ̃taʒ] *nm* putting up; mounting, setting; assembly; (*PHOTO*) photomontage; (*CINEMA*) editing; ~ **sonore** sound editing.

montagnard, e [mɔ̃taɲaʀ, -aʀd(ə)] *a* mountain *cpd* // *nm/f* mountain-dweller.

montagne [mɔ̃taɲ] *nf* (*cime*) mountain; (*région*): **la ~** the mountains *pl*; ~s **russes** big dipper *sg*, switchback *sg*.

montant, e [mɔ̃tɑ̃, -ɑ̃t] *a* rising; (*robe, corsage*) high-necked // *nm* (*somme, total*), (*sum*) total, (total) amount; (*de fenêtre*) upright; (*de lit*) post.

mont-de-piété [mɔ̃dpjete] *nm* pawnshop.

monte-charge [mɔ̃tʃaʀʒ(ə)] *nm inv* goods lift, hoist.

montée [mɔ̃te] *nf* rising, rise; ascent, climb; (*chemin*) way up; (*côte*) hill; **au milieu de la ~** halfway up; **le moteur chauffe dans les ~s** the engine overheats going uphill.

monte-plats [mɔ̃tpla] *nm inv* service lift.

monter [mɔ̃te] *vt* (*escalier, côte*) to go (*ou* come) up; (*valise, paquet*) to take (*ou* bring) up; (*cheval*) to mount; (*femelle*) to cover, serve; (*étagère*) to raise; (*tente, échafaudage*) to put up; (*machine*) to assemble; (*bijou*) to mount, set; (*COUTURE*) to set in; to sew on; (*CINEMA*) to edit; (*THÉÂTRE*) to put on, stage; (*société etc*) to set up // *vi* to go (*ou* come) up; (*avion etc*) to climb, go up; (*chemin, niveau, température*) to go up, rise; (*passager*) to get on; (*à cheval*): ~ **bien/mal** to ride well/badly; ~ **à pied/en voiture** to walk/drive up, go up on foot/by car; ~ **dans le train/l'avion** to get into the train/plane, board the train/plane; ~ **sur** to climb up onto; ~ **à cheval** to get on *ou* mount a horse; **se** ~ (*s'équiper*) to equip o.s., get kitted up; **se** ~ **à** (*frais etc*) to add up to, come to; ~ **qn contre qn** to set sb against sb; ~ **la tête à qn** to give sb ideas; **monteur, euse** *nm/f* (*TECH*) fitter; (*CINEMA*) (film) editor.

monticule [mɔ̃tikyl] *nm* mound.

montre [mɔ̃tʀ(ə)] *nf* watch; (*ostentation*): **pour la ~** for show; **faire ~ de** to show, display; **contre la ~** (*SPORT*) against the clock; ~**-bracelet** *nf* wrist watch.

montrer [mɔ̃tʀe] *vt* to show; ~ **qch à qn** to show sb sth; **montreur de marionnettes** *nm* puppeteer.

monture [mɔ̃tyʀ] *nf* (*bête*) mount; (*d'une bague*) setting; (*de lunettes*) frame.

monument [mɔnymɑ̃] *nm* monument; ~ **aux morts** war memorial; **monumental, e, aux** *a* monumental.

moquer [mɔke]: **se** ~ **de** *vt* to make fun of, laugh at; (*fam: se désintéresser de*) not to care about; (*tromper*): **se** ~ **de qn** to take sb for a ride.

moquerie [mɔkʀi] *nf* mockery *q*.

moquette [mɔkɛt] *nf* fitted carpet, wall-to-wall carpeting *q*.

moqueur, euse [mɔkœʀ, -øz] *a* mocking.

moral, e, aux [mɔʀal, -o] *a* moral // *nm* morale // *nf* (*conduite*) morals *pl*; (*règles*) moral code, ethic; (*valeurs*) moral standards *pl*, morality; (*science*) ethics *sg*, moral philosophy; (*conclusion: d'une fable etc*) moral; **au** ~, **sur le plan** ~ morally; **faire la** ~ **e à** to lecture, preach at; ~**isateur, trice** *a* moralizing, sanctimonious; ~**iser** *vt* (*sermonner*) to lecture, preach at; ~**iste** *nm/f* moralist // *a* moralistic; ~**ité** *nf* morality; (*conduite*) morals *pl*; (*conclusion, enseignement*) moral.

morbide [mɔʀbid] *a* morbid.

morceau, x [mɔʀso] *nm* piece, bit; (*d'une œuvre*) passage, extract; (*MUS*) piece; (*CULIN: de viande*) cut; **mettre en** ~**x** to pull to pieces *ou* bits.

morceler [mɔʀsəle] *vt* to break up, divide up.

mordant, e [mɔʀdɑ̃, -ɑ̃t] *a* scathing, cutting; biting // *nm* spirit; bite, punch.

mordicus [mɔʀdikys] *ad* (*affirmer etc*) obstinately, stubbornly.

mordiller [mɔʀdije] *vt* to nibble at, chew at.

mordoré, e [mɔʀdɔʀe] *a* a lustrous bronze.

mordre [mɔʀdʀ(ə)] *vt* to bite; (*suj: lime, vis*) to bite into // *vi* (*poisson*) to bite; ~ **dans** (*fruit*) to bite into; ~ **sur** (*fig*) to go over into, overlap into; ~ **à l'hameçon** to bite, rise to the bait.

mordu, e [mɔʀdy] *pp de* **mordre** // *a* (*amoureux*) smitten // *nm/f*: **un** ~ **du jazz/de la voile** a jazz/sailing fanatic *ou* buff.

morfondre [mɔʀfɔ̃dʀ(ə)]: **se** ~ *vi* to fret.

morgue [mɔʀg(ə)] *nf* (*arrogance*) haughtiness; (*lieu: de la police*) morgue; (*: à l'hôpital*) mortuary.

moribond, e [mɔʀibɔ̃, -ɔ̃d] *a* dying, moribund.

morille [mɔʀij] *nf* morel.

morne [mɔʀn(ə)] *a* dismal, dreary.

morose [mɔʀoz] *a* sullen, morose.

morphine [mɔʀfin] *nf* morphine; **morphinomane** *nm/f* morphine addict.

morphologie [mɔʀfɔlɔʒi] *nf* morphology.

mors [mɔʀ] *nm* bit.

morse [mɔʀs(ə)] *nm* (*ZOOL*) walrus; (*TEL*) Morse (code).

morsure [mɔʀsyʀ] *nf* bite.

mort [mɔʀ] *nf* death; **se donner la** ~ to take one's life.

mort, e [mɔʀ, mɔʀt(ə)] *pp de* **mourir** // *a* dead // *nm* (*défunt*) dead man/woman; (*victime*): **il y a eu plusieurs** ~**s** several people were killed, there were several killed // *nm* (*CARTES*) dummy; ~ **ou vif** dead or alive; ~ **de peur/fatigue** frightened to death/dead tired.

mortadelle [mɔʀtadɛl] *nf* mortadella (*type of luncheon meat*).

mortalité [mɔʀtalite] *nf* mortality, death rate.

mortel, le [mɔʀtɛl] *a* (*poison etc*) deadly, lethal; (*accident, blessure*) fatal; (*REL*) mortal; (*fig*) deathly; deadly boring // *nm/f* mortal.

morte-saison [mɔʀtəsɛzɔ̃] *nf* slack *ou* off season.

mortier [mɔʀtje] *nm* (*gén*) mortar.

mortifier [mɔʀtifje] vt to mortify.

mort-né, e [mɔʀne] a (enfant) stillborn; (fig) abortive.

mortuaire [mɔʀtɥɛʀ] a funeral cpd; **avis ~s** death announcements, intimations; **chapelle ~** mortuary chapel; **couronne ~** (funeral) wreath; **domicile ~** house of the deceased; **drap ~** pall.

morue [mɔʀy] nf (ZOOL) cod inv; (CULIN: salée) salt-cod; **morutier** nm cod fisherman; cod fishing boat.

morveux, euse [mɔʀvø, -øz] a (fam) snotty-nosed.

mosaïque [mɔzaik] nf (ART) mosaic; (fig) patchwork.

Moscou [mɔsku] n Moscow; **moscovite** a ou ou from Moscow // nm/f Muscovite.

mosquée [mɔske] nf mosque.

mot [mo] nm word; (message) line, note; (bon mot etc) saying; sally; **~ à ~** a, ad word for word; **~ pour ~** word for word, verbatim; **prendre qn au ~** to take sb at his word; **avoir son ~ à dire** to have a say; **~s croisés** crossword (puzzle) sg; **~ d'ordre** watchword; **~ de passe** password.

motard [mɔtaʀ] nm motorcycle cop.

motel [mɔtɛl] nm motel.

moteur, trice [mɔtœʀ, -tʀis] a (ANAT, PHYSIOL) motor; (troubles) motory; (TECH) driving; (AUTO): **à 4 roues motrices** 4-wheel drive // nm engine, motor; (fig) mover, mainspring; **à ~** power-driven, motor cpd; **~ à deux temps** two-stroke engine; **~ à explosion** internal combustion engine.

motif [mɔtif] nm (cause) motive; (décoratif) design, pattern, motif; (d'un tableau) subject, motif; (MUS) figure, motif; **~s** nmpl (JUR) grounds pl; **sans ~** a groundless.

motion [mɔsjɔ̃] nf motion; **~ de censure** motion of censure, vote of no confidence.

motivation [mɔtivasjɔ̃] nf motivation.

motivé, e [mɔtive] a (acte) justified; (personne) motivated.

motiver [mɔtive] vt (justifier) to justify, account for; (constituer) (JUR, ADMIN, PSYCH) to motivate.

moto [mɔto] nf (motor)bike; **~-cross** nm motocross; **~cyclette** nf motorbike, motorcycle; **~cyclisme** nm motorcycle racing; **~cycliste** nm/f motorcyclist.

motorisé, e [mɔtɔrize] a (troupe) motorized; (personne) having transport ou a car.

motrice [mɔtʀis] a voir **moteur**; **motricité** nf motor functions.

motte [mɔt] nf: **~ de terre** lump of earth, clod (of earth); **~ de gazon** turf, sod; **~ de beurre** lump of butter.

motus [mɔtys] excl: **~ (et bouche cousue)!** mum's the word!

mou(mol), molle [mu, mɔl] a soft; (péj) flabby; limp; sluggish; feeble // nm (abats) lights pl, lungs pl; (de la corde): **avoir du ~** to be slack.

mouchard, e [muʃaʀ, -aʀd(ə)] nm/f grass // nm (appareil) control device.

mouche [muʃ] nf fly; (ESCRIME) button; (de taffetas) patch; **prendre la ~** to take the huff; **faire ~** to score a bull's-eye.

moucher [muʃe] vt (enfant) to blow the nose of; (chandelle) to snuff (out); **se ~** vi to blow one's nose.

moucheron [muʃʀɔ̃] nm midge.

moucheté, e [muʃte] a dappled; flecked; (ESCRIME) buttoned.

mouchoir [muʃwaʀ] nm handkerchief, hanky; **~ en papier** tissue, paper hanky.

moudre [mudʀ(ə)] vt to grind.

moue [mu] nf pout; **faire la ~** to pout; (fig) to pull a face.

mouette [mwɛt] nf (sea)gull.

moufle [mufl(ə)] nf (gant) mitt(en); (TECH) pulley block.

mouflon [muflɔ̃] nm mouf(f)lon.

mouillage [mujaʒ] nm (NAVIG: lieu) anchorage, moorings pl.

mouillé, e [muje] a wet.

mouiller [muje] vt (humecter) to wet, moisten; (tremper): **~ qn/qch** to make sb/sth wet; (couper, diluer) to water down; (mine etc) to lay // vi (NAVIG) to lie ou be at anchor; **se ~** to get wet; (fam) to commit o.s.; to get o.s. involved; **~ l'ancre** to drop ou cast anchor; **mouillure** nf wet q; wet patch.

moulage [mulaʒ] nm moulding; casting; (objet) cast.

moule [mul] nf mussel // nm (creux, CULIN) mould; (modèle plein) cast; **~ à gâteaux** nm cake tin.

moulent vb voir aussi **moudre**.

mouler [mule] vt (brique) to mould; (statue) to cast; (visage, bas-relief) to make a cast of; (lettre) to shape with care; (suj: vêtement) to hug, fit closely round; **~ qch sur** (fig) to model sth on.

moulin [mulɛ̃] nm mill; (fam) engine; **~ à café/à poivre** coffee/pepper mill; **~ à légumes** (vegetable) shredder; **~ à paroles** (fig) chatterbox; **~ à prières** prayer wheel; **~ à vent** windmill.

moulinet [mulinɛ] nm (de treuil) winch; (de canne à pêche) reel; (mouvement): **faire des ~s avec qch** to whirl sth around.

moulinette [mulinɛt] nf (vegetable) shredder.

moulu, e [muly] pp de **moudre**.

moulure [mulyʀ] nf (ornement) moulding.

mourant, e [muʀɑ̃, -ɑ̃t] a dying // nm/f dying man/woman.

mourir [muʀiʀ] vi to die; (civilisation) to die out; **~ de froid/faim** to die of exposure/hunger; **~ de faim/d'ennui** (fig) to be starving/be bored to death; **~ d'envie de faire** to be dying to do.

mousquetaire [muskətɛʀ] nm musketeer.

mousqueton [muskətɔ̃] nm (fusil) carbine; (anneau) snap-link, karabiner.

mousse [mus] nf (BOT) moss; (écume: sur eau, bière) froth, foam; (: shampooing) lather; (CULIN) mousse // nm (NAVIG) ship's boy; **bain de ~** bubble bath; **bas ~** stretch stockings; **balle ~** rubber ball; **~ carbonique** (fire-fighting) foam; **~ de nylon** stretch nylon; foam; **~ à raser** shaving foam.

mousseline [muslin] nf muslin; chiffon; **pommes ~** creamed potatoes.

mousser [muse] vi to foam; to lather.

mousseux, euse [musø, -øz] *a* frothy // *nm:* (*vin*) ~ sparkling wine.
mousson [musɔ̃] *nf* monsoon.
moussu, e [musy] *a* mossy.
moustache [mustaʃ] *nf* moustache; ~s *nfpl* (*du chat*) whiskers *pl*; **moustachu, e** *a* wearing a moustache.
moustiquaire [mustikɛʀ] *nf* mosquito net (*ou* screen).
moustique [mustik] *nm* mosquito.
moutarde [mutaʀd(ə)] *nf* mustard.
mouton [mutɔ̃] *nm* (*ZOOL, péj*) sheep *inv*; (*peau*) sheepskin; (*CULIN*) mutton; ~s *nmpl* (*fig*) white horses; fluffy *ou* fleecy clouds; bits of fluff.
mouture [mutyʀ] *nf* grinding; (*péj*) rehash.
mouvant, e [muvɑ̃, -ɑ̃t] *a* unsettled; changing; shifting.
mouvement [muvmɑ̃] *nm* (*gén, aussi: mécanisme*) movement; (*fig*) activity; impulse; reaction; gesture; (*MUS: rythme*) tempo (*pl* s); **en** ~ in motion; on the move; **mettre qch en** ~ to set sth in motion, set sth going; ~ **d'humeur** fit *ou* burst of temper; ~ **d'opinion** trend of (public) opinion; **le** ~ **perpétuel** perpetual motion; **mouvementé, e** *a* (*vie, poursuite*) eventful; (*réunion*) turbulent.
mouvoir [muvwaʀ] *vt* (*levier, membre*) to move; (*machine*) to drive; **se** ~ to move.
moyen, ne [mwajɛ̃, -ɛn] *a* average; (*tailles, prix*) medium; (*de grandeur moyenne*) medium-sized // *nm* (*façon*) means *sg*, way // *nf* average; (*MATH*) mean; (*SCOL: à l'examen*) pass mark; (*AUTO*) average speed; ~s *nmpl* (*capacités*) means; **au** ~ **de** by means of; **y a-t-il** ~ **de ...?** is it possible to ...?, can one ...?; **par quel** ~? how?, which way?, by which means?; **par tous les** ~s by every possible means, every possible way; **employer les grands** ~s to resort to drastic measures; **par ses propres** ~s all by oneself; **en** ~ne (an) average; ~ **de locomotion/d'expression** means of transport/expression; ~ **âge** Middle Ages; ~**ne d'âge** average age.
moyennant [mwajɛnɑ̃] *prép* (*somme*) for; (*service, conditions*) in return for; (*travail, effort*) with.
Moyen-Orient [mwajɛnɔʀjɑ̃] *nm:* **le** ~ the Middle East.
moyeu, x [mwajø] *nm* hub.
mû, mue [my] *pp de* **mouvoir**.
mucosité [mykozite] *nf* mucus *q*.
mucus [mykys] *nm* mucus *q*.
mue [my] *pp voir* **mouvoir** // *nf* moulting; sloughing; breaking of the voice.
muer [mɥe] *vi* (*oiseau, mammifère*) to moult; (*serpent*) to slough; (*jeune garçon*) **il mue** his voice is breaking; **se** ~ **en** to transform into.
muet, te [mɥɛ, -ɛt] *a* dumb; (*fig*): ~ **d'admiration** *etc* speechless with admiration *etc*; (*joie, douleur, CINÉMA*) silent; (*LING: lettre*) silent, mute; (*carte*) blank // *nm/f* mute.
mufle [myfl(ə)] *nm* muzzle; (*goujat*) boor // *a* boorish.
mugir [myʒiʀ] *vi* to bellow; to low; (*fig*) to howl.

muguet [mygɛ] *nm* lily of the valley.
mulâtre, tresse [mylɑtʀ(ə), -tʀɛs] *nm/f* mulatto.
mule [myl] *nf* (*ZOOL*) (she-)mule; ~s *nfpl* (*pantoufles*) mules.
mulet [mylɛ] *nm* (*ZOOL*) (he-)mule; **muletier, ière** *a:* **chemin muletier** mule track.
mulot [mylo] *nm* field mouse (*pl* mice).
multicolore [myltikɔlɔʀ] *a* multicoloured.
multinational, e, aux [myltinasjɔnal, -o] *a* multinational.
multiple [myltipl(ə)] *a* multiple, numerous; (*varié*) many, manifold // *nm* (*MATH*) multiple.
multiplicateur [myltiplikatœʀ] *nm* multiplier.
multiplication [myltiplikasjɔ̃] *nf* multiplication.
multiplicité [myltiplisite] *nf* multiplicity.
multiplier [myltiplije] *vt* to multiply; **se** ~ *vi* to multiply; to increase in number.
multitude [myltityd] *nf* multitude; mass; **une** ~ **de** a vast number of, a multitude of.
municipal, e, aux [mynisipal, -o] *a* municipal; town *cpd*, ≈ borough *cpd*.
municipalité [mynisipalite] *nf* (*corps municipal*) town council, corporation; (*commune*) town, municipality.
munir [myniʀ] *vt:* ~ **qn/qch de** to equip sb/sth with.
munitions [mynisjɔ̃] *nfpl* ammunition *sg*.
muqueuse [mykøz] *nf* mucous membrane.
mur [myʀ] *nm* wall; ~ **du son** sound barrier.
mûr, e [myʀ] *a* ripe; (*personne*) mature // *nf* blackberry; mulberry.
muraille [myʀaj] *nf* (high) wall.
mural, e, aux [myʀal, -o] *a* wall *cpd*; mural.
mûrement [myʀmɑ̃] *ad:* **ayant** ~ **réfléchi** having given the matter much thought.
murène [myʀɛn] *nf* moray (eel).
murer [myʀe] *vt* (*enclos*) to wall (in); (*porte, issue*) to wall up; (*personne*) to wall up *ou* in.
muret [myʀɛ] *nm* low wall.
mûrier [myʀje] *nm* blackberry bush; mulberry tree.
mûrir [myʀiʀ] *vi* (*fruit, blé*) to ripen; (*abcès, furoncle*) to come to a head; (*fig: idée, personne*) to mature // *vt* to ripen; to (make) mature.
murmure [myʀmyʀ] *nm* murmur; ~s *nmpl* (*plaintes*) murmurings, mutterings; **murmurer** *vi* to murmur; (*se plaindre*) to mutter, grumble.
musaraigne [myzaʀɛɲ] *nf* shrew.
musarder [myzaʀde] *vi* to dawdle (along); to idle (about).
musc [mysk] *nm* musk.
muscade [myskad] *nf* nutmeg.
muscat [myska] *nm* muscat grape; muscatel (wine).
muscle [myskl(ə)] *nm* muscle; **musclé, e** *a* muscular; **musculation** *nf:* **exercices de musculation** muscle-developing exercises; **musculature** *nf* muscle structure, muscles *pl*.

museau, x [myzo] *nm* muzzle.

musée [myze] *nm* museum ; art gallery.

museler [myzle] *vt* to muzzle ; **muselière** *nf* muzzle.

musette [myzɛt] *nf* (*sac*) lunchbag // *a inv* (*orchestre etc*) accordion *cpd*.

muséum [myzeɔm] *nm* museum.

musical, e, aux [myzikal, -o] *a* musical.

music-hall [myzikol] *nm* variety theatre ; (*genre*) variety.

musicien, ne [myziziɛ̃, -jɛn] *nm/f* musician.

musique [myzik] *nf* music ; (*fanfare*) band ; **faire de la** ~ to make some music ; to play an instrument ; ~ **de chambre** chamber music ; ~ **de fond** background music.

musqué, e [myske] *a* musky.

musulman, e [myzylmɑ̃, -an] *a, nm/f* Moslem, Muslim.

mutation [mytɑsjɔ̃] *nf* (ADMIN) transfer ; (BIO) mutation.

muter [myte] *vt* (ADMIN) to transfer.

mutilation [mytilɑsjɔ̃] *nf* mutilation.

mutilé, e [mytile] *nm/f* disabled person (*through loss of limbs*).

mutiler [mytile] *vt* to mutilate, maim ; (*fig*) to mutilate, deface.

mutin, e [mytɛ̃, -in] *a* (*air, ton*) mischievous, impish // *nm/f* (MIL, NAVIG) mutineer.

mutiner [mytine]: **se** ~ *vi* to mutiny ; **mutinerie** *nf* mutiny.

mutisme [mytism(ə)] *nm* silence.

mutuel, le [mytɥɛl] *a* mutual // *nf* mutual benefit society.

myocarde [mjɔkard(ə)] *nm* voir **infarctus**.

myope [mjɔp] *a* short-sighted ; **myopie** *nf* short-sightedness, myopia.

myosotis [mjozɔtis] *nm* forget-me-not.

myriade [miʀjad] *nf* myriad.

myrtille [miʀtij] *nf* bilberry, whortleberry.

mystère [mistɛʀ] *nm* mystery ; **mystérieux, euse** *a* mysterious.

mysticisme [mistisism(ə)] *nm* mysticism.

mystification [mistifikɑsjɔ̃] *nf* hoax ; mystification.

mystifier [mistifje] *vt* to fool ; to mystify.

mystique [mistik] *a* mystic, mystical // *nm/f* mystic.

mythe [mit] *nm* myth ; **mythique** *a* mythical.

mythologie [mitɔlɔʒi] *nf* mythology ; **mythologique** *a* mythological.

mythomane [mitɔman] *nm/f* mythomaniac.

N

n' [n] *ad* voir **ne**.

nacelle [nasɛl] *nf* (*de ballon*) basket.

nacre [nakʀ(ə)] *nf* mother of pearl ; **nacré, e** *a* pearly.

nage [naʒ] *nf* swimming ; style of swimming, stroke ; **tra-verser/s'éloigner à la** ~ to swim across/away ; **en** ~ bathed in perspiration.

nageoire [naʒwaʀ] *nf* fin.

nager [naʒe] *vi* to swim ; **nageur, euse** *nm/f* swimmer.

naguère [nagɛʀ] *ad* formerly.

naif, ïve [naif, naiv] *a* naïve.

nain, e [nɛ̃, nɛn] *nm/f* dwarf.

naissance [nɛsɑ̃s] *nf* birth ; **donner** ~ **à** to give birth to ; (*fig*) to give rise to ; **aveugle de** ~ born blind ; **Français de** ~ French by birth ; **à la** ~ **des cheveux** at the roots of the hair.

naissant, e [nɛsɑ̃, -ɑ̃t] *a* budding, incipient ; dawning.

naître [nɛtʀ(ə)] *vi* to be born ; (*conflit, complications*): ~ **de** to arise from, be born out of ; ~ **à** (*amour, poésie*) to awaken to ; **il est né en 1960** he was born in 1960 ; **il naît plus de filles que de garçons** there are more girls born than boys ; **faire** ~ (*fig*) to give rise to, arouse.

naïveté [naivte] *nf* naïvety.

nantir [nɑ̃tiʀ] *vt*: ~ **qn de** to provide sb with ; **les nantis** (*péj*) the well-to-do.

napalm [napalm] *nm* napalm.

nappe [nap] *nf* tablecloth ; (*fig*) sheet ; layer ; ~**ron** *nm* table-mat.

naquit *etc vb* voir **naître**.

narcisse [naʀsis] *nm* narcissus.

narcissisme [naʀsisism(ə)] *nm* narcissism.

narcotique [naʀkɔtik] *a, nm* narcotic.

narguer [naʀge] *vt* to taunt.

narine [naʀin] *nf* nostril.

narquois, e [naʀkwa, -waz] *a* derisive, mocking.

narrateur, trice [naʀatœʀ, -tʀis] *nm/f* narrator.

narrer [naʀe] *vt* to tell the story of, recount.

nasal, e, aux [nazal, -o] *a* nasal.

naseau, x [nazo] *nm* nostril.

nasiller [nazije] *vi* to speak with a (nasal) twang.

nasse [nas] *nf* fish-trap.

natal, e [natal] *a* native.

nataliste [natalist(ə)] *a* supporting a rising birth rate.

natalité [natalite] *nf* birth rate.

natation [natɑsjɔ̃] *nf* swimming.

natif, ïve [natif, -iv] *a* native.

nation [nɑsjɔ̃] *nf* nation ; **les N**~**s Unies** the United Nations.

national, e, aux [nasjɔnal, -o] *a* national // *nf*: (**route**) ~**e** trunk road, ≈ A road ; **obsèques** ~**es** state funeral ; ~**iser** *vt* to nationalize ; ~**isme** *nm* nationalism ; ~**ité** *nf* nationality.

natte [nat] *nf* (*tapis*) mat ; (*cheveux*) plait.

naturaliser [natyʀalize] *vt* to naturalize.

naturaliste [natyʀalist(ə)] *nm/f* naturalist.

nature [natyʀ] *nf* nature // *a, ad* (CULIN) plain, without seasoning or sweetening ; (*café, thé*) black, without sugar ; **payer en** ~ to pay in kind ; **peint d'après** ~ painted from life ; ~ **morte** still-life ; **naturel, le** *a* (*gén, aussi : enfant*) natural // *nm* naturalness ; disposition, nature ; (*autochtone*) native ; **naturellement** *ad* naturally ; (*bien sûr*) of course ; **naturisme** *nm* naturism ; **naturiste** *nm/f* naturist.

naufrage [nofʀaʒ] *nm* (ship)wreck ; (*fig*) wreck ; **faire** ~ to be shipwrecked ;

naufragé, e *nm/f* shipwreck victim, castaway.

nauséabond, e [nozeabɔ̃, -ɔ̃d] *a* foul, nauseous.

nausée [noze] *nf* nausea.

nautique [notik] *a* nautical, water *cpd*.

nautisme [notism] *nm* water sports.

naval, e [naval] *a* naval.

navet [navε] *nm* turnip ; (*péj*) third-rate film.

navette [navεt] *nf* shuttle ; (*en car etc*) shuttle (service) ; **faire la ~** (**entre**) to go to and fro *ou* shuttle (between).

navigable [navigabl(ə)] *a* navigable.

navigateur [navigatœR] *nm* (*NAVIG*) seafarer, sailor ; (*AVIAT*) navigator.

navigation [navigasjɔ̃] *nf* navigation, sailing ; shipping.

naviguer [navige] *vi* to navigate, sail.

navire [naviR] *nm* ship.

navrer [navRe] *vt* to upset, distress ; **je suis navré** I'm so sorry.

N.B. *sigle* (= *nota bene*) NB.

ne, n' [n(ə)] *ad voir* **pas, plus, jamais** *etc* ; (*explétif*) *non traduit*.

né, e [ne] *pp* (*voir* **naître**): **~ en 1960** born in 1960 ; **~e Scott** née Scott // *a*: **un comédien ~** a born comedian.

néanmoins [neɑ̃mwε̃] *ad* nevertheless, yet.

néant [neɑ̃] *nm* nothingness ; **réduire à ~** to bring to nought ; to dash.

nébuleux, euse [nebylø, -øz] *a* nebulous.

nébulosité [nebylozite] *nf* cloud cover ; **~ variable** cloudy *ou* some cloud in places.

nécessaire [nesesεR] *a* necessary // *nm* necessary ; (*sac*) kit ; **~ de couture** sewing kit ; **~ de toilette** toilet bag ; **nécessité** *nf* necessity ; **nécessiter** *vt* to require ; **nécessiteux, euse** *a* needy.

nec plus ultra [nekplysyltRa] *nm*: **le ~** de the last word in.

nécrologique [nekRɔlɔʒik] *a*: **article ~** obituary ; **rubrique ~** obituary column.

nécromancien, ne [nekRɔmɑ̃sjε̃, -jεn] *nm/f* necromancer.

nécrose [nekRoz] *nf* necrosis.

néerlandais, e [neeRlɑ̃dε, -εz] *a* Dutch.

nef [nεf] *nf* (*d'église*) nave.

néfaste [nefast(ə)] *a* baneful ; ill-fated.

négatif, ive [negatif, iv] *a* negative // *nm* (*PHOTO*) negative.

négligé, e [negliʒe] *a* (*en désordre*) slovenly // *nm* (*tenue*) negligee.

négligence [negliʒɑ̃s] *nf* carelessness *q* ; careless omission.

négligent, e [negliʒɑ̃, -ɑ̃t] *a* careless.

négliger [negliʒe] *vt* (*épouse, jardin*) to neglect ; (*tenue*) to be careless about ; (*avis, précautions*) to disregard ; **~ de faire** to fail to do, not bother to do ; **se ~** to neglect o.s.

négoce [negɔs] *nm* trade.

négociant [negɔsjɑ̃] *nm* merchant.

négociateur [negɔsjatœR] *nm* negotiator.

négociation [negɔsjasjɔ̃] *nf* negotiation.

négocier [negɔsje] *vi, vt* to negotiate.

nègre [nεgR(ə)] *nm* Negro ; hack(writer) // *a* Negro.

négresse [negRεs] *nf* Negro woman.

neige [nεʒ] *nf* snow ; **~ carbonique** dry ice ; **neiger** *vi* to snow ; **neigeux, euse** *a* snowy, snow-covered.

nénuphar [nenyfaR] *nm* water-lily.

néologisme [neɔlɔʒism(ə)] *nm* neologism.

néon [neɔ̃] *nm* neon.

néophyte [neɔfit] *nm/f* novice.

néo-zélandais, e [neɔzelɑ̃dε, -εz] *a* New Zealand *cpd* // *nm/f* New Zealander.

nerf [nεR] *nm* nerve ; (*fig*) vim, stamina ; **nerveux, euse** *a* nervous ; (*voiture*) nippy, responsive ; (*tendineux*) sinewy ; **nervosité** *nf* excitability ; state of agitation ; nervousness.

nervure [nεRvyR] *nf* vein ; (*ARCHIT, TECH*) rib.

n'est-ce pas [nεspɑ] *ad* isn't it?, won't you? *etc, selon le verbe qui précède* ; **~ que c'est bon?** it's good, don't you think?

net, nette [nεt] *a* (*sans équivoque, distinct*) clear ; (*évident*) definite ; (*propre*) neat, clean ; (*COMM: prix, salaire*) net // *ad* (*refuser*) flatly ; **s'arrêter ~** to stop dead ; **la lame a cassé ~** the blade snapped clean through ; **mettre au ~** to copy out, tidy up ; **~teté** *nf* clearness.

nettoyage [nεtwajaʒ] *nm* cleaning ; **~ à sec** dry cleaning.

nettoyer [nεtwaje] *vi* to clean ; (*fig*) to clean out.

neuf [nœf] *num* nine.

neuf, neuve [nœf, nœv] *a* new // *nm*: **repeindre à ~** to redecorate ; **remettre à ~** to do up (as good as new), refurbish.

neurasthénique [nøRastenik] *a* neurasthenic.

neurologie [nøRɔlɔʒi] *nf* neurology.

neutraliser [nøtralize] *vt* to neutralize.

neutralité [nøtralite] *nf* neutrality.

neutre [nøtR(ə)] *a* neutral ; (*LING*) neuter // *nm* (*LING*) neuter.

neutron [nøtRɔ̃] *nm* neutron.

neuve [nœv] *a voir* **neuf**.

neuvième [nœvjεm] *num* ninth.

névé [neve] *nm* permanent snowpatch.

neveu, x [nəvø] *nm* nephew.

névralgie [nevralʒi] *nf* neuralgia.

névrite [nevRit] *nf* neuritis.

névrose [nevRoz] *nf* neurosis ; **névrosé, e** *a, nm/f* neurotic.

nez [ne] *nm* nose ; **~ à ~ avec** face to face with.

ni [ni] *cj*: **~ l'un ~ l'autre ne sont** neither one nor the other are ; **il n'a rien dit ~ fait** he hasn't said or done anything.

niais, e [njε, -εz] *a* silly, thick.

niche [niʃ] *nf* (*du chien*) kennel ; (*de mur*) recess, niche.

nichée [niʃe] *nf* brood, nest.

nicher [niʃe] *vi* to nest ; **se ~ dans** to lodge o.s. in ; to hide in.

nickel [nikεl] *nm* nickel.

nicotine [nikɔtin] *nf* nicotine.

nid [ni] *nm* nest ; **~ de poule** pothole.

nièce [njεs] *nf* niece.

nième [εnjεm] *a*: **la ~ fois** the nth time.

nier [nje] *vt* to deny.

nigaud, e [nigo, -od] *nm/f* booby, fool.

n'importe [nɛ̃pɔʀt(ə)] ad: ~ **qui/quoi/où** anybody/anything/ anywhere ; ~ **quand** any time ; ~ **quel** any ; ~ **lequel/laquelle** any (one) ; ~ **comment** (sans soin) carelessly.

nippes [nip] nfpl togs.

nippon, e [nipɔ̃, -on] a Japanese.

nique [nik] nf: **faire la** ~ **à** to thumb one's nose at (fig).

nitouche [nituʃ] nf (péj): **c'est une sainte** ~ she looks as if butter wouldn't melt in her mouth, she's a little hypocrite.

nitrate [nitʀat] nm nitrate.

nitroglycérine [nitʀogliseʀin] nf nitroglycerin(e).

niveau, x [nivo] nm level ; (des élèves, études) standard ; **de** ~ **(avec)** level (with) ; ~ **(à bulle)** spirit level ; **le** ~ **de la mer** sea level ; ~ **de vie** standard of living.

niveler [nivle] vt to level ; **nivellement** nm levelling.

nobiliaire [nɔbiljɛʀ] a voir **particule**.

noble [nɔbl(ə)] a noble // nm/f noble (man/woman) ; **noblesse** nf nobility ; (d'une action etc) nobleness.

noce [nɔs] nf wedding ; (gens) wedding party (ou guests pl) ; **faire la** ~ (fam) to go on a binge ; ~**s d'or/d'argent** golden/silver wedding.

nocif, ive [nɔsif, -iv] a harmful, noxious.

noctambule [nɔktɑ̃byl] nm night-bird, late-nighter.

nocturne [nɔktyʀn(ə)] a nocturnal // nf (SPORT) floodlit fixture.

Noël [nɔɛl] nm Christmas.

nœud [nø] nm (de corde, du bois, NAVIG) knot ; (ruban) bow ; (fig: liens) bond, tie ; ~ **coulant** noose ; ~ **papillon** bow tie.

noir, e [nwaʀ] a black ; (obscur, sombre) dark // nm/f black (man/woman, Negro/Negro woman // nm: **dans le** ~ in the dark // nf (MUS) crotchet ; ~**ceur** nf blackness ; darkness ; ~**cir** vt, vi to blacken.

noise [nwaz] nf: **chercher** ~ **à** to try and pick a quarrel with.

noisetier [nwaztje] nm hazel.

noisette [nwazɛt] nf hazelnut.

noix [nwa] nf walnut ; (fam) twit ; (CULIN): **une** ~ **de beurre** a knob of butter ; **à la** ~ (fam) worthless ; ~ **de cajou** cashew nut ; ~ **de coco** coconut ; ~ **muscade** nutmeg.

nom [nɔ̃] nm name ; (LING) noun ; ~ **commun/propre** common/proper noun ; ~ **d'emprunt** assumed name ; ~ **de famille** surname ; ~ **de jeune fille** maiden name.

nomade [nɔmad] a nomadic // nm/f nomad.

nombre [nɔ̃bʀ(ə)] nm number ; **venir en** ~ to come in large numbers ; **depuis** ~ **d'années** for many years ; **ils sont au** ~ **de 3** there are 3 of them ; **au** ~ **de mes amis** among my friends ; ~ **premier/entier** prime/whole number.

nombreux, euse [nɔ̃bʀø, -øz] a many, numerous ; (avec nom sg: foule etc) large ; **peu** ~ few ; small.

nombril [nɔ̃bʀi] nm navel.

nomenclature [nɔmɑ̃klatyʀ] nf wordlist ; list of items.

nominal, e, aux [nɔminal, -o] a nominal.

nominatif [nɔminatif] nm nominative.

nomination [nɔminasjɔ̃] nf nomination.

nommément [nɔmemɑ̃] ad (désigner) by name.

nommer [nɔme] vt (baptiser) to name, give a name to ; (qualifier) to call ; (mentionner) to name, give the name of ; (élire) to appoint, nominate ; **se** ~ : **il se nomme Pascal** his name's Pascal, he's called Pascal.

non [nɔ̃] ad (réponse) no ; (avec loin, sans, seulement) not ; ~ **que** not that ; ~ **plus** : ~ **moi** ~ **plus** neither do I, I don't either.

nonagénaire [nɔnaʒenɛʀ] nm/f man/woman in his/her nineties.

non-alcoolisé, e [nɔnalkɔlize] a non-alcoholic.

nonchalance [nɔ̃ʃalɑ̃s] nf nonchalance, casualness.

non-fumeur [nɔ̃fymœʀ] nm non-smoker.

non-lieu [nɔ̃ljø] nm: **il y a eu** ~ the case was dismissed.

nonne [nɔn] nf nun.

nonobstant [nɔnɔpstɑ̃] prép notwithstanding.

non-sens [nɔ̃sɑ̃s] nm absurdity.

nord [nɔʀ] nm North // a northern ; north ; ~**-africain, e** a, nm/f North-African ; ~**-est** nm North-East ; **nordique** a nordic, northern European ; ~**-ouest** nm North-West.

normal, e, aux [nɔʀmal, -o] a normal // nf: **la** ~**e** the norm, the average ; ~**ement** ad normally ; ~**iser** vi (COMM, TECH) to standardize ; (POL) to normalize.

normand, e [nɔʀmɑ̃, -ɑ̃d] a of Normandy.

Normandie [nɔʀmɑ̃di] nf Normandy.

norme [nɔʀm(ə)] nf norm ; (TECH) standard.

Norvège [nɔʀvɛʒ] nf Norway ; **norvégien, ne** a, nm, nf Norwegian.

nos [no] dét voir **notre**.

nostalgie [nɔstalʒi] nf nostalgia.

notable [nɔtabl(ə)] a notable, noteworthy ; (marqué) noticeable, marked // nm prominent citizen.

notaire [nɔtɛʀ] nm notary ; solicitor.

notamment [nɔtamɑ̃] ad in particular, among others.

notarié, e [nɔtaʀje] a: **acte** ~ deed drawn up by a notary.

note [nɔt] nf (écrite, MUS) note ; (SCOL) mark ; (facture) bill ; **prendre** ~ **de** to write down ; to note ; ~ **de service** memorandum.

noté, e [nɔte] a: **être bien/mal** ~ (employé etc) to have a good/bad record.

noter [nɔte] vt (écrire) to write down ; (remarquer) to note, notice.

notice [nɔtis] nf summary, short article ; (brochure) leaflet, instruction book.

notifier [nɔtifje] vt: ~ **qch à qn** to notify sb of sth, notify sth to sb.

notion [nɔsjɔ̃] nf notion, idea.

notoire [nɔtwaʀ] a widely known ; (en mal) notorious ; **le fait est** ~ **ou de notoriété publique** the fact is common knowledge.

notre, nos [nɔtR(ə), no] dét our.
nôtre [notR(ə)] pronom: le/la ~ ours; les
~s ours; (alliés etc) our own people;
soyez des ~s join us // a ours.
nouer [nwe] vt to tie, knot; (fig: alliance
etc) to strike up; sa gorge se noua a lump
came to her throat.
noueux, euse [nwø, -øz] a gnarled.
nougat [nuga] nm nougat.
nouilles [nuj] nfpl noodles; pasta sg.
nourri, e [nuRi] a (feu etc) sustained.
nourrice [nuRis] nf wet-nurse.
nourrir [nuRiR] vt to feed; (fig: espoir) to
harbour, nurse; logé nourri with board
and lodging; ~ au sein to breast-feed;
nourrissant, e a nourishing, nutritious.
nourrisson [nuRisɔ̃] nm (unweaned)
infant.
nourriture [nuRityR] nf food.
nous [nu] pronom (sujet) we; (objet) us;
~-mêmes ourselves.
nouveau(nouvel), elle, x [nuvo, -ɛl] a
new // nm/f new pupil (ou employee) //
nf (piece of) news sg; (LITTÉRATURE) short
story; de ~, à ~ again; je suis sans
nouvelles de lui I haven't heard from
him; ~ venu, nouvelle venue nm/f
newcomer; Nouvel An New Year; ~-né,
e nm/f newborn baby; Nouvelle-Zélande
nf New Zealand; ~té nf novelty; (COMM)
new film (ou book ou creation etc).
nouvel am, nouvelle af, nf [nuvɛl] voir
nouveau.
novateur, trice [nɔvatœR, -tRis] nm/f
innovator.
novembre [nɔvɑ̃bR(ə)] nm November.
novice [nɔvis] a inexperienced // nm/f
novice.
noyade [nwajad] nf drowning q.
noyau, x [nwajo] nm (de fruit) stone; (BIO,
PHYSIQUE) nucleus; (ÉLEC, GÉO, fig: centre)
core; ~ter vt (POL) to infiltrate
noyé, e [nwaje] nm/f drowning (ou
drowned) man/woman.
noyer [nwaje] nm walnut (tree); (bois)
walnut // vt to drown; (fig) to flood; to
submerge; se ~ to be drowned, drown;
(suicide) to drown o.s.
nu, e [ny] a naked; (membres) naked,
bare; (chambre, fil, plaine) bare // nm (ART)
nude; le ~ intégral total nudity; ~-pieds
barefoot; ~-tête, bareheaded; à mains
~es with one's bare hands; se mettre ~
to strip; mettre à ~ to bare.
nuage [nɥaʒ] nm cloud; nuageux, euse
a cloudy.
nuance [nɥɑ̃s] nf (de couleur, sens) shade;
il y a une ~ (entre) there's a slight
difference (between); une ~ de tristesse
a tinge of sadness; nuancer vt (opinion)
to bring some reservations ou
qualifications to.
nubile [nybil] a nubile.
nucléaire [nykleɛR] a nuclear.
nudisme [nydism] nm nudism; nudiste
nm/f nudist.
nudité [nydite] nf nudity, nakedness;
bareness.
nuée [nɥe] nf: une ~ de a cloud ou host
ou swarm of.
nues [ny] nfpl: tomber des ~ to be taken

aback; porter qn aux ~ to praise sb to
the skies.
nuire [nɥiR] vi to be harmful; ~ à to
harm, do damage to; nuisible a harmful;
animal nuisible pest.
nuit [nɥi] nf night; il fait ~ it's dark;
cette ~ last night; tonight; ~ blanche
sleepless night; ~ de noces wedding
night; nuitamment ad by night; nuitées
nfpl overnight stays, beds occupied (in
statistics).
nul, nulle [nyl] a (aucun) no; (minime) nil,
non-existent; (non valable) null; (péj)
useless, hopeless // pronom none, no one;
résultat ~, match ~ draw; ~le part ad
nowhere; ~lement ad by no means;
~lité nf nullity; hopelessness; hopeless
individual, nonentity.
numéraire [nymeRɛR] nm cash; metal
currency.
numération [nymeRɑsjɔ̃] nf: ~ déci-
male/binaire decimal/binary notation.
numérique [nymeRik] a numerical.
numéro [nymeRo] nm number; (spectacle)
act, turn; ~ter vt to number.
numismate [nymismat] nm/f
numismatist, coin collector.
nuptial, e, aux [nypsjal, -o] a nuptial;
wedding cpd.
nuque [nyk] nf nape of the neck.
nutritif, ive [nytRitif, -iv] a a nutritional;
(aliment) nutritious.
nylon [nilɔ̃] nm nylon.
nymphomane [nɛ̃fɔman] nf
nymphomaniac.

O

oasis [ɔazis] nf oasis (pl oases).
obédience [ɔbedjɑ̃s] nf allegiance.
obéir [ɔbeiR] vi to obey; ~ à to obey; (suj:
moteur, véhicule) to respond to;
obéissance nf obedience; obéissant, e a
obedient.
obélisque [ɔbelisk(ə)] nm obelisk.
obèse [ɔbɛz] a obese; obésité nf obesity.
objecter [ɔbʒɛkte] vt (prétexter) to plead,
put forward as an excuse; ~ qch à
(argument) to put forward sth against; ~
(à qn) que to object (to sb) that.
objecteur [ɔbʒɛktœR] nm: ~ de
conscience conscientious objector.
objectif, ive [ɔbʒɛktif, -iv] a objective //
nm (OPTIQUE, PHOTO) lens sg, objective; (MIL,
fig) objective; ~ à focale variable zoom
lens.
objection [ɔbʒɛksjɔ̃] nf objection; ~ de
conscience conscientious objection.
objectivité [ɔbʒɛktivite] nf objectivity.
objet [ɔbʒɛ] nm object; (d'une discussion,
recherche) subject; être ou faire l'~ de
(discussion) to be the subject of; (soins) to
be given ou shown; sans ~ a purposeless;
groundless; ~ d'art object d'art; ~s
personnels personal items; ~s de
toilette toilet requisites; ~s trouvés lost
property sg.
objurgations [ɔbʒyRgɑsjɔ̃] nfpl
objurgations; entreaties.
obligation [ɔbligɑsjɔ̃] nf obligation;
(COMM) bond, debenture; être dans l'~ de

faire to be obliged to do; **avoir l'~ de faire** to be under an obligation to do; **obligatoire** a compulsory, obligatory.

obligé, e [ɔbliʒe] a (*redevable*): **être très ~ à qn** to be most obliged to sb; **obligeance** nf: **avoir l'obligeance de** to be kind ou good enough to; **obligeant, e** a obliging; kind.

obliger [ɔbliʒe] vt (*contraindre*): **~ qn à faire** to force ou oblige sb to do; (*JUR: engager*) to bind; (*rendre service à*) to oblige; **je suis bien obligé** I have to.

oblique [ɔblik] a oblique; **regard ~** sidelong glance; **en ~** ad diagonally; **obliquer** vi: **obliquer vers** to turn off towards.

oblitération [ɔbliterɑsjɔ̃] nf cancelling q, cancellation.

oblitérer [ɔblitere] vt (*timbre-poste*) to cancel.

oblong, oblongue [ɔblɔ̃, -ɔ̃g] a oblong.

obnubiler [ɔbnybile] vt to obsess.

obole [ɔbɔl] nf offering.

obscène [ɔpsɛn] a obscene; **obscénité** nf obscenity.

obscur, e [ɔpskyʀ] a dark; (*fig*) obscure; vague; humble, lowly; **~cir** vt to darken; (*fig*) to obscure; **s'~cir** vi to grow dark; **~ité** nf darkness; **dans l'~ité** in the dark, in darkness.

obsédé, e [ɔpsede] nm/f: **~(e) sexuel(le)** sex maniac.

obséder [ɔpsede] vt to obsess, haunt.

obsèques [ɔpsɛk] nfpl funeral sg.

obséquieux, euse [ɔpsekjø, -øz] a obsequious.

observateur, trice [ɔpsɛʀvatœʀ, -tʀis] a observant, perceptive // nm/f observer.

observation [ɔpsɛʀvɑsjɔ̃] nf observation; (*d'un règlement etc*) observance; (*commentaire*) observation, remark; (*reproche*) reproof; **en ~** (*MÉD*) under observation.

observatoire [ɔpsɛʀvatwaʀ] nm observatory; (*lieu élevé*) observation post, vantage point.

observer [ɔpsɛʀve] vt (*regarder*) to observe, watch; (*examiner*) to examine; (*scientifiquement, aussi: règlement, jeûne etc*) to observe; (*surveiller*) to watch; (*remarquer*) to observe, notice; **faire ~ qch à qn** (*dire*) to point out sth to sb.

obsession [ɔpsesjɔ̃] nf obsession; **avoir l'~ de** to have an obsession with.

obstacle [ɔpstakl(ə)] nm obstacle; (*ÉQUITATION*) jump, hurdle; **faire ~ à** (*lumière*) to block out; (*projet*) to hinder, put obstacles in the path of; **~s antichars** tank defences.

obstétrique [ɔpstetʀik] nf obstetrics sg.

obstination [ɔpstinɑsjɔ̃] nf obstinacy.

obstiné, e [ɔpstine] a obstinate.

obstiner [ɔpstine]: **s'~** vi to insist, dig one's heels in; **s'~ à faire** to persist (obstinately) in doing; **s'~ sur qch** to keep working at sth, labour away at sth.

obstruction [ɔpstʀyksjɔ̃] nf obstruction, blockage; (*SPORT*) obstruction; **faire de l'~** (*fig*) to be obstructive.

obstruer [ɔpstʀye] vt to block, obstruct; **s'~** vi to become blocked.

obtempérer [ɔptɑ̃peʀe] vi to obey; **~ à** to obey, comply with.

obtenir [ɔptəniʀ] vt to obtain, get; (*total, résultat*) to arrive at, reach; to achieve, obtain; **~ de pouvoir faire** to obtain permission to do; **~ de qn qu'il fasse** to get sb to agree to do; **obtention** nf obtaining.

obturateur [ɔptyʀatœʀ] nm (*PHOTO*) shutter; **~ à rideau** focal plane shutter.

obturation [ɔptyʀɑsjɔ̃] nf closing (up); **~ (dentaire)** filling; **vitesse d'~** (*PHOTO*) shutter speed.

obturer [ɔptyʀe] vt to close (up); (*dent*) to fill.

obtus, e [ɔpty, -yz] a obtuse.

obus [ɔby] nm shell.

obvier [ɔbvje]: **~ à** vt to obviate.

O.C. sigle voir **onde**.

occasion [ɔkazjɔ̃] nf (*aubaine, possibilité*) opportunity; (*circonstance*) occasion; (*COMM: article non neuf*) secondhand buy; (: *acquisition avantageuse*) bargain; **à plusieurs ~s** on several occasions; **avoir l'~ de faire** to have the opportunity to do; **être l'~ de** to occasion, give rise to; **à l'~** ad sometimes, on occasions; some time; **d'~** a, ad secondhand; **occasionnel, le** a (*fortuit*) chance cpd: (*non régulier*) occasional; casual.

occasionner [ɔkazjɔne] vt to cause, bring about; **~ qch à qn** to cause sb sth.

occident [ɔksidɑ̃] nm: **l'~** the west; **occidental, e, aux** western; (*POL*) Western // nm/f Westerner.

occiput [ɔksipyt] nm back of the head, occiput.

occire [ɔksiʀ] vt to slay.

occitan, e [ɔksitɑ̃, -an] a of the langue d'oc, of Provençal French.

occlusion [ɔklyzjɔ̃] nf: **~ intestinale** obstruction of the bowels.

occulte [ɔkylt(ə)] a occult, supernatural.

occulter [ɔkylte] vt (*fig*) to overshadow.

occupant, e [ɔkypɑ̃, -ɑ̃t] a occupying // nm/f (*d'un appartement*) occupier, occupant // nm (*MIL*) occupying forces pl; (*POL: d'usine etc*) occupier.

occupation [ɔkypɑsjɔ̃] nf occupation.

occupé, e [ɔkype] a (*MIL, POL*) occupied; (*personne: affairé, pris*) busy; (*place, sièges*) taken; (*toilettes, ligne*) engaged.

occuper [ɔkype] vt to occupy; (*main-d'œuvre*) to employ; **s'~** to occupy o.s., keep o.s. busy; **s'~ de** (*être responsable de*) to be in charge of; (*se charger de: affaire*) to take charge of, deal with; (: *clients etc*) to attend to; (*s'intéresser à, pratiquer*) to be involved in; **ça occupe trop de place** it takes up too much room.

occurrence [ɔkyʀɑ̃s] nf: **en l'~** in this case.

océan [ɔseɑ̃] nm ocean; **l'~ Indien** the Indian Ocean; **l'Océanie** nf Oceania; **océanique** a oceanic; **océanographie** nf oceanography.

ocelot [ɔslo] nm ocelot; (*fourrure*) ocelot fur.

ocre [ɔkʀ(ə)] a inv ochre.

octane [ɔktan] nm octane.

octave [ɔktav] nf octave.

octobre [ɔktɔbʀ(ə)] nm October.

octogénaire [ɔktɔʒenɛʀ] a, nm/f octogenarian.

octogone [ɔktɔgɔn] nm octagon.

octroi [ɔktʀwa] nm granting.

octroyer [ɔktʀwaje] vt: ~ qch à qn to grant sth to sb, grant sb sth.

oculaire [ɔkylɛʀ] a ocular, eye cpd // nm (de microscope) eyepiece.

oculiste [ɔkylist(ə)] nm/f eye specialist, oculist.

ode [ɔd] nf ode.

odeur [ɔdœʀ] nf smell.

odieux, euse [ɔdjø, -øz] a odious, hateful.

odorant, e [ɔdɔʀɑ̃, -ɑ̃t] a sweet-smelling, fragrant.

odorat [ɔdɔʀa] nm (sense of) smell.

odoriférant, e [ɔdɔʀifeʀɑ̃, -ɑ̃t] a sweet-smelling, fragrant.

odyssée [ɔdise] nf odyssey.

œcuménique [ekymenik] a oecumenical.

œil [œj], pl **yeux** [jø] nm eye; à l'~ (fam) for free; à l'~ nu with the naked eye; **tenir qn à l'~** to keep an eye ou a watch on sb; **avoir l'~ à** to keep an eye on; **faire de l'~ à qn** to make eyes at sb; **à l'~ vif** with a lively expression; **fermer les yeux (sur)** (fig) to turn a blind eye (to); **fermer l'~** to get a moment's sleep; ~ **de verre** glass eye.

œillade [œjad] nf: **lancer une ~ à qn** to wink at sb, give sb a wink; **faire des ~s à** to make eyes at.

œillères [œjɛʀ] nfpl blinkers.

œillet [œjɛ] nm (BOT) carnation; (trou) eyelet.

œnologue [enɔlɔg] nm/f oenologist, wine expert.

œsophage [ezɔfaʒ] nm oesophagus.

œuf [œf, pl ø] nm egg; **étouffer dans l'~** to nip in the bud; ~ **à la coque/dur** boiled/hard-boiled egg; ~ **au plat** fried egg; ~**s brouillés** scrambled eggs; ~ **de Pâques** Easter egg; ~ **à repriser** darning egg.

œuvre [œvʀ(ə)] nf (tâche) task, undertaking; (ouvrage achevé, livre, tableau etc) work; (ensemble de la production artistique) works pl; (organisation charitable) charity // nm (d'un artiste) works pl; (CONSTR): **le gros** ~ the shell; **être à l'**~ to be at work; **mettre en** ~ (moyens) to make use of; ~ **d'art** work of art.

offense [ɔfɑ̃s] nf insult; (REL: péché) transgression, trespass.

offenser [ɔfɑ̃se] vt to offend, hurt; (principes, Dieu) to offend against; **s'~ de** to take offence at.

offensif, ive [ɔfɑ̃sif, -iv] a, nf offensive; **passer à l'offensive** to go into the attack ou offensive.

offert, e [ɔfɛʀ, -ɛʀt(ə)] pp de **offrir**.

offertoire [ɔfɛʀtwaʀ] nm offertory.

office [ɔfis] nm (charge) office; (agence) bureau, agency; (REL) service // nm ou nf (pièce) pantry; **faire** ~ **de** to act as; to do duty as; **d'**~ ad automatically; **bons** ~**s** (POL) good offices; ~ **du tourisme** tourist bureau.

officialiser [ɔfisjalize] vt to make official.

officiel, le [ɔfisjɛl] a, nm/f official.

officier [ɔfisje] nm officer // vi to officiate; ~ **de l'état-civil** registrar; ~ **ministériel** member of the legal profession; ~ **de police** ≈ police officer.

officieux, euse [ɔfisjø, -øz] a unofficial.

officinal, e, aux [ɔfisinal, -o] a: **plantes** ~**es** medicinal plants.

officine [ɔfisin] nf (de pharmacie) dispensary; (pharmacie) pharmacy; (gén péj: bureau) agency, office.

offrande [ɔfʀɑ̃d] nf offering.

offrant [ɔfʀɑ̃] nm: **au plus** ~ to the highest bidder.

offre [ɔfʀ(ə)] nf offer; (aux enchères) bid; (ADMIN: soumission) tender; (ÉCON) **l'**~ **supply**; ~ **d'emploi** job advertised; **'~s d'emploi'** situations vacant; ~ **publique d'achat (O.P.A.)** takeover bid; ~**s de service** offer of service.

offrir [ɔfʀiʀ] vt to offer; (faire cadeau de): ~ (**à qn**) to give (to sb); **s'**~ vi (occasion, paysage) to present itself // vt (vacances, voiture) to treat o.s. to; ~ (**à qn**) **de faire qch** to offer to do sth (for sb); ~ **à boire à qn** to offer sb a drink; **s'**~ **comme guide/en otage** to offer one's services as (a) guide/offer o.s. as hostage; **s'**~ **aux regards** (suj: personne) to expose o.s. to the public gaze.

offset [ɔfsɛt] nm offset (printing).

offusquer [ɔfyske] vt to offend; **s'**~ **de** to take offence at, be offended by.

ogive [ɔʒiv] nf (ARCHIT) diagonal rib; (d'obus, de missile) nose cone; **voûte en** ~ rib vault; **arc en** ~ lancet arch; ~ **nucléaire** nuclear warhead.

ogre [ɔgʀ(ə)] nm ogre.

oie [wa] nf (ZOOL) goose (pl geese).

oignon [ɔɲɔ̃] nm (BOT, CULIN) onion; (de tulipe etc: bulbe) bulb; (MÉD) bunion; **petits** ~**s** pickling onions.

oindre [wɛ̃dʀ(ə)] vt to anoint.

oiseau, x [wazo] nm bird; ~ **de proie** bird of prey; ~**-mouche** nm hummingbird.

oisellerie [wazɛlʀi] nf bird shop.

oiseux, euse [wazø, -øz] a pointless; trivial.

oisif, ive [wazif, -iv] a idle // nm/f (péj) man/woman of leisure; **oisiveté** nf idleness.

O.K. [oke] excl O.K., all right.

oléagineux, euse [ɔleaʒinø, -øz] a oleaginous, oil-producing.

oléoduc [ɔleɔdyk] nm (oil) pipeline.

olfactif, ive [ɔlfaktif, -iv] a olfactory.

oligarchie [ɔligaʀʃi] nf oligarchy.

olivâtre [ɔlivɑtʀ(ə)] a olive-greenish; (teint) sallow.

olive [ɔliv] nf (BOT) olive // a inv olive(-green); ~**raie** nf olive grove; **olivier** nm olive tree; (bois) olive wood.

olympiade [ɔlɛ̃pjad] nf (période) Olympiad; les ~**s** (jeux) the Olympiad sg.

olympien, ne [ɔlɛ̃pjɛ̃, -jɛn] a Olympian, of Olympian aloofness.

olympique [ɔlɛ̃pik] a Olympic.

ombilical, e, aux [ɔbilikal, -o] a umbilical.

ombrage [ɔ̃bʀaʒ] *nm (ombre)* (leafy) shade ; *(fig)*: **prendre ~ de** to take umbrage *ou* offence at ; **ombragé, e** *a* shaded, shady ; **ombrageux, euse** *a (cheval)* skittish, nervous ; *(personne)* touchy, easily offended.

ombre [ɔ̃bʀ(ə)] *nf (espace non ensoleillé)* shade ; *(ombre portée, tache)* shadow ; **à l'~** in the shade of ; *(fam)* behind bars ; **à l'~ de** in the shade of ; *(tout près de, fig)* in the shadow of ; **tu me fais de l'~** you're in my light ; **ça nous donne de l'~** it gives us (some) shade ; **vivre dans l'~** *(fig)* to live in obscurity ; **laisser dans l'~** *(fig)* to leave in the dark ; **~ à paupières** eyeshadow ; **~ portée** shadow ; **~s chinoises** *(spectacle)* shadow show *sg.*

ombrelle [ɔ̃bʀɛl] *nf* parasol, sunshade.

omelette [ɔmlɛt] *nf* omelette ; **~ au fromage/au jambon** cheese/ham omelette ; **~ aux herbes** omelette with herbs.

omettre [ɔmɛtʀ(ə)] *vt* to omit, leave out ; **~ de faire** to fail *ou* omit to do ; **omission** *nf* omission.

omni... [ɔmni] *préfixe*: **~bus** slow *ou* stopping train ; **~potent, e** *a* omnipotent ; **~scient, e** *a* omniscient ; **~vore** *a* omnivorous.

omoplate [ɔmɔplat] *nf* shoulder blade.

O.M.S. *sigle f voir* **organisation**.

on [ɔ̃] *pronom (indéterminé)*: **~ peut le faire ainsi** you *ou* one can do it like this, it can be done like this ; *(quelqu'un)*: **~ les a attaqués** they were attacked ; *(nous)*: **~ va y aller demain** we're going tomorrow ; *(les gens)*: **autrefois, ~ croyait aux fantômes** they used to believe in ghosts years ago ; **~ vous demande au téléphone** there's a phone call for you, there's somebody on the phone for you ; **~ ne peut plus** *ad*: **~ ne peut plus stupide** as stupid as can be.

oncle [ɔ̃kl(ə)] *nm* uncle.

onctueux, euse [ɔ̃ktчø, -øz] *a* creamy, smooth ; *(fig)* smooth, unctuous.

onde [ɔ̃d] *nf (PHYSIQUE)* wave ; **sur l'~** on the waters ; **sur les ~s** on the radio ; **mettre en ~s** to produce for the radio ; **sur ~s courtes (o.c.)** on short wave *sg* ; **moyennes/ longues ~s** medium/long wave *sg.*

ondée [ɔ̃de] *nf* shower.

on-dit [ɔ̃di] *nm inv* rumour.

ondoyer [ɔ̃dwaje] *vi* to ripple, wave.

ondulant, e [ɔ̃dylɑ̃, -ɑ̃t] *a* swaying ; undulating.

ondulation [ɔ̃dylɑsjɔ̃] *nf* undulation.

onduler [ɔ̃dyle] *vi* to undulate ; *(cheveux)* to wave.

onéreux, euse [ɔneʀø, -øz] *a* costly ; **à titre ~** in return for payment.

ongle [ɔ̃gl(ə)] *nm (ANAT)* nail ; **se faire les ~s** to do one's nails.

onglet [ɔ̃glɛ] *nm (rainure)* (thumbnail) groove ; *(bande de papier)* tab.

onguent [ɔ̃gɑ̃] *nm* ointment.

onomatopée [ɔnɔmatɔpe] *nf* onomatopoeia.

ont *vb voir* **avoir**.

O.N.U. [ɔny] *sigle f voir* **organisation**.

onyx [ɔniks] *nm* onyx.

onze [ɔ̃z] *num* eleven ; **onzième** *num* eleventh.

O.P.A. *sigle f voir* **offre**.

opacité [ɔpasite] *nf* opaqueness.

opale [ɔpal] *nf* opal.

opalin, e [ɔpalɛ̃, -in] *a, nf* opaline.

opaque [ɔpak] *a* opaque.

O.P.E.P. [ɔpɛp] *sigle f* (= *organisation des pays exportateurs de pétrole*) O.P.E.C. (organization of petroleum exporting countries).

opéra [ɔpeʀa] *nm* opera ; *(édifice)* opera house ; **~-comique** *nm* light opera, opéra comique.

opérateur, trice [ɔpeʀatœʀ, -tʀis] *nm/f* operator ; **~ (de prise de vues)** cameraman.

opération [ɔpeʀɑsjɔ̃] *nf* operation ; *(COMM)* dealing.

opératoire [ɔpeʀatwaʀ] *a* operating ; *(choc etc)* post-operative.

opéré, e [ɔpeʀe] *nm/f* patient *(having undergone an operation)*.

opérer [ɔpeʀe] *vt* (MÉD) to operate on ; *(faire, exécuter)* to carry out, make // *vi (remède: faire effet)* to act, work ; *(procéder)* to proceed ; (MÉD) to operate ; **s'~** *vi (avoir lieu)* to occur, take place ; **se faire ~** to have an operation ; **se faire ~ des amygdales/du cœur** to have one's tonsils out/have a heart operation.

opérette [ɔpeʀɛt] *nf* operetta, light opera.

ophtalmologie [ɔftalmɔlɔʒi] *nf* ophthalmology ; **ophtalmologue** *nm/f* ophthalmologist.

opiner [ɔpine] *vi*: **~ de la tête** to nod assent.

opiniâtre [ɔpinjɑtʀ(ə)] *a* stubborn.

opinion [ɔpinjɔ̃] *nf* opinion ; **l'~ (publique)** public opinion.

opium [ɔpjɔm] *nm* opium.

opportun, e [ɔpɔʀtœ̃, -yn] *a* timely, opportune ; **en temps ~** at the appropriate time ; **opportunisme** *nm* opportunism ; **opportuniste** *a, nm/f* opportunist ; **opportunité** *nf* timeliness, opportuneness.

opposant, e [ɔpozɑ̃, -ɑ̃t] *a* opposing ; **~s** *nmpl* opponents.

opposé, e [ɔpoze] *a (direction, rive)* opposite ; *(faction)* opposing ; *(couleurs)* contrasting ; *(opinions, intérêts)* conflicting ; *(contre)*: **~ à** opposed to, against // *nm*: **l'~** the other *ou* opposite side *(ou direction)* ; *(contraire)* the opposite ; **à l'~** *(fig)* on the other hand ; **à l'~ de** on the other *ou* opposite side from ; *(fig)* contrary to, unlike.

opposer [ɔpoze] *vt (meubles, objets)* to place opposite each other ; *(personnes, armées, équipes)* to oppose ; *(couleurs, termes, tons)* to contrast ; **~ qch à** *(comme obstacle, défense)* to set sth against ; *(comme objection)* to put sth forward against ; to put up sth to ; *(en contraste)* to set sth opposite ; to match sth with ; **s'~** *(sens réciproque)* to conflict ; to clash ; to face each other ; to contrast ; **s'~ à** *(interdire, empêcher)* to oppose ; *(tenir tête à)* to rebel against ; **sa religion s'y oppose**

it's against his religion; **s'~ à ce que qn fasse** to be opposed to sb's doing.

opposition [ɔpozisjɔ̃] nf opposition; **par ~ à** as opposed to, in contrast with; **entrer en ~ avec** to come into conflict with; **être en ~ avec** (idées, conduite) to be at variance with; **faire ~ à un chèque** to stop a cheque.

oppresser [ɔprese] vt to oppress; **oppresseur** nm oppressor; **oppressif, ive** a oppressive; **oppression** nf oppression; (malaise) feeling of suffocation.

opprimer [ɔprime] vt to oppress; (liberté, opinion) to suppress, stifle; (suj: chaleur etc) to suffocate, oppress.

opprobre [ɔprɔbr(ə)] nm disgrace.

opter [ɔpte] vi: **~ pour** to opt for; **~ entre** to choose between.

opticien, ne [ɔptisjɛ̃, -ɛn] nm/f optician.

optimal, e, aux [ɔptimal, -o] a optimal.

optimisme [ɔptimism(ə)] nm optimism; **optimiste** nm/f optimist.

optimum [ɔptimɔm] a optimum.

option [ɔpsjɔ̃] nf option; **matière à ~** (SCOL) optional subject; **prendre une ~ sur** to take (out) an option on.

optique [ɔptik] a (nerf) optic; (verres) optical // nf (PHOTO: lentilles etc) optics pl; (science, industrie) optics sg; (fig: manière de voir) perspective.

opulence [ɔpylɑ̃s] nf wealth, opulence.

opulent, e [ɔpylɑ̃, -ɑ̃t] a wealthy, opulent; (formes, poitrine) ample, generous.

or [ɔr] nm gold // cj now, but; **en ~** gold cpd; (fig) golden, marvellous; **d'~** (fig) golden.

oracle [ɔrɑkl(ə)] nm oracle.

orage [ɔraʒ] nm (thunder)storm; **orageux, euse** a stormy.

oraison [ɔrɛzɔ̃] nf orison, prayer; **~ funèbre** funeral oration.

oral, e, aux [ɔral, -o] a, nm oral; **~ement** ad orally.

orange [ɔrɑ̃ʒ] nf, a inv orange; **orangé, e** a orangey, orange-coloured; **orangeade** nf orangeade; **oranger** nm orange tree; **~raie** nf orange grove; **~rie** nf orangery.

orateur [ɔratœr] nm speaker; orator.

oratoire [ɔratwar] nm oratory; wayside shrine // a oratorical.

orbital, e, aux [ɔrbital, -o] a orbital.

orbite [ɔrbit] nf (ANAT) (eye-)socket; (PHYSIQUE) orbit; **mettre sur ~** to put into orbit; (fig) to launch; **dans l'~ de** (fig) within the sphere of influence of.

orchestration [ɔrkɛstrɑsjɔ̃] nf orchestration.

orchestre [ɔrkɛstr(ə)] nm orchestra; (de jazz, danse) band; (places) stalls pl; **orchestrer** vt (MUS) to orchestrate; (fig) to mount, stage-manage.

orchidée [ɔrkide] nf orchid.

ordinaire [ɔrdinɛr] a ordinary; everyday; standard // nm ordinary; (menus) everyday fare // nf (essence) ≈ two-star (petrol); **d'~** usually, normally; **à l'~** usually, ordinarily.

ordinal, e, aux [ɔrdinal, -o] a ordinal.

ordinateur [ɔrdinatœr] nm computer.

ordination [ɔrdinɑsjɔ̃] nf ordination.

ordonnance [ɔrdɔnɑ̃s] nf organization; layout; (MÉD) prescription; (JUR) order; (MIL) orderly, batman; **d'~** (MIL) regulation cpd.

ordonné, e [ɔrdɔne] a tidy, orderly; (MATH) ordered // nf (MATH) ordinate, Y-axis.

ordonner [ɔrdɔne] vt (agencer) to organize, arrange; (: meubles, appartement) to lay out, arrange; (donner un ordre): **~ à qn de faire** to order sb to do; (MATH) to (arrange in) order; (REL) to ordain; (MÉD) to prescribe; (JUR) to order.

ordre [ɔrdr(ə)] nm (gén) order; (propreté et soin) orderliness, tidiness; (nature): **d'~ pratique** of a practical nature; **~s** nmpl (REL) holy orders; **mettre en ~** to tidy (up), put in order; **avoir de l'~** to be tidy ou orderly; **mettre bon ~ à** to put to rights, sort out; **être aux ~s de qn/sous les ~s de qn** to be at sb's disposal/under sb's command; **jusqu'à nouvel ~** until further notice; **dans le même ~ d'idées** in this connection; **donnez-nous un ~ de grandeur** give us some idea as regards size (ou the amount); **de premier ~** first-rate; **~ du jour** (d'une réunion) agenda; (MIL) order of the day; **à l'~ du jour** on the agenda; (fig) topical; (MIL: citer) in dispatches; **~ de route** marching orders pl.

ordure [ɔrdyr] nf filth q; **~s** (balayures, déchets) rubbish sg, refuse sg; **~s ménagères** household refuse; **ordurier, ière** a lewd, filthy.

oreille [ɔrɛj] nf (ANAT) ear; (de marmite, tasse) handle; **avoir de l'~** to have a good ear (for music).

oreiller [ɔrɛje] nm pillow.

oreillette [ɔrɛjɛt] nf (ANAT) auricle.

oreillons [ɔrɛjɔ̃] nmpl mumps sg.

ores [ɔr]: **d'~ et déjà** ad already.

orfèvre [ɔrfɛvr(ə)] nm goldsmith; silversmith; **orfèvrerie** nf goldsmith's (ou silversmith's) trade; (ouvrage) gold (ou silver) plate.

orfraie [ɔrfrɛ] nm white-tailed eagle; **pousser des cris d'~** to yell at the top of one's voice.

organe [ɔrgan] nm organ; (porte-parole) representative, mouthpiece; **~s de commande** (TECH) controls; **~s de transmission** (TECH) transmission system sg.

organigramme [ɔrganigram] nm organization chart; flow chart.

organique [ɔrganik] a organic.

organisateur, trice [ɔrganizatœr, -tris] nm/f organizer.

organisation [ɔrganizasjɔ̃] nf organization; **O~ des Nations Unies (O.N.U.)** United Nations (Organization) (U.N., U.N.O.); **O~ mondiale de la santé (O.M.S.)** World Health Organization (W.H.O.); **O~ du traité de l'Atlantique Nord (O.T.A.N.)** North Atlantic Treaty Organization (N.A.T.O.).

organiser [ɔrganize] vt to organize; (mettre sur pied: service etc) to set up; **s'~** to get organized.

organisme [ɔrganism(ə)] nm (BIO)

organism ; (*corps humain*) body ; (ADMIN, POL etc) body, organism.

organiste [ɔʀganist(ə)] *nm/f* organist.

orgasme [ɔʀgasm(ə)] *nm* orgasm, climax.

orge [ɔʀʒ(ə)] *nf* barley.

orgelet [ɔʀʒəlɛ] *nm* sty(e).

orgie [ɔʀʒi] *nf* orgy.

orgue [ɔʀg(ə)] *nm* organ ; **~s** *nfpl* organ *sg* ; **~ de Barbarie** barrel *ou* street organ.

orgueil [ɔʀɡœj] *nm* pride ; **orgueilleux, euse** *a* proud.

Orient [ɔʀjɑ̃] *nm*: **l'~** the East, the Orient.

orientable [ɔʀjɑ̃tabl(ə)] *a* adjustable.

oriental, e, aux [ɔʀjɑ̃tal, -o] *a* oriental, eastern ; (*frontière*) eastern // *nm/f*: **O~, e** Oriental.

orientation [ɔʀjɑ̃tɑsjɔ̃] *nf* positioning ; adjustment ; orientation ; direction ; (*d'un journal*) leanings *pl*; **avoir le sens de l'~** to have a (good) sense of direction ; **~ professionnelle** careers advising ; careers advisory service.

orienté, e [ɔʀjɑ̃te] *a* (fig: *article, journal*) slanted ; **bien/mal ~** (*appartement*) well/badly positioned ; **~ au sud** facing south *ou* with a southern aspect.

orienter [ɔʀjɑ̃te] *vt* (*situer*) to position ; (*placer, disposer: pièce mobile*) to adjust, position ; (*tourner*) to direct, turn ; (*voyageur, touriste, recherches*) to direct ; (fig: *élève*) to orientate ; **s'~** (*se repérer*) to find one's bearings ; **s'~ vers** (fig) to turn towards ; **orienteur** *nm* (SCOL) careers adviser.

orifice [ɔʀifis] *nm* opening, orifice.

oriflamme [ɔʀiflam] *nf* banner, standard.

origan [ɔʀigɑ̃] *nm* (CULIN) oregano.

originaire [ɔʀiʒinɛʀ] *a* original ; **être ~ de** to be a native of ; (*provenir de*) to originate from ; to be native to.

original, e, aux [ɔʀiʒinal, -o] *a* original ; (*bizarre*) eccentric // *nm/f* eccentric // *nm* (*document etc, ART*) original ; (*dactylographie*) top copy ; **~ité** *nf* originality *q* ; eccentricity.

origine [ɔʀiʒin] *nf* origin ; **d'~** of origin ; (*pneus etc*) original ; (*bureau postal*) dispatching ; **dès l'~** at *ou* from the outset ; **à l'~** originally ; **avoir son ~ dans** to have its origins in, originate in ; **originel, le** *a* original.

oripeaux [ɔʀipo] *nmpl* rags.

O.R.L. *nm/f ou titre* = **oto-rhino-laryngologiste**.

orme [ɔʀm(ə)] *nm* elm.

orné, e [ɔʀne] *a* ornate.

ornement [ɔʀnəmɑ̃] *nm* ornament ; (fig) embellishment, adornment ; **~s sacerdotaux** vestments ; **ornemental, e, aux** *a* ornamental ; **ornementer** *vt* to ornament.

orner [ɔʀne] *vt* to decorate, adorn ; **~ qch de** to decorate sth with.

ornière [ɔʀnjɛʀ] *nf* rut.

ornithologie [ɔʀnitɔlɔʒi] *nf* ornithology.

orphelin, e [ɔʀfəlɛ̃, -in] *a* orphan(ed) // *nm/f* orphan ; **~ de père/mère** fatherless/motherless ; **orphelinat** *nm* orphanage.

O.R.S.E.C. [ɔʀsɛk] *sigle* (= *organisation des secours*): **le plan ~** disaster contingency plan.

orteil [ɔʀtɛj] *nm* toe ; **gros ~** big toe.

O.R.T.F. *sigle m* = *Office de la radiodiffusion et télévision française (the French broadcasting corporation)*.

orthodoxe [ɔʀtɔdɔks(ə)] *a* orthodox ; **orthodoxie** *nf* orthodoxy.

orthographe [ɔʀtɔgʀaf] *nf* spelling ; **orthographier** *vt* to spell ; **mal orthographié** misspelt.

orthopédie [ɔʀtɔpedi] *nf* orthopaedics *sg* ; **orthopédique** *a* orthopaedic ; **orthopédiste** *nm/f* orthopaedic specialist.

ortie [ɔʀti] *nf* (stinging) nettle.

os [ɔs, *pl* o] *nm* bone ; **sans ~** (BOUCHERIE) off the bone, boned ; **~ à moelle** marrowbone.

O.S. *sigle m voir* **ouvrier**.

oscillation [ɔsilɑsjɔ̃] *nf* oscillation ; **~s** *nfpl* (fig) fluctuations.

osciller [ɔsile] *vi* (*pendule*) to swing ; (*au vent etc*) to rock ; (TECH) to oscillate ; (fig): **~ entre** to waver *ou* fluctuate between.

osé, e [oze] *a* daring, bold.

oseille [ozɛj] *nf* sorrel.

oser [oze] *vi, vt* to dare ; **~ faire** to dare (to) do.

osier [ozje] *nm* willow ; **d'~, en ~** wicker(work).

ossature [ɔsatyʀ] *nf* (ANAT) frame, skeletal structure ; (: *du visage*) bone structure ; (fig) framework.

osselet [ɔslɛ] *nm* (ANAT) ossicle ; **jouer aux ~s** to play knucklebones.

ossements [ɔsmɑ̃] *nmpl* bones.

osseux, euse [ɔsø, -øz] *a* bony ; (*tissu, maladie, greffe*) bone *cpd*.

ossifier [ɔsifje]: **s'~** *vi* to ossify.

ossuaire [ɔsyɛʀ] *nm* ossuary.

ostensible [ɔstɑ̃sibl(ə)] *a* conspicuous.

ostensoir [ɔstɑ̃swaʀ] *nm* monstrance.

ostentation [ɔstɑ̃tɑsjɔ̃] *nf* ostentation ; **faire ~ de** to parade, make a display of.

ostracisme [ɔstʀasism(ə)] *nm* ostracism ; **frapper d'~** to ostracize.

ostréiculture [ɔstʀeikyltyʀ] *nf* oyster-farming.

otage [ɔtaʒ] *nm* hostage ; **prendre qn comme ~** to take sb hostage.

O.T.A.N. [ɔtɑ̃] *sigle f voir* **organisation**.

otarie [ɔtaʀi] *nf* sea-lion.

ôter [ote] *vt* to remove ; (*soustraire*) to take away ; **~ qch à qn** to take sth (away) from sb ; **~ qch de** to remove sth from.

otite [ɔtit] *nf* ear infection.

oto-rhino(-laryngologiste) [ɔtɔʀinɔ-(laʀɛ̃gɔlɔʒist(ə)] *nm/f* ear nose and throat specialist.

ou [u] *cj* or ; **~ ... ~** either ... or ; **~ bien** or (else).

où [u] *ad, pronom* where ; (*dans lequel*) in which, into which ; from which, out of which ; (*sur lequel*) on which ; (*sens de 'que'*): **au train ~ ça va/prix ~ c'est** at the rate it's going/price it is ; **le jour ~ il est parti** the day (that) he left ; **par ~ passer?** which way should we go? ; **les villes par ~ il est passé** the towns he went through ; **le village d'~ je viens** the village I come from ; **la chambre ~ il était**

the room he was in ; **d'~ vient qu'il est parti?** how come he left?
ouate [wat] *nf* cotton wool ; (*bourre*) padding, wadding ; **ouaté, e** *a* cotton-wool ; (*doublé*) quilted ; (*fig*) cocoon-like ; muffled.
oubli [ubli] *nm* (*acte*): **l'~ de** forgetting ; (*étourderie*) forgetfulness *q* ; (*négligence*) omission, oversight ; (*absence de souvenirs*) oblivion ; **~ de soi** self-effacement, self-negation.
oublier [ublije] *vt* (*gén*) to forget ; (*ne pas voir: erreurs etc*) to miss ; (*ne pas mettre: virgule, nom*) to leave out ; (*laisser quelque part: chapeau etc*) to leave behind ; **s'~** to forget o.s.
oubliettes [ublijɛt] *nfpl* dungeon *sg*.
oublieux, euse [ublijø, -øz] *a* forgetful.
oued [wɛd] *nm* wadi.
ouest [wɛst] *nm* west // *a inv* west ; (*région*) western ; **à l'~** in the west ; (*to the*) west, westwards ; **à l'~ de** (*to the*) west of ; **vent d'~** westerly wind ; **~-allemand, e** *a, nm/f* West German.
ouf [uf] *excl* phew!
oui [wi] *ad* yes ; **répondre (par) ~ to** answer yes.
ouï-dire [widiR] *nm inv*: **par ~** by hearsay.
ouïe [wi] *nf* hearing ; **~s** *nfpl* (*de poisson*) gills ; (*de violon*) sound-hole.
ouïr [wiR] *vt* to hear ; **avoir ouï dire que** to have heard it said that.
ouistiti [wistiti] *nm* marmoset.
ouragan [uRaɡɑ̃] *nm* hurricane ; (*fig*) storm.
ourlé, e [uRle] *a* hemmed ; (*fig*) rimmed.
ourler [uRle] *vt* to hem.
ourlet [uRlɛ] *nm* hem ; (*de l'oreille*) rim.
ours [uRs] *nm* bear ; **~ brun/blanc** brown/polar bear ; **~ mal léché** uncouth fellow ; **~ (en peluche)** teddy (bear).
ourse [uRs(ə)] *nf* (*ZOOL*) she-bear ; **la Grande/Petite O~** the Great/Little Bear, Ursa Major/ Minor.
oursin [uRsɛ̃] *nm* sea urchin.
ourson [uRsɔ̃] *nm* (bear-)cub.
ouste [ust(ə)] *excl* hop it!
outil [uti] *nm* tool.
outillage [utijaʒ] *nm* set of tools ; (*d'atelier*) equipment *q*.
outiller [utije] *vt* (*ouvrier, usine*) to equip.
outrage [utRaʒ] *nm* insult ; **faire subir les derniers ~s à** (*femme*) to ravish ; **~ aux bonnes mœurs** outrage to public decency ; **~ à magistrat** contempt of court ; **~ à la pudeur** indecent behaviour *q*.
outrageant, e [utRaʒɑ̃, -ɑ̃t] *a* offensive.
outrager [utRaʒe] *vt* to offend gravely ; (*fig: contrevenir à*) to outrage, insult.
outrance [utRɑ̃s] *nf* excessiveness *q*, excess ; **à ~** *ad* excessively, to excess ; **outrancier, ière** *a* extreme.
outre [utR(ə)] *nf* goatskin, water skin // *prép* besides // *ad*: **passer ~ à** to disregard, take no notice of ; **en ~** besides, moreover ; **~ que** apart from the fact that ; **~ mesure** immoderately ; unduly.
outré, e [utRe] *a* excessive, exaggerated ; outraged.

outre-Atlantique [utRatlɑ̃tik] *ad* across the Atlantic.
outrecuidance [utRəkɥidɑ̃s] *nf* presumptuousness *q*.
outre-Manche [utRəmɑ̃ʃ] *ad* across the Channel.
outremer [utRəmɛR] *a* ultramarine.
outre-mer [utRəmɛR] *ad* overseas.
outrepasser [utRəpɑse] *vt* to go beyond, exceed.
outrer [utRe] *vt* to exaggerate ; to outrage.
outsider [awtsajdœR] *nm* outsider.
ouvert, e [uvɛR, -ɛRt(ə)] *pp de* **ouvrir** // *a* open ; (*robinet, gaz etc*) on ; **ouvertement** *ad* openly.
ouverture [uvɛRtyR] *nf* opening ; (*MUS*) overture ; (*POL*): **l'~** the widening of the political spectrum ; (*PHOTO*): **~ (du diaphragme)** aperture ; **~s** *nfpl* (*propositions*) overtures ; **~ d'esprit** open-mindedness ; **heures d'~** (*COMM*) opening hours ; **jours d'~** (*COMM*) days of opening.
ouvrable [uvRabl(ə)] *a*: **jour ~** working day, weekday.
ouvrage [uvRaʒ] *nm* (*tâche, de tricot etc, MIL*) work *q* ; (*texte, livre*) work ; **corbeille à ~** work basket ; **~ d'art** (*GÉNIE CIVIL*) bridge or tunnel etc.
ouvragé, e [uvRaʒe] *a* finely embroidered (*ou* worked *ou* carved).
ouvrant, e [uvRɑ̃, -ɑ̃t] *a*: **toit ~** (*AUTO*) sunshine roof.
ouvre-boîte(s) [uvRəbwat] *nm inv* tin ou can opener.
ouvre-bouteille(s) [uvRəbutɛj] *nm inv* bottle-opener.
ouvreuse [uvRøz] *nf* usherette.
ouvrier, ière [uvRje, -jɛR] *nm/f* worker // *nf* (*ZOOL*) worker (bee) // *a* working-class ; industrial, labour *cpd* ; workers' ; **classe ouvrière** working class ; **~ qualifié** skilled worker ; **~ spécialisé (O.S.)** semiskilled worker ; **~ d'usine** factory worker.
ouvrir [uvRiR] *vt* (*gén*) to open ; (*brèche, passage*) to open up ; (*commencer l'exploitation de, créer*) to open (up) ; (*eau, électricité, chauffage, robinet*) to turn on ; (*MÉD: abcès*) to open up, cut open // *vi* to open ; to open up ; **s'~** *vi* to open ; **s'~ à** (*art etc*) to open one's mind to ; **s'~ à qn (de qch)** to open one's heart to sb (about sth) ; **s'~ les veines** to slash ou cut one's wrists ; **~ l'appétit à qn** to whet sb's appetite.
ouvroir [uvRwaR] *nm* workroom ; sewing room.
ovaire [ɔvɛR] *nm* ovary.
ovale [ɔval] *a* oval.
ovation [ɔvasjɔ̃] *nf* ovation ; **ovationner** *vt*: **ovationner qn** to give sb an ovation.
O.V.N.I. [ɔvni] *sigle m* (= *objet volant non identifié*) U.F.O. (unidentified flying object).
ovule [ɔvyl] *nm* (*PHYSIOL*) ovum (*pl* ova) ; (*MÉD*) pessary.
oxydable [ɔksidabl(ə)] *a* liable to rust.
oxyde [ɔksid] *nm* oxide ; **~ de carbone** carbon monoxide.
oxyder [ɔkside]: **s'~** *vi* to become oxidized.

oxygène [ɔksiʒɛn] *nm* oxygen ; (*fig*): **cure d'~** fresh air cure.
oxygéné, e [ɔksiʒene] *a*: **eau ~e** hydrogen peroxide.
ozone [ozɔn] *nm* ozone.

P

pacage [pakaʒ] *nm* grazing, pasture.
pachyderme [paʃidɛrm(ə)] *nm* pachyderm ; elephant.
pacifier [pasifje] *vt* to pacify.
pacifique [pasifik] *a* (*personne*) peaceable ; (*intentions, coexistence*) peaceful // *nm*: **le P~, l'océan P~** the Pacific (Ocean).
pacotille [pakɔtij] *nf* (*péj*) cheap goods *pl* ; **de ~** cheap.
pacte [pakt(ə)] *nm* pact, treaty.
pactiser [paktize] *vi*: **~ avec** to come to terms with.
pagaie [pagɛ] *nf* paddle.
pagaille [pagaj] *nf* mess, shambles *sg*.
pagayer [pageje] *vi* to paddle.
page [paʒ] *nf* page // *nm* page ; **mettre en ~s** to make up (into pages) ; **à la ~** (*fig*) up-to-date.
pagne [paɲ] *nm* loincloth.
pagode [pagɔd] *nf* pagoda.
paie [pɛ] *nf* = **paye**.
paiement [pɛmã] *nm* = **payement**.
païen, ne [pajɛ̃, -jɛn] *a, nm/f* pagan, heathen.
paillard, e [pajar, -ard(ə)] *a* bawdy.
paillasse [pajas] *nf* straw mattress.
paillasson [pajasɔ̃] *nm* doormat.
paille [pɑj] *nf* straw ; (*défaut*) flaw ; **~ de fer** steel wool.
pailleté, e [pajte] *a* sequined.
paillette [pajɛt] *nf* speck, flake ; **~s** *nfpl* (*décoratives*) sequins, spangles ; **lessive en ~s** soapflakes *pl*.
pain [pɛ̃] *nm* (*substance*) bread ; (*unité*) loaf (*pl* loaves) (of bread) ; (*morceau*): **~ de cire** *etc* bar of wax *etc* ; **~ bis/complet** brown/ wholemeal bread ; **~ d'épice** gingerbread ; **~ grillé** toast ; **~ de mie** sandwich loaf ; **~ de seigle** rye bread ; **~ de sucre** sugar loaf.
pair, e [pɛr] *a* (*nombre*) even // *nm* peer ; **aller de ~ (avec)** to go hand in hand ou together (with) ; **au ~ (FINANCE)** at par ; **jeune fille au ~** au pair girl.
paire [pɛr] *nf* pair ; **une ~ de lunettes/tenailles** a pair of glasses/pincers.
paisible [pezibl(ə)] *a* peaceful, quiet.
paître [pɛtr(ə)] *vi* to graze.
paix [pɛ] *nf* peace ; (*fig*) peacefulness ; peace ; **faire la ~ avec** to make peace with ; **avoir la ~** to have peace (and quiet).
palabrer [palabre] *vi* to argue endlessly.
palace [palas] *nm* luxury hotel.
palais [palɛ] *nm* palace ; (*ANAT*) palate ; **le P~ Bourbon** *the National Assembly buildings* ; **~ des expositions** exhibition hall ; **le P~ de Justice** *the Law Courts pl*.
palan [palɑ̃] *nm* hoist.

pale [pal] *nf* (*d'hélice, de rame*) blade ; (*de roue*) paddle.
pâle [pɑl] *a* pale ; **bleu ~** pale blue.
paléontologie [paleɔ̃tɔlɔʒi] *nf* paleontology.
Palestine [palɛstin] *nf*: **la ~** Palestine ; **palestinien, ne** *a, nm/f* Palestinian.
palet [palɛ] *nm* disc ; (*HOCKEY*) puck.
paletot [palto] *nm* (short) coat.
palette [palɛt] *nf* (*de peintre*) palette.
palétuvier [paletyvje] *nm* mangrove.
pâleur [palœr] *nf* paleness.
palier [palje] *nm* (*d'escalier*) landing ; (*fig*) level, plateau ; (*TECH*) bearing ; **nos voisins de ~** our neighbours across the landing ; **en ~** ad level ; **par ~s** in stages ; **palière** *af* landing *cpd*.
pâlir [pɑlir] *vi* to turn *ou* go pale ; (*couleur*) to fade.
palissade [palisad] *nf* fence.
palissandre [palisɑ̃dr(ə)] *nm* rosewood.
palliatif [paljatif] *nm* palliative ; (*expédient*) stopgap measure.
pallier [palje] *vt*, **~ à** *vt* to offset, make up for.
palmarès [palmarɛs] *nm* record (of achievements) ; (*SCOL*) prize list ; (*SPORT*) list of winners.
palme [palm(ə)] *nf* (*BOT*) palm leaf (*pl* leaves) ; (*symbole*) palm ; (*en caoutchouc*) flipper ; **~s (académiques)** decoration for services to education ; **palmé, e** *a* (*pattes*) webbed.
palmeraie [palmərɛ] *nf* palm grove.
palmier [palmje] *nm* palm tree.
palmipède [palmiped] *nm* palmiped, webfooted bird.
palombe [palɔ̃b] *nf* woodpigeon, ringdove.
pâlot, te [pɑlo, -ɔt] *a* pale, peaky.
palourde [palurd(ə)] *nf* clam.
palper [palpe] *vt* to feel, finger.
palpitant, e [palpitɑ̃, -ɑ̃t] *a* thrilling.
palpitation [palpitasjɔ̃] *nf* palpitation.
palpiter [palpite] *vi* (*cœur, pouls*) to beat ; (*: plus fort*) to pound, throb ; (*narines, chair*) to quiver.
paludisme [palydism(ə)] *nm* paludism, malaria.
pâmer [pɑme]: **se ~** *vi* to swoon ; (*fig*): **se ~ devant** to go into raptures over ; **pâmoison** *nf*: **tomber en pâmoison** to swoon.
pampa [pɑ̃pa] *nf* pampas *pl*.
pamphlet [pɑ̃flɛ] *nm* lampoon, satirical tract.
pamplemousse [pɑ̃pləmus] *nm* grapefruit.
pan [pɑ̃] *nm* section, piece // *excl* bang! ; **~ de chemise** shirt tail.
panacée [panase] *nf* panacea.
panachage [panaʃaʒ] *nm* blend, mix.
panache [panaʃ] *nm* plume ; (*fig*) spirit, panache.
panaché, e [panaʃe] *a*: **œillet ~** variegated carnation ; **glace ~e** mixed-flavour ice cream ; **salade ~e** mixed salad ; **bière ~e** shandy.
panaris [panari] *nm* whitlow.
pancarte [pɑ̃kart(ə)] *nf* sign, notice ; (*dans un défilé*) placard.

pancréas [pɑ̃kʀeɑs] nm pancreas.
pané, e [pane] a fried in breadcrumbs.
panier [panje] nm basket ; **mettre au ~** to chuck away ; **~ à provisions** shopping basket ; **~ à salade** Black Maria, police van ; **~-repas** nm packed lunch.
panification [panifikɑsjɔ̃] nf bread-making.
panique [panik] nf, a panic ; **paniquer** vi to panic.
panne [pan] nf (d'un mécanisme, moteur) breakdown ; **être/tomber en ~** to have broken down/break down ; **être en ~ d'essence** ou **sèche** to have run out of petrol ; **~ d'électricité** ou **de courant** power ou electrical failure.
panneau, x [pano] nm (écriteau) sign, notice ; (de boiserie, de tapisserie etc) panel ; **tomber dans le ~** (fig) to walk into the trap ; **~ d'affichage** notice board ; **~ de signalisation** roadsign ; **~-réclame** nm hoarding.
panonceau, x [panɔ̃so] nm sign.
panoplie [panɔpli] nf (jouet) outfit ; (d'armes) display ; (fig) array.
panorama [panɔʀama] nm panorama ; **panoramique** a panoramic ; (carrosserie) with panoramic windows.
panse [pɑ̃s] nf paunch.
pansement [pɑ̃smɑ̃] nm dressing, bandage ; **~ adhésif** sticking plaster.
panser [pɑ̃se] vt (plaie) to dress, bandage ; (bras) to put a dressing on, bandage ; (cheval) to groom.
pantalon [pɑ̃talɔ̃] nm (aussi: **~s, paire de ~s**) trousers pl, pair of trousers ; **~ de ski** ski pants pl.
pantelant, e [pɑ̃tlɑ̃, -ɑ̃t] a gasping for breath, panting.
panthère [pɑ̃tɛʀ] nf panther.
pantin [pɑ̃tɛ̃] nm jumping jack ; (péj) puppet.
pantois [pɑ̃twa] am: **rester ~** to be flabbergasted.
pantomime [pɑ̃tɔmim] nf mime ; (pièce) mime show.
pantouflard, e [pɑ̃tuflaʀ, -aʀd(ə)] a (péj) stay-at-home.
pantoufle [pɑ̃tufl(ə)] nf slipper.
panure [panyʀ] nf breadcrumbs pl.
paon [pɑ̃] nm peacock.
papa [papa] nm dad(dy).
papauté [papote] nf papacy.
pape [pap] nm pope.
paperasse [papʀas] nf (péj) bumf q, papers pl ; forms pl ; **~rie** nf (péj) red tape q ; paperwork q.
papeterie [papetʀi] nf (usine) paper mill ; (magasin) stationer's (shop).
papetier, ière [paptje, -jɛʀ] nm/f paper-maker ; stationer ; **~-libraire** nm bookseller and stationer.
papier [papje] nm paper ; (article) article ; **~s** nmpl (aussi: **~s d'identité**) (identity) papers ; **~ couché/glacé** art/glazed paper ; **~ (d')aluminium** aluminium foil, tinfoil ; **~ d'Arménie** incense paper ; **~ bible** India ou bible paper ; **~ buvard** blotting paper ; **~ calque** tracing paper ; **~ carbone** carbon paper ; **~ collant** sellotape ®, sticky tape ; **~ hygiénique**

toilet paper ; **~ journal** newsprint ; (pour emballer) newspaper ; **~ à lettres** writing paper, notepaper ; **~ mâché** papier-mâché ; **~ machine** typing paper ; **~ peint** wallpaper ; **~ pelure** India paper ; **~ de soie** tissue paper ; **~ de tournesol** litmus paper ; **~ de verre** sandpaper.
papille [papij] nf: **~s gustatives** taste buds.
papillon [papijɔ̃] nm butterfly ; (fam: contravention) (parking) ticket ; (TECH: écrou) wing ou butterfly nut ; **~ de nuit** moth.
papillote [papijɔt] nf curlpaper.
papilloter [papijɔte] vi to blink, flicker.
papoter [papɔte] vi to chatter.
paprika [papʀika] nm paprika.
paquebot [pakbo] nm liner.
pâquerette [pɑkʀɛt] nf daisy.
Pâques [pɑk] nm, nfpl Easter ; **faire ses ~** to do one's Easter duties.
paquet [pakɛ] nm packet ; (colis) parcel ; (fig: tas): **~ de** pile ou heap of ; **mettre le ~** (fam) to give one's all ; **~ de mer** big wave ; **paquetage** nm (MIL) kit, pack ; **~-cadeau** nm gift-wrapped parcel.
par [paʀ] prép by ; **finir** etc **~** to end etc with ; **~ amour** out of love ; **passer ~ Lyon/la côte** to go via ou through Lyons/along by the coast ; **~ la fenêtre** (jeter, regarder) out of the window ; **3 ~ jour/personne** 3 a ou per day/head ; **2 ~ 2** two at a time ; in twos ; **~ où?** which way? ; **~ ici** this way ; (dans le coin) round here ; **~-ci, ~-là** here and there.
para [paʀa] nm (abr de **parachutiste**) para.
parabole [paʀabɔl] nf (REL) parable ; (GÉOM) parabola ; **parabolique** a parabolic.
parachever [paʀaʃve] vt to perfect.
parachute [paʀaʃyt] nm parachute.
parachutiste [paʀaʃytist(ə)] nm/f parachutist ; (MIL) paratrooper.
parade [paʀad] nf (spectacle, défilé) parade ; (ESCRIME, BOXE) parry ; (ostentation): **faire ~ de** to display, show off.
paradis [paʀadi] nm heaven, paradise.
paradoxal, e, aux [paʀadɔksal, -o] a paradoxical.
paradoxe [paʀadɔks(ə)] nm paradox.
parafe [paʀaf] nm, **parafer** [paʀafe] vt voir **paraphe, parapher.**
paraffine [paʀafin] nf paraffin ; paraffin wax.
parages [paʀaʒ] nmpl: **dans les ~ (de)** in the area ou vicinity (of).
paragraphe [paʀagʀaf] nm paragraph.
paraître [paʀɛtʀ(ə)] vb avec attribut to seem, look, appear // vi to appear ; (être visible) to show ; (PRESSE, ÉDITION) to be published, come out, appear ; (briller) to show off // vb impersonnel: **il paraît que** it seems ou appears that, they say that ; **il me paraît que** it seems to me that.
parallèle [paʀalɛl] nm a parallel ; (police, marché) unofficial // nm (comparaison): **faire un ~ entre** to draw a parallel between ; (GÉO) parallel // nf parallel (line) ; **parallélisme** nm parallelism ; (AUTO) wheel alignment ; **parallélogramme** nm parallelogram.

paralyser [paralize] *vt* to paralyze.
paralysie [paralizi] *nf* paralysis.
paralytique [paralitik] *a*, *nm/f* paralytic.
paramédical, e, aux [paramedikal, -o] *a* paramedical.
paranoïaque [paranɔjak] *nm/f* paranoiac.
parapet [parapɛ] *nm* parapet.
paraphe [paraf] *nm* flourish ; initials *pl* ; signature ; **parapher** *vt* to initial ; to sign.
paraphrase [parafrɑz] *nf* paraphrase.
parapluie [paraplчi] *nm* umbrella ; ~ **pliant** telescopic umbrella.
parasite [parazit] *nm* parasite // *a* (BOT, BIO) parasitic(al) ; ~**s** (TÉL) interference *sg*.
parasol [parasɔl] *nm* parasol, sunshade.
paratonnerre [paratɔnɛr] *nm* lightning conductor.
paravent [paravɑ̃] *nm* folding screen.
parc [park] *nm* (public) park, gardens *pl* ; (de château etc) grounds *pl* ; (pour le bétail) pen, enclosure ; (d'enfant) playpen ; (MIL: entrepôt) depot ; (ensemble d'unités) stock ; fleet ; ~ **automobile** (d'un pays) number of cars on the roads ; (d'une société) car fleet ; ~ **à huîtres** oyster bed ; ~ **national** national park ; ~ **de stationnement** car park.
parcelle [parsɛl] *nf* fragment, scrap ; (de terrain) plot, parcel.
parce que [parsk(ə)] *cj* because.
parchemin [parʃəmɛ̃] *nm* parchment.
parcimonie [parsimɔni] *nf* parsimony, parsimoniousness.
parc(o)mètre [park(ɔ)mɛtr(ə)] *nm* parking meter.
parcourir [parkurir] *vt* (trajet, distance) to cover ; (article, livre) to skim *ou* glance through ; (lieu) to go all over, travel up and down ; (suj: frisson, vibration) to run through ; ~ **des yeux** to run one's eye over.
parcours [parkur] *nm* (trajet) journey ; (itinéraire) route ; (SPORT: de golf etc) course ; (: accompli par un concurrent) round ; run ; lap.
par-delà [pardala] *prép* beyond.
par-dessous [pardəsu] *prép*, *ad* under(neath).
pardessus [pardəsy] *nm* overcoat.
par-dessus [pardəsy] *prép* over (the top of) // *ad* over (the top) ; ~ **le marché** on top of all that.
par-devant [pardəvɑ̃] *prép* in the presence of, before // *ad* at the front ; round the front.
pardon [pardɔ̃] *nm* forgiveness *q* // *excl* sorry ; (pour interpeller etc) excuse me ; **demander** ~ **à qn (de)** to apologize to sb (for) ; **je vous demande** ~ I'm sorry ; excuse me.
pardonner [pardɔne] *vt* to forgive ; ~ **qch à qn** to forgive sb for sth.
paré, e [pare] *a* ready, prepared.
pare-balles [parbal] *a inv* bulletproof.
pare-boue [parbu] *nm inv* mudguard.
pare-brise [parbriz] *nm inv* windscreen.
pare-chocs [parʃɔk] *nm inv* bumper.
pareil, le [parɛj] *a* (identique) the same, alike ; (similaire) similar ; (tel) : **un courage/livre** ~ such courage/a book, courage/a book like this ; **de** ~**s livres** such books ; **j'en veux un** ~ I'd like one just like it ; **rien de** ~ no (*ou* any) such thing, nothing (*ou* anything) like it ; **ses** ~**s** one's fellow men ; one's peers ; **ne pas avoir son(sa)** ~**(le)** to be second to none ; ~ **à** the same as ; similar to ; **sans** ~ unparalleled, unequalled ; ~**lement** *ad* the same, alike ; in such a way ; (également) likewise.
parement [parmɑ̃] *nm* (CONSTR) facing ; (REL) : ~ **d'autel** antependium.
parent, e [parɑ̃, -ɑ̃t] *nm/f* : **un/une** ~/**e** a relative *ou* relation // *a* : **être** ~ **de** to be related to ; ~**s** *nmpl* (père et mère) parents ; **parenté** *nf* (lien) relationship ; (personnes) relatives *pl*, relations *pl*.
parenthèse [parɑ̃tɛz] *nf* (ponctuation) bracket, parenthesis ; (MATH) bracket ; (digression) parenthesis, digression ; **ouvrir/fermer la** ~ to open/close the brackets ; **entre** ~**s** in brackets ; (fig) incidentally.
parer [pare] *vt* to adorn ; (CULIN) to dress, trim ; (éviter) to ward off ; ~ **à** (danger) to ward off ; (inconvénient) to deal with ; ~ **au plus pressé** to attend to what's most urgent.
pare-soleil [parsɔlɛj] *nm inv* sun visor.
paresse [parɛs] *nf* laziness ; **paresser** *vi* to laze around ; **paresseux, euse** *a* lazy ; (fig) slow, sluggish // *nm* (ZOOL) sloth.
parfaire [parfɛr] *vt* to perfect ; to complete.
parfait, e [parfɛ, -ɛt] *a* perfect // *nm* (LING) perfect (tense) ; (CULIN) parfait // *excl* fine, excellent ; **parfaitement** *ad* perfectly // *excl* (most) certainly.
parfois [parfwa] *ad* sometimes.
parfum [parfœ̃] *nm* (produit) perfume, scent ; (odeur: de fleur) scent, fragrance ; (: de tabac, vin) aroma ; (à choisir: de glace, milk-shake) flavour ; **parfumé, e** *a* (fleur, fruit) fragrant ; (papier à lettres etc) scented ; (femme) wearing perfume *ou* scent, perfumed ; **parfumé au café** coffee-flavoured, flavoured with coffee ; **parfumer** *vt* (suj: odeur, bouquet) to perfume ; (mouchoir) to put scent *ou* perfume on ; (crème, gâteau) to flavour ; **se parfumer** to put on (some) perfume *ou* scent ; to use perfume *ou* scent ; **parfumerie** *nf* (commerce) perfumery ; (produits) perfumes *pl* ; (boutique) perfume shop.
pari [pari] *nm* bet, wager ; (SPORT) bet ; **P~ Mutuel urbain (P.M.U.)** (State-controlled) organisation for forecast betting on horse-racing.
paria [parja] *nm* outcast.
parier [parje] *vt* to bet ; **parieur** *nm* (turfiste etc) punter.
Paris [pari] *n* Paris ; **parisien, ne** *a* Parisian ; (GÉO, ADMIN) Paris *cpd* // *nm/f* : **Parisien, ne** Parisian.
paritaire [paritɛr] *a* : **commission** ~ joint commission.
parité [parite] *nf* parity.
parjure [parʒyr] *nm* (acte) false oath, perjury ; breach of oath, perjury // *nm/f* perjurer ; **se parjurer** to forswear *ou* perjure o.s.

parking [paʀkiŋ] nm (lieu) car park.
parlant, e [paʀlɑ̃, -ɑ̃t] a (fig) graphic, vivid ; eloquent ; (CINÉMA) talking // ad : **généralement** ~ generally speaking.
parlement [paʀləmɑ̃] nm parliament ; **parlementaire** a parliamentary // nm/f member of parliament ; parliamentarian ; negotiator, mediator.
parlementer [paʀləmɑ̃te] vi to negotiate, parley.
parler [paʀle] nm speech ; dialect // vi to speak, talk ; (avouer) to talk ; ~ **(à qn) de** to talk ou speak (to sb) about ; ~ **pour qn** (intercéder) to speak for sb ; ~ **le/en français** to speak French/in French ; ~ **affaires** to talk business ; ~ **en dormant/du nez** to talk in one's sleep/through one's nose ; **sans** ~ **de** (fig) not to mention, to say nothing of ; **tu parles!** you must be joking!
parloir [paʀlwaʀ] nm (d'une prison, d'un hôpital) visiting room ; (REL) parlour.
parmi [paʀmi] prép among(st).
parodie [paʀɔdi] nf parody ; **parodier** vt (œuvre, auteur) to parody.
paroi [paʀwa] nf wall ; (cloison) partition ; ~ **rocheuse** rock face.
paroisse [paʀwas] nf parish ; **paroissial, e, aux** a parish cpd ; **paroissien, ne** nm/f parishioner // nm prayer book.
parole [paʀɔl] nf (faculté) : **la** ~ speech ; (mot, promesse) word ; ~**s** nfpl (MUS) words, lyrics ; **tenir** ~ to keep one's word ; **prendre la** ~ to speak ; **demander la** ~ to ask for permission to speak ; **je le crois sur** ~ I'll take his word for it.
paroxysme [paʀɔksism(ə)] nm height, paroxysm.
parpaing [paʀpɛ̃] nm bond-stone, parpen.
parquer [paʀke] vt (voiture, matériel) to park ; (bestiaux) to pen (in ou up) ; (prisonniers) to pack in.
parquet [paʀkɛ] nm (parquet) floor ; (JUR) : **le** ~ the Public Prosecutor's department ; **parqueter** vt to lay a parquet floor in.
parrain [paʀɛ̃] nm godfather ; (d'un nouvel adhérent) sponsor, proposer ; **parrainer** vt (nouvel adhérent) to sponsor, propose ; (entreprise) to promote, sponsor.
parricide [paʀisid] nm, nf parricide.
pars vb voir **partir**.
parsemer [paʀsəme] vt (suj : feuilles, papiers) to be scattered over ; ~ **qch de** to scatter sth with.
part [paʀ] nf (qui revient à qn) share ; (fraction, partie) part ; (FINANCE) (non-voting) share ; **prendre** ~ **à** (débat etc) to take part in ; (soucis, douleur de qn) to share in ; **faire** ~ **de qch à qn** to announce sth to sb, inform sb of sth ; **pour ma** ~ as for me, as far as I'm concerned ; **à** ~ **entière** a full ; **de la** ~ **de** (au nom de) on behalf of ; (donné par) from ; **de toute(s)** ~**(s)** from all sides ou quarters ; **de** ~ **et d'autre** on both sides, on either side ; **de** ~ **en** ~ right through ; **d'une** ~ **... d'autre** ~ on the one hand ... on the other hand ; **à** ~ separately ; (de côté) aside // prép apart from, except for // a exceptional, special ; **faire la** ~ **des choses** to make allowances.

partage [paʀtaʒ] nm dividing up ; sharing (out) q, share-out ; sharing ; **recevoir qch en** ~ to receive sth as one's share (ou lot) ; **sans** ~ undivided.
partagé, e [paʀtaʒe] a (opinions etc) divided.
partager [paʀtaʒe] vt to share ; (distribuer, répartir) to share (out) ; (morceler, diviser) to divide (up) ; **se** ~ vt (héritage) to share between themselves (ou ourselves).
partance [paʀtɑ̃s] : **en** ~ ad outbound, due to leave ; **en** ~ **pour** (bound) for.
partant [paʀtɑ̃] vb voir **partir** // nm (SPORT) starter ; (HIPPISME) runner.
partenaire [paʀtənɛʀ] nm/f partner.
parterre [paʀtɛʀ] nm (de fleurs) (flower) bed, border ; (THÉÂTRE) stalls pl.
parti [paʀti] nm (POL) party ; (décision) course of action ; (personne à marier) match ; **tirer** ~ **de** to take advantage of, turn to good account ; **prendre le** ~ **de faire** to make up one's mind to do, resolve to do ; **prendre le** ~ **de qn** to stand up for sb, side with sb ; **prendre** ~ **(pour/contre)** to take sides ou a stand (for/against) ; **prendre son** ~ **de** to come to terms with ; ~ **pris** bias.
partial, e, aux [paʀsjal, -o] a biased, partial.
participant, e [paʀtisipɑ̃, -ɑ̃t] nm/f participant ; (à un concours) entrant ; (d'une société) member.
participation [paʀtisipasjɔ̃] nf participation ; sharing ; (COMM) interest ; **la** ~ **aux bénéfices** profit-sharing ; **la** ~ **ouvrière** worker participation.
participe [paʀtisip] nm participle ; ~ **passé/présent** past/present participle.
participer [paʀtisipe] : ~ **à** vt (course, réunion) to take part in ; (profits etc) to share in ; (frais etc) to contribute to ; (entreprise : financièrement) to cooperate in ; (chagrin, succès de qn) to share (in) ; ~ **de** vt to partake of.
particularisme [paʀtikylaʀism(ə)] nm sense of identity ; specific characteristic.
particularité [paʀtikylaʀite] nf particularity ; (distinctive) characteristic, feature.
particule [paʀtikyl] nf particle ; ~ **(nobiliaire)** nobiliary particle.
particulier, ière [paʀtikylje, -jɛʀ] a (personnel, privé) private ; (spécial) special, particular ; (caractéristique) characteristic, distinctive ; (spécifique) particular // nm (individu : ADMIN) private individual ; '~ **vend ...'** (COMM) 'for sale privately ...' ; **à** ~ peculiar to ; **en** ~ ad (surtout) in particular, particularly ; (en privé) in private ; **particulièrement** ad particularly.
partie [paʀti] nf (gén) part ; (profession, spécialité) field, subject ; (JUR etc : protagonistes) party ; (de cartes, tennis etc) game ; **une** ~ **de campagne/de pêche** an outing in the country/a fishing party ou trip ; **en** ~ ad partly, in part ; **faire** ~ **de** to belong to ; (suj : chose) to be part of ; **prendre qn à** ~ to take sb to task ; (malmener) to set on sb ; **en grande** ~ largely, in the main ; ~ **civile** (JUR) private

party associating in action with public prosecutor.

partiel, le [paʀsjɛl] a partial // nm (SCOL) class exam.

partir [paʀtiʀ] vi (gén) to go ; (quitter) to go, leave ; (s'éloigner) to go (ou drive etc) away ou off ; (moteur) to start ; (pétard) to go off ; ~ **de** (lieu: quitter) to leave ; (: commencer à) to start from ; (date) to run ou start from ; **à** ~ **de** from.

partisan, e [paʀtizɑ̃, -an] nm/f partisan // a: **être** ~ **de qch/faire** to be in favour of sth/doing.

partitif, ive [paʀtitif, -iv] a: **article** ~ article used in the partitive genitive.

partition [paʀtisjɔ̃] nf (MUS) score.

partout [paʀtu] ad everywhere ; ~ **où il allait** everywhere ou wherever he went ; **trente** ~ (TENNIS) thirty all.

paru, e pp de **paraître**.

parure [paʀyʀ] nf (toilette, bijoux) finery q ; jewellery q ; (assortiment) set.

parution [paʀysjɔ̃] nf publication, appearance.

parvenir [paʀvəniʀ] : ~ **à** vt (atteindre) to reach ; (réussir): ~ **à faire** to manage to do, succeed in doing ; **faire** ~ **qch à qn** to have sth sent to sb.

parvenu, e [paʀvəny] nm/f (péj) parvenu, upstart.

parvis [paʀvi] nm square (in front of a church).

pas [pɑ] nm voir le mot suivant // ad not ; ~ **de** no ; **ne ... ~** : **il ne le voit** ~/**ne l'a** ~ **vu/ne le verra** ~ he doesn't see it/hasn't seen it ou didn't see it/won't see it ; **ils n'ont** ~ **de voiture/d'enfants** they haven't got a car/any children, they have no car/children ; **il m'a dit de ne** ~ **le faire** he told me not to do it ; **il n'est** ~ **plus grand** he isn't bigger, he's no bigger ; **... lui** ~ ou ~ **lui** he doesn't (ou isn't etc) ; **non** ~ **que** ~ not that ... ; **une pomme** ~ **mûre** an apple which isn't ripe ; ~ **du tout** not at all ; ~ **plus tard qu'hier** only yesterday ; ~ **mal** a not bad, quite good (ou pretty ou nice) // ad quite well ; (beaucoup) quite a lot ; ~ **mal de** quite a lot of.

pas [pɑ] ad voir le mot précédent // nm (allure, mesure) pace ; (démarche) tread ; (enjambée, DANSE) step ; (bruit) (foot)step ; (trace) footprint ; (TECH: de vis, d'écrou) thread ; ~ **à** ~ step by step ; **au** ~ at walking pace ; **mettre qn au** ~ to bring sb to heel ; **au** ~ **de gymnastique/de course** at a jog trot/at a run ; **à** ~ **de loup** stealthily ; **faire les cent** ~ to pace up and down ; **faire les premiers** ~ to make the first move ; **sur le** ~ **de la porte** on the doorstep ; **le** ~ **de Calais** (détroit) the Straits of Dover ; ~ **de porte** (COMM) key money.

pascal, e, aux [paskal, -o] a Easter cpd.

passable [pɑsablə] a (travail) passable, tolerable.

passage [pɑsaʒ] nm (fait de passer) voir **passer** ; (lieu, prix de la traversée, extrait de livre etc) passage ; (chemin) way ; **de** ~ (touristes) passing through ; (amants etc) casual ; ~ **clouté** pedestrian crossing ; '~ **interdit**' 'no entry' ; ~ **à niveau** level crossing ; '~ **protégé**' right of way over secondary road(s) on your right ; ~ **souterrain** subway, underground passage ; ~ **à tabac** beating-up.

passager, ère [pɑsaʒe, -ɛʀ] a passing // nm/f passenger ; ~ **clandestin** stowaway.

passant, e [pɑsɑ̃, -ɑ̃t] a (rue, endroit) busy // nm/f passer-by // nm (pour ceinture etc) loop.

passe [pɑs] nf (SPORT, magnétique, NAVIG) pass // nm (passe-partout) master ou skeleton key ; **être en** ~ **de faire** to be on the way to doing.

passé, e [pɑse] a (événement, temps) past ; (couleur, tapisserie) faded // prép after // nm past ; (LING) past (tense) ; **il est** ~ **midi** ou **midi** ~ it's gone twelve ; ~ **de mode** out of fashion ; ~ **composé** perfect (tense) ; ~ **simple** past historic.

passe-droit [pɑsdʀwa] nm special privilege.

passéiste [pɑseist] a backward-looking.

passementerie [pɑsmɑ̃tʀi] nf trimmings pl.

passe-montagne [pɑsmɔ̃taɲ] nm balaclava.

passe-partout [pɑspaʀtu] nm inv master ou skeleton key // a inv all-purpose.

passe-passe [pɑspɑs] nm: **tour de** ~ trick, sleight of hand q.

passe-plats [pɑspla] nm inv serving hatch.

passeport [pɑspɔʀ] nm passport.

passer [pɑse] vi (se rendre, aller) to go ; (voiture, piétons: défiler) to pass (by), go by ; (faire une halte rapide: facteur, laitier etc) to come, call ; (: pour rendre visite) to call ou drop in ; (courant, air, lumière, franchir un obstacle etc) to get through ; (accusé, projet de loi): ~ **devant** to come before ; (film, émission) to be on ; (temps, jours) to pass, go by ; (couleur, papier) to fade ; (douleur) to pass, go away ; (CARTES) to pass ; (SCOL) to go up (to the next class) // vt (frontière, rivière etc) to cross ; (douane) to go through ; (examen) to sit, take ; (visite médicale etc) to have ; (journée, temps) to spend ; (donner): ~ **qch à qn** to pass sth to sb ; to give sb sth ; (transmettre): ~ **qch à qn** to pass sth on to sb ; (enfiler: vêtement) to slip on ; (faire entrer, mettre): **(faire)** ~ **qch dans/par** to get sth into/through ; (café) to pour the water on ; (thé, soupe) to strain ; (film, pièce) to show, put on ; (disque) to play, put on ; (marché, accord) to agree on ; (tolérer): ~ **qch à qn** to let sb get away with sth ; **se** ~ vi (avoir lieu: scène, action) to take place ; (se dérouler: entretien etc) to go ; (arriver): **que s'est-il passé?** what happened? ; (s'écouler: semaine etc) to pass, go by ; **se** ~ **de** vt to go ou do without ; **se** ~ **les mains sous l'eau/de l'eau sur le visage** to put one's hands under the tap/run water over one's face ; ~ **par** to go through ; **passe devant/par ici** go in front/this way ; ~ **sur** vt (faute, détail inutile) to pass over ; ~ **avant qch/qn** (fig) to come before sth/sb ; **laisser** ~ (air, lumière, personne) to let through ; (occasion) to let slip, miss ; (erreur) to overlook ; ~ **à la radio/fouille** to be

X-rayed/searched; ~ à la **radio/télévision** to be on the radio/on television; ~ **pour riche** to be taken for a rich man; **il passait pour avoir** he was said to have; ~ **à l'opposition** to go over to the opposition; **passons!** let's say no more (about it); ~ **en seconde, ~ la seconde** (AUTO) to change into second; ~ **qch en fraude** to smuggle sth in (ou out); ~ **la main par la portière** to stick one's hand out of the door; ~ **le balai/l'aspirateur** to sweep up/hoover; **je vous passe M. X** (je vous mets en communication avec lui) I'm putting you through to Mr X; (je lui passe l'appareil) here is Mr X, I'll hand you over to Mr X.

passerelle [pɑsrɛl] nf footbridge; (de navire, avion) gangway.

passe-temps [pɑstɑ̃] nm inv pastime.

passeur, euse [pɑsœr, -øz] nm/f smuggler.

passible [pɑsibl(ə)] a: ~ **de** liable to.

passif, ive [pɑsif, -iv] a passive // nm (LING) passive; (COMM) liabilities pl.

passion [pɑsjɔ̃] nf passion; **avoir la ~ de** to have a passion for; **passionné, e** a passionate; impassioned; **passionnel, le** a of passion; **passionner** vt (personne) to fascinate, grip; **se passionner pour** to take an avid interest in; to have a passion for.

passoire [pɑswar] nf sieve; (à légumes) colander; (à thé) strainer.

pastel [pastɛl] nm, a inv (ART) pastel.

pastèque [pastɛk] nf watermelon.

pasteur [pastœr] nm (protestant) minister, pastor.

pasteuriser [pastœrize] vt to pasteurize.

pastiche [pastiʃ] nm pastiche.

pastille [pastij] nf (à sucer) lozenge, pastille; (de papier etc) (small) disc; ~**s pour la toux** throat lozenges.

pastis [pastis] nm pastis.

patate [patat] nf spud; ~ **douce** sweet potato.

patauger [patoʒe] vi (pour s'amuser) to splash about; (avec effort) to wade about; ~ **dans** (en marchant) to wade through.

pâte [pɑt] nf (à tarte) pastry; (à pain) dough; (à frire) batter; (substance molle) paste; cream; ~**s** nfpl (macaroni etc) pasta sg; **fromage à ~ dure/molle** hard/soft cheese; ~ **d'amandes** almond paste; ~ **brisée** shortcrust pastry; ~ **de fruits** crystallized fruit q; ~ **à modeler** modelling clay, Plasticine ®; ~ **à papier** paper pulp.

pâté [pɑte] nm (charcuterie) pâté; (tache) ink blot; (de sable) sandcastle, sandpie; ~ **en croûte** ≈ pork pie; ~ **de maisons** block (of houses).

pâtée [pɑte] nf mash, feed.

patente [patɑ̃t] nf (COMM) trading licence.

patère [patɛr] nf (coat-)peg.

paternel, le [patɛrnɛl] a (amour, soins) fatherly; (ligne, autorité) paternal.

paternité [patɛrnite] nf paternity, fatherhood.

pâteux, euse [pɑtø, -øz] a thick; pasty.

pathétique [patetik] a moving, pathetic.

pathologie [patɔlɔʒi] nf pathology.

patibulaire [patibylɛr] a sinister.

patience [pasjɑ̃s] nf patience.

patient, e [pasjɑ̃, -ɑ̃t] a, nm/f patient.

patienter [pasjɑ̃te] vi to wait.

patin [patɛ̃] nm skate; (sport) skating; (de traîneau, luge) runner; (pièce de tissu) cloth pad (used as slippers to protect polished floor); ~**s (à glace)** (ice) skates; ~**s à roulettes** roller skates.

patinage [patinaʒ] nm skating; ~ **artistique/de vitesse** figure/speed skating.

patine [patin] nf sheen.

patiner [patine] vi to skate; (embrayage) to slip; (roue, voiture) to spin; **se** ~ vi (meuble, cuir) to acquire a sheen, become polished; **patineur, euse** nm/f skater; **patinoire** nf skating rink, (ice) rink.

pâtir [pɑtir]: ~ **de** vt to suffer because of.

pâtisserie [pɑtisri] nf (boutique) cake shop; (métier) confectionery; (à la maison) pastry- ou cake-making, baking; ~**s** nfpl (gâteaux) pastries, cakes; **pâtissier, ière** nm/f pastrycook; confectioner.

patois [patwa] nm dialect, patois.

patriarche [patrijarʃ(ə)] nm patriarch.

patrie [patri] nf homeland.

patrimoine [patrimwan] nm inheritance, patrimony.

patriote [patrijɔt] a patriotic // nm/f patriot; **patriotique** a patriotic.

patron, ne [patrɔ̃, -ɔn] nm/f (chef) boss, manager/eress; (propriétaire) owner, proprietor/tress; (employeur) employer; (MED) ≈ senior consultant; (REL) patron saint // nm (COUTURE) pattern; ~ **de thèse** supervisor (of postgraduate thesis); **patronal, e, aux** a (syndicat, intérêts) employers'.

patronage [patrɔnaʒ] nm patronage; (parish) youth club.

patronat [patrɔna] nm employers pl.

patronner [patrɔne] vt to sponsor, support.

patrouille [patruj] nf patrol; **patrouiller** vi to patrol, be on patrol.

patte [pat] nf (jambe) leg; (pied: de chien, chat) paw; (: d'oiseau) foot; (languette) strap; (: de poche) flap; **à ~s d'éléphant** a bell-bottomed; ~**s d'oie** (fig) crow's feet.

pattemouille [patmuj] nf damp cloth (for ironing).

pâturage [pɑtyraʒ] nm pasture.

pâture [pɑtyr] nf food.

paume [pom] nf palm.

paumer [pome] vt (fam) to lose.

paupière [popjɛr] nf eyelid.

paupiette [popjɛt] nf: ~**s de veau** veal olives.

pause [poz] nf (arrêt) break; (en parlant, MUS) pause.

pauvre [povr(ə)] a poor // nm/f poor man/woman; **les** ~**s** the poor; ~ **en calcium** with a low calcium content; ~**té** nf (état) poverty.

pavaner [pavane]: **se** ~ vi to strut about.

pavé, e [pave] a paved; cobbled // nm (bloc) paving stone; cobblestone; (pavage) paving.

pavillon [pavijɔ̃] nm (de banlieue) small (detached) house ; (kiosque) lodge ; pavilion ; (d'hôpital) ward ; (MUS: de cor etc) bell ; (ANAT: de l'oreille) pavilion, pinna ; (drapeau) flag ; ~ **de complaisance** flag of convenience.

pavoiser [pavwaze] vt to deck with flags // vi to put out flags ; (fig) to rejoice, exult.

pavot [pavo] nm poppy.

payant, e [pɛjɑ̃, -ɑ̃t] a (spectateurs etc) paying ; (fig: entreprise) profitable ; **c'est** ~ you have to pay, there is a charge.

paye [pɛj] nf pay, wages pl.

payement [pɛjmɑ̃] nm payment.

payer [peje] vt (créancier, employé, loyer) to pay ; (achat, réparations, fig: faute) to pay for // vi to pay ; (métier) to be well-paid ; (tactique etc) to pay off ; **il me l'a fait ~ 10 F** he charged me 10 F for it ; ~ **qch à qn** to buy sth for sb, buy sb sth ; **ils nous ont payé le voyage** they paid for our trip ; ~ **de sa personne** to give of o.s. ; ~ **d'audace** to act with great daring ; **cela ne paie pas de mine** it doesn't look much ; **se ~ la tête de qn** to take the mickey out of sb ; to take sb for a ride.

pays [pei] nm country ; land ; region ; village ; **du** ~ a local.

paysage [peiza3] nm landscape ; **paysagiste** nm/f landscape gardener ; landscape painter.

paysan, ne [peizɑ̃, -an] nm/f countryman/woman ; farmer ; (péj) peasant // a country cpd ; farming, farmers'.

Pays-Bas [peiba] nmpl: **les** ~ the Netherlands.

P.C.V. sigle voir **communication**.

P.D.G. sigle m voir **président**.

péage [pea3] nm toll ; (endroit) tollgate ; **pont à** ~ toll bridge.

peau, x [po] nf skin ; **gants de** ~ fine leather gloves ; ~ **de chamois** (chiffon) chamois leather, shammy ; **P~-Rouge** nm/f Red Indian, redskin.

peccadille [pekadij] nf trifle ; peccadillo.

pêche [pɛʃ] nf (sport, activité) fishing ; (poissons pêchés) catch ; (fruit) peach ; **à la ligne** (en rivière) angling.

péché [peʃe] nm sin ; ~ **mignon** weakness.

pêche-abricot [pɛʃabriko] nf yellow peach.

pécher [peʃe] vi (REL) to sin ; (fig) to err ; to be flawed.

pêcher [peʃe] nm peach tree // vi to go fishing ; (en rivière) to go angling // vt to catch, land ; to fish for ; ~ **au chalut** to trawl.

pêcheur, eresse [peʃœr, peʃrɛs] nm/f sinner.

pêcheur [peʃœr] nm fisherman ; angler ; ~ **de perles** pearl diver.

pectoraux [pɛktɔro] nmpl pectoral muscles.

pécule [pekyl] nm savings pl, nest egg ; (d'un détenu) earnings pl (paid on release).

pécuniaire [pekynjɛr] a financial.

pédagogie [pedagɔ3i] nf educational methods pl, pedagogy ; **pédagogique** a educational ; **formation pédagogique**

teacher training ; **pédagogue** nm/f teacher ; educationalist.

pédale [pedal] nf pedal ; **pédaler** vi to pedal ; **pédalier** nm pedal and gear mechanism.

pédalo [pedalo] nm pedalo, pedal-boat.

pédant, e [pedɑ̃, -ɑ̃t] a (péj) pedantic.

pédéraste [pederast(ə)] nm homosexual, pederast.

pédestre [pedɛstr(ə)] a: **tourisme** ~ hiking.

pédiatre [pedjatr(ə)] nm/f paediatrician, child specialist.

pédiatrie [pedjatri] nf paediatrics sg.

pédicure [pedikyr] nm/f chiropodist.

pègre [pɛgr(ə)] nf underworld.

peignais etc vb voir **peindre**.

peigne [pɛɲ] nm comb.

peigné, e [peɲe] a: **laine** ~**e** wool worsted ; combed wool.

peigner [peɲe] vt to comb (the hair of) ; **se** ~ to comb one's hair.

peignis etc vb voir **peindre**.

peignoir [peɲwar] nm dressing gown ; ~ **de bain** bathrobe.

peindre [pɛ̃dr(ə)] vt to paint ; (fig) to portray, depict.

peine [pɛn] nf (affliction) sorrow, sadness q ; (mal, effort) trouble q, effort ; (difficulté) difficulty ; (punition, châtiment) punishment ; (JUR) sentence ; **faire de la** ~ **à qn** to distress ou upset sb ; **prendre la** ~ **de faire** to go to the trouble of doing ; **se donner de la** ~ to make an effort ; **ce n'est pas la** ~ **de faire** there's no point in doing, it's not worth doing ; **avoir de la** ~ **à faire** to have difficulty doing ; **à** ~ ad scarcely, hardly, barely ; **à** ~ ... **que** hardly ... than ; **sous** ~: **sous** ~ **d'être puni** for fear of being punished ; **défense d'afficher sous** ~ **d'amende** billposters will be fined ; **peiner** vi to work hard ; to struggle ; (moteur, voiture) to labour // vt to grieve, sadden.

peintre [pɛ̃tr(ə)] nm painter ; ~ **en bâtiment** house painter, painter and decorator ; ~ **d'enseignes** signwriter.

peinture [pɛ̃tyr] nf painting ; (couche de couleur, couleur) paint ; (surfaces peintes: aussi: ~s) paintwork ; ~ **mate/brillante** matt/gloss paint ; '~ **fraîche**' 'wet paint'.

péjoratif, ive [peʒɔratif, -iv] a pejorative, derogatory.

pelage [pəla3] nm coat, fur.

pêle-mêle [pɛlmɛl] ad higgledy-piggledy.

peler [pəle] vt, vi to peel.

pèlerin [pɛlrɛ̃] nm pilgrim ; **pèlerinage** nm pilgrimage ; place of pilgrimage, shrine.

pélican [pelikɑ̃] nm pelican.

pelle [pɛl] nf shovel ; (d'enfant, de terrassier) spade ; ~ **à gâteau** cake slice ; ~ **mécanique** mechanical digger ; ~**ter** vt to shovel (up).

pelletier [pɛltje] nm furrier.

pellicule [pelikyl] nf film ; ~**s** nfpl (MÉD) dandruff sg.

pelote [pəlɔt] nf (de fil, laine) ball ; (d'épingles) pin cushion ; ~ **basque** pelota.

peloter [pəlɔte] vt (fam) to feel (up) ; **se** ~ to pet.

peloton [pəlɔtɔ̃] *nm* group, squad; (*CYCLISME*) pack; ~ **d'exécution** firing squad.

pelotonner [pəlɔtɔne]: **se ~** *vi* to curl (o.s.) up.

pelouse [pəluz] *nf* lawn.

peluche [pəlyʃ] *nf*: **animal en ~** fluffy animal, soft toy; **peluché** *vi* to become fluffy, fluff up.

pelure [pəlyʀ] *nf* peeling, peel *q*; ~ **d'oignon** onion skin.

pénal, e, aux [penal, -o] *a* penal.

pénaliser [penalize] *vt* to penalize.

pénalité [penalite] *nf* penalty.

penalty, ies [penalti, -z] *nm* (*SPORT*) penalty (kick).

penaud, e [pəno, -od] *a* sheepish, contrite.

penchant [pɑ̃ʃɑ̃] *nm* tendency, propensity; liking, fondness.

penché, e [pɑ̃ʃe] *a* slanting.

pencher [pɑ̃ʃe] *vi* to tilt, lean over // *vt* to tilt; **se ~** *vi* to lean over; (*se baisser*) to bend down; **se ~ sur** to bend over; (*fig: problème*) to look into; **se ~ au dehors** to lean out; ~ **pour** to be inclined to favour.

pendaison [pɑ̃dɛzɔ̃] *nf* hanging.

pendant, e [pɑ̃dɑ̃, -ɑ̃t] *a* hanging (out); (*ADMIN, JUR*) pending // *nm* counterpart; matching piece // *prép* during; **faire ~ à** to match; to be the counterpart of; ~**s d'oreilles** drop *ou* pendant earrings.

pendeloque [pɑ̃dlɔk] *nf* pendant.

pendentif [pɑ̃dɑ̃tif] *nm* pendant.

penderie [pɑ̃dʀi] *nf* wardrobe; (*placard*) walk-in cupboard.

pendre [pɑ̃dʀ(ə)] *vt, vi* to hang; **se ~ (à)** (*se suicider*) to hang o.s. (on); **se ~ à** (*se suspendre*) to hang from; ~ **à** to hang (down) from; ~ **qch à** (*mur*) to hang sth (up) on; (*plafond*) to hang sth (up) from.

pendule [pɑ̃dyl] *nf* clock // *nm* pendulum.

pendulette [pɑ̃dylɛt] *nf* small clock.

pêne [pɛn] *nm* bolt.

pénétrer [penetʀe] *vi* to come *ou* get in // *vt* to penetrate; ~ **dans** to enter; (*suj: projectile*) to penetrate; (: *air, eau*) to come into, get into; **se ~ de qch** to get sth firmly set in one's mind.

pénible [penibl(ə)] *a* (*astreignant*) hard; (*affligeant*) painful; (*personne, caractère*) tiresome; ~**ment** *ad* with difficulty.

péniche [peniʃ] *nf* barge; ~ **de débarquement** landing craft *inv*.

pénicilline [penisilin] *nf* penicillin.

péninsule [penɛ̃syl] *nf* peninsula.

pénis [penis] *nm* penis.

pénitence [penitɑ̃s] *nf* (*repentir*) penitence; (*peine*) penance.

pénitencier [penitɑ̃sje] *nm* penitentiary.

pénombre [penɔ̃bʀ(ə)] *nf* half-light, darkness.

pense-bête [pɑ̃sbɛt] *nm* aide-mémoire.

pensée [pɑ̃se] *nf* thought; (*démarche, doctrine*) thinking *q*; (*BOT*) pansy; **en ~** in one's mind.

penser [pɑ̃se] *vi* to think // *vt* to think; (*concevoir: problème, machine*) to think out; ~ **à** to think of; (*songer à: ami, vacances*) to think of *ou* about; (*réfléchir à: problème, offre*): ~ **à qch** to think about

sth *ou* sth over; ~ **à faire qch** to think of doing sth; ~ **faire qch** to be thinking of doing sth, intend to do sth; **penseur** *nm* thinker; **pensif, ive** *a* pensive, thoughtful.

pension [pɑ̃sjɔ̃] *nf* (*allocation*) pension; (*prix du logement*) board and lodgings, bed and board; (*maison particulière*) boarding house; (*hôtel*) guesthouse, hotel; (*école*) boarding school; **prendre ~ chez** to take board and lodging at; **prendre qn en ~** to take sb (in) as a lodger; **mettre en ~** to send to boarding school; ~ **alimentaire** (*d'étudiant*) living allowance; (*de divorcée*) maintenance allowance; alimony; ~ **complète** full board; ~ **de famille** boarding house, guesthouse; **pensionnaire** *nm/f* boarder; guest; **pensionnat** *nm* boarding school.

pentagone [pɛ̃tagɔn] *nm* pentagon.

pente [pɑ̃t] *nf* slope; **en ~** *a* sloping.

Pentecôte [pɑ̃tkot] *nf*: **la ~** Whitsun; (*dimanche*) Whitsunday; **lundi de ~** Whit Monday.

pénurie [penyʀi] *nf* shortage.

pépier [pepje] *vi* to chirp, tweet.

pépin [pepɛ̃] *nm* (*BOT: graine*) pip; (*ennui*) snag, hitch; (*fam*) brolly.

pépinière [pepinjɛʀ] *nf* tree nursery; (*fig*) nest, breeding-ground.

pépite [pepit] *nf* nugget.

perçant, e [pɛʀsɑ̃, -ɑ̃t] *a* sharp, keen; piercing, shrill.

percée [pɛʀse] *nf* (*trouée*) opening; (*MIL*) breakthrough; (*SPORT*) break.

perce-neige [pɛʀsənɛʒ] *nf inv* snowdrop.

percepteur [pɛʀsɛptœʀ] *nm* tax collector.

perceptible [pɛʀsɛptibl(ə)] *a* perceptible.

perception [pɛʀsɛpsjɔ̃] *nf* perception; (*d'impôts etc*) collection.

percer [pɛʀse] *vt* to pierce; (*ouverture etc*) to make; (*mystère, énigme*) to penetrate // *vi* to come through; to break through; ~ **une dent** to cut a tooth.

perceuse [pɛʀsøz] *nf* drill.

percevoir [pɛʀsəvwaʀ] *vt* (*distinguer*) to perceive, detect; (*taxe, impôt*) to collect; (*revenu, indemnité*) to receive.

perche [pɛʀʃ(ə)] *nf* (*ZOOL*) perch; (*bâton*) pole.

percher [pɛʀʃe] *vt*: ~ **qch sur** to perch sth on // *vi*, **se ~** *vi* (*oiseau*) to perch; **perchoir** *nm* perch.

perclus, e [pɛʀkly, -yz] *a*: ~ **de** (*rhumatismes*) crippled with.

perçois *etc vb voir* **percevoir**.

percolateur [pɛʀkɔlatœʀ] *nm* percolator.

perçu, e *pp de* **percevoir**.

percussion [pɛʀkysjɔ̃] *nf* percussion.

percuter [pɛʀkyte] *vt* to strike; (*suj: véhicule*) to crash into.

perdant, e [pɛʀdɑ̃, -ɑ̃t] *a* nm/f loser.

perdition [pɛʀdisjɔ̃] *nf*: **en ~** (*NAVIG*) in distress; **lieu de ~** den of vice.

perdre [pɛʀdʀ(ə)] *vt* to lose; (*gaspiller: temps, argent*) to waste; (*personne: moralement etc*) to ruin // *vi* to lose; (*sur une vente etc*) to lose out; (*récipient*) to leak; **se ~** *vi* (*s'égarer*) to get lost, lose one's way; (*fig*) to go to waste; to disappear, vanish.

perdreau, x [pɛʀdʀo] nm (young) partridge.

perdrix [pɛʀdʀi] nf partridge.

perdu, e [pɛʀdy] pp de **perdre** // a (isolé) out-of-the-way, godforsaken ; (COMM: emballage) non-returnable ; (malade): **il est ~** there's no hope left for him ; **à vos moments ~s** in your spare time.

père [pɛʀ] nm father ; **~s** nmpl (ancêtres) forefathers ; **de ~ en fils** from father to son ; **~ de famille** man with a family ; family man ; **le ~ Noël** Father Christmas.

péremptoire [peʀɔ̃ptwaʀ] a peremptory.

perfection [pɛʀfɛksjɔ̃] nf perfection.

perfectionné, e [pɛʀfɛksjone] a sophisticated.

perfectionnement [pɛʀfɛksjɔnmɑ̃] nm improvement.

perfectionner [pɛʀfɛksjone] vt to improve, perfect ; **se ~ en anglais** to improve one's English.

perfide [pɛʀfid] a perfidious, treacherous.

perforant, e [pɛʀfɔʀɑ̃, -ɑ̃t] a (balle) armour-piercing.

perforateur, trice [pɛʀfɔʀatœʀ, -tʀis] nm/f punch-card operator // nm (perceuse) borer ; drill // nf (perceuse) borer ; drill ; (pour cartes) card-punch ; (de bureau) punch.

perforation [pɛʀfɔʀasjɔ̃] nf perforation ; punching ; (trou) hole.

perforatrice [pɛʀfɔʀatʀis] nf voir **perforateur**.

perforer [pɛʀfɔʀe] vt to perforate ; to punch a hole (ou holes) in ; (ticket, bande, carte) to punch.

performance [pɛʀfɔʀmɑ̃s] nf performance.

perfusion [pɛʀfyzjɔ̃] nf perfusion ; **faire une ~ à qn** to put sb on a drip.

péricliter [peʀiklite] vi to go downhill.

péril [peʀil] nm peril ; **périlleux, euse** [-jø, -øz] a perilous.

périmé, e [peʀime] a (out)dated ; (ADMIN) out-of-date, expired.

périmètre [peʀimɛtʀ(ə)] nm perimeter.

période [peʀjɔd] nf period ; **périodique** a (phases) periodic ; (publication) periodical ; (MATH: fraction) recurring // nm periodical ; **garniture** ou **serviette périodique** sanitary towel.

péripéties [peʀipesi] nfpl events, episodes.

périphérie [peʀifeʀi] nf periphery ; (d'une ville) outskirts pl ; **périphérique** a (quartiers) outlying ; (ANAT, TECH) peripheral ; (station de radio) operating from outside France // nm (AUTO) ring road.

périphrase [peʀifʀɑz] nf circumlocution.

périple [peʀipl(ə)] nm journey.

périr [peʀiʀ] vi to die, perish.

périscope [peʀiskɔp] nm periscope.

périssable [peʀisabl(ə)] a perishable.

péritonite [peʀitɔnit] nf peritonitis.

perle [pɛʀl(ə)] nf pearl ; (de plastique, métal, sueur) bead.

perlé, e [pɛʀle] a: **grève ~e** go-slow.

perler [pɛʀle] vi to form in droplets.

perlier, ière [pɛʀlje, -jɛʀ] a pearl cpd.

permanence [pɛʀmanɑ̃s] nf permanence ; (local) (duty) office ; strike headquarters ; emergency service ; **assurer une ~** (service public, bureaux) to operate ou maintain a basic service ; **être de ~** to be on call ou duty ; **en ~** ad permanently ; continuously.

permanent, e [pɛʀmanɑ̃, -ɑ̃t] a permanent ; (spectacle) continuous // nf perm, permanent wave.

perméable [pɛʀmeabl(ə)] a (terrain) permeable ; **~ à** (fig) receptive ou open to.

permettre [pɛʀmɛtʀ(ə)] vt to allow, permit ; **~ à qn de faire/qch** to allow sb to do/sth.

permis [pɛʀmi] nm permit, licence ; **~ de chasse** hunting permit ; **~ (de conduire)** (driving) licence ; **~ de construire** planning permission ; **~ d'inhumer** burial certificate ; **~ poids lourds** HGV (driving) licence ; **~ de séjour** residence permit.

permission [pɛʀmisjɔ̃] nf permission ; (MIL) leave ; (: papier) pass ; **en ~** on leave ; **avoir la ~ de faire** to have permission to do, be allowed to do ; **permissionnaire** nm soldier on leave.

permuter [pɛʀmyte] vt to change around, permutate // vi to change, swap.

pernicieux, euse [pɛʀnisjø, -øz] a pernicious.

pérorer [peʀɔʀe] vi to hold forth.

perpendiculaire [pɛʀpɑ̃dikylɛʀ] a, nf perpendicular.

perpétrer [pɛʀpetʀe] vt to perpetrate.

perpétuel, le [pɛʀpetɥɛl] a perpetual ; (ADMIN etc) permanent ; for life.

perpétuer [pɛʀpetɥe] vt to perpetuate.

perpétuité [pɛʀpetɥite] nf: **à ~** a, ad for life ; **être condamné à ~** to be sentenced to life imprisonment, receive a life sentence.

perplexe [pɛʀplɛks(ə)] a perplexed, puzzled.

perquisition [pɛʀkizisjɔ̃] nf (police) search ; **perquisitionner** vi to carry out a search.

perron [pɛʀɔ̃] nm steps pl (in front of mansion etc).

perroquet [pɛʀɔkɛ] nm parrot.

perruche [pɛʀyʃ] nf budgerigar, budgie.

perruque [pɛʀyk] nf wig.

persan, e [pɛʀsɑ̃, -an] a Persian.

persécuter [pɛʀsekyte] vt to persecute ; **persécution** nf persecution.

persévérant, e [pɛʀseveʀɑ̃, -ɑ̃t] a persevering.

persévérer [pɛʀseveʀe] vi to persevere.

persiennes [pɛʀsjɛn] nfpl (metal) shutters.

persiflage [pɛʀsiflaʒ] nm mockery q.

persil [pɛʀsi] nm parsley.

Persique [pɛʀsik] a: **le golfe ~** the (Persian) Gulf.

persistant, e [pɛʀsistɑ̃, -ɑ̃t] a persistent ; (feuilles) evergreen ; **à feuillage ~** evergreen.

persister [pɛʀsiste] vi to persist ; **~ à faire qch** to persist in doing sth.

personnage [pɛʀsɔnaʒ] nm (notable) personality ; figure ; (individu) character, individual ; (THÉÂTRE) character ; (PEINTURE) figure.

personnaliser [pɛRsɔnalize] *vt* to personalize.

personnalité [pɛRsɔnalite] *nf* personality.

personne [pɛRsɔn] *nf* person // *pronom* nobody, no one; *(quelqu'un)* anybody, anyone; ~s people *pl*; **il n'y a** ~ there's nobody in, there isn't anybody in; **10 F par** ~ 10 F per person *ou* a head; ~ **âgée** elderly person; **personnel, le** *a* personal // *nm* staff; personnel; **personnellement** *ad* personally; **personnifier** *vt* to personify; to typify.

perspective [pɛRspɛktiv] *nf* (ART) perspective; *(vue, coup d'œil)* view; *(point de vue)* viewpoint, angle; *(chose escomptée, envisagée)* prospect; **en** ~ in prospect; in the offing.

perspicace [pɛRspikas] *a* clear-sighted, gifted with *(ou* showing) insight.

persuader [pɛRsɥade] *vt:* ~ **qn** (de/de **faire**) to persuade sb (of/to do); **persuasif, ive** *a* persuasive; **persuasion** *nf* persuasion.

perte [pɛRt(ə)] *nf* loss; *(de temps)* waste; *(fig: morale)* ruin; **à** ~ *(COMM)* at a loss; **à** ~ **de vue** as far as the eye can *(ou* could) see; *(fig)* interminably; ~ **sèche** dead loss; ~s **blanches** (vaginal) discharge *sg*.

pertinent, e [pɛRtinã, -ãt] *a* apt, pertinent; discerning, judicious.

perturbation [pɛRtyRbasjɔ̃] *nf* disruption; perturbation; ~ **(atmosphérique)** atmospheric disturbance.

perturber [pɛRtyRbe] *vt* to disrupt; *(PSYCH)* to perturb, disturb.

pervenche [pɛRvãʃ] *nf* periwinkle.

pervers, e [pɛRvɛR, -ɛRs(ə)] *a* perverted, depraved; perverse.

perversion [pɛRvɛRsjɔ̃] *nf* perversion.

perverti, e [pɛRvɛRti] *nm/f* pervert.

pervertir [pɛRvɛRtiR] *vt* to pervert.

pesage [pəzaʒ] *nm* weighing; *(HIPPISME)* weigh-in; weighing room; enclosure.

pesamment [pəzamã] *ad* heavily.

pesant, e [pəzã, -ãt] *a* heavy; *(fig)* burdensome // *nm:* **valoir son** ~ **de** to be worth one's weight in.

pesanteur [pəzãtœR] *nf* gravity.

pèse-bébé [pɛzbebe] *nm* (baby) scales *pl*.

pesée [pəze] *nf* weighing; *(BOXE)* weigh-in; *(pression)* pressure.

pèse-lettre [pɛzlɛtR(ə)] *nm* letter scales *pl*.

pèse-personne [pɛzpɛRsɔn] *nm* (bathroom) scales *pl*.

peser [pəze] *vt, vb avec attribut* to weigh // *vi* to be heavy; *(fig)* to carry weight; ~ **sur** *(levier, bouton)* to press, push; *(fig)* to lie heavy on; to influence; ~ **à qn** to weigh heavy on sb.

pessaire [pesɛR] *nm* pessary.

pessimisme [pesimism(ə)] *nm* pessimism; **pessimiste** *a* pessimistic // *nm/f* pessimist.

peste [pɛst(ə)] *nf* plague.

pester [pɛste] *vi:* ~ **contre** to curse.

pestiféré, e [pɛstifeRe] *nm/f* plague victim.

pestilentiel, le [pɛstilãsjɛl] *a* foul.

pet [pɛ] *nm* (fam!) fart (!).

pétale [petal] *nm* petal.

pétanque [petãk] *nf* petanque (bowls).

pétarader [petaRade] *vi* to backfire.

pétard [petaR] *nm* banger; cracker; *(RAIL)* detonator.

péter [pete] *vi* (fam: *casser, sauter)* to burst; to bust; (fam!) to fart (!).

pétiller [petije] *vi* (flamme, *bois)* to crackle; *(mousse, champagne)* to bubble; *(yeux)* to sparkle.

petit, e [pəti, -it] *a* (gén) small; (main, *objet, colline, en âge: enfant)* small, little *(avant le nom)*; *(voyage)* short, little; *(bruit etc)* faint, slight; *(mesquin)* mean // *nm (d'un animal)* young *pl*; **faire des** ~**s** to have kittens *(ou* puppies *etc)*; **en** ~ in miniature; **mon** ~ son; little one; **ma** ~**e** dear; little one; **pauvre** ~ poor little thing; **la classe des** ~**s** the infant class; **pour** ~**s et grands** for children and adults; **les tout-petits** the little ones, the tiny tots; ~ **à** ~ bit by bit, gradually; ~/**e ami/e** boyfriend/girlfriend; ~ **déjeuner** breakfast; ~ **doigt** little finger, pinkie; ~ **four** petit four; ~**e vérole** smallpox; ~**s pois** petit pois *pl*, garden pea(s); ~**bourgeois,** ~**e-bourgeoise** *a (péj)* petit-bourgeois(e), middle-class; ~**e-fille** *nf* granddaughter; ~**-fils** *nm* grandson.

pétition [petisjɔ̃] *nf* petition.

petit-lait [pətilɛ] *nm* whey.

petit-nègre [ptinɛgR(ə)] *nm (péj)* pidgin French.

petits-enfants [pətizãfã] *nmpl* grandchildren.

pétrifier [petRifje] *vt* to petrify; *(fig)* to paralyze, transfix.

pétrin [petRɛ̃] *nm* kneading-trough; *(fig):* **dans le** ~ in a jam *ou* fix.

pétrir [petRiR] *vt* to knead.

pétrole [petRɔl] *nm* oil; *(pour lampe, réchaud etc)* paraffin (oil); **pétrolier, ière** *a* oil *cpd* // *nm* oil tanker; **pétrolifère** *a* oil(-bearing).

peu [pø] *ad* little, *tournure négative +* much; *(avec adjectif) tournure négative +* very // *pronom* few // *nm* little; ~ **avant/après** shortly before/afterwards; ~ **de** *(nombre)* few, *négation +* (very) many; *(quantité)* little, *négation +* (very) much; **pour** ~ **de temps** for (only) a short while; **le** ~ **de gens qui** the few people who; **le** ~ **de sable qui** what little sand, the little sand which; **un (petit)** ~ a little (bit); **un** ~ **de** a little; **un** ~ **plus/moins de** slightly more/less *(ou* fewer); **de** ~ (only) just; ~ **à** ~ little by little; **à** ~ **près** *ad* just about, more or less; **à** ~ **près 10 kg/10 F** approximately 10 kg/10 F; **avant** ~ before long.

peuplade [pøplad] *nf (horde, tribu)* tribe, people.

peuple [pœpl(ə)] *nm* people.

peupler [pœple] *vt (pays, région)* to populate; *(étang)* to stock; *(suj: hommes, poissons)* to inhabit; *(fig: imagination, rêves)* to fill.

peuplier [pøplije] *nm* poplar (tree).

peur [pœR] *nf* fear; **avoir** ~ **(de/de faire/que)** to be frightened *ou* afraid (of/of doing/that); **faire** ~ **à** to frighten;

de ~ de/que for fear of/that ; ~eux, euse a fearful, timorous.

peut vb voir pouvoir.

peut-être [pøtɛtʀ(ə)] ad perhaps, maybe ; ~ que perhaps, maybe ; ~ bien qu'il fera/est he may well do/be.

peux etc vb voir pouvoir.

phalange [falɑ̃ʒ] nf (ANAT) phalanx (pl phalanges) ; (MIL) phalanx (pl es).

phallocrate [falɔkʀat] nm male chauvinist.

phallus [falys] nm phallus.

phare [faʀ] nm (en mer) lighthouse ; (d'aéroport) beacon ; (de véhicule) headlamp ; mettre ses ~s to put on the full beam ; ~s de recul reversing lights.

pharmaceutique [faʀmasøtik] a pharmaceutic(al).

pharmacie [faʀmasi] nf (science) pharmacology ; (magasin) chemist's, pharmacy ; (officine) dispensary ; (produits) pharmaceuticals pl ; pharmacien, ne nm/f pharmacist, chemist.

pharyngite [faʀɛ̃ʒit] nf pharyngitis q.

pharynx [faʀɛ̃ks] nm pharynx.

phase [faz] nf phase.

phénomène [fenɔmɛn] nm phenomenon (pl a) ; (monstre) freak.

philanthrope [filɑ̃tʀɔp] nm/f philanthropist.

philanthropie [filɑ̃tʀɔpi] nf philanthropy.

philatélie [filateli] nf philately, stamp collecting ; philatéliste nm/f philatelist, stamp collector.

philharmonique [filaʀmɔnik] a philharmonic.

philo [filo] nf abr de philosophie.

philosophe [filɔzɔf] nm/f philosopher // a philosophical.

philosophie [filɔzɔfi] nf philosophy ; philosophique a philosophical.

phobie [fɔbi] nf phobia.

phonétique [fɔnetik] a phonetic // nf phonetics sg.

phonographe [fɔnɔgʀaf] nm (wind-up) gramophone.

phoque [fɔk] nm seal ; (fourrure) sealskin.

phosphate [fɔsfat] nm phosphate.

phosphore [fɔsfɔʀ] nm phosphorus.

phosphorescent, e [fɔsfɔʀesɑ̃, -ɑ̃t] a luminous.

photo [fɔto] nf photo(graph) ; en ~ in ou on a photograph ; prendre en ~ to take a photo of ; aimer la/faire de la ~ to like taking/take photos ; ~ d'identité passport photograph.

photo... [fɔto] préfixe : ~copie nf photocopying, photostatting ; photocopy, photostat (copy) ; ~copier vt to photocopy, photostat ; ~électrique a photoelectric ; ~génique a photogenic ; ~graphe nm/f photographer ; ~graphie nf (procédé, technique) photography ; (cliché) photograph ; faire de la ~graphie to have photography as a hobby ; to be a photographer ; ~graphier vt to photograph, take ; ~graphique a photographic ; ~maton nm photo-booth, photomat ; ~-robot nf identikit (picture).

phrase [fʀɑz] nf (LING) sentence ; (propos, MUS) phrase ; ~s (péj) flowery language sg.

phtisie [ftizi] nf consumption.

physicien, ne [fizisjɛ̃, -ɛn] nm/f physicist.

physiologie [fizjɔlɔʒi] nf physiology ; physiologique a physiological.

physionomie [fizjɔnɔmi] nf face ; physionomiste nm/f good judge of faces ; person who has a good memory for faces.

physique [fizik] a physical // nm physique // nf physics sg ; au ~ physically ; ~ment ad physically.

piaffer [pjafe] vi to stamp.

piailler [pjaje] vi to squawk.

pianiste [pjanist(ə)] nm/f pianist.

piano [pjano] nm piano.

pianoter [pjanɔte] vi to tinkle away (at the piano) ; (tapoter) : ~ sur to drum one's fingers on.

piaule [pjol] nf (fam) pad.

piauler [pjole] vi to whimper ; to cheep.

pic [pik] nm (instrument) pick(axe) ; (montagne) peak ; (ZOOL) woodpecker ; à ~ ad vertically ; (fig) just at the right time.

pichenette [piʃnɛt] nf flick.

pichet [piʃɛ] nm jug.

pickpocket [pikpɔkɛt] nm pickpocket.

pick-up [pikœp] nm record player.

picorer [pikɔʀe] vt to peck.

picotement [pikɔtmɑ̃] nm tickle q ; smarting q ; prickling q.

picoter [pikɔte] vt (suj : oiseau) to peck // vi (irriter) to smart, prickle.

pie [pi] nf magpie ; (fig) chatterbox.

pièce [pjɛs] nf (d'un logement) room ; (THÉÂTRE) play ; (de mécanisme, machine) part ; (de monnaie) coin ; (COUTURE) patch ; (document) document ; (de drap, fragment, de bétail, de collection) piece ; dix francs ~ ten francs each ; vendre à la ~ to sell separately ou individually ; travailler/payer à la ~ to do piecework/pay piece rate ; un maillot une ~ a one-piece swimsuit ; un deux-~s cuisine a two-room(ed) flat with kitchen ; ~ à conviction exhibit ; ~ d'eau ornamental lake ou pond ; ~ d'identité : avez-vous une ~ d'identité? have you got any (means of) identification? ; ~ montée tiered cake ; ~s détachées spares, (spare) parts ; en ~s détachées (à monter) in kit form.

pied [pje] nm foot (pl feet) ; (de verre) stem ; (de table) leg ; (de lampe) base ; ~s nus barefoot ; à ~ on foot ; à ~ sec without getting one's feet wet ; au ~ de la lettre literally ; au ~ levé at a moment's notice ; de ~ en cap from head to foot ; en ~ (portrait) full-length ; avoir ~ to be able to touch the bottom, not to be out of one's depth ; avoir le ~ marin to be a good sailor ; perdre ~ to lose one's footing ; sur ~ (AGR) on the stalk, uncut ; (debout, rétabli) up and about ; mettre sur ~ (entreprise) to set up ; mettre à ~ to dismiss ; to lay off ; sur le ~ de guerre ready for action ; sur ~ d'intervention on stand-by ; faire du ~ à qn to give sb a (warning) kick ; to play footsy with sb ; ~ de lit footboard ; ~ de nez : faire un ~ de nez à to thumb one's nose at ; ~ de salade lettuce plant ; ~ de vigne vine ;

~-à-terre *nm inv* pied-à-terre ; ~-de-biche *nm* claw ; (COUTURE) presser foot ; ~-de-poule *a inv* hound's-tooth.

piédestal, aux [pjedɛstal, -o] *nm* pedestal.

pied-noir [pjenwaʀ] *nm* Algerian-born Frenchman.

piège [pjɛʒ] *nm* trap ; **prendre au** ~ **to** trap ; **piéger** *vt* (avec une mine) to booby-trap ; **lettre/voiture piégée** letter-/car-bomb.

pierraille [pjɛʀɑj] *nf* loose stones *pl*.

pierre [pjɛʀ] *nf* stone ; ~ **à briquet** flint ; ~ **fine** semiprecious stone ; ~ **de taille** freestone *q* ; ~ **de touche** touchstone ; **mur de** ~**s sèches** drystone wall.

pierreries [pjɛʀʀi] *nfpl* gems, precious stones.

piété [pjete] *nf* piety.

piétiner [pjetine] *vi* (trépigner) to stamp (one's foot) ; (marquer le pas) to stand about ; (fig) to be at a standstill // *vt* to trample on.

piéton, ne [pjetɔ̃, -ɔn] *nm/f* pedestrian ; **piétonnier, ière** *a* pedestrian *cpd*.

piètre [pjɛtʀ(ə)] *a* poor, mediocre.

pieu, x [pjø] *nm* post ; (pointu) stake.

pieuvre [pjœvʀ(ə)] *nf* octopus.

pieux, euse [pjø, -øz] *a* pious.

pigeon [piʒɔ̃] *nm* pigeon ; ~ **voyageur** homing pigeon ; **pigeonnier** *nm* pigeon house.

piger [piʒe] *vi, vt* (fam) to understand.

pigment [pigmɑ̃] *nm* pigment.

pignon [piɲɔ̃] *nm* (de mur) gable ; (d'engrenage) cog(wheel), gearwheel ; (graine) pine kernel ; **avoir** ~ **sur rue** (fig) to have a prosperous business.

pile [pil] *nf* (tas) pile ; (ÉLEC) battery // *a*: **le côté** ~ tails // *ad* (s'arrêter etc) dead ; **à deux heures** ~ at two on the dot ; **jouer à** ~ **ou face** to toss up (for it) ; ~ **ou face?** heads or tails?

piler [pile] *vt* to crush, pound.

pileux, euse [pilø, -øz] *a*: **système** ~ (body) hair.

pilier [pilje] *nm* pillar.

pillard, e [pijaʀ, -aʀd(ə)] *nm/f* looter, plunderer.

piller [pije] *vt* to pillage, plunder, loot.

pilon [pilɔ̃] *nm* pestle.

pilonner [pilɔne] *vt* to pound.

pilori [piloʀi] *nm*: **mettre** *ou* **clouer au** ~ to pillory.

pilotage [pilotaʒ] *nm* piloting ; flying ; ~ **sans visibilité** blind flying.

pilote [pilot] *nm* pilot ; (de char, voiture) driver // *a* pilot *cpd* ; ~ **de ligne/d'essai/de chasse** airline/test/fighter pilot.

piloter [pilote] *vt* to pilot ; to fly ; to drive ; (fig): ~ **qn** to guide sb round.

pilotis [piloti] *nm* pile ; stilt.

pilule [pilyl] *nf* pill ; **prendre la** ~ to be on the pill.

pimbêche [pɛ̃bɛʃ] *nf* (péj) stuck-up girl.

piment [pimɑ̃] *nm* (BOT) pepper, capsicum ; (fig) spice, piquancy ; ~ **rouge** (CULIN) chilli.

pimpant, e [pɛ̃pɑ̃, -ɑ̃t] *a* trim and fresh-looking.

pin [pɛ̃] *nm* pine (tree) ; (bois) pine(wood).

pince [pɛ̃s] *nf* (outil) pliers *pl* ; (de homard, crabe) pincer, claw ; (COUTURE: pli) dart ; ~ **à sucre/glace** sugar/ice tongs *pl* ; ~ **à épiler** tweezers *pl* ; ~ **à linge** clothes peg ; ~**s de cycliste** bicycle clips.

pinceau, x [pɛ̃so] *nm* (paint)brush.

pincé, e [pɛ̃se] *a* (air) stiff // *nf*: **une** ~**e de** a pinch of.

pincer [pɛ̃se] *vt* to pinch ; (MUS: cordes) to pluck ; (COUTURE) to dart, put darts in ; (fam) to nab ; **se** ~ **le nez** to hold one's nose.

pince-sans-rire [pɛ̃ssɑ̃ʀiʀ] *a inv* deadpan.

pincettes [pɛ̃sɛt] *nfpl* (pour le feu) (fire) tongs.

pinède [pinɛd] *nf* pinewood, pine forest.

pingouin [pɛ̃gwɛ̃] *nm* penguin.

ping-pong [piŋpɔ̃g] *nm* table tennis.

pingre [pɛ̃gʀ(ə)] *a* niggardly.

pinson [pɛ̃sɔ̃] *nm* chaffinch.

pintade [pɛ̃tad] *nf* guinea-fowl.

pin-up [pinœp] *nf inv* pinup (girl).

pioche [pjɔʃ] *nf* pickaxe ; **piocher** *vt* to dig up (with a pickaxe) ; (fam) to swot at ; **piocher dans** to dig into.

piolet [pjɔlɛ] *nm* ice axe.

pion, ne [pjɔ̃, pjɔn] *nm/f* (SCOL: péj) student paid to supervise schoolchildren // *nm* (ÉCHECS) pawn ; (DAMES) piece, draught.

pionnier [pjɔnje] *nm* pioneer.

pipe [pip] *nf* pipe ; ~ **de bruyère** briar pipe.

pipeau, x [pipo] *nm* (reed-)pipe.

pipe-line [pajplajn] *nm* pipeline.

pipi [pipi] *nm* (fam): **faire** ~ to have a wee.

piquant, e [pikɑ̃, -ɑ̃t] *a* (barbe, rosier etc) prickly ; (saveur, sauce) hot, pungent ; (fig) racy ; biting // *nm* (épine) thorn, prickle ; (de hérisson) quill, spine ; (fig) spiciness, spice.

pique [pik] *nf* pike ; (fig) cutting remark // *nm* (CARTES: couleur) spades *pl* ; (: carte) spade.

piqué, e [pike] *a* (COUTURE) (machine-)stitched ; quilted ; (fam) barmy // *nm* (AVIAT) dive ; (TEXTILE) piqué.

pique-assiette [pikasjɛt] *nm/f inv* (péj) scrounger, sponger.

pique-nique [piknik] *nm* picnic.

piquer [pike] *vt* (percer) to prick ; (planter): ~ **qch dans** to stick sth into ; (fixer): ~ **qch à/sur** to pin sth onto ; (MÉD) to give a jab to ; (: animal blessé) to put to sleep ; (suj: insecte, fumée, ortie) to sting ; (suj: poivre) to burn ; (: froid) to bite ; (COUTURE) to machine (stitch) ; (intérêt etc) to arouse ; (fam) to pick up ; to pinch ; to nab // *vi* (avion) to go into a dive ; (saveur) to be pungent ; to be sour ; ~ **sur** to swoop down on ; to head straight for ; **se** ~ **de faire** to pride o.s. on one's ability to do ; ~ **du nez** (avion) to go into a nose-dive ; ~ **un galop/un cent mètres** to break into a gallop/put on a sprint ; ~ **une crise** to throw a fit.

piquet [pikɛ] *nm* (pieu) post, stake ; (de tente) peg ; **mettre un élève au** ~ to make a pupil stand in the corner ; ~ **de grève** (strike-)picket ; ~ **d'incendie** fire-fighting squad.

piqueté, e [pikte] *a*: ~ **de** dotted with.
piqûre [pikyʀ] *nf* (*d'épingle*) prick; (*d'ortie*) sting; (*de moustique*) bite; (*MÉD*) injection; (*COUTURE*) (straight) stitch; straight stitching; **faire une ~ à qn** to give sb an injection.
pirate [piʀat] *nm, a* pirate; ~ **de l'air** hijacker.
pire [piʀ] *a* worse; (*superlatif*): **le(la) ~ ...** the worst ... // *nm*: **le ~ (de)** the worst (of).
pirogue [piʀɔg] *nf* dugout canoe.
pirouette [piʀwɛt] *nf* pirouette.
pis [pi] *nm* (*de vache*) udder; (*pire*): **le ~** the worst // *a, ad* worse; **pis-aller** *nm inv* stopgap.
pisciculture [pisikyltyʀ] *nf* fish farming.
piscine [pisin] *nf* (swimming) pool; ~ **couverte** indoor (swimming) pool.
pissenlit [pisɑ̃li] *nm* dandelion.
pisser [pise] *vi* (*fam!*) to pee (!); **pissotière** *nf* (*fam*) public urinal.
pistache [pistaʃ] *nf* pistachio (nut).
piste [pist(ə)] *nf* (*d'un animal, sentier*) track, trail; (*indice*) lead; (*de stade, de magnétophone*) track; (*de cirque*) ring; (*de danse*) floor; (*de patinage*) rink; (*de ski*) run; (*AVIAT*) runway.
pistil [pistil] *nm* pistil.
pistolet [pistɔlɛ] *nm* (*arme*) pistol, gun; (*à peinture*) spray gun; ~ **à bouchon/air comprimé** popgun/ airgun; **~-mitrailleur** *nm* submachine gun.
piston [pistɔ̃] *nm* (*TECH*) piston; (*MUS*) valve; (*fig*) string-pulling; **pistonner** *vt* (*candidat*) to pull strings for.
pitance [pitɑ̃s] *nf* (*péj*) (means of) sustenance.
piteux, euse [pitø, -øz] *a* pitiful, sorry (*avant le nom*).
pitié [pitje] *nf* pity; **sans ~** *a* pitiless, merciless; **faire ~** to inspire pity; **il me fait ~** I pity him, I feel sorry for him; **avoir ~ de** (*compassion*) to pity, feel sorry for; (*merci*) to have pity ou mercy on.
piton [pitɔ̃] *nm* (*clou*) peg, bolt; ~ **rocheux** rocky outcrop.
pitoyable [pitwajabl(ə)] *a* pitiful.
pitre [pitʀ(ə)] *nm* clown; **pitrerie** *nf* tomfoolery *q*.
pittoresque [pitɔʀɛsk(ə)] *a* picturesque.
pivot [pivo] *nm* pivot; **pivoter** *vi* to swivel; to revolve.
pizza [pidza] *nf* pizza.
P.J. *sigle f voir* **police.**
Pl. *abr de* **place.**
placage [plakaʒ] *nm* (*bois*) veneer.
placard [plakaʀ] *nm* (*armoire*) cupboard; (*affiche*) poster, notice; (*TYPO*) galley; ~ **publicitaire** display advertisement; **placarder** *vt* (*affiche*) to put up.
place [plas] *nf* (*emplacement, situation, classement*) place; (*de ville, village*) square; (*espace libre*) room, space; (*de parking*) space; (*siège: de train, cinéma, voiture*) seat; (*emploi*) job; **en ~** (*mettre*) in its place; **sur ~** on the spot; **faire ~ à** to give way to; **faire de la ~** à to make room for; **ça prend de la ~** it takes up a lot of room ou space; **à la ~ de** in place of, instead of; **une quatre ~s** (*AUTO*) a four-

seater; **il y a 20 ~s assises/debout** there are 20 seats/is standing room for 20; ~ **forte** fortified town.
placé, e [plase] *a* (*HIPPISME*) placed; **haut ~** (*fig*) high-ranking.
placement [plasmɑ̃] *nm* placing; investment; **bureau de ~** employment agency.
placenta [plasɑ̃ta] *nm* placenta.
placer [plase] *vt* to place; (*convive, spectateur*) to seat; (*capital, argent*) to place, invest; (*dans la conversation*) to put ou get in; ~ **qn chez** to get sb a job at (ou with); **se ~ au premier rang** to go and stand (ou sit) in the first row.
placide [plasid] *a* placid.
plafond [plafɔ̃] *nm* ceiling.
plafonner [plafɔne] *vi* to reach one's (ou a) ceiling.
plage [plaʒ] *nf* beach; (*station*) (seaside) resort; (*fig*) band, bracket; (*de disque*) track, band; ~ **arrière** (*AUTO*) parcel ou back shelf.
plagiat [plaʒja] *nm* plagiarism.
plagier [plaʒje] *vt* to plagiarize.
plaider [plede] *vi* (*avocat*) to plead; (*plaignant*) to go to court, litigate // *vt* to plead; ~ **pour** (*fig*) to speak for; **plaideur, euse** *nm/f* litigant; **plaidoirie** *nf* (*JUR*) speech for the defence; **plaidoyer** *nm* (*JUR*) speech for the defence; (*fig*) plea.
plaie [plɛ] *nf* wound.
plaignant, e [plɛɲɑ̃, -ɑ̃t] *nm/f* plaintiff.
plaindre [plɛ̃dʀ(ə)] *vt* to pity, feel sorry for; **se ~** (*gémir*) to moan; (*protester, rouspéter*): **se ~ (à qn) (de)** to complain (to sb) (about); (*souffrir*): **se ~ de** to complain of.
plaine [plɛn] *nf* plain.
plain-pied [plɛ̃pje]: **de ~** *ad* at street-level; (*fig*) straight; **de ~ avec** on the same level as.
plainte [plɛ̃t] *nf* (*gémissement*) moan, groan; (*doléance*) complaint; **porter ~** to lodge a complaint; **plaintif, ive** *a* plaintive.
plaire [plɛʀ] *vi* to be a success, be successful; to please; ~ **à: cela me plaît** I like it; **essayer de ~ à qn** (*en étant serviable etc*) to try and please sb; **elle plaît aux hommes** she's a success with men, men like her; **se ~ quelque part** to like being somewhere ou like it somewhere; **se ~ à faire** to take pleasure in doing; **ce qu'il vous plaira** what(ever) you like ou wish; **s'il vous plaît** please.
plaisamment [plɛzamɑ̃] *ad* pleasantly.
plaisance [plɛzɑ̃s] *nf* (*aussi*: navigation **de ~**) (pleasure) sailing, yachting; **plaisancier** *nm* amateur sailor, yachting enthusiast.
plaisant, e [plɛzɑ̃, -ɑ̃t] *a* pleasant; (*histoire, anecdote*) amusing.
plaisanter [plɛzɑ̃te] *vi* to joke; **pour ~** for a joke; **on ne plaisante pas avec cela** that's no joking matter; **plaisanterie** *nf* joke; joking *q*; **plaisantin** *nm* joker.
plaise *etc vb voir* **plaire.**
plaisir [plezɪʀ] *nm* pleasure; **faire ~ à qn** (*délibérément*) to be nice to sb, please sb; (*suj: cadeau, nouvelle etc*): **ceci me fait ~** I'm delighted ou very pleased with this; **prendre ~ à/faire** to take pleasure in/in

doing ; **à** ~ freely ; for the sake of it ; **au** ~ **(de vous revoir)** (I hope to) see you again ; **pour le** *ou* **par** ~ for pleasure.

plan, e [plɑ̃, -ɑn] *a* flat // *nm* plan ; (GÉOM) plane ; (*fig*) level, plane ; (CINÉMA) shot ; **au premier/second** ~ in the foreground/middle distance ; **à l'arrière** ~ in the background ; **mettre qch au premier** ~ (*fig*) to consider sth to be of primary importance ; **sur le** ~ **sexuel** sexually, as far as sex is concerned ; ~ **d'eau** stretch of water ; ~ **de travail** work programme *ou* schedule.

planche [plɑ̃ʃ] *nf* (*pièce de bois*) plank, (wooden) board ; (*illustration*) plate ; **les** ~**s** (THÉÂTRE) the stage *sg*, the boards ; **faire la** ~ (*dans l'eau*) to float on one's back ; ~ **à dessin** drawing board ; ~ **à pain** breadboard ; ~ **à repasser** ironing board ; ~ **de salut** (*fig*) sheet anchor.

plancher [plɑ̃ʃe] *nm* floor ; floorboards *pl* ; (*fig*) minimum level.

plancton [plɑ̃ktɔ̃] *nm* plankton.

planer [plane] *vi* to glide ; ~ **sur** (*fig*) to hang over ; to hover above.

planétaire [planetɛʀ] *a* planetary.

planète [planɛt] *nf* planet.

planeur [planœʀ] *nm* glider.

planification [planifikasjɔ̃] *nf* (economic) planning.

planifier [planifje] *vt* to plan.

planning [planiŋ] *nm* programme, schedule ; ~ **familial** family planning.

planque [plɑ̃k] *nf* (*fam*) cushy number ; hideout ; stash.

plant [plɑ̃] *nm* seedling, young plant.

plantaire [plɑ̃tɛʀ] *a* **voir voûte.**

plantation [plɑ̃tasjɔ̃] *nf* plantation.

plante [plɑ̃t] *nf* plant ; ~ **d'appartement** house *ou* pot plant ; ~ **du pied** sole (of the foot).

planter [plɑ̃te] *vt* (*plante*) to plant ; (*enfoncer*) to hammer *ou* drive in ; (*tente*) to put up, pitch ; (*fam*) to dump ; to ditch ; ~ **qch dans** to hammer *ou* drive sth into ; to stick sth into ; **se** ~ **dans** to sink into ; to get stuck in ; **se** ~ **devant** to plant o.s. in front of ; **planteur** *nm* planter.

planton [plɑ̃tɔ̃] *nm* orderly.

plantureux, euse [plɑ̃tyʀø, -øz] *a* copious, lavish ; buxom.

plaquage [plakaʒ] *nm* (RUGBY) tackle.

plaque [plak] *nf* plate ; (*de verglas, d'eczéma*) patch ; (*avec inscription*) plaque ; ~**s** (minéralogiques *ou* **de police** *ou* **d'immatriculation**) number plates ; ~ **de beurre** tablet of butter ; ~ **chauffante** hotplate ; ~ **de chocolat** bar of chocolate ; ~ **d'identité** identity disc ; ~ **tournante** (*fig*) centre.

plaqué, e [plake] *a* : ~ **or/argent** gold-/silver-plated ; ~ **acajou** veneered in mahogany.

plaquer [plake] *vt* (*bijou*) to plate ; (*bois*) to veneer ; (*aplatir*) : ~ **qch sur/contre** to make sth stick *ou* cling to ; (RUGBY) to bring down ; (*fam*) to ditch ; ~ **contre** to flatten o.s. against ; ~ **qn contre** to pin sb to.

plaquette [plakɛt] *nf* tablet ; bar ; (*livre*) small volume.

plasma [plasma] *nm* plasma.

plastic [plastik] *nm* plastic explosive.

plastifié, e [plastifje] *a* plastic-coated.

plastique [plastik] *a* plastic // *nm* plastic // *nf* plastic arts *pl* ; modelling.

plastiquer [plastike] *vt* to blow up (*with a plastic bomb*).

plastron [plastrɔ̃] *nm* shirt front.

plastronner [plastrɔne] *vi* to swagger.

plat, e [pla, -at] *a* flat ; (*cheveux*) straight ; (*personne, livre*) dull // *nm* (*récipient,* CULIN) dish ; (*d'un repas*) : **le premier** ~ the first course ; (*partie plate*) : **le** ~ **de la main** the flat of the hand ; (*tomber*) flat on one's face ; **à** ~ **ventre** *ad* face down ; **à** ~ *ad*, *a* (*aussi*: *pneu, batterie*) flat ; ~ **du jour** day's special (menu) ; ~ **de résistance** main course.

platane [platan] *nm* plane tree.

plateau, x [plato] *nm* (*support*) tray ; (GÉO) plateau ; (*de tourne-disques*) turntable ; (CINÉMA) set ; ~ **à fromages** cheeseboard.

plate-bande [platbɑ̃d] *nf* flower bed.

platée [plate] *nf* dish(ful).

plate-forme [platfɔʀm(ə)] *nf* platform ; ~ **de forage/pétrolière** drilling/oil rig.

platine [platin] *nm* platinum // *nf* (*d'un tourne-disque*) turntable.

plâtras [platʀa] *nm* rubble *q.*

plâtre [platʀ(ə)] *nm* (*matériau*) plaster ; (*statue*) plaster statue ; (MÉD) (plaster) cast ; **avoir un bras dans le** ~ to have an arm in plaster ; **plâtrer** *vt* to plaster ; (MÉD) to set *ou* put in a (plaster) cast.

plausible [plozibl(ə)] *a* plausible.

plébiscite [plebisit] *nm* plebiscite.

plein, e [plɛ̃, -ɛn] *a* full ; (*porte, roue*) solid ; (*chienne, jument*) big (with young) // *nm*: **faire le** ~ (**d'essence**) to fill up (with petrol) ; **les** ~**s** the downstrokes (*in handwriting*) ; ~ **de** full of ; **à** ~**es mains** (*ramasser*) in handfuls ; (*empoigner*) firmly ; **à** ~ **régime** at maximum revs ; (*fig*) full steam ; **à** ~ **temps** full-time ; **en** ~ **air/**~**e mer** in the open air/on the open sea ; **en** ~ **soleil** right out in the sun ; **en** ~**e nuit/rue** in the middle of the night/street ; **en** ~ **milieu** right in the middle ; **en** ~ **jour** in broad daylight ; **en** ~ **sur** right on ; ~**-emploi** *nm* full employment.

plénière [plenjɛʀ] *af*: **assemblée** ~ plenary assembly.

plénitude [plenityd] *nf* fullness.

pléthore [pletɔʀ] *nf*: ~ **de** overabundance *ou* plethora of.

pleurer [plœʀe] *vi* to cry ; (*yeux*) to water // *vt* to mourn (for) ; ~ **sur** *vt* to lament (over), to bemoan.

pleurésie [plœʀezi] *nf* pleurisy.

pleurnicher [plœʀniʃe] *vi* to grizzle, whine.

pleurs [plœʀ] *nmpl*: **en** ~ in tears.

pleutre [pløtʀ(ə)] *a* cowardly.

pleuvoir [pløvwaʀ] *vb impersonnel* to rain // *vi* (*fig*): ~ (**sur**) to shower down (upon) ; to be showered upon.

plexiglas [plɛksiglas] *nm* plexiglass.

pli [pli] *nm* fold ; (*de jupe*) pleat ; (*de pantalon*) crease ; (*aussi*: **faux** ~) crease ; (*enveloppe*) envelope ; (*lettre*) letter ;

(CARTES) trick ; **prendre le ~ de faire** to get into the habit of doing ; **~ d'aisance** inverted pleat.

pliage [plijaʒ] nm folding ; (ART) origami.

pliant, e [plijɑ̃, -ɑ̃t] a folding // nm folding stool, campstool.

plier [plije] vt to fold ; (pour ranger) to fold up ; (table pliante) to fold down ; (genou, bras) to bend // vi to bend ; (fig) to yield ; **se ~ à** to submit to ; **~ bagages** to pack up (and go).

plinthe [plɛ̃t] nf skirting board.

plissé, e [plise] a (GÉO) folded // nm (COUTURE) pleats pl.

plissement [plismɑ̃] nm (GÉO) fold.

plisser [plise] vt (rider, chiffonner) to crease ; (jupe) to put pleats in.

plomb [plɔ̃] nm (métal) lead ; (d'une cartouche) (lead) shot ; (PÊCHE) sinker ; (sceau) (lead) seal ; (ÉLEC) fuse ; **mettre à ~** to plumb.

plombage [plɔ̃baʒ] nm (de dent) filling.

plomber [plɔ̃be] vt (canne, ligne) to weight (with lead) ; (colis, wagon) to put a lead seal on ; (dent) to fill.

plomberie [plɔ̃bʀi] nf plumbing.

plombier [plɔ̃bje] nm plumber.

plonge [plɔ̃ʒ] nf: **faire la ~** to be a washer-up.

plongeant, e [plɔ̃ʒɑ̃, -ɑ̃t] a (vue) from above ; (tir, décolleté) plunging.

plongée [plɔ̃ʒe] nf diving q ; (de sous-marin) submersion, dive ; **en ~** (sous-marin) submerged ; (prise de vue) high angle.

plongeoir [plɔ̃ʒwaʀ] nm diving board.

plongeon [plɔ̃ʒɔ̃] nm dive.

plonger [plɔ̃ʒe] vi to dive // vt: **~ qch dans** (immerger) to plunge ou dip sth into ; (planter) to thrust sth into ; (fig) to plunge sth into ; **plongeur, euse** nm/f diver ; (de café) washer-up.

ployer [plwaje] vt to bend // vi to sag ; to bend.

plu pp de **plaire, pleuvoir**.

pluie [plɥi] nf rain ; (fig): **~ de** shower of ; **retomber en ~** to shower down ; **sous la ~** in the rain.

plume [plym] nf feather ; (pour écrire) (pen) nib ; (fig) pen.

plumeau, x [plymo] nm feather duster.

plumer [plyme] vt to pluck.

plumet [plymɛ] nm plume.

plumier [plymje] nm pencil box.

plupart [plypaʀ]: **la ~** pronom the majority, most (of them) ; **la ~ des** most, the majority of ; **la ~ du temps/d'entre nous** most of the time/of us ; **pour la ~** ad for the most part, mostly.

pluriel [plyʀjɛl] nm plural ; **au ~** in the plural.

plus vb [ply] voir **plaire** // ad [ply, plyz + voyelle] (comparatif) more, adjectif court +...er ; (davantage) [plys] more ; (négatif): **ne ...** ~ no more, tournure négative + any more ; no longer // cj [plys]: **~ 2 plus 2** ; **~ que** more than ; **~ grand que** bigger than ; **~ de 10 personnes** more than 10 people, over 10 people ; **~ de pain** more bread ; **~ il travaille, ~ il est heureux** the more he works, the happier he is ; **le**

~ intelligent/grand the most intelligent/biggest ; **3 heures/kilos de ~ que** 3 hours/kilos more than ; **de ~** what's more, moreover ; **3 kilos en ~** 3 kilos more, 3 extra kilos ; **en ~ de** in addition to ; **de ~ en ~** more and more ; **(tout) au ~** at the (very) most ; **~ ou moins** more or less ; **ni ~ ni moins** no more, no less.

plusieurs [plyzjœʀ] dét, pronom several ; **ils sont ~** there are several of them.

plus-que-parfait [plyskəpaʀfɛ] nm pluperfect, past perfect.

plus-value [plyvaly] nf appreciation ; capital gain ; surplus.

plut vb voir **plaire**.

plûtot [plyto] ad rather ; **je ferais ~ ceci** I'd rather ou sooner do this ; **fais ~ comme ça** try this way instead, you'd better try this way ; **~ que (de) faire** rather than ou instead of doing.

pluvieux, euse [plyvjø, -øz] a rainy, wet.

P.M.U. sigle m voir **pari**.

pneu, x [pnø] nm tyre ; letter sent by pneumatic tube.

pneumatique [pnømatik] a pneumatic ; rubber cpd // nm tyre.

pneumonie [pnømɔni] nf pneumonia.

P.O. sigle = **petites ondes**.

poche [pɔʃ] nf pocket ; (déformation): **faire une/des ~(s)** to bag ; (sous les yeux) bag, pouch // nm (abr de **livre de ~**) (pocket-size) paperback ; **de ~** pocket cpd.

poché, e [pɔʃe] a: **œuf ~** poached egg ; **œil ~** black eye.

poche-revolver [pɔʃʀevɔlvɛʀ] nf hip pocket.

pochette [pɔʃɛt] nf (de timbres) wallet, envelope ; (d'aiguilles etc) case ; (sur veston) breast pocket ; (mouchoir) breast pocket handkerchief ; **~ d'allumettes** book of matches ; **~ de disque** record sleeve.

pochoir [pɔʃwaʀ] nm (ART) stencil ; transfer.

podium [pɔdjɔm] nm podium (pl ia).

poêle [pwal] nm stove // nf: **~ (à frire)** frying pan.

poêlon [pwalɔ̃] nm casserole.

poème [pɔɛm] nm poem.

poésie [pɔezi] nf (poème) poem ; (art): **la ~** poetry.

poète [pɔɛt] nm poet.

poétique [pɔetik] a poetic.

pognon [pɔɲɔ̃] nm (fam) dough.

poids [pwa] nm weight ; (SPORT) shot ; **vendre au ~** to sell by weight ; **prendre du ~** to put on weight ; **~ plume/mouche/coq/ moyen** (BOXE) feather/fly/bantam/ middleweight ; **~ et haltères** nmpl weight lifting sg ; **~ lourd** (BOXE) heavyweight ; (camion) (big) lorry ; (: ADMIN) heavy goods vehicle (HGV) ; **~ mort** dead load.

poignant, e [pwaɲɑ̃, -ɑ̃t] a poignant, harrowing.

poignard [pwaɲaʀ] nm dagger ; **poignarder** vt to stab, knife.

poigne [pwaɲ] nf grip ; (fig) firm-handedness.

poignée [pwaɲe] nf (de sel etc, fig) handful; (de couvercle, porte) handle; ~ **de main** handshake.

poignet [pwaɲɛ] nm (ANAT) wrist; (de chemise) cuff.

poil [pwal] nm (ANAT) hair; (de pinceau, brosse) bristle; (de tapis) strand; (pelage) coat; (ensemble des poils): **avoir du** ~ **sur la poitrine** to have hair(s) on one's chest, **have a hairy chest**; **à** ~ **a** (fam) starkers; **au** ~ **a** (fam) hunky-dory; **poilu, e** a hairy.

poinçon [pwɛ̃sɔ̃] nm awl; bodkin; style; die; (marque) hallmark; **poinçonner** vt to stamp; to hallmark; (billet, ticket) to clip, punch; **poinçonneuse** nf (outil) punch.

poing [pwɛ̃] nm fist.

point [pwɛ̃] nm (marque, signe) dot; (: de ponctuation) full stop; (moment, de score etc, fig: question) point; (endroit) spot; (COUTURE, TRICOT) stitch // ad = **pas**; **faire le** ~ (NAVIG) to take a bearing; (fig) to take stock (of the situation); **en tout** ~ in every respect; **sur le** ~ **de faire** (just) about to do; **à tel** ~ **que** so much so that; **mettre au** ~ (mécanisme, procédé) to perfect; (appareil-photo) to focus; (affaire) to settle; **à** ~ (CULIN) medium; just right; **à** ~ (nommé) just at the right time; ~ **(de côté)** stitch (pain); ~ **culminant** summit; (fig) height, climax; ~ **d'eau** spring; water point; ~ **d'exclamation** exclamation mark; ~ **faible** weak point; ~ **final** full stop, period; ~ **d'interrogation** question mark; ~ **mort** (AUTO): **au** ~ **mort** in neutral; ~ **noir** (sur le visage) blackhead; (AUTO) accident spot; ~ **de repère** landmark; (dans le temps) point of reference; ~ **de vente** retail outlet; ~ **de vue** viewpoint; (fig: opinion) point of view; **du** ~ **de vue de** from the point of view of; ~**s cardinaux** points of the compass, cardinal points; ~**s de suspension** suspension points.

pointe [pwɛ̃t] nf point; (d'une île) headland; (allusion) dig; sally; (fig): **une** ~ **d'ail/d'accent** a touch ou hint of garlic/of an accent; **être à la** ~ **de** (fig) to be in the forefront of; **sur la** ~ **des pieds** on tip-toe; **en** ~ ad (tailler) into a point; a pointed, tapered; **de** ~ a (technique etc) leading; **heures/jours de** ~ peak hours/days; **faire du 180 en** ~ (AUTO) to have a top ou maximum speed of 180; **faire des** ~**s** (DANSE) to dance on points; ~ **de vitesse** burst of speed.

pointer [pwɛ̃te] vt (cocher) to tick off; (employés etc) to check in (ou out); (diriger: canon, longue-vue, doigt): ~ **vers qch** to point at sth // vi (employé) to clock in (ou out); **pointeuse** nf timeclock.

pointillé [pwɛ̃tije] nm (trait) dotted line; (ART) stippling q.

pointilleux, euse [pwɛ̃tijø, -øz] a particular, pernickety.

pointu, e [pwɛ̃ty] a pointed; (clou) sharp; (voix) shrill.

pointure [pwɛ̃tyʀ] nf size.

point-virgule [pwɛ̃viʀgyl] nm semi-colon.

poire [pwaʀ] nf pear; (fam: péj) mug; ~ **à injections** syringe.

poireau, x [pwaʀo] nm leek.

poirier [pwaʀje] nm pear tree.

pois [pwa] nm (BOT) pea; (sur une étoffe) dot, spot; **à** ~ (cravate etc) dotted, polka-dot cpd; ~ **chiche** chickpea; ~ **de senteur** sweet pea.

poison [pwazɔ̃] nm poison.

poisse [pwas] nf rotten luck.

poisseux, euse [pwasø, -øz] a sticky.

poisson [pwasɔ̃] nm fish gén inv; **les P**~**s** (signe) Pisces, the Fishes; **être des P**~**s** to be Pisces; ~ **d'avril!** April fool!; **poissonnerie** nf fish-shop; **poissonneux, euse** a abounding in fish; **poissonnier, ière** nm/f fishmonger.

poitrail [pwatʀaj] nm breast.

poitrine [pwatʀin] nf chest; (seins) bust, bosom; (CULIN) breast; ~ **de bœuf** brisket.

poivre [pwavʀ(ə)] nm pepper; ~ **en grains/moulu** whole/ground pepper; **poivré, e** a peppery; **poivrier** nm (BOT) pepper plant; (ustensile) pepperpot.

poivron [pwavʀɔ̃] nm pepper, capsicum; ~ **vert/rouge** green/red pepper.

poker [pokɛʀ] nm: **le** ~ poker; ~ **d'as** four aces.

polaire [polɛʀ] a polar.

polariser [polaʀize] vt to polarize; (fig) to attract; to focus.

pôle [pol] nm (GÉO, ÉLEC) pole; **le** ~ **Nord/Sud** the North/South Pole.

polémique [polemik] a controversial, polemic(al) // nf controversy; **polémiste** nm/f polemist, polemicist.

poli, e [poli] a polite; (lisse) smooth; polished.

police [polis] nf police; (discipline): **assurer la** ~ **de** ou **dans** to keep order in; **peine de simple** ~ sentence imposed by a magistrates' ou police court; ~ **d'assurance** insurance policy; ~ **judiciaire, P.J.** ≈ Criminal Investigation Department, C.I.D.; ~ **des mœurs** ≈ vice squad; ~ **secours** ≈ emergency services pl.

polichinelle [poliʃinɛl] nm Punch; (péj) buffoon.

policier, ière [polisje, -jɛʀ] a police cpd // nm policeman; (aussi: **roman** ~) detective novel.

policlinique [poliklinik] nf ≈ outpatients (department).

polio(myélite) [poljo(mjelit)] nf polio(myelitis); **poliomyélitique** nm/f polio patient ou case.

polir [poliʀ] vt to polish.

polisson, ne [polisɔ̃, -ɔn] a naughty.

politesse [polits] nf politeness; ~**s** (exchange of) courtesies, polite gestures; **rendre une** ~ **à qn** to return sb's favour.

politicien, ne [politisjɛ̃, -ɛn] nm/f politician.

politique [politik] a political // nf (science, pratique, activité) politics sg; (mesures, méthode) policies pl; **politiser** vt to politicize; **politiser qn** to make sb politically aware.

pollen [polɛn] nm pollen.

polluer [polɥe] vt to pollute; **pollution** nf pollution.

polo [polo] nm (sport) polo; (tricot) sweat shirt.

Pologne [pɔlɔɲ] *nf*: **la ~** Poland; **polonais, e** *a*, *nm* (*langue*) Polish // *nm/f* Pole.

poltron, ne [pɔltrɔ̃, -ɔn] *a* cowardly.

poly... [pɔli] *préfixe*: **~clinique** *nf* polyclinic; **~copier** *vt* to duplicate; **~gamie** *nf* polygamy; **~glotte** *a* polyglot **~gone** *nm* polygon.

Polynésie [pɔlinezi] *nf*: **la ~** Polynesia.

polytechnicien, ne [pɔliteknisjɛ̃, -ɛn] *nm/f* student (*or* former student) of the École Polytechnique.

polyvalent, e [pɔlivalɑ̃, -ɑ̃t] *a* polyvalent; versatile, multi-purpose // *nm* ≈ tax inspector.

pommade [pɔmad] *nf* ointment, cream.

pomme [pɔm] *nf* (*BOT*) apple; (*boule décorative*) knob; (*pomme de terre*): **steak ~s** (**frites**) steak and chips; **tomber dans les ~s** (*fam*) to pass out; **~ d'Adam** Adam's apple; **~ d'arrosoir** (*sprinkler*) rose; **~ de pin** pine *ou* fir cone; **~ de terre** potato; **~s vapeur** boiled potatoes.

pommé, e [pɔme] *a* (*chou etc*) firm, with a good heart.

pommeau, x [pɔmo] *nm* (*boule*) knob; (*de selle*) pommel.

pommette [pɔmɛt] *nf* cheekbone.

pommier [pɔmje] *nm* apple tree.

pompe [pɔ̃p] *nf* pump; (*faste*) pomp (and ceremony); **~ de bicyclette** bicycle pump; **~ à essence** petrol pump; **~ à incendie** fire engine (*apparatus*); **~s funèbres** funeral parlour *sg*, undertaker's *sg*.

pomper [pɔ̃pe] *vt* to pump; (*évacuer*) to pump out; (*aspirer*) to pump up; (*absorber*) to soak up // *vi* to pump.

pompeux, euse [pɔ̃pø, -øz] *a* pompous.

pompier [pɔ̃pje] *nm* fireman // *am* (*style*) pretentious, pompous.

pompon [pɔ̃pɔ̃] *nm* pompom, bobble.

pomponner [pɔ̃pɔne] *vt* to titivate, dress up.

ponce [pɔ̃s] *nf*: **pierre ~** pumice stone.

poncer [pɔ̃se] *vt* to sand (down); **ponceuse** *nf* sander.

poncif [pɔ̃sif] *nm* cliché.

ponction [pɔ̃ksjɔ̃] *nf*: **~ lombaire** lumbar puncture.

ponctualité [pɔ̃ktyalite] *nf* punctuality.

ponctuation [pɔ̃ktɥasjɔ̃] *nf* punctuation.

ponctuel, le [pɔ̃ktɥɛl] *a* (*à l'heure, aussi TECH*) punctual; (*fig: opération etc*) one-off, single; (*scrupuleux*) punctilious, meticulous.

ponctuer [pɔ̃ktɥe] *vt* to punctuate; (*MUS*) to phrase.

pondéré, e [pɔ̃dere] *a* level-headed, composed.

pondre [pɔ̃dʀ(ə)] *vt* to lay; (*fig*) to produce // *vi* to lay.

poney [pɔnɛ] *nm* pony.

pongiste [pɔ̃ʒist] *nm/f* table tennis player.

pont [pɔ̃] *nm* bridge; (*AUTO*): **~ arrière/avant** rear/front axle; (*NAVIG*) deck; **faire le ~** to take the extra day off; **~ aérien** airlift; **~ d'envol** flight deck; **~ de graissage** ramp (*in garage*); **~ roulant** travelling crane; **~ suspendu** suspension bridge; **~ tournant** swing bridge; **P~s et Chaussées** highways department.

ponte [pɔ̃t] *nf* laying // *nm* (*fam*) big shot.

pontife [pɔ̃tif] *nm* pontiff.

pontifier [pɔ̃tifje] *vi* to pontificate.

pont-levis [pɔ̃lvi] *nm* drawbridge.

pop [pɔp] *a inv* pop.

populace [pɔpylas] *nf* (*péj*) rabble.

populaire [pɔpylɛʀ] *a* popular; (*manifestation*) mass *cpd*, of the people; (*milieux, clientèle*) working-class; **populariser** *vt* to popularize; **popularité** *nf* popularity.

population [pɔpylasjɔ̃] *nf* population.

populeux, euse [pɔpylø, -øz] *a* densely populated.

porc [pɔʀ] *nm* (*ZOOL*) pig; (*CULIN*) pork; (*peau*) pigskin.

porcelaine [pɔʀsalɛn] *nf* porcelain, china; piece of china(ware).

porcelet [pɔʀsalɛ] *nm* piglet.

porc-épic [pɔʀkepik] *nm* porcupine.

porche [pɔʀʃ(ə)] *nm* porch.

porcherie [pɔʀʃaʀi] *nf* pigsty.

porcin, e [pɔʀsɛ̃, -in] *a* porcine; (*fig*) piglike.

pore [pɔʀ] *nm* pore; **poreux, euse** *a* porous.

pornographie [pɔʀnɔgʀafi] *nf* pornography; **pornographique** *a* (*abr* **porno**) pornographic.

port [pɔʀ] *nm* (*NAVIG*) harbour, port; (*ville*) port; (*de l'uniforme etc*) wearing; (*pour lettre*) postage; (*pour colis, aussi: posture*) carriage; **~ d'arme** (*JUR*) carrying of a firearm; **~ d'attache** (*NAVIG*) port of registry; **~ franc** free port.

portail [pɔʀtaj] *nm* gate; (*de cathédrale*) portal.

portant, e [pɔʀtɑ̃, -ɑ̃t] *a* (*murs*) structural, weight-bearing; **bien/ mal ~** in good/poor health.

portatif, ive [pɔʀtatif, -iv] *a* portable.

porte [pɔʀt(ə)] *nf* door; (*de ville, forteresse, SKI*) gate; **mettre à la ~** to throw out; **~ d'entrée** front door; **~ à ~** *nm* door-to-door selling.

porte... [pɔʀt(ə)] *préfixe*: **~-à-faux** *nm*: **en ~-à-faux** cantilevered; precariously balanced; **~-avions** *nm inv* aircraft carrier; **~-bagages** *nm inv* luggage rack; **~-bonheur** *nm inv* lucky charm; **~-cartes** *nm inv* card holder; map wallet; **~-cigarettes** *nm inv* cigarette case; **~-clefs** *nm inv* keyring; **~-crayon** *nm* pencil holder; **~-documents** *nm inv* attaché *ou* document case.

portée [pɔʀte] *nf* (*d'une arme*) range; (*fig*) impact, import; scope, capability; (*de chatte etc*) litter; (*MUS*) stave, staff (*pl* staves); **à/hors de ~ (de)** within/out of reach (of); **à ~ de (la) main** within (arm's) reach; **à ~ de voix** within earshot; **à ~ de qn** (*fig*) at sb's level, within sb's capabilities.

porte-fenêtre [pɔʀtfanɛtʀ(ə)] *nf* French window.

portefeuille [pɔʀtafœj] *nm* wallet; (*POL, BOURSE*) portfolio.

porte-jarretelles [pɔʀtʒaʀtɛl] *nm inv* suspender belt.

portemanteau, x [pɔʀtmɑ̃to] *nm* coat hanger ; coat rack.

porte-mine [pɔʀtǝmin] *nm* propelling pencil.

porte-monnaie [pɔʀtmɔnɛ] *nm inv* purse.

porte-parole [pɔʀtpaʀɔl] *nm inv* spokesman.

porte-plume [pɔʀtǝplym] *nm inv* penholder.

porter [pɔʀte] *vt* (*charge ou sac etc, aussi: fœtus*) to carry ; (*sur soi: vêtement, barbe, bague*) to wear ; (*fig: responsabilité etc*) to bear, carry ; (*inscription, marque, titre, patronyme, suj: arbre: fruits, fleurs*) to bear ; (*apporter*): ~ qch quelque part/à qn to take sth somewhere/to sb ; (*inscrire*): ~ qch sur to put sth down on ; to enter sth in // *vi* (*voix, regard, canon*) to carry ; (*coup, argument*) to hit home ; ~ sur (*peser*) to rest on ; (*accent*) to fall on ; (*conférence etc*) to concern ; (*heurter*) to strike ; se ~ *vi* (*se sentir*): se ~ bien/mal to be well/unwell ; (*aller*): se ~ vers to go towards ; être porté à faire to be apt *ou* inclined to do ; elle portait le nom de Rosalie she was called Rosalie ; ~ qn au pouvoir to bring sb to power ; ~ son âge to look one's age ; se faire ~ malade to report sick ; ~ la main à son chapeau to raise one's hand to one's hat ; ~ son effort sur to direct one's efforts towards.

porte-savon [pɔʀtsavɔ̃] *nm* soapdish.

porte-serviettes [pɔʀtsɛʀvjɛt] *nm inv* towel rail.

porteur, euse [pɔʀtœʀ, -øz] *a*: être ~ de (*nouvelle*) to be the bearer of // *nm* (*de bagages*) porter ; (*COMM: de chèque*) bearer.

porte-voix [pɔʀtǝvwa] *nm inv* loudhailer.

portier [pɔʀtje] *nm* commissionnaire, porter.

portière [pɔʀtjɛʀ] *nf* door.

portillon [pɔʀtijɔ̃] *nm* gate.

portion [pɔʀsjɔ̃] *nf* (*part*) portion, share ; (*partie*) portion, section.

portique [pɔʀtik] *nm* (*GYM*) crossbar ; (*ARCHIT*) portico ; (*RAIL*) gantry.

porto [pɔʀto] *nm* port (wine).

portrait [pɔʀtʀɛ] *nm* portrait ; photograph ; **portraitiste** *nm/f* portrait painter ; ~-robot *nm* Identikit *ou* photo-fit picture.

portuaire [pɔʀtɥɛʀ] *a* port *cpd*, harbour *cpd*.

portugais, e [pɔʀtygɛ, -ɛz] *a, nm, nf* Portuguese.

Portugal [pɔʀtygal] *nm*: le ~ Portugal.

pose [poz] *nf* laying ; hanging ; (*attitude, d'un modèle*) pose ; (*PHOTO*) exposure.

posé, e [poze] *a* serious.

posemètre [pozmɛtʀ(ǝ)] *nm* exposure meter.

poser [poze] *vt* (*déposer*): ~ qch (sur)/qn à to put sth down (on)/drop sb at ; (*placer*): ~ qch sur/quelque part to put sth on/somewhere ; (*installer: moquette, carrelage*) to lay ; (: *rideaux, papier peint*) to hang ; (*question*) to ask ; (*principe, conditions*) to lay *ou* set down ; (*problème*) to formulate ; (*difficulté*) to pose // *vi* (*modèle*) to pose ; to sit ; se ~ (*oiseau, avion*) to land ; (*question*) to arise.

poseur, euse [pozœʀ, -øz] *nm/f* (*péj*) show-off, poseur ; ~ de parquets/carrelages floor/tile layer.

positif, ive [pozitif, -iv] *a* positive.

position [pozisjɔ̃] *nf* position ; prendre ~ (*fig*) to take a stand.

posologie [pozɔlɔʒi] *nf* directions *pl* for use, dosage.

posséder [posede] *vt* to own, possess ; (*qualité, talent*) to have, possess ; (*bien connaître: métier, langue*) to master, have a thorough knowledge of ; (*sexuellement, aussi: suj: colère etc*) to possess ; (*fam: duper*) to take in ; **possesseur** *nm* owner ; **possessif, ive** *a, nm* possessive ; **possession** *nf* ownership *q*; possession ; être/entrer en possession de qch to be in/take possession of sth.

possibilité [posibilite] *nf* possibility ; ~s *nfpl* (*moyens*) means ; (*potentiel*) potential *sg* ; avoir la ~ de faire to be in a position to do ; to have the opportunity to do.

possible [posibl(ǝ)] *a* possible ; (*projet, entreprise*) feasible // *nm*: faire son ~ to do all one can, do one's utmost ; le plus/moins de livres ~ as many/few books as possible ; le plus/moins d'eau ~ as much/little water as possible ; dès que ~ as soon as possible ; gentil *etc* au ~ as nice *etc* as it is possible to be.

postal, e, aux [pɔstal, -o] *a* postal, post office *cpd* ; sac ~ mailbag, postbag.

poste [pɔst(ǝ)] *nf* (*service*) post, postal service ; (*administration, bureau*) post office // *nm* (*fonction, MIL*) post ; (*de radio etc*) set ; (*de budget*) item ; ~s *nfpl* post office *sg* ; P~s et Télécommunications (P.T.T.: *abr de Postes, Télégraphes, Téléphones*) ≈ General Post Office (G.P.O.) ; ~ (de radio/télévision) *nm* (radio/television) set ; ~ émetteur *nm* transmitting set ; ~ d'essence *nm* petrol *ou* filling station ; ~ d'incendie *nm* fire point ; ~ de péage *nm* tollgate ; ~ de pilotage *nm* cockpit ; ~ (de police) *nm* police station ; ~ restante *nf* poste restante ; ~ de secours *nm* first-aid post.

poster *vt* [pɔste] to post // *nm* [pɔstɛʀ] poster.

postérieur, e [pɔsteʀjœʀ] *a* (*date*) later ; (*partie*) back // *nm* (*fam*) behind.

posteriori [pɔsteʀjɔʀi]: a ~ *ad* with hindsight, a posteriori.

postérité [pɔsteʀite] *nf* posterity.

posthume [pɔstym] *a* posthumous.

postiche [pɔstiʃ] *a* false // *nm* hairpiece.

postillonner [pɔstijɔne] *vi* to spl(l)utter.

post-scriptum [pɔstskʀiptɔm] *nm inv* postscript.

postulant, e [pɔstylɑ̃, -ɑ̃t] *nm/f* applicant.

postulat [pɔstyla] *nm* postulate.

postuler [pɔstyle] *vt* (*emploi*) to apply for, put in for.

posture [pɔstyʀ] *nf* posture, position ; (*fig*) position.

pot [po] *nm* jar, pot ; carton ; (*en métal*) tin ; boire un ~ (*fam*) to have a drink ; ~ (de chambre) (chamber)pot ; ~ d'échappement exhaust pipe ; ~ de fleurs plant pot, flowerpot ; (*fleurs*) pot plant ; ~ à tabac tobacco jar.

potable [pɔtabl(ə)] a (fig) drinkable; decent; **eau** ~ drinking water.

potache [pɔtaʃ] nm schoolboy.

potage [pɔtaʒ] nm soup; soup course.

potager, ère [pɔtaʒe, -ɛR] a (plante) edible, vegetable cpd; **(jardin)** ~ kitchen ou vegetable garden.

potasse [pɔtas] nf potassium hydroxide; (engrais) potash.

potasser [pɔtase] vt (fam) to swot up.

pot-au-feu [pɔtofø] nm inv (beef) stew; (viande) stewing beef.

pot-de-vin [podvɛ̃] nm bribe.

poteau, x [pɔto] nm post; ~ **(d'exécution)** execution post, stake; ~ **indicateur** signpost; ~ **télégraphique** telegraph pole; ~**x (de but)** goal-posts.

potelé, e [pɔtle] a plump, chubby.

potence [pɔtɑ̃s] nf gallows sg.

potentiel, le [pɔtɑ̃sjɛl] a, nm potential.

poterie [pɔtRi] nf pottery; piece of pottery.

potiche [pɔtiʃ] nf large vase.

potier [pɔtje] nm potter.

potins [pɔtɛ̃] nmpl gossip sg.

potion [posjɔ̃] nf potion.

potiron [pɔtiRɔ̃] nm pumpkin.

pot-pourri [popuRi] nm potpourri, medley.

pou, x [pu] nm louse (pl lice).

poubelle [pubɛl] nf (dust)bin.

pouce [pus] nm thumb.

poudre [pudR(ə)] nf powder; (fard) (face) powder; (explosif) gunpowder; **en** ~: **café en** ~ instant coffee; **savon en** ~ soap powder; **lait en** ~ dried ou powdered milk; **poudrer** vt to powder; ~**rie** nf gunpowder factory; **poudreux, euse** a dusty; powdery; **neige poudreuse** powder snow; **poudrier** nm (powder) compact; **poudrière** nf powder magazine; (fig) powder keg.

poudroyer [pudRwaje] vi to rise in clouds ou a flurry.

pouf [puf] nm pouffe.

pouffer [pufe] vi: ~ **(de rire)** to snigger; to giggle.

pouilleux, euse [pujø, -øz] a flea-ridden; (fig) grubby; seedy.

poulailler [pulaje] nm henhouse; (THÉÂTRE): **le** ~ the gods sg.

poulain [pulɛ̃] nm foal; (fig) protégé.

poularde [pulaRd(ə)] nf fatted chicken.

poule [pul] nf (ZOOL) hen; (CULIN) (boiling) fowl; (fam) tart; broad; ~ **d'eau** moorhen; ~ **mouillée** coward; ~ **pondeuse** layer; ~ **au riz** chicken and rice.

poulet [pulɛ] nm chicken; (fam) cop.

pouliche [puliʃ] nf filly.

poulie [puli] nf pulley; block.

poulpe [pulp(ə)] nm octopus.

pouls [pu] nm pulse; **prendre le** ~ **de qn** to feel sb's pulse.

poumon [pumɔ̃] nm lung; ~ **d'acier** iron lung.

poupe [pup] nf stern; **en** ~ astern.

poupée [pupe] nf doll; **jouer à la** ~ to play with one's doll ou dolls.

poupon [pupɔ̃] nm babe-in-arms; **pouponnière** nf crèche, day nursery.

pour [puR] prép for; ~ **faire** (so as) to do, in order to do; ~ **avoir fait** for having done; ~ **que** so that, in order that; ~ **riche qu'il soit** rich though he may be; ~ **10 F d'essence** 10 francs' worth of petrol; ~ **cent** per cent; ~ **ce qui est de** as for; **le** ~ **et le contre** the pros and cons.

pourboire [puRbwaR] nm tip.

pourcentage [puRsɑ̃taʒ] nm percentage.

pourchasser [puRʃase] vt to pursue.

pourlécher [puRleʃe]: **se** ~ vi to lick one's lips.

pourparlers [puRpaRle] nmpl talks, negotiations; **être en** ~ **avec** to be having talks with.

pourpre [puRpR(ə)] a crimson.

pourquoi [puRkwa] ad, cj why // nm inv: **le** ~ **(de)** the reason (for).

pourrai etc vb voir **pouvoir**.

pourri, e [puRi] a rotten.

pourrir [puRiR] vi to rot; (fruit) to go rotten ou bad // vt to rot; (fig) to corrupt; to spoil thoroughly; **pourriture** nf rot.

pourrons etc vb voir **pouvoir**.

poursuite [puRsɥit] nf pursuit, chase; ~**s** nfpl (JUR) legal proceedings; **(course)** ~ track race; (fig) chase.

poursuivant, e [puRsɥivɑ̃, -ɑ̃t] nm/f pursuer.

poursuivre [puRsɥivR(ə)] vt to pursue, chase (after); (relancer) to hound, harry; (obséder) to haunt; (JUR) to bring proceedings against, prosecute; (: au civil) to sue; (but) to strive towards; (voyage, études) to carry on with, continue // vi to carry on, go on; **se** ~ vi to go on, continue.

pourtant [puRtɑ̃] ad yet; **c'est** ~ **facile** (and) yet it's easy.

pourtour [puRtuR] nm perimeter.

pourvoi [puRvwa] nm appeal.

pourvoir [puRvwaR] vt: ~ **qch/qn de** to equip sth/sb with // vi: ~ **à** to provide for; (emploi) to fill; **se** ~ (JUR): **se** ~ **en cassation** to take one's case to the Court of Appeal.

pourvu, e [puRvy] a: ~ **de** equipped with; ~ **que** cj (si) provided that, so long as; (espérons que) let's hope (that).

pousse [pus] nf growth; (bourgeon) shoot.

poussé, e [puse] a sophisticated, advanced; (moteur) souped-up.

pousse-café [puskafe] nm inv (after-dinner) liqueur.

poussée [puse] nf thrust; (coup) push; (MÉD) eruption; (fig) upsurge.

pousse-pousse [puspus] nm inv rickshaw.

pousser [puse] vt to push; (inciter): ~ **qn à** to urge ou press sb to + infinitif; (acculer): ~ **qn à** to drive sb to; (émettre: cri etc) to give; (stimuler) to urge on; to drive hard; (poursuivre) to carry on (further) // vi (croître) to grow; (aller): ~ **plus loin** to push on a bit further; **se** ~ vi to move over; **faire** ~ (plante) to grow.

poussette [pusɛt] nf (voiture d'enfant) push chair.

poussière [pusjɛʀ] nf dust ; (*grain*) speck of dust ; **et des ~s** (*fig*) and a bit ; **~ de charbon** coaldust ; **poussiéreux, euse** a dusty.

poussif, ive [pusif, -iv] a wheezy, wheezing.

poussin [pusɛ̃] nm chick.

poutre [putʀ(ə)] nf beam ; (*en fer, ciment armé*) girder ; **poutrelle** nf girder.

pouvoir [puvwaʀ] nm power ; (*POL: dirigeants*): **le ~** those in power, the government // vb + infinitif can ; (*suj: personne*) can, to be able to ; (*permission*) can, may ; (*probabilité, hypothèse*) may ; **il peut arriver que** it may happen that ; **il pourrait pleuvoir** it might rain ; **déçu de ne pas ~ le faire** disappointed not to be able to do it *ou* that he couldn't do it ; **il aurait pu le dire!** he could *ou* might have said! ; **il se peut que** it may be that ; **je n'en peux plus** I'm exhausted ; I can't take any more ; **~ d'achat** purchasing power ; **les ~s publics** the authorities.

prairie [pʀeʀi] nf meadow.

praliné, e [pʀaline] a sugared ; praline-flavoured.

praticable [pʀatikabl(ə)] a passable, practicable.

praticien, ne [pʀatisjɛ̃, -jɛn] nm/f practitioner.

pratiquant, e [pʀatikɑ̃, -ɑ̃t] a practising.

pratique [pʀatik] nf practice // a practical ; **dans la ~** in (actual) practice ; **mettre en ~** to put into practice.

pratiquement [pʀatikmɑ̃] ad (*pour ainsi dire*) practically, virtually.

pratiquer [pʀatike] vt to practise ; (*intervention, opération*) to carry out ; (*ouverture, abri*) to make // vi (*REL*) to be a churchgoer.

pré [pʀe] nm meadow.

préalable [pʀealabl(ə)] a preliminary ; **condition ~ (de)** precondition (for), prerequisite (for) ; **sans avis ~** without prior *ou* previous notice ; **au ~** first, beforehand.

préambule [pʀeɑ̃byl] nm preamble ; (*fig*) prelude ; **sans ~** straight away.

préau, x [pʀeo] nm playground ; inner courtyard.

préavis [pʀeavi] nm notice ; **~ de congé** notice ; **communication avec ~** (*TÉL*) personal *ou* person to person call.

précaire [pʀekɛʀ] a precarious.

précaution [pʀekosjɔ̃] nf precaution ; **avec ~** cautiously ; **par ~** as a precaution.

précédemment [pʀesedamɑ̃] ad before, previously.

précédent, e [pʀesedɑ̃, -ɑ̃t] a previous // nm precedent ; **sans ~** unprecedented ; **le jour ~** the day before, the previous day.

précéder [pʀesede] vt to precede ; (*marcher ou rouler devant*) to be in front of ; (*arriver avant*) to get ahead of.

précepte [pʀesɛpt(ə)] nm precept.

précepteur, trice [pʀesɛptœʀ, tʀis] nm/f (private) tutor.

prêcher [pʀeʃe] vt to preach.

précieux, euse [pʀesjø, -øz] a precious ; invaluable ; (*style, écrivain*) précieux, precious.

précipice [pʀesipis] nm drop, chasm ; (*fig*) abyss ; **au bord du ~** at the edge of the precipice.

précipitamment [pʀesipitamɑ̃] ad hurriedly, hastily.

précipitation [pʀesipitasjɔ̃] nf (*hâte*) haste ; **~s (atmosphériques)** (atmospheric) precipitation sg.

précipité, e [pʀesipite] a fast ; hurried ; hasty.

précipiter [pʀesipite] vt (*faire tomber*): **~ qn/qch du haut de** to throw *ou* hurl sb/sth off *ou* from ; (*hâter: marche*) to quicken ; (: *départ (événements*)) to move faster ; **se ~ sur/vers** to rush at/towards.

précis, e [pʀesi, -iz] a precise ; (*tir, mesures*) accurate, precise // nm handbook ; **précisément** ad precisely ; **préciser** vt (*expliquer*) to be more specific about, clarify ; (*spécifier*) to state, specify ; **se préciser** vi to become clear(er) ; **précision** nf precision ; accuracy ; point *ou* detail (*made clear or to be clarified*) ; **précisions** nfpl further details.

précoce [pʀekɔs] a early ; (*enfant*) precocious ; (*calvitie*) premature.

préconçu, e [pʀekɔ̃sy] a preconceived.

préconiser [pʀekɔnize] vt to advocate.

précurseur [pʀekyʀsœʀ] am precursory // nm forerunner, precursor.

prédécesseur [pʀedesesœʀ] nm predecessor.

prédestiner [pʀedɛstine] vt: **~ qn à qch/faire** to predestine sb for sth/to do.

prédicateur [pʀedikatœʀ] nm preacher.

prédiction [pʀediksjɔ̃] nf prediction.

prédilection [pʀedilɛksjɔ̃] nf: **avoir une ~ pour** to be partial to ; **de ~** favourite.

prédire [pʀediʀ] vt to predict.

prédisposer [pʀedispoze] vt: **~ qn à qch/faire** to predispose sb to sth/to do.

prédominer [pʀedɔmine] vi to predominate ; (*avis*) to prevail.

préfabriqué, e [pʀefabʀike] a prefabricated // nm prefabricated material.

préface [pʀefas] nf preface ; **préfacer** vt to write a preface for.

préfectoral, e, aux [pʀefɛktɔʀal, -o] a prefectorial.

préfecture [pʀefɛktyʀ] nf prefecture ; **~ de police** police headquarters.

préférable [pʀefeʀabl(ə)] a preferable.

préféré, e [pʀefeʀe] a, nm/f favourite.

préférence [pʀefeʀɑ̃s] nf preference ; **de ~ preferably ; de ~ à** in preference to, rather than ; **obtenir la ~ sur** to gain preference over ; **préférentiel, le** a preferential.

préférer [pʀefeʀe] vt: **~ qn/qch (à)** to prefer sb/sth (to), like sb/sth better (than) ; **~ faire** to prefer to do ; **je préférerais du thé** I would rather have tea, I'd prefer tea.

préfet [pʀefɛ] nm prefect ; **~ de police** prefect of police, ≈ Metropolitan Commissioner.

préfixe [pʀefiks(ə)] nm prefix.

préhistoire [pʀeistwaʀ] nf prehistory ; **préhistorique** a prehistoric.

préjudice [pʀeʒydis] *nm* (*matériel*) loss ; (*moral*) harm *q* ; **porter ~ à** to harm, be detrimental to ; **au ~ de** at the expense of.

préjugé [pʀeʒyʒe] *nm* prejudice ; **avoir un ~ contre** to be prejudiced *ou* biased against.

préjuger [pʀeʒyʒe]: **~ de** *vt* to prejudge.

prélasser [pʀelase]: **se ~** *vi* to lounge.

prélat [pʀela] *nm* prelate.

prélavage [pʀelavaʒ] *nm* pre-wash.

prélèvement [pʀelɛvmã] *nm* deduction ; withdrawal ; **faire un ~ de sang** to take a blood sample.

prélever [pʀelve] *vt* (*échantillon*) to take ; (*argent*): **~ (sur)** to deduct (from) ; (: *sur son compte*): **~ (sur)** to withdraw (from).

préliminaire [pʀeliminɛʀ] *a* preliminary ; **~s** *nmpl* preliminary talks ; preliminaries.

prélude [pʀelyd] *nm* prelude ; (*avant le concert*) warm-up.

prématuré, e [pʀematyʀe] *a* premature ; (*retraite*) early // *nm* premature baby.

préméditation [pʀemeditɑsjɔ̃] *nf*: **avec ~** a premeditated // **a** with intent ; **préméditer** *vt* to premeditate, plan.

premier, ière [pʀəmje, -jɛʀ] *a* first ; (*branche, marche, grade*) bottom ; (*fig*) basic ; prime ; initial // *nf* (*THÉÂTRE*) first night ; (*CINÉMA*) première ; (*exploit*) first ; **le ~ venu** the first person to come along ; **P~ Ministre** Prime Minister ; **premièrement** *ad* firstly.

prémisse [pʀemis] *nf* premise.

prémonition [pʀemɔnisjɔ̃] *nf* premonition ; **prémonitoire** *a* premonitory.

prémunir [pʀemyniʀ]: **se ~** *vi*: **se ~ contre** to protect o.s. from, guard o.s. against.

prendre [pʀɑ̃dʀ(ə)] *vt* to take ; (*ôter*): **~ qch à** to take sth from ; (*aller chercher*) to get, fetch ; (*se procurer*) to get ; (*malfaiteur, poisson*) to catch ; (*passager*) to pick up ; (*personnel, aussi: couleur, goût*) to take on ; (*locataire*) to take in ; (*élève etc: traiter*) to handle ; (*voix, ton*) to put on ; (*coincer*): **se ~ les doigts dans** to get one's fingers caught in // *vi* (*liquide, ciment*) to set ; (*greffe, vaccin*) to take ; (*mensonge*) to be successful ; (*feu: foyer*) to go ; (: *incendie*) to start ; (*allumette*) to light ; (*se diriger*): **~ à gauche** to turn (to the) left ; **~ qn pour** to take sb for ; **se ~ pour** to think one is ; **s'en ~ à** (*agresser*) to set about ; (*critiquer*) to attack ; **se d'amitié/d'affection pour** to befriend/become fond of ; **s'y ~** (*procéder*) to set about it ; **s'y ~ à l'avance** to see to it in advance ; **s'y ~ à deux fois** to try twice, make two attemps.

preneur [pʀənœʀ] *nm*: **être/trouver ~** to be willing to buy/find a buyer.

preniez, prenne *etc vb voir* **prendre**.

prénom [pʀenɔ̃] *nm* first *ou* Christian name ; **prénommer** *vt*: **elle se prénomme Claude** her (first) name is Claude.

prénuptial, e, aux [pʀenypsjal, -o] *a* premarital.

préoccupation [pʀeɔkypɑsjɔ̃] *nf* (*souci*) worry, anxiety ; (*idée fixe*) preoccupation.

préoccuper [pʀeɔkype] *vt* to worry ; to preoccupy ; **se ~ de qch** to be concerned about sth ; to show concern about sth.

préparatifs [pʀepaʀatif] *nmpl* preparations.

préparation [pʀepaʀɑsjɔ̃] *nf* preparation ; (*SCOL*) piece of homework.

préparatoire [pʀepaʀatwaʀ] *a* preparatory.

préparer [pʀepaʀe] *vt* to prepare ; (*café*) to make ; (*examen*) to prepare for ; (*voyage, entreprise*) to plan ; **se ~** *vi* (*orage, tragédie*) to brew, be in the air ; **se ~ (à qch/faire)** to prepare (o.s.) ; **~ qch à qn** (*surprise etc*) to have sth in store for sb.

prépondérant, e [pʀepɔ̃deʀɑ̃, -ɑ̃t] *a* major, dominating.

préposé, e [pʀepoze] *a*: **~ à** in charge of // *nm/f* employee ; official ; attendant ; postman/ woman.

préposition [pʀepozisjɔ̃] *nf* preposition.

prérogative [pʀeʀɔgativ] *nf* prerogative.

près [pʀɛ] *ad* near, close ; **~ de** *prép* near (to), close to ; (*environ*) nearly, almost ; **de ~ ad** closely ; **à 5 kg ~** to within about 5 kg ; **à cela ~ que** apart from the fact that.

présage [pʀezaʒ] *nm* omen.

présager [pʀezaʒe] *vt* to foresee.

presbyte [pʀɛsbit] *a* long-sighted.

presbytère [pʀɛsbitɛʀ] *nm* presbytery.

presbytérien, ne [pʀɛsbiteʀjɛ̃, -jɛn] *a, nm/f* Presbyterian.

prescription [pʀɛskʀipsjɔ̃] *nf* (*instruction*) order, instruction ; (*MÉD, JUR*) prescription.

prescrire [pʀɛskʀiʀ] *vt* to prescribe ; **se ~** *vi* (*JUR*) to lapse ; **prescrit, e** *a* (*date etc*) stipulated.

préséance [pʀeseɑ̃s] *nf* precedence *q*.

présence [pʀezɑ̃s] *nf* presence ; (*au bureau etc*) attendance ; **en ~ de** in (the) presence of ; (*fig*) in the face of ; **~ d'esprit** presence of mind.

présent, e [pʀezɑ̃, -ɑ̃t] *a, nm* present ; **à ~ (que)** now (that).

présentateur, trice [pʀezɑ̃tatœʀ, -tʀis] *nm/f* presenter.

présentation [pʀezɑ̃tɑsjɔ̃] *nf* introduction ; presentation ; (*allure*) appearance.

présenter [pʀezɑ̃te] *vt* to present ; (*soumettre*) to submit ; (*invité, conférencier*): **~ qn (à)** to introduce sb (to) // *vi*: **~ mal/bien** to have an unattractive/a pleasing appearance ; **se ~** *vi* (*sur convocation*) to report, come ; (*à une élection*) to stand ; (*occasion*) to arise ; **se ~ bien/mal** to look good/not too good ; **présentoir** *nm* display shelf (*pl* shelves).

préservatif [pʀezɛʀvatif] *nm* sheath, condom.

préserver [pʀezɛʀve] *vt*: **~ de** to protect from ; to save from.

présidence [pʀezidɑ̃s] *nf* presidency ; office of President ; chairmanship.

président [pʀezidɑ̃] *nm* (*POL*) president ; (*d'une assemblée, COMM*) chairman ; **~ directeur général (P.D.G.)** chairman and managing director ; **~ du jury** (*JUR*) foreman of the jury; (*d'examen*) chief examiner; **présidente** *nf* president; president's wife; chairwoman; **présidentiel, le** [-sjɛl] *a* presidential.

présider [pRezide] *vt* to preside over; (*dîner*) to be the guest of honour at; ~ à *vt* to direct; to govern.

présomption [pRezɔ̃psjɔ̃] *nf* presumption.

présomptueux, euse [pRezɔ̃ptɥø, -øz] *a* presumptuous.

presque [pRɛsk(ə)] *ad* almost, nearly; ~ **rien** hardly anything; ~ **pas** hardly (at all).

presqu'île [pRɛskil] *nf* peninsula.

pressant, e [pRɛsɑ̃, -ɑ̃t] *a* urgent.

presse [pRɛs] *nf* press; (*affluence*) **heures de** ~ busy times; **sous** ~ *a* in a press, being printed; ~ **féminine** women's magazines *pl*; ~ **d'information** quality newspapers *pl*.

pressé, e [pRese] *a* in a hurry; (*air*) hurried; (*besogne*) urgent; **orange** ~**e** fresh orange juice.

presse-citron [pRɛssitRɔ̃] *nm inv* lemon squeezer.

pressentiment [pResɑ̃timɑ̃] *nm* foreboding, premonition.

pressentir [pResɑ̃tiR] *vt* to sense; (*prendre contact avec*) to approach.

presse-papiers [pRɛspapje] *nm inv* paperweight.

presser [pRese] *vt* (*fruit, éponge*) to squeeze; (*interrupteur, bouton*) to press, push; (*allure, affaire*) to speed up; (*débiteur etc*) to press; (*inciter*): ~ **qn de faire** to urge ou press sb to do // *vi* to be urgent; **rien ne presse** there's no hurry; **se** ~ (*se hâter*) to hurry (up); (*se grouper*) to crowd; **se** ~ **contre qn** to squeeze up against sb; ~ **qn entre ses bras** to hug sb (tight).

pressing [pResiŋ] *nm* steam-pressing; (*magasin*) dry-cleaner's.

pression [pRɛsjɔ̃] *nf* pressure; **faire** ~ **sur** to put pressure on; **sous** ~ pressurized, under pressure; (*fig*) keyed up; ~ **artérielle** blood pressure.

pressoir [pRɛswaR] *nm* (*wine ou oil etc*) press.

pressurer [pResyRe] *vt* (*fig*) to squeeze.

pressurisé, e [pResyRize] *a* pressurized.

prestance [pRɛstɑ̃s] *nf* presence, imposing bearing.

prestataire [pRɛstatɛR] *nm/f* person receiving benefits.

prestation [pRɛstasjɔ̃] *nf* (*allocation*) benefit; (*d'une assurance*) cover *q*; (*d'une entreprise*) service provided; (*d'un joueur, artiste*) performance; ~ **de serment** taking the oath; ~ **de service** provision of a service.

preste [pRɛst(ə)] *a* nimble; swift; ~**ment** *ad* swiftly.

prestidigitateur, trice [pRɛstidiʒitatœR, -tRis] *nm/f* conjurer.

prestidigitation [pRɛstidiʒitasjɔ̃] *nf* conjuring.

prestige [pRɛstiʒ] *nm* prestige; **prestigieux, euse** *a* prestigious.

présumer [pRezyme] *vt*: ~ **que** to presume ou assume that; ~ **de** to

overrate; ~ **qn coupable** to presume sb guilty.

prêt, e [pRɛ, pRɛt] *a* ready // *nm* lending *q*; loan; ~ **sur gages** pawnbroking *q*; **prêt-à-porter** *nm* ready-to-wear ou off-the-peg clothes *pl*.

prétendant [pRetɑ̃dɑ̃] *nm* pretender; (*d'une femme*) suitor.

prétendre [pRetɑ̃dR(ə)] *vt* (*affirmer*): ~ **que** to claim that; (*avoir l'intention de*): ~ **faire qch** to mean ou intend to do sth; ~ **à** *vt* (*droit, titre*) to lay claim to; **prétendu, e** *a* (*supposé*) so-called.

prête-nom [pRɛtnɔ̃] *nm* (*péj*) figurehead.

prétentieux, euse [pRetɑ̃sjø, -øz] *a* pretentious.

prétention [pRetɑ̃sjɔ̃] *nf* claim; pretentiousness.

prêter [pRete] *vt* (*livres, argent*): ~ **qch (à)** to lend sth (to); (*supposer*): ~ **à qn** (*caractère, propos*) to attribute to sb // *vi* (*aussi*: **se** ~: *tissu, cuir*) to give; ~ **à** (*commentaires etc*) to be open to, give rise to; **se** ~ **à** to lend o.s. (ou itself) to; (*manigances etc*) to go along with; ~ **assistance à** to give help to; ~ **serment** to take the oath; ~ **l'oreille** to listen; **prêteur** *nm* moneylender; **prêteur sur gages** pawnbroker.

prétexte [pRetɛkst(ə)] *nm* pretext, excuse; **sous aucun** ~ on no account; **prétexter** *vt* to give as a pretext ou an excuse.

prêtre [pRɛtR(ə)] *nm* priest; **prêtrise** *nf* priesthood.

preuve [pRœv] *nf* proof; (*indice*) proof, evidence *q*; **faire** ~ **de** to show; **faire ses** ~**s** to prove o.s. (ou itself).

prévaloir [pRevalwaR] *vi* to prevail; **se** ~ **de** *vt* to take advantage of; to pride o.s. on.

prévenances [pRevnɑ̃s] *nfpl* thoughtfulness *sg*, kindness *sg*.

prévenant, e [pRevnɑ̃, -ɑ̃t] *a* thoughtful, kind.

prévenir [pRevniR] *vt* (*avertir*): ~ **qn (de)** to warn sb (about); (*informer*): ~ **qn (de)** to tell ou inform sb (about); (*éviter*) to avoid, prevent; (*anticiper*) to forestall; to anticipate; (*influencer*): ~ **qn contre** to prejudice sb against.

préventif, ive [pRevɑ̃tif, -iv] *a* preventive.

prévention [pRevɑ̃sjɔ̃] *nf* prevention; ~ **routière** road safety.

prévenu, e [pRevny] *nm/f* (*JUR*) defendant, accused.

prévision [pRevizjɔ̃] *nf*: ~**s** predictions; forecast *sg*; **en** ~ **de** in anticipation of; ~**s météorologiques** ou **du temps** weather forecast *sg*.

prévoir [pRevwaR] *vt* (*deviner*) to foresee; (*s'attendre à*) to expect, reckon on; (*prévenir*) to anticipate; (*organiser*) to plan; (*préparer, réserver*) to allow; **prévu pour 4 personnes** designed for 4 people; **prévu pour 10h** scheduled for 10 o'clock.

prévoyance [pRevwajɑ̃s] *nf* foresight; **une société/caisse de** ~ a provident society/contingency fund.

prévoyant, e [pRevwajɑ̃, -ɑ̃t] *a* gifted with (ou showing) foresight.

prier [pʀije] *vi* to pray // *vt* (*Dieu*) to pray to; (*implorer*) to beg; (*demander*): ~ **qn de faire** to ask sb to do; **se faire** ~ to need coaxing *ou* persuading; **je vous en prie** please do; don't mention it.

prière [pʀijɛʀ] *nf* prayer; '~ **de faire ...**' 'please do ...'.

primaire [pʀimɛʀ] *a* primary; (*péj*) simple-minded; simplistic // *nm* (*SCOL*) primary education.

primauté [pʀimote] *nf* (*fig*) primacy.

prime [pʀim] *nf* (*bonification*) bonus; (*subside*) premium; allowance; (*COMM: cadeau*) free gift; (*ASSURANCES, BOURSE*) premium // *a*: **de** ~ **abord** at first glance; ~ **de risque** danger money *q*.

primer [pʀime] *vt* (*l'emporter sur*) to prevail over // (*récompenser*) to award a prize to // *vi* to dominate; to prevail.

primesautier, ère [pʀimsotje, -jɛʀ] *a* impulsive.

primeur [pʀimœʀ] *nf*: **avoir la** ~ **de** to be the first to hear (*ou* see *etc*); ~**s** *nfpl* (*fruits, légumes*) early fruits and vegetables; **marchand de** ~**s** greengrocer.

primevère [pʀimvɛʀ] *nf* primrose.

primitif, ive [pʀimitif, -iv] *a* primitive; (*originel*) original // *nm/f* primitive.

primordial, e, aux [pʀimɔʀdjal, -o] *a* essential, primordial.

prince, esse [pʀɛ̃s, pʀɛ̃sɛs] *nm/f* prince/princess; ~ **de Galles** *nm inv* check cloth; ~ **héritier** crown prince; **princier, ière** *a* princely.

principal, e, aux [pʀɛ̃sipal, -o] *a* principal, main // *nm* (*SCOL*) principal, head(master) // *nf*: (*proposition*) ~**e** main clause.

principauté [pʀɛ̃sipote] *nf* Principality.

principe [pʀɛ̃sip] *nm* principle; **partir du** ~ **que** to work on the principle *ou* assumption that; **pour le** ~ on principle, for the sake of it; **de** ~ *a* (*accord, hostilité*) automatic; **par** ~ on principle; **en** ~ (*habituellement*) as a rule; (*théoriquement*) in principle.

printanier, ère [pʀɛ̃tanje, -jɛʀ] *a* spring *cpd*; spring-like.

printemps [pʀɛ̃tɑ̃] *nm* spring.

priori [pʀijɔʀi]: **a** ~ *ad* without the benefit of hindsight; a priori; initially.

prioritaire [pʀijɔʀitɛʀ] *a* having priority; (*AUTO*) having right of way.

priorité [pʀijɔʀite] *nf* (*AUTO*): **avoir la** ~ (**sur**) to have right of way (over); ~ **à droite** right of way to vehicles coming from the right; **en** ~ as a (matter of) priority.

pris, e [pʀi, pʀiz] *pp de* **prendre** // *a* (*place*) taken; (*journée, mains*) full; (*billets*) sold; (*personne*) busy; (*MÉD: enflammé*): **avoir le nez/la gorge** ~(**e**) to have a stuffy nose/a hoarse throat; (*saisi*): **être** ~ **de peur/de fatigue** to be stricken with fear/overcome with fatigue.

prise [pʀiz] *nf* (*d'une ville*) capture; (*PÊCHE, CHASSE*) catch; (*de judo ou catch, point d'appui ou pour empoigner*) hold; (*ÉLEC: fiche*) plug; (*: femelle*) socket; (*: au mur*) point; **en** ~ (*AUTO*) in gear; **être aux** ~**s avec** to be grappling with; to be battling

with; **lâcher** ~ to let go; ~ **en charge** (*taxe*) pick-up charge; ~ **de courant** power point; ~ **d'eau** water (supply) point; tap; ~ **multiple** adaptor; ~ **de sang** blood test; ~ **de son** sound recording; ~ **de tabac** pinch of snuff; ~ **de terre** earth; ~ **de vue** (*photo*) shot; (*action*): ~ **de vue(s)** filming, shooting.

priser [pʀize] *vt* (*tabac, héroïne*) to take; (*estimer*) to prize, value // *vi* to take snuff.

prisme [pʀism(ə)] *nm* prism.

prison [pʀizɔ̃] *nf* prison; **aller/être en** ~ to go to/be in prison *ou* jail; **faire de la** ~ to serve time; **prisonnier, ière** *nm/f* prisoner // *a* captive; **faire qn prisonnier** to take sb prisoner.

prit *vb voir* **prendre**.

privations [pʀivɑsjɔ̃] *nfpl* privations, hardships.

privé, e [pʀive] *a* private; (*dépourvu*): ~ **de** without, lacking; **en** ~ in private.

priver [pʀive] *vt*: ~ **qn de** to deprive sb of; **se** ~ **de** to go *ou* do without; **ne pas se** ~ **de faire** not to refrain from doing.

privilège [pʀivilɛʒ] *nm* privilege; **privilégié, e** *a* privileged.

prix [pʀi] *nm* (*valeur*) price; (*récompense, SCOL*) prize; **hors de** ~ exorbitantly priced; **à aucun** ~ not at any price; **à tout** ~ at all costs; ~ **d'achat/de vente** purchasing/selling price.

probabilité [pʀɔbabilite] *nf* probability.

probable [pʀɔbabl(ə)] *a* likely, probable; ~**ment** *ad* probably.

probant, e [pʀɔbɑ̃, -ɑ̃t] *a* convincing.

probité [pʀɔbite] *nf* integrity, probity.

problème [pʀɔblɛm] *nm* problem.

procédé [pʀɔsede] *nm* (*méthode*) process; (*comportement*) behaviour *q*.

procéder [pʀɔsede] *vi* to proceed; to behave; ~ **à** *vt* to carry out.

procédure [pʀɔsedyʀ] *nf* (*ADMIN, JUR*) procedure.

procès [pʀɔsɛ] *nm* trial; (*poursuites*) proceedings *pl*; **être en** ~ **avec** to be involved in a lawsuit with.

procession [pʀɔsesjɔ̃] *nf* procession.

processus [pʀɔsesys] *nm* process.

procès-verbal, aux [pʀɔsɛvɛʀbal, -o] *nm* (*constat*) statement; (*aussi:* **P.V.**): **avoir un** ~ to get a parking ticket; to be booked; (*de réunion*) minutes *pl*.

prochain, e [pʀɔʃɛ̃, -ɛn] *a* next; (*proche*) impending; near // *nm* fellow man; **la** ~**e fois/semaine** ~**e** next time/week; **prochainement** *ad* soon, shortly.

proche [pʀɔʃ] *a* nearby; (*dans le temps*) imminent; close at hand; (*parent, ami*) close; ~**s** *nmpl* close relatives, next of kin; **être** ~ (**de**) to be near, be close (to); **de** ~ **en** ~ gradually; **le P**~ **Orient** the Middle East, the Near East.

proclamation [pʀɔklamɑsjɔ̃] *nf* proclamation.

proclamer [pʀɔklame] *vt* to proclaim.

procréer [pʀɔkʀee] *vt* to procreate.

procuration [pʀɔkyʀɑsjɔ̃] *nf* proxy; power of attorney.

procurer [pʀɔkyʀe] *vt* (*fournir*): ~ **qch à qn** to get *ou* obtain sth for sb; (*causer*:

plaisir etc): ~ **qch à qn** to bring *ou* give sb sth; **se** ~ *vt* to get.

procureur [pRɔkyRœR] *nm* public prosecutor.

prodige [pRɔdiʒ] *nm* marvel, wonder; (*personne*) prodigy; **prodigieux, euse** *a* prodigious; phenomenal.

prodigue [pRɔdig] *a* generous; extravagant, wasteful; **fils** ~ prodigal son.

prodiguer [pRɔdige] *vt* (*argent, biens*) to be lavish with; (*soins, attentions*): ~ **qch à qn** to give sb sth; to lavish sth on sb.

producteur, trice [pRɔdyktœR, -tRis] *a*: ~ **de blé** wheat-producing // *nm/f* producer.

productif, ive [pRɔdyktif, -iv] *a* productive.

production [pRɔdyksjɔ̃] *nf* (*gén*) production; (*rendement*) output; (*produits*) products *pl*, goods *pl*.

productivité [pRɔdyktivite] *nf* productivity.

produire [pRɔdɥiR] *vt* to produce; **se** ~ *vi* (*acteur*) to perform, appear; (*événement*) to happen, occur.

produit [pRɔdɥi] *nm* (*gén*) product; ~**s agricoles** farm produce *sg*; ~ **d'entretien** cleaning product.

proéminent, e [pRɔeminɑ̃, -ɑ̃t] *a* prominent.

profane [pRɔfan] *a* (*REL*) secular // *nm/f* layman.

profaner [pRɔfane] *vt* to desecrate.

proférer [pRɔfeRe] *vt* to utter.

professer [pRɔfese] *vt* (*déclarer*) to profess // *vi* to teach.

professeur [pRɔfesœR] *nm* teacher; (*titulaire d'une chaire*) professor; ~ (**de faculté**) (university) lecturer.

profession [pRɔfesjɔ̃] *nf* profession; **sans** ~ unemployed; **professionnel, le** *a, nm/f* professional.

professorat [pRɔfesɔRa] *nm*: **le** ~ the teaching profession.

profil [pRɔfil] *nm* profile; (*d'une voiture*) line, contour; **de** ~ in profile; ~**er** *vt* to streamline; **se** ~**er** *vi* (*arbre, tour*) to stand out, be silhouetted.

profit [pRɔfi] *nm* (*avantage*) benefit, advantage; (*COMM, FINANCE*) profit; **au** ~ **de** in aid of; **tirer** ~ **de** to profit from; **mettre à** ~ to take advantage of; to turn to good account.

profitable [pRɔfitabl(ə)] *a* beneficial; profitable.

profiter [pRɔfite] *vi*: ~ **de** to take advantage of; to make the most of; ~ **à** to be of benefit to, benefit; to be profitable to.

profond, e [pRɔfɔ̃, -ɔ̃d] *a* deep; (*méditation, mépris*) profound; **profondeur** *nf* depth.

profusion [pRɔfyzjɔ̃] *nf* profusion; **à** ~ in plenty.

progéniture [pRɔʒenityR] *nf* offspring *inv*.

programmation [pRɔgRamasjɔ̃] *nf* programming.

programme [pRɔgRam] *nm* programme; (*TV, RADIO*) programmes *pl*; (*SCOL*) syllabus, curriculum; (*INFORMATIQUE*) program; **au** ~ **de ce soir** (*TV*) among tonight's

programmes; **programmer** *vt* (*TV, RADIO*) to put on, show; (*INFORMATIQUE*) to program; **programmeur, euse** *nm/f* computer programmer.

progrès [pRɔgRɛ] *nm* progress *q*; **faire des/être en** ~ to make/be making progress.

progresser [pRɔgRese] *vi* to progress; (*troupes etc*) to make headway *ou* progress; **progressif, ive** *a* progressive; **progression** *nf* progression; (*d'une troupe etc*) advance, progress.

prohiber [pRɔibe] *vt* to prohibit, ban.

proie [pRwa] *nf* prey *q*; **être la** ~ **de** to fall prey to; **être en** ~ **à** to be prey to; to be suffering.

projecteur [pRɔʒɛktœR] *nm* projector; (*de théâtre, cirque*) spotlight.

projectile [pRɔʒɛktil] *nm* missile; (*d'arme*) projectile, bullet (*ou* shell *etc*).

projection [pRɔʒɛksjɔ̃] *nf* projection; showing; **conférence avec** ~**s** lecture with slides (*ou* a film).

projet [pRɔʒɛ] *nm* plan; (*ébauche*) draft; **faire des** ~**s** to make plans; ~ **de loi** bill.

projeter [pRɔʒte] *vt* (*envisager*) to plan; (*film, photos*) to project; (: *passer*) to show; (*ombre, lueur*) to throw, cast, project; (*jeter*) to throw up (*ou* off *ou* out).

prolétaire [pRɔleteR] *nm* proletarian; **prolétariat** *nm* proletariat.

proliférer [pRɔlifeRe] *vi* to proliferate.

prolifique [pRɔlifik] *a* prolific.

prolixe [pRɔliks(ə)] *a* verbose.

prologue [pRɔlɔg] *nm* prologue.

prolongation [pRɔlɔ̃gasjɔ̃] *nf* prolongation; extension; ~**s** *nfpl* (*FOOTBALL*) extra time *sg*.

prolongement [pRɔlɔ̃ʒmɑ̃] *nm* extension; ~**s** *nmpl* (*fig*) repercussions, effects; **dans le** ~ **de** running on from.

prolonger [pRɔlɔ̃ʒe] *vt* (*débat, séjour*) to prolong; (*délai, billet, rue*) to extend; (*suj: chose*) to be a continuation *ou* an extension of; **se** ~ *vi* to go on.

promenade [pRɔmnad] *nf* walk (*ou* drive *ou* ride); **faire une** ~ to go for a walk; **une** ~ **en voiture/à vélo** a drive/(bicycle) ride.

promener [pRɔmne] *vt* (*chien*) to take out for a walk; (*fig*) to carry around; to trail round; (*doigts, regard*): ~ **qch sur** to run sth over; **se** ~ *vi* to go for (*ou* be out for) a walk; (*fig*): **se** ~ **sur** to wander over; **promeneur, euse** *nm/f* walker, stroller.

promesse [pRɔmɛs] *nf* promise; ~ **d'achat** commitment to buy.

prometteur, euse [pRɔmɛtœR, -øz] *a* promising.

promettre [pRɔmɛtR(ə)] *vt* to promise // *vi* to be *ou* look promising; **se** ~ **de faire** to resolve *ou* mean to do; ~ **à qn de faire** to promise sb that one will do.

promiscuité [pRɔmiskɥite] *nf* crowding; lack of privacy.

promontoire [pRɔmɔ̃twaR] *nm* headland.

promoteur, trice [pRɔmɔtœR, -tRis] *nm/f* (*instigateur*) instigator, promoter; ~ (**immobilier**) property developer.

promotion [prɔmosjɔ̃] *nf* promotion.
promouvoir [prɔmuvwaʀ] *vt* to promote.
prompt, e [prɔ̃, pʀɔ̃t] *a* swift, rapid.
promulguer [prɔmylge] *vt* to promulgate.
prôner [pʀone] *vt* (*louer*) to laud, extol;
(*préconiser*) to advocate, commend.
pronom [pʀɔnɔ̃] *nm* pronoun;
pronominal, e, aux *a* pronominal;
reflexive.
prononcé, e [pʀɔnɔ̃se] *a* pronounced,
marked.
prononcer [pʀɔnɔ̃se] *vt* (*son, mot, jugement*) to pronounce; (*dire*) to utter;
(*allocution*) to deliver // *vi*: ~ **bien/mal**
to have a good/poor pronunciation; **se** ~
vi to reach a decision, give a verdict; **se**
~ **sur** to give an opinion on; **se** ~ **contre**
to come down against; **prononciation** *nf*
pronunciation.
pronostic [pʀɔnɔstik] *nm* (*MÉD*) prognosis
(*pl* oses); (*fig: aussi:* ~**s**) forecast.
propagande [pʀɔpagɑ̃d] *nf* propaganda.
propager [pʀɔpaʒe] *vt* to spread; **se** ~
vi to spread; (*PHYSIQUE*) to be propagated.
prophète [pʀɔfɛt] *nm* prophet.
prophétie [pʀɔfesi] *nf* prophecy;
prophétiser *vt* to prophesy.
propice [pʀɔpis] *a* favourable.
proportion [pʀɔpɔʀsjɔ̃] *nf* proportion; **en**
~ **de** in proportion to; **toute(s)** ~**(s)**
gardée(s) making due allowance(s);
proportionnel, le *a* proportional;
proportionner *vt*: **proportionner qch à** to
proportion *ou* adjust sth to.
propos [pʀɔpo] *nm* (*paroles*) talk *q*,
remark; (*intention*) intention, aim; (*sujet*):
à quel ~? what about?; **à** ~ **de** about,
regarding; **à tout** ~ for no reason at all;
à ~ *ad* by the way; (*opportunément*) (just)
at the right moment.
proposer [pʀɔpoze] *vt* (*suggérer*): ~ **qch**
(**à qn**)/**de faire** to suggest sth (to
sb)/doing, propose to do; (*offrir*): ~ **qch**
à qn/de faire to offer sb sth/to do;
(*candidat*) to nominate, put forward; (*loi, motion*) to propose; **se** ~ **(pour faire)** to
offer one's services (to do); **se** ~ **de faire**
to intend *ou* propose to do; **proposition**
nf suggestion; proposal; offer; (*LING*)
clause.
propre [pʀɔpʀ(ə)] *a* clean; (*net*) neat,
tidy; (*possessif*) own; (*sens*) literal;
(*particulier*): ~ **à** peculiar to, characteristic
of; (*approprié*): ~ **à** suitable *ou*
appropriate for; (*de nature à*): ~ **à faire**
likely to do, that will do // *nm*: **recopier**
au ~ to make a fair copy of; ~**ment** *ad*
cleanly; neatly, tidily; **à** ~**ment parler**
strictly speaking; ~**té** *nf* cleanliness,
cleanness; neatness; tidiness.
propriétaire [pʀɔpʀijetɛʀ] *nm/f* owner;
(*d'hôtel etc*) proprietor/ tress, owner;
(*pour le locataire*) landlord/lady; ~
(**immobilier**) house-owner; householder;
~ **récoltant** grower; ~ (**terrien**)
landowner.
propriété [pʀɔpʀijete] *nf* (*droit*)
ownership; (*objet, immeuble etc*) property
gén q; (*villa*) residence, property; (*terres*)
property *gén q*, land *gén q*; (*qualité, CHIMIE, MATH*) property; (*correction*) appropri-
ateness, suitability.

propulser [pʀɔpylse] *vt* (*missile*) to
propel; (*projeter*) to hurl, fling.
prorata [pʀɔʀata] *nm inv*: **au** ~ **de** in
proportion to, on the basis of.
proroger [pʀɔʀɔʒe] *vt* to put back, defer;
(*assemblée*) to adjourn, prorogue.
prosaïque [pʀozaik] *a* mundane, prosaic.
proscrire [pʀɔskʀiʀ] *vt* (*bannir*) to
banish; (*interdire*) to ban, prohibit.
prose [pʀoz] *nf* prose (*style*).
prospecter [pʀɔspɛkte] *vt* to prospect;
(*COMM*) to canvass.
prospectus [pʀɔspɛktys] *nm* (*feuille*)
leaflet; (*dépliant*) brochure, leaflet.
prospère [pʀɔspɛʀ] *a* prosperous;
(*entreprise*) thriving, flourishing;
prospérer *vi* to thrive; **prospérité** *nf*
prosperity.
prosterner [pʀɔstɛʀne]: **se** ~ *vi* to bow
low, prostrate o.s.
prostituée [pʀɔstitɥe] *nf* prostitute.
prostitution [pʀɔstitysjɔ̃] *nf* prostitution.
prostré, e [pʀɔstʀe] *a* prostrate.
protagoniste [pʀɔtagɔnist(ə)] *nm*
protagonist.
protecteur, trice [pʀɔtɛktœʀ, -tʀis] *a*
protective; (*air, ton: péj*) patronizing //
nm/f protector.
protection [pʀɔtɛksjɔ̃] *nf* protection;
(*d'un personnage influent: aide*) patronage.
protégé, e [pʀɔteʒe] *nm/f* protégé/e.
protège-cahier [pʀɔtɛʒkaje] *nm* exercise-
book cover.
protéger [pʀɔteʒe] *vt* to protect; **se** ~
de/contre to protect o.s. from.
protéine [pʀɔtein] *nf* protein.
protestant, e [pʀɔtɛstɑ̃, -ɑ̃t] *a, nm/f*
Protestant; **protestantisme** *nm*
Protestantism.
protestation [pʀɔtɛstasjɔ̃] *nf* (*plainte*)
protest; (*déclaration*) protestation,
profession.
protester [pʀɔtɛste] *vi*: ~ (**contre**) to
protest (against *ou* about); ~ **de** (*son innocence, sa loyauté*) to protest.
prothèse [pʀɔtɛz] *nf* artificial limb,
prosthesis; ~ **dentaire** denture; dental
engineering.
protocolaire [pʀɔtɔkɔlɛʀ] *a* formal; of
protocol.
protocole [pʀɔtɔkɔl] *nm* protocol; (*fig*)
etiquette; ~ **d'accord** draft treaty.
prototype [pʀɔtɔtip] *nm* prototype.
protubérance [pʀɔtybeʀɑ̃s] *nf* bulge,
protuberance; **protubérant, e** *a*
protruding, bulging, protuberant.
proue [pʀu] *nf* bow(s *pl*), prow.
prouesse [pʀuɛs] *nf* feat.
prouver [pʀuve] *vt* to prove.
provenance [pʀɔvnɑ̃s] *nf* origin; (*de mot, coutume*) source; **avion en** ~ **de** plane
(arriving) from.
provenir [pʀɔvniʀ]: ~ **de** *vt* to come
from; (*résulter de*) to be due to, be the
result of.
proverbe [pʀɔvɛʀb(ə)] *nm* proverb;
proverbial, e, aux *a* proverbial.
providence [pʀɔvidɑ̃s] *nf*: **la** ~
providence; **providentiel, le** *a*
providential.

province [pʀɔvɛ̃s] nf province; **provincial, e, aux** a provincial.
proviseur [pʀɔvizœʀ] nm ≈ head(master).
provision [pʀɔvizjɔ̃] nf (réserve) stock, supply; (avance: à un avocat, avoué) retainer, retaining fee; (COMM) funds pl (in account); reserve; **~s** nfpl (vivres) provisions, food q; **faire ~ de** to stock up with; **armoire à ~s** food cupboard.
provisoire [pʀɔvizwaʀ] a temporary; (JUR) provisional; **~ment** ad temporarily, for the time being.
provocant, e [pʀɔvɔkɑ̃, -ɑ̃t] a provocative.
provocation [pʀɔvɔkasjɔ̃] nf provocation.
provoquer [pʀɔvɔke] vt (défier) to provoke; (causer) to cause, bring about; (: curiosité) to arouse, give rise to; (: aveux) to prompt, elicit.
proxénète [pʀɔksenɛt] nm procurer.
proximité [pʀɔksimite] nf nearness, closeness, proximity; (dans le temps) imminence, closeness; **à ~** near ou close by; **à ~ de** near (to), close to.
prude [pʀyd] a prudish.
prudence [pʀydɑ̃s] nf carefulness; caution; prudence; **avec ~** carefully; cautiously; wisely; **par (mesure de) ~** as a precaution.
prudent, e [pʀydɑ̃, -ɑ̃t] a (pas téméraire) careful, cautious, prudent; (: en général) safety-conscious; (sage, conseillé) wise, sensible; (réservé) cautious; **ce n'est pas ~** it's risky; it's not sensible; **soyez ~** take care, be careful.
prune [pʀyn] nf plum.
pruneau, x [pʀyno] nm prune.
prunelle [pʀynɛl] nf pupil; eye.
prunier [pʀynje] nm plum tree.
psalmodier [psalmɔdje] vt to chant; (fig) to drone out.
psaume [psom] nm psalm.
pseudonyme [psødɔnim] nm (gén) fictitious name; (d'écrivain) pseudonym, pen name; (de comédien) stage name.
psychanalyse [psikanaliz] nf psychoanalysis; **psychanalyser** vt to psychoanalyze; **se faire psychanalyser** to undergo (psycho)analysis; **psychanalyste** nm/f psychoanalyst.
psychiatre [psikjatʀ(ə)] nm/f psychiatrist.
psychiatrie [psikjatʀi] nf psychiatry; **psychiatrique** a psychiatric; (hôpital) mental, psychiatric.
psychique [psiʃik] a psychological.
psychologie [psikɔlɔʒi] nf psychology; **psychologique** a psychological; **psychologue** nm/f psychologist; **être psychologue** (fig) to be a good psychologist.
psychose [psikoz] nf psychosis; obsessive fear.
Pte abr de **porte**.
P.T.T. sigle fpl voir **poste**.
pu pp de **pouvoir**.
puanteur [pɥɑ̃tœʀ] nf stink, stench.
pubère [pybɛʀ] a pubescent; **puberté** nf puberty.

pubis [pybis] nm (bas-ventre) pubes pl; (os) pubis.
public, ique [pyblik] a public; (école, instruction) state cpd // nm public; (assistance) audience; **en ~** in public.
publication [pyblikasjɔ̃] nf publication.
publiciste [pyblisist(ə)] nm/f adman.
publicitaire [pyblisitɛʀ] a advertising cpd; (film, voiture) publicity cpd.
publicité [pyblisite] nf (méthode, profession) advertising; (annonce) advertisement; (révélations) publicity.
publier [pyblije] vt to publish.
publique [pyblik] af voir **public**.
puce [pys] nf flea; **~s** nfpl (marché) flea market sg.
puceau, x [pyso] am: **être ~** to be a virgin.
pucelle [pysɛl] af: **être ~** to be a virgin.
pudeur [pydœʀ] nf modesty.
pudibond, e [pydibɔ̃, -ɔ̃d] a prudish.
pudique [pydik] a (chaste) modest; (discret) discreet.
puer [pɥe] (péj) vi to stink // vt to stink of, reek of.
puéricultrice [pɥeʀikyltʀis] nf paediatric nurse.
puériculture [pɥeʀikyltyʀ] nf paediatric nursing; infant care.
puéril, e [pɥeʀil] a childish.
pugilat [pyʒila] nm (fist) fight.
puis [pɥi] vb voir **pouvoir** // ad then; **et ~** and (then).
puiser [pɥize] vt (eau): **~ (dans)** to draw (from); **~ dans qch** to dip into sth.
puisque [pɥisk(ə)] cj since.
puissance [pɥisɑ̃s] nf power; **en ~** a potential; **2 (à la) ~ 5** 2 to the power of 5.
puissant, e [pɥisɑ̃, -ɑ̃t] a powerful.
puisse etc vb voir **pouvoir**.
puits [pɥi] nm well; **~ de mine** mine shaft.
pull(-over) [pul(ɔvœʀ)] nm sweater, jumper.
pulluler [pylyle] vi to swarm.
pulmonaire [pylmɔnɛʀ] a lung cpd; (artère) pulmonary.
pulpe [pylp(ə)] nf pulp.
pulsation [pylsasjɔ̃] nf beat.
pulsion [pylsjɔ̃] nf drive, urge.
pulvérisateur [pylveʀizatœʀ] nm spray.
pulvériser [pylveʀize] vt (solide) to pulverize; (liquide) to spray; (fig) to pulverize; to smash.
punaise [pynɛz] nf (ZOOL) bug; (clou) drawing pin.
punch [pɔ̃ʃ] nm (boisson) punch; [pœnʃ] (BOXE) punching ability; (fig) punch; **punching-ball** nm punchball.
punir [pyniʀ] vt to punish; **punition** nf punishment.
pupille [pypij] nf (ANAT) pupil // nm/f (enfant) ward; **~ de l'État** child in care; **~ de la Nation** war orphan.
pupitre [pypitʀ(ə)] nm (SCOL) desk; (REL) lectern; (de chef d'orchestre) rostrum; **~ de commande** panel.
pur, e [pyʀ] a pure; (vin) undiluted; (whisky) neat; **en ~e perte** fruitlessly, to no avail.

purée [pyʀe] nf: ~ **(de pommes de terre)** mashed potatoes pl; ~ **de marrons** chestnut purée.

pureté [pyʀte] nf purity.

purgatif [pyʀgatif] nm purgative, purge.

purgatoire [pyʀgatwaʀ] nm purgatory.

purge [pyʀʒ(ə)] nf (POL) purge; (MÉD) purging q; purge.

purger [pyʀʒe] vt (radiateur) to flush (out), drain; (circuit hydraulique) to bleed; (MÉD, POL) to purge; (JUR: peine) to serve.

purifier [pyʀifje] vt to purify; (TECH: métal) to refine.

purin [pyʀɛ̃] nm liquid manure.

puritain, e [pyʀitɛ̃, -ɛn] a, nm/f Puritan; **puritanisme** nm Puritanism.

pur-sang [pyʀsɑ̃] nm inv thoroughbred, purebred.

purulent, e [pyʀylɑ̃, -ɑ̃t] a purulent.

pus [py] nm pus.

pusillanime [pyzilanim] a fainthearted.

putain [pytɛ̃] nf (fam!) whore(!); **ce/cette** ~ **de** ... this bloody ...(!).

putréfier [pytʀefje] vt, **se** ~ vi to putrefy, rot.

puzzle [pœzl(ə)] nm jigsaw (puzzle).

P.V. sigle m = **procès-verbal**.

pygmée [pigme] nm pygmy.

pyjama [piʒama] nm pyjamas pl, pair of pyjamas.

pylône [pilon] nm pylon.

pyramide [piʀamid] nf pyramid.

pyromane [piʀɔman] nm/f fire bug, arsonist.

python [pitɔ̃] nm python.

Q

QG [kyʒe] voir **quartier**.

QI [kyi] voir **quotient**.

quadragénaire [kadʀaʒenɛʀ] nm/f man/woman in his/her forties.

quadrangulaire [kwadʀɑ̃gylɛʀ] a quadrangular.

quadrilatère [k(w)adʀilatɛʀ] nm quadrilateral; four-sided area.

quadrillage [kadʀijaʒ] nm (lignes etc) square pattern, criss-cross pattern.

quadrillé, e [kadʀije] a (papier) squared.

quadriller [kadʀije] vt (papier) to mark out in squares; (POLICE) to keep under tight control, be positioned throughout.

quadrimoteur [k(w)adʀimɔtœʀ] nm four-engined plane.

quadripartite [kwadʀipaʀtit] a four-power; four-party.

quadriphonie [kadʀifɔni] nf quadriphony.

quadriréacteur [k(w)adʀiʀeaktœʀ] nm four-engined jet.

quadrupède [k(w)adʀypɛd] nm quadruped.

quadruple [k(w)adʀypl(ə)] nm: **le** ~ **de** four times as much as; **quadrupler** vt, vi to increase fourfold; **quadruplés, ées** nm/fpl quadruplets, quads.

quai [ke] nm (de port) quay; (de gare) platform; (de cours d'eau, canal) embankment; **être à** ~ (navire) to be alongside; (train) to be in the station.

qualificatif, ive [kalifikatif, -iv] a (LING) qualifying // nm (terme) term; (LING) qualifier.

qualification [kalifikɑsjɔ̃] nf qualification.

qualifier [kalifje] vt to qualify; (appeler): ~ **qch/qn de** to describe sth/sb as; **se** ~ vi (SPORT) to qualify; **être qualifié pour** to be qualified for.

qualité [kalite] nf quality; (titre, fonction) position; **en** ~ **de** in one's capacity as; **avoir** ~ **pour** to have authority to.

quand [kɑ̃] cj, ad when; ~ **je serai riche** when I'm rich; ~ **même** nevertheless; all the same; really; ~ **bien même** even though.

quant [kɑ̃]: ~ **à** prép as for, as to; regarding.

quant-à-soi [kɑ̃taswa] nm: **rester sur son** ~ to remain aloof.

quantième [kɑ̃tjɛm] nm day (of the month).

quantifier [kɑ̃tifje] vt to quantify.

quantitatif, ive [kɑ̃titatif, -iv] a quantitative.

quantité [kɑ̃tite] nf quantity, amount; (SCIENCE) quantity; (grand nombre): **une ou des** ~**(s) de** a great deal of, a lot of; **en grande** ~ in large quantities; **du travail en** ~ a great deal of work; ~ **de** many.

quarantaine [kaʀɑ̃tɛn] nf (MÉD) quarantine; **la** ~ forty, the forty mark; (âge) forty, the forties pl; **une** ~ **(de)** forty or so, about forty; **mettre en** ~ to put into quarantine; (fig) to send to Coventry.

quarante [kaʀɑ̃t] num forty.

quart [kaʀ] nm (fraction) quarter; (surveillance) watch; (partie): **un** ~ **de poulet/fromage** a chicken quarter/a quarter of a cheese; **un** ~ **de beurre** a quarter kilo of butter, ≈ a half pound of butter; **un** ~ **de vin** a quarter litre of wine; **une livre un** ~ ou **et** ~ one and a quarter pounds; **le** ~ **de** a quarter of; ~ **d'heure** quarter of an hour; **être de/prendre le** ~ to keep/take the watch; ~ **de tour** quarter turn.

quarteron [kaʀtəʀɔ̃] nm (péj) small bunch, handful.

quartette [kwaʀtɛt] nm quartet(te).

quartier [kaʀtje] nm (de ville) district, area; (de bœuf) quarter; (de fruit, fromage) piece; ~**s** nmpl (MIL, BLASON) quarters; **cinéma de** ~ local cinema; **avoir** ~ **libre** (MIL) to have leave from barracks; **ne pas faire de** ~ to spare no-one, give no quarter; ~ **général (QG)** headquarters (HQ).

quartier-maître [kaʀtjemɛtʀ(ə)] nm ≈ leading seaman.

quartz [kwaʀts] nm quartz.

quasi [kazi] ad almost, nearly // préfixe: ~**-certitude** near certainty; ~**ment** ad almost, nearly.

quatorze [katɔʀz(ə)] num fourteen.

quatrain [katʀɛ̃] nm quatrain.

quatre [katʀ(ə)] num four; **à** ~ **pattes** on all fours; **tiré à** ~ **épingles** dressed up to the nines; **faire les** ~ **cent coups** to get a bit wild; **se mettre en** ~ **pour qn** to go out of one's way for sb; ~ **à** ~ (monter, descendre) four at a time; ~-

vingt-dix *num* ninety ; **~-vingts** *num* eighty ; **quatrième** *num* fourth.
quatuor [kwatyɔʀ] *nm* quartet(te).
que [kə] *cj* (*gén*) that ; (*après comparatif*) than ; as : *voir* **plus, autant** *etc* ; **il sait ~ tu es là** he knows (that) you're here ; **je veux ~ tu acceptes** I want you to accept ; **il a dit ~ oui** he said he would (*ou* it was *etc*, *suivant le contexte*) ; **si vous y allez ou ~ vous lui téléphoniez** if you go there or (if you) phone him ; **quand il rentrera et qu'il aura mangé** when he gets back and (when he) has eaten ; **qu'il le veuille ou non** whether he likes it or not ; **tenez-le qu'il ne tombe pas** hold it so (that) it doesn't fall ; **qu'il fasse ce qu'il voudra** let him do as he pleases ; *voir* **avant, pour, tel** *etc // ad*: **qu'il ou/qu'est-ce qu'il est bête/court vite** he is so silly/runs so fast ; **~ de** what a lot of // *pronom*: **l'homme ~ je vois** the man (whom) I see ; **le livre ~ tu vois** the book (that *ou* which) you see ; **un jour ~ j'étais** a day when I was ; **c'est une erreur ~ de croire** it's a mistake to believe ; **~ fais-tu?, qu'est-ce que tu fais?** what are you doing? ; **~ préfères-tu, celui-ci ou celui-là?** which do you prefer, this one or that one?
Québec [kebɛk] *nm*: **le ~** Quebec.
quel, quelle [kɛl] *a*: **~ livre/ homme?** what book/man? ; (*parmi un certain choix*) which book/man? ; **~ est cet homme/ce livre?** who/what is this man/ book? ; **~ est le plus grand?** which is the tallest (*ou* biggest *etc*)? ; **~s acteurs préférez-vous?** which actors do you prefer? ; **dans ~s pays êtes-vous allé?** which *ou* what countries did you go to? ; **~le surprise!** what a surprise! ; **~ que soit le coupable** whoever is guilty ; **~ que soit votre avis** whatever your opinion ; whichever is your opinion.
quelconque [kɛlkɔ̃k] *a* (*médiocre*) indifferent, poor ; (*sans attrait*) ordinary, plain ; (*indéfini*) **un ami/ prétexte ~** some friend/pretext or other ; **un livre ~ suffira** any book will do.
quelque [kɛlk(ə)] *dét* some ; **~s** a few, some, *tournure interrogative +* any ; **les ~s livres qui** the few books which // *ad* (*environ*): **~ 100 mètres** some 100 metres ; **~ livre qu'il choisisse** whatever (*ou* whichever) book he chooses ; **20 kg et ~(s)** a bit over 20 kg ; **~ chose** something, *tournure interrogative +* anything ; **~ chose d'autre** something else ; anything else ; **~ part** somewhere ; **~ peu** rather, somewhat ; **en ~ sorte** as it were ; **quelquefois** *ad* sometimes ; **quelques-uns, -unes** [-zœ̃] *pronom* some, a few.
quelqu'un, une [kɛlkœ̃, -yn] *pronom* someone, somebody, *tournure interrogative +* anyone *ou* anybody ; **~ d'autre** someone *ou* somebody else ; anybody else.
quémander [kemɑ̃de] *vt* to beg for.
qu'en dira-t-on [kɑ̃diʀatɔ̃] *nm inv*: **le ~** gossip, what people say.
quenelle [kənɛl] *nf* quenelle.
quenouille [kənuj] *nf* distaff.
querelle [kəʀɛl] *nf* quarrel.

quereller [kəʀele]: **se ~** *vi* to quarrel ; **querelleur, euse** *a* quarrelsome.
qu'est-ce que (*ou* **qui**) [kɛskə(ki)] *voir* **que, qui.**
question [kɛstjɔ̃] *nf* (*gén*) question ; (*fig*) matter ; issue ; **il a été ~ de we** (*ou* they) spoke about ; **il est ~ de les emprisonner** there's talk of them being jailed ; **de quoi est-il ~?** what is it about? ; **il n'en est pas ~** there's no question of it ; **en ~** in question ; **hors de ~** out of the question ; **remettre en ~** to question ; **poser la ~ de confiance** (*POL*) to ask for a vote of confidence.
questionnaire [kɛstjɔnɛʀ] *nm* questionnaire ; **questionner** *vt* to question.
quête [kɛt] *nf* collection ; (*recherche*) quest, search ; **faire la ~** (*à l'église*) to take the collection ; (*artiste*) to pass the hat round ; **en ~ de qch** in search of sth ; **quêter** *vi* (*à l'église*) to take the collection ; (*dans la rue*) to collect money (for charity) // *vt* to seek.
quetsche [kwɛtʃ(ə)] *nf* damson.
queue [kø] *nf* tail ; (*fig: du classement*) bottom ; (: *de poêle*) handle ; (: *de fruit, feuille*) stalk ; (: *de train, colonne, file*) rear ; **en ~** (*de train*) at the rear (of the train) ; **faire la ~** to queue (up) ; **se mettre à la ~** to join the queue ; **à la ~ leu leu** in single file ; (*fig*) one after the other ; **~ de cheval** ponytail ; **~ de poisson: faire une ~ de poisson à qn** (*AUTO*) to cut in front of sb ; **~-de-pie** *nf* (*habit*) tails *pl*, tail coat.
queux [kø] *am voir* **maître.**
qui [ki] *pronom* (*personne*) who, *prép +* whom ; (*chose, animal*) which, that ; **qu'est-ce ~ est sur la table?** what is on the table? ; **à ~ est ce sac?** whose bag is this? ; **à ~ parlais-tu?** who were you talking to?, to whom were you talking? ; **amenez ~ vous voulez** bring who you like ; **~ que ce soit** whoever it may be.
quiche [kiʃ] *nf*: **~ lorraine** quiche Lorraine.
quiconque [kikɔ̃k] *pronom* (*celui qui*) whoever, anyone who ; (*personne*) anyone, anybody.
quidam [kɥidam] *nm* fellow.
quiétude [kjetyd] *nf* (*d'un lieu*) quiet, tranquillity ; **en toute ~** in complete peace ; (*mentale*) with complete peace of mind.
quignon [kiɲɔ̃] *nm*: **~ de pain** crust of bread ; hunk of bread.
quille [kij] *nf* skittle ; (*jeu de*) **~s** ninepins *sg*, skittles *sg*.
quincaillerie [kɛ̃kɑjʀi] *nf* (*ustensiles*) hardware, ironmongery ; (*magasin*) hardware shop, ironmonger's ; **quincaillier, ère** *nm/f* ironmonger.
quinconce [kɛ̃kɔ̃s] *nm*: **en ~** in staggered rows.
quinine [kinin] *nf* quinine.
quinquagénaire [kɛ̃kaʒenɛʀ] *nm/f* man/woman in his/her fifties.
quinquennal, e, aux [kɛ̃kenal, -o] *a* five-year, quinquennial.
quintal, aux [kɛ̃tal, -o] *nm* quintal (*100 kg*).
quinte [kɛ̃t] *nf*: **~ (de toux)** coughing fit.

quintette [kɛ̃tɛt] nm quintet(te).
quintuple [kɛ̃typl(ə)] nm: **le ~ de** five times as much as; **quintupler** vt, vi to increase fivefold; **quintuplés, ées** nm/fpl quintuplets, quins.
quinzaine [kɛ̃zɛn] nf: **une ~ (de)** about fifteen, fifteen or so; **une ~ (de jours)** a fortnight, two weeks.
quinze [kɛ̃z] num fifteen; **demain en ~** a fortnight ou two weeks tomorrow; **dans ~ jours** in a fortnight('s time), in two weeks(' time).
quiproquo [kipRɔko] nm misunderstanding; (THÉÂTRE) (case of) mistaken identity.
quittance [kitɑ̃s] nf (reçu) receipt; (facture) bill.
quitte [kit] a: **être ~ envers qn** to be no longer in sb's debt; (fig) to be quits with sb; **être ~ de** (obligation) to be clear of; **en être ~ à bon compte** to get off lightly; **~ à faire** even if it means doing; **~ ou double** (jeu) double your money.
quitter [kite] vt to leave; (espoir, illusion) to give up; (vêtement) to take off; **se ~** (couples, interlocuteurs) to part; **ne quittez pas** (au téléphone) hold the line.
qui-vive [kiviv] nm: **être sur le ~** to be on the alert.
quoi [kwa] pronom (interrogatif) what; **~ de neuf?** what's the news?; **as-tu de ~ écrire?** have you anything to write with?; **il n'a pas de ~ se l'acheter** he can't afford it, he hasn't got the money to buy it; **~ qu'il arrive** whatever happens; **~ qu'il en soit** be that as it may; **~ que ce soit** anything at all; **'il n'y a pas de ~'** ('please) don't mention it'; **en ~ puis-je vous aider?** how can I help you?
quoique [kwak(ə)] cj (al)though.
quolibet [kɔlibɛ] nm gibe, jeer.
quorum [kɔRɔm] nm quorum.
quota [kwɔta] nm quota.
quote-part [kɔtpaR] nf share.
quotidien, ne [kɔtidjɛ̃, -ɛn] a daily; (banal) everyday // nm (journal) daily (paper).
quotient [kɔsjɑ̃] nm (MATH) quotient; **~ intellectuel (QI)** intelligence quotient (IQ).
quotité [kɔtite] nf (FINANCE) quota.

R

r. abr de **route, rue**.
rabâcher [Rabɑʃe] vt to harp on, keep on repeating.
rabais [Rabɛ] nm reduction, discount; **au ~** at a reduction ou discount.
rabaisser [Rabese] vt (rabattre) to reduce; (dénigrer) to belittle.
rabat [Raba] nm flap.
rabat-joie [Rabaʒwa] nm/f inv killjoy, spoilsport.
rabatteur, euse [RabatœR, -øz] nm/f (de gibier) beater; (péj) tout.
rabattre [RabatR(ə)] vt (couvercle, siège) to pull ou close down; (col) to turn down; (gibier) to drive; (somme d'un prix) to deduct, take off; **se ~** vi (bords, couvercle) to fall shut; (véhicule, coureur) to cut in; **se ~ sur** vt to fall back on.

rabbin [Rabɛ̃] nm rabbi.
rabique [Rabik] a rabies cpd.
râble [Rɑbl(ə)] nm back; (CULIN) saddle.
râblé, e [Rɑble] a broad-backed, stocky.
rabot [Rabo] nm plane; **raboter** vt to plane (down).
raboteux, euse [Rabotø, -øz] a uneven, rough.
rabougri, e [RabugRi] a stunted.
rabrouer [RabRue] vt to snub, rebuff.
racaille [Rakɑj] nf (péj) rabble, riffraff.
raccommodage [Rakɔmɔdaʒ] nm mending q, repairing q; darning q.
raccommoder [Rakɔmɔde] vt to mend, repair; (chaussette) to darn.
raccompagner [Rakɔ̃paɲe] vt to take ou see back.
raccord [RakɔR] nm link; **~ de maçonnerie** pointing q; **~ de peinture** join; touch up.
raccordement [RakɔRdəmɑ̃] nm joining up.
raccorder [RakɔRde] vt to join (up), link up; (suj: pont etc) to connect, link; **~ au réseau du téléphone** to connect to the telephone service.
raccourci [RakuRsi] nm short cut.
raccourcir [RakuRsiR] vt to shorten // vi (vêtement) to shrink.
raccroc [RakRo] nm: **par ~** ad by chance.
raccrocher [RakRɔʃe] vt (tableau, vêtement) to hang back up; (récepteur) to put down // vi (TÉL) to hang up, ring off; **se ~ à** vt to cling to, hang on to.
race [Ras] nf race; (d'animaux, fig: espèce) breed; (ascendance, origine) stock, race; **de ~ a** purebred, pedigree; **racé, e** a thoroughbred.
rachat [Raʃa] nm buying; buying back; redemption; atonement.
racheter [Raʃte] vt (article perdu) to buy another; (davantage): **~ du lait/3 œufs** to buy more milk/another 3 eggs ou 3 more eggs; (après avoir vendu) to buy back; (d'occasion) to buy; (COMM: part, firme) to buy up; (: pension, rente) to redeem; (REL: pécheur) to redeem; (: péché) to atone for, expiate; (mauvaise conduite, oubli, défaut) to make up for; **se ~** (REL) to redeem o.s.; (gén) to make amends, make up for it.
rachitique [Raʃitik] a suffering from rickets; (fig) scraggy, scrawny.
racial, e, aux [Rasjal, -o] a racial.
racine [Rasin] nf root; **~ carrée/cubique** square/cube root; **prendre ~** (fig) to take root; to put down roots.
racisme [Rasism(ə)] nm racism, racialism; **raciste** a, nm/f racist, racialist.
racket [Rakɛt] nm racketeering q.
raclée [Rɑkle] nf (fam) hiding, thrashing.
racler [Rɑkle] vt (os, plat) to scrape; (tache, boue) to scrape off; (suj: chose: frotter contre) to scrape (against).
raclette [Rɑklɛt] nf (CULIN) raclette (Swiss cheese dish).
racoler [Rakɔle] vt (attirer: suj: prostituée) to solicit; (: parti, marchand) to tout for; (attraper) to pick up; **racoleur, euse** a (péj: publicité) cheap and alluring // nf streetwalker.

racontars [Rakɔ̃taR] *nmpl* stories, gossip *sg*.

raconter [Rakɔ̃te] *vt*: ~ (à qn) (*décrire*) to relate (to sb), tell (sb) about ; (*dire*) to tell (sb).

racorni, e [RakɔRni] *a* hard(ened).

radar [RadaR] *nm* radar.

rade [Rad] *nf* (natural) harbour ; **en ~ de Toulon** in Toulon harbour ; **rester en ~** (*fig*) to be left stranded.

radeau, x [Rado] *nm* raft.

radial, e, aux [Radjal, -o] *a* radial ; **pneu à carcasse ~e** radial tyre.

radiateur [RadjatœR] *nm* radiator, heater ; (*AUTO*) radiator ; ~ **électrique/à gaz** electric/gas heater *ou* fire.

radiation [Radjɑsjɔ̃] *nf* (*voir radier*) striking off *q* ; (*PHYSIQUE*) radiation.

radical, e, aux [Radikal, -o] *a* radical // *nm* (*LING*) stem.

radier [Radje] *vt* to strike off.

radieux, euse [Radjø, -øz] *a* radiant ; brilliant, glorious.

radin, e [Radɛ̃, -in] *a* (*fam*) stingy.

radio [Radjo] *nf* radio ; (*MÉD*) X-ray // *nm* radiogram, radiotelegram ; radio operator ; **à la ~** on the radio ; **se faire faire une ~ (des poumons)** to have an X-ray taken (of one's lungs).

radio... [Radjo] *préfixe*: ~**actif, ive** *a* radioactive ; ~**activité** *nf* radioactivity ; **radiodiffuser** *vt* to broadcast (by radio) ; ~**graphie** *nf* radiography ; (*photo*) X-ray photograph, radiograph ; ~**graphier** *vt* to X-ray ; ~**logue** *nm/f* radiologist ; ~**phonique** *a* radio *cpd* ; ~**reportage** *nm* radio report ; ~**scopie** *nf* radioscopy ; ~**télégraphie** *nf* radiotelegraphy ; ~**télévisé, e** *a* broadcast on radio and television.

radis [Radi] *nm* radish ; ~ **noir** horseradish *q*.

radium [Radjɔm] *nm* radium.

radoter [Radɔte] *vi* to ramble on.

radoub [Radu] *nm*: **bassin de ~** dry dock.

radoucir [RadusiR]: **se ~** *vi* (*se réchauffer*) to become milder ; (*se calmer*) to calm down ; to soften.

rafale [Rafal] *nf* (*vent*) gust (of wind) ; (*tir*) burst of gunfire ; ~ **de mitrailleuse** burst of machine-gun fire.

raffermir [RafɛRmiR] *vt*, **se ~** *vi* (*tissus, muscle*) to firm up ; (*fig*) to strengthen.

raffinage [Rafinaʒ] *nm* refining.

raffiné, e [Rafine] *a* refined.

raffinement [Rafinmɑ̃] *nm* refinement.

raffiner [Rafine] *vt* to refine ; **raffinerie** *nf* refinery.

raffoler [Rafɔle]: ~ **de** *vt* to be very keen on.

raffut [Rafy] *nm* (*fam*) row, racket.

rafistoler [Rafistɔle] *vt* (*fam*) to patch up.

rafle [Rɑfl(ə)] *nf* (*de police*) roundup, raid.

rafler [Rɑfle] *vt* (*fam*) to swipe, run off with.

rafraîchir [RafRɛʃiR] *vt* (*atmosphère, température*) to cool (down) ; (*aussi*: **mettre à ~**) to chill ; (*suj*: *air, eau*) to freshen up ; (: *boisson*) to refresh ; (*fig*: *rénover*) to brighten up ; **se ~** to grow cooler ; to freshen   up ;   to   refresh   o.s. ;

rafraîchissant, e *a* refreshing ; **rafraîchissement** *nm* cooling ; (*boisson etc*) cool drink, refreshment.

ragaillardir [RagajaRdiR] *vt* (*fam*) to perk *ou* buck up.

rage [Raʒ] *nf* (*MÉD*): **la ~** rabies ; (*fureur*) rage, fury ; **faire ~** to rage ; ~ **de dents** (raging) toothache ; **rager** *vi* to fume (with rage) ; **rageur, euse** *a* snarling ; illtempered.

raglan [Raglɑ̃] *a inv* raglan.

ragot [Rago] *nm* (*fam*) malicious gossip *q*.

ragoût [Ragu] *nm* (*plat*) stew.

rai [Rɛ] *nm*: **un ~ de soleil/lumière** a sunray/ray of light.

raid [Rɛd] *nm* (*MIL*) raid ; (*SPORT*) longdistance trek.

raide [Rɛd] *a* (*tendu*) taut, tight ; (*escarpé*) steep ; (*droit*: *cheveux*) straight ; (*ankylosé, dur, guindé*) stiff ; (*fam*) steep, stiff ; stony broke // *ad* (*en pente*) steeply ; ~ **mort** stone dead ; **raideur** *nf* steepness ; stiffness ; **raidir** *vt* (*muscles*) to stiffen ; (*câble*) to pull taut, tighten ; **se raidir** *vi* to stiffen ; to become taut ; (*personne*) to tense up ; to brace o.s. ; to harden.

raie [Rɛ] *nf* (*ZOOL*) skate, ray ; (*rayure*) stripe ; (*des cheveux*) parting.

raifort [RɛfɔR] *nm* horseradish.

rail [Rɑj] *nm* (*barre d'acier*) rail ; (*chemins de fer*) railways *pl*; **les ~s** (*la voie ferrée*) the rails, the track *sg* ; **par ~** by rail ; **conducteur** live *ou* conductor rail.

railler [Rɑje] *vt* to scoff at, jeer at.

rainure [RenyR] *nf* groove ; slot.

rais [Rɛ] *nm* = **rai**.

raisin [Rɛzɛ̃] *nm* (*aussi*: ~**s**) grapes *pl* ; (*variété*): ~ **muscat** muscat grape ; ~**s secs** raisins, currants.

raison [Rɛzɔ̃] *nf* reason ; **avoir ~** to be right ; **donner ~ à qn** to agree with sb ; to prove sb right ; **avoir ~ de qn/qch** to get the better of sb/sth ; **se faire une ~** to learn to live with it ; **perdre la ~** to become insane ; to take leave of one's senses ; **demander ~ à qn de** (*affront etc*) to demand satisfaction from sb for ; ~ **de plus** all the more reason ; **à plus forte ~** all the more so ; **en ~ de** because of ; according to ; in proportion to ; **à ~ de** at the rate of ; ~ **sociale** corporate name ; **raisonnable** *a* reasonable, sensible.

raisonnement [Rɛzɔnmɑ̃] *nm* reasoning ; arguing ; argument.

raisonner [Rɛzɔne] *vi* (*penser*) to reason ; (*argumenter, discuter*) to argue // *vt* (*personne*) to reason with ; (*attitude*: *justifier*) to reason out.

rajeunir [RaʒœniR] *vt* (*suj*: *coiffure, robe*): ~ **qn** to make sb look younger ; (*suj*: *cure etc*) to rejuvenate ; (*fig*) to brighten up ; to give a new look to ; to inject new blood into // *vi* to become (*ou* look) younger.

rajouter [Raʒute] *vt*: ~ **du sel/un œuf** to add some more salt/another egg ; ~ **que** to add that.

rajuster [Raʒyste] *vt* (*vêtement*) to straighten, tidy ; (*salaires*) to adjust ; (*machine*) to readjust ; **se ~** to tidy *ou* straighten o.s. up.

râle [Rɑl] *nm* groan ; ~ **d'agonie** death rattle.

ralenti [Ralɑ̃ti] *nm*: **au ~** (*AUTO*): **tourner au ~** to tick over, idle ; (*CINÉMA*) in slow motion ; (*fig*) at a slower pace.

ralentir [Ralɑ̃tiR] *vt, vi*, **se ~** *vi* to slow down.

râler [Rɑle] *vi* to groan ; (*fam*) to grouse, moan (and groan).

ralliement [Ralimɑ̃] *nm* rallying.

rallier [Ralje] *vt* (*rassembler*) to rally ; (*rejoindre*) to rejoin ; (*gagner à sa cause*) to win over ; **se ~ à** (*avis*) to come over *ou* round to.

rallonge [Ralɔ̃ʒ] *nf* (*de table*) (extra) leaf (*pl* leaves) ; (*de vêtement etc*) extra piece.

rallonger [Ralɔ̃ʒe] *vt* to lengthen.

rallumer [Ralyme] *vt* to light up again ; (*fig*) to revive ; **se ~** *vi* (*lumière*) to come on again.

rallye [Rali] *nm* rally ; (*POL*) march.

ramages [Ramaʒ] *nmpl* leaf pattern *sg* ; songs.

ramassage [Ramɑsaʒ] *nm*: **~ scolaire** school bus service.

ramassé, e [Ramɑse] *a* (*trapu*) squat, stocky.

ramasse-miettes [Ramɑsmjɛt] *nm inv* table-tidy.

ramasse-monnaie [Ramɑsmɔnɛ] *nm inv* change-tray.

ramasser [Ramɑse] *vt* (*objet tombé ou par terre, fam*) to pick up ; (*recueillir*) to collect ; (*récolter*) to gather ; (*: pommes de terre*) to lift ; **se ~** *vi* (*sur soi-même*) to huddle up ; to crouch ; **ramasseur, euse de balles** *nm/f* ballboy/girl ; **ramassis** *nm* (*péj*) bunch ; jumble.

rambarde [Rɑ̃baRd(ə)] *nf* guardrail.

rame [Ram] *nf* (*aviron*) oar ; (*de métro*) train ; (*de papier*) ream ; **~ de haricots** bean support.

rameau, x [Ramo] *nm* (small) branch ; **les R~x** (*REL*) Palm Sunday *sg*.

ramener [Ramne] *vt* to bring back ; (*reconduire*) to take back ; (*rabattre: couverture, visière*): **~ qch sur** to pull sth back over ; **~ qch à** (*réduire à, aussi MATH*) to reduce sth to ; **se ~** *vi* (*fam*) to roll *ou* turn up ; **se ~ à** (*se réduire à*) to come *ou* boil down to.

ramer [Rame] *vi* to row ; **rameur, euse** *nm/f* rower.

ramier [Ramje] *nm*: **(pigeon) ~** woodpigeon.

ramification [Ramifikɑsjɔ̃] *nf* ramification.

ramifier [Ramifje]: **se ~** *vi* (*tige, secte, réseau*): **se ~ (en)** to branch out (into) ; (*veines, nerfs*) to ramify.

ramollir [RamɔliR] *vt* to soften ; **se ~** *vi* to go soft.

ramoner [Ramɔne] *vt* to sweep ; **ramoneur** *nm* (chimney) sweep.

rampe [Rɑ̃p] *nf* (*d'escalier*) banister(s *pl*) ; (*dans un garage, d'un terrain*) ramp ; (*THÉÂTRE*): **la ~** the footlights *pl* ; **~ de lancement** launching pad.

ramper [Rɑ̃pe] *vi* to crawl.

rancard [Rɑ̃kaR] *nm* (*fam*) date ; tip.

rancart [Rɑ̃kaR] *nm*: **mettre au ~** to scrap.

rance [Rɑ̃s] *a* rancid.

rancœur [Rɑ̃kœR] *nf* rancour, resentment.

rançon [Rɑ̃sɔ̃] *nf* ransom ; (*fig*) price.

rancune [Rɑ̃kyn] *nf* grudge, rancour ; **garder ~ à qn (de qch)** to bear sb a grudge (for sth) ; **sans ~!** no hard feelings! ; **rancunier, ière** *a* vindictive, spiteful.

randonnée [Rɑ̃dɔne] *nf* ride ; (*à pied*) walk, ramble ; hike, hiking q.

rang [Rɑ̃] *nm* (*rangée*) row ; (*grade, condition sociale, classement*) rank ; **~s** (*MIL*) ranks ; **se mettre en ~s/sur un ~** to get into *ou* form rows/a line ; **sur 3 ~s** (lined up) 3 deep ; **se mettre en ~s par 4** to form fours *ou* rows of 4 ; **se mettre sur les ~s** (*fig*) to get into the running ; **au premier ~** in the first row ; (*fig*) ranking first ; **avoir ~ de** to hold the rank of.

rangé, e [Rɑ̃ʒe] *a* (*sérieux*) orderly, steady.

rangée [Rɑ̃ʒe] *nf* row.

ranger [Rɑ̃ʒe] *vt* (*classer, grouper*) to order, arrange ; (*mettre à sa place*) to put away ; (*mettre de l'ordre dans*) to tidy up ; (*arranger, disposer: en cercle etc*) to arrange ; (*fig: classer*): **~ qn/qch parmi** to rank sb/sth among ; **se ~** *vi* (*véhicule, conducteur: s'écarter*) to pull over ; (*: s'arrêter*) to pull in ; (*piéton*) to step aside ; (*s'assagir*) to settle down ; **se ~ à** (*avis*) to come round to, fall in with.

ranimer [Ranime] *vt* (*personne évanouie*) to bring round ; (*revigorer: forces, courage*) to restore ; (*réconforter: troupes etc*) to kindle new life in ; (*douleur, souvenir*) to revive ; (*feu*) to rekindle.

rapace [Rapas] *nm* bird of prey // *a* (*péj*) rapacious, grasping.

rapatrier [RapatRije] *vt* to repatriate ; (*capitaux*) to bring (back) home.

râpe [Rɑp] *nf* (*CULIN*) grater ; (*à bois*) rasp.

râpé, e [Rɑpe] *a* (*tissu*) threadbare ; (*CULIN*) grated.

râper [Rɑpe] *vt* (*CULIN*) to grate ; (*gratter, râcler*) to rasp.

rapetasser [Raptase] *vt* (*fam*) to patch up.

rapetisser [Raptise] *vt*: **~ qch** to shorten sth ; to make sth look smaller // *vi*, **se ~** *vi* to shrink.

rapide [Rapid] *a* fast ; (*prompt*) quick // *nm* express (train) ; (*de cours d'eau*) rapid ; **~ment** *ad* fast ; quickly ; **rapidité** *nf* speed ; quickness.

rapiécer [Rapjese] *vt* to patch.

rappel [Rapɛl] *nm* (*d'un ambassadeur, MIL*) recall ; (*THÉÂTRE*) curtain call ; (*MÉD: vaccination*) booster ; (*ADMIN: de salaire*) back pay q ; (*d'une aventure, d'un nom*) reminder ; (*TECH*) return ; (*NAVIG*) sitting out ; (*ALPINISME: aussi*: **~ de corde**) abseiling q, roping down q, abseil ; **~ à l'ordre** call to order.

rappeler [Raple] *vt* (*pour faire revenir, retéléphoner*) to call back ; (*ambassadeur, MIL*) to recall ; (*faire se souvenir*): **~ qch à qn** to remind sb of sth ; **se ~** *vt* (*se souvenir de*) to remember, recall ; **~ qn à la vie** to bring sb back to life ; **ça rappelle la Provence** it's reminiscent of Provence, it reminds you of Provence.

rappliquer [Raplike] *vi* (*fam*) to turn up.

rapport [Rapɔʀ] nm (*compte rendu*) report ; (*profit*) yield, return ; revenue ; (*lien, analogie*) relationship ; (*proportion*: MATH, TECH) ratio (*pl* s) ; ~s nmpl (*entre personnes, pays*) relations ; **avoir** ~ **à** to have something to do with, concern ; **être en** ~ **avec** (*idée de corrélation*) to be in keeping with ; **être/se mettre en** ~ **avec qn** to have dealings with sb/get in touch with sb ; **par** ~ **à** in relation to ; with regard to ; **sous le** ~ **de** from the point of view of ; ~s (**sexuels**) (sexual) intercourse sg.

rapporter [Rapɔʀte] vt (*rendre, ramener*) to bring back ; (*apporter davantage*) to bring more ; (*COUTURE*) to sew on ; (*suj: investissement*) to yield ; (: *activité*) to bring in ; (*relater*) to report ; (*JUR: annuler*) to revoke // vi (*investissement*) to give a good return ou yield ; (: *activité*) to be very profitable ; ~ **qch à** (*fig: rattacher*) to relate sth to ; **se** ~ **à** (*correspondre à*) to relate to ; **s'en** ~ **à** to rely on ; **rapporteur, euse** nm/f (*de procès, commission*) reporter ; (*péj*) telltale // nm (*GÉOM*) protractor.

rapproché, e [RapʀɔʃE] a (*proche*) near, close at hand ; ~s (*l'un de l'autre*) at close intervals.

rapprochement [Rapʀɔʃmɑ̃] nm (*reconciliation: de nations, familles*) reconciliation ; (*analogie, rapport*) parallel.

rapprocher [Rapʀɔʃe] vt (*chaise d'une table*) : ~ **qch (de)** to bring sth closer (to) ; (*deux tuyaux*) to bring closer together ; (*réunir*) to bring together ; (*établir une analogie entre*) to establish a parallel between ; **se** ~ vi to draw closer ou nearer ; (*fig: familles, pays*) to come together ; to come closer together ; **se** ~ **de** to come closer to ; (*présenter une analogie avec*) to be close to.

rapt [Rapt] nm abduction.

raquette [Raket] nf (*de tennis*) racket ; (*de ping-pong*) bat ; (*à neige*) snowshoe.

rare [RaR] a rare ; (*main-d'œuvre, denrées*) scarce ; (*cheveux, herbe*) sparse.

raréfier [Raʀefje] : **se** ~ vi to grow scarce ; (*air*) to rarefy.

rarement [RaRmɑ̃] ad rarely, seldom.

rareté [RaRte] nf rarity ; scarcity.

ras, e [Rɑ, Rɑz] a (*tête, cheveux*) close-cropped ; (*poil, herbe*) short // ad short ; **en** ~**e campagne** in open country ; **à** ~ **bords** to the brim ; **au** ~ **de** level with ; **en avoir** ~ **le bol** (*fam*) to be fed up ; ~ **du cou** (*pull, robe*) crew-neck.

rasade [Razad] nf glassful.

rasé, e [RɑzE] a: ~ **de frais** freshly shaven ; ~ **de près** close-shaven.

rase-mottes [Rɑzmɔt] nm *inv*: **faire du** ~ to hedgehop.

raser [Rɑze] vt (*barbe, cheveux*) to shave off ; (*menton, personne*) to shave ; (*fam: ennuyer*) to bore ; (*démolir*) to raze (to the ground) ; (*frôler*) to graze ; to skim ; **se** ~ to shave ; (*fam*) to be bored (to tears) ; **rasoir** nm razor ; **rasoir électrique** electric shaver ou razor ; **rasoir de sûreté** safety razor.

rassasier [Rasazje] vt to satisfy ; **être rassasié** (*dégoûté*) to be sated ; to have had more than enough.

rassemblement [Rasɑ̃blamɑ̃] nm (*groupe*) gathering ; (*POL*) union ; association ; (*MIL*): **le** ~ parade.

rassembler [Rasɑ̃ble] vt (*réunir*) to assemble, gather ; (*regrouper, amasser*) to gather together, collect ; **se** ~ vi to gather.

rasseoir [Raswaʀ] : **se** ~ vi to sit down again.

rasséréner [RaseʀenE] : **se** ~ vi to recover one's serenity.

rassis, e [Rasi, -iz] a (*pain*) stale.

rassurer [RasyRe] vt to reassure ; **se** ~ to feel reassured ; **rassure-toi** put your mind at rest ou at ease.

rat [Ra] nm rat ; ~ **d'hôtel** hotel thief (*pl* thieves) ; ~ **musqué** muskrat.

ratatiné, e [Ratatine] a shrivelled (up), wrinkled.

rate [Rat] nf spleen.

raté, e [Rate] a (*tentative*) unsuccessful, failed // nm/f failure // nm misfiring q.

râteau, x [Rɑto] nm rake.

râtelier [Rɑtəlje] nm rack ; (*fam*) false teeth *pl*.

rater [Rate] vi (*affaire, projet etc*) to go wrong, fail / vt (*cible, train, occasion*) to miss ; (*démonstration, plat*) to spoil ; (*examen*) to fail.

ratifier [Ratifje] vt to ratify.

ration [Rasjɔ̃] nf ration ; (*fig*) share.

rationnel, le [Rasjɔnɛl] a rational.

rationnement [Rasjɔnmɑ̃] nm rationing ; **ticket de** ~ ration coupon.

rationner [Rasjɔne] vt to ration.

ratisser [Ratise] vt (*allée*) to rake ; (*feuiller*) to rake up ; (*suj: armée, police*) to comb.

raton [Ratɔ̃] nm: ~ **laveur** raccoon.

R.A.T.P. sigle f (= *Régie autonome des transports parisiens*) Paris transport authority.

rattacher [Rataʃe] vt (*animal, cheveux*) to tie up again ; (*incorporer*: ADMIN *etc*): ~ **qch à** to join sth to, unite sth with ; (*fig: relier*): ~ **qch à** to link sth with, relate sth to ; (: *lier*): ~ **qn à** to bind ou tie sb to.

rattrapage [RatRapaʒ] nm (*SCOL*) remedial classes *pl*.

rattraper [RatRape] vt (*fugitif*) to recapture ; (*retenir, empêcher de tomber*) to catch (hold of) ; (*atteindre, rejoindre*) to catch up with ; (*réparer: imprudence, erreur*) to make up for ; **se** ~ vi to make up for lost time ; to make good one's losses ; to make up for it ; **se** ~ (**à**) (*se raccrocher*) to stop o.s. falling (by catching hold of).

rature [RatyR] nf deletion, erasure ; **raturer** vt to cross out, delete, erase.

rauque [Rok] a raucous ; hoarse.

ravagé, e [Ravaʒe] a (*visage*) harrowed.

ravager [Ravaʒe] vt to devastate, ravage.

ravages [Ravaʒ] nmpl ravages ; **faire des** ~ to wreak havoc.

ravaler [Ravale] vt (*mur, façade*) to restore ; (*déprécier*) to lower ; ~ **sa colère/son dégoût** to stifle one's anger/distaste.

ravauder [Ravode] vt to repair, mend.

rave [Rav] nf (*BOT*) rape.

ravi, e [Ravi] a delighted ; **être** ~ **de/que** to be delighted with/that.

ravier [Ravje] *nm* hors d'œuvre dish.
ravigote [Ravigɔt] *a:* **sauce ~** oil and vinegar dressing with shallots.
ravigoter [Ravigɔte] *vt* (*fam*) to buck up.
ravin [Ravɛ̃] *nm* gully, ravine.
raviner [Ravine] *vt* to furrow, gully.
ravir [RaviR] *vt* (*enchanter*) to delight; (*enlever*): **qch à qn** to rob sb of sth; **à ~** *ad* beautifully.
raviser [Ravize]: **se ~** *vi* to change one's mind.
ravissant, e [Ravisɑ̃, -ɑ̃t] *a* delightful; ravishing.
ravisseur, euse [RavisœR, -øz] *nm/f* abductor.
ravitaillement [Ravitajmɑ̃] *nm* resupplying; refuelling; (*provisions*) supplies *pl*; **aller au ~** to go for fresh supplies.
ravitailler [Ravitaje] *vt* to resupply; (*véhicule*) to refuel; **se ~** *vi* to get fresh supplies.
raviver [Ravive] *vt* (*feu, douleur*) to revive; (*couleurs*) to brighten up.
ravoir [RavwaR] *vt* to get back.
rayé, e [Reje] *a* (*à rayures*) striped; (*éraflé*) scratched.
rayer [Reje] *vt* (*érafler*) to scratch; (*barrer*) to cross *ou* score out; (*d'une liste: radier*) to cross *ou* strike off.
rayon [Rɛjɔ̃] *nm* (*de soleil etc*) ray; (GÉOM) radius; (*de roue*) spoke; (*étagère*) shelf (*pl* shelves); (*de grand magasin*) department; (*de ruche*) (honey)comb; **dans un ~ de** within a radius of; **~ d'action** range; **~ de soleil** sunbeam, ray of sunlight; **~s X** X-rays.
rayonnage [Rɛjɔnaʒ] *nm* set of shelves.
rayonnement [Rɛjɔnmɑ̃] *nm* radiation; (*fig*) radiance; influence.
rayonner [Rɛjɔne] *vi* (*chaleur, énergie*) to radiate; (*fig*) to shine forth; to be radiant; (*avenues, axes etc*) to radiate; (*touriste*) to go touring (*from one base*).
rayure [RejyR] *nf* (*motif*) stripe; (*éraflure*) scratch; (*rainure, d'un fusil*) groove; **à ~s** striped.
raz-de-marée [RɑdmaRe] *nm inv* tidal wave.
razzia [Razja] *nf* raid, foray.
ré [Re] *nm* (MUS) D; (*en chantant la gamme*) re.
réacteur [ReaktœR] *nm* jet engine.
réaction [Reaksjɔ̃] *nf* reaction; **moteur à ~** jet engine; **~ en chaîne** chain reaction; **réactionnaire** *a* reactionary.
réadapter [Readapte] *vt* to readjust; (MÉD) to rehabilitate; **se ~ (à)** to readjust (to).
réaffirmer [ReafiRme] *vt* to reaffirm, reassert.
réagir [ReaʒiR] *vi* to react.
réalisateur, trice [RealizatœR, -tRis] *nm/f* (TV, CINÉMA) director.
réalisation [Realizasjɔ̃] *nf* carrying out; realization; fulfilment; achievement; production; (*œuvre*) production; creation; work.
réaliser [Realize] *vt* (*projet, opération*) to carry out, realize; (*rêve, souhait*) to realize, fulfil; (*exploit*) to achieve; (*achat, vente*)

to make; (*film*) to produce; (*se rendre compte de*, COMM: *bien, capital*) to realize; **se ~** *vi* to be realized.
réaliste [Realist(ə)] *a* realistic; (*peintre, roman*) realist // *nm/f* realist.
réalité [Realite] *nf* reality; **en ~** in (actual) fact; **dans la ~** in reality.
réanimation [Reanimasjɔ̃] *nf* resuscitation; **service de ~** intensive care unit.
réarmer [ReaRme] *vt* (*arme*) to reload // *vi* (*état*) to rearm.
réassurance [ReasyRɑ̃s] *nf* reinsurance.
rébarbatif, ive [RebaRbatif, -iv] *a* forbidding, off-putting.
rebattre [Rəbatʀ(ə)] *vt:* **~ les oreilles à qn de qch** to keep harping on to sb about sth; **rebattu, e** *a* hackneyed.
rebelle [Rəbɛl] *nm/f* rebel // *a* (*troupes*) rebel; (*enfant*) rebellious; (*mèche etc*) unruly; **~ à** unamenable to; unwilling to + *verbe*.
rebeller [Rəbele]: **se ~** *vi* to rebel.
rébellion [Rebeljɔ̃] *nf* rebellion; (*rebelles*) rebel forces *pl*.
reboiser [Rəbwaze] *vt* to replant with trees, reafforest.
rebondi, e [Rəbɔ̃di] *a* rounded; chubby, well-rounded.
rebondir [Rəbɔ̃diR] *vi* (*ballon: au sol*) to bounce; (: *contre un mur*) to rebound; (*fig: procès, action, conversation*) to get moving again, be suddenly revived; **rebondissements** *nmpl* (*fig*) twists and turns, sudden revivals.
rebord [Rəbɔʀ] *nm* edge.
rebours [RəbuR]: **à ~** *ad* the wrong way.
rebouteux, euse [Rəbutø, -øz] *nm/f* (*péj*) bonesetter.
rebrousse-poil [Rəbʀuspwal]: **à ~** *ad* the wrong way.
rebrousser [Rəbʀuse] *vt:* **~ chemin** to turn back.
rebuffade [Rəbyfad] *nf* rebuff.
rébus [Rebys] *nm inv* rebus.
rebut [Rəby] *nm:* **mettre au ~** to scrap, discard.
rebuter [Rəbyte] *vt* to put off.
récalcitrant, e [Rekalsitʀɑ̃, -ɑ̃t] *a* refractory.
recaler [Rəkale] *vt* (SCOL) to fail.
récapituler [Rekapityle] *vt* to recapitulate; to sum up.
recel [Rəsɛl] *nm* receiving (stolen goods).
receler [Rəsəle] *vt* (*produit d'un vol*) to receive; (*malfaiteur*) to harbour; (*fig*) to conceal; **receleur, euse** *nm/f* receiver.
récemment [Resamɑ̃] *ad* recently.
recensement [Rəsɑ̃smɑ̃] *nm* census; inventory.
recenser [Rəsɑ̃se] *vt* (*population*) to take a census of; (*inventorier*) to make an inventory of; (*dénombrer*) to list.
récent, e [Resɑ̃, -ɑ̃t] *a* recent.
récépissé [Resepise] *nm* receipt.
récepteur, trice [ResɛptœR, -tRis] *a* receiving // *nm* receiver; **~ (de radio)** radio set *ou* receiver.
réception [Resɛpsjɔ̃] *nf* receiving *q*; (*accueil*) reception, welcome; (*bureau*) reception desk; (*réunion mondaine*)

reception, party; (*pièces*) reception rooms *pl*; (SPORT: *après un saut*) landing; (: *du ballon*) catching *q*; **jour/heures de** ~ day/hours for receiving visitors (*ou* students *etc*); (MÉD) surgery day/hours; **réceptionnaire** *nm/f* receiving clerk; **réceptionner** *vt* (COMM) to take delivery of; (SPORT: *ballon*) to catch (and control); **réceptionniste** *nm/f* receptionist.

récession [Resesjɔ̃] *nf* recession.

recette [Rəsɛt] *nf* (CULIN) recipe; (*fig*) formula, recipe; (COMM) takings *pl*; (ADMIN: *bureau*) tax *ou* revenue office; ~s *nfpl* (COMM: *rentrées*) receipts.

receveur, euse [RasvœR, -øz] *nm/f* (*des contributions*) tax collector; (*des postes*) postmaster/mistress; (*d'autobus*) conductor/conductress.

recevoir [Rasvwar] *vt* to receive; (*lettre, prime*) to receive, get; (*client, patient, représentant*) to see; (SCOL: *candidat*) to pass // *vi* to receive visitors; to give parties; to see patients *etc*; **se** ~ *vi* (*athlète*) to land; **être reçu** (*à un examen*) to pass.

rechange [Rəʃɑ̃ʒ]: **de** ~ *a* (*pièces, roue*) spare; (*fig: plan*) alternative; **des vêtements de** ~ a change of clothes.

rechaper [Rəʃape] *vt* to remould, retread.

réchapper [Reʃape]: ~ **de** *ou* **à** *vt* (*accident, maladie*) to come through.

recharge [RəʃaRʒ(ə)] *nf* refill.

recharger [RəʃaRʒe] *vt* (*camion, fusil, appareil-photo*) to reload; (*briquet, stylo*) to refill; (*batterie*) to recharge.

réchaud [Reʃo] *nm* (portable) stove; plate-warmer.

réchauffer [Reʃofe] *vt* (*plat*) to reheat; (*mains, personne*) to warm; **se** ~ *vi* (*température*) to get warmer.

rêche [Rɛʃ] *a* rough.

recherche [RəʃɛRʃ(ə)] *nf* (*action*): **la** ~ **de** the search for; (*raffinement*) affectedness, studied elegance; (*scientifique etc*): **la** ~ research; ~s *nfpl* (*de la police*) investigations; (*scientifiques*) research *sg*; **être/se mettre à la** ~ **de** to be/go in search of.

recherché, e [RəʃɛRʃe] *a* (*rare, demandé*) much sought-after; (*raffiné*) studied, affected.

rechercher [RəʃɛRʃe] *vt* (*objet égaré, fugitif*) to look for, search for; (*témoins, main-d'œuvre*) to look for; (*causes d'un phénomène, nouveau procédé*) to try to find; (*bonheur etc, l'amitié de qn*) to seek.

rechigner [Rəʃiɲe] *vi*: ~ **(à)** to balk (at).

rechute [Rəʃyt] *nf* (MÉD) relapse; (*dans le péché, le vice*) lapse; **faire une** ~ to have a relapse.

récidiver [Residive] *vi* to commit a second (*ou subsequent*) offence; (*fig*) to do it again; **récidiviste** *nm/f* second (*ou* habitual) offender, recidivist.

récif [Resif] *nm* reef.

récipient [Resipjɑ̃] *nm* container.

réciproque [Resiprɔk] *a* reciprocal; ~**ment** *ad* reciprocally; **et** ~**ment** and vice versa.

récit [Resi] *nm* story.

récital [Resital] *nm* recital.

récitation [Resitɑsjɔ̃] *nf* recitation.

réciter [Resite] *vt* to recite.

réclamation [Reklamɑsjɔ̃] *nf* complaint; ~**s** (*bureau*) complaints department *sg*.

réclame [Reklam] *nf*: **la** ~ advertising; **une** ~ an advert(isement); **article en** ~ special offer.

réclamer [Reklame] *vt* (*aide, nourriture etc*) to ask for; (*revendiquer: dû, part, indemnité*) to claim, demand; (*nécessiter*) to demand, require // *vi* to complain; **se** ~ **de** to give as one's authority; to claim filiation with.

reclasser [Rəklɑse] *vt* (*fig: fonctionnaire etc*) to regrade.

reclus, e [Rəkly, -yz] *nm/f* recluse.

réclusion [Reklyzjɔ̃] *nf* imprisonment.

recoin [Rəkwɛ̃] *nm* nook, corner; (*fig*) hidden recess.

reçois *etc* vb *voir* **recevoir**.

récolte [Rekɔlt(ə)] *nf* harvesting; gathering; (*produits*) harvest, crop; (*fig*) crop, collection.

récolter [Rekɔlte] *vt* to harvest, gather (in); (*fig*) to collect; to get.

recommandable [Rəkɔmɑ̃dabl(ə)] *a* commendable.

recommandation [Rəkɔmɑ̃dɑsjɔ̃] *nf* recommendation.

recommandé [Rəkɔmɑ̃de] *nm* (POSTES): **en** ~ by registered mail.

recommander [Rəkɔmɑ̃de] *vt* to recommend; (*suj: qualités etc*) to commend; (POSTES) to register; ~ **à qn de faire** to recommend sb to do; **se** ~ **à qn** to commend o.s. to sb; **se** ~ **de qn** to give sb's name as a reference.

recommencer [Rəkɔmɑ̃se] *vt* (*reprendre: lutte, séance*) to resume, start again; (*refaire: travail, explications*) to start afresh, start (over) again; (*récidiver: erreur*) to make again // *vi* to start again; (*récidiver*) to do it again.

récompense [Rekɔ̃pɑ̃s] *nf* reward; (*prix*) award; **récompenser qn (de** *ou* **pour)** to reward sb for.

réconciliation [Rekɔ̃siljɑsjɔ̃] *nf* reconciliation.

réconcilier [Rekɔ̃silje] *vt* to reconcile; ~ **qn avec qch** to reconcile sb to sth; **se** ~ **(avec)** to be reconciled (with).

reconduction [Rəkɔ̃dyksjɔ̃] *nf* renewal.

reconduire [Rəkɔ̃dɥir] *vt* (*raccompagner*) to take *ou* see back; (JUR, POL: *renouveler*) to renew.

réconfort [Rekɔ̃fɔr] *nm* comfort.

réconforter [Rekɔ̃fɔrte] *vt* (*consoler*) to comfort; (*revigorer*) to fortify.

reconnaissance [Rəkɔnɛsɑ̃s] *nf* recognition; acknowledgement; (*gratitude*) gratitude, gratefulness; (MIL) reconnaissance, recce; ~ **de dette** acknowledgement of a debt, IOU.

reconnaissant, e [Rəkɔnɛsɑ̃, -ɑ̃t] *a* grateful; **je vous serais** ~ **de bien vouloir** I should be most grateful if you would (kindly).

reconnaître [Rəkɔnɛtr(ə)] *vt* to recognize; (MIL: *lieu*) to reconnoitre; (JUR: *enfant, dette, droit*) to acknowledge; ~ **que** to admit *ou* acknowledge that; ~ **qn/qch**

à (*l'identifier grâce à*) to recognize sb/sth by.

reconstituant, e [Rəkɔ̃stityɑ̃, -ɑ̃t] *a* (*régime*) strength-building // *nm* tonic, pick-me-up.

reconstituer [Rəkɔ̃stitɥe] *vt* (*monument ancien*) to recreate, build a replica of; (*fresque, vase brisé*) to piece together, reconstitute; (*événement, accident*) to reconstruct; (*fortune, patrimoine*) to rebuild; (BIO: *tissus etc*) to regenerate; **reconstitution** *nf* (*d'accident etc*) reconstruction.

reconstruire [Rəkɔ̃stRɥiR] *vt* to rebuild.

record [RəkɔR] *nm, a* record.

recoupement [Rəkupmɑ̃] *nm*: **par ~** by cross-checking.

recouper [Rəkupe]: **se ~** *vi* (*témoignages*) to tie *ou* match up.

recourbé, e [RəkuRbe] *a* curved; hooked; bent.

recourir [RəkuRiR]: **~ à** *vt* (*ami, agence*) to turn *ou* appeal to; (*force, ruse, emprunt*) to resort *ou* have recourse to.

recours [RəkuR] *nm* (JUR) appeal; **avoir ~ à = recourir à; en dernier ~** as a last resort; **sans ~** final; with no way out; **~ en grâce** plea for clemency (*ou* pardon).

recouvrer [RəkuvRe] *vt* (*vue, santé etc*) to recover, regain; (*impôts*) to collect; (*créance*) to recover.

recouvrir [RəkuvRiR] *vt* (*couvrir à nouveau*) to re-cover; (*couvrir entièrement, aussi fig*) to cover; (*cacher, masquer*) to conceal, hide; **se ~** (*se superposer*) to overlap.

recracher [RəkRaʃe] *vt* to spit out.

récréatif, ive [RekReatif, -iv] *a* of entertainment; recreational.

récréation [RekReɑsjɔ̃] *nf* recreation, entertainment; (SCOL) break.

récrier [RekRije]: **se ~** *vi* to exclaim.

récriminations [RekRiminɑsjɔ̃] *nfpl* remonstrations, complaints.

recroqueviller [RəkRɔkvije]: **se ~** *vi* (*feuilles*) to curl *ou* shrivel up; (*personne*) to huddle up.

recru, e [RəkRy] *a*: **~ de fatigue** exhausted // *nf* recruit.

recrudescence [RəkRydesɑ̃s] *nf* fresh outbreak.

recrue [RəkRy] *a, nf voir* recru.

recruter [RəkRyte] *vt* to recruit.

rectal, e, aux [Rɛktal, -o] *a*: **par voie ~e** rectally.

rectangle [Rɛktɑ̃gl(ə)] *nm* rectangle; **rectangulaire** *a* rectangular.

recteur [RɛktœR] *nm* ≈ (regional) director of education.

rectificatif, ive [Rɛktifikatif, -iv] *a* corrected // *nm* correction.

rectification [Rɛktifikɑsjɔ̃] *nf* correction.

rectifier [Rɛktifje] *vt* (*tracé, virage*) to straighten; (*calcul, adresse*) to correct; (*erreur, faute*) to rectify, put right.

rectiligne [Rɛktiliɲ] *a* straight; (GÉOM) rectilinear.

rectitude [Rɛktityd] *nf* rectitude, uprightness.

reçu, e [Rəsy] *pp de* **recevoir** // *a* (*admis, consacré*) accepted // *nm* (COMM) receipt.

recueil [Rəkœj] *nm* collection.

recueillement [Rəkœjmɑ̃] *nm* meditation, contemplation.

recueillir [RəkœjiR] *vt* to collect; (*voix, suffrages*) to win; (*accueillir: réfugiés, chat*) to take in; **se ~** *vi* to gather one's thoughts; to meditate.

recul [Rəkyl] *nm* retreat; recession; decline; (*d'arme à feu*) recoil, kick; **avoir un mouvement de ~** to recoil, start back; **prendre du ~** to stand back; **avec le ~** with the passing of time, in retrospect.

reculade [Rəkylad] *nf* (*péj*) climb-down.

reculé, e [Rəkyle] *a* remote.

reculer [Rəkyle] *vi* to move back, back away; (AUTO) to reverse, back (up); (*fig*) to (be on the) decline; to be losing ground; (: *se dérober*) to shrink back // *vt* to move back; to reverse, back (up); (*fig: possibilités, limites*) to extend; (: *date, décision*) to postpone.

reculons [Rəkylɔ̃]: **à ~** *ad* backwards.

récupérer [RekypeRe] *vt* (*rentrer en possession de*) to recover, get back; (*recueillir: ferraille etc*) to salvage (for reprocessing); (*délinquant etc*) to rehabilitate // *vi* to recover.

récurer [RekyRe] *vt* to scour.

récuser [Rekyze] *vt* to challenge; **se ~** to decline to give an opinion.

reçut *vb voir* **recevoir.**

recycler [Rəsikle] *vt* (SCOL) to reorientate; (*employés*) to retrain.

rédacteur, trice [RedaktœR, -tRis] *nm/f* (*journaliste*) writer; subeditor; (*d'ouvrage de référence*) editor, compiler; **~ en chef** chief editor; **~ publicitaire** copywriter.

rédaction [Redaksjɔ̃] *nf* writing; (*rédacteurs*) editorial staff; (*bureau*) editorial office(s); (SCOL: *devoir*) essay, composition.

reddition [Redisjɔ̃] *nf* surrender.

rédemption [Redɑ̃psjɔ̃] *nf* redemption.

redescendre [Rədesɑ̃dR(ə)] *vi* (*à nouveau*) to go back down; (*après la montée*) to go down (again) // *vt* (*pente etc*) to go down.

redevable [Rədvabl(ə)] *a*: **être ~ de qch à qn** (*somme*) to owe sb sth; (*fig*) to be indebted to sb for sth.

redevance [Rədvɑ̃s] *nf* (*téléphonique*) rental charge; (*radiophonique*) licence fee.

rédhibitoire [RedibitwaR] *a*: **vice ~** (*fig*) irretrievable flaw.

rédiger [Rediʒe] *vt* to write; (*contrat*) to draw up.

redire [RədiR] *vt* to repeat; **trouver à ~ à** to find fault with; **redite** *nf* (*needless*) repetition.

redondance [Rədɔ̃dɑ̃s] *nf* redundancy.

redoublé, e [Rəduble] *a*: **à coups ~s** even harder, twice as hard.

redoubler [Rəduble] *vi* (*tempête, violence*) to intensify, get even stronger *ou* fiercer etc; (SCOL) to repeat a year; **~ de** *vt* to be twice as + *adjectif*; **le vent redouble de violence** the wind is blowing twice as hard.

redoutable [Rədutabl(ə)] *a* formidable, fearsome.

redouter [Rədute] *vt* to fear; *(appréhender)* to dread.

redressement [RədRεsmɑ̃] *nm*: **maison de ~** reformatory.

redresser [RədRese] *vt (arbre, mât)* to set upright, right; *(pièce tordue)* to straighten out; *(AVIAT, AUTO)* to straighten up; *(situation, économie)* to put right; **se ~** *vi (objet penché)* to right itself; to straighten up; *(personne)* to sit *(ou* stand) up; to sit *(ou* stand) up straight.

redresseur [RədRescœR] *nm*: **~ de torts** righter of wrongs.

réduction [Redyksjɔ̃] *nf* reduction.

réduire [Reduir] *vt (gén, aussi* CULIN, MATH) to reduce; *(prix, dépenses)* to cut, reduce; *(carte)* to scale down, reduce; *(MÉD: fracture)* to set; *(rebelles)* to put down; **se ~ à** *(revenir à)* to boil down to; **se ~ en** *(se transformer en)* to be reduced to.

réduit [Redui] *nm* tiny room, recess.

rééducation [Reedykɑsjɔ̃] *nf (d'un membre)* re-education; *(de délinquants, d'un blessé)* rehabilitation; **~ de la parole** speech therapy.

réel, le [Reεl] *a* real // *nm*: **le ~** reality.

réélection [Reelεksjɔ̃] *nf* re-election.

réélire [ReeliR] *vt* to re-elect.

réellement [Reelmɑ̃] *ad* really.

réemploi [Reɑ̃plwa] *nm* = **remploi**.

réescompte [Reεskɔ̃t] *nm* rediscount.

réévaluation [Reevalɥɑsjɔ̃] *nf* revaluation.

réévaluer [Reevalɥe] *vt* to revalue.

réexpédier [Reεkspedje] *vt (à l'envoyeur)* to return, send back; *(au destinataire)* to send on, forward.

ref. *abr de* **référence**.

refaire [RəfεR] *vt (faire de nouveau, recommencer)* to do again; *(réparer, restaurer)* to do up; **se ~** *vi (en santé)* to recover; *(en argent)* to make up one's losses; **être refait** *(fam: dupé)* to be had.

réfection [Refεksjɔ̃] *nf* repair.

réfectoire [RefεktwaR] *nm (de collège, couvent, caserne)* refectory.

référence [Referɑ̃s] *nf* reference; **~s** *nfpl (recommandations)* reference *sg*; **faire ~ à** to refer to; **ouvrage de ~** reference work.

référendum [Referɑ̃dɔm] *nm* referendum.

référer [RefeRe]: **se ~ à** *vt* to refer to; **en ~ à qn** to refer the matter to sb.

refiler [Rəfile] *vt (fam)*: **~ qch à qn** to palm sth off on sb; to pass sth on to sb.

réfléchi, e [Refleʃi] *a (caractère)* thoughtful; *(action)* well-thought-out; *(LING)* reflexive.

réfléchir [RefleʃiR] *vt* to reflect // *vi* to think; **~ à** *ou* **sur** to think about.

reflet [Rəflε] *nm* reflection; *(sur l'eau etc)* sheen *q*, glint.

refléter [Rəflete] *vt* to reflect; **se ~** *vi* to be reflected.

réflexe [Reflεks] *a inv (PHOTO)* reflex.

réflexe [Reflεks(ə)] *nm, a* reflex; **avoir de bons ~s** to have good reactions *ou* reflexes.

réflexion [Reflεksjɔ̃] *nf (de la lumière etc, pensée)* reflection; *(fait de penser)* thought; *(remarque)* remark; **~s** *nfpl (méditations)* thought *sg*, reflection *sg*; **sans ~** without thinking; **~ faite, à la ~** on reflection.

refluer [Rəflye] *vi* to flow back; *(foule)* to surge back.

reflux [Rəfly] *nm (de la mer)* ebb.

refondre [Rəfɔ̃dR(ə)] *vt (texte)* to recast.

réformateur, trice [RefɔRmatœR, -tRis] *nm/f* reformer.

Réformation [RefɔRmɑsjɔ̃] *nf*: **la ~** the Reformation.

réforme [RefɔRm(ə)] *nf* reform; *(MIL)* declaration of unfitness for service; discharge *(on health grounds)*; *(REL)*: **la R~** the Reformation.

réformé, e [RefɔRme] *a, nm/f (REL)* Protestant.

réformer [RefɔRme] *vt* to reform; *(MIL: recrue)* to declare unfit for service; *(: soldat)* to discharge, invalid out.

réformisme [RefɔRmism(ə)] *nm* reformism, policy of reform.

refoulé, e [Rəfule] *a (PSYCH)* frustrated, repressed.

refoulement [Rəfulmɑ̃] *nm (PSYCH)* repression.

refouler [Rəfule] *vt (envahisseurs)* to drive back, repulse; *(liquide)* to force back; *(fig)* to suppress; *(PSYCH)* to repress.

réfractaire [RefRaktεR] *a (minerai)* refractory; *(brique)* fire *cpd*; *(prêtre)* non-juring; **soldat ~** draft evader; **être ~ à** to resist.

réfracter [RefRakte] *vt* to refract.

refrain [RəfRε̃] *nm (MUS)* refrain, chorus; *(air, fig)* tune.

refréner, réfréner [RəfRene, RefRene] *vt* to curb, check.

réfrigérant, e [RefRiʒeRɑ̃, -ɑ̃t] *a* refrigerant, cooling.

réfrigérer [RefRiʒeRe] *vt* to refrigerate.

refroidir [RəfRwadiR] *vt* to cool; *(fig)* to have a cooling effect on // *vi* to cool (down); **se ~** *vi (prendre froid)* to catch a chill; *(temps)* to get cooler *ou* colder; *(fig)* to cool (off); **refroidissement** *nm* cooling; *(grippe etc)* chill.

refuge [Rəfyʒ] *nm* refuge; *(pour piétons)* (traffic) island.

réfugié, e [Refyʒje] *a, nm/f* refugee.

réfugier [Refyʒje]: **se ~** *vi* to take refuge.

refus [Rəfy] *nm* refusal; **ce n'est pas de ~** I won't say no, it's welcome.

refuser [Rəfyze] *vt* to refuse; *(SCOL: candidat)* to fail; **~ qch à qn/de faire** to refuse sb sth/to do; **~ du monde** to have to turn customers away; **se ~ à qch/à faire** to refuse to do.

réfuter [Refyte] *vt* to refute.

regagner [Rəɡaɲe] *vt (argent, faveur)* to win back; *(lieu)* to get back to; **~ le temps perdu** to make up (for) lost time; **~ du terrain** to regain ground.

regain [Rəɡε̃] *nm (herbe)* second crop of hay; *(renouveau)*: **un ~ de** renewed + *nom*.

régal [Reɡal] *nm* treat.

régalade [Reɡalad] *ad*: **à la ~** from the bottle (held away from the lips).

régaler [Regale] vt: ~ **qn** to treat sb to a delicious meal; ~ **qn de** to treat sb to; **se ~** vi to have a delicious meal; (fig) to enjoy o.s.

regard [RəgaR] nm (coup d'œil) look, glance; (expression) look (in one's eye); **parcourir/menacer du ~** to cast an eye over/look threateningly at; **au ~ de** (loi, morale) from the point of view of; **en ~** (vis à vis) opposite; **en ~ de** in comparison with.

regardant, e [Rəgardã, -ãt] a: **très/peu ~ (sur)** quite fussy/very free (about); (économe) very tight-fisted/quite generous (with).

regarder [RəgaRde] vt (examiner, observer, lire) to look at; (film, télévision, match) to watch; (envisager: situation, avenir) to view; (considérer: son intérêt etc) to be concerned with; (être orienté vers): ~ **(vers)** to face; (concerner) to concern // vi to look; ~ **à** vt (dépense, qualité, détails) to be fussy with ou over; ~ **à faire** to hesitate to do; **dépenser sans ~** to spend freely; ~ **qn/qch comme** to regard sb/sth as; ~ **(qch) dans le dictionnaire/l'annuaire** to look (sth up) in the dictionary/directory; **cela me regarde** it concerns me, it's my business.

régate(s) [Regat] nf(pl) regatta.

régénérer [Reʒenere] vt to regenerate; (fig) to revive.

régent [Reʒã] nm regent.

régenter [Reʒãte] vt to rule over; to dictate to.

régie [Reʒi] nf (COMM, INDUSTRIE) state-owned company; (THÉÂTRE, CINÉMA) production; **la ~ de l'État** state control.

regimber [Rəʒɛ̃be] vi to balk, jib.

régime [Reʒim] nm (POL) régime; (ADMIN: des prisons, fiscal etc) system; (MÉD) diet; (GÉO) régime; (TECH) (engine) speed; (fig) rate, pace; (de bananes, dattes) bunch; **se mettre au/suivre un ~** to go on/be on a diet; **~ sans sel** salt-free diet; **à bas/haut ~** (AUTO) at low/high revs; ~ **matrimonial** marriage settlement.

régiment [Reʒimã] nm (MIL: unité) regiment; (fig: fam): **un ~ de** an army of; **un copain de ~** a pal from military service ou (one's) army days.

région [Reʒjɔ̃] nf region; **la ~ parisienne** the Paris area; **régional, e, aux a** regional; **régionalisme** nm regionalism.

régir [Reʒir] vt to govern.

régisseur [Reʒisœr] nm (d'un domaine) steward; (CINÉMA, TV) assistant director; (THÉÂTRE) stage manager.

registre [Rəʒistr(ə)] nm (livre) register; logbook; ledger; (MUS, LING) register; (d'orgue) stop.

réglage [Reglaʒ] nm adjustment; tuning.

règle [Rɛgl(ə)] nf (instrument) ruler; (loi, prescription) rule; **~s** nfpl (PHYSIOL) period sg; **en ~** (papiers d'identité) in order; **être/se mettre en ~** to be/put o.s. straight with the authorities; **en ~ générale** as a (general) rule; **~ à calcul** slide rule.

réglé, e [Regle] a well-ordered; stable, steady; (papier) ruled; (femme): **bien ~e** whose periods are regular.

règlement [Rɛgləmã] nm settling; (arrêté) regulation; (règles, statuts) regulations pl, rules pl; **~ de compte(s)** settling of scores; **réglementaire** a conforming to the regulations; (tenue, uniforme) regulation cpd.

réglementation [Rɛgləmãtɑsjɔ̃] nf regulation, control; regulations pl.

réglementer [Rɛgləmãte] vt to regulate, control.

régler [Regle] vt (mécanisme, machine) to regulate, adjust; (moteur) to tune; (thermostat etc) to set, adjust; (emploi du temps etc) to organize, plan; (question, conflit, facture, dette) to settle; (fournisseur) to settle up with, pay; (papier) to rule; ~ **son compte à qn** to sort sb out, settle sb; ~ **un compte avec qn** to settle a score with sb.

réglisse [Reglis] nf liquorice.

règne [Rɛɲ] nm (d'un roi etc, fig) reign; (BIO): **le ~ végétal/animal** the vegetable/animal kingdom.

régner [Reɲe] vi (roi) to rule, reign; (fig) to reign.

regorger [RəgɔRʒe] vi to overflow; ~ **de** to overflow with, be bursting with.

régression [Regresjɔ̃] nf regression, decline.

regret [RəgRɛ] nm regret; **à ~** with regret; **avec ~** regretfully; **être au ~ de devoir faire** to regret having to do.

regrettable [RəgRɛtabl(ə)] a regrettable.

regretter [RəgRete] vt to regret; (personne) to miss; ~ **que** to regret that, be sorry that; **je regrette** I'm sorry.

regrouper [RəgRupe] vt (grouper) to group together; (contenir) to include, comprise; **se ~** vi to gather (together).

régulariser [Regylarize] vt (fonctionnement, trafic) to regulate; (passeport, papiers) to put in order; (sa situation) to straighten out, regularize.

régularité [Regylarite] nf regularity.

régulateur, trice [Regylatœr, -tris] a regulating.

régulier, ière [Regylje, -jɛR] a (gén) regular; (vitesse, qualité) steady; (répartition, pression, paysage) even; (TRANSPORTS: ligne, service) scheduled, regular; (légal, réglementaire) lawful, in order; (fam: correct) straight, on the level; **régulièrement** ad regularly; steadily; evenly; normally.

réhabiliter [Reabilite] vt to rehabilitate; (fig) to restore to favour.

rehausser [Rəose] vt to heighten, raise; (fig) to set off, enhance.

rein [Rɛ̃] nm kidney; **~s** nmpl (dos) back sg; **avoir mal aux ~s** to have backache.

reine [Rɛn] nf queen.

reine-claude [Rɛnklod] nf greengage.

reinette [Rɛnɛt] nf rennet, pippin.

réintégrer [Reɛ̃tegre] vt (lieu) to return to; (fonctionnaire) to reinstate.

réitérer [Reitere] vt to repeat, reiterate.

rejaillir [Rəʒajir] vi to splash up; ~ **sur** to splash up onto; (fig) to rebound on; to fall upon.

rejet [Rəʒɛ] nm (action, aussi MÉD)

rejection ; (POÉSIE) enjambement, rejet ; (BOT) shoot.

rejeter [rəʒte] vt (relancer) to throw back ; (vomir) to bring ou throw up ; (écarter) to reject ; (déverser) to throw out, discharge ; ~ **la tête/les épaules en arrière** to throw one's head/pull one's shoulders back ; ~ **la responsabilité de qch sur qn** to lay the responsibility for sth at sb's door.

rejeton [rəʒtɔ̃] nm offspring.

rejoindre [rəʒwɛ̃dR(ə)] vt (famille, régiment) to rejoin, return to ; (lieu) to get (back) to ; (suj: route etc) to meet, join ; (rattraper) to catch up (with) ; **se** ~ vi to meet ; **je te rejoins au café** I'll see ou meet you at the café.

réjoui, e [reʒwi] a (mine) joyous.

réjouir [reʒwiR] vt to delight ; **se** ~ vi to be delighted ; to rejoice ; **se** ~ **de qch/faire** to be delighted about sth/to do ; **réjouissances** nfpl (joie) rejoicing sg ; (fête) festivities, merry-making sg.

relâche [rəlɑʃ]: **faire** ~ vi (navire) to put into port ; (CINÉMA) to be closed ; **sans** ~ ad without respite ou a break.

relâché, e [rəlɑʃe] a loose, lax.

relâcher [rəlɑʃe] vt (ressort, prisonnier) to release ; (étreinte, cordes) to loosen // vi (NAVIG) to put into port ; **se** ~ vi to loosen ; (discipline) to become slack ou lax ; (élève etc) to slacken off.

relais [rəlɛ] nm (SPORT): (course de) ~ relay (race) ; (RADIO, TV) relay ; **équipe de** ~ shift team ; relay team ; **prendre le** ~ **(de)** to take over (from) ; ~ **de poste** post house, coaching inn ; ~ **routier** ≈ transport café.

relance [rəlɑ̃s] nf boosting, revival.

relancer [rəlɑ̃se] vt (balle) to throw back (again) ; (moteur) to restart ; (fig) to boost, revive ; (personne) : ~ **qn** to pester sb ; to get on to sb again.

relater [rəlate] vt to relate, recount.

relatif, ive [rəlatif, -iv] a relative.

relation [rəlɑsjɔ̃] nf (récit) account, report ; (rapport) relation(ship) ; ~**s** nfpl (rapports) relations ; relationship sg ; (connaissances) connections ; **être/entrer en** ~(s) **avec** to be in contact ou be dealing/get in contact with ; ~**s publiques** public relations.

relativement [rəlativmɑ̃] ad relatively ; ~ **à** in relation to.

relativité [rəlativite] nf relativity.

relax [rəlaks] a inv, **relaxe** [rəlaks(ə)] a informal, casual ; easy-going.

relaxer [rəlakse] vt to relax ; (JUR) to discharge ; **se** ~ vi to relax.

relayer [rəleje] vt (collaborateur, coureur etc) to relieve, take over from ; (RADIO, TV) to relay ; **se** ~ (dans une activité) to take it in turns.

relégation [rəlegɑsjɔ̃] nf (SPORT) relegation.

reléguer [rəlege] vt to relegate.

relent(s) [rəlɑ̃] nm(pl) (foul) smell.

relève [rəlɛv] nf relief ; relief team (ou troops pl) ; **prendre la** ~ to take over.

relevé, e [rəlve] a (bord de chapeau) turned-up ; (manches) rolled-up ; (virage) banked ; (fig: style) elevated ; (: sauce) highly-seasoned // nm (lecture) reading ;

(de cotes) plotting ; (liste) statement ; list ; (facture) account ; ~ **de compte** bank statement.

relever [rəlve] vt (statue, meuble) to stand up again ; (personne tombée) to help up ; (vitre, plafond, niveau de vie) to raise ; (col) to turn up ; (style, conversation) to elevate ; (plat, sauce) to season ; (sentinelle, équipe) to relieve ; (souligner: fautes, points) to pick out ; (constater: traces etc) to find, pick up ; (répliquer à: remarque) to react to, reply to ; (: défi) to accept, take up ; (noter: adresse etc) to take down, note ; (: plan) to sketch ; (: cotes etc) to plot ; (compteur) to read ; (ramasser: cahiers, copies) to collect, take in ; ~ **de** vt (maladie) to be recovering from ; (être du ressort de) to be a matter for ; (ADMIN: dépendre de) to come under ; (fig) to pertain to ; **se** ~ vi (se remettre debout) to get up ; ~ **qn de** (vœux) to release sb from ; (fonctions) to relieve sb of ; ~ **la tête** to look up ; to hold up one's head.

relief [rəljɛf] nm relief ; (de pneu) tread pattern ; ~**s** nmpl (restes) remains ; **en** ~ in relief ; (photographie) three-dimensional ; **mettre en** ~ (fig) to bring out, highlight.

relier [rəlje] vt to link up ; (livre) to bind ; ~ **qch à** to link sth to ; **livre relié cuir** leather-bound book ; **relieur, euse** nm/f (book)binder.

religieux, euse [rəliʒjø, -øz] a religious // nm monk // nf nun ; (gâteau) cream bun.

religion [rəliʒjɔ̃] nf religion ; (piété, dévotion) faith ; **entrer en** ~ to take one's vows.

reliquaire [rəlikɛR] nm reliquary.

reliquat [rəlika] nm balance ; remainder.

relique [rəlik] nf relic.

relire [rəliR] vt (à nouveau) to reread, read again ; (vérifier) to read over.

reliure [rəljyR] nf binding.

reluire [rəlɥiR] vi to gleam ; **reluisant, e** a gleaming ; **peu reluisant** (fig) unattractive ; unsavoury.

remâcher [rəmɑʃe] vt to chew or ruminate over.

remailler [rəmɑje] vt to darn ; to mend.

remaniement [rəmanimɑ̃] nm: ~ **ministériel** Cabinet reshuffle.

remanier [rəmanje] vt to reshape, recast ; (POL) to reshuffle.

remarquable [rəmaRkabl(ə)] a remarkable.

remarque [rəmaRk(ə)] nf remark ; (écrite) note.

remarquer [rəmaRke] vt (voir) to notice ; (dire) : ~ **que** to remark that ; **se** ~ to be noticeable ; **se faire** ~ to draw attention to o.s. ; **faire** ~ (à qn) **que** to point out (to sb) that ; **faire** ~ **qch (à qn)** to point sth out (to sb) ; **remarquez que** mark you, mind you.

rembarrer [Rɑ̃baRe] vt: ~ **qn** to rebuff sb ; to put sb in his/her place.

remblai [Rɑ̃blɛ] nm embankment.

remblayer [Rɑ̃bleje] vt to bank up ; (fossé) to fill in.

rembourrage [Rɑ̃buRaʒ] nm stuffing ; padding.

rembourré, e [Rɑ̃buRe] a padded.
rembourrer [Rɑ̃buRe] vt to stuff ; (dossier, vêtement, souliers) to pad.
remboursement [Rɑ̃buRsəmɑ̃] nm repayment ; **envoi contre ~** cash on delivery.
rembourser [Rɑ̃buRse] vt to pay back, repay.
rembrunir [Rɑ̃bRyniR]: **se ~** vi to darken ; to grow sombre.
remède [Rəmɛd] nm (médicament) medicine ; (traitement, fig) remedy, cure.
remédier [Rəmedje]: **~ à** vt to remedy.
remembrement [Rəmɑ̃bRəmɑ̃] nm (AGR) regrouping of lands.
remémorer [RememɔRe]: **se ~** vt to recall, recollect.
remerciements [RəmɛRsimɑ̃] nmpl thanks.
remercier [RəmɛRsje] vt to thank ; (congédier) to dismiss ; **~ qn de/d'avoir fait** to thank sb for/for having done ; **non, je vous remercie** no thank you.
remettre [RəmɛtR(ə)] vt (vêtement): **~ qch** to put sth back on, put sth on again ; (replacer): **~ qch quelque part** to put sth back somewhere ; (ajouter): **~ du sel/un sucre** to add more salt/another lump of sugar ; (rétablir: personne): **~ qn** to set sb back on his/her feet ; (rendre, restituer): **~ qch à qn** to give sth back to sb, return sth to sb ; (donner, confier: paquet, argent): **~ qch à qn** to hand over sth to sb, deliver sth to sb ; (prix, décoration): **~ qch à qn** to present sb with sth ; (ajourner): **~ qch (à)** to postpone sth ou put sth off (until) ; **se ~** vi to get better, recover ; **se ~ de** to recover from, get over ; **s'en ~ à** to leave it (up) to.
remise [Rəmiz] nf delivery ; presentation ; (rabais) discount ; (local) shed ; (FOOTBALL) throw-in ; **~ de peine** reduction of sentence.
rémission [Remisjɔ̃]: **sans ~** a irremediable // ad unremittingly.
remontant [Rəmɔ̃tɑ̃] nm tonic, pick-me-up.
remontée [Rəmɔ̃te] nf rising ; ascent ; **~s mécaniques** (SKI) towing equipment sg ou facilities.
remonte-pente [Rəmɔ̃tpɑ̃t] nm skilift, (ski) tow.
remonter [Rəmɔ̃te] vi (à nouveau) to go back up ; (après une descente) to go up (again) ; (jupe) to pull ou ride up // vt (pente) to go up ; (fleuve) to sail (ou swim etc) up ; (manches, pantalon) to roll up ; (col) to turn up ; (rayon, limite) to raise ; (fig: personne) to buck up ; (moteur, meuble) to put back together, reassemble ; (garde-robe etc) to renew, replenish ; (montre, mécanisme) to wind up ; **~ à** (dater de) to date ou go back to ; **~ en voiture** to get back into the car.
remontoir [Rəmɔ̃twaR] nm winding mechanism, winder.
remontrance [Rəmɔ̃tRɑ̃s] nf reproof, reprimand.
remontrer [Rəmɔ̃tRe] vt (fig): **en ~ à** to prove one's superiority over.
remords [RəmɔR] nm remorse q ; **avoir**

des ~ to feel remorse, be conscience-stricken.
remorque [RəmɔRk(ə)] nf trailer ; **prendre/être en ~** to tow/be on tow ; **remorquer** vt to tow ; **remorqueur** nm tug(boat).
rémoulade [Remulad] nf dressing with mustard and herbs.
rémouleur [Remulœr] nm (knife- ou scissor-)grinder.
remous [Rəmu] nm (d'un navire) (back)wash q ; (de rivière) swirl, eddy // nmpl (fig) stir sg.
rempailler [Rɑ̃pɑje] vt to reseat (with straw).
remparts [Rɑ̃paR] nmpl walls, ramparts.
rempiler [Rɑ̃pile] vi (MIL: fam) to join up again.
remplaçant, e [Rɑ̃plasɑ̃, -ɑ̃t] nm/f replacement, substitute, stand-in ; (THÉÂTRE) understudy ; (SCOL) supply teacher.
remplacement [Rɑ̃plasmɑ̃] nm replacement ; (job) replacement work q ; **assurer le ~ de qn** (suj: remplaçant) to stand in ou substitute for sb.
remplacer [Rɑ̃plase] vt to replace ; (prendre temporairement la place de) to stand in for ; (tenir lieu de) to take the place of, act as a substitute for ; **~ qch/qn par** to replace sth/sb with sth.
rempli, e [Rɑ̃pli] a (emploi du temps) full, busy ; **~ de** full of, filled with.
remplir [Rɑ̃pliR] vt to fill (up) ; (questionnaire) to fill out ou up ; (obligations, fonction, condition) to fulfil ; **se ~** vi to fill up.
remplissage [Rɑ̃plisaʒ] nm (fig: péj) padding.
remploi [Rɑ̃plwa] nm re-use.
remporter [Rɑ̃pɔRte] vt (marchandise) to take away ; (fig) to win, achieve.
remuant, e [Rəmɥɑ̃, -ɑ̃t] a restless.
remue-ménage [Rəmymenaʒ] nm inv commotion.
remuer [Rəmɥe] vt to move ; (café, sauce) to stir // vi to move ; (fig: opposants) to show signs of unrest ; **se ~** vi to move ; (se démener) to stir o.s. ; (fam) to get a move on.
rémunération [RemyneRɑsjɔ̃] nf remuneration.
rémunérer [RemyneRe] vt to remunerate, pay.
renâcler [Rənɑkle] vi to snort ; (fig) to grumble, balk.
renaissance [Rənɛsɑ̃s] nf rebirth, revival ; **la R~** the Renaissance.
renaître [RənɛtR(ə)] vi to be revived.
rénal, e, aux [Renal, -o] a renal, kidney cpd.
renard [RənaR] nm fox.
rencard [Rɑ̃kaR] nm = **rancard**.
rencart [Rɑ̃kaR] nm = **rancart**.
renchérir [Rɑ̃feRiR] vi to become more expensive ; (fig): **~ (sur)** to add something (to).
rencontre [Rɑ̃kɔ̃tR(ə)] nf (entrevue, congrès, match etc) meeting ; (imprévue) encounter ; **faire la ~ de qn** to meet sb ;

aller à la ~ de qn to go and meet sb; **amours de ~** casual love affairs.

rencontrer [Rɑ̃kɔ̃tRe] vt to meet; (mot, expression) to come across; (difficultés) to meet with; **se ~** vi to meet; (véhicules) to collide.

rendement [Rɑ̃dmɑ̃] nm (d'un travailleur, d'une machine) output; (d'une culture) yield; (d'un investissement) return; **à plein ~** at full capacity.

rendez-vous [Rɑ̃devu] nm (rencontre) appointment; (: d'amoureux) date; (lieu) meeting place; **donner ~ à qn** to arrange to meet sb; **fixer un ~ à qn** to give sb an appointment; **avoir/prendre ~ (avec)** to have/make an appointment (with).

rendre [Rɑ̃dR(ə)] vt (livre, argent etc) to give back, return; (otages, visite etc) to return; (sang, aliments) to bring up; (sons: suj: instrument) to produce, make; (exprimer, traduire) to render; (faire devenir): **~ qn célèbre/qch possible** to make sb famous/sth possible; **se ~** vi (capituler) to surrender, give o.s. up; (aller): **se ~ quelque part** to go somewhere; **se ~ à** (arguments etc) to bow to; (ordres) to comply with; **~ la vue/la santé à qn** to restore sb's sight/health; **~ la liberté à qn** to set sb free.

renégat, e [Rənega, -at] nm/f renegade.

rênes [Rɛn] nfpl reins.

renfermé, e [Rɑ̃fɛRme] a (fig) withdrawn // nm: **sentir le ~** to smell stuffy.

renfermer [Rɑ̃fɛRme] vt to contain; **se ~ (sur soi-même)** to withdraw into o.s.

renflé, e [Rɑ̃fle] a bulging, bulbous.

renflement [Rɑ̃flɑmɑ̃] nm bulge.

renflouer [Rɑ̃flue] vt to refloat; (fig) to set back on its (ou his/her) feet (again).

renfoncement [Rɑ̃fɔ̃smɑ̃] nm recess.

renforcer [Rɑ̃fɔRse] vt to reinforce.

renfort [Rɑ̃fɔR]: **~s** nmpl reinforcements; **en ~** as a back-up; **à grand ~ de** with a great deal of.

renfrogner [Rɑ̃fRɔɲe]: **se ~** vi to scowl.

rengaine [Rɑ̃gɛn] nf (péj) old tune.

rengainer [Rɑ̃gene] vt (revolver) to put back in its holster.

rengorger [Rɑ̃gɔRʒe]: **se ~** vi (fig) to puff o.s. up.

renier [Rənje] vt (parents) to disown, repudiate; (foi) to renounce.

renifler [Rənifle] vi to sniff // vt (tabac) to sniff up; (odeur) to sniff.

renne [Rɛn] nm reindeer inv.

renom [Rənɔ̃] nm reputation; renown; **renommé, e** a celebrated, renowned // nf fame.

renoncement [Rənɔ̃smɑ̃] nm abnegation, renunciation.

renoncer [Rənɔ̃se] vi: **~ à** vt to give up; **~ à faire** to give up all idea of doing; to give up trying to do.

renouer [Rənwe] vt (cravate etc) to retie; **~ avec** (tradition) to revive; (habitude) to take up again; **~ avec qn** to take up with sb again.

renouveau, x [Rənuvo] nm: **~ de succès** renewed success; **le ~ printanier** springtide.

renouveler [Rənuvle] vt to renew; (exploit, méfait) to repeat; **se ~** vi (incident) to recur, happen again, be repeated; (cellules etc) to be renewed ou replaced; **renouvellement** nm renewal; recurrence.

rénovation [Renɔvasjɔ̃] nf renovation; restoration.

rénover [Renɔve] vt (immeuble) to renovate, do up; (meuble) to restore; (enseignement) to reform.

renseignement [Rɑ̃sɛɲmɑ̃] nm information q, piece of information; **prendre des ~s sur** to make inquiries about, ask for information about; **(guichet des) ~s** information desk.

renseigner [Rɑ̃sɛɲe] vt: **~ qn (sur)** to give information to sb (about); **se ~** vi to ask for information, make inquiries.

rentable [Rɑ̃tabl(ə)] a profitable.

rente [Rɑ̃t] nf income; pension; government stock ou bond; **~ viagère** life annuity; **rentier, ière** nm/f person of private means.

rentrée [Rɑ̃tRe] nf: **~ (d'argent)** cash q coming in; **la ~ (des classes)** the start of the new school year; **la ~ (parlementaire)** the reopening ou reassembly of parliament; **faire sa ~** (artiste, acteur) to make a comeback.

rentrer [Rɑ̃tRe] vi (entrer de nouveau) to go (ou come) back in; (entrer) to go (ou come) in; (revenir chez soi) to go (ou come) (back) home; (air, clou: pénétrer) to go in; (revenu, argent) to come in // vt (foins) to bring in; (véhicule) to put away; (chemise dans pantalon etc) to tuck in; (griffes) to draw in; (train d'atterrissage) to raise; (fig: larmes, colère etc) to hold back; **~ le ventre** to pull in one's stomach; **~ dans** to go (ou come) back into; to go (ou come) into; (famille, patrie) to go back ou return to; (heurter) to crash into; **~ dans l'ordre** to be back to normal; **~ dans ses frais** to recover one's expenses (ou initial outlay).

renversant, e [Rɑ̃vɛRsɑ̃, -ɑ̃t] a amazing.

renverse [Rɑ̃vɛRs(ə)]: **à la ~** ad backwards.

renverser [Rɑ̃vɛRse] vt (faire tomber: chaise, verre) to knock over, overturn; (piéton) to knock down; (liquide, contenu) to spill, upset; (retourner: verre, image) to turn upside down, invert; (: ordre des mots etc) to reverse; (fig: gouvernement etc) to overthrow; (stupéfier) to bowl over, stagger; **se ~** vi to fall over; to overturn; to spill; **~ la tête/le corps (en arrière)** to tip one's head back/throw one's body back.

renvoi [Rɑ̃vwa] nm dismissal; return; reflection; postponement; (référence) cross-reference; (éructation) belch.

renvoyer [Rɑ̃vwaje] vt to send back; (congédier) to dismiss; (lumière) to reflect; (son) to echo; (ajourner): **~ qch (à)** to put sth off ou postpone sth (until); **~ qn à** (fig) to refer sb to.

réorganiser [ReɔRganize] vt to reorganize.

réouverture [ReuvɛRtyR] nf reopening.

repaire [Rəpɛʀ] nm den.

repaitre [Rəpɛtʀ(ə)] vt to feast ; to feed ; **se ~ de** vt to feed on ; to wallow ou revel in.

répandre [Repãdʀ(ə)] vt (renverser) to spill ; (étaler, diffuser) to spread ; (lumière) to shed ; (chaleur, odeur) to give off ; **se ~** vi to spill ; to spread ; **se ~ en** (injures etc) to pour out ; **répandu, e** a (opinion, usage) widespread.

réparation [RepaRasjɔ̃] nf repairing q, repair.

réparer [RepaRe] vt to repair ; (fig: offense) to make up for, atone for ; (: oubli, erreur) to put right.

repartie [Rəpaʀti] nf retort ; **avoir de la ~** to be quick at repartee.

repartir [Rəpaʀtiʀ] vi to set off again ; to leave again ; (fig) to get going again, pick up again ; **~ à zéro** to start from scratch (again).

répartir [RepaʀtiʀR] vt (pour attribuer) to share out ; (pour disperser, disposer) to divide up ; (poids, chaleur) to distribute ; **se ~** vt (travail, rôles) to share out between themselves ; **répartition** nf sharing out ; dividing up ; distribution.

repas [Rəpa] nm meal.

repasser [Rəpase] vi to come (ou go) back // vt (vêtement, tissu) to iron ; to make, resist ; to show again ; (leçon, rôle: revoir) to go over (again).

repêchage [Rəpɛʃaʒ] nm (SCOL): **question de ~** question to give candidates a second chance.

repêcher [Rəpeʃe] vt (noyé) to recover the body of, fish out.

repentir [Rəpãtiʀ] nm repentance ; **se ~** vi to repent ; **se ~ de** to repent (of).

répercussions [RepɛRkysjɔ̃] nfpl repercussions.

répercuter [RepɛRkyte] : **se ~** vi (bruit) to reverberate ; (fig): **se ~ sur** to have repercussions on.

repère [Rəpɛʀ] nm mark ; (monument etc) landmark.

repérer [Rəpere] vt (erreur, connaissance) to spot ; (abri, ennemi) to locate ; **se ~** to find one's way about ; **se faire ~** to be spotted.

répertoire [RepɛRtwaR] nm (liste) (alphabetical) list ; (carnet) index notebook ; (de carnet) thumb index ; (indicateur) directory, index ; (d'un théâtre, artiste) repertoire ; **répertorier** vt to itemize, list.

répéter [Repete] vt to repeat ; (préparer: leçon: aussi vi) to learn, go over ; (THÉÂTRE) to rehearse ; **se ~** (redire) to repeat o.s. ; (se reproduire) to be repeated, recur.

répétition [Repetisjɔ̃] nf repetition ; rehearsal ; **~s** nfpl (leçons) private coaching sg ; **armes à ~** repeater weapons ; **~ générale** final dress rehearsal.

repeupler [Rəpœple] vt to repopulate ; to restock.

répit [Repi] nm respite ; **sans ~** without letting up.

replet, ète [Rəplɛ, -ɛt] a chubby, fat.

repli [Rəpli] nm (d'une étoffe) fold ; (MIL, fig) withdrawal.

replier [Rəplije] vt (rabattre) to fold down ou over ; **se ~** vi (troupes, armée) to withdraw, fall back.

réplique [Replik] nf (repartie, fig) reply ; (THÉÂTRE) line ; (copie) replica ; **donner la ~ à** to play opposite ; to match ; **sans ~** no-nonsense ; irrefutable.

répliquer [Replike] vi to reply ; (riposter) to retaliate.

répondre [Repɔ̃dʀ(ə)] vi to answer, reply ; (freins, mécanisme) to respond ; **~ à** vt to reply to, answer ; (avec impertinence): **~ à qn** to answer sb back ; (invitation, convocation) to reply to ; (affection, salut) to return ; (provocation, suj: mécanisme etc) to respond to ; (correspondre à: besoin) to answer ; (: conditions) to meet ; (: description) to match ; **~ que** to answer ou reply that ; **~ de** to answer for.

réponse [Repɔ̃s] nf answer, reply ; **avec ~ payée** (POSTES) reply-paid ; **en ~ à** in reply to.

report [RəpɔR] nm transfer ; postponement.

reportage [RəpɔRtaʒ] nm (bref) report ; (écrit: documentaire) story ; article ; (en direct) commentary ; (genre, activité): **le ~** reporting.

reporter nm [RəpɔRtɛR] reporter // vt [RəpɔRte] (total): **~ qch sur** to carry sth forward ou over to ; (ajourner): **~ qch (à)** to postpone sth (until) ; (transférer): **~ qch sur** to transfer sth to ; **se ~ à** (époque) to think back to ; (document) to refer to.

repos [Rəpo] nm rest ; (fig) peace (and quiet) ; peace of mind ; (MIL): **~!** stand at ease! ; **en ~** at rest ; **de tout ~** safe.

repose [Rəpoz] nf refitting.

reposé, e [Rəpoze] a fresh, rested.

reposer [Rəpoze] vt (verre, livre) to put down ; (délasser) to rest ; (problème) to reformulate // vi (liquide, pâte) to settle, rest ; **~ sur** to be built on ; (fig) to rest on ; **se ~** vi to rest ; **se ~ sur qn** to rely on sb.

repoussant, e [Rəpusã, -ãt] a repulsive.

repoussé, e [Rəpuse] a (cuir) embossed (by hand).

repousser [Rəpuse] vi to grow again // vt to repel, repulse ; (offre) to turn down, reject ; (tiroir, personne) to push back ; (différer) to put back.

repréhensible [RepreãsibI(ə)] a reprehensible.

reprendre [RəpʀãdʀR(ə)] vt (prisonnier, ville) to recapture ; (objet prêté, donné) to take back ; (chercher): **je viendrai te ~ à 4h** I'll come and fetch you ou I'll come back for you at 4 ; (se resservir de): **~ du pain/un œuf** to take (ou eat) more bread/another egg ; (COMM: article usagé) to take back ; to take in part exchange ; (firme, entreprise) to take over ; (travail, promenade) to resume ; (emprunter: argument, idée) to take up, use ; (refaire: article etc) to go over again ; (jupe etc) to alter ; to take in (ou up) ; to let out (ou down) ; (émission, pièce) to put on again ; (réprimander) to tell off ; (corriger) to correct // vi (classes, pluie) to start (up) again ; (activités, travaux, combats) to resume, start (up) again ; (affaires, *industrie)* to pick up ; *(dire):* **reprit-il** he went on ; **se ~** *(se ressaisir)* to recover, pull o.s. together ; **s'y ~** to make another attempt ; **~ des forces** to recover one's strength ; **~ courage** to take new heart ; **~ ses habitudes/sa liberté** to get back into one's old habits/regain one's freedom ; **~ la route** to resume one's journey, set off again ; **~ haleine** *ou* **son souffle** to get one's breath back.

représailles [Rəprezaj] *nfpl* reprisals, retaliation *sg*.

représentant, e [Rəprezātā, -āt] *nm/f* representative.

représentatif, ive [Rəprezātatif, -iv] *a* representative.

représentation [Rəprezātɑsjɔ̃] *nf* representation ; performing ; *(symbole, image)* representation ; *(spectacle)* performance ; *(COMM):* **la ~** commercial travelling ; sales representation ; **frais de ~** *(d'un diplomate)* entertainment allowance.

représenter [Rəprezāte] *vt* to represent ; *(donner: pièce, opéra)* to perform ; **se ~** *vt* *(se figurer)* to imagine ; to visualize.

répression [Represjɔ̃] *nf* suppression ; repression ; *(POL):* **la ~** repression.

réprimande [Reprimɑ̃d] *nf* reprimand, rebuke ; **réprimander** *vt* to reprimand, rebuke.

réprimer [Reprime] *vt* to suppress, repress.

repris [Rəpri] *nm:* **~ de justice** ex-prisoner, ex-convict.

reprise [Rəpriz] *nf* *(TV)* repeat ; *(CINÉMA)* rerun ; *(AUTO)* acceleration *q* ; *(COMM)* trade-in, part exchange ; *(de location)* sum asked for any extras or improvements made to the property ; *(raccommodage)* darn ; mend ; **à plusieurs ~s** on several occasions, several times.

repriser [Rəprize] *vt* to darn ; to mend.

réprobateur, trice [ReprɔbatœR, -tris] *a* reproving.

réprobation [Reprɔbɑsjɔ̃] *nf* reprobation.

reproche [Rəprɔʃ] *nm* *(remontrance)* reproach ; **faire des ~s à qn** to reproach sb ; **sans ~(s)** beyond ou above reproach.

reprocher [Rəprɔʃe] *vt:* **~ qch à qn** to reproach *ou* blame sb for sth ; **~ qch à** *(machine, théorie)* to have sth against.

reproducteur, trice [RəprɔdyktœR, -tris] *a* reproductive.

reproduction [Rəprɔdyksjɔ̃] *nf* reproduction ; **~ interdite** all rights (of reproduction) reserved.

reproduire [Rəprɔdɥiʀ] *vt* to reproduce ; **se ~** *vi* *(BIO)* to reproduce ; *(recommencer)* to recur, re-occur.

réprouvé, e [Repruve] *nm/f* reprobate.

réprouver [Repruve] *vt* to reprove.

reptation [Reptɑsjɔ̃] *nf* crawling.

reptile [Reptil] *nm* reptile.

repu, e [Rəpy] *a* satisfied, sated.

républicain, e [Repyblikɛ̃, -ɛn] *a, nm/f* republican.

république [Repyblik] *nf* republic ; **la R~ fédérale allemande** the Federal Republic of Germany.

répudier [Repydje] *vt* *(femme)* to repudiate ; *(doctrine)* to renounce.

répugnance [Repynɑ̃s] *nf* repugnance, loathing.

répugnant, e [Repynɑ̃, -ɑ̃t] *a* repulsive ; loathsome.

répugner [Repyne] : **~ à** *vt:* **~ à qn** to repel *ou* disgust sb ; **~ à faire** to be loath *ou* reluctant to do.

répulsion [Repylsjɔ̃] *nf* repulsion.

réputation [Repytɑsjɔ̃] *nf* reputation ; **réputé, e** *a* renowned.

requérir [RəkeriR] *vt* *(nécessiter)* to require, call for ; *(au nom de la loi)* to call upon ; *(JUR: peine)* to call for, demand.

requête [Rəkɛt] *nf* request, petition ; *(JUR)* petition.

requiem [Rekɥijɛm] *nm* requiem.

requin [Rəkɛ̃] *nm* shark.

requis, e [Rəki, -iz] *pp de* **requérir** // *a* required.

réquisition [Rekizisjɔ̃] *nf* requisition ; **réquisitionner** *vt* to requisition.

réquisitoire [Rekizitwar] *nm* *(JUR)* closing speech for the prosecution ; *(fig):* **~ contre** indictment of.

R.E.R. *sigle m* (= *réseau express régional)* Greater Paris high speed commuter train.

rescapé, e [Rɛskape] *nm/f* survivor.

rescousse [Rɛskus] *nf:* **aller à la ~ de qn** to go to sb's aid *ou* rescue ; **appeler qn à la ~** to call on sb for help.

réseau, x [Rezo] *nm* network.

réservation [RezɛRvɑsjɔ̃] *nf* booking, reservation.

réserve [RezɛRv(ə)] *nf* *(gén)* reserve ; *(entrepôt)* storeroom ; *(restriction, aussi: d'Indiens)* reservation ; *(de pêche, chasse)* preserve ; **sous ~ de** subject to ; **sans ~** ad unreservedly ; **de ~** *(provisions etc)* in reserve.

réservé, e [RezɛRve] *a* *(discret)* reserved ; *(chasse, pêche)* private ; **~ à/pour** reserved for.

réserver [RezɛRve] *vt* *(gén)* to reserve ; *(retenir: par une agence, au guichet)* to book, reserve ; *(mettre de côté, garder):* **~ qch pour/à** to keep *ou* save sth for ; **~ qch à qn** to reserve *(ou* book) sth for sb ; *(fig: destiner)* to have sth in store for sb ; **se ~ le droit de faire** to reserve the right to do.

réserviste [RezɛRvist(ə)] *nm* reservist.

réservoir [RezɛRvwaR] *nm* tank ; *(plan d'eau)* reservoir.

résidence [Rezidɑ̃s] *nf* residence ; **~ secondaire** second home ; **(en) ~ surveillée** (under) house arrest ; **résidentiel, le** *a* residential.

résider [Rezide] *vi:* **~ à/dans/en** to reside in ; **~ dans** *(fig)* to lie in.

résidu [Rezidy] *nm* residue *q*.

résignation [Rezinɑsjɔ̃] *nf* resignation.

résigner [Rezine] *vt* to relinquish, resign ; **se ~** *vi:* **se ~ (à qch/faire)** to resign o.s. (to sth/to doing).

résilier [Rezilje] *vt* to terminate.

résille [Rezij] *nf* (hair)net.

résine [Rezin] *nf* resin ; **résiné, e** *a:* **vin résiné** retsina ; **résineux, euse** *a* resinous // *nm* coniferous tree.

résistance [rezistɑ̃s] *nf* resistance ; (*de réchaud, bouilloire*: *fil*) element.

résistant, e [rezistɑ̃, -ɑ̃t] *a* (*personne*) robust, tough ; (*matériau*) strong, hard-wearing // *nm/f* (*patriote*) Resistance worker *ou* fighter.

résister [reziste] *vi* to resist ; ~ **à** *vt* (*assaut, tentation*) to resist ; (*effort, souffrance*) to withstand ; (*suj*: *matériau, plante*) to stand up to, to withstand ; (*personne*: *désobéir à*) to stand up to, oppose.

résolu, e [rezɔly] *pp de* **résoudre** // *a* (*ferme*) resolute ; **être ~ à qch/faire** to be set upon sth/doing.

résolution [rezɔlysjɔ̃] *nf* solving ; (*fermeté, décision*) resolution.

résolve *etc vb voir* **résoudre**.

résonance [rezɔnɑ̃s] *nf* resonance.

résonner [rezɔne] *vi* (*cloche, pas*) to reverberate, resound ; (*salle*) to be resonant ; ~ **de** to resound with.

résorber [rezɔrbe]: **se ~** *vi* (*MÉD*) to be resorbed ; (*fig*) to be reduced ; to be absorbed.

résoudre [rezudʀ(ə)] *vt* to solve ; ~ **de faire** to resolve to do ; **se ~ à faire** to bring o.s. to do.

respect [rɛspɛ] *nm* respect ; **tenir en ~** to keep at bay.

respectable [rɛspɛktabl(ə)] *a* respectable.

respecter [rɛspɛkte] *vt* to respect ; **le lexicographe qui se respecte** (*fig*) any self-respecting lexicographer.

respectif, ive [rɛspɛktif, -iv] *a* respective ; **respectivement** *ad* respectively.

respectueux, euse [rɛspɛktɥø, -øz] *a* respectful ; ~ **de** respectful of.

respiration [rɛspiʀasjɔ̃] *nf* breathing *q* ; **faire une ~ complète** to breathe in and out ; ~ **artificielle** artificial respiration.

respirer [rɛspiʀe] *vi* to breathe ; (*fig*) to get one's breath, have a break ; to breathe again // *vt* to breathe (in), inhale ; (*manifester*: *santé, calme etc*) to exude.

resplendir [rɛsplɑ̃diʀ] *vi* to shine ; (*fig*): ~ **(de)** to be radiant (with).

responsabilité [rɛspɔ̃sabilite] *nf* responsibility ; (*légale*) liability ; **refuser la ~ de** to deny responsibility (*ou* liability) for ; **prendre ses ~s** to assume responsibility for one's actions.

responsable [rɛspɔ̃sabl(ə)] *a* responsible // *nm/f* (*du ravitaillement etc*) person in charge ; (*de parti, syndicat*) official ; ~ **de** responsible for ; (*légalement: de dégâts etc*) liable for ; (*chargé de*) in charge of, responsible for.

resquiller [rɛskije] *vi* (*au cinéma, au stade*) to get in on the sly ; (*dans le train*) to fiddle a free ride ; **resquilleur, euse** *nm/f* gatecrasher ; fare dodger.

ressac [ʀəsak] *nm* backwash.

ressaisir [ʀəseziʀ]: **se ~** *vi* to regain one's self-control ; (*équipe sportive*) to rally.

ressasser [ʀəsase] *vt* (*remâcher*) to keep turning over ; (*redire*) to keep trotting out.

ressemblance [ʀəsɑ̃blɑ̃s] *nf* (*visuelle*) resemblance, similarity, likeness ; (: *ART*) likeness ; (*analogie, trait commun*) similarity.

ressemblant, e [ʀəsɑ̃blɑ̃, -ɑ̃t] *a* (*portrait*) lifelike, true to life.

ressembler [ʀəsɑ̃ble]: ~ **à** *vt* to be like ; to resemble ; (*visuellement*) to look like ; **se ~** to be (*ou* look) alike.

ressemeler [ʀəsəmle] *vt* to (re)sole.

ressentiment [ʀəsɑ̃timɑ̃] *nm* resentment.

ressentir [ʀəsɑ̃tiʀ] *vt* to feel ; **se ~ de** to feel (*ou* show) the effects of.

resserre [ʀəsɛʀ] *nf* shed.

resserrer [ʀəseʀe] *vt* (*pores*) to close ; (*nœud, boulon*) to tighten (up) ; (*fig*: *liens*) to strengthen ; **se ~** *vi* (*route, vallée*) to narrow ; (*liens*) to strengthen ; **se ~ (autour de)** to draw closer (around) ; to close in (on).

resservir [ʀəsɛʀviʀ] *vi* to do *ou* serve again // *vt*: ~ **qch (à qn)** to serve sth up again (to sb) ; ~ **de qch (à qn)** to give (sb) a second helping of sth ; ~ **qn (d'un plat)** to give sb a second helping (of a dish).

ressort [ʀəsɔʀ] *nm* (*pièce*) spring ; (*force morale*) spirit ; (*recours*): **en dernier ~** as a last resort ; (*compétence*): **être du ~ de** to fall within the competence of.

ressortir [ʀəsɔʀtiʀ] *vi* to go (*ou* come) out (again) ; (*contraster*) to stand out ; ~ **de** (*résulter de*): **il ressort de ceci que** it emerges from this that ; ~ **à** (*JUR*) to come under the jurisdiction of ; (*ADMIN*) to be the concern of ; **faire ~** (*fig*: *souligner*) to bring out.

ressortissant, e [ʀəsɔʀtisɑ̃, -ɑ̃t] *nm/f* national.

ressource [ʀəsuʀs(ə)] *nf*: **avoir la ~ de** to have the possibility of ; **leur seule ~ était de** the only course open to them was to ; ~**s** *nfpl* resources ; (*fig*) possibilities.

réssusciter [ʀesysite] *vt* to resuscitate, restore to life ; (*fig*) to revive, bring back // *vi* to rise (from the dead).

restant, e [ʀɛstɑ̃, -ɑ̃t] *a* remaining // *nm*: **le ~ (de)** the remainder (of) ; **un ~ de** (*de trop*) some left-over ; (*fig*: *vestige*) a remnant *ou* last trace of.

restaurant [ʀɛstɔʀɑ̃] *nm* restaurant ; **manger au ~** to eat out ; ~ **d'entreprise** staff canteen ; ~ **universitaire** university refectory.

restaurateur, trice [ʀɛstɔʀatœʀ, -tʀis] *nm/f* restaurant owner, restaurateur ; (*de tableaux*) restorer.

restauration [ʀɛstɔʀasjɔ̃] *nf* restoration ; (*hôtellerie*) catering.

restaurer [ʀɛstɔʀe] *vt* to restore ; **se ~** *vi* to have something to eat.

restauroute [ʀɛstɔʀut] *nm* = **restoroute**.

reste [ʀɛst(ə)] *nm* (*restant*): **le ~ (de)** the rest (of) ; (*de trop*): **un ~ (de)** some left-over ; (*vestige*): **un ~ de** a remnant *ou* last trace of ; (*MATH*) remainder ; ~**s** *nmpl* left-overs ; (*d'une cité etc, dépouille mortelle*) remains ; **avoir du temps de ~** to have time to spare ; **ne voulant pas être en ~** not wishing to be outdone ; **sans demander son ~** without waiting to hear more ; **du ~, au ~** *ad* besides, moreover.

rester [ʀɛste] *vi* (*dans un lieu, un état, une position*) to stay, remain ; (*subsister*) to remain, be left ; (*durer*) to last, live on //

vb impersonnel: **il reste du pain/2 œufs** there's some bread/there are 2 eggs left (over); **il reste du temps/10 minutes** there's some time/there are 10 minutes left; **il me reste assez de temps** I have enough time left; **ce qui reste à faire** what remains to be done; **ce qui me reste à faire** what remains for me to do; **en ~ à** (*stade, menaces*) to go no further than, only go as far as; **restons-en là** let's leave it at that; **y ~: il a failli y ~** he nearly met his end.

restituer [Rɛstitɥe] *vt* (*objet, somme*): ~ **qch (à qn)** to return sth (to sb); (*TECH*) to release; to reproduce.

restoroute [RɛstɔRut] *nm* motorway restaurant.

restreindre [RɛstRɛ̃dR(ə)] *vt* to restrict, limit; **se ~** *vi* (*champ de recherches*) to narrow.

restriction [RɛstRiksjɔ̃] *nf* restriction; ~**s** (*mentales*) reservations.

résultat [Rezylta] *nm* result; (*conséquence*) outcome *q*, result; (*d'élection etc*) results *pl*; ~**s sportifs** sports results.

résulter [Rezylte]: ~ **de** *vt* to result from, be the result of.

résumé [Rezyme] *nm* summary, résumé; **en ~** *ad* in brief; to sum up.

résumer [Rezyme] *vt* (*texte*) to summarize; (*récapituler*) to sum up; (*fig*) to epitomize, typify; **se ~ à** to come down to.

résurrection [RezyRɛksjɔ̃] *nf* resurrection; (*fig*) revival.

rétablir [RetabliR] *vt* to restore, re-establish; (*personne: suj: traitement*): ~ **qn** to restore sb to health, help sb recover; (*ADMIN*): ~ **qn dans son emploi** to reinstate sb in his post; **se ~** *vi* (*guérir*) to recover; (*silence, calme*) to return, be restored; (*GYM etc*): **se ~ (sur)** to pull o.s. up (onto); **rétablissement** *nm* restoring; recovery; pull-up.

rétamer [Retame] *vt* to re-coat, re-tin.

retaper [Retape] *vt* (*maison, voiture etc*) to do up; (*fam: revigorer*) to buck up; (*redactylographier*) to retype.

retard [RətaR] *nm* (*d'une personne attendue*) lateness *q*; (*sur l'horaire, un programme, une échéance*) delay; (*fig: scolaire, mental etc*) backwardness; **en ~ (de 2 heures)** (2 hours) late; **avoir un ~ de 2 km** (*SPORT*) to be 2 km behind; **avoir du ~** to be late; (*sur un programme*) to be behind (schedule); **prendre du ~** (*train, avion*) to be delayed; (*montre*) to lose (time); **sans ~** *ad* without delay; ~ **à l'allumage** (*AUTO*) retarded spark.

retardataire [RətaRdatɛR] *nm/f* latecomer.

retardement [RətaRdəmɑ̃]: **à ~** *a* delayed action *cpd*; **bombe à ~** time bomb.

retarder [RətaRde] *vt* (*sur un horaire*): ~ **qn (d'une heure)** to delay sb (an hour); (*sur un programme*): ~ **qn (de 3 mois)** to set sb back *ou* delay sb (3 months); (*départ, date*): ~ **qch (de 2 jours)** to put sth back (2 days), delay sth (for *ou* by 2 days) // *vi* (*montre*) to be slow; to lose (time); **je retarde (d'une heure)** I'm (an hour) slow.

retenir [RətniR] *vt* (*garder, retarder*) to keep, detain; (*maintenir: objet qui glisse, fig: colère, larmes*) to hold back; (*: objet suspendu*) to hold; (*: chaleur, odeur*) to retain; (*fig: empêcher d'agir*): ~ **qn (de faire)** to hold sb back (from doing); (*se rappeler*) to remember; (*réserver*) to reserve; (*accepter*) to accept; (*prélever*): ~ **qch (sur)** to deduct sth (from); **se ~** (*se raccrocher*): **se ~ à** to hold onto; (*se contenir*): **se ~ de faire** to restrain o.s. from doing; ~ **son souffle** *ou* **haleine** to hold one's breath; **je pose 3 et je retiens 2** put down 3 and carry 2.

retentir [Rətɑ̃tiR] *vi* to ring out; (*salle*): ~ **de** to ring *ou* resound with; ~ **sur** *vt* (*fig*) to have an effect upon.

retentissant, e [Rətɑ̃tisɑ̃, -ɑ̃t] *a* resounding; (*fig*) impact-making.

retentissement [Rətɑ̃tismɑ̃] *nm* repercussion; effect, impact; stir.

retenue [Rətny] *nf* (*prélèvement*) deduction; (*SCOL*) detention; (*modération*) (self-)restraint; (*réserve*) reserve, reticence.

réticence [Retisɑ̃s] *nf* hesitation, reluctance *q*.

rétif, ive [Retif, -iv] *a* restive.

rétine [Retin] *nf* retina.

retiré, e [RetiRe] *a* secluded.

retirer [RətiRe] *vt* to withdraw; (*vêtement, lunettes*) to take off, remove; (*extraire*): ~ **qch de** to take sth out of, remove sth from; (*reprendre: bagages, billets*) to collect, pick up; ~ **des avantages de** to derive advantages from; **se ~** *vi* (*partir, reculer*) to withdraw; (*prendre sa retraite*) to retire; **se ~ de** to withraw from; to retire from.

retombées [Rətɔ̃be] *nfpl* (*radioactives*) fallout *sg*; (*fig*) fallout; spin-offs.

retomber [Rətɔ̃be] *vi* (*à nouveau*) to fall again; (*atterrir: après un saut etc*) to land; (*tomber, redescendre*) to fall back; (*pendre*) to fall, hang (down); (*échoir*): ~ **sur qn** to fall on sb.

rétorquer [RetɔRke] *vt*: ~ **(à qn) que** to retort (to sb) that.

retors, e [RetɔR, -ɔRs(ə)] *a* wily.

rétorsion [RetɔRsjɔ̃] *nf*: **mesures de ~** reprisals.

retouche [Rətuʃ] *nf* touching up *q*; alteration.

retoucher [Rətuʃe] *vt* (*photographie, tableau*) to touch up; (*texte, vêtement*) to alter.

retour [RətuR] *nm* return; **au ~** when we (*ou* they *etc*) get (*ou* got) back; **on the way back**; **être de ~ (de)** to be back (from); **par ~ du courrier** by return of post; ~ **en arrière** (*CINÉMA*) flashback; (*mesure*) backward step; ~ **offensif** renewed attack.

retourner [RətuRne] *vt* (*dans l'autre sens: matelas, crêpe*) to turn (over); (*: caisse*) to turn upside down; (*: sac, vêtement*) to turn inside out; (*fig: argument*) to turn back; (*e remuant: terre, sol, foin*) to turn over; (*émouvoir: personne*) to shake; (*renvoyer, restituer*): ~ **qch à qn** to return sth to sb // *vi* (*aller, revenir*): ~ **quelque part/à** to go back *ou* return somewhere/to; ~ **à**

(état, activité) to return to, go back to ; se ~ vi to turn over ; (tourner la tête) to turn round ; se ~ contre (fig) to turn against ; savoir de quoi il retourne to know what it is all about ; ~ en arrière ou sur ses pas to turn back, retrace one's steps.

retracer [ʀətʀase] vt to relate, recount.

rétracter [ʀetʀakte] vt, se ~ vi to retract.

retraduire [ʀətʀadyiʀ] vt to translate again ; (dans la langue de départ) to translate back.

retrait [ʀətʀɛ] nm (voir retirer) withdrawal ; collection ; redemption ; (voir se retirer) withdrawal ; (rétrécissement) shrinkage ; en ~ a set back ; ~ du permis (de conduire) disqualification from driving.

retraite [ʀətʀɛt] nf (d'une armée, REL, refuge) retreat ; (d'un employé) retirement ; (retirement) pension ; être/mettre à la ~ to be retired ou in retirement/pension off ou retire ; prendre sa ~ to retire ; ~ anticipée early retirement ; ~ aux flambeaux torchlight tattoo ; retraité, e a retired // nm/f (old age) pensioner.

retranchement [ʀətʀɑ̃ʃmɑ̃] nm entrenchment.

retrancher [ʀətʀɑ̃ʃe] vt (passage, détails) to take out, remove ; (nombre, somme): ~ qch de to take ou deduct sth from ; (couper) to cut off ; se ~ derrière/dans to entrench o.s. behind/in ; (fig) to take refuge behind/in.

retransmettre [ʀətʀɑ̃smɛtʀ(ə)] vt (RADIO) to broadcast, relay ; (TV) to show ; **retransmission** nf broadcast ; showing.

retraverser [ʀətʀavɛʀse] vt (dans l'autre sens) to cross back over.

rétrécir [ʀetʀesiʀ] vt (vêtement) to take in // vi to shrink ; se ~ vi to narrow.

retremper [ʀətʀɑ̃pe] vt: se ~ dans (fig) to reimmerse o.s. in.

rétribuer [ʀetʀibɥe] vt (travail) to pay for ; (personne) to pay ; **rétribution** nf payment.

rétro [ʀetʀo] a inv: la mode ~ the nostalgia vogue.

rétroactif, ive [ʀetʀoaktif, -iv] a retroactive.

rétrograde [ʀetʀɔɡʀad] a reactionary, backward-looking.

rétrograder [ʀetʀɔɡʀade] vi (élève) to fall back ; (économie) to regress ; (AUTO) to change down.

rétrospective [ʀetʀɔspɛktiv] nf retrospective exhibition ; season showing old films ; ~ment ad in retrospect.

retrousser [ʀətʀuse] vt to roll up.

retrouvailles [ʀətʀuvɑj] nfpl reunion sg.

retrouver [ʀətʀuve] vt (fugitif, objet perdu) to find ; (occasion) to find again ; (calme, santé) to regain ; (revoir) to see again ; (rejoindre) to meet (again), join ; se ~ vi to meet ; (s'orienter) to find one's way ; se ~ quelque part to find o.s. somewhere ; to end up somewhere ; s'y ~ (rentrer dans ses frais) to break even.

rétroviseur [ʀetʀɔvizœʀ] nm (rear-view ou driving) mirror.

réunion [ʀeynjɔ̃] nf bringing together ; joining ; (séance) meeting ; l'île de la R~, la R~ Réunion.

réunir [ʀeyniʀ] vt (convoquer) to call together ; (rassembler) to gather together ; (cumuler) to combine ; (rapprocher) to bring together (again), reunite ; (rattacher) to join (together) ; se ~ vi (se rencontrer) to meet ; (s'allier) to unite.

réussi, e [ʀeysi] a successful.

réussir [ʀeysiʀ] vi to succeed, be successful ; (à un examen) to pass ; (plante, culture) to thrive, do well // vt to make a success of ; to bring off ; ~ à faire to succeed in doing ; ~ à qn to go right for sb ; to agree with sb.

réussite [ʀeysit] nf success ; (CARTES) patience.

revaloir [ʀəvalwaʀ] vt: je vous revaudrai cela I'll repay you some day ; (en mal) I'll pay you back for this.

revaloriser [ʀəvalɔʀize] vt (monnaie) to revalue ; (salaires, pensions) to raise the level of ; (institution, tradition) to reassert the value of.

revanche [ʀəvɑ̃ʃ] nf revenge ; prendre sa ~ (sur) to take one's revenge (on) ; en ~ on the other hand.

rêvasser [ʀɛvase] vi to daydream.

rêve [ʀɛv] nm dream ; (activité psychique): le ~ dreaming ; ~ éveillé daydreaming q, daydream.

revêche [ʀəvɛʃ] a surly, sour-tempered.

réveil [ʀevɛj] nm (d'un dormeur) waking up q ; (fig) awakening ; (pendule) alarm (clock) ; au ~ when I (ou he) woke up, on waking (up) ; sonner le ~ (MIL) to sound the reveille.

réveille-matin [ʀevɛjmatɛ̃] nm inv alarm clock.

réveiller [ʀevɛje] vt (personne) to wake up ; (fig) to awaken, revive ; se ~ vi to wake up ; (fig) to be revived, reawaken.

réveillon [ʀevɛjɔ̃] nm Christmas Eve ; (de la Saint-Sylvestre) New Year's Eve ; Christmas Eve (ou New Year's Eve) party ou dinner ; réveillonner vi to celebrate Christmas Eve (ou New Year's Eve).

révélateur, trice [ʀevelatœʀ, -tʀis] a: ~ (de qch) revealing (sth) // nm (PHOTO) developer.

révélation [ʀevelasjɔ̃] nf revelation.

révéler [ʀevele] vt (gén) to reveal ; (divulguer) to disclose, reveal ; (dénoter) to reveal, show ; (faire connaître au public): ~ qn/qch to make sb/ sth widely known, bring sb/sth to the public's notice ; se ~ vi to be revealed, reveal itself // vb avec attribut to prove (to be).

revenant, e [ʀəvnɑ̃, -ɑ̃t] nm/f ghost.

revendeur, euse [ʀəvɑ̃dœʀ, -øz] nm/f (détaillant) retailer ; (d'occasions) secondhand dealer.

revendication [ʀəvɑ̃dikɑsjɔ̃] nf claim, demand ; journée de ~ day of action (in support of one's claims).

revendiquer [ʀəvɑ̃dike] vt to claim, demand ; (responsabilité) to claim // vi to agitate in favour of one's claims.

revendre [ʀəvɑ̃dʀ(ə)] vt (d'occasion) to resell ; (détailler) to sell ; (vendre davantage de): ~ du sucre/un foulard/deux bagues to sell more sugar/another scarf/another two rings ; à ~ ad (en abondance) to spare, aplenty.

revenir [Rəvniʀ] *vi* to come back ; (CULIN): **faire ~** to brown ; (*coûter*): ~ **cher/à 100 F** (**à qn**) to cost (sb) a lot/100 F ; ~ **à** (*études, projet*) to return to, go back to ; (*équivaloir à*) to amount to ; ~ **à qn** (*rumeur, nouvelle*) to get back to sb, reach sb's ears ; (*part, honneur*) to go to sb, be sb's ; (*souvenir, nom*) to come back to sb ; ~ **de** (*fig: maladie, étonnement*) to recover from ; ~ **sur** (*question, sujet*) to go back over ; (*engagement*) to go back on ; ~ **à la charge** to return to the attack ; ~ **à soi** to come round ; **n'en pas ~: je n'en reviens pas** I can't get over it ; ~ **sur ses pas** to retrace one's steps ; **cela revient à dire que** it amounts to saying that.

revente [Rəvɑ̃t] *nf* resale.

revenu [Rəvny] *nm* income ; (*de l'État*) revenue ; (*d'un capital*) yield ; **~s** *nmpl* income *sg*.

rêver [Reve] *vi*, *vt* to dream ; ~ **de qch/faire** to dream of sth/doing ; ~ **à** to dream of.

réverbération [RevɛRbeRɑsjɔ̃] *nf* reflection.

réverbère [RevɛRbɛR] *nm* street lamp *ou* light.

réverbérer [RevɛRbeRe] *vt* to reflect.

révérence [ReveRɑ̃s] *nf* (*vénération*) reverence ; (*salut*) bow ; curtsey.

révérend, e [ReveRɑ̃, -ɑ̃d] *a*: **le ~ père Pascal** the Reverend Father Pascal.

révérer [RevɛRe] *vt* to revere.

rêverie [RɛvRi] *nf* daydreaming *q*, daydream.

revers [RəvɛR] *nm* (*de feuille, main*) back ; (*d'étoffe*) wrong side ; (*de pièce, médaille*) back, reverse ; (TENNIS, PING-PONG) backhand ; (*de veston*) lapel ; (*de pantalon*) turn-up ; (*fig: échec*) setback ; **le ~ de la médaille** (*fig*) the other side of the coin ; **prendre à ~** (MIL) to take from the rear.

réversible [RevɛRsibl(ə)] *a* reversible.

revêtement [Rəvɛtmɑ̃] *nm* (*de paroi*) facing ; (*des sols*) flooring ; (*de chaussée*) surface ; (*de tuyau etc*: *enduit*) coating.

revêtir [Rəvɛtiʀ] *vt* (*habit*) to don, put on ; (*fig*) to take on ; ~ **qn de** to dress sb in ; (*fig*) to endow *ou* invest sb with ; ~ **qch de** to cover sth with ; (*fig*) to cloak sth in ; ~ **d'un visa** to append a visa to.

rêveur, euse [RɛvœR, -øz] *a* dreamy // *nm/f* dreamer.

revient [Rəvjɛ̃] *nf* *vb voir* **revenir** // *nm*: **prix de ~** cost price.

revigorer [RəvigɔRe] *vt* to invigorate, brace up ; to revive, buck up.

revirement [RəviRmɑ̃] *nm* change of mind ; (*d'une situation*) reversal.

réviser [Revize] *vt* (*texte, SCOL: matière*) to revise ; (*comptes*) to audit ; (*machine, installation, moteur*) to overhaul, service ; (JUR: *procès*) to review.

révision [Revizjɔ̃] *nf* revision ; auditing *q* ; overhaul ; servicing *q* ; review ; **conseil de ~** (MIL) recruiting board ; **faire ses ~s** (SCOL) to do one's revision, revise ; **la ~ des 10000 km** (AUTO) the 10,000 km service.

revisser [Rəvise] *vt* to screw back again.

revivifier [Rəvivifje] *vt* to revitalize.

revivre [RəvivR(ə)] *vi* (*reprendre des forces*) to come alive again ; (*traditions*) to be revived // *vt* (*épreuve, moment*) to relive.

révocation [Revɔkɑsjɔ̃] *nf* dismissal ; revocation.

revoir [RəvwaR] *vt* to see again ; (*réviser*) to revise // *nm*: **au ~** goodbye ; **dire au ~ à qn** to say goodbye to sb.

révolte [Revɔlt(ə)] *nf* rebellion, revolt.

révolter [Revɔlte] *vt* to outrage, appal ; **se ~** *vi*: **se ~ (contre)** to rebel (against) ; **se ~ (à)** to be outraged (by).

révolu, e [Revɔly] *a* past ; (ADMIN): **âgé de 18 ans ~s** over 18 years of age ; **après 3 ans ~s** when 3 full years have passed.

révolution [Revɔlysjɔ̃] *nf* revolution ; **révolutionnaire** *a*, *nm/f* revolutionary ; **révolutionner** *vt* to revolutionize ; (*fig*) to stir up.

revolver [Revɔlvɛʀ] *nm* gun ; (*à barillet*) revolver.

révoquer [Revɔke] *vt* (*fonctionnaire*) to dismiss, remove from office ; (*arrêt, contrat*) to revoke.

revue [Rəvy] *nf* (*inventaire, examen*) review ; (MIL: *défilé*) review, march-past ; (: *inspection*) inspection, review ; (*périodique*) review, magazine ; (*pièce satirique*) revue ; (*de music-hall*) variety show ; **passer en ~** to review, inspect ; (*fig*) to review, survey ; to go through.

révulsé, e [Revylse] *a* (*yeux*) rolled upwards ; (*visage*) contorted.

rez-de-chaussée [Redʃose] *nm inv* ground floor.

RF *sigle* = **République Française.**

rhabiller [Rabije] *vt*: **se ~** to get dressed again, put one's clothes on again.

rhapsodie [Rapsɔdi] *nf* rhapsody.

rhénan, e [Renɑ̃, -an] *a* Rhine *cpd*.

Rhénanie [Renani] *nf*: **la ~** the Rhineland.

rhésus [Rezys] *a*, *nm* rhesus.

rhétorique [RetɔRik] *nf* rhetoric.

rhéto-roman, e [RetɔRɔmɑ̃, -an] *a* Rhaeto-Romanic.

Rhin [Rɛ̃] *nm*: **le ~** the Rhine.

rhinocéros [RinɔseRɔs] *nm* rhinoceros.

rhodanien, ne [Rɔdanjɛ̃, -jɛn] *a* Rhone *cpd*.

Rhodésie [Rɔdezi] *nf*: **la ~** Rhodesia ; **rhodésien, ne** *a* Rhodesian.

rhododendron [RɔdɔdɛdRɔ̃] *nm* rhododendron.

Rhône [Ron] *nm*: **le ~** the Rhone.

rhubarbe [RybaRb(ə)] *nf* rhubarb.

rhum [Rɔm] *nm* rum.

rhumatisant, e [Rymatizɑ̃, -ɑ̃t] *nm/f* rheumatic.

rhumatismal, e, aux [Rymatismal, -o] *a* rheumatic.

rhumatisme [Rymatism(ə)] *nm* rheumatism *q*.

rhume [Rym] *nm* cold ; **~ de cerveau** head cold ; **le ~ des foins** hay fever.

ri [Ri] *pp de* **rire**.

riant, e [Rjɑ̃, -ɑ̃t] *a* smiling, cheerful.

ribambelle [Ribɑ̃bɛl] *nf*: **une ~ de** a herd *ou* swarm of.

ricaner [Rikane] *vi* (*avec méchanceté*) to snigger ; (*bêtement, avec gêne*) to giggle.

riche [Riʃ] a (gén) rich ; (personne, pays) rich, wealthy ; ~ **en** rich in ; ~ **de** full of ; rich in ; **richesse** nf wealth ; (fig) richness ; **richesses** nfpl wealth sg ; treasures ; **richesse en vitamines** high vitamin content.

ricin [Risɛ̃] nm: **huile de** ~ castor oil.

ricocher [Rikɔʃe] vi: ~ **(sur)** to rebound (off) ; (sur l'eau) to bounce (on ou off) ; **faire** ~ (galet) to skim.

ricochet [Rikɔʃɛ] nm rebound ; bounce ; **faire des** ~**s** to skim pebbles ; **par** ~ ad on the rebound ; (fig) as an indirect result.

rictus [Riktys] nm grin ; (snarling) grimace.

ride [Rid] nf wrinkle ; (fig) ripple.

ridé, e [Ride] a wrinkled.

rideau, x [Rido] nm curtain ; ~ **de fer** metal shutter ; (POL): **le** ~ **de fer** the Iron Curtain.

ridelle [Ridɛl] nf slatted side.

rider [Ride] vt to wrinkle ; (fig) to ripple : to ruffle the surface of ; **se** ~ vi (avec l'âge) to become wrinkled ; (de contrariété) to wrinkle.

ridicule [Ridikyl] a ridiculous // nm ridiculousness q ; **le** ~ ridicule ; **tourner en** ~ to ridicule ; **ridiculiser** vt to ridicule ; **se ridiculiser** to make a fool of o.s.

rie vb voir **rire**.

rien [Rjɛ̃] pronom nothing ; (quelque chose) anything ; **ne** ... ~ nothing, tournure négative + anything // nm nothing ; ~ **d'autre** nothing else ; ~ **du tout** nothing at all ; ~ **que** just, only ; nothing but ; **il n'a** ~ (n'est pas blessé) he's all right ; **un petit** ~ (cadeau) a little something ; **des** ~**s** trivia pl.

rieur, euse [Rjœr, -øz] a cheerful, merry.

rigide [Riʒid] a stiff ; (fig) rigid ; strict ; **rigidité** nf stiffness ; **la rigidité cadavérique** rigor mortis.

rigolade [Rigɔlad] nf: **la** ~ fun ; (fig): **c'est de la** ~ it's a cinch ; it's a big farce.

rigole [Rigɔl] nf (conduit) channel ; (filet d'eau) rivulet.

rigoler [Rigɔle] vi (rire) to laugh ; (s'amuser) to have (some) fun ; (plaisanter) to be joking ou kidding.

rigolo, ote [Rigɔlo, -ɔt] a (fam) funny // nm/f comic ; (péj) fraud, phoney.

rigoureux, euse [Riguʀø, -øz] a (morale) rigorous, strict ; (personne) stern, strict ; (climat, châtiment) rigorous, harsh, severe ; (interdiction, neutralité) strict ; (preuves, analyse, méthode) rigorous.

rigueur [Rigœr] nf rigour ; strictness ; harshness ; **'tenue de soirée de** ~' 'evening dress (to be worn)' ; **être de** ~ to be the usual thing ou be the rule ; **à la** ~ at a pinch ; possibly ; **tenir** ~ **à qn de qch** to hold sth against sb.

rillettes [Rijɛt] nfpl potted meat sg.

rime [Rim] nf rhyme ; **rimer** vi: **(avec)** to rhyme (with) ; **ne rimer à rien** not to make sense.

rinçage [Rɛ̃saʒ] nm rinsing (out) ; (opération) rinse.

rince-doigts [Rɛ̃sdwa] nm inv finger-bowl.

rincer [Rɛ̃se] vt to rinse ; (récipient) to rinse out.

ring [Riŋ] nm (boxing) ring.

rions vb voir **rire**.

ripaille [Ripuj] nf: **faire** ~ to feast.

ripoliné, e [Ripɔline] a enamel-painted.

riposte [Ripɔst(ə)] nf retort, riposte ; (fig) counter-attack, reprisal.

riposter [Ripɔste] vi to retaliate // vt: ~ **que** to retort that ; ~ **à** vt to counter ; to reply to.

rire [RiR] vi to laugh ; (se divertir) to have fun // nm laugh ; **le** ~ laughter ; ~ **de** vt to laugh at ; **se** ~ **de** to make light of ; **pour** ~ (pas sérieusement) for a joke ou a laugh.

ris [Ri] vb voir **rire** // nm: ~ **de veau** (calf) sweetbread.

risée [Rize] nf: **être la** ~ **de** to be the laughing stock of.

risette [Rizɛt] nf: **faire** ~ **(à)** to give a nice little smile (to).

risible [Rizibl(ə)] a laughable, ridiculous.

risque [Risk(ə)] nm risk ; **le** ~ **danger** ; **prendre des** ~**s** to take risks ; **à ses** ~**s et périls** at his own risk ; **au** ~ **de** at the risk of.

risqué, e [Riske] a risky ; (plaisanterie) risqué, daring.

risquer [Riske] vt to risk ; (allusion, question) to venture, hazard ; **tu risques qu'on te renvoie** you risk being dismissed ; **ça ne risque rien** it's quite safe ; ~ **de: il risque de se tuer** he could get ou risks getting himself killed ; **il a risqué de se tuer** he almost got himself killed ; **ce qui risque de se produire** what might ou could well happen ; **il ne risque pas de recommencer** there's no chance of him doing that again ; **se** ~ **dans** (s'aventurer) to venture into ; **se** ~ **à faire** (tenter) to venture ou dare to do ; **risque-tout** nm/f inv daredevil.

rissoler [Risɔle] vi, vt: **(faire)** ~ to brown.

ristourne [RistuRn(ə)] nf rebate.

rite [Rit] nm rite ; (fig) ritual.

ritournelle [RituRnɛl] nf (fig) tune.

rituel, le [Rityɛl] a, nm ritual.

rivage [Rivaʒ] nm shore.

rival, e, aux [Rival, -o] a, nm/f rival.

rivaliser [Rivalize] vi: ~ **avec** to rival, vie with ; (être comparable) to hold its own against, compare with ; ~ **avec qn de** (élégance etc) to vie with ou rival sb in.

rivalité [Rivalite] nf rivalry.

rive [Riv] nf shore ; (de fleuve) bank.

river [Rive] vt (clou, pointe) to clinch ; (plaques) to rivet together ; **être rivé sur/à** to be riveted on/to.

riverain, e [RivRɛ̃, -ɛn] a riverside cpd ; lakeside cpd ; roadside cpd // nm/f riverside (ou lakeside) resident ; local ou roadside resident.

rivet [Rivɛ] nm rivet ; **riveter** vt to rivet (together).

rivière [RivjɛR] nf river ; ~ **de diamants** diamond rivière.

rixe [Riks(ə)] nf brawl, scuffle.

riz [Ri] nm rice ; ~ **au lait** rice pudding ; **rizière** nf paddy-field.

R.N. sigle f = route nationale, voir **national**.

robe [ɔb] *nf* dress; (*de juge, d'ecclésiastique*) robe; (*de professeur*) gown; (*pelage*) coat; ~ **de soirée/de mariée** evening/ wedding dress; ~ **de baptême** christening robe; ~ **de chambre** dressing gown; ~ **de grossesse** maternity dress.

robinet [ɔbinɛ] *nm* tap; ~ **du gaz** gas tap; ~ **mélangeur** mixer tap; **robinetterie** *nf* taps *pl*, plumbing.

roboratif, ive [ɔbɔʀatif, -iv] *a* bracing, invigorating.

robot [ɔbo] *nm* robot.

robuste [ɔbyst(ə)] *a* robust, sturdy.

roc [ɔk] *nm* rock.

rocade [ɔkad] *nf* (AUTO) by-road, bypass.

rocaille [ɔkɑj] *nf* loose stones *pl*; rocky *ou* stony ground; (*jardin*) rockery, rock garden // *a* (*style*) rocaille; **rocailleux, euse** *a* rocky, stony; (*voix*) harsh.

rocambolesque [ɔkɑ̃bɔlɛsk(ə)] *a* fantastic, incredible.

roche [ɔʃ] *nf* rock.

rocher [ɔʃe] *nm* rock; (ANAT) petrosal bone.

rochet [ɔʃɛ] *nm*: **roue à** ~ rachet wheel.

rocheux, euse [ɔʃø, -øz] *a* rocky.

rock (and roll) [ɔk(ɛnʀɔl)] *nm* (*musique*) rock('n'-roll); (*danse*) jive.

rodage [ɔdaʒ] *nm* running in; **en** ~ (AUTO) running in.

rodéo [ɔdeo] *nm* rodeo (*pl* s).

roder [ɔde] *vt* (*moteur, voiture*) to run in.

rôder [ɔde] *vi* to roam *ou* wander about; (*de façon suspecte*) to lurk *ou* loiter (about *ou* around); **rôdeur, euse** *nm/f* prowler.

rodomontades [ɔdɔmɔ̃tad] *nfpl* bragging *sg*; sabre rattling *sg*.

rogatoire [ɔgatwaʀ] *a*: **commission** ~ letters rogatory.

rogne [ɔɲ] *nf*: **être en** ~ to be ratty *ou* in a temper.

rogner [ɔɲe] *vt* to trim; to clip; (*fig*) to whittle down; ~ **sur** (*fig*) to cut down *ou* back on.

rognons [ɔɲɔ̃] *nmpl* kidneys.

rognures [ɔɲyʀ] *nfpl* trimmings; clippings.

rogue [ɔg] *a* arrogant.

roi [ʀwa] *nm* king; **le jour** *ou* **la fête des R~s, les** ~**s** Twelfth Night.

roitelet [ʀwatlɛ] *nm* wren; (*péj*) kinglet.

rôle [ɔl] *nm* role; (*contribution*) part.

rollmops [ɔlmɔps] *nm* rollmop.

romain, e [ɔmɛ̃, -ɛn] *a*, *nm/f* Roman // *nf* (BOT) cos (lettuce).

roman, e [ɔmɑ̃, -an] *a* (ARCHIT) Romanesque; (LING) Romance, Romanic // *nm* novel; ~ **d'espionnage** spy novel *ou* story; ~ **photo** romantic picture story.

romance [ɔmɑ̃s] *nf* ballad.

romancer [ɔmɑ̃se] *vt* to make into a novel; to romanticize.

romanche [ɔmɑ̃ʃ] *a*, *nm* Romansh.

romancier, ière [ɔmɑ̃sje, -jɛʀ] *nm/f* novelist.

romand, e [ɔmɑ̃, -ɑ̃d] *a* of *ou* from French-speaking Switzerland.

romanesque [ɔmanɛsk(ə)] *a* (*fantastique*) fantastic; storybook *cpd*;

(*sentimental*) romantic; (LITTÉRATURE) novelistic.

roman-feuilleton [ɔmɑ̃fœjtɔ̃] *nm* serialized novel.

romanichel, le [ɔmaniʃɛl] *nm/f* gipsy.

romantique [ɔmɑ̃tik] *a* romantic.

romantisme [ɔmɑ̃tism(ə)] *nm* romanticism.

romarin [ɔmaʀɛ̃] *nm* rosemary.

Rome [ɔm] *nf* Rome.

rompre [ɔ̃pʀ(ə)] *vt* to break; (*entretien, fiançailles*) to break off // *vi* (*fiancés*) to break it off; **se** ~ *vi* to break; (MED) to burst, rupture; **se** ~ **les os** *ou* **le cou** to break one's neck; ~ **avec** to break with; **rompez (les rangs)!** (MIL) dismiss!, fall out!

rompu, e [ɔ̃py] *a* (*fourbu*) exhausted, worn out; ~ **à** with wide experience of; inured to.

romsteak [ɔmstɛk] *nm* rumpsteak *q*.

ronce [ɔ̃s] *nf* (BOT) bramble branch; (MENUISERIE): ~ **de noyer** burr walnut; ~**s** *nfpl* brambles, thorns.

ronchonner [ɔ̃ʃɔne] *vi* (*fam*) to grouse, grouch.

rond, e [ɔ̃, ɔ̃d] *a* round; (*joues, mollets*) well-rounded; (*fam: ivre*) tight // *nm* (*cercle*) ring; (*fam: sou*) **je n'ai plus un** ~ I haven't a penny left // *nf* (*gén: de surveillance*) rounds *pl*, patrol; (*danse*) round (dance); (MUS) semibreve; **en** ~ (*s'asseoir, danser*) in a ring; **à 10 km à la** ~**e** for 10 km round; (*à chacun son tour*): **passer qch à la** ~**e** to pass sth (a)round; **faire des** ~**s de jambe** to bow and scrape; ~ **de serviette** serviette ring; ~**-de-cuir** *nm* (*péj*) penpusher; **rondelet, te** *a* plump.

rondelle [ɔ̃dɛl] *nf* (TECH) washer; (*tranche*) slice, round.

rondement [ɔ̃dmɑ̃] *ad* briskly; frankly.

rondeur [ɔ̃dœʀ] *nf* (*d'un bras, des formes*) plumpness; (*bonhomie*) friendly straightforwardness; ~**s** *nfpl* (*d'une femme*) curves.

rondin [ɔ̃dɛ̃] *nm* log.

rond-point [ɔ̃pwɛ̃] *nm* roundabout.

ronéotyper [ɔneɔtipe] *vt* to duplicate, roneo.

ronflant, e [ɔ̃flɑ̃, -ɑ̃t] *a* (*péj*) high-flown, grand.

ronflement [ɔ̃flɑ̃mɑ̃] *nm* snore, snoring *q*.

ronfler [ɔ̃fle] *vi* to snore; (*moteur, poêle*) to hum; to roar.

ronger [ɔ̃ʒe] *vt* to gnaw (at); (*suj: vers, rouille*) to eat into; ~ **son frein** to champ (at) the bit; **se** ~ **de souci, se** ~ **les sangs** to worry o.s. sick, fret; **se** ~ **les ongles** to bite one's nails; **rongeur, euse** *nm/f* rodent.

ronronner [ɔ̃ʀɔne] *vi* to purr.

roque [ɔk] *nm* (ÉCHECS) castling; **roquer** *vi* to castle.

roquet [ɔkɛ] *nm* nasty little lap-dog.

roquette [ɔkɛt] *nf* rocket.

rosace [ɔzas] *nf* (*vitrail*) rose window, rosace; (*motif: de plafond etc*) rose.

rosaire [ɔzɛʀ] *nm* rosary.

rosbif [ɔsbif] *nm*: **du** ~ roasting beef; (*cuit*) roast beef; **un** ~ a joint of beef.

rose [ʀoz] *nf* rose ; (*vitrail*) rose window // a pink ; ~ **bonbon** *a inv* candy pink ; ~ **des vents** compass card.

rosé, e [ʀoze] *a* pinkish ; (*vin*) ~ rosé (wine).

roseau, x [ʀozo] *nm* reed.

rosée [ʀoze] *nf* dew ; **goutte de** ~ dewdrop.

roseraie [ʀozʀɛ] *nf* rose garden ; (*plantation*) rose nursery.

rosette [ʀozɛt] *nf* rosette (*gen of the Légion d'honneur*).

rosier [ʀozje] *nm* rosebush, rose tree.

rosir [ʀoziʀ] *vi* to go pink.

rosse [ʀɔs] *nf* (*péj: cheval*) nag // a nasty, vicious.

rosser [ʀɔse] *vt* (*fam*) to thrash.

rossignol [ʀɔsiɲɔl] *nm* (*ZOOL*) nightingale ; (*crochet*) picklock.

rot [ʀo] *nm* belch ; (*de bébé*) burp.

rotatif, ive [ʀɔtatif, -iv] *a* rotary // *nf* rotary press.

rotation [ʀɔtasjɔ̃] *nf* rotation ; (*fig*) rotation, swap-around ; turnover ; **par** ~ on a rota basis ; ~ **des cultures** rotation of crops ; ~ **des stocks** stock turnover.

roter [ʀɔte] *vi* (*fam*) to burp, belch.

rôti [ʀoti] *nm: du* ~ roasting meat ; (*cuit*) roast meat ; **un** ~ **de bœuf/porc** a joint of beef/pork.

rotin [ʀɔtɛ̃] *nm* rattan (cane) ; **fauteuil en** ~ cane (arm)chair.

rôtir [ʀotiʀ] *vt* (*aussi:* **faire** ~) to roast // *vi* to roast ; **se** ~ **au soleil** to bask in the sun ; **rôtisserie** *nf* steakhouse ; roast meat counter (*ou* shop) ; **rôtissoire** *nf* (roasting) spit.

rotonde [ʀɔtɔ̃d] *nf* (*ARCHIT*) rotunda ; (*RAIL*) engine shed.

rotondité [ʀɔtɔ̃dite] *nf* roundness.

rotor [ʀɔtɔʀ] *nm* rotor.

rotule [ʀɔtyl] *nf* kneecap, patella.

roturier, ière [ʀɔtyʀje, -jɛʀ] *nm/f* commoner.

rouage [ʀwaʒ] *nm* cog(wheel), gearwheel ; (*de montre*) part ; (*fig*) cog ; ~**s** *pl* (*fig*) internal structure *sg*.

roublard, e [ʀublaʀ, -aʀd(ə)] *a* (*péj*) crafty, wily.

rouble [ʀubl(ə)] *nm* rouble.

roucouler [ʀukule] *vi* to coo ; (*fig: péj*) to warble.

roue [ʀu] *nf* wheel ; **faire la** ~ (*paon*) to spread *ou* fan its tail ; (*GYM*) to do a cartwheel ; **descendre en** ~ **libre** to freewheel *ou* coast down ; ~ **à aubes** paddle wheel ; ~ **dentée** cogwheel ; ~ **de secours** spare wheel.

roué, e [ʀwe] *a* wily.

rouer [ʀwe] *vt:* ~ **qn de coups** to give sb a thrashing.

rouet [ʀwɛ] *nm* spinning wheel.

rouge [ʀuʒ] *a, nm/f* red // *nm* red ; (*fard*) rouge ; (*vin*) ~ red wine ; **passer au** ~ (*signal*) to go red ; (*automobiliste*) to go through the red lights ; **porter au** ~ (*métal*) to bring to red heat ; ~ **(à lèvres)** lipstick ; **rougeâtre** *a* reddish ; ~**-gorge** *nm* robin (redbreast).

rougeole [ʀuʒɔl] *nf* measles *sg*.

rougeoyer [ʀuʒwaje] *vi* to glow red.

rouget [ʀuʒɛ] *nm* mullet.

rougeur [ʀuʒœʀ] *nf* redness ; (*du visage*) red face ; ~**s** *nfpl* (*MÉD*) red blotches.

rougir [ʀuʒiʀ] *vi* (*de hònte, timidité*) to blush, flush ; (*de plaisir, colère*) to flush ; (*fraise, tomate*) to go *ou* turn red ; (*ciel*) to redden.

rouille [ʀuj] *nf* rust // *a inv* rust-coloured, rusty.

rouillé, e [ʀuje] *a* rusty.

rouiller [ʀuje] *vt* to rust // *vi* to rust, go rusty ; **se** ~ *vi* to rust ; (*fig*) to become rusty ; to grow stiff.

roulade [ʀulad] *nf* (*GYM*) roll ; (*CULIN*) rolled meat *q* ; (*MUS*) roulade, run.

roulant, e [ʀulɑ̃, -ɑ̃t] *a* (*meuble*) on wheels ; (*surface, trottoir*) moving ; **matériel** ~ (*RAIL*) rolling stock ; **personnel** ~ (*RAIL*) train crews *pl*.

rouleau, x [ʀulo] *nm* (*de papier, tissu, pièces de monnaie, SPORT*) roll ; (*de machine à écrire*) roller, platen ; (*à mise en plis, à peinture, vague*) roller ; ~ **compresseur** steamroller ; ~ **à pâtisserie** rolling pin ; ~ **de pellicule** roll of film.

roulement [ʀulmɑ̃] *nm* (*bruit*) rumbling *q*, rumble ; (*rotation*) rotation ; turnover ; **par** ~ on a rota basis ; ~ **(à billes)** ball bearings *pl* ; ~ **de tambour** drum roll.

rouler [ʀule] *vt* to roll ; (*papier, tapis*) to roll up ; (*CULIN: pâte*) to roll out ; (*fam*) to do, con // *vi* (*bille, boule*) to roll ; (*voiture, train*) to go, run ; (*automobiliste*) to drive ; (*cycliste*) to ride ; (*bateau*) to roll ; (*tonnerre*) to rumble, roll ; (*dégringoler*): ~ **en bas de** to roll down ; ~ **sur** (*suj: conversation*) to turn on ; **se** ~ **dans** (*boue*) to roll in ; (*couverture*) to roll o.s. (up) in ; ~ **les épaules/hanches** to sway one's shoulders/wiggle one's hips.

roulette [ʀulɛt] *nf* (*de table, fauteuil*) castor ; (*de pâtissier*) pastry wheel ; (*jeu*): **la** ~ roulette ; **à** ~**s** on castors.

roulis [ʀuli] *nm* roll(ing).

roulotte [ʀulɔt] *nf* caravan.

roumain, e [ʀumɛ̃, -ɛn] *a, nm/f* Romanian.

Roumanie [ʀumani] *nf* Romania.

roupiller [ʀupije] *vi* (*fam*) to sleep.

rouquin, e [ʀukɛ̃, -in] *nm/f* (*péj*) redhead.

rouspéter [ʀuspete] *vi* (*fam*) to moan, grouse.

rousse [ʀus] *a voir* **roux**.

rousseur [ʀusœʀ] *nf:* **tache de** ~ freckle.

roussi [ʀusi] *nm:* **ça sent le** ~ there's a smell of burning ; (*fig*) I can smell trouble.

roussir [ʀusiʀ] *vt* to scorch // *vi* (*feuilles*) to go *ou* turn brown ; (*CULIN*): **faire** ~ to brown.

route [ʀut] *nf* road ; (*fig: chemin*) way ; (*itinéraire, parcours*) route ; (*fig: voie*) road, path ; **par (la)** ~ by road ; **il y a 3h de** ~ it's a 3-hour ride *ou* journey ; **en** ~ *ad* on the way ; **mettre en** ~ to start up ; **se mettre en** ~ to set off ; **faire** ~ **vers** to head towards ; **routier, ière** *a* road *cpd* // *nm* (*camionneur*) (long-distance) lorry *ou* truck driver ; (*restaurant*) ≈ transport café ; (*scout*) ≈ rover // *nf* (*voiture*) touring car.

routine [Rutin] *nf* routine ; **routinier, ière** *a* (*péj*) humdrum ; addicted to routine.
rouvrir [RuvRiR] *vt*, *vi* to reopen, open again ; **se** ~ *vi* (*blessure*) to open up again.
roux, rousse [Ru, Rus] *a* red ; (*personne*) red-haired // *nm/f* redhead // *nm* (CULIN) roux.
royal, e, aux [Rwajal, -o] *a* royal ; fit for a king, princely ; blissful ; thorough.
royaliste [Rwajalist(ə)] *a*, *nm/f* royalist.
royaume [Rwajom] *nm* kingdom ; (*fig*) realm ; **le R~ Uni** the United Kingdom.
royauté [Rwajote] *nf* (*dignité*) kingship ; (*régime*) monarchy.
R.S.V.P. *sigle* (= *répondez s'il vous plaît*) R.S.V.P.
Rte *abr de* **route.**
ruade [Rɥad] *nf* kick.
ruban [Rybã] *nm* (*gén*) ribbon ; (*pour ourlet, couture*) binding ; (*de téléscripteur etc*) tape ; (*d'acier*) strip ; ~ **adhésif** adhesive tape.
rubéole [Rybeɔl] *nf* German measles *sg*, rubella.
rubicond, e [Rybikɔ̃, -ɔ̃d] *a* rubicund, ruddy.
rubis [Rybi] *nm* ruby ; (HORLOGERIE) jewel.
rubrique [RybRik] *nf* (*titre, catégorie*) heading, rubric ; (PRESSE: *article*) column.
ruche [Ryʃ] *nf* hive.
rude [Ryd] *a* (*barbe, toile*) rough ; (*métier, tâche*) hard, tough ; (*climat*) severe, harsh ; (*bourru*) harsh, rough ; (*fruste*) rugged, tough ; (*fam*) jolly good ; ~**ment** *ad* (*tomber, frapper*) hard ; (*traiter, reprocher*) harshly ; (*fam*: *très*) terribly, jolly ; (: *beaucoup*) jolly hard.
rudimentaire [Rydimɑ̃tɛR] *a* rudimentary, basic.
rudiments [Rydimã] *nmpl* rudiments ; basic knowledge *sg*; basic principles.
rudoyer [Rydwaje] *vt* to treat harshly.
rue [Ry] *nf* street.
ruée [Rɥe] *nf* rush.
ruelle [Rɥɛl] *nf* alley(-way).
ruer [Rɥe] *vi* (*cheval*) to kick out ; **se** ~ *vi*: **se** ~ **sur** to pounce on ; **se** ~ **vers/dans/hors de** to rush ou dash towards/into/out of ; ~ **dans les brancards** to become rebellious.
rugby [Rygbi] *nm* Rugby (football) ; ~ **à treize/quinze** Rugby League/Union.
rugir [RyʒiR] *vi* to roar ; **rugissement** *nm* roar, roaring *q*.
rugosité [Rygozite] *nf* roughness ; (*aspérité*) rough patch.
rugueux, euse [Rygø, -øz] *a* rough.
ruine [Rɥin] *nf* ruin ; ~**s** *nfpl* ruins.
ruiner [Rɥine] *vt* to ruin ; **ruineux, euse** *a* terribly expensive to buy (ou run), ruinous ; extravagant.
ruisseau, x [Rɥiso] *nm* stream, brook ; (*caniveau*) gutter ; (*fig*): ~**x de** floods of, streams of.
ruisseler [Rɥisle] *vi* to stream ; ~ (**d'eau**) to be streaming (with water).
rumeur [RymœR] *nf* (*bruit confus*) rumbling ; hubbub *q*; murmur(ing) ; (*nouvelle*) rumour.
ruminer [Rymine] *vt* (*herbe*) to ruminate ; (*fig*) to ruminate on ou over, chew over

// *vi* (*vache*) to chew the cud, ruminate.
rumsteak [Rɔ̃mstɛk] *nm* = **romsteak.**
rupture [RyptyR] *nf* (*de câble, digue*) breaking ; (*de tendon*) rupture, tearing ; (*de négociations etc*) breakdown ; (*de contrat*) breach ; (*séparation, désunion*) break-up, split ; **en** ~ **de ban** at odds with authority.
rural, e, aux [RyRal, -o] *a* rural, country *cpd* // *nmpl*: **les ruraux** country people.
ruse [Ryz] *nf*: **la** ~ cunning, craftiness ; trickery ; **une** ~ a trick, a ruse ; **rusé, e** *a* cunning, crafty.
russe [Rys] *a*, *nm*, *nf* Russian.
Russie [Rysi] *nf*: **la** ~ Russia.
rustique [Rystik] *a* rustic.
rustre [RystR(ə)] *nm* boor.
rut [Ryt] *nm*: **être en** ~ to be in ou on heat, be rutting.
rutabaga [Rytabaga] *nm* swede.
rutilant, e [Rytilɑ̃, -ɑ̃t] *a* gleaming.
rythme [Ritm(ə)] *nm* rhythm ; (*vitesse*) rate ; (: *de la vie*) pace, tempo ; **au** ~ **de 10 par jour** at the rate of 10 a day ; **rythmé, e** *a* rhythmic(al) ; **rythmique** *a* rhythmic(al) // *nf* rhythmics *sg*.

S

s' [s] *pronom voir* **se.**
sa [sa] *dét voir* **son.**
S.A. *sigle voir* **société.**
sable [sabl(ə)] *nm* sand ; ~**s mouvants** quicksand(s).
sablé [sable] *nm* shortbread biscuit.
sabler [sable] *vt* to sand ; (*contre le verglas*) to grit ; ~ **le champagne** to drink champagne.
sableux, euse [sablø, -øz] *a* sandy.
sablier [sablije] *nm* hourglass ; (*de cuisine*) egg timer.
sablière [sablijɛR] *nf* sand quarry.
sablonneux, euse [sablɔnø, -øz] *a* sandy.
saborder [sabɔRde] *vt* (*navire*) to scuttle ; (*fig*) to wind up, shut down.
sabot [sabo] *nm* clog ; (*de cheval, bœuf*) hoof ; ~ **de frein** brake shoe.
sabotage [sabɔtaʒ] *nm* sabotage.
saboter [sabɔte] *vt* to sabotage ; **saboteur, euse** *nm/f* saboteur.
sabre [sabR(ə)] *nm* sabre.
sac [sak] *nm* bag ; (*à charbon etc*) sack ; (*pillage*) sack(ing) ; **mettre à** ~ to sack ; ~ **à provisions/de voyage** shopping/travelling bag ; ~ **de couchage** sleeping bag ; ~ **à dos** rucksack ; ~ **à main** handbag.
saccade [sakad] *nf* jerk ; **par** ~**s** jerkily ; haltingly.
saccager [sakaʒe] *vt* (*piller*) to sack, lay waste ; (*dévaster*) to create havoc in, wreck.
saccharine [sakaRin] *nf* saccharin(e).
sacerdoce [sasɛRdɔs] *nm* priesthood ; (*fig*) calling, vocation ; **sacerdotal, e, aux** *a* priestly, sacerdotal.
sache *etc vb voir* **savoir.**
sachet [saʃɛ] *nm* (small) bag ; (*de lavande, poudre, shampooing*) sachet ; ~ **de thé** tea bag.

sacoche [sakɔʃ] *nf* (*gén*) bag; (*de bicyclette*) saddlebag; (*du facteur*) (post-)bag; (*d'outils*) toolbag.

sacre [sakr(ə)] *nm* coronation; consecration.

sacré, e [sakre] *a* sacred; (*fam*: *satané*) blasted; (: *fameux*): **un ~ ...** a heck of a ...; (*ANAT*) sacral.

sacrement [sakrəmɑ̃] *nm* sacrament; **les derniers ~s** the last rites.

sacrer [sakre] *vt* (*roi*) to crown; (*évêque*) to consecrate // *vi* to curse, swear.

sacrifice [sakrifis] *nm* sacrifice.

sacrifier [sakrifje] *vt* to sacrifice; **~ à** *vt* to conform to; **articles sacrifiés** (*COMM*) items given away at knock-down prices.

sacrilège [sakrilɛʒ] *nm* sacrilege // *a* sacrilegious.

sacristain [sakristɛ̃] *nm* sexton; sacristan.

sacristie [sakristi] *nf* sacristy; (*culte protestant*) vestry.

sacro-saint, e [sakrosɛ̃, -sɛt] *a* sacrosanct.

sadique [sadik] *a* sadistic // *nm/f* sadist.

sadisme [sadism(ə)] *nm* sadism.

safari [safaRi] *nm* safari; **faire un ~** to go on safari; **~-photo** *nm* photographic safari.

safran [safRɑ̃] *nm* saffron.

sagace [sagas] *a* sagacious, shrewd.

sagaie [sagɛ] *nf* assegai.

sage [saʒ] *a* wise; (*enfant*) good // *nm* wise man; sage.

sage-femme [saʒfam] *nf* midwife (*pl* wives).

sagesse [saʒɛs] *nf* wisdom.

Sagittaire [saʒitɛR] *nm*: **le ~** Sagittarius, the Archer; **être du ~** to be Sagittarius.

Sahara [saaRa] *nm*: **le ~** the Sahara (desert).

saharienne [saaRjɛn] *nf* safari jacket.

saignant, e [sɛɲɑ̃, -ɑ̃t] *a* (*viande*) rare; (*blessure, plaie*) bleeding.

saignée [seɲe] *nf* (*MÉD*) bleeding *q*, bloodletting *q*; (*ANAT*): **la ~ du bras** the bend of the arm; (*fig*) heavy losses *pl*; savage cut.

saignement [sɛɲmɑ̃] *nm* bleeding; **~ de nez** nosebleed.

saigner [seɲe] *vi* to bleed // *vt* to bleed; (*animal*) to kill (by bleeding); **~ du nez** to have a nosebleed.

saillant, e [sajɑ̃, -ɑ̃t] *a* (*pommettes, menton*) prominent; (*corniche etc*) projecting; (*fig*) salient, outstanding.

saillie [saji] *nf* (*sur un mur etc*) projection; (*trait d'esprit*) witticism; (*accouplement*) covering, serving; **faire ~** to project, stick out.

saillir [sajir] *vi* to project, stick out; (*veine, muscle*) to bulge // *vt* (*ÉLEVAGE*) to cover, serve.

sain, e [sɛ̃, sɛn] *a* healthy; (*dents, constitution*) healthy, sound; (*lectures*) wholesome; **~ et sauf** safe and sound, unharmed; **~ d'esprit** sound in mind, sane.

saindoux [sɛ̃du] *nm* lard.

saint, e [sɛ̃, sɛt] *a* holy; (*fig*) saintly // *nm/f* saint; **le S~ Esprit** the Holy Spirit *ou* Ghost; **la S~e Vierge** the Blessed Virgin; **sainteté** *nf* holiness; **le S~-Père** the Holy Father, the Pontiff; **le S~-Siège** the Holy See; **la S~-Sylvestre** New Year's Eve.

sais *etc vb voir* **savoir**.

saisie [sezi] *nf* seizure.

saisir [sezir] *vt* to take hold of, grab; (*fig*: *occasion*) to seize; (*comprendre*) to grasp; (*entendre*) to get, catch; (*suj*: *émotions*) to take hold of, come over; (*CULIN*) to fry quickly; (*JUR*: *biens, publication*) to seize; (: *juridiction*): **~ un tribunal d'une affaire** to submit *ou* refer a case to a court; **se ~ de** *vt* to seize; **saisissant, e** *a* startling, striking; **saisissement** *nm* emotion.

saison [sɛzɔ̃] *nf* season; **la belle ~** the summer months; **en/hors ~** in/out of season; **haute/morte ~** high/slack season; **la ~ des pluies/des amours** the rainy/ mating season; **saisonnier, ière** *a* seasonal // *nm* (*travailleur*) seasonal worker.

sait *vb voir* **savoir**.

salace [salas] *a* salacious.

salade [salad] *nf* (*BOT*) lettuce *etc* (*generic term*); (*CULIN*) (green) salad; (*fam*) tangle, muddle; **haricots en ~** bean salad; **~ de concombres** cucumber salad; **~ de fruits** fruit salad; **~ russe** Russian salad; **saladier** *nm* salad bowl.

salaire [salɛR] *nm* (*annuel, mensuel*) salary; (*hebdomadaire, journalier*) pay, wages *pl*; (*fig*) reward; **~ de base** basic salary/wage; **~ minimum interprofessionnel garanti (SMIG)/de croissance (SMIC)** index-linked guaranteed minimum wage.

salaison [salɛzɔ̃] *nf* salting; **~s** *nfpl* salt meat *sg*.

salami [salami] *nm* salami *q*, salami sausage.

salant [salɑ̃] *am*: **marais ~** salt pan.

salarial, e, aux [salaRjal, -o] *a* salary *cpd*, wage(s) *cpd*.

salarié, e [salaRje] *a* salaried; wage-earning // *nm/f* salaried employee; wage-earner.

salaud [salo] *nm* (*fam!*) sod (!), bastard (!).

sale [sal] *a* dirty, filthy.

salé, e [sale] *a* (*liquide, saveur*) salty; (*CULIN*) salted, salt *cpd*; (*fig*) spicy, juicy; steep, stiff.

saler [sale] *vt* to salt.

saleté [salte] *nf* (*état*) dirtiness; (*crasse*) dirt, filth; (*tache etc*) dirt *q*, something dirty; (*fig*) filthy trick; rubbish *q*; filth *q*; infection, bug.

salière [saljɛR] *nf* saltcellar.

saligaud [saligo] *nm* (*fam!*) sod (!).

salin, e [salɛ̃, -in] *a* saline // *nf* saltworks *sg*; salt marsh.

salinité [salinite] *nf* salinity, salt-content.

salir [salir] *vt* to (make) dirty; (*fig*) to soil the reputation of; **se ~** to get dirty; **salissant, e** *a* (*tissu*) which shows the dirt; (*métier*) dirty, messy.

salive [saliv] *nf* saliva; **saliver** *vi* to salivate.

salle [sal] *nf* room; (*d'hôpital*) ward; (*de restaurant*) dining room; (*d'un cinéma*) auditorium; (: *public*) audience; **faire ~**

comble to have a full house ; ~ **d'attente** waiting room ; ~ **de bain(s)** bathroom ; ~ **de bal** ballroom ; ~ **de cinéma** cinema ; ~ **de classe** classroom ; (*exposition*) (*d'hôpital*) ward ; ~ **de concert** concert hall ; ~ **de douches** shower-room ; ~ **d'eau** shower-room ; ~ **d'embarquement** (*à l'aéroport*) departure lounge ; ~ **des machines** engine room ; ~ **à manger** dining room ; ~ **d'opération** (*d'hôpital*) operating theatre ; ~ **de projection** film theatre ; ~ **de séjour** living room ; ~ **de spectacle** theatre ; cinema ; ~ **des ventes** saleroom.

salon [salɔ̃] *nm* lounge, sitting room ; (*mobilier*) lounge suite ; (*exposition*) exhibition, show ; (*mondain, littéraire*) salon ; ~ **de coiffure** hairdressing salon ; ~ **de thé** tearoom.

salopard [salɔpaʀ] *nm* (*fam!*) bastard (!).

salope [salɔp] *nf* (*fam!*) bitch(!).

saloperie [salɔpʀi] *nf* (*fam!*) filth *q* ; dirty trick ; rubbish *q*.

salopette [salɔpɛt] *nf* overall(s).

salpêtre [salpɛtʀ(ə)] *nm* saltpetre.

salsifis [salsifi] *nm* salsify, oyster-plant.

saltimbanque [saltɛ̃bɑ̃k] *nm/f* (travelling) acrobat.

salubre [salybʀ(ə)] *a* healthy, salubrious ; **salubrité** *nf* healthiness, salubrity ; **salubrité publique** public health.

saluer [salɥe] *vt* (*pour dire bonjour, fig*) to greet ; (*pour dire au revoir*) to take one's leave ; (*MIL*) to salute.

salut [saly] *nm* (*sauvegarde*) safety ; (*REL*) salvation ; (*geste*) wave ; (*parole*) greeting ; (*MIL*) salute // *excl* (*fam*) hi (there) ; (*style relevé*) (all) hail.

salutaire [salytɛʀ] *a* beneficial ; salutary.

salutations [salytasjɔ̃] *nfpl* greetings ; **recevez mes ~ distinguées** *ou* **respectueuses** yours faithfully.

salutiste [salytist(ə)] *nm/f* Salvationist.

salve [salv(ə)] *nf* salvo ; volley of shots.

samaritain [samaʀitɛ̃] *nm* : **le bon S~** the Good Samaritan.

samedi [samdi] *nm* Saturday.

sanatorium [sanatɔʀjɔm] *nm* sanatorium (*pl* a).

sanctifier [sɑ̃ktifje] *vt* to sanctify.

sanction [sɑ̃ksjɔ̃] *nf* sanction ; (*fig*) penalty ; **prendre des ~s contre** to impose sanctions on ; **sanctionner** *vt* (*loi, usage*) to sanction ; (*punir*) to punish.

sanctuaire [sɑ̃ktɥɛʀ] *nm* sanctuary.

sandale [sɑ̃dal] *nf* sandal.

sandalette [sɑ̃dalɛt] *nf* sandal.

sandwich [sɑ̃dwitʃ] *nm* sandwich ; **pris en ~** sandwiched.

sang [sɑ̃] *nm* blood ; **en ~** covered in blood ; **se faire du mauvais ~** to fret, get in a state.

sang-froid [sɑ̃fʀwa] *nm* calm, sangfroid ; **de ~** in cold blood.

sanglant, e [sɑ̃glɑ̃, -ɑ̃t] *a* bloody, covered in blood ; (*combat*) bloody.

sangle [sɑ̃gl(ə)] *nf* strap ; ~**s** (*pour lit etc*) webbing *sg* ; **sangler** *vt* to strap up ; (*animal*) to girth.

sanglier [sɑ̃glije] *nm* (wild) boar.

sanglot [sɑ̃glo] *nm* sob ; **sangloter** *vi* to sob.

sangsue [sɑ̃sy] *nf* leech.

sanguin, e [sɑ̃gɛ̃, -in] *a* blood *cpd* ; (*fig*) fiery // *nf* blood orange ; (*ART*) red pencil drawing.

sanguinaire [sɑ̃ginɛʀ] *a* bloodthirsty ; bloody.

sanguinolent, e [sɑ̃ginɔlɑ̃, -ɑ̃t] *a* streaked with blood.

sanitaire [sanitɛʀ] *a* health *cpd* ; **installation/appareil** ~ bathroom plumbing/appliance ; ~**s** *nmpl* (*salle de bain et w.-c.*) bathroom *sg*.

sans [sɑ̃] *prép* without ; ~ **qu'il s'en aperçoive** without him *ou* his noticing ; ~ **scrupules** unscrupulous ; ~ **manches** sleeveless ; ~**-abri** *nmpl* homeless (*after a flood etc*) ; ~**-emploi** *nmpl* jobless ; ~**-façon** *a inv* fuss-free ; free and easy ; ~**-gêne** *a inv* inconsiderate ; ~**-logis** *nmpl* homeless (*through poverty*) ; ~**-travail** *nmpl* unemployed, jobless.

santal [sɑ̃tal] *nm* sandal(wood).

santé [sɑ̃te] *nf* health ; **en bonne ~** in good health ; **boire à la ~ de qn** to drink (to) sb's health ; **'à la ~ de'** 'here's to' ; **à ta/votre ~!** cheers!

santon [sɑ̃tɔ̃] *nm* ornamental figure at a Christmas crib.

saoul, e [su, sul] *a* = **soûl, e.**

sape [sap] *nf* : **travail de ~** (*MIL*) sap ; (*fig*) insidious undermining process *ou* work.

saper [sape] *vt* to undermine, sap.

sapeur [sapœʀ] *nm* sapper ; ~**-pompier** *nm* fireman.

saphir [safiʀ] *nm* sapphire.

sapin [sapɛ̃] *nm* fir (tree) ; (*bois*) fir ; ~ **de Noël** Christmas tree ; **sapinière** *nf* fir plantation *ou* forest.

sarabande [saʀabɑ̃d] *nf* saraband ; (*fig*) hullabaloo ; whirl.

sarbacane [saʀbakan] *nf* blowpipe, blowgun ; (*jouet*) peashooter.

sarcasme [saʀkasm(ə)] *nm* sarcasm *q* ; piece of sarcasm ; **sarcastique** *a* sarcastic.

sarcler [saʀkle] *vt* to weed ; **sarcloir** *nm* (weeding) hoe, spud.

sarcophage [saʀkɔfaʒ] *nm* sarcophagus (*pl* i).

Sardaigne [saʀdɛɲ] *nf* : **la ~** Sardinia ; **sarde** *a, nm/f* Sardinian.

sardine [saʀdin] *nf* sardine ; ~**s à l'huile** sardines in oil.

sardonique [saʀdɔnik] *a* sardonic.

S.A.R.L. *sigle voir* **société.**

sarment [saʀmɑ̃] *nm* : ~ **(de vigne)** vine shoot.

sarrasin [saʀazɛ̃] *nm* buckwheat.

sarrau [saʀo] *nm* smock.

Sarre [saʀ] *nf* : **la ~** the Saar.

sarriette [saʀjɛt] *nf* savory.

sarrois, e [saʀwa, -waz] *a* Saar *cpd* // *nm/f* : **S~, e** inhabitant *ou* native of the Saar.

sas [sɑ] *nm* (*de sous-marin, d'engin spatial*) airlock ; (*d'écluse*) lock.

satané, e [satane] *a* confounded.

satanique [satanik] *a* satanic, fiendish.

satelliser [satelize] *vt* (*fusée*) to put into orbit ; (*fig: pays*) to make into a satellite.

satellite [satelit] *nm* satellite ; **pays ∼** satellite country ; **∼-espion** *nm* spy satellite.

satiété [sasjete] : **à ∼** *ad* to satiety *ou* satiation ; (*répéter*) ad nauseam.

satin [satɛ̃] *nm* satin ; **satiné, e** *a* satiny ; (*peau*) satin-smooth.

satire [satiʀ] *nf* satire ; **satirique** *a* satirical ; **satiriser** *vt* to satirize.

satisfaction [satisfaksjɔ̃] *nf* satisfaction.

satisfaire [satisfɛʀ] *vt* to satisfy ; **∼ à** *vt* (*engagement*) to fulfil ; (*revendications, conditions*) to satisfy, meet ; to comply with ; **satisfaisant, e** *a* satisfactory ; (*qui fait plaisir*) satisfying ; **satisfait, e** *a* satisfied ; **satisfait de** happy *ou* satisfied with ; pleased with.

saturation [satyʀasjɔ̃] *nf* saturation.

saturer [satyʀe] *vt* to saturate.

satyre [satiʀ] *nm* satyr ; (*péj*) lecher.

sauce [sos] *nf* sauce ; (*avec un rôti*) gravy ; **∼ tomate** tomato sauce ; **saucière** *nf* sauceboat ; gravy boat.

saucisse [sosis] *nf* sausage.

saucisson [sosisɔ̃] *nm* (slicing) sausage ; **∼ à l'ail** garlic sausage.

sauf [sof] *prép* except ; **∼ si** (*à moins que*) unless ; **∼ erreur** if I'm not mistaken ; **∼ avis contraire** unless you hear to the contrary.

sauf, sauve [sof, sov] *a* unharmed, unhurt ; (*fig: honneur*) intact, saved ; **laisser la vie sauve à qn** to spare sb's life.

sauf-conduit [sofkɔ̃dɥi] *nm* safe-conduct.

sauge [soʒ] *nf* sage.

saugrenu, e [sogʀəny] *a* preposterous, ludicrous.

saule [sol] *nm* willow (tree) ; **∼ pleureur** weeping willow.

saumâtre [somɑtʀ(ə)] *a* briny.

saumon [somɔ̃] *nm* salmon *inv* // *a inv* salmon (pink) ; **saumoné, e** *a*: **truite saumonée** salmon trout.

saumure [somyʀ] *nf* brine.

sauna [sona] *nm* sauna.

saupoudrer [supudʀe] *vt*: **∼ qch de** to sprinkle sth with.

saur [sɔʀ] *am*: **hareng ∼** smoked *ou* red herring, kipper.

saurai etc *vb voir* **savoir**.

saut [so] *nm* jump ; (*discipline sportive*) jumping ; **faire un ∼** to (make a) jump *ou* leap ; **faire un ∼ chez qn** to pop over to sb's (place) ; **au ∼ du lit** on getting out of bed ; **∼ en hauteur/longueur** high/long jump ; **∼ à la corde** skipping ; **∼ à la perche** pole vaulting ; **∼ périlleux** somersault.

saute [sot] *nf*: **∼ de vent/température** sudden change of wind direction/in the temperature.

sauté, e [sote] *a* (*CULIN*) sauté // *nm*: **∼ de veau** sauté of veal.

saute-mouton [sotmutɔ̃] *nm*: **jouer à ∼** to play leapfrog.

sauter [sote] *vi* to jump, leap ; (*exploser*) to blow up, explode ; (*: fusibles*) to blow ; (*se rompre*) to snap, burst ; (*se détacher*) to pop out (*ou* off) // *vt* to jump (over), leap (over) ; (*fig: omettre*) to skip, miss

(out) ; **faire ∼** to blow up ; to burst open ; (*CULIN*) to sauté ; **∼ à pieds joints** to make a standing jump ; **∼ en parachute** to make a parachute jump ; **∼ au cou de qn** to fly into sb's arms ; **∼ aux yeux** to be quite obvious.

sauterelle [sotʀɛl] *nf* grasshopper.

sauteur, euse [sotœʀ, -øz] *nm/f* (*athlète*) jumper // *nf* (*casserole*) shallow casserole ; **∼ à la perche** pole vaulter ; **∼ à skis** skijumper.

sautiller [sotije] *vi* to hop ; to skip.

sautoir [sotwaʀ] *nm* chain ; **∼ (de perles)** string of pearls.

sauvage [sovaʒ] *a* (*gén*) wild ; (*peuplade*) savage ; (*farouche*) unsociable ; (*barbare*) wild, savage ; (*non officiel*) unauthorized, unofficial // *nm/f* savage ; (*timide*) unsociable type, recluse ; **∼rie** *nf* wildness ; savagery ; unsociability.

sauve [sov] *af voir* **sauf**.

sauvegarde [sovgaʀd(ə)] *nf* safeguard ; **sous la ∼ de** under the protection of ; **sauvegarder** *vt* to safeguard.

sauve-qui-peut [sovkipø] *nm inv* stampede, mad rush // *excl* run for your life!

sauver [sove] *vt* to save ; (*porter secours à*) to rescue ; (*récupérer*) to salvage, rescue ; (*fig: racheter*) to save, redeem ; **se ∼ vi** (*s'enfuir*) to run away ; (*fam: partir*) to be off ; **∼ la vie à qn** to save sb's life ; **sauvetage** *nm* rescue ; **sauveteur** *nm* rescuer ; **sauvette** : **à la sauvette** *ad* (*vendre*) without authorization ; (*se marier etc*) hastily, hurriedly ; **sauveur** *nm* saviour.

savais etc *vb voir* **savoir**.

savamment [savamɑ̃] *ad* (*avec érudition*) learnedly ; (*habilement*) skilfully, cleverly.

savane [savan] *nf* savannah.

savant, e [savɑ̃, -ɑ̃t] *a* scholarly, learned ; (*calé*) clever // *nm* scientist.

saveur [savœʀ] *nf* flavour ; (*fig*) savour.

savoir [savwaʀ] *vt* to know ; (*être capable de*): **il sait nager** he knows how to swim, he can swim // *nm* knowledge ; **se ∼** (*être connu*) to be known ; **à ∼** *ad* that is, namely ; **faire ∼ qch à qn** to inform sb about sth, to let sb know sth ; **pas que je sache** not as far as I know ; **∼-faire** *nm inv* savoir-faire, know-how.

savon [savɔ̃] *nm* (*produit*) soap ; (*morceau*) bar *ou* tablet of soap ; (*fam*): **passer un ∼ à qn** to give sb a good dressing-down ; **savonner** *vt* to soap ; **savonnette** *nf* bar *ou* tablet of soap ; **savonneux, euse** *a* soapy.

savons *vb voir* **savoir**.

savourer [savuʀe] *vt* to savour.

savoureux, euse [savuʀø, -øz] *a* tasty ; (*fig*) spicy, juicy.

saxo(phone) [saksɔ(fɔn)] *nm* sax(ophone) ; **saxophoniste** *nm/f* saxophonist, sax(ophone) player.

saynète [sɛnɛt] *nf* playlet.

sbire [sbiʀ] *nm* (*péj*) henchman.

scabreux, euse [skabʀø, -øz] *a* risky ; (*indécent*) improper, shocking.

scalpel [skalpɛl] *nm* scalpel.

scalper [skalpe] *vt* to scalp.
scandale [skɑ̃dal] *nm* scandal; (*tapage*):
faire du ~ to make a scene, create a
disturbance; **faire ~** to scandalize
people; **scandaleux, euse** *a* scandalous,
outrageous; **scandaliser** *vt* to scandalize;
se scandaliser (de) to be scandalized (by).
scander [skɑ̃de] *vt* (*vers*) to scan;
(*slogans*) to chant; **en scandant les mots**
stressing each word.
scandinave [skɑ̃dinav] *a, nm/f*
Scandinavian.
Scandinavie [skɑ̃dinavi] *nf* Scandinavia.
scaphandre [skafɑ̃dʀ(ə)] *nm* (*de
plongeur*) diving suit; (*de cosmonaute*)
space-suit; **~ autonome** aqualung.
scarabée [skaʀabe] *nm* beetle.
scarlatine [skaʀlatin] *nf* scarlet fever.
scarole [skaʀɔl] *nf* endive.
scatologique [skatɔlɔʒik] *a* scatological,
lavatorial.
sceau, x [so] *nm* seal; (*fig*) stamp, mark.
scélérat, e [selera, -at] *nm/f* villain,
blackguard.
sceller [sele] *vt* to seal.
scellés [sele] *nmpl* seals.
scénario [senaʀjo] *nm* (*CINÉMA*) scenario;
screenplay, script; (*fig*) pattern; scenario;
scénariste *nm/f* scriptwriter.
scène [sɛn] *nf* (*gén*) scene; (*estrade, fig:
théâtre*) stage; **entrer en ~** to come on
stage; **mettre en ~** (*THÉÂTRE*) to stage;
(*CINÉMA*) to direct; (*fig*) to present,
introduce; **porter à la ~** to adapt for the
stage; **faire une ~ (à qn)** to make a scene
(with sb); **~ de ménage** domestic fight
ou scene; **scénique** *a* theatrical; scenic.
scepticisme [sɛptisism(ə)] *nm* scepticism.
sceptique [sɛptik] *a* sceptical // *nm/f*
sceptic.
sceptre [sɛptʀ(ə)] *nm* sceptre.
schéma [ʃema] *nm* (*diagramme*) diagram,
sketch; (*fig*) outline; pattern;
schématique *a* diagrammatic(al),
schematic; (*fig*) oversimplified.
schisme [ʃism(ə)] *nm* schism; rift, split.
schiste [ʃist(ə)] *nm* schist.
schizophrène [skizɔfʀɛn] *nm/f*
schizophrenic.
schizophrénie [skizɔfʀeni] *nf*
schizophrenia.
sciatique [sjatik] *a*: **nerf ~** sciatic nerve
// *nf* sciatica.
scie [si] *nf* saw; (*fam*) catch-tune; **~ à
bois** wood saw; **~ circulaire** circular
saw; **~ à découper** fretsaw; **~ à métaux**
hacksaw.
sciemment [sjamɑ̃] *ad* knowingly,
wittingly.
science [sjɑ̃s] *nf* science; (*savoir*)
knowledge; (*savoir-faire*) art, skill; **~s
naturelles** (*SCOL*) natural science *sg*,
biology *sg*; **~-fiction** *nf* science fiction;
scientifique *a* scientific // *nm/f* scientist;
science student.
scier [sje] *vt* to saw; (*retrancher*) to saw
off; **scierie** *nf* sawmill; **scieur de long** *nm*
pit sawyer.
scinder [sɛ̃de] *vt*, **se, ~** *vi* to split (up).
scintillement [sɛ̃tijmɑ̃] *nm* sparkling *q*.

scintiller [sɛ̃tije] *vi* to sparkle.
scission [sisjɔ̃] *nf* split.
sciure [sjyʀ] *nf*: **~ (de bois)** sawdust.
sclérose [skleʀoz] *nf* sclerosis; (*fig*)
ossification; **~ en plaques** multiple
sclerosis; **sclérosé, e** *a* sclerosed,
sclerotic; ossified.
scolaire [skɔlɛʀ] *a* school *cpd*; (*péj*)
schoolish; **scolariser** *vt* to provide with
schooling (*ou* schools); **scolarité** *nf*
schooling; **frais de scolarité** school fees.
scooter [skutœʀ] *nm* (motor) scooter.
scorbut [skɔʀbyt] *nm* scurvy.
score [skɔʀ] *nm* score.
scories [skɔʀi] *nfpl* scoria *pl*.
scorpion [skɔʀpjɔ̃] *nm* (*signe*): **le S~**
Scorpio, the Scorpion; **être du S~** to be
Scorpio.
scout, e [skut] *a, nm* scout; **scoutisme** *nm*
(boy) scout movement; (*activités*)
scouting.
scribe [skʀib] *nm* scribe; (*péj*) penpusher.
script [skʀipt] *nm* printing; (*CINÉMA*)
(shooting) script; **~-girl** [-gœʀl] *nf*
continuity girl.
scrupule [skʀypyl] *nm* scruple;
scrupuleux, euse *a* scrupulous.
scrutateur, trice [skʀytatœʀ, -tʀis] *a*
searching.
scruter [skʀyte] *vt* to search, scrutinize;
(*l'obscurité*) to peer into; (*motifs,
comportement*) to examine, scrutinize.
scrutin [skʀytɛ̃] *nm* (*vote*) ballot;
(*ensemble des opérations*) poll; **~ à deux
tours** poll with two ballots *ou* rounds; **~
de liste** list system.
sculpter [skylte] *vt* to sculpt; (*suj:
érosion*) to carve; **sculpteur** *nm* sculptor.
sculptural, e, aux [skyltyʀal, -o] *a*
sculptural; (*fig*) statuesque.
sculpture [skyltyʀ] *nf* sculpture; **~ sur
bois** wood carving.
S.D.E.C.E. [zdɛk] *sigle m = service de
documentation extérieure et de contre-
espionnage,* ≈ Intelligence Service.
se, s' [s(ə)] *pronom* (*emploi réfléchi*) oneself,
m himself, *f* herself, *sujet non humain* itself;
pl themselves; (: *réciproque*) one another,
each other; (: *passif*): **cela se répare
facilement** it is easily repaired; (: *posses-
sif*): **~ casser la jambe/laver les mains**
to break one's leg/wash one's hands;
*autres emplois pronominaux: voir le verbe en
question.*
séance [seɑ̃s] *nf* (*d'assemblée, récréative*)
meeting, session; (*de tribunal*) sitting,
session; (*musicale, CINÉMA, THÉÂTRE*)
performance; **~ tenante** forthwith.
séant, e [seɑ̃, -ɑ̃t] *a* seemly, fitting // *nm*
posterior.
seau, x [so] *nm* bucket, pail; **~ à glace**
ice-bucket.
sec, sèche [sɛk, sɛʃ] *a* dry; (*raisins, figues*)
dried; (*cœur, personne: insensible*) hard,
cold // *nm*: **tenir au ~** to keep in a dry
place // *ad* hard; **je le bois ~** I drink it
straight *ou* neat; **à ~** a dried up.
sécateur [sekatœʀ] *nm* secateurs *pl*,
shears *pl*, pair of shears *ou* secateurs.
sécession [sesesjɔ̃] *nf*: **faire ~** to secede;
la guerre de S~ the American Civil War.

séchage [seʃaʒ] *nm* drying ; seasoning.

sèche [sɛʃ] *af voir* **sec.**

sèche-cheveux [sɛʃʃəvø] *nm inv* hair-drier.

sécher [seʃe] *vt* to dry ; (*dessécher: peau, blé*) to dry (out) ; (: *étang*) to dry up ; (*bois*) to season ; (*fam: classe, cours*) to skip // *vi* to dry ; to dry out ; to dry up ; (*fam: candidat*) to be stumped ; **se ~** (*après le bain*) to dry o.s.

sécheresse [seʃʀɛs] *nf* dryness ; (*absence de pluie*) drought.

séchoir [seʃwaʀ] *nm* drier.

second, e [səgɔ̃, -ɔ̃d] *a* second // *nm* (*assistant*) second in command ; (*NAVIG*) first mate // *nf* second ; **voyager en ~e** to travel second-class ; **de ~e main** second-hand ; **secondaire** *a* secondary ; **seconder** *vt* to second.

secouer [səkwe] *vt* to shake ; (*passagers*) to rock ; (*traumatiser*) to shake (up) ; **se ~** (*chien*) to shake itself ; (*fam: se démener*) to shake o.s. up ; **~ la poussière d'un tapis** to shake off the dust from a carpet.

secourable [səkuʀabl(ə)] *a* helpful.

secourir [səkuʀiʀ] *vt* (*aller sauver*) to (go and) rescue ; (*prodiguer des soins à*) to help, assist ; (*venir en aide à*) to assist, aid ; **secourisme** *nm* first aid ; life saving ; **secouriste** *nm/f* first-aid worker.

secours [səkuʀ] *nm* help, aid, assistance // *nmpl* aid *sg* ; **cela lui a été d'un grand ~** this was a great help to him ; **au ~!** help! **appeler au ~** to shout *ou* call for help ; **appeler qn à son ~** to call sb to one's assistance ; **porter ~ à qn** to give sb assistance, help sb ; **les premiers ~** first aid *sg* ; **le ~ en montagne** mountain rescue.

secousse [səkus] *nf* jolt, bump ; (*électrique*) shock ; (*fig: psychologique*) jolt, shock ; **~ sismique** *ou* **tellurique** earth tremor.

secret, ète [səkʀɛ, -ɛt] *a* secret ; (*fig: renfermé*) reticent, reserved // *nm* secret ; (*discrétion absolue*) **le ~** secrecy ; **en ~** in secret, secretly ; **au ~** in solitary confinement ; **~ de fabrication** trade secret ; **~ professionnel** professional secrecy.

secrétaire [səkʀetɛʀ] *nm/f* secretary // *nm* (*meuble*) writing desk, secretaire ; **~ d'ambassade** embassy secretary ; **~ de direction** private *ou* personal secretary ; **~ d'État** Secretary of State ; **~ général** Secretary-General ; **~ de mairie** town clerk ; **~ de rédaction** sub-editor ; **secrétariat** *nm* (*profession*) secretarial work ; (*bureau: d'entreprise, d'école*) (secretary's) office ; (: *d'organisation internationale*) secretariat ; (*POL etc: fonction*) secretaryship, office of Secretary.

sécréter [sekʀete] *vt* to secrete ; **sécrétion** [-sjɔ̃] *nf* secretion.

sectaire [sɛktɛʀ] *a* sectarian, bigoted.

secte [sɛkt(ə)] *nf* sect.

secteur [sɛktœʀ] *nm* sector ; (*ADMIN*) district ; (*ÉLEC*): **branché sur le ~** plugged into the mains (supply) ; **fonctionne sur pile et ~** battery or mains operated ; **le ~ privé** the private sector ; **le ~ primaire/tertiaire** primary/tertiary industry.

section [sɛksjɔ̃] *nf* section ; (*de parcours d'autobus*) fare stage ; (*MIL: unité*) platoon ; **tube de ~ 6,5 mm** tube with a 6.5 mm bore ; **~ rythmique** rhythm section ; **sectionner** *vt* to sever.

sectoriel, le [sɛktɔʀjɛl] *a* sector-based.

séculaire [sekylɛʀ] *a* secular ; (*très vieux*) age-old.

séculier, ière [sekylje, -jɛʀ] *a* secular.

sécuriser [sekyʀize] *vt* to give (a feeling of) security to.

sécurité [sekyʀite] *nf* safety ; security ; **impression de ~** sense of security ; **la ~ internationale** international security ; **système de ~** safety system ; **être en ~** to be safe ; **la ~ de l'emploi** job security ; **la ~ routière** road safety ; **la ~ sociale** ≈ (the) Social Security.

sédatif, ive [sedatif, -iv] *a, nm* sedative.

sédentaire [sedɑ̃tɛʀ] *a* sedentary.

sédiment [sedimɑ̃] *nm* sediment ; **~s** *nmpl* (*alluvions*) sediment *sg.*

séditieux, euse [sedisjø, -øz] *a* insurgent ; seditious.

sédition [sedisjɔ̃] *nf* insurrection ; sedition.

séducteur, trice [sedyktœʀ, -tʀis] *a* seductive // *nm/f* seducer/seductress.

séduction [sedyksjɔ̃] *nf* seduction ; (*charme, attrait*) appeal, charm.

séduire [seduiʀ] *vt* to charm ; (*femme: abuser de*) to seduce ; **séduisant, e** *a* (*femme*) seductive ; (*homme, offre*) very attractive.

segment [sɛgmɑ̃] *nm* segment ; (*AUTO*): **~ (de piston)** piston ring ; **segmenter** *vt* to segment.

ségrégation [segʀegɑsjɔ̃] *nf* segregation.

seiche [sɛʃ] *nf* cuttlefish.

séide [seid] *nm* (*péj*) henchman.

seigle [sɛgl(ə)] *nm* rye.

seigneur [sɛɲœʀ] *nm* lord ; **le S~** the Lord ; **~ial, e, aux** *a* lordly, stately.

sein [sɛ̃] *nm* breast ; (*entrailles*) womb ; **au ~ de** *prép* (*équipe, institution*) within ; (*flots, bonheur*) in the midst of ; **donner le ~ à** (*bébé*) to feed (at the breast) ; to breast-feed.

séisme [seism(ə)] *nm* earthquake.

séismique [seismik] *etc voir* **sismique** *etc.*

seize [sɛz] *num* sixteen ; **seizième** *num* sixteenth.

séjour [seʒuʀ] *nm* stay ; (*pièce*) living room ; **~ner** *vi* to stay.

sel [sɛl] *nm* salt ; (*fig*) wit ; spice ; **~ de cuisine/de table** cooking/table salt ; **~ gemme** rock salt.

sélection [selɛksjɔ̃] *nf* selection ; **~ professionnelle** professional recruitment ; **sélectionner** *vt* to select.

self-service [sɛlfsɛʀvis] *a, nm* self-service.

selle [sɛl] *nf* saddle ; **~s** *nfpl* (*MÉD*) stools ; **aller à la ~** (*MÉD*) to pass a motion ; **se mettre en ~** to mount, get into the saddle ; **seller** *vt* to saddle.

sellette [sɛlɛt] *nf*: **être sur la ~** to be on the carpet.

sellier [selje] *nm* saddler.

selon [səlɔ̃] *prép* according to; (*en se conformant à*) in accordance with.
semailles [səmaj] *nfpl* sowing *sg*.
semaine [səmɛn] *nf* week; **en ~** during the week, on weekdays.
sémantique [semɑ̃tik] *a* semantic // *nf* semantics *sg*.
sémaphore [semafɔʀ] *nm* semaphore signal.
semblable [sɑ̃blabl(ə)] *a* similar; (*de ce genre*): **de ~s mésaventures** such mishaps // *nm* fellow creature *ou* man; **~ à** similar to, like.
semblant [sɑ̃blɑ̃] *nm*: **un ~ de vérité** a semblance of truth; **faire ~ (de faire)** to pretend (to do).
sembler [sɑ̃ble] *vb avec attribut* to seem // *vb impersonnel*: **il semble que/inutile de** it seems *ou* appears that/useless to; **il me semble que** it seems to me that; I think (that); **~ être** to seem to be; **comme bon lui semble** as he sees fit.
semelle [səmɛl] *nf* sole; (*intérieure*) insole, inner sole; **~s compensées** platform soles.
semence [səmɑ̃s] *nf* (*graine*) seed; (*clou*) tack.
semer [səme] *vt* to sow; (*fig: éparpiller*) to scatter; (: *poursuivants*) to lose, shake off; **semé de** (*difficultés*) riddled with.
semestre [səmɛstʀ(ə)] *nm* half-year; (*SCOL*) semester; **semestriel, le** *a* half-yearly; semestral.
semeur, euse [səmœʀ, -øz] *nm/f* sower.
sémillant, e [semijɑ̃, -ɑ̃t] *a* vivacious; dashing.
séminaire [seminɛʀ] *nm* seminar; (*REL*) seminary; **séminariste** *nm* seminarist.
semi-remorque [səmiʀəmɔʀk(ə)] *nf* trailer // *nm* articulated lorry.
semis [səmi] *nm* (*terrain*) seedbed, seed plot; (*plante*) seedling.
sémite [semit] *a* Semitic.
sémitique [semitik] *a* Semitic.
semoir [səmwaʀ] *nm* seed-bag; seeder.
semonce [səmɔ̃s] *nf* reprimand; **coup de ~** warning shot across the bows.
semoule [səmul] *nf* semolina.
sempiternel, le [sɛpitɛʀnɛl] *a* eternal, never-ending.
sénat [sena] *nm* Senate; **sénateur** *nm* Senator.
sénile [senil] *a* senile; **sénilité** *nf* senility.
sens [sɑ̃s] *nm* (*PHYSIOL, instinct*) sense; (*signification*) meaning, sense; (*direction*) direction // *nmpl* (*sensualité*) senses; **reprendre ses ~** to regain consciousness; **avoir le ~ des affaires/de la mesure** to have business sense/a sense of moderation; **ça n'a pas de ~** that doesn't make (any) sense; **dans le ~ des aiguilles d'une montre** clockwise; **~ commun** common sense; **~ dessus dessous** upside down; **~ interdit, ~ unique** one-way street.
sensation [sɑ̃sɑsjɔ̃] *nf* sensation; **faire ~** to cause a sensation, create a stir; **à ~** (*péj*) sensational; **sensationnel, le** *a* sensational; (*fig*) terrific.
sensé, e [sɑ̃se] *a* sensible.

sensibiliser [sɑ̃sibilize] *vt*: **~ qn à** to make sb sensitive to.
sensibilité [sɑ̃sibilite] *nf* sensitivity; (*affectivité, émotivité*) sensitivity, sensibility.
sensible [sɑ̃sibl(ə)] *a* sensitive; (*aux sens*) perceptible; (*appréciable: différence, progrès*) appreciable, noticeable; **~ à** sensitive to; **~ment** *ad* (*notablement*) appreciably, noticeably; (*à peu près*): **ils ont ~ment le même poids** they weigh approximately the same; **~rie** *nf* sentimentality, mawkishness; squeamishness.
sensitif, ive [sɑ̃sitif, -iv] *a* (*nerf*) sensory; (*personne*) oversensitive.
sensoriel, le [sɑ̃sɔʀjɛl] *a* sensory, sensorial.
sensualité [sɑ̃syalite] *nf* sensuality; sensuousness.
sensuel, le [sɑ̃syɛl] *a* sensual; sensuous.
sente [sɑ̃t] *nf* path.
sentence [sɑ̃tɑ̃s] *nf* (*jugement*) sentence; (*adage*) maxim; **sentencieux, euse** *a* sententious.
senteur [sɑ̃tœʀ] *nf* scent, perfume.
sentier [sɑ̃tje] *nm* path.
sentiment [sɑ̃timɑ̃] *nm* feeling; **recevez mes ~s respectueux** yours faithfully; **faire du ~** (*péj*) to be sentimental; **sentimental, e, aux** *a* sentimental; (*vie, aventure*) love *cpd*.
sentinelle [sɑ̃tinɛl] *nf* sentry; **en ~** on sentry duty; standing guard.
sentir [sɑ̃tiʀ] *vt* (*par l'odorat*) to smell; (*par le goût*) to taste; (*au toucher, fig*) to feel; (*répandre une odeur de*) to smell of; (: *ressemblance*) to smell like; (*avoir la saveur de*) to taste of; to taste like; (*fig: dénoter, annoncer*) to be indicative of; to smack of; to foreshadow // *vi* to smell; **~ mauvais** to smell bad; **se ~ bien** to feel good; **se ~ mal** (*être indisposé*) to feel unwell *ou* ill; **se ~ le courage/la force de faire** to feel brave/strong enough to do; **ne plus se ~ de joie** to be beside o.s. with joy; **il ne peut pas le ~** (*fam*) he can't stand him.
seoir [swaʀ] *vt*: **~ à** vt to become.
séparation [sepaʀɑsjɔ̃] *nf* separation; (*cloison*) division, partition; **~ de biens** division of property (*in marriage settlement*); **~ de corps** legal separation.
séparatisme [sepaʀatism(ə)] *nm* separatism.
séparé, e [sepaʀe] *a* (*appartements, pouvoirs*) separate; (*époux*) separated; **~ de** separate from; separated from; **~ment** *ad* separately.
séparer [sepaʀe] *vt* (*gén*) to separate; (*suj: divergences etc*) to divide; to drive apart; (: *différences, obstacles*) to stand between; (*détacher*): **~ qch de** to pull sth (off) from; (*dissocier*) to distinguish between; (*diviser*): **~ qch par** to divide sth (up) with; **~ une pièce en deux** to divide a room into two; **se ~** (*époux*) to separate, part; (*prendre congé: amis etc*) to part, leave each other; (*adversaires*) to separate; (*se diviser: route, tige etc*) to divide; (*se détacher*): **se ~ (de)** to split off (from); to come off; **se ~ de** (*époux*)

to separate *ou* part from; (*employé, objet personnel*) to part with.
sept [sɛt] *num* seven.
septembre [sɛptɑ̃bʀ(ə)] *nm* September.
septennat [sɛptena] *nm* seven-year term (of office); seven-year reign.
septentrional, e, aux [sɛptɑ̃tʀijɔnal, -o] *a* northern.
septicémie [sɛptisemi] *nf* blood poisoning, septicaemia.
septième [sɛtjɛm] *num* seventh.
septique [sɛptik] *a*: **fosse ~** septic tank.
septuagénaire [sɛptɥaʒenɛʀ] *a, nm/f* septuagenarian.
sépulcre [sepylkʀ(ə)] *nm* sepulchre.
sépulture [sepyltyʀ] *nf* burial; burial place, grave.
séquelles [sekɛl] *nfpl* after-effects; (*fig*) aftermath *sg*; consequences.
séquence [sekɑ̃s] *nf* sequence.
séquestre [sekɛstʀ(ə)] *nm* impoundment; **mettre sous ~** to impound.
séquestrer [sekɛstʀe] *vt* (*personne*) to confine illegally; (*biens*) to impound.
serai *etc vb voir* **être**.
serein, e [səʀɛ̃, -ɛn] *a* serene; (*jugement*) dispassionate.
sérénade [seʀenad] *nf* serenade; (*fam*) hullabaloo.
sérénité [seʀenite] *nf* serenity.
serez *vb voir* **être**.
serf, serve [sɛʀ, sɛʀv(ə)] *nm/f* serf.
serge [sɛʀʒ(ə)] *nf* serge.
sergent [sɛʀʒɑ̃] *nm* sergeant; **~-chef** *nm* staff sergeant; **~-major** *nm* ≈ quartermaster sergeant.
sériciculture [seʀisikyltyʀ] *nf* silkworm breeding, sericulture.
série [seʀi] *nf* (*de questions, d'accidents*) series *inv*; (*de clés, casseroles, outils*) set; (*catégorie: SPORT*) rank; class; **en ~** in quick succession; (*COMM*) mass *cpd*; **de ~** a standard; **hors ~** (*COMM*) custom-built; (*fig*) outstanding; **~ noire** *nm* (*crime*) thriller; **sérier** *vt* to classify, sort out.
sérieusement [seʀjøzmɑ̃] *ad* seriously; reliably; responsibly; **~?** do you mean it?, are you talking in earnest?
sérieux, euse [seʀjø, -øz] *a* serious; (*élève, employé*) reliable, responsible; (*client, maison*) reliable, dependable; (*offre, proposition*) genuine, serious; (*grave, sévère*) serious, solemn; (*maladie, situation*) serious, grave // *nm* seriousness; reliability; **garder son ~** to keep a straight face; **manquer de ~** not to be very responsible (*ou* reliable); **prendre qch/qn au ~** to take sth/sb seriously.
serin [səʀɛ̃] *nm* canary.
seriner [səʀine] *vt*: **~ qch à qn** to drum sth into sb.
seringue [səʀɛ̃g] *nf* syringe.
serions *vb voir* **être**.
serment [sɛʀmɑ̃] *nm* (*juré*) oath; (*promesse*) pledge, vow; **faire le ~ de** to take a vow to, swear to; **sous ~** on *ou* under oath.
sermon [sɛʀmɔ̃] *nm* sermon; (*péj*) sermon, lecture.

serpe [sɛʀp(ə)] *nf* billhook.
serpent [sɛʀpɑ̃] *nm* snake; **~ à sonnettes** rattlesnake.
serpenter [sɛʀpɑ̃te] *vi* to wind.
serpentin [sɛʀpɑ̃tɛ̃] *nm* (*tube*) coil; (*ruban*) streamer.
serpillière [sɛʀpijɛʀ] *nf* floorcloth.
serrage [seʀaʒ] *nm* tightening; **collier de ~** clamp.
serre [sɛʀ] *nf* (*AGR*) greenhouse; **~s** *nfpl* (*griffes*) claws, talons; **~ chaude** hothouse.
serré, e [seʀe] *a* (*tissu*) closely woven; (*réseau*) dense; (*écriture*) close; (*habits*) tight; (*fig: lutte, match*) tight, close-fought; (*passagers etc*) (tightly) packed.
serre-livres [sɛʀlivʀ(ə)] *nm inv* book ends *pl*.
serrement [sɛʀmɑ̃] *nm*: **~ de main** handshake; **~ de cœur** pang of anguish.
serrer [seʀe] *vt* (*tenir*) to grip *ou* hold tight; (*comprimer, coincer*) to squeeze; (*poings, mâchoires*) to clench; (*suj: vêtement*) to be too tight for; to fit tightly; (*rapprocher*) to close up, move closer together; (*ceinture, nœud, frein, vis*) to tighten // *vi*: **~ à droite** to keep to the right; to move into the right-hand lane; **se ~** (*se rapprocher*) to squeeze up; **se ~ contre qn** to huddle up to sb; **se ~ les coudes** to stick together, back one another up; **~ la main à qn** to shake sb's hand; **~ qn dans ses bras** to hug sb, clasp sb in one's arms; **~ la gorge à qn** (*suj: chagrin*) to bring a lump to sb's throat; **~ qn de près** to follow close behind sb; **~ le trottoir** to hug the kerb; **~ sa droite** to keep well to the right; **~ la vis à qn** to crack down harder on sb.
serre-tête [sɛʀtɛt] *nm inv* (*bandeau*) headband; (*bonnet*) skullcap.
serrure [seʀyʀ] *nf* lock.
serrurerie [seʀyʀʀi] *nf* (*métier*) locksmith's trade; **~ d'art** ornamental ironwork.
serrurier [seʀyʀje] *nm* locksmith.
sert *etc vb voir* **servir**.
sertir [sɛʀtiʀ] *vt* (*pierre*) to set; (*pièces métalliques*) to crimp.
sérum [seʀɔm] *nm* serum; **~ antivénimeux** snakebite serum; **~ sanguin** (blood) serum; **~ de vérité** truth drug.
servage [sɛʀvaʒ] *nm* serfdom.
servant [sɛʀvɑ̃] *nm* server.
servante [sɛʀvɑ̃t] *nf* (maid)servant.
serve [sɛʀv] *nf voir* **serf**.
serveur, euse [sɛʀvœʀ, -øz] *nm/f* waiter/waitress.
serviable [sɛʀvjabl(ə)] *a* obliging, willing to help.
service [sɛʀvis] *nm* (*gén*) service; (*série de repas*): **premier ~** first sitting; (*pourboire*) service (charge); (*assortiment de vaisselle*) set, service; (*bureau: de la vente etc*) department, section; (*travail*): **pendant le ~** on duty; **~s** *nmpl* (*travail, ÉCON*) services; **faire le ~** to serve; **être en ~ chez qn** (*domestique*) to be in sb's service; **être au ~ de** (*patron, patrie*) to be in the service of; **être au ~ de qn** (*collaborateur, voiture*) to be at sb's service; **rendre ~**

à to help ; **il aime rendre ~** he likes to help ; **rendre un ~ à qn** to do sb a favour ; **heures de ~** hours of duty ; **être de ~** to be on duty ; **avoir 25 ans de ~** to have completed 25 years' service ; **être/mettre en ~** to be in/put into service *ou* operation ; **~ à thé/café** tea/coffee set *ou* service ; **~ après vente** after-sales service ; **en ~ commandé** on an official assignment ; **~ funèbre** funeral service ; **~ militaire** military service ; **~ d'ordre** police (*ou* stewards) in charge of maintaining order ; **~s secrets** secret service *sg*.

serviette [sɛʀvjɛt] *nf* (*de table*) (table) napkin, serviette ; (*de toilette*) towel ; (*porte-documents*) briefcase ; **~ hygiénique** sanitary towel *ou* pad ; **~-éponge** *nf* terry towel.

servile [sɛʀvil] *a* servile.

servir [sɛʀviʀ] *vt* (*gén*) to serve ; (*dîneur: au restaurant*) to wait on ; (*client: au magasin*) to serve, attend to ; (*fig: aider*) **~ qn** to aid sb ; to serve sb's interests ; to stand sb in good stead ; (*COMM: rente*) to pay // *vi* (*TENNIS*) to serve ; (*CARTES*) to deal ; **se ~** (*prendre d'un plat*) to help o.s. ; **se ~ de** (*plat*) to help o.s. to ; (*voiture, outil, relations*) to use ; **~ à qn** (*diplôme, livre*) to be of use to sb ; **ça m'a servi pour faire** it was useful to me when I did ; I used it to do ; **~ à qch/faire** (*outil etc*) to be used for sth/doing ; **ça peut ~** it may come in handy ; **ça peut encore ~** it can still be used (*ou* of use) ; **à quoi cela sert-il (de faire)?** what's the use (of doing)? ; **cela ne sert à rien** it's no use ; **~ (à qn) de** to serve as (for sb) ; **~ la messe** to serve Mass ; **~ à dîner (à qn)** to serve dinner (to sb).

serviteur [sɛʀvitœʀ] *nm* servant.

servitude [sɛʀvityd] *nf* servitude ; (*fig*) constraint ; (*JUR*) easement.

servo... [sɛʀvo] *préfixe*: **~-frein** servo (-assisted) brake.

ses [se] *dét voir* **son**.

session [sesjɔ̃] *nf* session.

set [sɛt] *nm* set.

seuil [sœj] *nm* doorstep ; (*fig*) threshold ; **sur le ~ de sa maison** in the doorway of his house, on his doorstep ; **au ~ de** (*fig*) on the threshold *ou* brink *ou* edge of.

seul, e [sœl] *a* (*sans compagnie, en isolation*) alone ; (*avec nuance affective: isolé*) lonely ; (*unique*): **un ~ livre** only one book, a single book ; **le ~ livre** the only book ; **ce livre, ce livre ~** this book alone, only this book // *ad* (*vivre*) alone, on one's own ; **parler tout ~** to talk to oneself ; **faire qch (tout) ~** to do sth (all) on one's own *ou* (all) by oneself // *nm, nf* **il en reste un(e) ~(e)** there's only one left ; **à lui (tout) ~** single-handed, on his own.

seulement [sœlmɑ̃] *ad* (*pas davantage*): **5, 5 ~** only 5 ; (*exclusivement*): **~ eux** only them, them alone ; (*pas avant*): **~ hier/à 10h** only yesterday/at 10 o'clock ; **non ~ ... mais aussi** *ou* **encore** not only ... but also.

sève [sɛv] *nf* sap.

sévère [sevɛʀ] *a* severe ; **sévérité** *nf* severity.

sévices [sevis] *nmpl* (*physical*) cruelty *sg*, ill treatment *sg*.

sévir [seviʀ] *vi* (*punir*) to use harsh measures, crack down ; (*suj: fléau*) to rage, be rampant ; **~ contre** (*abus*) to deal ruthlessly with, crack down on.

sevrer [savʀe] *vt* to wean ; (*fig*): **~ qn de** to deprive sb of.

sexagénaire [sɛgzaʒenɛʀ] *a, nm/f* sexagenarian.

sexe [sɛks(ə)] *nm* sex ; (*organe mâle*) member ; **sexologue** *nm/f* sexologist, sex specialist.

sextant [sɛkstɑ̃] *nm* sextant.

sexualité [sɛksyalite] *nf* sexuality.

sexué, e [sɛksye] *a* sexual.

sexuel, le [sɛksyɛl] *a* sexual ; **acte ~** sex act.

seyait *vb voir* **seoir**.

seyant, e [sejɑ̃, -ɑ̃t] *a* becoming.

shampooing [ʃɑ̃pwɛ̃] *nm* shampoo ; **se faire un ~** to shampoo one's hair ; **~ colorant** (colour) rinse.

short [ʃɔʀt] *nm* (pair of) shorts *pl*.

si [si] *nm* (*MUS*) B ; (*en chantant la gamme*) si, se // *ad* (*oui*) yes ; (*tellement*) so // *cj* if ; **~ seulement** if only ; (*tant et*) **~ bien que** so much so that ; **~ rapide qu'il soit** however fast he may be, fast though he is ; **je me demande ~** I wonder if *ou* whether.

siamois, e [sjamwa, -waz] *a* Siamese ; **frères/sœurs siamois/es** Siamese twins.

Sicile [sisil] *nf*: **la ~** Sicily ; **sicilien, ne** *a* Sicilian.

sidéré, e [sidere] *a* staggered.

sidérurgie [sideʀyʀʒi] *nf* iron and steel industry.

siècle [sjɛkl(ə)] *nm* century ; (*époque*) age ; (*REL*): **le ~** the world.

sied [sje] *vb voir* **seoir**.

siège [sjɛʒ] *nm* seat ; (*d'entreprise*) head office ; (*d'organisation*) headquarters *pl* ; (*MIL*) siege ; **mettre le ~ devant** to besiege ; **présentation par le ~** (*MED*) breech presentation ; **~ baquet** bucket seat ; **~ social** registered office.

siéger [sjeʒe] *vi* to sit.

sien, ne [sjɛ̃, sjɛn] *pronom*: **le(la) ~(ne), les ~s(~nes)** his ; hers ; its ; **faire des ~nes** (*fam*) to be up to one's (usual) tricks ; **les ~s** (*sa famille*) one's family.

siérait *etc vb voir* **seoir**.

sieste [sjɛst(ə)] *nf* (*afternoon*) snooze *ou* nap, siesta ; **faire la ~** to have a snooze *ou* nap.

sieur [sjœʀ] *nm*: **le ~ Thomas** Mr Thomas ; (*en plaisantant*) Master Thomas.

sifflant, e [siflɑ̃, -ɑ̃t] *a* (*bruit*) whistling ; (*toux*) wheezing ; (*consonne*) **~e** sibilant.

sifflement [siflamɑ̃] *nm* whistle, whistling *q* ; hissing noise ; whistling noise.

siffler [sifle] *vi* (*gén*) to whistle ; (*avec un sifflet*) to blow (on) one's whistle ; (*en parlant, dormant*) to wheeze ; (*serpent, vapeur*) to hiss // *vt* (*chanson*) to whistle ; (*chien etc*) to whistle for ; (*fille*) to whistle at ; (*pièce, orateur*) to hiss, boo ; (*fin du match, départ*) to blow one's whistle for ; (*fam: verre, bouteille*) to guzzle, knock back.

sifflet [siflɛ] nm whistle; ~s nmpl (de mécontentement) whistles, boos; **coup de ~** whistle.

siffloter [siflɔte] vi, vt to whistle.

sigle [sigl(ə)] nm acronym, (set of) initials pl.

signal, aux [siɲal, -o] nm (signe convenu, appareil) signal; (indice, écriteau) sign; **donner le ~ de** to give the signal for; **~ d'alarme** alarm signal; **~ horaire** time signal; **signaux (lumineux)** (AUTO) traffic signals.

signalement [siɲalmɑ̃] nm description, particulars pl.

signaler [siɲale] vt to indicate; to announce; to report; (faire remarquer): **~ qch à qn/à qn que** to point out sth to sb/to sb that; **se ~ par** to distinguish o.s. by; **se ~ à l'attention de qn** to attract sb's attention.

signalétique [siɲaletik] a: **fiche ~** identification sheet.

signalisation [siɲalizɑsjɔ̃] nf signalling, signposting; signals pl, roadsigns pl; **panneau de ~** roadsign.

signaliser [siɲalize] vt to put up roadsigns on; to put signals on.

signataire [siɲatɛʀ] nm/f signatory.

signature [siɲatyʀ] nf signing; signature.

signe [siɲ] nm sign; (TYPO) mark; **c'est bon ~** it's a good sign; **faire un ~ de la main** to give a sign with one's hand; **faire ~ à qn** (fig) to get in touch with sb; **faire ~ à qn d'entrer** to motion (to) sb to come in; **en ~ de** as a sign ou mark of; **le ~ de la croix** the sign of the Cross; **~ de ponctuation** punctuation mark; **~ du zodiaque** sign of the zodiac.

signer [siɲe] vt to sign, **se ~** vi to cross o.s.

signet [siɲɛ] nm bookmark.

significatif, ive [siɲifikatif, -iv] a significant.

signification [siɲifikɑsjɔ̃] nf meaning.

signifier [siɲifje] vt (vouloir dire) to mean, signify; (faire connaître): **~ qch (à qn)** to make sth known (to sb); (JUR): **~ qch à qn** to serve notice of sth on sb.

silence [silɑ̃s] nm silence; (MUS) rest; **garder le ~** to keep silent, say nothing; **passer sous ~** to pass over (in silence); **réduire au ~** to silence; **silencieux, euse** a quiet, silent // nm silencer.

silex [silɛks] nm flint.

silhouette [silwɛt] nf outline, silhouette; (lignes, contour) outline; (figure) figure.

silicium [silisjɔm] nm silicon.

silicone [silikɔn] nf silicone.

silicose [silikoz] nf silicosis, dust disease.

sillage [sijaʒ] nm wake; (fig) trail.

sillon [sijɔ̃] nm furrow; (de disque) groove; **sillonner** vt to furrow; to cross, criss-cross.

silo [silo] nm silo.

simagrées [simagre] nfpl fuss sg; airs and graces.

simiesque [simjɛsk(ə)] a monkey-like, ape-like.

similaire [similɛʀ] a similar; **similarité** nf similarity; **simili...** préfixe imitation cpd;

artificial; **similicuir** nm imitation leather; **similitude** nf similarity.

simple [sɛ̃pl(ə)] a (gén) simple; (non multiple) single; **~s** nmpl (MÉD) medicinal plants; **~ messieurs** (TENNIS) men's singles sg; **un ~ particulier** an ordinary citizen; **cela varie du ~ au double** it can double, it can be double the price etc; **~ course** a single; **~ d'esprit** nm/f simpleton; **~ soldat** private; **simplicité** nf simplicity; **simplifier** vt to simplify; **simpliste** a simplistic.

simulacre [simylakʀ(ə)] nm enactement; (péj): **un ~ de** a pretence of, a sham.

simulateur, trice [simylatœʀ, -tʀis] nm/f shammer, pretender; (qui se prétend malade) malingerer // nm: **~ de vol** flight simulator.

simulation [simylɑsjɔ̃] nf shamming, simulation; malingering.

simuler [simyle] vt to sham, simulate; (suj: substance, revêtement) to simulate.

simultané, e [simyltane] a simultaneous; **~ment** ad simultaneously.

sincère [sɛ̃sɛʀ] a sincere; genuine; heartfelt; **sincérité** nf sincerity.

sinécure [sinekyʀ] nf sinecure.

sine die [sinedje] ad sine die, indefinitely.

sine qua non [sinekwanɔn] a: **condition ~** indispensable condition.

singe [sɛ̃ʒ] nm monkey; (de grande taille) ape.

singer [sɛ̃ʒe] vt to ape, mimic.

singeries [sɛ̃ʒʀi] nfpl antics; (simagrées) airs and graces.

singulariser [sɛ̃gylaʀize] vt to mark out; **se ~** to call attention to o.s.

singularité [sɛ̃gylaʀite] nf peculiarity.

singulier, ière [sɛ̃gylje, -jɛʀ] a remarkable, singular; (LING) singular // nm singular.

sinistre [sinistʀ(ə)] a a sinister // nm (incendie) blaze; (catastrophe) disaster; (ASSURANCES) accident (giving rise to a claim); **sinistré, e** a disaster-stricken // nm/f disaster victim.

sino... [sino] préfixe: **~-indien** Sino-Indian, Chinese-Indian.

sinon [sinɔ̃] cj (autrement, sans quoi) otherwise, or else; (sauf) except, other than; (si ce n'est) if not.

sinueux, euse [sinɥø, -øz] a winding; (fig) tortuous; **sinuosités** nfpl winding sg, curves.

sinus [sinys] nm (ANAT) sinus; (GÉOM) sine; **sinusite** nf sinusitis, sinus infection.

sionisme [sjɔnism(ə)] nm Zionism.

siphon [sifɔ̃] nm (tube, d'eau gazeuse) siphon; (d'évier etc) U-bend; **siphonner** vt to siphon.

sire [siʀ] nm (titre): **S~** Sire; **un triste ~** an unsavoury individual.

sirène [siʀɛn] nf siren; **~ d'alarme** air-raid siren; fire alarm.

sirop [siʀo] nm (à diluer: de fruit etc) syrup, cordial; (boisson) cordial; (pharmaceutique) syrup, mixture; **~ de menthe** mint syrup ou cordial; **~ contre la toux** cough syrup ou mixture.

siroter [siʀɔte] vt to sip.

sis, e [si, siz] a: ~ **rue de la Paix** located in the rue de la Paix.

sismique [sismik] a seismic.

sismographe [sismɔgʀaf] nm seismograph.

sismologie [sismɔlɔʒi] nf seismology.

site [sit] nm (paysage, environnement) setting ; (d'une ville etc: emplacement) site ; ~ **(pittoresque)** beauty spot ; ~s **touristiques** places of interest ; ~s **naturels/historiques** natural/ historic sites.

sitôt [sito] ad: ~ **parti** as soon as he had left ; **pas de** ~ not for a long time.

situation [situɑsjɔ̃] nf (gén) situation ; (d'un édifice, d'une ville) situation, position ; location.

situé, e [sitɥe] a: **bien** ~ well situated, in a good location ; ~ **à/près de** situated at/near.

situer [sitɥe] vt to site, situate ; (en pensée) to set, place ; **se** ~ vi: **se** ~ **à/près de** to be situated at/near.

six [sis] num six ; **sixième** num sixth.

sketch [skɛtʃ] nm (variety) sketch.

ski [ski] nm (objet) ski ; (sport) skiing ; **faire du** ~ to ski ; ~ **de fond** lang-lauf ; ~ **nautique** water-skiing ; ~ **de piste** downhill skiing ; ~ **de randonnée** cross-country skiing ; **skier** vi to ski ; **skieur, euse** nm/f skier.

slalom [slalɔm] nm slalom ; **faire du** ~ **entre** to slalom between ; ~ **géant/spécial** giant/special slalom.

slave [slav] a Slav(onic), Slavic.

slip [slip] nm (sous-vêtement) pants pl, briefs pl ; (de bain: d'homme) (bathing ou swimming) trunks pl ; (: du bikini) (bikini) briefs pl.

slogan [slɔgɑ̃] nm slogan.

S.M.I.C., S.M.I.G. [smik, smig] sigle m voir **salaire**.

smoking [smɔkiŋ] nm dinner ou evening suit.

snack [snak] nm snack bar.

S.N.C.F. sigle f = société nationale des chemins de fer français, ≈ British Rail.

snob [snɔb] a snobbish // nm/f snob ; ~**isme** nm snobbery.

sobre [sɔbʀ(ə)] a temperate, abstemious ; (élégance, style) sober ; ~ **de** (gestes, compliments) sparing of ; **sobriété** nf temperance, abstemiousness ; sobriety.

sobriquet [sɔbʀikɛ] nm nickname.

soc [sɔk] nm ploughshare.

sociable [sɔsjabl(ə)] a sociable.

social, e, aux [sɔsjal, -o] a social.

socialisme [sɔsjalism(ə)] nm socialism ; **socialiste** nm/f socialist.

sociétaire [sɔsjetɛʀ] nm/f member.

société [sɔsjete] nf society ; (sportive) club ; (COMM) company ; **la bonne** ~ polite society ; **la** ~ **d'abondance/de consommation** the affluent/consumer society ; ~ **anonyme (S.A.)** ≈ limited company ; ~ **à responsabilité limitée (S.A.R.L.)** type of limited liability company (with non negotiable shares).

sociologie [sɔsjɔlɔʒi] nf sociology ; **sociologue** nm/f sociologist.

socle [sɔkl(ə)] nm (de colonne, statue) plinth, pedestal ; (de lampe) base.

socquette [sɔkɛt] nf ankle sock.

sodium [sɔdjɔm] nm sodium.

sœur [sœʀ] nf sister ; (religieuse) nun, sister ; ~ **Élisabeth** (REL) Sister Elizabeth.

soi [swa] pronom oneself ; **cela va de** ~ that ou it goes without saying, it stands to reason ; ~**-disant** a inv so-called // ad supposedly.

soie [swa] nf silk ; (de porc, sanglier: poil) bristle ; ~**rie** nf (industrie) silk trade ; (tissu) silk.

soif [swaf] nf thirst ; (fig): ~ **de** thirst ou craving for ; **avoir** ~ to be thirsty ; **donner** ~ **à qn** to make sb thirsty.

soigné, e [swaɲe] a (tenue) well-groomed, neat ; (travail) careful, meticulous ; (fam) whopping ; stiff.

soigner [swaɲe] vt (malade, maladie: suj: docteur) to treat ; (suj: infirmière, mère) to nurse, look after ; (blessé) to tend ; (travail, détails) to take care over ; (jardin, chevelure, invités) to look after ; **soigneur** nm (CYCLISME, FOOTBALL) trainer ; (BOXE) second.

soigneusement [swaɲøzmɑ̃] ad carefully.

soigneux, euse [swaɲø, -øz] a (propre) tidy, neat ; (méticuleux) painstaking, careful ; ~ **de** careful with.

soi-même [swamɛm] pronom oneself.

soin [swɛ̃] nm (application) care ; (propreté, ordre) tidiness, neatness ; (responsabilité): **le** ~ **de qch** the care of sth ; ~**s** nmpl (à un malade, blessé) treatment sg, medical attention sg ; (attentions, prévenance) care and attention sg ; (hygiène) care sg ; ~**s de la chevelure/de beauté** hair-/beauty care ; **les** ~**s du ménage** the care of the home ; **avoir** ou **prendre** ~ **de** to take care of, look after ; **avoir** ou **prendre** ~ **de faire** to take care to do ; **sans** ~ a careless ; untidy ; **les premiers** ~**s** first aid sg ; **aux bons** ~**s de** c/o, care of.

soir [swaʀ] nm, ad evening ; **ce** ~ this evening, tonight ; **demain** ~ tomorrow evening, tomorrow night.

soirée [swaʀe] nf evening ; (réception) party ; **donner en** ~ (film, pièce) to give an evening performance of.

soit [swa] vb voir **être** ; ~ **un triangle ABC** let ABC be a triangle // cj (à savoir) namely, to wit ; (ou): ~ **...** ~ either ... or // ad so be it, very well ; ~ **que ...** ~ **que** ou **ou que** whether ... or whether.

soixantaine [swasɑ̃tɛn] nf: **une** ~ **(de)** sixty or so, about sixty.

soixante [swasɑ̃t] num sixty.

soja [sɔʒa] nm soya ; (graines) soya beans pl ; **germes de** ~ beansprouts.

sol [sɔl] nm ground ; (de logement) floor ; (revêtement) flooring q ; (territoire, AGR, GÉO) soil ; (MUS) G ; (en chantant la gamme) so(h).

solaire [sɔlɛʀ] a solar, sun cpd.

solarium [sɔlaʀjɔm] nm solarium.

soldat [sɔlda] nm soldier ; **S**~ **inconnu** Unknown Warrior ou Soldier ; ~ **de plomb** tin ou toy soldier.

solde [sɔld(ə)] nf pay // nm (COMM) balance ; ~**s** nmpl ou nfpl (COMM) sale goods ; sales ; **à la** ~ **de qn** (péj) in sb's pay; ~ **à payer** balance outstanding; **en ~** at sale price; **aux ~s** at the sales.

solder [sɔlde] *vt* (*compte*) to settle; (*marchandise*) to sell at sale price, sell off; **se ~ par** (*fig*) to end in; **article soldé (à) 10 F** item reduced to 10 F.

sole [sɔl] *nf* sole *inv*.

soleil [sɔlɛj] *nm* sun; (*lumière*) sun(light); (*temps ensoleillé*) sun(shine); (*feu d'artifice*) Catherine wheel; (*acrobatie*) grand circle; (*BOT*) sunflower; **il y a** *ou* **il fait du ~** it's sunny; **au ~** in the sun; **le ~ de minuit** the midnight sun.

solennel, le [sɔlanɛl] *a* solemn; ceremonial; **solenniser** *vt* to solemnize; **solennité** *nf* (*d'une fête*) solemnity; (*fête*) grand occasion.

solfège [sɔlfɛʒ] *nm* rudiments *pl* of music.

soli [sɔli] *pl de* **solo**.

solidaire [sɔlidɛʀ] *a* (*personnes*) who stand together, who show solidarity; (*pièces mécaniques*) interdependent; **être ~ de** (*collègues*) to stand by; (*mécanisme*) to be bound up with, be dependent on; **se solidariser avec** to show solidarity with; **solidarité** *nf* solidarity; interdependence; **par solidarité (avec)** (*cesser le travail etc*) in sympathy (with).

solide [sɔlid] *a* (*mur, maison, meuble*) solid, sturdy; (*connaissances, argument*) sound; (*personne, estomac*) robust, sturdy // *nm* solid; **solidifier** *vt*, **se solidifier** *vi* to solidify; **solidité** *nf* solidity; sturdiness.

soliloque [sɔlilɔk] *nm* soliloquy.

soliste [sɔlist(ə)] *nm/f* soloist.

solitaire [sɔlitɛʀ] *a* (*sans compagnie*) solitary, lonely; (*isolé*) solitary, isolated, lone; (*désert*) lonely // *nm/f* recluse; loner // *nm* (*diamant, jeu*) solitaire.

solitude [sɔlityd] *nf* loneliness; (*paix*) solitude.

solive [sɔliv] *nf* joist.

sollicitations [sɔlisitɑsjɔ̃] *nfpl* entreaties, appeals; enticements; promptings.

solliciter [sɔlisite] *vt* (*personne*) to appeal to; (*emploi, faveur*) to seek; (*moteur*) to prompt; (*suj: occupations, attractions etc*): **~ qn** to appeal to sb's curiosity *etc*; to entice sb; to make demands on sb's time; **~ qn de faire** to appeal to *ou* request sb to do.

sollicitude [sɔlisityd] *nf* concern.

solo [sɔlo] *nm, pl* **soli** [sɔli] (*MUS*) solo (*pl* s *or* soli).

solstice [sɔlstis] *nm* solstice.

soluble [sɔlybl(ə)] *a* soluble.

solution [sɔlysjɔ̃] *nf* solution; **~ de continuité** solution of continuity, gap; **~ de facilité** easy way out.

solvabilité [sɔlvabilite] *nf* solvency.

solvable [sɔlvabl(ə)] *a* solvent.

solvant [sɔlvɑ̃] *nm* solvent.

sombre [sɔ̃bʀ(ə)] *a* dark; (*fig*) sombre, gloomy.

sombrer [sɔ̃bʀe] *vi* (*bateau*) to sink, go down; **~ dans** (*misère, désespoir*) to sink into.

sommaire [sɔmɛʀ] *a* (*simple*) basic; (*expéditif*) summary // *nm* summary.

sommation [sɔmasjɔ̃] *nf* (*JUR*) summons *sg*; (*avant de faire feu*) warning.

somme [sɔm] *nf* (*MATH*) sum; (*fig*) amount; (*argent*) sum, amount // *nm*: **faire un ~** to have a (short) nap; **faire la ~ de** to add up; **en ~** *ad* all in all; **~ toute** *ad* when all's said and done.

sommeil [sɔmɛj] *nm* sleep; **avoir ~** to be sleepy; **avoir le ~ léger** to be a light sleeper; **en ~** (*fig*) dormant; **sommeiller** *vi* to doze; (*fig*) to lie dormant.

sommelier [sɔməlje] *nm* wine waiter.

sommer [sɔme] *vt*: **~ qn de faire** to command *ou* order sb to do; (*JUR*) to summon sb to do.

sommes *vb voir aussi* **être**.

sommet [sɔmɛ] *nm* top; (*d'une montagne*) summit, top; (*fig: de la perfection, gloire*) height; (*GÉOM: d'angle*) vertex (*pl* vertices).

sommier [sɔmje] *nm*: **~ (à ressorts)** springing *q*; (interior-sprung) divan base; **~ métallique** mesh-springing; mesh-sprung divan base.

sommité [sɔmite] *nf* prominent person, leading light.

somnambule [sɔmnɑ̃byl] *nm/f* sleepwalker.

somnifère [sɔmnifɛʀ] *nm* sleeping drug (*ou* pill).

somnolent, e [sɔmnɔlɑ̃, -ɑ̃t] *a* sleepy, drowsy.

somnoler [sɔmnɔle] *vi* to doze.

somptuaire [sɔ̃ptɥɛʀ] *a*: **lois ~s** sumptuary laws; **dépenses ~s** extravagant expenditure *sg*.

somptueux, euse [sɔ̃ptɥø, -øz] *a* sumptuous; lavish.

son [sɔ̃], **sa** [sa], *pl* **ses** [se] *dét* (*antécédent humain mâle*) his; (: *femelle*) her; (: *valeur indéfinie*) one's, his/her; (: *non humain*) its; *voir note sous* **il**.

son [sɔ̃] *nm* sound; (*résidu*) bran.

sonate [sɔnat] *nf* sonata.

sondage [sɔ̃daʒ] *nm* (*de terrain*) boring, drilling; (*mer, atmosphère*) sounding; probe; (*enquête*) survey, sounding out of opinion; **~ (d'opinion)** (opinion) poll.

sonde [sɔ̃d] *nf* (*NAVIG*) lead *ou* sounding line; (*MÉTÉOROLOGIE*) sounding; (*MÉD*) probe; catheter; feeding tube; (*TECH*) borer, driller; (*pour fouiller etc*) probe; **~ à avalanche** pole (*for probing snow and locating victims*); **~ spatiale** probe.

sonder [sɔ̃de] *vt* (*NAVIG*) to sound; (*atmosphère, plaie, bagages etc*) to probe; (*TECH*) to bore, drill; (*fig*) to sound out; to probe.

songe [sɔ̃ʒ] *nm* dream.

songer [sɔ̃ʒe] *vi* to dream; **~ à** (*rêver à*) to muse over, think over; (*penser à*) to think of; (*envisager*) to contemplate, think of; to consider; **~ que** to consider that; to think that; **songerie** *nf* reverie; **songeur, euse** *a* pensive.

sonnailles [sɔnɑj] *nfpl* jingle of bells.

sonnant, e [sɔnɑ̃, -ɑ̃t] *a*: **en espèces ~es et trébuchantes** in coin of the realm; **à 8 heures ~es** on the stroke of 8.

sonné, e [sɔne] *a* (*fam*) cracked; **il est midi ~** it's gone twelve; **il a quarante ans bien ~s** he's well into his forties.

sonner [sɔne] *vi* to ring // *vt* (*cloche*) to ring; (*glas, tocsin*) to sound; (*portier,* *infirmière*) to ring for ; (*messe*) to ring the bell for ; (*fam: suj: choc, coup*) to knock out ; ~ **du clairon** to sound the bugle ; ~ **faux** (*instrument*) to sound out of tune ; (*rire*) to ring false ; ~ **les heures** to strike the hours ; **minuit vient de** ~ midnight has just struck ; ~ **chez qn** to ring sb's doorbell, ring at sb's door.

sonnerie [sɔnʀi] *nf* (*son*) ringing ; (*sonnette*) bell ; (*mécanisme d'horloge*) striking mechanism ; ~ **d'alarme** alarm bell ; ~ **de clairon** bugle call.

sonnet [sɔnɛ] *nm* sonnet.

sonnette [sɔnɛt] *nf* bell ; ~ **d'alarme** alarm bell ; ~ **de nuit** night-bell.

sono [sɔno] *nf abr de* **sonorisation**.

sonore [sɔnɔʀ] *a* (*voix*) sonorous, ringing ; (*salle, métal*) resonant ; (*ondes, film, signal*) sound *cpd* ; (*LING*) voiced.

sonorisation [sɔnɔʀizasjɔ̃] *nf* (*installations*) public address system, P.A. system.

sonoriser [sɔnɔʀize] *vt* (*film, spectacle*) to add the sound track to ; (*salle*) to fit with a public address system.

sonorité [sɔnɔʀite] *nf* (*de piano, violon*) tone ; (*de voix, mot*) sonority ; (*d'une salle*) resonance ; acoustics *pl*.

sont *vb voir* **être**.

sophistiqué, e [sɔfistike] *a* sophisticated.

soporifique [sɔpɔʀifik] *a* soporific.

sorbet [sɔʀbɛ] *nm* water ice, sorbet.

sorcellerie [sɔʀsɛlʀi] *nf* witchcraft *q*, sorcery *q*.

sorcier, ière [sɔʀsje, -jɛʀ] *nm/f* sorcerer/witch *ou* sorceress.

sordide [sɔʀdid] *a* sordid ; squalid.

sornettes [sɔʀnɛt] *nfpl* twaddle *sg*.

sort [sɔʀ] *nm* (*fortune, destinée*) fate ; (*condition, situation*) lot ; (*magique*) curse, spell ; **le** ~ **en est jeté** the die is cast ; **tirer au** ~ to draw lots ; **tirer qch au** ~ to draw lots for sth.

sorte [sɔʀt(ə)] *nf* sort, kind ; **de la** ~ *ad* in that way ; **de** ~ **à** so as to, in order to ; **de (telle)** ~ **que, en** ~ **que** so that ; so much so that.

sortie [sɔʀti] *nf* (*issue*) way out, exit ; (*MIL*) sortie ; (*fig: verbale*) outburst ; sally ; (*promenade*) outing ; (*le soir: au restaurant etc*) night out ; (*COMM: somme*): ~**s** items of expenditure ; outgoings *sans sg* ; **à sa** ~ as he went out *ou* left ; **à la** ~ **de l'école/l'usine** (*moment*) after school/work ; when school/the factory comes out ; (*lieu*) at the school/factory gates ; **à la** ~ **de ce nouveau modèle** when this new model comes out, when they bring out this new model ; ~ **de bain** (*vêtement*) bathrobe ; '~ **de camions**' 'vehicle exit', 'lorries turning', ~ **de secours** emergency exit.

sortilège [sɔʀtilɛʒ] *nm* (magic) spell.

sortir [sɔʀtiʀ] *vi* (*gén*) to come out ; (*partir, se promener, aller au spectacle etc*) to go out ; (*numéro gagnant*) to come up // *vt* (*gén*) to take out ; (*produit, ouvrage, modèle*) to bring out ; (*boniments, incongruités*) to come out with ; (*fam: expulser*) to throw out ; ~ **qch de** to take sth out of ; ~ **de** (*gén*) to leave ; (*endroit*) to go (*ou* come) out of, leave ; (*rainure etc*)

to come out of ; (*cadre, compétence*) to be outside ; (*provenir de: famille etc*) to come from ; **se** ~ **de** (*affaire, situation*) to get out of ; **s'en** ~ (*malade*) to pull through ; (*d'une difficulté etc*) to come through all right ; to get through, be able to manage.

S.O.S. *sigle m* mayday, SOS.

sosie [sozi] *nm* double.

sot, sotte [so, sɔt] *a* silly, foolish // *nm/f* fool ; **sottise** *nf* silliness, foolishness ; silly *ou* foolish thing (to do *ou* say).

sou [su] *nm*: **près de ses** ~**s** tight-fisted ; **sans le** ~ penniless ; **pas un** ~ **de bon sens** not a scrap *ou* an ounce of good sense.

soubassement [subasmɑ̃] *nm* base.

soubresaut [subʀaso] *nm* start ; jolt.

soubrette [subʀɛt] *nf* soubrette, maidservant.

souche [suʃ] *nf* (*d'arbre*) stump ; (*de carnet*) counterfoil, stub ; **de vieille** ~ of old stock.

souci [susi] *nm* (*inquiétude*) worry ; (*préoccupation*) concern ; (*BOT*) marigold ; **se faire du** ~ to worry ; **avoir (le)** ~ **de** to have concern for.

soucier [susje]: **se** ~ **de** *vt* to care about.

soucieux, euse [susjø, -øz] *a* concerned, worried ; ~ **de** concerned about ; **peu** ~ **de/que** caring little about/whether.

soucoupe [sukup] *nf* saucer ; ~ **volante** flying saucer.

soudain, e [sudɛ̃, -ɛn] *a* (*douleur, mort*) sudden // *ad* suddenly, all of a sudden ; **soudainement** *ad* suddenly ; **soudaineté** *nf* suddenness.

soude [sud] *nf* soda.

soudé, e [sude] *a* (*fig: pétales, organes*) joined (together).

souder [sude] *vt* (*avec fil à souder*) to solder ; (*par soudure autogène*) to weld ; (*fig*) to bind *ou* knit together ; to fuse (together).

soudoyer [sudwaje] *vt* (*péj*) to bribe, buy over.

soudure [sudyʀ] *nf* soldering ; welding ; (*joint*) soldered joint ; weld.

souffert, e [sufɛʀ, -ɛʀt(ə)] *pp de* **souffrir**.

souffle [sufl(ə)] *nm* (*en expirant*) breath ; (*en soufflant*) puff, blow ; (*respiration*) breathing ; (*d'explosion, de ventilateur*) blast ; (*du vent*) blowing ; (*fig*) inspiration ; **avoir du/manquer de** ~ to have a lot of/be short of breath ; **être à bout de** ~ to be out of breath ; **avoir le** ~ **court** to be short-winded ; **un** ~ **d'air** *ou* **de vent** a breath of air, a puff of wind.

soufflé, e [sufle] *a* (*CULIN*) soufflé ; (*fam: ahuri, stupéfié*) staggered // *nm* (*CULIN*) soufflé.

souffler [sufle] *vi* (*gén*) to blow ; (*haleter*) to puff (and blow) // *vt* (*feu, bougie*) to blow out ; (*chasser: poussière etc*) to blow away ; (*TECH: verre*) to blow ; (*suj: explosion*) to destroy (with its blast) ; (*dire*): ~ **qch à qn** to whisper sth to sb ; (*fam: voler*): ~ **qch à qn** to nick sth from sb ; ~ **son rôle à qn** to prompt sb ; **laisser** ~ **qn** (*fig*) to give sb a breather.

soufflet [suflɛ] *nm* (*instrument*) bellows *pl* ; (*entre wagons*) vestibule ; (*gifle*) slap (in the face).

souffleur, euse [suflœʀ, -øz] *nm/f* (THÉÂTRE) prompter.

souffrance [sufʀɑ̃s] *nf* suffering; **en ~** (*marchandise*) awaiting delivery; (*affaire*) pending.

souffrant, e [sufʀɑ̃, -ɑ̃t] *a* unwell.

souffre-douleur [sufʀədulœʀ] *nm inv* whipping boy, underdog.

souffreteux, euse [sufʀətø, -øz] *a* sickly.

souffrir [sufʀiʀ] *vi* to suffer; to be in pain // *vt* to suffer, endure; (*supporter*) to bear, stand; (*admettre: exception etc*) to allow *ou* admit of; **~ de** (*maladie, froid*) to suffer from; **~ des dents** to have trouble with one's teeth; **faire ~ qn** (*suj: personne*) to make sb suffer; (: *dents, blessure etc*) to hurt sb.

soufre [sufʀ(ə)] *nm* sulphur.

souhait [swɛ] *nm* wish; **tous nos ~s de** good wishes *ou* our best wishes for; **riche etc à ~** as rich *etc* as one could wish; **à vos ~s!** bless you!

souhaitable [swɛtabl(ə)] *a* desirable.

souhaiter [swete] *vt* to wish for; **~ le bonjour à qn** to bid sb good day; **~ la bonne année à qn** to wish sb a happy New Year.

souiller [suje] *vt* to dirty, soil; (*fig*) to sully, tarnish; **souillure** *nf* stain.

soûl, e [su, sul] *a* drunk // *nm*: **boire tout son ~** to drink one's fill.

soulagement [sulaʒmɑ̃] *nm* relief.

soulager [sulaʒe] *vt* to relieve.

soûler [sule] *vt*: **~ qn** to get sb drunk; (*suj: boisson*) to make sb drunk; (*fig*) to make sb's head spin *ou* reel; **se ~** to get drunk; **se ~ de** (*fig*) to intoxicate o.s. with; **soûlerie** *nf* (*péj*) drunken binge.

soulèvement [sulɛvmɑ̃] *nm* uprising; (GÉO) upthrust.

soulever [sulve] *vt* to lift; (*vagues, poussière*) to send up; (*peuple*) to stir up (to revolt); (*enthousiasme*) to arouse; (*question, débat*) to raise; **se ~** *vi* (*peuple*) to rise up; (*personne couchée*) to lift o.s. up; **cela me soulève le cœur** it makes me feel sick.

soulier [sulje] *nm* shoe; **~s plats/à talons** flat/heeled shoes.

souligner [suliɲe] *vt* to underline; (*fig*) to emphasize; to stress.

soumettre [sumɛtʀ] *vt* (*pays*) to subject, subjugate; (*rebelle*) to put down, subdue; **~ qn/qch à** to subject sb/sth to; **~ qch à qn** (*projet etc*) to submit sth to sb; **se ~ (à)** (*se rendre, obéir*) to submit (to); **se ~ à** (*formalités etc*) to submit to; (*régime etc*) to submit o.s. to.

soumis, e [sumi, -iz] *a* submissive; **revenus ~ à l'impôt** taxable income.

soumission [sumisjɔ̃] *nf* (*voir se soumettre*) submission; (*docilité*) submissiveness; (COMM) tender.

soupape [supap] *nf* valve; **~ de sûreté** safety valve.

soupçon [supsɔ̃] *nm* suspicion; (*petite quantité*): **un ~ de** a hint *ou* touch of; **soupçonner** *vt* to suspect; **soupçonneux, euse** *a* suspicious.

soupe [sup] *nf* soup; **~ au lait** *a inv* quick-tempered; **~ à l'oignon/de poisson**

onion/fish soup; **~ populaire** soup kitchen.

soupente [supɑ̃t] *nf* cupboard under the stairs.

souper [supe] *vi* to have supper // *nm* supper; **avoir soupé de** (*fam*) to be sick and tired of.

soupeser [supəze] *vt* to weigh in one's hand(s), feel the weight of; (*fig*) to weigh up.

soupière [supjɛʀ] *nf* (soup) tureen.

soupir [supiʀ] *nm* sigh; (MUS) crotchet rest; **rendre le dernier ~** to breathe one's last.

soupirail, aux [supiʀaj, -o] *nm* (small) basement window.

soupirant [supiʀɑ̃] *nm* (*péj*) suitor, wooer.

soupirer [supiʀe] *vi* to sigh; **~ après qch** to yearn for sth.

souple [supl(ə)] *a* supple; (*fig: règlement, caractère*) flexible; (: *démarche, taille*) lithe, supple; **souplesse** *nf* suppleness, flexibility.

source [suʀs(ə)] *nf* (*point d'eau*) spring; (*d'un cours d'eau, fig*) source; **prendre sa ~ à/dans** (*suj: cours d'eau*) to have its source at/in; **tenir qch de bonne ~/de ~ sûre** to have sth on good authority/from a reliable source; **~ thermale/d'eau minérale** hot *ou* thermal/mineral spring.

sourcier [suʀsje] *nm* water diviner.

sourcil [suʀsij] *nm* (eye)brow; **sourcilière** *af voir* **arcade**.

sourciller [suʀsije] *vi*: **sans ~** without turning a hair *ou* batting an eyelid.

sourcilleux, euse [suʀsijø, -øz] *a* pernickety.

sourd, e [suʀ, suʀd(ə)] *a* deaf; (*bruit, voix*) muffled; (*couleur*) muted; (*douleur*) dull; (*lutte*) silent, hidden; (LING) voiceless // *nm/f* deaf person.

sourdait *etc vb voir* **sourdre**.

sourdine [suʀdin] *nf* (MUS) mute; **en ~** *ad* softly, quietly; **mettre une ~ à** (*fig*) to tone down.

sourd-muet, sourde-muette [suʀmɛ, suʀdmɛt] *a* deaf-and-dumb // *nm/f* deaf-mute.

sourdre [suʀdʀ(ə)] *vi* to rise.

souriant, e [suʀjɑ̃, -ɑ̃t] *a* cheerful.

souricière [suʀisjɛʀ] *nf* mousetrap; (*fig*) trap.

sourire [suʀiʀ] *nm* smile // *vi* to smile; **~ à qn** to smile at sb; (*fig*) to appeal to sb; to smile on sb; **faire un ~ à qn** to give sb a smile; **garder le ~** to keep smiling.

souris [suʀi] *nf* mouse (*pl* mice).

sournois, e [suʀnwa, -waz] *a* deceitful, underhand.

sous [su] *prép* (*gén*) under; **~ la pluie/le soleil** in the rain/sunshine; **~ terre** *a*, *ad* underground; **~ peu** *ad* shortly, before long.

sous... [su, suz + *vowel*] *préfixe* sub-, under...; **~-catégorie** sub-category; **~-alimenté/-équipé/-développé** undernourished/equipped/developed.

sous-bois [subwa] *nm inv* undergrowth.

sous-chef [suʃɛf] *nm* deputy chief clerk.
souscription [suskʀipsjɔ̃] *nf* subscription ; **offert en ~** available on subscription.
souscrire [suskʀiʀ] : **~ à** *vt* to subscribe to.
sous-directeur, trice [sudiʀɛktœʀ, -tʀis] *nm/f* assistant manager/ manageress, sub-manager/ manageress.
sous-emploi [suzɑ̃plwa] *nm* underemployment.
sous-entendre [suzɑ̃tɑ̃dʀ(ə)] *vt* to imply, infer ; **sous-entendu, e** *a* implied ; (*verbe, complément*) understood // *nm* innuendo, insinuation.
sous-estimer [suzɛstime] *vt* to under-estimate.
sous-exposer [suzɛkspoze] *vt* to underexpose.
sous-fifre [sufifʀ] *nm* (*péj*) underling.
sous-jacent, e [suʒasɑ̃, -ɑ̃t] *a* underlying.
sous-lieutenant [suljøtnɑ̃] *nm* sub-lieutenant.
sous-locataire [sulɔkatɛʀ] *nm/f* subtenant.
sous-louer [sulwe] *vt* to sublet.
sous-main [sumɛ̃] *nm inv* desk blotter ; **en ~ ad** secretly.
sous-marin, e [sumaʀɛ̃, -in] *a* (*flore, volcan*) submarine ; (*navigation, pêche, explosif*) underwater // *nm* submarine.
sous-officier [suzɔfisje] *nm* ≈ non-comissioned officer (N.C.O.).
sous-préfecture [supʀefɛktyʀ] *nf* sub-prefecture.
sous-préfet [supʀefɛ] *nm* sub-prefect.
sous-produit [supʀɔdɥi] *nm* by-product ; (*fig: péj*) pale imitation.
sous-secrétaire [susəkʀetɛʀ] *nm:* **~ d'État** Under-Secretary of State.
soussigné, e [susiɲe] *a:* **je ~** I the undersigned.
sous-sol [susɔl] *nm* basement ; (*GÉO*) subsoil.
sous-titre [sutitʀ(ə)] *nm* subtitle ; **sous-titré, e** *a* with subtitles.
soustraction [sustʀaksjɔ̃] *nf* subtraction.
soustraire [sustʀɛʀ] *vt* to subtract, take away ; (*dérober*): **~ qch à qn** to remove sth from sb ; **~ qn à** (*danger*) to shield sb from ; **se ~ à** (*autorité etc*) to elude, escape from.
sous-traitance [sutʀɛtɑ̃s(ə)] *nf* subcontracting.
sous-verre [suvɛʀ] *nm inv* glass mount.
sous-vêtement [suvɛtmɑ̃] *nm* undergarment, item of underwear ; **~s** *nmpl* underwear *sg.*
soutane [sutan] *nf* cassock, soutane.
soute [sut] *nf* hold ; **~ à bagages** baggage hold.
soutenable [sutnabl(ə)] *a* (*opinion*) tenable, defensible.
soutenance [sutnɑ̃s] *nf:* **~ de thèse** ≈ viva voce (examination).
soutènement [sutɛnmɑ̃] *nm:* **mur de ~** retaining wall.
souteneur [sutnœʀ] *nm* procurer.
soutenir [sutniʀ] *vt* to support ; (*assaut, choc*) to stand up to, withstand ; (*intérêt, effort*) to keep up ; (*assurer*): **~ que** to

maintain that ; **se ~** (*dans l'eau etc*) to hold o.s. up ; **~ la comparaison avec** to bear *ou* stand comparison with ; **soutenu, e** *a* (*efforts*) sustained, unflagging ; (*style*) elevated.
souterrain, e [sutɛʀɛ̃, -ɛn] *a* underground // *nm* underground passage.
soutien [sutjɛ̃] *nm* support ; **~ de famille** breadwinner.
soutien-gorge [sutjɛ̃gɔʀʒ(ə)] *nm* bra.
soutirer [sutiʀe] *vt:* **~ qch à qn** to squeeze *ou* get sth out of sb.
souvenance [suvnɑ̃s] *nf:* **avoir ~ de** to recollect.
souvenir [suvniʀ] *nm* (*réminiscence*) memory ; (*cadeau*) souvenir, keepsake ; (*de voyage*) souvenir // *vb:* **se ~ de** *vt* to remember ; **se ~ que** to remember that ; **en ~ de** in memory *ou* remembrance of.
souvent [suvɑ̃] *ad* often ; **peu ~** seldom, infrequently.
souverain, e [suvʀɛ̃, -ɛn] *a* sovereign ; (*fig: mépris*) supreme // *nm/f* sovereign, monarch ; **souveraineté** *nf* sovereignty.
soviétique [sɔvjetik] *a* Soviet // *nm/f:* **S~** Soviet citizen.
soyeux, euse [swajø, øz] *a* silky.
soyons *etc vb voir* **être.**
S.P.A. *sigle f* (= *société protectrice des animaux*) ≈ R.S.P.C.A.
spacieux, euse [spasjø, øz] *a* spacious, roomy.
spaghettis [spageti] *nmpl* spaghetti *sg.*
sparadrap [spaʀadʀa] *nm* adhesive *ou* sticking plaster.
spartiate [spaʀsjat] *a* Spartan ; **~s** *nfpl* (*sandales*) Roman sandals.
spasme [spazm(ə)] *nm* spasm.
spasmodique [spazmɔdik] *a* spasmodic.
spatial, e, aux [spasjal, -o] *a* (*AVIAT*) space *cpd* ; (*PSYCH*) spatial.
spatule [spatyl] *nf* (*ustensile*) slice ; spatula ; (*bout*) tip.
speaker, ine [spikœʀ, -kʀin] *nm/f* announcer.
spécial, e, aux [spesjal, -o] *a* special ; (*bizarre*) peculiar ; **~ement** *ad* especially, particularly ; (*tout exprès*) specially.
spécialisé, e [spesjalize] *a* specialised.
spécialiser [spesjalize] *vt:* **se ~** to specialize.
spécialiste [spesjalist(ə)] *nm/f* specialist.
spécialité [spesjalite] *nf* speciality ; (*SCOL*) special field ; **~ pharmaceutique** patent medicine.
spécieux, euse [spesjø, øz] *a* specious.
spécification [spesifikɑsjɔ̃] *nf* specification.
spécifier [spesifje] *vt* to specify, state.
spécifique [spesifik] *a* specific.
spécimen [spesimɛn] *nm* specimen ; (*revue etc*) specimen *ou* sample copy.
spectacle [spɛktakl(ə)] *nm* (*tableau, scène*) sight ; (*représentation*) show ; (*industrie*) show business, entertainment ; **se donner en ~** (*péj*) to make a spectacle *ou* an exhibition of o.s. ; **spectaculaire** *a* spectacular.
spectateur, trice [spɛktatœʀ, -tʀis] *nm/f* (*CINÉMA etc*) member of the audience ;

(*SPORT*) spectator; (*d'un événement*) onlooker, witness.

spectre [spɛktʀ(ə)] *nm* (*fantôme, fig*) spectre; (*PHYSIQUE*) spectrum (*pl* a); ~ **solaire** solar spectrum.

spéculateur, trice [spekylatœʀ, -tʀis] *nm/f* speculator.

spéculation [spekylɑsjɔ̃] *nf* speculation.

spéculer [spekyle] *vi* to speculate; ~ **sur** (*COMM*) to speculate in; (*réfléchir*) to speculate on; (*tabler sur*) to bank *ou* rely on.

spéléologie [speleɔlɔʒi] *nf* (*étude*) speleology; (*activité*) potholing; **spéléologue** *nm/f* speleologist; potholer.

spermatozoïde [spɛʀmatozɔid] *nm* sperm, spermatozoon (*pl* zoa).

sperme [spɛʀm(ə)] *nm* semen, sperm.

sphère [sfɛʀ] *nf* sphere; **sphérique** *a* spherical.

sphincter [sfɛ̃ktɛʀ] *nm* sphincter.

spiral, aux [spiʀal, -o] *nm* hairspring.

spirale [spiʀal] *nf* spiral; **en** ~ in a spiral.

spire [spiʀ] *nm* (*single*) turn; whorl.

spiritisme [spiʀitism(ə)] *nm* spiritualism, spiritism.

spirituel, le [spiʀitɥɛl] *a* spiritual; (*fin, piquant*) witty; **musique** ~**le** sacred music; **concert** ~ concert of sacred music.

spiritueux [spiʀitɥø] *nm* spirit.

splendeur [splɑ̃dœʀ] *nf* splendour.

splendide [splɑ̃did] *a* splendid; magnificent.

spolier [spɔlje] *vt*: ~ **qn** (**de**) to despoil sb (of).

spongieux, euse [spɔ̃ʒjø, -øz] *a* spongy.

spontané, e [spɔ̃tane] *a* spontaneous.

sporadique [spɔʀadik] *a* sporadic.

sport [spɔʀ] *nm* sport // *a inv* (*vêtement*) casual; **faire du** ~ to do sport; ~**s d'équipe/d'hiver** team/winter sports; **sportif, ive** *a* (*journal, association, épreuve*) sports *cpd*; (*allure, démarche*) athletic; (*attitude, esprit*) sporting.

spot [spɔt] *nm* (*lampe*) spot(light); (*annonce*): ~ (**publicitaire**) commercial (break).

sprint [spʀint] *nm* sprint.

square [skwaʀ] *nm* public garden(s).

squelette [skəlɛt] *nm* skeleton; **squelettique** *a* scrawny; (*fig*) skimpy.

stabilisateur, trice [stabilizatœʀ, -tʀis] *a* stabilizing // *nm* stabilizer; anti-roll device; tailplane.

stabiliser [stabilize] *vt* to stabilize; (*terrain*) to consolidate.

stabilité [stabilite] *nf* stability.

stable [stabl(ə)] *a* stable, steady.

stade [stad] *nm* (*SPORT*) stadium; (*phase, niveau*) stage.

stage [staʒ] *nm* training period; training course; (*d'avocat stagiaire*) articles *pl*; **stagiaire** *nm/f*, *a* trainee.

stagnant, e [stagnɑ̃, -ɑ̃t] *a* stagnant.

stalactite [stalaktit] *nf* stalactite.

stalagmite [stalagmit] *nf* stalagmite.

stalle [stal] *nf* stall, box.

stand [stɑ̃d] *nm* (*d'exposition*) stand; (*de foire*) stall; ~ **de tir** (*MIL*) firing range;

(*à la foire, SPORT*) shooting range; ~ **de ravitaillement** pit.

standard [stɑ̃daʀ] *a inv* standard // *nm* switchboard; **standardiser** *vt* to standardize; **standardiste** *nm/f* switchboard operator.

standing [stɑ̃diŋ] *nm* standing; **immeuble de grand** ~ block of luxury flats.

star [staʀ] *nf* star.

starter [staʀtɛʀ] *nm* (*AUTO*) choke.

station [stɑsjɔ̃] *nf* station; (*de bus*) stop; (*de villégiature*) resort; (*posture*): **la** ~ **debout** standing, an upright posture; ~ **de ski** ski resort; ~ **de taxis** taxi rank.

stationnaire [stasjɔnɛʀ] *a* stationary.

stationnement [stasjɔnmɑ̃] *nm* parking; **zone de** ~ **interdit** no parking area; ~ **alterné** parking on alternate sides.

stationner [stasjɔne] *vi* to park.

station-service [stasjɔ̃sɛʀvis] *nf* service station.

statique [statik] *a* static.

statisticien, ne [statistisjɛ̃, -jɛn] *nm/f* statistician.

statistique [statistik] *nf* (*science*) statistics *sg*; (*rapport, étude*) statistic // *a* statistical; ~**s** (*données*) statistics *pl*.

statue [staty] *nf* statue.

statuer [statɥe] *vi*: ~ **sur** to rule on, give a ruling on.

statuette [statɥɛt] *nf* statuette.

statu quo [statykwo] *nm* status quo.

stature [statyʀ] *nf* stature.

statut [staty] *nm* status; ~**s** *nmpl* (*JUR, ADMIN*) statutes; **statutaire** *a* statutory.

Sté *abr de* **société**.

steak [stɛk] *nm* steak.

stèle [stɛl] *nf* stela, stele.

stellaire [stelɛʀ] *a* stellar.

stencil [stɛnsil] *nm* stencil.

sténo... [steno] *préfixe*: ~(**dactylo**) shorthand typist; ~(**graphie**) *nf* shorthand; ~**graphier** *vt* to take down in shorthand.

stentor [stɑ̃tɔʀ] *nm*: **voix de** ~ stentorian voice.

steppe [stɛp] *nf* steppe.

stère [stɛʀ] *nm* stere.

stéréo(phonie) [stereo(fɔni)] *nf* stereo(phony); **stéréo(phonique)** *a* stereo(phonic).

stéréotype [stereɔtip] *nm* stereotype; **stéréotypé, e** *a* stereotyped.

stérile [steʀil] *a* sterile; (*terre*) barren; (*fig*) fruitless, futile.

stérilet [steʀilɛ] *nm* coil, loop.

stériliser [steʀilize] *vt* to sterilize.

stérilité [steʀilite] *nf* sterility.

sternum [stɛʀnɔm] *nm* breastbone, sternum.

stéthoscope [stetɔskɔp] *nm* stethoscope.

stigmates [stigmat] *nmpl* scars, marks; (*REL*) stigmata *pl*.

stigmatiser [stigmatize] *vt* to denounce, stigmatize.

stimulant, e [stimylɑ̃, -ɑ̃t] *a* stimulating // *nm* (*MÉD*) stimulant; (*fig*) stimulus (*pl* i), incentive.

stimulation [stimylɑsjɔ̃] *nf* stimulation.
stimuler [stimyle] *vt* to stimulate.
stimulus, i [stimylys, -i] *nm* stimulus (*pl* i).
stipulation [stipylɑsjɔ̃] *nf* stipulation.
stipuler [stipyle] *vt* to stipulate, specify.
stock [stɔk] *nm* stock ; ~ **d'or** (*FINANCE*) gold reserves *pl* ; ~**er** *vt* to stock ; ~**iste** *nm* stockist.
stoïque [stɔik] *a* stoic, stoical.
stomacal, e, aux [stɔmakal, -o] *a* gastric, stomach *cpd*.
stop [stɔp] *nm* (*AUTO: écriteau*) stop sign ; (*: signal*) brake-light ; (*dans un télégramme*) stop // *excl* stop.
stoppage [stɔpaʒ] *nm* invisible mending.
stopper [stɔpe] *vt* to stop, halt ; (*COUTURE*) to mend // *vi* to stop, halt.
store [stɔʀ] *nm* blind ; (*de magasin*) shade, awning.
strabisme [stʀabism(ə)] *nm* squinting.
strangulation [stʀɑ̃gylɑsjɔ̃] *nf* strangulation.
strapontin [stʀapɔ̃tɛ̃] *nm* jump *ou* foldaway seat.
strass [stʀas] *nm* paste, strass.
stratagème [stʀataʒɛm] *nm* stratagem.
stratège [stʀatɛʒ] *nm* strategist.
stratégie [stʀateʒi] *nf* strategy ; **stratégique** *a* strategic.
stratifié, e [stʀatifje] *a* (*GÉO*) stratified ; (*TECH*) laminated.
stratosphère [stʀatɔsfɛʀ] *nf* stratosphere.
strict, e [stʀikt(ə)] *a* strict ; (*tenue, décor*) severe, plain ; **son droit le plus** ~ his most basic right ; **dans la plus** ~**e intimité** strictly in private ; **le** ~ **nécessaire/minimum** the bare essentials/minimum.
strident, e [stʀidɑ̃, -ɑ̃t] *a* shrill, strident.
stridulations [stʀidylɑsjɔ̃] *nfpl* stridulations, chirrings.
strie [stʀi] *nf* streak ; (*ANAT, GÉO*) stria (*pl* ae).
strier [stʀije] *vt* to streak ; to striate.
strip-tease [stʀiptiz] *nm* striptease ; **strip-teaseuse** *nf* stripper, striptease artist.
striures [stʀijyʀ] *nfpl* streaking *sg.*
strophe [stʀɔf] *nf* verse, stanza.
structure [stʀyktyʀ] *nf* structure ; ~**s d'accueil/touristiques** reception/tourist facilities ; **structurer** *vt* to structure.
stuc [styk] *nm* stucco.
studieux, euse [stydjø, -øz] *a* studious ; devoted to study.
studio [stydjo] *nm* (*logement*) (one-roomed) flatlet ; (*d'artiste, TV etc*) studio (*pl* s).
stupéfaction [stypefaksjɔ̃] *nf* stupefaction, amazement.
stupéfait, e [stypefɛ, -ɛt] *a* amazed.
stupéfiant, e [stypefjɑ̃, -ɑ̃t] *a* a stunning, astounding // *nm* (*MÉD*) drug, narcotic.
stupéfier [stypefje] *vt* to stupefy ; (*étonner*) to stun, astonish.
stupeur [stypœʀ] *nf* (*inertie, insensibilité*) stupor ; (*étonnement*) astonishment, amazement.

stupide [stypid] *a* stupid ; **stupidité** *nf* stupidity ; stupid thing (to do *ou* say).
style [stil] *nm* style ; **meuble de** ~ period piece of furniture.
stylé, e [stile] *a* well-trained.
stylet [stilɛ] *nm* stiletto, stylet.
stylisé, e [stilize] *a* stylized.
styliste [stilist(ə)] *nm/f* designer ; stylist.
stylistique [stilistik] *nf* stylistics *sg.*
stylo [stilo] *nm*: ~ **(à encre)** (fountain) pen ; ~ **(à) bille** ball-point pen ; ~**-feutre** *nm* felt-tip pen.
su, e [sy] *pp de* **savoir** // *nm*: **au** ~ **de** with the knowledge of.
suaire [sɥɛʀ] *nm* shroud.
suave [sɥav] *a* sweet ; suave, smooth ; mellow.
subalterne [sybaltɛʀn(ə)] *a* (*employé, officier*) junior ; (*rôle*) subordinate, subsidiary // *nm/f* subordinate, inferior.
subconscient [sypkɔ̃sjɑ̃] *nm* subconscious.
subdiviser [sybdivize] *vt* to subdivide ; **subdivision** *nf* subdivision.
subir [sybiʀ] *vt* (*affront, dégâts, mauvais traitements*) to suffer ; (*influence, charme*) to be under, be subjected to ; (*traitement, opération, châtiment*) to undergo.
subit, e [sybi, -it] *a* sudden ; **subitement** *ad* suddenly, all of a sudden.
subjectif, ive [sybʒɛktif, -iv] *a* subjective.
subjonctif [sybʒɔ̃ktif] *nm* subjunctive.
subjuguer [sybʒyge] *vt* to subjugate.
sublime [syblim] *a* sublime.
sublimer [syblime] *vt* to sublimate.
submergé, e [sybmɛʀʒe] *a* submerged ; (*fig*): ~ **de** snowed under with ; overwhelmed with.
submerger [sybmɛʀʒe] *vt* to submerge ; (*suj: foule*) to engulf ; (*fig*) to overwhelm.
submersible [sybmɛʀsibl(ə)] *nm* submarine.
subordination [sybɔʀdinɑsjɔ̃] *nf* subordination.
subordonné, e [sybɔʀdɔne] *a*, *nm/f* subordinate ; ~ **à** subordinate to ; subject to, depending on.
subordonner [sybɔʀdɔne] *vt*: ~ **qn/qch à** to subordinate sb/sth to.
subornation [sybɔʀnɑsjɔ̃] *nf* bribing.
subrepticement [sybʀɛptismɑ̃] *ad* surreptitiously.
subside [sypsid] *nm* grant.
subsidiaire [sypsidjɛʀ] *a*: **question** ~ deciding question.
subsistance [sybzistɑ̃s] *nf* subsistence ; **pourvoir à la** ~ **de qn** to keep sb, provide for sb's subsistence *ou* keep.
subsister [sybziste] *vi* (*rester*) to remain, subsist ; (*vivre*) to live ; (*survivre*) to live on.
substance [sypstɑ̃s] *nf* substance.
substantiel, le [sypstɑ̃sjɛl] *a* substantial.
substantif [sypstɑ̃tif] *nm* noun, substantive ; **substantiver** *vt* to nominalize.
substituer [sypstitɥe] *vt*: ~ **qn/qch à** to substitute sb/sth for ; **se** ~ **à qn** (*représenter*) to substitute for sb ; (*évincer*) to substitute o.s. for sb.

substitut [sypstity] *nm* (*JUR*) deputy public prosecutor ; (*succédané*) substitute.
substitution [sypstitysjɔ̃] *nf* substitution.
subterfuge [syptɛRfyʒ] *nm* subterfuge.
subtil, e [syptil] *a* subtle.
subtiliser [syptilize] *vt*: ~ **qch (à qn)** to spirit sth away (from sb).
subtilité [syptilite] *nf* subtlety.
subvenir [sybvəniʀ]: ~ **à** *vt* to meet.
subvention [sybvɑ̃sjɔ̃] *nf* subsidy, grant ; **subventionner** *vt* to subsidize.
subversif, ive [sybvɛRsif, -iv] *a* subversive ; **subversion** *nf* subversion.
suc [syk] *nm* (*BOT*) sap ; (*de viande, fruit*) juice ; ~**s gastriques** gastric *ou* stomach juices.
succédané [syksedane] *nm* substitute.
succéder [syksede]: ~ **à** *vt* (*directeur, roi etc*) to succeed ; (*venir après: dans une série*) to follow, succeed ; **se** ~ *vi* (*accidents, années*) to follow one another.
succès [syksɛ] *nm* success ; **avoir du** ~ to be a success, be a success ; **de librairie** bestseller ; ~ (**féminins**) conquests.
successeur [syksesœR] *nm* successor.
successif, ive [syksesif, -iv] *a* successive.
succession [syksesjɔ̃] *nf* (*série, POL*) succession ; (*JUR*: *patrimoine*) estate, inheritance ; **prendre la** ~ **de** (*directeur*) to succeed, take over from ; (*entreprise*) to take over.
succinct, e [syksɛ̃, -ɛ̃t] *a* succinct.
succion [syksjɔ̃] *nf*: **bruit de** ~ sucking noise.
succomber [sykɔ̃be] *vi* to die, succumb ; (*fig*): ~ **à** to give way to, succumb to.
succulent, e [sykylɑ̃, -ɑ̃t] *a* succulent.
succursale [sykyRsal] *nf* branch ; **magasin à** ~**s multiples** chain *ou* multiple store.
sucer [syse] *vt* to suck.
sucette [sysɛt] *nf* (*bonbon*) lollipop.
sucre [sykR(ə)] *nm* (*substance*) sugar ; (*morceau*) lump of sugar, sugar lump *ou* cube ; ~ **de canne/betterave** cane/beet sugar ; ~ **en morceaux/cristallisé/en poudre** lump/coarse-grained/ granulated sugar ; ~ **d'orge** barley sugar ; **sucré, e** *a* (*produit alimentaire*) sweetened ; (*au goût*) sweet ; (*péj*) sugary, honeyed ; **sucrer** *vt* (*thé, café*) to sweeten, put sugar in ; **sucrer qn** to put sugar in sb's tea (*ou* coffee *etc*) ; **se sucrer** to help o.s. to sugar, have some sugar ; (*fam*) to line one's pocket(s) ; **sucrerie** *nf* (*usine*) sugar refinery ; **sucreries** *nfpl* (*bonbons*) sweets, sweet things ; **sucrier, ière** *a* sugar *cpd* ; sugar-producing // *nm* (*fabricant*) sugar producer ; (*récipient*) sugar bowl *ou* basin.
sud [syd] *nm*: **le** ~ **the south** // *a inv* south ; (*côte*) south, southern ; **au** ~ (*situation*) in the south ; (*direction*) to the south ; **au** ~ **de** (to the) south of ; ~**africain, e** *a*, *nm/f* South African ; ~**américain, e** *a*, *nm/f* South American.
sudation [sydɑsjɔ̃] *nf* sweating, sudation.
sud-est [sydɛst] *nm*, *a inv* south-east.
sud-ouest [sydwɛst] *nm*, *a inv* south-west.
Suède [sɥɛd] *nf*: **la** ~ Sweden ; **suédois,**

e a Swedish // *nm/f*: **Suédois, e** Swede // *nm* (*langue*) Swedish.
suer [sɥe] *vi* to sweat ; (*suinter*) to ooze // *vt* (*fig*) to exude ; ~ **à grosses gouttes** to sweat profusely.
sueur [sɥœR] *nf* sweat ; **en** ~ sweating, in a sweat ; **avoir des** ~**s froides** to be in a cold sweat.
suffire [syfiR] *vi* (*être assez*): ~ (**à qn/pour qch/pour faire**) to be enough *ou* sufficient (for sb/for sth/to do) ; (*satisfaire*): **cela lui suffit** he's content with this, this is enough for him ; **se** ~ to be self-sufficient ; **cela suffit pour les irriter/qu'ils se fâchent** it's enough to annoy them/for them to get angry ; **il suffit d'une négligence/qu'on oublie pour que ...** it only takes one act of carelessness/one only needs to forget for

suffisamment [syfizamɑ̃] *ad* sufficiently, enough ; ~ **de** sufficient, enough.
suffisance [syfizɑ̃s] *nf* (*vanité*) self-importance, bumptiousness ; (*quantité*): **en** ~ in plenty.
suffisant, e [syfizɑ̃, -ɑ̃t] *a* (*temps, ressources*) sufficient ; (*résultats*) satisfactory ; (*vaniteux*) self-important, bumptious.
suffixe [syfiks(ə)] *nm* suffix.
suffocation [syfɔkɑsjɔ̃] *nf* suffocation.
suffoquer [syfɔke] *vt* to choke, suffocate ; (*stupéfier*) to stagger, astound // *vi* to choke, suffocate.
suffrage [syfRaʒ] *nm* (*POL: voix*) vote ; (: *méthode*): ~ **indirect** indirect suffrage ; (*du public etc*) approval *q* ; ~**s exprimés** valid votes.
suggérer [sygʒeRe] *vt* to suggest ; **suggestif, ive** *a* suggestive ; **suggestion** *nf* suggestion.
suicidaire [sɥisidɛR] *a* suicidal.
suicide [sɥisid] *nm* suicide.
suicidé, e [sɥiside] *nm/f* suicide.
suicider [sɥiside]: **se** ~ *vi* to commit suicide.
suie [sɥi] *nf* soot.
suif [sɥif] *nm* tallow.
suinter [sɥɛ̃te] *vi* to ooze.
suis *vb voir* **être**.
suisse [sɥis] *a*, *nm/f* Swiss // *nm* (*bedeau*) ≈ verger // *nf*: **la S**~ Switzerland ; **la S**~ **romande/allemande** French-speaking/ German-speaking Switzerland ; ~ **romand, e** *a*, *nm/f* Swiss French ; ~**allemand, e** *a*, *nm/f* Swiss German ; **Suissesse** *nf* Swiss (woman *ou* girl).
suite [sɥit] *nf* (*continuation: d'énumération etc*) rest, remainder ; (: *de feuilleton*) continuation ; (: *second film etc sur le même thème*) sequel ; (*série: de maisons, succès*): **une** ~ **de** a series *ou* succession of ; (*MATH*) series *sg* ; (*conséquence*) result ; (*ordre, liaison logique*) coherence ; (*appartement, MUS*) suite ; (*escorte*) retinue, suite ; ~**s** *nfpl* (*d'une maladie etc*) effects ; **prendre la** ~ **de** (*directeur etc*) to succeed, take over from ; **donner** ~ **à** (*requête, projet*) to follow up ; **faire** ~ **à** to follow ; (*faisant*) ~ **à votre lettre du** further to your letter of the ; **de** ~ *ad* (*d'affilée*) in succession ; (*immédiatement*) at once ; **par la** ~

afterwards, subsequently; **à la ~** ad one after the other; **à la ~ de** (*derrière*) behind; (*en conséquence de*) following; **par ~ de** owing to, as a result of; **avoir de la ~ dans les idées** to show great singleness of purpose; **attendre la ~** to wait and see what comes next.

suivant, e [sɥivɑ̃, -ɑ̃t] a next, following; (*ci-après*): **l'exercice ~** the following exercise // *prép* (*selon*) according to; **au ~!** next!

suiveur [sɥivœʀ] *nm* (*CYCLISME*) (official) follower.

suivi, e [sɥivi] a (*régulier*) regular; (*COMM: article*) in general production; (*cohérent*) consistent; coherent; **très/peu ~** (*cours*) well-/poorly-attended; (*feuilleton etc*) widely/not widely followed.

suivre [sɥivʀ(ə)] *vt* (*gén*) to follow; (*SCOL: cours*) to attend; (: *leçon*) to follow, attend to; (: *programme*) to keep up with; (*COMM: article*) to continue to stock // *vi* to follow; (*élève*) to attend, pay attention; to keep up, follow; **se ~** (*accidents etc*) to follow one after the other; (*raisonnement*) to be coherent; **faire ~** (*lettre*) to forward; **~ son cours** (*suj: enquête etc*) to run *ou* take its course; **'à ~'** 'to be continued'.

sujet, te [syʒɛ, -ɛt] a: **être ~ à** (*vertige etc*) to be liable *ou* subject to // *nm/f* (*d'un souverain*) subject // *nm* subject; (*raison: d'une dispute etc*) cause; **avoir ~ de se plaindre** to have cause for complaint; **au ~ de** *prép* about; **~ à caution** a questionable; **~ de conversation** topic *ou* subject of conversation; **~ d'examen** (*SCOL*) examination question; examination paper; **~ d'expérience** (*BIO etc*) experimental subject.

sujétion [syʒesjɔ̃] *nf* subjection; (*fig*) constraint.

sulfater [sylfate] *vt* to spray with copper sulphate.

sulfureux, euse [sylfyʀø, -øz] a sulphurous.

sulfurique [sylfyʀik] a: **acide ~** sulphuric acid.

summum [sɔmɔm] *nm*: **le ~ de** the height of.

superbe [sypɛʀb(ə)] a magnificent, superb.

super(carburant) [sypɛʀ(kaʀbyʀɑ̃)] *nm* high-octane petrol.

supercherie [sypɛʀʃəʀi] *nf* trick.

superfétatoire [sypɛʀfetatwaʀ] a superfluous.

superficie [sypɛʀfisi] *nf* (*surface*) area; (*fig*) surface.

superficiel, le [sypɛʀfisjɛl] a superficial.

superflu, e [sypɛʀfly] a superfluous.

supérieur, e [sypeʀjœʀ] a (*lèvre, étages, classes*) upper; (*plus élevé: température, niveau*): **~ (à)** higher (than); (*meilleur: qualité, produit*): **~ (à)** superior (to); (*excellent, hautain*) superior // *nm, nf* superior; **Mère ~e** Mother Superior; **à l'étage ~** on the next floor up; **~ en nombre** superior in number; **supériorité** *nf* superiority.

superlatif [sypɛʀlatif] *nm* superlative.

supermarché [sypɛʀmaʀʃe] *nm* supermarket.

superposer [sypɛʀpoze] *vt* to superpose; (*faire chevaucher*) to superimpose; **se ~ vi** (*images, souvenirs*) to be superimposed; **lits superposés** bunk beds.

superpréfet [sypɛʀpʀefɛ] *nm* prefect in charge of a region.

superproduction [sypɛʀpʀɔdyksjɔ̃] *nf* (*film*) spectacular.

superpuissance [sypɛʀpɥisɑ̃s] *nf* super-power.

supersonique [sypɛʀsɔnik] a supersonic.

superstitieux, euse [sypɛʀstisjø, -øz] a superstitious.

superstition [sypɛʀstisjɔ̃] *nf* superstition.

superstructure [sypɛʀstʀyktyʀ] *nf* superstructure.

superviser [sypɛʀvize] *vt* to supervise.

supplanter [syplɑ̃te] *vt* to supplant.

suppléance [sypleɑ̃s] *nf* supply post.

suppléant, e [sypleɑ̃, -ɑ̃t] a (*juge, fonctionnaire*) deputy *cpd*; (*professeur*) supply *cpd* // *nm/f* deputy; supply teacher; **médecin ~** locum.

suppléer [syplee] *vt* (*ajouter: mot manquant etc*) to supply, provide; (*compenser: lacune*) to fill in; (: *défaut*) to make up for; (*remplacer: professeur*) to stand in for; (: *juge*) to deputize for; **~ à vt** to make up for; to substitute for.

supplément [syplemɑ̃] *nm* supplement; **un ~ de travail** extra *ou* additional work; **un ~ de frites** an extra portion of chips *etc*; **un ~ de 100 F** a supplement of 100 F, an extra *ou* additional 100 F; **ceci est en ~** (*au menu etc*) this is extra, there is an extra charge for this; **supplémentaire** a additional, further; (*train, bus*) relief *cpd*, extra.

supplétif, ive [sypletif, -iv] a (*MIL*) auxiliary.

supplication [syplikasjɔ̃] *nf* (*REL*) supplication; **~s** *nfpl* (*adjurations*) pleas, entreaties.

supplice [syplis] *nm* (*peine corporelle*) torture q; form of torture; (*douleur physique, morale*) torture, agony.

supplier [syplije] *vt* to implore, beseech.

supplique [syplik] *nf* petition.

support [sypɔʀ] *nm* support; (*pour livre, outils*) stand; **~ audio-visuel** audio-visual aid; **~ publicitaire** advertising medium.

supportable [sypɔʀtabl(ə)] a (*douleur*) bearable.

supporter *nm* [sypɔʀtɛʀ] supporter, fan // *vt* [sypɔʀte] (*poids, poussée*) to support; (*conséquences, épreuve*) to bear, endure; (*défauts, personne*) to tolerate, put up with; (*suj: chose: chaleur etc*) to withstand; (*suj: personne: chaleur, vin*) to take.

supposé, e [sypoze] a (*nombre*) estimated; (*auteur*) supposed.

supposer [sypoze] *vt* to suppose; (*impliquer*) to presuppose; **à ~ que** supposing (that); **supposition** *nf* supposition.

suppositoire [sypozitwaʀ] *nm* suppository.

suppôt [sypo] *nm* (*péj*) henchman.

suppression [sypʀesjɔ̃] *nf* removal; deletion; cancellation; suppression.

supprimer [sypʀime] *vt* (*cloison, cause, anxiété*) to remove ; (*clause, mot*) to delete ; (*congés, service d'autobus etc*) to cancel ; (*publication, article*) to suppress ; (*emplois, privilèges, témoin gênant*) to do away with.

suppurer [sypyʀe] *vi* to suppurate.

supputations [sypytɑsjɔ̃] *nfpl* calculations, reckonings.

supputer [sypyte] *vt* to calculate, reckon.

suprématie [sypʀemasi] *nf* supremacy.

suprême [sypʀɛm] *a* supreme.

sur [syʀ] *prép* (*gén*) on ; (*par-dessus*) over ; (*au-dessus*) above ; (*direction*) towards ; (*à propos de*) about, on ; **un ~ 10** one out of 10 ; **4m ~ 2** 4m by 2 ; **je n'ai pas d'argent ~ moi** I haven't got any money with ou on me ; **~ ce** *ad* hereupon.

sur, e [syʀ] *a* sour.

sûr, e [syʀ] *a* sure, certain ; (*digne de confiance*) reliable ; (*sans danger*) safe ; **peu ~** unreliable ; **~ de qch** sure ou certain of sth ; **être ~ de qn** to be sure of sb ; **~ de soi** self-assured, self-confident ; **le plus ~ est de** the safest thing is to.

surabonder [syʀabɔ̃de] *vi* to be overabundant.

suraigu, uë [syʀegy] *a* very shrill.

surajouter [syʀaʒute] *vt*: **~ qch à** to add sth to.

suralimenté, e [syʀalimɑ̃te] *a* overfed.

suranné, e [syʀane] *a* outdated, outmoded.

surbaissé, e [syʀbese] *a* lowered, low.

surcharge [syʀʃaʀʒ(ə)] *nf* (*de passagers, marchandises*) excess load ; (*correction*) alteration ; (PHILATÉLIE) surcharge ; **prendre des passagers en ~** to take on excess ou extra passengers ; **~ de bagages** excess luggage ; **~ de travail** extra work.

surcharger [syʀʃaʀʒe] *vt* to overload ; (*timbre-poste*) to surcharge.

surchauffé, e [syʀʃofe] *a* overheated.

surchoix [syʀʃwa] *a inv* top-quality.

surclasser [syʀkluse] *vt* to outclass.

surcouper [syʀkupe] *vt* to overtrump.

surcroit [syʀkʀwa] *nm*: **un ~ de** additional + *nom* ; **par** *ou* **de ~** moreover ; **en ~** in addition.

surdi-mutité [syʀdimytite] *nf*: **atteint de ~** deaf and dumb.

surdité [syʀdite] *nf* deafness.

sureau, x [syʀo] *nm* elder (tree).

surélever [syʀelve] *vt* to raise, heighten.

sûrement [syʀmɑ̃] *ad* reliably ; safely, securely ; (*certainement*) certainly.

surenchère [syʀɑ̃ʃɛʀ] *nf* (*aux enchères*) higher bid ; (*sur prix fixe*) overbid ; (*fig*) overstatement ; outbidding tactics *pl* ;
surenchérir *vi* to bid higher ; to raise one's bid ; (*fig*) to try and outbid each other.

surent *vb voir* **savoir**.

surestimer [syʀɛstime] *vt* to overestimate.

sûreté [syʀte] *nf* (*voir sûr*) reliability ; safety ; (JUR) guaranty ; surety ; **mettre en ~** to put in a safe place ; **pour plus de ~** as an extra precaution ; to be on the safe side ; **la S~ (nationale)** division of the Ministère de l'Intérieur heading all police

forces except the gendarmerie and the Paris préfecture de police.

surexcité, e [syʀɛksite] *a* overexcited.

surexposer [syʀɛkspoze] *vt* to overexpose.

surf [syʀf] *nm* surfing.

surface [syʀfas] *nf* surface ; (*superficie*) surface area ; **faire ~** to surface ; **en ~** *ad* near the surface ; (*fig*) superficially ; **la pièce fait 100m² de ~** the room has a surface area of 100m² ; **~ de réparation** penalty area.

surfait, e [syʀfɛ, -ɛt] *a* overrated.

surfin, e [syʀfɛ̃, -in] *a* superfine.

surgelé, e [syʀʒəle] *a* (deep-)frozen.

surgir [syʀʒiʀ] *vi* (*personne, véhicule*) to appear suddenly ; (*geyser etc: de terre*) to shoot up ; (*fig: problème, conflit*) to arise.

surhomme [syʀɔm] *nm* superman.

surhumain, e [syʀymɛ̃, -ɛn] *a* superhuman.

surimposer [syʀɛ̃poze] *vt* to overtax.

surimpression [syʀɛ̃pʀesjɔ̃] *nf* (PHOTO) double exposure ; **en ~** superimposed.

sur-le-champ [syʀləʃɑ̃] *ad* immediately.

surlendemain [syʀlɑ̃dmɛ̃] *nm*: **le ~ (soir)** two days later (in the evening) ; **le ~ de** two days after.

surmenage [syʀmənaʒ] *nm* overwork ; **le ~ intellectuel** mental fatigue.

surmené, e [syʀməne] *a* overworked.

surmener [syʀməne] *vt*, **se ~** *vi* to overwork.

surmonter [syʀmɔ̃te] *vt* (*suj: coupole etc*) to surmount, top ; (*vaincre*) to overcome, surmount.

surmultiplié, e [syʀmyltiplije] *a, nf*: **(vitesse) ~e** overdrive.

surnager [syʀnaʒe] *vi* to float.

surnaturel, le [syʀnatyʀɛl] *a, nm* supernatural.

surnom [syʀnɔ̃] *nm* nickname.

surnombre [syʀnɔ̃bʀ(ə)] *nm*: **être en ~** to be too many (*ou* one too many).

surnommer [syʀnɔme] *vt* to nickname.

surnuméraire [syʀnymeʀɛʀ] *nm/f* supernumerary.

suroît [syʀwa] *nm* sou'wester.

surpasser [syʀpase] *vt* to surpass.

surpeuplé, e [syʀpœple] *a* overpopulated.

surplis [syʀpli] *nm* surplice.

surplomb [syʀplɔ̃] *nm* overhang ; **en ~** overhanging.

surplomber [syʀplɔ̃be] *vi* to be overhanging // *vt* to overhang ; to tower above.

surplus [syʀply] *nm* (COMM) surplus ; (*reste*) : **~ de bois** wood left over ; **~ américains** American army surplus *sg*.

surprenant, e [syʀpʀənɑ̃, -ɑ̃t] *a* surprising.

surprendre [syʀpʀɑ̃dʀ(ə)] *vt* (*étonner, prendre à l'improviste*) to surprise ; (*tomber sur: intrus etc*) to catch ; (*fig*) to detect ; to chance ou happen upon ; to intercept ; to overhear ; **~ la vigilance/bonne foi de qn** to catch sb out/betray sb's good faith ; **se ~ à faire** to catch ou find o.s. doing.

surprime [syʀpʀim] *nf* additional premium.

surpris, e [syʀpʀi, -iz] a: ~ **(de/que)** surprised (at/that).

surprise [syʀpʀiz] nf surprise; **faire une** ~ **à qn** to give sb a surprise; **par** ~ ad by surprise.

surprise-partie [syʀpʀizpaʀti] nf party.

surproduction [syʀpʀɔdyksjɔ̃] nf overproduction.

surréaliste [syʀʀealist(ə)] a surrealist.

sursaut [syʀso] nm start, jump; ~ **de** (énergie, indignation) sudden fit ou burst of; **en** ~ ad with a start; **sursauter** vi to (give a) start, jump.

surseoir [syʀswaʀ]: ~ **à** vt to defer to; (JUR) to stay.

sursis [syʀsi] nm (JUR: gén) suspended sentence; (à l'exécution capitale, aussi fig) reprieve; (MIL): ~ **(d'appel** ou **d'incorporation)** deferment; **condamné à 5 mois (de prison) avec** ~ given a 5-month suspended (prison) sentence; **sursitaire** nm (MIL) deferred conscript.

sursois etc vb voir **surseoir.**

surtaxe [syʀtaks(ə)] nf surcharge.

surtout [syʀtu] ad (avant tout, d'abord) above all; (spécialement, particulièrement) especially; **il aime le sport,** ~ **le football** he likes sport, especially football; **cet été, il a** ~ **fait de la pêche** this summer he went fishing more than anything (else); ~, **ne dites rien!** whatever you do — don't say anything!; ~ **pas!** certainly ou definitely not!; ~ **que...** especially as ...

surveillance [syʀvɛjɑ̃s] nf watch; (POLICE, MIL) surveillance; **sous** ~ **médicale** under medical supervision; **la** ~ **du territoire** internal security (voir aussi **D.S.T.**).

surveillant, e [syʀvɛjɑ̃, -ɑ̃t] nm/f (de prison) warder; (SCOL) monitor; (de travaux) supervisor, overseer.

surveiller [syʀveje] vt (enfant, élèves, bagages) to watch, keep an eye on; (malade) to watch over; (prisonnier, suspect) to keep (a) watch on; (territoire, bâtiment) to (keep) watch over; (travaux, cuisson) to supervise; (SCOL: examen) to invigilate; **se** ~ to keep a check ou watch on o.s.; ~ **son langage/sa ligne** to watch one's language/figure.

survenir [syʀvəniʀ] vi (incident, retards) to occur, arise; (événement) to take place; (personne) to appear, arrive.

survêtement [syʀvɛtmɑ̃] nm tracksuit.

survie [syʀvi] nf survival; (REL) afterlife; **une** ~ **de quelques mois** a few more months of life.

survivant, e [syʀvivɑ̃, -ɑ̃t] nm/f survivor.

survivre [syʀvivʀ(ə)] vi to survive; ~ **à** vt (accident etc) to survive; (personne) to outlive.

survol [syʀvɔl] nm flying over.

survoler [syʀvɔle] vt to fly over; (fig: livre) to skim through.

survolté, e [syʀvɔlte] a (ÉLEC) stepped up, boosted; (fig) worked up.

sus [sy(s)]: **en** ~ **de** prép in addition to, over and above; **en** ~ ad in addition; ~ **à** excl: ~ **au tyran!** at the tyrant!

susceptibilité [sysɛptibilite] nf sensitiveness q.

susceptible [sysɛptibl(ə)] a touchy, sensitive; ~ **d'amélioration** ou **d'être amélioré** that can be improved, open to improvement; ~ **de faire** able to do; liable to do.

susciter [sysite] vt (admiration) to arouse; (obstacles, ennuis): ~ **(à qn)** to create (for sb).

susdit, e [sysdi, -dit] a foresaid.

susmentionné, e [sysmɑ̃sjɔne] a above-mentioned.

suspect, e [syspɛ(kt), -ɛkt(ə)] a suspicious; (témoignage, opinions) suspect // nm/f suspect; **peu** ~ **de** most unlikely to be suspected of.

suspecter [syspɛkte] vt to suspect; (honnêteté de qn) to question, have one's suspicions about; ~ **qn d'être** to suspect sb of being.

suspendre [syspɑ̃dʀ(ə)] vt (accrocher: vêtement): ~ **qch (à)** to hang sth up (on); (fixer: lustre etc): ~ **qch à** to hang sth from; (interrompre, démettre) to suspend; (remettre) to defer; **se** ~ **à** to hang from.

suspendu, e [syspɑ̃dy] pp de **suspendre** // a (accroché): ~ **à** hanging on (ou from); (perché): **au-dessus de** suspended over; (AUTO): **bien/mal** ~ with good/poor suspension.

suspens [syspɑ̃]: **en** ~ ad (affaire) in abeyance; **tenir en** ~ to keep in suspense.

suspense [syspɑ̃s] nm suspense.

suspension [syspɑ̃sjɔ̃] nf suspension; deferment; (AUTO) suspension; (lustre) pendent light fitting; **en** ~ in suspension, suspended; ~ **d'audience** adjournment.

suspicion [syspisjɔ̃] nf suspicion.

sustenter [systɑ̃te]: **se** ~ vi to take sustenance.

susurrer [sysyʀe] vt to whisper.

sut vb voir **savoir.**

suture [sytyʀ] nf: **point de** ~ stitch; **suturer** vt to stitch up, suture.

svelte [svɛlt(ə)] a slender, svelte.

S.V.P. sigle (= s'il vous plaît) please.

syllabe [silab] nf syllable.

sylvestre [silvɛstʀ(ə)] a: **pin** ~ Scots pine, Scotch fir.

sylviculture [silvikyltyʀ] nf forestry, sylviculture.

symbole [sɛ̃bɔl] nm symbol; **symbolique** a symbolic(al); (geste, offrande) token cpd; (salaire, dommage-intérêts) nominal; **symboliser** vt to symbolize.

symétrie [simetʀi] nf symmetry; **symétrique** a symmetrical.

sympa [sɛ̃pa] a abr de **sympathique.**

sympathie [sɛ̃pati] nf (inclination) liking; (affinité) fellow feeling; (condoléances) sympathy; **accueillir avec** ~ (projet) to receive favourably; **avoir de la** ~ **pour qn** to like sb, have a liking for sb; **témoignages de** ~ expressions of sympathy; **croyez à toute ma** ~ you have my deepest sympathy.

sympathique [sɛ̃patik] a nice, friendly; likeable; pleasant.

sympathisant, e [sɛ̃patizɑ̃, -ɑ̃t] nm/f sympathizer.

sympathiser [sɛ̃patize] vi (voisins etc: s'entendre) to get on (well); (: se fréquenter)

to socialize, see each other; ~ **avec** to get on (well) with; to see, socialize with.
symphonie [sɛ̃fɔni] nf symphony; **symphonique** a (orchestre, concert) symphony cpd; (musique) symphonic.
symptomatique [sɛ̃ptɔmatik] a symptomatic.
symptôme [sɛ̃ptom] nm symptom.
synagogue [sinagɔg] nf synagogue.
synchronique [sɛ̃kʀɔnik] a: **tableau** ~ synchronic table of events.
synchroniser [sɛ̃kʀɔnize] vt to synchronize.
syncope [sɛ̃kɔp] nf (MÉD) blackout; (MUS) syncopation; **tomber en** ~ to faint, pass out; **syncopé, e** a syncopated.
syndic [sɛ̃dik] nm managing agent.
syndical, e, aux [sɛ̃dikal, -o] a (trade-)union cpd; ~**isme** nm trade unionism; union(ist) activities pl; ~**iste** nm/f trade unionist.
syndicat [sɛ̃dika] nm (d'ouvriers, employés) (trade) union; (autre association d'intérêts) union, association; ~ **d'initiative** tourist office ou bureau; ~ **patronal** employers' syndicate, federation of employers; ~ **de propriétaires** association of property owners.
syndiqué, e [sɛ̃dike] a belonging to a (trade) union; **non** ~ non-union.
syndiquer [sɛ̃dike]: **se** ~ vi to form a trade union; (adhérer) to join a trade union.
syndrome [sɛ̃dʀom] nm syndrome.
synode [sinɔd] nm synod.
synonyme [sinɔnim] a synonymous // nm synonym; ~ **de** synonymous with.
synoptique [sinɔptik] a: **tableau** ~ synoptic table.
synovie [sinɔvi] nf synovia.
syntaxe [sɛ̃taks(ə)] nf syntax.
synthèse [sɛ̃tɛz] nf synthesis (pl es); **faire la** ~ **de** to synthesize.
synthétique [sɛ̃tetik] a synthetic.
synthétiseur [sɛ̃tetizœʀ] nm (MUS) synthesizer.
syphilis [sifilis] nf syphilis.
Syrie [siʀi] nf: **la** ~ Syria; **syrien, ne** a, nm/f Syrian.
systématique [sistematik] a systematic.
systématiser [sistematize] vt to systematize.
système [sistɛm] nm system; **le** ~ **D** resourcefulness; **le** ~ **solaire** the solar system.

T

t' [t(ə)] pronom voir **te**.
ta [ta] dét voir **ton**.
tabac [taba] nm tobacco; tobacconist's (shop) // a inv: (couleur) ~ buff(-coloured); **passer qn à** ~ to beat sb up; ~ **blond/brun** light/dark tobacco; ~ **gris** shag; ~ **à priser** snuff; **tabagie** nf smoke den; **tabatière** nf snuffbox.
tabernacle [tabɛʀnakl(ə)] nm tabernacle.
table [tabl(ə)] nf table; à ~! dinner etc is ready!; **se mettre à** ~ to sit down to eat; (fig: fam) to come clean; **mettre la** ~ to lay the table; **faire** ~ **rase de** to make a clean sweep of; ~ **basse** coffee table;

~ **d'écoute** wire-tapping set; ~ **d'harmonie** sounding board; ~ **des matières** (table of) contents pl; ~ **de multiplication** multiplication table; ~ **de nuit** ou **de chevet** bedside table; ~ **ronde** (débat) round table; ~ **de toilette** washstand.
tableau, x [tablo] nm painting; (reproduction, fig) picture; (panneau) board; (schéma) table, chart; ~ **d'affichage** notice board; ~ **de bord** dashboard; (AVIAT) instrument panel; ~ **de chasse** tally; ~ **noir** blackboard.
tabler [table] vi: ~ **sur** to count ou bank on.
tablette [tablɛt] nf (planche) shelf (pl shelves); ~ **de chocolat** bar of chocolate.
tablier [tablije] nm apron; (de pont) roadway.
tabou [tabu] nm, a taboo.
tabouret [tabuʀɛ] nm stool.
tabulateur [tabylatœʀ] nm tabulator.
tac [tak] nm: **du** ~ **au** ~ tit for tat.
tache [taʃ] nf (saleté) stain, mark; (ART, de couleur, lumière) spot; splash, patch; **faire** ~ **d'huile** to spread, gain ground.
tâche [taʃ] nf task; **travailler à la** ~ to do general jobbing, work as a jobbing gardener/builder etc.
tacher [taʃe] vt to stain, mark; (fig) to sully, stain.
tâcher [taʃe] vi: ~ **de faire** to try ou endeavour to do.
tâcheron [taʃʀɔ̃] nm (fig) drudge.
tacite [tasit] a tacit.
taciturne [tasityʀn(ə)] a taciturn.
tacot [tako] nm (péj) banger.
tact [takt] nm tact; **avoir du** ~ to be tactful, have tact.
tactile [taktil] a tactile.
tactique [taktik] a tactical // nf (technique) tactics sg; (plan) tactic.
taie [tɛ] nf: ~ (**d'oreiller**) pillowslip, pillowcase.
taille [taj] nf cutting; pruning; (milieu du corps) waist; (hauteur) height; (grandeur) size; **de** ~ **à faire** capable of doing; **de** ~ a sizeable.
taille-crayon(s) [tajkʀɛjɔ̃] nm pencil sharpener.
tailler [taje] vt (pierre, diamant) to cut; (arbre, plante) to prune; (vêtement) to cut out; (crayon) to sharpen; **se** ~ vt (ongles, barbe) to trim, cut; (fig: réputation) to gain, win // vi (fam) to beat it; ~ **dans** (chair, bois) to cut into.
tailleur [tajœʀ] nm (couturier) tailor; (vêtement) suit, costume; **en** ~ (assis) cross-legged; ~ **de diamants** diamond-cutter.
taillis [taji] nm copse.
tain [tɛ̃] nm silvering; **glace sans** ~ two-way mirror.
taire [tɛʀ] vt to keep to o.s., conceal // vi: **faire** ~ **qn** to make sb be quiet; (fig) **to silence sb**; **se** ~ vi (s'arrêter de parler) to fall silent, stop talking; (ne pas parler) to be silent ou quiet; to keep quiet; **tais-toi!, taisez-vous!** be quiet!
talc [talk] nm talcum powder.

talé, e [tale] *a (fruit)* bruised.

talent [talɑ̃] *nm* talent ; **talentueux, euse**
a talented.

talion [taljɔ̃] *nm*: **la loi du** ~ an eye for
an eye.

talisman [talismɑ̃] *nm* talisman.

talon [talɔ̃] *nm* heel ; *(de chèque, billet)*
stub, counterfoil ; ~**s plats/aiguilles**
flat/stiletto heels.

talonner [talɔne] *vt* to follow hard
behind ; *(fig)* to hound.

talonnette [talɔnɛt] *nf* heelpiece.

talquer [talke] *vt* to put talcum powder
on.

talus [taly] *nm* embankment.

tambour [tɑ̃buʀ] *nm (MUS, aussi TECH)*
drum ; *(musicien)* drummer ; *(porte)*
revolving door(s *pl*).

tambourin [tɑ̃buʀɛ̃] *nm* tambourine.

tambouriner [tɑ̃buʀine] *vi*: ~ **contre** to
drum against *ou* on.

tambour-major [tɑ̃buʀmaʒɔʀ] *nm* drum
major.

tamis [tami] *nm* sieve.

Tamise [tamiz] *nf*: **la** ~ the Thames.

tamisé, e [tamize] *a (fig)* subdued, soft.

tamiser [tamize] *vt* to sieve, sift.

tampon [tɑ̃pɔ̃] *nm (de coton, d'ouate)* wad,
pad ; *(amortisseur)* buffer ; *(bouchon)* plug,
stopper ; *(cachet, timbre)* stamp ; ~
(hygiénique) tampon ; **tamponner** *vt*
(timbres) to stamp ; *(heurter)* to crash *ou*
ram into ; **tamponneuse** *a*: **autos
tamponneuses** dodgems.

tam-tam [tamtam] *nm* tomtom.

tandem [tɑ̃dɛm] *nm* tandem ; *(fig)* duo,
pair.

tandis [tɑ̃di]: ~ **que** *cj* while.

tangage [tɑ̃gaʒ] *nm* pitching (and tossing).

tangent, e [tɑ̃ʒɑ̃, -ɑ̃t] *a (MATH)*: ~ **à**
tangential to ; *(fam)* close // *nf (MATH)*
tangent.

tangible [tɑ̃ʒibl(ə)] *a* tangible, concrete.

tango [tɑ̃go] *nm* tango.

tanguer [tɑ̃ge] *vi* to pitch (and toss).

tanière [tanjɛʀ] *nf* lair, den.

tanin [tanɛ̃] *nm* tannin.

tank [tɑ̃k] *nm* tank.

tanné, e [tane] *a* weather-beaten.

tanner [tane] *vt* to tan.

tannerie [tanʀi] *nf* tannery.

tanneur [tanœʀ] *nm* tanner.

tant [tɑ̃] *ad* so much ; ~ **de** *(sable, eau)*
so much ; *(gens, livres)* so many ; ~ **que**
cj as long as ; ~ **que** *(comparatif)* as much
as ; ~ **mieux** that's great ; so much the
better ; ~ **pis** never mind ; too bad ; ~
pis pour lui too bad for him ; ~ **soit peu**
a little bit ; (even) remotely.

tante [tɑ̃t] *nf* aunt.

tantinet [tɑ̃tinɛ]: **un** ~ *ad* a tiny bit.

tantôt [tɑ̃to] *ad (parfois)*: ~ ... ~ now ...
now ; *(cet après-midi)* this afternoon.

taon [tɑ̃] *nm* horsefly, gadfly.

tapage [tapaʒ] *nm* uproar, din ; ~
nocturne *(JUR)* disturbance of the peace
(at night).

tapageur, euse [tapaʒœʀ, -øz] *a* loud,
flashy ; noisy.

tape [tap] *nf* slap.

tape-à-l'œil [tapalœj] *a inv* flashy, showy.

taper [tape] *vt (porte)* to bang, slam ;
(dactylographier) to type (out) ; *(fam:
emprunter)*: ~ **qn de 10 F** to touch sb for
10 F, cadge 10 F off sb // *vi (soleil)* to
beat down ; ~ **sur qn** to thump sb ; *(fig)*
to run sb down ; ~ **sur qch** to hit sth ;
to bang on sth ; ~ **à** *(porte etc)* to knock
on ; ~ **dans** *vt (se servir)* to dig into ; ~
des mains/pieds to clap one's
hands/stamp one's feet ; ~ **(à la
machine)** to type.

tapi, e [tapi] *a*: ~ **dans/derrière**
crouching *ou* cowering in/behind ; hidden
away in/behind.

tapioca [tapjɔka] *nm* tapioca.

tapis [tapi] *nm* carpet ; *(de table)* cloth ;
mettre sur le ~ *(fig)* to bring up for
discussion ; ~ **roulant** conveyor belt ; ~
de sol *(de tente)* groundsheet ; ~**-brosse**
nm doormat.

tapisser [tapise] *vt (avec du papier peint)*
to paper ; *(recouvrir)*: ~ **qch (de)** to cover
sth (with).

tapisserie [tapisʀi] *nf (tenture, broderie)*
tapestry ; *(: travail)* tapestry-making ;
tapestry work ; *(papier peint)* wallpaper ;
faire ~ to sit out, be a wallflower.

tapissier, ière [tapisje, -jɛʀ] *nm/f*:
~**-(décorateur)** upholsterer (and decorator).

tapoter [tapɔte] *vt* to pat, tap.

taquet [takɛ] *nm* wedge ; peg.

taquin, e [takɛ̃, -in] *a* teasing.

taquiner [takine] *vt* to tease.

tarabiscoté, e [taʀabiskɔte] *a* over-
ornate, fussy.

tarabuster [taʀabyste] *vt* to bother,
worry.

tarauder [taʀode] *vt (TECH)* to tap ; to
thread ; *(fig)* to pierce.

tard [taʀ] *ad* late ; **au plus** ~ at the latest ;
plus ~ later (on) ; **sur le** ~ late in life.

tarder [taʀde] *vi (chose)* to be a long time
coming ; *(personne)*: ~ **à faire** to delay
doing ; **il me tarde d'être** I am longing to
be ; **sans (plus)** ~ without (further) delay.

tardif, ive [taʀdif, -iv] *a* late ;
tardivement *ad* late.

tare [taʀ] *nf (COMM)* tare ; *(fig)* defect ;
taint, blemish.

targuer [taʀge]: **se** ~ **de** *vt* to boast about.

tarif [taʀif] *nm (liste)* price list ; tariff ;
(barème) rates *pl* ; fares *pl* ; tariff ; *(prix)*
rate ; fare ; ~**-aire** a tariff *cpd* ; ~**er** *vt* to
fix the price *ou* rate for ; ~**é 10 F** priced
10 F.

tarir [taʀiʀ] *vi* to dry up, run dry // *vt*
to dry up.

tarot(s) [taʀo] *nm(pl)* tarot cards.

tartare [taʀtaʀ] *a (CULIN)* tartar(e).

tarte [taʀt(ə)] *nf* tart ; ~ **aux pommes/à
la crème** apple/custard tart ; ~**lette** *nf*
tartlet.

tartine [taʀtin] *nf* slice of bread and butter
(ou jam) ; ~ **au miel** slice of bread and
honey ; **tartiner** *vt* to spread ; **fromage à
tartiner** cheese spread.

tartre [taʀtʀ(ə)] *nm (des dents)* tartar ; *(de
chaudière)* fur, scale.

tas [tɑ] nm heap, pile ; (fig): **un ~ de** heaps of, lots of ; **en ~** in a heap ou pile ; **dans le ~** (fig) in the crowd ; among them ; **formé sur le ~** trained on the job.

tasse [tɑs] nf cup.

tassé, e [tɑse] a: **bien ~** (café etc) strong.

tasser [tɑse] vt (terre, neige) to pack down ; (entasser): **~ qch dans** to cram sth into ; **se ~** vi (terrain) to settle ; (fig) to sort itself out, settle down.

tâter [tɑte] vt to feel ; (fig) to try out : to test out ; **~ de** (prison etc) to have a taste of ; **se ~** (hésiter) to be in two minds ; **~ le terrain** (fig) to test the ground.

tatillon, ne [tatijɔ̃, -ɔn] a pernickety.

tâtonnement [tɑtɔnmɑ̃] nm: **par ~s** (fig) by trial and error.

tâtonner [tɑtɔne] vi to grope one's way along.

tâtons [tɑtɔ̃]: **à ~** ad: **chercher/avancer à ~** to grope around for/grope one's way forward.

tatouage [tatwaʒ] nm tattooing ; (dessin) tattoo.

tatouer [tatwe] vt to tattoo.

taudis [todi] nm hovel, slum.

taupe [top] nf mole ; **taupinière** nf molehill.

taureau, x [tɔʀo] nm bull ; (signe): **le T~** Taurus, the Bull ; **être du T~** to be Taurus.

tauromachie [tɔʀɔmaʃi] nf bullfighting.

taux [to] nm rate ; (d'alcool) level ; **~ d'intérêt** interest rate.

tavelé, e [tavle] a marbled.

taverne [tavɛʀn(ə)] nf inn, tavern.

taxe [taks] nf tax ; (douanière) duty ; **~ de séjour** tourist tax ; **~ à la valeur ajoutée (T.V.A.)** value added tax (V.A.T.).

taxer [takse] vt (personne) to tax ; (produit) to put a tax on, tax ; (fig): **~ qn de** to call sb + attribut ; to accuse sb of, tax sb with.

taxi [taksi] nm taxi.

taximètre [taksimɛtʀ(ə)] nm (taxi)meter.

taxiphone [taksifɔn] nm pay phone.

T.C.F. sigle m = Touring Club de France, ≈ AA ou RAC.

Tchécoslovaquie [tʃekɔslɔvaki] nf Czechoslovakia ; **tchèque** a, nm, nf Czech.

te, t' [t(ə)] pronom you ; (réfléchi) yourself.

té [te] nm T-square.

technicien, ne [tɛknisjɛ̃, -jɛn] nm/f technician.

technique [tɛknik] a technical // nf technique ; **~ment** ad technically.

technocrate [tɛknɔkʀat] nm/f technocrat.

technocratie [tɛknɔkʀasi] nf technocracy.

technologie [tɛknɔlɔʒi] nf technology ; **technologique** a technological.

teck [tɛk] nm teak.

teckel [tekɛl] nm dachshund.

teignais etc vb voir **teindre**.

teigne [tɛɲ] nf (ZOOL) moth ; (MÉD) ringworm.

teigneux, euse [tɛɲø, -øz] a (péj) nasty, scabby.

teindre [tɛ̃dʀ(ə)] vt to dye.

teint, e [tɛ̃, tɛ̃t] a dyed // nm (du visage) complexion, colouring ; colour // nf shade, colour ; **grand ~** a inv colourfast.

teinté, e [tɛ̃te] a (verres) tinted ; (bois) stained ; **~ acajou** mahogany-stained ; **~ de** (fig) tinged with.

teinter [tɛ̃te] vt to tint ; (bois) to stain ; **teinture** nf dyeing ; (substance) dye ; (MÉD): **teinture d'iode** tincture of iodine.

teinturerie [tɛ̃tyʀʀi] nf dry cleaner's.

teinturier [tɛ̃tyʀje] nm dry cleaner.

tel, telle [tɛl] a (pareil) such ; (comme): **~ un/des ...** like a/ like... ; (indéfini) such-and-such a, a given ; (intensif): **un ~/de ~s ...** such (a)/such ... ; **rien de ~** nothing like it, no such thing ; **~ que** as such ; **~ quel** as it is ou stands (ou was etc).

tél. abr de **téléphone.**

télé [tele] nf (abr de **télévision**) (poste) T.V. (set) ; **à la ~** on the telly, on T.V.

télé... [tele] préfixe: **~benne** nf (benne) telecabine, gondola // nm telecabine ; **~cabine** nf (benne) telecabine, gondola // nm telecabine ; **~commande** nf remote control ; **~commander** vt to operate by remote control ; **~communications** nfpl telecommunications ; **~férique** nm = **~phérique** ; **~gramme** nm telegram.

télégraphe [telegʀaf] nm telegraph ; **télégraphie** nf telegraphy ; **télégraphier** vt to telegraph, cable ; **télégraphique** a telegraph cpd, telegraphic ; (fig) telegraphic ; **télégraphiste** nm/f telegraphist.

téléguider [telegide] vt to operate by remote control, radio-control.

téléobjectif [teleɔbʒɛktif] nm telephoto lens sg.

télépathie [telepati] nf telepathy.

téléphérique [teleferik] nm cable-car.

téléphone [telefɔn] nm telephone ; (appel) (telephone) call ; telephone conversation ; **avoir le ~** to be on the (tele)phone ; **au ~** on the phone ; **les T~s** ≈ Post Office Telecommunications ; **~ arabe** bush telephone ; **~ manuel** manually-operated telephone system ; **téléphoner** vt to telephone to telephone // vi to telephone, ring ; to make a phone call ; **téléphoner à** to phone up, ring up, call up ; **téléphonique** a telephone cpd, phone cpd ; **téléphoniste** nm/f telephonist, telephone operator ; (d'entreprise) switchboard operator.

télescope [telɛskɔp] nm telescope.

télescoper [telɛskɔpe] vt to smash up ; **se ~** (véhicules) to concertina.

télescopique [telɛskɔpik] a telescopic.

téléscripteur [teleskʀiptœʀ] nm teleprinter.

télésiège [telesjɛʒ] nm chairlift.

téléski [teleski] nm ski-tow ; **~ à archets** T-bar tow ; **~ à perche** button lift.

téléspectateur, trice [telespɛktatœʀ, -tʀis] nm/f (television) viewer.

téléviser [televize] vt to televise.

téléviseur [televizœʀ] nm television set.

télévision [televizjɔ̃] nf television ; **avoir la ~** to have a television ; **à la ~** on television.

télex [telɛks] nm telex.

telle [tɛl] a voir **tel.**

tellement [tɛlmɑ̃] ad (tant) so much ; (si) so ; ~ **plus grand (que)** so much bigger (than) ; ~ **de** (sable, eau) so much ; (gens, livres) so many ; **il s'est endormi** ~ **il était fatigué** he was so tired (that) he fell asleep ; **pas** ~ not (all) that much ; not (all) that + adjectif.

tellurique [telyRik] a: **secousse** ~ earth tremor.

téméraire [temeRɛR] a reckless, rash ; **témérité** nf recklessness, rashness.

témoignage [temwaɲaʒ] nm (JUR: déclaration) testimony q, evidence q ; (: faits) evidence q ; (rapport, récit) account ; (fig: d'affection etc) token, mark ; expression.

témoigner [temwaɲe] vt (intérêt, gratitude) to show // vi (JUR) to testify, give evidence ; ~ **que** to testify that ; (fig) to reveal that, testify to the fact that ; ~ **de** vt to bear witness to, testify to.

témoin [temwɛ̃] nm witness ; (fig) testimony ; (SPORT) baton ; (CONSTR) telltale // a control cpd, test cpd ; **appartement** ~ show flat ; **être** ~ **de** to witness ; to vouch for ; **prendre à** ~ to call to witness ; ~ **de moralité** character reference ; ~ **oculaire** eyewitness.

tempe [tɑ̃p] nf temple.

tempérament [tɑ̃peRamɑ̃] nm temperament, disposition ; (santé) constitution ; **à** ~ (vente) on deferred (payment) terms ; (achat) by instalments, hire purchase cpd ; **avoir du** ~ to be hot-blooded.

tempérance [tɑ̃peRɑ̃s] nf temperance.

température [tɑ̃peRatyR] nf temperature ; **prendre la** ~ **de** to take the temperature of ; (fig) to gauge the feeling of ; **avoir ou faire de la** ~ to have ou be running a temperature.

tempéré, e [tɑ̃peRe] a temperate.

tempérer [tɑ̃peRe] vt to temper.

tempête [tɑ̃pɛt] nf storm ; ~ **de sable/neige** sand/snowstorm.

tempêter [tɑ̃pɛte] vi to rant and rave.

temple [tɑ̃pl(ə)] nm temple ; (protestant) church.

tempo [tɛmpo] nm tempo (pl s).

temporaire [tɑ̃pɔRɛR] a temporary ; ~**ment** ad temporarily.

temporel, le [tɑ̃pɔRɛl] a temporal.

temporiser [tɑ̃pɔRize] vi to temporize, play for time.

temps [tɑ̃] nm (atmosphérique) weather ; (durée) time ; (époque) time, times pl ; (LING) tense ; (MUS) beat ; (TECH) stroke ; **il fait beau/mauvais** ~ the weather is fine/bad ; **avoir le** ~/**tout le** ~/**juste le** ~ to have time/plenty of time/just enough time ; **avoir fait son** ~ (fig) to have had its (ou his etc) day ; **en** ~ **de paix/guerre** in peacetime/wartime ; **en** ~ **utile ou voulu** in due time ou course ; **de** ~ **en** ~, **de** ~ **à autre** from time to time, now and again ; **à** ~ (partir, arriver) in time ; **à** ~ **partiel** ad, a part-time ; **dans le** ~ at one time ; **de tout** ~ always ; **du** ~ **que** at the time when, in the days when ; ~ **d'arrêt** pause, halt ; ~ **mort** (COMM) slack period.

tenable [tənabl(ə)] a bearable.

tenace [tənas] a tenacious, persistent ; **ténacité** nf tenacity, persistence.

tenailler [tənaje] vt to torment, torture.

tenailles [tənaj] nfpl pincers.

tenais etc vb voir **tenir**.

tenancier, ière [tənɑ̃sje, -jɛR] nm/f manager/manageress.

tenant, e [tənɑ̃, -ɑ̃t] a voir **séance** // nm/f (SPORT): ~ **du titre** title-holder // nm: **d'un seul** ~ in one piece ; **les** ~**s et les aboutissants** the ins and outs.

tendance [tɑ̃dɑ̃s] nf (opinions) leanings pl, sympathies pl ; (inclination) tendency ; (évolution) trend ; ~ **à la hausse** upward trend ; **avoir** ~ **à** to have a tendency to, tend to ; **tendancieux, euse** a tendentious.

tendeur [tɑ̃dœR] nm (de vélo) chain-adjuster ; (de câble) wire-strainer ; (de tente) runner ; (attache) sandow, elastic strap.

tendon [tɑ̃dɔ̃] nm tendon, sinew ; ~ **d'Achille** Achilles' tendon.

tendre [tɑ̃dR(ə)] a (viande, légumes) tender ; (bois, roche, couleur) soft ; (affectueux) tender, loving // vt (élastique, peau) to stretch, draw tight ; (muscle) to tense ; (donner): ~ **qch à qn** to hold sth out to sb ; to offer sb sth ; (fig: piège) to set, lay ; (tapisserie): **tendu de soie** hung with silk, with silk hangings ; **se** ~ vi (corde) to tighten ; (relations) to become strained ; ~ **à qch/à faire** to tend towards sth/to do ; ~ **l'oreille** to prick up one's ears ; ~ **la main/le bras** to hold out one's hand/stretch out one's arm ; ~**ment** ad tenderly, lovingly ; **tendresse** nf tenderness.

tendu, e [tɑ̃dy] pp de **tendre** // a tight ; tensed ; strained.

ténèbres [tenɛbR(ə)] nfpl darkness sg ; **ténébreux, euse** a obscure, mysterious ; (personne) saturnine.

teneur [tənœR] nf content, substance ; (d'une lettre) terms pl, content ; ~ **en cuivre** copper content.

ténia [tenja] nm tapeworm.

tenir [təniR] vt to hold ; (magasin, hôtel) to run ; (promesse) to keep // vi to hold ; (neige, gel) to last ; **se** ~ vi (avoir lieu) to be held, take place ; (être: personne) to stand ; **se** ~ **droit** to stand up (ou sit up) straight ; **bien se** ~ to behave well ; **se** ~ **à qch** to hold on to sth ; **s'en** ~ **à qch** to confine o.s. to sth ; to stick to sth ; ~ **à** vt to be attached to ; to care about ; to depend on ; to stem from ; ~ **à faire** to want to do, be keen to do ; ~ **de** vt to partake of ; to take after ; **ça ne tient qu'à lui** it is entirely up to him ; ~ **qn pour** to take sb for ; ~ **qch de qn** (histoire) to have heard ou learnt sth from sb ; (qualité, défaut) to have inherited ou got sth from sb ; ~ **les comptes** to keep the books ; ~ **un rôle** to play a part ; ~ **l'alcool** to be able to hold a drink ; ~ **le coup** to hold out ; ~ **3 jours/2 mois** (résister) to hold out ou last 3 days/2 months ; ~ **au chaud/à l'abri** to keep hot/under shelter ou cover ; **tiens/tenez, voilà le stylo!**

there's the pen! ; **tiens, Alain!** look, here's Alain! ; **tiens?** (*surprise*) really?

tennis [tenis] *nm* tennis ; (*aussi:* **court de ~**) tennis court // *nm ou fpl* (*aussi:* **chaussures de ~**) tennis *ou* gym shoes ; **~ de table** table tennis ; **~man** *nm* tennis player.

ténor [tenɔʀ] *nm* tenor.

tension [tɑ̃sjɔ̃] *nf* tension ; (*fig*) tension ; strain ; (*MÉD*) blood pressure ; **faire** *ou* **avoir de la ~** to have high blood pressure.

tentaculaire [tɑ̃takylɛʀ] *a* (*fig*) sprawling.

tentacule [tɑ̃takyl] *nm* tentacle.

tentant, e [tɑ̃tɑ̃, -ɑ̃t] *a* tempting.

tentateur, trice [tɑ̃tatœʀ, -tʀis] *a* tempting // *nm* (*REL*) tempter.

tentation [tɑ̃tasjɔ̃] *nf* temptation.

tentative [tɑ̃tativ] *nf* attempt, bid ; **~ d'évasion** escape bid.

tente [tɑ̃t] *nf* tent ; **~ à oxygène** oxygen tent.

tenter [tɑ̃te] *vt* (*éprouver, attirer*) to tempt ; (*essayer*): **~ qch/de faire** to attempt *ou* try sth/to do ; **être tenté de** to be tempted to ; **~ sa chance** to try one's luck.

tenture [tɑ̃tyʀ] *nf* hanging.

tenu, e [təny] *pp de* **tenir** // *a* (*maison, comptes*): **bien ~** well-kept ; (*obligé*): **~ de faire** under an obligation to do // *nf* (*action de tenir*) running ; keeping ; holding ; (*vêtements*) clothes *pl*, gear ; (*allure*) dress *q*, appearance ; (*comportement*) manners *pl*, behaviour ; **en grande ~e** in full dress ; **en petite ~e** scantily dressed *ou* clad ; **avoir de la ~e** to have good manners ; (*journal*) to have a high standard ; **une ~e de voyage/sport** travelling/sports clothes *pl ou* gear *q* ; **~e de combat** combat gear *ou* dress ; **~e de route** (*AUTO*) road-holding ; **~e de soirée** evening dress.

ténu, e [teny] *a* (*indice, nuance*) tenuous, subtle ; (*fil, objet*) fine ; (*voix*) thin.

ter [tɛʀ] *a*: **16 ~ 16b** *ou* B.

térébenthine [teʀebɑ̃tin] *nf*: (**essence de**) **~** (oil of) turpentine.

tergiverser [tɛʀʒivɛʀse] *vi* to shilly-shally.

terme [tɛʀm(ə)] *nm* term ; (*fin*) end ; **vente/achat à ~** (*COMM*) forward sale/purchase ; **à court/long ~** *a* short-/long-term *ou* -range // *ad* in the short/long term ; **à ~** (*MÉD*) a full-term // *ad* at term ; **avant ~** (*MÉD*) a premature // *ad* prematurely ; **mettre un ~ à** to put an end *ou* a stop to.

terminaison [tɛʀminɛzɔ̃] *nf* (*LING*) ending.

terminal, e, aux [tɛʀminal, -o] *a* final // *nm* terminal // *nf* (*SCOL*) ≈ Upper Sixth.

terminer [tɛʀmine] *vt* to end ; (*nourriture, repas*) to finish ; **se ~** *vi* to end ; **se ~ par** to end with.

terminologie [tɛʀminɔlɔʒi] *nf* terminology.

terminus [tɛʀminys] *nm* terminus (*pl* i).

termite [tɛʀmit] *nm* termite, white ant.

terne [tɛʀn(ə)] *a* dull.

ternir [tɛʀniʀ] *vt* to dull ; (*fig*) to sully, tarnish ; **se ~** *vi* to become dull.

terrain [teʀɛ̃] *nm* (*sol, fig*) ground ; (*COMM*) land *q*, plot (of land) ; site ; **sur le ~** (*fig*) on the field ; **~ de football/rugby** football/rugby pitch ; **~ d'aviation** airfield ; **~ de camping** camping site ; **un ~ d'entente** an area of agreement ; **~ de golf** golf course ; **~ de jeu** games field ; playground ; **~ de sport** sports ground ; **~ vague** waste ground *q*.

terrasse [teʀas] *nf* terrace ; (*de café*) pavement area, terrasse ; **à la ~** (*café*) outside.

terrassement [teʀasmɑ̃] *nm* earth-moving, earthworks *pl* ; embankment.

terrasser [teʀase] *vt* (*adversaire*) to floor, bring down ; (*suj: maladie etc*) to lay low.

terrassier [teʀasje] *nm* navvy, roadworker.

terre [tɛʀ] *nf* (*gén, aussi* *ÉLEC*) earth ; (*substance*) soil, earth ; (*opposé à mer*) land *q* ; (*contrée*) land ; **~s** *nfpl* (*terrains*) lands, land *sg* ; **le travail de la ~** work on the land ; **en ~** (*pipe, poterie*) clay *cpd* ; **à ~** *ou* **par ~** (*mettre, être*) on the ground (*ou* floor) ; (*jeter, tomber*) to the ground, down ; **~ cuite** earthenware ; terracotta ; **la ~ ferme** dry land, terra firma ; **~ glaise** clay ; **la T~ Sainte** the Holy Land ; **à ~ *inv*** down-to-earth, matter-of-fact.

terreau [teʀo] *nm* compost.

terre-plein [tɛʀplɛ̃] *nm* platform.

terrer [teʀe]: **se ~** *vi* to hide away ; to go to ground.

terrestre [teʀɛstʀ(ə)] *a* (*surface*) earth's, of the earth ; (*BOT, ZOOL, MIL*) land *cpd* ; (*REL*) earthly, worldly.

terreur [teʀœʀ] *nf* terror *q*, fear.

terrible [teʀibl(ə)] *a* terrible, dreadful ; (*fam*) terrific ; **~ment** *ad* (*très*) terribly, awfully.

terrien, ne [teʀjɛ̃, -jɛn] *nm/f* countryman/woman, man/woman of the soil ; (*non martien etc*) earthling.

terrier [teʀje] *nm* burrow, hole ; (*chien*) terrier.

terrifier [teʀifje] *vt* to terrify.

terril [teʀil] *nm* slag heap.

terrine [teʀin] *nf* (*récipient*) terrine ; (*CULIN*) pâté.

territoire [teʀitwaʀ] *nm* territory ; **territorial, e, aux** *a* territorial.

terroir [teʀwaʀ] *nm* (*AGR*) soil ; **accent du ~** country *ou* rural accent.

terroriser [teʀɔʀize] *vt* to terrorize ; **terrorisme** *nm* terrorism ; **terroriste** *nm/f* terrorist.

tertiaire [tɛʀsjɛʀ] *a* tertiary // *nm* (*ÉCON*) tertiary sector, service industries *pl*.

tertre [tɛʀtʀ(ə)] *nm* hillock, mound.

tes [te] *dét voir* **ton**.

tesson [tesɔ̃] *nm*: **~ de bouteille** piece of broken bottle.

test [tɛst] *nm* test.

testament [tɛstamɑ̃] *nm* (*JUR*) will ; (*REL*) Testament ; **faire son ~** to make out one's will ; **testamentaire** *a* of a will.

tester [tɛste] *vt* to test.

testicule [tɛstikyl] *nm* testicle.

tétanos [tetanos] *nm* tetanus, lockjaw.

têtard [tɛtaʀ] *nm* tadpole.

tête [tɛt] *nf* head ; (*cheveux*) hair *q* ; (*visage*) face ; (*FOOTBALL*) header ; **de ~** *a* (*wagon etc*) front *cpd* // *ad* (*calculer*) in one's head, mentally ; **perdre la ~** (*fig*) to lose one's head ; to go off one's head ; **tenir ~ à qn** to stand up to ou defy sb ; **la ~ en bas** with one's head down ; **la ~ la première** (tomber) headfirst ; **faire une ~** (FOOTBALL) to head the ball ; **faire la ~** (fig) to sulk ; **en ~** (SPORT) in the lead ; at the front ou head ; **en ~ à ~** in private, alone together ; **de la ~ aux pieds** from head to toe ; **~ d'affiche** (THÉÂTRE etc) top of the bill ; **~ de bétail** head inv of cattle ; **~ chercheuse** homing device ; **~ de lecture** pickup head ; **~ de liste** (POL) chief candidate ; **~ de mort** skull and crossbones ; **~ de série** (TENNIS) seeded player, seed ; **~ de Turc** (fig) whipping boy ; **~ de veau** (CULIN) calf's head ; **~-à-queue** nm inv : **faire un ~-à-queue** to spin round ; **~-à-~** nm inv tête-à-tête ; **~-bêche** ad head to tail.

tétée [tete] nf (action) sucking ; (repas) feed.

téter [tete] vt : **~ (sa mère)** to suck at one's mother's breast, feed.

tétine [tetin] nf teat ; (sucette) dummy.

téton [tetɔ̃] nm (fam) breast.

têtu, e [tety] a stubborn, pigheaded.

texte [tɛkst(ə)] nm text ; **apprendre son ~** (THÉÂTRE) to learn one's lines.

textile [tɛkstil] a textile cpd // nm textile ; textile industry.

textuel, le [tɛkstɥɛl] a literal, word for word.

texture [tɛkstyʀ] nf texture.

thé [te] nm tea ; **prendre le ~** to have tea ; **faire le ~** to make the tea.

théâtral, e, aux [teɑtʀal, -o] a theatrical.

théâtre [teɑtʀ(ə)] nm theatre ; (techniques, genre) drama, theatre ; (activité) stage, theatre ; (œuvres) plays pl, dramatic works pl ; (fig: lieu): **le ~ de** the scene of ; (péj) histrionics pl, playacting ; **faire du ~** to be on the stage ; to do some acting ; **~ filmé** filmed stage productions pl.

théière [tejɛʀ] nf teapot.

thème [tɛm] nm theme ; (SCOL: traduction) prose (composition).

théologie [teɔlɔʒi] nf theology ; **théologien** nm theologian ; **théologique** a theological.

théorème [teɔʀɛm] nm theorem.

théoricien, ne [teɔʀisjɛ̃, -jɛn] nm/f theoretician, theorist.

théorie [teɔʀi] nf theory ; **théorique** a theoretical.

thérapeutique [teʀapøtik] a therapeutic // nf therapeutics sg.

thérapie [teʀapi] nf therapy.

thermal, e, aux [tɛʀmal, -o] a thermal ; **station ~e** spa ; **cure ~e** water cure.

thermes [tɛʀm(ə)] nmpl thermal baths ; (romains) thermae pl.

thermique [tɛʀmik] a (énergie) thermic ; (unité) thermal.

thermomètre [tɛʀmɔmɛtʀ(ə)] nm thermometer.

thermonucléaire [tɛʀmɔnykleɛʀ] a thermonuclear.

thermos ® [tɛʀmos] nm ou nf: (bouteille) **~ vacuum** ou **Thermos ® flask**.

thermostat [tɛʀmɔsta] nm thermostat.

thésauriser [tezɔʀize] vi to hoard money.

thèse [tɛz] nf thesis (pl theses).

thon [tɔ̃] nm tuna (fish).

thoracique [tɔʀasik] a thoracic.

thorax [tɔʀaks] nm thorax.

thrombose [tʀɔ̃boz] nf thrombosis.

thym [tɛ̃] nm thyme.

thyroïde [tiʀɔid] nf thyroid (gland).

tiare [tjaʀ] nf tiara.

tibia [tibja] nm shinbone, tibia ; shin.

tic [tik] nm tic, (nervous) twitch ; (de langage etc) mannerism.

ticket [tikɛ] nm ticket ; **~ de quai** platform ticket.

tic-tac [tiktak] nm inv tick-tock ; **tictaquer** vi to tick (away).

tiède [tjɛd] a lukewarm ; tepid ; (vent, air) mild, warm ; **tiédir** vi to cool ; to grow warmer.

tien, tienne [tjɛ̃, tjɛn] pronom: **le ~ (la tienne), les ~s (tiennes)** yours ; **à la tienne!** cheers!

tiens [tjɛ̃] vb, excl voir **tenir**.

tierce [tjɛʀs(ə)] a, nf voir **tiers**.

tiercé [tjɛʀse] nm system of forecast betting giving first 3 horses.

tiers, tierce [tjɛʀ, tjɛʀs(ə)] a third // nm (JUR) third party ; (fraction) third // nf (MUS) third ; (CARTES) tierce ; **une tierce personne** a third party ; **~ provisionnel** interim payment of tax.

tige [tiʒ] nf stem ; (baguette) rod.

tignasse [tiɲas] nf (péj) shock ou mop of hair.

tigre [tigʀ(ə)] nm tiger.

tigré, e [tigʀe] a striped ; spotted.

tigresse [tigʀɛs] nf tigress.

tilleul [tijœl] nm lime (tree), linden (tree) ; (boisson) lime(-blossom) tea.

timbale [tɛ̃bal] nf (metal) tumbler ; **~s** nfpl (MUS) timpani, kettledrums.

timbre [tɛ̃bʀ(ə)] nm (tampon) stamp ; (aussi: **~-poste**) (postage) stamp ; (cachet de la poste) postmark ; (sonnette) bell ; (MUS: de voix, instrument) timbre, tone.

timbrer [tɛ̃bʀe] vt to stamp.

timide [timid] a shy ; timid ; (timoré) timid, timorous ; **timidité** nf shyness, timidity.

timonerie [timɔnʀi] nf wheelhouse.

timoré, e [timɔʀe] a timorous.

tins etc vb voir **tenir**.

tintamarre [tɛ̃tamaʀ] nm din, uproar.

tinter [tɛ̃te] vi to ring, chime ; (argent, clefs) to jingle.

tir [tiʀ] nm (sport) shooting ; (fait ou manière de tirer) firing q ; (FOOTBALL) shot ; (stand) shooting gallery ; **~ d'obus/de mitraillette** shell/machine gun fire ; **~ à l'arc** archery ; **~ au pigeon** clay pigeon shooting.

tirade [tiʀad] nf tirade.

tirage [tiʀaʒ] nm (action) printing ; (de journal) circulation ; (de livre) (print-)run ; edition ; (de cheminée) draught ; (de loterie) draw ; (désaccord) friction ; **~ au sort** drawing lots.

tirailler [tiʀaje] vt to pull at, tug at // vi to fire at random ; **tirailleur** nm skirmisher.

tirant [tiRɑ̃] nm: ~ **d'eau** draught.
tire [tiR] nf: **vol à la** ~ pickpocketing.
tiré [tiRe] nm (COMM) drawee ; ~ **à part** off-print.
tire-au-flanc [tiRoflɑ̃] nm inv (péj) skiver.
tire-bouchon [tiRbuʃɔ̃] nm corkscrew.
tire-d'aile [tiRdɛl]: **à** ~ ad swiftly.
tire-fesses [tiRfɛs] nm inv ski-tow.
tirelire [tiRliR] nf moneybox.
tirer [tiRe] vt (gén) to pull ; (extraire): ~
qch de to take ou pull sth out of ; to get
sth out of ; to extract sth from ; (tracer:
ligne, trait) to draw, trace ; (fermer: volet,
rideau) to draw, close ; (choisir: carte,
conclusion, aussi COMM: chèque) to draw ;
(en faisant feu: balle, coup) to fire ;
(: animal) to shoot ; (journal, livre, photo) to
print ; (FOOTBALL: corner etc) to take // vi
(faire feu) to fire ; (tir du tir, FOOTBALL) to
shoot ; (cheminée) to draw ; **se** ~ vi (fam)
to push off ; **s'en** ~ to pull through, get
off ; ~ **sur** to pull on ou at ; to shoot ou
fire at ; (pipe) to draw on ; (fig: avoisiner)
to verge ou border on ; ~ **son nom de** to
take ou get its name from ; ~ **qn de**
(embarras etc) to help ou get sb out of ;
~ **à l'arc/la carabine** to shoot with a bow
and arrow/with a rifle.
tiret [tiRɛ] nm dash.
tireur, euse [tiRœR, -øz] nm/f gunman ;
(COMM) drawer ; **bon** ~ good shot ; ~
d'élite marksman ; ~**s débutants**
beginners at shooting.
tiroir [tiRwaR] nm drawer ; ~-**caisse** nm
till.
tisane [tizan] nf herb tea.
tison [tizɔ̃] nm brand ; **tisonner** vt to poke ;
tisonnier nm poker.
tissage [tisaʒ] nm weaving q.
tisser [tise] vt to weave ; **tisserand** nm
weaver.
tissu [tisy] nm fabric, material, cloth q ;
(ANAT, BIO) tissue ; ~ **de mensonges** web
of lies.
tissu, e [tisy]: **a:** ~ **de** woven through with.
tissu-éponge [tisyepɔ̃ʒ] nm (terry)
towelling q.
titane [titan] nm titanium.
titanesque [titanɛsk(ə)] a titanic.
titre [titR(ə)] nm (gén) title ; (de journal)
headline ; (diplôme) qualification ; (COMM)
security ; (CHIMIE) titre ; **en** ~ (champion,
responsable) official, recognised ; **à juste**
~ with just cause, rightly ; **à quel** ~? on
what grounds? ; **à aucun** ~ on no
account ; **au même** ~ **(que)** in the same
way (as) ; **à** ~ **d'exemple** as an ou by way
of an example ; **à** ~ **d'information** for
(your) information ; **à** ~ **gracieux** free of
charge ; **à** ~ **d'essai** on a trial basis ;
~ **privé** in a private capacity ; ~ **de
propriété** title deed ; ~ **de transport**
ticket.
titré, e [titRe] a titled.
titrer [titRe] vt (CHIMIE) to titrate ; to assay ;
(PRESSE) to run as a headline ; (suj: vin):
~ **10°** to be 10° proof.
tituber [titybe] vi to stagger ou reel
(along).
titulaire [titylɛR] a (ADMIN) appointed,
with tenure // nm (ADMIN) incumbent ; **être**

~ **de** (poste) to hold ; (permis) to be the
holder of.
toast [tost] nm slice ou piece of toast ; (de
bienvenue) (welcoming) toast ; **porter un**
~ **à qn** to propose ou drink a toast to sb.
toboggan [tɔbɔgɑ̃] nm toboggan.
toc [tɔk] nm: **en** ~ imitation cpd.
tocsin [tɔksɛ̃] nm alarm (bell).
toge [tɔʒ] nf toga ; (de juge) gown.
tohu-bohu [tɔybɔy] nm confusion ;
commotion.
toi [twa] pronom you.
toile [twal] nf (matériau) cloth q ; (bâche)
piece of canvas ; (tableau) canvas ; **grosse**
~ canvas ; **tisser sa** ~ (araignée) to spin
its web ; ~ **d'araignée** cobweb ; ~ **cirée**
oilcloth ; ~ **de fond** (fig) backdrop ; ~ **de
jute** hessian ; ~ **de lin** linen.
toilette [twalɛt] nf wash ; (s'habiller et se
préparer) getting ready, washing and
dressing ; (habits) outfit ; dress q ; ~**s** nfpl
(w.-c.) toilet sg ; **les** ~**s des
dames/messieurs** the ladies'/gents'
(toilets) ; **faire sa** ~ to have a wash, get
washed ; **articles de** ~ toiletries ; ~
intime personal hygiene.
toi-même [twamɛm] pronom yourself.
toise [twaz] nf: **passer à la** ~ to have
one's height measured.
toiser [twaze] vt to eye up and down.
toison [twazɔ̃] nf (de mouton) fleece ;
(cheveux) mane.
toit [twa] nm roof.
toiture [twatyR] nf roof.
tôle [tol] nf sheet metal q ; (plaque) steel
ou iron sheet ; ~**s** (carrosserie) bodywork
sg ; panels ; ~ **d'acier** sheet steel q ; ~
ondulée corrugated iron.
tolérable [tɔleRabl(ə)] a tolerable,
bearable.
tolérance [tɔleRɑ̃s] nf tolerance ; (hors
taxe) allowance.
tolérant, e [tɔleRɑ̃, -ɑ̃t] a tolerant.
tolérer [tɔleRe] vt to tolerate ; (ADMIN: hors
taxe etc) to allow.
tôlerie [tolRi] nf sheet metal manufacture ;
sheet metal workshop.
tollé [tɔle] nm: **un** ~ **(de protestations)**
a general outcry.
T.O.M. [parfois: tɔm] sigle m(pl) =
territoire(s) d'outre-mer.
tomate [tɔmat] nf tomato.
tombal, e [tɔbal] a: **pierre** ~**e** tombstone,
gravestone.
tombant, e [tɔbɑ̃, -ɑ̃t] a (fig) drooping,
sloping.
tombe [tɔb] nf (sépulture) grave ; (avec
monument) tomb.
tombeau, x [tɔbo] nm tomb.
tombée [tɔbe] nf: **à la** ~ **du jour** ou **de
la nuit** at the close of day, at nightfall.
tomber [tɔbe] vi to fall // vt: ~ **la veste**
to slip off one's jacket ; **laisser** ~ to drop ;
~ **sur** vt (rencontrer) to come across ;
(attaquer) to set about ; ~ **de
fatigue/sommeil** to drop from
exhaustion/be falling asleep on one's feet ;
ça tombe bien it comes at the right time ;
il est bien tombé he's been lucky.
tombereau, x [tɔbRo] nm tipcart.

tombeur [tɔ̃bœʀ] nm (péj) Casanova.
tombola [tɔ̃bɔla] nf tombola.
tome [tɔm] nm volume.
tommette [tɔmɛt] nf hexagonal floor tile.
ton, ta, pl **tes** [tɔ̃, ta, te] dét your.
ton [tɔ̃] nm (gén) tone ; (MUS) key ; (couleur) shade, tone ; **de bon ~** in good taste.
tonal, e [tɔnal] a tonal.
tonalité [tɔnalite] nf (au téléphone) dialling tone ; (MUS) tonality ; key ; (fig) tone.
tondeuse [tɔ̃døz] nf (à gazon) (lawn)-mower ; (du coiffeur) clippers pl ; (pour la tonte) shears pl.
tondre [tɔ̃dʀ(ə)] vt (pelouse, herbe) to mow ; (haie) to cut, clip ; (mouton, toison) to shear ; (cheveux) to crop.
tonifiant, e [tɔnifjɑ̃, -ɑ̃t] a invigorating, revivifying.
tonifier [tɔnifje] vt (peau, organisme) to tone up.
tonique [tɔnik] a fortifying // nm, nf tonic.
tonitruant, e [tɔnitʀyɑ̃, -ɑ̃t] a: **voix ~e** thundering voice.
tonnage [tɔnaʒ] nm tonnage.
tonne [tɔn] nf metric ton, tonne.
tonneau, x [tɔno] nm (à vin, cidre) barrel ; (NAVIG) ton ; **faire des ~x** (voiture, avion) to roll over.
tonnelier [tɔnəlje] nm cooper.
tonnelle [tɔnɛl] nf bower, arbour.
tonner [tɔne] vi to thunder ; **il tonne** it is thundering, there's some thunder.
tonnerre [tɔnɛʀ] nm thunder ; **~ d'applaudissements** thunderous applause ; **du ~** a (fam) terrific.
tonsure [tɔ̃syʀ] nf tonsure ; bald patch.
tonte [tɔ̃t] nf shearing.
tonus [tɔnys] nm tone.
top [tɔp] nm: **au 3ème ~** at the 3rd stroke // a: **~ secret** top secret.
topaze [tɔpaz] nf topaz.
toper [tɔpe] vi: **tope-/topez-là!** it's a deal!, you're on!
topinambour [tɔpinɑ̃buʀ] nm Jerusalem artichoke.
topographie [tɔpɔgʀafi] nf topography ; **topographique** a topographical.
toponymie [tɔpɔnimi] nf study of place-names, toponymy.
toque [tɔk] nf (de fourrure) fur hat ; **~ de jockey/juge** jockey's/judge's cap ; **~ de cuisinier** chef's hat.
toqué, e [tɔke] a (fam) touched, cracked.
torche [tɔʀʃ(ə)] nf torch ; **se mettre en ~** (parachute) to candle.
torcher [tɔʀʃe] vt (fam) to wipe.
torchère [tɔʀʃɛʀ] nf flare.
torchon [tɔʀʃɔ̃] nm cloth, duster ; (à vaisselle) tea towel, dish towel.
tordre [tɔʀdʀ(ə)] vt (chiffon) to wring ; (barre, fig: visage) to twist ; **se ~** vi (barre) to bend ; (roue) to twist, buckle ; (ver, serpent) to writhe ; **se ~ le pied/bras** to twist ou sprain one's foot/arm ; **se ~ de douleur/rire** to writhe in pain/be doubled up with laughter.
tordu, e [tɔʀdy] a (fig) warped, twisted.
torero [tɔʀeʀo] nm bullfighter.
tornade [tɔʀnad] nf tornado.

torpeur [tɔʀpœʀ] nf torpor, drowsiness.
torpille [tɔʀpij] nf torpedo ; **torpiller** vt to torpedo.
torréfier [tɔʀefje] vt to roast.
torrent [tɔʀɑ̃] nm torrent, mountain stream ; (fig): **~ de** torrent ou flood of ; **il pleut à ~s** the rain is lashing down ; **torrentiel, le** a torrential.
torride [tɔʀid] a torrid.
torsade [tɔʀsad] nf twist ; (ARCHIT) cable moulding ; **torsader** vt to twist.
torse [tɔʀs(ə)] nm (ANAT) torso ; chest.
torsion [tɔʀsjɔ̃] nf twisting ; torsion.
tort [tɔʀ] nm (défaut) fault ; (préjudice) wrong q ; **~s** nmpl (JUR) fault sg ; **avoir ~** to be wrong ; **être dans son ~** to be in the wrong ; **donner ~ à qn** to lay the blame on sb ; (fig) to prove sb wrong ; **causer du ~ à** to harm ; to be harmful ou detrimental to ; **en ~** in the wrong, at fault ; **à ~** wrongly ; **à ~ et à travers** wildly.
torticolis [tɔʀtikɔli] nm stiff neck.
tortiller [tɔʀtije] vt to twist ; to twiddle ; **se ~** vi to wriggle, squirm.
tortionnaire [tɔʀsjɔnɛʀ] nm torturer.
tortue [tɔʀty] nf tortoise.
tortueux, euse [tɔʀtɥø, -øz] a (rue) twisting ; (fig) tortuous.
torture [tɔʀtyʀ] nf torture ; **torturer** vt to torture ; (fig) to torment.
torve [tɔʀv(ə)] a: **regard ~** menacing ou grim look.
tôt [to] ad early ; **~ ou tard** sooner or later ; **si ~** so early ; (déjà) so soon ; **au plus ~** at the earliest, as soon as possible ; **plus ~** earlier ; **il eut ~ fait de faire** he soon did.
total, e, aux [tɔtal, -o] a, nm total ; **au ~** in total ou all ; **faire le ~** to work out the total, add up ; **~ement** ad totally, completely ; **~iser** vt total (up).
totalitaire [tɔtalitɛʀ] a totalitarian.
totalité [tɔtalite] nf: **la ~** all of, the total amount (ou number) of ; the whole + sg ; **en ~** entirely.
totem [tɔtɛm] nm totem.
toubib [tubib] nm (fam) doctor.
touchant, e [tuʃɑ̃, -ɑ̃t] a touching.
touche [tuʃ] nf (de piano, de machine à écrire) key ; (PEINTURE etc) stroke, touch ; (fig: de nostalgie) touch, hint ; (RUGBY) line-out ; (FOOTBALL: aussi: **remise en ~**) throw-in ; (: **ligne de ~**) touch-line ; (ESCRIME) hit ; **en ~** in (ou into) touch ; **avoir une drôle de ~** to look a sight.
touche-à-tout [tuʃatu] nm/f inv (péj) meddler ; dabbler.
toucher [tuʃe] nm touch // vt to touch ; (palper) to feel ; (atteindre: d'un coup de feu etc) to hit ; (affecter) to touch, affect ; (concerner) to concern, affect ; (contacter) to reach, contact ; (recevoir: récompense) to receive, get ; (: salaire) to draw, get ; **au ~** to the touch ; **se ~** (être en contact) to touch ; **~ à** to touch ; (modifier) to touch, tamper ou meddle with ; (traiter de, concerner) to have to do with, concern ; **je vais lui en ~ un mot** I'll have a word with him about it ; **~ à sa fin** to be drawing to a close.

touffe [tuf] *nf* tuft.

touffu, e [tufy] *a* thick, dense; *(fig)* complex, involved.

toujours [tuʒuʀ] *ad* always; *(encore)* still; *(constamment)* forever; ~ **plus** more and more; **pour** ~ forever; ~ **est-il que** the fact remains that; **essaie** ~ (you can) try anyway.

toupie [tupi] *nf* (spinning) top.

tour [tuʀ] *nf* tower; *(immeuble)* high-rise block, tower block; *(ÉCHECS)* castle, rook // *nm (excursion)* stroll, walk; run, ride; trip; *(SPORT: aussi:* ~ **de piste**) lap; *(d'être servi ou de jouer etc, tournure, de vis ou clef)* turn; *(de roue etc)* revolution; *(circonférence):* **de 3 m de** ~ 3 m round, with a circumference *ou* girth of 3 m; *(POL: aussi:* ~ **de scrutin**) ballot; *(ruse, de prestidigitation)* trick; *(de potier)* wheel; *(à bois, métaux)* lathe; **faire le** ~ **de** to go round; *(à pied)* to walk round; **faire un** ~ to go for a walk; *(en voiture etc)* to go for a ride; **faire 2** ~**s** to go round twice; *(hélice etc)* to turn *ou* revolve twice; **fermer à double** ~ *vi* to double-lock the door; **c'est au** ~ **de Renée** it's Renée's turn; **à** ~ **de rôle, à** ~ **in turn;** ~ **de taille/tête** waist/head measurement ~ **de chant** song recital; ~ **de contrôle** *nf* control tower; ~ **de garde** spell of duty; ~ **d'horizon** *(fig)* general survey; ~ **de lit** valance; ~ **de reins** sprained back.

tourbe [tuʀb(ə)] *nf* peat; **tourbière** *nf* peat-bog.

tourbillon [tuʀbijɔ̃] *nm* whirlwind; *(d'eau)* whirlpool; *(fig)* whirl, swirl; **tourbillonner** *vi* to whirl, swirl; to whirl *ou* swirl round.

tourelle [tuʀɛl] *nf* turret.

tourisme [tuʀism(ə)] *nm* tourism; tourist industry; **agence de** ~ tourist agency; **faire du** ~ to do some sightseeing, go touring; **touriste** *nm/f* tourist; **touristique** *a* tourist *cpd*; *(région)* touristic, with tourist appeal.

tourment [tuʀmɑ̃] *nm* torment.

tourmente [tuʀmɑ̃t] *nf* storm.

tourmenté, e [tuʀmɑ̃te] *a* tormented, tortured.

tourmenter [tuʀmɑ̃te] *vt* to torment; **se** ~ *vi* to fret, worry o.s.

tournage [tuʀnaʒ] *nm (d'un film)* shooting.

tournant, e [tuʀnɑ̃, -ɑ̃t] *a:* voir **plaque, grève** // *nm (de route)* bend; *(fig)* turning point.

tournebroche [tuʀnəbʀɔʃ] *nm* roasting spit.

tourne-disque [tuʀnədisk(ə)] *nm* record player.

tournée [tuʀne] *nf (du facteur etc)* round; *(d'artiste, politicien)* tour; *(au café)* round (of drinks); ~ **musicale** concert tour.

tourner [tuʀne] *vt* to turn; *(contourner)* to get round; *(CINÉMA)* to shoot; to make // *vi* to turn; *(moteur)* to run; *(compteur)* to tick away; *(lait etc)* to turn (sour); **se** ~ *vi* to turn round; **se** ~ **vers** to turn to; to turn towards; **bien** ~ to turn out well; ~ **autour de** to go round; to revolve round; *(péj)* to hang round; ~ **à/en** to turn into; ~ **à la pluie/au rouge** to turn

rainy/red; ~ **le dos à** to turn one's back on; to have one's back to; **se** ~ **les pouces** to twiddle one's thumbs; ~ **la tête** to look away; ~ **la tête à qn** *(fig)* to go to sb's head; ~ **de l'œil** to pass out.

tournesol [tuʀnəsɔl] *nm* sunflower.

tourneur [tuʀnœʀ] *nm* turner; lathe-operator.

tournevis [tuʀnəvis] *nm* screwdriver.

tourniquet [tuʀnikɛ] *nm (pour arroser)* sprinkler; *(portillon)* turnstile; *(présentoir)* revolving stand.

tournoi [tuʀnwa] *nm* tournament.

tournoyer [tuʀnwaje] *vi* to whirl round; to swirl round.

tournure [tuʀnyʀ] *nf (LING)* turn of phrase; form; phrasing; *(évolution):* **la** ~ **de qch** the way sth is developing; *(aspect):* **la** ~ **de** the look of; ~ **d'esprit** turn *ou* cast of mind; **la** ~ **des événements** the turn of events.

tourte [tuʀt(ə)] *nf* pie.

tourteau, x [tuʀto] *nm (AGR)* oilcake, cattle-cake; *(ZOOL)* edible crab.

tourterelle [tuʀtəʀɛl] *nf* turtledove.

tous *dét* [tu], *pronom* [tus] *voir* **tout.**

Toussaint [tusɛ̃] *nf:* **la** ~ *(LING)* All Saints' Day.

tousser [tuse] *vi* to cough; **toussoter** *vi* to have a slight cough; to cough a little; *(pour avertir)* to give a slight cough.

tout, e, *pl* **tous, toutes** [tu, tus, tut] *dét* all; ~ **le lait** all the milk, the whole of the milk; ~ **la nuit** all night, the whole night; ~ **le livre** the whole book; ~ **un pain** a whole loaf; **tous les livres** all the books; **toutes les nuits** every night; **à** ~ **âge** at any age; **toutes les fois** every time; **toutes les 3/2 semaines** every third/other *ou* second week; **tous les 2** both *ou* each of us (*ou* them); **toutes les 3** all 3 of us (*ou* them); ~ **le temps** *ad* all the time; the whole time; **c'est** ~ **le contraire** it's quite the opposite; **il avait pour** ~**e nourriture** his only food was // *pronom* everything, all; **tous, toutes** all (of them); **je les vois tous** I can see them all *ou* all of them; **nous y sommes tous allés** all of us went, we all went; **en** ~ in all // *ad* quite; very; ~ **en haut** right at the top; **le** ~ **premier** the very first; **le livre** ~ **entier** the whole book; ~ **seul** all alone; ~ **droit** straight ahead; ~ **en travaillant** while working, as *ou* while he *etc* works // *nm* whole; **le** ~ all of it (*ou* them), the whole lot; ~ **d'abord** first of all; ~ **à coup** suddenly; ~ **à fait** absolutely; ~ **à l'heure** a short while ago; in a short while, shortly; ~ **de même** all the same; ~ **le monde** everybody; ~ **de suite** immediately, straight away; ~ **terrain** *ou* **tous terrains** *a inv* general-purpose; ~**-à-l'égout** *nm inv* mains drainage.

toutefois [tutfwa] *ad* however.

toutou [tutu] *nm (fam)* doggie.

toux [tu] *nf* cough.

toxicomane [tɔksikɔman] *nm/f* drug addict.

toxine [tɔksin] *nf* toxin.

toxique [tɔksik] *a* toxic, poisonous.

trac [tʀak] *nm* nerves *pl*; *(THÉÂTRE)* stage

tracas 257 tranquille

fright ; **avoir le** ~ to get an attack of
nerves ; to have stage fright.

tracas [tʀaka] nm bother q, worry q;
tracasser vt to worry, bother ; to harass ;
se tracasser vi to worry o.s., fret;
tracassier, ière a irksome.

trace [tʀas] nf (empreintes) tracks pl;
(marques, aussi fig) mark ; (restes, vestige)
trace ; (indice) sign ; ~**s de pas** footprints.
tracé [tʀase] nm line ; layout.

tracer [tʀase] vt to draw ; (mot) to trace ;
(piste) to open up.

trachée(-artère) [tʀaʃe(aʀtɛʀ)] nf
windpipe, trachea ; **trachéite** [tʀakeit] nf
tracheitis.

tract [tʀakt] nm tract, pamphlet.

tractations [tʀaktɑsjɔ̃] nfpl dealings,
bargaining sg.

tracteur [tʀaktœʀ] nm tractor.

traction [tʀaksjɔ̃] nf traction ; (GYM) pull-
up ; ~ **avant/arrière** front-wheel/rear-
wheel drive ; ~ **électrique** electric(al)
traction ou haulage.

tradition [tʀadisjɔ̃] nf tradition ;
traditionnel, le a traditional.

traducteur, trice [tʀadyktœʀ, -tʀis]
nm/f translator.

traduction [tʀadyksjɔ̃] nf translation.

traduire [tʀadɥiʀ] vt to translate ;
(exprimer) to render, convey ; ~ **en
français** to translate into French ; ~ **en
justice** to bring before the courts.

trafic [tʀafik] nm traffic ; ~ **d'armes** arms
dealing ; **trafiquant, e** nm/f trafficker ;
dealer ; **trafiquer** vt (péj) to doctor,
tamper with // vi to traffic, be engaged
in trafficking.

tragédie [tʀaʒedi] nf tragedy ; **tragédien,
ne** nm/f tragedian/ tragédienne.

tragique [tʀaʒik] a tragic ; ~**ment** ad
tragically.

trahir [tʀaiʀ] vt to betray ; (fig) to give
away, reveal ; **trahison** nf betrayal ; (MIL)
treason.

train [tʀɛ̃] nm (RAIL) train ; (allure) pace ;
(fig: ensemble) set ; **mettre qch en** ~ to
get sth under way ; **mettre qn en** ~ to
put sb in good spirits ; **se mettre en** ~
to get started ; to warm up ; **se sentir en**
~ to feel in good form ; ~ **avant/arrière**
front-wheel/rear-wheel axle unit ; ~
d'atterrissage undercarriage ; ~ **autos-
couchettes** car-sleeper train ; ~
électrique (jouet) (electric) train set ; ~
de pneus set of tyres ; ~ **de vie** style of
living.

traînant, e [tʀɛnɑ̃, -ɑ̃t] a (voix, ton)
drawling.

traînard, e [tʀɛnaʀ, -aʀd(ə)] nm/f (péj)
slowcoach.

traîne [tʀɛn] nf (de robe) train ; **être à la**
~ to be in tow ; to lag behind.

traîneau, x [tʀɛno] nm sleigh, sledge.

traînée [tʀɛne] nf streak, trail ; (péj) slut.

traîner [tʀɛne] (remorque) to pull ; (enfant,
chien) to drag ou trail along // vi (être en
désordre) to lie around ; (marcher
lentement) to dawdle (along) ; (vagabonder)
to hang about ; (agir lentement) to idle
about ; (durer) to drag on ; **se** ~ vi to crawl

along ; to drag o.s. along ; (durer) to drag
on ; ~ **les pieds** to drag one's feet.

train-train [tʀɛ̃tʀɛ̃] nm humdrum routine.

traire [tʀɛʀ] vt to milk.

trait [tʀɛ] nm (ligne) line ; (de dessin)
stroke ; (caractéristique) feature, trait ;
(flèche) dart, arrow ; shaft ; ~**s** nmpl (du
visage) features ; **d'un** ~ (boire) in one
gulp ; **de** ~ a (animal) draught ; **avoir** ~
à to concern ; ~ **de caractère**
characteristic, trait ; ~ **d'esprit** flash of
wit ; ~ **d'union** hyphen ; (fig) link.

traitant [tʀɛtɑ̃] am: **votre médecin** ~
your usual ou family doctor ; **shampooing**
~ medicated shampoo.

traite [tʀɛt] nf (COMM) draft ; (AGR)
milking ; (trajet) stretch ; **d'une (seule)** ~
without stopping (once) ; **la** ~ **des noirs**
the slave trade.

traité [tʀete] nm treaty.

traitement [tʀɛtmɑ̃] nm treatment ;
processing ; (salaire) salary.

traiter [tʀete] vt (gén) to treat ; (TECH:
matériaux) to process, treat ; (affaire) to
deal with, handle ; (qualifier): ~ **qn d'idiot**
to call sb a fool // vi to deal ; ~ **de** vt
to deal with ; **bien/mal** ~ to treat well/ill-
treat.

traiteur [tʀetœʀ] nm caterer.

traître, esse [tʀɛtʀ(ə), -tʀɛs] a
(dangereux) treacherous // nm traitor ;
prendre qn en ~ to make an insidious
attack on sb ; **traîtrise** nf treachery,
treacherousness.

trajectoire [tʀaʒɛktwaʀ] nf trajectory,
path.

trajet [tʀaʒɛ] nm journey ; (itinéraire)
route ; (fig) path, course.

tralala [tʀalala] nm (péj) fuss.

tram [tʀam] nm abr de **tramway**.

trame [tʀam] nf (de tissu) weft ; (fig)
framework ; texture ; (TYPO) screen.

tramer [tʀame] vt to plot, hatch.

tramway [tʀamwɛ] nm tram(way) ;
tram(car).

tranchant, e [tʀɑ̃ʃɑ̃, -ɑ̃t] a a sharp ; (fig)
peremptory // nm (d'un couteau) cutting
edge ; (de la main) edge.

tranche [tʀɑ̃ʃ] nf (morceau) slice ; (arête)
edge ; (partie) section ; (série) block ;
issue ; bracket.

tranché, e [tʀɑ̃ʃe] a (couleurs) distinct,
sharply contrasted ; (opinions) clear-cut,
definite // nf trench.

trancher [tʀɑ̃ʃe] vt to cut, sever ; (fig:
résoudre) to settle // vi: ~ **avec** to
contrast sharply with.

tranchet [tʀɑ̃ʃɛ] nm knife.

tranchoir [tʀɑ̃ʃwaʀ] nm chopper.

tranquille [tʀɑ̃kil] a calm, quiet ; (enfant,
élève) quiet ; (rassuré) easy in one's mind,
with one's mind at rest ; **se tenir** ~
(enfant) to be quiet ; **avoir la conscience**
~ to have an easy conscience ; **laisse-
moi/laisse-ça** ~! leave me/it alone ;
~**ment** ad calmly ; **tranquillisant** nm
tranquillizer ; **tranquilliser** vt to reassure ;
tranquillité nf quietness ; peace (and
quiet) ; **tranquillité (d'esprit)** peace of
mind.

transaction [trɑ̃zaksjɔ̃] nf (COMM) transaction, deal.

transat [trɑ̃zat] nm deckchair.

transatlantique [trɑ̃zatlɑ̃tik] a transatlantic // nm transatlantic liner.

transborder [trɑ̃sbɔrde] vt to tran(s)ship.

transcendant, e [trɑ̃sɑ̃dɑ̃, -ɑ̃t] a transcendent(al).

transcription [trɑ̃skripsjɔ̃] nf transcription.

transcrire [trɑ̃skrir] vt to transcribe.

transe [trɑ̃s] nf: **entrer en ~** to go into a trance ; **~s** agony sg.

transférer [trɑ̃sfere] vt to transfer ; **transfert** nm transfer.

transfigurer [trɑ̃sfigyre] vt to transform.

transformateur [trɑ̃sfɔrmatœr] nm transformer.

transformation [trɑ̃sfɔrmɑsjɔ̃] nf transformation ; (RUGBY) conversion.

transformer [trɑ̃sfɔrme] vt to transform, alter ('alter' implique un changement moins radical) ; (matière première, appartement, RUGBY) to convert ; **~ en** to transform into ; to turn into ; to convert into ; **se ~** vi to be transformed ; to alter.

transfuge [trɑ̃sfyʒ] nm renegade.

transfusion [trɑ̃sfyzjɔ̃] nf: **~ sanguine** blood transfusion.

transgresser [trɑ̃sgrese] vt to contravene, disobey.

transhumance [trɑ̃zymɑ̃s] nf transhumance, seasonal move to new pastures.

transi, e [trɑ̃zi] a numb (with cold), chilled to the bone.

transiger [trɑ̃ziʒe] vi to compromise, come to an agreement.

transistor [trɑ̃zistɔr] nm transistor.

transit [trɑ̃zit] nm transit ; **~er** vi to pass in transit.

transitif, ive [trɑ̃zitif, -iv] a transitive.

transition [trɑ̃zisjɔ̃] nf transition ; **de ~** transitional ; **transitoire** a transitional, provisional ; transient.

translucide [trɑ̃slysid] a translucent.

transmetteur [trɑ̃smetœr] nm transmitter.

transmettre [trɑ̃smɛtr(ə)] vt (passer): **~ qch à qn** to pass sth on to sb ; (TECH, TEL, MED) to transmit ; (TV, RADIO: retransmettre) to broadcast ; **transmissible** a transmissible.

transmission [trɑ̃smisjɔ̃] nf transmission, passing on ; (AUTO) transmission ; **~s** nfpl (MIL) ≈ signals corps ; **~ de pensée** telepathy.

transparaître [trɑ̃sparɛtr(ə)] vi to show (through).

transparence [trɑ̃sparɑ̃s] nf transparence ; **par ~** (regarder) against a source of light ; (voir) showing through.

transparent, e [trɑ̃sparɑ̃, -ɑ̃t] a transparent.

transpercer [trɑ̃spɛrse] vt to go through, pierce.

transpiration [trɑ̃spirɑsjɔ̃] nf perspiration.

transpirer [trɑ̃spire] vi to perspire.

transplanter [trɑ̃splɑ̃te] vt (MED, BOT) to transplant ; (personne) to uproot, move.

transport [trɑ̃spɔr] nm transport ; **~s en commun** public transport sg.

transporter [trɑ̃spɔrte] vt to carry, move ; (COMM) to transport, convey ; (fig) to send into raptures ; **~ qn à l'hôpital** to take sb to hospital ; **transporteur** nm haulier, haulage contractor.

transposer [trɑ̃spoze] vt to transpose ; **transposition** nf transposition.

transvaser [trɑ̃svaze] vt to decant.

transversal, e, aux [trɑ̃svɛrsal, -o] a transverse, cross(-) ; cross-country ; running at right angles.

trapèze [trapɛz] nm (GEOM) trapezium ; (au cirque) trapeze ; **trapéziste** nm/f trapeze artist.

trappe [trap] nf trap door.

trappeur [trapœr] nm trapper, fur trader.

trapu, e [trapy] a squat, stocky.

traquenard [traknar] nm trap.

traquer [trake] vt to track down ; (harceler) to hound.

traumatiser [tromatize] vt to traumatize.

traumatisme [tromatism(ə)] nm traumatism.

travail, aux [travaj, -o] nm (gén) work ; (tâche, métier) work q, job ; (ECON, MED) labour // nmpl (de réparation, agricoles etc) work sg ; (sur route) roadworks pl ; (de construction) building (work) ; **être/entrer en ~** (MED) to be in/start labour ; **être sans ~** (employé) to be out of work ou unemployed ; **~ noir** moonlighting ; **travaux des champs** farmwork sg ; **travaux dirigés** (SCOL) supervised practical work sg ; **travaux forcés** hard labour sg ; **travaux manuels** (SCOL) handicrafts ; **travaux ménagers** housework sg ; **travaux publics** ≈ public works sg.

travaillé, e [travaje] a (style) polished.

travailler [travaje] vi to work ; (bois) to warp // vt (bois, métal) to work ; (objet d'art, discipline, fig: influencer) to work on ; **cela le travaille** it is on his mind ; **~ la terre** to till the land ; **~ son piano** to do one's piano practice ; **~ à** to work on ; (fig: contribuer à) to work towards ; **travailleur, euse** a hard-working // nm/f worker ; **travailleur de force** labourer ; **travailliste** a Labour.

travée [trave] nf row ; (ARCHIT) bay ; span.

travelling [travliŋ] nm (chariot) dolly ; (technique) tracking ; **~ optique** zoom shots pl.

travers [travɛr] nm fault, failing ; **en ~ (de)** across ; **au ~ (de)** through ; **de ~** a askew // ad sideways ; (fig) the wrong way ; **à ~** through ; **regarder de ~** (fig) to look askance at.

traverse [travɛrs(ə)] nf (RAIL) sleeper ; **chemin de ~** shortcut.

traversée [travɛrse] nf crossing.

traverser [travɛrse] vt (gén) to cross ; (ville, tunnel, aussi: percer, fig) to go through ; (suj: ligne, trait) to run across.

traversin [travɛrsɛ̃] nm bolster.

travesti [tʀavɛsti] nm (costume) fancy dress; (artiste de cabaret) female impersonator, drag artist; (pervers) transvestite.

travestir [tʀavɛstiʀ] vt (vérité) to misrepresent; se ~ to dress up; to put on drag; to dress as a woman.

trébucher [tʀebyʃe] vi: ~ (sur) to stumble (over), trip (against).

trèfle [tʀɛfl(ə)] nm (BOT) clover; (CARTES: couleur) clubs pl; (: carte) club; ~ à quatre feuilles four-leaf clover.

treillage [tʀɛjaʒ] nm lattice work.

treille [tʀɛj] nf vine arbour; climbing vine.

treillis [tʀeji] nm (métallique) wire-mesh; (toile) canvas; (uniforme) battle-dress.

treize [tʀɛz] num thirteen; **treizième** num thirteenth.

tréma [tʀema] nm diaeresis.

tremble [tʀɑ̃bl(ə)] nm (BOT) aspen.

tremblement [tʀɑ̃bləmɑ̃] nm trembling q, shaking q, shivering q; ~ de terre earthquake.

trembler [tʀɑ̃ble] vi to tremble, shake; ~ de (froid, fièvre) to shiver ou tremble with; (peur) to shake ou tremble with; ~ pour qn to fear for sb; **trembloter** vi to tremble ou shake slightly.

trémolo [tʀemɔlo] nm (instrument) tremolo; (voix) quaver.

trémousser [tʀemuse]: se ~ vi to jig about, wriggle about.

trempe [tʀɑ̃p] nf (fig): de cette/sa ~ of this/his calibre.

trempé, e [tʀɑ̃pe] a soaking (wet), drenched; (TECH) tempered.

tremper [tʀɑ̃pe] vt to soak, drench; (aussi: faire ~, mettre à ~) to soak; (plonger): ~ qch dans to dip sth in(to) // vi to soak; (fig): ~ dans to be involved ou have a hand in; se ~ vi to have a quick dip; se faire ~ to get soaked ou drenched; **trempette** nf: faire trempette to have a quick dip.

tremplin [tʀɑ̃plɛ̃] nm springboard; (SKI) ski-jump.

trentaine [tʀɑ̃tɛn] nf: une ~ (de) thirty or so, about thirty.

trente [tʀɑ̃t] num thirty; **trentième** num thirtieth.

trépaner [tʀepane] vt to trepan, trephine.

trépasser [tʀepase] vi to pass away.

trépider [tʀepide] vi to vibrate.

trépied [tʀepje] nm (d'appareil) tripod; (meuble) trivet.

trépigner [tʀepiɲe] vi to stamp (one's feet).

très [tʀɛ] ad very; much + pp, highly + pp; ~ critiqué much criticized; ~ industrialisé highly industrialized; j'ai ~ faim I'm very hungry.

trésor [tʀezɔʀ] nm treasure; (ADMIN) finances pl; funds pl; T~ (public) public revenue.

trésorerie [tʀezɔʀʀi] nf (fonds) funds pl; (gestion) accounts pl; (bureaux) accounts department; (poste) treasurership; **difficultés de** ~ cash problems, shortage of cash ou funds.

trésorier, ière [tʀezɔʀje, -jɛʀ] nm/f treasurer; ~-payeur nm paymaster.

tressaillir [tʀesajiʀ] vi to shiver, shudder; to quiver.

tressauter [tʀesote] vi to start, jump.

tresse [tʀɛs] nf braid, plait.

tresser [tʀese] vi (cheveux) to braid, plait; (fil, jonc) to plait; (corbeille) to weave; (corde) to twist.

tréteau, x [tʀeto] nm trestle; **les** ~**x** (fig) the stage.

treuil [tʀœj] nm winch; **treuiller** vt to winch up.

trêve [tʀɛv] nf (MIL, POL) truce; (fig) respite; ~ de ... enough of this... .

tri [tʀi] nm sorting out q; selection; (POSTES) sorting; sorting office.

triage [tʀijaʒ] nm (RAIL) shunting; (gare) marshalling yard.

triangle [tʀijɑ̃gl(ə)] nm triangle; ~ rectangle right-angled triangle.

tribal, e, aux [tʀibal, -o] a tribal.

tribord [tʀibɔʀ] nm: à ~ to starboard, on the starboard side.

tribu [tʀiby] nf tribe.

tribulations [tʀibylysjɔ̃] nfpl tribulations, trials.

tribunal, aux [tʀibynal, -o] nm (JUR) court; (MIL) tribunal; ~ de police/pour enfants police/juvenile court; ~ d'instance ≈ magistrates' court; ~ de grande instance ≈ high court.

tribune [tʀibyn] nf (estrade) platform, rostrum; (débat) forum; (d'église, de tribunal) gallery; (de stade) stand; ~ libre (PRESSE) opinion column.

tribut [tʀiby] nm tribute.

tributaire [tʀibytɛʀ] a: être ~ de to be dependent on; (GÉO) to be a tributary of.

tricher [tʀiʃe] vi to cheat; **tricherie** nf cheating q; **tricheur, euse** nm/f cheat.

tricolore [tʀikɔlɔʀ] a three-coloured; (français) red, white and blue.

tricot [tʀiko] nm (technique, ouvrage) knitting q; (tissu) knitted fabric; (vêtement) jersey, sweater.

tricoter [tʀikɔte] vt to knit.

trictrac [tʀiktʀak] nm backgammon.

tricycle [tʀisikl(ə)] nm tricycle.

triennal, e, aux [tʀiɛnal, -o] a three-yearly; three-year.

trier [tʀije] vt to sort out; (POSTES, fruits) to sort.

trigonométrie [tʀigɔnɔmetʀi] nf trigonometry.

trimbaler [tʀɛ̃bale] vt to cart around, trail along.

trimer [tʀime] vi to slave away.

trimestre [tʀimɛstʀ(ə)] nm (SCOL) term; (COMM) quarter; **trimestriel, le** a quarterly; (SCOL) end-of-term.

tringle [tʀɛ̃gl(ə)] nf rod.

Trinité [tʀinite] nf Trinity.

trinquer [tʀɛ̃ke] vi to clink glasses; (fam) to cop it; ~ à qch/la santé de qn to drink to sth/sb.

trio [tʀijo] nm trio.

triomphal, e, aux [tʀijɔ̃fal, -o] a triumphant, triumphal.

triomphant, e [tʀijɔ̃fɑ̃, -ɑ̃t] a triumphant.

triomphe [tʀijɔ̃f] nm triumph; être reçu/porté en ~ to be given a triumphant welcome/be carried shoulder-high in triumph.

triompher [tʀijɔ̃fe] *vi* to triumph, win ; ~ **de** to triumph over, overcome.

tripes [tʀip] *nfpl* (CULIN) tripe *sg* ; (*fam*) guts.

triple [tʀipl(ə)] *a* triple ; treble // *nm*: **le ~ (de)** (*comparaison*) three times as much (as) ; **en ~ exemplaire** in triplicate ; **~ment** *ad* three times over ; in three ways, on three counts // *nm* trebling, threefold increase ; **tripler** *vi*, *vt* to triple, treble, increase threefold.

tripot [tʀipo] *nm* (*péj*) dive.

tripotage [tʀipɔtaʒ] *nm* (*péj*) jiggery-pokery.

tripoter [tʀipɔte] *vt* to fiddle with, finger.

trique [tʀik] *nf* cudgel.

triste [tʀist(ə)] *a* sad ; (*péj*): **~ personnage/affaire** sorry individual/affair ; **tristesse** *nf* sadness.

triturer [tʀityʀe] *vt* (*pâte*) to knead ; (*objets*) to manipulate.

trivial, e, aux [tʀivjal, -o] *a* coarse, crude ; (*commun*) mundane.

troc [tʀɔk] *nm* (ÉCON) barter ; (*transaction*) exchange, swap.

troglodyte [tʀɔglɔdit] *nm/f* cave dweller, troglodyte.

trognon [tʀɔɲɔ̃] *nm* (*de fruit*) core ; (*de légume*) stalk.

trois [tʀwa] *num* three ; **troisième** *num* third ; **troisièmement** *ad* thirdly ; **~-quarts** *nmpl*: **les ~-quarts de** three-quarters of.

trolleybus [tʀɔlɛbys] *nm* trolley bus.

trombe [tʀɔ̃b] *nf* waterspout ; **des ~s d'eau** a downpour ; **en ~** (*arriver, passer*) like a whirlwind.

trombone [tʀɔ̃bɔn] *nm* (MUS) trombone ; (*de bureau*) paper clip ; **~ à coulisse** slide trombone ; **tromboniste** *nm/f* trombonist.

trompe [tʀɔ̃p] *nf* (*d'éléphant*) trunk ; (MUS) trumpet, horn ; **~ d'Eustache** Eustachian tube ; **~s utérines** Fallopian tubes.

trompe-l'œil [tʀɔ̃plœj] *nm*: **en ~** in trompe-l'œil style.

tromper [tʀɔ̃pe] *vt* to deceive ; (*vigilance, poursuivants*) to elude ; **se ~** *vi* to make a mistake, be mistaken ; **se ~ de voiture/jour** to take the wrong car/get the day wrong ; **se ~ de 3 cm/20 F** to be out by 3 cm/20 F ; **tromperie** *nf* deception, trickery *q*.

trompette [tʀɔ̃pɛt] *nf* trumpet ; **en ~** (*nez*) turned-up ; **trompettiste** *nm/f* trumpet player.

trompeur, euse [tʀɔ̃pœʀ, -øz] *a* deceptive, misleading.

tronc [tʀɔ̃] *nm* (BOT, ANAT) trunk ; (*d'église*) collection box ; **~ d'arbre** tree trunk ; **~ commun** (SCOL) common-core syllabus ; **~ de cône** truncated cone.

tronche [tʀɔ̃ʃ] *nf* (*fam*) mug, face.

tronçon [tʀɔ̃sɔ̃] *nm* section.

tronçonner [tʀɔ̃sɔne] *vt* to saw up ; **tronçonneuse** *nf* chain saw.

trône [tʀon] *nm* throne.

trôner [tʀone] *vi* (*fig*) to sit in the place of honour.

tronquer [tʀɔ̃ke] *vt* to truncate ; (*fig*) to curtail.

trop [tʀo] *ad vb* + too much, too + *adjectif, adverbe* ; **~ (nombreux)** too many ; **~ peu (nombreux)** too few ; **~ (souvent)** too often ; **~ (longtemps)** (for) too long ; **~ de** (*nombre*) too many ; (*quantité*) too much ; **de ~, en ~**: **des livres en ~** a few books too many, a few extra books ; **du lait en ~** some milk over *ou* extra, too much milk ; **3 livres/F de ~** 3 books too many/F too much.

trophée [tʀɔfe] *nm* trophy.

tropical, e, aux [tʀɔpikal, -o] *a* tropical.

tropique [tʀɔpik] *nm* tropic ; **~s** *nmpl* tropics.

trop-plein [tʀɔplɛ̃] *nm* (*tuyau*) overflow *ou* outlet (pipe) ; (*liquide*) overflow.

troquer [tʀɔke] *vt*: **~ qch contre** to barter *ou* trade sth for ; (*fig*) to swap sth for.

trot [tʀo] *nm* trot ; **aller au ~** to trot along ; **partir au ~** to set off at a trot.

trotter [tʀɔte] *vi* to trot ; (*fig*) to scamper along (*ou* about).

trotteuse [tʀɔtøz] *nf* (*de montre*) second hand.

trottiner [tʀɔtine] *vi* (*fig*) to scamper along (*ou* about).

trottinette [tʀɔtinɛt] *nf* (child's) scooter.

trottoir [tʀɔtwaʀ] *nm* pavement ; **faire le ~** (*péj*) to walk the streets ; **~ roulant** moving walkway, travellator.

trou [tʀu] *nm* hole ; (*fig*) gap ; **~ d'air** air pocket ; **~ de mémoire** blank, lapse of memory ; **le ~ de la serrure** the keyhole.

troublant, e [tʀublɑ̃, -ɑ̃t] *a* disturbing.

trouble [tʀubl(ə)] *a* (*liquide*) cloudy ; (*image, mémoire*) indistinct, hazy ; (*affaire*) shady, murky // *nm* (*désarroi*) distress, agitation ; (*émoi sensuel*) turmoil, agitation ; (*embarras*) confusion ; (*zizanie*) unrest, discord ; **~s** *nmpl* (POL) disturbances, troubles, unrest *sg* ; (MED) trouble *sg*, disorders.

trouble-fête [tʀubləfɛt] *nm/f inv* spoilsport.

troubler [tʀuble] *vt* (*embarrasser*) to confuse, disconcert ; (*émouvoir*) to agitate ; to disturb ; to perturb ; (*perturber*: *ordre etc*) to disrupt, disturb ; (*liquide*) to make cloudy ; **se ~** *vi* (*personne*) to become flustered *ou* confused ; **~ l'ordre public** to cause a breach of the peace.

troué, e [tʀue] *a* with a hole (*ou* holes) in it // *nf* gap ; (MIL) breach.

trouer [tʀue] *vt* to make a hole (*ou* holes) in ; (*fig*) to pierce.

trouille [tʀuj] *nf* (*fam*): **avoir la ~** to have the jitters, be in a funk.

troupe [tʀup] *nf* (MIL) troop ; (*groupe*) troop, group ; **la ~** (MIL) the army ; the troops *pl* ; **~ (de théâtre)** (theatrical) company.

troupeau, x [tʀupo] *nm* (*de moutons*) flock ; (*de vaches*) herd.

trousse [tʀus] *nf* case, kit ; (*d'écolier*) pencil case ; (*de docteur*) instrument case ; **aux ~s de** (*fig*) on the heels *ou* tail of ; **~ à outils** toolkit ; **~ de toilette** toilet *ou* sponge bag.

trousseau, x [tʀuso] *nm* (*de jeune mariée*) trousseau; **~ de clefs** bunch of keys.

trouvaille [tʀuvaj] *nf* find.

trouver [tʀuve] *vt* to find; (*rendre visite*): **aller/venir ~ qn** to go/come and see sb; **je trouve que** I find ou think that; **~ à boire/critiquer** to find something to drink/criticize; **se ~** *vi* (*être*) to be; (*être soudain*) to find o.s.; **se ~ être/avoir** to happen to be/have; **il se trouve que** it happens that, it turns out that; **se ~ bien** to feel well; **se ~ mal** to pass out.

truand [tʀyɑ̃] *nm* villain, crook.

truc [tʀyk] *nm* (*astuce*) way, device; (*de cinéma, prestidigitateur*) trick effect; (*chose*) thing; (*machin*) thingumajig, whatsit; **avoir le ~** to have the knack.

truchement [tʀyʃmɑ̃] *nm*: **par le ~ de qn** through (the intervention of) sb.

truculent, e [tʀykylɑ̃, -ɑ̃t] *a* colourful.

truelle [tʀyɛl] *nf* trowel.

truffe [tʀyf] *nf* truffle; (*nez*) nose.

truffer [tʀyfe] *vt* (*CULIN*) to garnish with truffles; **truffé de** (*fig*) peppered with; bristling with.

truie [tʀɥi] *nf* sow.

truite [tʀɥit] *nf* trout *inv*.

truquage [tʀykaʒ] *nm* fixing; (*CINÉMA*) special effects *pl*.

truquer [tʀyke] *vt* (*élections, serrure, dés*) to fix; (*CINÉMA*) to use special effects in.

trust [tʀœst] *nm* (*COMM*) trust.

tsar [dzaʀ] *nm* tsar.

T.S.F. [teɛsɛf] *sigle f* (= *télégraphie sans fil*) wireless.

tsigane [tsigan] *a, nm/f* = **tzigane**.

T.S.V.P. *sigle* (= *tournez s.v.p.*) P.T.O. (please turn over).

T.T.C. *sigle* = *toutes taxes comprises.*

tu [ty] *pronom* you // *nm*: **employer le ~** to use the 'tu' form.

tu, e [ty] *pp de* **taire**.

tuba [tyba] *nm* (*MUS*) tuba; (*SPORT*) snorkel.

tube [tyb] *nm* tube; pipe; (*chanson, disque*) hit song ou record; **~ digestif** alimentary canal, digestive tract.

tuberculeux, euse [tybɛʀkylø, -øz] *a* tubercular // *nm/f* tuberculosis ou TB patient.

tuberculose [tybɛʀkyloz] *nf* tuberculosis.

tubulaire [tybylɛʀ] *a* tubular.

tubulure [tybylyʀ] *nf* pipe; piping *q*; (*AUTO*) manifold.

tué, e [tɥe] *nm/f*: **5 ~s** 5 killed ou dead.

tuer [tɥe] *vt* to kill; **se ~** *vi* to be killed; **se ~ au travail** (*fig*) to work o.s. to death; **tuerie** *nf* slaughter *q*.

tue-tête [tytɛt]: **à ~** *ad* at the top of one's voice.

tueur [tɥœʀ] *nm* killer; **~ à gages** hired killer.

tuile [tɥil] *nf* tile; (*fam*) spot of bad luck, blow.

tulipe [tylip] *nf* tulip.

tuméfié, e [tymefje] *a* puffy, swollen.

tumeur [tymœʀ] *nf* growth, tumour.

tumulte [tymylt(ə)] *nm* commotion, hubbub.

tumultueux, euse [tymyltɥø, -øz] *a* stormy, turbulent.

tunique [tynik] *nf* tunic; (*de femme*) smock, tunic.

Tunisie [tynizi] *nf*: **la ~** Tunisia; **tunisien, ne** *a, nm/f* Tunisian.

tunnel [tynɛl] *nm* tunnel.

turban [tyʀbɑ̃] *nm* turban.

turbin [tyʀbɛ̃] *nm* (*fam*) work *q*.

turbine [tyʀbin] *nf* turbine.

turboréacteur [tyʀbɔʀeaktœʀ] *nm* turbojet.

turbulences [tyʀbylɑ̃s] *nfpl* (*AVIAT*) turbulence *sg*.

turbulent, e [tyʀbylɑ̃, -ɑ̃t] *a* boisterous, unruly.

turc, turque [tyʀk(ə)] *a* Turkish // *nm/f*: **T~, Turque** Turk/Turkish woman // *nm* (*langue*) Turkish; **à la turque** *ad* cross-legged // *a* (*w.-c.*) seatless.

turf [tyʀf] *nm* racing; **~iste** *nm/f* racegoer.

turpitude [tyʀpityd] *nf* base act, baseness *q*.

turque [tyʀk(ə)] *a, nf voir* **turc.**

Turquie [tyʀki] *nf*: **la ~** Turkey.

turquoise [tyʀkwaz] *nf, a inv* turquoise.

tus *etc vb voir* **taire.**

tutelle [tytɛl] *nf* (*JUR*) guardianship; (*POL*) trusteeship; **sous la ~ de** (*fig*) under the supervision of.

tuteur [tytœʀ] *nm* (*JUR*) guardian; (*de plante*) stake, support.

tutoyer [tytwaje] *vt*: **~ qn** to address sb as 'tu'.

tuyau, x [tɥijo] *nm* pipe; (*flexible*) tube; (*fam*) tip; *gen q*; **~ d'arrosage** hosepipe; **~ d'échappement** exhaust pipe; **~té, e** a fluted; **~terie** *nf* piping *q*.

tuyère [tɥijɛʀ] *nf* nozzle.

T.V.A. *sigle f voir* **taxe.**

tympan [tɛ̃pɑ̃] *nm* (*ANAT*) eardrum.

type [tip] *nm* type; (*fam*) chap, bloke // *a* typical, standard; **avoir le ~ nordique** to be Nordic-looking.

typhoïde [tifɔid] *nf* typhoid (fever).

typhon [tifɔ̃] *nm* typhoon.

typhus [tifys] *nm* typhus (fever).

typique [tipik] *a* typical.

typographe [tipɔgʀaf] *nm/f* typographer.

typographie [tipɔgʀafi] *nf* typography; (*procédé*) letterpress (printing); **typographique** *a* typographical; letterpress *cpd*.

tyran [tiʀɑ̃] *nm* tyrant; **tyrannie** *nf* tyranny; **tyrannique** *a* tyrannical; **tyranniser** *vt* to tyrannize.

tzigane [dzigan] *a* gipsy, tzigane // *nm/f* (Hungarian) gipsy, Tzigane.

U

ubiquité [ybikɥite] *nf*: **avoir le don d'~** to be everywhere at once ou be ubiquitous.

ulcère [ylsɛʀ] *nm* ulcer; **~ à l'estomac** stomach ulcer.

ulcérer [ylseʀe] *vt* (*MÉD*) to ulcerate; (*fig*) to sicken, appal.

ultérieur, e [ylteʀjœʀ] *a* later, subsequent; **remis à une date ~e** postponed to a later date; **~ement** *ad* later.

ultimatum [yltimatɔm] *nm* ultimatum.
ultime [yltim] *a* final.
ultra... [yltʀa] *préfixe:* **~-moderne/
-rapide** ultra-modern-/-fast ; **~-sensible** *a*
(*PHOTO*) high-speed ; **~-sons** *nmpl*
ultrasonics ; **~-violet, te** *a* ultraviolet.
un, une [œ̃, yn] *dét* a, an + *voyelle //
pronom, num,* a one ; **l'un l'autre, les ~s
les autres** each other, one another ; **l'~
..., l'autre** (the) one ..., the other ; **les ~s
..., les autres** some ..., others ; **l'~ et
l'autre** both (of them) ; **l'~ ou l'autre**
either (of them) ; **l'~ des meilleurs** one
of the best.
unanime [ynanim] *a* unanimous ;
unanimité *nf* unanimity ; **à l'unanimité**
unanimously.
uni, e [yni] *a* (*ton, tissu*) plain ; (*surface*)
smooth, even ; (*famille*) close(-knit) ; (*pays*)
united.
unification [ynifikɑsjɔ̃] *nf* uniting ;
unification ; standardization.
unifier [ynifje] *vt* to unite, unify ;
(*systèmes*) to standardize, unify.
uniforme [ynifɔʀm(ə)] *a* (*mouvement*)
regular, uniform ; (*surface, ton*) even ;
(*objets, maisons*) uniform // *nm* uniform ;
être sous l'~ (*MIL*) to be serving ;
uniformiser *vt* to make uniform ;
(*systèmes*) to standardize ; **uniformité** *nf*
regularity ; uniformity ; evenness.
unijambiste [yniʒɑ̃bist(ə)] *nm/f* one-
legged man/woman.
unilatéral, e, aux [ynilateʀal, -o] *a*
unilateral ; **stationnement** ~ parking on
one side only.
union [ynjɔ̃] *nf* union ; **~ conjugale** union
of marriage ; **~ de consommateurs**
consumers' association ; **l'U~ soviétique**
the Soviet Union.
unique [ynik] *a* (*seul*) only ; (*le même*): **un
prix/système** ~ a single price/system ;
(*exceptionnel*) unique ; **ménage à salaire
~** one-salary family ; **route à voie ~**
single-lane road ; **fils/fille** ~ only
son/daughter ; **~ en France** the only one
of its kind in France ; **~ment** *ad* only,
solely ; (*juste*) only, merely.
unir [yniʀ] *vt* (*nations*) to unite ; (*éléments,
couleurs*) to combine ; (*en mariage*) to
unite, join together ; **~ qch à** to unite sth
with ; to combine sth with ; **s'~** to unite ;
(*en mariage*) to be joined together.
unisson [ynisɔ̃] : **à l'~** *ad* in unison.
unitaire [yniteʀ] *a* unitary ; **prix ~** price
per unit.
unité [ynite] *nf* (*harmonie, cohésion*) unity ;
(*COMM, MIL, de mesure, MATH*) unit.
univers [yniveʀ] *nm* universe.
universel, le [yniveʀsɛl] *a* universal ;
(*esprit*) all-embracing.
universitaire [yniveʀsiteʀ] *a* university
cpd ; (*diplôme, études*) academic, university
cpd // *nm/f* academic.
université [yniveʀsite] *nf* university.
uranium [yʀanjɔm] *nm* uranium.
urbain, e [yʀbɛ̃, -ɛn] *a* urban, city *cpd*,
town *cpd* ; (*poli*) urbane ; **urbaniser** *vt* to
urbanize ; **urbanisme** *nm* town planning ;
urbaniste *nm/f* town planner.
urgence [yʀʒɑ̃s] *nf* urgency ; (*MÉD etc*)

emergency ; **d'~** *a* emergency *cpd //* ad
as a matter of urgency.
urgent, e [yʀʒɑ̃, -ɑ̃t] *a* urgent.
urinal, aux [yʀinal, -o] *nm* (bed) urinal.
urine [yʀin] *nf* urine ; **uriner** *vi* to urinate ;
urinoir *nm* (public) urinal.
urne [yʀn(ə)] *nf* (*électorale*) ballot box ;
(*vase*) urn ; **aller aux ~s** (*voter*) to go to
the polls.
URSS [*parfois:* yʀs] *sigle f:* **l'~** the USSR.
urticaire [yʀtikɛʀ] *nf* nettle rash.
us [ys] *nmpl:* **~ et coutumes** (habits and)
customs.
U.S.A. *sigle mpl:* **les ~** the U.S.A.
usage [yzaʒ] *nm* (*emploi, utilisation*) use ;
(*coutume*) custom ; (*LING*): **l'~** usage ; **faire
~ de** (*pouvoir, droit*) to exercise ; **avoir
l'~ de** to have the use of ; **à l'~** *ad* with
use ; **à l'~ de** (*pour*) for (use of) ; **en ~**
in use ; **hors d'~** out of service ; wrecked ;
à ~ interne to be taken ; **à ~ externe**
for external use only.
usagé, e [yzaʒe] *a* (*usé*) worn ; (*d'occasion*)
used.
usager, ère [yzaʒe, -ɛʀ] *nm/f* user.
usé, e [yze] *a* worn ; (*banal*) hackneyed.
user [yze] *vt* (*outil*) to wear down ;
(*vêtement*) to wear out ; (*matière*) to wear
away ; (*consommer: charbon etc*) to use ;
s'~ *vi* to wear ; to wear out ; (*fig*) to
decline ; **s'~ à la tâche** to wear o.s. out
with work ; **~ de** *vt* (*moyen, procédé*) to
use, employ ; (*droit*) to exercise.
usine [yzin] *nf* factory ; **~ à gaz** gasworks
sg ; **~ marémotrice** tidal power station.
usiner [yzine] *vt* (*TECH*) to machine.
usité, e [yzite] *a* in common use,
common ; **peu ~** rarely used.
ustensile [ystɑ̃sil] *nm* implement ; **~ de
cuisine** kitchen utensil.
usuel, le [yzɥɛl] *a* everyday, common.
usufruit [yzyfʀɥi] *nm* usufruct.
usuraire [yzyʀɛʀ] *a* usurious.
usure [yzyʀ] *nf* wear ; worn state ; (*de
l'usurier*) usury ; **avoir qn à l'~** to wear
sb down ; **usurier, ière** *nm/f* usurer.
usurper [yzyʀpe] *vt* to usurp.
ut [yt] *nm* (*MUS*) C.
utérin, e [yteʀɛ̃, -in] *a* uterine.
utérus [yteʀys] *nm* uterus, womb.
utile [ytil] *a* useful.
utilisation [ytilizɑsjɔ̃] *nf* use.
utiliser [ytilize] *vt* to use.
utilitaire [ytilitɛʀ] *a* utilitarian ; (*objets*)
practical.
utilité [ytilite] *nf* usefulness *q* ; use ; **jouer
les ~s** (*THÉÂTRE*) to play bit parts ;
reconnu d'~ publique state-approved ;
c'est d'une grande ~ it's of great use.
utopie [ytɔpi] *nf* utopian idea *ou* view ;
utopia ; **utopiste** *nm/f* utopian.
uvule [yvyl] *nf* uvula.

V

va *vb voir* **aller.**
vacance [vakɑ̃s] *nf* (*ADMIN*) vacancy ; **~s**
nfpl holiday(s *pl*), vacation *sg* ; **prendre
des/ses ~s** to take a holiday/one's
holiday(s) ; **aller en ~s** to go on holiday ;

vacancier, ière nm/f holiday-maker.
vacant, e [vakũ, -ũt] a vacant.
vacarme [vakarm(ə)] nm row, din.
vaccin [vaksɛ̃] nm vaccine; (opération) vaccination; **vaccination** nf vaccination; **vacciner** vt to vaccinate; (fig) to make immune.
vache [vaʃ] nf (ZOOL) cow; (cuir) cowhide // a (fam) rotten, mean; ~ **à eau** (canvas) water bag; ~ **à lait** (péj) mug, sucker; ~ **laitière** dairy cow; **vachement** ad (fam) damned, hellish; **vacher, ère** nm/f cowherd; **vacherie** nf (fam) meanness q; dirty trick; nasty remark.
vaciller [vasije] vi to sway, wobble; (bougie, lumière) to flicker; (fig) to be failing, falter.
vacuité [vakɥite] nf emptiness, vacuity.
vade-mecum [vademekɔm] nm inv pocketbook.
vadrouiller [vadruje] vi to rove around ou about.
va-et-vient [vaevjɛ̃] nm inv (de pièce mobile) to and fro (ou up and down) movement; (de personnes, véhicules) comings and goings pl, to-ings and fro-ings pl.
vagabond, e [vagabɔ̃, -ɔ̃d] a wandering; (imagination) roaming, roving // a (rôdeur) tramp, vagrant; (voyageur) wanderer.
vagabondage [vagabɔ̃daʒ] nm roaming, wandering; (JUR) vagrancy.
vagabonder [vagabɔ̃de] vi to roam, wander.
vagin [vaʒɛ̃] nm vagina.
vagissement [vaʒismũ] nm cry (of newborn baby).
vague [vag] nf wave // a vague; (regard) faraway; (manteau, robe) loose(-fitting); (quelconque): **un** ~ **bureau/cousin** some office/cousin or other // nm: **rester dans le** ~ to keep things rather vague; **regarder dans le** ~ to gaze into space; ~ **à l'âme** nm vague melancholy; ~ **d'assaut** nf (MIL) wave of attack; ~ **de chaleur** nf heatwave; ~ **de fond** nf ground swell; ~ **de froid** nf cold spell; ~**ment** ad vaguely.
vaillant, e [vajũ, -ũt] a (courageux) brave, gallant; (robuste) vigorous, hale and hearty; **n'avoir plus un sou** ~ to be penniless.
vaille vb voir **valoir**.
vain, e [vɛ̃, vɛn] a vain; **en** ~ ad in vain.
vaincre [vɛ̃kR(ə)] vt to defeat; (fig) to conquer, overcome; **vaincu, e** nm/f defeated party; **vainqueur** nm victor; (SPORT) winner // am victorious.
vais vb voir **aller**.
vaisseau, x [veso] nm (ANAT) vessel; (NAVIG) ship, vessel; ~ **spatial** spaceship.
vaisselier [vesalje] nm dresser.
vaisselle [vesɛl] nf (service) crockery; (plats etc à laver) (dirty) dishes pl; (lavage) washing-up; **faire la** ~ to do the washing-up ou the dishes.
val, vaux ou **vals** [val, vo] nm valley.
valable [valabl(ə)] a valid; (acceptable) decent, worthwhile.

valent etc vb voir **valoir**.
valet [valɛ] nm valet; (CARTES) jack, knave; ~ **de chambre** manservant, valet; ~ **de ferme** farmhand; ~ **de pied** footman.
valeur [valœR] nf (gén) value; (mérite) worth, merit; (COMM: titre) security; **mettre en** ~ (bien) to exploit; (terrain, région) to develop; (fig) to highlight; to show off to advantage; **avoir de la** ~ to be valuable; **prendre de la** ~ to go up ou gain in value.
valeureux, euse [valœRØ, -Øz] a valorous.
valide [valid] a (en bonne santé) fit, well; (indemne) able-bodied, fit; (valable) valid; **valider** vt to validate; **validité** nf validity.
valions vb voir **valoir**.
valise [valiz] nf (suit)case; **la** ~ **(diplomatique)** the diplomatic bag.
vallée [vale] nf valley.
vallon [valɔ̃] nm small valley.
vallonné, e [valɔne] a undulating.
valoir [valwaR] vi (être valable) to hold, apply // vt (prix, valeur, effort) to be worth; (causer): ~ **qch à qn** to earn sb sth; **se** ~ to be of equal merit; (péj) to be two of a kind; **faire** ~ (droits, prérogatives) to assert; (domaine, capitaux) to exploit; **faire** ~ **que** to point out that; **à** ~ **sur** to be deducted from; **vaille que vaille** somehow or other; **cela ne me dit rien qui vaille** I don't like the look of it at all; **ce climat ne me vaut rien** this climate doesn't suit me; ~ **la peine** to be worth the trouble ou worth it; ~ **mieux: il vaut mieux se taire** it's better to say nothing; **ça ne vaut rien** it's worthless; **que vaut ce candidat?** how good is this applicant?
valoriser [valɔRize] vt (ÉCON) to develop (the economy of); (PSYCH) to increase the standing of.
valse [vals(ə)] nf waltz; **valser** vi to waltz; (fig): **aller valser** to go flying.
valu, e [valy] pp de **valoir**.
valve [valv(ə)] nf valve.
vandale [vũdal] nm/f vandal; **vandalisme** nm vandalism.
vanille [vanij] nf vanilla.
vanité [vanite] nf vanity; **vaniteux, euse** a vain, conceited.
vanne [van] nf gate.
vanner [vane] vt to winnow.
vannerie [vanRi] nf basketwork.
vantail, aux [vũtaj, -o] nm door, leaf (pl leaves).
vantard, e [vũtaR, -aRd(ə)] a boastful; **vantardise** nf boastfulness q; boast.
vanter [vũte] vt to speak highly of, vaunt; **se** ~ vi to boast, brag; **se** ~ **de** to boast of.
va-nu-pieds [vanypje] nm/f inv tramp, beggar.
vapeur [vapœR] nf steam; (émanation) vapour, fumes pl; ~**s** nfpl (bouffées) vapours; **à** ~ steam-powered, steam cpd; **à toute** ~ full steam ahead; (fig) at full tilt; **renverser la** ~ to reverse engines; (fig) to backtrack, backpedal; **cuit à la** ~ steamed.

vaporeux, euse [vapɔʀø, -øz] a (flou) hazy, misty ; (léger) filmy, gossamer cpd.
vaporisateur [vapɔʀizatœʀ] nm spray.
vaporiser [vapɔʀize] vt (CHIMIE) to vaporize ; (parfum etc) to spray.
vaquer [vake] vi : ~ **à ses occupations** to attend to one's affairs, go about one's business.
varappe [vaʀap] nf rock climbing ; **varappeur, euse** nm/f (rock) climber.
varech [vaʀɛk] nm wrack, varec.
vareuse [vaʀøz] nf (blouson) pea jacket ; (d'uniforme) tunic.
variable [vaʀjabl(ə)] a variable ; (temps, humeur) changeable, variable ; (TECH: à plusieurs positions etc) adaptable ; (LING) inflectional ; (divers: résultats) varied, various // nf (MATH) variable.
variante [vaʀjɑ̃t] nf variant.
variation [vaʀjasjɔ̃] nf variation ; changing q, change.
varice [vaʀis] nf varicose vein.
varicelle [vaʀisɛl] nf chickenpox.
varié, e [vaʀje] a varied ; (divers) various ; **hors-d'œuvre ~s** selection of hors d'œuvres.
varier [vaʀje] vi to vary ; (temps, humeur) to vary, change // vt to vary.
variété [vaʀjete] nf variety ; **spectacle de ~s** variety show.
variole [vaʀjɔl] nf smallpox.
variqueux, euse [vaʀikø, -øz] a varicose.
vas vb voir **aller**.
vase [vɑz] nm vase // nf silt, mud ; **en ~ clos** in isolation ; **~ de nuit** chamberpot ; **~s communicants** communicating vessels.
vaseline [vazlin] nf vaseline.
vaseux, euse [vɑzø, -øz] a silty, muddy ; (fig: confus) woolly, hazy ; (: fatigué) peaky ; woozy.
vasistas [vazistɑs] nm fanlight.
vaste [vast(ə)] a vast, immense.
Vatican [vatikɑ̃] nm: **le ~** the Vatican.
vaticiner [vatisine] vi (péj) to make pompous predictions.
va-tout [vatu] nm: **jouer son ~** to stake one's all.
vaudeville [vodvil] nm vaudeville, light comedy.
vaudrai etc vb voir **valoir**.
vau-l'eau [volo]: **à ~** ad with the current ; (fig) adrift.
vaurien, ne [voʀjɛ̃, -ɛn] nm/f good-for-nothing, guttersnipe.
vautour [votuʀ] nm vulture.
vautrer [votʀe]: **se ~** vi: **se ~ dans/sur** to wallow in/sprawl on.
vaux [vo] pl de **val** // vb voir **valoir**.
veau, x [vo] nm (ZOOL) calf (pl calves) ; (CULIN) veal ; (peau) calfskin.
vecteur [vɛktœʀ] nm vector ; (MIL) carrier.
vécu, e [veky] pp de **vivre** // a (aventure) real(-life).
vedette [vədɛt] nf (artiste etc) star ; (canot) patrol boat ; launch ; **avoir la ~** to top the bill, get star billing.
végétal, e, aux [veʒetal, -o] a vegetable // nm vegetable, plant.

végétarien, ne [veʒetaʀjɛ̃, -ɛn] a, nm/f vegetarian.
végétarisme [veʒetaʀism(ə)] nm vegetarianism.
végétation [veʒetasjɔ̃] nf vegetation ; ~s nfpl (MÉD) adenoids.
végéter [veʒete] vi (fig) to vegetate ; to stagnate.
véhément, e [veemɑ̃, -ɑ̃t] a vehement.
véhicule [veikyl] nm vehicle ; ~ **utilitaire** commercial vehicle.
veille [vɛj] nf (garde) watch ; (PSYCH) wakefulness ; (jour): **la ~** the day before, the previous day ; **la ~ au soir** the previous evening ; **la ~ de** the day before ; **à la ~ de** on the eve of.
veillée [veje] nf (soirée) evening ; (réunion) evening gathering ; ~ **d'armes** night before combat ; ~ **(mortuaire)** watch.
veiller [veje] vi to stay ou sit up ; to be awake ; to be on watch ; to be watchful // vt (malade, mort) to watch over, sit up with ; ~ **à** vt to attend to, see to ; ~ **à ce que** to make sure that, see to it that ; ~ **sur** vt to keep a watch ou an eye on ; **veilleur de nuit** nm night watchman.
veilleuse [vɛjøz] nf (lampe) night light ; (AUTO) sidelight ; (flamme) pilot light ; **en ~**, ad (lampe) dimmed.
veinard, e [vɛnaʀ, -aʀd(ə)] nm/f (fam) lucky devil.
veine [vɛn] nf (ANAT, du bois etc) vein ; (filon) vein, seam ; (fam: chance): **avoir de la ~** to be lucky ; (inspiration) inspiration ; **veiné, e** a veined ; (bois) grained ; **veineux, euse** a venous.
vêler [vele] vi to calve.
vélin [velɛ̃] nm vellum (paper).
velléitaire [veleitɛʀ] a irresolute, indecisive.
velléités [veleite] nfpl vague impulses.
vélo [velo] nm bike, cycle ; **faire du ~** to go cycling.
véloce [velɔs] a swift.
vélodrome [velɔdʀɔm] nm velodrome.
vélomoteur [velɔmɔtœʀ] nm light motorcycle.
velours [vəluʀ] nm velvet ; ~ **côtelé** corduroy.
velouté, e [vəlute] a (au toucher) velvety ; (à la vue) soft, mellow ; (au goût) smooth, me.low // nm: ~ **d'asperges/de tomates** cream of asparagus/tomato (soup).
velu, e [vəly] a hairy.
venais etc vb voir **venir**.
venaison [vənɛzɔ̃] nf venison.
vénal, e, aux [venal, -o] venal ; ~**ité** nf venality.
venant [vənɑ̃]: **à tout ~** ad to all and sundry.
vendange [vɑ̃dɑ̃ʒ] nf (opération, période: aussi: ~s) grape harvest ; (raisins) grape crop, grapes pl.
vendanger [vɑ̃dɑ̃ʒe] vi to harvest the grapes ; **vendangeur, euse** nm/f grape-picker.
vendeur, euse [vɑ̃dœʀ, -øz] nm/f (de magasin) shop assistant ; sales assistant ; (COMM) salesman/ woman // nm (JUR) vendor, seller ; ~ **de journaux** newspaper seller.

vendre [vɑ̃dR(ə)] *vt* to sell; ~ **qch à qn** to sell sb sth; **cela se vend à la douzaine** these are sold by the dozen; **cela se vend bien** it's selling well; 'à ~' 'for sale.'
vendredi [vɑ̃dRədi] *nm* Friday; **V~ saint** Good Friday.
vénéneux, euse [venenø, -øz] *a* poisonous.
vénérable [veneRabl(ə)] *a* venerable.
vénération [veneRasjɔ̃] *nf* veneration.
vénérer [veneRe] *vt* to venerate.
vénérien, ne [venerjɛ̃, -ɛn] *a* venereal.
vengeance [vɑ̃ʒɑ̃s] *nf* vengeance *q*, revenge *q*; (*par rancune*) to take revenge.
venger [vɑ̃ʒe] *vt* to avenge; **se ~** *vi* to avenge o.s.; (*par rancune*) to take revenge; **se ~ de qch** to avenge o.s. for sth; to take one's revenge for sth; **se ~ de qn** to take revenge on sb; **se ~ sur** to wreak vengeance upon; to take revenge on ou through; to take it out on; **vengeur, eresse** *a* vengeful // *nm/f* avenger.
véniel, le [venjɛl] *a* venial.
venimeux, euse [vənimø, -øz] *a* poisonous, venomous; (*fig: haineux*) venomous, vicious.
venin [vənɛ̃] *nm* venom, poison.
venir [vəniʀ] *vi* to come; ~ **de** to come from; ~ **de faire: je viens d'y aller/de le voir** I've just been there/seen him; **s'il vient à pleuvoir** if it should rain, if it happens to rain; **j'en viens à croire que** I have come to believe that; **il en est venu à mendier** he has been reduced to begging; **faire ~** (*docteur, plombier*) to call (out).
vent [vɑ̃] *nm* wind; **il y a du ~** it's windy; **c'est du ~** it's all hot air; **au ~** to windward; **sous le ~** to leeward; **avoir le ~ debout/arrière** to head into the wind/have the wind astern; **dans le ~** (*fam*) trendy, with it; **prendre le ~** (*fig*) to see which way the wind blows; **avoir ~ de** to get wind of.
vente [vɑ̃t] *nf* sale; **la ~** (*activité*) selling; (*secteur*) sales *pl*; **mettre en ~** to put on sale; (*objets personnels*) to put up for sale; ~ **de charité** sale in aid of charity; ~ **aux enchères** auction sale.
venter [vɑ̃te] *vb impersonnel*: **il vente** the wind is blowing; **venteux, euse** *a* windswept, windy.
ventilateur [vɑ̃tilatœR] *nm* fan.
ventilation [vɑ̃tilɑsjɔ̃] *nf* ventilation.
ventiler [vɑ̃tile] *vt* to ventilate; (*total, statistiques*) to break down.
ventouse [vɑ̃tuz] *nf* (*ampoule*) cupping glass; (*de caoutchouc*) suction pad; (*ZOOL*) sucker.
ventre [vɑ̃tR(ə)] *nm* (*ANAT*) stomach; (*fig*) belly; **prendre du ~** to be getting a paunch; **avoir mal au ~** to have stomach ache.
ventricule [vɑ̃tRikyl] *nm* ventricle.
ventriloque [vɑ̃tRilɔk] *nm/f* ventriloquist.
ventripotent, e [vɑ̃tRipotɑ̃, -ɑ̃t] *a* potbellied.
ventru, e [vɑ̃tRy] *a* potbellied.
venu, e [vəny] *pp de* venir // *a*: **être mal ~ à ou de faire** to have no grounds for doing, be in no position to do // *nf* coming.

vêpres [vɛpR(ə)] *nfpl* vespers.
ver [vɛR] *nm voir aussi* vers; worm; (*des fruits etc*) maggot; (*du bois*) woodworm *q*; ~ **luisant** glow-worm; ~ **à soie** silkworm; ~ **solitaire** tapeworm; ~ **de terre** earthworm.
véracité [veRasite] *nf* veracity.
véranda [veRɑ̃da] *nf* veranda(h).
verbal, e, aux [vɛRbal, -o] *a* verbal.
verbaliser [vɛRbalize] *vi* (*POLICE*) to book ou report an offender.
verbe [vɛRb(ə)] *nm* (*LING*) verb; (*voix*): **avoir le ~ sonore** to have a sonorous tone (of voice); (*expression*): **la magie du ~** the magic of language ou the word; (*REL*): **le V~** the Word.
verbeux, euse [vɛRbø, -øz] *a* verbose, wordy.
verdâtre [vɛRdɑtR(ə)] *a* greenish.
verdeur [vɛRdœR] *nf* (*vigueur*) vigour, vitality; (*crudité*) forthrightness; (*défaut de maturité*) tartness, sharpness.
verdict [vɛRdik(t)] *nm* verdict.
verdir [vɛRdiR] *vi*, *vt* to turn green.
verdoyant, e [vɛRdwajɑ̃, -ɑ̃t] *a* green, verdant.
verdure [vɛRdyR] *nf* greenery, verdure.
véreux, euse [veRø, -øz] *a* worm-eaten; (*malhonnête*) shady, corrupt.
verge [vɛRʒ(ə)] *nf* (*ANAT*) penis; (*baguette*) stick, cane.
verger [vɛRʒe] *nm* orchard.
verglacé, e [vɛRglase] *a* icy, iced-over.
verglas [vɛRgla] *nm* (black) ice.
vergogne [vɛRgɔɲ]: **sans ~** *ad* shamelessly.
véridique [veRidik] *a* truthful, veracious.
vérification [veRifikɑsjɔ̃] *nf* checking *q*, check.
vérifier [veRifje] *vt* to check; (*corroborer*) to confirm, bear out.
vérin [veRɛ̃] *nm* jack.
véritable [veRitabl(ə)] *a* real; (*ami, amour*) true; **un ~ désastre** an absolute disaster.
vérité [veRite] *nf* truth; (*d'un portrait romanesque*) lifelikeness; (*sincérité*) truthfulness, sincerity.
vermeil, le [vɛRmɛj] *a* bright red, ruby-red // *nm* (*substance*) vermeil.
vermicelles [vɛRmisɛl] *nmpl* vermicelli *sg*.
vermillon [vɛRmijɔ̃] *a inv* vermilion, scarlet.
vermine [vɛRmin] *nf* vermin *pl*.
vermoulu, e [vɛRmuly] *a* worm-eaten, with woodworm.
vermout(h) [vɛRmut] *nm* vermouth.
verni, e [vɛRni] *a* (*fam*) lucky; **cuir ~** patent leather.
vernir [vɛRniR] *vt* (*bois, tableau, ongles*) to varnish; (*poterie*) to glaze.
vernis [vɛRni] *nm* (*enduit*) varnish; glaze; (*fig*) veneer; ~ **à ongles** nail polish ou varnish.
vernissage [vɛRnisaʒ] *nm* varnishing; glazing; (*d'une exposition*) preview.
vérole [veRɔl] *nf* (*variole*) smallpox; (*fam: syphilis*) pox.
verrai *etc vb voir* voir.
verre [vɛR] *nm* glass; (*de lunettes*) lens *sg*; **boire** ou **prendre un ~** to have a drink;

~ à vin/à liqueur wine/liqueur glass ; ~ à dents tooth mug ; ~ dépoli frosted glass ; ~ de lampe lamp glass ou chimney ; ~ de montre watch glass ; ~ à pied stemmed glass ; ~s de contact contact lenses.

verrerie [vɛʀʀi] nf (fabrique) glassworks sg ; (activité) glass-making ; glass-working ; (objets) glassware.

verrière [vɛʀjɛʀ] nf (grand vitrage) window ; (toit vitré) glass roof.

verrons etc vb voir **voir**.

verroterie [vɛʀɔtʀi] nf glass beads pl ou jewellery.

verrou [vɛʀu] nm (targette) bolt ; (fig) constriction ; **mettre le ~** to bolt the door ; **mettre qn sous les ~s** to put sb behind bars ; **verrouiller** vt to bolt ; (MIL) brèche) to close.

verrue [vɛʀy] nf wart ; (fig) eyesore.

vers [vɛʀ] nm line // nmpl (poésie) verse sg // prép (en direction de) toward(s) ; (près de) around (about) ; (temporel) about, around.

versant [vɛʀsɑ̃] nm slopes pl, side.

versatile [vɛʀsatil] a fickle, changeable.

verse [vɛʀs(ə)]: **à ~** ad : **il pleut à ~** it's pouring (with rain).

versé, e [vɛʀse] a : **être ~ dans** (science) to be (well-)versed in.

Verseau [vɛʀso] nm : **le ~** Aquarius, the water-carrier ; **être du ~** to be Aquarius.

versement [vɛʀsəmɑ̃] nm payment ; **en 3 ~s** in 3 instalments.

verser [vɛʀse] vt (liquide, grains) to pour ; (larmes, sang) to shed ; (argent) to pay ; (soldat: affecter): ~ **qn dans** to assign sb to // vi (véhicule) to overturn ; (fig): ~ **dans** to lapse into.

verset [vɛʀse] nm verse ; versicle.

verseur [vɛʀsœʀ] am voir **bec**.

versifier [vɛʀsifje] vt to put into verse // vi to versify, write verse.

version [vɛʀsjɔ̃] nf version ; (SCOL) translation (into the mother tongue).

verso [vɛʀso] nm back ; **voir au ~** see over(leaf).

vert, e [vɛʀ, vɛʀt(ə)] a green ; (vin) young ; (vigoureux) sprightly ; (cru) forthright // nm green ; ~ **d'eau** a inv sea-green ; ~ **pomme** a inv apple-green ; ~**-de-gris** nm verdigris a inv grey(ish)-green.

vertébral, e, aux [vɛʀtebʀal, -o] a voir **colonne**.

vertèbre [vɛʀtɛbʀ(ə)] nf vertebra (pl ae) ; **vertébré, e** a, nm/f vertebrate.

vertement [vɛʀtəmɑ̃] ad (réprimander) sharply.

vertical, e, aux [vɛʀtikal, -o] a, nf vertical ; **à la ~e** ad, **~ement** ad vertically ; ~**ité** nf verticalness, verticality.

vertige [vɛʀtiʒ] nm (peur du vide) vertigo ; (étourdissement) dizzy spell ; (fig) fever ; **vertigineux, euse** a breathtaking ; breathtakingly high (ou deep).

vertu [vɛʀty] nf virtue ; **en ~ de** prép in accordance with ; ~**eux, euse** a virtuous.

verve [vɛʀv(ə)] nf witty eloquence ; **être en ~** to be in brilliant form.

verveine [vɛʀvɛn] nf (BOT) verbena, vervain ; (infusion) verbena tea.

vésicule [vezikyl] nf vesicle ; ~ **biliaire** gall-bladder.

vespasienne [vɛspazjɛn] nf urinal.

vespéral, e, aux [vɛspeʀal, -o] a vespertine, evening cpd.

vessie [vesi] nf bladder.

veste [vɛst(ə)] nf jacket ; ~ **droite/croisée** single-/double-breasted jacket.

vestiaire [vɛstjɛʀ] nm (au théâtre etc) cloakroom ; (de stade etc) changing-room.

vestibule [vɛstibyl] nm hall.

vestige [vɛstiʒ] nm relic ; trace ; (fig) remnant, vestige ; ~**s** nmpl remains ; remnants, relics.

vestimentaire [vɛstimɑ̃tɛʀ] a (dépenses) clothing ; (détail) of dress ; (élégance) sartorial.

veston [vɛstɔ̃] nm jacket.

vêtement [vɛtmɑ̃] nm garment, item of clothing ; (COMM): **le ~** the clothing industry ; ~**s** nmpl clothes ; ~**s de sport** sportswear sg, sports clothes.

vétéran [veteʀɑ̃] nm veteran.

vétérinaire [veteʀinɛʀ] a veterinary // nm/f vet, veterinary surgeon.

vétille [vetij] nf trifle, triviality.

vétilleux, euse [vetijø, -øz] a punctilious.

vêtir [vetiʀ] vt to clothe, dress.

veto [veto] nm veto ; **opposer un ~ à** to veto.

vêtu, e [vety] pp de **vêtir** // a : ~ **de** dressed in, wearing ; **chaudement ~** warmly dressed.

vétuste [vetyst(ə)] a ancient, timeworn.

veuf, veuve [vœf, vœv] a widowed // nm widower // nf widow.

veuille etc vb voir **vouloir**.

veule [vøl] a spineless.

veuvage [vœvaʒ] nm widowhood.

veuve [vœv] nf voir **veuf**.

veux vb voir **vouloir**.

vexations [vɛksasjɔ̃] nfpl humiliations.

vexatoire [vɛksatwaʀ] a : **mesures ~s** harassment sg.

vexer [vɛkse] vt to hurt, upset ; **se ~** vi to be hurt, get upset.

viabiliser [vjabilize] vt to provide with services (water etc).

viabilité [vjabilite] nf viability ; (d'un chemin) practicability.

viable [vjabl(ə)] a viable.

viaduc [vjadyk] nm viaduct.

viager, ère [vjaʒe, -ɛʀ] a : **rente viagère** life annuity // nm : **mettre en ~** to sell in return for a life annuity.

viande [vjɑ̃d] nf meat.

viatique [vjatik] nm (REL) viaticum ; (fig) provisions pl (ou money) for the journey.

vibraphone [vibʀafɔn] nm vibraphone, vibes pl.

vibration [vibʀasjɔ̃] nf vibration.

vibrer [vibʀe] vi to vibrate ; (son, voix) to be vibrant ; (fig) to be stirred ; **faire ~** to (cause to) vibrate ; to stir, thrill ; **vibromasseur** nm vibrator.

vicaire [vikɛʀ] nm curate.

vice [vis] nm vice ; (défaut) fault ; ~ **de forme** legal flaw ou irregularity.

vice... [vis] *préfixe*: **~-consul** *nm* vice-consul; **~-président, e** *nm/f* vice-president; vice-chairman; **~-roi** *nm* viceroy.

vice-versa [viseveRsa] *ad* vice versa.

vichy [viʃi] *nm* (*toile*) gingham; (*eau*) Vichy water.

vicié, e [visje] *a* (*air*) polluted, tainted; (*JUR*) invalidated.

vicieux, euse [visjø, -øz] *a* (*pervers*) dirty(-minded); nasty; (*fautif*) incorrect, wrong.

vicinal, e, aux [visinal, -o] *a*: **chemin ~** by-road, byway.

vicissitudes [visisityd] *nfpl* (trials and) tribulations.

vicomte [vikɔ̃t] *nm* viscount.

victime [viktim] *nf* victim; (*d'accident*) casualty; **être (la) ~ de** to be the victim of; **être ~ d'une attaque/d'un accident** to suffer a stroke/be involved in an accident.

victoire [viktwaʀ] *nf* victory; **victorieux, euse** *a* victorious; (*sourire, attitude*) triumphant.

victuailles [viktuaj] *nfpl* provisions.

vidange [vidɑ̃ʒ] *nf* (*d'un fossé, réservoir*) emptying; (*AUTO*) oil change; (*de lavabo: bonde*) waste outlet; **~s** *nfpl* (*matières*) sewage *sg*; **faire la ~** (*AUTO*) to change the oil, do an oil change; **vidanger** *vt* to empty.

vide [vid] *a* empty // *nm* (*PHYSIQUE*) vacuum; (*solution de continuité*) (empty) space, gap; (*sous soi: dans une falaise etc*) drop; (*futilité, néant*) void; **sous ~** *ad* in a vacuum; **emballé sous ~** vacuum packed; **à ~** *ad* (*sans occupants*) empty; (*sans charge*) unladen; (*TECH*) without gripping ou being in gear.

vide-ordures [vidɔRdyR] *nm inv* (rubbish) chute.

vide-poches [vidpɔʃ] *nm inv* tidy; (*AUTO*) glove compartment.

vider [vide] *vt* to empty; (*CULIN: volaille, poisson*) to gut, clean out; (*régler: querelle*) to settle; (*fatiguer*) to wear out; (*fam: expulser*) to throw out, chuck out; **se ~** *vi* to empty; **~ les lieux** to quit ou vacate the premises; **videur** *nm* (*de boîte de nuit*) bouncer.

vie [vi] *nf* life (*pl* lives); **être en ~** to be alive; **sans ~** lifeless; **à ~** for life; **avoir la ~ dure** to have nine lives; **to die hard**; **mener la ~ dure à qn** to make life a misery for sb.

vieil [vjɛj] *am voir* **vieux**.

vieillard [vjɛjaR] *nm* old man; **les ~s** old people, the elderly.

vieille [vjɛj] *a, nf voir* **vieux**.

vieilleries [vjɛjRi] *nfpl* old things ou stuff *sg*.

vieillesse [vjɛjɛs] *nf* old age; (*vieillards*): **la ~** the old *pl*, the elderly *pl*.

vieillir [vjejiR] *vi* (*prendre de l'âge*) to grow old; (*population, vin*) to age; (*doctrine, auteur*) to become dated // *vt* to age; **il a beaucoup vieilli** he has aged a lot; **vicillissement** *nm* growing old; ageing.

vieillot, te [vjejo, -ɔt] *a* antiquated, quaint.

vielle [vjɛl] *nf* hurdy-gurdy.

vienne, viens *etc vb voir* **venir**.

vierge [vjɛRʒ(ə)] *a* virgin; (*jeune fille*): **être ~** to be a virgin // *nf* virgin; (*signe*): **la V~** Virgo, the Virgin; **être de la V~** to be Virgo; **~ de** (*sans*) free from, unsullied by.

vieux(vieil), vieille [vjø, vjɛj] *a* old // *nm/f* old man/woman // *nmpl* old people; **un petit ~** a little old man; **mon ~/ma vieille** (*fam*) old man/girl; **prendre un coup de ~** to put years on; **un ~ de la vieille** one of the old brigade; **~ garçon** *nm* bachelor; **~ jeu** *a inv* old-fashioned; **~ rose** *a inv* old rose; **vieil or** *a inv* old gold; **vieille fille** *nf* spinster.

vif, vive [vif, viv] *a* (*animé*) lively; (*alerte*) sharp, quick; (*brusque*) sharp, brusque; (*aigu*) sharp; (*lumière, couleur*) brilliant; (*air*) crisp; (*vent*) keen; (*émotion*) keen, sharp; (*fort: regret, déception*) great, deep; (*vivant*): **brûlé ~** burnt alive; **de vive voix** personally; **piquer qn au ~** to cut sb to the quick; **tailler dans le ~** to cut into the living flesh; **à ~** (*plaie*) open; **avoir les nerfs à ~** to be on edge; **sur le ~** (*ART*) from life; **entrer dans le ~ du sujet** to get to the very heart of the matter.

vif-argent [vifaRʒɑ̃] *nm inv* quicksilver.

vigie [viʒi] *nf* look-out; look-out post, crow's nest.

vigilance [viʒilɑ̃s] *nf* vigilance.

vigilant, e [viʒilɑ̃, -ɑ̃t] *a* vigilant.

vigne [viɲ] *nf* (*plante*) vine; (*plantation*) vineyard; **~ vierge** Virginia creeper.

vigneron [viɲRɔ̃] *nm* wine grower.

vignette [viɲɛt] *nf* (*motif*) vignette; (*de marque*) manufacturer's label ou seal; (*ADMIN*) ≈ (road) tax disc; price label (*on medicines for reimbursement by Social Security*).

vignoble [viɲɔbl(ə)] *nm* (*plantation*) vineyard; (*vignes d'une région*) vineyards *pl*.

vigoureux, euse [viguRø, -øz] *a* vigorous, strong, robust.

vigueur [vigœR] *nf* vigour; **être/entrer en ~** to be in/come into force; **en ~** current.

vil, e [vil] *a* vile, base; **à ~ prix** at a very low price.

vilain, e [vilɛ̃, -ɛn] *a* (*laid*) ugly; (*affaire, blessure*) nasty; (*pas sage: enfant*) naughty // *nm* (*paysan*) villein, villain; **ça va tourner au ~** it's going to turn nasty.

vilebrequin [vilbRəkɛ̃] *nm* (*outil*) (bit-)brace; (*AUTO*) crankshaft.

vilenie [vilni] *nf* vileness *q*, baseness *q*.

vilipender [vilipɑ̃de] *vt* to revile, vilify.

villa [vila] *nf* (detached) house.

village [vilaʒ] *nm* village; **~ de toile** tent village; **villageois, e** *a* village *cpd* // *nm/f* villager.

ville [vil] *nf* town; (*importante*) city; (*administration*): **la ~** ≈ the Corporation; ≈ the (town) council.

villégiature [vileʒiatyR] *nf* holiday; (holiday) resort.

vin [vɛ̃] *nm* wine; **avoir le ~ gai** to get happy after a few drinks; **~ d'honneur** reception (*with wine and snacks*); **~ de**

messe mass wine ; ~ **ordinaire** table wine ; ~ **de pays** local wine.

vinaigre [vinɛgʀ(ə)] nm vinegar ; **tourner au** ~ (fig) to turn sour ; ~ **de vin/d'alcool** wine/spirit vinegar ; **vinaigrette** nf vinaigrette, French dressing ; **vinaigrier** nm (fabricant) vinegar-maker ; (flacon) vinegar cruet ou bottle.

vinasse [vinas] nf (péj) cheap wine.

vindicatif, ive [vɛ̃dikatif, -iv] a vindictive.

vindicte [vɛ̃dikt] nf: **désigner qn à la** ~ **publique** to expose sb to public condemnation.

vineux, euse [vinø, -øz] a win(e)y.

vingt [vɛ̃, vɛ̃t + vowel and in 22 etc] num twenty ; **vingtaine** nf: **une vingtaine (de)** around twenty, twenty or so ; **vingtième** num twentieth.

vinicole [vinikɔl] a wine cpd, wine-growing.

vins etc vb voir **venir**.

viol [vjɔl] nm (d'une femme) rape ; (d'un lieu sacré) violation.

violacé, e [vjɔlase] a purplish, mauvish.

violation [vjɔlasjɔ̃] nf desecration ; violation.

violemment [vjɔlamɑ̃] ad violently.

violence [vjɔlɑ̃s] nf violence ; ~s nfpl acts of violence ; **faire** ~ **à qn** to do violence to sb.

violent, e [vjɔlɑ̃, -ɑ̃t] a violent ; (remède) drastic ; (besoin, désir) intense, urgent.

violenter [vjɔlɑ̃te] vt to assault (sexually).

violer [vjɔle] vt (femme) to rape ; (sépulture) to desecrate, violate ; (règlement, traité) to violate.

violet, te [vjɔlɛ, -ɛt] a, nm purple, mauve // nf (fleur) violet.

violon [vjɔlɔ̃] nm violin ; (fam: prison) lock-up ; **premier** ~ (MUS) first violin ou fiddle ; ~ **d'Ingres** (artistic) hobby.

violoncelle [vjɔlɔ̃sɛl] nm cello ; **violoncelliste** nm/f cellist.

violoniste [vjɔlɔnist(ə)] nm/f violinist, violin-player.

vipère [vipɛʀ] nf viper, adder.

virage [viʀaʒ] nm (d'un véhicule) turn ; (d'une route, piste) bend ; (CHIMIE) change in colour ; (de cuti-réaction) positive reaction ; (PHOTO) toning ; (fig: POL) change in policy ; **prendre un** ~ to go into a bend, take a bend ; ~ **sans visibilité** blind bend.

viral, e, aux [viʀal, -o] a viral.

virée [viʀe] nf (courte) run ; (: à pied) walk ; (longue) trip ; hike, walking tour.

virement [viʀmɑ̃] nm (COMM) transfer ; ~ **bancaire/postal** (bank) credit/(National) Giro transfer.

virent vb voir aussi **voir**.

virer [viʀe] vt (COMM) ~ **qch (sur)** to transfer sth (into) ; (PHOTO) to tone // vi to turn ; (CHIMIE) to change colour ; (cuti-réaction) to come up positive ; (PHOTO) to tone ; ~ **au bleu** to turn blue ; ~ **de bord** to tack ; ~ **sur l'aile** to bank.

virevolte [viʀvɔlt(ə)] nf twirl ; **virevolter** vi to twirl around.

virginité [viʀʒinite] nf virginity.

virgule [viʀgyl] nf comma ; (MATH) point ;

4 ~ 2 4 point 2 ; ~ **flottante** floating decimal.

viril, e [viʀil] a (propre à l'homme) masculine ; (énergique, courageux) manly, virile ; (sexuelle) virility. **~ité** nf masculinity ; manliness ;

virtualité [viʀtɥalite] nf virtuality ; potentiality.

virtuel, le [viʀtɥɛl] a potential ; (théorique) virtual ; **~lement** a potentially ; (presque) virtually.

virtuose [viʀtɥoz] nm/f (MUS) virtuoso ; (gén) master ; **virtuosité** nf virtuosity ; masterliness, masterful skills pl.

virulent, e [viʀylɑ̃, -ɑ̃t] a virulent.

virus [viʀys] nm virus.

vis vb [vi] voir **voir**, **vivre** // nf [vis] screw ; ~ **sans fin** worm, endless screw.

visa [viza] nm (sceau) stamp ; (validation de passeport) visa ; ~ **de censure** (censor's) certificate.

visage [vizaʒ] nm face ; **visagiste** nm/f beautician.

vis-à-vis [vizavi] ad face to face // nm person opposite ; house etc opposite ; ~ **de** prép opposite ; (fig) towards, vis-à-vis ; **en** ~ facing ou opposite each other, **sans** ~ (immeuble) with an open outlook.

viscéral, e, aux [viseʀal, -o] a (fig) deep-seated, deep-rooted.

viscères [visɛʀ] nmpl intestines, entrails.

viscosité [viskozite] nf viscosity.

visée [vize] nf (avec une arme) aiming ; (ARPENTAGE) sighting ; ~s nfpl (intentions) designs.

viser [vize] vi to aim // vt (to aim at) ; (concerner) to be aimed ou directed at ; (apposer un visa sur) to stamp, visa ; ~ **à qch/faire** to aim at sth/at doing ou to do.

viseur [vizœʀ] nm (d'arme) sights pl ; (PHOTO) viewfinder.

visibilité [vizibilite] nf visibility.

visible [vizibl(ə)] a visible ; (disponible): **est-il** ~? can he see me?, will he see visitors?

visière [vizjɛʀ] nf (de casquette) peak ; (qui s'attache) eyeshade.

vision [vizjɔ̃] nf vision ; (sens) (eye)sight, vision ; (fait de voir): **la** ~ **de** the sight of ; **première** ~ (CINEMA) first showing ; **visionnaire** a, nm/f visionary ; **visionner** vt to view ; **visionneuse** nf viewer.

visite [vizit] nf visit ; (personne qui rend visite) visitor ; (médicale, à domicile) visit, call ; **la** ~ (MÉD) (medical) consultations pl, surgery ; (MIL: d'entrée) medicals pl ; (: quotidienne) sick parade ; **faire une** ~ **à qn** to call on sb, pay sb a visit ; **rendre** ~ **à qn** to visit sb, pay sb a visit ; **être en** ~ **(chez qn)** to be visiting (sb) ; **heures de** ~ (hôpital, prison) visiting hours ; **le droit de** ~ (JUR: aux enfants) right of access, access ; ~ **de douane** customs inspection ou examination.

visiter [vizite] vt to visit ; (musée, ville) to visit, go round ; **visiteur, euse** nm/f visitor ; **visiteur des douanes** customs inspector.

vison [vizɔ̃] nm mink.

visqueux, euse [viskø, -øz] a viscous ; (péj) gooey ; slimy.

visser [vise] vt: ~ **qch** (fixer, serrer) to screw sth on.

visu [vizy]: **de** ~ ad with one's own eyes.

visuel, le [vizɥɛl] a visual // nm (visual) display.

vit vb voir **voir, vivre**.

vital, e, aux [vital, -o] a vital.

vitalité [vitalite] nf vitality.

vitamine [vitamin] nf vitamin; **vitaminique** a vitamin cpd.

vite [vit] ad (rapidement) quickly, fast; (sans délai) quickly; soon; **faire** ~ to act quickly; to be quick; **viens** ~ come quick(ly).

vitesse [vitɛs] nf speed; (AUTO: dispositif) gear; **faire de la** ~ to drive fast ou at speed; **prendre qn de** ~ to outstrip sb; **prendre de la** ~ to pick up ou gather speed; **à toute** ~ at full ou top speed; ~ **acquise** momentum; ~ **du son** speed of sound.

viticole [vitikɔl] a wine cpd, wine-growing.

viticulteur [vitikyltœʀ] nm wine grower.

viticulture [vitikyltyʀ] nf wine growing.

vitrage [vitʀaʒ] nm (cloison) glass partition; (toit) glass roof; (rideau) net curtain.

vitrail, aux [vitʀaj, -o] nm stained-glass window.

vitre [vitʀ(ə)] nf (window) pane; (de portière, voiture) window.

vitré, e [vitʀe] a glass cpd.

vitrer [vitʀe] vt to glaze.

vitreux, euse [vitʀø, -øz] a vitreous; (terne) glassy.

vitrier [vitʀije] nm glazier.

vitrifier [vitʀifje] vt to vitrify; (parquet) to glaze.

vitrine [vitʀin] nf (devanture) (shop) window; (étalage) display; (petite armoire) display cabinet; **en** ~ in the window, on display; ~ **publicitaire** display case, showcase.

vitriol [vitʀijɔl] nm vitriol; **au** ~ (fig) vitriolic.

vitupérer [vitypeʀe] vi to rant and rave; ~ **contre** to rail against.

vivable [vivabl(ə)] a (personne) livable-with; (endroit) fit to live in.

vivace [vivas] a (arbre, plante) hardy; (fig) indestructible, inveterate // ad [vivatʃe] (MUS) vivace.

vivacité [vivasite] nf liveliness, vivacity; sharpness; brilliance.

vivant, e [vivɑ̃, -ɑ̃t] a (qui vit) living, alive; (animé) lively; (preuve, exemple) living // nm: **du** ~ **de qn** in sb's lifetime; **les** ~**s et les morts** the living and the dead.

vivats [viva] nmpl cheers.

vive [viv] af voir **vif** // vb voir **vivre** // excl: ~ **le roi!** long live the king! ; **les vacances!** hurrah for the holidays! ; ~**ment** ad vivaciously, sharply // excl: ~**ment les vacances!** I can't wait for the holidays!, roll on the holidays!

viveur [vivœʀ] nm (péj) high liver, pleasure-seeker.

vivier [vivje] nm fish tank; fishpond.

vivifiant, e [vivifjɑ̃, -ɑ̃t] a invigorating.

vivions vb voir **vivre**.

vivisection [viviseksjɔ̃] nf vivisection.

vivoter [vivɔte] vi to rub along, struggle along.

vivre [vivʀ(ə)] vi, vt to live // nm: **le** ~ **et le logement** board and lodging; ~**s** nmpl provisions, food supplies; **il vit encore** he is still alive; **se laisser** ~ to take life as it comes; **ne plus** ~ (être anxieux) to live on one's nerves; **il a vécu** (eu une vie aventureuse) he has seen life; **ce régime a vécu** this regime has had its day; **être facile à** ~ to be easy to get on with; **faire** ~ **qn** (pourvoir à sa subsistance) to provide (a living) for sb; ~ **mal** (chichement) to have a meagre existence; ~ **de** (salaire etc) to live on.

vlan [vlɑ̃] excl wham!, bang!

vocable [vɔkabl(ə)] nm term.

vocabulaire [vɔkabylɛʀ] nm vocabulary.

vocal, e, aux [vɔkal, -o] a vocal.

vocalique [vɔkalik] a vocalic, vowel cpd.

vocalise [vɔkaliz] nf singing exercise.

vocation [vɔkasjɔ̃] nf vocation, calling.

vociférations [vɔsifeʀasjɔ̃] nfpl cries of rage, screams.

vociférer [vɔsifeʀe] vi, vt to scream.

vodka [vɔdka] nf vodka.

vœu, x [vø] nm wish; (à Dieu) vow; **faire** ~ **de** to take a vow of; ~**x de bonne année** best wishes for the New Year; **avec tous nos** ~**x** with every good wish ou our best wishes.

vogue [vɔg] nf fashion, vogue.

voguer [vɔge] vi to sail.

voici [vwasi] prép (pour introduire, désigner) here is + sg, here are + pl; **et** ~ **que...** and now it (ou he)... ; voir aussi **voilà**.

voie [vwa] nf way; (RAIL) track, line; (AUTO) lane; **suivre la** ~ **hiérarchique** to go through official channels; **être en bonne** ~ to be shaping ou going well; **mettre qn sur la** ~ to put sb on the right track; **être en** ~ **d'achèvement/de rénovation** to be nearing completion/in the process of renovation; **à** ~ **étroite** narrow-gauge; **route à 2/3** ~**s** 2-/3-lane road; **par la** ~ **aérienne/maritime** by air/sea; ~ **d'eau** (NAVIG) leak; ~ **ferrée** track; railway line; **par** ~ **ferrée** by rail; ~ **de garage** (RAIL) siding; **la** ~ **lactée** the Milky Way; ~ **navigable** waterway; ~ **privée** private road; **la** ~ **publique** the public highway.

voilà [vwala] prép (en désignant) there is + sg, there are + pl; **les** ~ **ou voici** here ou there they are; **en** ~ **ou voici un** here's one, there's one; ~ **ou voici deux ans** two years ago; ~ **ou voici deux ans que** it's two years since; **et** ~**!** there we are! ; ~ **tout** that's all; '~ **ou voici'** (en offrant etc) 'there ou here you are'.

voile [vwal] nm veil; (tissu léger) net // nf sail; (sport) sailing; **prendre le** ~ to take the veil; **mettre à la** ~ to make way under sail; ~ **du palais** nm soft palate, velum; ~ **au poumon** nm shadow on the lung.

voiler [vwale] vt to veil; (fausser: roue) to buckle; (: bois) to warp; ~ **vi** (lune, regard) to mist over; (ciel) to grow hazy; (voix) to become husky; (roue, disque) to buckle; (*planche*) to warp; **se ~ la face** to hide one's face.

voilette [vwalɛt] *nf* (hat) veil.

voilier [vwalje] *nm* (*de voilier*) sailing ship; (*de plaisance*) sailing boat.

voilure [vwalyʀ] *nf* (*de voilier*) sails *pl*; (*d'avion*) aerofoils *pl*; (*de parachute*) canopy.

voir [vwaʀ] *vi*, *vt* to see; **se ~: se ~ critiquer/transformer** to be criticized/transformed; **cela se voit** (*cela arrive*) it happens; (*c'est visible*) that's obvious, it shows; **~ venir** (*fig*) to wait and see; **faire ~ qch à qn** to show sb sth; **en faire ~ à qn** (*fig*) to give sb a hard time; **ne pas pouvoir ~ qn** (*fig*) not to be able to stand sb; **regardez ~** just look; **dites ~** tell me; **voyons!** let's see now; (*indignation etc*) come (along) now!; **avoir quelque chose à ~ avec** to have something to do with.

voire [vwaʀ] *ad* indeed; nay.

voirie [vwaʀi] *nf* highway maintenance; (*administration*) highways department; (*enlèvement des ordures*) refuse collection.

voisin, e [vwazɛ̃, -in] *a* (*proche*) neighbouring; (*contigu*) next; (*ressemblant*) connected // *nm/f* neighbour; **voisinage** *nm* (*proximité*) proximity; (*environs*) vicinity; (*quartier, voisins*) neighbourhood; **relations de bon voisinage** neighbourly terms; **voisiner** *vi*: **voisiner avec** to be side by side with.

voiture [vwatyʀ] *nf* car; (*wagon*) coach, carriage; **~ d'enfant** pram; **~ d'infirme** invalid carriage; **~ de sport** sports car; **~-lit** *nf* sleeper.

voix [vwa] *nf* voice; (*POL*) vote; **à haute ~** aloud; **à ~ basse** in a low voice; **à 2/4 ~** (*MUS*) in 2/4 parts; **avoir ~ au chapitre** to have a say in the matter; **mettre aux ~** to put to the vote.

vol [vɔl] *nm* (*mode de locomotion*) flying; (*trajet, voyage, groupe d'oiseaux*) flight; (*mode d'appropriation*) theft, stealing; (*larcin*) theft; **à ~ d'oiseau** as the crow flies; **au ~: attraper qch au ~** to catch sth as it flies past; **prendre son ~** to take flight; **en ~** in flight; **~ avec effraction** breaking and entering *q*, break-in; **~ libre** *ou* **sur aile delta** hang-gliding; **~ à main armée** armed robbery; **~ de nuit** night flight; **~ à voile** gliding.

volage [vɔlaʒ] *a* fickle.

volaille [vɔlaj] *nf* (*oiseaux*) poultry *pl*; (*viande*) poultry *q*; (*oiseau*) fowl; **volailler** *nm* poulterer.

volant, e [vɔlɑ̃, -ɑ̃t] *a voir* **feuille** etc // *nm* (*d'automobile*) (steering) wheel; (*de commande*) wheel; (*objet lancé*) shuttlecock; (*jeu*) battledore and shuttlecock; (*bande de tissu*) flounce; (*feuillet détachable*) tear-off portion; **les ~s** (*AVIAT*) the flight staff.

volatil, e [vɔlatil] *a* volatile.

volatile [vɔlatil] *nm* (*volaille*) bird; (*tout oiseau*) winged creature.

volatiliser [vɔlatilize]: **se ~** *vi* (*CHIMIE*) to volatilize; (*fig*) to vanish into thin air.

vol-au-vent [vɔlovɑ̃] *nm inv* vol-au-vent.

volcan [vɔlkɑ̃] *nm* volcano; **volcanique** *a*

volcanic; **volcanologue** *nm/f* vulcanologist.

volée [vɔle] *nf* (*groupe d'oiseaux*) flight, flock; (*TENNIS*) volley; **~ de coups/de flèches** volley of blows/arrows; **à la ~: rattraper à la ~** to catch in mid air; **lancer à la ~** to fling about; **à toute ~** (*sonner les cloches*) vigorously; (*lancer un projectile*) with full force.

voler [vɔle] *vi* (*avion, oiseau, fig*) to fly; (*voleur*) to steal // *vt* (*objet*) to steal; (*personne*) to rob; **~ qch à qn** to steal sth from sb.

volet [vɔlɛ] *nm* (*de fenêtre*) shutter; (*AVIAT*) flap; (*de feuillet, document*) section; **trié sur le ~** hand-picked.

voleter [vɔlte] *vi* to flutter (about).

voleur, euse [vɔlœʀ, -øz] *nm/f* thief (*pl* thieves) // *a* thieving.

volière [vɔljɛʀ] *nf* aviary.

volontaire [vɔlɔ̃tɛʀ] *a* voluntary; (*caractère, personne: décidé*) self-willed // *nm/f* volunteer; **volontariat** *nm* voluntary service.

volonté [vɔlɔ̃te] *nf* (*faculté de vouloir*) will; (*énergie, fermeté*) will(power); (*souhait, désir*) wish; **se servir/boire à ~** to take/drink as much as one likes; **bonne ~** goodwill, willingness; **mauvaise ~** lack of goodwill, unwillingness.

volontiers [vɔlɔ̃tje] *ad* (*de bonne grâce*) willingly; (*avec plaisir*) willingly, gladly; (*habituellement, souvent*) readily, willingly; '**~**' 'with pleasure', 'I'd be glad to'.

volt [vɔlt] *nm* volt; **~age** *nm* voltage.

volte-face [vɔltafas] *nf inv* about-turn.

voltige [vɔltiʒ] *nf* (*EQUITATION*) trick riding; (*au cirque*) acrobatic feat; (*AVIAT*) (aerial) acrobatics *sg*; **numéro de haute ~** acrobatic act.

voltiger [vɔltiʒe] *vi* to flutter (about).

voltigeur, euse [vɔltiʒœʀ, -øz] *nm/f* (*au cirque*) acrobat.

voltmètre [vɔltmɛtʀ(ə)] *nm* voltmeter.

volubile [vɔlybil] *a* voluble.

volume [vɔlym] *nm* volume; (*GEOM: solide*) solid; **volumineux, euse** *a* voluminous, bulky.

volupté [vɔlypte] *nf* sensual delight *ou* pleasure; **voluptueux, euse** *a* voluptuous.

volute [vɔlyt] *nf* (*ARCHIT*) volute; **~ de fumée** curl of smoke.

vomi [vɔmi] *nm* vomit.

vomir [vɔmiʀ] *vi* to vomit, be sick // *vt* to vomit, bring up; (*fig*) to belch out, spew out; (*exécrer*) to loathe, abhor; **vomissement** *nm* vomiting *q*; **vomissure** *nf* vomit *q*; **vomitif** *nm* emetic.

vont [vɔ̃] *vb voir* **aller.**

vorace [vɔʀas] *a* voracious.

vos [vo] *dét voir* **votre.**

votant, e [vɔtɑ̃, -ɑ̃t] *nm/f* voter.

vote [vɔt] *nm* vote; **~ par correspondance/procuration** postal/proxy vote.

voter [vɔte] *vi* to vote // *vt* (*loi, décision*) to vote for.

votre [vɔtʀ(ə)], *pl* **vos** [vo] *dét* your.

vôtre [votʀ(ə)] *pronom*: **le ~, la ~, les ~s** yours; **les ~s** (*fig*) your family *ou* folks; **à la ~** (*toast*) your (good) health!

voudrai *etc vb voir* **vouloir**.
voué, e [vwe] *a*: ~ **à** doomed to, destined for.
vouer [vwe] *vt*: ~ **qch à** (*Dieu/un saint*) to dedicate sth to; ~ **sa vie/son temps à** (*étude, cause etc*) to devote one's life/time to; ~ **une haine/amitié éternelle à qn** to vow undying hatred/love to sb.
vouloir [vulwaʀ] *vi* to show will, have willpower // *vt* to want // *nm*: **le bon ~ de qn** sb's goodwill; **à ~ de qn** sb's pleasure; ~ **que qn fasse** to want sb to do; **je voudrais ceci** I would like this; **veuillez attendre** please wait; **je veux bien** (*bonne volonté*) I'll be happy to; (*concession*) fair enough, that's fine; **si on veut** (*en quelque sorte*) if you like; **que me veut-il?** what does he want with me?; ~ **dire (que)** (*signifier*) to mean (that); **sans le ~** (*involontairement*) without meaning to, unintentionally; **en ~ à qn** to bear sb a grudge; **en ~ à qch** (*avoir des visées sur*) to be after sth; **s'en ~ de** to be annoyed with o.s. for; ~ **de qch/qn** (*accepter*) to want sth/sb.
voulu, e [vuly] *a* (*requis*) required, requisite; (*délibéré*) deliberate, intentional.
vous [vu] *pronom* you; (*objet indirect*) (to) you; (*réfléchi*) yourself, (*pl*) yourselves; (*réciproque*) each other // *nm*: **employer le ~** (*vouvoyer*) to use the 'vous' form; **~-même** yourself; **~-mêmes** yourselves.
voûte [vut] *nf* vault; ~ **du palais** (ANAT) roof of the mouth; ~ **plantaire** arch (of the foot).
voûté, e [vute] *a* vaulted, arched; (*dos, personne*) bent, stooped.
voûter [vute] *vt* (ARCHIT) to arch, vault; **se~** *vi* (*dos, personne*) to become stooped.
vouvoyer [vuvwaje] *vt*: ~ **qn** to address sb as 'vous'.
voyage [vwajaʒ] *nm* journey, trip; (*fait de voyager*): **le ~** travel(ling); **partir/être en ~** to go off/be away on a journey *ou* trip; **faire un ~** to go on *ou* make a trip *ou* journey; **faire bon ~** to have a good journey; ~ **d'agrément/d'affaires** pleasure/business trip; ~ **de noces** honeymoon; ~ **organisé** package tour.
voyager [vwajaʒe] *vi* to travel; **voyageur, euse** *nm/f* traveller; (*passager*) passenger; **voyageur (de commerce)** commercial traveller.
voyant, e [vwajɑ̃, -ɑ̃t] *a* (*à couleur*) loud, gaudy // *nm* (*signal*) (warning) light // *nf* clairvoyant.
voyelle [vwajɛl] *nf* vowel.
voyeur, euse [vwajœʀ, -øz] *nm/f* voyeur; peeping Tom.
voyou [vwaju] *nm* lout, hoodlum; (*enfant*) guttersnipe // *a* loutish.
vrac [vʀak]: **en ~** *ad* higgledy-piggledy; (COMM) in bulk.
vrai, e [vʀɛ] *a* (*véridique: récit, faits*) true; (*non factice, authentique*) real; **à ~ dire** to tell the truth; **être dans le ~** to be right.
vraiment [vʀɛmɑ̃] *ad* really.
vraisemblable [vʀɛsɑ̃blabl(ə)] *a* (*plausible*) likely, plausible; (*probable*) likely, probable; **~ment** *ad* in all likelihood, very likely.
vraisemblance [vʀɛsɑ̃blɑ̃s] *nf* likelihood, plausibility; (*romanesque*) verisimilitude.
vrille [vʀij] *nf* (*de plante*) tendril; (*outil*) gimlet; (*spirale*) spiral; (AVIAT) spin.
vriller [vʀije] *vt* to bore into, pierce.
vrombir [vʀɔ̃biʀ] *vi* to hum.
vu [vy] *prép* (*en raison de*) in view of; ~ **que** in view of the fact that.
vu, e [vy] *pp de* **voir** // *a*: **bien/mal ~** (*fig*) well/poorly thought of; good/bad form // *nm*: **au ~ et au su de tous** openly and publicly.
vue [vy] *nf* (*fait de voir*): **la ~ de** the sight of; (*sens, faculté*) (eye)sight; (*panorama, image, photo*) view; (*spectacle*) sight; **~s** *nfpl* (*idées*) views; (*dessein*) designs; **perdre la ~** to lose one's (eye)sight; **perdre de ~** to lose sight of; **à la ~ de tous** in full view of everybody; **hors de ~** out of sight; **à première ~** at first sight; **connaître de ~** to know by sight; **à ~** (COMM) at sight; **tirer à ~** to shoot on sight; **à ~ d'œil** *ad* visibly; at a quick glance; **en ~** (*visible*) in sight; (COMM) in the public eye; **avoir qch en ~** (*intentions*) to have one's sights on sth; **en ~ de** (*arriver, être*) within sight of; **en ~ de faire** with the intention of doing, with a view to doing; ~ **de l'esprit** theoretical view.
vulcaniser [vylkanize] *vt* to vulcanize.
vulgaire [vylgɛʀ] *a* (*grossier*) vulgar, coarse; (*trivial*) commonplace, mundane; (*péj: quelconque*): **de ~s touristes/chaises de cuisine** common tourists/kitchen chairs; (BOT, ZOOL: *non latin*) common; **~ment** *ad* vulgarly, coarsely; (*communément*) commonly; **vulgarisation** *nf*: **ouvrage de vulgarisation** popularizing work, popularization; **vulgariser** *vt* to popularize; to coarsen; **vulgarité** *nf* vulgarity, coarseness.
vulnérable [vylneʀabl(ə)] *a* vulnerable.
vulve [vylv(ə)] *nf* vulva.

W X Y Z

wagon [vagɔ̃] *nm* (*de voyageurs*) carriage; (*de marchandises*) truck, wagon; **~-citerne** *nm* tanker; **~-lit** *nm* sleeper, sleeping car; **~-poste** *nm* mail van; **~-restaurant** *nm* restaurant *ou* dining car.
wallon, ne [valɔ̃, -ɔn] *a* Walloon.
waters [watɛʀ] *nmpl* toilet *sg*, loo *sg*.
watt [wat] *nm* watt.
w.-c. [vese] *nmpl* toilet *sg*, lavatory *sg*.
week-end [wikɛnd] *nm* weekend.
western [wɛstɛʀn] *nm* western.
whisky, *pl* **whiskies** [wiski] *nm* whisky.

x [iks] *nm*: **plainte contre X** (JUR) action against person or persons unknown; **l'X** the *École Polytechnique*.
xénophobe [ksenɔfɔb] *nm/f* xenophobe.
xérès [gzeʀɛs] *nm* sherry.
xylographie [ksilɔgʀafi] *nf* xylography; (*image*) xylograph.
xylophone [ksilɔfɔn] *nm* xylophone.

y [i] ad (à cet endroit) there ; (dessus) on it (ou them) ; (dedans) in it (ou them) // pronom (about ou on ou of) it: *vérifier la syntaxe du verbe employé* ; **j'~ pense** I'm thinking about it ; *voir aussi* **aller, avoir.**

yacht [jɔt] nm yacht.

yaourt [jauʀt] nm yoghourt.

yeux [jø] pl de **œil.**

yoga [jɔga] nm yoga.

yoghourt [jɔguʀt] nm = **yaourt**.

yole [jɔl] nf skiff.

yougoslave [jugɔslav] a, nm/f Yugoslav(ian).

Yougoslavie [jugɔslavi] nf Yugoslavia.

youyou [juju] nm dinghy.

yo-yo [jojo] nm inv yo-yo.

zèbre [zɛbʀ(ə)] nm (ZOOL) zebra.

zèbré, e [zébʀe] a striped, streaked ; **zébrure** nf stripe, streak.

zélateur, trice [zelatœʀ, -tʀis] nm/f partisan, zealot.

zèle [zɛl] nm zeal ; **faire du ~** (péj) to be over-zealous ; **zélé, e** a zealous.

zénith [zenit] nm zenith.

zéro [zeʀo] nm zero, nought ; **au-dessous de ~** below zero (Centigrade) ou freezing ; **partir de ~** to start from scratch ; **trois (buts) à ~** 3 (goals to) nil.

zeste [zɛst(ə)] nm peel, zest ; **un ~ de citron** a piece of lemon peel.

zézayer [zezeje] vi to have a lisp.

zibeline [ziblin] nf sable.

zigzag [zigzag] nm zigzag ; **zigzaguer** vi to zigzag (along).

zinc [zɛ̃g] nm (CHIMIE) zinc ; (comptoir) bar, counter.

zizanie [zizani] nf: **semer la ~** to stir up ill-feeling.

zizi [zizi] nm (fam) willy.

zodiaque [zɔdjak] nm zodiac.

zona [zona] nm shingles sg.

zone [zon] nf zone, area ; (quartiers): **la ~** the slum belt ; **~ bleue** ≈ restricted parking area.

zoo [zoo] nm zoo.

zoologie [zɔɔlɔʒi] nf zoology ; **zoologique** a zoological ; **zoologiste** nm/f zoologist.

Z.U.P. [zyp] sigle f = *zone à urbaniser en priorité*, ≈ (planned) housing scheme.

zut [zyt] excl dash (it)!

ENGLISH-FRENCH
ANGLAIS-FRANÇAIS

A

a, an [eɪ, ə, æn, ən, n] *det* un(e) ; **3 a day/week** 3 par jour/semaine ; **10 km an hour** 10 km à l'heure.

A [eɪ] *n* (MUS) la *m*.

A.A. *n abbr of Automobile Association* ; *Alcoholics Anonymous*.

aback [ə'bæk] *ad*: **to be taken ~** être stupéfait(e).

abacus, *pl* **abaci** ['æbəkəs, -saɪ] *n* boulier *m*.

abandon [ə'bændən] *vt* abandonner // *n* abandon *m*.

abashed [ə'bæʃt] *a* confus(e), embarrassé(e).

abate [ə'beɪt] *vi* s'apaiser, se calmer.

abattoir ['æbətwɑ:*] *n* abattoir *m*.

abbey ['æbɪ] *n* abbaye *f*.

abbot ['æbət] *n* père supérieur.

abbreviate [ə'bri:vɪeɪt] *vt* abréger ; **abbreviation** [-'eɪʃən] *n* abréviation *f*.

abdicate ['æbdɪkeɪt] *vt,vi* abdiquer ; **abdication** [-'keɪʃən] *n* abdication *f*.

abdomen ['æbdəmɛn] *n* abdomen *m*; **abdominal** [æb'dɔmɪnl] *a* abdominal(e).

abduct [æb'dʌkt] *vt* enlever ; **abduction** [-ʃən] *n* enlèvement *m*.

abet [ə'bɛt] *vt* encourager ; aider.

abeyance [ə'beɪəns] *n*: **in ~** (*law*) en désuétude ; (*matter*) en suspens.

abhor [əb'hɔ:*] *vt* abhorrer, exécrer ; **~rent** *a* odieux(euse), exécrable.

abide [ə'baɪd] *vt*: **I can't ~ it/him** je ne peux pas le souffrir or le voir ; **~ by** *vt fus* observer, respecter.

ability [ə'bɪlɪtɪ] *n* compétence *f*; capacité *f*; talent *m*.

ablaze [ə'bleɪz] *a* en feu, en flammes ; **~ with light** resplendissant de lumière.

able ['eɪbl] *a* capable ; **to be ~ to do sth** pouvoir faire qch, être capable de faire qch ; **~-bodied** *a* robuste ; **ably** *ad* avec compétence or talent, habilement.

abnormal [æb'nɔ:məl] *a* anormal(e) ; **~ity** [-'mælɪtɪ] *n* anomalie *f*.

aboard [ə'bɔ:d] *ad* à bord // *prep* à bord de.

abode [ə'bəud] *pt,pp of* **abide**.

abolish [ə'bɔlɪʃ] *vt* abolir.

abolition [æbəu'lɪʃən] *n* abolition *f*.

abominable [ə'bɔmɪnəbl] *a* abominable.

aborigine [æbə'rɪdʒɪnɪ] *n* aborigène *m/f*.

abort [ə'bɔ:t] *vt* faire avorter ; **~ion** [ə'bɔ:ʃən] *n* avortement *m* ; **~ive** *a* manqué(e).

abound [ə'baund] *vi* abonder ; **to ~ in** abonder en, regorger de.

about [ə'baut] *prep* au sujet de, à propos de // *ad* environ ; (*here and there*) de côté et d'autre, çà et là ; **it takes ~ 10 hours** ça prend environ or à peu près 10 heures ; **at ~ 2 o'clock** vers 2 heures ; **it's ~ here** c'est par ici, c'est dans les parages ; **to walk ~ the town** se promener dans or à travers la ville ; **to be ~ to**: he was

~ to cry il allait pleurer, il était sur le point de pleurer ; **what or how ~ doing this?** et si nous faisions ceci? ; **~ turn** *n* demi-tour *m*.

above [ə'bʌv] *ad* au-dessus // *prep* au-dessus de ; **mentioned ~** mentionné ci-dessus ; **costing ~ £10** coûtant plus de 10 livres ; **~ all** par-dessus tout, surtout ; **~board** *a* franc(franche), loyal(e), honnête.

abrasion [ə'breɪʒən] *n* frottement *m* ; (*on skin*) écorchure *f*.

abrasive [ə'breɪzɪv] *a* abrasif(ive) ; (*fig*) caustique, agressif(ive).

abreast [ə'brɛst] *ad* de front ; **to keep ~ of** se tenir au courant de.

abridge [ə'brɪdʒ] *vt* abréger.

abroad [ə'brɔ:d] *ad* à l'étranger.

abrupt [ə'brʌpt] *a* (*steep, blunt*) abrupt(e) ; (*sudden, gruff*) brusque.

abscess ['æbsɪs] *n* abcès *m*.

abscond [əb'skɔnd] *vi* disparaître, s'enfuir.

absence ['æbsəns] *n* absence *f*.

absent ['æbsənt] *a* absent(e) ; **~ee** [-'ti:] *n* absent/e ; **~eeism** [-'ti:ɪzəm] *n* absentéisme *m* ; **~-minded** *a* distrait(e) ; **~-mindedness** *n* distraction *f*.

absolute ['æbsəlu:t] *a* absolu(e) ; **~ly** [-'lu:tlɪ] *ad* absolument.

absolve [əb'zɔlv] *vt*: **to ~ sb (from)** (*sin etc*) absoudre qn (de) ; **to ~ sb from** (*oath*) délier qn de.

absorb [əb'zɔ:b] *vt* absorber ; **to be ~ed in a book** être plongé dans un livre ; **~ent** *a* absorbant(e) ; **~ent cotton** *n* (*US*) coton *m* hydrophile ; **~ing** *a* absorbant(e).

abstain [əb'steɪn] *vi*: **to ~ (from)** s'abstenir (de).

abstemious [əb'sti:mɪəs] *a* sobre, frugal(e).

abstention [əb'stɛnʃən] *n* abstention *f*.

abstinence ['æbstɪnəns] *n* abstinence *f*.

abstract *a and n* ['æbstrækt] *a* abstrait(e) // *n* (*summary*) résumé *m* // *vt* [æb'strækt] extraire.

absurd [əb'sə:d] *a* absurde ; **~ity** *n* absurdité *f*.

abundance [ə'bʌndəns] *n* abondance *f* ; **abundant** *a* abondant(e).

abuse *n* [ə'bju:s] abus *m* ; insultes *fpl*, injures *fpl* // *vt* [ə'bju:z] abuser de ; **abusive** *a* grossier(ère), injurieux(euse).

abysmal [ə'bɪzməl] *a* exécrable ; (*ignorance etc*) sans bornes.

abyss [ə'bɪs] *n* abîme *m*, gouffre *m*.

academic [ækə'dɛmɪk] *a* universitaire ; (*pej: issue*) oiseux(euse), purement théorique // *n* universitaire *m/f* ; **~ freedom** *n* liberté *f* académique.

academy [ə'kædəmɪ] *n* (*learned body*) académie *f* ; (*school*) collège *m* ; **military/naval ~** école militaire/navale ; **~ of music** conservatoire *m*.

accede [æk'si:d] *vi*: **to ~ to** (*request, throne*) accéder à.

accelerate [æk'sɛləreɪt] *vt,vi* accélérer; **acceleration** [-'reɪʃən] *n* accélération *f*; **accelerator** *n* accélérateur *m*.

accent ['æksənt] *n* accent *m*.

accept [ək'sɛpt] *vt* accepter; **~able** *a* acceptable; **~ance** *n* acceptation *f*.

access ['æksɛs] *n* accès *m*; **to have ~ to** (*information, library etc*) avoir accès à, pouvoir utiliser *or* consulter; (*person*) avoir accès auprès de; **~ible** [æk'sɛsəbl] *a* accessible; **~ion** [æk'sɛʃən] *n* accession *f*.

accessory [æk'sɛsərɪ] *n* accessoire *m*; **toilet accessories** *npl* articles *npl* de toilette.

accident ['æksɪdənt] *n* accident *m*; (*chance*) hasard *m*; **by ~** par hasard; accidentellement; **~al** [-'dɛntl] *a* accidentel(le); **~ally** [-'dɛntəlɪ] *ad* accidentellement; **~-prone** *a* sujet(te) aux accidents.

acclaim [ə'kleɪm] *vt* acclamer // *n* acclamation *f*.

acclimatize [ə'klaɪmətaɪz] *vt*: **to become ~d** s'acclimater.

accommodate [ə'kɔmədeɪt] *vt* loger, recevoir; (*oblige, help*) obliger; (*adapt*): **to ~ one's plans to** adapter ses projets à.

accommodating [ə'kɔmədeɪtɪŋ] *a* obligeant(e), arrangeant(e).

accommodation [əkɔmə'deɪʃən] *n* logement *m*; **he's found ~** il a trouvé à se loger; **they have ~ for 500** ils peuvent recevoir 500 personnes, il y a de la place pour 500 personnes.

accompaniment [ə'kʌmpənɪmənt] *n* accompagnement *m*.

accompanist [ə'kʌmpənɪst] *n* accompagnateur/trice.

accompany [ə'kʌmpənɪ] *vt* accompagner.

accomplice [ə'kʌmplɪs] *n* complice *m/f*.

accomplish [ə'kʌmplɪʃ] *vt* accomplir; **~ed** *a* accompli(e); **~ment** *n* accomplissement *m*; réussite *f*, résultat *m*; **~ments** *npl* talents *mpl*.

accord [ə'kɔ:d] *n* accord *m* // *vt* accorder; **of his own ~** de son plein gré; **~ance** *n*: **in ~ance with** conformément à; **~ing to** selon; **~ingly** *ad* en conséquence.

accordion [ə'kɔ:dɪən] *n* accordéon *m*.

accost [ə'kɔst] *vt* accoster, aborder.

account [ə'kaunt] *n* (COMM) compte *m*; (*report*) compte rendu; récit *m*; **by all ~s** au dire de tous; **of little ~** de peu d'importance; **on ~** en acompte; **on no ~** en aucun cas; **on ~ of** à cause de; **to take into ~, take ~ of** tenir compte de; **to ~ for** expliquer, rendre compte de; **~able** *a* responsable.

accountancy [ə'kauntənsɪ] *n* comptabilité *f*.

accountant [ə'kauntənt] *n* comptable *m/f*.

accredited [ə'krɛdɪtɪd] *a* accrédité(e); admis(e).

accretion [ə'kri:ʃən] *n* accroissement *m*.

accrue [ə'kru:] *vi* s'accroître; **~d interest** intérêt couru.

accumulate [ə'kju:mjuleɪt] *vt* accumuler, amasser // *vi* s'accumuler, s'amasser; **accumulation** [-'leɪʃən] *n* accumulation *f*.

accuracy ['ækjurəsɪ] *n* exactitude *f*, précision *f*.

accurate ['ækjurɪt] *a* exact(e), précis(e); **~ly** *ad* avec précision.

accusation [ækju'zeɪʃən] *n* accusation *f*.

accusative [ə'kju:zətɪv] *n* (LING) accusatif *m*.

accuse [ə'kju:z] *vt* accuser; **~d** *n* accusé/e.

accustom [ə'kʌstəm] *vt* accoutumer, habituer; **~ed** *a* (*usual*) habituel(le); **~ed to habitué** *or* accoutumé à.

ace [eɪs] *n* as *m*; **within an ~ of** à deux doigts *or* un cheveu de.

ache [eɪk] *n* mal *m*, douleur *f* // *vi* (*be sore*) faire mal, être douloureux(euse); **my head ~s** j'ai mal à la tête; **I'm aching all over** j'ai mal partout.

achieve [ə'tʃi:v] *vt* (*aim*) atteindre; (*victory, success*) remporter, obtenir; (*task*) accomplir; **~ment** *n* exploit *m*, réussite *f*.

acid ['æsɪd] *a,n* acide (*m*); **~ity** [ə'sɪdɪtɪ] *n* acidité *f*.

acknowledge [ək'nɔlɪdʒ] *vt* (*letter*) accuser réception de; (*fact*) reconnaître; **~ment** *n* accusé *m* de réception.

acne ['æknɪ] *n* acné *m*.

acorn ['eɪkɔ:n] *n* gland *m*.

acoustic [ə'ku:stɪk] *a* acoustique; **~s** *n,npl* acoustique *f*.

acquaint [ə'kweɪnt] *vt*: **to ~ sb with sth** mettre qn au courant de qch; **to be ~ed with** (*person*) connaître; **~ance** *n* connaissance *f*.

acquire [ə'kwaɪə*] *vt* acquérir.

acquisition [ækwɪ'zɪʃən] *n* acquisition *f*.

acquisitive [ə'kwɪzɪtɪv] *a* qui a l'instinct de possession *or* le goût de la propriété.

acquit [ə'kwɪt] *vt* acquitter; **to ~ o.s. well** bien se comporter, s'en tirer très honorablement; **~tal** *n* acquittement *m*.

acre ['eɪkə*] *n* acre *f* (= 4047 *m²*); **~age** *n* superficie *f*.

acrimonious [ækrɪ'məunɪəs] *a* acrimonieux(euse), aigre.

acrobat ['ækrəbæt] *n* acrobate *m/f*.

acrobatics [ækrəu'bætɪks] *n,npl* acrobatie *f*.

across [ə'krɔs] *prep* (*on the other side*) de l'autre côté de; (*crosswise*) en travers de // *ad* de l'autre côté; en travers; **to walk ~** (*the road*) traverser (la route); **to take sb ~ the road** faire traverser la route à qn; **a road ~ the wood** une route qui traverse le bois; **~ from** en face de.

act [ækt] *n* acte *m*, action *f*; (THEATRE) acte; (*in music-hall etc*) numéro *m*; (LAW) loi *f* // *vi* agir; (THEATRE) jouer; (*pretend*) jouer la comédie // *vt* (*part*) jouer, tenir; **to ~ Hamlet** tenir *or* jouer le rôle d'Hamlet; **to ~ the fool** faire l'idiot; **to ~ as** servir de; **~ing** a suppléant(e), par intérim // *n* (*of actor*) jeu *m*; (*activity*): **to do some ~ing** faire du théâtre (*or* du cinéma).

action ['ækʃən] *n* action *f*; (MIL) combat(s) *m(pl)*; (LAW) procès *m*, action en justice; **out of ~** hors de combat; hors d'usage; **to take ~** agir, prendre des mesures.

activate ['æktɪveɪt] *vt* (*mechanism*)

actionner, faire fonctionner ; (CHEM, PHYSICS) activer.
active ['æktɪv] a actif(ive) ; (volcano) en activité ; **~ly** ad activement.
activity [æk'tɪvɪtɪ] n activité f.
actor ['æktə*] n acteur m.
actress ['æktrɪs] n actrice f.
actual ['æktjuəl] a réel(le), véritable ; **~ly** ad réellement, véritablement ; en fait.
acumen ['ækjumən] n perspicacité f.
acupuncture ['ækjupʌŋktʃə*] n acupuncture f.
acute [ə'kju:t] a aigu(ë) ; (mind, observer) pénétrant(e).
ad [æd] n abbr of **advertisement**.
A.D. ad (abbr of Anno Domini) ap. J.-C.
Adam ['ædəm] n Adam m ; **~'s apple** n pomme f d'Adam.
adamant ['ædəmənt] a inflexible.
adapt [ə'dæpt] vt adapter // vi: **to ~ (to)** s'adapter (à) ; **~able** a (device) adaptable ; (person) qui s'adapte facilement ; **~ation** [ædæp'teɪʃən] n adaptation f ; **~er** n (ELEC) adapteur m.
add [æd] vt ajouter ; (figures: also: **to ~ up**) additionner // vi: **to ~ to** (increase) ajouter à, accroître.
adder ['ædə*] n vipère f.
addict ['ædɪkt] n intoxiqué m ; (fig) fanatique m/f ; **~ed** [ə'dɪktɪd] a: **to be ~ed to** (drink etc) être adonné à ; (fig: football etc) être un fanatique de ; **~ion** [ə'dɪkʃən] n (MED) dépendance f.
adding machine ['ædɪŋməʃi:n] n machine f à calculer.
addition [ə'dɪʃən] n addition f ; **in ~** de plus ; de surcroît ; **in ~ to** en plus de ; **~al** a supplémentaire.
additive ['ædɪtɪv] n additif m.
addled ['ædld] a (egg) pourri(e).
address [ə'drɛs] n adresse f ; (talk) discours m, allocution f //vi adresser ; (speak to) s'adresser à.
adenoids ['ædɪnɔɪdz] npl végétations fpl.
adept ['ædɛpt] a: **~ at** expert(e) à or en.
adequate ['ædɪkwɪt] a adéquat(e) ; suffisant(e) ; compétent(e) ; **~ly** ad de façon adéquate.
adhere [əd'hɪə*] vi: **to ~ to** adhérer à ; (fig: rule, decision) se tenir à.
adhesion [əd'hi:ʒən] n adhésion f.
adhesive [əd'hi:zɪv] a adhésif(ive) // n adhésif m.
adjacent [ə'dʒeɪsənt] a adjacent(e) ; **~ to** adjacent à.
adjective ['ædʒɛktɪv] n adjectif m.
adjoining [ə'dʒɔɪnɪŋ] a voisin(e), adjacent(e), attenant(e) // prep voisin de, adjacent à.
adjourn [ə'dʒə:n] vt ajourner // vi suspendre la séance ; lever la séance ; clore la session ; (go) se retirer.
adjust [ə'dʒʌst] vt ajuster, régler ; rajuster // vi: **to ~ (to)** s'adapter (à) ; **~able** a réglable ; **~ment** n ajustage m, réglage m ; (of prices, wages) rajustement m ; (of person) adaptation f.
adjutant ['ædʒutənt] n adjudant m.
ad-lib [æd'lɪb] vt,vi improviser // n improvisation f // ad: **ad lib** à volonté, à discrétion.

administer [əd'mɪnɪstə*] vt administrer ; (justice) rendre.
administration [ədmɪnɪs'treɪʃən] n administration f.
administrative [əd'mɪnɪstrətɪv] a administratif(ive).
administrator [əd'mɪnɪstreɪtə*] n administrateur/trice.
admirable ['ædmərəbl] a admirable.
admiral ['ædmərəl] n amiral m ; **A~ty** n amirauté f ; ministère m de la Marine.
admiration [ædmə'reɪʃən] n admiration f.
admire [əd'maɪə*] vt admirer ; **~r** n admirateur/trice.
admission [əd'mɪʃən] n admission f ; (to exhibition, night club etc) entrée f ; (confession) aveu m.
admit [əd'mɪt] vt laisser entrer ; admettre ; (agree) reconnaître, admettre ; **to ~ of** admettre, permettre ; **to ~ to** reconnaître, avouer ; **~tance** n admission f, (droit m d')entrée f ; **~tedly** ad il faut en convenir.
admonish [əd'mɒnɪʃ] vt donner un avertissement à ; réprimander.
ado [ə'du:] n: **without (any) more ~** sans plus de cérémonies.
adolescence [ædəu'lɛsns] n adolescence f.
adolescent [ædəu'lɛsnt] a,n adolescent(e).
adopt [ə'dɒpt] vt adopter ; **~ed** a adoptif(ive), adopté(e) ; **~ion** [ə'dɒpʃən] n adoption f.
adore [ə'dɔ:*] vt adorer ; **adoringly** ad avec adoration.
adorn [ə'dɔ:n] vt orner ; **~ment** n ornement m.
adrenalin [ə'drɛnəlɪn] n adrénaline f.
Adriatic (Sea) [eɪdrɪ'ætɪk(sɪ:)] n Adriatique f.
adrift [ə'drɪft] ad à la dérive.
adroit [ə'drɔɪt] a adroit(e), habile.
adult ['ædʌlt] n adulte m/f.
adulterate [ə'dʌltəreɪt] vt frelater, falsifier.
adultery [ə'dʌltərɪ] n adultère m.
advance [əd'vɑ:ns] n avance f // vt avancer // vi s'avancer ; **in ~** en avance, d'avance ; **~d** a avancé(e) ; (SCOL: studies) supérieur(e) ; **~ment** n avancement m.
advantage [əd'vɑ:ntɪdʒ] n (also TENNIS) avantage m ; **to take ~ of** profiter de ; **~ous** [ædvən'teɪdʒəs] a avantageux(euse).
advent ['ædvənt] n avènement m, venue f ; **A~** n Avent m.
adventure [əd'vɛntʃə*] n aventure f ; **adventurous** [-tʃərəs] a aventureux(euse).
adverb ['ædvə:b] n adverbe m.
adversary ['ædvəsərɪ] n adversaire m/f.
adverse ['ædvə:s] a contraire, adverse ; **in ~ circumstances** dans l'adversité ; **~ to** hostile à.
adversity [əd'və:sɪtɪ] n adversité f.
advert ['ædvə:t] n abbr of **advertisement**.
advertise ['ædvətaɪz] vi(vt) faire de la publicité or de la réclame (pour) ; mettre une annonce (pour vendre).
advertisement [əd'və:tɪsmənt] n (COMM) réclame f, publicité f ; (in classified ads) annonce f.

advertising ['ædvətaizɪŋ] n publicité f, réclame f.

advice [əd'vais] n conseils mpl; (notification) avis m; **piece of** ~ conseil.

advisable [əd'vaizəbl] a recommandable, indiqué(e).

advise [əd'vaiz] vt conseiller; **to** ~ **sb of sth** aviser or informer qn de qch; ~r n conseiller/ère; **advisory** [-ərɪ] a consultatif(ive).

advocate vt ['ædvəkeit] recommander, prôner.

aegis ['i:dʒis] n: **under the** ~ **of** sous l'égide de.

aerial ['ɛərɪəl] n antenne f // a aérien(ne).

aeroplane ['ɛərəpleɪn] n avion m.

aerosol ['ɛərəsɔl] n aérosol m.

aesthetic [is'θetɪk] a esthétique.

afar [ə'fu:*] ad: **from** ~ de loin.

affable ['æfəbl] a affable.

affair [ə'fɛə*] n affaire f; (also: **love** ~) liaison f; aventure f.

affect [ə'fɛkt] vt affecter; ~**ation** [æfɛk'teɪʃən] n affectation f; ~**ed** a affecté(e).

affection [ə'fɛkʃən] n affection f; ~**ate** a affectueux(euse); ~**ately** ad affectueusement.

affiliated [ə'filieitid] a affilié(e).

affinity [ə'finiti] n affinité f.

affirmation [æfə'meɪʃən] n affirmation f, assertion f.

affirmative [ə'fə:mətɪv] a affirmatif(ive) // n: **in the** ~ dans or par l'affirmative.

affix [ə'fiks] vt apposer, ajouter.

afflict [ə'flikt] vt affliger; ~**ion** [ə'flikʃən] n affliction f, détresse f.

affluence ['æfluəns] n abondance f, opulence f.

affluent ['æfluənt] a abondant(e); opulent(e); (person) dans l'aisance, riche.

afford [ə'fɔ:d] vt se permettre; avoir les moyens d'acheter or d'entretenir; (provide) fournir, procurer; **I can't** ~ **the time** je n'ai vraiment pas le temps.

affray [ə'frei] n échauffourée f.

affront [ə'frʌnt] n affront m; ~**ed** a insulté(e).

afield [ə'fi:ld] ad: **far** ~ loin.

afloat [ə'fləut] a à flot // ad: **to stay** ~ surnager; **to keep/get a business** ~ maintenir à flot/lancer une affaire.

afoot [ə'fut] ad: **there is something** ~ il se prépare quelque chose.

aforesaid [ə'fɔ:sɛd] a susdit(e), susmentionné(e).

afraid [ə'freid] a effrayé(e); **to be** ~ **of** or **to** avoir peur de; **I am** ~ **that** je crains que + sub.

afresh [ə'frɛʃ] ad de nouveau.

Africa ['æfrɪkə] n Afrique f; ~**n** a africain(e) // n Africain/e.

aft [u:ft] ad à l'arrière, vers l'arrière.

after ['u:ftə*] prep,ad après // cj après que, après avoir or être + pp; **what/who are you** ~? que/qui cherchez-vous?; **ask** ~ **him** demandez de ses nouvelles; ~ **all** après tout; ~**-effects** npl répercussions fpl; (of illness) séquelles fpl, suites fpl; ~**life** n vie future; ~**math** n conséquences fpl; **in the** ~**math of** dans

les mois or années etc qui suivirent, au lendemain de; ~**noon** n après-midi m or f; ~**-shave (lotion)** n after-shave m; ~**thought** n: **I had an** ~**thought** il m'est venu une idée après coup; ~**wards** ad après.

again [ə'gɛn] ad de nouveau; **to begin/see** ~ recommencer/revoir; **not ...** ~ ne ... plus; ~ **and** ~ à plusieurs reprises; **he's opened it** ~ il l'a rouvert, il l'a de nouveau or l'a encore ouvert.

against [ə'gɛnst] prep contre; ~ **a blue background** sur un fond bleu.

age [eidʒ] n âge m // vi,vt vieillir; **it's been** ~**s since** ça fait une éternité que; **to come of** ~ atteindre sa majorité; ~**d** a âgé(e); ~**d 10** âgé de 10 ans; **the** ~**d** ['eidʒid] les personnes âgées; ~ **group** n tranche f d'âge; ~**less** a sans âge; ~ **limit** n limite f d'âge.

agency ['eidʒənsi] n agence f; **through** or **by the** ~ **of** par l'entremise or l'action de.

agenda [ə'dʒɛndə] n ordre m du jour.

agent ['eidʒənt] n agent m.

aggravate ['ægrəveit] vt aggraver; (annoy) exaspérer.

aggravation [ægrə'veiʃən] n (of quarrel) envenimement m.

aggregate ['ægrigeit] n ensemble m, total m; **on** ~ (SPORT) au goal average.

aggression [ə'grɛʃən] n agression f.

aggressive [ə'grɛsɪv] a agressif(ive); ~**ness** n agressivité f.

aggrieved [ə'gri:vd] a chagriné(e), affligé(e).

aghast [ə'gu:st] a consterné(e), atterré(e).

agile ['ædʒail] a agile.

agitate ['ædʒiteit] vt rendre inquiet(ète) or agité(e); agiter // vi faire de l'agitation (politique); **to** ~ **for** faire campagne pour; **agitator** n agitateur/trice (politique).

ago [ə'gəu] ad: **2 days** ~ il y a deux jours; **not long** ~ il n'y a pas longtemps.

agonizing ['ægənaizɪŋ] a angoissant(e), déchirant(e).

agony ['ægəni] n grande souffrance or angoisse f; **to be in** ~ souffrir le martyre.

agree [ə'gri:] vt (price) convenir de // vi: **to** ~ **(with)** (person) être d'accord (avec); (statements etc) concorder (avec); (LING) s'accorder (avec); **to** ~ **to do** accepter de or consentir à faire; **to** ~ **to sth** consentir à qch; **to** ~ **that** (admit) convenir or reconnaître que; **they** ~ **on this** ils sont d'accord sur ce point; **they** ~**d on going/a price** ils se mirent d'accord pour y aller/sur un prix; **garlic doesn't** ~ **with me** je ne supporte pas l'ail; ~**able** a agréable; (willing) consentant(e), d'accord; **are you** ~**able to this?** est-ce que cela vous va or convient?; ~**d** a (time, place) convenu(e); **to be** ~**d** être d'accord; ~**ment** n accord m; **in** ~**ment** d'accord.

agricultural [ægri'kʌltʃərəl] a agricole.

agriculture ['ægrikʌltʃə*] n agriculture f.

aground [ə'graund] ad: **to run** ~ s'échouer.

ahead [ə'hɛd] ad en avant; devant; ~ **of** devant; (fig: schedule etc) en avance sur; ~ **of time** en avance; **go right** or **straight** ~ allez tout droit; **they were (right)** ~

of us ils nous précédaient (de peu), ils étaient (juste) devant nous.

aid [eɪd] n aide f // vt aider ; **to ~ and abet** (LAW) se faire le complice de.

aide [eɪd] n (person) collaborateur/trice, assistant/e.

ailment ['eɪlmənt] n petite maladie, affection f.

aim [eɪm] vt: **to ~ sth at** (such as gun, camera) braquer or pointer qch sur, diriger qch contre ; (missile) lancer qch à or contre or en direction de ; (remark, blow) destiner or adresser qch à // vi (also: **to take ~**) viser // vi but m ; **to ~ at** viser ; (fig) viser (à) ; avoir pour but or ambition ; **to ~ to do** avoir l'intention de faire ; **~less** a sans but ; **~lessly** ad sans but, à l'aventure.

air [ɛə*] n air m // vt aérer ; (grievances, ideas) exposer (librement) // cpd (currents, attack etc) aérien(ne) ; **~bed** n matelas m pneumatique ; **~borne** a en vol ; aeroporté(e) ; **~-conditioned** a climatisé(e), à air conditionné ; **~ conditioning** n climatisation f ; **~-cooled** a à refroidissement à air ; **~craft** n,pl inv avion m ; **~craft carrier** n porte-avions m inv ; **~ cushion** n coussin m d'air ; **A~ Force** n Armée f de l'air ; **~gun** n fusil m à air comprimé ; **~ hostess** n hôtesse f de l'air ; **~ily** ad d'un air dégagé ; **~ letter** n aérogramme m ; **~lift** n pont aérien ; **~line** n ligne aérienne ; compagnie f d'aviation ; **~liner** n avion m de ligne ; **~lock** n sas m ; **by ~ mail** par avion ; **~port** n aéroport m ; **~ raid** n attaque aérienne ; **~sick** a qui a le mal de l'air ; **~strip** n terrain m d'atterrissage ; **~tight** a hermétique ; **~y** a bien aéré(e) ; (manners) dégagé(e).

aisle [aɪl] n (of church) allée centrale ; nef latérale.

ajar [ə'dʒɑ:*] a entrouvert(e).

alarm [ə'lɑ:m] n alarme f // vt alarmer ; **~ clock** n réveille-matin m, réveil m ; **~ist** n alarmiste m/f.

Albania [æl'beɪnɪə] n Albanie f.

album ['ælbəm] n album m ; (L.P.) 33 tours m inv.

albumen ['ælbjumɪn] n albumine f ; (of egg) albumen m.

alchemy ['ælkɪmɪ] n alchimie f.

alcohol ['ælkəhɔl] n alcool m ; **~ic** [-'hɔlɪk] a,n alcoolique (m/f) ; **~ism** n alcoolisme m.

alcove ['ælkəuv] n alcôve f.

alderman ['ɔːldəmən] n conseiller municipal (en Angleterre).

ale [eɪl] n bière f.

alert [ə'lə:t] a alerte, vif(vive) ; vigilant(e) // n alerte f ; **on the ~** sur le qui-vive ; (MIL) en état d'alerte.

algebra ['ældʒɪbrə] n algèbre m.

Algeria [æl'dʒɪərɪə] n Algérie f ; **~n** a algérien(ne) // n Algérien/ne.

Algiers [æl'dʒɪəz] n Alger.

alias ['eɪlɪæs] ad alias // n faux nom, nom d'emprunt.

alibi ['ælɪbaɪ] n alibi m.

alien ['eɪlɪən] n étranger/ère // a: **~ (to/from)** étranger(ère) (à) ; **~ate** vt aliéner ; s'aliéner ; **~ation** [-'neɪʃən] n aliénation f.

alight [ə'laɪt] a,ad en feu // vi mettre pied à terre ; (passenger) descendre ; (bird) se poser.

align [ə'laɪn] vt aligner ; **~ment** n alignement m.

alike [ə'laɪk] a semblable, pareil(le) // ad de même ; **to look ~** se ressembler.

alimony ['ælɪmənɪ] n (payment) pension f alimentaire.

alive [ə'laɪv] a vivant(e) ; (active) plein(e) de vie ; **~ with** grouillant(e) de ; **~ to** sensible à.

alkali ['ælkəlaɪ] n alcali m.

all [ɔːl] a tout(e), tous(toutes) pl // pronoun tout m, (pl) tous(toutes) // ad tout ; **~ wrong/alone** tout faux/seul ; **~ the time/his life** tout le temps/toute sa vie ; **~ five** (tous) les cinq ; **~ of them** tous, toutes ; **~ of it** tout ; **~ of us went** nous y sommes tous allés ; **not as hard etc as ~ that** pas si dur etc que ça ; **~ in ~** à tout prendre, l'un dans l'autre.

allay [ə'leɪ] vt (fears) apaiser, calmer.

allegation [ælɪ'geɪʃən] n allégation f.

allege [ə'lɛdʒ] vt alléguer, prétendre ; **~dly** [ə'lɛdʒɪdlɪ] ad à ce que l'on prétend, paraît-il.

allegiance [ə'liːdʒəns] n fidélité f, obéissance f.

allegory ['ælɪgərɪ] n allégorie f.

all-embracing ['ɔːlɪm'breɪsɪŋ] a universel(le).

allergic [ə'lə:dʒɪk] a: **~ to** allergique à.

allergy ['ælədʒɪ] n allergie f.

alleviate [ə'liːvɪeɪt] vt soulager, adoucir.

alley ['ælɪ] n ruelle f ; (in garden) allée f.

alliance [ə'laɪəns] n alliance f.

allied ['ælaɪd] a allié(e).

alligator ['ælɪgeɪtə*] n alligator m.

all-important ['ɔːlɪm'pɔːtənt] a capital(e), crucial(e).

all-in ['ɔːlɪn] a (also ad: charge) tout compris ; **~ wrestling** n catch m.

alliteration [əlɪtə'reɪʃən] n allitération f.

all-night ['ɔːl'naɪt] a ouvert(e) or qui dure toute la nuit.

allocate ['æləkeɪt] vt (share out) répartir, distribuer ; (duties): **to ~ sth to** assigner or attribuer qch à ; (sum, time): **to ~ sth to** allouer qch à ; **to ~ sth for** affecter qch à.

allocation [æləu'keɪʃən] n: **~ (of money)** crédit(s) m(pl), somme(s) allouée(s).

allot [ə'lɔt] vt (share out) répartir, distribuer ; (time): **to ~ sth to** allouer qch à ; (duties): **to ~ sth to** assigner qch à ; **~ment** n (share) part f ; (garden) lopin m de terre (loué à la municipalité).

all-out ['ɔːlaut] a (effort etc) total(e) // ad: **all out** à fond.

allow [ə'lau] vt (practice, behaviour) permettre, autoriser ; (sum to spend etc) accorder ; allouer ; (sum, time estimated) compter, prévoir ; (concede): **to ~ that** convenir que ; **to ~ sb to do** permettre à qn de faire, autoriser qn à faire ; **to ~ for** vt fus tenir compte de ; **~ance** n (money received) allocation f ; subside m ; indemnité f ; (TAX) somme f déductible du revenu imposable, abattement m ; **to make ~ances for** tenir compte de.

alloy ['ælɔɪ] n alliage m.
all right [ɔːl'raɪt] ad (feel, work) bien ; (as answer) d'accord.
all-round [ɔːl'raund] a compétent(e) dans tous les domaines ; (athlete etc) complet(ète).
all-time [ɔːl'taɪm] a (record) sans précédent, absolu(e).
allude [ə'luːd] vi: **to** ~ **to** faire allusion à.
alluring [ə'ljuərɪŋ] a séduisant(e), alléchant(e).
allusion [ə'luːʒən] n allusion f.
alluvium [ə'luːvɪəm] n alluvions fpl.
ally ['ælaɪ] n allié m.
almighty [ɔːl'maɪtɪ] a tout-puissant.
almond ['ɑːmənd] n amande f.
almost ['ɔːlməust] ad presque.
alms [ɑːmz] n aumône(s) f(pl).
alone [ə'ləun] a seul(e) ; **to leave sb** ~ laisser qn tranquille ; **to leave sth** ~ ne pas toucher à qch.
along [ə'lɔŋ] prep le long de // ad: **is he coming** ~? vient-il avec nous? ; **he was hopping/limping** ~ il venait or avançait en sautillant/boitant ; ~ **with** en compagnie de ; avec, en plus de ; ~**side** prep le long de ; au côté de // ad bord à bord ; côte à côte.
aloof [ə'luːf] a,ad à distance, à l'écart ; ~**ness** réserve (hautaine), attitude distante.
aloud [ə'laud] ad à haute voix.
alphabet ['ælfəbɛt] n alphabet m ; ~**ical** [-'bɛtɪkəl] a alphabétique.
alpine ['ælpaɪn] a alpin(e), alpestre.
Alps [ælps] npl: **the** ~ les Alpes fpl.
already [ɔːl'rɛdɪ] ad déjà.
alright ['ɔːl'raɪt] ad = **all right**.
also ['ɔːlsəu] ad aussi.
altar ['ɔltə*] n autel m.
alter ['ɔltə*] vt,vi changer, modifier ; ~**ation** [ɔltə'reɪʃən] n changement m, modification f.
alternate a [ɔl'təːnɪt] alterné(e), alternant(e), alternatif(ive) // vi ['ɔltəːneɪt] alterner ; **on** ~ **days** un jour sur deux, tous les deux jours ; ~**ly** ad alternativement, en alternant ; **alternating** a (current) alternatif(ive).
alternative [ɔl'təːnətɪv] a (solutions) interchangeable, possible ; (solution) autre, de remplacement // n (choice) alternative f ; (other possibility) solution f de remplacement or de rechange, autre possibilité f ; ~**ly** ad: ~**ly one could** une autre or l'autre solution serait de.
alternator ['ɔltəːneɪtə*] n (AUT) alternateur m.
although [ɔːl'ðəu] cj bien que + sub.
altitude ['æltɪtjuːd] n altitude f.
alto ['æltəu] n (female) contralto m ; (male) haute-contre f.
altogether [ɔːltə'gɛðə*] ad entièrement, tout à fait ; (on the whole) tout compte fait ; (in all) en tout.
altruistic [æltruː'ɪstɪk] a altruiste.
aluminium [ælju'mɪnɪəm], **aluminum** [ə'luːmɪnəm] (US) n aluminium m.
always ['ɔːlweɪz] ad toujours.

am [æm] vb see **be**.
a.m. ad (abbr of ante meridiem) du matin.
amalgamate [ə'mælgəmeɪt] vt,vi fusionner ; **amalgamation** [-'meɪʃən] n fusion f ; (COMM) fusionnement m ; amalgame m.
amass [ə'mæs] vt amasser.
amateur ['æmətə*] n amateur m // a (SPORT) amateur inv ; ~**ish** a (pej) d'amateur.
amaze [ə'meɪz] vt stupéfier ; ~**ment** n stupéfaction f, stupeur f.
ambassador [æm'bæsədə*] n ambassadeur m.
amber ['æmbə*] n ambre m ; **at** ~ (AUT) à l'orange.
ambidextrous [æmbɪ'dɛkstrəs] a ambidextre.
ambiguity [æmbɪ'gjuɪtɪ] n ambiguïté f.
ambiguous [æm'bɪgjuəs] a ambigu(ë).
ambition [æm'bɪʃən] n ambition f.
ambitious [æm'bɪʃəs] a ambitieux(euse).
ambivalent [æm'bɪvələnt] a (attitude) ambivalent(e).
amble ['æmbl] vi (gen: **to** ~ **along**) aller d'un pas tranquille.
ambulance ['æmbjuləns] n ambulance f.
ambush ['æmbuʃ] n embuscade f // vt tendre une embuscade à.
ameliorate [ə'miːlɪəreɪt] vt améliorer.
amenable [ə'miːnəbl] a: ~ **to** (advice etc) disposé(e) à écouter or suivre ; ~ **to the law** responsable devant la loi.
amend [ə'mɛnd] vt (law) amender ; (text) corriger ; (habits) réformer // vi s'amender, se corriger ; **to make** ~**s** réparer ses torts, faire amende honorable ; ~**ment** n (to law) amendement m ; (to text) correction f.
amenities [ə'miːnɪtɪz] npl aménagements mpl (prévus pour le loisir des habitants).
amenity [ə'miːnɪtɪ] n charme m, agrément m.
America [ə'mɛrɪkə] n Amérique f ; ~**n** a américain(e) // n Américain/e ; **a**~**nize** vt américaniser.
amethyst ['æmɪθɪst] n améthyste f.
amiable ['eɪmɪəbl] a aimable, affable.
amicable ['æmɪkəbl] a amical(e).
amid(st) [ə'mɪd(st)] prep parmi, au milieu de.
amiss [ə'mɪs] a,ad: **there's something** ~ il y a quelque chose qui ne va pas or qui cloche ; **to take sth** ~ prendre qch mal or de travers.
ammunition [æmju'nɪʃən] n munitions fpl.
amnesia [æm'niːzɪə] n amnésie f.
amnesty ['æmnɪstɪ] n amnistie f.
amok [ə'mɔk] ad: **to run** ~ être pris(e) d'un accès de folie furieuse.
among(st) [ə'mʌŋ(st)] prep parmi, entre.
amoral [æ'mɔrəl] a amoral(e).
amorous ['æmərəs] a amoureux(euse).
amorphous [ə'mɔːfəs] a amorphe.
amount [ə'maunt] n somme f ; montant m ; quantité f ; nombre m // vi: **to** ~ **to** (total) s'élever à ; (be same as) équivaloir à, revenir à.

amp(ère) ['æmp(ɛə*)] *n* ampère *m*.
amphibian [æm'fɪbɪən] *n* batracien *m*.
amphibious [æm'fɪbɪəs] *a* amphibie.
amphitheatre ['æmfɪθɪətə*] *n* amphithéâtre *m*.
ample ['æmpl] *a* ample ; spacieux(euse) ; (*enough*): **this is ~** c'est largement suffisant ; **to have ~ time/room** avoir bien assez de temps/place, avoir largement le temps/la place.
amplifier ['æmplɪfaɪə*] *n* amplificateur *m*.
amplify ['æmplɪfaɪ] *vt* amplifier.
amply ['æmplɪ] *ad* amplement, largement.
amputate ['æmpjuteɪt] *vt* amputer.
amuck [ə'mʌk] *ad* = **amok**.
amuse [ə'mju:z] *vt* amuser ; **~ment** *n* amusement *m*.
an [æn, ən, n] *det see* **a**.
anaemia [ə'ni:mɪə] *n* anémie *f*.
anaemic [ə'ni:mɪk] *a* anémique.
anaesthetic [ænɪs'θɛtɪk] *a,n* anesthésique (*m*) ; **under the ~** sous anesthésie.
anaesthetist [æ'ni:sθɪtɪst] *n* anesthésiste *m/f*.
anagram ['ænəgræm] *n* anagramme *m*.
analgesic [ænæl'dʒi:sɪk] *a,n* analgésique (*m*).
analogy [ə'nælədʒɪ] *n* analogie *f*.
analyse ['ænəlaɪz] *vt* analyser.
analysis, *pl* **analyses** [ə'næləsɪs, -si:z] *n* analyse *f*.
analyst ['ænəlɪst] *n* (*US*) psychanalyste *m/f*.
analytic(al) [ænə'lɪtɪk(əl)] *a* analytique.
analyze ['ænəlaɪz] *vt* (*US*) = **analyse.**
anarchist ['ænəkɪst] *a,n* anarchiste (*m/f*).
anarchy ['ænəkɪ] *n* anarchie *f*.
anathema [ə'næθɪmə] *n*: **it is ~ to him** il a cela en abomination.
anatomical [ænə'tɔmɪkəl] *a* anatomique.
anatomy [ə'nætəmɪ] *n* anatomie *f*.
ancestor ['ænsɪstə*] *n* ancêtre *m*, aïeul *m*.
ancestral [æn'sɛstrəl] *a* ancestral(e).
ancestry ['ænsɪstrɪ] *n* ancêtres *mpl* ; ascendance *f*.
anchor ['æŋkə*] *n* ancre *f* // *vi* (*also*: **to drop ~**) jeter l'ancre, mouiller // *vt* mettre à l'ancre ; **~age** *n* mouillage *m*, ancrage *m*.
anchovy ['æntʃəvɪ] *n* anchois *m*.
ancient ['eɪnʃənt] *a* ancien(ne), antique ; (*fig*) d'un âge vénérable, antique.
and [ænd] *cj* et ; **~ so on** et ainsi de suite ; **try ~ come** tâchez de venir ; **come ~ sit here** viens t'asseoir ici ; **better ~ better** de mieux en mieux ; **more ~ more** de plus en plus.
Andes ['ændi:z] *npl*: **the ~** les Andes *fpl*.
anecdote ['ænɪkdəʊt] *n* anecdote *f*.
anemia [ə'ni:mɪə] *n* = **anaemia**.
anemic [ə'ni:mɪk] *a* = **anaemic**.
anesthetic [ænɪs'θɛtɪk] *a,n* = **anaesthetic.**
anesthetist [æ'ni:sθɪtɪst] *n* = **anaesthetist.**
anew [ə'nju:] *ad* à nouveau.
angel ['eɪndʒəl] *n* ange *m*.
anger ['æŋgə*] *n* colère *f* // *vt* mettre en colère, irriter.

angina [æn'dʒaɪnə] *n* angine *f* de poitrine.
angle ['æŋgl] *n* angle *m* ; **from their ~** de leur point de vue // *vi*: **to ~ for** (*trout*) pêcher ; (*compliments*) chercher, quêter ; **~r** *n* pêcheur/euse à la ligne.
Anglican ['æŋglɪkən] *a,n* anglican(e).
anglicize ['æŋglɪsaɪz] *vt* angliciser.
angling ['æŋglɪŋ] *n* pêche *f* à la ligne.
Anglo- ['æŋgləʊ] *prefix* anglo(-) ; **~Saxon** *a,n* anglo-saxon(ne).
angrily ['æŋgrɪlɪ] *ad* avec colère.
angry ['æŋgrɪ] *a* en colère, furieux(euse) ; **to be ~ with sb/at sth** être furieux contre qn/de qch ; **to get ~** se fâcher, se mettre en colère ; **to make sb ~** mettre qn en colère.
anguish ['æŋgwɪʃ] *n* angoisse *f*.
angular ['æŋgjulə*] *a* anguleux(euse).
animal ['ænɪməl] *n* animal *m* // *a* animal(e) ; **~ spirits** *npl* entrain *m*, vivacité *f*.
animate *vt* ['ænɪmeɪt] animer // *a* ['ænɪmɪt] animé(e), vivant(e) ; **~d** *a* animé(e).
animosity [ænɪ'mɔsɪtɪ] *n* animosité *f*.
aniseed ['ænɪsi:d] *n* anis *m*.
ankle ['æŋkl] *n* cheville *f*.
annex *n* ['ænɛks] (*also*: **annexe**) annexe *f* // *vt* [ə'nɛks] annexer ; **~ation** [-'eɪʃən] *n* annexion *f*.
annihilate [ə'naɪəleɪt] *vt* annihiler, anéantir.
anniversary [ænɪ'və:sərɪ] *n* anniversaire *m* ; **~ dinner** *n* dîner commémoratif *or* anniversaire.
annotate ['ænəʊteɪt] *vt* annoter.
announce [ə'naʊns] *vt* annoncer ; (*birth, death*) faire part de ; **~ment** *n* annonce *f* ; (*for births etc: in newspaper*) avis *m* de faire-part ; (*:letter, card*) faire-part *m* ; **~r** *n* (*RADIO, TV*) (*between programmes*) speaker/ine ; (*in a programme*) présentateur/trice.
annoy [ə'nɔɪ] *vt* agacer, ennuyer, contrarier ; **don't get ~ed!** ne vous fâchez pas! ; **~ance** *n* mécontentement *m*, contrariété *f* ; **~ing** *a* ennuyeux(euse), agaçant(e), contrariant(e).
annual ['ænjuəl] *a* annuel(le) // *n* (*BOT*) plante annuelle ; (*book*) album *m* ; **~ly** *ad* annuellement.
annuity [ə'nju:ɪtɪ] *n* rente *f* ; **life ~** rente viagère.
annul [ə'nʌl] *vt* annuler ; (*law*) abroger ; **~ment** *n* annulation *f* ; abrogation *f*.
annum ['ænəm] *n see* **per**.
anoint [ə'nɔɪnt] *vt* oindre.
anomalous [ə'nɔmələs] *a* anormal(e).
anomaly [ə'nɔməlɪ] *n* anomalie *f*.
anonymity [ænə'nɪmɪtɪ] *n* anonymat *m*.
anonymous [ə'nɔnɪməs] *a* anonyme.
anorak ['ænəræk] *n* anorak *m*.
another [ə'nʌðə*] *a*: **~ book** (*one more*) un autre livre, encore un livre, un livre de plus ; (*a different one*) un autre livre // *pronoun* un(e) autre, encore un(e), un(e) de plus ; *see also* **one**.
answer ['ɑ:nsə*] *n* réponse *f* ; solution *f* // *vi* répondre // *vt* (*reply to*) répondre à ; (*problem*) résoudre ; (*prayer*) exaucer ; **to ~ the phone** répondre (au téléphone) ;

in ~ to your letter suite à *or* en réponse à votre lettre ; **to ~ the bell** *or* **the door** aller *or* venir ouvrir (la porte) ; **to ~ back** *vi* répondre, répliquer ; **to ~ for** *vt fus* répondre de, se porter garant de ; être responsable de ; **to ~ to** *vt fus* *(description)* répondre *or* correspondre à ; **~able** *a*: **~able (to sb/for sth)** responsable (devant qn/de qch) ; **I am ~able to no-one** je n'ai de comptes à rendre à personne.

ant [ænt] *n* fourmi *f*.
antagonism [æn'tægənɪzəm] *n* antagonisme *m*.
antagonist [æn'tægənɪst] *n* antagoniste *m/f*, adversaire *m/f* ; **~ic** [æntægə'nɪstɪk] *a* opposé(e) ; antagoniste.
antagonize [æn'tægənaɪz] *vt* éveiller l'hostilité de, contrarier.
Antarctic [ænt'ɑ:ktɪk] *n* Antarctique *m* // *a* antarctique, austral(e).
anteater ['æntiːtə*] *n* fourmilier *m*, tamanoir *m*.
antecedent [æntɪ'siːdənt] *n* antécédent *m*.
antelope ['æntɪləup] *n* antilope *f*.
antenatal ['æntɪ'neɪtl] *a* prénatal(e) ; **~ clinic** *n* service *m* de consultation prénatale.
antenna, *pl* **~e** [æn'tɛnə, -niː] *n* antenne *f*.
anthem ['ænθəm] *n* motet *m* ; **national ~** hymne national.
ant-hill ['ænthɪl] *n* fourmilière *f*.
anthology [æn'θɔlədʒɪ] *n* anthologie *f*.
anthropologist [ænθrə'pɔlədʒɪst] *n* anthropologue *m/f*.
anthropology [ænθrə'pɔlədʒɪ] *n* anthropologie *f*.
anti- ['ænti] *prefix* anti-.
anti-aircraft ['æntɪ'ɛəkrɑːft] *a* antiaérien(ne) ; **~ defence** *n* défense *f* contre avions, DCA *f*.
antibiotic ['æntɪbaɪ'ɔtɪk] *a,n* antibiotique *(m)*.
anticipate [æn'tɪsɪpeɪt] *vt* s'attendre à ; prévoir ; *(wishes, request)* aller au devant de, devancer.
anticipation [æntɪsɪ'peɪʃən] *n* attente *f* ; **thanking you in ~** en vous remerciant d'avance, avec mes remerciements anticipés.
anticlimax ['æntɪ'klaɪmæks] *n* réalisation décevante d'un événement que l'on escomptait important, intéressant etc.
anticlockwise ['æntɪ'klɔkwaɪz] *a* dans le sens inverse des aiguilles d'une montre.
antics ['æntɪks] *npl* singeries *fpl*.
anticyclone ['æntɪ'saɪkləun] *n* anticyclone *m*.
antidote ['æntɪdəut] *n* antidote *m*, contrepoison *m*.
antifreeze ['æntɪ'friːz] *n* antigel *m*.
antipathy [æn'tɪpəθɪ] *n* antipathie *f*.
antiquarian [æntɪ'kwɛərɪən] *a*: **~ bookshop** librairie *f* d'ouvrages anciens / *n* expert *m* en objets *or* livres anciens ; amateur *m* d'antiquités.
antiquated ['æntɪkweɪtɪd] *a* vieilli(e), suranné(e), vieillot(te).
antique [æn'tiːk] *n* objet *m* d'art ancien, meuble ancien *or* d'époque, antiquité *f* //

a ancien(ne) ; *(pre-mediaeval)* antique ; **~ dealer** *n* antiquaire *m/f* ; **~ shop** *n* magasin *m* d'antiquités.
antiquity [æn'tɪkwɪtɪ] *n* antiquité *f*.
antiseptic [æntɪ'sɛptɪk] *a,n* antiseptique *(m)*.
antisocial ['æntɪ'səuʃəl] *a* peu liant(e), sauvage, insociable ; *(against society)* antisocial(e).
antlers ['æntləz] *npl* bois *mpl*, ramure *f*.
anus ['eɪnəs] *n* anus *m*.
anvil ['ænvɪl] *n* enclume *f*.
anxiety [æŋ'zaɪətɪ] *n* anxiété *f* ; *(keenness)*: **~ to do** grand désir *or* impatience *f* de faire.
anxious ['æŋkʃəs] *a* anxieux(euse), (très) inquiet(ète) ; *(keen)*: **~ to do/that** qui tient beaucoup à faire/à ce que ; impatient(e) de faire/que ; **~ly** *ad* anxieusement.
any ['ɛnɪ] *a* *(in negative and interrogative sentences = some)* de, d' ; du, de l', de la, des ; *(no matter which)* n'importe quel(le), quelconque ; *(each and every)* tout(e), chaque ; **I haven't ~ money/books** je n'ai pas d'argent *de* livres ; **have you ~ butter/children?** avez-vous du beurre/des enfants? ; **without ~ difficulty** sans la moindre difficulté ; **come (at) ~ time** venez à n'importe quelle heure ; **at ~ moment** à tout moment, d'un instant à l'autre ; **in ~ case** en tout cas ; **at ~ rate** de toute façon ; en tout cas ; **at ~ rate** de toute façon // pronoun n'importe lequel(laquelle) ; *(anybody)* n'importe qui ; *(in negative and interrogative sentences)*: **I haven't ~** je n'en ai pas, je n'en ai aucun ; **have you got ~?** en avez-vous? ; **can ~ of you sing?** est-ce que l'un d'entre vous *or* quelqu'un parmi vous sait chanter? // *ad* *(in negative sentences)* nullement, aucunement ; *(in interrogative and conditional constructions)* un peu ; tant soit peu ; **I can't hear him ~ more** je ne l'entends plus ; **are you feeling ~ better?** vous sentez-vous un peu mieux? ; **do you want ~ more soup?** voulez-vous encore un peu de soupe? ; **~body** pronoun n'importe qui ; *(in interrogative sentences)* quelqu'un ; *(in negative sentences)*: **I don't see ~body** je ne vois personne ; **how** ad quoi qu'il en soit ; **~one = ~body** ; **~thing** pronoun *(see anybody)* n'importe quoi ; quelque chose ; ne ... rien ; **~time** ad n'importe quand ; **~way** ad de toute façon ; **~where** ad *(see anybody)* n'importe où ; quelque part ; **I don't see him ~where** je ne le vois nulle part.
apart [ə'pɑːt] *ad (to one side)* à part ; de côté ; à l'écart ; *(separately)* séparément ; **10 miles/a long way ~** à 10 milles/très éloignés l'un de l'autre ; **they are living ~** ils sont séparés ; **~ from** *prep* à part, excepté.
apartheid [ə'pɑːteɪt] *n* apartheid *m*.
apartment [ə'pɑːtmənt] *n* *(US)* appartement *m*, logement *m* ; **~s** *npl* appartement *m*.
apathetic [æpə'θɛtɪk] *a* apathique, indifférent(e).
apathy ['æpəθɪ] *n* apathie *f*, indifférence *f*.

ape [eɪp] n (grand) singe // vt singer.
aperitif [əˈpɛrɪtɪv] n apéritif m.
aperture [ˈæpətʃjuə*] n orifice m, ouverture f; (PHOT) ouverture (du diaphragme).
apex [ˈeɪpɛks] n sommet m.
aphrodisiac [æfrəuˈdɪzɪæk] a,n aphrodisiaque (m).
apiece [əˈpiːs] ad (for each person) chacun(e), par tête; (for each item) chacun(e), (la) pièce.
aplomb [əˈplɔm] n sang-froid m, assurance f.
apocalypse [əˈpɔkəlɪps] n apocalypse f.
apolitical [eɪpəˈlɪtɪkl] a apolitique.
apologetic [əpɔləˈdʒɛtɪk] a (tone, letter) d'excuse; **to be very ~ about** s'excuser vivement de.
apologize [əˈpɔlədʒaɪz] vi: **to ~ (for sth to sb)** s'excuser (de qch auprès de qn), présenter des excuses (à qn pour qch).
apology [əˈpɔlədʒɪ] n excuses fpl; **to send one's apologies** envoyer une lettre or un mot d'excuse, s'excuser (de ne pas pouvoir venir).
apoplexy [ˈæpəplɛksɪ] n apoplexie f.
apostle [əˈpɔsl] n apôtre m.
apostrophe [əˈpɔstrəfɪ] n apostrophe f.
appal [əˈpɔːl] vt consterner, atterrer; horrifier; **~ling** a épouvantable; (stupidity) consternant(e).
apparatus [æpəˈreɪtəs] n appareil m, dispositif m.
apparent [əˈpærənt] a apparent(e); **~ly** ad apparemment.
apparition [æpəˈrɪʃən] n apparition f.
appeal [əˈpiːl] vi (LAW) faire or interjeter appel // n (LAW) appel m; (request) prière f; appel m; (charm) attrait m, charme m; **to ~ for** demander (instamment); implorer; **to ~ to** (subj: person) faire appel à; (subj: thing) plaire à; **to ~ to sb for mercy** implorer la pitié de qn, prier or adjurer qn d'avoir pitié; **it doesn't ~ to me** cela ne m'attire pas; **~ing** a (nice) attrayant(e); (touching) attendrissant(e).
appear [əˈpɪə*] vi apparaître, se montrer; (LAW) comparaître; (publication) paraître, sortir, être publié(e); (seem) paraître, sembler; **it would ~ that** il semble que; **to ~ in Hamlet** jouer dans Hamlet; **to ~ on TV** paraître à la télé; **~ance** n apparition f; parution f; (look, aspect) apparence f, aspect m; **to put in** or **make an ~ance** faire acte de présence; (THEATRE): **by order of ~ance** par ordre d'entrée en scène.
appease [əˈpiːz] vt apaiser, calmer.
appendage [əˈpɛndɪdʒ] n appendice m.
appendicitis [əpɛndɪˈsaɪtɪs] n appendicite f.
appendix, pl **appendices** [əˈpɛndɪks, -sɪːz] n appendice m.
appetite [ˈæpɪtaɪt] n appétit m.
appetizing [ˈæpɪtaɪzɪŋ] a appétissant(e).
applaud [əˈplɔːd] vt,vi applaudir.
applause [əˈplɔːz] n applaudissements mpl.
apple [ˈæpl] n pomme f; **it's the ~ of my eye** j'y tiens comme à la prunelle de mes

yeux; **~ tree** n pommier m; **~ turnover** n chausson m aux pommes.
appliance [əˈplaɪəns] n appareil m.
applicable [əˈplɪkəbl] a applicable.
applicant [ˈæplɪkənt] n candidat/e (for a post à un poste).
application [æplɪˈkeɪʃən] n application f; (for a job, a grant etc) demande f; candidature f; **on ~** sur demande.
applied [əˈplaɪd] a appliqué(e); **~ arts** npl arts décoratifs.
apply [əˈplaɪ] vt (paint, ointment): **to ~ (to)** appliquer (sur); (theory, technique): **to ~ (to)** appliquer (à) // vi: **to ~ to** (ask) s'adresser à; (be suitable for, relevant to) s'appliquer à; se rapporter à; être valable pour; **to ~ (for)** (permit, grant) faire une demande (en vue d'obtenir); (job) poser sa candidature (pour), faire une demande d'emploi (concernant); **to ~ the brakes** actionner les freins, freiner; **to ~ o.s. to** s'appliquer à.
appoint [əˈpɔɪnt] vt nommer, engager; (date, place) fixer, désigner; **~ment** n nomination f; rendez-vous m; **to make an ~ment (with)** prendre rendez-vous (avec).
apportion [əˈpɔːʃən] vt (share out) répartir, distribuer; **to ~ sth to sb** attribuer or assigner or allouer qch à qn.
appraisal [əˈpreɪzl] n évaluation f.
appreciable [əˈpriːʃəbl] a appréciable.
appreciate [əˈpriːʃɪeɪt] vt (like) apprécier, faire cas de; être reconnaissant(e) de; (assess) évaluer; (be aware of) comprendre; se rendre compte de // vi (FINANCE) prendre de la valeur.
appreciation [əpriːʃɪˈeɪʃən] n appréciation f; reconnaissance f; (COMM) hausse f, valorisation f.
appreciative [əˈpriːʃɪətɪv] a (person) sensible; (comment) élogieux(euse).
apprehend [æprɪˈhɛnd] vt appréhender, arrêter; (understand) comprendre.
apprehension [æprɪˈhɛnʃən] n appréhension f, inquiétude f.
apprehensive [æprɪˈhɛnsɪv] a inquiet-(ète), appréhensif(ive).
apprentice [əˈprɛntɪs] n apprenti m; **~ship** n apprentissage m.
approach [əˈprəutʃ] vi approcher // vt (come near) approcher de; (ask, apply to) s'adresser à; (subject, passer-by) aborder // n approche f; accès m, abord m; démarche f (auprès de qn); démarche (intellectuelle); **~able** a accessible.
approbation [æprəˈbeɪʃən] n approbation f.
appropriate vt [əˈprəuprɪeɪt] (take) s'approprier; (allot): **to ~ sth for** affecter qch à // a [əˈprəuprɪt] opportun(e); qui convient, approprié(e); **~ly** ad pertinemment, avec à-propos.
approval [əˈpruːvəl] n approbation f; **on ~** (COMM) à l'examen.
approve [əˈpruːv] vt approuver; **to ~ of** vt fus approuver; **~d school** n centre m d'éducation surveillée; **approvingly** ad d'un air approbateur.
approximate a [əˈprɔksɪmɪt] approximatif(ive) // vt [əˈprɔksɪmeɪt] se rapprocher de; être proche de;

approximation [-'meɪʃən] n approximation f.
apricot ['eɪprɪkɒt] n abricot m.
April ['eɪprəl] n avril m ; ~ fool! poisson d'avril!
apron ['eɪprən] n tablier m.
apt [æpt] a (suitable) approprié(e) ; (able): ~ (at) doué(e) (pour) ; apte (à) ; (likely): ~ to do susceptible de faire ; ayant tendance à faire.
aptitude ['æptɪtjuːd] n aptitude f.
aqualung ['ækwəlʌŋ] n scaphandre m autonome.
aquarium [ə'kwɛərɪəm] n aquarium m.
Aquarius [ə'kwɛərɪəs] n le Verseau ; to be ~ être du Verseau.
aquatic [ə'kwætɪk] a aquatique ; (SPORT) nautique.
aqueduct ['ækwɪdʌkt] n aqueduc m.
Arab ['ærəb] n Arabe m/f.
Arabia [ə'reɪbɪə] n Arabie f ; ~n a arabe.
Arabic ['ærəbɪk] a,n arabe (m).
arable ['ærəbl] a arable.
arbiter ['ɑːbɪtə*] n arbitre m.
arbitrary ['ɑːbɪtrərɪ] a arbitraire.
arbitrate ['ɑːbɪtreɪt] vi arbitrer ; trancher ; arbitration [-'treɪʃən] n arbitrage m.
arbitrator ['ɑːbɪtreɪtə*] n arbitre m, médiateur/trice.
arc [ɑːk] n arc m.
arcade [ɑː'keɪd] n arcade f ; (passage with shops) passage m, galerie f.
arch [ɑːtʃ] n arche f ; (of foot) cambrure f, voûte f plantaire // vt arquer, cambrer // a malicieux(euse) // prefix: ~(-) achevé(e) : par excellence ; pointed ~ n ogive f.
archaeologist [ɑːkɪ'ɒlədʒɪst] n archéologue m/f.
archaeology [ɑːkɪ'ɒlədʒɪ] n archéologie f.
archaic [ɑː'keɪɪk] a archaïque.
archbishop [ɑːtʃ'bɪʃəp] n archevêque m.
arch-enemy ['ɑːtʃ'ɛnɪmɪ] n ennemi m de toujours or par excellence.
archeologist [ɑːkɪ'ɒlədʒɪst] n (US) = archaeologist.
archeology [ɑːkɪ'ɒlədʒɪ] n (US) = archaeology.
archer ['ɑːtʃə*] n archer m ; ~y n tir m à l'arc.
archetype ['ɑːkɪtaɪp] n prototype m, archétype m.
archipelago [ɑːkɪ'pɛlɪgəu] n archipel m.
architect ['ɑːkɪtɛkt] n architecte m ; ~ural [ɑːkɪ'tɛktʃərəl] a architectural(e) ; ~ure ['ɑːkɪtɛktʃə*] n architecture f.
archives ['ɑːkaɪvz] npl archives fpl ; archivist ['ɑːkɪvɪst] n archiviste m/f.
archway ['ɑːtʃweɪ] n voûte f, porche voûté or cintré.
Arctic ['ɑːktɪk] a arctique // n: the ~ l'Arctique m.
ardent ['ɑːdənt] a fervent(e).
arduous ['ɑːdjuəs] a ardu(e).
are [ɑː*] vb see be.
area ['ɛərɪə] n (GEOM) superficie f ; (zone) région f ; (:smaller) secteur m ; dining ~ n coin m salle à manger.
arena [ə'riːnə] n arène f.

aren't [ɑːnt] = are not.
Argentina [ɑːdʒən'tiːnə] n Argentine f, Argentinian [-'tɪnɪən] a argentin(e) // n Argentin/e.
arguable ['ɑːgjuəbl] a discutable.
argue [ɑː'gjuː] vi (quarrel) se disputer ; (reason) argumenter ; to ~ that objecter or alléguer que, donner comme argument que.
argument ['ɑːgjumənt] n (reasons) argument m ; (quarrel) dispute f, discussion f ; (debate) discussion f, controverse f ; ~ative [ɑːgju'mɛntətɪv] a ergoteur(euse), raisonneur(euse).
arid ['ærɪd] a aride ; ~ity [ə'rɪdɪtɪ] n aridité f.
Aries ['ɛərɪz] n le Bélier ; to be ~ être du Bélier.
arise, pt arose, pp arisen [ə'raɪz, -'rɔːz, -'rɪzn] vi survenir, se présenter ; to ~ from résulter de.
aristocracy [ærɪs'tɔkrəsɪ] n aristocratie f.
aristocrat ['ærɪstəkræt] n aristocrate m/f ; ~ic [-'krætɪk] a aristocratique.
arithmetic [ə'rɪθmətɪk] n arithmétique f.
ark [ɑːk] n: Noah's A~ l'Arche f de Noé.
arm [ɑːm] n bras m ; (MIL: branch) arme f // vt armer ; ~s npl (weapons, HERALDRY) armes fpl ; ~ in ~ bras dessus bras dessous ; ~band n brassard m ; ~chair n fauteuil m ; ~ed a armé(e) ; ~ed robbery n vol m à main armée ; ~ful n brassée f.
armistice ['ɑːmɪstɪs] n armistice m.
armour ['ɑːmə*] n armure f ; (also: ~-plating) blindage m ; (MIL: tanks) blindés mpl ; ~ed car n véhicule blindé ; ~y n arsenal m.
armpit ['ɑːmpɪt] n aisselle f.
army ['ɑːmɪ] n armée f.
aroma [ə'rəumə] n arôme m ; ~tic [ærə'mætɪk] a aromatique.
arose [ə'rəuz] pt of arise.
around [ə'raund] ad (round) autour ; dans les parages // prep autour de ; (fig: about) environ ; vers ; is he ~? est-il dans les parages or là?
arouse [ə'rauz] vt (sleeper) éveiller ; (curiosity, passions) éveiller, susciter ; exciter.
arpeggio [ɑː'pɛdʒɪəu] n arpège m.
arrange [ə'reɪndʒ] vt arranger ; (programme) arrêter, convenir de ; ~ment n arrangement m ; (plans etc): ~ments dispositions fpl.
array [ə'reɪ] n: ~ of déploiement m or étalage m de.
arrears [ə'rɪəz] npl arriéré m ; to be in ~ with one's rent devoir un arriéré de loyer, être en retard pour le paiement de son loyer.
arrest [ə'rɛst] vt arrêter ; (sb's attention) retenir, attirer // n arrestation f ; under ~ en état d'arrestation.
arrival [ə'raɪvəl] n arrivée f ; (COMM) arrivage m ; (person) arrivant/e.
arrive [ə'raɪv] vi arriver ; to ~ at vt fus (fig) parvenir à.
arrogance ['ærəgəns] n arrogance f.
arrogant ['ærəgənt] a arrogant(e).

arrow ['ærəu] n flèche f.

arsenal ['ɑːsɪnl] n arsenal m.

arsenic ['ɑːsnɪk] n arsenic m.

arson ['ɑːsn] n incendie criminel.

art [ɑːt] n art m; (craft) métier m; **A~s** npl (SCOL) les lettres fpl; ~ **gallery** n musée m d'art; (small and private) galerie f de peinture.

artefact ['ɑːtɪfækt] n objet fabriqué.

artery ['ɑːtərɪ] n artère f.

artful ['ɑːtful] a rusé(e).

arthritis [ɑː'θraɪtɪs] n arthrite f.

artichoke ['ɑːtɪtʃəuk] n artichaut m.

article ['ɑːtɪkl] n article m; (LAW: training): ~**s** npl ≈ stage m.

articulate a [ɑː'tɪkjulɪt] (person) qui s'exprime clairement et aisément; (speech) bien articulé(e), prononcé(e) clairement // vi [ɑː'tɪkjuleɪt] articuler, parler distinctement; ~**d lorry** n (camion m) semi-remorque m.

artifice ['ɑːtɪfɪs] n ruse f.

artificial [ɑːtɪ'fɪʃəl] a artificiel(le); ~ **respiration** n respiration artificielle.

artillery [ɑː'tɪlərɪ] n artillerie f.

artisan ['ɑːtɪzæn] n artisan/e.

artist ['ɑːtɪst] n artiste m/f; ~**ic** [ɑː'tɪstɪk] a artistique; ~**ry** n art m, talent m.

artless ['ɑːtlɪs] a naïf(ïve), simple, ingénu(e).

as [æz, əz] cj (cause) comme, puisque; (time: moment) alors que, comme; (: duration) tandis que; (manner) comme; (in the capacity of) en tant que, en qualité de; ~ **big** ~ aussi grand que; **twice** ~ **big** ~ deux fois plus grand que; **big** ~ **it is** si grand que ce soit; ~ **she said** comme elle l'avait dit; ~ **if or** ~ **though** comme si; ~ **for or** ~ **to** en ce qui concerne, quant à; ~ **or so long** ~ cj à condition que; si; ~ **much/many** (~) autant (que); ~ **soon** ~ cj aussitôt que, dès que; ~ **such** ad en tant que tel(le); ~ **well** ad aussi; ~ **well** ~ cj en plus de, en même temps que; see also **so, such**.

asbestos [æz'bɛstəs] n asbeste m, amiante m.

ascend [ə'sɛnd] vt gravir; ~**ancy** n ascendant m.

ascent [ə'sɛnt] n ascension f.

ascertain [æsə'teɪn] vt s'assurer de, vérifier; établir.

ascetic [ə'sɛtɪk] a ascétique.

ascribe [ə'skraɪb] vt: **to** ~ **sth to** attribuer qch à; (blame) imputer qch à.

ash [æʃ] n (dust) cendre f; ~ (**tree**) frêne m.

ashamed [ə'ʃeɪmd] a honteux(euse), confus(e); **to be** ~ **of** avoir honte de; **to be** ~ (**of o.s.**) **for having done** avoir honte d'avoir fait.

ashen ['æʃn] a (pale) cendreux(euse), blême.

ashore [ə'ʃɔː*] ad à terre; **to go** ~ aller à terre, débarquer.

ashtray ['æʃtreɪ] n cendrier m.

Asia ['eɪʃə] n Asie f; ~ **Minor** n Asie Mineure; ~**n** n Asiatique m/f // a asiatique; ~**tic** [eɪsɪ'ætɪk] a asiatique.

aside [ə'saɪd] ad de côté; à l'écart // n aparté m.

ask [ɑːsk] vt demander; (invite) inviter; **to** ~ **sb sth/to do sth** demander à qn qch/de faire qch; **to** ~ **sb about sth** questionner qn au sujet de qch; se renseigner auprès de qn au sujet de qch; **to** ~ **about the price** s'informer du prix, se renseigner au sujet du prix; **to** ~ (**sb**) **a question** poser une question (à qn); **to** ~ **sb out to dinner** inviter qn au restaurant; **to** ~ **for** vt fus demander.

askance [ə'skɑːns] ad: **to look** ~ **at sb** regarder qn de travers or d'un œil désapprobateur.

askew [ə'skjuː] ad de travers, de guinguois.

asleep [ə'sliːp] a endormi(e); **to be** ~ dormir, être endormi(e); **to fall** ~ s'endormir.

asp [æsp] n aspic m.

asparagus [əs'pærəgəs] n asperges fpl; ~ **tips** npl pointes fpl d'asperges.

aspect ['æspɛkt] n aspect m; (direction in which a building etc faces) orientation f, exposition f.

aspersions [əs'pəːʃənz] npl **to cast** ~ **on** dénigrer.

asphalt ['æsfælt] n asphalte m.

asphyxiate [æs'fɪksɪeɪt] vt asphyxier; **asphyxiation** [-'eɪʃən] n asphyxie f.

aspirate vt ['æspəreɪt] aspirer // a ['æspərɪt] aspiré(e).

aspiration [æspə'reɪʃən] n aspiration f.

aspire [əs'paɪə*] vi: **to** ~ **to** aspirer à.

aspirin ['æsprɪn] n aspirine f.

ass [æs] n âne m; (col) imbécile m/f.

assail [ə'seɪl] vt assaillir; ~**ant** n agresseur m; assaillant m.

assassin [ə'sæsɪn] n assassin m; ~**ate** vt assassiner; ~**ation** [əsæsɪ'neɪʃən] n assassinat m.

assault [ə'sɔːlt] n (MIL) assaut m; (gen: attack) agression f; (LAW): ~ (**and battery**) voies fpl de fait, coups mpl et blessures fpl // vt attaquer; (sexually) violenter.

assemble [ə'sɛmbl] vt assembler // vi s'assembler, se rassembler.

assembly [ə'sɛmblɪ] n (meeting) rassemblement m; (construction) assemblage m; ~ **line** n chaîne f de montage.

assent [ə'sɛnt] n assentiment m, consentement m // vi donner son assentiment, consentir.

assert [ə'səːt] vt affirmer, déclarer; établir; ~**ion** [ə'səːʃən] n assertion f, affirmation f; ~**ive** a assuré(e), péremptoire.

assess [ə'sɛs] vt évaluer, estimer; (tax, damages) établir or fixer le montant de; (property etc: for tax) calculer la valeur imposable de; ~**ment** n évaluation f, estimation f; ~**or** n expert m (en matière d'impôt et d'assurance).

asset ['æsɛt] n avantage m, atout m; ~**s** npl capital m; avoir(s) m(pl); actif m.

assiduous [ə'sɪdjuəs] a assidu(e).

assign [ə'saɪn] vt (date) fixer, arrêter; (task): **to** ~ **sth to** assigner qch à; (resources): **to** ~ **sth to** affecter qch à; (cause, meaning): **to** ~ **sth to** attribuer qch à; ~**ment** n tâche f, mission f.

assimilate [ə'sımıleıt] vt assimiler ;
assimilation [-'leıʃən] n assimilation f.

assist [ə'sıst] vt aider, assister ; secourir ;
 ~ance n aide f, assistance f ; secours mpl ;
 ~ant n assistant/e, adjoint/e ; (also: **shop
 ~ant**) vendeur/euse.

assizes [ə'saızız] npl assises fpl.

associate a,n [ə'səuʃııt] associé(e) // vb
 [ə'səuʃıeıt] vt associer // vi: **to ~ with
 sb** fréquenter qn.

association [əsəusı'eıʃən] n association f ;
 ~ football n football m.

assorted [ə'sɔ:tıd] a assorti(e).

assortment [ə'sɔ:tmənt] n assortiment m.

assume [ə'sju:m] vt supposer ;
 (responsibilities etc) assumer ; (attitude,
 name) prendre, adopter ; **~d name** n nom
 m d'emprunt.

assumption [ə'sʌmpʃən] n supposition f,
 hypothèse f.

assurance [ə'ʃuərəns] n assurance f.

assure [ə'ʃuə*] vt assurer.

asterisk ['æstərısk] n astérisque m.

astern [ə'stə:n] ad à l'arrière.

asthma ['æsmə] n asthme m ; **~tic**
 [æs'mætık] a,n asthmatique (m/f).

astir [ə'stə:*] ad en émoi.

astonish [ə'stɔnıʃ] vt étonner, stupéfier ;
 ~ment n étonnement m.

astound [ə'staund] vt stupéfier, sidérer.

astray [ə'streı] ad: **to go ~** s'égarer ; (fig)
 quitter le droit chemin.

astride [ə'straıd] ad à cheval // prep à
 cheval sur.

astringent [əs'trındʒənt] a astringent(e)
 // n astringent m.

astrologer [əs'trɔlədʒə*] n astrologue m.

astrology [əs'trɔlədʒı] n astrologie f.

astronaut ['æstrənɔ:t] n astronaute m/f.

astronomer [əs'trɔnəmə*] n astronome m.

astronomical [æstrə'nɔmıkəl] a
 astronomique.

astronomy [əs'trɔnəmı] n astronomie f.

astute [əs'tju:t] a astucieux(euse),
 malin(igne).

asunder [ə'sʌndə*] ad: **to tear ~** déchirer.

asylum [ə'saıləm] n asile m.

at [æt] prep à ; (because of: following sur-
 prised, annoyed etc) de ; par ; **~ Pierre's**
 chez Pierre ; **~ the baker's** chez le
 boulanger, à la boulangerie ; **~ times**
 parfois.

ate [eıt] pt of **eat**.

atheism ['eıθıızəm] n athéisme m.

atheist ['eıθııst] n athée m/f.

Athens ['æθınz] n Athènes.

athlete ['æθli:t] n athlète m/f.

athletic [æθ'letık] a athlétique ; **~s** n
 athlétisme m.

Atlantic [ət'læntık] a atlantique // n: **the
 ~ (Ocean)** l'Atlantique m, l'océan m
 Atlantique.

atlas ['ætləs] n atlas m.

atmosphere ['ætməsfıə*] n atmosphère f.

atmospheric [ætməs'ferık] a
 atmosphérique ; **~s** n (RADIO) parasites
 mpl.

atoll ['ætɔl] n atoll m.

atom ['ætəm] n atome m ; **~ic** [ə'tɔmık]
 a atomique ; **~(ic) bomb** n bombe f

atomique ; **~izer** ['ætəmaızə*] n
atomiseur m.

atone [ə'təun] vi: **to ~ for** expier, racheter.

atrocious [ə'trəuʃəs] a (very bad) atroce,
 exécrable.

atrocity [ə'trɔsıtı] n atrocité f.

atrophy ['ætrəfı] n atrophie f // vt
 atrophier // vi s'atrophier.

attach [ə'tætʃ] vt (gen) attacher ;
 (document, letter) joindre ; (MIL: troops)
 affecter ; **to be ~ed to sb/sth** (to like) être
 attaché à qn/qch ; **~é** [ə'tæʃeı] n attaché
 m ; **~é case** n mallette f, attaché-case m ;
 ~ment n (tool) accessoire m ; (love):
 ~ment (to) affection f (pour),
 attachement m (à).

attack [ə'tæk] vt attaquer ; (task etc)
 s'attaquer à // n attaque f ; (also: **heart
 ~**) crise f cardiaque ; **~er** n attaquant m ;
 agresseur m.

attain [ə'teın] vt (also: **to ~ to**) parvenir
 à, atteindre ; acquérir ; **~ments** npl
 connaissances fpl, résultats mpl.

attempt [ə'tempt] n tentative f // vt
 essayer, tenter ; **~ed theft** etc (LAW)
 tentative de vol etc ; **to make an ~ on
 sb's life** attenter à la vie de qn.

attend [ə'tend] vt (course) suivre ;
 (meeting, talk) assister à ; (school, church)
 aller à, fréquenter ; (patient) soigner,
 s'occuper de ; **to ~ (up)on** servir ; être au
 service de ; **to ~ to** vt fus (needs, affairs
 etc) s'occuper de ; (customer) s'occuper de,
 servir ; **~ance** n (being present) présence
 f ; (people present) assistance f ; **~ant** n
 employé/e ; gardien/ne // a
 concomitant(e), qui accompagne or
 s'ensuit.

attention [ə'tenʃən] n attention f ; **~s**
 attentions fpl, prévenances fpl ; **~!** (MIL)
 garde-à-vous! ; **at ~** (MIL) au
 garde-à-vous ; **for the ~ of** (ADMIN) à
 l'attention de.

attentive [ə'tentıv] a attentif(ive) ; (kind)
 prévenant(e) ; **~ly** ad attentivement, avec
 attention.

attenuate [ə'tenjueıt] vt atténuer // vi
 s'atténuer.

attest [ə'test] vi: **to ~ to** témoigner de,
 attester (de).

attic ['ætık] n grenier m, combles mpl.

attire [ə'taıə*] n habit m, atours mpl.

attitude ['ætıtju:d] n attitude f, manière
 f ; pose f, maintien m.

attorney [ə'tə:nı] n (lawyer) avoué m ;
 (having proxy) mandataire m ; **A~
 General** n (Brit) ≈ procureur général ;
 (US) ≈ garde m des Sceaux, ministre m
 de la Justice ; **power of ~** n procuration
 f.

attract [ə'trækt] vt attirer ; **~ion**
 [ə'trækʃən] n (gen pl: pleasant things)
 attraction f, attrait m ; (PHYSICS) attraction
 f ; (fig: towards sth) attirance f ; **~ive** a
 séduisant(e), attrayant(e).

attribute n ['ætrıbju:t] attribut m // vt
 [ə'trıbju:t] : **to ~ sth to** attribuer qch à.

attrition [ə'trıʃən] n: **war of ~** guerre f
 d'usure.

aubergine ['əubəʒi:n] n aubergine f.

auburn ['ɔ:bən] a auburn inv, châtain roux
 inv.

auction ['ɔ:kʃən] n (*also*: **sale by ~**) vente f aux enchères // vt (*also*: **to sell by ~**) vendre aux enchères ; (*also*: **to put up for ~**) mettre aux enchères ; **~eer** [-'nɪə*] n commissaire-priseur m.

audacious [ɔ:'deɪʃəs] a impudent(e) ; audacieux(euse), intrépide.

audacity [ɔ:'dæsɪtɪ] n impudence f ; audace f.

audible ['ɔ:dɪbl] a audible.

audience ['ɔ:dɪəns] n (*people*) assistance f, auditoire m ; auditeurs mpl ; spectateurs mpl ; (*interview*) audience f.

audio-visual [ɔ:dɪəu'vɪzjuəl] a audio-visuel(le).

audit ['ɔ:dɪt] n vérification f des comptes, apurement m // vt vérifier, apurer.

audition [ɔ:'dɪʃən] n audition f.

auditor ['ɔ:dɪtə*] n vérificateur m des comptes.

auditorium [ɔ:dɪ'tɔ:rɪəm] n auditorium m, salle f de concert or de spectacle.

augment [ɔ:g'mɛnt] vt,vi augmenter.

augur ['ɔ:gə*] vt (*be a sign of*) présager, annoncer // vi: **it ~s well** c'est bon signe or de bon augure, cela s'annonce bien.

August ['ɔ:gəst] n août m.

august [ɔ:'gʌst] a majestueux(euse), imposant(e).

aunt [ɑ:nt] n tante f ; **~ie, ~y** n diminutive of **aunt**.

au pair ['əu'pɛə*] n (*also*: **~ girl**) jeune fille f au pair.

aura ['ɔ:rə] n atmosphère f.

auspices ['ɔ:spɪsɪz] npl: **under the ~ of** sous les auspices de.

auspicious [ɔ:s'pɪʃəs] a de bon augure, propice.

austere [ɔs'tɪə*] a austère.

Australia [ɔs'treɪlɪə] n Australie f ; **~n** a australien(ne) // n Australien/ne.

Austria ['ɔstrɪə] n Autriche f ; **~n** a autrichien(ne) // n Autrichien/ne.

authentic [ɔ:'θɛntɪk] a authentique ; **~ate** vt établir l'authenticité de.

author ['ɔ:θə*] n auteur m.

authoritarian [ɔ:θɔrɪ'tɛərɪən] a autoritaire.

authoritative [ɔ:'θɔrɪtətɪv] a (*account*) digne de foi ; (*study, treatise*) qui fait autorité ; (*manner*) autoritaire.

authority [ɔ:'θɔrɪtɪ] n autorité f ; (*permission*) autorisation (formelle) ; **the authorities** npl les autorités fpl, l'administration f.

authorize ['ɔ:θəraɪz] vt autoriser.

authorship ['ɔ:θəʃɪp] n paternité f (*litteraire etc*).

autistic [ɔ:'tɪstɪk] a autistique.

auto ['ɔ:təu] n (*US*) auto f, voiture f.

autobiography [ɔ:təbaɪ'ɔgrəfɪ] n autobiographie f.

autocratic [ɔ:tə'krætɪk] a autocratique.

autograph ['ɔ:təgrɑ:f] n autographe m // vt signer, dédicacer.

automatic [ɔ:tə'mætɪk] a automatique // n (*gun*) automatique m ; **~ally** ad automatiquement.

automation [ɔ:tə'meɪʃən] n automatisation f.

automaton, pl **automata** [ɔ:'tɔmətən, -tə] n automate m.

automobile ['ɔ:təməbi:l] n (*US*) automobile f.

autonomous [ɔ:'tɔnəməs] a autonome.

autonomy [ɔ:'tɔnəmɪ] n autonomie f.

autopsy ['ɔ:tɔpsɪ] n autopsie f.

autumn ['ɔ:təm] n automne m.

auxiliary [ɔ:g'zɪlɪərɪ] a auxiliaire // n auxiliaire m/f.

Av. abbr of **avenue**.

avail [ə'veɪl] vt: **to ~ o.s. of** user de ; profiter de // n: **to no ~** sans résultat, en vain, en pure perte.

availability [əveɪlə'bɪlɪtɪ] n disponibilité f.

available [ə'veɪləbl] a disponible ; **every ~ means** tous les moyens possibles or à sa (*or* notre *etc*) disposition.

avalanche ['ævəlɑ:nʃ] n avalanche f.

avant-garde ['ævɔn'gɑ:d] a d'avant-garde.

avaricious [ævə'rɪʃəs] a avare.

Ave. abbr of **avenue**.

avenge [ə'vɛndʒ] vt venger.

avenue ['ævənju:] n avenue f.

average ['ævərɪdʒ] n moyenne f // a moyen(ne) // vt (*a certain figure*) atteindre or faire *etc* en moyenne ; **on ~** en moyenne ; **above/below (the) ~** au-dessus/en-dessous de la moyenne ; **to ~ out vi: to ~ out at** représenter en moyenne, donner une moyenne de.

averse [ə'və:s] a: **to be ~ to sth/doing** éprouver une forte répugnance envers qch/à faire ; **I wouldn't be ~ to a drink** un petit verre ne serait pas de refus, je ne dirais pas non à un petit verre.

aversion [ə'və:ʃən] n aversion f, répugnance f.

avert [ə'və:t] vt prévenir, écarter ; (*one's eyes*) détourner.

aviary ['eɪvɪərɪ] n volière f.

aviation [eɪvɪ'eɪʃən] n aviation f.

avid ['ævɪd] a avide ; **~ly** ad avidement, avec avidité.

avocado [ævə'kɑ:dəu] n (*also*: **~ pear**) avocat m.

avoid [ə'vɔɪd] vt éviter ; **~able** a évitable ; **~ance** n le fait d'éviter.

await [ə'weɪt] vt attendre ; **~ing attention/delivery** (*comm*) en souffrance.

awake [ə'weɪk] a éveillé(e) ; (*fig*) en éveil // vb (pt **awoke** [ə'wəuk], pp **awoken** [ə'wəukən] or **awaked**) vt éveiller // vi s'éveiller ; **~ to** conscient de ; **he was still ~** il ne dormait pas encore ; **~ning** [ə'weɪknɪŋ] n réveil m.

award [ə'wɔ:d] n récompense f, prix m // vt (*prize*) décerner ; (*LAW*: *damages*) accorder.

aware [ə'wɛə*] a: **~ of** (*conscious*) conscient(e) de ; (*informed*) au courant de ; **to become ~ of** avoir conscience de, prendre conscience de ; se rendre compte de ; **politically/socially ~** sensibilisé aux or ayant pris conscience des problèmes politiques/sociaux ; **~ness** n le fait d'être conscient, au courant etc.

awash [ə'wɔʃ] a recouvert(e) (d'eau) ; **~ with** inondé(e) de.

away [əˈweɪ] *a,ad* (au) loin; absent(e); **two kilometres ~ à** (une distance de) deux kilomètres, à deux kilomètres de distance; **two hours ~ by car** à deux heures de voiture *or* de route; **the holiday was two weeks ~** il restait deux semaines jusqu'aux vacances; **~ from** loin de; **he's ~ for a week** il est parti (pour) une semaine; **to take ~** *vt* emporter; **to work/pedal/laugh** *etc* **~** la particule indique la constance et l'énergie de l'action: il pédalait *etc* tant qu'il pouvait; **to fade/wither** *etc* **~** la particule renforce l'idée de la disparition, l'éloignement; **~ match** *n* (SPORT) match *m* à l'extérieur.

awe [ɔ:] *n* respect mêlé de crainte, effroi mêlé d'admiration; **~-inspiring, ~some** *a* impressionnant(e); **~struck** *a* frappé(e) d'effroi.

awful [ˈɔ:fəl] *a* affreux(euse); **~ly** *ad* (*very*) terriblement, vraiment.

awhile [əˈwaɪl] *ad* un moment, quelque temps.

awkward [ˈɔ:kwəd] *a* (*clumsy*) gauche, maladroit(e); (*inconvenient*) malaisé(e), d'emploi malaisé, peu pratique; (*embarrassing*) gênant(e), délicat(e).

awl [ɔ:l] *n* alène *f*.

awning [ˈɔ:nɪŋ] *n* (*of tent*) auvent *m*; (*of shop*) store *m*; (*of hotel etc*) marquise *f* (de toile).

awoke, awoken [əˈwəuk, -kən] *pt,pp of* **awake**.

awry [əˈraɪ] *ad,a* de travers; **to go ~** mal tourner.

axe, ax (US) [æks] *n* hache *f* // *vt* (*employee*) renvoyer; (*project etc*) abandonner; (*jobs*) supprimer.

axiom [ˈæksɪəm] *n* axiome *m*.

axis, *pl* **axes** [ˈæksɪs, -si:z] *n* axe *m*.

axle [ˈæksl] *n* (*also*: **~-tree**) essieu *m*.

ay(e) [aɪ] *excl* (*yes*) oui; **the ayes** *npl* les oui.

azure [ˈeɪʒə*] *a* azuré(e).

B

B [bi:] *n* (MUS) si *m*.

B.A. *abbr see* **bachelor**.

babble [ˈbæbl] *vi* babiller // *n* babillage *m*.

baboon [bəˈbu:n] *n* babouin *m*.

baby [ˈbeɪbɪ] *n* bébé *m*; **~ carriage** *n* (US) voiture *f* d'enfant; **~hood** *n* petite enfance; **~ish** *a* enfantin(e), de bébé; **~-sit** *vi* garder les enfants; **~-sitter** *n* baby-sitter *m/f*.

bachelor [ˈbætʃələ*] *n* célibataire *m*; **B~ of Arts/Science (B.A./B.Sc.)** ≈ licencié/e ès *or* en lettres/sciences; **B~ of Arts/Science degree (B.A./B.Sc.)** ≈ licence *f* ès *or* en lettres/sciences; **~hood** *n* célibat *m*.

back [bæk] *n* (*of person, horse*) dos *m*; (*of hand*) dos, revers *m*; (*of house*) derrière *m*; (*of car, train*) arrière *m*; (*of chair*) dossier *m*; (*of page*) verso *m*; (FOOTBALL) arrière *m* // *vt* (*candidate: also*: **~ up**) soutenir, appuyer; (*horse: at races*) parier *or* miser sur; (*car*) (faire) reculer // *vi* reculer; (*car etc*) faire marche arrière // *a* (*in compounds*) de derrière, à l'arrière; **~**

seats/wheels (AUT) sièges *mpl*/roues *fpl* arrière; **~ payments/rent** arriéré *m* de paiements/loyer // *ad* (*not forward*) en arrière; (*returned*): **he's ~** il est rentré, il est de retour; **he ran ~** il est revenu en courant; (*restitution*): **throw the ball ~** renvoie la balle; **can I have it ~?** puis-je le ravoir?, peux-tu me le rendre?; (*again*): **he called ~** il a rappelé; **to ~ down** *vi* rabattre de ses prétentions; **to ~ out** *vi* (*of promise*) se dédire; **~ache** *n* maux *mpl* de reins; **~bencher** *n* membre du parlement sans portefeuille; **~biting** *n* médisance(s) *f(pl)*; **~bone** *n* colonne vertébrale, épine dorsale; **~-cloth** *n* toile *f* de fond; **~date** *vt* (*letter*) antidater; **~-dated pay rise** augmentation *f* avec effet rétroactif; **~er** *n* partisan *m*; (COMM) commanditaire *m*; **~fire** *vi* (AUT) pétarader; (*plans*) mal tourner; **~gammon** *n* trictrac *m*; **~ground** *n* arrière-plan *m*; (*of events*) situation *f*, conjoncture *f*; (*basic knowledge*) éléments *mpl* de base; (*experience*) formation *f*; **family ~ground** milieu familial; **~ground noise** *n* bruit *m* de fond; **~hand** *n* (TENNIS: *also*: **~hand stroke**) revers *m*; **~handed** *a* (*fig*) déloyal(e); équivoque; **~hander** *n* (*bribe*) pot-de-vin *m*; **~ing** *n* (*fig*) soutien *m*, appui *m*; **~lash** *n* contre-coup *m*, répercussion *f*; **~log** *n*: **~log of work** travail *m* en retard; **~ number** *n* (*of magazine etc*) vieux numéro; **~ pay** *n* rappel *m* de traitement; **~side** *n* (*col*) derrière *m*, postérieur *m*; **~stroke** *n* nage *f* sur le dos; **~ward** *a* (*movement*) en arrière; (*measure*) rétrograde; (*person, country*) arriéré(e); attardé(e) *f*; (*shy*) hésitant(e); **~ward and forward movement** mouvement *de* va-et-vient; **~wards** *ad* (*move, go*) en arrière; (*read a list*) à l'envers, à rebours; (*fall*) à la renverse; (*walk*) à reculons; (*in time*) en arrière, vers le passé; **~water** *n* (*fig*) coin reculé; bled perdu; **~yard** *n* arrière-cour *f*.

bacon [ˈbeɪkən] *n* bacon *m*, lard *m*.

bacteria [bækˈtɪərɪə] *npl* bactéries *fpl*.

bad [bæd] *a* mauvais(e); (*child*) vilain(e); (*meat, food*) gâté(e), avarié(e); **his ~ leg** sa jambe malade.

bade [bæd] *pt of* **bid**.

badge [bædʒ] *n* insigne *m*; (*of policemen*) plaque *f*.

badger [ˈbædʒə*] *n* blaireau *m* // *vt* harceler.

badly [ˈbædlɪ] *ad* (*work, dress etc*) mal; **~ wounded** grièvement blessé; **he needs it ~** il en a absolument besoin; **~ off** *a,ad* dans la gêne.

badminton [ˈbædmɪntən] *n* badminton *m*.

bad-tempered [ˈbædˈtɛmpəd] *a* ayant mauvais caractère; de mauvaise humeur.

baffle [ˈbæfl] *vt* (*puzzle*) déconcerter.

bag [bæg] *n* sac *m*; (*of hunter*) gibecière *f*; chasse *f* // *vt* (*col: take*) empocher; s'approprier; (TECH) mettre en sacs; **~s under the eyes** poches *fpl* sous les yeux; **~ful** *n* plein sac; **~gage** *n* bagages *mpl*; **~gy** *a* avachi(e), qui fait des poches; **~pipes** *npl* cornemuse *f*.

Bahamas [bəˈhɑːməz] *npl*: **the ~** les Bahamas *fpl*.

bail [beɪl] n caution f // vt (prisoner: gen: **to give** ~ **to**) mettre en liberté sous caution ; (boat: also: ~ **out**) écoper ; see **bale** ; (au four) vt (prisoner) payer la caution de.

bailiff ['beɪlɪf] n huissier m.

bait [beɪt] n appât m // vt appâter ; (fig) tourmenter.

bake [beɪk] vt (faire) cuire au four // vi cuire (au four) ; faire de la pâtisserie ; **~d beans** npl haricots blancs à la sauce tomate ; **~r** n boulanger m ; **~ry** n boulangerie f ; boulangerie industrielle ; **baking** n cuisson f ; **baking powder** n levure f (chimique).

balaclava [bælə'klɑːvə] n (also: ~ **helmet**) passe-montagne m.

balance ['bæləns] n équilibre m ; (COMM: sum) solde m ; (scales) balance f ; (ECON: of trade etc) balance // vt mettre en équilibre, en équilibre ; (pros and cons) peser ; (budget) équilibrer ; (account) balancer ; (compensate) compenser, contrebalancer ; **~ of trade/payments** balance commerciale/des comptes or paiements ; **~d** a (personality, diet) équilibré(e) ; **~ sheet** n bilan m ; **~ wheel** n balancier m.

balcony ['bælkənɪ] n balcon m.

bald [bɔːld] a chauve ; (tree, hill) dénudé(e) ; **~ness** n calvitie f.

bale [beɪl] n balle f, ballot m ; **to ~ out** vi (of a plane) sauter en parachute.

baleful ['beɪlful] a funeste, maléfique.

balk [bɔːk] vi: **to ~ (at)** regimber (contre) ; (horse) se dérober (devant).

ball [bɔːl] n boule f ; (football) ballon m ; (for tennis, golf) balle f ; (dance) bal m.

ballad ['bæləd] n ballade f.

ballast ['bæləst] n lest m.

ballerina [bælə'riːnə] n ballerine f.

ballet ['bæleɪ] n ballet m ; (art) danse f (classique).

ballistics [bə'lɪstɪks] n balistique f.

balloon [bə'luːn] n ballon m ; (in comic strip) bulle f ; **~ist** n aéronaute m/f.

ballot ['bælət] n scrutin m ; **~ box** n urne (électorale) ; **~ paper** n bulletin m de vote.

ball-point pen ['bɔːlpɔɪnt'pɛn] n stylo m à bille.

ballroom ['bɔːlrum] n salle f de bal.

balmy ['bɑːmɪ] a (breeze, air) doux(douce) ; (col) = **barmy**.

balsam ['bɔːlsəm] n baume m.

Baltic ['bɔːltɪk] a,n: **the ~ (Sea)** la (mer) Baltique.

bamboo [bæm'buː] n bambou m.

bamboozle [bæm'buːzl] vt (col) embobiner.

ban [bæn] n interdiction f // vt interdire.

banal [bə'nɑːl] a banal(e).

banana [bə'nɑːnə] n banane f.

band [bænd] n bande f ; (at a dance) orchestre m ; (MIL) musique f, fanfare f ; **to ~ together** vi se liguer.

bandage ['bændɪdʒ] n bandage m, pansement m.

bandit ['bændɪt] n bandit m.

bandwagon ['bændwægən] n: **to jump on the ~** (fig) monter dans or prendre le train en marche.

bandy ['bændɪ] vt (jokes, insults) échanger ; **to ~ about** vt employer à tout bout de champ or à tort et à travers.

bandy-legged ['bændɪ'lɛgd] a aux jambes arquées.

bang [bæŋ] n détonation f ; (of door) claquement m ; (blow) coup (violent) // vt frapper (violemment) ; (door) claquer // vi détoner, claquer ; **to ~ at the door** cogner à la porte.

banger ['bæŋə*] n (car: gen: old ~) (vieux) tacot.

bangle ['bæŋgl] n bracelet m.

banish ['bænɪʃ] vt bannir.

banister(s) ['bænɪstə(z)] n(pl) rampe f (d'escalier).

banjo, ~es or **~s** ['bændʒəu] n banjo m.

bank [bæŋk] n banque f ; (of river, lake) bord m, rive f ; (of earth) talus m, remblai m // vi (AVIAT) virer sur l'aile ; (COMM): **they ~ with Pitt's** leur banque or banquier est Pitt's ; **to ~ on** vt fus miser or tabler sur ; **~ account** n compte en banque ; **~er** n banquier m ; **B~ holiday** n jour férié (où les banques sont fermées) ; **~ing** n opérations fpl bancaires ; profession f de banquier ; **~ing hours** npl heures fpl d'ouverture des banques ; **~note** n billet m de banque ; **~ rate** n taux m de l'escompte.

bankrupt ['bæŋkrʌpt] n failli/e // a en faillite ; **to go ~** faire faillite ; **~cy** n faillite f.

banner ['bænə*] n bannière f.

bannister(s) ['bænɪstə(z)] n(pl) = **banister(s)**.

banns [bænz] npl bans mpl (de mariage).

banquet ['bæŋkwɪt] n banquet m, festin m.

bantam-weight ['bæntəmweɪt] n poids m coq inv.

banter ['bæntə*] n badinage m.

baptism ['bæptɪzəm] n baptême m.

Baptist ['bæptɪst] n baptiste m/f.

baptize [bæp'taɪz] vt baptiser.

bar [bɑː*] n (of window etc) barreau m ; (of chocolate) tablette f, plaque f ; (fig) obstacle m ; mesure f d'exclusion ; (pub) bar m ; (counter: in pub) comptoir m, bar ; (MUS) mesure f // vt (road) barrer ; (window) munir de barreaux ; (person) exclure ; (activity) interdire ; **~ of soap** savonnette f ; **the B~** (LAW) le barreau ; **~ none** sans exception.

Barbados [bɑː'beɪdɔs] n Barbade f.

barbaric [bɑː'bærɪk] a barbare.

barbarous ['bɑːbərəs] a barbare, cruel(le).

barbecue ['bɑːbɪkjuː] n barbecue m.

barbed wire ['bɑːbd'waɪə*] n fil m de fer barbelé.

barber ['bɑːbə*] n coiffeur m (pour hommes).

barbiturate [bɑː'bɪtjurɪt] n barbiturique m.

bare [bɛə*] a nu(e) // vt mettre à nu, dénuder ; (teeth) montrer ; **the ~ essentials** le strict nécessaire ; **~back** ad à cru, sans selle ; **~faced** a impudent(e), effronté(e) ; **~foot** a,ad nu-pieds, (les) pieds nus ; **~headed** a,ad nu-tête, (la) tête nue ; **~ly** ad à peine.

bargain ['bɑːgɪn] n (transaction) marché m; (good buy) affaire f, occasion f // vi (haggle) marchander; (trade) négocier, traiter; **into the ~** par-dessus le marché.

barge [bɑːdʒ] n péniche f; **to ~ in** vi (walk in) faire irruption; (interrupt talk) intervenir mal à propos; **to ~ into** vt fus rentrer dans.

baritone ['bærɪtəun] n baryton m.

bark [bɑːk] n (of tree) écorce f; (of dog) aboiement m // vi aboyer.

barley ['bɑːlɪ] n orge f.

barmaid ['bɑːmeɪd] n serveuse f (de bar), barmaid f.

barman ['bɑːmən] n serveur m (de bar), barman m.

barmy ['bɑːmɪ] a (col) timbré(e), cinglé(e).

barn [bɑːn] n grange f.

barnacle ['bɑːnəkl] n anatife m, bernache f.

barometer [bə'rɔmɪtə*] n baromètre m.

baron ['bærən] n baron m; **~ess** baronne f.

barracks ['bærəks] npl caserne f.

barrage ['bærɑːʒ] n (MIL) tir m de barrage; (dam) barrage m.

barrel ['bærəl] n tonneau m; (of gun) canon m; **~ organ** n orgue m de Barbarie.

barren ['bærən] a stérile; (hills) aride.

barricade [bærɪ'keɪd] n barricade f // vt barricader.

barrier ['bærɪə*] n barrière f.

barring ['bɑːrɪŋ] prep sauf.

barrister ['bærɪstə*] n avocat (plaidant).

barrow ['bærəu] n (cart) charrette f à bras.

bartender ['bɑːtɛndə*] n (US) barman m.

barter ['bɑːtə*] n échange m, troc m // vt: **to ~ sth for** échanger qch contre.

base [beɪs] n base f // vt: **to ~ sth on** baser or fonder qch sur // a vil(e), bas(se); **coffee-~d** à base de café; **a Paris-~d firm** une maison opérant de Paris or dont le siège est à Paris; **~ball** n base-ball m; **~ment** n sous-sol m.

bases ['beɪsiːz] npl of **basis**; ['beɪsiːz] npl of **base**.

bash [bæʃ] vt (col) frapper, cogner; **~ed in** a enfoncé(e), défoncé(e).

bashful ['bæʃful] a timide; modeste.

bashing ['bæʃɪŋ] n (col) raclée f.

basic ['beɪsɪk] a fondamental(e), de base; réduit(e) au minimum, rudimentaire; **~ally** [-lɪ] ad fondamentalement, à la base; en fait, au fond.

basil ['bæzl] n basilic m.

basin ['beɪsn] n (vessel, also GEO) cuvette f, bassin m; (for food) bol m; (also: **wash~**) lavabo m.

basis, pl **bases** ['beɪsɪs, -siːz] n base f.

bask [bɑːsk] vi: **to ~ in the sun** se chauffer au soleil.

basket ['bɑːskɪt] n corbeille f; (with handle) panier m; **~ball** n basket-ball m.

bass [beɪs] n (MUS) basse f; **~ clef** n clé f de fa.

bassoon [bə'suːn] n basson m.

bastard ['bɑːstəd] n enfant naturel(le), bâtard/e; (col!) salaud m(!).

baste [beɪst] vt (CULIN) arroser; (SEWING) bâtir, faufiler.

bastion ['bæstɪən] n bastion m.

bat [bæt] n chauve-souris f; (for baseball etc) batte f; (for table tennis) raquette f; **off one's own ~** de sa propre initiative; **he didn't ~ an eyelid** il n'a pas sourcillé or bronché.

batch [bætʃ] n (of bread) fournée f; (of papers) liasse f.

bated ['beɪtɪd] a: **with ~ breath** en retenant son souffle.

bath [bɑːθ, pl bɑːðz] n see also **baths**; bain m; (bathtub) baignoire f // vt baigner, donner un bain à; **to have a ~** prendre un bain; **~chair** n fauteuil roulant.

bathe [beɪð] vi se baigner // vt baigner; **~r** n baigneur/euse.

bathing ['beɪðɪŋ] n baignade f; **~ cap** n bonnet m de bain; **~ costume** n maillot m (de bain).

bath: **~mat** n tapis m de bain; **~room** n salle f de bains; **~s** npl établissement m de bains(-douches); **~ towel** n serviette f de bain.

batman ['bætmən] n (MIL) ordonnance f.

baton ['bætən] n bâton m; (MUS) baguette f; (club) matraque f.

battalion [bə'tælɪən] n bataillon m.

batter ['bætə*] vt battre // n pâte f à frire; **~ed** a (hat, pan) cabossé(e); **~ wife/child** épouse/enfant maltraité(e) or martyr(e); **~ing ram** n bélier m (fig).

battery ['bætərɪ] n batterie f; (of torch) pile f.

battle ['bætl] n bataille f, combat m // vi se battre, lutter; **~ dress** n tenue f de campagne or d'assaut; **~field** n champ m de bataille; **~ments** npl remparts mpl; **~ship** n cuirassé m.

baulk [bɔːlk] vi = **balk**.

bawdy ['bɔːdɪ] a paillard(e).

bawl [bɔːl] vi hurler, brailler.

bay [beɪ] n (of sea) baie f; **to hold sb at ~** tenir qn à distance or en échec.

bayonet ['beɪənɪt] n baïonnette f.

bay window ['beɪ'wɪndəu] n baie vitrée.

bazaar [bə'zɑː*] n bazar m; vente f de charité.

bazooka [bə'zuːkə] n bazooka m.

b. & b., B. & B. abbr see **bed**.

BBC n abbr of **British Broadcasting Corporation** (office de la radiodiffusion et télévision britannique).

B.C. ad (abbr of before Christ) av. J.-C.

BCG n (abbr of Bacillus Calmette-Guérin) BCG.

be, pt **was, were**, pp **been** [biː, wɔz, wɜː*, biːn] vi être; **how are you?** comment allez-vous?; **I am warm** j'ai chaud; **it is cold** il fait froid; **how much is it?** combien ça coûte?; **he is four (years old)** il a quatre ans; **2 and 2 are 4** 2 et 2 font 4; **where have you been?** où êtes-vous allé(s)?; où étiez-vous?

beach [biːtʃ] n plage f // vt échouer; **~wear** n tenues fpl de plage.

beacon ['biːkən] n (lighthouse) fanal m; (marker) balise f.

bead [biːd] n perle f.

beak [biːk] n bec m.

beaker ['biːkə*] n gobelet m.

beam [bi:m] *n* poutre *f*; (*of light*) rayon *m* // *vi* rayonner; **~ing** *a* (*sun, smile*) radieux(euse).

bean [bi:n] *n* haricot *m*; (*of coffee*) grain *m*.

bear [bɛə*] *n* ours *m* // *vb* (*pt* **bore**, *pp* **borne** [bɔ:*, bɔ:n]) *vt* porter; (*endure*) supporter // *vi*: **to ~ right/left** obliquer à droite/gauche, se diriger vers la droite/gauche; **to ~ the responsibility of** assumer la responsabilité de; **to ~ comparison with** soutenir la comparaison avec; **~able** *a* supportable.

beard [bɪəd] *n* barbe *f*; **~ed** *a* barbu(e).

bearer ['bɛərə*] *n* porteur *m*.

bearing ['bɛərɪŋ] *n* maintien *m*, allure *f*; (*connection*) rapport *m*; (**ball**) **~s** *npl* roulements *mpl* (à billes); **to take a ~** faire le point; **to find one's ~s** s'orienter.

beast [bi:st] *n* bête *f*; (*col*): **he's a ~** c'est une brute; **~ly** *a* infect(e).

beat [bi:t] *n* battement *m*; (*MUS*) temps *m*; mesure *f*; (*of policeman*) ronde *f* // *vt* (*pt* **beat**, *pp* **beaten**) battre; **off the ~en track** hors des chemins *or* sentiers battus; **to ~ about the bush** tourner autour du pot; **to ~ time** battre la mesure; **to ~ off** *vt* repousser; **to ~ up** *vt* (*col: person*) tabasser; (*eggs*) battre; **~er** *n* (*for eggs, cream*) fouet *m*, batteur *m*; **~ing** *n* raclée *f*.

beautician [bju:'tɪʃən] *n* esthéticien/ne.

beautiful ['bju:tɪful] *a* beau(belle); **~ly** *ad* admirablement.

beautify ['bju:tɪfaɪ] *vt* embellir.

beauty ['bju:tɪ] *n* beauté *f*; **~ salon** *n* institut *m* de beauté; **~ spot** *n* grain *m* de beauté; (*TOURISM*) site naturel (d'une grande beauté).

beaver ['bi:və*] *n* castor *m*.

becalmed [bɪ'kɑ:md] *a* immobilisé(e) par le calme plat.

became [bɪ'keɪm] *pt of* **become**.

because [bɪ'kɔz] *cj* parce que; **~ of** *prep* à cause de.

beckon ['bɛkən] *vt* (*also*: **~ to**) faire signe (de venir) à.

become [bɪ'kʌm] *vt* (*irg: like* **come**) devenir; **to ~ fat/thin** grossir/maigrir; **what has ~ of him?** qu'est-il devenu?

becoming [bɪ'kʌmɪŋ] *a* (*behaviour*) convenable, bienséant(e); (*clothes*) seyant(e).

bed [bɛd] *n* lit *m*; (*of flowers*) parterre *m*; (*of coal, clay*) couche *f*; **to go to ~** aller se coucher; **~ and breakfast (b. & b.)** *n* (*terms*) chambre et petit déjeuner; **~clothes** *npl* couvertures *fpl* et draps *mpl*; **~cover** *n* couvre-lit *m*, dessus-de-lit *m*; **~ding** *n* literie *f*.

bedlam ['bɛdləm] *n* chahut *m*, cirque *m*.

bedpost ['bɛdpəust] *n* colonne *f* de lit.

bedraggled [bɪ'drægld] *a* dépenaillé(e), les vêtements en désordre.

bed: **~ridden** *a* cloué(e) au lit; **~room** *n* chambre *f* (à coucher); **~side** *n*: **at sb's ~side** au chevet de qn; **~side book** *n* livre *m* de chevet; **~sit(ter)** *n* chambre meublée, studio *m*; **~spread** *n* couvre-lit *m*, dessus-de-lit *m*.

bee [bi:] *n* abeille *f*.

beech [bi:tʃ] *n* hêtre *m*.

beef [bi:f] *n* bœuf *m*.

beehive ['bi:haɪv] *n* ruche *f*.

beeline ['bi:laɪn] *n*: **to make a ~ for** se diriger tout droit vers.

been [bi:n] *pp of* **be**.

beer [bɪə*] *n* bière *f*.

beetle ['bi:tl] *n* scarabée *m*; coléoptère *m*.

beetroot ['bi:tru:t] *n* betterave *f*.

befall [bɪ'fɔ:l] *vi(vt)* (*irg: like* **fall**) advenir (à).

befit [bɪ'fɪt] *vt* seoir à.

before [bɪ'fɔ:*] *prep* (*of time*) avant; (*of space*) devant // *cj* avant que + *sub*; avant de // *ad* avant; **the week ~** la semaine précédente *or* d'avant; **I've seen it ~** je l'ai déjà vu; **I've never seen it ~** c'est la première fois que je le vois; **~hand** *ad* au préalable, à l'avance.

befriend [bɪ'frɛnd] *vt* venir en aide à; traiter en ami.

beg [bɛg] *vi* mendier // *vt* mendier; (*favour*) quémander, solliciter; (*entreat*) supplier.

began [bɪ'gæn] *pt of* **begin**.

beggar ['bɛgə*] *n* (*also*: **~man**, **~woman**) mendiant/e.

begin, *pt* **began**, *pp* **begun** [bɪ'gɪn, -'gæn, -'gʌn] *vt*, *vi* commencer; **~ner** *n* débutant/e; **~ning** *n* commencement *m*, début *m*.

begrudge [bɪ'grʌdʒ] *vt*: **to ~ sb sth** envier qch à qn; donner qch à contrecœur *or* à regret à qn; **I don't ~ doing it** je le fais volontiers.

begun [bɪ'gʌn] *pp of* **begin**.

behalf [bɪ'hɑ:f] *n*: **on ~ of** de la part de; au nom de; pour le compte de.

behave [bɪ'heɪv] *vi* se conduire, se comporter; (*well: also*: **~ o.s.**) se conduire bien *or* comme il faut.

behaviour, behavior (*US*) [bɪ'heɪvjə*] *n* comportement *m*, conduite *f* (*the latter often from a more moral point of view, the former being more objective*).

beheld [bɪ'hɛld] *pt,pp of* **behold**.

behind [bɪ'haɪnd] *prep* derrière; (*time*) en retard sur // *ad* derrière; en retard // *n* derrière *m*; **~ the scenes** dans les coulisses.

behold [bɪ'həuld] *vt* (*irg: like* **hold**) apercevoir, voir.

beige [beɪʒ] *a* beige.

being ['bi:ɪŋ] *n* être *m*; **to come into ~** prendre naissance.

belated [bɪ'leɪtɪd] *a* tardif(ive).

belch [bɛltʃ] *vi* avoir un renvoi, roter // *vt* (*gen*: **~ out**: *smoke etc*) vomir, cracher.

belfry ['bɛlfrɪ] *n* beffroi *m*.

Belgian ['bɛldʒən] *a* belge, de Belgique // *n* Belge *m/f*.

Belgium ['bɛldʒəm] *n* Belgique *f*.

belie [bɪ'laɪ] *vt* démentir.

belief [bɪ'li:f] *n* (*opinion*) conviction *f*; (*trust, faith*) foi *f*; (*acceptance as true*) croyance *f*.

believable [bɪ'li:vəbl] *a* croyable.

believe [bɪ'li:v] *vt,vi* croire; **~r** *n* croyant/e.

belittle [bɪ'lɪtl] *vt* déprécier, rabaisser.

bell [bɛl] n cloche f; (small) clochette f, grelot m; (on door) sonnette f; (electric) sonnerie f; **~-bottomed trousers** npl pantalon m à pattes d'éléphant.

belligerent [bɪ'lɪdʒərənt] a (at war) belligérant(e); (fig) agressif(ive).

bellow ['bɛləu] vi mugir // vt (orders) hurler.

bellows ['bɛləuz] npl soufflet m.

belly ['bɛlɪ] n ventre m; **to ~ache** vi (col) ronchonner. **~button** n nombril m.

belong [bɪ'lɒŋ] vi: **to ~** to appartenir à; (club etc) faire partie de; **this book ~s here** ce livre va ici, la place de ce livre est ici; **~ings** npl affaires fpl, possessions fpl.

beloved [bɪ'lʌvɪd] a (bien-)aimé(e), chéri(e) // n bien-aimé/e.

below [bɪ'ləu] prep sous, au-dessous de // ad en dessous; en contre-bas; **see ~** voir plus bas or plus loin or ci-dessous.

belt [bɛlt] n ceinture f; (TECH) courroie f // vt (thrash) donner une raclée à // vi (col) filer (à toutes jambes).

bench [bɛntʃ] n banc m; (in workshop) établi m; **the B~** (LAW) la magistrature, la Cour.

bend [bɛnd] vb (pt,pp **bent** [bɛnt]) vt courber; (leg, arm) plier // vi se courber // n (in road) virage m, tournant m; (in pipe, river) coude m; **to ~ down** vi se baisser; **to ~ over** vi se pencher.

beneath [bɪ'niːθ] prep sous, au-dessous de; (unworthy of) indigne de // ad dessous, au-dessous, en bas.

benefactor ['bɛnɪfæktə*] n bienfaiteur m.

benefactress ['bɛnɪfæktrɪs] n bienfaitrice f.

beneficial [bɛnɪ'fɪʃəl] a salutaire; avantageux(euse).

benefit ['bɛnɪfɪt] n avantage m, profit m; (allowance of money) allocation f // vt faire du bien à, profiter à // vi: **he'll ~ from it** cela lui fera du bien, il y gagnera or s'en trouvera bien; **~ performance** n représentation f or gala m de bienfaisance.

Benelux ['bɛnɪlʌks] n Bénélux m.

benevolent [bɪ'nɛvələnt] a bienveillant(e).

bent [bɛnt] pt,pp of **bend** // n inclination f, penchant m // a (dishonest) véreux(euse); **to be ~ on** être résolu(e) à.

bequeath [bɪ'kwiːð] vt léguer.

bequest [bɪ'kwɛst] n legs m.

bereaved [bɪ'riːvd] n: **the ~** la famille du disparu.

bereavement [bɪ'riːvmənt] n deuil m.

beret ['bɛreɪ] n béret m.

Bermuda [bəː'mjuːdə] n Bermudes fpl.

berry ['bɛrɪ] n baie f.

berserk [bə'səːk] a: **to go ~** être pris(e) d'une rage incontrôlable; se déchainer.

berth [bəːθ] n (bed) couchette f; (for ship) poste m d'amarrage; mouillage m // vi (in harbour) venir à quai; (at anchor) mouiller.

beseech, pt,pp **besought** [bɪ'siːtʃ, -'sɔːt] vt implorer, supplier.

beset, pt,pp **beset** [bɪ'sɛt] vt assaillir.

beside [bɪ'saɪd] prep à côté de; **to be ~ o.s. (with anger)** être hors de soi.

besides [bɪ'saɪdz] ad en outre, de plus // prep en plus de; excepté.

besiege [bɪ'siːdʒ] vt (town) assiéger; (fig) assaillir.

besought [bɪ'sɔːt] pt,pp of **beseech.**

bespectacled [bɪ'spɛktɪkld] a à lunettes.

best [bɛst] a meilleur(e) // ad le mieux; **the ~ part of** (quantity) le plus clair de, la plus grande partie de; **at ~** au mieux; **to make the ~ of sth** s'accommoder de qch (du mieux que l'on peut); **to the ~ of my knowledge** pour autant que je sache; **to the ~ of my ability** du mieux que je pourrai; **~ man** n garçon m d'honneur.

bestow [bɪ'stəu] vt accorder; (title) conférer.

bestseller ['bɛst'sɛlə*] n bestseller m, succès m de librairie.

bet [bɛt] n pari m // vt,vi (pt,pp **bet** or **betted**) parier.

betray [bɪ'treɪ] vt trahir; **~al** n trahison f.

better ['bɛtə*] a meilleur(e) // ad mieux // vt améliorer // n: **to get the ~ of** triompher de, l'emporter sur; **you had ~ do it** il vous feriez mieux de le faire; **he thought ~ of it** il s'est ravisé; **to get ~** aller mieux; s'améliorer; **~ off** a plus à l'aise financièrement, (fig): **you'd be ~ off this way** vous vous en trouveriez mieux ainsi, ce serait mieux ainsi or plus pratique ainsi.

betting ['bɛtɪŋ] n paris mpl; **~ shop** n bureau m de paris.

between [bɪ'twiːn] prep entre // ad au milieu; dans l'intervalle.

bevel ['bɛvəl] n (also: **~ edge**) biseau m.

beverage ['bɛvərɪdʒ] n boisson f (gén sans alcool).

bevy ['bɛvɪ] n: **a ~ of** un essaim or une volée de.

beware [bɪ'wɛə*] vt,vi: **to ~ (of)** prendre garde (à).

bewildered [bɪ'wɪldəd] a dérouté(e), ahuri(e).

bewitching [bɪ'wɪtʃɪŋ] a enchanteur(teresse).

beyond [bɪ'jɒnd] prep (in space) au-delà de; (exceeding) au-dessus de // ad au-delà; **~ doubt** hors de doute; **~ repair** irréparable.

bias ['baɪəs] n (prejudice) préjugé m, parti pris; (preference) prévention f; **~(s)ed** a partial(e), montrant un parti pris.

bib [bɪb] n bavoir m, bavette f.

Bible ['baɪbl] n Bible f.

bibliography [bɪblɪ'ɒɡrəfɪ] n bibliographie f.

bicker ['bɪkə*] vi se chamailler.

bicycle ['baɪsɪkl] n bicyclette f.

bid [bɪd] n offre f; (at auction) enchère f; (attempt) tentative f // vb (pt **bade** [bæd] or **bid**, pp **bidden** ['bɪdn] or **bid**) vi faire une enchère or offre // vt faire une enchère or offre de; **to ~ sb good day** souhaiter le bonjour à qn; **~der** n: **the highest ~der** le plus offrant; **~ding** n enchères fpl.

bide [baɪd] vt: **to ~ one's time** attendre son heure.

bier [bɪə*] n bière f.

big [bɪg] a grand(e) ; gros(se).

bigamy ['bɪgəmɪ] n bigamie f.

bigheaded ['bɪg'hedɪd] a prétentieux(euse).

big-hearted ['bɪg'hɑːtɪd] a au grand cœur.

bigot ['bɪgət] n fanatique m/f, sectaire m/f; **~ed** a fanatique, sectaire ; **~ry** n fanatisme m, sectarisme m.

bigwig ['bɪgwɪg] n (col) grosse légume, huile f.

bike [baɪk] n vélo m, bécane f.

bikini [bɪ'kiːnɪ] n bikini m.

bile [baɪl] n bile f.

bilingual [baɪ'lɪŋgwəl] a bilingue.

bilious ['bɪlɪəs] a bilieux(euse) ; (fig) maussade, irritable.

bill [bɪl] n note f, facture f; (POL) projet m de loi ; (US: banknote) billet m (de banque) ; (of bird) bec m ; **to fit** or **fill the ~** (fig) faire l'affaire.

billet ['bɪlɪt] n cantonnement m (chez l'habitant).

billfold ['bɪlfəuld] n (US) portefeuille m.

billiards ['bɪlɪədz] n (jeu m de) billard m.

billion ['bɪlɪən] n (Brit) billion m (million de millions) ; (US) milliard m.

billy goat ['bɪlɪgəut] n bouc m.

bin [bɪn] n boîte f; (also: **dust~**) poubelle f; (for coal) coffre m ; **bread~** n boîte f or huche f à pain.

bind, pt,pp **bound** [baɪnd, baund] vt attacher ; (book) relier ; (oblige) obliger, contraindre ; **~ing** n (of book) reliure f // a (contract) constituant une obligation.

bingo ['bɪŋgəu] n sorte de jeu de loto pratiqué dans des établissements publics et connaissant une grande vogue en Grande-Bretagne.

binoculars [bɪ'nɔkjuləz] npl jumelles fpl.

bio... [baɪə'...] prefix: **~chemistry** n biochimie f; **~graphic(al)** a biographique ; **~graphy** [baɪ'ɔgrəfɪ] n biographie f; **~logical** a biologique ; **~logist** [baɪ'ɔlədʒɪst] n biologiste m/f; **~logy** [baɪ'ɔlədʒɪ] n biologie f.

birch [bəːtʃ] n bouleau m.

bird [bəːd] n oiseau m; (col: girl) nana f; **~'s-eye view** n vue f à vol d'oiseau; (fig) vue d'ensemble or générale ; **~ watcher** n ornithologue m/f amateur.

birth [bəːθ] n naissance f; **~ certificate** n acte m de naissance ; **~ control** n limitation f des naissances ; méthode(s) contraceptive(s) ; **~day** n anniversaire m; **~place** n lieu m de naissance ; **~ rate** n (taux m de) natalité f.

biscuit ['bɪskɪt] n biscuit m.

bisect [baɪ'sɛkt] vt couper or diviser en deux.

bishop ['bɪʃəp] n évêque m.

bit [bɪt] pt of **bite** // n morceau m; (of tool) mèche f; (of horse) mors m ; **a ~ of** un peu de ; **a ~ mad/dangerous** un peu fou/risqué.

bitch [bɪtʃ] n (dog) chienne f; (col!) salope f (!), garce f.

bite [baɪt] vt,vi (pt **bit** [bɪt], pp **bitten** ['bɪtn]) mordre // n morsure f; (insect ~) piqûre f; (mouthful) bouchée f; **let's have**

a ~ (to eat) mangeons un morceau ; **to ~ one's nails** se ronger les ongles.

biting ['baɪtɪŋ] a mordant(e).

bitten ['bɪtn] pp of **bite**.

bitter ['bɪtə*] a amer(ère) ; (wind, criticism) cinglant(e) // n (beer) bière f (à forte teneur en houblon) ; **to the ~ end** jusqu'au bout ; **~ness** n amertume f; goût amer ; **~sweet** a aigre-doux(douce).

bivouac ['bɪvuæk] n bivouac m.

bizarre [bɪ'zɑː*] a bizarre.

blab [blæb] vi jaser, trop parler // vt (also: **~ out**) laisser échapper, aller raconter.

black [blæk] a noir(e) // n noir m // vt (shoes) cirer ; (INDUSTRY) boycotter ; **to give sb a ~ eye** pocher l'œil à qn, faire un œil au beurre noir à qn ; **~ and blue** a couvert(e) de bleus ; **~berry** n mûre f; **~bird** n merle m; **~board** n tableau noir ; **~currant** n cassis m; **~en** vt noircir ; **~leg** n briseur m de grève, jaune m; **~list** n liste noire ; **~mail** n chantage m // vt faire chanter, soumettre au chantage ; **~mailer** n maître-chanteur m; **~ market** n marché noir ; **~out** n panne f d'électricité ; (fainting) syncope f; (in wartime) black-out m; **the B~ Sea** la mer Noir≈ ; **~ sheep** n brebis galeuse ; **~smith** n forgeron m.

bladder ['blædə*] n vessie f.

blade [bleɪd] n lame f; (of oar) plat m ; **~ of grass** brin m d'herbe.

blame [bleɪm] n faute f, blâme m // vt: **to ~ sb/sth for sth** attribuer à qn/qch la responsabilité de qch ; reprocher qch à qn/qch; **who's to ~?** qui est le fautif or coupable or responsable? ; **~less** a irréprochable.

bland [blænd] a affable ; (taste) doux(douce), fade.

blank [blæŋk] a blanc(blanche) ; (look) sans expression, dénué(e) d'expression // n espace m vide, blanc m ; (cartridge) cartouche f à blanc.

blanket ['blæŋkɪt] n couverture f.

blare [blɛə*] vi (brass band, horns, radio) beugler.

blarney ['blɑːnɪ] n boniment m.

blasé ['blɑːzeɪ] a blasé(e).

blasphemous ['blæsfɪməs] a (words) blasphématoire ; (person) blasphémateur(trice).

blasphemy ['blæsfɪmɪ] n blasphème m.

blast [blɑːst] n souffle m; explosion f // vt faire sauter or exploser ; **~-off** n (SPACE) lancement m.

blatant ['bleɪtənt] a flagrant(e), criant(e).

blaze [bleɪz] n (fire) incendie m; (fig) flamboiement m // vi (fire) flamber ; (fig) flamboyer, resplendir // vt: **to ~ a trail** (fig) montrer la voie.

blazer ['bleɪzə*] n blazer m.

bleach [bliːtʃ] n (also: **household ~**) eau f de Javel // vt (linen) blanchir ; **~ed** a (hair) oxygéné(e), décoloré(e).

bleak [bliːk] a morne, désolé(e).

bleary-eyed ['blɪərɪ'aɪd] a aux yeux pleins de sommeil.

bleat [bliːt] n bêlement m // vi bêler.

bleed, pt,pp **bled** [bliːd, blɛd] vt, vi

saigner ; **my nose is** ~**ing** je saigne du nez.

blemish ['blɛmɪʃ] *n* défaut *m*; (*on reputation*) tache *f*.

blend [blɛnd] *n* mélange *m* // *vt* mélanger // *vi* (*colours etc*) se mélanger, se fondre, s'allier.

bless, *pt,pp* **blessed** *or* **blest** [blɛs, blɛst] *vt* bénir ; **to be** ~**ed with** avoir le bonheur de jouir de *or* d'avoir ; ~**ing** bénédiction *f*; bienfait *m*.

blew [blu:] *pt of* **blow.**

blight [blaɪt] *n* (*of plants*) rouille *f* // *vt* (*hopes etc*) anéantir, briser.

blimey ['blaɪmɪ] *excl* (*col*) mince alors!

blind [blaɪnd] *a* aveugle // *n* (*for window*) store *m* // *vt* aveugler ; **to turn a** ~ **eye** (**on** *or* **to**) fermer les yeux (sur) ; ~ **alley** *n* impasse *f*; ~ **corner** *n* virage *m* sans visibilité ; ~**fold** *n* bandeau *m* // *a,ad* les yeux bandés // *vt* bander les yeux à ; ~**ly** *ad* aveuglément ; ~**ness** *n* cécité *f*; (*fig*) aveuglement *m*; ~ **spot** *n* (*AUT etc*) angle *m* aveugle ; (*fig*) angle mort.

blink [blɪŋk] *vi* cligner des yeux ; (*light*) clignoter ; ~**ers** *fpl.*

blinking ['blɪŋkɪŋ] *a* (*col*): **this** ~... ce fichu *or* sacré ... .

bliss [blɪs] *n* félicité *f*, bonheur *m* sans mélange.

blister ['blɪstə*] *n* (*on skin*) ampoule *f*, cloque *f*; (*on paintwork*) boursouflure *f* // *vi* (*paint*) se boursoufler, se cloquer.

blithe [blaɪð] *a* joyeux(euse), allègre.

blithering ['blɪðərɪŋ] *a* (*col*): **this** ~ **idiot** cet espèce d'idiot.

blitz [blɪts] *n* bombardement (aérien).

blizzard ['blɪzəd] *n* blizzard *m*, tempête *f* de neige.

bloated ['bləutɪd] *a* (*face*) bouffi(e) ; (*stomach*) gonflé(e).

blob [blɔb] *n* (*drop*) goutte *f*; (*stain, spot*) tache *f.*

block [blɔk] *n* bloc *m*; (*in pipes*) obstruction *f*; (*toy*) cube *m*; (*of buildings*) pâté *m* (de maisons) // *vt* bloquer ; ~**ade** [-'keɪd] *n* blocus *m* // *vt* faire le blocus de ; ~**age** *n* obstruction *f*; ~**head** *n* imbécile *m/f*; ~ **of flats** *n* immeuble (locatif) ; ~ **letters** *npl* majuscules *fpl.*

bloke [bləuk] *n* (*col*) type *m.*

blonde [blɔnd] *a,n* blond(e).

blood [blʌd] *n* sang *m*; ~ **donor** *n* donneur/euse de sang ; ~ **group** *n* groupe sanguin ; ~**less** *a* (*victory*) sans effusion de sang ; (*pale*) anémié(e) ; ~ **poisoning** *n* empoisonnement *m* du sang ; ~ **pressure** *n* tension *f* (artérielle) ; ~**shed** *n* effusion *f* de sang, carnage *m*; ~**shot** *a*: ~**shot eyes** yeux injectés de sang ; ~**stained** *a* tachée(e) de sang ; ~**stream** *n* sang *m*, système sanguin ; ~**thirsty** *a* sanguinaire ; ~ **transfusion** *n* transfusion *f* de sang ; ~**y** *a* sanglant(e) ; (*col!*): **this** ~**y** ... ce foutu..., ce putain de... (!) ; ~**y strong/good** (*col!*) vachement *or* sacrément fort/bon ; ~**y-minded** *a* (*col*) contrariant(e), obstiné(e).

bloom [blu:m] *n* fleur *f*; (*fig*) épanouissement *m* // *vi* être en fleur, (*fig*) s'épanouir ; être florissant ; ~**ing** *a* (*col*): **this** ~**ing**... ce fichu *or* sacré... .

blossom ['blɔsəm] *n* fleur(s) *f(pl)* // *vi* être en fleurs ; (*fig*) s'épanouir.

blot [blɔt] *n* tache *f* // *vt* tacher ; (*ink*) sécher ; **to** ~ **out** *vt* (*memories*) effacer ; (*view*) cacher, masquer ; (*nation, city*) annihiler.

blotchy ['blɔtʃɪ] *a* (*complexion*) couvert(e) de marbrures.

blotting paper ['blɔtɪŋpeɪpə*] *n* buvard *m.*

blouse [blauz] *n* (*feminine garment*) chemisier *m*, corsage *m.*

blow [bləu] *n* coup *m* // *vb* (*pt* **blew**, *pp* **blown** [blu:, bləun]) *vi* souffler // *vt* (*glass*) souffler ; (*fuse*) faire sauter ; **to** ~ **one's nose** se moucher ; **to** ~ **a whistle** siffler ; **to** ~ **away** *vt* chasser, faire s'envoler ; **to** ~ **down** *vt* faire tomber, renverser ; **to** ~ **off** *vt* emporter ; **to** ~ **off course** faire dévier ; **to** ~ **out** *vi* éclater, sauter ; **to** ~ **over** *vi* s'apaiser ; **to** ~ **up** *vi* exploser, sauter // *vt* faire sauter ; (*tyre*) gonfler ; (*PHOT*) agrandir ; ~**lamp** *n* chalumeau *m*; ~**out** *n* (*of tyre*) éclatement *m.*

blubber ['blʌbə*] *n* blanc *m* de baleine // *vi* (*pej*) pleurer comme un veau.

bludgeon ['blʌdʒən] *n* gourdin *m*, trique *f.*

blue [blu:] *a* bleu(e) ; ~ **film/joke** *m*/histoire *f* pornographique ; **to have the** ~**s** avoir le cafard ; ~**bell** *n* jacinthe *f* des bois ; ~**bottle** *n* mouche *f* à viande ; ~**jeans** *npl* blue-jeans *mpl*; ~**print** *n* (*fig*) projet *m*, plan directeur.

bluff [blʌf] *vi* bluffer // *n* bluff *m* // *a* (*person*) bourru(e), brusque ; **to call sb's** ~ mettre qn au défi d'exécuter ses menaces.

blunder ['blʌndə*] *n* gaffe *f*, bévue *f* // *vi* faire une gaffe *or* une bévue.

blunt [blʌnt] *a* émoussé(e), peu tranchant(e) ; (*person*) brusque, ne mâchant pas ses mots // *vt* émousser ; ~**ly** *ad* carrément, sans prendre de gants ; ~**ness** *n* (*of person*) brusquerie *f*, franchise brutale.

blur [blə:*] *n* tache *or* masse floue *or* confuse // *vt* brouiller, rendre flou.

blurt [blə:t]: **to** ~ **out** *vt* (*reveal*) lâcher ; (*say*) balbutier, dire d'une voix entrecoupée.

blush [blʌʃ] *vi* rougir // *n* rougeur *f.*

blustering ['blʌstərɪŋ] *a* fanfaron(ne).

blustery ['blʌstərɪ] *a* (*weather*) à bourrasques.

B.O. *n* (*abbr of body odour*) odeurs corporelles.

boar [bɔ:*] *n* sanglier *m.*

board [bɔ:d] *n* planche *f*; (*on wall*) panneau *m*; (*committee*) conseil *m*, comité *m*; (*in firm*) conseil d'administration // *vt* (*ship*) monter à bord de ; (*train*) monter dans ; ~ **and lodging** *n* chambre *f* avec pension ; **full** ~ pension complète ; **with** ~ **and lodging** (*job*) logé nourri ; **to go by the** ~ (*fig*): **which goes by the** ~ (*fig*) qu'on laisse tomber, qu'on abandonne ; **to** ~ **up** *vt* (*door*) condamner (*au moyen de planches, de tôle*) ; ~**er** *n* pensionnaire *m/f*; (*SCOL*) interne *m/f*, pensionnaire *m/f*; ~**ing house** *n* pension *f*; ~**ing school** *n* internat *m*, pensionnat *m*; ~ **room** *n* salle *f* du conseil d'administration (*souvent symbole de pouvoir décisionnaire*).

boast [bəust] *vi* se vanter // *vt* s'enorgueillir de // *n* vantardise *f*; sujet *m* d'orgueil or de fierté; ~**er** *a* vantard(e); ~**fulness** *n* vantardise *f*.

boat [bəut] *n* bateau *m*; (*small*) canot *m*; barque *f*; **to be in the same** ~ (*fig*) être logé à la même enseigne; ~**er** *n* (*hat*) canotier *m*; ~**ing** *n* canotage *m*; ~**swain** ['bəusn] *n* maître *m* d'équipage.

bob [bɔb] *vi* (*boat, cork on water: also*: ~ **up and down**) danser, se balancer // *n* (*col*) = **shilling**; **to** ~ **up** *vi* surgir or apparaître brusquement.

bobbin ['bɔbɪn] *n* bobine *f*; (*of sewing machine*) navette *f*.

bobby ['bɔbɪ] *n* (*col*) ≈ agent *m* (de police).

bobsleigh ['bɔbsleɪ] *n* bob *m*.

bodice ['bɔdɪs] *n* corsage *m*.

bodily ['bɔdɪlɪ] *a* corporel(le) // *ad* physiquement; dans son entier or ensemble; en personne.

body ['bɔdɪ] *n* corps *m*; (*of car*) carrosserie *f*; (*of plane*) fuselage *m*; (*fig: society*) organe *m*, organisme *m*; (*fig: quantity*) ensemble *m*, masse *f*; (*of wine*) corps *m*; **in a** ~ en masse, ensemble; ~**guard** *n* garde *m* du corps; ~ **repairs** *npl* travaux *mpl* de carrosserie; ~**work** *n* carrosserie *f*.

bog [bɔg] *n* tourbière *f* // *vt*: **to get** ~**ged down** (*fig*) s'enliser.

boggle ['bɔgl] *vi*: **the mind** ~**s** c'est incroyable, on en reste sidéré.

bogie ['bəugɪ] *n* bogie *m*.

bogus ['bəugəs] *a* bidon *inv*; fantôme.

boil [bɔɪl] *vt* (faire) bouillir // *vi* bouillir // *n* (*MED*) furoncle *m*; **to come to the** ~ bouillir; **to** ~ **down** *vi* (*fig*): **to** ~ **down to** se réduire or ramener à; ~**er** *n* chaudière *f*; ~**er suit** *n* bleu *m* de travail, combinaison *f*; ~**ing hot** *a* brûlant(e), bouillant(e); ~**ing point** *n* point *m* d'ébullition.

boisterous ['bɔɪstərəs] *a* bruyant(e), tapageur(euse).

bold [bəuld] *a* hardi(e), audacieux(euse); (*pej*) effronté(e); (*outline, colour*) franc(franche), tranché(e), marqué(e); ~**ness** *n* hardiesse *f*, audace *f*; aplomb *m*, effronterie *f*; ~ **type** *n* caractères *mpl* gras.

Bolivia [bə'lɪvɪə] *n* Bolivie *f*.

bollard ['bɔləd] *n* (*NAUT*) bitte *f* d'amarrage; (*AUT*) borne lumineuse or de signalisation.

bolster ['bəulstə*] *n* traversin *m*; **to** ~ **up** *vt* soutenir.

bolt [bəult] *n* verrou *m*; (*with nut*) boulon *m* // *vt* verrouiller; (*food*) engloutir // *vi* se sauver, filer (comme une flèche); **a** ~ **from the blue** (*fig*) un coup de tonnerre dans un ciel bleu.

bomb [bɔm] *n* bombe *f* // *vt* bombarder; ~**ard** [bɔm'bɑ:d] *vt* bombarder; ~**ardment** [bɔm'bɑ:dmənt] *n* bombardement *m*.

bombastic [bɔm'bæstɪk] *a* grandiloquent(e), pompeux(euse).

bomb disposal ['bɔmdɪspəuzl] *n*: ~ **unit** section *f* de déminage.

bomber ['bɔmə*] *n* caporal *m* d'artillerie; (*AVIAT*) bombardier *m*.

bombing ['bɔmɪŋ] *n* bombardement *m*.

bombshell ['bɔmʃɛl] *n* obus *m*; (*fig*) bombe *f*.

bona fide ['bəunə'faɪdɪ] *a* de bonne foi; (*offer*) sérieux(euse).

bond [bɔnd] *n* lien *m*; (*binding promise*) engagement *m*, obligation *f*; (*FINANCE*) obligation *f*.

bone [bəun] *n* os *m*; (*of fish*) arête *f* // *vt* désosser; ôter les arêtes de; ~**-dry** *a* absolument sec(sèche); ~**r** *n* (*US*) gaffe *f*, bourde *f*.

bonfire ['bɔnfaɪə*] *n* feu *m* (de joie); (*for rubbish*) feu *m*.

bonnet ['bɔnɪt] *n* bonnet *m*; (*Brit: of car*) capot *m*.

bonus ['bəunəs] *n* prime *f*, gratification *f*.

bony ['bəunɪ] *a* (*arm, face, MED: tissue*) osseux(euse); (*meat*) plein(e) d'os; (*fish*) plein d'arêtes.

boo [bu:] *excl* hou!, peuh! // *vt* huer // *n* huée *f*.

booby trap ['bu:bɪtræp] *n* engin piégé.

book [buk] *n* livre *m*; (*of stamps etc*) carnet *m*; (*COMM*): ~**s** comptes *mpl*, comptabilité *f* // *vt* (*ticket*) prendre; (*seat, room*) réserver; (*driver*) dresser un procès-verbal à; (*football player*) prendre le nom de; ~**able** *a*: **seats are** ~**able** on peut réserver ses places; ~**case** *n* bibliothèque *f* (*meuble*); ~ **ends** *npl* serre-livres *m inv*; ~**ing office** *n* bureau *m* de location; ~**keeping** *n* comptabilité *f*; ~**let** *n* brochure *f*; ~**maker** *n* bookmaker *m*; ~**seller** *n* libraire *m/f*; ~**shop** *n* librairie *f*; ~**stall** *n* kiosque *m* à journaux; ~**store** *n* = ~**shop**.

boom [bu:m] *n* (*noise*) grondement *m*; (*busy period*) boom *m*, vague *f* de prospérité // *vi* gronder; prospérer.

boomerang ['bu:məræŋ] *n* boomerang *m*.

boon [bu:n] *n* bénédiction *f*, grand avantage.

boorish ['buərɪʃ] *a* grossier(ère), rustre.

boost [bu:st] *n* stimulant *m*, remontant *m*; (*MED: vaccine*) rappel *m* // *vt* stimuler.

boot [bu:t] *n* botte *f*; (*for hiking*) chaussure *f* (de marche); (*for football etc*) soulier *m*; (*Brit: of car*) coffre *m*; **to** ~ (*in addition*) par-dessus le marché, en plus.

booth [bu:ð] *n* (*at fair*) baraque (foraine); (*of cinema, telephone etc*) cabine *f*; (*also*: **voting** ~) isoloir *m*.

booty ['bu:tɪ] *n* butin *m*.

booze [bu:z] (*col*) *n* boissons *fpl* alcooliques, alcool *m* // *vi* boire, picoler.

border ['bɔ:də*] *n* bordure *f*; bord *m*; (*of a country*) frontière *f*; **the B**~ la frontière entre l'Écosse et l'Angleterre; **the B**~**s** la région frontière entre l'Écosse et l'Angleterre; **to** ~ **on** *vt fus* être voisin(e) de, toucher à; ~**line** *n* (*fig*) ligne *f* de démarcation; ~**line case** *n* cas *m* limite.

bore [bɔ:*] *pt of* **bear** // *vt* (*hole*) percer; (*person*) ennuyer, raser // *n* (*person*) raseur/euse; (*of gun*) calibre *m*; ~**dom** *n* ennui *m*.

boring ['bɔ:rɪŋ] a ennuyeux(euse).
born [bɔ:n] a: **to be ~** naître; **I was ~ in 1960** je suis né en 1960; **~ blind** aveugle de naissance; **a ~ comedian** un comédien-né.
borne [bɔ:n] pp of **bear**.
borough ['bʌrə] n municipalité f.
borrow ['bɔrəu] vt: **to ~ sth (from sb)** emprunter qch (à qn).
borstal ['bɔ:stl] n ≈ maison f de correction.
bosom ['buzəm] n poitrine f; (fig) sein m; **~ friend** n ami/e intime.
boss [bɔs] n patron/ne // vt commander; **~y** a autoritaire.
bosun ['bəusn] n maître m d'équipage.
botanical [bə'tænɪkl] a botanique.
botanist ['bɔtənɪst] n botaniste m/f.
botany ['bɔtənɪ] n botanique f.
botch [bɔtʃ] vt (also: **~ up**) saboter, bâcler.
both [bəuθ] a les deux, l'un(e) et l'autre // pronoun: **~ (of them)** les deux, tous(toutes) (les) deux, l'un(e) et l'autre; **~ of us went, we ~ went** nous y sommes allés (tous) les deux // ad: **they sell ~ the fabric and the finished curtains** ils vendent (et) le tissu et les rideaux (finis), ils vendent à la fois le tissu et les rideaux (finis).
bother ['bɔðə*] vt (worry) tracasser; (needle, bait) importuner, ennuyer; (disturb) déranger // vi (gen: **~ o.s.**) se tracasser, se faire du souci; **to ~ doing** prendre la peine de faire // n: **it is a ~ to have to do** c'est vraiment ennuyeux d'avoir à faire; **it was no ~** finding it n'y a eu aucun problème pour or ça a été très facile de trouver.
bottle ['bɔtl] n bouteille f; (baby's) biberon m // vt mettre en bouteille(s); **to ~ up** vt refouler, contenir; **~neck** n étranglement m; **~-opener** n ouvre-bouteille m.
bottom ['bɔtəm] n (of container, sea etc) fond m; (buttocks) derrière m; (of page, list) bas m; (of chair) siège m // a du fond; du bas; **~less** a sans fond, insondable.
bough [bau] n branche f, rameau m.
bought [bɔ:t] pt,pp of **buy**.
boulder ['bəuldə*] n gros rocher (gén lisse, arrondi).
bounce [bauns] vi (ball) rebondir; (cheque) être refusé (étant sans provision) // (gen: **to ~ forward/out** etc) bondir, s'élancer // vt faire rebondir // n (rebound) rebond m.
bound [baund] pt,pp of **bind** // n (gen pl) limite f; (leap) bond m // vt (leap) bondir; (limit) borner // a: **to be ~ to do sth** (obliged) être obligé(e) or avoir obligation de faire qch; **out of ~s** dont l'accès est interdit; **he's ~ to fail** (likely) il est sûr d'échouer, son échec est inévitable or assuré; **~ for** à destination de.
boundary ['baundrɪ] n frontière f.
boundless ['baundlɪs] a illimité(e), sans bornes.
bout [baut] n période f; (of malaria etc) accès m, crise f, attaque f; (BOXING etc) combat m, match m.

bow n [bəu] nœud m; (weapon) arc m; (MUS) archet m; [bau] révérence f, inclination f (du buste or corps) // vi [bau] faire une révérence, s'incliner; (yield): **to ~ to or before** s'incliner devant, se soumettre à.
bowels [bauəlz] npl intestins mpl; (fig) entrailles fpl.
bowl [bəul] n (for eating) bol m; (for washing) cuvette f; (ball) boule f; (of pipe) fourneau m // vi (CRICKET) lancer (la balle); **~s** n (jeu m de) boules fpl; **to ~ over** vt (fig) renverser (fig).
bow-legged ['bəulegɪd] a aux jambes arquées.
bowler ['bəulə*] n joueur m de boules; (CRICKET) lanceur m (de la balle); (also: **~ hat**) (chapeau m) melon m.
bowling ['bəulɪŋ] n (game) jeu m de boules; **~ alley** n bowling m; jeu m de quilles; **~ green** n terrain m de boules (gazonné et carré).
bow tie ['bəu'taɪ] n nœud m papillon.
box [bɔks] n boîte f; (also: **cardboard ~**) carton m; (THEATRE) loge f // vt mettre en boîte; (SPORT) boxer avec // vi boxer, faire de la boxe; **~er** n (person) boxeur m; (dog) boxer m; **~ing** n (SPORT) boxe f; **B~ing Day** n le lendemain de Noël; **~ing gloves** npl gants mpl de boxe; **~ing ring** n ring m; **~ office** n bureau m de location; **~ room** n débarras m, chambrette f.
boy [bɔɪ] n garçon m; (servant) boy m.
boycott ['bɔɪkɔt] n boycottage m // vt boycotter.
boyfriend ['bɔɪfrɛnd] n (petit) ami.
boyish ['bɔɪʃ] a d'enfant, de garçon.
B.R. abbr of **British Rail**.
bra [brɑ:] n soutien-gorge m.
brace [breɪs] n attache f, agrafe f; (on teeth) appareil m (dentaire); (tool) vilbrequin m; (TYP: also: **~ bracket**) accolade f // vt consolider, soutenir; **~s** npl bretelles fpl; **to ~ o.s.** (fig) se préparer mentalement.
bracelet ['breɪslɪt] n bracelet m.
bracing ['breɪsɪŋ] a tonifiant(e), tonique.
bracken ['brækən] n fougère f.
bracket ['brækɪt] n (TECH) tasseau m, support m; (group) classe f, tranche f; (also: **brace ~**) accolade f; (also: **round ~**) parenthèse f; (gen: **square ~**) crochet m // vt mettre entre parenthèse(s).
brag [bræg] vi se vanter.
braid [breɪd] n (trimming) galon m; (of hair) tresse f, natte f.
Braille [breɪl] n braille m.
brain [breɪn] n cerveau m; **~s** npl cervelle f; **he's got ~s** il est intelligent; **~less** a sans cervelle, stupide; **~wash** vt faire subir un lavage de cerveau à; **~wave** n idée géniale; **~y** a intelligent(e), doué(e).
braise [breɪz] vt braiser.
brake [breɪk] n (on vehicle) frein m // vt,vi freiner.
bramble ['bræmbl] n ronces fpl.
bran [bræn] n son m.
branch [brɑ:ntʃ] n branche f; (COMM) succursale f // vi bifurquer.
brand [brænd] n marque (commerciale) // vt (cattle) marquer (au fer rouge); (fig:

pej): **to ~ sb a communist** etc traiter or qualifier qn de communiste etc.
brandish ['brændıʃ] vt brandir.
brand-new ['brænd'nju:] a tout(e) neuf(neuve), flambant neuf(neuve).
brandy ['brændı] n cognac m, fine f.
brash [bræʃ] a effronté(e).
brass [brɑ:s] n cuivre m (jaune), laiton m; **the ~** (MUS) les cuivres; **~ band** n fanfare f.
brassière ['bræsıə*] n soutien-gorge m.
brat [bræt] n (pej) mioche m/f, môme m/f.
bravado [brə'vɑ:dəu] n bravade f.
brave [breıv] a courageux(euse), brave // n guerrier indien // vt braver, affronter; **~ry** n bravure f, courage m.
brawl [brɔ:l] n rixe f, bagarre f // vi se bagarrer.
brawn [brɔ:n] n muscle m; (meat) fromage m de tête; **~y** a musclé(e), costaud(e).
bray [breı] n braiement m // vi braire.
brazen ['breızn] a impudent(e), effronté(e) // vt: **to ~ it out** payer d'effronterie, crâner.
brazier ['breızıə*] n brasero m.
Brazil [brə'zıl] n Brésil m; **~ian** a brésilien(ne) // n Brésilien/ne; **~ nut** n noix f du Brésil.
breach [bri:tʃ] vt ouvrir une brèche dans // n (gap) brèche f; (breaking): **~ of confidence** abus m de confiance; **~ of contract** rupture f de contrat; **~ of the peace** attentat m à l'ordre public.
bread [brɛd] n pain m; **~ and butter** n tartines fpl (beurrées); (fig) subsistance f; **~crumbs** npl miettes fpl de pain; (CULIN) chapelure f, panure f; **~ line** n: **to be on the ~ line** être sans le sou or dans l'indigence.
breadth [brɛtθ] n largeur f.
breadwinner ['brɛdwınə*] n soutien m de famille.
break [breık] vb (pt broke [brəuk], pp broken ['brəukən]) vt casser, briser; (promise) rompre; (law) violer // vi (se) casser, se briser; (weather) tourner // n (gap) brèche f; (fracture) cassure f; (rest) interruption f, arrêt m; (:short) pause f; (:at school) récréation f; (chance) chance f, occasion f favorable; **to ~ one's leg** etc se casser la jambe etc; **to ~ a record** battre un record; **to ~ the news to sb** annoncer la nouvelle à qn; **to ~ down** vt (figures, data) décomposer, analyser // vi s'effondrer; (MED) faire une dépression (nerveuse); (AUT) tomber en panne; **to ~ even** vi rentrer dans ses frais; **to ~ free** or **loose** vi se dégager, s'échapper; **to ~ in** vt (horse etc) dresser // vi (burglar) entrer par effraction; **to ~ into** vt fus (house) s'introduire or pénétrer par effraction dans; **to ~ off** vi (speaker) s'interrompre; (branch) se rompre; **to ~ open** vt (door etc) forcer, fracturer; **to ~ out** vi éclater, se déclarer; **to ~ out in spots** se couvrir de boutons; **to ~ up** vi (partnership) cesser, prendre fin; (friends) se séparer // vt fracasser, casser; (fight etc) interrompre, faire cesser; **~able** a cassable, fragile; **~age** n casse f; **~down** n (AUT) panne f; (in communications) rupture f; (MED: also: **nervous ~down**)

dépression (nerveuse); **~down lorry** n dépanneuse f; **~down service** n service m de dépannage; **~er** n brisant m.
breakfast ['brɛkfəst] n petit déjeuner m.
breakthrough ['breıkθru:] n percée f.
breakwater ['breıkwɔ:tə*] n brise-lames m inv, digue f.
breast [brɛst] n (of woman) sein m; (chest) poitrine f; **~-stroke** n brasse f.
breath [brɛθ] n haleine f, souffle m; **to go out for a ~ of air** sortir prendre l'air; **out of ~** à bout de souffle, essoufflé(e); **~alyser** n alcootest m.
breathe [bri:ð] vt,vi respirer; **~r** n moment m de repos or de répit.
breathless ['brɛθlıs] a essoufflé(e), haletant(e); oppressé(e).
breath-taking ['brɛθteıkıŋ] a stupéfiant(e), à vous couper le souffle.
breed [bri:d] vb (pt,pp bred [brɛd]) vt élever, faire l'élevage de // vi se reproduire // n race f, variété f; **~er** n (person) éleveur m; **~ing** n reproduction f; élevage m.
breeze [bri:z] n brise f.
breezy ['bri:zı] a frais(fraîche); aéré(e); désinvolte, jovial(e).
brevity ['brɛvıtı] n brièveté f.
brew [bru:] vt (tea) faire infuser; (beer) brasser; (plot) tramer, préparer // vi (tea) infuser; (beer) fermenter; (fig) se préparer, couver; **~er** n brasseur m; **~ery** n brasserie f (fabrique).
bribe [braıb] n pot-de-vin m // vt acheter; soudoyer; **~ry** n corruption f.
brick [brık] n brique f; **~layer** n maçon m; **~work** n briquetage m, maçonnerie f; **~works** n briqueterie f.
bridal ['braıdl] a nuptial(e); **~ party** n noce f.
bride [braıd] n mariée f, épouse f; **~groom** n marié m, époux m; **~smaid** n demoiselle f d'honneur.
bridge [brıdʒ] n pont m; (NAUT) passerelle f (de commandement); (of nose) arête f; (CARDS, DENTISTRY) bridge m // vt (river) construire un pont sur; (gap) combler; **bridging loan** n prêt m de raccord.
bridle ['braıdl] n bride f // vt refréner, mettre la bride à; (horse) brider; **~ path** n piste or allée cavalière.
brief [bri:f] a bref(brève) // n (LAW) dossier m, cause f // vt donner des instructions à; **~s** npl slip m; **~case** n serviette f; porte-documents m inv; **~ing** n instructions fpl; **~ly** ad brièvement; **~ness** n brièveté f.
brigade [brı'geıd] n (MIL) brigade f.
brigadier [brıgə'dıə*] n brigadier général.
bright [braıt] a brillant(e); (room, weather) clair(e); (person) intelligent(e), doué(e); (colour) vif(vive); **~en** vt (room) éclaircir; égayer // vi s'éclaircir; (person: gen: **~en up**) retrouver un peu de sa gaieté; **~ly** ad brillamment.
brilliance ['brıljəns] n éclat m.
brilliant ['brıljənt] a brillant(e).
brim [brım] n bord m; **~ful** a plein(e) à ras bord; (fig) débordant(e).
brine [braın] n eau salée; (CULIN) saumure f.

bring, *pt,pp* **brought** [brɪŋ, brɔːt] *vt* (*thing*) apporter ; (*person*) amener ; **to ~ about** *vt* provoquer, entraîner ; **to ~ back** *vt* rapporter ; ramener ; **to ~ down** *vt* abaisser ; faire s'effondrer ; **to ~ forward** *vt* avancer ; **to ~ off** *vt* (*task, plan*) réussir, mener à bien ; **to ~ out** *vt* (*meaning*) faire ressortir, mettre en relief ; **to ~ round** *or* **to** *vt* (*unconscious person*) ranimer ; **to ~ up** *vt* élever ; (*question*) soulever.
brink [brɪŋk] *n* bord *m*.
brisk [brɪsk] *a* vif(vive), alerte.
bristle ['brɪsl] *n* poil *m* // *vi* se hérisser ; **bristling with** hérissé(e) de.
Britain ['brɪtən] *n* Grande-Bretagne *f*.
British ['brɪtɪʃ] *a* britannique ; **the ~** *npl* les Britanniques *mpl* ; **the ~ Isles** *npl* les Îles *fpl* Britanniques.
Briton ['brɪtən] *n* Britannique *m/f*.
Brittany ['brɪtənɪ] *n* Bretagne *f*.
brittle ['brɪtl] *a* cassant(e), fragile.
broach [brəʊtʃ] *vt* (*subject*) aborder.
broad [brɔːd] *a* large ; (*distinction*) général(e) ; (*accent*) prononcé(e) ; **in ~ daylight** en plein jour ; **~ hint** allusion transparente ; **~cast** *n* émission *f* // *vb* (*pt,pp* **broadcast**) *vt* radiodiffuser ; téléviser // *vi* émettre ; **~casting** *n* radiodiffusion *f*; télévision *f*; **~en** *vt* élargir // *vi* s'élargir ; **~ly** *ad* en gros, généralement ; **~-minded** *a* large d'esprit.
brochure ['brəʊʃjʊə*] *n* prospectus *m*, dépliant *m*.
broil [brɔɪl] *vt* rôtir ; **~er** *n* (*fowl*) poulet *m* (à rôtir).
broke [brəʊk] *pt of* **break** // *a* (*col*) fauché(e) ; **~n** *pp of* **break** // *a*: **~n leg** *etc* jambe *etc* cassée ; **in ~n French/English** dans un français/anglais approximatif *or* hésitant ; **~n-hearted** *a* (ayant) le cœur brisé.
broker ['brəʊkə*] *n* courtier *m*.
bronchitis [brɒŋ'kaɪtɪs] *n* bronchite *f*.
bronze [brɒnz] *n* bronze *m* ; **~d** *a* bronzé(e), hâlé(e).
brooch [brəʊtʃ] *n* broche *f*.
brood [bruːd] *n* couvée *f* // *vi* (*hen, storm*) couver ; (*person*) méditer (sombrement), ruminer ; **~y** *a* (*fig*) taciturne, mélancolique.
brook [brʊk] *n* ruisseau *m*.
broom [brʊm] *n* balai *m* ; **~stick** *n* manche à balai.
Bros. *abbr of* **Brothers**.
broth [brɒθ] *n* bouillon *m* de viande et de légumes.
brothel ['brɒθl] *n* maison close, bordel *m*.
brother ['brʌðə*] *n* frère *m* ; **~hood** *n* fraternité *f*; **~-in-law** *n* beau-frère *m* ; **~ly** *a* fraternel(le).
brought [brɔːt] *pt,pp of* **bring**.
brow [braʊ] *n* front *m* ; (*rare, gen:* **eye~**) sourcil *m* ; (*of hill*) sommet *m* ; **~beat** *vt* intimider, brusquer.
brown [braʊn] *a* brun(e) / *n* (*colour*) brun *m* // *vt* brunir ; (*CULIN*) faire dorer, faire roussir ; **~ie** *n* jeannette *f*, éclaireuse (cadette).
browse [braʊz] *vi* (*among books*) bouquiner, feuilleter les livres.

bruise [bruːz] *n* bleu *m*, ecchymose *f*, contusion *f* // *vt* contusionner, meurtrir // *vi* (*fruit*) se taler, se meurtrir ; **to ~ one's arm** se faire un bleu au bras.
brunette [bruː'nɛt] *n* (*femme*) brune.
brunt [brʌnt] *n*: **the ~ of** (*attack, criticism etc*) le plus gros de.
brush [brʌʃ] *n* brosse *f*; (*quarrel*) accrochage *m*, prise *f* de bec // *vt* brosser ; (*gen:* **~ past, ~ against**) effleurer, frôler ; **to ~ aside** *vt* écarter, balayer ; **to ~ up** *vt* (*knowledge*) rafraîchir, réviser ; **~-off** *n*: **to give sb the ~-off** envoyer qn promener ; **~wood** *n* broussailles *fpl*, taillis *m*.
Brussels ['brʌslz] *n* Bruxelles ; **~ sprout** *n* chou *m* de Bruxelles.
brutal ['bruːtl] *a* brutal(e) ; **~ity** [bruː'tælɪtɪ] *n* brutalité *f*.
brute [bruːt] *n* brute *f*.
brutish ['bruːtɪʃ] *a* grossier(ère), brutal(e).
B.Sc. *abbr see* **bachelor**.
bubble ['bʌbl] *n* bulle *f* // *vi* bouillonner, faire des bulles ; (*sparkle, fig*) pétiller.
buck [bʌk] *n* mâle *m* (*d'un lapin, lièvre, daim etc*) ; (*US: col*) dollar *m* // *vi* ruer, lancer une ruade ; **to pass the ~ (to sb)** se décharger de la responsabilité (sur qn) ; **to ~ up** *vi* (*cheer up*) reprendre du poil de la bête, se remonter.
bucket ['bʌkɪt] *n* seau *m*.
buckle ['bʌkl] *n* boucle *f* // *vt* boucler, attacher ; (*warp*) tordre, gauchir ; (: *wheel*) voiler.
bud [bʌd] *n* bourgeon *m* ; (*of flower*) bouton *m* // *vi* bourgeonner ; (*flower*) éclore.
Buddha ['bʊdə] *n* Bouddha *m* ; **Buddhism** *n* bouddhisme *m* ; **Buddhist** *a* bouddhiste // *n* Bouddhiste *m/f*.
budding ['bʌdɪŋ] *a* (*flower*) en bouton ; (*poet etc*) en herbe ; (*passion etc*) naissant(e).
buddy ['bʌdɪ] *n* (*US*) copain *m*.
budge [bʌdʒ] *vt* faire bouger // *vi* bouger.
budgerigar ['bʌdʒərɪɡɑː*] *n* perruche *f*.
budget ['bʌdʒɪt] *n* budget *m* // *vi*: **to ~ for sth** inscrire qch au budget.
budgie ['bʌdʒɪ] *n* = **budgerigar.**
buff [bʌf] *a* (couleur *f*) chamois *m* // *n* (*enthusiast*) mordu(e).
buffalo, *pl* **~** *or* **~es** ['bʌfələʊ] *n* buffle *m* ; (*US*) bison *m*.
buffer ['bʌfə*] *n* tampon *m* ; **~ state** *n* état *m* tampon.
buffet *n* ['bʊfeɪ] (*bar, food*) buffet *m* // *vt* ['bʌfɪt] gifler, frapper ; secouer, ébranler.
buffoon [bə'fuːn] *n* buffon *m*, pitre *m*.
bug [bʌɡ] *n* (*insect*) punaise *f*; (: *gen*) insecte *m*, bestiole *f* ; (: *fig: germ*) virus *m*, microbe *m* ; (*spy device*) dispositif *m* d'écoute (électronique), micro clandestin // *vt* garnir de dispositifs d'écoute ; **~bear** *n* cauchemar *m*, bête noire *f*.
bugle ['bjuːɡl] *n* clairon *m*.
build [bɪld] *n* (*of person*) carrure *f*, charpente *f* // *vt* (*pt,pp* **built** [bɪlt]) construire, bâtir ; **~er** *n* entrepreneur *m* ; **~ing** *n* construction *f*; bâtiment *m*, construction *f*; (*habitation, offices*) immeuble *m* ; **~ing society** *n* société *f* de crédit immobilier ; **to ~ up** *vt* accumuler,

amasser; accroître; **~-up** n (of gas etc) accumulation f.

built [bɪlt] pt,pp of **build**; **well-~** a (person) bien bâti(e); **~-in** a (cupboard) encastré(e); (device) incorporé(e); intégré(e); **~-up area** n agglomération (urbaine); zone urbanisée.

bulb [bʌlb] n (BOT) bulbe m, oignon m; (ELEC) ampoule f; **~ous** a bulbeux(euse).

Bulgaria [bʌlˈgɛərɪə] n Bulgarie f; **~n** a bulgare // n Bulgare m/f; (LING) bulgare m.

bulge [bʌldʒ] n renflement m, gonflement m // vi faire saillie; présenter un renflement; **to be bulging with** être plein(e) à craquer de.

bulk [bʌlk] n masse f, volume m; **in ~** (COMM) en vrac; **the ~ of** la plus grande or grosse partie de; **~head** n cloison f (étanche); **~y** a volumineux(euse), encombrant(e).

bull [bul] n taureau m; **~dog** n bouledogue m.

bulldoze [ˈbuldəuz] vt passer or raser au bulldozer; **~r** n bulldozer m.

bullet [ˈbulɪt] n balle f (de fusil etc).

bulletin [ˈbulɪtɪn] n bulletin m, communiqué m.

bullfight [ˈbulfaɪt] n corrida f, course f de taureaux; **~er** n torero m; **~ing** n tauromachie f.

bullion [ˈbuljən] n or m or argent m en lingots.

bullock [ˈbulək] n bœuf m.

bull's-eye [ˈbulzaɪ] n centre m (de la cible).

bully [ˈbulɪ] n brute f, tyran m // vt tyranniser, rudoyer; (frighten) intimider; **~ing** n brimades fpl.

bum [bʌm] n (col: backside) derrière m; (tramp) vagabond/e, traîne-savates m/f inv; **to ~ around** vi vagabonder.

bumblebee [ˈbʌmblbiː] n (ZOOL) bourdon m.

bump [bʌmp] n (blow) coup m, choc m; (jolt) cahot m; (on road etc, on head) bosse f // vt heurter, cogner; **to ~ along** vi avancer en cahotant; **to ~ into** vt fus rentrer dans, tamponner; **~er** n (Brit) pare-chocs m inv // a: **~er crop/harvest** récolte/moisson exceptionnelle.

bumptious [ˈbʌmpʃəs] a suffisant(e), prétentieux(euse).

bumpy [ˈbʌmpɪ] a cahoteux(euse).

bun [bʌn] n petit pain au lait; (of hair) chignon m.

bunch [bʌntʃ] n (of flowers) bouquet m; (of keys) trousseau m; (of bananas) régime m; (of people) groupe m; **~ of grapes** grappe f de raisin.

bundle [ˈbʌndl] n paquet m // vt (also: **~ up**) faire un paquet de; (put): **to ~ sth/sb into** fourrer or enfourner qch/qn dans; **to ~ off** vt (person) faire sortir (en toute hâte); expédier; **to ~ out** vt éjecter, sortir (sans ménagements).

bung [bʌŋ] n bonde f, bouchon m // vt (throw: gen: **~ up**) flanquer.

bungalow [ˈbʌŋgələu] n bungalow m.

bungle [ˈbʌŋgl] vt bâcler, gâcher.

bunion [ˈbʌnjən] n oignon m (au pied).

bunk [bʌŋk] n couchette f; **~ beds** npl lits superposés.

bunker [ˈbʌŋkə*] n (coal store) soute f à charbon; (MIL, GOLF) bunker m.

bunny [ˈbʌnɪ] n (also: **~ rabbit**) Jeannot m lapin; **~ girl** n hôtesse de cabaret.

bunting [ˈbʌntɪŋ] n pavoisement m, drapeaux mpl.

buoy [bɔɪ] n bouée f; **to ~ up** vt faire flotter; (fig) soutenir, épauler; **~ancy** n (of ship) flottabilité f; **~ant** a gai(e), plein(e) d'entrain.

burden [ˈbəːdn] n fardeau m, charge f // vt charger; (oppress) accabler, surcharger.

bureau, pl **~x** [bjuəˈrəu, -z] n (furniture) bureau m, secrétaire m; (office) bureau m, office m.

bureaucracy [bjuəˈrɔkrəsɪ] n bureaucratie f.

bureaucrat [ˈbjuərəkræt] n bureaucrate m/f, rond-de-cuir m; **~ic** [-ˈkrætɪk] a bureaucratique.

burglar [ˈbəːglə*] n cambrioleur m; **~ alarm** n sonnerie f d'alarme; **~ize** vt (US) cambrioler; **~y** n cambriolage m.

burgle [ˈbəːgl] vt cambrioler.

Burgundy [ˈbəːgəndɪ] n Bourgogne f.

burial [ˈberɪəl] n enterrement m; **~ ground** n cimetière m.

burlesque [bəːˈlesk] n caricature f, parodie f.

burly [ˈbəːlɪ] a de forte carrure, costaud(e).

Burma [ˈbəːmə] n Birmanie f; **Burmese** [-ˈmiːz] a birman(e), de Birmanie // n, pl inv Birman/e; (LING) birman m.

burn [bəːn] vt,vi (pt,pp **burned** or **burnt** [bəːnt]) brûler // n brûlure f; **to ~ down** vt incendier, détruire par le feu; **~er** n brûleur m; **~ing question** n question brûlante.

burnish [ˈbəːnɪʃ] vt polir.

burnt [bəːnt] pt,pp of **burn**; **~ sugar** n caramel m.

burp [bəːp] (col) n rot m // vi roter.

burrow [ˈbʌrəu] n terrier m // vt creuser.

bursar [ˈbəːsə*] n économe m/f; (student) boursier/ère; **~y** n bourse f (d'études).

burst [bəːst] vb (pt,pp **burst**) vt crever; faire éclater // vi éclater; (tyre) crever // n explosion f; (also: **~ pipe**) rupture f; fuite f; **~ of energy** déploiement soudain d'énergie, activité soudaine; **~ of laughter** éclat m de rire; **~ blood vessel** rupture f de vaisseau sanguin; **to ~ into flames** s'enflammer soudainement; **to ~ into laughter** éclater de rire; **to ~ into tears** fondre en larmes; **to be ~ing with** être plein (à craquer) de; regorger de; **to ~ into** vt fus (room etc) faire irruption dans; **to ~ open** vi s'ouvrir violemment or soudainement; **to ~ out of** vt fus sortir précipitamment de.

bury [ˈberɪ] vt enterrer; **to ~ one's face in one's hands** se couvrir le visage de ses mains; **to ~ one's head in the sand** (fig) pratiquer la politique de l'autruche; **to ~ the hatchet** enterrer la hache de guerre.

bus, **~es** [bʌs, ˈbʌsɪz] n autobus m.

bush [buʃ] n buisson m; (scrub land) brousse f.

bushel ['buʃl] n boisseau m.
bushy ['buʃi] a broussailleux(euse), touffu(e).
busily ['bɪzɪlɪ] ad activement.
business ['bɪznɪs] n (matter, firm) affaire f; (trading) affaires fpl; (job, duty) travail m; **to be away on** ~ être en déplacement d'affaires; **it's none of my** ~ cela ne me regarde pas, ce ne sont pas mes affaires; **he means** ~ il ne plaisante pas, il est sérieux; ~**like** a sérieux(euse); efficace; ~**man** n homme m d'affaires.
bus-stop ['bʌsstɔp] n arrêt m d'autobus.
bust [bʌst] n buste m // a (broken) fichu(e), fini(e); **to go** ~ faire faillite.
bustle ['bʌsl] n remue-ménage m, affairement m // vi s'affairer, se démener; **bustling** a (person) affairé(e); (town) très animé(e).
bust-up ['bʌstʌp] n (col) engueulade f.
busy ['bɪzɪ] a occupé(e); (shop, street) très fréquenté(e) // vt: **to** ~ **o.s.** s'occuper; ~**body** n mouche f du coche, âme f charitable.
but [bʌt] cj mais // prep excepté, sauf; **nothing** ~ rien d'autre que; ~ **for** sans, si ce n'était pour; **all** ~ **finished** pratiquement fini; **anything** ~ **finished** tout sauf fini, très loin d'être fini.
butane ['bju:teɪn] n butane m.
butcher ['butʃə*] n boucher m // vt massacrer; (cattle etc for meat) tuer.
butler ['bʌtlə*] n maître m d'hôtel.
butt [bʌt] n (cask) gros tonneau; (thick end) (gros) bout; (of gun) crosse f; (of cigarette) mégot m; (fig: target) cible f // vt donner un coup de tête à.
butter ['bʌtə*] n beurre m // vt beurrer; ~ **dish** n beurrier m.
butterfly ['bʌtəflaɪ] n papillon m.
buttocks ['bʌtəks] npl fesses fpl.
button ['bʌtn] n bouton m // vt boutonner // vi se boutonner; ~**hole** n boutonnière f // vt accrocher, arrêter, retenir.
buttress ['bʌtrɪs] n contrefort m.
buxom ['bʌksəm] a aux formes avantageuses or épanouies, bien galbé(e).
buy [baɪ] vb (pt,pp **bought** [bɔ:t]) vt acheter; **to** ~ **sb sth/sth from sb** acheter qch à qn; **to** ~ **sb a drink** offrir un verre or à boire à qn; **to** ~ **up** vt acheter en bloc, rafler; ~**er** n acheteur/euse.
buzz [bʌz] n bourdonnement m; (col: phone call) coup m de fil // vi bourdonner.
buzzard ['bʌzəd] n buse f.
buzzer ['bʌzə*] n timbre m électrique.
by [baɪ] prep par; (beside) à côté de; au bord de; (before) ~ **4 o'clock** avant 4 heures, d'ici 4 heures // ad see **pass**, **go** etc; ~ **bus/car** en autobus/voiture; **paid** ~ **the hour** payé à l'heure; **to increase** etc ~ **the hour** augmenter etc d'heure en heure; (all) ~ **oneself** tout(e) seul(e); ~ **the way** à propos; ~ **and large** dans l'ensemble; ~ **and** ~ bientôt.
bye-(bye) ['baɪ'baɪ] excl au revoir!, salut!
by(e)-law ['baɪlɔ:] n arrêté municipal.
by-election ['baɪɪlɛkʃən] n élection (législative) partielle.
bygone ['baɪgɔn] a passé(e) // n: **let** ~**s be** ~**s** passons l'éponge, oublions le passé.

bypass ['baɪpɑ:s] n (route f de) contournement m // vt éviter.
by-product ['baɪprɔdʌkt] n sous-produit m, dérivé m; (fig) conséquence f secondaire, retombée f.
byre ['baɪə*] n étable f (à vaches).
bystander ['baɪstændə*] n spectateur/-trice, badaud/e.
byword ['baɪwə:d] n: **to be a** ~ **for** être synonyme de (fig).

C

C [si:] n (MUS) do m.
C. abbr of **centigrade**.
C.A. abbr of **chartered accountant**.
cab [kæb] n taxi m; (of train, truck) cabine f; (horse-drawn) fiacre m.
cabaret ['kæbəreɪ] n attractions fpl, spectacle m de cabaret.
cabbage ['kæbɪdʒ] n chou m.
cabin ['kæbɪn] n cabane f, hutte f; (on ship) cabine f; ~ **cruiser** n yacht m (à moteur).
cabinet ['kæbɪnɪt] n (POL) cabinet m; (furniture) petit meuble à tiroirs et rayons; (also: **display** ~) vitrine f, petite armoire vitrée; **cocktail** ~ n meuble-bar m; **medicine** ~ n armoire f à pharmacie; ~-**maker** n ébéniste m.
cable ['keɪbl] n câble m // vt câbler, télégraphier; ~-**car** n téléphérique m; ~**gram** n câblogramme m; ~ **railway** n funiculaire m.
cache [kæʃ] n cachette f; **a** ~ **of food** etc un dépôt secret de provisions etc, une cachette contenant des provisions etc.
cackle ['kækl] vi caqueter.
cactus, pl **cacti** ['kæktəs, -taɪ] n cactus m.
caddie ['kædɪ] n caddie m.
cadet [kə'dɛt] n (MIL) élève m officier.
cadge [kædʒ] vt se faire donner; **to** ~ **a meal** (off sb) se faire inviter à manger (par qn); ~**r** n pique-assiette m/f inv, tapeur/euse.
Caesarean [si:'zɛərɪən] a: ~ (**section**) césarienne f.
café ['kæfeɪ] n ≈ café(-restaurant) m (sans alcool); **cafeteria** [kæfɪ'tɪərɪə] n cafeteria f.
caffein(e) ['kæfi:n] n caféine f.
cage [keɪdʒ] n cage f // vt mettre en cage.
cagey ['keɪdʒɪ] a (col) réticent(e); méfiant(e).
Cairo ['kaɪərəu] n le Caire.
cajole [kə'dʒəul] vt couvrir de flatteries or de gentillesses.
cake [keɪk] n gâteau m; ~ **of soap** savonnette f; ~**d** a: ~**d with** raidi(e) par, couvert(e) d'une croûte de.
calamitous [kə'læmɪtəs] a catastrophique, désastreux(euse).
calamity [kə'læmɪtɪ] n calamité f, désastre m.
calcium ['kælsɪəm] n calcium m.
calculate ['kælkjulert] vt calculer; **calculating** a calculateur(trice); **calculation** [-'leɪʃən] n calcul m; **calculator** n machine f à calculer, calculatrice f.

calculus ['kælkjuləs] *n* analyse *f* (mathématique), calcul infinitésimal ; **integral/differential** ~ calcul intégral/différentiel.

calendar ['kæləndə*] *n* calendrier *m* ; ~ **month** *n* mois *m* (de calendrier) ; ~ **year** *n* année civile.

calf, calves [kɑːf, kɑːvz] *n* (*of cow*) veau *m* ; (*of other animals*) petit *m* ; (*also*: ~**skin**) veau *m*, vachette *f* ; (ANAT) mollet *m*.

calibre, caliber (US) ['kælibə*] *n* calibre *m*.

call [kɔːl] *vt* (*gen, also* TEL) appeler // *vi* appeler ; (*visit: also*: ~ **in**, ~ **round**): **to** ~ **(for)** passer (prendre) // *n* (*shout*) appel *m*, cri *m* ; (*visit*) visite *f* ; (*also*: **telephone** ~) coup *m* de téléphone ; communication *f* ; **she's** ~**ed Suzanne** elle s'appelle Suzanne ; **to be** ~ **on** être de permanence ; **to** ~ **for** *vt fus* demander ; **to** ~ **off** *vt* annuler ; **to** ~ **on** *vt fus* (*visit*) rendre visite à, passer voir ; (*request*): **to** ~ **on sb to do** inviter qn à faire ; **to** ~ **up** *vt* (MIL) appeler, mobiliser ; ~**box** *n* cabine *f* téléphonique ; ~**er** *n* personne *f* qui appelle ; visiteur *m* ; ~ **girl** *n* call-girl *f* ; ~**ing** *n* vocation *f* ; (*trade, occupation*) état *m* ; ~**ing card** *n* (US) carte *f* de visite.

callous ['kæləs] *a* dur(e), insensible ; ~**ness** *n* dureté *f*, manque *m* de cœur, insensibilité *f*.

callow ['kæləu] *a* sans expérience (de la vie).

calm [kɑːm] *n* calme *m* // *vt* calmer, apaiser // *a* calme ; ~**ly** *ad* calmement, avec calme ; ~**ness** *n* calme *m* ; **to** ~ **down** *vi* se calmer, s'apaiser // *vt* calmer, apaiser.

calorie ['kæləri] *n* calorie *f*.

calve [kɑːv] *vi* vêler, mettre bas.

calves [kɑːvz] *npl of* **calf**.

camber ['kæmbə*] *n* (*of road*) bombement *m*.

Cambodia [kæm'bəudjə] *n* Cambodge *m*.

came [keim] *pt of* **come**.

camel ['kæməl] *n* chameau *m*.

cameo ['kæmiəu] *n* camée *m*.

camera ['kæmərə] *n* appareil-photo *m* ; (*also*: **cine-**~, **movie** ~) caméra *f* ; **35mm** ~ appareil 24 x 36 or petit format ; **in** ~ à huis clos, en privé ; ~**man** *n* caméraman *m*.

camouflage ['kæməflɑːʒ] *n* camouflage *m* // *vt* camoufler.

camp [kæmp] *n* camp *m* //. *vi* camper.

campaign [kæm'pein] *n* (MIL, POL *etc*) campagne *f* // *vi* (*also fig*) faire campagne.

campbed ['kæmp'bɛd] *n* lit *m* de camp.

camper ['kæmpə*] *n* campeur/euse.

camping ['kæmpiŋ] *n* camping *m* ; ~ **site** *n* (terrain *m* de) camping.

campsite ['kæmpsait] *n* campement *m*.

campus ['kæmpəs] *n* campus *m*.

can [kæn] *auxiliary vb* (*gen*) pouvoir ; (*know how to*) savoir ; **I** ~ **swim** *etc* je sais nager *etc* ; **I** ~ **speak French** je parle français // *n* (*of milk, oil, water*) bidon *m* ; (US: **tin**) boîte *f* (de conserve) // *vt* mettre en conserve.

Canada ['kænədə] *n* Canada *m*.

Canadian [kə'neidiən] *a* canadien(ne) // *n* Canadien/ne.

canal [kə'næl] *n* canal *m*.

canary [kə'nɛəri] *n* canari *m*, serin *m*.

cancel ['kænsəl] *vt* annuler ; (*train*) supprimer ; (*party, appointment*) décommander ; (*cross out*) barrer, rayer ; (*stamp*) oblitérer ; ~**lation** [-'leiʃən] *n* annulation *f* ; suppression *f* ; oblitération *f* ; (TOURISM) réservation annulée, client *etc* qui s'est décommandé.

cancer ['kænsə*] *n* cancer *m* ; **C**~ (*sign*) le Cancer ; **to be C**~ être du Cancer.

candid ['kændid] *a* (très) franc(franche), sincère.

candidate ['kændideit] *n* candidat/e.

candle ['kændl] *n* bougie *f* ; (*of tallow*) chandelle *f* ; (*in church*) cierge *m* ; **by** ~**light** à la lumière d'une bougie ; (*dinner*) aux chandelles ; ~**stick** *n* (*also*: ~ **holder**) bougeoir *m* ; (*bigger, ornate*) chandelier *m*.

candour ['kændə*] *n* (grande) franchise or sincérité.

candy ['kændi] *n* sucre candi ; (US) bonbon *m* ; ~**-floss** *n* barbe *f* à papa.

cane [kein] *n* canne *f* // *vt* (SCOL) administrer des coups de bâton à.

canine ['kænain] *a* canin(e).

canister ['kænistə*] *n* boîte *f* (*gén en métal*).

cannabis ['kænəbis] *n* (*drug*) cannabis *m* ; (*also*: ~ **plant**) chanvre indien.

canned ['kænd] *a* (*food*) en boîte, en conserve.

cannibal ['kænibəl] *n* cannibale *m/f*, anthropophage *m/f* ; ~**ism** *n* cannibalisme *m*, anthropophagie *f*.

cannon, *pl* ~ *or* ~**s** ['kænən] *n* (*gun*) canon *m* ; ~**ball** *n* boulet *m* de canon.

cannot ['kænɔt] = **can not**.

canny ['kæni] *a* madré(e), finaud(e).

canoe [kə'nuː] *n* pirogue *f* ; (SPORT) canoë *m* ; ~**ing** *n* (SPORT) canoë *m* ; ~**ist** *n* canoëiste *m/f*.

canon ['kænən] *n* (*clergyman*) chanoine *m* ; (*standard*) canon *m*.

canonize ['kænənaiz] *vt* canoniser.

can opener ['kænəupnə*] *n* ouvre-boîte *m*.

canopy ['kænəpi] *n* baldaquin *m* ; dais *m*.

cant [kænt] *n* jargon *m* // *vt, vi* pencher.

can't [kænt] = **can not**.

cantankerous [kæn'tæŋkərəs] *a* querelleur(euse), acariâtre.

canteen [kæn'tiːn] *n* cantine *f* ; (*of cutlery*) ménagère *f*.

canter ['kæntə*] *n* petit galop // *vi* aller au petit galop.

cantilever ['kæntili:və*] *n* porte-à-faux *m inv*.

canvas ['kænvəs] *n* (*gen*) toile *f* ; **under** ~ (*camping*) sous la tente ; (NAUT) toutes voiles dehors.

canvass ['kænvəs] *vt*: ~**ing** (POL) prospection électorale, démarchage électoral ; (COMM) démarchage, prospection.

canyon ['kænjən] *n* cañon *m*, gorge *f* (profonde).

cap [kæp] *n* casquette *f* ; (*of pen*) capuchon *m* ; (*of bottle*) capsule *f* ; (*also*: **Dutch** ~)

diaphragme m; (FOOTBALL) sélection f pour l'équipe nationale // vt capsuler; (outdo) surpasser; **~ped with** coiffé(e) de.

capability [keɪpə'bɪlɪtɪ] n aptitude f, capacité f.

capable ['keɪpəbl] a capable; **~ of** capable de; susceptible de.

capacity [kə'pæsɪtɪ] n capacité f, contenance f; aptitude f; **in his ~ as** en sa qualité de; **to work at full ~** travailler à plein rendement.

cape [keɪp] n (garment) cape f; (GEO) cap m.

caper ['keɪpə*] n (CULIN: gen: ~s) câpre f.

capital ['kæpɪtl] n (also: ~ city) capitale f; (money) capital m; (also: ~ letter) majuscule f; **~ gains** npl plus-values fpl; **~ism** n capitalisme m; **~ist** a capitaliste; **~ punishment** n peine capitale.

capitulate [kə'pɪtjuleɪt] vi capituler; **capitulation** [-'leɪʃən] n capitulation f.

capricious [kə'prɪʃəs] a capricieux(euse), fantasque.

Capricorn ['kæprɪkɔːn] n le Capricorne, **to be ~** être du Capricorne.

capsize [kæp'saɪz] vt faire chavirer // vi chavirer.

capstan ['kæpstən] n cabestan m.

capsule ['kæpsjuːl] n capsule f.

captain ['kæptɪn] n capitaine m // vt commander, être le capitaine de.

caption ['kæpʃən] n légende f.

captivate ['kæptɪveɪt] vt captiver, fasciner.

captive ['kæptɪv] a, n captif(ive).

captivity [kæp'tɪvɪtɪ] n captivité f.

capture ['kæptʃə*] vt capturer, prendre; (attention) capter // n capture f.

car [kɑː*] n voiture f, auto f.

carafe [kə'ræf] n carafe f; (in restaurant: ~ wine) ≈ vin ouvert.

caramel ['kærəməl] n caramel m.

carat ['kærət] n carat m.

caravan ['kærəvæn] n caravane f.

caraway ['kærəweɪ] n: ~ **seed** graine f de cumin, cumin m.

carbohydrates [kɑːbəu'haɪdreɪts] npl (foods) aliments mpl riches en hydrate de carbone.

carbon ['kɑːbən] n carbone m; ~ **copy** n carbone m; ~ **paper** n papier m carbone.

carburettor [kɑːbju'rɛtə*] n carburateur m.

carcass ['kɑːkəs] n carcasse f.

card [kɑːd] n carte f; **~board** n carton m; ~ **game** n jeu m de cartes.

cardiac ['kɑːdɪæk] a cardiaque.

cardigan ['kɑːdɪgən] n cardigan m.

cardinal ['kɑːdɪnl] a cardinal(e) // n cardinal m.

card index ['kɑːdɪndɛks] n fichier m (alphabétique).

care [kɛə*] n soin m, attention f; (worry) souci m // vi: **to ~ about** se soucier de, s'intéresser à; **would you ~ to/for . . . ?** voulez-vous ...?; **I wouldn't ~ to do it** je n'aimerais pas le faire; **in sb's ~** à la garde de qn, confié à qn; **to take ~** faire attention, prendre garde; **to take ~ of** vt s'occuper de, prendre soin de; **to ~**

for vt fus s'occuper de; (like) aimer; **I don't ~** ça m'est bien égal, peu m'importe; **I couldn't ~ less** cela m'est complètement égal, je m'en fiche complètement.

career [kə'rɪə*] n carrière f // vi (also: ~ along) aller à toute allure.

carefree ['kɛəfriː] a sans souci, insouciant(e).

careful ['kɛəful] a soigneux(euse); (cautious) prudent(e); **(be) ~!** (fais) attention!; **~ly** ad avec soin, soigneusement; prudemment.

careless ['kɛəlɪs] a négligent(e); (heedless) insouciant(e); **~ly** ad négligemment; avec insouciance; **~ness** n manque m de soin, négligence f; insouciance f.

caress [kə'rɛs] n caresse f // vt caresser.

caretaker ['kɛəteɪkə*] n gardien/ne, concierge m/f.

car-ferry ['kɑːfɛrɪ] n (on sea) ferry (-boat) m; (on river) bac m.

cargo, **~es** ['kɑːgəu] n cargaison f, chargement m.

Caribbean [kærɪ'biːən] a: **the ~ (Sea)** la mer des Antilles or Caraïbes.

caricature ['kærɪkətjuə*] n caricature f.

carnal ['kɑːnl] a charnel(le).

carnation [kɑː'neɪʃən] n œillet m.

carnival ['kɑːnɪvəl] n (public celebration) carnaval m.

carol ['kærəl] n: **(Christmas) ~** chant m de Noël.

carp [kɑːp] n (fish) carpe f; **to ~ at** vt fus critiquer.

car park ['kɑːpɑːk] n parking m, parc m de stationnement.

carpenter ['kɑːpɪntə*] n charpentier m.

carpentry ['kɑːpɪntrɪ] n charpenterie f, métier m de charpentier; (woodwork: at school etc) menuiserie f.

carpet ['kɑːpɪt] n tapis m // vt recouvrir (d'un tapis).

carriage ['kærɪdʒ] n voiture f; (of goods) transport m; (: taxe) port m; (of typewriter) chariot m; (bearing) maintien m, port m; **~way** n (part of road) chaussée f.

carrier ['kærɪə*] n transporteur m, camionneur m; ~ **bag** n sac m en papier or en plastique; ~ **pigeon** n pigeon voyageur.

carrot ['kærət] n carotte f.

carry ['kærɪ] vt (subj: person) porter; (: vehicle) transporter; (a motion, bill) voter, adopter; (involve: responsibilities etc) comporter, impliquer // vi (sound) porter; **to be carried away** (fig) s'emballer, s'enthousiasmer; **to ~ on** vi: **to ~ on with sth/doing** continuer qch/à faire // vt entretenir, poursuivre; **to ~ out** vt (orders) exécuter; (investigation) effectuer; ~ **cot** n porte-bébé m.

cart [kɑːt] n charrette f // vt transporter.

cartilage ['kɑːtɪlɪdʒ] n cartilage m.

cartographer [kɑː'tɔgrəfə*] n cartographe m/f.

carton ['kɑːtən] n (box) carton m; (of yogurt) pot m (en carton); (of cigarettes) cartouche f.

cartoon [kɑːˈtuːn] n (PRESS) dessin m (humoristique); (satirical) caricature f; (comic strip) bande dessinée; (CINEMA) dessin animé; ~ist n dessinateur/trice humoristique; caricaturiste m/f; auteur m de dessins animés; auteur de bandes dessinées.

cartridge [ˈkɑːtrɪdʒ] n (for gun, pen) cartouche f; (for camera) chargeur m; (music tape) cassette f; (of record player) cellule f.

carve [kɑːv] vt (meat) découper; (wood, stone) tailler, sculpter; **carving** n (in wood etc) sculpture f; **carving knife** n couteau m à découper.

car wash [ˈkɑːˈwɔʃ] n station f de lavage (de voitures).

cascade [kæsˈkeɪd] n cascade f // vi tomber en cascade.

case [keɪs] n cas m; (LAW) affaire f, procès m; (box) caisse f, boîte f, étui m; (also: suit~) valise f; **he hasn't put forward his ~ very well** ses arguments ne sont guère convaincants; **in ~ of** en cas de; **in ~ he** au cas où il; **just in ~** à tout hasard.

cash [kæʃ] n argent m; (COMM) argent liquide, numéraire m; liquidités fpl; (COMM: in payment) argent comptant, espèces fpl // vt encaisser; **to pay (in ~** en argent) comptant; **to ~ with order/ on delivery** (COMM) payable ou paiement à la commande/livraison; ~book n livre m de caisse; ~desk n caisse f.

cashew [kæˈʃuː] n (also: ~ nut) noix f de cajou.

cashier [kæˈʃɪə*] n caissier/ère.

cashmere [kæʃˈmɪə*] n cachemire m.

cash payment [ˈkæʃˈpeɪmənt] n paiement comptant, versement m en espèces.

cash register [ˈkæʃrɛdʒɪstə*] n caisse enregistreuse.

casing [ˈkeɪsɪŋ] n revêtement (protecteur), enveloppe (protectrice).

casino [kəˈsiːnəu] n casino m.

cask [kɑːsk] n tonneau m.

casket [ˈkɑːskɪt] n coffret m; (US: coffin) cercueil m.

casserole [ˈkæsərəul] n cocotte f; (food) ragoût m (en cocotte).

cassette [kæˈsɛt] n cassette f, musicassette f; ~player n lecteur m de cassettes; ~recorder magnétophone m à cassettes.

cast [kɑːst] vt (pt, pp cast) (throw) jeter; (shed) perdre; se dépouiller de; (metal) couler, fondre // n (THEATRE) distribution f; (mould) moule m; (also: plaster ~) plâtre m; (THEATRE): **to ~ sb as Hamlet** attribuer à qn le rôle d'Hamlet; **to ~ one's vote** voter, exprimer son suffrage; **to ~ off** vi (NAUT) larguer les amarres.

castanets [kæstəˈnɛts] npl castagnettes fpl.

castaway [ˈkɑːstəwəi] n naufragé/e.

caste [kɑːst] n caste f, classe sociale.

casting [ˈkɑːstɪŋ] a: ~ **vote** voix prépondérante (pour départager).

cast iron [ˈkɑːstˈaɪən] n fonte f.

castle [ˈkɑːsl] n château-fort m; (manor) château m.

castor [ˈkɑːstə*] n (wheel) roulette f; ~ **oil** n huile f de ricin; ~ **sugar** n sucre m semoule.

castrate [kæsˈtreɪt] vt châtrer.

casual [ˈkæʒjul] a (by chance) de hasard, fait(e) au hasard, fortuit(e); (irregular: work etc) temporaire; (unconcerned) désinvolte; ~ **wear** n vêtements mpl sport inv; ~ **labour** n main-d'œuvre f temporaire; ~ly ad avec désinvolture, négligemment; fortuitement.

casualty [ˈkæʒjultɪ] n accidenté/e, blessé/e; (dead) victime f, mort/e; **heavy casualties** npl lourdes pertes.

cat [kæt] n chat m.

catalogue, catalog (US) [ˈkætəlɔg] n catalogue m // vt cataloguer.

catalyst [ˈkætəlɪst] n catalyseur m.

catapult [ˈkætəpʌlt] n lance-pierres m inv, fronde m; (AVIAT, HISTORY) catapulte f.

cataract [ˈkætərækt] n (also MED) cataracte f.

catarrh [kəˈtɑː*] n rhume m chronique, catarrhe f.

catastrophe [kəˈtæstrəfɪ] n catastrophe f; **catastrophic** [kætəˈstrɔfɪk] a catastrophique.

catch [kætʃ] vb (pt,pp caught [cɔːt]) vt (ball, train, thief, cold) attraper; (person: by surprise) prendre, surprendre; (understand) saisir; (get entangled) accrocher // vi (fire) prendre // n (fish etc caught) prise f; (trick) attrape f; (TECH) loquet m; cliquet m; **to ~ sb's attention** or **eye** attirer l'attention de qn; **to ~ fire** prendre feu; **to ~ sight of** apercevoir; **to ~ up** vi se rattraper, combler son retard // vt (also: ~ up with) rattraper.

catching [ˈkætʃɪŋ] a (MED) contagieux(euse).

catchment area [ˈkætʃmənt'ɛərɪə] n (SCOL) aire f de recrutement; (GEO) bassin m hydrographique.

catch phrase [ˈkætʃfreɪz] n slogan m; expression toute faite.

catchy [ˈkætʃɪ] a (tune) facile à retenir.

catechism [ˈkætɪkɪzəm] n (REL) catéchisme m.

categoric(al) [kætɪˈgɔrɪk(əl)] a catégorique.

categorize [ˈkætɪgəraɪz] vt classer par catégories.

category [ˈkætɪgərɪ] n catégorie f.

cater [ˈkeɪtə*] vi (gen: ~ for sb) préparer des repas, se charger de la restauration; **to ~ for** vt fus (needs) satisfaire, pourvoir à; (readers, consumers) s'adresser à, pourvoir aux besoins de; ~**er** n traiteur m; fournisseur m; ~**ing** n restauration f; approvisionnement m, ravitaillement m; ~**ing (trade)** restauration f.

caterpillar [ˈkætəpɪlə*] n chenille f; ~ **track** n chenille f; ~ **vehicle** n véhicule m à chenille.

cathedral [kəˈθiːdrəl] n cathédrale f.

catholic [ˈkæθəlɪk] a éclectique; universel(le); libéral(e); **C~** a,n (REL) catholique (m/f).

cattle [ˈkætl] npl bétail m, bestiaux mpl.

catty ['kætɪ] *a* méchant(e).
Caucasus ['kɔ:kəsəs] *n* Caucase *m*.
caught [kɔ:t] *pt,pp* of **catch**.
cauliflower ['kɔlɪflauə*] *n* chou-fleur *m*.
cause [kɔ:z] *n* cause *f* // *vt* causer; **there is no ~ for concern** il n'y a pas lieu de s'inquiéter.
causeway ['kɔ:zweɪ] *n* chaussée (surélevée).
caustic ['kɔ:stɪk] *a* caustique.
caution ['kɔ:ʃən] *n* prudence *f*; (*warning*) avertissement *m* // *vt* avertir, donner un avertissement à.
cautious ['kɔ:ʃəs] *a* prudent(e); **~ly** *ad* prudemment, avec prudence; **~ness** *n* prudence *f*.
cavalier [kævə'lɪə*] *a* cavalier(ère), désinvolte.
cavalry ['kævəlrɪ] *n* cavalerie *f*.
cave [keɪv] *n* caverne *f*, grotte *f*; **to ~ in** *vi* (*roof etc*) s'effondrer; **~man** *n* homme *m* des cavernes.
cavern ['kævən] *n* caverne *f*.
caviar(e) ['kævɪɑ:*] *n* caviar *m*.
cavity ['kævɪtɪ] *n* cavité *f*.
cavort [kə'vɔ:t] *vi* cabrioler, faire des cabrioles.
CBI *n abbr of Confederation of British Industries* (*groupement du patronat*).
cc *abbr of cubic centimetres*; *carbon copy*.
cease [si:s] *vt,vi* cesser; **~fire** *n* cessez-le-feu *m*; **~less** *a* incessant(e), continuel(le).
cedar ['si:də*] *n* cèdre *m*.
cede [si:d] *vt* céder.
cedilla [sɪ'dɪlə] *n* cédille *f*.
ceiling ['si:lɪŋ] *n* plafond *m*.
celebrate ['sɛlɪbreɪt] *vt,vi* célébrer; **~d** *a* célèbre; **celebration** [-'breɪʃən] *n* célébration *f*.
celebrity [sɪ'lɛbrɪtɪ] *n* célébrité *f*.
celery ['sɛlərɪ] *n* céleri *m* (en branches).
celestial [sɪ'lɛstɪəl] *a* céleste.
celibacy ['sɛlɪbəsɪ] *n* célibat *m*.
cell [sɛl] *n* (*gen*) cellule *f*; (*ELEC*) élément *m* (de pile).
cellar ['sɛlə*] *n* cave *f*.
'cellist ['tʃɛlɪst] *n* violoncelliste *m/f*.
'cello ['tʃɛləu] *n* violoncelle *m*.
cellophane ['sɛləfeɪn] *n* ® cellophane *f* ®.
cellular ['sɛljulə*] *a* cellulaire.
cellulose ['sɛljuləus] *n* cellulose *f*.
Celtic ['kɛltɪk, 'sɛltɪk] *a* celte.
cement [sə'mɛnt] *n* ciment *m* // *vt* cimenter.
cemetery ['sɛmɪtrɪ] *n* cimetière *m*.
cenotaph ['sɛnətɑ:f] *n* cénotaphe *m*.
censor ['sɛnsə*] *n* censeur *m*; **~ship** *n* censure *f*.
censure ['sɛnʃə*] *vt* blâmer, critiquer.
census ['sɛnsəs] *n* recensement *m*.
cent [sɛnt] *n* (*US: coin*) cent *m*, = 1:100 du dollar; *see also* **per**.
centenary [sɛn'ti:nərɪ] *n* centenaire *m*.
center ['sɛntə*] *n* (*US*) = **centre**.
centi... ['sɛntɪ] *prefix*: **~grade** *n* centigrade; **~litre** *n* centilitre *m*; **~metre** *n* centimètre *m*.
centipede ['sɛntɪpi:d] *n* mille-pattes *m inv*.

central ['sɛntrəl] *a* central(e); **~ heating** *n* chauffage central; **~ize** *vt* centraliser.
centre ['sɛntə*] *n* centre *m*; **~-forward** *n* (*SPORT*) avant-centre *m* // *vt* centrer; (*PHOT*) cadrer **~-half** *n* (*SPORT*) demi-centre *m*.
centrifugal [sɛn'trɪfjugəl] *a* centrifuge.
century ['sɛntjurɪ] *n* siècle *m*.
ceramic [sɪ'ræmɪk] *a* céramique.
cereal ['sɪrɪəl] *n* céréale *f*.
ceremony ['sɛrɪmənɪ] *n* cérémonie *f*; **to stand on ~** faire des façons.
certain ['sə:tən] *a* certain(e); **to make ~ of** s'assurer de; **for ~** certainement, sûrement; **~ly** *ad* certainement; **~ty** *n* certitude *f*.
certificate [sə'tɪfɪkɪt] *n* certificat *m*.
certify ['sə:tɪfaɪ] *vt* certifier // *vi*: **to ~ to** attester.
cervix ['sə:vɪks] *n* col *m* de l'utérus.
cessation [sə'seɪʃən] *n* cessation *f*, arrêt *m*.
cesspool ['sɛspu:l] *n* fosse *f* d'aisance.
Ceylon [sɪ'lɒn] *n* Ceylan *m*.
cf. (*abbr = compare*) cf., voir.
chafe [tʃeɪf] *vt* irriter, frotter contre.
chaffinch ['tʃæfɪntʃ] *n* pinson *m*.
chagrin ['ʃægrɪn] *n* contrariété *f*, déception *f*.
chain [tʃeɪn] *n* (*gen*) chaîne *f* // *vt* (*also: ~ up*) enchaîner, attacher (avec une chaîne); **~ reaction** *n* réaction *f* en chaîne; **to ~ smoke** *vi* fumer cigarette sur cigarette; **~ store** *n* magasin *m* à succursales multiples.
chair [tʃɛə*] *n* chaise *f*; (*armchair*) fauteuil *m*; (*of university*) chaire *f* // *vt* (*meeting*) présider; **~lift** *n* télésiège *m*; **~man** *n* président *m*.
chalet ['ʃæleɪ] *n* chalet *m*.
chalice ['tʃælɪs] *n* calice *m*.
chalk [tʃɔ:k] *n* craie *f*.
challenge ['tʃælɪndʒ] *n* défi *m* // *vt* défier; (*statement, right*) mettre en question, contester; **to ~ sb to a fight/game** inviter qn à se battre/à jouer (*sous forme d'un défi*); **to ~ sb to do** mettre qn au défi de faire; **~r** *n* (*SPORT*) challenger *m*; **challenging** *a* de défi, provocateur(trice).
chamber ['tʃeɪmbə*] *n* chambre *f*; **~ of commerce** chambre *f* de commerce; **~maid** *n* femme *f* de chambre; **~ music** *n* musique *f* de chambre; **~pot** *n* pot *m* de chambre.
chamois ['ʃæmwɑ:] *n* chamois *m*; **~ leather** ['ʃæmɪləðə*] *n* peau *f* de chamois.
champagne [ʃæm'peɪn] *n* champagne *m*.
champion ['tʃæmpɪən] *n* champion/ne; **~ship** *n* championnat *m*.
chance [tʃɑ:ns] *n* hasard *m*; (*opportunity*) occasion *f*, possibilité *f*; (*hope, likelihood*) chance *f* // *vt*: **to ~ it** risquer (le coup), essayer // *a* fortuit(e), de hasard; **there is little ~ of his coming** il est peu probable *or* il y a peu de chances qu'il vienne; **to take a ~** prendre un risque; **by ~** par hasard.
chancel ['tʃɑ:nsəl] *n* chœur *m*.
chancellor ['tʃɑ:nsələ*] *n* chancelier *m*;

C~ of the Exchequer n chancelier m de l'Échiquier.

chandelier [ʃændə'lɪə*] n lustre m.

change [tʃeɪndʒ] vt (alter, replace, COMM: money) changer ; (switch, substitute: gear, hands, trains, clothes, one's name etc) changer de ; (transform): to ~ sb into changer or transformer qn en // vi (gen) changer ; (change clothes) se changer ; (be transformed): to ~ into se changer or transformer en // n changement m ; (money) monnaie f ; to ~ one's mind changer d'avis ; a ~ of clothes des vêtements de rechange ; for a ~ pour changer ; small ~ petite monnaie ; to give sb ~ for or of £10 faire à qn la monnaie de 10 livres ; ~able a (weather) variable ; ~over n (to new system) changement m, passage m.

changing ['tʃeɪndʒɪŋ] a changeant(e) ; ~room n (in shop) salon m d'essayage ; (SPORT) vestiaire m.

channel ['tʃænl] n (TV) chaîne f ; (waveband, groove, fig: medium) canal m ; (of river, sea) chenal m // vt canaliser ; through the usual ~s en suivant la filière habituelle ; the (English) C~ la Manche, the C~ Islands les îles de la Manche, les îles anglo-normandes.

chant [tʃɑ:nt] n chant m ; mélopée f ; psalmodie f // vt chanter, scander ; psalmodier.

chaos ['keɪɒs] n chaos m.

chaotic [keɪ'ɒtɪk] a chaotique.

chap [tʃæp] n (col: man) type m // vt (skin) gercer, crevasser.

chapel ['tʃæpəl] n chapelle f.

chaperon ['ʃæpərəun] n chaperon m // vt chaperonner.

chaplain ['tʃæplɪn] n aumônier m.

chapter ['tʃæptə*] n chapitre m.

char [tʃɑ:*] vt (burn) carboniser // vi (cleaner) faire des ménages // n = charlady.

character ['kærɪktə*] n caractère m ; (in novel, film) personnage m ; (eccentric) numéro m, phénomène m ; ~istic [-'rɪstɪk] a,n caractéristique (f) ; ~ize vt caractériser.

charade [ʃə'rɑːd] n charade f.

charcoal ['tʃɑːkəul] n charbon m de bois.

charge [tʃɑːdʒ] n accusation f ; (LAW) inculpation f ; (cost) prix (demandé) ; (of gun, battery, MIL: attack) charge f // vt (LAW): to ~sb (with) inculper qn (de) ; (gun, battery, MIL: enemy) charger ; (customer, sum) faire payer // vi (gen with: up, along etc) foncer ; ~s npl (costs) frais mpl de banque/main-d'œuvre ; to ~ in/out entrer/sortir en trombe; to ~ down/up dévaler/grimper à toute allure ; is there a ~? doit-on payer? ; there's no ~ c'est gratuit, on ne fait pas payer ; to take ~ of se charger de ; to be in ~ of être responsable de, s'occuper de ; to have ~ of sb avoir la charge de qn ; they ~d us £10 for the meal ils nous ont fait payer le repas 10 livres, ils nous ont compté 10 livres pour le repas ; how much do you ~ for this repair? combien demandez-vous pour cette réparation? ; to ~ an expense (up) to sb mettre une dépense sur le compte de qn.

charitable ['tʃærɪtəbl] a charitable.

charity ['tʃærɪtɪ] n charité f ; institution f charitable or de bienfaisance, œuvre f (de charité).

charlady ['tʃɑːleɪdɪ] n femme f de ménage.

charm [tʃɑːm] n charme m // vt charmer, enchanter ; ~ing a charmant(e).

chart [tʃɑːt] n tableau m, diagramme m ; graphique m ; (map) carte marine // vt dresser or établir la carte de.

charter ['tʃɑːtə*] vt (plane) affréter // n (document) charte f ; ~ed accountant n expert-comptable m ; ~ flight n charter m.

charwoman ['tʃɑːwumən] n = charlady.

chase [tʃeɪs] vt poursuivre, pourchasser // n poursuite f, chasse f.

chasm ['kæzəm] n gouffre m, abîme m.

chassis ['ʃæsɪ] n châssis m.

chastity ['tʃæstɪtɪ] n chasteté f.

chat [tʃæt] vi (also: have a ~) bavarder, causer // n conversation f.

chatter ['tʃætə*] vi (person) bavarder, papoter // n bavardage m, papotage m ; my teeth are ~ing je claque des dents ; ~box n moulin m à paroles, babillard/e.

chatty ['tʃætɪ] a (style) familier(ère) ; (person) enclin(e) à bavarder or au papotage.

chauffeur ['ʃəufə*] n chauffeur m (de maître).

cheap [tʃiːp] a bon marché inv, pas cher(chère) ; (joke) facile, d'un goût douteux ; (poor quality) à bon marché, de qualité médiocre // ad à bon marché, pour pas cher ; ~en vt rabaisser, déprécier ; ~ly ad à bon marché, à bon compte.

cheat [tʃiːt] vi tricher // vt tromper, duper ; (rob) escroquer // n tricheur/euse ; escroc m ; (trick) duperie f, tromperie f ; ~ing n tricherie f.

check [tʃɛk] vt vérifier ; (passport, ticket) contrôler ; (halt) enrayer ; (restrain) maîtriser // n vérification f ; contrôle m ; (curb) frein m ; (bill) addition f ; (pattern: gen pl) carreaux mpl ; (US) = cheque ; to ~ in vi (in hotel) remplir sa fiche (d'hôtel) ; (at airport) se présenter à l'enregistrement // vt (luggage) (faire) enregistrer ; to ~ off vt cocher ; to ~ out vi (in hotel) régler sa note // vt (luggage) retirer ; to ~ up vi: to ~ up (on sth) vérifier (qch) ; to ~ up on sb se renseigner sur le compte de qn ; ~ers n (US) jeu m de dames ; ~mate n échec et mat m ; ~point n contrôle m ; ~up n (MED) examen médical, check-up m.

cheek [tʃiːk] n joue f ; (impudence) toupet m, culot m ; ~bone n pommette f ; ~y a effronté(e), culotté(e).

cheer [tʃɪə*] vt acclamer, applaudir ; (gladden) réjouir, réconforter // vi applaudir // n (gen pl) acclamations fpl, applaudissements mpl ; bravos mpl, hourras mpl ; ~s! (à votre) santé! ; to ~ up vi se dérider, reprendre courage // vt remonter le moral à or de, dérider, égayer ; ~ful a gai(e), joyeux(euse) ; ~fulness n gaieté f, bonne humeur ; ~io excl salut!, au revoir! ; ~less a sombre, triste.

cheese [tʃiːz] n fromage m ; ~**board** n plateau m à fromages.

chef [ʃɛf] n chef (cuisinier).

chemical ['kɛmɪkəl] a chimique // n produit m chimique.

chemist ['kɛmɪst] n pharmacien/ne ; (scientist) chimiste m/f ; ~**ry** n chimie f ; ~'**s** (**shop**) n pharmacie f.

cheque [tʃɛk] n chèque m ; ~**book** n chéquier m, carnet m de chèques.

chequered ['tʃɛkəd] a (fig) varié(e).

cherish ['tʃɛrɪʃ] vt chérir ; (hope etc) entretenir.

cheroot [ʃəˈruːt] n cigare m de Manille.

cherry ['tʃɛrɪ] n cerise f.

chess [tʃɛs] n échecs mpl ; ~**board** n échiquier m ; ~**man** n pièce f (de jeu d'échecs) ; ~**player** n joueur/euse d'échecs.

chest [tʃɛst] n poitrine f ; (box) coffre m, caisse f ; ~ **of drawers** n commode f.

chestnut ['tʃɛsnʌt] n châtaigne f ; ~ (**tree**) n châtaignier m.

chew [tʃuː] vt mâcher ; ~**ing gum** n chewing-gum m.

chic [ʃiːk] a chic inv, élégant(e).

chick [tʃɪk] n poussin m.

chicken ['tʃɪkɪn] n poulet m ; ~ **feed** n (fig) broutilles fpl, bagatelle f ; ~ **pox** n varicelle f.

chick pea ['tʃɪkpiː] n pois m chiche.

chicory ['tʃɪkərɪ] n (for coffee) chicorée f ; (salad) endive f.

chief [tʃiːf] n chef m // a principal(e) ; ~**ly** ad principalement, surtout.

chiffon ['ʃɪfɔn] n mousseline f de soie.

chilblain ['tʃɪlbleɪn] n engelure f.

child, pl ~**ren** [tʃaɪld, 'tʃɪldrən] n enfant m/f ; ~**birth** n accouchement m ; ~**hood** n enfance f ; ~**ish** a puéril(e), enfantin(e) ; ~**like** a innocent(e), pur(e) ; ~ **minder** n garde f d'enfants.

Chile ['tʃɪlɪ] n Chili m ; ~**an** a chilien(ne) // n Chilien/ne.

chill [tʃɪl] n froid m ; (MED) refroidissement m, coup m de froid // a froid(e), glacial(e) // vt faire frissonner ; refroidir ; (CULIN) mettre au frais, rafraîchir ; **serve** ~**ed** a servir frais ; ~**y** a froid(e), glacé(e) ; (sensitive to cold) frileux(euse) ; **to feel** ~**y** avoir froid.

chime [tʃaɪm] n carillon m // vi carillonner, sonner.

chimney ['tʃɪmnɪ] n cheminée f.

chimpanzee [tʃɪmpænˈziː] n chimpanzé m.

chin [tʃɪn] n menton m.

china ['tʃaɪnə] n porcelaine f ; (vaisselle f en) porcelaine.

China ['tʃaɪnə] n Chine f.

Chinese [tʃaɪˈniːz] a chinois(e) // n (pl inv) Chinois/e ; (LING) chinois m.

chink [tʃɪŋk] n (opening) fente f, fissure f ; (noise) tintement m.

chip [tʃɪp] n (gen pl: CULIN) frite f ; (of wood) copeau m ; (of glass, stone) éclat m // vt (cup, plate) ébrécher ; ~**board** n aggloméré m ; ~**pings** npl: **loose** ~**pings** gravillons mpl.

chiropodist [kɪˈrɔpədɪst] n pédicure m/f.

chirp [tʃəːp] n pépiement m, gazouillis m // vi pépier, gazouiller.

chisel ['tʃɪzl] n ciseau m.

chit [tʃɪt] n mot m, note f.

chitchat ['tʃɪttʃæt] n bavardage m, papotage m.

chivalrous ['ʃɪvəlrəs] a chevaleresque.

chivalry ['ʃɪvəlrɪ] n chevalerie f ; esprit m chevaleresque.

chives [tʃaɪvz] npl ciboulette f, civette f.

chloride ['klɔːraɪd] n chlorure m.

chlorine ['klɔːriːn] n chlore m.

chock [tʃɔk] n cale f ; ~-**a-block**, ~-**full** a plein(e) à craquer.

chocolate ['tʃɔklɪt] n chocolat m.

choice [tʃɔɪs] n choix m // a de choix.

choir ['kwaɪə*] n chœur m, chorale f ; ~**boy** n jeune choriste m, petit chanteur.

choke [tʃəuk] vi étouffer // vt étrangler ; étouffer ; (block) boucher, obstruer // n (AUT) starter m.

cholera ['kɔlərə] n choléra m.

choose, pt **chose**, pp **chosen** [tʃuːz, tʃəuz, 'tʃəuzn] vt choisir ; **to** ~ **to do** décider de faire, juger bon de faire.

chop [tʃɔp] vt (wood) couper (à la hache) ; (CULIN: also: ~ **up**) couper (fin), émincer, hacher (en morceaux) // n coup m (de hache, du tranchant de la main) ; (CULIN) côtelette f ; ~**s** npl (jaws) mâchoires fpl ; babines fpl ; **to** ~ **down** vt (tree) abattre ; ~**py** a (sea) un peu agité(e) ; ~**sticks** npl baguettes fpl.

choral ['kɔːrəl] a choral(e), chanté(e) en chœur.

chord [kɔːd] n (MUS) accord m.

chore [tʃɔː*] n travail m de routine ; **household** ~**s** travaux mpl du ménage.

choreographer [kɔrɪˈɔgrəfə*] n choréographe m/f.

chorister ['kɔrɪstə*] n choriste m/f.

chortle ['tʃɔːtl] vi glousser.

chorus ['kɔːrəs] n chœur m ; (repeated part of song, also fig) refrain m.

chose [tʃəuz] pt of **choose**.

chosen ['tʃəuzn] pp of **choose**.

chow [tʃau] n (dog) chow-chow m.

Christ [kraɪst] n Christ m.

christen ['krɪsn] vt baptiser ; ~**ing** n baptême m.

Christian ['krɪstɪən] a,n chrétien(ne) ; ~**ity** [-'ænɪtɪ] n christianisme m ; chrétienté f ; ~ **name** n prénom m.

Christmas ['krɪsməs] n Noël m or f ; ~ **card** n carte f de Noël ; ~ **Eve** n la veille de Noël ; la nuit de Noël ; ~ **tree** n arbre m de Noël.

chrome [krəum] n = **chromium**.

chromium ['krəumɪəm] n chrome m ; (also: ~ **plating**) chromage m.

chromosome ['krəuməsəum] n chromosome m.

chronic ['krɔnɪk] a chronique.

chronicle ['krɔnɪkl] n chronique f.

chronological [krɔnəˈlɔdʒɪkəl] a chronologique.

chrysanthemum [krɪˈsænθəməm] n chrysanthème m.

chubby ['tʃʌbɪ] a potelé(e), rondelet(te).

chuck [tʃʌk] vt lancer, jeter ; **to ~ out** vt flanquer dehors or à la porte ; **to ~ (up)** vt lâcher, plaquer.

chuckle ['tʃʌkl] vi glousser.

chum [tʃʌm] n copain/copine.

chunk [tʃʌŋk] n gros morceau ; (of bread) quignon m.

church [tʃəːtʃ] n église f ; **~yard** n cimetière m.

churlish ['tʃəːlɪʃ] a grossier(ère) ; hargneux(euse).

churn [tʃəːn] n (for butter) baratte f ; (for transport: **milk ~**) (grand) bidon à lait.

chute [ʃuːt] n glissoire f ; (also: **rubbish ~**) vide-ordures m inv ; (children's slide) toboggan m.

chutney ['tʃʌtnɪ] n condiment m à base de fruits.

CID n (abbr of Criminal Investigation Department) ≈ Police f judiciaire (P.J.).

cider ['saɪdə*] n cidre m.

cigar [sɪ'gɑː*] n cigare m.

cigarette [sɪgə'rɛt] n cigarette f ; **~ case** n étui m à cigarettes ; **~ end** n mégot m ; **~ holder** n fume-cigarettes m inv.

cinch [sɪntʃ] n (col): **it's a ~** c'est du gâteau, c'est l'enfance de l'art.

cinder ['sɪndə*] n cendre f.

cine ['sɪnɪ]: **~-camera** n caméra f ; **~-film** n film m.

cinema ['sɪnəmə] n cinéma m.

cine-projector [sɪnɪprə'dʒɛktə*] n projecteur m de cinéma.

cinnamon ['sɪnəmən] n cannelle f.

cipher ['saɪfə*] n code secret ; (fig: faceless employee etc) numéro m.

circle ['səːkl] n cercle m ; (in cinema) balcon m // vi faire or décrire des cercles // vt (surround) entourer, encercler ; (move round) faire le tour de, tourner autour de.

circuit ['səːkɪt] n circuit m ; **~ous** [səː'kjuːtəs] a indirect(e), qui fait un détour.

circular ['səːkjulə*] a circulaire // n circulaire f.

circulate ['səːkjuleɪt] vi circuler // vt faire circuler ; **circulation** [-'leɪʃən] n circulation f ; (of newspaper) tirage m.

circumcise ['səːkəmsaɪz] vt circoncire.

circumference [sə'kʌmfərəns] n circonférence f.

circumspect ['səːkəmspɛkt] a circonspect(e).

circumstances ['səːkəmstənsɪz] npl circonstances fpl ; (financial condition) moyens mpl, situation financière.

circus ['səːkəs] n cirque m.

cistern ['sɪstən] n réservoir m (d'eau) ; (in toilet) réservoir de la chasse d'eau.

cite [saɪt] vt citer.

citizen ['sɪtɪzn] n (POL) citoyen/ne ; (resident): **the ~s of this town** les habitants de cette ville ; **~ship** n citoyenneté f.

citrus fruit ['sɪtrəs'fruːt] n agrume m.

city ['sɪtɪ] n ville f, cité f ; **the C~** la Cité de Londres (centre des affaires).

civic ['sɪvɪk] a civique.

civil ['sɪvɪl] a civil(e) ; poli(e), civil ; **~ engineer** n ingénieur m civil ; **~ engineering** n génie civil, travaux publics ; **~ian** [sɪ'vɪlɪən] a,n civil(e).

civilization [sɪvɪlaɪ'zeɪʃən] n civilisation f.

civilized ['sɪvɪlaɪzd] a civilisé(e) ; (fig) où règnent les bonnes manières, empreint(e) d'une courtoisie de bon ton.

civil: **~ law** n code civil ; (study) droit civil ; **~ servant** n fonctionnaire m/f ; **C~ Service** n fonction publique, administration f ; **~ war** n guerre civile.

claim [kleɪm] vt revendiquer ; demander, prétendre à ; déclarer, prétendre // vi (for insurance) faire une déclaration de sinistre // n revendication f ; demande f ; prétention f, déclaration f ; (right) droit m, titre m ; (insurance) demande f d'indemnisation, déclaration f de sinistre ; **~ant** n (ADMIN, LAW) requérant/e.

clam [klæm] n palourde f.

clamber ['klæmbə*] vi grimper, se hisser.

clammy ['klæmɪ] a humide et froid(e) (au toucher), moite.

clamp [klæmp] n étau m à main ; agrafe f, crampon m // vt serrer ; cramponner ; **to ~ down on** vt fus sévir contre, prendre des mesures draconiennes à l'égard de.

clan [klæn] n clan m.

clang [klæŋ] n bruit m or fracas m métallique.

clap [klæp] vi applaudir // vt: **to ~ (one's hands)** battre des mains // n claquement m ; tape f ; **~ping** n applaudissements mpl.

claret ['klærət] n (vin m de) bordeaux m (rouge).

clarification [klærɪfɪ'keɪʃən] n (fig) clarification f, éclaircissement m.

clarify ['klærɪfaɪ] vt clarifier.

clarinet [klærɪ'nɛt] n clarinette f.

clarity ['klærɪtɪ] n clarté f.

clash [klæʃ] n choc m ; (fig) conflit m // vi se heurter ; être or entrer en conflit.

clasp [klɑːsp] n fermoir m // vt serrer, étreindre.

class [klɑːs] n (gen) classe f // vt classer, classifier.

classic ['klæsɪk] a classique // n (author) classique m ; (race etc) classique f ; **~al** a classique.

classification [klæsɪfɪ'keɪʃən] n classification f.

classified ['klæsɪfaɪd] a (information) secret(ète) ; **~ ads** petites annonces.

classify ['klæsɪfaɪ] vt classifier, classer.

classmate ['klɑːsmeɪt] n camarade m/f de classe.

classroom ['klɑːsrum] n (salle f de) classe f.

clatter ['klætə*] n cliquetis m ; caquetage m // vi cliqueter ; (talk) caqueter, jacasser.

clause [klɔːz] n clause f ; (LING) proposition f.

claustrophobia [klɔːstrə'fəubɪə] n claustrophobie f.

claw [klɔː] n griffe f ; (of bird of prey) serre f ; (of lobster) pince f // vt griffer ; déchirer.

clay [kleɪ] n argile f.

clean [kliːn] a propre ; (clear, smooth) net(te) // vt nettoyer ; **to ~ out** vt nettoyer (à fond) ; **to ~ up** vt nettoyer ; (fig) remettre de l'ordre dans ; **~er** n (person) nettoyeur/euse, femme f de ménage ; (also: **dry ~er**) teinturier/ière ; (product) détachant m ; **~ing** n nettoyage

m; **~liness** ['klɛnlɪnɪs] *n* propreté *f*; **~ly**
ad proprement; nettement.
cleanse [klɛnz] *vt* nettoyer; purifier; **~r**
n détergent *m*; (*for face*) démaquillant *m*;
cleansing department *n* service *m* de
voirie.
clean-shaven ['kli:n'ʃeɪvn] *a* rasé(e) de
près.
clean-up ['kli:nʌp] *n* nettoyage *m*.
clear [klɪə*] *a* clair(e); (*road, way*) libre,
dégagé(e) // *vt* dégager, déblayer,
débarrasser; faire évacuer; (*COMM: goods*)
liquider; (*LAW: suspect*) innocenter;
(*obstacle*) franchir or sauter sans heurter
// *vi* (*weather*) s'éclaircir; (*fog*) se dissiper
// *ad*: **~ of** à distance de, à l'écart de;
to ~ one's throat s'éclaircir la gorge; **~
up** *vi* s'éclaircir, se dissiper // *vt* ranger,
mettre en ordre; (*mystery*) éclaircir,
résoudre; **~ance** *n* (*removal*) déblayage
m; (*free space*) dégagement *f*;
(*permission*) autorisation *f*; **~ance sale**
n liquidation *f*; **~-cut** *a* précise(e),
nettement défini(e); **~ing** *n* clairière *f*;
(*BANKING*) compensation *f*, clearing *m*; **~ly**
ad clairement; de toute évidence; **~way**
n (*Brit*) route *f* à stationnement interdit.
cleavage ['kli:vɪdʒ] *n* (*of dress*) décolleté
m.
clef [klɛf] *n* (*MUS*) clé *f*.
clench [klɛntʃ] *vt* serrer.
clergy ['klə:dʒɪ] *n* clergé *m*; **~man** *n*
ecclésiastique *m*.
clerical ['klɛrɪkəl] *a* de bureau, d'employé
de bureau; (*REL*) clérical(e), du clergé.
clerk [klɑ:k, (*US*) klə:rk] *n* employé/e de
bureau; (*US: salesman/woman*) vendeur/-
euse.
clever ['klɛvə*] *a* (*mentally*) intelligent(e);
(*deft, crafty*) habile, adroit(e); (*device,
arrangement*) ingénieux(euse), astucieux-
(euse).
cliché ['kli:ʃeɪ] *n* cliché *m*.
click [klɪk] *vi* faire un bruit sec or un déclic.
client ['klaɪənt] *n* client/e; **~ele**
[kli:ɑ:n'tɛl] *n* clientèle *f*.
cliff [klɪf] *n* falaise *f*.
climate ['klaɪmɪt] *n* climat *m*.
climax ['klaɪmæks] *n* apogée *m*, point
culminant; (*sexual*) orgasme *m*.
climb [klaɪm] *vi* grimper, monter // *vt*
gravir, escalader, monter sur // *n* montée
f, escalade *f*; **to ~ down** *vi* (re)descendre;
~er *n* (*also: rock ~er*) grimpeur/euse,
varappeur/ euse; **~ing** *n* (*also: rock
~ing*) escalade *f*, varappe *f*.
clinch [klɪntʃ] *vt* (*deal*) conclure, sceller.
cling, *pt*, *pp* **clung** [klɪŋ, klʌŋ] *vi*: **to ~
(to)** se cramponner (à), s'accrocher (à);
(*of clothes*) coller (à).
clinic ['klɪnɪk] *n* centre médical; **~al** *a*
clinique.
clink [klɪŋk] *vi* tinter, cliqueter.
clip [klɪp] *n* (*for hair*) barrette *f*; (*also:
paper ~*) trombone *m*; (*also: bulldog ~*)
pince *f* de bureau; (*holding hose etc*) collier
m or bague *f* (métallique) de serrage //
vt (*also: ~ together: papers*) attacher;
(*hair, nails*) couper; (*hedge*) tailler; **~pers**
npl tondeuse *f*; (*also: nail ~pers*) coupe-
ongles *m inv*.

clique [kli:k] *n* clique *f*, coterie *f*.
cloak [kləuk] *n* grande cape; **~room** *n*
(*for coats etc*) vestiaire *m*; (*W.C.*) toilettes
fpl.
clock [klɔk] *n* (*large*) horloge *f*; (*small*)
pendule *f*; **~wise** *ad* dans le sens des
aiguilles d'une montre; **~work** *n*
mouvement *m* (d'horlogerie); rouages *mpl*,
mécanisme *m*.
clog [klɔg] *n* sabot *m* // *vt* boucher,
encrasser // *vi* se boucher, s'encrasser.
cloister ['klɔɪstə*] *n* cloître *m*.
close *a*, *ad and derivatives* [kləus] *a* près,
proche; (*writing, texture*) serré(e); (*watch*)
étroit(e), strict(e); (*examination*) atten-
tif(ive), minutieux(euse); (*weather*)
lourd(e), étouffant(e); (*room*) mal aéré(e)
// *ad* près, à proximité; **a ~ friend** un
ami intime; **to have a ~ shave** (*fig*)
l'échapper belle // *vb and derivatives*
[kləuz] *vt* fermer // *vi* (*shop etc*) fermer;
(*lid, door etc*) se fermer; (*end*) se terminer,
se conclure // *n* (*end*) conclusion *f*; **to ~
down** *vt,vi* fermer (*définitivement*); **~d** *a*
(*shop etc*) fermé(e); (*road*) fermé à la
circulation; **~d shop** *n* organisation *f* qui
n'admet que des travailleurs syndiqués;
~ly *ad* (*examine, watch*) de près.
closet ['klɔzɪt] *n* (*cupboard*) placard *m*,
réduit *m*.
close-up ['kləusʌp] *n* gros plan.
closure ['kləuʒə*] *n* fermeture *f*.
clot [klɔt] *n* (*gen: blood ~*) caillot *m* //
vi (*blood*) former des caillots; (: *external
bleeding*) se coaguler; **~ted cream** *n*
crème caillée.
cloth [klɔθ] *n* (*material*) tissu *m*, étoffe *f*;
(*also: tea~*) torchon *m*; lavette *f*.
clothe [kləuð] *vt* habiller, vêtir; **~s** *npl*
vêtements *mpl*, habits *mpl*; **~s brush** *n*
brosse *f* à habits; **~s line** *n* corde *f* (à
linge); **~s peg** *n* pince *f* à linge.
clothing ['kləuðɪŋ] *n* = **clothes.**
cloud [klaud] *n* nuage *m*; **~burst** *n*
violente averse; **~y** *a* nuageux(euse),
couvert(e); (*liquid*) trouble.
clout [klaut] *n* (*blow*) taloche *f* // *vt*
flanquer une taloche à.
clove [kləuv] *n* clou *m* de girofle; **~ of
garlic** gousse *f* d'ail.
clover ['kləuvə*] *n* trèfle *m*; **~leaf** *n*
feuille *f* de trèfle; **~leaf junction** (*AUT*) *n*
croisement *m* en trèfle.
clown [klaun] *n* clown *m* // *vi* (*also: ~
about, ~ around*) faire le clown.
club [klʌb] *n* (*society*) club *m*; (*weapon*)
massue *f*, matraque *f*; (*also: golf ~*) club
// *vt* matraquer // *vi*: **to ~ together**
s'associer; **~s** *npl* (*CARDS*) trèfle *m*;
~house *n* pavillon *m*.
cluck [klʌk] *vi* glousser.
clue [klu:] *n* indice *m*; (*in crosswords*)
définition *f*; **I haven't a ~** je n'en ai pas
la moindre idée.
clump [klʌmp] *n*: **~ of trees** bouquet *m*
d'arbres.
clumsy ['klʌmzɪ] *a* (*person*) gauche,
maladroit(e); (*object*) malcommode, peu
maniable.
clung [klʌŋ] *pt*, *pp of* **cling.**
cluster ['klʌstə*] *n* (petit) groupe // *vi* se
rassembler.

clutch [klʌtʃ] n (grip, grasp) étreinte f, prise f; (AUT) embrayage m // vt agripper, serrer fort; **to ~ at** se cramponner à.

clutter ['klʌtə*] vt encombrer.

Co. abbr of **county**; **company**.

c/o (abbr of care of) c/o, aux bons soins de.

coach [kəutʃ] n (bus) autocar m; (horse-drawn) diligence f; (of train) voiture f, wagon m; (SPORT: trainer) entraîneur/euse; (school: tutor) répétiteur/trice // vt entraîner; donner des leçons particulières à.

coagulate [kəu'ægjuleit] vt coaguler // vi se coaguler.

coal [kəul] n charbon m; **~ face** n front m de taille; (~) **face workers** npl mineurs mpl de fond; **~field** n bassin houiller.

coalition [kəuə'lıʃən] n coalition f.

coalman, coal merchant ['kəulmən, 'kəulmə:tʃənt] n charbonnier m, marchand m de charbon.

coalmine ['kəulmaın] n mine f de charbon.

coarse [kɔ:s] a grossier(ère), rude.

coast [kəust] n côte f // vi (with cycle etc) descendre en roue libre; **~al** a côtier(ère); **~er** n caboteur m; **~guard** n garde-côte m; **~line** n côte f, littoral m.

coat [kəut] n manteau m; (of animal) pelage m, poil m; (of paint) couche f // vt couvrir, enduire; **~ of arms** n blason m, armoiries fpl; **~ hanger** n cintre m; **~ing** n couche f, enduit m.

coax [kəuks] vt persuader par des cajoleries.

cob [kɔb] n see **corn**.

cobbles, cobblestones ['kɔblz, 'kɔbl-stəunz] npl pavés (ronds).

cobra ['kəubrə] n cobra m.

cobweb ['kɔbwɛb] n toile f d'araignée.

cocaine [kə'keın] n cocaïne f.

cock [kɔk] n (rooster) coq m; (male bird) mâle m // vt (gun) armer; **to ~ one's ears** (fig) dresser l'oreille; **~erel** n jeune coq m; **~-eyed** a (fig) de travers; qui louche; qui ne tient pas debout (fig).

cockle ['kɔkl] n coque f.

cockney ['kɔknı] n cockney m/f (habitant des quartiers populaires de l'East End de Londres), ≈ faubourien/ne.

cockpit ['kɔkpıt] n (in aircraft) poste m de pilotage, cockpit m.

cockroach ['kɔkrəutʃ] n cafard m, cancrelat m.

cocktail ['kɔkteıl] n cocktail m; **~ cabinet** n (meuble-)bar m; **~ party** n cocktail m; **~ shaker** n shaker m.

cocoa ['kəukəu] n cacao m.

coconut ['kəukənʌt] n noix f de coco.

cocoon [kə'ku:n] n cocon m.

cod [kɔd] n morue (fraîche), cabillaud m.

code [kəud] n code m.

codify ['kəudıfaı] vt codifier.

coeducational ['kəuɛdju'keıʃənl] a mixte.

ccerce [kəu'ə:s] vt contraindre; **coercion** [-'ə:ʃən] n contrainte f.

coexistence [kəuıg'zıstəns] n coexistence f.

coffee ['kɔfı] n café m; **~ grounds** npl marc m de café; **~pot** n cafetière f; **~ table** n (petite) table basse.

coffin ['kɔfın] n cercueil m.

cog [kɔg] n dent f (d'engrenage); **~wheel** n roue dentée.

cogent ['kəudʒənt] a puissant(e), convaincant(e).

cognac ['kɔnjæk] n cognac m.

coherent [kəu'hıərənt] a cohérent(e).

coil [kɔıl] n rouleau m, bobine f; (one loop) anneau m, spire f; (contraceptive) stérilet m // vt enrouler.

coin [kɔın] n pièce f de monnaie // vt (word) inventer; **~age** n monnaie f, système m monétaire; **~-box** n cabine f téléphonique.

coincide [kəuın'saıd] vi coïncider; **~nce** [kəu'ınsıdəns] n coïncidence f.

coke [kəuk] n coke m.

colander ['kɔləndə*] n passoire f (à légumes).

cold [kəuld] a froid(e) // n froid m; (MED) rhume m; **it's ~** il fait froid; **to be ~** avoir froid; **to have ~ feet** avoir froid aux pieds; (fig) avoir la frousse or la trouille; **to give sb the ~ shoulder** battre froid à qn; **~ly** a froidement; **~ sore** n herpès m.

coleslaw ['kəulslɔ:] n sorte de salade de chou cru.

colic ['kɔlık] n colique(s) f(pl).

collaborate [kə'læbəreıt] vi collaborer; **collaboration** [-'reıʃən] n collaboration f; **collaborator** n collaborateur/trice.

collage [kɔ'lɑ:ʒ] n (ART) collage m.

collapse [kə'læps] vi s'effondrer, s'écrouler // n effondrement m, écroulement m.

collapsible [kə'læpsəbl] a pliant(e); télescopique.

collar ['kɔlə*] n (of coat, shirt) col m; **~bone** n clavicule f.

collate [kɔ'leıt] vt collationner.

colleague ['kɔli:g] n collègue m/f.

collect [kə'lɛkt] vt rassembler; ramasser; (as a hobby) collectionner; (call and pick up) (passer) prendre; (mail) faire la levée de, ramasser; (money owed) encaisser; (donations, subscriptions) recueillir // vi se rassembler; s'amasser; **~ed** a: **~ed works** œuvres complètes; **~ion** [kə'lɛkʃən] n collection f; levée f; (for money) collecte f, quête f.

collective [kə'lɛktıv] a collectif(ive).

collector [kə'lɛktə*] n collectionneur m; (of taxes) percepteur m; (of rent, cash) encaisseur m.

college ['kɔlıdʒ] n collège m; **~ of education** ≈ école normale.

collide [kə'laıd] vi: **to ~ (with)** entrer en collision (avec); (fig) entrer en conflit (avec), se heurter (à).

colliery ['kɔlıərı] n mine f de charbon, houillère f.

collision [kə'lıʒən] n collision f, heurt m; (fig) conflit m.

colloquial [kə'ləukwıəl] a familier(ère).

colon ['kəulən] n (sign) deux-points mpl; (MED) côlon m.

colonel ['kə:nl] n colonel m.

colonial [kə'ləunıəl] a colonial(e).

colonize ['kɔlənaız] vt coloniser.

colony ['kɔlənɪ] n colonie f.
color ['kʌlə*] n,vt (US) = **colour**.
Colorado [kɔlə'rɑːdəu]: ~ **beetle** n doryphore m.
colossal [kə'lɔsl] a colossal(e).
colour, color (US) ['kʌlə*] n couleur f // vt colorer; peindre; (with crayons) colorier; (news) fausser, exagérer; ~**s** npl (of party, club) couleurs fpl; ~ **bar** n discrimination raciale (dans un établissement etc); ~**-blind** a daltonien(ne); ~**ed** a coloré(e); (photo) en couleur // n: ~**eds** personnes fpl de couleur; ~ **film** n (for camera) pellicule f (en) couleur; ~**ful** a coloré(e), vif(vive); (personality) pittoresque, haut(e) en couleurs; ~ **scheme** n combinaison f de(s) couleurs; ~ **television** n télévision f en couleur.
colt [kəult] n poulain m.
column ['kɔləm] n colonne f; ~**ist** ['kɔləmnɪst] n rédacteur/trice d'une rubrique.
coma ['kəumə] n coma m.
comb [kəum] n peigne m // vt (hair) peigner; (area) ratisser, passer au peigne fin.
combat ['kɔmbæt] n combat m // vt combattre, lutter contre.
combination [kɔmbɪ'neɪʃən] n (gen) combinaison f.
combine vb [kəm'baɪn] vt combiner; (one quality with another) joindre (à), allier (à) // vi s'associer; (CHEM) se combiner // n ['kɔmbaɪn] association f; (ECON) trust m; ~ **(harvester)** n moissonneuse-batteuse(-lieuse) f.
combustible [kəm'bʌstɪbl] a combustible.
combustion [kəm'bʌstʃən] n combustion f.
come, pt **came**, pp **come** [kʌm, keɪm] vi venir; arriver; **to ~ into sight** or **view** apparaître; **to ~ to** (decision etc) parvenir or arriver à; **to ~ undone/loose** se défaire/desserrer; **to ~ about** vi se produire, arriver; **to ~ across** vt fus rencontrer par hasard, tomber sur; **to ~ along** vi = **to come on**; **to ~ apart** vi s'en aller en morceaux; se détacher; **to ~ away** vi partir, s'en aller; se détacher; **to ~ back** vi revenir; **to ~ by** vt fus (acquire) obtenir, se procurer; **to ~ down** vi descendre; (prices) baisser; (buildings) s'écrouler; être démoli(e); **to ~ forward** vi s'avancer; se présenter, s'annoncer; **to ~ from** vi être originaire de; venir de; **to ~ in** vi entrer; **to ~ in for** vt fus (criticism etc) être l'objet de; **to ~ into** vt fus (money) hériter de; **to ~ off** vi (button) se détacher; (stain) s'enlever; (attempt) réussir; **to ~ on** vi (pupil, undertaking) faire des progrès, avancer; **~ on!** viens!; allons!, allez!; **to ~ out** vi sortir; (book) paraître; (strike) cesser le travail, se mettre en grève; **to ~ to** vi revenir à soi; **to ~ up** vi monter; **to ~ up against** vt fus (resistance, difficulties) rencontrer; **to ~ up with** vt fus: **he came up with an idea** il a eu une idée, il a proposé quelque chose; **to ~ upon** vt fus tomber sur; ~**back** n (THEATRE etc) rentrée f.

comedian [kə'miːdɪən] n (in music hall etc) comique m; (THEATRE) comédien m.
comedienne [kəmiːdɪ'ɛn] n comédienne f.
comedown ['kʌmdaun] n déchéance f.
comedy ['kɔmɪdɪ] n comédie f.
comet ['kɔmɪt] n comète f.
comfort ['kʌmfət] n confort m, bien-être m; (solace) consolation f, réconfort m // vt consoler, réconforter; ~**s** npl aises fpl; ~**able** a confortable; ~ **station** n (US) toilettes fpl.
comic ['kɔmɪk] a (also: ~**al**) comique // n comique m; (magazine) illustré m; ~ **strip** n bande dessinée.
coming ['kʌmɪŋ] n arrivée f; ~**(s) and going(s)** n(pl) va-et-vient m inv.
comma ['kɔmə] n virgule f.
command [kə'mɑːnd] n ordre m, commandement m; (MIL: authority) commandement m; (mastery) maîtrise f // vt (troops) commander; (be able to get) (pouvoir) disposer de, avoir à sa disposition; (deserve) avoir droit à; **to ~ sb to do** donner l'ordre or commander à qn de faire; ~**eer** [kɔmən'dɪə*] vt réquisitionner (par la force); ~**er** n chef m; (MIL) commandant m; ~**ing officer** n commandant m.
commando [kə'mɑːndəu] n commando m; membre m d'un commando.
commemorate [kə'mɛməreɪt] vt commémorer; **commemoration** [-'reɪʃən] n commémoration f.
commemorative [kə'mɛmərətɪv] a commémoratif(ive).
commence [kə'mɛns] vt,vi commencer.
commend [kə'mɛnd] vt louer; recommander; ~**able** a louable; ~**ation** [kɔmɛn'deɪʃən] n éloge m; recommandation f.
commensurate [kə'mɛnʃərɪt] a: ~ **with** en proportion de, proportionné(e) à.
comment ['kɔmɛnt] n commentaire m // vi faire des remarques or commentaires; ~**ary** ['kɔməntərɪ] n commentaire m; (SPORT) reportage m (en direct); ~**ator** ['kɔmənteɪtə*] n commentateur m; reporter m.
commerce ['kɔmə:s] n commerce m.
commercial [kə'mə:ʃəl] a commercial(e) // n (TV: also: ~ **break**) annonce f publicitaire, spot m (publicitaire); ~ **college** n école f de commerce; ~**ize** vt commercialiser; ~ **television** n la publicité à la télévision, les chaînes indépendantes; ~ **traveller** n voyageur m de commerce; ~ **vehicle** n véhicule m utilitaire.
commiserate [kə'mɪzəreɪt] vi: **to ~ with** compatir à.
commission [kə'mɪʃən] n (committee, fee) commission f; (order for work of art etc) commande f // vt (MIL) nommer (à un commandement); (work of art) commander, charger un artiste de l'exécution de; **out of ~** (NAUT) hors de service; ~**aire** [kəmɪʃə'nɛə*] n (at shop, cinema etc) portier m (en uniforme); ~**er** n membre m d'une commission; (POLICE) préfet m (de police).
commit [kə'mɪt] vt (act) commettre; (to sb's care) confier (à); **to ~ o.s. (to do)** s'engager (à faire); **to ~ suicide** se

suicider ; **to ~ to writing** coucher par écrit ; **~ment** n engagement m, responsabilité(s) f(pl).

committee [kə'mɪtɪ] n comité m.

commodity [kə'mɔdɪtɪ] n produit m, marchandise f, article m ; (food) denrée f.

common ['kɔmən] a (gen, also pej) commun(e) ; (usual) courant(e) // n terrain communal ; **the C~s** npl la chambre des Communes ; **in ~** en commun ; **it's ~ knowledge that** il est bien connu or notoire que ; **to the ~ good** pour le bien de tous, dans l'intérêt général ; **~er** n roturier/ière ; **~ ground** n (fig) terrain m d'entente ; **~ law** n droit coutumier ; **~ly** ad communément, généralement ; couramment ; **C~ Market** n Marché commun ; **~place** a banal(e), ordinaire ; **~room** n salle commune ; (SCOL) salle des professeurs ; **~ sense** n bon sens ; **the C~wealth** n le Commonwealth.

commotion [kə'məuʃən] n désordre m, tumulte m.

communal ['kɔmjuːnl] a (life) communautaire ; (for common use) commun(e).

commune n ['kɔmjuːn] (group) communauté f // vi [kə'mjuːn]: **to ~ with** converser intimement avec ; communier avec.

communicate [kə'mjuːnɪkeɪt] vt communiquer, transmettre // vi: **to ~ (with)** communiquer (avec).

communication [kəmjuːnɪ'keɪʃən] n communication f ; **~ cord** n sonnette f d'alarme.

communion [kə'mjuːnɪən] n (also: Holy C~) communion f.

communiqué [kə'mjuːnɪkeɪ] n communiqué m.

communism ['kɔmjunɪzəm] n communisme m ; **communist** a,n communiste (m/f).

community [kə'mjuːnɪtɪ] n communauté f ; **~ centre** n foyer socio-éducatif, centre m de loisirs ; **~ chest** n (US) fonds commun.

commutation ticket [kɔmjuːteɪ'ʃəntɪkɪt] n (US) carte f d'abonnement.

commute [kə'mjuːt] vi faire le trajet journalier (de son domicile à un lieu de travail assez éloigné) // vt (LAW) commuer ; (MATH: terms etc) opérer la commutation de ; **~r** n banlieusard/e (qui ... see vi).

compact a [kəm'pækt] compact(e) // n ['kɔmpækt] contrat m, entente f ; (also: **powder ~**) poudrier m.

companion [kəm'pænɪən] n compagnon/-compagne ; **~ship** n camaraderie f.

company ['kʌmpənɪ] n (also COMM, MIL, THEATRE) compagnie f ; **he's good ~** il est d'une compagnie agréable ; **we have ~** nous avons de la visite ; **to keep sb ~** tenir compagnie à qn ; **to part ~ with** se séparer de ; **~ secretary** n (COMM) secrétaire général (d'une société).

comparable ['kɔmpərəbl] a comparable.

comparative [kəm'pærətɪv] a comparatif(ive) ; (relative) relatif(ive).

compare [kəm'pɛə*] vt: **to ~ sth/sb with/to** comparer qch/qn avec or et/à // vi: **to ~ (with)** se comparer (à) ; être comparable (à) ; **comparison** [-'pærɪsn] n comparaison f ; **in comparison (with)** en comparaison (de).

compartment [kəm'pɑːtmənt] n (also RAIL) compartiment m.

compass ['kʌmpəs] n boussole f ; **~es** npl compas m.

compassion [kəm'pæʃən] n compassion f, humanité f ; **~ate** a accessible à la compassion, au cœur charitable et bienveillant ; **on ~ate grounds** pour raisons personnelles or de famille.

compatible [kəm'pætɪbl] a compatible.

compel [kəm'pɛl] vt contraindre, obliger ; **~ling** a (fig: argument) irrésistible.

compendium [kəm'pɛndɪəm] n abrégé m.

compensate ['kɔmpənseɪt] vt indemniser, dédommager // vi: **to ~ for** compenser ; **compensation** [-'seɪʃən] n compensation f ; (money) dédommagement m, indemnité f.

compère ['kɔmpɛə*] n présentateur/trice, animateur/trice.

compete [kəm'piːt] vi (take part) concourir ; (vie): **to ~ (with)** rivaliser (avec), faire concurrence (à).

competence ['kɔmpɪtəns] n compétence f, aptitude f.

competent ['kɔmpɪtənt] a compétent(e), capable.

competition [kɔmpɪ'tɪʃən] n compétition f, concours m ; (ECON) concurrence f.

competitive [kəm'pɛtɪtɪv] a (ECON) concurrentiel(le) ; **~ examination** n (SCOL) concours m.

competitor [kəm'pɛtɪtə*] n concurrent/e.

compile [kəm'paɪl] vt compiler.

complacency [kəm'pleɪsnsɪ] n contentement m de soi, vaine complaisance.

complacent [kəm'pleɪsnt] a (trop) content(e) de soi ; suffisant(e).

complain [kəm'pleɪn] vi: **to ~ (about)** se plaindre (de) ; (in shop etc) réclamer (au sujet de) ; **to ~ of** vt fus (MED) se plaindre de ; **~t** n plainte f ; réclamation f ; (MED) affection f.

complement ['kɔmplɪmənt] n complément m ; (especially of ship's crew etc) effectif complet ; **~ary** [kɔmplɪ'mɛntərɪ] a complémentaire.

complete [kəm'pliːt] a complet(ète) // vt achever, parachever ; (a form) remplir ; **~ly** ad complètement ; **completion** n achèvement m.

complex ['kɔmplɛks] a complexe // n (PSYCH, buildings etc) complexe m.

complexion [kəm'plɛkʃən] n (of face) teint m ; (of event etc) aspect m, caractère m.

complexity [kəm'plɛksɪtɪ] n complexité f.

compliance [kəm'plaɪəns] n (see compliant) docilité f ; (see comply): **~ with** le fait de se conformer à ; **in ~ with** en conformité avec, conformément à.

compliant [kəm'plaɪənt] a docile, très accommodant(e).

complicate ['kɔmplɪkeɪt] vt compliquer ;

~d a compliqué(e); **complication**
[-'keɪʃən] n complication f.

compliment n ['kɔmplɪmənt] compliment
m // vt ['kɔmplɪmɛnt] complimenter; ~s
npl compliments mpl, hommages mpl;
vœux mpl; ~ary [-'mɛntərɪ] a
flatteur(euse); (free) à titre gracieux;
~ary ticket n billet m de faveur.

comply [kəm'plaɪ] vi: to ~ with se
soumettre à, se conformer à.

component [kəm'pəunənt] a compo-
sant(e), constituant(e) // n composant m,
élément m.

compose [kəm'pəuz] vt composer; to ~
o.s. se calmer, se maîtriser; prendre une
contenance; ~d a calme, posé(e); ~r n
(MUS) compositeur m.

composite ['kɔmpəzɪt] a composite; (BOT,
MATH) composé(e).

composition [kɔmpə'zɪʃən] n composi-
tion f.

compost ['kɔmpɔst] n compost m.

composure [kəm'pəuʒə*] n calme m,
maîtrise f de soi.

compound ['kɔmpaund] n (CHEM, LING)
composé m; (enclosure) enclos m, enceinte
f // a composé(e); ~ **fracture** n fracture
compliquée; ~ **interest** n intérêt composé.

comprehend [kɔmprɪ'hɛnd] vt com-
prendre; **comprehension** [-'hɛnʃən] n
compréhension f.

comprehensive [kɔmprɪ'hɛnsɪv] a (très)
complet(ète); ~ **policy** n (INSURANCE)
assurance f tous risques; ~ (**school**) n
école secondaire non sélective, avec libre
circulation d'une section à l'autre, ≈ C.E.S.
m.

compress vt [kəm'prɛs] comprimer // n
['kɔmprɛs] (MED) compresse f; ~**ion**
[-'prɛʃən] n compression f.

comprise [kəm'praɪz] vt (also: **be** ~**d of**)
comprendre.

compromise ['kɔmprəmaɪz] n compro-
mis m // vt compromettre // vi transiger,
accepter un compromis.

compulsion [kəm'pʌlʃən] n contrainte f,
force f.

compulsive [kəm'pʌlsɪv] a (reason,
demand) coercitif(ive); (PSYCH) compulsif-
(ive); **he's a** ~ **smoker** c'est un fumeur
invétéré.

compulsory [kəm'pʌlsərɪ] a obligatoire.

computer [kəm'pju:tə*] n ordinateur m;
(mechanical) calculatrice f; ~**ize** vt traiter
or automatiser par ordinateur; ~
language n langage m machine or de
programmation; ~ **programming** n
programmation f; ~ **science** n
informatique f; ~ **scientist** n
informaticien/ne.

comrade ['kɔmrɪd] n camarade m/f;
~**ship** n camaraderie f.

con [kɔn] vt duper; escroquer.

concave ['kɔn'keɪv] a concave.

conceal [kən'si:l] vt cacher, dissimuler.

concede [kən'si:d] vt concéder // vi céder.

conceit [kən'si:t] n vanité f, suffisance f,
prétention f; ~**ed** a vaniteux(euse),
suffisant(e).

conceivable [kən'si:vəbl] a concevable,
imaginable.

conceive [kən'si:v] vt concevoir.

concentrate ['kɔnsəntreɪt] vi se
concentrer // vt concentrer.

concentration [kɔnsən'treɪʃən] n
concentration f; ~ **camp** n camp m de
concentration.

concentric [kɔn'sɛntrɪk] a concentrique.

concept ['kɔnsɛpt] n concept m.

conception [kən'sɛpʃən] n conception f.

concern [kən'sə:n] n affaire f; (COMM)
entreprise f, firme f; (anxiety) inquiétude
f, souci m // vt concerner; **to be** ~**ed**
(**about**) s'inquiéter (de), être inquiet (au
sujet de); ~**ing** prep en ce qui concerne,
à propos de.

concert ['kɔnsət] n concert m; **in** ~ à
l'unisson, en chœur; ensemble; ~**ed**
[kən'sə:tɪd] a concerté(e); ~ **hall** n salle
f de concert.

concertina [kɔnsə'ti:nə] n concertina m
// vi se télescoper, se caramboler.

concerto [kən'tʃə:təu] n concerto m.

concession [kən'sɛʃən] n concession f.

conciliation [kənsɪlɪ'eɪʃən] n conciliation
f, apaisement m.

conciliatory [kən'sɪlɪətrɪ] a concilia-
teur(trice); conciliant(e).

concise [kən'saɪs] a concis(e).

conclave ['kɔnkleɪv] n assemblée secrète;
(REL) conclave m.

conclude [kən'klu:d] vt conclure;
conclusion [-'klu:ʒən] n conclusion f;
conclusive [-'klu:sɪv] a concluant(e),
définitif(ive).

concoct [kən'kɔkt] vt confectionner,
composer.

concourse ['kɔŋkɔ:s] n (hall) hall m, salle
f des pas perdus; (crowd) affluence f;
multitude f.

concrete ['kɔŋkri:t] n béton m // a
concret(ète); en béton.

concur [kən'kə:*] vi être d'accord.

concurrently [kən'kʌrntlɪ] ad
simultanément.

concussion [kən'kʌʃən] n ébranlement m,
secousse f; (MED) commotion (cérébrale).

condemn [kən'dɛm] vt condamner;
~**ation** [kɔndɛm'neɪʃən] n condamnation
f.

condensation [kɔndɛn'seɪʃən] n
condensation f.

condense [kən'dɛns] vi se condenser //
vt condenser; ~**d milk** n lait condensé
(sucré).

condescend [kɔndɪ'sɛnd] vi con-
descendre, s'abaisser; ~**ing** a condescen-
dant(e).

condition [kən'dɪʃən] n condition f // vt
déterminer, conditionner; **on** ~ **that** à
condition que + sub, à condition de; ~**al**
a conditionnel(le); **to be** ~**al upon**
dépendre de.

condolences [kən'dəulənsɪz] npl
condoléances fpl.

condone [kən'dəun] vt fermer les yeux
sur, approuver (tacitement).

conducive [kən'dju:sɪv] a: ~ **to** favorable
à, qui contribue à.

conduct n ['kɔndʌkt] conduite f // vt
[kən'dʌkt] conduire; (manage) mener,
diriger; (MUS) diriger; **to** ~ **o.s.** se

conduire, se comporter ; **~ed tour** n voyage organisé, visite guidée ; **~or** n (of orchestra) chef m d'orchestre ; (on bus) receveur m ; (ELEC) conducteur m ; **~ress** n (on bus) receveuse f.

conduit ['kɔndɪt] n conduit m, tuyau m ; tube m.

cone [kəun] n cône m ; (for ice-cream) cornet m ; (BOT) pomme f de pin, cône.

confectioner [kən'fɛkʃənə*] n (of cakes) pâtissier/ière ; (of sweets) confiseur/euse ; **~y** n pâtisserie f ; confiserie f.

confederation [kənfɛdə'reɪʃən] n confédération f.

confer [kən'fə:*] vt: to **~** sth on conférer qch sur à // vi conférer, s'entretenir.

conference ['kɔnfərns] n conférence f.

confess [kən'fɛs] vt confesser, avouer // vi se confesser ; **~ion** [-'fɛʃən] n confession f ; **~ional** [-'fɛʃənl] n confessional m ; **~or** n confesseur m.

confetti [kən'fɛtɪ] n confettis mpl.

confide [kən'faɪd] vi: to **~** in s'ouvrir à, se confier à.

confidence ['kɔnfɪdns] n confiance f ; (also: **self-~**) assurance f, confiance en soi ; (secret) confidence f ; **~ trick** n escroquerie f ; **confident** a sûr(e), assuré(e) ; **confidential** [kɔnfɪ'dɛnʃəl] a confidentiel(le).

confine [kən'faɪn] vt limiter, borner ; (shut up) confiner, enfermer ; **~s** ['kɔnfaɪnz] npl confins mpl, bornes fpl ; **~d** a (space) restreint(e), réduit(e) ; **~ment** n emprisonnement m, détention f ; (MIL) consigne f (au quartier) ; (MED) accouchement m.

confirm [kən'fə:m] vt (report) confirmer ; (appointment) ratifier ; **~ation** [kɔnfə-'meɪʃən] n confirmation f ; **~ed** a invété-ré(e), incorrigible.

confiscate ['kɔnfɪskeɪt] vt confisquer ; **confiscation** [-'keɪʃən] n confiscation f.

conflagration [kɔnflə'greɪʃən] n incendie m.

conflict n ['kɔnflɪkt] conflit m, lutte f // vi [kən'flɪkt] être or entrer en conflit ; (opinions) s'opposer, se heurter ; **~ing** a contradictoire.

conform [kən'fɔ:m] vi: to **~** (to) se conformer (à) ; **~ist** n conformiste m/f.

confound [kən'faund] vt confondre ; **~ed** a maudit(e), sacré(e).

confront [kən'frʌnt] vt confronter, mettre en présence ; (enemy, danger) affronter, faire face à ; **~ation** [kɔnfrən'teɪʃən] n confrontation f.

confuse [kən'fju:z] vt embrouiller ; (one thing with another) confondre ; **confusing** a peu clair(e), déroutant(e) ; **confusion** [-'fju:ʒən] n confusion f.

congeal [kən'dʒi:l] vi (oil) se figer ; (blood) se coaguler.

congenial [kən'dʒi:nɪəl] a sympathique, agréable.

congenital [kən'dʒɛnɪtl] a congénital(e).

conger eel ['kɔngəri:l] n congre m.

congested [kən'dʒɛstɪd] a (MED) congestionné(e) ; (fig) surpeuplé(e) ; congestionné ; bloqué(e).

congestion [kən'dʒɛstʃən] n congestion f ; (fig) encombrement m.

conglomeration [kənɡlɔmə'reɪʃən] n groupement m ; agglomération f.

congratulate [kən'grætjuleɪt] vt: to **~** sb (on) féliciter qn (de) ; **congratulations** [-'leɪʃənz] npl félicitations fpl.

congregate ['kɔngrɪgeɪt] vi se rassembler, se réunir.

congregation [kɔngrɪ'geɪʃən] n assemblée f (des fidèles).

congress ['kɔngrɛs] n congrès m ; **~man** n (US) membre m du Congrès.

conical ['kɔnɪkl] a (de forme) conique.

conifer ['kɔnɪfə*] n conifère m ; **~ous** [kə'nɪfərəs] a (forest) de conifères.

conjecture [kən'dʒɛktʃə*] n conjecture f // vt, vi conjecturer.

conjugal ['kɔndʒugl] a conjugal(e).

conjugate ['kɔndʒugeɪt] vt conjuguer ; **conjugation** [-'geɪʃən] n conjugaison f.

conjunction [kən'dʒʌŋkʃən] n conjonction f.

conjunctivitis [kəndʒʌŋktɪ'vaɪtɪs] n conjonctivite f.

conjure ['kʌndʒə*] vt faire apparaître (par la prestidigitation) ; [kən'dʒuə*] conjurer, supplier ; to **~** up vt (ghost, spirit) faire apparaître ; (memories) évoquer ; **~r** n prestidigitateur m, illusionniste m/f ; **conjuring trick** n tour m de prestidigitation.

conk [kɔŋk]: to **~** out vi (col) tomber or rester en panne.

conman ['kɔnmæn] n escroc m.

connect [kə'nɛkt] vt joindre, relier ; (ELEC) connecter ; (fig) établir un rapport entre, faire un rapprochement entre // vi (train): to **~** with assurer la correspondance avec ; to be **~ed** with avoir un rapport avec ; avoir des rapports avec, être en relation avec ; **~ion** [-ʃən] n relation f, lien m ; (ELEC) connexion f ; (TEL) communication f ; in **~ion with** à propos de.

connexion [kə'nɛkʃən] n = **connection**.

conning tower ['kɔnɪŋtauə*] n kiosque m (de sous-marin).

connive [kə'naɪv] vi: to **~** at se faire le complice de.

connoisseur [kɔnɪ'sə*] n connaisseur m.

connotation [kɔnə'teɪʃən] n connotation f, implication f.

connubial [kə'nju:bɪəl] a conjugal(e).

conquer ['kɔŋkə*] vt conquérir ; (feelings) vaincre, surmonter ; **~or** n conquérant m, vainqueur m.

conquest ['kɔŋkwɛst] n conquête f.

cons [kɔnz] npl see **pro**, **convenience**.

conscience ['kɔnʃəns] n conscience f.

conscientious [kɔnʃɪ'ɛnʃəs] a consciencieux(euse) ; (scruple, objection) de conscience ; **~ objector** n objecteur m de conscience.

conscious ['kɔnʃəs] a conscient(e) ; **~ness** n conscience f ; (MED) connaissance f ; to lose/regain **~ness** perdre/re-prendre connaissance.

conscript ['kɔnskrɪpt] n conscrit m ; **~ion** [kən'skrɪpʃən] n conscription f.

consecrate ['kɔnsɪkreɪt] *vt* consacrer.
consecutive [kən'sekjutɪv] *a* consécutif(ive).
consensus [kən'sensəs] *n* consensus *m*.
consent [kən'sent] *n* consentement *m* // *vi*: **to ~ (to)** consentir (à) ; **age of ~** âge nubile (légal).
consequence ['kɔnsɪkwəns] *n* suites *fpl*, conséquence *f*; importance *f*.
consequently ['kɔnsɪkwəntlɪ] *ad* par conséquent, donc.
conservation [kɔnsə:'veɪʃən] *n* préservation *f*, protection *f*.
conservative [kən'sə:vətɪv] *a* conservateur(trice) ; *(cautious)* prudent(e) ; **C~** *a,n* conservateur(trice).
conservatory [kən'sə:vətrɪ] *n* *(greenhouse)* serre *f*.
conserve [kən'sə:v] *vt* conserver, préserver.
consider [kən'sɪdə*] *vt* considérer, réfléchir à ; *(take into account)* penser à, prendre en considération ; *(regard, judge)* considérer, estimer.
considerable [kən'sɪdərəbl] *a* considérable.
considerate [kən'sɪdərɪt] *a* prévenant(e), plein(e) d'égards.
consideration [kənsɪdə'reɪʃən] *n* considération *f*; *(reward)* rétribution *f*, rémunération *f*; **out of ~ for** par égard pour ; **under ~** à l'étude.
considering [kən'sɪdərɪŋ] *prep* étant donné.
consign [kən'saɪn] *vt* expédier, livrer ; **~ment** *n* arrivage *m*, envoi *m*.
consist [kən'sɪst] *vi*: **to ~ of** consister en, se composer de.
consistency [kən'sɪstənsɪ] *n* consistance *f*; *(fig)* cohérence *f*.
consistent [kən'sɪstənt] *a* logique, cohérent(e) ; **~ with** compatible avec, en accord avec.
consolation [kɔnsə'leɪʃən] *n* consolation *f*.
console *vt* [kən'səul] consoler // *n* ['kɔnsəul] console *f*.
consolidate [kən'sɔlɪdeɪt] *vt* consolider.
consommé [kən'sɔmeɪ] *n* consommé *m*.
consonant ['kɔnsənənt] *n* consonne *f*.
consortium [kən'sɔ:tɪəm] *n* consortium *m*, comptoir *m*.
conspicuous [kən'spɪkjuəs] *a* voyant(e), qui attire la vue *or* l'attention.
conspiracy [kən'spɪrəsɪ] *n* conspiration *f*, complot *m*.
conspire [kən'spaɪə*] *vi* conspirer, comploter.
constable ['kʌnstəbl] *n* ≈ agent *m* de police, gendarme *m*; **chief ~** *n* ≈ préfet *m* de police.
constabulary [kən'stæbjulərɪ] *n* ≈ police *f*, gendarmerie *f*.
constant ['kɔnstənt] *a* constant(e) ; incessant(e) ; **~ly** *ad* constamment, sans cesse.
constellation [kɔnstə'leɪʃən] *n* constellation *f*.
consternation [kɔnstə'neɪʃən] *n* consternation *f*.

constipated ['kɔnstɪpeɪtəd] *a* constipé(e).
constipation [kɔnstɪ'peɪʃən] *n* constipation *f*.
constituency [kən'stɪtjuənsɪ] *n* circonscription électorale.
constituent [kən'stɪtjuənt] *n* électeur/-trice ; *(part)* élèment constitutif, composant *m*.
constitute ['kɔnstɪtju:t] *vt* constituer.
constitution [kɔnstɪ'tju:ʃən] *n* constitution *f*; **~al** *a* constitutionnel(le).
constrain [kən'streɪn] *vt* contraindre, forcer ; **~ed** *a* contraint(e), gêné(e) ; **~t** *n* contrainte *f*.
constrict [kən'strɪkt] *vt* rétrécir, resserrer ; gêner, limiter.
construct [kən'strʌkt] *vt* construire ; **~ion** [-ʃən] *n* construction *f*; **~ive** *a* constructif(ive).
construe [kən'stru:] *vt* analyser, expliquer.
consul ['kɔnsl] *n* consul *m*; **~ate** ['kɔnsjulɪt] *n* consulat *m*.
consult [kən'sʌlt] *vt* consulter ; **~ancy** *n*: **~ancy fee** honoraires *mpl* d'expert ; **~ant** *n* *(MED)* médecin consultant ; *(other specialist)* consultant *m*, (expert-)conseil *m* // *a*: **~ant engineer** ingénieur-conseil *m*; **legal/management ~ant** conseiller *m* juridique/en gestion ; **~ation** [kɔnsəl'teɪʃən] *n* consultation *f*; **~ing room** *n* cabinet *m* de consultation.
consume [kən'sju:m] *vt* consommer ; **~r** *n* consommateur/ trice ; **consumerism** *n* mouvement *m* pour la protection des consommateurs ; **~r society** *n* société *f* de consommation.
consummate ['kɔnsʌmeɪt] *vt* consommer.
consumption [kən'sʌmpʃən] *n* consommation *f*; *(MED)* consomption *f* (pulmonaire).
cont. *abbr of* continued.
contact ['kɔntækt] *n* contact *m*; *(person)* connaissance *f*, relation *f* // *vt* se mettre en contact *or* en rapport avec ; **~ lenses** *npl* verres *mpl* de contact.
contagious [kən'teɪdʒəs] *a* contagieux(euse).
contain [kən'teɪn] *vt* contenir ; **to ~ o.s.** se contenir, se maîtriser ; **~er** *n* récipient *m*; *(for shipping etc)* container *m*.
contaminate [kən'tæmɪneɪt] *vt* contaminer ; **contamination** [-'neɪʃən] *n* contamination *f*.
cont'd *abbr of* continued.
contemplate ['kɔntəmpleɪt] *vt* contempler ; *(consider)* envisager ; **contemplation** [-'pleɪʃən] *n* contemplation *f*.
contemporary [kən'tempərərɪ] *a* contemporain(e) ; *(design, wallpaper)* moderne // *n* contemporain/e.
contempt [kən'tempt] *n* mépris *m*, dédain *m*; **~ible** *a* méprisable, vil(e) ; **~uous** *a* dédaigneux(euse), méprisant(e).
contend [kən'tend] *vt*: **to ~ that** soutenir *or* prétendre que // *vi*: **to ~ with** rivaliser avec, lutter avec ; **~er** *n* prétendant/e ; adversaire *m/f*.
content [kən'tent] *a* content(e), satisfait(e) // *vt* contenter, satisfaire // *n* ['kɔntent] contenu *m*; teneur *f*; **~s** *npl*

contenu ; (of barrel etc: capacity) contenance f ; (table of) ~s table f des matières ; to be ~ with se contenter de ; ~ed a content(e), satisfait(e).

contention [kən'tɛnʃən] n dispute f, contestation f ; (argument) assertion f, affirmation f ; contentious a querelleur(euse) ; litigieux(euse).

contentment [kən'tɛntmənt] n contentement m, satisfaction f.

contest n ['kɔntɛst] combat m, lutte f ; (competition) concours m // vt [kən'tɛst] contester, discuter ; (compete for) disputer ; ~ant [kən'tɛstənt] n concurrent/e ; (in fight) adversaire m/f.

context ['kɔntɛkst] n contexte m.

continent ['kɔntinənt] n continent m ; the C~ l'Europe continentale ; ~al [-'nɛntl] a continental(e) // n Européen/ne (continental(e)).

contingency [kən'tindʒənsi] n éventualité f, événement imprévu ; ~ plan n plan m d'urgence.

contingent [kən'tindʒənt] a contingent(e) // n contingent m ; to be ~ upon dépendre de.

continual [kən'tinjuəl] a continuel(le) ; ~ly ad continuellement, sans cesse.

continuation [kəntinju'eiʃən] n continuation f ; (after interruption) reprise f ; (of story) suite f.

continue [kən'tinju:] vi continuer // vt continuer ; (start again) reprendre ; to be ~d (story) à suivre.

continuity [kɔnti'njuiti] n continuité f ; ~ girl n (CINEMA) script-girl f.

continuous [kən'tinjuəs] a continu(e), permanent(e).

contort [kən'tɔ:t] vt tordre, crisper ; ~ion [-'tɔ:ʃən] n crispation f, torsion f ; (of acrobat) contorsion f ; ~ionist [-'tɔ:ʃənist] n contorsionniste m/f.

contour ['kɔntuə*] n contour m, profil m ; (also: ~ line) courbe f de niveau.

contraband ['kɔntrəbænd] n contrebande f.

contraception [kɔntrə'sɛpʃən] n contraception f.

contraceptive [kɔntrə'sɛptiv] a contraceptif(ive), anticonceptionnel(le) // n contraceptif m.

contract n ['kɔntrækt] contrat m // vb [kən'trækt] vi (COMM): to ~ to do sth s'engager (par contrat) à faire qch ; (become smaller) se contracter, se resserrer // vt contracter ; ~ion [-'ʃən] n contraction f ; (LING) forme contractée ; ~or n entrepreneur m.

contradict [kɔntrə'dikt] vt contredire ; (be contrary to) démentir, être en contradiction avec ; ~ion [-'ʃən] n contradiction f.

contralto [kən'træltəu] n contralto m.

contraption [kən'træpʃən] n (pej) machin m, truc m.

contrary ['kɔntrəri] a contraire, opposé(e) ; [kən'trɛəri] (perverse) contrariant(e), entêté(e) // n contraire m ; on the ~ au contraire ; unless you hear to the ~ sauf avis contraire.

contrast n ['kɔntra:st] contraste m // vt [kən'tra:st] mettre en contraste,

contraster ; ~ing a opposé(e), contrasté(e).

contravene [kɔntrə'vi:n] vt enfreindre, violer, contrevenir à.

contribute [kən'tribju:t] vi contribuer // vt: to ~ to an article to donner 10 livres/un article à ; to ~ to (gen) contribuer à ; (newspaper) collaborer à ; contribution [kɔntri'bju:ʃən] n contribution f ; contributor n (to newspaper) collaborateur/trice.

contrite ['kɔntrait] a contrit(e).

contrivance [kən'traivəns] n invention f, combinaison f ; mécanisme m, dispositif m.

contrive [kən'traiv] vt combiner, inventer // vi: to ~ to do s'arranger pour faire, trouver le moyen de faire.

control [kən'trəul] vt maîtriser ; (check) contrôler // n contrôle m, autorité f ; maîtrise f ; ~s npl commandes fpl ; to be in ~ of être maître de, maîtriser ; être responsable de ; circumstances beyond our ~ circonstances indépendantes de notre volonté ; ~ point n (poste m de) contrôle ; ~ tower n (AVIAT) tour f de contrôle.

controversial [kɔntrə'və:ʃl] a discutable, controversé(e).

controversy ['kɔntrəvə:si] n controverse f, polémique f.

convalesce [kɔnvə'lɛs] vi relever de maladie, se remettre (d'une maladie).

convalescence [kɔnvə'lɛsns] n convalescence f.

convalescent [kɔnvə'lɛsnt] a, n convalescent(e).

convector [kən'vɛktə*] n radiateur m à convection, appareil m de chauffage par convection.

convene [kən'vi:n] vt convoquer, assembler // vi se réunir, s'assembler.

convenience [kən'vi:niəns] n commodité f ; at your ~ quand or comme cela vous convient ; all modern ~s, all mod cons avec tout le confort moderne, tout confort.

convenient [kən'vi:niənt] a commode.

convent ['kɔnvənt] n couvent m ; ~ school n couvent m.

convention [kən'vɛnʃən] n convention f ; ~al a conventionnel(le).

converge [kən'və:dʒ] vi converger.

conversant [kən'və:snt] a: to be ~ with s'y connaître en ; être au courant de.

conversation [kɔnvə'seiʃən] n conversation f ; ~al a de la conversation ; ~alist n brillant/e causeur/euse.

converse n ['kɔnvə:s] contraire m, inverse m ; ~ly [-'və:sli] ad inversement, réciproquement.

conversion [kən'və:ʃən] n conversion f ; ~ table n table f de conversion.

convert vt [kən'və:t] (REL, COMM) convertir ; (alter) transformer, aménager ; (RUGBY) transformer // n ['kɔnvə:t] converti/e ; ~ible n (voiture f) décapotable f.

convex ['kɔnvɛks] a convexe.

convey [kən'vei] vt transporter ; (thanks) transmettre ; (idea) communiquer ; ~or belt n convoyeur m, tapis roulant.

convict vt [kən'vɪkt] déclarer (or reconnaître) coupable // n ['kɔnvɪkt] forçat m, convict m; ~**ion** [-ʃən] n condamnation f; (belief) conviction f.

convince [kən'vɪns] vt convaincre, persuader; **convincing** a persuasif(ive), convaincant(e).

convivial [kən'vɪvɪəl] a joyeux(euse), plein(e) d'entrain.

convoy ['kɔnvɔɪ] n convoi m.

convulse [kən'vʌls] vt ébranler; **to be ~d with laughter** se tordre de rire.

convulsion [kən'vʌlʃən] n convulsion f.

coo [kuː] vi roucouler.

cook [kuk] vt (faire) cuire // vi cuire; (person) faire la cuisine // n cuisinier/ière; ~**book** n = ~**ery book**; ~**er** n cuisinière f; ~**ery** n cuisine f; ~**ery book** n livre m de cuisine; ~**ie** n (US) biscuit m, petit gâteau sec; ~**ing** n cuisine f.

cool [kuːl] a frais(fraîche); (not afraid) calme; (unfriendly) froid(e); (impertinent) effronté(e) // vt, vi rafraîchir, refroidir; ~**ing tower** n refroidisseur m; ~**ness** n fraîcheur f; sang-froid m, calme m.

coop [kuːp] n poulailler m // vt: **to ~ up** (fig) cloîtrer, enfermer.

co-op ['kauɔp] n abbr of Cooperative (Society).

cooperate [kau'ɔpəreɪt] vi coopérer, collaborer; **cooperation** [-'reɪʃən] n coopération f, collaboration f.

cooperative [kau'ɔpərətɪv] a coopératif(ive) // n coopérative f.

coordinate [kau'ɔːdɪneɪt] vt coordonner; **coordination** [-'neɪʃən] coordination f.

coot [kuːt] n foulque f.

cop [kɔp] n (col) flic m.

cope [kaup] vi se débrouiller; **to ~ with** faire face à; s'occuper de.

co-pilot ['kau'paɪlət] n copilote m.

copious ['kaupɪəs] a copieux(euse), abondant(e).

copper ['kɔpə*] n cuivre m; (col: policeman) flic m; ~**s** npl petite monnaie.

coppice ['kɔpɪs] n taillis m.

copse [kɔps] n = **coppice**.

copulate ['kɔpjuleɪt] vi copuler.

copy ['kɔpɪ] n copie f; (book etc) exemplaire m // vt copier; ~**cat** n (pej) copieur/euse; ~**right** n droit m d'auteur, copyright m; ~**right reserved** tous droits (de reproduction) réservés; ~**writer** n rédacteur/trice publicitaire.

coral ['kɔrəl] n corail m; ~ **reef** n récif m de corail.

cord [kɔːd] n corde f; (fabric) velours côtelé; whipcord m; corde f.

cordial ['kɔːdɪəl] a cordial(e), chaleureux(euse) // n sirop m; cordial m.

cordon ['kɔːdn] n cordon m; **to ~ off** vt boucler (par cordon de police).

corduroy ['kɔːdərɔɪ] n velours côtelé.

core [kɔː*] n (of fruit) trognon m, cœur m; (TECH) noyau m // vt enlever le trognon or le cœur de.

coriander [kɔrɪ'ændə*] n coriandre f.

cork [kɔːk] n liège m; (of bottle) bouchon m; ~**age** n droit payé par le client qui apporte sa propre bouteille de vin; ~**screw** n tire-bouchon m.

corm [kɔːm] n bulbe m.

cormorant ['kɔːmərnt] n cormoran m.

corn [kɔːn] n blé m; (US: maize) maïs m; (on foot) cor m; ~ **on the cob** (CULIN) épi m de maïs au naturel.

cornea ['kɔːnɪə] n cornée f.

corned beef ['kɔːnd'biːf] n corned-beef m.

corner ['kɔːnə*] n coin m; (AUT) tournant m, virage m // vt acculer, mettre au pied du mur; coincer; (COMM: market) accaparer // vi prendre un virage; ~ **flag** n (FOOTBALL) piquet m de coin; ~ **kick** n corner m; ~**stone** n pierre f angulaire.

cornet ['kɔːnɪt] n (MUS) cornet m à pistons; (of ice-cream) cornet (de glace).

cornflour ['kɔːnflauə*] n farine f de maïs, maïzena f.

cornice ['kɔːnɪs] n corniche f.

Cornish ['kɔːnɪʃ] a de Cornouailles, cornouaillais(e).

cornucopia [kɔːnju'kəupɪə] n corne f d'abondance.

Cornwall ['kɔːnwəl] n Cornouailles f.

corny ['kɔːnɪ] a (col) rebattu(e), galvaudé(e).

corollary [kə'rɔlərɪ] n corollaire f.

coronary ['kɔrənərɪ] n: ~ (**thrombosis**) infarctus m (du myocarde), thrombose f coronaire.

coronation [kɔrə'neɪʃən] n couronnement m.

coroner ['kɔrənə*] n coroner m.

coronet ['kɔrənɪt] n couronne f.

corporal ['kɔːpərl] n caporal m, brigadier m // a: ~ **punishment** châtiment corporel.

corporate ['kɔːpərɪt] a en commun; constitué(e) (en corporation).

corporation [kɔːpə'reɪʃən] n (of town) municipalité f, conseil municipal; (COMM) société f; ~ **tax** n ≈ impôt m sur les bénéfices.

corps [kɔː*], pl **corps** [kɔːz] n corps m.

corpse [kɔːps] n cadavre m.

corpuscle ['kɔːpʌsl] n corpuscule m.

corral [kə'rɑːl] n corral m.

correct [kə'rɛkt] a (accurate) correct(e), exact(e); (proper) correct(e), convenable // vt corriger; ~**ion** [-ʃən] n correction f.

correlate ['kɔrɪleɪt] vt mettre en corrélation.

correspond [kɔrɪs'pɔnd] vi correspondre; ~**ence** n correspondance f; ~**ence course** n cours m par correspondance; ~**ent** n correspondant/e.

corridor ['kɔrɪdɔː*] n couloir m, corridor m.

corroborate [kə'rɔbəreɪt] vt corroborer, confirmer.

corrode [kə'raud] vt corroder, ronger // vi se corroder; **corrosion** [-'rəuʒən] n corrosion f.

corrugated ['kɔrəgeɪtd] a plissé(e); cannelé(e); ondulé(e); ~ **cardboard** n carton ondulé; ~ **iron** n tôle ondulée.

corrupt [kə'rʌpt] a corrompu(e) // vt corrompre; ~**ion** [-ʃən] n corruption f.

corset ['kɔːsɪt] n corset m.

Corsica ['kɔːsɪkə] n Corse f.

cortège [kɔːˈtɛːʒ] n cortège m (gén funèbre).

coruscating ['kɔrəskeɪtɪŋ] a scintillant(e).

cosh [kɔʃ] n matraque f.

cosignatory ['kəʊˈsɪgnətərɪ] n cosignataire m/f.

cosiness ['kəʊzɪnɪs] n atmosphère douillette,, confort m.

cos lettuce [kɔsˈlɛtɪs] n (laitue f) romaine f.

cosmetic [kɔzˈmɛtɪk] n produit m de beauté, cosmétique m.

cosmic ['kɔzmɪk] a cosmique.

cosmonaut ['kɔzmənɔːt] n cosmonaute m/f.

cosmopolitan [kɔzməˈpɔlɪtn] a cosmopolite.

cosmos ['kɔzmɔs] n cosmos m.

cosset ['kɔsɪt] vt choyer, dorloter.

cost [kɔst] n coût m // vb (pt, pp cost) vi coûter or vt établir or calculer le prix de revient de; **it ~s £5/too much** cela coûte cinq livres/trop cher; **it ~ him his life/job** ça lui a coûté la vie/son emploi; **at all ~s** coûte que coûte, à tout prix.

co-star ['kəʊstɑː*] n partenaire m/f.

costly ['kɔstlɪ] a coûteux(euse).

cost price ['kɔstˈpraɪs] n prix coûtant or de revient.

costume ['kɔstjuːm] n costume m; (lady's suit) tailleur m; (also: **swimming ~**) maillot m (de bain); **~ jewellery** n bijoux mpl de fantaisie.

cosy ['kəʊzɪ] a douillet(te).

cot [kɔt] n (child's) lit m d'enfant, petit lit.

cottage ['kɔtɪdʒ] n petite maison (à la campagne), cottage m; **~ cheese** n fromage blanc (maigre).

cotton ['kɔtn] n coton m; **~ dress** etc robe etc en or de coton; **~ wool** n ouate f, coton m hydrophile.

couch [kaʊtʃ] n canapé m; divan m // vt formuler, exprimer.

cough [kɔf] vi tousser // n toux f; **~ drop** n pastille f pour or contre la toux.

could [kud] pt of **can**; **~n't = could not.**

council ['kaʊnsl] n conseil m; **city** or **town ~** conseil municipal; **~ estate** n (quartier m or zone f de) logements loués à/par la municipalité; **~ house** n maison f (à loyer modéré) louée par la municipalité; **~lor** n conseiller/ère.

counsel ['kaʊnsl] n avocat/e; consultation f, délibération f; **~lor** n conseiller/ère.

count [kaʊnt] vt, vi compter // n compte m; (nobleman) comte m; **to ~ on** vt fus compter sur; **to ~ up** vt compter, additionner; **~down** n compte m à rebours.

countenance ['kaʊntɪnəns] n expression f // vt approuver.

counter ['kaʊntə*] n comptoir m; (machine) compteur m // vt aller à l'encontre de, opposer; (blow) parer // ad: **~ to** à l'encontre de; contrairement à; **~act** vt neutraliser, contrebalancer; **~attack** n contre-attaque f // vi contre-attaquer; **~balance** vt contrebalancer,

faire contrepoids à; **~-clockwise** ad en sens inverse des aiguilles d'une montre; **~-espionage** n contre-espionnage m.

counterfeit ['kaʊntəfɪt] n faux m, contrefaçon f // vt contrefaire // a faux(fausse).

counterfoil ['kaʊntəfɔɪl] n talon m, souche f.

counterpart ['kaʊntəpɑːt] n (of document etc) double m; (of person) homologue m/f.

countersink ['kaʊntəsɪŋk] vt (hole) fraiser.

countess ['kaʊntɪs] n comtesse f.

countless ['kaʊntlɪs] a innombrable.

countrified ['kʌntrɪfaɪd] a rustique, à l'air campagnard.

country ['kʌntrɪ] n pays m; (native land) patrie f; (as opposed to town) campagne f; (region) région f, pays m; **~ dancing** n danse f folklorique; **~ house** n manoir m, (petit) château; **~man** n (national) compatriote m; (rural) habitant m de la campagne, campagnard m; **~side** n campagne f.

county ['kaʊntɪ] n comté m; **~ town** n chef-lieu m.

coup, **~s** [kuː, -z] n beau coup m; (also: **~ d'état**) coup d'État.

coupé [kuːˈpeɪ] n coupé m.

couple ['kʌpl] n couple m // vt (carriages) atteler; (TECH) coupler; (ideas, names) associer; **a ~ of** deux.

couplet ['kʌplɪt] n distique m.

coupling ['kʌplɪŋ] n (RAIL) attelage m.

coupon ['kuːpɔn] n coupon m, bon-prime m, bon-réclame m; (COMM) coupon m.

courage ['kʌrɪdʒ] n courage m; **~ous** [kəˈreɪdʒəs] a courageux(euse).

courier ['kʊrɪə*] n messager m, courrier m; (for tourists) accompagnateur/trice.

course [kɔːs] n cours m; (of ship) route f; (CONSTR) assise f; (for golf) terrain m; (part of meal) plat m; **first ~** entrée f; **of ~** ad bien sûr; **in due ~** en temps utile or voulu; **~ of action** parti m, ligne f de conduite; **~ of lectures** série f de conférences; **~ of treatment** (MED) traitement m.

court [kɔːt] n cour f; (LAW) cour, tribunal m; (TENNIS) court m // vt (woman) courtiser, faire la cour à; **out of ~** (LAW: settle) à l'amiable; **to take to ~** actionner or poursuivre en justice.

courteous ['kʌːtɪəs] a courtois(e), poli(e).

courtesan [kɔːtɪˈzæn] n courtisane f.

courtesy ['kəːtəsɪ] n courtoisie f, politesse f.

court-house ['kɔːthaʊs] n (US) palais m de justice.

courtier ['kɔːtɪə*] n courtisan m, dame f de cour.

court-martial, pl **courts-martial** ['kɔːtˈmɑːʃəl] n cour martiale, conseil m de guerre.

courtroom ['kɔːtrum] n salle f de tribunal.

courtyard ['kɔːtjɑːd] n cour f.

cousin ['kʌzn] n cousin/e.

cove [kəʊv] n petite baie, anse f.

covenant ['kʌvənənt] n contrat m, engagement m.

cover ['kʌvə*] vt couvrir // n (for bed, of book, COMM) couverture f; (of pan) couvercle m; (over furniture) housse f; (shelter) abri m; **under ~** à l'abri; **~age** n reportage m; (INSURANCE) couverture f; **~ charge** n couvert m (supplément à payer); **~ing** n couverture f, enveloppe f; **~ing letter** n lettre explicative.

covet ['kʌvit] vt convoiter.

cow [kau] n vache f // cpd femelle.

coward ['kauəd] n lâche m/f; **~ice** [-is] n lâcheté f; **~ly** a lâche.

cowboy ['kaubɔi] n cow-boy m.

cower ['kauə*] vi se recroqueviller; trembler.

cowshed ['kauʃɛd] n étable f.

coxswain ['kɔksn] n (abbr: cox) barreur m; (of ship) patron m.

coy [kɔi] a faussement effarouché(e) or timide.

coyote [kɔi'əuti] n coyote m.

crab [kræb] n crabe m; **~ apple** n pomme f sauvage.

crack [kræk] n fente f, fissure f; fêlure f; lézarde f; (noise) craquement m, coup (sec) // vt fendre, fissurer; fêler; lézarder; (whip) faire claquer; (nut) casser // a (athlete) de première classe, d'élite; **to ~ up** vi être au bout de son rouleau, flancher; **~ed** a (col) toqué(e), timbré(e); **~er** n pétard m; biscuit (salé), craquelin m.

crackle ['krækl] vi crépiter, grésiller // n (of china) craquelure f; **crackling** n crépitement m, grésillement m; (of pork) couenne f.

cradle ['kreidl] n berceau m.

craft [kra:ft] n métier (artisanal); (cunning) ruse f, astuce f; (boat) embarcation f, barque f; **~sman** n artisan m, ouvrier (qualifié); **~smanship** n métier m, habileté f; **~y** a rusé(e), malin(igne), astucieux(euse).

crag [kræg] n rocher escarpé; **~gy** a escarpé(e), rocheux(euse).

cram [kræm] vt (fill): **to ~ sth with** bourrer qch de; (put): **to ~ sth into** fourrer qch dans; **~ming** n (fig: pej) bachotage m.

cramp [kræmp] n crampe f // vt gêner, entraver; **~ed** a à l'étroit, très serré(e).

crampon [kræmpən] n crampon m.

cranberry ['krænbəri] n canneberge f.

crane [krein] n grue f.

cranium, pl crania ['kreiniəm, 'kreiniə] n boîte crânienne.

crank [kræŋk] n manivelle f; (person) excentrique m/f; **~shaft** n vilebrequin m.

cranky ['kræŋki] a excentrique, loufoque; (bad-tempered) grincheux(euse), revêche.

cranny ['kræni] n see **nook.**

crash [kræʃ] n fracas m; (of car, plane) collision f // vt (plane) écraser // vi (plane) s'écraser; (two cars) se percuter, s'emboutir; (fig) s'effondrer; **to ~ into** se jeter or se fracasser contre; **~ course** n cours intensif; **~ helmet** n casque (protecteur); **~ landing** n atterrissage forcé or en catastrophe.

crate [kreit] n cageot m.

crater ['kreitə*] n cratère m.

cravat(e) [krə'væt] n foulard (noué autour du cou).

crave [kreiv] vt: **to ~ for** désirer violemment, avoir un besoin physiologique de, avoir une envie irrésistible de.

crawl [krɔ:l] vi ramper; (vehicle) avancer au pas // n (SWIMMING) crawl m.

crayfish ['kreifiʃ] n, pl inv écrevisse f; langoustine f.

crayon ['kreiən] n crayon m (de couleur).

craze [kreiz] n engouement m.

crazy ['kreizi] a fou(folle); **~ paving** n dallage irrégulier (en pierres plates).

creak [kri:k] vi grincer; craquer.

cream [kri:m] n crème f // a (colour) crème inv; **~ cake** n (petit) gâteau à la crème; **~ cheese** n fromage m à la crème, fromage blanc; **~ery** n (shop) crèmerie f; (factory) laiterie f; **~y** a crémeux(euse).

crease [kri:s] n pli m // vt froisser, chiffonner // vi se froisser, se chiffonner.

create [kri:'eit] vt créer; **creation** [-ʃən] n création f; **creative** a créateur(trice); **creator** n créateur/trice.

creature ['kri:tʃə*] n créature f.

credence ['kri:dns] n croyance f, foi f.

crèche, creche [krɛʃ] n garderie f, crèche f.

credentials [kri'dɛnʃlz] npl (papers) références fpl.

credibility [krɛdi'biliti] n crédibilité f.

credible ['krɛdibl] a digne de foi, crédible.

credit ['krɛdit] n crédit m // vt (COMM) créditer; (believe: also: **give ~ to**) ajouter foi à, croire; **~s** npl (CINEMA) générique m; **to ~ sb with** (fig) prêter or attribuer à qn; **to ~ £5 to sb** créditer (le compte de) qn de 5 livres; **to one's ~** à son honneur; à son actif; **to take the ~ for** s'attribuer le mérite de; **it does him ~** cela lui fait honneur; **~able** a honorable, estimable; **~ card** n carte f de crédit; **~or** n créancier/ière.

credulity [kri'dju:liti] n crédulité f.

creed [kri:d] n croyance f; credo m, principes mpl.

creek [kri:k] n crique f, anse f; (US) ruisseau m, petit cours d'eau.

creep, pt, pp crept [kri:p, krɛpt] vi ramper; (fig) se faufiler, se glisser; (plant) grimper; **~er** n plante grimpante; **~y** a (frightening) qui fait frissonner, qui donne la chair de poule.

cremate [kri'meit] vt incinérer; **cremation** [-ʃən] n incinération f.

crematorium, pl crematoria [krɛmə-'tɔ:riəm, -'tɔ:riə] n four m crématoire.

creosote ['kriəsəut] n créosote f.

crêpe [kreip] n crêpe m; **~ bandage** n bande f Velpeau ®.

crept [krɛpt] pt, pp of **creep.**

crescendo [kri'ʃɛndəu] n crescendo m.

crescent ['krɛsnt] n croissant m; rue f (en arc de cercle).

cress [krɛs] n cresson m.

crest [krɛst] n crête f; (of helmet) cimier m; (of coat of arms) timbre m; **~fallen** a déconfit(e), découragé(e).

Crete ['kri:t] n Crète f.

crevasse [krı'væs] n crevasse f.
crevice ['krɛvɪs] n fissure f, lézarde f, fente f.
crew [kru:] n équipage m; to have a ~-cut avoir les cheveux en brosse; ~ neck n col ras.
crib [krɪb] n lit m d'enfant // vt (col) copier.
cribbage ['krɪbɪdʒ] n sorte de jeu de cartes.
crick [krɪk] n crampe f.
cricket ['krɪkɪt] n (insect) grillon m, cri-cri m inv; (game) cricket m; ~er n joueur m de cricket.
crime [kraɪm] n crime m; criminal ['krɪmɪnl] a, n criminel(le); the Criminal Investigation Department (C.I.D.) ≈ la police judiciaire (P.J.).
crimp [krɪmp] vt friser, frisotter.
crimson ['krɪmzn] a cramoisi(e).
cringe [krɪndʒ] vi avoir un mouvement de recul; (fig) s'humilier, ramper.
crinkle ['krɪŋkl] vt froisser, chiffonner.
cripple ['krɪpl] n boiteux/euse, infirme m/f // vt estropier, paralyser.
crisis, pl crises ['kraɪsɪs, -si:z] n crise f.
crisp [krɪsp] a croquant(e); (fig) vif(vive); brusque; ~s npl (pommes) chips fpl.
criss-cross ['krɪskrɔs] a entrecroisé(e).
criterion, pl criteria [kraɪ'tɪərɪən, -'tɪərɪə] n critère m.
critic ['krɪtɪk] n critique m/f; ~al a critique; ~ally ad d'un œil critique; ~ally ill gravement malade; ~ism ['krɪtɪsɪzm] n critique f; ~ize ['krɪtɪsaɪz] vt critiquer.
croak [krəuk] vi (frog) coasser; (raven) croasser.
crochet ['krəuʃeɪ] n travail m au crochet.
crockery ['krɔkərɪ] n vaisselle f.
crocodile ['krɔkədaɪl] n crocodile m.
crocus ['krəukəs] n crocus m.
croft [krɔft] n petite ferme f; ~er n fermier m.
crony ['krəunɪ] n copain/copine.
crook [kruk] n escroc m; (of shepherd) houlette f; ~ed ['krukɪd] a courbé(e), tordu(e); (action) malhonnête.
crop [krɔp] n récolte f; culture f; to ~ up vi surgir, se présenter, survenir.
cropper ['krɔpə*] n: to come a ~ (col) faire la culbute, s'étaler.
croquet ['krəukeɪ] n croquet m.
croquette [krə'kɛt] n croquette f.
cross [krɔs] n croix f; (BIOL) croisement m // vt (street etc) traverser; (arms, legs, BIOL) croiser; (cheque) barrer // a en colère, fâché(e); to ~ out vt barrer, biffer; to ~ over vi traverser; ~-bar n barre transversale; ~-breed n hybride m, métis/se; ~-country (race) n cross(-country) m; ~-examination n examen m contradictoire (d'un témoin); ~-examine vt (LAW) faire subir un examen contradictoire à; ~-eyed a qui louche; ~-ing n croisement m, carrefour m; (sea-passage) traversée f; (also: pedestrian ~ing) passage clouté; ~-reference n renvoi m, référence f; ~-roads n carrefour m; ~-section n (BIOL) coupe transversale; (in population) échantillon m; ~-wind n vent m de travers; ~-wise ad en travers; ~-word n mots croisés mpl.

crotch [krɔtʃ] n (of garment) entre-jambes m inv.
crotchet ['krɔtʃɪt] n (MUS) noire f.
crotchety ['krɔtʃɪtɪ] a (person) grognon(ne), grincheux(euse).
crouch [krautʃ] vi s'accroupir; se tapir; se ramasser.
crouton ['kru:tɔn] n croûton m.
crow [krəu] n (bird) corneille f; (of cock) chant m du coq, cocorico m // vi (cock) chanter; (fig) pavoiser, chanter victoire.
crowbar ['krəuba:*] n levier m.
crowd [kraud] n foule f // vt bourrer, remplir // vi affluer, s'attrouper, s'entasser; ~ed a bondé(e), plein(e); ~ed with plein(e) de.
crown [kraun] n couronne f; (of head) sommet m de la tête, calotte crânienne; (of hat) fond m; (of hill) sommet m // vt couronner; C~ court n ≈ Cour f d'assises; ~ jewels npl joyaux mpl de la Couronne; ~ prince n prince héritier.
crow's-nest ['krəuznɛst] n (on sailing-ship) nid m de pie.
crucial ['kru:ʃl] a crucial(e), décisif(ive).
crucifix ['kru:sɪfɪks] n crucifix m; ~ion [-'fɪkʃən] n crucifiement m, crucifixion f.
crucify ['kru:sɪfaɪ] vt crucifier, mettre en croix.
crude [kru:d] a (materials) brut(e); non raffiné(e); (fig: basic) rudimentaire, sommaire; (: vulgar) cru(e), grossier(ère); ~ (oil) n (pétrole) brut m.
cruel ['kruəl] a cruel(le); ~ty n cruauté f.
cruet ['kru:ɪt] n huilier m; vinaigrier m.
cruise [kru:z] n croisière f // vi (ship) croiser; (car) rouler; (aircraft) voler; (taxi) être en maraude; ~r n croiseur m; cruising speed n vitesse f de croisière.
crumb [krʌm] n miette f.
crumble ['krʌmbl] vt émietter // vi s'émietter; (plaster etc) s'effriter; (land, earth) s'ébouler; (building) s'écrouler, crouler; (fig) s'effondrer; crumbly a friable.
crumpet ['krʌmpɪt] n petite crêpe (épaisse).
crumple ['krʌmpl] vt froisser, friper.
crunch [krʌntʃ] vt croquer; (underfoot) faire craquer, écraser; faire crisser // n (fig) instant m or moment m critique, moment de vérité; ~y a croquant(e), croustillant(e).
crusade [kru:'seɪd] n croisade f; ~r n croisé m.
crush [krʌʃ] n foule f, cohue f; (love): to have a ~ on sb avoir le béguin pour qn; (drink): lemon ~ citron pressé // vt écraser; (crumple) froisser; ~ing a écrasant(e).
crust [krʌst] n croûte f.
crutch [krʌtʃ] n béquille f; (TECH) support m.
crux [krʌks] n point crucial.
cry [kraɪ] vi pleurer; (shout) crier // n cri m; to ~ off vi se dédire; se décommander; ~ing a (fig) criant(e), flagrant(e).
crypt [krɪpt] n crypte f.

cryptic ['krɪptɪk] a énigmatique.
crystal ['krɪstl] n cristal m; **~-clear** a clair(e) comme de l'eau de roche; **crystallize** vt cristalliser // vi (se) cristalliser.
cu. abbr: **~ ft.** = cubic feet; **~ in.** = cubic inches.
cub [kʌb] n petit m (d'un animal).
Cuba ['kjuːbə] n Cuba m; **~n** a cubain(e) // n Cubain/e.
cubbyhole ['kʌbɪhəul] n cagibi m.
cube [kjuːb] n cube m // vt (MATH) élever au cube; **~ root** n racine f cubique; **cubic** a cubique; **cubic metre** etc mètre m cube etc.
cubicle ['kjuːbɪkl] n box m, cabine f.
cuckoo ['kuku:] n coucou m; **~ clock** n (pendule f à) coucou m.
cucumber ['kjuːkʌmbə*] n concombre m.
cud [kʌd] n: **to chew the ~** ruminer.
cuddle ['kʌdl] vt câliner, caresser // vi se blottir l'un contre l'autre; **cuddly** a câlin(e).
cudgel ['kʌdʒl] n gourdin m.
cue [kjuː] n queue f de billard; (THEATRE etc) signal m.
cuff [kʌf] n (of shirt, coat etc) poignet m, manchette f; (US) = **turn-up**; **off the ~** ad de chic, à l'improviste; **~link** n bouton m de manchette.
cuisine [kwɪ'ziːn] n cuisine f, art m culinaire.
cul-de-sac ['kʌldəsæk] n cul-de-sac m, impasse f.
culinary ['kʌlɪnərɪ] a culinaire.
cull [kʌl] vt sélectionner.
culminate ['kʌlmɪneɪt] vi culminer; **culmination** [-'neɪʃən] n point culminant.
culpable ['kʌlpəbl] a coupable.
culprit ['kʌlprɪt] n coupable m/f.
cult [kʌlt] n culte m.
cultivate ['kʌltɪveɪt] vt (also fig) cultiver; **cultivation** [-'veɪʃən] n culture f.
cultural ['kʌltʃərəl] a culturel(le).
culture ['kʌltʃə*] n (also fig) culture f; **~d** a cultivé(e) (fig).
cumbersome ['kʌmbəsəm] a encombrant(e), embarrassant(e).
cumulative ['kjuːmjulətɪv] a cumulatif(ive).
cunning ['kʌnɪŋ] n ruse f, astuce f // a rusé(e), malin(igne).
cup [kʌp] n tasse f; (prize, event) coupe f; (of bra) bonnet m.
cupboard ['kʌbəd] n placard m.
Cupid ['kjuːpɪd] n Cupidon m; (figurine) amour m.
cupidity [kjuː'pɪdɪtɪ] n cupidité f.
cupola ['kjuːpələ] n coupole f.
cup-tie ['kʌptaɪ] n match m de coupe.
curable ['kjuərəbl] a guérissable, curable.
curate ['kjuːrɪt] n vicaire m.
curator [kju'reɪtə*] n conservateur m (d'un musée etc).
curb [kəːb] vt refréner, mettre un frein à // n frein m (fig); (US) = **kerb.**
curdle ['kəːdl] vi (se) cailler.
curds [kəːds] npl lait caillé.
cure [kjuə*] vt guérir; (CULIN) saler; fumer; sécher // n remède m.

curfew ['kəːfjuː] n couvre-feu m.
curio ['kjuərɪəu] n bibelot m, curiosité f.
curiosity [kjuərɪ'ɔsɪtɪ] n curiosité f.
curious ['kjuərɪəs] a curieux(euse); **~ly** ad curieusement.
curl [kəːl] n boucle f (de cheveux) // vt, vi boucler; (tightly) friser; **to ~ up** vi s'enrouler; se pelotonner; **~er** n bigoudi m, rouleau m; (SPORT) joueur/euse de curling.
curling ['kəːlɪŋ] n (SPORT) curling m.
curly ['kəːlɪ] a bouclé(e); frisé(e).
currant ['kʌrnt] n raisin m de Corinthe, raisin sec.
currency ['kʌrnsɪ] n monnaie f; **foreign ~** devises étrangères, monnaie étrangère; **to gain ~** (fig) s'accréditer.
current ['kʌrnt] n courant m // a courant(e); **~ account** n compte courant; **~ affairs** npl (questions fpl d')actualité f; **~ly** ad actuellement.
curriculum, pl **~s** or **curricula** [kə'rɪkjuləm, -lə] n programme m d'études; **~ vitae** n curriculum vitae (C.V.) m.
curry ['kʌrɪ] n curry m // vt: **to ~ favour with** chercher à gagner la faveur or à s'attirer les bonnes grâces de; **chicken ~** curry de poulet, poulet m au curry; **~ powder** n poudre f de curry.
curse [kəːs] vi jurer, blasphémer // vt maudire // n malédiction f; fléau m; (swearword) juron m.
cursory ['kəːsərɪ] a superficiel(le), hâtif(ive).
curt [kəːt] a brusque, sec(sèche).
curtail [kəː'teɪl] vt (visit etc) écourter; (expenses etc) réduire.
curtain ['kəːtn] n rideau m.
curts(e)y ['kəːtsɪ] n révérence f // vi faire une révérence.
curve [kəːv] n courbe f; (in the road) tournant m, virage m // vt courber // vi se courber; (road) faire une courbe.
cushion ['kuʃən] n coussin m // vt (seat) rembourrer; (shock) amortir.
custard ['kʌstəd] n (for pouring) crème anglaise.
custodian [kʌs'təudɪən] n gardien/ne; (of collection etc) conservateur/trice.
custody ['kʌstədɪ] n (of child) garde f; (for offenders) détention préventive.
custom ['kʌstəm] n coutume f, usage m; (LAW) droit coutumier, coutume; (COMM) clientèle f; **~ary** a habituel(le).
customer ['kʌstəmə*] n client/e.
custom-made ['kʌstəm'meɪd] a (clothes) fait(e) sur mesure; (other goods) hors série, fait(e) sur commande.
customs ['kʌstəmz] npl douane f; **~ duty** n droits mpl de douane; **~ officer** n douanier m.
cut [kʌt] vb (pt, pp cut) vt couper; (meat) découper; (shape, make) tailler; couper; creuser; graver; (reduce) réduire // vi couper; (intersect) se couper // n (gen) coupure f; (of clothes) coupe f; (of jewel) taille f; (in salary etc) réduction f; (of meat) morceau m; **power ~** coupure de courant; **to ~ teeth** (baby) faire ses dents; **to ~ a tooth** percer une dent; **to ~ down (on)** vt fus réduire; **to ~ off** vt

couper ; (fig) isoler ; **to ~ out** vt ôter ; découper ; tailler ; **~away** a, n: **~away (drawing)** écorché m ; **~back** n réductions fpl.

cute [kju:t] a mignon(ne), adorable ; (clever) rusé(e), astucieux(euse).

cut glass [kʌt'gla:s] n cristal taillé.

cuticle ['kju:tɪkl] n (on nail): **~ remover** n repousse-peaux m inv.

cutlery ['kʌtlərɪ] n couverts mpl ; (trade) coutellerie f.

cutlet ['kʌtlɪt] n côtelette f.

cut: **~off switch** n interrupteur m ; **~out** n coupe-circuit m inv ; **~-price** a au rabais, à prix réduit ; **~ throat** n assassin m.

cutting ['kʌtɪŋ] a tranchant(e), coupant(e) ; (fig) cinglant(e), mordant(e) // n (PRESS) coupure f (de journal) ; (RAIL) tranchée f.

cuttlefish ['kʌtlfɪʃ] n seiche f.

cut-up ['kʌtʌp] a affecté(e), démoralisé(e).

cwt abbr of **hundredweight(s)**.

cyanide ['saɪənaɪd] n cyanure m.

cybernetics [saɪbə'nɛtɪks] n cybernétique f.

cyclamen ['sɪkləmən] n cyclamen m.

cycle ['saɪkl] n cycle m // vi faire de la bicyclette.

cycling ['saɪklɪŋ] n cyclisme m.

cyclist ['saɪklɪst] n cycliste m/f.

cyclone ['saɪkləun] n cyclone m.

cygnet ['sɪgnɪt] n jeune cygne m.

cylinder ['sɪlɪndə*] n cylindre m ; **~ block** n bloc-cylindres m ; **~ capacity** n cylindrée f ; **~ head** n culasse f ; **~-head gasket** n joint m de culasse.

cymbals ['sɪmblz] npl cymbales fpl.

cynic ['sɪnɪk] n cynique m/f ; **~al** a cynique ; **~ism** ['sɪnɪsɪzəm] n cynisme m.

cypress ['saɪprɪs] n cyprès m.

Cypriot ['sɪprɪət] a cypriote, chypriote // n Cypriote m/f, Chypriote m/f.

Cyprus ['saɪprəs] n Chypre f.

cyst [sɪst] n kyste m.

cystitis [sɪs'taɪtɪs] cystite f.

czar [za:*] n tsar m.

Czech [tʃɛk] a tchèque // n Tchèque m/f ; (LING) tchèque m.

Czechoslovakia [tʃɛkəslə'vækɪə] n la Tchécoslovaquie ; **~n** a tchécoslovaque // n Tchécoslovaque m/f.

D

D [di:] n (MUS) ré m ; **~-day** n le jour J.

dab [dæb] vt (eyes, wound) tamponner ; (paint, cream) appliquer (par petites touches or rapidement) ; **a ~ of paint** un petit coup de peinture.

dabble ['dæbl] vi: **to ~ in** faire or se mêler or s'occuper un peu de.

dad, daddy [dæd, 'dædɪ] n papa m ; **daddy-long-legs** n tipule f ; faucheux m.

daffodil ['dæfədɪl] n jonquille f.

daft [da:ft] a idiot(e), stupide ; **to be ~ about** être toqué or mordu de.

dagger ['dægə*] n poignard m ; **to be at ~s drawn with sb** être à couteaux tirés

avec qn ; **to look ~s at sb** foudroyer qn du regard.

daily ['deɪlɪ] a quotidien(ne), journalier-(ère) // n quotidien m // ad tous les jours.

dainty ['deɪntɪ] a délicat(e), mignon(ne).

dairy ['dɛərɪ] n (shop) crémerie f, laiterie f ; (on farm) laiterie // a laitier(ère).

daisy ['deɪzɪ] n pâquerette f.

dale [deɪl] n vallon m.

dally ['dælɪ] vi musarder, flâner.

dam [dæm] n barrage m // vt endiguer.

damage ['dæmɪdʒ] n dégâts mpl, dommages mpl ; (fig) tort m // vt endommager, abimer ; (fig) faire du tort à ; **~s** npl (LAW) dommages-intérêts mpl.

damn [dæm] vt condamner ; (curse) maudire // n (col): **I don't give a ~** je m'en fous // a (col): **this ~ ...** ce sacré or foutu ... ; **~ (it)!** zut! ; **~ing** a (evidence) accablant(e).

damp [dæmp] a humide // n humidité f // vt (also: **~en**) (cloth, rag) humecter ; (enthusiasm etc) refroidir ; **~ness** n humidité f.

damson ['dæmzən] n prune f de Damas.

dance [da:ns] n danse f ; (ball) bal m // vi danser ; **~ hall** n salle f de bal, dancing m ; **~r** n danseur/euse.

dancing ['da:nsɪŋ] n danse f.

dandelion ['dændɪlaɪən] n pissenlit m.

dandruff ['dændrəf] n pellicules fpl.

Dane [deɪn] n Danois/e.

danger ['deɪndʒə*] n danger m ; **there is a ~ of fire** il y a (un) risque d'incendie ; **in ~** en danger ; **he was in ~ of falling** il risquait de tomber ; **~ous** a dangereux(euse) ; **~ously** ad dangereusement.

dangle ['dæŋgl] vt balancer ; (fig) faire miroiter // vi pendre, se balancer.

Danish ['deɪnɪʃ] a danois(e) // n (LING) danois m.

dapper ['dæpə*] a pimpant(e).

dare [dɛə*] vt: **to ~ sb to do** défier qn or mettre qn au défi de faire // vi: **to ~ (to) do sth** oser faire qch ; **~devil** n casse-cou m inv ; **daring** a hardi(e), audacieux(euse).

dark [da:k] a (night, room) obscur(e), sombre ; (colour, complexion) foncé(e), sombre ; (fig) sombre // n: **in the ~** dans le noir ; **in the ~ about** (fig) ignorant tout de ; **after ~** après la tombée de la nuit ; **~en** vt obscurcir, assombrir // vi s'obscurcir, s'assombrir ; **~ glasses** npl lunettes noires ; **~ness** n obscurité f ; **~ room** n chambre noire.

darling ['da:lɪŋ] a, n chéri(e).

darn [da:n] vt repriser.

dart [da:t] n fléchette f // vi: **to ~ towards** (also: **make a ~ towards**) se précipiter or s'élancer vers ; **to ~ away/along** partir/passer comme une flèche ; **~s** n jeu m de fléchettes ; **~board** n cible f (de jeu de fléchettes).

dash [dæʃ] n (sign) tiret m // vt (missile) jeter or lancer violemment ; (hopes) anéantir // vi: **to ~ towards** (also: **make a ~ towards**) se précipiter or se ruer vers ; **to ~ away** vi partir à toute allure ;

~board n tableau m de bord ; **~ing** a fringant(e).
data ['deɪtə] npl données fpl ; **~ processing** n traitement m (électronique) de l'information.
date [deɪt] n date f ; rendez-vous m ; (fruit) datte f // vt dater ; **to ~ ad** à ce jour ; **out of ~** périmé(e) ; **up to ~** à la page ; mis(e) à jour ; moderne ; **~d the 13th** daté du 13 ; **~d** à démodé(e) ; **~line** n ligne f de changement de date.
daub [dɔ:b] vt barbouiller.
daughter ['dɔ:tə*] n fille f ; **~-in-law** n belle-fille f, bru f.
daunt [dɔ:nt] vt intimider, décourager ; **~less** a intrépide.
dawdle [dɔ:dl] vi traîner, lambiner.
dawn [dɔ:n] n aube f, aurore f // vi (day) se lever, poindre ; (fig) naître, se faire jour.
day [deɪ] n jour m ; (as duration) journée f ; (period of time, age) époque f, temps m ; **the ~ before** la veille, le jour précédent ; **the following ~** le lendemain, le jour suivant ; **by ~** de jour ; **~ boy/girl** n (SCOL) externe m/f ; **~break** n point m du jour ; **~dream** n rêverie f // vi rêver (tout éveillé) ; **~light** n (lumière f du) jour m ; **~time** n jour m, journée f.
daze [deɪz] vt (subject: drug) hébéter ; (: blow) étourdir // n: **in a ~** hébété(e) ; étourdi(e).
dazzle ['dæzl] vt éblouir, aveugler.
dead [dɛd] a mort(e) ; (numb) engourdi(e), insensible // ad absolument, complètement ; **he was shot ~** il a été tué d'un coup de revolver ; **~ on time** à l'heure pile ; **~ tired** éreinté, complètement fourbu ; **to stop ~** s'arrêter pile or net ; **the ~** les morts ; **~en** vt (blow, sound) amortir ; (make numb) endormir, rendre insensible ; **~ end** n impasse f ; **~ heat** n (SPORT) **to finish in a ~ heat** terminer ex-æquo ; **~line** n date f or heure f limite ; **~lock** n impasse f (fig) ; **~ly** a mortel(le) ; (weapon) meurtrier(ère) ; **~pan** a impassible ; (humour) pince-sans-rire inv.
deaf [dɛf] a sourd(e) ; **~-aid** n appareil auditif ; **~en** vt rendre sourd ; (fig) assourdir ; **~ening** a assourdissant(e) ; **~ness** n surdité f ; **~-mute** n sourd/e-muet/te.
deal [di:l] n affaire f, marché m // vt (pt, pp dealt [dɛlt]) (blow) porter ; (cards) donner, distribuer ; **a great ~ (of)** beaucoup (de) ; **to ~ in** faire le commerce de ; **to ~ with** vt fus (COMM) traiter avec ; (handle) s'occuper or se charger de ; (be about: book etc) traiter de ; **~er** n marchand m ; **~ings** npl (COMM) transactions fpl ; (relations) relations fpl, rapports mpl.
dean [di:n] n (SCOL) doyen m.
dear [dɪə*] a cher(chère) ; (expensive) cher, coûteux(euse) // n: **my ~** mon cher/ma chère ; **~ me!** mon Dieu! ; **D~ Sir/Madam** (in letter) Monsieur/Madame ; **D~ Mr/Mrs X** Cher Monsieur/Chère Madame X ; **~ly** ad (love) tendrement ; (pay) cher.
dearth [da:θ] n disette f, pénurie f.

death [dɛθ] n mort f ; (ADMIN) décès m ; **~bed** n lit m de mort ; **~ certificate** n acte m de décès ; **~ duties** npl (Brit) droits mpl de succession ; **~ penalty** n peine f de mort ; **~ rate** n (taux m de) mortalité f.
debar [dɪ'bɑ:*] vt: **to ~ sb from a club** etc exclure qn d'un club etc ; **to ~ sb from doing** interdire à qn de faire.
debase [dɪ'beɪs] vt (currency) déprécier, dévaloriser ; (person) abaisser, avilir.
debatable [dɪ'beɪtəbl] a discutable, contestable.
debate [dɪ'beɪt] n discussion f, débat m // vt discuter, débattre // vi (consider): **to ~ whether** se demander si.
debauchery [dɪ'bɔ:tʃərɪ] n débauche f.
debit ['dɛbɪt] n débit m // vt: **to ~ a sum to sb or to sb's account** porter une somme au débit de qn, débiter qn d'une somme.
debris ['dɛbri:] n débris mpl, décombres mpl.
debt [dɛt] n dette f ; **to be in ~** avoir des dettes, être endetté(e) ; **~or** n débiteur/trice.
début ['deɪbju:] n début(s) m(pl).
decade ['dɛkeɪd] n décennie f, décade f.
decadence ['dɛkədəns] n décadence f.
decanter [dɪ'kæntə*] n carafe f.
decarbonize [di:'kɑ:bənaɪz] vt (AUT) décalaminer.
decay [dɪ'keɪ] n décomposition f, pourrissement m ; (fig) déclin m, délabrement m ; (also: **tooth ~**) carie f (dentaire) // vi (rot) se décomposer, pourrir ; (fig) se délabrer ; décliner ; se détériorer.
decease [dɪ'si:s] n décès m ; **~d** n défunt/e.
deceit [dɪ'si:t] n tromperie f, supercherie f ; **~ful** a trompeur(euse).
deceive [dɪ'si:v] vt tromper ; **to ~ o.s.** s'abuser.
decelerate [di:'sɛləreɪt] vt,vi ralentir.
December [dɪ'sɛmbə*] n décembre m.
decency ['di:sənsɪ] n décence f.
decent ['di:sənt] a décent(e), convenable ; **they were very ~ about it** ils se sont montrés très chics.
decentralize [di:'sɛntrəlaɪz] vt décentraliser.
deception [dɪ'sɛpʃən] n tromperie f.
deceptive [dɪ'sɛptɪv] a trompeur(euse).
decibel ['dɛsɪbɛl] n décibel m.
decide [dɪ'saɪd] vt (person) décider ; (question, argument) trancher, régler // vi se décider, décider ; **to ~ to do/that** décider de faire/que ; **to ~ on** décider, se décider pour ; **to ~ on doing** décider de faire ; **~d** a (resolute) résolu(e), décidé(e) ; (clear, definite) net(te), marqué(e) ; **~dly** [-dɪdlɪ] ad résolument ; incontestablement, nettement.
deciduous [dɪ'sɪdjuəs] a à feuilles caduques.
decimal ['dɛsɪməl] a décimal(e) // n décimale f ; **~ point** n ≈ virgule f.
decimate ['dɛsɪmeɪt] vt décimer.
decipher [dɪ'saɪfə*] vt déchiffrer.

decision [dɪ'sɪʒən] n décision f.
decisive [dɪ'saɪsɪv] a décisif(ive).
deck [dɛk] n (NAUT) pont m; (of bus): **top ~** impériale f; (of cards) jeu m; **~chair** n chaise longue; **~ hand** n matelot m.
declaration [dɛklə'reɪʃən] n déclaration f.
declare [dɪ'klɛə*] vt déclarer.
decline [dɪ'klaɪn] n (decay) déclin m; (lessening) baisse f // vt refuser, décliner // vi décliner; être en baisse, baisser.
declutch ['di:'klʌtʃ] vi débrayer.
decode ['di:'kəʊd] vt décoder.
decompose [di:kəm'pəʊz] vi se décomposer; **decomposition** [di:kɔmpə'zɪʃən] n décomposition f.
decontaminate [di:kən'tæmɪneɪt] vt décontaminer.
décor ['deɪkɔ:*] n décor m.
decorate ['dɛkəreɪt] vt (adorn, give a medal to) décorer; (paint and paper) peindre et tapisser; **decoration** [-'reɪʃən] n (medal etc, adornment) décoration f; **decorative** ['dɛkərətɪv] a décoratif(ive); **decorator** n peintre m en bâtiment.
decoy ['di:kɔɪ] n piège m; **they used him as a ~ for the enemy** ils se sont servis de lui pour attirer l'ennemi.
decrease n ['di:kri:s] diminution f // vt, vi [di:'kri:s] diminuer.
decree [dɪ'kri:] n (POL, REL) décret m; (LAW: of tribunal) arrêt m, jugement m; **~ nisi** n jugement m provisoire de divorce.
decrepit [dɪ'krɛpɪt] a décrépit(e); délabré(e).
dedicate ['dɛdɪkeɪt] vt consacrer; (book etc) dédier.
dedication [dɛdɪ'keɪʃən] n (devotion) dévouement m.
deduce [dɪ'dju:s] vt déduire, conclure.
deduct [dɪ'dʌkt] vt: **to ~ sth (from)** déduire qch (de), retrancher qch (de); (from wage etc) prélever qch (sur), retenir qch (sur); **~ion** [dɪ'dʌkʃən] n (deducting) déduction f; (from wage etc) prélèvement m, retenue f; (deducing) déduction, conclusion f.
deed [di:d] n action f, acte m; (LAW) acte notarié, contrat m.
deep [di:p] a (water, sigh, sorrow, thoughts) profond(e); (voice) grave; **he took a ~ breath** il inspira profondément, il prit son souffle; **4 metres ~** de 4 mètres de profondeur // ad: **~ in snow** recouvert(e) d'une épaisse couche de neige; **spectators stood 20 ~** il y avait 20 rangs de spectateurs; **knee-~ in water** dans l'eau jusqu'aux genoux; **~en** vt (hole) approfondir // vi s'approfondir; (darkness) s'épaissir; **~-freeze** n congélateur m // vt surgeler; **~-fry** vt faire frire (en friteuse); **~-sea** a: **~-sea diving** n plongée sous-marine; **~-sea fishing** n pêche hauturière; **~-seated** a (beliefs) profondément enraciné(e); **~-set** a (eyes) profondément enfoncé(e).
deer [dɪə*] n, pl inv: **the ~** les cervidés mpl (ZOOL), (red) **~** cerf m; (fallow) **~** daim m; (roe) **~** chevreuil m; **~skin** n peau f de daim.
deface [dɪ'feɪs] vt dégrader; barbouiller; rendre illisible.

defamation [dɛfə'meɪʃən] n diffamation f.
default [dɪ'fɔ:lt] vi (LAW) faire défaut; (gen) manquer à ses engagements // n: **by ~** (LAW) par défaut, par contumace; (SPORT) par forfait; **~er** n (in debt) débiteur défaillant.
defeat [dɪ'fi:t] n défaite f // vt (team, opponents) battre; (fig: plans, efforts) faire échouer; **~ist** a,n défaitiste (m/f).
defect n ['di:fɛkt] défaut m // vi [dɪ'fɛkt]: **to ~ to the enemy/the West** passer à l'ennemi/l'Ouest; **~ive** [dɪ'fɛktɪv] a défectueux(euse).
defence [dɪ'fɛns] n défense f; **in ~ of** pour défendre; **~less** a sans défense.
defend [dɪ'fɛnd] vt défendre; **~ant** n défendeur/deresse; (in criminal case) accusé/e, prévenu/e; **~er** n défenseur m.
defense [dɪ'fɛns] n (US) = **defence**.
defensive [dɪ'fɛnsɪv] a défensif(ive).
defer [dɪ'fə:*] vt (postpone) différer, ajourner.
deference ['dɛfərəns] n déférence f; égards mpl.
defiance [dɪ'faɪəns] n défi m; **in ~ of** au mépris de.
defiant [dɪ'faɪənt] a provocant(e), de défi.
deficiency [dɪ'fɪʃənsɪ] n insuffisance f, déficience f; carence f; **~ disease** n maladie f de carence.
deficient [dɪ'fɪʃənt] a insuffisant(e); défectueux(euse); déficient(e); **~ in** manquant de.
deficit ['dɛfɪsɪt] n déficit m.
defile vb [dɪ'faɪl] vt souiller // vi défiler // n ['di:faɪl] défilé m.
define [dɪ'faɪn] vt définir.
definite ['dɛfɪnɪt] a (fixed) défini(e), (bien) déterminé(e); (clear, obvious) net(te), manifeste; (LING) défini(e); **he was ~ about it** il a été catégorique; il était sûr de son fait; **~ly** ad sans aucun doute.
definition [dɛfɪ'nɪʃən] n définition f.
definitive [dɪ'fɪnɪtɪv] a définitif(ive).
deflate [di:'fleɪt] vt dégonfler.
deflation [di:'fleɪʃən] n (COMM) déflation f.
deflect [dɪ'flɛkt] vt détourner, faire dévier.
deform [dɪ'fɔ:m] vt déformer; **~ed** a difforme; **~ity** n difformité f.
defraud [dɪ'frɔ:d] vt frauder; **to ~ sb of sth** soutirer qch malhonnêtement à qn; escroquer qch à qn; frustrer qn de qch.
defray [dɪ'freɪ] vt: **to ~ sb's expenses** défrayer qn (de ses frais), rembourser or payer à qn ses frais.
defrost [di:'frɔst] vt (fridge) dégivrer.
deft [dɛft] a adroit(e), preste.
defunct [dɪ'fʌŋkt] a défunt(e).
defuse [di:'fju:z] vt désamorcer.
defy [dɪ'faɪ] vt défier; (efforts etc) résister à.
degenerate vi [dɪ'dʒɛnəreɪt] dégénérer // a [dɪ'dʒɛnərɪt] dégénéré(e).
degradation [dɛgrə'deɪʃən] n dégradation f.
degrading [dɪ'greɪdɪŋ] a dégradant(e).
degree [dɪ'gri:] n degré m; grade m (universitaire); **a (first) ~ in maths** une licence en maths.
dehydrated [di:haɪ'dreɪtɪd] a déshydraté(e); (milk, eggs) en poudre.

de-ice [diːˈaɪs] vt (windscreen) dégivrer.
deign [deɪn] vi: **to ~ to do** daigner faire.
deity [ˈdiːɪtɪ] n divinité f; dieu m, déesse f.
dejected [dɪˈdʒɛktɪd] a abattu(e), déprimé(e).
dejection [dɪˈdʒɛkʃən] n abattement m, découragement m.
delay [dɪˈleɪ] vt (journey, operation) retarder, différer; (travellers, trains) retarder // n délai m, retard m; **without ~** sans délai; sans tarder; **~ed-action** a à retardement.
delegate n [ˈdɛlɪgɪt] délégué/e // vt [ˈdɛlɪgeɪt] déléguer.
delegation [dɛlɪˈgeɪʃən] n délégation f.
delete [dɪˈliːt] vt rayer, supprimer.
deliberate a [dɪˈlɪbərɪt] (intentional) délibéré(e); (slow) mesuré(e) // vi [dɪˈlɪbəreɪt] délibérer, réfléchir; **~ly** ad (on purpose) exprès, délibérément.
delicacy [ˈdɛlɪkəsɪ] n délicatesse f; (choice food) mets fin or délicat, friandise f.
delicate [ˈdɛlɪkɪt] a délicat(e).
delicatessen [dɛlɪkəˈtɛsn] n épicerie fine.
delicious [dɪˈlɪʃəs] a délicieux(euse), exquis(e).
delight [dɪˈlaɪt] n (grande) joie, grand plaisir // vt enchanter; **a ~ to the eyes** un régal or plaisir pour les yeux; **to take ~ in** prendre grand plaisir à; **to be the ~ of** faire les délices or la joie de; **~ful** a adorable; merveilleux(euse); délicieux(euse).
delinquency [dɪˈlɪŋkwənsɪ] n délinquance f.
delinquent [dɪˈlɪŋkwənt] a,n délinquant/e.
delirium [dɪˈlɪrɪəm] n délire m.
deliver [dɪˈlɪvə*] vt (mail) distribuer; (goods) livrer; (message) remettre; (speech) prononcer; (warning, ultimatum) lancer; (free) délivrer; (MED) accoucher; **to ~ the goods** (fig) tenir ses promesses; **~y** n distribution f; livraison f; (of speaker) élocution f; (MED) accouchement m; **to take ~y of** prendre livraison de.
delouse [ˈdiːˈlaus] vt épouiller, débarrasser de sa (or leur etc) vermine.
delta [ˈdɛltə] n delta m.
delude [dɪˈluːd] vt tromper, leurrer; **to ~ o.s.** se leurrer, se faire des illusions.
deluge [ˈdɛljuːdʒ] n déluge m.
delusion [dɪˈluːʒən] n illusion f.
delve [dɛlv] vi: **to ~ into** fouiller dans.
demagogue [ˈdɛməgɔg] n démagogue m/f.
demand [dɪˈmɑːnd] vt réclamer, exiger // n exigence f; (claim) revendication f; (ECON) demande f; **in ~** demandé(e), recherché(e); **on ~** sur demande; **~ing** a (boss) exigeant(e); (work) astreignant(e).
demarcation [diːmɑːˈkeɪʃən] n démarcation f.
demean [dɪˈmiːn] vt: **to ~ o.s.** s'abaisser.
demeanour [dɪˈmiːnə*] n comportement m; maintien m.
demented [dɪˈmɛntɪd] a dément(e), fou(folle).
demise [dɪˈmaɪz] n décès m.
demister [diːˈmɪstə*] n (AUT) dispositif m anti-buée inv.

demobilize [diːˈməubɪlaɪz] vt démobiliser.
democracy [dɪˈmɔkrəsɪ] n démocratie f.
democrat [ˈdɛməkræt] n démocrate m/f; **~ic** [dɛməˈkrætɪk] a démocratique.
demography [dɪˈmɔgrəfɪ] n démographie f.
demolish [dɪˈmɔlɪʃ] démolir.
demolition [dɛməˈlɪʃən] n démolition f.
demonstrate [ˈdɛmənstreɪt] vt démontrer, prouver.
demonstration [dɛmənˈstreɪʃən] n démonstration f, manifestation f.
demonstrative [dɪˈmɔnstrətɪv] a démonstratif(ive).
demonstrator [ˈdɛmənstreɪtə*] n (POL) manifestant/e.
demoralize [dɪˈmɔrəlaɪz] vt démoraliser.
demote [dɪˈməut] vt rétrograder.
demur [dɪˈmə:*] vi protester; hésiter.
demure [dɪˈmjuə*] a sage, réservé(e); d'une modestie affectée.
den [dɛn] n tanière f, antre m.
denial [dɪˈnaɪəl] n démenti m; dénégation f.
denigrate [ˈdɛnɪgreɪt] vt dénigrer.
denim [ˈdɛnɪm] n coton émerisé; **~s** npl (blue-)jeans mpl.
Denmark [ˈdɛnmɑːk] n Danemark m.
denomination [dɪnɔmɪˈneɪʃən] n (money) valeur f; (REL) confession f; culte m.
denominator [dɪˈnɔmɪneɪtə*] n dénominateur m.
denote [dɪˈnəut] vt dénoter.
denounce [dɪˈnauns] vt dénoncer.
dense [dɛns] a dense; (stupid) obtus(e), dur(e) or lent(e) à la comprenette; **~ly** ad: **~ly wooded** couvert d'épaisses forêts; **~ly populated** à forte densité (de population), très peuplé.
density [ˈdɛnsɪtɪ] n densité f.
dent [dɛnt] n bosse f // vt (also: **make a ~ in**) cabosser; **to make a ~ in** (fig) entamer.
dental [ˈdɛntl] a dentaire; **~ surgeon** n (chirurgien/ne) dentiste.
dentifrice [ˈdɛntɪfrɪs] n dentifrice m.
dentist [ˈdɛntɪst] n dentiste m/f; **~ry** n art m dentaire.
denture [ˈdɛntʃə*] n dentier m.
deny [dɪˈnaɪ] vt nier; (refuse) refuser; (disown) renier.
deodorant [diːˈaudərənt] n désodorisant m, déodorant m.
depart [dɪˈpɑːt] vi partir; **to ~ from** (leave) quitter, partir de; (fig: differ from) s'écarter de.
department [dɪˈpɑːtmənt] n (COMM) rayon m; (SCOL) section f; (POL) ministère m, département m; **~ store** n grand magasin.
departure [dɪˈpɑːtʃə*] n départ m; (fig): **~ from** écart m par rapport à.
depend [dɪˈpɛnd] vi: **to ~ on** dépendre de; (rely on) compter sur; **it ~s** cela dépend; **~able** a sûr(e), digne de confiance; **~ence** n dépendance f; **~ant, ~ent** n personne f à charge.
depict [dɪˈpɪkt] vt (in picture) représenter; (in words) (dé)peindre, décrire.
depleted [dɪˈpliːtɪd] a (considérablement) réduit(e) or diminué(e).

deplorable [dɪ'plɔ:rəbl] *a* déplorable, lamentable.

deplore [dɪ'plɔ:*] *vt* déplorer.

deploy [dɪ'plɔɪ] *vt* déployer.

depopulation ['di:pɔpju'leɪʃən] *n* dépopulation *f,* dépeuplement *m.*

deport [dɪ'pɔ:t] *vt* déporter; expulser; **~ation** [di:pɔ:'teɪʃən] *n* déportation *f,* expulsion *f*; **~ment** *n* maintien *m,* tenue *f.*

depose [dɪ'pəuz] *vt* déposer.

deposit [dɪ'pɔzɪt] *n* (CHEM, COMM, GEO) dépôt *m*; (*of ore, oil*) gisement *m*; (*part payment*) arrhes *fpl,* acompte *m*; (*on bottle etc*) consigne *f*; (*for hired goods etc*) cautionnement *m,* garantie *f* // *vt* déposer; mettre *or* laisser en dépôt; fournir *or* donner en acompte; laisser en garantie; **~ account** *n* compte *m* de dépôt; **~or** *n* déposant/e.

depot ['depəu] *n* dépôt *m.*

deprave [dɪ'preɪv] *vt* dépraver, corrompre, pervertir.

depravity [dɪ'prævɪtɪ] *n* dépravation *f.*

deprecate ['deprɪkeɪt] *vt* désapprouver.

depreciate [dɪ'pri:ʃɪeɪt] *vt* déprécier // *vi* se déprécier, se dévaloriser; **depreciation** ['eɪʃən] *n* dépréciation *f.*

depress [dɪ'pres] *vt* déprimer; (*press down*) appuyer sur, abaisser; **~ed** (*person*) déprimé(e), abattu(e); (*area*) en déclin, touché(e) par le sous-emploi; **~ing** *a* déprimant(e); **~ion** [dɪ'preʃən] *n* dépression *f.*

deprivation [deprɪ'veɪʃən] *n* privation *f*; (*loss*) perte *f.*

deprive [dɪ'praɪv] *vt*: **to ~ sb of** priver qn de; enlever à qn; **~d** *a* déshérité(e).

depth [depθ] *n* profondeur *f*; **in the ~s of** au fond de; au cœur de; au plus profond de; **~ charge** *n* grenade sous-marine.

deputation [depju'teɪʃən] *n* députation *f,* délégation *f.*

deputize ['depjutaɪz] *vi*: **to ~ for** assurer l'intérim de.

deputy ['depjutɪ] *a*: **~ chairman** vice-président *m*; **~ head** directeur adjoint, sous-directeur *m* // *n* (*replacement*) suppléant/e, intérimaire *m/f*; (*second in command*) adjoint/e.

derail [dɪ'reɪl] *vt* faire dérailler; **to be ~ed** dérailler; **~ment** *n* déraillement *m.*

deranged [dɪ'reɪndʒd] *a* (*machine*) déréglé(e); **to be (mentally) ~** avoir le cerveau dérangé.

derelict ['derɪlɪkt] *a* abandonné(e), à l'abandon.

deride [dɪ'raɪd] *vt* railler.

derision [dɪ'rɪʒən] *n* dérision *f.*

derisive [dɪ'raɪsɪv] *a* moqueur (euse), railleur(euse).

derisory [dɪ'raɪsərɪ] *a* (*sum*) dérisoire; (*smile, person*) moqueur(euse), railleur(euse).

derivation [derɪ'veɪʃən] *n* dérivation *f.*

derivative [dɪ'rɪvətɪv] *n* dérivé *m* // *a* dérivé(e).

derive [dɪ'raɪv] *vt*: **to ~ sth from** tirer qch de; trouver qch dans // *vi*: **to ~ from** provenir de, dériver de.

dermatology [də:mə'tɔlədʒɪ] *n* dermatologie *f.*

derogatory [dɪ'rɔgətərɪ] *a* désobligeant(e); péjoratif(ive).

derrick ['derɪk] *n* mât *m* de charge; derrick *m.*

desalination [di:salɪ'neɪʃən] *n* dessalement *m,* dessalage *m.*

descend [dɪ'send] *vt, vi* descendre; **to ~ from** descendre de, être issu de; **~ant** *n* descendant/e.

descent [dɪ'sent] *n* descente *f*; (*origin*) origine *f.*

describe [dɪs'kraɪb] *vt* décrire; **description** ['krɪpʃən] *n* description *f*; (*sort*) sorte *f,* espèce *f*; **descriptive** ['krɪptɪv] *a* descriptif(ive).

desecrate ['desɪkreɪt] *vt* profaner.

desert *n* ['dezət] désert *m* // *vb* [dɪ'zə:t] *vt* déserter, abandonner // *vi* (MIL) déserter; **~er** *n* déserteur *m*; **~ion** [dɪ'zə:ʃən] *n* désertion *f.*

deserve [dɪ'zə:v] *vt* mériter; **deserving** *a* (*person*) méritant(e); (*action, cause*) méritoire.

design [dɪ'zaɪn] *n* (*sketch*) plan *m,* dessin *m*; (*layout, shape*) conception *f,* ligne *f*; (*pattern*) dessin *m,* motif(s) *m(pl)*; (COMM) esthétique industrielle; (*intention*) dessein *m* // *vt* dessiner; concevoir; **to have ~s on** avoir des visées sur; **well-~ed** *a* bien conçu(e).

designate *vt* ['dezɪgneɪt] désigner // *a* ['dezɪgnɪt] désigné(e); **designation** ['neɪʃən] *n* désignation *f.*

designer [dɪ'zaɪnə*] *n* (ART, TECH) dessinateur/trice; (*fashion*) modéliste *m/f.*

desirability [dɪzaɪərə'bɪlɪtɪ] *n* avantage *m*; attrait *m.*

desirable [dɪ'zaɪərəbl] *a* désirable.

desire [dɪ'zaɪə*] *n* désir *m* // *vt* désirer, vouloir.

desirous [dɪ'zaɪərəs] *a*: **~ of** désireux-(euse) de.

desk [desk] *n* (*in office*) bureau *m*; (*for pupil*) pupitre *m*; (*in shop, restaurant*) caisse *f*; (*in hotel, at airport*) réception *f.*

desolate ['desəlɪt] *a* désolé(e).

desolation [desə'leɪʃən] *n* désolation *f.*

despair [dɪs'peə*] *n* désespoir *m* // *vi*: **to ~ of** désespérer de.

despatch [dɪs'pætʃ] *n,vt* = **dispatch**.

desperate ['despərɪt] *a* désespéré(e); (*fugitive*) prêt(e) à tout; **~ly** *ad* désespérément; (*very*) terriblement, extrêmement.

desperation [despə'reɪʃən] *n* désespoir *m*; **in ~** à bout de nerf; en désespoir de cause.

despicable [dɪs'pɪkəbl] *a* méprisable.

despise [dɪs'paɪz] *vt* mépriser, dédaigner.

despite [dɪs'paɪt] *prep* malgré, en dépit de.

despondent [dɪs'pɔndənt] *a* découragé(e), abattu(e).

dessert [dɪ'zə:t] *n* dessert *m*; **~spoon** *n* cuiller *f* à dessert.

destination [destɪ'neɪʃən] *n* destination *f.*

destine [dɪ'staɪn] *vt* destiner.

destiny ['destɪnɪ] *n* destinée *f,* destin *m.*

destitute ['destɪtju:t] *a* indigent(e), dans

le dénuement ; ~ **of** dépourvu or dénué de.

destroy [dɪs'trɔɪ] vt détruire ; ~**er** n (NAUT) contre-torpilleur m.

destruction [dɪs'trʌkʃən] n destruction f.

destructive [dɪs'trʌktɪv] a destructeur(trice).

detach [dɪ'tætʃ] vt détacher ; ~**able** a amovible, détachable ; ~**ed** a (attitude) détaché(e) ; ~**ed house** n pavillon m, maison(nette) (individuelle) ; ~**ment** n (MIL) détachement m ; (fig) détachement m, indifférence f.

detail ['di:teɪl] n détail m // vt raconter en détail, énumérer ; (MIL): **to** ~ **sb (for)** affecter qn (à), détacher qn (pour) ; **in** ~ en détail ; ~**ed** a détaillé(e).

detain [dɪ'teɪn] vt retenir ; (in captivity) détenir ; (in hospital) hospitaliser.

detect [dɪ'tɛkt] vt déceler, percevoir ; (MED. POLICE) dépister ; (MIL. RADAR. TECH) détecter ; ~**ion** [dɪ'tɛkʃən] n découverte f ; dépistage m ; détection f ; **to escape** ~**ion** échapper aux recherches, éviter d'être découvert ; **crime** ~**ion** le dépistage des criminels ; ~**ive** n agent m de la sûreté, policier m ; **private** ~**ive** détective privé ; ~**ive story** n roman policier ; ~**or** n détecteur m.

detention [dɪ'tɛnʃən] n détention f ; (SCOL) retenue f, consigne f.

deter [dɪ'tə:*] vt dissuader.

detergent [dɪ'tə:dʒənt] n détersif m, détergent m.

deteriorate [dɪ'tɪərɪəreɪt] vi se détériorer, se dégrader ; **deterioration** [-'reɪʃən] n détérioration f.

determination [dɪtə:mɪ'neɪʃən] n détermination f.

determine [dɪ'tə:mɪn] vt déterminer ; **to** ~ **to do** résoudre de faire, se déterminer à faire ; ~**d** a (person) déterminé(e), décidé(e) ; (quantity) déterminé, établi(e).

deterrent [dɪ'tɛrənt] n effet m de dissuasion ; force f de dissuasion.

detest [dɪ'tɛst] vt détester, avoir horreur de ; ~**able** a détestable, odieux(euse).

detonate ['dɛtəneɪt] vi exploser, détoner // vt faire exploser or détoner ; **detonator** n détonateur m.

detour ['di:tuə*] n détour m.

detract [dɪ'trækt] vt: **to** ~ **from** (quality, pleasure) diminuer ; (reputation) porter atteinte à.

detriment ['dɛtrɪmənt] n: **to the** ~ **of** au détriment de, au préjudice de ; ~**al** [dɛtrɪ'mɛntl] a: ~**al to** préjudiciable or nuisible à.

devaluation [dɪvælju'eɪʃən] n dévaluation f.

devalue ['di:'vælju:] vt dévaluer.

devastate ['dɛvəsteɪt] vt dévaster.

devastating ['dɛvəsteɪtɪŋ] a dévastateur(trice).

develop [dɪ'vɛləp] vt (gen) développer ; (habit) contracter ; (resources) mettre en valeur, exploiter // vi se développer ; (situation, disease; evolve) évoluer ; (facts, symptoms: appear) se manifester, se produire ; ~**er** n (PHOT) révélateur m ; (of land) promoteur m ; ~**ing country** pays m en voie de développement ; ~**ment** n développement m ; (of affair, case)

rebondissement m, fait(s) nouveau(x).

deviate ['di:vɪeɪt] vi dévier.

deviation [di:vɪ'eɪʃən] n déviation f.

device [dɪ'vaɪs] n (scheme) moyen m, expédient m ; (apparatus) engin m, dispositif m.

devil ['dɛvl] n diable m ; démon m ; ~**ish** a diabolique.

devious ['di:vɪəs] a (means) détourné(e) ; (person) sournois(e), dissimulé(e).

devise [dɪ'vaɪz] vt imaginer, concevoir.

devoid [dɪ'vɔɪd] a: ~ **of** dépourvu(e) de, dénué(e) de.

devote [dɪ'vəut] vt: **to** ~ **sth to** consacrer qch à ; ~**d** a dévoué(e) ; **to be** ~**d to** être dévoué or très attaché à ; ~**e** [dɛvəu'ti:] n (REL) adepte m/f ; (MUS. SPORT) fervent/e.

devotion [dɪ'vəuʃən] n dévouement m, attachement m ; (REL) dévotion f, piété f.

devour [dɪ'vauə*] vt dévorer.

devout [dɪ'vaut] a pieux(euse), dévot(e).

dew [dju:] n rosée f.

dexterity [dɛks'tɛrɪtɪ] n dextérité f, adresse f.

diabetes [daɪə'bi:ti:z] n diabète m ; **diabetic** [-'bɛtɪk] a, n diabétique (m/f).

diaeresis [daɪ'ɛrɪsɪs] n tréma m.

diagnose [daɪəg'nəuz] vt diagnostiquer.

diagnosis, pl diagnoses [daɪəg'nəusɪs, -sɪ:z] n diagnostic m.

diagonal [daɪ'ægənl] a diagonal(e) // n diagonale f.

diagram ['daɪəgræm] n diagramme m, schéma m ; graphique m.

dial ['daɪəl] n cadran m // vt (number) faire, composer ; ~**ling tone** n tonalité f.

dialect ['daɪəlɛkt] n dialecte m.

dialogue ['daɪələg] n dialogue m.

diameter [daɪ'æmɪtə*] n diamètre m.

diamond ['daɪəmənd] n diamant m ; (shape) losange m ; ~**s** npl (CARDS) carreau m.

diaper ['daɪəpə*] n (US) couche f.

diaphragm ['daɪəfræm] n diaphragme m.

diarrhoea, diarrhea (US) [daɪə'ri:ə] n diarrhée f.

diary ['daɪərɪ] n (daily account) journal m ; (book) agenda m.

dice [daɪs] n, pl inv **dé** m // vt (CULIN) couper en dés or en cubes.

dictate vt [dɪk'teɪt] dicter n ['dɪkteɪt] injonction f.

dictation [dɪk'teɪʃən] n dictée f.

dictator [dɪk'teɪtə*] n dictateur m ; ~**ship** n dictature f.

diction ['dɪkʃən] n diction f, élocution f.

dictionary ['dɪkʃənrɪ] n dictionnaire m.

did [dɪd] pt of **do**.

die [daɪ] n (pl: **dice**) dé m ; (pl: **dies**) coin m ; matrice f ; étampe f // vi mourir ; **to** ~ **away** vi s'éteindre ; **to** ~ **down** vi se calmer, s'apaiser ; **to** ~ **out** vi disparaître, s'éteindre.

Diesel ['di:zəl]: ~ **engine** n moteur m diesel.

diet ['daɪət] n alimentation f ; (restricted food) régime m // vi (also: **be on a** ~) suivre un régime.

differ ['dɪfə*] vi: **to** ~ **from sth** être différent de ; différer de ; **to** ~ **from sb**

over sth ne pas être d'accord avec qn au sujet de qch ; **~ence** n différence f ; (quarrel) différend m, désaccord m ; **~ent** a différent(e) ; **~ential** [-'rɛnʃəl] n (AUT. wages) différentiel m ; **~entiate** [-'rɛnʃieit] vt différencier // se différencier ; **to ~entiate between** faire une différence entre ; **~ently** ad différemment.

difficult ['dɪfɪkəlt] a difficile ; **~y** n difficulté f.

diffidence ['dɪfɪdəns] n manque m de confiance en soi, manque d'assurance.

diffident ['dɪfɪdənt] a qui manque de confiance or d'assurance, peu sûr(e) de soi.

diffuse a [dɪ'fju:s] diffus(e) // vt [dɪ'fju:z] diffuser, répandre.

dig [dɪg] vt (pt, pp **dug** [dʌg]) (hole) creuser ; (garden) bêcher // n (prod) coup m de coude ; (fig) coup de griffe or de patte ; **to ~ into** (snow, soil) creuser ; **to ~ one's nails into** enfoncer ses ongles dans ; **to ~ up** vt déterrer.

digest vt [dai'dʒɛst] digérer // n ['daidʒɛst] sommaire m, résumé m ; **~ible** [dɪ'dʒɛstəbl] a digestible ; **~ion** [dɪ'dʒɛstʃən] n digestion f.

digit ['dɪdʒɪt] n chiffre m (de 0 à 9) ; (finger) doigt m ; **~al** a digital(e) ; à affichage numérique or digital.

dignified ['dɪgnɪfaid] a digne.

dignitary ['dɪgnɪtəri] n dignitaire m.

dignity ['dɪgnɪti] n dignité f.

digress [dai'grɛs] vi : **to ~ from** s'écarter de, s'éloigner de ; **~ion** [dai'grɛʃən] n digression f.

digs [dɪgz] npl (Brit: col) piaule f, chambre meublée.

dilapidated [dɪ'læpɪdeitid] a délabré(e).

dilate [dai'leit] vt dilater // vi se dilater.

dilatory ['dɪlətəri] a dilatoire.

dilemma [dai'lɛmə] n dilemme m.

diligent ['dɪlɪdʒənt] a appliqué(e), assidu(e).

dilute [dai'lu:t] vt diluer // a dilué(e).

dim [dɪm] a (light, eyesight) faible ; (memory, outline) vague, indécis(e) ; (stupid) borné(e), obtus(e) // vt (light) réduire, baisser.

dime [daim] n (US) = 10 cents.

dimension [dɪ'mɛnʃən] n dimension f.

diminish [dɪ'mɪnɪʃ] vt, vi diminuer.

diminutive [dɪ'mɪnjutɪv] a minuscule, tout(e) petit(e) // n (LING) diminutif m.

dimly ['dɪmlɪ] ad faiblement, vaguement.

dimple ['dɪmpl] n fossette f.

dim-witted ['dɪm'wɪtɪd] a (col) stupide, borné(e).

din [dɪn] n vacarme m.

dine [dain] vi dîner ; **~r** n (person) dîneur/euse ; (RAIL) = **dining car**.

dinghy ['dɪŋgɪ] n youyou m ; canot m pneumatique ; (also: **sailing ~**) voilier m, dériveur m.

dingy ['dɪndʒɪ] a miteux(euse), minable.

dining ['dainɪŋ] cpd : **~ car** n wagon-restaurant m ; **~ room** n salle f à manger.

dinner ['dɪnə*] n dîner m ; (public) banquet m ; **~ jacket** n smoking m ; **~ party** n dîner m ; **~ time** n heure f du dîner.

diocese ['daiəsis] n diocèse m.

dip [dɪp] n déclivité f ; (in sea) baignade f, bain m // vt tremper, plonger ; (AUT: lights) mettre en code, baisser // vi plonger.

diphtheria [dɪf'θɪərɪə] n diphtérie f.

diphthong ['dɪfθɔŋ] n diphtongue f.

diploma [dɪ'pləumə] n diplôme m.

diplomacy [dɪ'pləuməsɪ] n diplomatie f.

diplomat ['dɪpləmæt] n diplomate m ; **~ic** [dɪplə'mætɪk] a diplomatique ; **~ic corps** n corps m diplomatique.

dipstick ['dɪpstɪk] n (AUT) jauge f de niveau d'huile.

dire [daiə*] a terrible, extrême, affreux(euse).

direct [dai'rɛkt] a direct(e) // vt diriger, orienter ; **can you ~ me to ...?** pouvez-vous m'indiquer le chemin de ...? ; **~ current** n courant continu ; **~ hit** n coup m au but, touché m.

direction [dɪ'rɛkʃən] n direction f ; **sense of ~** sens m de l'orientation ; **~s** npl (advice) indications fpl ; **~s for use** mode m d'emploi.

directly [dɪ'rɛktlɪ] ad (in straight line) directement, tout droit ; (at once) tout de suite, immédiatement.

director [dɪ'rɛktə*] n directeur m ; administrateur m ; (THEATRE) metteur m en scène ; (CINEMA, TV) réalisateur/trice.

directory [dɪ'rɛktəri] n annuaire m.

dirt [də:t] n saleté f ; crasse f ; **~-cheap** a (ne) coûtant presque rien ; **~ road** n (US) chemin non macadamisé or non revêtu ; **~y** a sale // vt salir ; **~y story** n histoire cochonne ; **~y trick** n coup tordu.

disability [dɪsə'bɪlɪtɪ] n invalidité f, infirmité f.

disabled [dɪs'eibld] a infirme, invalide ; (maimed) mutilé(e) ; (through illness, old age) impotent(e).

disadvantage [dɪsəd'va:ntɪdʒ] n désavantage m, inconvénient m ; **~ous** [dɪsædvɑːn'teidʒəs] a désavantageux-(euse).

disagree [dɪsə'gri:] vi (differ) ne pas concorder ; (be against, think otherwise): **to ~ (with)** ne pas être d'accord (avec) ; garlic **~s with me** l'ail ne me convient pas, je ne supporte pas l'ail ; **~able** a désagréable ; **~ment** n désaccord m, différend m.

disallow ['dɪsə'lau] vt rejeter, désavouer.

disappear [dɪsə'pɪə*] vi disparaître ; **~ance** n disparition f.

disappoint [dɪsə'pɔint] vt décevoir ; **~ment** n déception f.

disapproval [dɪsə'pru:vəl] n désapprobation f.

disapprove [dɪsə'pru:v] vi : **to ~ of** désapprouver.

disarm [dɪs'ɑ:m] vt désarmer ; **~ament** n désarmement m.

disarray [dɪsə'rei] n désordre m, confusion f.

disaster [dɪ'zɑ:stə*] n catastrophe f, désastre m ; **disastrous** a désastreux-(euse).

disband [dɪs'bænd] vt démobiliser ; disperser // vi se séparer ; se disperser.
disbelief ['dɪsbə'li:f] n incrédulité f.
disc [dɪsk] n disque m.
discard [dɪs'kɑ:d] vt (old things) se défaire de, mettre au rencart or au rebut ; (fig) écarter, renoncer à.
disc brake ['dɪskbreɪk] n frein m à disque.
discern [dɪ'sə:n] vt discerner, distinguer ; ~**ing** a judicieux(euse), perspicace.
discharge vt [dɪs'tʃɑ:dʒ] (duties) s'acquitter de ; (waste etc) déverser ; décharger ; (ELEC, MED) émettre ; (patient) renvoyer (chez lui) ; (employee, soldier) congédier, licencier ; (defendant) relaxer, élargir // n ['dɪstʃɑ:dʒ] (ELEC, MED) émission f; (dismissal) renvoi m; licenciement m; élargissement m; **to ~ one's gun** faire feu.
disciple [dɪ'saɪpl] n disciple m.
disciplinary ['dɪsɪplɪnərɪ] a disciplinaire.
discipline ['dɪsɪplɪn] n discipline f // vt discipliner ; (punish) punir.
disc jockey ['dɪskdʒɔkɪ] n disque-jockey m.
disclaim [dɪs'kleɪm] vt désavouer, dénier.
disclose [dɪs'kləuz] vt révéler, divulguer ; **disclosure** [-'kləuʒə*] n révélation f, divulgation f.
disco ['dɪskəu] n abbr of **discothèque.**
discoloured [dɪs'kʌləd] a décoloré(e) ; jauni(e).
discomfort [dɪs'kʌmfət] n malaise m, gêne f; (lack of comfort) manque m de confort.
disconcert [dɪskən'sə:t] vt déconcerter, décontenancer.
disconnect [dɪskə'nɛkt] vt détacher ; (ELEC, RADIO) débrancher ; (gas, water) couper ; ~**ed** a (speech, thought) décousu(e), peu cohérent(e).
disconsolate [dɪs'kɔnsəlɪt] a inconsolable.
discontent [dɪskən'tɛnt] n mécontentement m ; ~**ed** a mécontent(e).
discontinue [dɪskən'tɪnju:] vt cesser, interrompre ; '~**d**' (COMM) 'fin de série'.
discord ['dɪskɔ:d] n discorde f, dissension f ; (MUS) dissonance f ; ~**ant** [dɪs'kɔ:dənt] a discordant(e), dissonant(e).
discothèque [dɪs'kəutɛk] n discothèque f.
discount n ['dɪskaunt] remise f, rabais m // vt [dɪs'kaunt] ne pas tenir compte de.
discourage [dɪs'kʌrɪdʒ] vt décourager ; **discouraging** a décourageant(e).
discourteous [dɪs'kə:tɪəs] a incivil(e), discourtois(e).
discover [dɪs'kʌvə*] vt découvrir ; ~**y** n découverte f.
discredit [dɪs'krɛdɪt] vt mettre en doute ; discréditer.
discreet [dɪ'skri:t] a discret(ète) ; ~**ly** ad discrètement.
discrepancy [dɪ'skrɛpənsɪ] n divergence f, contradiction f.
discretion [dɪ'skrɛʃən] n discrétion f.
discriminate [dɪ'skrɪmɪneɪt] vi: **to ~ between** établir une distinction entre, faire la différence entre ; **to ~ against** pratiquer une discrimination contre ; **discriminating** a qui a du discernement ;

discrimination [-'neɪʃən] n discrimination f; (judgment) discernement m.
discus ['dɪskəs] n disque m.
discuss [dɪ'skʌs] vt discuter de ; (debate) discuter ; ~**ion** [dɪ'skʌʃən] n discussion f.
disdain [dɪs'deɪn] n dédain m.
disease [dɪ'zi:z] n maladie f.
disembark [dɪsɪm'bɑ:k] vt,vi débarquer.
disembodied [dɪsɪm'bɔdɪd] a désincarné(e).
disembowel [dɪsɪm'bauəl] vt éviscérer, étriper.
disenchanted [dɪsɪn'tʃɑ:ntɪd] a désenchanté(e), désabusé(e).
disengage [dɪsɪn'geɪdʒ] vt dégager ; (TECH) déclencher ; **to ~ the clutch** (AUT) débrayer ; ~**ment** n (POL) désengagement m.
disentangle [dɪsɪn'tæŋgl] vt démêler.
disfavour [dɪs'feɪvə*] n défaveur f; disgrâce f // vt voir d'un mauvais œil, désapprouver.
disfigure [dɪs'fɪgə*] vt défigurer.
disgorge [dɪs'gɔ:dʒ] vt déverser.
disgrace [dɪs'greɪs] n honte f; (disfavour) disgrâce f // vt déshonorer, couvrir de honte ; ~**ful** a scandaleux(euse), honteux(euse).
disgruntled [dɪs'grʌntld] a mécontent(e).
disguise [dɪs'gaɪz] n déguisement m // vt déguiser ; **in ~** déguisé(e).
disgust [dɪs'gʌst] n dégoût m, aversion f // vt dégoûter, écœurer ; ~**ing** a dégoûtant(e) ; révoltant(e).
dish [dɪʃ] n plat m; **to do** or **wash the ~es** faire la vaisselle ; **to ~ up** vt servir ; (facts, statistics) sortir, débiter ; ~**cloth** n (for drying) torchon m; (for washing) lavette f.
dishearten [dɪs'hɑ:tn] vt décourager.
dishevelled [dɪ'ʃɛvəld] a ébouriffé(e) ; décoiffé(e) ; débraillé(e).
dishonest [dɪs'ɔnɪst] a malhonnête ; ~**y** n malhonnêteté f.
dishonour [dɪs'ɔnə*] n déshonneur m; ~**able** a déshonorant(e).
dishwasher ['dɪʃwɔʃə*] n lave-vaisselle m; (person) plongeur/euse.
disillusion [dɪsɪ'lu:ʒən] vt désabuser, désenchanter // n désenchantement m.
disinfect [dɪsɪn'fɛkt] vt désinfecter ; ~**ant** n désinfectant m.
disintegrate [dɪs'ɪntɪgreɪt] vi se désintégrer.
disinterested [dɪs'ɪntrəstɪd] a désintéressé(e).
disjointed [dɪs'dʒɔɪntɪd] a décousu(e), incohérent(e).
disk [dɪsk] n = **disc.**
dislike [dɪs'laɪk] n aversion f, antipathie f // vt ne pas aimer.
dislocate ['dɪsləkeɪt] vt disloquer ; déboîter ; désorganiser.
dislodge [dɪs'lɔdʒ] vt déplacer, faire bouger ; (enemy) déloger.
disloyal [dɪs'lɔɪəl] a déloyal(e).
dismal ['dɪzml] a lugubre, maussade.
dismantle [dɪs'mæntl] vt démonter ; (fort, warship) démanteler.
dismast [dɪs'mɑ:st] vt démâter.

dismay [dɪs'meɪ] n consternation f // vt consterner.

dismiss [dɪs'mɪs] vt congédier, renvoyer ; (idea) écarter ; (LAW) rejeter ; **~al** n renvoi m.

dismount [dɪs'maunt] vi mettre pied à terre.

disobedience [dɪsə'bi:dɪəns] n désobéissance f ; insoumission f.

disobedient [dɪsə'bi:dɪənt] a désobéissant(e) ; (soldier) indiscipliné(e).

disobey [dɪsə'beɪ] vt désobéir à.

disorder [dɪs'ɔ:də*] n désordre m ; (rioting) désordres mpl ; (MED) troubles mpl ; **~ly** a en désordre ; désordonné(e).

disorganize [dɪs'ɔ:gənaɪz] vt désorganiser.

disorientate [dɪs'ɔ:rɪenteɪt] vt désorienter.

disown [dɪs'əun] vt renier.

disparaging [dɪs'pærɪdʒɪŋ] a désobligeant(e).

disparity [dɪs'pærɪtɪ] n disparité f.

dispassionate [dɪs'pæʃənət] a calme, froid(e) ; impartial(e), objectif(ive).

dispatch [dɪs'pætʃ] vt expédier, envoyer // n envoi m, expédition f ; (MIL. PRESS) dépêche f.

dispel [dɪs'pɛl] vt dissiper, chasser.

dispensary [dɪs'pɛnsərɪ] n pharmacie f, (in chemist's) officine f.

dispense [dɪs'pɛns] vt distribuer, administrer ; **to ~ sb from** dispenser qn de ; **to ~ with** vt fus se passer de ; **~r** n (container) distributeur m ; **dispensing chemist** n pharmacie f.

dispersal [dɪs'pə:sl] n dispersion f ; (ADMIN) déconcentration f.

disperse [dɪs'pə:s] vt disperser ; (knowledge) disséminer // vi se disperser.

dispirited [dɪs'pɪrɪtɪd] a découragé(e), déprimé(e).

displace [dɪs'pleɪs] vt déplacer ; **~d person** n (POL) personne déplacée ; **~ment** n déplacement m.

display [dɪs'pleɪ] n étalage m ; déploiement m ; affichage m ; (screen) écran m de visualisation, visuel m ; (of feeling) manifestation f ; (pej) ostentation f // vt montrer ; (goods) mettre à l'étalage, exposer ; (results, departure times) afficher ; (troops) déployer ; (pej) faire étalage de.

displease [dɪs'pli:z] vt mécontenter contrarier ; **~d with** mécontent(e) de ; **displeasure** [-'plɛʒə*] n mécontentement m.

disposable [dɪs'pəuzəbl] a (pack etc) à jeter ; (income) disponible.

disposal [dɪs'pəuzl] n (availability, arrangement) disposition f ; (of property) disposition f, cession f ; (of rubbish) évacuation f, destruction f ; **at one's ~** à sa disposition.

dispose [dɪs'pəuz] vt disposer ; **to ~ of** vt (time, money) disposer de ; (unwanted goods) se débarrasser de, se défaire de ; (problem) expédier ; **~d a : ~d to do** disposé(e) à faire ; **disposition** [-'zɪʃən] n disposition f ; (temperament) naturel m.

disproportionate [dɪsprə'pɔ:ʃənət] a disproportionné(e).

disprove [dɪs'pru:v] vt réfuter.

dispute [dɪs'pju:t] n discussion f ; (also: **industrial ~**) conflit m // vt contester ; (matter) discuter ; (victory) disputer.

disqualification [dɪskwɔlɪfɪ'keɪʃən] n disqualification f ; **~ (from driving)** retrait m du permis (de conduire).

disqualify [dɪs'kwɔlɪfaɪ] vt (SPORT) disqualifier ; **to ~ sb for sth/from doing** rendre qn inapte à qch/à faire ; signifier à qn l'interdiction de faire ; mettre qn dans l'impossibilité de faire ; **to ~ sb (from driving) for speeding** retirer à qn son permis (de conduire) pour excès de vitesse.

disquiet [dɪs'kwaɪət] n inquiétude f, trouble m.

disregard [dɪsrɪ'gɑ:d] vt ne pas tenir compte de.

disrepair [dɪsrɪ'pɛə*] n mauvais état.

disreputable [dɪs'rɛpjutəbl] a (person) de mauvaise réputation, peu recommandable ; (behaviour) déshonorant(e).

disrespectful [dɪsrɪ'spɛktful] a irrespectueux(euse).

disrupt [dɪs'rʌpt] vt (plans) déranger ; (conversation) interrompre ; **~ion** [-'rʌpʃən] n dérangement m ; interruption f.

dissatisfaction [dɪssætɪs'fækʃən] n mécontentement m, insatisfaction f.

dissatisfied [dɪs'sætɪsfaɪd] a: **~ (with)** mécontent(e) or insatisfait(e) (de).

dissect [dɪ'sɛkt] vt disséquer.

disseminate [dɪ'sɛmɪneɪt] vt disséminer.

dissent [dɪ'sɛnt] n dissentiment m, différence f d'opinion.

disservice [dɪs'sə:vɪs] n: **to do sb a ~** rendre un mauvais service à qn ; desservir qn.

dissident ['dɪsɪdnt] a dissident(e).

dissimilar [dɪ'sɪmɪlə*] a: **~ (to)** dissemblable (à), différent(e) (de).

dissipate [dɪsɪpeɪt] vt dissiper ; (energy, efforts) disperser ; **~d** a dissolu(e) ; débauché(e).

dissociate [dɪ'səuʃɪeɪt] vt dissocier.

dissolute ['dɪsəlu:t] a débauché(e), dissolu(e).

dissolve [dɪ'zɔlv] vt dissoudre // vi se dissoudre, fondre ; (fig) disparaître.

dissuade [dɪ'sweɪd] vt: **to ~ sb (from)** dissuader qn (de).

distance ['dɪstns] n distance f ; **in the ~** au loin.

distant ['dɪstnt] a lointain(e), éloigné(e) ; (manner) distant(e), froid(e).

distaste [dɪs'teɪst] n dégoût m ; **~ful** a déplaisant(e), désagréable.

distemper [dɪs'tɛmpə*] n (paint) détrempe f, badigeon m.

distend [dɪs'tɛnd] vt distendre // vi se distendre, se ballonner.

distil [dɪs'tɪl] vt distiller ; **~lery** n distillerie f.

distinct [dɪs'tɪŋkt] a distinct(e) ; (preference, progress) marqué(e) ; **~ion** [dɪs'tɪŋkʃən] n distinction f ; (in exam) mention f très bien ; **~ive** a distinctif(ive) ; **~ly** ad distinctement ; expressément.

distinguish [dɪs'tɪŋgwɪʃ] *vt* distinguer; différencier; **~ed** *a* (*eminent*) distingué(e); **~ing** *a* (*feature*) distinctif(ive), caractéristique.

distort [dɪs'tɔːt] *vt* déformer; **~ion** [dɪs'tɔːʃən] *n* déformation f.

distract [dɪs'trækt] *vt* distraire, déranger; **~ed** *a* éperdu(e), égaré(e); **~ion** [dɪs'trækʃən] *n* distraction f; égarement *m*; **to drive sb to ~ion** rendre qn fou(folle).

distraught [dɪs'trɔːt] *a* éperdu(e).

distress [dɪs'trɛs] *n* détresse f; (*pain*) douleur f // *vt* affliger; **~ed area** *n* zone sinistrée; **~ing** *a* douloureux(euse), pénible; **~ signal** *n* signal *m* de détresse.

distribute [dɪs'trɪbjuːt] *vt* distribuer; **distribution** [-'bjuːʃən] *n* distribution f; **distributor** *n* distributeur *m*.

district ['dɪstrɪkt] *n* (*of country*) région f; (*of town*) quartier *m*; (ADMIN) district *m*; **~ attorney** *n* (US) ≈ procureur *m* de la République; **~ nurse** *n* (Brit) infirmière visiteuse.

distrust [dɪs'trʌst] *n* méfiance f, doute *m* // *vt* se méfier de.

disturb [dɪs'təːb] *vt* troubler; (*inconvenience*) déranger; **~ance** *n* dérangement *m*; (*political etc*) troubles *mpl*; (*by drunks etc*) tapage *m*; **~ing** *a* troublant(e), inquiétant(e).

disuse [dɪs'juːs] *n*: **to fall into ~** tomber en désuétude f.

disused [dɪs'juːzd] *a* désaffecté(e).

ditch [dɪtʃ] *n* fossé *m* // *vt* (col) abandonner.

dither ['dɪðə*] *vi* hésiter.

ditto ['dɪtəu] *ad* idem.

divan [dɪ'væn] *n* divan *m*.

dive [daɪv] *n* plongeon *m*; (*of submarine*) plongée f; (AVIAT) piqué *m*; (*pej*) bouge *m* // *vi* plonger; **~r** *n* plongeur *m*.

diverge [daɪ'vəːdʒ] *vi* diverger.

diverse [daɪ'vəːs] *a* divers(e).

diversify [daɪ'vəːsɪfaɪ] *vt* diversifier.

diversion [daɪ'vəːʃən] *n* (AUT) déviation f; (*distraction*, MIL) diversion f.

diversity [daɪ'vəːsɪtɪ] *n* diversité f, variété f.

divert [daɪ'vəːt] *vt* (*traffic*) dévier; (*river*) détourner; (*amuse*) divertir.

divest [daɪ'vɛst] *vt*: **to ~ sb of** dépouiller qn de.

divide [dɪ'vaɪd] *vt* diviser; (*separate*) séparer // *vi* se diviser; **~d skirt** *n* jupe-culotte f.

dividend ['dɪvɪdɛnd] *n* dividende *m*.

divine [dɪ'vaɪn] *a* divin(e).

diving ['daɪvɪŋ] *n* plongée (sous-marine); **~ board** *n* plongeoir *m*; **~ suit** *n* scaphandre *m*.

divinity [dɪ'vɪnɪtɪ] *n* divinité f; théologie f.

division [dɪ'vɪʒən] *n* division f; séparation f; (Brit POL) vote *m*.

divorce [dɪ'vɔːs] *n* divorce *m* // *vt* divorcer d'avec; **~d** *a* divorcé(e); **~e** [-'siː] *n* divorcé/e.

divulge [daɪ'vʌldʒ] *vt* divulguer, révéler.

D.I.Y. *a,n abbr of* **do-it-yourself.**

dizziness ['dɪzɪnɪs] *n* vertige *m*, étourdissement *m*.

dizzy ['dɪzɪ] *a* (*height*) vertigineux(euse); **to make sb ~** donner le vertige à qn; **to feel ~** avoir la tête qui tourne.

DJ *n abbr of* **disc jockey.**

do, *pt* **did**, *pp* **done** [duː, dɪd, dʌn] *vt*, *vi* faire; **he didn't laugh** il n'a pas ri; **~ you want any?** en voulez-vous?, est-ce que vous en voulez?; **she swims better than I ~** elle nage mieux que moi; **he laughed, didn't he?** il a ri, n'est-ce pas?; **~ they?** ah oui?, vraiment?; **who broke it? - I did** qui l'a cassé? - (c'est) moi; **~ you agree? - I ~** êtes-vous d'accord? - oui; **to ~ one's nails/teeth** se faire les ongles/brosser les dents; **will it ~?** est-ce que ça ira?; **to ~ without sth** se passer de qch; **what did he ~ with the cat?** qu'a-t-il fait du chat?; **to ~ away with** *vt fus* supprimer, abolir; **to ~ up** *vt* remettre à neuf.

docile ['dəusaɪl] *a* docile.

dock [dɔk] *n* dock *m*; (LAW) banc *m* des accusés // *vi* se mettre à quai; **~er** *n* docker *m*.

docket ['dɔkɪt] *n* bordereau *m*.

dockyard ['dɔkjɑːd] *n* chantier *m* de construction navale.

doctor ['dɔktə*] *n* médecin *m*, docteur *m*; (Ph.D. etc) docteur // *vt* (cat) couper; (fig) falsifier.

doctrine ['dɔktrɪn] *n* doctrine f.

document ['dɔkjumənt] *n* document *m*; **~ary** [-'mɛntərɪ] *a, n* documentaire (*m*); **~ation** [-'teɪʃən] *n* documentation f.

doddering ['dɔdərɪŋ] *a* (*senile*) gâteux(euse).

dodge [dɔdʒ] *n* truc *m*; combine f // *vt* esquiver, éviter.

dodgems ['dɔdʒəmz] *npl* autos tamponneuses.

dog [dɔg] *n* chien/ne; **~ biscuits** *npl* biscuits *mpl* pour chien; **~ collar** *n* collier *m* de chien; (fig) faux-col *m* d'ecclésiastique; **~-eared** *a* corné(e).

dogged ['dɔgɪd] *a* obstiné(e), opiniâtre.

dogma ['dɔgmə] *n* dogme *m*; **~tic** [-'mætɪk] *a* dogmatique.

doings ['duːɪŋz] *npl* activités *fpl*.

do-it-yourself [duːɪtjɔː'sɛlf] *n* bricolage *m*.

doldrums ['dɔldrəmz] *npl*: **to be in the ~** avoir le cafard; être dans le marasme.

dole [dəul] *n* (Brit) allocation f de chômage; **on the ~** au chômage; **to ~ out** *vt* donner au compte-goutte.

doleful ['dəulful] *a* triste, lugubre.

doll [dɔl] *n* poupée f; **to ~ o.s. up** se faire beau(belle).

dollar ['dɔlə*] *n* dollar *m*.

dolphin ['dɔlfɪn] *n* dauphin *m*.

domain [də'meɪn] *n* domaine *m*.

dome [dəum] *n* dôme *m*.

domestic [də'mɛstɪk] *a* (*duty, happiness*) familial(e); (*policy, affairs, flights*) intérieur(e); (*animal*) domestique; **~ated** *a* domestiqué(e); (*pej*) d'intérieur.

domicile ['dɔmɪsaɪl] *n* domicile *m*.

dominant ['dɔmɪnənt] *a* dominant(e).

dominate ['dɔmɪneɪt] *vt* dominer; **domination** [-'neɪʃən] *n* domination f;

domineering [-'nɪərɪŋ] *a* dominateur(trice), autoritaire.
dominion [də'mɪnɪən] *n* domination *f*; territoire *m*; dominion *m*.
domino, ~es ['dɒmɪnəu] *n* domino *m*; **~es** *n* (*game*) dominos *mpl*.
don [dɒn] *n* professeur *m* d'université // *vt* revêtir.
donate [də'neɪt] *vt* faire don de, donner; **donation** [də'neɪʃən] *n* donation *f*, don *m*.
done [dʌn] *pp* of **do**.
donkey ['dɒŋkɪ] *n* âne *m*.
donor ['dəunə*] *n* (*of blood etc*) donneur/euse; (*to charity*) donateur/trice.
don't [dəunt] *vb* = **do not**.
doom [du:m] *n* destin *m*; ruine *f* // *vt*: **to be ~ed** (*to failure*) être voué(e) à l'échec; **~sday** *n* le Jugement dernier.
door [dɔ:*] *n* porte *f*; **~bell** *n* sonnette *f*; **~ handle** *n* poignée *f* de porte; **~man** *n* (*in hotel*) portier *m*; (*in block of flats*) concierge *m*; **~mat** *n* paillasson *m*; **~post** *n* montant *m* de porte; **~step** *n* pas *m* de (la) porte, seuil *m*.
dope [dəup] *n* (*col*) drogue *f* // *vt* (*horse etc*) doper.
dopey ['dəupɪ] *a* (*col*) à moitié endormi(e).
dormant ['dɔ:mənt] *a* assoupi(e), en veilleuse; (*rule, law*) inappliqué(e).
dormice ['dɔ:maɪs] *npl* of **dormouse**.
dormitory ['dɔ:mɪtrɪ] *n* dortoir *m*.
dormouse, *pl* **dormice** ['dɔ:maus, -maɪs] *n* loir *m*.
dosage ['dəusɪdʒ] *n* dose *f*; dosage *m*; (*on label*) posologie *f*.
dose [dəus] *n* dose *f*; (*bout*) attaque *f* // *vt*: **to ~ o.s.** se bourrer de médicaments.
doss house ['dɒshaus] *n* asile *m* de nuit.
dot [dɒt] *n* point *m* // *vt*: **~ted with** parsemé(e) de; **on the ~** à l'heure tapante.
dote [dəut]: **to ~ on** *vt fus* être fou(folle) de.
dotted line [dɒtɪd'laɪn] *n* ligne pointillée; (*AUT*) ligne discontinue.
double ['dʌbl] *a* double // *ad* (*fold*) en deux; (*twice*): **to cost ~ (sth)** coûter le double (de qch) *or* deux fois plus (que qch) // *n* double *m*; (*CINEMA*) doublure *f* // *vt* doubler; (*fold*) plier en deux // *vi* doubler; **at the ~** au pas de course; **~s** *n* (*TENNIS*) double *m*; **~ bass** *n* contrebasse *f*; **~ bed** *n* grand lit *m*; **~ bend** *n* virage *m* en S; **~breasted** *a* croisé(e); **~cross** *vt* doubler, trahir; **~decker** *n* autobus *m* à impériale; **~ declutch** *vi* faire un double débrayage; **~ exposure** *n* surimpression *f*; **~ parking** *n* stationnement *m* en double file; **~ room** *n* chambre *f* pour deux; **doubly** *ad* doublement, deux fois plus.
doubt [daut] *n* doute *m* // *vt* douter de; **to ~ that** douter que; **~ful** *a* douteux(euse); (*person*) incertain(e); **~less** *ad* sans doute, sûrement.
dough [dəu] *n* pâte *f*; **~nut** *n* beignet *m*.
dour [duə*] *a* austère.
dove [dʌv] *n* colombe *f*.
Dover ['dəuvə*] *n* Douvres *f*.
dovetail ['dʌvteɪl] *n*: **~ joint** *n* assemblage *m* à queue d'aronde // *vi* (*fig*) concorder.

dowdy ['daudɪ] *a* démodé(e); mal fagoté(e).
down [daun] *n* (*fluff*) duvet *m* // *ad* en bas // *prep* en bas de *or* le long de; *vt* (*enemy*) abattre; (*col: drink*) vider; **the D~s** *n* collines crayeuses du S.-E. de l'Angleterre; **with X!** à bas X!; **~-at-heel** *a* éculé(e); (*fig*) miteux(euse); **~cast** *a* démoralisé(e); **~fall** *n* chute *f*; ruine *f*; **~hearted** *a* découragé(e); **~hill** *ad*: **to go ~hill** descendre; **~ payment** *n* acompte *m*; **~pour** *n* pluie torrentielle, déluge *m*; **~right** *a* franc(franche); (*refusal*) catégorique; **~stairs** *ad* au rez-de-chaussée; à l'étage inférieur; **~stream** *ad* en aval; **~-to-earth** *a* terre à terre *inv*; **~town** *ad* en ville // *a* (*US*): **~town** Chicago le centre commerçant de Chicago; **~ward** ['daunwəd] *a,ad*, **~wards** ['daunwədz] *ad* vers le bas.
dowry ['dauri] *n* dot *f*.
doz. *abbr of* **dozen**.
doze [dəuz] *vi* sommeiller; **to ~ off** *vi* s'assoupir.
dozen ['dʌzn] *n* douzaine *f*; **a ~ books** une douzaine de livres.
Dr. *abbr of* **doctor**; **drive** (*n*).
drab [dræb] *a* terne, morne.
draft [drɑ:ft] *n* brouillon *m*; (*COMM*) traite *f*; (*US: MIL*) contingent *m*; (: *call-up*) conscription *f* // *vt* faire le brouillon de; *see also* **draught**.
drag [dræg] *vt* traîner; (*river*) draguer // *vi* traîner; *n* (*col*) raseur/euse; corvée *f*; **to ~ on** *vi* s'éterniser.
dragonfly ['drægənflaɪ] *n* libellule *f*.
drain [dreɪn] *n* égout *m*; (*on resources*) saignée *f* // *vt* (*land, marshes*) drainer, assécher; (*vegetables*) égoutter; (*reservoir etc*) vider // *vi* (*water*) s'écouler; **~age** *n* système *m* d'égouts; **~ing board, ~board** (*US*) *n* égouttoir *m*; **~pipe** *n* tuyau *m* d'écoulement.
dram [dræm] *n* petit verre.
drama ['drɑ:mə] *n* (*art*) théâtre *m*, art *m* dramatique; (*play*) pièce *f*; (*event*) drame *m*; **~tic** [drə'mætɪk] *a* dramatique; spectaculaire; **~tist** ['dræmətɪst] *n* auteur *m* dramatique.
drank [dræŋk] *pt* of **drink**.
drape [dreɪp] *vt* draper; **~s** *npl* (*US*) rideaux *mpl*; **~r** *n* marchand/e de nouveautés.
drastic ['dræstɪk] *a* sévère; énergique.
draught [drɑ:ft] *n* courant *m* d'air; (*of chimney*) tirage *m*; (*NAUT*) tirant *m* d'eau; **~s** *n* (*jeu m de*) dames *fpl*; **on ~** (*beer*) à la pression; **~board** *n* damier *m*.
draughtsman ['drɑ:ftsmən] *n* dessinateur/trice (industriel/le).
draw [drɔ:] *vb* (*pt* drew, *pp* drawn [dru:, drɔ:n]) *vt* tirer; (*attract*) attirer; (*picture*) dessiner; (*line, circle*) tracer; (*money*) retirer // *vi* (*SPORT*) faire match nul // *n* match nul; tirage *m* au sort; loterie *f*; **to ~ to a close** toucher à *or* tirer à sa fin; **to ~ near** *vi* s'approcher; approcher; **to ~ out** *vi* (*lengthen*) s'allonger // *vt* (*money*) retirer; **to ~ up** *vi* (*stop*) s'arrêter // *vt* (*document*) établir, dresser; **~back** *n* inconvénient *m*, désavantage *m*; **~bridge** *n* pont-levis *m*.

drawer [drɔ:*] *n* tiroir *m*.

drawing ['drɔ:ɪŋ] *n* dessin *m*; ~ **board**
n planche *f* à dessin; ~ **pin** *n* punaise *f*;
~ **room** *n* salon *m*.

drawl [drɔ:l] *n* accent traînant.

drawn [drɔ:n] *pp of* **draw**.

dread [drɛd] *n* épouvante *f*, effroi *m* // *vt*
redouter, appréhender; ~**ful** *a*
épouvantable, affreux(euse).

dream [dri:m] *n* rêve *m* // *vt, vi* (*pt, pp*
dreamed *or* **dreamt** [drɛmt]) rêver; ~**er**
n rêveur/euse; ~ **world** *n* monde *m*
imaginaire; ~**y** *a* rêveur(euse).

dreary ['drɪərɪ] *a* triste; monotone.

dredge [drɛdʒ] *vt* draguer; ~**r** *n* (*ship*)
dragueur *m*; (*machine*) drague *f*; (*also:*
sugar ~**r**) saupoudreuse *f*.

dregs [drɛgz] *npl* lie *f*.

drench [drɛntʃ] *vt* tremper.

dress [drɛs] *n* robe *f*; (*clothing*)
habillement *m*, tenue *f* // *vt* habiller;
(*wound*) panser; (*food*) préparer; **to** ~ **up**
vi s'habiller; (*in fancy dress*) se déguiser;
~ **circle** *n* premier balcon; ~ **designer**
n modéliste *m/f*; ~**er** *n* (THEATRE)
habilleur/euse; (*also:* **window** ~**er**)
étalagiste *m/f*; (*furniture*) buffet *m*; ~**ing**
n (MED) pansement *m*; (CULIN) sauce *f*,
assaisonnement *m*; ~**ing gown** *n* robe *f*
de chambre; ~**ing room** *n* (THEATRE) loge
f; (SPORT) vestiaire *m*; ~**ing table** *n*
coiffeuse *f*; ~**maker** *n* couturière *f*;
~**making** *n* couture *f*; travaux *mpl* de
couture; ~ **rehearsal** *n* (répétition)
générale; ~ **shirt** *n* chemise *f* à plastron.

drew [dru:] *pt of* **draw**.

dribble ['drɪbl] *vi* tomber goutte à goutte;
(*baby*) baver // *vt* (*ball*) dribbler.

dried [draɪd] *a* (*fruit, beans*) sec(sèche);
(*eggs, milk*) en poudre.

drift [drɪft] *n* (*of current etc*) force *f*,
direction *f*; (*of sand etc*) amoncellement
m; (*of snow*) rafale *f*; coulée *f*; (: *on
ground*) congère *f*; (*general meaning*) sens
général // *vi* (*boat*) aller à la dérive,
dériver; (*sand, snow*) s'amonceler,
s'entasser; ~**wood** *n* bois flotté.

drill [drɪl] *n* perceuse *f*; (*bit*) foret *m*; (*of
dentist*) roulette *f*, fraise *f*; (MIL) exercice
m // *vt* percer // *vi* (*for oil*) faire un or
des forage(s).

drink [drɪŋk] *n* boisson *f* // *vt, vi* (*pt*
drank, *pp* **drunk** [dræŋk, drʌŋk]) boire;
to have a ~ boire quelque chose, boire
un verre; **prendre l'apéritif**; ~**er** *n*
buveur/euse; ~**ing water** *n* eau *f* potable.

drip [drɪp] *n* bruit *m* d'égouttement; goutte
f; (MED) goutte-à-goutte *m inv*; perfusion
f // *vi* tomber goutte à goutte; (*washing*)
s'égoutter; (*wall*) suinter; ~**dry** *a* (*shirt*)
sans repassage; ~**feed** *vt* alimenter au
goutte-à-goutte *or* par perfusion; ~**ping**
n graisse *f* de rôti; ~**ping wet** *a* trempé(e).

drive [draɪv] *n* promenade *f* or trajet *m* en
voiture; (*also:* ~**way**) allée *f*; (*energy*)
dynamisme *m*, énergie *f*; (PSYCH) besoin *m*,
pulsion *f*; (*push*) effort (concerté);
campagne *f*; (SPORT) drive *m*; (TECH)
entraînement *m*; traction; transmission
f // *vb* (*pt* **drove**, *pp* **driven** [drəʊv,
'drɪvn]) *vt* conduire; (*nail*) enfoncer;
(*push*) chasser, pousser; (TECH: *motor*)

actionner; entraîner // *vi* (AUT: *at controls*)
conduire; (: *travel*) aller en voiture; ~
left-/right-hand ~ conduite *f* à
gauche/droite.

driver ['draɪvə*] *n* conducteur/trice; (*of
taxi, bus*) chauffeur *m*; ~**'s license** *n* (US)
permis *m* de conduire.

driving ['draɪvɪŋ] *a*: ~ **rain** *n* pluie
battante // *n* conduite *f*; ~ **belt** *n* courroie
f de transmission; ~ **instructor** *n*
moniteur *m* d'auto-école; ~ **lesson** *n*
leçon *f* de conduite; ~ **licence** *n* (*Brit*)
permis *m* de conduire; ~ **school** *n*
auto-école *f*; ~ **test** *n* examen *m* du
permis de conduire.

drizzle ['drɪzl] *n* bruine *f*, crachin *m* // *vi*
bruiner.

droll [drəʊl] *a* drôle.

dromedary ['drɒmədərɪ] *n* dromadaire *m*.

drone [drəʊn] *n* bourdonnement *m*; (*male
bee*) faux-bourdon *m*.

drool [dru:l] *vi* baver.

droop [dru:p] *vi* s'affaisser; tomber.

drop [drɒp] *n* goutte *f*; (*fall*) baisse *f*; (*also:*
parachute ~) saut *m*; (*of cliff*)
dénivellation *f*; à-pic *m* // *vt* laisser
tomber; (*voice, eyes, price*) baisser; (*set
down from car*) déposer // *vi* tomber; **to**
~ **off** *vi* (*sleep*) s'assoupir; **to** ~ **out** *vi*
(*withdraw*) se retirer; (*student etc*)
abandonner, décrocher; ~**pings** *npl*
crottes *fpl*.

dross [drɒs] *n* déchets *mpl*; rebut *m*.

drought [draʊt] *n* sécheresse *f*.

drove [drəʊv] *pt of* **drive** // *n*: ~**s of
people** une foule de gens.

drown [draʊn] *vt* noyer // *vi* se noyer.

drowsy ['draʊzɪ] *a* somnolent(e).

drudge [drʌdʒ] *n* bête *f* de somme (*fig*);
~**ry** ['drʌdʒərɪ] *n* corvée *f*.

drug [drʌg] *n* médicament *m*; (*narcotic*)
drogue *f* // *vt* droguer; ~ **addict** *n*
toxicomane *m/f*; ~**gist** *n* (US)
pharmacien/ne-droguiste *m/f*; ~**store** *n* (US)
pharmacie-droguerie *f*, drugstore *m*.

drum [drʌm] *n* tambour *m*; (*for oil, petrol*)
bidon *m*; ~**mer** *n* (joueur *m* de) tambour
m; ~ **roll** *n* roulement *m* de tambour;
~**stick** *n* (MUS) baguette *f* de tambour; (*of
chicken*) pilon *m*.

drunk [drʌŋk] *pp of* **drink** // *a* ivre, soûl(e)
// *n* soûlard(e); homme/femme soûl(e)//
~**ard** ['drʌŋkəd] *n* ivrogne *m/f*; ~**en** *a*
ivre, soûl(e); ivrogne, d'ivrogne;
~**enness** *n* ivresse *f*; ivrognerie *f*.

dry [draɪ] *a* sec(sèche); (*day*) sans pluie
// *vt* sécher; (*clothes*) faire sécher // *vi*
sécher; **to** ~ **up** *vi* se tarir; ~**cleaner**
n teinturier *m*; ~**cleaner's** *n* teinturerie
f; ~**cleaning** *n* nettoyage *m* à sec; ~**er**
n séchoir *m*; ~**ness** *n* sécheresse *f*; ~**rot**
n pourriture sèche (*du bois*).

dual ['djuəl] *a* double; ~ **carriageway** *n*
route *f* à quatre voies; ~**control** *a* à
doubles commandes; ~ **nationality** *n*
double nationalité *f*; ~**purpose** *a* à
double emploi.

dubbed [dʌbd] *a* (CINEMA) doublé(e);
(*nicknamed*) surnommé(e).

dubious ['dju:bɪəs] *a* hésitant(e),
incertain(e); (*reputation, company*)
douteux(euse).

duchess ['dʌtʃɪs] n duchesse f.

duck [dʌk] n canard m // vi se baisser vivement, baisser subitement la tête ; ~**ling** n caneton m.

duct [dʌkt] n conduite f, canalisation f ; (ANAT) conduit m.

dud [dʌd] n (shell) obus non éclaté ; (object, tool): **it's a** ~ c'est de la camelote, ça ne marche pas // a (cheque) sans provision ; (note, coin) faux(fausse).

due [dju:] a dû(due) ; (expected) attendu(e) ; (fitting) qui convient // n dû m // ad: ~ **north** droit vers le nord ; ~**s** npl (for club, union) cotisation f ; (in harbour) droits mpl (de port) ; **in** ~ **course** en temps utile or voulu ; finalement ; ~ **to** dû(due) à ; causé(e) par.

duel ['djuəl] n duel m.

duet [dju:'ɛt] n duo m.

dug [dʌg] pt, pp of **dig**.

duke [dju:k] n duc m.

dull [dʌl] a ennuyeux(euse) ; terne ; (sound, pain) sourd(e) ; (weather, day) gris(e), maussade ; (blade) émoussé(e) // vt (pain, grief) atténuer ; (mind, senses) engourdir.

duly ['dju:lɪ] ad (on time) en temps voulu ; (as expected) comme il se doit.

dumb [dʌm] a muet(te) ; (stupid) bête ; **dumbfounded** [dʌm'faundɪd] a sidéré(e).

dummy ['dʌmɪ] n (tailor's model) mannequin m ; (SPORT) feinte f ; (for baby) tétine f // a faux(fausse), factice.

dump [dʌmp] n tas m d'ordures ; (place) décharge (publique) ; (MIL) dépôt m // vt (put down) déposer ; déverser ; (get rid of) se débarrasser de ; (COMM in ECON) dumping m ; (of rubbish): **'no** ~**ing'** 'décharge interdite'.

dumpling ['dʌmplɪŋ] n boulette f (de pâte).

dunce [dʌns] n âne m, cancre m.

dune [dju:n] n dune f.

dung [dʌŋ] n fumier m.

dungarees [dʌŋgə'ri:z] npl bleu(s) m(pl) ; salopette f.

dungeon ['dʌndʒən] n cachot m.

Dunkirk [dʌn'kə:k] n Dunkerque.

dupe [dju:p] n dupe f // vt duper, tromper.

duplicate n ['dju:plɪkət] double m, copie exacte // vt ['dju:plɪkeɪt] faire un double de ; (on machine) polycopier ; **in** ~ en deux exemplaires, en double ; **duplicator** n duplicateur m.

durable ['djuərəbl] a durable ; (clothes, metal) résistant(e), solide.

duration [djuə'reɪʃən] n durée f.

duress [djuə'rɛs] n: **under** ~ sous la contrainte.

during ['djuərɪŋ] prep pendant, au cours de.

dusk [dʌsk] n crépuscule m ; ~**y** a sombre.

dust [dʌst] n poussière f // vt (furniture) essuyer, épousseter ; (cake etc) to ~ **with** saupoudrer de ; ~**bin** n (Brit) poubelle f ; ~**er** n chiffon m ; ~ **jacket** n jaquette f ; ~**man** n (Brit) boueux m, éboueur m ; ~**y** a poussiéreux(euse).

Dutch [dʌtʃ] a hollandais(e), néerlandais(e) // n (LING) hollandais m ; **the** ~ les Hollandais ; ~**man/woman** n Hollandais/e.

dutiable ['dju:tɪəbl] a taxable ; soumis(e) à des droits de douane.

duty ['dju:tɪ] n devoir m ; (tax) droit m, taxe f ; **duties** npl fonctions fpl ; **on** ~ de service ; (at night etc) de garde ; **off** ~ libre, pas de service or de garde ; ~**-free** a exempté(e) de douane, hors-taxe.

dwarf [dwɔ:f] n nain/e // vt écraser.

dwell, pt, pp **dwelt** [dwɛl, dwɛlt] vi demeurer ; **to** ~ **on** vt fus s'étendre sur ; ~**ing** n habitation f, demeure f.

dwindle ['dwɪndl] vi diminuer, décroître.

dye [daɪ] n teinture f // vt teindre ; ~**stuffs** npl colorants mpl.

dying ['daɪɪŋ] a mourant(e), agonisant(e).

dyke [daɪk] n digue f.

dynamic [daɪ'næmɪk] a dynamique ; ~**s** n or npl dynamique f.

dynamite ['daɪnəmaɪt] n dynamite f.

dynamo ['daɪnəməu] n dynamo f.

dynasty ['dɪnəstɪ] n dynastie f.

dysentery ['dɪsntrɪ] n dysenterie f.

E

E [i:] n (MUS) mi m.

each [i:tʃ] det chaque // pronoun chacun(e) ; ~ **one** chacun(e) ; ~ **other** se (or nous etc) ; **they hate** ~ **other** ils se détestent (mutuellement) ; **you are jealous of** ~ **other** vous êtes jaloux l'un de l'autre.

eager [i:gə*] a impatient(e) ; avide ; ardent(e), passionné(e) ; **to be** ~ **to do sth** être impatient de faire qch, brûler de faire qch ; désirer vivement faire qch ; **to be** ~ **for** désirer vivement, être avide de.

eagle ['i:gl] n aigle m.

ear [ɪə*] n oreille f ; (of corn) épi m ; ~**ache** n douleurs fpl aux oreilles ; ~**drum** n tympan m ; ~ **nose and throat specialist** n oto-rhino-laryngologiste m/f.

earl [ə:l] n comte m.

earlier ['ə:lɪə*] a (date etc) plus rapproché(e) ; (edition etc) plus ancien(ne), antérieur(e) // ad plus tôt.

early ['ə:lɪ] ad tôt, de bonne heure ; (ahead of time) en avance // a précoce ; anticipé(e) ; qui se manifeste (or se fait) tôt or de bonne heure ; **have an** ~ **night/start** couchez-vous/partez tôt or de bonne heure ; **take the** ~ **train/plane** prenez le premier train/vol ; **in the** ~ **or** ~ **in the spring/19th century** au début or commencement du printemps/ 19ème siècle ; ~ **retirement** n retraite anticipée.

earmark ['ɪəma:k] vt: **to** ~ **sth for** réserver or destiner qch à.

earn [ə:n] vt gagner ; (COMM: yield) rapporter ; **this** ~**ed him much praise, he** ~**ed much praise for this** ceci lui a valu de nombreux éloges ; **he's** ~**ed his rest/reward** il mérite or a bien mérité or a bien gagné son repos/sa récompense.

earnest ['ə:nɪst] a sérieux(euse) ; **in** ~ ad sérieusement, pour de bon.

earnings ['ə:nɪŋz] npl salaire m ; gains mpl.

earphones ['ɪəfaunz] npl écouteurs mpl.

earring ['ɪərɪŋ] n boucle f d'oreille.

earshot ['ɪəʃɔt] n: out of/within ~ hors de portée/à portée de la voix.

earth [ə:θ] n (gen, also ELEC) terre f; (of fox etc) terrier m // vt (ELEC) relier à la terre; ~**enware** n poterie f; faïence f // a de or en faïence; ~**quake** n tremblement m de terre, séisme m; ~ **tremor** n secousse f sismique; ~**works** npl travaux mpl de terrassement; ~**y** a (fig) terre à terre inv; truculent(e).

earwax ['ɪəwæks] n cérumen m.

earwig ['ɪəwɪg] n perce-oreille m.

ease [i:z] n facilité f, aisance f // vt (soothe) calmer; (loosen) relâcher, détendre; (help pass): **to ~ sth in/out** faire pénétrer/sortir qch délicatement or avec douceur; faciliter la pénétration/la sortie de qch; **life of ~** vie oisive; **at ~** à l'aise; (MIL) au repos; **to ~ off** or **up** vi diminuer, ralentir; se détendre.

easel ['i:zl] n chevalet m.

easily ['i:zɪlɪ] ad facilement.

east [i:st] n est m // a d'est // ad à l'est, vers l'est; **the E~** l'Orient m.

Easter ['i:stə*] n Pâques fpl.

easterly ['i:stəlɪ] a d'est.

eastern ['i:stən] a de l'est, oriental(e).

East Germany [i:st'dʒə:mənɪ] n Allemagne f de l'Est.

eastward(s) ['i:stwəd(z)] ad vers l'est, à l'est.

easy ['i:zɪ] a facile; (manner) aisé(e) // ad: **to take it** or **things ~** ne pas se fatiguer; ne pas (trop) s'en faire; ~ **chair** n fauteuil m; ~ **going** a accommodant(e), facile à vivre.

eat [i:t], pt **ate** [eɪt], pp **eaten** [i:t, eɪt, 'i:tn] vt manger; **to ~ into, to ~ away at** vt fus ronger, attaquer; ~**able** a mangeable; (safe to eat) comestible.

eaves [i:vz] npl avant-toit m.

eavesdrop ['i:vzdrɔp] vi: **to ~ (on a conversation)** écouter (une conversation) de façon indiscrète.

ebb [ɛb] n reflux m // vi refluer; (fig: also: ~ **away**) décliner.

ebony ['ɛbənɪ] n ébène f.

ebullient [ɪ'bʌlɪənt] a exubérant(e).

eccentric [ɪk'sɛntrɪk] a,n excentrique (m/f).

ecclesiastic [ɪkli:zɪ'æstɪk] n ecclésiastique m; ~**al** a ecclésiastique.

echo, ~**es** ['ɛkəu] n écho m // vt répéter; faire chorus avec // vi résonner; faire écho.

eclipse [ɪ'klɪps] n éclipse f // vt éclipser.

ecology [ɪ'kɔlədʒɪ] n écologie f.

economic [i:kə'nɔmɪk] a économique; (business etc) rentable; ~**al** a économique; (person) économe; ~**s** n économie f politique.

economist [ɪ'kɔnəmɪst] n économiste m/f.

economize [ɪ'kɔnəmaɪz] vi économiser, faire des économies.

economy [ɪ'kɔnəmɪ] n économie f.

ecstasy ['ɛkstəsɪ] n extase f; **to go into ecstasies over** s'extasier sur; **ecstatic** [-'tætɪk] a extatique, en extase.

ecumenical [i:kju'mɛnɪkl] a œcuménical(e).

eczema ['ɛksɪmə] n eczéma m.

eddy ['ɛdɪ] n tourbillon m.

edge [ɛdʒ] n bord m; (of knife etc) tranchant m, fil m // vt border; **on ~** (fig)

= **edgy**; **to have the ~ on** l'emporter (de justesse) sur, être légèrement meilleur que; **to ~ away from** s'éloigner furtivement de; ~**ways** ad latéralement; **he couldn't get a word in** ~**ways** il ne pouvait pas placer un mot; **edging** n bordure f.

edgy ['ɛdʒɪ] a crispé(e), tendu(e).

edible ['ɛdɪbl] a comestible; (meal) mangeable.

edict ['i:dɪkt] n décret m.

edifice ['ɛdɪfɪs] n édifice m.

edit ['ɛdɪt] vt éditer; ~**ion** [ɪ'dɪʃən] n édition f; ~**or** n (in newspaper) rédacteur/trice; rédacteur/trice en chef; (of sb's work) éditeur/trice; ~**orial** [-'tɔ:rɪəl] a de la rédaction, éditorial(e) // n éditorial m.

educate ['ɛdjukeɪt] vt instruire; éduquer.

education [ɛdju'keɪʃən] n éducation f; (schooling) enseignement m, instruction f; ~**al** a pédagogique; scolaire; instructif(ive).

EEC n (abbr of European Economic Community) C.E.E. (Communauté économique européenne).

eel [i:l] n anguille f.

eerie ['ɪərɪ] a inquiétant(e), spectral(e), surnaturel(le).

effect [ɪ'fɛkt] n effet m // vt effectuer; ~**s** npl (THEATRE) effets mpl; **to take ~** (law) entrer en vigueur, prendre effet; (drug) agir, faire son effet; **in ~** en fait; ~**ive** a efficace; ~**iveness** n efficacité f.

effeminate [ɪ'fɛmɪnɪt] a efféminé(e).

effervescent [ɛfə'vɛsnt] a effervescent(e).

efficacy ['ɛfɪkəsɪ] n efficacité f.

efficiency [ɪ'fɪʃənsɪ] n efficacité f; rendement m.

efficient [ɪ'fɪʃənt] a efficace; ~**ly** ad efficacement.

effigy ['ɛfɪdʒɪ] n effigie f.

effort ['ɛfət] n effort m; ~**less** a sans effort, aisé(e).

effrontery [ɪ'frʌntərɪ] n effronterie f.

e.g. ad (abbr of exempli gratia) par exemple, p. ex.

egalitarian [ɪgælɪ'tɛərɪən] a égalitaire.

egg [ɛg] n œuf m; **to ~ on** vt pousser; ~**cup** n coquetier m; ~**plant** n aubergine f; ~**shell** n coquille f d'œuf // a (colour) blanc cassé inv.

ego ['i:gəu] n moi m.

egoist ['ɛgəuɪst] n égoïste m/f.

egotist ['ɛgəutɪst] n égocentrique m/f.

Egypt ['i:dʒɪpt] n Égypte f; ~**ian** [ɪ'dʒɪpʃən] a égyptien(ne) // n Égyptien/ne.

eiderdown ['aɪdədaun] n édredon m.

eight [eɪt] num huit; ~**een** num dix-huit; **eighth** num huitième; ~**y** num quatre-vingt(s).

Eire ['ɛərə] n République f d'Irlande.

either ['aɪðə*] det l'un ou l'autre; (both, each) chaque; **on ~ side** de chaque côté // pronoun: ~ **(of them)** l'un ou l'autre; **I don't like ~** je n'aime ni l'un ni l'autre // ad non plus; **no, I don't ~** moi non plus // cj: ~ **good or bad** ou bon ou mauvais, soit bon soit mauvais; **I haven't**

seen ~ one or the other je n'ai vu ni
l'un ni l'autre.
ejaculation [ɪdʒækjuˈleɪʃən] n (PHYSIOL)
éjaculation f.
eject [ɪˈdʒɛkt] vt expulser ; éjecter ; ~or
seat n siège m éjectable.
eke [iːk]: to ~ out vt faire durer ;
augmenter.
elaborate a [ɪˈlæbərɪt] compliqué(e),
recherché(e), minutieux (euse) // vb
[ɪˈlæbəreɪt] vt élaborer // vi entrer dans
les détails.
elapse [ɪˈlæps] vi s'écouler, passer.
elastic [ɪˈlæstɪk] a, n élastique (m) ;
~ **band** n élastique m ; ~ity [-ˈtɪsɪtɪ] n
élasticité f.
elated [ɪˈleɪtɪd] a transporté(e) de joie.
elation [ɪˈleɪʃən] n (grande) joie, allégresse
f.
elbow [ˈɛlbəu] n coude m.
elder [ˈɛldə*] a aîné(e) // n (tree) sureau
m ; one's ~s ses aînés ; ~ly a âgé(e) //
n: the ~ly les personnes âgées.
eldest [ˈɛldɪst] a,n: the ~ (child) l'aîné(e)
(des enfants).
elect [ɪˈlɛkt] vt élire ; to ~ to do choisir
de faire // a: the **president** ~ le président
désigné ; ~ion [ɪˈlɛkʃən] n élection f ;
~ioneering [ɪlɛkʃəˈnɪərɪŋ] n propagande
électorale, manœuvres électorales ; ~or n
électeur/trice ; ~oral a électoral(e) ;
~orate n électorat m.
electric [ɪˈlɛktrɪk] a électrique ; ~al a
électrique ; ~ **blanket** n couverture
chauffante ; ~ **chair** n chaise f électrique ;
~ **cooker** n cuisinière f électrique ;
~ **current** n courant m électrique ; ~ **fire** n
radiateur m électrique.
electrician [ɪlɛkˈtrɪʃən] n électricien m.
electricity [ɪlɛkˈtrɪsɪtɪ] n électricité f.
electrify [ɪˈlɛktrɪfaɪ] vt (RAIL) électrifier ;
(audience) électriser.
electro... [ɪˈlɛktrəu] prefix: **electrocute**
[-kjuːt] vt électrocuter ; **electrode**
[ɪˈlɛktrəud] n électrode f ; **electrolysis**
[ɪlɛkˈtrɔlɪsɪs] n électrolyse f.
electron [ɪˈlɛktrɔn] n électron m.
electronic [ɪlɛkˈtrɔnɪk] a électronique ;
~s n électronique f.
elegance [ˈɛlɪgəns] n élégance f.
elegant [ˈɛlɪgənt] a élégant(e).
element [ˈɛlɪmənt] n (gen) élément m ; (of
heater, kettle etc) résistance f ; ~ary
[-ˈmɛntərɪ] a élémentaire ; (school,
education) primaire.
elephant [ˈɛlɪfənt] n éléphant m.
elevate [ˈɛlɪveɪt] vt élever ; ~d railway n
métro aérien.
elevation [ɛlɪˈveɪʃən] n élévation f ;
(height) altitude f.
elevator [ˈɛlɪveɪtə*] n élévateur m, monte-
charge m inv ; (US: lift) ascenseur m.
eleven [ɪˈlɛvn] num onze ; ~ses npl ≈
pause-café f ; ~th a onzième.
elf, elves [ɛlf, ɛlvz] n lutin m.
elicit [ɪˈlɪsɪt] vt: to ~ (from) obtenir (de),
arracher (à).
eligible [ˈɛlɪdʒəbl] a éligible ; (for
membership) admissible ; ~ **for a pension**
ayant droit à la retraite.

eliminate [ɪˈlɪmɪneɪt] vt éliminer ;
elimination n élimination f.
élite [eɪˈliːt] n élite f.
ellipse [ɪˈlɪps] n ellipse f.
elliptical [ɪˈlɪptɪkl] a elliptique.
elm [ɛlm] n orme m.
elocution [ɛləˈkjuːʃən] n élocution f.
elongated [ˈiːlɔŋgeɪtɪd] a étiré(e),
allongé(e).
elope [ɪˈləup] vi (lovers) s'enfuir
(ensemble) ; ~ment n fugue amoureuse.
eloquence [ˈɛləkwəns] n éloquence f.
eloquent [ˈɛləkwənt] a éloquent(e).
else [ɛls] ad d'autre ; **something** ~
quelque chose d'autre, autre chose ;
somewhere ~ ailleurs, autre part ;
everywhere ~ partout ailleurs ; **where**
~? à quel autre endroit? ; **little** ~ pas
grand-chose d'autre ; ~**where** ad ailleurs,
autre part.
elucidate [ɪˈluːsɪdeɪt] vt élucider.
elude [ɪˈluːd] vt échapper à ; (question)
éluder.
elusive [ɪˈluːsɪv] a insaisissable ; (answer)
évasif(ive).
elves [ɛlvz] npl of **elf**.
emaciated [ɪˈmeɪsɪeɪtɪd] a émacié(e),
décharné(e).
emanate [ˈɛməneɪt] vi: to ~ from émaner
de.
emancipate [ɪˈmænsɪpeɪt] vt émanciper ;
emancipation [-ˈpeɪʃən] n émancipation f.
embalm [ɪmˈbɑːm] vt embaumer.
embankment [ɪmˈbæŋkmənt] n (of road,
railway) remblai m, talus m ; (riverside)
berge f, quai m ; (dyke) digue f.
embargo, ~es [ɪmˈbɑːgəu] n embargo m
// vi frapper d'embargo, mettre l'embargo
sur.
embark [ɪmˈbɑːk] vi: to ~ (on)
(s')embarquer (à bord de or sur) // vt
embarquer ; to ~ on (fig) se lancer or
s'embarquer dans ; ~ation [ɛmbɑːˈkeɪʃən]
n embarquement m.
embarrass [ɪmˈbærəs] vt embarrasser,
gêner ; ~ing a gênant(e),
embarrassant(e) ; ~ment n embarras m,
gêne f.
embassy [ˈɛmbəsɪ] n ambassade f.
embed [ɪmˈbɛd] vt enfoncer, ficher, sceller.
embellish [ɪmˈbɛlɪʃ] vt embellir ; enjoliver.
embers [ˈɛmbəz] npl braise f.
embezzle [ɪmˈbɛzl] vt détourner ; ~ment
n détournement m (de fonds).
embitter [ɪmˈbɪtə*] vt aigrir ; envenimer.
emblem [ˈɛmbləm] n emblème m.
embodiment [ɪmˈbɔdɪmənt] n
personification f, incarnation f.
embody [ɪmˈbɔdɪ] vt (features) réunir,
comprendre ; (ideas) formuler, exprimer.
embossed [ɪmˈbɔst] a repoussé(e) ;
gaufré(e) ; ~ **with** où figure(nt) en relief.
embrace [ɪmˈbreɪs] vt embrasser,
étreindre ; (include) embrasser, couvrir //
n étreinte f.
embroider [ɪmˈbrɔɪdə*] vt broder ; (fig:
story) enjoliver ; ~y n broderie f.
embryo [ˈɛmbrɪəu] n (also fig) embryon m.
emerald [ˈɛmərəld] n émeraude f.

emerge [ɪ'məːdʒ] vi apparaître, surgir.

emergence [ɪ'məːdʒəns] n apparition f.

emergency [ɪ'məːdʒənsɪ] n urgence f; **in an ~** en cas d'urgence; **state of ~** état m d'urgence; **~ exit** n sortie f de secours.

emergent [ɪ'məːdʒənt] a: **~ nation** pays m en voie de développement.

emery ['emərɪ] n: **~ board** n lime f à ongles (en carton émerisé); **~ paper** n papier m (d')émeri.

emetic [ɪ'metɪk] n vomitif m, émétique m.

emigrant ['emɪɡrənt] n émigrant/e.

emigrate ['emɪɡreɪt] vi émigrer; **emigration**[-'greɪʃən] n émigration f.

eminence ['emɪnəns] n éminence f.

eminent ['emɪnənt] a éminent(e).

emission [ɪ'mɪʃən] n émission f.

emit [ɪ'mɪt] vt émettre.

emotion [ɪ'məuʃən] n émotion f; **~al** a (person) émotif(ive), très sensible; (scene) émouvant(e); (tone, speech) qui fait appel aux sentiments; **~ally** ad: **~ally disturbed** qui souffre de troubles de l'affectivité.

emotive [ɪ'məutɪv] a émotif(ive); **~ power** n capacité f d'émouvoir or de toucher.

emperor ['empərə*] n empereur m.

emphasis, pl **ases** ['emfəsɪs, -sɪːz] n accent m; force f, insistance f.

emphasize ['emfəsaɪz] vt (syllable, word, point) appuyer or insister sur; (feature) souligner, accentuer.

emphatic [em'fætɪk] a (strong) énergique, vigoureux(euse); (unambiguous, clear) catégorique; **~ally** ad avec vigueur or énergie; catégoriquement.

empire ['empaɪə*] n empire m.

empirical [em'pɪrɪkl] a empirique.

employ [ɪm'plɔɪ] vt employer; **~ee** [-'iː] n employé/e; **~er** n employeur/euse; **~ment** n emploi m; **~ment agency** n agence f or bureau m de placement; **~ment exchange** n bourse f du travail.

empower [ɪm'pauə*] vt: **to ~ sb to do** autoriser or habiliter qn à faire.

empress ['emprɪs] n impératrice f.

emptiness ['emptɪnɪs] n vide m.

empty ['emptɪ] a vide; (threat, promise) en l'air, vain(e) // vt vider // vi se vider; (liquid) s'écouler; **on an ~ stomach** à jeun; **~-handed** a les mains vides.

emulate ['emjuleɪt] vt rivaliser avec, imiter.

emulsion [ɪ'mʌlʃən] n émulsion f; **~ (paint)** n peinture mate.

enable [ɪ'neɪbl] vt: **to ~ sb to do** permettre à qn de faire, donner à qn la possibilité de faire.

enamel [ɪ'næməl] n émail m.

enamoured [ɪ'næməd] a: **~ of** amoureux(euse) de; (idea) enchanté(e) par.

encased [ɪn'keɪst] a: **~ in** enfermé(e) dans, recouvert(e) de.

enchant [ɪn'tʃɑːnt] vt enchanter; (subject: magic spell) ensorceler; **~ing** a ravissant(e), enchanteur(eresse).

encircle [ɪn'səːkl] vt entourer, encercler.

encl. (abbr of enclosed) annexe(s).

enclose [ɪn'kləuz] vt (land) clôturer; (letter etc): **to ~ (with)** joindre (à); **please find ~d** veuillez trouver ci-joint.

enclosure [ɪn'kləuʒə*] n enceinte f; (COMM) annexe f.

encore [ɔŋ'kɔː*] excl, n bis (m).

encounter [ɪn'kauntə*] n rencontre f // vt rencontrer.

encourage [ɪn'kʌrɪdʒ] vt encourager; **~ment** n encouragement m.

encroach [ɪn'krəutʃ] vi: **to ~ (up)on** empiéter sur.

encyclop(a)edia [ensaɪkləu'piːdɪə] n encyclopédie f.

end [end] n (gen, also: aim) fin f; (of table, street etc) bout m, extrémité f // vt terminer; (also: **bring to an ~, put an ~ to**) mettre fin à // vi se terminer, finir; **to come to an ~** prendre fin, finalement; **in the ~** finalement; **on ~** (object) debout, dressé(e); **for 5 hours on ~** durant 5 heures d'affilée or de suite; **for hours on ~** pendant des heures (et des heures); **to ~ up** vi: **to ~ up in** finir or se terminer par; (place) finir or aboutir à.

endanger [ɪn'deɪndʒə*] vt mettre en danger.

endearing [ɪn'dɪərɪŋ] a attachant(e).

endeavour [ɪn'devə*] n tentative f, effort m // vi: **to ~ to do** tenter or s'efforcer de faire.

ending ['endɪŋ] n dénouement m, conclusion f; (LING) terminaison f.

endive ['endaɪv] n chicorée f.

endless ['endlɪs] a sans fin, interminable; (patience, resources) inépuisable, sans limites.

endorse [ɪn'dɔːs] vt (cheque) endosser; (approve) appuyer, approuver, sanctionner; **~ment** n (on driving licence) contravention portée au permis de conduire.

endow [ɪn'dau] vt (provide with money) faire une donation à, doter; (equip): **to ~ with** gratifier de, doter de.

end product ['endprɔdəkt] n produit fini; (fig) résultat m.

endurable [ɪn'djuərəbl] a supportable.

endurance [ɪn'djuərəns] n endurance f, résistance f; patience f.

endure [ɪn'djuə*] vt supporter, endurer // vi durer.

enemy ['enəmɪ] a,n ennemi(e).

energetic [enə'dʒetɪk] a énergique; actif(ive); qui fait se dispenser (physiquement).

energy ['enədʒɪ] n énergie f.

enervating ['enə:veɪtɪŋ] a débilitant(e), affaiblissant(e).

enforce [ɪn'fɔːs] vt (LAW) appliquer, faire respecter; **~d** a forcé(e).

engage [ɪn'ɡeɪdʒ] vt engager; (MIL) engager le combat avec // vi (TECH) s'enclencher, s'engrener; **to ~ in** se lancer dans; **~d** a (busy, in use) occupé(e); (betrothed) fiancé(e); **to get ~d** se fiancer; **he is ~d in research/a survey** il fait de la recherche/une enquête; **~ment** n obligation f, engagement m; rendez-vous m inv; (to marry) fiançailles fpl; (MIL) combat m; **~ment ring** n bague f de fiançailles.

engaging [ɪnˈgeɪdʒɪŋ] *a* engageant(e), attirant(e).

engender [ɪnˈdʒɛndə*] *vt* produire, causer.

engine [ˈɛndʒɪn] *n* (AUT) moteur *m*; (RAIL) locomotive *f*; ~ **failure** *n* panne *f*; ~ **trouble** *n* ennuis *mpl* mécaniques.

engineer [ɛndʒɪˈnɪə*] *n* ingénieur *m*; (US: RAIL) mécanicien *m*; ~**ing** *n* engineering *m*, ingénierie *f*; (of bridges, ships) génie *m*; (of machine) mécanique *f*.

England [ˈɪŋglənd] *n* Angleterre *f*.

English [ˈɪŋglɪʃ] *a* anglais(e) // *n* (LING) anglais *m*; **the** ~ les Anglais; ~**man/woman** *n* Anglais/e.

engrave [ɪnˈgreɪv] *vt* graver.

engraving [ɪnˈgreɪvɪŋ] *n* gravure *f*.

engrossed [ɪnˈgrəust] *a*: ~ **in** absorbé(e) par, plongé(e) dans.

engulf [ɪnˈgʌlf] *vt* engloutir.

enhance [ɪnˈhɑ:ns] *vt* rehausser, mettre en valeur.

enigma [ɪˈnɪgmə] *n* énigme *f*; ~**tic** [ɛnɪgˈmætɪk] *a* énigmatique.

enjoy [ɪnˈdʒɔɪ] *vt* aimer, prendre plaisir à; (have: health, fortune) jouir de; (: success) connaître; **to** ~ **oneself** s'amuser; ~**able** *a* agréable; ~**ment** *n* plaisir *m*.

enlarge [ɪnˈlɑ:dʒ] *vt* accroître; (PHOT) agrandir // *vi*: **to** ~ **on** (subject) s'étendre sur; ~**ment** *n* (PHOT) agrandissement *m*.

enlighten [ɪnˈlaɪtn] *vt* éclairer; ~**ed** *a* éclairé(e); ~**ment** *n* édification *f*; vues éclairées; éclaircissements *mpl*; (HISTORY): **the E**~**ment** ≈ le Siècle des lumières.

enlist [ɪnˈlɪst] *vt* recruter; (support) s'assurer // *vi* s'engager.

enmity [ˈɛnmɪtɪ] *n* inimitié *f*.

enormity [ɪˈnɔ:mɪtɪ] *n* énormité *f*.

enormous [ɪˈnɔ:məs] *a* énorme.

enough [ɪˈnʌf] *a, n*: ~ **time/books** assez *or* suffisamment de temps/livres; **have you got** ~? (en) avez-vous assez? // *ad*: **big** ~ assez *or* suffisamment grand; **he has not worked** ~ il n'a pas assez *or* suffisamment travaillé, il n'a pas travaillé assez *or* suffisamment; ~! assez!, ça suffit!; **it's hot** ~ **(as it is)!** il fait assez chaud comme ça!; **... which, funnily** ~ ... qui, chose curieuse.

enquire [ɪnˈkwaɪə*] *vt,vi* = **inquire**.

enrich [ɪnˈrɪtʃ] *vt* enrichir.

enrol [ɪnˈrəul] *vt* inscrire // *vi* s'inscrire; ~**ment** *n* inscription *f*.

ensconced [ɪnˈskɒnst] *a*: ~ **in** bien calé(e) dans; plongé(e) dans.

ensign *n* (NAUT) [ˈɛnsən] enseigne *f*, pavillon *m*; (MIL) [ˈɛnsaɪn] porte- étendard *m*.

enslave [ɪnˈsleɪv] *vt* asservir.

ensue [ɪnˈsju:] *vi* s'ensuivre, résulter.

ensure [ɪnˈʃuə*] *vt* assurer; garantir; **to** ~ **that** s'assurer que.

entail [ɪnˈteɪl] *vt* entraîner, nécessiter.

entangle [ɪnˈtæŋgl] *vt* emmêler, embrouiller.

enter [ˈɛntə*] *vt* (room) entrer dans, pénétrer dans; (club, army) entrer à; (competition) s'inscrire à *or* pour; (sb for a competition) (faire) inscrire; (write down) inscrire, noter; **to** ~ **for** *vt fus* s'inscrire à, se présenter pour *or* à; **to** ~ **into** *vt*

---

fus (exploration) se lancer dans; (debate) prendre part à; (agreement) conclure; **to** ~ **up** *vt* inscrire; **to** ~ **(up)on** *vt fus* commencer.

enterprise [ˈɛntəpraɪz] *n* entreprise *f*; (esprit *m* d')initiative *f*.

enterprising [ˈɛntəpraɪzɪŋ] *a* entreprenant(e), dynamique.

entertain [ɛntəˈteɪn] *vt* amuser, distraire; (invite) recevoir (à dîner); (idea, plan) envisager; ~**er** *n* artiste *m/f* de variétés; ~**ing** *a* amusant(e), distrayant(e); ~**ment** *n* (amusement) distraction *f*, divertissement *m*, amusement *m*; (show) spectacle *m*.

enthralled [ɪnˈθrɔ:ld] *a* captivé(e).

enthusiasm [ɪnˈθu:zɪæzəm] *n* enthousiasme *m*.

enthusiast [ɪnˈθu:zɪæst] *n* enthousiaste *m/f*; **a jazz etc** ~ un fervent *or* passionné du jazz *etc*; ~**ic** [-ˈæstɪk] *a* enthousiaste.

entice [ɪnˈtaɪs] *vt* attirer, séduire.

entire [ɪnˈtaɪə*] *a* (tout) entier(ère); ~**ly** *ad* entièrement, complètement; ~**ty** [ɪnˈtaɪərətɪ] *n*: **in its** ~**ty** dans sa totalité.

entitle [ɪnˈtaɪtl] *vt* (allow): **to** ~ **sb to do** donner (le) droit à qn de faire; **to** ~ **sb to sth** donner droit à qch à qn; ~**d** *a* (book) intitulé(e); **to be** ~**d to do** avoir le droit de *or* être habilité à faire.

entrance *n* [ˈɛntrns] entrée *f* // *vt* [ɪnˈtrɑ:ns] enchanter, ravir; **to gain** ~ **to** (university etc) être admis à; ~ **examination** *n* examen *m* d'entrée; ~ **fee** *n* droit *m* d'inscription; (to museum etc) prix *m* d'entrée.

entrant [ˈɛntrnt] *n* participant/e; concurrent/e.

entreat [ɛnˈtri:t] *vt* supplier; ~**y** *n* supplication *f*, prière *f*.

entrée [ˈɔntreɪ] *n* (CULIN) entrée *f*.

entrenched [ɛnˈtrɛntʃt] *a* retranché(e).

entrust [ɪnˈtrʌst] *vt*: **to** ~ **sth to** confier qch à.

entry [ˈɛntrɪ] *n* entrée *f*; (in register) inscription *f*; ~ **form** *n* feuille *f* d'inscription.

entwine [ɪnˈtwaɪn] *vt* entrelacer.

enumerate [ɪˈnju:məreɪt] *vt* énumérer.

enunciate [ɪˈnʌnsɪeɪt] *vt* énoncer; prononcer.

envelop [ɪnˈvɛləp] *vt* envelopper.

envelope [ˈɛnvələup] *n* enveloppe *f*.

envious [ˈɛnvɪəs] *a* envieux(euse).

environment [ɪnˈvaɪərnmənt] *n* milieu *m*; environnement *m*; ~**al** [-ˈmɛntl] *a* écologique; du milieu.

envisage [ɪnˈvɪzɪdʒ] *vt* envisager; prévoir.

envoy [ˈɛnvɔɪ] *n* envoyé/e.

envy [ˈɛnvɪ] *n* envie *f* // *vt* envier.

enzyme [ˈɛnzaɪm] *n* enzyme *m*.

ephemeral [ɪˈfɛmərl] *a* éphémère.

epic [ˈɛpɪk] *n* épopée *f* // *a* épique.

epidemic [ɛpɪˈdɛmɪk] *n* épidémie *f*.

epilepsy [ˈɛpɪlɛpsɪ] *n* épilepsie *f*; **epileptic** [-ˈlɛptɪk] *a,n* épileptique (*m/f*).

epilogue [ˈɛpɪlɒg] *n* épilogue *m*.

episode [ˈɛpɪsəud] *n* épisode *m*.

epistle [ɪˈpɪsl] *n* épître *f*.

epitaph [ˈɛpɪtɑ:f] *n* épitaphe *f*.

epitome [ɪˈpɪtəmɪ] *n* résumé *m*;

quintessence f, type m; **epitomize** vt
résumer; illustrer, incarner.
epoch ['i:pɔk] n époque f, ère f; **~-making**
a qui fait époque.
equable ['ɛkwəbl] a égal(e); de
tempérament égal.
equal ['i:kwl] a égal(e) // n égal/e //
égaler; **~ to** (task) à la hauteur de; **~
to doing** de taille à or capable de faire;
~ity [i:'kwɔlɪtɪ] n égalité f; **~ize** vt,vi
égaliser; **~izer** n but égalisateur; **~ly** ad
également; (just as) tout aussi; **~(s)** sign
n signe m d'égalité.
equanimity [ɛkwə'nɪmɪtɪ] n égalité f
d'humeur.
equate [ɪ'kweɪt] vt: **to ~ sth with**
comparer qch à; assimiler qch à; **to ~
sth to** mettre qch en équation avec; égaler
qch à; **equation** [ɪ'kweɪʃən] n (MATH)
équation f.
equator [ɪ'kweɪtə*] n équateur m; **~ial**
[ɛkwə'tɔ:rɪəl] a équatorial(e).
equilibrium [i:kwɪ'lɪbrɪəm] n équilibre m.
equinox [ɪ'kwɪnɔks] n équinoxe m.
equip [ɪ'kwɪp] vt équiper; **to ~ sb/sth
with** équiper or munir qn/qch de; **~ment**
n équipement m; (electrical etc)
appareillage m, installation f.
equitable ['ɛkwɪtəbl] a équitable.
equity ['ɛkwɪtɪ] n équité f; **equities** npl
(COMM) actions cotées en Bourse.
equivalent [ɪ'kwɪvəlnt] a équivalent(e) //
n équivalent m.
equivocal [ɪ'kwɪvəkl] a équivoque; (open
to suspicion) douteux(euse).
era ['ɪərə] n ère f, époque f.
eradicate [ɪ'rædɪkeɪt] vt éliminer.
erase [ɪ'reɪz] vt effacer; **~r** n gomme f.
erect [ɪ'rɛkt] a droit(e) // vt construire;
(monument) ériger; élever; (tent etc)
dresser.
erection [ɪ'rɛkʃən] n érection f.
ermine ['ə:mɪn] n hermine f.
erode [ɪ'rəud] vt éroder; (metal) ronger;
erosion [ɪ'rəuʒən] n érosion f.
erotic [ɪ'rɔtɪk] a érotique; **~ism**
[ɪ'rɔtɪsɪzm] n érotisme m.
err [ə:*] vi se tromper; (REL) pécher.
errand ['ɛrnd] n course f, commission f;
~ boy n garçon m de courses.
erratic [ɪ'rætɪk] a irrégulier(ère),
inconstant(e).
erroneous [ɪ'rəunɪəs] a erroné(e).
error ['ɛrə*] n erreur f.
erudite ['ɛrjudaɪt] a savant(e).
erupt [ɪ'rʌpt] vi entrer en éruption; (fig)
éclater; **~ion** [ɪ'rʌpʃən] n éruption f.
escalate ['ɛskəleɪt] vi s'intensifier;
escalation [-'leɪʃən] n escalade f.
escalator ['ɛskəleɪtə*] n escalier roulant.
escapade [ɛskə'peɪd] n fredaine f;
équipée f.
escape [ɪ'skeɪp] n évasion f; fuite f; (of
gas etc) échappement m; fuite // vi
s'échapper, fuir; (from jail) s'évader; (fig)
s'en tirer; (leak) s'échapper; fuir // vt
échapper à; **to ~ from** sb échapper à qn;
to ~ from (place) s'échapper de; (fig)
fuir; **escapism** n évasion f (fig).
escort n ['ɛskɔ:t] escorte f // vt [ɪ'skɔ:t]

escorter; **~ agency** n bureau m
d'hôtesses.
Eskimo ['ɛskɪməu] n Esquimau/de.
especially [ɪ'spɛʃlɪ] ad particulièrement;
surtout; exprès.
espionage ['ɛspɪənɑ:ʒ] n espionnage m.
esplanade [ɛsplə'neɪd] n esplanade f.
Esquire [ɪ'skwaɪə*] n (abbr **Esq.**): **J.
Brown, ~** Monsieur J. Brown.
essay ['ɛseɪ] n (SCOL) dissertation f;
(LITERATURE) essai m; (attempt) tentative f.
essence ['ɛsns] n essence f.
essential [ɪ'sɛnʃl] a essentiel(le); (basic)
fondamental(e); **~ly** ad essentiellement.
establish [ɪ'stæblɪʃ] vt établir; (business)
fonder, créer; (one's power etc) asseoir,
affirmer; **~ment** n établissement m; **the
E~ment** les pouvoirs établis; l'ordre
établi; les milieux dirigeants.
estate [ɪ'steɪt] n domaine m, propriété f;
biens mpl, succession f; **~ agent** n agent
immobilier; **~ car** n (Brit) break m.
esteem [ɪ'sti:m] n estime f.
esthetic [ɪs'θɛtɪk] a (US) = **aesthetic**.
estimate n ['ɛstɪmət] estimation f; (COMM)
devis m // vt ['ɛstɪmeɪt] estimer;
estimation [-'meɪʃən] n opinion f; estime
f.
estuary ['ɛstjuərɪ] n estuaire m.
etching ['ɛtʃɪŋ] n eau-forte f.
eternal [ɪ'tə:nl] a éternel(le).
eternity [ɪ'tə:nɪtɪ] n éternité f.
ether ['i:θə*] n éther m.
ethical ['ɛθɪkl] a moral(e).
ethics ['ɛθɪks] n éthique f // npl moralité
f.
ethnic ['ɛθnɪk] a ethnique.
ethnology [ɛθ'nɔlədʒɪ] n ethnologie f.
etiquette ['ɛtɪkɛt] n convenances fpl,
étiquette f.
etymology [ɛtɪ'mɔlədʒɪ] n étymologie f.
eulogy ['ju:lədʒɪ] n éloge m.
euphemism ['ju:fəmɪzm] n euphémisme
m.
euphoria [ju:'fɔ:rɪə] n euphorie f.
Europe ['juərəp] n Europe f; **~an** [-'pi:ən]
a européen(ne) // n Européen/ne.
euthanasia [ju:θə'neɪzɪə] n euthanasie f.
evacuate [ɪ'vækjueɪt] vt évacuer;
evacuation [-'eɪʃən] n évacuation f.
evade [ɪ'veɪd] vt échapper à; (question etc)
éluder; (duties) se dérober à.
evaluate [ɪ'væljueɪt] vt évaluer.
evangelist [ɪ'vændʒəlɪst] n évangéliste m.
evangelize [ɪ'vændʒəlaɪz] vt évangéliser,
prêcher l'Évangile à.
evaporate [ɪ'væpəreɪt] vi s'évaporer // vt
faire évaporer; **~d milk** n lait concentré;
evaporation [-'reɪʃən] n évaporation f.
evasion [ɪ'veɪʒən] n dérobade f; faux-
fuyant m.
evasive [ɪ'veɪsɪv] a évasif(ive).
eve [i:v] n: **on the ~ of** à la veille de.
even ['i:vn] a régulier(ère), égal(e);
(number) pair(e) // ad même; **~ more**
encore plus; **~ so** quand même; **to ~
out** vi s'égaliser; **to get ~ with sb**
prendre sa revanche sur qn.
evening ['i:vnɪŋ] n soir m; (as duration,
event) soirée f; **in the ~** le soir; **~ class**

n cours *m* du soir ; ~ **dress** *n* (*man's*) habit *m* de soirée, smoking *m* ; (*woman's*) robe *f* de soirée.

evensong ['iːvnsɔŋ] *n* office *m* du soir.

event [ɪ'vɛnt] *n* événement *m* ; (SPORT) épreuve *f* ; **in the ~ of** en cas de ; **~ful** *a* mouvementé(e).

eventual [ɪ'vɛntʃuəl] *a* final(e) ; **~ity** [-'ælɪtɪ] *n* possibilité *f*, éventualité *f* ; **~ly** *ad* finalement.

ever ['ɛvə*] *ad* jamais ; (*at all times*) toujours ; **the best ~** le meilleur qu'on ait jamais vu ; **have you ~ seen it?** l'as-tu déjà vu?, as-tu eu l'occasion *or* t'est-il arrivé de le voir? ; **hardly ~** ne ... presque jamais ; ~ **so pretty** si joli ; **~green** *n* arbre *m* à feuilles persistantes ; **~lasting** *a* éternel(le).

every ['ɛvrɪ] *det* chaque ; ~ **day** tous les jours, chaque jour ; ~ **other/third day** tous les deux/trois jours ; ~ **other car** une voiture sur deux ; ~ **now and then** de temps en temps ; **~body** *pronoun* tout le monde, tous *pl* ; **~day** *a* quotidien(ne) ; de tous les jours ; **~one = ~body** ; **~thing** *pronoun* tout ; **~where** *ad* partout.

evict [ɪ'vɪkt] *vt* expulser ; **~ion** [ɪ'vɪkʃən] *n* expulsion *f*.

evidence ['ɛvɪdns] *n* (*proof*) preuve(s) *f(pl)* ; (*of witness*) témoignage *m* ; (*sign*): **to show ~** of donner des signes de ; **to give ~** témoigner, déposer ; **in ~** (*obvious*) en évidence, en vue.

evident ['ɛvɪdnt] *a* évident(e) ; **~ly** *ad* de toute évidence.

evil ['iːvl] *a* mauvais(e) // *n* mal *m*.

evocative [ɪ'vɔkətɪv] *a* évocateur(trice).

evoke [ɪ'vəuk] *vt* évoquer.

evolution [iːvə'luːʃən] *n* évolution *f*.

evolve [ɪ'vɔlv] *vt* élaborer // *vi* évoluer, se transformer.

ewe [juː] *n* brebis *f*.

ewer ['juːə*] *n* broc *m*.

ex- [ɛks] *prefix* ex-.

exact [ɪg'zækt] *a* exact(e) // *vt*: **to ~ sth (from)** extorquer qch (à) ; exiger qch (de) ; **~ing** *a* exigeant(e) ; (*work*) fatigant(e) ; **~itude** *n* exactitude *f*, précision *f* ; **~ly** *ad* exactement.

exaggerate [ɪg'zædʒəreɪt] *vt,vi* exagérer ; **exaggeration** [-'reɪʃən] *n* exagération *f*.

exalt [ɪg'zɔːlt] *vt* exalter ; élever.

exam [ɪg'zæm] *n abbr of* **examination**.

examination [ɪgzæmɪ'neɪʃən] *n* (SCOL, MED) examen *m*.

examine [ɪg'zæmɪn] *vt* (*gen*) examiner ; (SCOL, LAW: *person*) interroger ; (*at customs*: *luggage*) inspecter ; **~r** *n* examinateur/trice.

example [ɪg'zɑːmpl] *n* exemple *m* ; **for ~** par exemple.

exasperate [ɪg'zɑːspəreɪt] *vt* exaspérer, agacer.

excavate ['ɛkskəveɪt] *vt* excaver ; (*object*) mettre au jour ; **excavation** [-'veɪʃən] *n* excavation *f* ; **excavator** *n* excavateur *m*, excavatrice *f*.

exceed [ɪk'siːd] *vt* dépasser ; (*one's powers*) outrepasser ; **~ingly** *ad* excessivement.

excel [ɪk'sɛl] *vi* exceller // *vt* surpasser.

excellence ['ɛksələns] *n* excellence *f*.

Excellency ['ɛksələnsɪ] *n*: **His ~** son Excellence *f*.

excellent ['ɛksələnt] *a* excellent(e).

except [ɪk'sɛpt] *prep* (*also*: ~ **for**, **~ing**) sauf, excepté, à l'exception de // *vt* excepter ; ~ **if/when** sauf si/quand ; ~ **that** excepté que, si ce n'est que ; **~ion** [ɪk'sɛpʃən] *n* exception *f* ; **to take ~ion to** s'offusquer de ; **~ional** [ɪk'sɛpʃənl] *a* exceptionnel(le).

excerpt ['ɛksəːpt] *n* extrait *m*.

excess [ɪk'sɛs] *n* excès *m* ; ~ **fare** *n* supplément *m* ; ~ **baggage** *n* excédent *m* de bagages ; **~ive** *a* excessif(ive).

exchange [ɪks'tʃeɪndʒ] *n* échange *m* ; (*also*: **telephone ~**) central *m* // *vt* échanger ; ~ **market** *n* marché *m* des changes.

exchequer [ɪks'tʃɛkə*] *n* Échiquier *m*, ≈ ministère *m* des Finances.

excisable [ɪk'saɪzəbl] *a* taxable.

excise *n* ['ɛksaɪz] taxe *f* // *vt* [ɛk'saɪz] exciser ; ~ **duties** *npl* impôts indirects.

excite [ɪk'saɪt] *vt* exciter ; **to get ~d** s'exciter ; **~ment** *n* excitation *f* ; **exciting** *a* passionnant(e).

exclaim [ɪk'skleɪm] *vi* s'exclamer ; **exclamation** [ɛksklə'meɪʃən] *n* exclamation *f* ; **exclamation mark** *n* point *m* d'exclamation.

exclude [ɪk'skluːd] *vt* exclure ; **exclusion** [ɪk'skluːʒən] *n* exclusion *f*.

exclusive [ɪk'skluːsɪv] *a* exclusif(ive) ; (*club*, *district*) sélect(e) ; (*item of news*) en exclusivité // *ad* (*news*) exclusivement, non inclus ; ~ **of VAT** TVA non comprise ; **~ly** *ad* exclusivement ; ~ **rights** *npl* (COMM) exclusivité *f*.

excommunicate [ɛkskə'mjuːnɪkeɪt] *vt* excommunier.

excrement ['ɛkskrəmənt] *n* excrément *m*.

excruciating [ɪk'skruːʃɪeɪtɪŋ] *a* atroce, déchirant(e).

excursion [ɪk'skəːʃən] *n* excursion *f*.

excusable [ɪk'skjuːzəbl] *a* excusable.

excuse *n* [ɪk'skjuːs] excuse *f* // *vt* [ɪk'skjuːz] excuser ; **to ~ sb from** (*activity*) dispenser qn de ; ~ **me!** excusez-moi!, pardon!

execute ['ɛksɪkjuːt] *vt* exécuter.

execution [ɛksɪ'kjuːʃən] *n* exécution *f* ; **~er** *n* bourreau *m*.

executive [ɪg'zɛkjutɪv] *n* (COMM) cadre *m* ; (POL) exécutif *m* // *a* exécutif(ive).

executor [ɪg'zɛkjutə*] *n* exécuteur/trice testamentaire.

exemplary [ɪg'zɛmplərɪ] *a* exemplaire.

exemplify [ɪg'zɛmplɪfaɪ] *vt* illustrer.

exempt [ɪg'zɛmpt] *a*: ~ **from** exempté(e) *or* dispensé(e) de // *vt*: **to ~ sb from** exempter *or* dispenser qn de ; **~ion** [ɪg'zɛmpʃən] *n* exemption *f*, dispense *f*.

exercise ['ɛksəsaɪz] *n* exercice *m* // *vt* exercer ; (*patience*, *clemency*) faire preuve de ; (*dog*) promener ; **to take ~** prendre de l'exercice ; ~ **book** *n* cahier *m*.

exert [ɪg'zəːt] *vt* exercer, employer ; **to ~ o.s.** se dépenser.

exhaust [ɪg'zɔːst] n (also: ~ fumes) gaz mpl d'échappement ; (also: ~ pipe) tuyau m d'échappement // vt épuiser ; ~ed a épuisé(e) ; ~ion [ɪg'zɔːstʃən] n épuisement m ; ~ive a très complet(ète).

exhibit [ɪg'zɪbɪt] n (ART) pièce f or objet m exposé(e) ; (LAW) pièce à conviction // vt exposer ; (courage, skill) faire preuve de ; ~ion [ɛksɪ'bɪʃən] n exposition f ; ~ion of temper n manifestation f de colère ; ~ionist [ɛksɪ'bɪʃənɪst] n exhibitionniste m/f ; ~or n exposant/e.

exhilarating [ɪg'zɪləreɪtɪŋ] a grisant(e) ; stimulant(e).

exhort [ɪg'zɔːt] vt exhorter.

exile ['ɛksaɪl] n exil m ; exilé/e // vt exiler ; **in ~** en exil.

exist [ɪg'zɪst] vi exister ; ~ence n existence f ; **to be in ~ence** exister.

exit ['ɛksɪt] n sortie f.

exonerate [ɪg'zɔnəreɪt] vt: **to ~ from** disculper de ; (free) exempter de.

exorcize ['ɛksɔːsaɪz] vt exorciser.

exotic [ɪg'zɔtɪk] a exotique.

expand [ɪk'spænd] vt agrandir ; accroître, étendre // vi (trade etc) se développer, s'accroître ; s'étendre ; (gas, metal) se dilater.

expanse [ɪk'spæns] n étendue f.

expansion [ɪk'spænʃən] n développement m, accroissement m ; dilatation f.

expatriate n [ɛks'pætrɪət] expatrié/e // vt [ɛks'pætrɪeɪt] expatrier, exiler.

expect [ɪk'spɛkt] vt (anticipate) s'attendre à, s'attendre à ce que + sub ; (count on) compter sur, escompter ; (hope for) espérer ; (require) demander, exiger ; (suppose) supposer ; (await, also baby) attendre // vi: **to be ~ing** être enceinte ; **to ~ sb to do** s'attendre à ce que qn fasse ; attendre de qn qu'il fasse ; ~ant a qui attend (quelque chose) ; ~ant mother n future maman ; ~ation [ɛkspɛk'teɪʃən] n attente f, prévisions fpl ; espérance(s) f(pl).

expedience, expediency [ɛk'spiːdɪəns, ɛk'spiːdɪənsɪ] n: **for the sake of ~** parce que c'est plus commode.

expedient [ɪk'spiːdɪənt] a indiqué(e), opportun(e) ; commode // n expédient m.

expedite ['ɛkspədaɪt] vt hâter ; expédier.

expedition [ɛkspə'dɪʃən] n expédition f.

expeditious [ɛkspə'dɪʃəs] a expéditif(ive), prompt(e).

expel [ɪk'spɛl] vt chasser, expulser ; (SCOL) renvoyer, exclure.

expend [ɪk'spɛnd] vt consacrer ; (use up) dépenser ; ~able a remplaçable ; ~iture [ɪk'spɛndɪtʃə*] n dépense f ; dépenses fpl.

expense [ɪk'spɛns] n dépense f ; frais mpl ; (high cost) coût m ; ~s npl (COMM) frais mpl ; **at great/little ~** à grands/peu de frais ; **at the ~ of** aux dépens de ; ~ account n (note f de) frais mpl.

expensive [ɪk'spɛnsɪv] a cher(chère), coûteux(euse) ; **to be ~** coûter cher ; ~ tastes npl goûts mpl de luxe.

experience [ɪk'spɪərɪəns] n expérience f // vt connaître ; éprouver ; ~d a expérimenté(e).

experiment [ɪk'spɛrɪmənt] n expérience f // vi faire une expérience ; **to ~ with** expérimenter ; ~al [-'mɛntl] a expérimental(e).

expert ['ɛkspəːt] a expert(e) // n expert m ; ~ise [-'tiːz] n (grande) compétence.

expire [ɪk'spaɪə*] vi expirer ; **expiry** n expiration f.

explain [ɪk'spleɪn] vt expliquer ; **explanation** [ɛksplə'neɪʃən] n explication f ; **explanatory** [ɪk'splænətrɪ] a explicatif(ive).

explicit [ɪk'splɪsɪt] a explicite ; (definite) formel(le).

explode [ɪk'spləud] vi exploser // vt faire exploser.

exploit n ['ɛksplɔɪt] exploit m // vt [ɪk'splɔɪt] exploiter ; ~ation [-'teɪʃən] n exploitation f.

exploration [ɛksplə'reɪʃən] n exploration f.

exploratory [ɪk'splɔrətrɪ] a (fig: talks) préliminaire.

explore [ɪk'splɔː*] vt explorer ; (possibilities) étudier, examiner ; ~r n explorateur/trice.

explosion [ɪk'spləuʒən] n explosion f.

explosive [ɪk'spləusɪv] a explosif(ive) // n explosif m.

exponent [ɪk'spəunənt] n (of school of thought etc) interprète m, représentant m ; (MATH) exposant m.

export vt [ɪk'spɔːt] exporter // n ['ɛkspɔːt] exportation f // cpd d'exportation ; ~ation [-'teɪʃən] n exportation f ; ~er n exportateur m.

expose [ɪk'spəuz] vt exposer ; (unmask) démasquer, dévoiler ; **to ~ o.s.** (LAW) commettre un outrage à la pudeur.

exposure [ɪk'spəuʒə*] n exposition f ; (PHOT) (temps m de) pose f ; (: shot) pose f ; **suffering from ~** (MED) souffrant des effets du froid et de l'épuisement ; ~ meter n posemètre m.

expound [ɪk'spaund] vt exposer, expliquer.

express [ɪk'sprɛs] a (definite) formel(le), exprès(esse) ; (letter etc) exprès inv // n (train) rapide m // ad (send) exprès // vt exprimer ; ~ion [ɪk'sprɛʃən] n expression f ; ~ive a expressif(ive) ; ~ly ad expressément, formellement.

expropriate [ɛks'prəuprɪeɪt] vt exproprier.

expulsion [ɪk'spʌlʃən] n expulsion f ; renvoi m.

exquisite [ɛk'skwɪzɪt] a exquis(e).

extend [ɪk'stɛnd] vt (visit, street) prolonger ; (building) agrandir ; (offer) présenter, offrir // vi (land) s'étendre.

extension [ɪk'stɛnʃən] n prolongation f ; agrandissement m ; (building) annexe f ; (to wire, table) rallonge f ; (telephone: in offices) poste m ; (: in private house) téléphone m supplémentaire.

extensive [ɪk'stɛnsɪv] a étendu(e), vaste ; (damage, alterations) considérable ; (inquiries) approfondi(e) ; (use) largement répandu(e) ; **he's travelled ~ly** il a beaucoup voyagé ; ~ travelling déplacements fréquents et prolongés.

extent [ɪk'stɛnt] n étendue f; **to some ~** dans une certaine mesure; **to what ~?** dans quelle mesure?, jusqu'à quel point?

exterior [ɛk'stɪərɪə*] a extérieur(e), du dehors // n extérieur m; dehors m.

exterminate [ɪk'stə:mɪneɪt] vt exterminer; **extermination** [-'neɪʃən] n extermination f.

external [ɛk'stə:nl] a externe; **~ly** ad extérieurement.

extinct [ɪk'stɪŋkt] a éteint(e); **~ion** [ɪk'stɪŋkʃən] n extinction f.

extinguish [ɪk'stɪŋgwɪʃ] vt éteindre; **~er** n extincteur m.

extol [ɪk'stəul] vt porter aux nues, chanter les louanges de.

extort [ɪk'stɔ:t] vt: **to ~ sth (from)** extorquer qch (à); **~ion** [ɪk'stɔ:ʃən] n extorsion f; **~ionate** [ɪk'stɔ:ʃnət] a exorbitant(e).

extra ['ɛkstrə] a supplémentaire, de plus // ad (in addition) en plus // n supplément m; (THEATRE) figurant/e.

extra... ['ɛkstrə] prefix extra... .

extract vt [ɪk'strækt] extraire; (tooth) arracher; (money, promise) soutirer // n ['ɛkstrækt] extrait m; **~ion** [ɪk'strækʃən] n (also descent) extraction f.

extradite ['ɛkstrədaɪt] vt extrader; **extradition** [-'dɪʃən] n extradition f.

extramarital [ɛkstrə'mærɪtl] a extra-conjugal(e).

extramural [ɛkstrə'mjuərl] a hors-faculté inv.

extraneous [ɛk'streɪnɪəs] a: **~ to** étranger(ère) à.

extraordinary [ɪk'strɔ:dnrɪ] a extraordinaire.

extra time [ɛkstrə'taɪm] n (FOOTBALL) prolongations fpl.

extravagant [ɪk'strævəgənt] a extravagant(e); (in spending) prodigue, dépensier(ère); dispendieux(euse).

extreme [ɪk'stri:m] a,n extrême (m); **~ly** ad extrêmement; **extremist** a,n extrémiste (m/f).

extremity [ɪk'strɛmətɪ] n extrémité f.

extricate ['ɛkstrɪkeɪt] vt: **to ~ sth (from)** dégager qch (de).

extrovert ['ɛkstrəvə:t] n extraverti/e.

exuberant [ɪg'zju:bərnt] a exubérant(e).

exude [ɪg'zju:d] vt exsuder; (fig) respirer; **the charm etc he ~s** le charme etc qui émane de lui.

exult [ɪg'zʌlt] vi exulter, jubiler.

eye [aɪ] n œil m (pl yeux); (of needle) trou m, chas m // vt examiner; **to keep an ~ on** surveiller; **in the public ~** en vue; **~ball** n globe m oculaire; **~bath** n œillère f (pour bains d'œil); **~brow** n sourcil m; **~-catching** a voyant(e), accrocheur(euse); **~drops** npl gouttes fpl pour les yeux; **~glass** n monocle m; **~lash** n cil m; **~let** ['aɪlɪt] n œillet m; **~lid** n paupière f; **~-opener** n révélation f; **~shadow** n ombre f à paupières; **~sight** n vue f; **~sore** n horreur f, chose f qui dépare or enlaidit; **~wash** n bain m d'œil; (fig) frime f; **~ witness** n témoin m oculaire.

eyrie ['ɪərɪ] n aire f.

F

F [ɛf] n (MUS) fa m.

F. abbr of Fahrenheit.

fable ['feɪbl] n fable f.

fabric ['fæbrɪk] n tissu m.

fabrication [fæbrɪ'keɪʃən] n invention(s) f(pl), fabulation f; fait m (or preuve f) forgé(e) de toutes pièces.

fabulous ['fæbjuləs] a fabuleux(euse); (col: super) formidable, sensationnel(le).

façade [fə'sɑ:d] n façade f.

face [feɪs] n visage m, figure f; expression f; grimace f; (of clock) cadran m; (of building) façade f; (side, surface) face f // vt faire face à; **to lose ~** perdre la face; **to pull a ~** faire une grimace; **in the ~ of** (difficulties etc) face à, devant; **on the ~ of it** à première vue; **to ~ up to** vt fus faire face à, affronter; **~ cloth** n gant m de toilette; **~ cream** n crème f pour le visage; **~ lift** n lifting m; (of façade etc) ravalement m, retapage m; **~ powder** n poudre f (pour le visage).

facet ['fæsɪt] n facette f.

facetious [fə'si:ʃəs] a facétieux(euse).

face-to-face ['feɪstə'feɪs] ad face à face.

face value ['feɪs'vælju:] n (of coin) valeur nominale; **to take sth at ~** (fig) prendre qch pour argent comptant.

facia ['feɪʃə] n = **fascia**.

facial ['feɪʃəl] a facial(e).

facile ['fæsaɪl] a facile.

facilitate [fə'sɪlɪteɪt] vt faciliter.

facility [fə'sɪlɪtɪ] n facilité f; **facilities** npl installations fpl, équipement m.

facing ['feɪsɪŋ] n (of wall etc) revêtement m; (SEWING) revers m.

facsimile [fæk'sɪmɪlɪ] n fac-similé m.

fact [fækt] n fait m; **in ~** en fait.

faction ['fækʃən] n faction f.

factor ['fæktə*] n facteur m.

factory ['fæktərɪ] n usine f, fabrique f.

factual ['fæktjuəl] a basé(e) sur les faits.

faculty ['fækəltɪ] n faculté f; (US: teaching staff) corps enseignant.

fad [fæd] n manie f; engouement m.

fade [feɪd] vi se décolorer, passer; (light, sound, hope) s'affaiblir, disparaître; (flower) se faner.

fag [fæg] n (col: cigarette) sèche f; (: chore): **what a ~!** quelle corvée!; **~ end** n mégot m; **~ged out** a (col) crevé(e).

fail [feɪl] vt (exam) échouer à; (candidate) recaler; (subj: courage, memory) faire défaut à // vi échouer; (supplies) manquer; (eyesight, health, light) baisser, s'affaiblir; **to ~ to do sth** (neglect) négliger de faire qch; (be unable) ne pas arriver or parvenir à faire qch; **without ~** à coup sûr; sans faute; **~ing** n défaut m // prep faute de; **~ure** ['feɪljə*] n échec m; (person) raté/e; (mechanical etc) défaillance f.

faint [feɪnt] a faible; (recollection) vague; (mark) à peine visible // n évanouissement m // vi s'évanouir; **to feel ~** défaillir; **~-hearted** a pusillanime; **~ly** ad faiblement ; vaguement ; ~ness n faiblesse f.

fair [fɛə*] a blond(e) ; équitable, juste, impartial(e) ; (skin, complexion) pâle, blanc(blanche) ; (weather) beau(belle) ; (good enough) assez bon(ne) ; (sizeable) considérable // ad (play) franc-jeu // in foire f ; ~ copy n copie f au propre ; corrigé m ; ~ly ad équitablement ; (quite) assez ; ~ness n justice f, équité f, impartialité f.

fairy ['fɛərɪ] n fée f ; ~ tale n conte m de fées.

faith [feɪθ] n foi f ; (trust) confiance f ; (sect) culte m, religion f ; ~ful a fidèle ; ~fully ad fidèlement.

fake [feɪk] n (painting etc) faux m ; (photo) trucage m ; (person) imposteur m // a faux(fausse) ; simulé(e) // vt simuler ; (photo) truquer ; (story) fabriquer ; his illness is a ~ sa maladie est une comédie or de la simulation.

falcon ['fɔ:lkən] n faucon m.

fall [fɔ:l] n chute f ; (US: autumn) automne m // vi (pt fell, pp fallen [fɛl, 'fɔ:lən]) tomber ; ~s npl (waterfall) chute f d'eau, cascade f ; to ~ flat vi (on one's face) tomber de tout son long, s'étaler ; (joke) tomber à plat ; (plan) échouer ; to ~ back on vt fus se rabattre sur ; to ~ behind vi prendre du retard ; to ~ down vi (person) tomber ; (building, hopes) s'effondrer, s'écrouler ; to ~ for vt fus (trick) se laisser prendre à ; (person) tomber amoureux . de ; to ~ in vi s'effondrer ; (MIL) se mettre en rangs ; to ~ off vi tomber ; (diminish) baisser, diminuer ; to ~ out vi (friends etc) se brouiller ; to ~ through vi (plan, project) tomber à l'eau.

fallacy ['fæləsɪ] n erreur f, illusion f.

fallen ['fɔ:lən] pp of fall.

fallible ['fæləbl] a faillible.

fallout ['fɔ:laut] n retombées (radioactives).

fallow ['fæləu] a en jachère ; en friche.

false [fɔ:ls] a faux(fausse) ; under ~ pretences sous un faux prétexte ; ~ alarm n fausse alerte ; ~hood n mensonge m ; ~ly ad (accuse) à tort ; ~ teeth npl fausses dents.

falter ['fɔ:ltə*] vi chanceler, vaciller.

fame [feɪm] n renommée f, renom m.

familiar [fə'mɪlɪə*] a familier(ère) ; to be ~ with (subject) connaître ; ~ity [fəmɪlɪ'ærɪtɪ] n familiarité f ; ~ize [fə'mɪlɪəraɪz] vt familiariser.

family ['fæmɪlɪ] n famille f ; ~ allowance n allocations familiales ; ~ business n entreprise familiale ; ~ doctor n médecin m de famille ; ~ life n vie f de famille.

famine ['fæmɪn] n famine f.

famished ['fæmɪʃt] a affamé(e).

famous ['feɪməs] a célèbre ; ~ly ad (get on) fameusement, à merveille.

fan [fæn] n (folding) éventail m ; (ELEC) ventilateur m ; (person) fan m, admirateur/trice ; supporter m/f // vt éventer ; (fire, quarrel) attiser ; to ~ out vi se déployer (en éventail).

fanatic [fə'nætɪk] n fanatique m/f ; ~al a fanatique.

fan belt ['fænbɛlt] n courroie f de ventilateur.

fancied ['fænsɪd] a imaginaire.

fanciful ['fænsɪful] a fantaisiste.

fancy ['fænsɪ] n fantaisie f, envie f ; imagination f // cpd (de) fantaisie inv // vt (feel like, want) avoir envie de ; to take a ~ to s'enticher de ; it took or caught my ~ ça m'a plu ; to ~ that ... se figurer or s'imaginer que ... ; he fancies her elle lui plaît ; ~ dress n déguisement m, travesti m ; ~-dress ball n bal masqué or costumé.

fang [fæŋ] n croc m ; (of snake) crochet m.

fanlight ['fænlaɪt] n imposte f.

fantastic [fæn'tæstɪk] a fantastique.

fantasy ['fæntəzɪ] n imagination f, fantaisie f ; fantasme m ; chimère f.

far [fɑ:*] a: the ~ side/end l'autre côté/bout // ad loin ; ~ away, ~ off au loin, dans le lointain ; ~ better beaucoup mieux ; ~ from loin de ; by ~ de loin, de beaucoup ; go as ~ as the farm allez jusqu'à la ferme ; as ~ as I know pour autant que je sache ; as ~ as possible dans la mesure du possible ; ~away a lointain(e).

farce [fɑ:s] n farce f.

farcical ['fɑ:sɪkəl] a grotesque.

fare [fɛə*] n (on trains, buses) prix m du billet ; (in taxi) prix de la course ; (passenger in taxi) client m ; (food) table f, chère f // vi se débrouiller.

Far East [fɑ:'ri:st] n: the ~ l'Extrême-Orient m.

farewell [fɛə'wɛl] excl, n adieu m ; ~ party n soirée f d'adieux.

far-fetched ['fɑ:'fɛtʃt] a exagéré(e), poussé(e).

farm [fɑ:m] n ferme f // vt cultiver ; ~er n fermier/ère ; cultivateur/trice ; ~hand n ouvrier/ère agricole ; ~house n (maison f de) ferme f ; ~ing n agriculture f ; intensive ~ing culture intensive ; ~land n terres cultivées or arables ; ~ worker n = ~hand ; ~yard n cour f de ferme.

far-reaching ['fɑ:'ri:tʃɪŋ] a d'une grande portée.

far-sighted ['fɑ:'saɪtɪd] a presbyte ; (fig) prévoyant(e), qui voit loin.

fart [fɑ:t] (col!) n pet m // vi péter.

farther ['fɑ:ðə*] ad plus loin.

farthest ['fɑ:ðɪst] superlative of far.

fascia ['feɪʃə] n (AUT) (garniture f du) tableau m de bord.

fascinate ['fæsɪneɪt] vt fasciner, captiver ; fascination [-'neɪʃən] n fascination f.

fascism ['fæʃɪzəm] n fascisme m.

fascist ['fæʃɪst] a,n fasciste (m/f).

fashion ['fæʃən] n mode f ; (manner) façon f, manière f // vt façonner ; in ~ à la mode ; out of ~ démodé(e) ; ~ show n défilé m de mannequins or de mode.

fast [fɑ:st] a rapide ; (clock): to be ~ avancer ; (dye, colour) grand or bon teint inv // ad vite, rapidement ; (stuck, held) solidement // n jeûne m // vi jeûner ; ~ asleep profondément endormi.

fasten ['fɑːsn]. vt attacher, fixer ; (*coat*) attacher, fermer // vi se fermer, s'attacher ; ~**er**, ~**ing** n fermeture f, attache f.

fastidious [fæs'tɪdɪəs] a exigeant(e), difficile.

fat [fæt] a gros(se) // n graisse f ; (*on meat*) gras m.

fatal ['feɪtl] a mortel(le) ; fatal(e) ; désastreux(euse) ; ~**ism** n fatalisme m ; ~**ity** [fə'tælɪtɪ] n (*road death etc*) victime f, décès m ; ~**ly** ad mortellement.

fate [feɪt] n destin m ; (*of person*) sort m ; **to meet one's** ~ trouver la mort ; ~**ful** a fatidique.

father ['fɑːðə*] n père m ; ~**-in-law** n beau-père m ; ~**ly** a paternel(le).

fathom ['fæðəm] n brasse f (= 1828 mm) // vt (*mystery*) sonder, pénétrer.

fatigue [fə'tiːg] n fatigue f ; (MIL) corvée f.

fatness ['fætnɪs] n corpulence f, grosseur f.

fatten ['fætn] vt, vi engraisser.

fatty ['fætɪ] a (*food*) gras(se).

fatuous ['fætjuəs] a stupide.

faucet ['fɔːsɪt] n (US) robinet m.

fault [fɔːlt] n faute f ; (*defect*) défaut m ; (GEO) faille f // vt trouver des défauts à, prendre en défaut ; **it's my** ~ c'est de ma faute ; **to find** ~ **with** trouver à redire or à critiquer à ; **at** ~ fautif(ive), coupable ; **to a** ~ à l'excès ; ~**less** a sans fautes ; impeccable ; irréprochable ; ~**y** a défectueux(euse).

fauna ['fɔːnə] n faune f.

favour, favor (US) ['feɪvə*] n faveur f ; (*help*) service m // vt (*proposition*) être en faveur de ; (*pupil etc*) favoriser ; (*team, horse*) donner gagnant ; **to do sb a** ~ rendre un service à qn ; **in** ~ **of** en faveur de ; ~**able** a favorable ; (*price*) avantageux(euse) ; ~**ably** ad favorablement ; ~**ite** [-rɪt] a,n favori(te) ; ~**itism** n favoritisme m.

fawn [fɔːn] n faon m // a (*also*: ~-**coloured**) fauve // vi: **to** ~ (**up)on** flatter servilement.

fear [fɪə*] n crainte f, peur f // vt craindre ; **for** ~ **of** de peur que + *sub* or de + *infinitive* ; ~**ful** a (*someone*) craintif(ive) ; (*sight, noise*) affreux(euse), épouvantable ; ~**less** a intrépide, sans peur.

feasibility [fiːzə'bɪlɪtɪ] n (*of plan*) possibilité f de réalisation.

feasible ['fiːzəbl] a faisable, réalisable.

feast [fiːst] n festin m, banquet m ; (REL: *also*: ~ **day**) fête f // vi festoyer ; **to** ~ **on** se régaler de.

feat [fiːt] n exploit m, prouesse f.

feather ['feðə*] n plume f ; ~-**weight** n poids m plume *inv*.

feature ['fiːtʃə*] n caractéristique f ; (*article*) chronique f, rubrique f // vt (*subj: film*) avoir pour vedette(s) // vi figurer (en bonne place) ; ~**s** npl (*of face*) traits mpl ; ~ **film** n film principal ; ~**less** a anonyme, sans traits distinctifs.

February ['fɛbruərɪ] n février m.

fed [fɛd] pt,pp of **feed** ; **to be** ~ **up** en avoir marre or plein le dos.

federal ['fɛdərəl] a fédéral(e).

federation [fɛdə'reɪʃən] n fédération f.

fee [fiː] n rémunération f ; (*of doctor, lawyer*) honoraires mpl ; (*of school, college etc*) frais mpl de scolarité ; (*for examination*) droits mpl.

feeble ['fiːbl] a faible ; ~-**minded** a faible d'esprit.

feed [fiːd] n (*of baby*) tétée f // vt (pt, pp **fed** [fɛd]) nourrir ; (*horse etc*) donner à manger à ; (*machine*) alimenter ; (*data, information*): **to** ~ **into** fournir à ; **to** ~ **on** vt fus se nourrir de ; ~**back** n feed-back m ; ~**ing bottle** n biberon m.

feel [fiːl] n sensation f // vt (pt, pp **felt** [fɛlt]) toucher ; (*cold, pain*) sentir ; (*grief, anger*) ressentir, éprouver ; (*think, believe*): **to** ~ (**that**) trouver que ; **to** ~ **hungry/cold** avoir faim/froid ; **to** ~ **lonely/better** se sentir seul/mieux ; **to** ~ **sorry for** avoir pitié de ; **it** ~**s soft** c'est doux au toucher ; **it** ~**s like velvet** on dirait du velours, ça ressemble au velours ; **to** ~ **like** (*want*) avoir envie de ; **to** ~ **about** or **around** fouiller, tâtonner ; ~**er** n (*of insect*) antenne f ; **to put out a** ~**er** tâter le terrain ; ~**ing** n sensation f ; sentiment m ; **my** ~**ing is that...** j'estime que... .

feet [fiːt] npl of **foot**.

feign [feɪn] vt feindre, simuler.

felicitous [fɪ'lɪsɪtəs] a heureux(euse).

fell [fɛl] pt of **fall** // vt (*tree*) abattre ; (*person*) assommer ; ~-**walking** n randonnée f en montagne.

fellow ['fɛləu] n type m ; compagnon m ; (*of learned society*) membre m ; **their** ~ **prisoners/students** leurs camarades prisonniers/étudiants ; ~ **citizen** n concitoyen/ne ; ~ **countryman** n compatriote m ; ~ **men** npl semblables mpl ; ~**ship** n association f ; amitié f, camaraderie f ; sorte de bourse universitaire.

felony ['fɛlənɪ] n crime m, forfait m.

felt [fɛlt] pt, pp of **feel** // n feutre m ; ~-**tip pen** n stylo-feutre m.

female ['fiːmeɪl] n (ZOOL) femelle f ; (*pej: woman*) bonne femme // a (BIOL, ELEC) femelle ; (*sex, character*) féminin(e) ; (*vote etc*) des femmes ; (*child etc*) du sexe féminin ; **male and** ~ **students** étudiants et étudiantes ; ~ **impersonator** n travesti m.

feminine ['fɛmɪnɪn] a féminin(e) // n féminin m.

feminist ['fɛmɪnɪst] n féministe m/f.

fence [fɛns] n barrière f ; (*col: person*) receleur/euse // vt (*also*: ~ **in**) clôturer // vi faire de l'escrime ; **fencing** n escrime m.

fend [fɛnd] vi: **to** ~ **for o.s.** se débrouiller (tout seul).

fender ['fɛndə*] n garde-feu m inv ; (US) garde-boue m inv ; pare-chocs m inv.

ferment vi [fə'mɛnt] fermenter // n ['fɜːmɛnt] agitation f, effervescence f ; ~**ation** [-teɪʃən] n fermentation f.

fern [fɜːn] n fougère f.

ferocious [fə'rəuʃəs] a féroce.

ferocity [fə'rɔsɪtɪ] n férocité f.

ferry ['fɛrɪ] n (*small*) bac m ; (*large: also*: ~**boat**) ferry(-boat) m // vt transporter.

fertile ['fə:taɪl] *a* fertile ; (*BIOL*) fécond(e) ; **~ period** *n* période *f* de fécondité ; **fertility** [fə'tɪlɪtɪ] *n* fertilité *f*; fécondité *f*; **fertilize** ['fə:tɪlaɪz] *vt* fertiliser ; féconder ; **fertilizer** *n* engrais *m*.

fervent ['fə:vənt] *a* fervent(e), ardent(e).

fester ['fɛstə*] *vi* suppurer.

festival ['fɛstɪvəl] *n* (*REL*) fête *f*; (*ART, MUS*) festival *m*.

festive ['fɛstɪv] *a* de fête ; **the ~ season** (*Christmas*) la période des fêtes.

festivities [fɛs'tɪvɪtɪz] *npl* réjouissances *fpl.*

fetch [fɛtʃ] *vt* aller chercher ; (*sell for*) se vendre.

fetching ['fɛtʃɪŋ] *a* charmant(e).

fête [feɪt] *n* fête *f*, kermesse *f.*

fetish ['fɛtɪʃ] *n* fétiche *m.*

fetters ['fɛtəz] *npl* chaînes *fpl.*

fetus ['fi:təs] *n* (*US*) = **foetus.**

feud [fju:d] *n* dispute *f*, dissension *f* // *vi* se disputer, se quereller ; **~al** *a* féodal(e) ; **~alism** *n* féodalité *f.*

fever ['fi:və*] *n* fièvre *f*; **~ish** *a* fiévreux(euse), fébrile.

few [fju:] *a* peu de ; **they were ~** ils étaient peu (nombreux) ; **a ~** a quelques // *pronoun* quelques-uns ; **~er** *a* moins de ; moins (nombreux) ; **~est** *a* le moins nombreux.

fiancé [fɪ'ɑ̃:ŋseɪ] *n* fiancé *m.*; **~e** *n* fiancée *f.*

fiasco [fɪ'æskəu] *n* fiasco *m.*

fib [fɪb] *n* bobard *m.*

fibre, fiber (*US*) ['faɪbə*] *n* fibre *f*; **~-glass** *n* fibre de verre.

fickle ['fɪkl] *a* inconstant(e), volage, capricieux(euse).

fiction ['fɪkʃən] *n* romans *mpl*, littérature *f* romanesque ; fiction *f*; **~al** *a* fictif(ive).

fictitious [fɪk'tɪʃəs] *a* fictif(ive), imaginaire.

fiddle ['fɪdl] *n* (*MUS*) violon *m*; (*cheating*) combine *f*; escroquerie *f* // *vt* (*accounts*) falsifier, maquiller ; **to ~ with** *vt fus* tripoter ; **~r** *n* violoniste *m/f.*

fidelity [fɪ'dɛlɪtɪ] *n* fidélité *f.*

fidget ['fɪdʒɪt] *vi* se trémousser, remuer ; **~y** *a* agité(e), qui a la bougeotte.

field [fi:ld] *n* champ *m*; (*fig*) domaine *m*, champ *m*; (*SPORT: ground*) terrain *m*; **~ glasses** *npl* jumelles *fpl*; **~ marshal** *n* maréchal *m*; **~work** *n* travaux *mpl* pratiques (sur le terrain).

fiend [fi:nd] *n* démon *m*; **~ish** *a* diabolique.

fierce [fɪəs] *a* (*look*) féroce, sauvage ; (*wind, attack*) (très) violent(e) ; (*fighting, enemy*) acharné(e).

fiery ['faɪərɪ] *a* ardent(e), brûlant(e) ; fougueux(euse).

fifteen [fɪf'ti:n] *num* quinze.

fifth [fɪfθ] *num* cinquième.

fiftieth ['fɪftɪɪθ] *num* cinquantième.

fifty ['fɪftɪ] *num* cinquante.

fig [fɪg] *n* figue *f.*

fight [faɪt] *n* bagarre *f*; (*MIL*) combat *m*; (*against cancer etc*) lutte *f* // *vb* (*pt, pp* **fought** [fɔ:t]) *vt* se battre contre ; (*cancer, alcoholism*) combattre, lutter contre // *vi*

se battre ; **~er** *n* lutteur *m* (*fig*); (*plane*) chasseur *m*; **~ing** *n* combats *mpl.*

figment ['fɪgmənt] *n*: **a ~ of the imagination** une invention.

figurative ['fɪgjurətɪv] *a* figuré(e).

figure ['fɪgə*] *n* (*DRAWING, GEOM*) figure *f*; (*number, cipher*) chiffre *m*; (*body, outline*) silhouette *f*, ligne *f*, formes *fpl* // *vt* (*US*) supposer // *vi* (*appear*) figurer ; (*US: make sense*) s'expliquer ; **to ~ out** *vt* arriver à comprendre ; calculer ; **~head** *n* (*NAUT*) figure *f* de proue ; (*pej*) prête-nom *m*; **figure skating** *n* figures imposées (*en patinage*).

filament ['fɪləmənt] *n* filament *m.*

file [faɪl] *n* (*tool*) lime *f*; (*dossier*) dossier *m*; (*folder*) classeur *m*; (*row*) file *f* // *vt* (*nails, wood*) limer ; (*papers*) classer ; (*LAW: claim*) faire enregistrer ; déposer ; **to ~ in/out** *vi* entrer/sortir l'un derrière l'autre ; **to ~ past** *vt fus* défiler devant.

filing ['faɪlɪŋ] *n* (*travaux mpl de*) classement *m*; **~s** *npl* limaille *f*; **~ cabinet** *n* classeur *m* (*meuble*).

fill [fɪl] *vt* remplir // *n*: **to eat one's ~** manger à sa faim ; **to ~ in** *vt* (*hole*) boucher ; (*form*) remplir ; **to ~ up** *vt* remplir // *vi* (*AUT*) faire le plein ; **~ it up, please** (*AUT*) le plein, s'il vous plaît.

fillet ['fɪlɪt] *n* filet *m* // *vt* préparer en filets.

filling ['fɪlɪŋ] *n* (*CULIN*) garniture *f*, farce *f*; (*for tooth*) plombage *m*; **~ station** *n* station *f* d'essence.

fillip ['fɪlɪp] *n* coup *m* de fouet (*fig*).

film [fɪlm] *n* film *m*; (*PHOT*) pellicule *f*, film *m* // *vt* (*scene*) filmer ; **~ star** *n* vedette *f* de cinéma ; **~strip** *n* (film *m* pour) projection *f* fixe.

filter ['fɪltə*] *n* filtre *m* // *vt* filtrer ; **~ lane** *n* (*AUT*) voie *f* de sortie ; **~ tip** *n* bout *m* filtre.

filth [fɪlθ] *n* saleté *f*; **~y** *a* sale, dégoûtant(e) ; (*language*) ordurier (ère), grossier(ère).

fin [fɪn] *n* (*of fish*) nageoire *f.*

final ['faɪnl] *a* final(e), dernier(ère) ; définitif(ive) // *n* (*SPORT*) finale *f*; **~s** *npl* (*SCOL*) examens *mpl* de dernière année ; **~e** [fɪ'nɑ:lɪ] *n* finale *m*; **~ist** *n* (*SPORT*) finaliste *m/f*; **~ize** *vt* mettre au point ; **~ly** *ad* (*lastly*) en dernier lieu ; (*eventually*) enfin, finalement ; (*irrevocably*) définitivement.

finance [faɪ'næns] *n* finance *f*; **~s** *npl* finances *fpl* // *vt* financer.

financial [faɪ'nænʃəl] *a* financier (ère) ; **~ly** *ad* financièrement ; **~ year** *n* année *f* budgétaire.

financier [faɪ'nænsɪə*] *n* financier *m.*

find [faɪnd] *vt* (*pt, pp* **found** [faund]) trouver ; (*lost object*) retrouver // *n* trouvaille *f*, découverte *f*; **to ~ sb guilty** (*LAW*) déclarer qn coupable ; **to ~ out** *vt* se renseigner sur ; (*truth, secret*) découvrir ; (*person*) démasquer ; **to ~ out about** se renseigner sur ; (*by chance*) apprendre ; **~ings** *npl* (*LAW*) conclusions *fpl*, verdict *m*; (*of report*) constatations *fpl.*

fine [faɪn] *a* beau(belle) ; excellent(e) ; fin(e) // *ad* (*well*) très bien ; (*small*) fin, finement // *n* (*LAW*) amende *f*; contravention *f* // *vt* (*LAW*) condamner à une amende ; donner une contravention à ; ~ **arts** *npl* beaux-arts *mpl*.

finery ['faɪnərɪ] *n* parure *f*.

finesse [fɪ'nɛs] *n* finesse *f*.

finger ['fɪŋgə*] *n* doigt *m* // *vt* palper, toucher ; ~**nail** *n* ongle *m* (de la main) ; ~**print** *n* empreinte digitale ; ~**stall** *n* doigtier *m* ; ~**tip** *n* bout *m* du doigt.

finicky ['fɪnɪkɪ] *a* tatillon(ne), méticuleux(euse) ; minutieux(euse).

finish ['fɪnɪʃ] *n* fin *f* ; (SPORT) arrivée *f* ; (polish etc) finition *f* // *vt* finir, terminer // *vi* finir, se terminer ; (session) s'achever ; **to ~ off** *vt* finir, terminer ; (kill) achever ; **to ~ up** *vi,vt* finir ; ~**ing line** *n* ligne *f* d'arrivée ; ~**ing school** *n* institution privée (pour jeunes filles).

finite ['faɪnaɪt] *a* fini(e) ; (verb) conjugué(e).

Finland ['fɪnlənd] *n* Finlande *f*.

Finn [fɪn] *n* Finnois/e ; Finlandais/e ; ~**ish** *a* finnois(e) ; finlandais(e) // *n* (LING) finnois *m*.

fiord [fjɔ:d] *n* fjord *m*.

fir [fə:*] *n* sapin *m*.

fire ['faɪə*] *n* feu *m* ; incendie *m* // *vt* (discharge): **to ~ a gun** tirer un coup de feu ; (fig) enflammer, animer ; (dismiss) mettre à la porte, renvoyer // *vi* tirer, faire feu ; **on ~** en feu ; ~ **alarm** *n* avertisseur *m* d'incendie ; ~**arm** *n* arme *f* à feu ; ~ **brigade** *n* (régiment *m* de sapeurs-)pompiers *mpl* ; ~ **engine** *n* pompe *f* à incendie ; ~ **escape** *n* escalier *m* de secours ; ~ **extinguisher** *n* extincteur *m* ; ~**man** *n* pompier *m* ; ~**master** *n* capitaine *m* des pompiers ; ~**place** *n* cheminée *f* ; ~**proof** *a* ignifuge ; ~**side** *n* foyer *m*, coin *m* du feu ; ~ **station** *n* caserne *f* de pompiers ; ~**wood** *n* bois *m* de chauffage ; ~**work** *n* feu *m* d'artifice ; ~**works** *npl* (display) feu(x) *m* d'artifice.

firing ['faɪərɪŋ] *n* (MIL) feu *m*, tir *m* ; ~ **squad** *n* peloton *m* d'exécution.

firm [fə:m] *a* ferme // *n* compagnie *f*, firme *f* ; ~**ly** *ad* fermement ; ~**ness** *n* fermeté *f*.

first [fə:st] *a* premier(ère) // *ad* (before others) le premier, la première ; (before other things) en premier, d'abord ; (when listing reasons etc) en premier lieu, premièrement // *n* (person: in race) premier/ère ; (SCOL) mention *f* très bien ; (AUT) première *f* ; **at ~** au commencement, au début ; ~ **of all** tout d'abord, pour commencer ; ~ **aid** premiers secours or soins ; ~**aid kit** *n* trousse *f* à pharmacie ; ~**class** *a* de première classe ; ~**hand** *a* de première main ; ~ **lady** *n* (US) femme *f* du président ; ~**ly** *ad* premièrement, en premier lieu ; ~ **name** *n* prénom *m* ; ~ **night** *n* (THEATRE) première *f* ; ~**rate** *a* excellent(e).

fir tree ['fə:tri:] *n* sapin *m*.

fiscal ['fɪskəl] *a* fiscal(e).

fish [fɪʃ] *n,pl inv* poisson *m* ; poissons *mpl* // *vt,vi* pêcher ; **to ~ a river** pêcher dans une rivière ; **to go ~ing** aller à la pêche ; ~**erman** *n* pêcheur *m* ; ~**ery** *n* pêcherie *f* ; ~ **fingers** *npl* bâtonnets de poisson (congelés) ; ~ **hook** *n* hameçon *m* ; ~**ing**

boat *n* barque *f* de pêche ; ~**ing line** *n* ligne *f* (de pêche) ; ~**ing rod** *n* canne *f* à pêche ; ~**ing tackle** *n* attirail *m* de pêche ; ~ **market** *n* marché *m* au poisson ; ~**monger** *n* marchand *m* de poisson ; ~ **slice** *n* pelle *f* à poisson ; ~**y** *a* (fig) suspect(e), louche.

fission ['fɪʃən] *n* fission *f*.

fissure ['fɪʃə*] *n* fissure *f*.

fist [fɪst] *n* poing *m*.

fit [fɪt] *a* (MED, SPORT) en (bonne) forme ; (proper) convenable ; approprié(e) // *vt* (subj: clothes) aller à ; (adjust) ajuster ; (put in, attach) installer, poser ; adapter ; (equip) équiper, garnir, munir // *vi* (clothes) aller ; (parts) s'adapter ; (in space, gap) entrer, s'adapter // *n* (MED) accès *m*, crise *f* ; (of coughing) quinte *f* ; ~ **to** en état de ; ~ **for** digne de ; apte à ; **this dress is a tight/good** ~ cette robe est un peu juste/(me) va très bien ; **by ~s and starts** par à-coups ; **to ~ in** *vi* s'accorder ; s'adapter ; **to ~ out** (also: **up**) *vt* équiper ; ~**ful** *a* intermittent(e) ; ~**ment** *n* meuble encastré, élément *m* ; ~**ness** *n* (MED) forme *f* physique ; (of remark) à-propos *m*, justesse *f* ; ~**ter** *n* monteur *m* ; (DRESSMAKING) essayeur/euse ; ~**ting** *a* approprié(e) // *n* (of dress) essayage *m* ; (of piece of equipment) pose *f*, installation *f* ; ~**tings** *npl* installations *fpl*.

five [faɪv] *num* cinq ; ~**r** *n* (Brit: col) billet *m* de cinq livres.

fix [fɪks] *vt* fixer ; arranger ; (mend) réparer // *n*: **to be in a** ~ être dans le pétrin ; ~**ed** [fɪkst] *a* (prices etc) fixe ; ~**ture** ['fɪkstʃə*] *n* installation *f* (fixe) ; (SPORT) rencontre *f* (au programme).

fizz [fɪz] *vi* pétiller.

fizzle ['fɪzl] *vi* pétiller ; **to ~ out** *vi* rater.

fizzy ['fɪzɪ] *a* pétillant(e) ; gazeux(euse).

fjord [fjɔ:d] *n* = **fiord**.

flabbergasted ['flæbəga:stɪd] *a* sidéré(e), ahuri(e).

flabby ['flæbɪ] *a* mou(molle).

flag [flæg] *n* drapeau *m* ; (also: ~**stone**) dalle *f* // *vi* faiblir ; fléchir ; **to ~ down** *vt* héler, faire signe (de s'arrêter) à ; ~ **of convenience** *n* pavillon *m* de complaisance.

flagon ['flægən] *n* bonbonne *f*.

flagpole ['flægpəul] *n* mât *m*.

flagrant ['fleɪgrənt] *a* flagrant(e).

flair [flɛə*] *n* flair *m*.

flake [fleɪk] *n* (of rust, paint) écaille *f* ; (of snow, soap powder) flocon *m* // *vi* (also: ~ **off**) s'écailler.

flamboyant [flæm'bɔɪənt] *a* flamboyant(e), éclatant(e) ; (person) haut(e) en couleur.

flame [fleɪm] *n* flamme *f*.

flamingo [flə'mɪŋgəu] *n* flamant *m* (rose).

flammable ['flæməbl] *a* inflammable.

flan [flæn] *n* tarte *f*.

Flanders ['flɑ:ndəz] *n* Flandre(s) *f(pl)*.

flange [flændʒ] *n* boudin *m* ; collerette *f*.

flank [flæŋk] *n* flanc *m* // *vt* flanquer.

flannel ['flænl] *n* (also: face ~) gant *m* de toilette ; (fabric) flanelle *f* ; (col) baratin *m* ; ~**s** *npl* pantalon *m* de flanelle.

flap [flæp] n (of pocket, envelope) rabat m // vt (wings) battre (de) // vi (sail, flag) claquer; (col: also: **be in a ~**) paniquer.

flare [flɛə*] n fusée éclairante; (in skirt etc) évasement m; **to ~ up** vi s'embraser; (fig: person) se mettre en colère, s'emporter; (: revolt) éclater; **~d** a (trousers) à jambes évasées.

flash [flæʃ] n éclair m; (also: **news ~**) flash m (d'information); (PHOT) flash m // vt (switch on) allumer (brièvement); (direct): **to ~ sth at** braquer qch sur; (display) étaler, exhiber; (send: message) câbler // vi briller; jeter des éclairs; (light on ambulance etc) clignoter; **in a ~** en un clin d'œil; **to ~ one's headlights** faire un appel de phares; **he ~ed by or past** il passa (devant nous) comme un éclair; **~back** n flashback m, retour m en arrière; **~ bulb** n ampoule f de flash; **~er** n (AUT) clignotant m.

flashy ['flæʃɪ] a (pej) tape-à-l'œil inv, tapageur(euse).

flask [flɑːsk] n flacon m, bouteille f; (CHEM) ballon m; (also: **vacuum ~**) bouteille f thermos ®.

flat [flæt] a plat(e); (tyre) dégonflé(e), à plat; (denial) catégorique; (MUS) bémolisé(e) // n (rooms) appartement m; (MUS) bémol m; (AUT) crevaison f, pneu crevé; **to be ~-footed** avoir les pieds plats; **~ly** ad catégoriquement; **~ness** n (of land) absence f de relief, aspect plat; **~ten** vt (also: **~ten out**) aplatir.

flatter ['flætə*] vt flatter; **~er** n flatteur m; **~ing** a flatteur(euse); **~y** n flatterie f.

flatulence ['flætjuləns] n flatulence f.

flaunt [flɔːnt] vt faire étalage de.

flavour, flavor (US) ['fleɪvə*] n goût m, saveur f; (of ice cream etc) parfum m // vt parfumer, aromatiser; **vanilla-~ed** à l'arôme de vanille, vanillé(e); **to give or add ~ to** donner du goût à, relever; **~ing** n arôme m (synthétique).

flaw [flɔː] n défaut m; **~less** a sans défaut.

flax [flæks] n lin m; **~en** a blond(e).

flea [fliː] n puce f.

fledg(e)ling ['fledʒlɪŋ] n oisillon m.

flee, pt, pp **fled** [fliː, fled] vt fuir, s'enfuir de // vi fuir, s'enfuir.

fleece [fliːs] n toison f // vt (col) voler, filouter.

fleet [fliːt] n flotte f; (of lorries etc) parc m; convoi m.

fleeting ['fliːtɪŋ] a fugace, fugitif(ive); (visit) très bref(brève).

Flemish ['flemɪʃ] a flamand(e) // n (LING) flamand m; **the ~** les Flamands.

flesh [fleʃ] n chair f; **~ wound** n blessure superficielle.

flew [fluː] pt of **fly**.

flex [fleks] n fil m or câble m électrique (souple) // vt fléchir; (muscles) tendre; **~ibility** [-'bɪlɪtɪ] n flexibilité f; **~ible** a flexible.

flick [flɪk] n petite tape; chiquenaude f; sursaut m; **~ knife** n couteau m à cran d'arrêt; **to ~ through** vt fus feuilleter.

flicker ['flɪkə*] vi vaciller // n vacillement m; **a ~ of light** une brève lueur.

flier ['flaɪə*] n aviateur m.

flight [flaɪt] n vol m; (escape) fuite f; (also: **~ of steps**) escalier m; **to take ~** prendre la fuite; **to put to ~** mettre en fuite; **~ deck** n (AVIAT) poste m de pilotage; (NAUT) pont m d'envol.

flimsy ['flɪmzɪ] a (partition, fabric) peu solide, mince; (excuse) pauvre, mince.

flinch [flɪntʃ] vi tressaillir; **to ~ from** se dérober à, reculer devant.

fling, pt, pp **flung** [flɪŋ, flʌŋ] vt jeter, lancer.

flint [flɪnt] n silex m; (in lighter) pierre f (à briquet).

flip [flɪp] n chiquenaude f.

flippant ['flɪpənt] a désinvolte, irrévérencieux(euse).

flirt [fləːt] vi flirter // n flirteuse f; **~ation** [-'teɪʃən] n flirt m.

flit [flɪt] vi voleter.

float [fləʊt] n flotteur m; (in procession) char m // vi flotter // vt faire flotter; (loan, business) lancer; **~ing** a flottant(e).

flock [flɒk] n troupeau m; (of people) foule f.

flog [flɒg] vt fouetter.

flood [flʌd] n inondation f; (of words, tears etc) flot m, torrent m // vt inonder; **in ~** en crue; **~ing** n inondation f; **~light** n projecteur m // vt éclairer aux projecteurs, illuminer.

floor [flɔː*] n sol m; (storey) étage m; (fig: at meeting): **the ~** l'assemblée f, les membres mpl de l'assemblée // vt terrasser; **on the ~** par terre; **ground ~** (Brit), **first ~** (US) rez-de-chaussée m; **first ~** (Brit), **second ~** (US) premier étage; **~board** n planche f (du plancher); **~ show** n spectacle m de variétés.

flop [flɒp] n fiasco m // vi (fail) faire fiasco.

floppy ['flɒpɪ] a lâche, flottant(e); **~ hat** n chapeau m à bords flottants.

flora ['flɔːrə] n flore f.

floral ['flɔːrl] a floral(e).

florid ['flɒrɪd] a (complexion) fleuri(e); (style) plein(e) de fioritures.

florist ['flɒrɪst] n fleuriste m/f.

flounce [flaʊns] n volant m; **to ~ out** vi sortir dans un mouvement d'humeur.

flounder ['flaʊndə*] vi patauger.

flour ['flaʊə*] n farine f.

flourish ['flʌrɪʃ] vi prospérer // vt brandir // n fioriture f; (of trumpets) fanfare f; **~ing** a prospère, florissant(e).

flout [flaʊt] vt se moquer de, faire fi de.

flow [fləʊ] n flot m; courant m; circulation f; (tide) flux m // vi couler; (traffic) s'écouler; (robes, hair) flotter; **~ chart** n organigramme m.

flower ['flaʊə*] n fleur f // vi fleurir; **~bed** n plate-bande f; **~pot** n pot m (à fleurs); **~y** a fleuri(e).

flown [fləʊn] pp of **fly**.

flu [fluː] n grippe f.

fluctuate ['flʌktjʊeɪt] vi varier, fluctuer; **fluctuation** [-'eɪʃən] n fluctuation f, variation f.

fluency ['fluːənsɪ] n facilité f, aisance f.

fluent ['fluːənt] a (speech) coulant(e), aisé(e); **he speaks ~ French, he's ~ in French** il parle le français couramment;

~**ly** ad couramment ; avec aisance or facilité.

fluff [flʌf] n duvet m ; peluche f ; ~y a duveteux(euse) ; pelucheux (euse) ; ~y toy n jouet m en peluche.

fluid ['flu:ɪd] a,n fluide (m) ; ~ **ounce** n = 0.028 l ; 0.05 pints.

fluke [flu:k] n (col) coup m de veine or de chance.

flung [flʌŋ] pt,pp of **fling**.

fluorescent [fluə'rɛsnt] a fluorescent(e).

fluoride ['fluəraɪd] n fluor m.

fluorine ['fluəri:n] n fluor m.

flurry ['flʌrɪ] n (of snow) rafale f, bourrasque f ; ~ **of activity/excitement** affairement m/excitation f soudain(e).

flush [flʌʃ] n rougeur f ; excitation f // vt nettoyer à grande eau // vi rougir // a : ~ **with** au ras de, de niveau avec ; ~ **against** tout contre ; **to** ~ **the toilet** tirer la chasse (d'eau) ; ~ed a (tout(e)) rouge.

fluster ['flʌstə*] n agitation f, trouble m ; ~ed a énervé(e).

flute [flu:t] n flûte f.

fluted ['flu:tɪd] a cannelé(e).

flutter ['flʌtə*] n agitation f ; (of wings) battement m // vi battre des ailes, voleter ; (person) aller et venir dans une grande agitation.

flux [flʌks] n : **in a state of** ~ fluctuant sans cesse.

fly [flaɪ] n (insect) mouche f ; (on trousers : also : **flies**) braguette f // vb (pt **flew**, pp **flown** [flu:, flaun]) vt piloter ; (passengers, cargo) transporter (par avion) ; (distances) parcourir // vi voler ; (passengers) aller en avion ; (escape) s'enfuir, fuir ; (flag) se déployer ; **to** ~ **open** vi s'ouvrir brusquement ; ~ing n (activity) aviation f // a : ~ing **visit** visite f éclair inv ; **with** ~ing **colours** haut la main ; ~ing **buttress** n arc-boutant m ; ~ing **saucer** n soucoupe volante ; ~ing **start** n : **to get off to a** ~ing **start** faire un excellent départ ; ~over n (Brit : bridge) saut-de-mouton m ; ~past n défilé aérien ; ~sheet n (for tent) double toit m ; ~wheel n volant m (de commande).

F.M. (abbr of frequency modulation) F.M., M.F. (modulation f de fréquence).

foal [faul] n poulain m.

foam [faum] n écume f ; (on beer) mousse f ; (also : **plastic** ~) mousse cellulaire or de plastique // vi écumer ; (soapy water) mousser ; ~ **rubber** n caoutchouc m mousse.

fob [fɔb] vt : **to** ~ **sb off with** refiler à qn ; se débarrasser de qn avec.

focal ['faukəl] a focal(e).

focus ['faukəs] n (pl : ~es) foyer m ; (of interest) centre m // vt (field glasses etc) mettre au point ; (light rays) faire converger ; ~ **in** ~ au point ; **out of** ~ pas au point.

fodder ['fɔdə*] n fourrage m.

foe [fau] n ennemi m.

foetus ['fi:təs] n fœtus m.

fog [fɔg] n brouillard m ; ~**gy** a : **it's** ~**gy** il y a du brouillard.

foible ['fɔɪbl] n faiblesse f.

foil [fɔɪl] vt déjouer, contrecarrer // n feuille f de métal ; (also : **kitchen** ~) papier m d'alu(minium) ; (FENCING) fleuret m ; **to act as a** ~ **to** (fig) servir de repoussoir or de faire-valoir à.

fold [fauld] n (bend, crease) pli m ; (AGR) parc m à moutons ; (fig) bercail m // vt plier ; **to** ~ **up** vi (map etc) se plier, se replier ; (business) fermer boutique // vt (map etc) plier, replier ; ~**er** n (for papers) chemise f ; classeur m ; (brochure) dépliant m ; ~**ing** a (chair, bed) pliant(e).

foliage ['fauliɪdʒ] n feuillage m.

folk [fauk] npl gens mpl // a folklorique ; ~**s** npl famille f, parents mpl ; ~**lore** ['fauklɔ:*] n folklore m ; ~**song** n chanson f folklorique (gén de l'Ouest américain).

follow ['fɔlau] vt suivre // vi suivre ; (result) s'ensuivre ; **he** ~**ed** suit il fit de même ; **to** ~ **up** vt (victory) tirer parti de ; (letter, offer) donner suite à ; (case) suivre ; ~**er** n disciple m/f, partisan/e ; ~**ing** a suivant(e) // n partisans mpl, disciples mpl.

folly ['fɔlɪ] n inconscience f ; sottise f ; (building) folie f.

fond [fɔnd] a (memory, look) tendre, affectueux(euse) ; **to be** ~ **of** aimer beaucoup.

fondle ['fɔndl] vt caresser.

fondness ['fɔndnɪs] n (for things) attachement m ; (for people) sentiments affectueux ; **a special** ~ **for** une prédilection pour.

font [fɔnt] n fonts baptismaux.

food [fu:d] n nourriture f ; ~ **mixer** n mixeur m ; ~ **poisoning** n intoxication f alimentaire ; ~**stuffs** npl denrées fpl alimentaires.

fool [fu:l] n idiot/e ; (HISTORY : of king) bouffon m, fou m ; (CULIN) purée f de fruits à la crème // vt berner, duper // vi (gen : ~ **around**) faire l'idiot or l'imbécile ; ~**hardy** a téméraire, imprudent(e) ; ~**ish** a idiot(e), stupide ; imprudent(e) ; ~**proof** a (plan etc) infaillible.

foot [fut] n (pl : **feet** [fi:t]) pied m ; (measure) pied (= 304 mm ; 12 inches) ; (of animal) patte f // vt (bill) casquer, payer ; **on** ~ à pied ; ~ **and mouth (disease)** n fièvre aphteuse ; ~**ball** n ballon m (de football) ; (sport) football m ; ~**baller** n footballeur m ; ~**brake** n frein m à pied ; ~**bridge** n passerelle f ; ~**hills** npl contreforts mpl ; ~**hold** n prise f (de pied) ; ~**ing** n (fig) position f ; **to lose one's** ~**ing** perdre pied ; **on an equal** ~**ing** sur pied d'égalité ; ~**lights** npl rampe f ; ~**man** n laquais m ; ~**note** n note f (en bas de page) ; ~**path** n sentier m ; (in street) trottoir m ; ~**rest** n marchepied m ; ~**sore** a aux pieds endoloris ; ~**step** n pas m ; ~**wear** n chaussure(s) f(pl) (terme générique en anglais).

for [fɔ:*] prep pour ; (during) pendant ; (in spite of) malgré // cj car ; **I haven't seen him** ~ **a week** je ne l'ai pas vu depuis une semaine, cela fait une semaine que je ne l'ai pas vu ; **he went down** ~ **the paper** il est descendu chercher le journal ; ~ **sale** à vendre.

forage ['fɔrɪdʒ] n fourrage m // vi fourrager, fouiller ; ~ **cap** n calot m.

foray ['fɔreɪ] n incursion f.
forbad(e) [fə'bæd] pt of **forbid**.
forbearing [fɔ:'bɛərɪŋ] a patient(e), tolérant(e).
forbid, pt **forbad(e),** pp **forbidden** [fə'bɪd, -'bæd, -'bɪdn] vt défendre, interdire ; **~den** a défendu(e) ; **~ding** d'aspect or d'allure sévère or sombre.
force [fɔ:s] n force f // vt forcer ; **the F~s** npl l'armée f ; **in ~** en force ; **to come into ~** entrer en vigueur ; **~d** [fɔ:st] a forcé(e) ; **~ful** a énergique, volontaire.
forceps ['fɔ:sɛps] npl forceps m.
forcibly ['fɔ:səblɪ] ad par la force, de force ; (vigorously) énergiquement.
ford [fɔ:d] n gué m // vt passer à gué.
fore [fɔ:*] n: **to the ~** en évidence.
forearm ['fɔ:rɑ:m] n avant-bras m inv.
foreboding [fɔ:'bəudɪŋ] n pressentiment m (néfaste).
forecast ['fɔ:kɑ:st] n prévision f // vt (irg: like **cast**) prévoir.
forecourt ['fɔ:kɔ:t] n (of garage) devant m.
forefathers ['fɔ:fɑ:ðəz] npl ancêtres mpl.
forefinger ['fɔ:fɪŋgə*] n index m.
forego, pt **forewent,** pp **foregone** [fɔ:'gəu, -wɛnt, -'gɔn] vt = **forgo**.
foregone [fɔ:'gɔn] a: **it's a ~ conclusion** c'est à prévoir, c'est couru d'avance.
foreground ['fɔ:graund] n premier plan.
forehead ['fɔrɪd] n front m.
foreign ['fɔrɪn] a étranger(ère) ; (trade) extérieur(e) ; **~ body** n corps étranger ; **~er** n étranger/ère ; **~ exchange market** n marché m des devises ; **~ exchange rate** n cours m des devises ; **~ minister** n ministre m des Affaires étrangères.
foreleg ['fɔ:lɛg] n patte f de devant ; jambe antérieure.
foreman ['fɔ:mən] n contremaître m.
foremost ['fɔ:məust] a le(la) plus en vue ; premier(ère).
forensic [fə'rɛnsɪk] a: **~ medicine** médecine légale ; **~ expert** expert m de la police, expert légiste.
forerunner ['fɔ:rʌnə*] n précurseur m.
foresee, pt **foresaw,** pp **foreseen** [fɔ:'si:, -'sɔ:, -'si:n] vt prévoir ; **~able** a prévisible.
foresight ['fɔ:saɪt] n prévoyance f.
forest ['fɔrɪst] n forêt f.
forestall [fɔ:'stɔ:l] vt devancer.
forestry ['fɔrɪstrɪ] n sylviculture f.
foretaste ['fɔ:teɪst] n avant-goût m.
foretell, pt,pp **foretold** [fɔ:'tɛl, -'təuld] vt prédire.
forever [fə'rɛvə*] ad pour toujours ; (fig) continuellement.
forewent [fɔ:'wɛnt] pt of **forego**.
foreword ['fɔ:wə:d] n avant-propos m inv.
forfeit ['fɔ:fɪt] n prix m, rançon f // vt perdre ; (one's life, health) payer de.
forgave [fə'geɪv] pt of **forgive**.
forge [fɔ:dʒ] n forge f // vt (signature) contrefaire ; (wrought iron) forger ; **to ~ documents/a will** fabriquer des faux papiers/un faux testament ; **to ~ money** fabriquer de la fausse monnaie ; **to ~ ahead** vi pousser de l'avant, prendre de

l'avance ; **~r** n faussaire m ; **~ry** n faux m, contrefaçon f.
forget, pt **forgot,** pp **forgotten** [fə'gɛt, -'gɔt, -'gɔtn] vt,vi oublier ; **~ful** a distrait(e), étourdi(e) ; **~ful of** oublieux(euse) de ; **~fulness** n tendance f aux oublis ; (oblivion) oubli m.
forgive, pt **forgave,** pp **forgiven** [fə'gɪv, -geɪv, -'gɪvn] vt pardonner ; **~ness** n pardon m.
forgo, pt **forwent,** pp **forgone** [fɔ:'gəu, -'wɛnt, -'gɔn] vt renoncer à.
forgot [fə'gɔt] pt of **forget**.
forgotten [fə'gɔtn] pp of **forget**.
fork [fɔ:k] n (for eating) fourchette f ; (for gardening) fourche f ; (of roads) bifurcation f ; (of railways) embranchement m // vi (road) bifurquer ; **to ~ out** (col: pay) vt allonger, se fendre de // vi casquer ; **~ed** [fɔ:kt] a (lightning) en zigzags, ramifié(e) ; **~-lift truck** n chariot élévateur.
form [fɔ:m] n forme f ; (SCOL) classe f ; (questionnaire) formulaire m // vt former ; **in top ~** en pleine forme.
formal ['fɔ:məl] a (offer, receipt) en bonne et due forme ; (person) cérémonieux(euse), à cheval sur les convenances ; (occasion, dinner) officiel(le) ; (ART, PHILOSOPHY) formel(le) ; **~ly** ad officiellement, formellement ; cérémonieusement.
format ['fɔ:mæt] n format m.
formation [fɔ:'meɪʃən] n formation f.
formative ['fɔ:mətɪv] a: **~ years** années fpl d'apprentissage (fig) or de formation (d'un enfant, d'un adolescent).
former ['fɔ:mə*] a ancien(ne) (before n), précédent(e) ; **the ~ ... the latter** le premier ... le second, celui-là ... celui-ci ; **~ly** ad autrefois.
formidable ['fɔ:mɪdəbl] a redoutable.
formula ['fɔ:mjulə] n formule f.
formulate ['fɔ:mjulеit] vt formuler.
forsake, pt **forsook,** pp **forsaken** [fə'seɪk, -'suk, -'seɪkən] vt abandonner.
fort [fɔ:t] n fort m.
forte ['fɔ:tɪ] n (point) fort m.
forth [fɔ:θ] ad en avant ; **to go back and ~** aller et venir ; **and so ~** et ainsi de suite ; **~coming** a qui va paraître or avoir lieu prochainement ; (character) ouvert(e), communicatif(ive) ; **~right** a franc(franche), direct(e).
fortieth ['fɔ:tɪɪθ] num quarantième.
fortification [fɔ:tɪfɪ'keɪʃən] n fortification f.
fortify ['fɔ:tɪfaɪ] vt fortifier ; **fortified wine** n vin liquoreux or de liqueur.
fortitude ['fɔ:tɪtju:d] n courage m, force f d'âme.
fortnight ['fɔ:tnaɪt] n quinzaine f, quinze jours mpl ; **~ly** a bimensuel(le) // ad tous les quinze jours.
fortress ['fɔ:trɪs] n forteresse f.
fortuitous [fɔ:'tju:ɪtəs] a fortuit(e).
fortunate ['fɔ:tʃənɪt] a: **to be ~** avoir de la chance ; **it is ~ that** c'est une chance que, il est heureux que ; **~ly** ad heureusement, par bonheur.
fortune ['fɔ:tʃən] n chance f ; (wealth) fortune f ; **~teller** n diseuse f de bonne aventure.

forty ['fɔːtɪ] *num* quarante.

forum ['fɔːrəm] *n* forum *m*, tribune *f.*

forward ['fɔːwəd] *a* (*ahead of schedule*) en avance; (*movement, position*) en avant, vers l'avant; (*not shy*) ouvert(e); direct(e); effronté(e) // *ad* en avant // *n* (*SPORT*) avant *m* // *vt* (*letter*) faire suivre; (*parcel, goods*) expédier; (*fig*) promouvoir, contribuer au développement *or* à l'avancement de; **to move** ~ avancer; ~**s** *ad* en avant.

forwent [fɔː'wɛnt] *pt of* **forgo.**

fossil ['fɔsl] *a,n* fossile (*m*).

foster ['fɔstə*] *vt* encourager, favoriser; ~ **brother** *n* frère adoptif; frère de lait; ~ **child** *n* enfant adopté; ~ **mother** *n* mère adoptive; mère nourricière.

fought [fɔːt] *pt, pp of* **fight.**

foul [faul] *a* (*weather, smell, food*) infect(e); (*language*) ordurier(ère); (*deed*) infâme // *n* (*FOOTBALL*) faute *f* // *vt* salir, encrasser; (*football player*) commettre une faute sur; ~ **play** *n* (*SPORT*) jeu déloyal; ~ **play is not suspected** la mort *(or* l'incendie *etc)* n'a pas de causes suspectes, on écarte l'hypothèse d'un meurtre (*or* d'un acte criminel).

found [faund] *pt, pp of* **find** // *vt* (*establish*) fonder; ~**ation** [-'deɪʃən] *n* (*act*) fondation *f*; (*base*) fondement *m*; (*also:* ~**ation cream**) fond de teint; ~**ations** *npl* (*of building*) fondations *fpl.*

founder ['faundə*] *n* fondateur *m* // *vi* couler, sombrer.

foundry ['faundrɪ] *n* fonderie *f.*

fount [faunt] *n* source *f*; ~**ain** ['fauntɪn] *n* fontaine *f*; ~**ain pen** *n* stylo *m* (à encre).

four [fɔː*] *num* quatre; **on all** ~**s** à quatre pattes; ~**some** ['fɔːsəm] *n* partie *f* à quatre; sortie *f* à quatre; ~**teen** *num* quatorze; ~**teenth** *num* quatorzième; ~**th** *num* quatrième.

fowl [faul] *n* volaille *f.*

fox [fɔks] *n* renard *m* // *vt* mystifier.

foyer ['fɔɪeɪ] *n* vestibule *m*; (*THEATRE*) foyer *m.*

fraction ['frækʃən] *n* fraction *f.*

fracture ['fræktʃə*] *n* fracture *f* // *vt* fracturer.

fragile ['frædʒaɪl] *a* fragile.

fragment ['frægmənt] *n* fragment *m*; ~**ary** *a* fragmentaire.

fragrance ['freɪgrəns] *n* parfum *m.*

fragrant ['freɪgrənt] *a* parfumé(e), odorant(e).

frail [freɪl] *a* fragile, délicat(e).

frame [freɪm] *n* (*of building*) charpente *f*; (*of human, animal*) charpente, ossature *f*; (*of picture*) cadre *m*; (*of door, window*) encadrement *m*, chambranle *m*; (*of spectacles: also:* ~**s**) monture *f* // *vt* encadrer; (*theory, plan*) construire, élaborer; ~ **of mind** *n* disposition *f* d'esprit; ~**work** *n* structure *f.*

France [frɑːns] *n* France *f.*

franchise ['fræntʃaɪz] *n* (*POL*) droit *m* de vote.

frank [fræŋk] *a* franc(franche) // *vt* (*letter*) affranchir; ~**ly** *ad* franchement; ~**ness** *n* franchise *f.*

frantic ['fræntɪk] *a* frénétique; ~**ally** *ad* frénétiquement.

fraternal [frə'təːnl] *a* fraternel(le).

fraternity [frə'təːnɪtɪ] *n* (*club*) communauté *f*, confrérie *f*; (*spirit*) fraternité *f.*

fraternize ['frætənaɪz] *vi* fraterniser.

fraud [frɔːd] *n* supercherie *f*, fraude *f*, tromperie *f*; imposteur *m.*

fraudulent ['frɔːdjulənt] *a* frauduleux(euse).

fraught [frɔːt] *a*: ~ **with** chargé(e) de, plein(e) de.

fray [freɪ] *n* bagarre *f* // *vt* effilocher // *vi* s'effilocher; **tempers were** ~**ed** les gens commençaient à s'énerver *or* perdre patience; **her nerves were** ~**ed** elle était à bout de nerfs.

freak [friːk] *n* (*also cpd*) phénomène *m*, créature ou événement exceptionnel par sa rareté, son caractère d'anomalie.

freckle ['frɛkl] *n* tache *f* de rousseur.

free [friː] *a* libre; (*gratis*) gratuit(e); (*liberal*) généreux(euse), large // *vt* (*prisoner etc*) libérer; (*jammed object or person*) dégager; ~ (**of charge**), **for** ~ *ad* gratuitement; ~**dom** ['friːdəm] *n* liberté *f*; ~**-for-all** *n* mêlée générale; ~ **kick** *n* coup franc; ~**lance** *a* indépendant(e); ~**ly** *ad* librement; (*liberally*) libéralement; ~**mason** *n* franc-maçon *m*; ~**masonry** *n* franc-maçonnerie *f*; ~ **trade** *n* libre-échange *m*; ~**way** *n* (*US*) autoroute *f*; ~**wheel** *vi* descendre en roue libre; ~ **will** *n* libre arbitre *m*; **of one's own** ~ **will** de son plein gré.

freeze [friːz] *vb* (*pt* **froze**, *pp* **frozen** [frəuz, 'frəuzn]) *vi* geler // *vt* geler; (*food*) congeler; (*prices, salaries*) bloquer, geler // *n* gel *m*; blocage *m*; ~**-dried** *a* lyophilisé(e); ~**r** *n* congélateur *m.*

freezing ['friːzɪŋ] *a*: ~ **cold** *a* glacial(e); ~ **point** *n* point *m* de congélation; **3 degrees below** ~ 3 degrés au-dessous de zéro.

freight [freɪt] *n* (*goods*) fret *m*, cargaison *f*; (*money charged*) fret, prix *m* du transport; ~ **car** *n* (*US*) wagon *m* de marchandises; ~**er** *n* (*NAUT*) cargo *m.*

French [frɛntʃ] *a* français(e) // *n* (*LING*) français *m*; **the** ~ *npl* les Français; ~ **fried (potatoes)** *npl* (pommes de terre *fpl*) frites *fpl*; ~**man** *n* Français *m*; ~ **window** *n* porte-fenêtre *f*; ~**woman** *n* Française *f.*

frenzy ['frɛnzɪ] *n* frénésie *f.*

frequency ['friːkwənsɪ] *n* fréquence *f.*

frequent *a* ['friːkwənt] fréquent(e) // *vt* [frɪ'kwɛnt] fréquenter; ~**ly** *ad* fréquemment.

fresco ['frɛskəu] *n* fresque *f.*

fresh [frɛʃ] *a* frais(fraîche); (*new*) nouveau(nouvelle); (*cheeky*) familier(ère), culotté(e); ~**en** *vi* (*wind, air*) fraîchir; **to** ~ **en up** *vi* faire un brin de toilette; ~**ly** *ad* nouvellement, récemment; ~**ness** *n* fraîcheur *f*; ~**water** *a* (*fish*) d'eau douce.

fret [frɛt] *vi* s'agiter, se tracasser.

friar ['fraɪə*] *n* moine *m*, frère *m.*

friction ['frɪkʃən] *n* friction *f*, frottement *m.*

Friday ['fraɪdɪ] *n* vendredi *m.*

fridge [frɪdʒ] *n* frigo *m*, frigidaire *m* ®.
fried [fraɪd] *pt, pp of* **fry** // *a* frit(e).
friend [frɛnd] *n* ami/e ; **to make ~s with** se lier (d'amitié) avec ; **~liness** *n* attitude amicale ; **~ly** *a* amical(e) ; gentil(le) ; **to be ~ly with** être ami(e) avec ; **~ship** *n* amitié *f.*
frieze [friːz] *n* frise *f*, bordure *f.*
frigate [ˈfrɪgɪt] *n* (*NAUT: modern*) frégate *f.*
fright [fraɪt] *n* peur *f*, effroi *m* ; **she looks a ~** elle a l'air d'un épouvantail ; **~en** *vt* effrayer, faire peur à ; **~ened** *a*: **to be ~ened (of)** avoir peur (de) ; **~ening** *a* effrayant(e) ; **~ful** *a* affreux(euse) ; **~fully** *ad* affreusement.
frigid [ˈfrɪdʒɪd] *a* (*woman*) frigide ; **~ity** [frɪˈdʒɪdɪtɪ] *n* frigidité *f.*
frill [frɪl] *n* (*of dress*) volant *m* ; (*of shirt*) jabot *m.*
fringe [frɪndʒ] *n* frange *f* ; (*edge: of forest etc*) bordure *f* ; (*fig*): **on the ~** en marge ; **~ benefits** *npl* avantages sociaux *or* en nature.
frisk [frɪsk] *vt* fouiller.
frisky [ˈfrɪskɪ] *a* vif(vive), sémillant(e).
fritter [ˈfrɪtə*] *n* beignet *m* ; **to ~ away** *vt* gaspiller.
frivolity [frɪˈvɒlɪtɪ] *n* frivolité *f.*
frivolous [ˈfrɪvələs] *a* frivole.
frizzy [ˈfrɪzɪ] *a* crépu(e).
fro [frəu] *see* **to**.
frock [frɒk] *n* robe *f.*
frog [frɒg] *n* grenouille *f* ; **~man** *n* homme-grenouille *m.*
frolic [ˈfrɒlɪk] *n* ébats *mpl* // *vi* folâtrer, batifoler.
from [frɒm] *prep* de ; **~ a pound/January** à partir d'une livre/de janvier ; **~ what he says** d'après ce qu'il dit.
front [frʌnt] *n* (*of house, dress*) devant *m* ; (*of coach, train*) avant *m* ; (*of book*) couverture *f* ; (*promenade: also:* **sea ~**) bord *m* de mer ; (*MIL. POL, METEOROLOGY*) front *m* ; (*fig: appearances*) contenance *f*, façade *f* // *a* de devant ; premier(ère) ; **in ~ (of)** devant ; **~age** [ˈfrʌntɪdʒ] *n* façade *f* ; **~al** *a* frontal(e) ; **~ door** *n* porte *f* d'entrée ; (*of car*) portière *f* avant ; **~ier** [ˈfrʌntɪə*] *n* frontière *f* ; **~ page** *n* première page ; **~ room** *n* (*Brit*) pièce *f* de devant, salon *m* ; **~-wheel drive** *n* traction *f* avant.
frost [frɒst] *n* gel *m*, gelée *f* ; **~bite** *n* gelures *fpl* ; **~ed** *a* (*glass*) dépoli(e) ; **~y** *a* (*window*) couvert(e) de givre ; (*welcome*) glacial(e).
froth [ˈfrɒθ] *n* mousse *f* ; écume *f.*
frown [fraun] *n* froncement *m* de sourcils // *vi* froncer les sourcils.
froze [frəuz] *pt of* **freeze** ; **~n** *pp of* **freeze** // *a* (*food*) congelé(e).
frugal [ˈfruːgəl] *a* frugal(e).
fruit [fruːt] *n, pl inv* fruit *m* ; **~erer** *n* fruitier *m*, marchand/e de fruits ; **~ful** *a* fructueux(euse) ; (*plant, soil*) fécond(e) ; **~ion** [fruːˈɪʃən] *n*: **to come to ~ion** se réaliser ; **~ machine** *n* machine *f* à sous ; **~ salad** *n* salade *f* de fruits.
frustrate [frʌsˈtreɪt] *vt* frustrer ; (*plot, plans*) faire échouer ; **~d** *a* frustré(e) ;
frustration [-ˈtreɪʃən] *n* frustration *f.*

fry, *pt, pp* **fried** [fraɪ, -d] *vt* (faire) frire ; **the small ~** le menu fretin ; **~ing pan** *n* poêle *f* (à frire).
ft. *abbr of* **foot, feet.**
fuchsia [ˈfjuːʃə] *n* fuchsia *m.*
fuddy-duddy [ˈfʌdɪdʌdɪ] *n* (*pej*) vieux schnock.
fudge [fʌdʒ] *n* (*CULIN*) sorte de confiserie à base de sucre, de beurre et de lait.
fuel [fjuəl] *n* (*for heating*) combustible *m* ; (*for propelling*) carburant *m* ; **~ oil** *n* mazout *m* ; **~ tank** *n* cuve *f* à mazout, citerne *f* ; (*on vehicle*) réservoir *m* de or à carburant.
fugitive [ˈfjuːdʒɪtɪv] *n* fugitif/ive.
fulfil [ful'fɪl] *vt* (*function*) remplir ; (*order*) exécuter ; (*wish, desire*) satisfaire, réaliser ; **~ment** *n* (*of wishes*) réalisation *f.*
full [ful] *a* plein(e) ; (*details, information*) complet(ète) ; (*skirt*) ample, large // *ad*: **to know ~ well** that savoir fort bien que ; **I'm ~** j'ai bien mangé ; **~ employment/fare** plein emploi/tarif ; **a ~ two hours** deux bonnes heures ; **at ~ speed** à toute vitesse ; **in ~** (*reproduce, quote*) intégralement ; (*write name etc*) en toutes lettres ; **~back** *n* (*RUGBY, FOOTBALL*) arrière *m* ; **~-length** *a* (*portrait*) en pied ; **~ moon** *n* pleine lune ; **~-sized** *a* (*portrait etc*) grandeur nature *inv* ; **~ stop** *n* point *m* ; **~-time** *a* (*work*) à plein temps // *n* (*SPORT*) fin *f* du match ; **~y** *ad* entièrement, complètement ; **~y-fledged** *a* (*teacher, barrister*) diplômé(e) ; (*citizen, member*) à part entière.
fumble [ˈfʌmbl] *vi* fouiller, tâtonner // *vt* (*ball*) mal réceptionner, cafouiller ; **to ~ with** *vt fus* tripoter.
fume [fjuːm] *vi* rager ; **~s** *npl* vapeurs *fpl*, émanations *fpl*, gaz *mpl.*
fumigate [ˈfjuːmɪgeɪt] *vt* désinfecter (par fumigation).
fun [fʌn] *n* amusement *m*, divertissement *m* ; **to have ~** s'amuser ; **for ~** pour rire ; **it's not much ~** ce n'est pas très drôle or amusant ; **to make ~ of** *vt fus* se moquer de.
function [ˈfʌŋkʃən] *n* fonction *f* ; cérémonie *f*, soirée officielle // *vi* fonctionner ; **~al** *a* fonctionnel(le).
fund [fʌnd] *n* caisse *f*, fonds *m* ; (*source, store*) source *f*, mine *f* ; **~s** *npl* fonds *mpl.*
fundamental [fʌndəˈmɛntl] *a* fondamental(e) ; **~s** *npl* principes *mpl* de base ; **~ly** *ad* fondamentalement.
funeral [ˈfjuːnərəl] *n* enterrement *m*, obsèques *fpl* (*more formal occasion*) ; **~ director** *n* entrepreneur *m* des pompes funèbres ; **~ service** *n* service *m* funèbre.
funereal [fjuːˈnɪərɪəl] *a* lugubre, funèbre.
fun fair [ˈfʌnfɛə*] *n* fête (foraine).
fungus, *pl* **fungi** [ˈfʌŋgəs, -gaɪ] *n* champignon *m* ; (*mould*) moisissure *f.*
funnel [ˈfʌnl] *n* entonnoir *m* ; (*of ship*) cheminée *f.*
funnily [ˈfʌnɪlɪ] *ad* drôlement ; curieusement.
funny [ˈfʌnɪ] *a* amusant(e), drôle ; (*strange*) curieux,euse, bizarre.
fur [fə:*] *n* fourrure *f* ; (*in kettle etc*) (dépôt *m* de) tartre *m* ; **~ coat** *n* manteau *m* de fourrure.

furious ['fjuərıəs] a furieux(euse) ; (effort) acharné(e) ; ~**ly** ad furieusement ; avec acharnement.

furl [fə:l] vt rouler ; (NAUT) ferler.

furlong ['fə:lɔŋ] n = 201.17 m (terme d'hippisme).

furlough ['fə:ləu] n (US) permission f, congé m.

furnace ['fə:nıs] n fourneau m.

furnish ['fə:nıʃ] vt meubler ; (supply) fournir ; ~**ings** npl mobilier m, articles mpl d'ameublement.

furniture ['fə:nıtʃə*] n meubles mpl, mobilier m ; **piece of** ~ meuble m ; ~ **polish** n encaustique f.

furrier ['fʌrıə*] n fourreur m.

furrow ['fʌrəu] n sillon m.

furry ['fə:rı] a (animal) à fourrure ; (toy) en peluche.

further ['fə:ðə*] a supplémentaire, autre ; nouveau(nouvelle) ; plus loin // ad plus loin ; (more) davantage ; (moreover) de plus // vt faire avancer or progresser, promouvoir ; **until** ~ **notice** jusqu'à nouvel ordre or avis ; ~ **education** enseignement m post-scolaire (recyclage, formation professionnelle) ; ~**more** [fə:ðə'mɔ:*] ad de plus, en outre.

furthest ['fə:ðıst] superlative of **far**.

furtive ['fə:tıv] a furtif(ive) ; ~**ly** ad furtivement.

fury ['fjuərı] n fureur f.

fuse, fuze (US) [fju:z] n fusible m ; (for bomb etc) amorce f, détonateur m // vt,vi (metal) fondre ; (fig) fusionner ; (ELEC): **to** ~ **the lights** faire sauter les fusibles or les plombs ; ~ **box** n boîte f à fusibles.

fuselage ['fju:zəlɑ:ʒ] n fuselage m.

fusion ['fju:ʒən] n fusion f.

fuss [fʌs] n chichis mpl, façons fpl, embarras mpl ; (complaining) histoire(s) f(pl) ; **to make a** ~ faire des façons etc ; ~**y** a (person) tatillon(ne), difficile ; chichiteux(euse) ; (dress, style) tarabiscoté(e).

futile ['fju:taıl] a futile.

futility [fju:'tılıtı] n futilité f.

future ['fju:tʃə*] a futur(e) // n avenir m ; (LING) futur m ; **in (the)** ~ à l'avenir ; **futuristic** [-'rıstık] a futuriste.

fuze [fju:z] n, vt, vi (US) = **fuse**.

fuzzy ['fʌzı] a (PHOT) flou(e) ; (hair) crépu(e).

G

g. abbr of **gram(s)**.

G [dʒi:] n (MUS) sol m.

gabble ['gæbl] vi bredouiller ; jacasser.

gable ['geıbl] n pignon m.

gadget ['gædʒıt] n gadget m.

Gaelic ['geılık] n (LING) gaélique m.

gag [gæg] n bâillon m ; (joke) gag m // vt bâillonner.

gaiety ['geıətı] n gaieté f.

gaily ['geılı] ad gaiement.

gain [geın] n gain m, profit m // vt gagner // vi (watch) avancer ; **to** ~ **in/by** gagner en/à ; **to** ~ **3lbs (in weight)** prendre 3 livres ; ~**ful** a profitable, lucratif(ive).

gainsay [geın'seı] vt irg (like **say**) contredire ; nier.

gait [geıt] n démarche f.

gal. abbr of **gallon**.

gala ['gɑ:lə] n gala m.

galaxy ['gæləksı] n galaxie f.

gale [geıl] n rafale f de vent ; coup m de vent.

gallant ['gælənt] a vaillant(e), brave ; (towards ladies) empressé(e), galant(e) ; ~**ry** n bravoure f, vaillance f ; empressement m, galanterie f.

gall-bladder ['gɔ:lblædə*] n vésicule f biliaire.

gallery ['gælərı] n galerie f ; (also: **art** ~) musée m ; (: private) galerie.

galley ['gælı] n (ship's kitchen) cambuse f ; (ship) galère f ; (TYP) placard m, galée f.

gallon ['gæln] n gallon m (= 4.543 l ; 8 pints).

gallop ['gæləp] n galop m // vi galoper.

gallows ['gæləuz] n potence f.

gallstone ['gɔ:lstəun] n calcul m (biliaire).

gambit ['gæmbıt] n (fig): **(opening)** ~ manœuvre f stratégique.

gamble ['gæmbl] n pari m, risque calculé // vt, vi jouer ; **to** ~ **on** (fig) miser sur ; ~**r** n joueur m ; **gambling** n jeu m.

game [geım] n jeu m ; (event) match m ; (HUNTING) gibier m // a brave ; (ready): **to be** ~ **(for sth/to do)** être prêt(e) (à qch/à faire), se sentir de taille (à faire) ; **a** ~ **of football/tennis** une partie de football/tennis ; **big** ~ gros gibier ; ~**keeper** n garde-chasse m.

gammon ['gæmən] n (bacon) quartier m de lard fumé ; (ham) jambon fumé.

gamut ['gæmət] n gamme f.

gang [gæŋ] n bande f, groupe m // vi: **to** ~ **up on sb** se liguer contre qn.

gangrene ['gæŋgri:n] n gangrène f.

gangster ['gæŋstə*] n gangster m, bandit m.

gangway ['gæŋweı] n passerelle f ; (of bus) couloir central ; (THEATRE, CINEMA) allée f.

gantry ['gæntrı] n portique m.

gaol [dʒeıl] n, vt = **jail**.

gap [gæp] n trou m ; (in time) intervalle f ; (fig) lacune f ; vide m.

gape [geıp] vi être or rester bouche bée ; **gaping** a (hole) béant(e).

garage ['gærɑ:ʒ] n garage m.

garb [gɑ:b] n tenue f, costume m.

garbage ['gɑ:bıdʒ] n ordures fpl, détritus mpl ; ~ **can** n (US) poubelle f, boîte f à ordures.

garbled ['gɑ:bld] a déformé(e) ; faussé(e).

garden ['gɑ:dn] n jardin m // vi jardiner ; ~**er** n jardinier m ; ~**ing** jardinage m.

gargle ['gɑ:gl] vi se gargariser // n gargarisme m.

gargoyle ['gɑ:gɔıl] n gargouille f.

garish ['gɛərıʃ] a criard(e), voyant(e).

garland ['gɑ:lənd] n guirlande f ; couronne f.

garlic ['gɑ:lık] n ail m.

garment ['gɑ:mənt] n vêtement m.

garnish ['gɑ:nıʃ] vt garnir.

garret ['gærıt] n mansarde f.

garrison ['gærısn] n garnison f // vt mettre en garnison, stationner.

garrulous ['gærjʊləs] a volubile, loquace.
garter ['gɑːtə*] n jarretière f.
gas [gæs] n gaz m; (used as anaesthetic):
to be given ~ se faire endormir; (US:
gasoline) essence f // vt asphyxier; (MIL)
gazer; **~ cooker** n cuisinière f à gaz; **~
cylinder** n bouteille f de gaz; **~ fire** n
radiateur m à gaz.
gash [gæʃ] n entaille f; (on face) balafre
f // vt taillader; balafrer.
gasket ['gæskɪt] n (AUT) joint m de culasse.
gasmask ['gæsmɑːsk] n masque m à gaz.
gas meter ['gæsmiːtə*] n compteur m à
gaz.
gasoline ['gæsəliːn] n (US) essence f.
gasp [gɑːsp] vi haleter; (fig) avoir le
souffle coupé.
gas ring ['gæsrɪŋ] n brûleur m.
gas stove ['gæsstəʊv] n réchaud m à gaz;
(cooker) cuisinière f à gaz.
gassy ['gæsɪ] a gazeux(euse).
gastric ['gæstrɪk] a gastrique; **~ ulcer** n
ulcère m de l'estomac.
gastronomy [gæs'trɒnəmɪ] n
gastronomie f.
gasworks ['gæswɜːks] n usine f à gaz.
gate [geɪt] n (of garden) portail m; (of farm)
barrière f; (of building) porte f; (of lock)
vanne f; **~crash** vt s'introduire sans
invitation dans; **~way** n porte f.
gather ['gæðə*] vt (flowers, fruit) cueillir;
(pick up) ramasser; (assemble) rassembler,
réunir; recueillir; (understand) compren-
dre // vi (assemble) se rassembler; **to ~
speed** prendre de la vitesse; **~ing** n
rassemblement m.
gauche [gəʊʃ] a gauche, maladroit(e).
gaudy ['gɔːdɪ] a voyant(e).
gauge [geɪdʒ] n (standard measure) calibre
m; (RAIL) écartement m; (instrument) jauge
f // vt jauger.
gaunt [gɔːnt] a décharné(e); (grim,
desolate) désolé(e).
gauntlet ['gɔːntlɪt] n (fig): **to run the ~
through an angry crowd** se frayer un
passage à travers une foule hostile or entre
deux haies de manifestants etc hostiles.
gauze [gɔːz] n gaze f.
gave [geɪv] pt of **give**.
gavel ['gævl] n marteau m.
gawp [gɔːp] vi: **to ~ at** regarder bouche
bée.
gay [geɪ] a (person) gai(e), réjoui(e);
(colour) gai, vif(vive); (col)
homosexuel(le).
gaze [geɪz] n regard m fixe; **to ~ at** vt
fixer du regard.
gazelle [gə'zɛl] n gazelle f.
gazetteer [gæzə'tɪə*] n dictionnaire m
géographique.
gazumping [gə'zʌmpɪŋ] n le fait de revenir
sur une promesse de vente pour accepter un
prix plus élevé.
G.B. abbr of **Great Britain**.
G.C.E. n (abbr of General Certificate of
Education) ≈ baccalauréat m.
Gdns. abbr of **gardens**.
gear [gɪə*] n matériel m, équipement m;
attirail m; (TECH) engrenage m; (AUT)
vitesse f; **top/low/bottom ~** quatrième
(or cinquième/deuxième/première vi-

tesse; **in ~** en prise; **out of ~** au point
mort; **~ box** n boîte f de vitesse; **~ lever**,
~ shift (US) n levier m de vitesse.
geese [giːs] npl of **goose**.
gelatin(e) ['dʒɛlətiːn] n gélatine f.
gelignite ['dʒɛlɪgnaɪt] n plastic m.
gem [dʒɛm] n pierre précieuse.
Gemini ['dʒɛmɪnaɪ] n les Gémeaux mpl;
to be ~ être des Gémeaux.
gender ['dʒɛndə*] n genre m.
general ['dʒɛnərəl] n général m // a
général(e); **in ~** en général; **~ election**
n élection(s) législative(s); **~ization**
[-'zeɪʃən] n généralisation f; **~ize** vi
généraliser; **~ly** ad généralement; **G~
Post Office (GPO)** n Postes et
Télécommunications fpl (PTT); **~
practitioner (G.P.)** n généraliste m/f;
who's your G.P.? qui est votre médecin
traitant?
generate ['dʒɛnəreɪt] vt engendrer;
(electricity) produire.
generation [dʒɛnə'reɪʃən] n génération f.
generator ['dʒɛnəreɪtə*] n générateur m.
generosity [dʒɛnə'rɒsɪtɪ] n générosité f.
generous ['dʒɛnərəs] a généreux (euse);
(copious) copieux(euse).
genetics [dʒɪ'nɛtɪks] n génétique f.
Geneva [dʒɪ'niːvə] n Genève.
genial ['dʒiːnɪəl] a cordial(e),
chaleureux(euse); (climate) clément(e).
genitals ['dʒɛnɪtlz] npl organes génitaux.
genitive ['dʒɛnɪtɪv] n génitif m.
genius ['dʒiːnɪəs] n génie m.
gent [dʒɛnt] n abbr of **gentleman**.
genteel [dʒɛn'tiːl] a de bon ton,
distingué(e).
gentle ['dʒɛntl] a doux(douce).
gentleman ['dʒɛntlmən] n monsieur m;
(well-bred man) gentleman m.
gentleness ['dʒɛntlnɪs] n douceur f.
gently ['dʒɛntlɪ] ad doucement.
gentry ['dʒɛntrɪ] n petite noblesse.
gents [dʒɛnts] n W.-C. mpl (pour hommes).
genuine ['dʒɛnjuɪn] a véritable,
authentique; sincère.
geographer [dʒɪ'ɒgrəfə*] n géographe
m/f.
geographic(al) [dʒɪə'græfɪk(l)] a
géographique.
geography [dʒɪ'ɒgrəfɪ] n géographie f.
geological [dʒɪə'lɒdʒɪkl] a géologique.
geologist [dʒɪ'ɒlədʒɪst] n géologue m/f.
geology [dʒɪ'ɒlədʒɪ] n géologie f.
geometric(al) [dʒɪə'mɛtrɪk(l)] a
géométrique.
geometry [dʒɪ'ɒmətrɪ] n géométrie f.
geranium [dʒɪ'reɪnjəm] n géranium m.
germ [dʒɜːm] n (MED) microbe m; (BIO, fig)
germe m.
German ['dʒɜːmən] a allemand(e) // n
Allemand/e; (LING) allemand m; **~
measles** n rubéole f.
Germany ['dʒɜːmənɪ] n Allemagne f.
germination [dʒɜːmɪ'neɪʃən] n
germination f.
gerrymandering ['dʒɛrɪmændərɪŋ] n
tripotage m du découpage électoral.
gestation [dʒɛs'teɪʃən] n gestation f.

gesticulate [dʒɛs'tɪkjuleɪt] *vi* gesticuler.
gesture ['dʒɛstjə*] *n* geste *m*.
get, *pt*, *pp* **got**, *pp* **gotten** (*US*) [gɛt, gɔt, 'gɔtn] *vt* (*obtain*) avoir, obtenir ; (*receive*) recevoir ; (*find*) trouver, acheter ; (*catch*) attraper ; (*fetch*) aller chercher ; (*understand*) comprendre, saisir ; (*have*): **to have got** avoir ; (*become*): **to ~ rich/old** s'enrichir/vieillir // *vi*: **to ~ to** (*place*) aller à ; arriver à ; parvenir à ; **he got across the bridge/under the fence** il a traversé le pont/est passé par-dessous la barrière ; **to ~ ready/washed/shaved** *etc* se préparer/laver/raser *etc* ; **to ~ sb to do sth** faire faire qch à qn ; **to ~ sth through/out** faire passer qch par/sortir qch de ; **to ~ about** *vi* se déplacer ; (*news*) se répandre ; **to ~ along** *vi* (*agree*) s'entendre ; (*depart*) s'en aller ; (*manage*) se débrouiller ; **to ~ at** *vt fus* (*attack*) s'en prendre à ; (*reach*) attraper, atteindre ; **to ~ away** *vi* partir, s'en aller ; (*escape*) s'échapper ; **to ~ away with** *vt fus* en être quitte pour ; se faire passer *or* pardonner ; **to ~ back** *vi* (*return*) rentrer // *vt* récupérer, recouvrer ; **to ~ by** *vi* (*pass*) passer ; (*manage*) se débrouiller ; **to ~ down** *vi*, *vt fus* descendre // *vt* descendre ; (*depress*) déprimer ; **to ~ down to** *vt fus* (*work*) se mettre à (faire) ; **to ~ in** *vi* entrer ; (*train*) arriver ; (*arrive home*) rentrer ; **to ~ into** *vt fus* entrer dans ; **to ~ into bed/a rage** se mettre au lit/en colère ; **to ~ off** *vi* (*from train etc*) descendre ; (*depart: person, car*) s'en aller ; (*escape*) s'en tirer // *vt* (*remove: clothes, stain*) enlever // *vt fus* (*train, bus*) descendre de ; **to ~ on** *vi* (*at exam etc*) se débrouiller ; (*agree*): **to ~ on (with)** s'entendre (avec) // *vt fus* monter dans ; (*horse*) monter sur ; **to ~ out** *vi* sortir ; (*of vehicle*) descendre // *vt* sortir ; **to ~ out of** *vt fus* sortir de ; (*duty etc*) échapper à, se soustraire à ; **to ~ over** *vt fus* (*illness*) se remettre de ; (*betray*) donner, trahir ; (*disclose*) révéler ; (*bride*) conduire à l'autel ; **to ~ back** *vt* rendre ; **to ~ in** *vi* céder // *vt* donner ; **to ~ off** *vt* dégager ; **to ~ out** *vt* distribuer ; annoncer ; **to ~ up** *vi* renoncer // *vt* renoncer à ; **to ~ up smoking** arrêter de fumer ; **to ~ o.s. up** se rendre ; **to ~ way** *vi* céder ; (*AUT*) donner la priorité.
geyser ['giːzə*] *n* chauffe-eau *m inv* ; (*GEO*) geyser *m*.
Ghana ['gɑːnə] *n* Ghana *m* ; **~ian** [-'neɪən] *a* ghanéen(ne) // *n* Ghanéen/ne.
ghastly ['gɑːstlɪ] *a* atroce, horrible ; (*pale*) livide, blème.
gherkin ['gəːkɪn] *n* cornichon *m*.
ghetto ['gɛtəʊ] *n* ghetto *m*.
ghost [gəʊst] *n* fantôme *m*, revenant *m* ; **~ly** *a* fantomatique.
giant ['dʒaɪənt] *n* géant/e // *a* géant(e), énorme.
gibberish ['dʒɪbərɪʃ] *n* charabia *m*.
gibe [dʒaɪb] *n* sarcasme *m* // *vi*: **to ~ at** railler.
giblets ['dʒɪblɪts] *npl* abats *mpl*.
giddiness ['gɪdɪnɪs] *n* vertige *m*.
giddy ['gɪdɪ] *a* (*dizzy*): **to be ~** avoir le

vertige ; (*height*) vertigineux(euse) ; (*thoughtless*) sot(te), étourdi(e).
gift [gɪft] *n* cadeau *m*, présent *m* ; (*donation, ability*) don *m* ; **~ed** *a* doué(e).
gigantic [dʒaɪ'gæntɪk] *a* gigantesque.
giggle ['gɪgl] *vi* pouffer, ricaner sottement // *n* petit rire sot, ricanement *m*.
gild [gɪld] *vt* dorer.
gill *n* [dʒɪl] (*measure*) = 0.14 l ; 0.25 pints ; **~s** [gɪlz] *npl* (*of fish*) ouïes *fpl*, branchies *fpl*.
gilt [gɪlt] *n* dorure *f* // *a* doré(e).
gimlet ['gɪmlɪt] *n* vrille *f*.
gimmick ['gɪmɪk] *n* truc *m*.
gin [dʒɪn] *n* (*liquor*) gin *m*.
ginger ['dʒɪndʒə*] *n* gingembre *m* ; **to ~ up** *vt* secouer ; animer ; **~ ale, ~ beer** *n* boisson gazeuse au gingembre ; **~bread** *n* pain *m* d'épices ; **~ group** *n* groupe *m* de pression ; **~-haired** *a* roux(rousse).
gingerly ['dʒɪndʒəlɪ] *ad* avec précaution.
gingham ['gɪŋəm] *n* vichy *m*.
gipsy ['dʒɪpsɪ] *n* gitan/e, bohémien/ne.
giraffe [dʒɪ'rɑːf] *n* girafe *f*.
girder ['gəːdə*] *n* poutrelle *f*.
girdle ['gəːdl] *n* (*corset*) gaine *f* // *vt* ceindre.
girl [gəːl] *n* fille *f*, fillette *f* ; (*young unmarried woman*) jeune fille ; (*daughter*) fille ; **an English ~** une jeune Anglaise ; **a little English ~** une petite Anglaise ; **~friend** *n* (*of girl*) amie *f* ; (*of boy*) petite amie ; **~ish** *a* de jeune fille.
Giro ['dʒaɪrəʊ] *n*: **the National ~** ≈ les comptes chèques postaux.
girth [gəːθ] *n* circonférence *f* ; (*of horse*) sangle *f*.
gist [dʒɪst] *n* essentiel *m*.
give [gɪv] *n* (*of fabric*) élasticité *f* // *vb* (*pt* **gave**, *pp* **given** [geɪv, 'gɪvn]) *vt* donner // *vi* (*break*) céder ; (*stretch: fabric*) se prêter ; **to ~ sb sth, ~ sth to sb** donner qch à qn ; **to ~ a cry/sigh** pousser un cri/un soupir ; **to ~ away** *vt* donner ; (*give free*) faire cadeau de ; (*betray*) donner, trahir ; (*disclose*) révéler ; (*bride*) conduire à l'autel ; **to ~ back** *vt* rendre ; **to ~ in** *vi* céder // *vt* donner ; **to ~ off** *vt* dégager ; **to ~ out** *vt* distribuer ; annoncer ; **to ~ up** *vi* renoncer // *vt* renoncer à ; **to ~ up smoking** arrêter de fumer ; **to ~ o.s. up** se rendre ; **to ~ way** *vi* céder ; (*AUT*) donner la priorité.
glacier ['glæsɪə*] *n* glacier *m*.
glad [glæd] *a* content(e) ; **~den** *vt* réjouir.
gladioli [glædɪ'əʊlaɪ] *npl* glaïeuls *mpl*.
gladly ['glædlɪ] *ad* volontiers.
glamorous ['glæmərəs] *a* séduisant(e).
glamour ['glæmə*] *n* éclat *m*, prestige *m*.
glance [glɑːns] *n* coup *m* d'œil // *vi*: **to ~ at** jeter un coup d'œil à ; **to ~ off** (*bullet*) ricocher sur ; **glancing** *a* (*blow*) oblique.
gland [glænd] *n* glande *f*.
glandular ['glændjulə*] *a*: **~ fever** mononucléose infectieuse.
glare [glɛə*] *n* lumière éblouissante // *vi* briller d'un éclat aveuglant ; **to ~ at** lancer un *or* des regard(s) furieux à ; **glaring** *a* (*mistake*) criant(e), qui saute aux yeux.

glass [glɑːs] n verre m; (also: **looking ~**) miroir m; **~es** npl lunettes fpl; **~house** n serre f; **~ware** n verrerie f; **~y** a (eyes) vitreux(euse).

glaze [gleɪz] vt (door) vitrer; (pottery) vernir // n vernis m; **~d** a (eye) vitreux(euse); (pottery) verni(e); (tiles) vitrifié(e).

glazier ['gleɪzɪə*] n vitrier m.

gleam [gliːm] n lueur f; rayon m // vi luire, briller; **~ing** a luisant(e).

glee [gliː] n joie f; **~ful** a joyeux(euse).

glen [glɛn] n vallée f.

glib [glɪb] a qui a du bagou; facile.

glide [glaɪd] vi glisser; (AVIAT, birds) planer // n glissement m; vol plané; **~r** n (AVIAT) planeur m; **gliding** n (AVIAT) vol m à voile.

glimmer ['glɪmə*] vi luire // n lueur f.

glimpse [glɪmps] n vision passagère, aperçu m // vt entrevoir, apercevoir.

glint [glɪnt] n éclair m // vi étinceler.

glisten ['glɪsn] vi briller, luire.

glitter ['glɪtə*] vi scintiller, briller // n scintillement m.

gloat [gləʊt] vi: **to ~ (over)** jubiler (à propos de).

global ['gləʊbl] a mondial(e).

globe [gləʊb] n globe m.

gloom [gluːm] n obscurité f; (sadness) tristesse f, mélancolie f; **~y** a sombre, triste, mélancolique.

glorification [glɔːrɪfɪ'keɪʃən] n glorification f.

glorify ['glɔːrɪfaɪ] vt glorifier.

glorious ['glɔːrɪəs] a glorieux (euse); splendide.

glory ['glɔːrɪ] n gloire f; splendeur f; **to ~ in** se glorifier de.

gloss [glɔs] n (shine) brillant m, vernis m; **to ~ over** vt fus glisser sur.

glossary ['glɔsərɪ] n glossaire m, lexique m.

gloss paint ['glɔspeɪnt] n peinture brillante.

glossy ['glɔsɪ] a brillant(e), luisant(e); **~ (magazine)** n revue f de luxe.

glove [glʌv] n gant m; **~ compartment** n (AUT) boîte f à gants, vide-poches m inv.

glow [gləʊ] vi rougeoyer; (face) rayonner // n rougeoiement m.

glower ['glaʊə*] vi lancer des regards mauvais.

glucose ['gluːkəʊs] n glucose m.

glue [gluː] n colle f // vt coller.

glum [glʌm] a maussade, morose.

glut [glʌt] n surabondance f // vt rassasier; (market) encombrer.

glutton ['glʌtn] n glouton/ne; **a ~ for work** un bourreau de travail; **~ous** a glouton(ne); **~y** n gloutonnerie f; (sin) gourmandise f.

glycerin(e) ['glɪsərɪːn] n glycérine f.

gm, gms abbr of **gram(s)**.

gnarled [nɑːld] a noueux(euse).

gnat [næt] n moucheron m.

gnaw [nɔː] vt ronger.

gnome [nəʊm] n gnome m, lutin m.

go [gəʊ] vb (pt **went**, pp **gone** [wɛnt, gɔn]) vi aller; (depart) partir, s'en aller; (work) marcher; (be sold): **to ~ for £10** se vendre 10 livres; (fit, suit): **to ~ with** aller avec; (become): **to ~ pale/mouldy** pâlir/moisir; (break etc) céder // n (pl: **~es**): **to have a ~ (at)** essayer (de faire); **to be on the ~** être en mouvement; **whose ~ is it?** à qui est-ce de jouer?; **he's going to do it** il va le faire, il est sur le point de faire; **to ~ for a walk** aller se promener; **to ~ dancing/shopping** aller danser/faire les courses; **how is it ~ing?** comment ça marche?; **how did it ~?** comment est-ce que ça s'est passé?; **to ~ round the back/by the shop** passer par derrière/devant le magasin; **to ~ about** vi (rumour) se répandre // vt fus: **how do I ~ about this?** comment dois-je m'y prendre (pour faire ceci)?; **to ~ ahead** vi (make progress) avancer; (get going) y aller; **to ~ along** vi aller, avancer // vi fus longer, parcourir; **as you ~ along (with your work)** au fur et à mesure (de votre travail); **to ~ away** vi partir, s'en aller; **to ~ back** vi rentrer; revenir; (go again) retourner; **to ~ back on** vt fus (promise) revenir sur; **to ~ by** vi (years, time) passer, s'écouler // vt fus s'en tenir à; en croire; **to ~ down** vi descendre; (ship) couler; (sun) se coucher // vt fus descendre; **to ~ for** vt fus (fetch) aller chercher; (like) aimer; (attack) s'en prendre à; attaquer; **to ~ in** vi entrer; **to ~ in for** vt fus (competition) se présenter à; (like) aimer; **to ~ into** vt fus entrer dans; (investigate) étudier, examiner; (embark on) se lancer dans; **to ~ off** vi partir, s'en aller; (food) se gâter; (explode) sauter; (event) se dérouler // vt fus ne plus aimer, ne plus avoir envie de; **the gun went off** le coup est parti; **to ~ off to sleep** s'endormir; **to ~ on** vi continuer; (happen) se passer; **to ~ on doing** continuer à faire; **to ~ on with** vt fus poursuivre, continuer; **to ~ out** vi sortir; (fire, light) s'éteindre; **to ~ over** vi (ship) chavirer // vt fus (check) revoir, vérifier; **to ~ through** vt fus (town etc) traverser; **to ~ up** vi monter; (price) augmenter // vt fus gravir; **to ~ without** vt fus se passer de.

goad [gəʊd] vt aiguillonner.

go-ahead ['gəʊəhɛd] a dynamique, entreprenant(e) // n feu vert.

goal [gəʊl] n but m; **~keeper** n gardien m de but; **~-post** n poteau m de but.

goat [gəʊt] n chèvre f.

gobble ['gɔbl] vt (also: **~ down**, **~ up**) · engloutir.

go-between ['gəʊbɪtwiːn] n médiateur m.

goblet ['gɔblɪt] n gobelet m.

goblin ['gɔblɪn] n lutin m.

go-cart ['gəʊkɑːt] n kart m; **~ racing** n karting m.

god [gɔd] n dieu m; **G~** n Dieu m; **~child** n filleul/e; **~dess** n déesse f; **~father** n parrain m; **~-forsaken** a maudit(e); **~mother** n marraine f; **~send** n aubaine f; **~son** n filleul m.

goggle ['gɔgl] vi: **to ~ at** regarder avec des yeux ronds; **~s** npl lunettes fpl (protectrices: de motocycliste etc).

going ['gəʊɪŋ] n (conditions) état m du terrain // a: **the ~ rate** le tarif (en vigueur) ; **a ~ concern** une affaire prospère.

go-kart ['gəʊkɑːt] n = **go-cart**.

gold [gəʊld] n or m // a en or ; ~ (made of gold) en or ; (gold in colour) doré(e) ; ~ **en rule/age** règle/âge d'or ; **~fish** n poisson m rouge ; **~mine** n mine f d'or.

golf [gɔlf] n golf m ; ~ **club** n club m de golf ; (stick) club m, crosse f de golf ; ~ **course** n terrain m de golf ; **~er** n joueur/euse de golf.

gondola ['gɔndələ] n gondole f.

gone [gɔn] pp of **go** // a parti(e).

gong [gɔŋ] n gong m.

good [gud] a bon(ne) ; (kind) gentil(le) ; (child) sage // n bien m ; ~**s** npl marchandise f ; articles mpl ; **she is ~ with children/her hands** elle sait bien s'occuper des enfants/sait se servir de ses mains ; **would you be ~ enough to ...?** auriez-vous la bonté or l'amabilité de ...? ; **a ~ deal (of)** beaucoup (de) ; **a ~ many** beaucoup (de) ; ~ **morning/afternoon!** bonjour ! ; ~ **evening!** bonsoir ! ; ~ **night!** bonsoir ! ; (on going to bed) bonne nuit ! ; **~bye!** au revoir ! ; **G~ Friday** n Vendredi saint ; **~-looking** a bien inv ; **~ness** n (of person) bonté f ; **for ~ness sake!** je vous en prie ! ; **~ness gracious!** mon Dieu ! ; **~will** n bonne volonté f ; (COMM) réputation f (auprès de la clientèle).

goose, pl **geese** [guːs, giːs] n oie f.

gooseberry ['guzbəri] n groseille f à maquereau ; **to play ~** tenir la chandelle.

gooseflesh ['guːsfleʃ] n chair f de poule.

gore [gɔː*] vt encorner // n sang m.

gorge [gɔːdʒ] n gorge f // vt : **to ~ o.s. (on)** se gorger (de).

gorgeous ['gɔːdʒəs] a splendide, superbe.

gorilla [gə'rilə] n gorille m.

gorse [gɔːs] n ajoncs mpl.

gory ['gɔːri] a sanglant(e).

go-slow ['gəʊ'sləʊ] n grève perlée.

gospel ['gɔspl] n évangile m.

gossamer ['gɔsəmə*] n (cobweb) fils mpl de la vierge ; (light fabric) étoffe très légère.

gossip ['gɔsip] n bavardages mpl ; commérage m, cancans mpl ; (person) commère f // vi bavarder ; (maliciously) cancaner, faire des commérages.

got [gɔt] pt,pp of **get** ; **~ten** (US) pp of **get**.

gout [gaʊt] n goutte f.

govern ['gʌvn] vt (gen, LING) gouverner.

governess ['gʌvənis] n gouvernante f.

government ['gʌvnmənt] n gouvernement m ; (ministers) ministère m // cpd de l'Etat ; **~al** ['-'mentl] a gouvernemental(e).

governor ['gʌvənə*] n (of state, bank) gouverneur m ; (of school, hospital) administrateur m.

Govt abbr of **government**.

gown [gaʊn] n robe f ; (of teacher, judge) toge f.

G.P. n abbr see **general**.

GPO n abbr see **general**.

grab [græb] vt saisir, empoigner ; (property, power) se saisir de.

grace [greis] n grâce f // vt honorer ; **5 days' ~** répit m de 5 jours ; **to say ~** dire le bénédicité ; (after meal) dire les grâces ; **~ful** a gracieux(euse), élégant(e).

gracious ['greiʃəs] a bienveillant(e) ; de bonne grâce ; miséricordieux(euse).

gradation [grə'deiʃən] n gradation f.

grade [greid] n (COMM) qualité f ; calibre m ; catégorie f ; (in hierarchy) grade m, échelon m ; (US: SCOL) note f ; classe f // vt classer ; calibrer ; graduer ; ~ **crossing** n (US) passage m à niveau.

gradient ['greidiənt] n inclinaison f, pente f ; (GEOM) gradient m.

gradual ['grædjuəl] a graduel(le), progressif(ive) ; **~ly** ad peu à peu, graduellement.

graduate n ['grædjuit] diplômé/e d'université // vi ['grædjueit] obtenir un diplôme d'université ; **graduation** [-'eiʃən] n cérémonie f de remise des diplômes.

graft [grɑːft] n (AGR, MED) greffe f ; (bribery) corruption f // vt greffer ; **hard ~** (col) boulot acharné.

grain [grein] n grain m ; **it goes against the ~** cela va à l'encontre de sa (or ma) nature.

gram [græm] n gramme m.

grammar ['græmə*] n grammaire f.

grammatical [grə'mætikl] a grammatical(e).

gramme [græm] n = **gram**.

gramophone ['græməfəʊn] n gramophone m.

granary ['grænəri] n grenier m.

grand [grænd] a magnifique, splendide ; noble ; **~children** npl petits-enfants mpl ; **~dad** n grand-papa m ; **~daughter** n petite-fille f ; **~eur** ['grændjə*] n grandeur f, noblesse f ; **~father** n grand-père m ; **~iose** ['grændiəʊz] a grandiose ; (pej) pompeux(euse) ; **~ma** n grand-maman f ; **~mother** n grand-mère f ; **~pa** n = **~dad** ; **~ piano** n piano m à queue ; **~son** n petit-fils m ; **~stand** n (SPORT) tribune f.

granite ['grænit] n granit m.

granny ['græni] n grand-maman f.

grant [grɑːnt] vt accorder ; (a request) accéder à ; (admit) concéder // n (SCOL) bourse f ; (ADMIN) subside m, subvention f ; **to take sth for ~ed** considérer qch comme acquis or allant de soi.

granulated ['grænjuleitid] a : ~ **sugar** n sucre m en poudre.

granule ['grænjuːl] n granule m.

grape [greip] n raisin m.

grapefruit ['greipfruːt] n pamplemousse m.

graph [grɑːf] n graphique m, courbe f ; **~ic** a graphique ; (vivid) vivant(e).

grapple ['græpl] vi : **to ~ with** être aux prises avec.

grasp [grɑːsp] vt saisir, empoigner ; (understand) saisir, comprendre // n (grip) prise f ; (fig) emprise f, pouvoir m ; compréhension f, connaissance f ; **~ing** a avide.

grass [grɑːs] n herbe f ; gazon m ; **~hopper** n sauterelle f ; **~land** n prairie f ; **~ snake** n couleuvre f ; **~y** a herbeux(euse).

grate [greit] n grille f de cheminée // vi grincer // vt (CULIN) râper.

grateful ['greɪtful] a reconnaissant(e);
~ly ad avec reconnaissance.
grater ['greɪtə*] n râpe f.
gratify ['grætɪfaɪ] vt faire plaisir à; (whim)
satisfaire; ~ing a agréable;
satisfaisant(e).
grating ['greɪtɪŋ] n (iron bars) grille f //
a (noise) grinçant(e).
gratitude ['grætɪtjuːd] n gratitude f.
gratuitous [grə'tjuːɪtəs] a gratuit(e).
gratuity [grə'tjuːɪtɪ] n pourboire m.
grave [greɪv] n tombe f // a grave,
sérieux(euse); ~digger n fossoyeur m.
gravel ['grævl] n gravier m.
gravestone ['greɪvstəun] n pierre
tombale.
graveyard ['greɪvjɑːd] n cimetière m.
gravitate ['grævɪteɪt] vi graviter.
gravity ['grævɪtɪ] n (PHYSICS) gravité f;
pesanteur f; (seriousness) gravité f, sérieux
m.
gravy ['greɪvɪ] n jus m (de viande); sauce
f.
gray [greɪ] a = grey.
graze [greɪz] vi paître, brouter // vt (touch
lightly) frôler, effleurer; (scrape) écorcher
// n (MED) écorchure f.
grease [griːs] n (fat) graisse f; (lubricant)
lubrifiant m // vt graisser; lubrifier; ~
gun n graisseur m; ~proof paper n
papier sulfurisé; greasy a gras(se),
graisseux(euse).
great [greɪt] a grand(e); (col) formidable;
G~ Britain n Grande-Bretagne f; ~
grandfather n arrière-grand-père m; ~
grandmother n arrière-grand-mère f; ~ly
ad très, grandement; (with verbs)
beaucoup; ~ness n grandeur f.
Grecian ['griːʃən] a grec(grecque).
Greece [griːs] n Grèce f.
greed [griːd] n (also: ~iness) avidité f;
(for food) gourmandise f; ~ily ad
avidement; avec gourmandise; ~y a
avide; gourmand(e).
Greek [griːk] a grec(grecque) // n
Grec/Grecque; (LING) grec m.
green [griːn] a vert(e); (inexperienced)
(bien) jeune, naïf(ïve) // n vert m; (stretch
of grass) pelouse f; (also: village ~) ≈
place f du village; ~s npl légumes verts;
~gage n reine-claude f; ~grocer n
marchand m de fruits et légumes;
~house n serre f; ~ish a verdâtre.
Greenland ['griːnlənd] n Groenland m.
greet [griːt] vt accueillir; ~ing n
salutation f; Christmas/birthday ~ings
souhaits mpl de Noël/de bon anniversaire;
~ing(s) card n carte f de vœux.
gregarious [grə'gɛərɪəs] a grégaire,
sociable.
grenade [grə'neɪd] n grenade f.
grew [gruː] pt of grow.
grey [greɪ] a gris(e); (dismal) sombre; ~
haired a aux cheveux gris; ~hound n
lévrier m.
grid [grɪd] n grille f; (ELEC) réseau m;
~iron n gril m.
grief [griːf] n chagrin m, douleur f.
grievance ['griːvəns] n doléance f, grief
m.

grieve [griːv] vi avoir du chagrin; se
désoler // vt faire de la peine à, affliger;
to ~ at se désoler de; pleurer.
grievous ['griːvəs] a grave; cruel(le).
grill [grɪl] n (on cooker) gril m // vt griller;
(question) interroger longuement, cuisiner.
grille [grɪl] n grillage m; (AUT) calandre f.
grill(room) ['grɪl(rum)] n rôtisserie f.
grim [grɪm] a sinistre, lugubre.
grimace [grɪ'meɪs] n grimace f // vi
grimacer, faire une grimace.
grime [graɪm] n crasse f.
grimy ['graɪmɪ] a crasseux(euse).
grin [grɪn] n large sourire m // vi sourire.
grind [graɪnd] vt (pt, pp ground [graund])
écraser; (coffee, pepper etc) moudre;
(make sharp) aiguiser // n (work) corvée
f; to ~ one's teeth grincer des dents.
grip [grɪp] n étreinte f, poigne f; prise f;
(handle) poignée f; (holdall) sac m de
voyage // vt saisir, empoigner; étreindre;
to come to ~s with en venir aux prises
avec; to ~ the road (AUT) adhérer à la
route.
gripe(s) [graɪp(s)] n(pl) coliques fpl.
gripping ['grɪpɪŋ] a prenant(e),
palpitant(e).
grisly ['grɪzlɪ] a sinistre, macabre.
gristle ['grɪsl] n cartilage m (de poulet etc).
grit [grɪt] n gravillon m; (courage) cran m
// vt (road) sabler; to ~ one's teeth
serrer les dents.
grizzle ['grɪzl] vi pleurnicher.
groan [grəun] n gémissement m;
grognement m // vi gémir; grogner.
grocer ['grəusə*] n épicier m; at the ~'s
à l'épicerie, chez l'épicier; ~ies npl
provisions fpl.
grog [grɔg] n grog m.
groggy ['grɔgɪ] a groggy inv.
groin [grɔɪn] n aine f.
groom [gruːm] n palefrenier m; (also:
bride~) marié m // vt (horse) panser;
(fig): to ~ sb for former qn pour.
groove [gruːv] n sillon m, rainure f.
grope [grəup] vi tâtonner; to ~ for vt fus
chercher à tâtons.
gross [grəus] a (coarse) grossier(ère); (COMM)
brut(e); ~ly ad (greatly) très, grandement.
grotesque [grə'tɛsk] a grotesque.
grotto ['grɔtəu] n grotte f.
ground [graund] pt, pp of grind // n sol
m, terre f; (land) terrain m, terres fpl;
(SPORT) terrain; (reason: gen pl) raison f //
vt (plane) empêcher de décoller, retenir au
sol // vi (ship) s'échouer; ~s npl (of coffee
etc) marc m; (gardens etc) parc m, domaine
m; on the ~, to the ~ par terre; ~ floor
n rez-de-chaussée m; ~ing n (in education)
connaissances fpl de base; ~less a sans
fondement; ~sheet n tapis m de sol; ~
staff n équipage m au sol; ~work n
préparation f.
group [gruːp] n groupe m // vt (also: ~
together) grouper // vi (also: ~
together) se grouper.
grouse [graus] n, pl inv (bird) grouse f
(sorte de coq de bruyère) // vi (complain)
rouspéter, râler.
grove [grəuv] n bosquet m.

grovel ['grɔvl] *vi* (*fig*): **to ~ (before)** ramper (devant).

grow, *pt* **grew**, *pp* **grown** [grəu, gru:, grəun] *vi* (*plant*) pousser, croître; (*person*) grandir; (*increase*) augmenter, se développer; (*become*): **to ~ rich/weak** s'enrichir/s'affaiblir // *vt* cultiver, faire pousser; **to ~ up** *vi* grandir; **~er** *n* producteur *m*; **~ing** *a* (*fear, amount*) croissant(e), grandissant(e).

growl [graul] *vi* grogner.

grown [grəun] *pp of* **grow** // *a* adulte; **~-up** *n* adulte *m/f*, grande personne.

growth [grəuθ] *n* croissance *f*, développement *m*; (*what has grown*) pousse *f*, poussée *f*; (MED) grosseur *f*, tumeur *f*.

grub [grʌb] *n* larve *f*; (*col: food*) bouffe *f*.

grubby ['grʌbɪ] *a* crasseux(euse).

grudge [grʌdʒ] *n* rancune *f* // *vt*: **to ~ sb sth** donner qch à qn à contre-cœur; reprocher qch à qn; **to bear sb a ~ (for)** garder rancune *or* en vouloir à qn (de); **he ~s spending** il rechigne à dépenser; **grudgingly** *ad* à contre-cœur, de mauvaise grâce.

gruelling ['gruəlɪŋ] *a* exténuant(e).

gruesome ['gru:səm] *a* horrible.

gruff [grʌf] *a* bourru(e).

grumble ['grʌmbl] *vi* rouspéter, ronchonner.

grumpy ['grʌmpɪ] *a* grincheux (euse).

grunt [grʌnt] *vi* grogner // *n* grognement *m*.

G-string ['dʒi:strɪŋ] *n* (*garment*) cache-sexe *m inv*.

guarantee [gærən'ti:] *n* garantie *f* // *vt* garantir.

guarantor [gærən'tɔ:*] *n* garant/e.

guard [gɑ:d] *n* garde *f*, surveillance *f*; (*squad*, BOXING, FENCING) garde *f*; (*one man*) garde *m*; (RAIL) chef *m* de train // *vt* garder, surveiller; **~ed** *a* (*fig*) prudent(e); **~ian** *n* gardien/ne; (*of minor*) tuteur/trice; **~'s van** *n* (RAIL) fourgon *m*.

guerrilla [gə'rɪlə] *n* guérillero *m*; **~ warfare** *n* guérilla *f*.

guess [gɛs] *vi* deviner // *vt* deviner; (US) croire, penser // *n* supposition *f*, hypothèse *f*; **to take/have a ~** essayer de deviner; **~work** *n* hypothèse *f*.

guest [gɛst] *n* invité/e; (*in hotel*) client/e; **~-house** *n* pension *f*; **~ room** *n* chambre *f* d'amis.

guffaw [gʌ'fɔ:] *n* gros rire // *vi* pouffer de rire.

guidance ['gaɪdəns] *n* conseils *mpl*; **under the ~ of** conseillé(e) or encadré(e) par, sous la conduite de.

guide [gaɪd] *n* (*person, book etc*) guide *m* // *vt* guider; (**girl**) ~ *n* guide *f*; **~book** *n* guide *m*; **~d missile** *n* missile téléguidé; **~ dog** *n* chien *m* d'aveugle; **~lines** *npl* (*fig*) instructions générales, conseils *mpl*.

guild [gɪld] *n* corporation *f*; cercle *m*, association *f*; **~hall** *n* (*Brit*) hôtel *m* de ville.

guile [gaɪl] *n* astuce *f*; **~less** *a* candide.

guillotine ['gɪləti:n] *n* guillotine *f*; (*for paper*) massicot *m*.

guilt [gɪlt] *n* culpabilité *f*; **~y** *a* coupable.

guinea ['gɪnɪ] *n* (*Brit*) guinée *f* (= 21 *shillings: cette monnaie de compte ne s'emploie plus*).

guinea pig ['gɪnɪpɪg] *n* cobaye *m*.

guise [gaɪz] *n* aspect *m*, apparence *f*.

guitar [gɪ'tɑ:*] *n* guitare *f*; **~ist** *n* guitariste *m/f*.

gulf [gʌlf] *n* golfe *m*; (*abyss*) gouffre *m*.

gull [gʌl] *n* mouette *f*.

gullet ['gʌlɪt] *n* gosier *m*.

gullible ['gʌlɪbl] *a* crédule.

gully ['gʌlɪ] *n* ravin *m*; ravine *f*; couloir *m*.

gulp [gʌlp] *vi* avaler sa salive; (*from emotion*) avoir la gorge serrée, s'étrangler // *vt* (*also: ~ down*) avaler // *n*: **at one ~** d'un seul coup.

gum [gʌm] *n* (ANAT) gencive *f*; (*glue*) colle *f*; (*sweet*) boule *f* de gomme; (*also: chewing-~*) chewing-gum *m* // *vt* coller; **~boil** *n* abcès *m* dentaire; **~boots** *npl* bottes *fpl* en caoutchouc.

gumption ['gʌmpʃən] *n* bon sens, jugeote *f*.

gun [gʌn] *n* (*small*) revolver *m*, pistolet *m*; (*rifle*) fusil *m*, carabine *f*; (*cannon*) canon *m*; **~boat** *n* canonnière *f*; **~fire** *n* fusillade *f*; **~man** *n* bandit armé; **~ner** *n* artilleur *m*; **at ~point** sous la menace du pistolet (*or* fusil); **~powder** *n* poudre *f* à canon; **~shot** *n* coup *m* de feu; **within ~shot** à portée de fusil; **~smith** *n* armurier *m*.

gurgle ['gə:gl] *n* gargouillis *m* // *vi* gargouiller.

gush [gʌʃ] *n* jaillissement *m*, jet *m* // *vi* jaillir; (*fig*) se répandre en effusions.

gusset ['gʌsɪt] *n* gousset *m*, soufflet *m*.

gust [gʌst] *n* (*of wind*) rafale *f*; (*of smoke*) bouffée *f*.

gusto ['gʌstəu] *n* enthousiasme *m*.

gut [gʌt] *n* intestin *m*, boyau *m*; (MUS *etc*) boyau *m*; **~s** *npl* (*courage*) cran *m*.

gutter ['gʌtə*] *n* (*of roof*) gouttière *f*; (*in street*) caniveau *m*; (*fig*) ruisseau *m*.

guttural ['gʌtərl] *a* guttural(e).

guy [gaɪ] *n* (*also: ~rope*) corde *f*; (*col: man*) type *m*; (*figure*) effigie de Guy Fawkes.

guzzle ['gʌzl] *vi* s'empiffrer // *vt* avaler gloutonnement.

gym [dʒɪm] *n* (*also:* **gymnasium**) gymnase *m*; (*also:* **gymnastics**) gym *f*; **~ shoes** *npl* chaussures *fpl* de gym(nastique); **~ slip** *n* tunique *f* (d'écolière).

gymnast ['dʒɪmnæst] *n* gymnaste *m/f*; **~ics** [-'næstɪks] *n*, *npl* gymnastique *f*.

gynaecologist, gynecologist (US) [gaɪnɪ'kɔlədʒɪst] *n* gynécologue *m/f*.

gynaecology, gynecology (US) [gaɪnə'kɔlədʒɪ] *n* gynécologie *f*.

gypsy ['dʒɪpsɪ] *n* = **gipsy**.

gyrate [dʒaɪ'reɪt] *vi* tournoyer.

H

haberdashery ['hæbə'dæʃərɪ] *n* mercerie *f*.

habit ['hæbɪt] *n* habitude *f*; (*costume*) habit *m*, tenue *f*.

habitable ['hæbitəbl] a habitable.
habitation [hæbi'teiʃən] n habitation f.
habitual [hə'bitjuəl] a habituel(le); (drinker, liar) invétéré(e); ~ly ad habituellement, d'habitude.
hack [hæk] vt hacher, tailler // n (cut) entaille f; (blow) coup m; (pej: writer) nègre m.
hackney cab ['hækni'kæb] n fiacre m.
hackneyed ['hæknid] a usé(e), rebattu(e).
had [hæd] pt, pp of **have**.
haddock, pl ~ or ~s ['hædək] n églefin m; smoked ~ haddock m.
hadn't ['hædnt] = **had not**.
haemorrhage, hemorrhage (US) ['hemərɪdʒ] n hémorragie f.
haemorrhoids, hemorrhoids (US) ['hemərɔɪdz] npl hémorroïdes fpl.
haggard ['hægəd] a hagard(e), égaré(e).
haggle ['hægl] vi marchander; **to ~ over** chicaner sur; **haggling** n marchandage m.
Hague [heig] n: **The ~** La Haye.
hail [heil] n grêle f // vt (call) héler; (greet) acclamer // vi grêler; ~**stone** n grêlon m.
hair [hɛə*] n cheveux mpl; (single hair: on head) cheveu m; (: on body) poil m; **to do one's ~** se coiffer; ~**brush** n brosse f à cheveux; ~**cut** n coupe f (de cheveux); ~**do** ['hɛədu:] n coiffure f; ~**dresser** n coiffeur/euse; ~**drier** n sèche-cheveux m; ~**net** n résille f; ~ **oil** n huile f capillaire; ~**piece** n postiche m; ~**pin** n épingle f à cheveux; ~**pin bend** n virage m en épingle à cheveux; ~**raising** a à (vous) faire dresser les cheveux sur la tête; ~ **remover** n dépilateur m; ~ **spray** n laque f (pour les cheveux); ~**style** n coiffure f; ~**y** a poilu(e); chevelu(e); (fig) effrayant(e).
hake [heik] n colin m, merlu m.
half [ha:f] n (pl: **halves** [ha:vz]) moitié f // a demi(e) // ad (à) moitié, à demi; **an-hour** une demi-heure; **two and a ~** deux et demi; **a week and a ~** une semaine et demie; ~ **(of it)** la moitié; ~ **(of)** la moitié de; ~ **the amount of** la moitié de; **to cut sth in ~** couper qch en deux; ~-**back** n (SPORT) demi m; ~-**breed**, ~-**caste** n métis/se; ~-**hearted** a tiède, sans enthousiasme; ~-**hour** n demi-heure f; ~-**penny** ['heipni] n demi-penny m; **(at)** ~-**price** à moitié prix; ~-**time** n mi-temps f; ~-**way** ad à mi-chemin.
halibut ['hælibət] n, pl inv flétan m.
hall [hɔ:l] n salle f; (entrance way) hall m, entrée f; (corridor) couloir m; (mansion) château m, manoir m; ~ **of residence** n pavillon m or résidence f universitaire.
hallmark ['hɔ:lma:k] n poinçon m; (fig) marque f.
hallo [hə'ləu] excl = **hello**.
hallucination [həlu:si'neiʃən] n hallucination f.
halo ['heiləu] n (of saint etc) auréole f; (of sun) halo m.
halt [hɔ:lt] n halte f, arrêt m // vt faire arrêter // vi faire halte, s'arrêter.
halve [ha:v] vt (apple etc) partager or diviser en deux; (expense) réduire de moitié.

halves [ha:vz] npl of **half**.
ham [hæm] n jambon m.
hamburger ['hæmbə:gə*] n hamburger m.
hamstring ['hæmstrɪŋ] n (ANAT) tendon m du jarret.
hamlet ['hæmlit] n hameau m.
hammer ['hæmə*] n marteau m // vt (fig) éreinter, démolir.
hammock ['hæmək] n hamac m.
hamper ['hæmpə*] vt gêner // n panier m (d'osier).
hand [hænd] n main f; (of clock) aiguille f; (handwriting) écriture f; (at cards) jeu m; (worker) ouvrier/ère // vt passer, donner; **to give sb a ~** donner un coup de main à qn; **at ~** à portée de la main; **in ~** en main; (work) en cours; **on the one ~ ...**, **on the other ~** d'une part ..., d'autre part; **to ~ in** vt remettre; **to ~ out** vt distribuer; **to ~ over** vt transmettre; céder; ~**bag** n sac m à main; ~**ball** n handball m; ~**basin** n lavabo m; ~**book** n manuel m; ~**brake** n frein m à main; ~ **cream** n crème f pour les mains; ~**cuffs** npl menottes fpl; ~**ful** n poignée f.
handicap ['hændikæp] n handicap m // vt handicaper.
handicraft ['hændikra:ft] n travail m d'artisanat, technique artisanale.
handkerchief ['hæŋkətʃif] n mouchoir m.
handle ['hændl] n (of door etc) poignée f; (of cup etc) anse f; (of knife etc) manche m; (of saucepan) queue f; (for winding) manivelle f // vt toucher, manier; (deal with) s'occuper de; (treat: people) prendre; '~ **with care**' 'fragile'; ~**bar(s)** n(pl) guidon m.
hand-luggage ['hændlʌgidʒ] n bagages mpl à main.
handmade ['hændmeid] a fait(e) à la main.
handout ['hændaut] n documentation f, prospectus m.
handshake ['hændʃeik] n poignée f de main.
handsome ['hænsəm] a beau(belle); généreux(euse); considérable.
handwriting ['hændraitɪŋ] n écriture f.
handwritten ['hændritn] a manuscrit(e), écrit(e) à la main.
handy ['hændi] a (person) adroit(e); (close at hand) sous la main; (convenient) pratique; **handyman** n bricoleur m; (servant) homme m à tout faire.
hang, pt, pp **hung** [hæŋ, hʌŋ] vt accrocher; (criminal: pt,pp **hanged**) pendre // vi pendre; (hair, drapery) tomber; **to ~ about** vi flâner, traîner; **to ~ on** vi (wait) attendre; **to ~ up** vi (TEL) raccrocher // vt accrocher, suspendre.
hangar ['hæŋə*] n hangar m.
hanger ['hæŋə*] n cintre m, portemanteau m.
hanger-on [hæŋər'ɔn] n parasite m.
hang-gliding ['hæŋglaidɪŋ] n vol m libre or sur aile delta.
hangover ['hæŋəuvə*] n (after drinking) gueule f de bois.
hang-up ['hæŋʌp] n complexe m.

hank [hæŋk] n écheveau m.
hanker ['hæŋkə*] vi: to ~ after avoir envie de.
hankie, hanky ['hæŋkı] n abbr of handkerchief.
haphazard [hæp'hæzəd] a fait(e) au hasard, fait(e) au petit bonheur.
happen ['hæpən] vi arriver; se passer, se produire; as it ~s justement; ~ing n événement m.
happily ['hæpılı] ad heureusement.
happiness ['hæpınıs] n bonheur m.
happy ['hæpı] a heureux(euse); ~ with (arrangements etc) satisfait(e) de; ~-go-lucky a insouciant(e).
harass ['hærəs] vt accabler, tourmenter; ~ment n tracasseries fpl.
harbour, harbor (US) ['hɑːbə*] n port m // vt héberger, abriter; ~ master n capitaine m du port.
hard [hɑːd] a dur(e) // ad (work) dur; (think, try) sérieusement; to drink ~ boire sec; ~ luck! pas de veine!; no ~ feelings! sans rancune!; to be ~ of hearing être dur(e) d'oreille; to be ~ done by être traité(e) injustement; ~back n livre relié; ~board n Isorel m ®; ~-boiled egg n œuf dur; ~ cash n espèces fpl; ~en vt durcir; (fig) endurcir // vi durcir; ~ening n durcissement m; ~-headed a réaliste; décidé(e); ~ labour n travaux forcés.
hardly ['hɑːdlı] ad (scarcely) à peine; it's ~ the case ce n'est guère le cas; ~ anywhere presque nulle part.
hardness ['hɑːdnıs] n dureté f.
hard sell n (COMM) promotion de ventes agressive.
hardship ['hɑːdʃıp] n épreuves fpl; privations fpl.
hard-up [hɑːd'ʌp] a (col) fauché(e).
hardware ['hɑːdwɛə*] n quincaillerie f; (COMPUTERS) matériel m; ~ shop n quincaillerie f.
hard-wearing [hɑːd'wɛərıŋ] a solide.
hard-working [hɑːd'wəːkıŋ] a travailleur(euse).
hardy ['hɑːdı] a robuste; (plant) résistant(e) au gel.
hare [hɛə*] n lièvre m; ~-brained a farfelu(e); écervelé(e); ~lip n (MED) bec-de-lièvre m.
harem [hɑːˈriːm] n harem m.
harm [hɑːm] n mal m; (wrong) tort m // vt (person) faire du mal or du tort à; (thing) endommager; to mean no ~ ne pas avoir de mauvaises intentions; out of ~'s way à l'abri du danger, en lieu sûr; ~ful a nuisible; ~less a inoffensif(ive); sans méchanceté.
harmonic [hɑːˈmɔnık] a harmonique.
harmonica [hɑːˈmɔnıkə] n harmonica m.
harmonics [hɑːˈmɔnıks] npl harmoniques mpl or fpl.
harmonious [hɑːˈməunıəs] a harmonieux-(euse).
harmonium [hɑːˈməunıəm] n harmonium m.
harmonize ['hɑːmənaız] vt harmoniser // vi s'harmoniser.

harmony ['hɑːmənı] n harmonie f.
harness ['hɑːnıs] n harnais m // vt (horse) harnacher; (resources) exploiter.
harp [hɑːp] n harpe f // vi: to ~ on about parler tout le temps de; ~ist n harpiste m/f.
harpoon [hɑːˈpuːn] n harpon m.
harpsichord ['hɑːpsıkɔːd] n clavecin m.
harrow ['hærəu] n (AGR) herse f.
harrowing ['hærəuıŋ] a déchirant(e).
harsh [hɑːʃ] a (hard) dur(e); (severe) sévère; (rough: surface) rugueux(euse); (unpleasant: sound) discordant(e); (: colour) criard(e); cru(e); (: wine) âpre; ~ly ad durement; sévèrement; ~ness n dureté f; sévérité f.
harvest ['hɑːvıst] n (of corn) moisson f; (of fruit) récolte f; (of grapes) vendange f // vi moissonner; récolter; vendanger; ~er n (machine) moissonneuse f.
has [hæz] see have.
hash [hæʃ] n (CULIN) hachis m; (fig: mess) gâchis m; also abbr of hashish.
hashish ['hæʃıʃ] n haschisch m.
hassle ['hæsl] n chamaillerie f.
haste [heıst] n hâte f; précipitation f; ~n ['heısn] vt hâter, accélérer // vi se hâter, s'empresser; hastily ad à la hâte; précipitamment; hasty a hâtif(ive); précipité(e).
hat [hæt] n chapeau m; ~box n carton m à chapeau.
hatch [hætʃ] n (NAUT: also: ~way) écoutille f; (also: service ~) passe-plats m inv // vi éclore // vt faire éclore; (plot) tramer.
hatchback ['hætʃbæk] n (AUT) modèle m avec hayon arrière.
hatchet ['hætʃıt] n hachette f.
hate [heıt] vt haïr, détester // n haine f; to ~ to do or doing détester faire; ~ful a odieux(euse), détestable.
hatred ['heıtrıd] n haine f.
hat trick ['hættrık] n (SPORT, also fig) triplé m (3 buts réussis au cours du même match etc).
haughty ['hɔːtı] a hautain(e), arrogant(e).
haul [hɔːl] vt traîner, tirer; (by lorry) camionner; (NAUT) haler // n (of fish) prise f; (of stolen goods etc) butin m; ~age n halage m; camionnage m; ~ier n transporteur (routier), camionneur m.
haunch [hɔːntʃ] n hanche f; ~ of venison n cuissot m de chevreuil.
haunt [hɔːnt] vt (subj: ghost, fear) hanter; (: person) fréquenter // n repaire m.
have [hæv] pt,pp had [hæv, hæd] vt avoir; (meal, shower) prendre; to ~ sth done faire faire qch; he had a suit made il s'est fait faire un costume; she has to do it il faut qu'elle le fasse, elle doit le faire; I had better leave je ferais mieux de partir; to ~ it out with sb s'expliquer (franchement) avec qn; I won't ~ it cela ne se passera pas ainsi; he's been had (col) il s'est fait avoir or rouler.
haven ['heıvn] n port m; (fig) havre m.
haversack ['hævəsæk] n sac m à dos.
havoc ['hævək] n ravages mpl; to play ~ with (fig) désorganiser; détraquer.

hawk [hɔ:k] n faucon m.

hawker ['hɔ:kə*] n colporteur m.

hay [heɪ] n foin m; ~ **fever** n rhume m des foins; ~**stack** n meule f de foin.

haywire ['heɪwaɪə*] a (col): **to go** ~ perdre la tête; mal tourner.

hazard ['hæzəd] n hasard m, chance f; danger m, risque m // vt risquer, hasarder; ~**ous** a hasardeux(euse), risqué(e).

haze [heɪz] n brume f.

hazelnut ['heɪzlnʌt] n noisette f.

hazy ['heɪzɪ] a brumeux(euse); (idea) vague; (photograph) flou(e).

he [hi:] pronoun il; **it is** ~ **who ...** c'est lui qui ...; **here** ~ **is** le voici; ~-**bear** n ours m mâle.

head [hɛd] n tête f; (leader) chef m // vt (list) être en tête de; (group) être à la tête de; ~**s** (on coin) (le côté) face; ~**s or tails** pile ou face; **to** ~ **the ball** faire une tête; **to** ~ **for** vt fus se diriger vers; ~**ache** n mal m de tête; ~ **cold** n rhume m de cerveau; ~**ing** n titre m; rubrique f; ~**lamp** n phare m; ~**land** n promontoire m, cap m; ~**light** = ~**lamp**; ~**line** n titre m; ~**long** ad (fall) la tête la première; (rush) tête baissée; ~**master** n directeur m, proviseur m; ~**mistress** n directrice f; ~ **office** n bureau central; ~-**on** a (collision) de plein fouet; ~**phones** npl casque m (à écouteurs); ~ **quarters (HQ)** npl bureau or siège central; (MIL) quartier général; ~-**rest** n appui-tête m; ~**room** n (in car) hauteur f de plafond; (under bridge) hauteur limite; dégagement m; ~**scarf** n foulard m; ~**strong** a têtu(e), entêté(e); ~ **waiter** n maître m d'hôtel; ~**way** n avance f, progrès m; ~**wind** n vent m contraire; ~**y** a capiteux(euse); enivrant(e).

heal [hi:l] vt,vi guérir.

health [hɛlθ] n santé f; ~ **food shop** n magasin m diététique; **the H**~ **Service** ≈ la Sécurité Sociale; ~**y** a (person) en bonne santé; (climate, food, attitude etc) sain(e).

heap [hi:p] n tas m, monceau m // vt entasser, amonceler.

hear, pt, pp **heard** [hɪə*, hɑ:d] vt entendre; (news) apprendre; (lecture) assister à, écouter // vi entendre; **to** ~ **about** avoir des nouvelles de; entendre parler de; **did you** ~ **about the move?** tu es au courant du déménagement?; **to** ~ **from sb** recevoir des nouvelles de qn; ~**ing** n (sense) ouïe f; (of witnesses) audition f; (of a case) audience f; (of committee) séance f; ~**ing aid** n appareil m acoustique; **by** ~**say** ad par ouï-dire m.

hearse [hə:s] n corbillard m.

heart [hɑ:t] n cœur m; ~**s** npl (CARDS) cœur m; **at** ~ au fond; **by** ~ (learn, know) par cœur; **to lose** ~ perdre courage, se décourager; ~ **attack** n crise f cardiaque; ~**beat** n battement m de cœur; ~**breaking** a navrant(e), déchirant(e); **to be** ~**broken** avoir beaucoup de chagrin; ~**burn** n brûlures fpl d'estomac; ~ **failure** n arrêt m du cœur; ~**felt** a sincère.

hearth [hɑ:θ] n foyer m, cheminée f.

heartily ['hɑ:tɪlɪ] ad chaleureusement; (laugh) de bon cœur; (eat) de bon appétit; **to agree** ~ être entièrement d'accord.

heartless ['hɑ:tlɪs] a sans cœur, insensible; cruel(le).

heartwarming ['hɑ:twɔ:mɪŋ] a réconfortant(e).

hearty ['hɑ:tɪ] a chaleureux(euse); robuste; vigoureux(euse).

heat [hi:t] n chaleur f; (fig) ardeur f; feu m; (SPORT: also: **qualifying** ~) éliminatoire f // vt chauffer; **to** ~ **up** vi (liquids) chauffer; (room) se réchauffer // vt réchauffer; ~**ed** a chauffé(e); (fig) passionné(e); échauffé(e), excité(e); ~**er** n appareil m de chauffage; radiateur m.

heath [hi:θ] n (Brit) lande f.

heathen ['hi:ðn] a, n païen(ne).

heather ['hɛðə*] n bruyère f.

heating ['hi:tɪŋ] n chauffage m.

heatstroke ['hi:tstrəuk] n coup m de chaleur.

heatwave ['hi:tweɪv] n vague f de chaleur.

heave [hi:v] vt soulever (avec effort) // vi se soulever // n nausée f, haut-le-cœur m; (push) poussée f.

heaven ['hɛvn] n ciel m, paradis m; ~ **forbid!** surtout pas!; ~**ly** a céleste, divin(e).

heavily ['hɛvɪlɪ] ad lourdement; (drink, smoke) beaucoup; (sleep, sigh) profondément.

heavy ['hɛvɪ] a lourd(e); (work, sea, rain, eater) gros(se); (drinker, smoker) grand(e); **it's** ~ **going** ça ne va pas tout seul, c'est pénible; ~**weight** n (SPORT) poids lourd.

Hebrew ['hi:bru:] a hébraïque // n (LING) hébreu m.

heckle ['hɛkl] vt interpeller (un orateur).

hectare ['hɛktɑ:*] n hectare m.

hectic ['hɛktɪk] a agité(e), trépidant(e).

he'd [hi:d] = **he would, he had**.

hedge [hɛdʒ] n haie f // vi se défiler; **to** ~ **one's bets** (fig) se couvrir; **to** ~ **in** vt entourer d'une haie.

hedgehog ['hɛdʒhɔg] n hérisson m.

heed [hi:d] vt (also: **take** ~ **of**) tenir compte de, prendre garde à; ~**less** a insouciant(e).

heel [hi:l] n talon m // vt (shoe) retalonner; **to bring sb to** ~ rappeler qn à l'ordre.

hefty ['hɛftɪ] a (person) costaud(e); (parcel) lourd(e); (piece, price) gros(se).

heifer ['hɛfə*] n génisse f.

height [haɪt] n (of person) taille f, grandeur f; (of object) hauteur f; (of plane, mountain) altitude f; (high ground) hauteur, éminence f; (fig: of glory) sommet m; (: of stupidity) comble m; ~**en** vt hausser, surélever; (fig) augmenter.

heir [ɛə*] n héritier m; ~**ess** n héritière f; ~**loom** n meuble m (or bijou m or tableau m) de famille.

held [hɛld] pt, pp of **hold**.

helicopter ['hɛlɪkɔptə*] n hélicoptère m.

helium ['hi:lɪəm] n hélium m.

hell [hɛl] n enfer m; **a** ~ **of a...** (col) un(e) sacré(e)... .

he'll [hi:l] = **he will, he shall**.

hellish ['hɛlɪʃ] a infernal(e).
hello [həˈləu] excl bonjour!; salut! (to sb one addresses as 'tu'); (surprise) tiens!
helm [hɛlm] n (NAUT) barre f.
helmet ['hɛlmɪt] n casque m.
helmsman ['hɛlmzmən] n timonier m.
help [hɛlp] n aide f; (charwoman) femme f de ménage; (assistant etc) employé/e // vt aider; —! au secours!; ~ yourself (to bread) servez-vous (de pain); I can't ~ saying je ne peux pas m'empêcher de dire; he can't ~ it il n'y peut rien; ~er n aide m/f, assistant/e; —ful a serviable, obligeant(e); (useful) utile; —ing n portion f; —less a impuissant(e); faible.
hem [hɛm] n ourlet m // vt ourler; to ~ in vt cerner.
hemisphere ['hɛmɪsfɪə*] n hémisphère m.
hemorrhage ['hɛmərɪdʒ] n (US) = haemorrhage.
hemorrhoids ['hɛmərɔɪdz] npl (US) = haemorrhoids.
hemp [hɛmp] n chanvre m.
hen [hɛn] n poule f.
hence [hɛns] ad (therefore) d'où, de là; 2 years ~ d'ici 2 ans; —forth ad dorénavant.
henchman ['hɛntʃmən] n (pej) acolyte m, séide m.
henpecked ['hɛnpɛkt] a dominé par sa femme.
her [hə:*] pronoun (direct) la, l' + vowel or h mute; (indirect) lui; (stressed, after prep) elle; see note at she // a son(sa), ses pl; I see ~ je la vois; give ~ a book donne-lui un livre; after ~ après elle.
herald ['hɛrəld] n héraut m // vt annoncer.
heraldry ['hɛrəldrɪ] n héraldique f.
herb [hə:b] n herbe f; ~s npl (CULIN) fines herbes.
herd [hə:d] n troupeau m // vt: ~ed together parqués (comme du bétail).
here [hɪə*] ad ici // excl tiens!, tenez!; ~! présent!; ~'s my sister voici ma sœur; ~ she is la voici; ~ she comes la voici qui vient; ~after ad après, plus tard; ci-après // n: the ~after l'au-delà m; ~by ad (in letter) par la présente.
hereditary [hɪˈrɛdɪtrɪ] a héréditaire.
heredity [hɪˈrɛdɪtɪ] n hérédité f.
heresy ['hɛrəsɪ] n hérésie f.
heretic ['hɛrətɪk] n hérétique m/f; —al [hɪˈrɛtɪkl] a hérétique.
herewith [hɪəˈwɪð] ad avec ceci, ci-joint.
heritage ['hɛrɪtɪdʒ] n héritage m.
hermetically [hə:ˈmɛtɪklɪ] ad hermétiquement.
hermit ['hə:mɪt] n ermite m.
hernia ['hə:nɪə] n hernie f.
hero, ~es ['hɪərəu] n héros m; ~ic [hɪˈrəuɪk] a héroïque.
heroin ['hɛrəuɪn] n héroïne f.
heroine ['hɛrəuɪn] n héroïne f.
heroism ['hɛrəuɪzm] n héroïsme m.
heron ['hɛrən] n héron m.
herring ['hɛrɪŋ] n hareng m.
hers [hə:z] pronoun le(la) sien(ne), les siens(siennes).
herself [hə:ˈsɛlf] pronoun (reflexive) se; (emphatic) elle-même; (after prep) elle.

he's [hi:z] = he is, he has.
hesitant ['hɛzɪtənt] a hésitant(e), indécis(e).
hesitate ['hɛzɪteɪt] vi: to ~ (about/to do) hésiter (sur/à faire); hesitation [-ˈteɪʃən] n hésitation f.
hessian ['hɛsɪən] n toile f de jute.
het up [hɛtˈʌp] a agité(e), excité(e).
hew [hju:] vt tailler (à la hache).
hexagon ['hɛksəgən] n hexagone m; ~al [-ˈsægənl] a hexagonal(e).
heyday ['heɪdeɪ] n: the ~ of l'âge m d'or de, les beaux jours de.
hi [haɪ] excl salut!
hibernate ['haɪbəneɪt] vi hiberner.
hiccough, hiccup ['hɪkʌp] vi hoqueter // n hoquet m; to have (the) ~s avoir le hoquet.
hid [hɪd] pt of hide.
hidden ['hɪdn] pp of hide.
hide [haɪd] n (skin) peau f // vb (pt hid, pp hidden [hɪd, 'hɪdn]) vt: to ~ sth (from sb) cacher qch (à qn); ~-and-seek n cache-cache m; ~away n cachette f.
hideous ['hɪdɪəs] a hideux(euse); atroce.
hiding ['haɪdɪŋ] n (beating) correction f, volée f de coups; to be in ~ (concealed) se tenir caché(e); ~ place n cachette f.
hierarchy ['haɪərɑ:kɪ] n hiérarchie f.
high [haɪ] a haut(e); (speed, respect, number) grand(e); (price) élevé(e); (wind) fort(e), violent(e); (voice) aigu(aiguë) // ad haut, en haut; 20 m ~ haut(e) de 20 m; ~brow a,n intellectuel(le); ~chair n chaise haute (pour enfant); ~-flying a (fig) ambitieux(euse); ~-handed a très autoritaire; très cavalier(ère); ~-heeled a à hauts talons; ~-jack = hijack; ~ jump n (SPORT) saut m en hauteur; ~light n (fig: of event) point culminant // vt faire ressortir, souligner; ~ly ad très, fort, hautement; ~ly strung a nerveux(euse), toujours tendu(e); H~ Mass n grand-messe f; ~ness n hauteur f; Her H~ness son Altesse f; ~-pitched a aigu(aiguë); ~-rise block n tour f (d'habitation).
high school ['haɪsku:l] n lycée m; (US) établissement m d'enseignement supérieur.
high street ['haɪstri:t] n grand-rue f.
highway ['haɪweɪ] n grand'route f, route nationale.
hijack ['haɪdʒæk] vt détourner (par la force); ~er n auteur m d'un détournement d'avion, pirate m de l'air.
hike [haɪk] vi aller à pied // n excursion f à pied, randonnée f; ~r n promeneur/euse, excursionniste m/f; **hiking** n excursions fpl à pied, randonnée f.
hilarious [hɪˈlɛərɪəs] a (behaviour, event) désopilant(e).
hilarity [hɪˈlærɪtɪ] n hilarité f.
hill [hɪl] n colline f; (fairly high) montagne f; (on road) côte f; ~side n (flanc m de) coteau m; ~ start n (AUT) démarrage m en côte; ~y a vallonné(e); montagneux (euse); (road) à fortes côtes.
hilt [hɪlt] n (of sword) garde f.
him [hɪm] pronoun (direct) le, l' + vowel or h mute; (stressed, indirect, after prep) lui;

I see ~ je le vois ; **give ~ a book** donne-lui un livre ; **after ~** après lui ; **~self** *pronoun* (*reflexive*) se ; (*emphatic*) lui-même ; (*after prep*) lui.

hind [haɪnd] *a* de derrière // *n* biche *f*.

hinder ['hɪndə*] *vt* gêner ; (*delay*) retarder ; (*prevent*): **to ~ sb from doing** empêcher qn de faire ; **hindrance** ['hɪndrəns] *n* gêne *f*, obstacle *m*.

Hindu ['hɪndu:] *n* Hindou/e.

hinge [hɪndʒ] *n* charnière *f* // *vi* (*fig*): **to ~ on** dépendre de.

hint [hɪnt] *n* allusion *f* ; (*advice*) conseil *m* // *vt*: **to ~ that** insinuer que // *vi*: **to ~ at** faire une allusion à.

hip [hɪp] *n* hanche *f* ; **~ pocket** *n* poche *f* revolver.

hippopotamus, *pl* **~es** *or* **hippopotami** ['hɪpə'pɔtəməs, -'pɔtəmaɪ] *n* hippopotame *m*.

hire ['haɪə*] *vt* (*car, equipment*) louer ; (*worker*) embaucher, engager // *n* location *f* ; **for ~** à louer ; (*taxi*) libre ; **~ purchase (H.P.)** *n* achat *m* (*or* vente *f*) à tempérament *or* crédit.

his [hɪz] *pronoun* le(la) sien(ne), les siens(siennes) // *a* son(sa), ses *pl*.

hiss [hɪs] *vi* siffler // *n* sifflement *m*.

historian [hɪ'stɔ:rɪən] *n* historien/ne.

historic(al) [hɪ'stɔrɪk(l)] *a* historique.

history ['hɪstərɪ] *n* histoire *f*.

hit [hɪt] *vt* (*pt, pp* **hit**) frapper ; (*knock against*) cogner ; (*reach: target*) atteindre, toucher ; (*collide with: car*) entrer en collision avec, heurter ; (*fig: affect*) toucher ; (*find*) tomber sur // *n* coup *m* ; (*success*) coup réussi ; succès *m* ; (*song*) chanson *f* à succès, tube *m* ; **to ~ it off with sb** s'entendre avec qn ; **~-and-run driver** *n* chauffard *m* ; **~-or-miss** *a* fait(e) au petit bonheur.

hitch [hɪtʃ] *vt* (*fasten*) accrocher, attacher ; (*also:* **~ up**) remonter d'une saccade // *n* (*knot*) nœud *m* ; (*difficulty*) anicroche *f*, contretemps *m* ; **to ~ a lift** faire du stop.

hitch-hike ['hɪtʃhaɪk] *vi* faire de l'auto-stop ; **~r** *n* auto-stoppeur/ euse.

hive [haɪv] *n* ruche *f*.

H.M.S. *abbr* of **His(Her) Majesty's Ship**.

hoard [hɔ:d] *n* (*of food*) provisions *fpl*, réserves *fpl* ; (*of money*) trésor *m* // *vt* amasser.

hoarding ['hɔ:dɪŋ] *n* panneau *m* d'affichage *or* publicitaire.

hoarfrost ['hɔ:frɔst] *n* givre *m*.

hoarse [hɔ:s] *a* enroué(e).

hoax [həuks] *n* canular *m*.

hob [hɔb] *n* plaque chauffante.

hobble ['hɔbl] *vi* boitiller.

hobby ['hɔbɪ] *n* passe-temps favori ; **~-horse** *n* cheval *m* à bascule ; (*fig*) dada *m*.

hobo ['həubəu] *n* (*US*) vagabond *m*.

hock [hɔk] *n* vin *m* du Rhin.

hockey ['hɔkɪ] *n* hockey *m*.

hoe [həu] *n* houe *f*, binette *f* // *vt* biner, sarcler.

hog [hɔg] *n* sanglier *m* // *vt* (*fig*) accaparer ; **to go the whole ~** aller jusqu'au bout.

hoist [hɔɪst] *n* palan *m* // *vt* hisser.

hold [həuld] *vb* (*pt, pp* **held** [held]) *vt* tenir ; (*contain*) contenir ; (*keep back*) retenir ; (*believe*) maintenir ; (*possess*) avoir ; détenir // *vi* (*withstand pressure*) tenir (bon) ; (*be valid*) valoir // *n* prise *f* ; (*fig*) influence *f* ; (NAUT) cale *f* ; **~ the line!** (TEL) ne quittez pas! ; **to ~ one's own** (*fig*) (bien) se défendre ; **to catch** *or* **get (a) ~ of** saisir ; **to get ~ of** (*fig*) trouver ; **to get ~ of o.s.** se contrôler ; **to ~ back** *vt* retenir ; (*secret*) cacher ; **to ~ down** *vt* (*person*) maintenir à terre ; (*job*) occuper ; **to ~ off** *vt* tenir à distance ; **to ~ on** *vi* tenir bon ; (*wait*) attendre ; **~ on!** (TEL) ne quittez pas! ; **to ~ on to** *vt fus* se cramponner à ; (*keep*) conserver, garder ; **to ~ out** *vt* offrir // *vi* (*resist*) tenir bon ; **to ~ up** *vt* (*raise*) lever ; (*support*) soutenir ; (*delay*) retarder ; **~all** *n* fourre-tout *m inv* ; **~er** *n* (*of ticket, record*) détenteur/trice ; (*of office, title etc*) titulaire *m/f* ; **~ing** *n* (*share*) intérêts *mpl* ; (*farm*) ferme *f* ; **~ing company** *n* holding *m* ; **~up** *n* (*robbery*) hold-up *m* ; (*delay*) retard *m* ; (*in traffic*) embouteillage *m*.

hole [həul] *n* trou *m* // *vt* trouer, faire un trou dans.

holiday ['hɔlədɪ] *n* vacances *fpl* ; (*day off*) jour *m* de congé ; (*public*) jour férié ; **~-maker** *n* vacancier/ère ; **~ resort** *n* centre *m* de villégiature *or* de vacances.

holiness ['həulɪnɪs] *n* sainteté *f*.

Holland ['hɔlənd] *n* Hollande *f*.

hollow ['hɔləu] *a* creux(euse) ; (*fig*) faux(fausse) // *n* creux *m* ; (*in land*) dépression *f* (de terrain), cuvette *f* // *vt*: **to ~ out** creuser, évider.

holly ['hɔlɪ] *n* houx *m* ; **~hock** *n* rose trémière.

holster ['həulstə*] *n* étui *m* de revolver.

holy ['həulɪ] *a* saint(e) ; (*bread, water*) bénit(e) ; (*ground*) sacré(e) ; **H~ Ghost** *or* **Spirit** *n* Saint-Esprit *m* ; **~ orders** *npl* ordres (majeurs).

homage ['hɔmɪdʒ] *n* hommage *m* ; **to pay ~ to** rendre hommage à.

home [həum] *n* foyer *m*, maison *f* ; (*country*) pays natal, patrie *f* ; (*institution*) maison *f* // *a* de famille ; (ECON, POL) national(e), intérieur(e) // *ad* chez soi, à la maison ; au pays natal ; (*right in: nail etc*) à fond ; **at ~** chez soi, à la maison ; **to go** (*or* **come**) **~** rentrer (chez soi), rentrer à la maison (*or* au pays) ; **make yourself at ~** faites comme chez vous ; **near my ~** près de chez moi ; **~ address** *n* domicile permanent ; **~land** *n* patrie *f* ; **~less** *a* sans foyer ; sans abri ; **~ly** simple, sans prétention ; accueillant(e) ; **~-made** *a* fait(e) à la maison ; **~ rule** *n* autonomie *f* ; **H~ Secretary** *n* (*Brit*) ministre *m* de l'Intérieur ; **~sick** *a*: **to be ~sick** avoir le mal du pays ; s'ennuyer de sa famille ; **~ town** *n* ville natale ; **~ward** ['həumwəd] *a* (*journey*) du retour ; **~work** *n* devoirs *mpl*.

homicide ['hɔmɪsaɪd] *n* (*US*) homicide *m*.

homoeopathy [həumɪ'ɔpəθɪ] *n* homéopathie *f*.

homogeneous [hɔməu'dʒi:nɪəs] *a* homogène *mpl*.

homosexual [hɔməuˈsɛksjuəl] *a,n* homosexuel(le).

hone [həun] *n* pierre *f* à aiguiser // *vt* affûter, aiguiser.

honest [ˈɔnɪst] *a* honnête; (*sincere*) franc(franche); **~ly** *ad* honnêtement; franchement; **~y** *n* honnêteté *f.*

honey [ˈhʌnɪ] *n* miel *m*; **~comb** *n* rayon *m* de miel; (*pattern*) nid *m* d'abeilles, motif alvéolé; **~moon** *n* lune *f* de miel; (*trip*) voyage *m* de noces.

honk [hɔŋk] *n* (AUT) coup *m* de klaxon // *vi* klaxonner.

honorary [ˈɔnərərɪ] *a* honoraire; (*duty, title*) honorifique.

honour, honor (US) [ˈɔnə*] *vt* honorer // *n* honneur *m*; **~able** *a* honorable; **~s degree** *n* (SCOL) licence avec mention.

hood [hud] *n* capuchon *m*; (*Brit: AUT*) capote *f*; (*US: AUT*) capot *m*; **~wink** *vt* tromper.

hoof, ~s or **hooves** [hu:f, hu:vz] *n* sabot *m.*

hook [huk] *n* crochet *m*; (*on dress*) agrafe *f*; (*for fishing*) hameçon *m* // *vt* accrocher; (*dress*) agrafer.

hooligan [ˈhu:lɪgən] *n* voyou *m.*

hoop [hu:p] *n* cerceau *m*; (*of barrel*) cercle *m.*

hoot [hu:t] *vi* (AUT) klaxonner; (*siren*) mugir // *vt* (*jeer at*) huer // *n* huée *f*; coup *m* de klaxon; mugissement *m*; **to ~ with laughter** rire aux éclats; **~er** *n* (AUT) klaxon *m*; (NAUT) sirène *f.*

hooves [hu:vz] *npl* of **hoof.**

hop [hɔp] *vi* sauter; (*on one foot*) sauter à cloche-pied // *n* saut *m.*

hope [həup] *vt,vi* espérer // *n* espoir *m*; **I ~ so** je l'espère; **I ~ not** j'espère que non; **~ful** *a* (*person*) plein(e) d'espoir; (*situation*) prometteur(euse), encourageant(e); **~fully** *ad* avec espoir, avec optimisme; **~less** *a* désespéré(e); (*useless*) nul(le).

hops [hɔps] *npl* houblon *m.*

horde [hɔ:d] *n* horde *f.*

horizon [həˈraɪzn] *n* horizon *m*; **~tal** [hɔrɪˈzɔntl] *a* horizontal(e).

hormone [ˈhɔ:məun] *n* hormone *f.*

horn [hɔ:n] *n* corne *f*; (MUS) cor *m*; (AUT) klaxon *m*; **~ed** *a* (*animal*) à cornes.

hornet [ˈhɔ:nɪt] *n* frelon *m.*

horny [ˈhɔ:nɪ] *a* corné(e); (*hands*) calleux(euse).

horoscope [ˈhɔrəskəup] *n* horoscope *m.*

horrible [ˈhɔrɪbl] *a* horrible, affreux(euse).

horrid [ˈhɔrɪd] *a* méchant(e), désagréable.

horrify [ˈhɔrɪfaɪ] *vt* horrifier.

horror [ˈhɔrə*] *n* horreur *f*; **~ film** *n* film *m* d'épouvante.

hors d'œuvre [ɔ:ˈdə:vrə] *n* hors d'œuvre *m.*

horse [hɔ:s] *n* cheval *m*; **on ~back** à cheval; **~ chestnut** *n* marron *m* (d'Inde); **~-drawn** *a* tiré(e) par des chevaux; **~man** *n* cavalier *m*; **~power (h.p.)** *n* puissance *f* (en chevaux); **~-racing** *n* courses *fpl* de chevaux; **~radish** *n* raifort *m*; **~shoe** *n* fer *m* à cheval.

horsy [ˈhɔ:sɪ] *a* féru(e) d'équitation or de cheval, chevalin(e).

horticulture [ˈhɔ:tɪkʌltʃə*] *n* horticulture *f.*

hose [həuz] *n* (*also:* **~pipe**) tuyau *m*; (*also:* **garden ~**) tuyau d'arrosage.

hosiery [ˈhəuzɪərɪ] *n* (*in shop*) (rayon *m* des) bas *mpl.*

hospitable [ˈhɔspɪtəbl] *a* hospitalier(ère).

hospital [ˈhɔspɪtl] *n* hôpital *m*; **in ~** à l'hôpital.

hospitality [hɔspɪˈtælɪtɪ] *n* hospitalité *f.*

host [həust] *n* hôte *m*; (*in hotel etc*) patron *m*; (*large number*): **a ~ of** une foule de; (REL) hostie *f.*

hostage [ˈhɔstɪdʒ] *n* otage *m.*

hostel [ˈhɔstl] *n* foyer *m*; (*youth*) ~ *n* auberge *f* de jeunesse.

hostess [ˈhəustɪs] *n* hôtesse *f.*

hostile [ˈhɔstaɪl] *a* hostile.

hostility [hɔˈstɪlɪtɪ] *n* hostilité *f.*

hot [hɔt] *a* chaud(e); (*as opposed to only warm*) très chaud(e); (*spicy*) fort(e); (*fig*) acharné(e); brûlant(e); violent(e), passionné(e); **~ dog** *n* hot-dog *m.*

hotel [həuˈtɛl] *n* hôtel *m*; **~ier** *n* hôtelier/ère.

hot: ~-headed *a* impétueux(euse); **~house** *n* serre chaude; **~ly** *ad* passionnément, violemment; **~-water bottle** *n* bouillotte *f.*

hound [haund] *vt* poursuivre avec acharnement // *n* chien courant; **the ~s** la meute.

hour [ˈauə*] *n* heure *f*; **~ly** à toutes les heures; **~ly paid** *a* payé(e) à l'heure.

house *n* [haus] (*pl:* **~s** [ˈhauzɪz]) (*also: firm*) maison *f*; (POL) chambre *f*; (THEATRE) salle *f*; auditoire *m* // *vt* [hauz] (*person*) loger, héberger; **the H~** (**of Commons**) la Chambre des communes; **on the ~** (*fig*) aux frais de la maison; **~ arrest** *n* assignation *f* à domicile; **~boat** *n* bateau (*aménagé en habitation*); **~breaking** *n* cambriolage *m* (avec effraction); **~hold** *n* famille *f*, maisonnée *f*; ménage *m*; **~keeper** *n* gouvernante *f*; **~keeping** *n* (*work*) ménage *m*; **~-warming party** *n* pendaison *f* de crémaillère; **~wife** *n* ménagère *f*; **~work** *n* (travaux *mpl* du) ménage *m.*

housing [ˈhauzɪŋ] *n* logement *m*; **~ estate** *n* cité *f*, lotissement *m*; **~ shortage** *n* crise *f* du logement.

hovel [ˈhɔvl] *n* taudis *m.*

hover [ˈhɔvə*] *vi* planer; **to ~ round sb** rôder or tourner autour de qn; **~craft** *n* aéroglisseur *m.*

how [hau] *ad* comment; **~ are you?** comment allez-vous?; **~ long have you been here?** depuis combien de temps êtes-vous là?; **~ lovely!** que or comme c'est joli!; **~ many/much?** combien?; **~ many people/much milk** combien de gens/lait; **~ old are you?** quel âge avez-vous?; **~ is that ...?** comment se fait-il que ...? + *sub*; **~-ever** *ad* de quelque façon or manière que + *sub*; (+ *adjective*) quelque or si ... que + *sub*; (*in questions*) comment // *cj* pourtant, cependant.

howl [haul] *n* hurlement *m* // *vi* hurler.

howler [ˈhaulə*] *n* gaffe *f*, bourde *f.*

h.p., H.P. see **hire; horse.**

HQ *abbr of* **headquarters**.

hr(s) *abbr of* **hour(s)**.

hub [hʌb] *n* (*of wheel*) moyeu *m*; (*fig*) centre *m*, foyer *m*.

hubbub ['hʌbʌb] *n* brouhaha *m*.

hub cap ['hʌbkæp] *n* enjoliveur *m*.

huddle ['hʌdl] *vi*: **to ~ together** se blottir les uns contre les autres.

hue [hju:] *n* teinte *f*, nuance *f*; **~ and cry** *n* tollé (général), clameur *f*.

huff [hʌf] *n*: **in a ~** fâché(e); **to take the ~** prendre la mouche.

hug [hʌg] *vt* serrer dans ses bras; (*shore, kerb*) serrer // *n* étreinte *f*; **to give sb a ~** serrer qn dans ses bras.

huge [hju:dʒ] *a* énorme, immense.

hulk [hʌlk] *n* (*ship*) vieux rafiot; (*car etc*) carcasse *f*; **~ing** *a* balourd(e).

hull [hʌl] *n* (*of ship, nuts*) coque *f*; (*of peas*) cosse *f*.

hullo [hə'ləu] *excl* = **hello**.

hum [hʌm] *vt* (*tune*) fredonner // *vi* fredonner; (*insect*) bourdonner; (*plane, tool*) vrombir // *n* fredonnement *m*; bourdonnement *m*; vrombissement *m*.

human ['hju:mən] *a* humain(e) // *n* être humain.

humane [hju:'meɪn] *a* humain(e), humanitaire.

humanity [hju:'mænɪtɪ] *n* humanité *f*.

humble ['hʌmbl] *a* humble, modeste // *vt* humilier; **humbly** *ad* humblement, modestement.

humbug ['hʌmbʌg] *n* fumisterie *f*; (*sweet*) sorte de bonbon à la menthe.

humdrum ['hʌmdrʌm] *a* monotone, routinier(ère).

humid ['hju:mɪd] *a* humide; **~ity** [-'mɪdɪtɪ] *n* humidité *f*.

humiliate [hju:'mɪlɪeɪt] *vt* humilier; **humiliation** [-'eɪʃən] *n* humiliation *f*.

humility [hju:'mɪlɪtɪ] *n* humilité *f*.

humorist ['hju:mərɪst] *n* humoriste *m/f*.

humorous ['hju:mərəs] *a* humoristique; (*person*) plein(e) d'humour.

humour, humor (*US*) ['hju:mə*] *n* humour *m*; (*mood*) humeur *f* // *vt* (*person*) faire plaisir à; se prêter aux caprices de.

hump [hʌmp] *n* bosse *f*; **~back** *n* dos-d'âne *m*.

hunch [hʌntʃ] *n* bosse *f*; (*premonition*) intuition *f*; **~back** *n* bossu/e; **~ed** *a* arrondi(e), voûté(e).

hundred ['hʌndrəd] *num* cent; **~weight** *n* (*Brit*) = 50.8 *kg*; 112 *lb*; (*US*) = 45.3 *kg*; 100 *lb*.

hung [hʌŋ] *pt, pp of* **hang**.

Hungarian [hʌŋ'gɛərɪən] *a* hongrois(e) // *n* Hongrois/e; (*LING*) hongrois *m*.

Hungary ['hʌŋgərɪ] *n* Hongrie *f*.

hunger ['hʌŋgə*] *n* faim *f* // *vi*: **to ~ for** avoir faim de, désirer ardemment.

hungrily ['hʌŋgrəlɪ] *ad* voracement; (*fig*) avidement.

hungry ['hʌŋgrɪ] *a* affamé(e); **to be ~** avoir faim.

hunt [hʌnt] *vt* (*seek*) chercher; (*SPORT*) chasser // *vi* chasser // *n* chasse *f*; **~er** *n* chasseur *m*; **~ing** *n* chasse *f*.

hurdle ['hɜ:dl] *n* (*for fences*) claie *f*; (*SPORT*) haie *f*; (*fig*) obstacle *m*.

hurl [hɜ:l] *vt* lancer (avec violence).

hurrah, hurray [hu'rɑ:, hu'reɪ] *n* hourra *m*.

hurricane ['hʌrɪkən] *n* ouragan *m*.

hurried ['hʌrɪd] *a* pressé(e), précipité(e); (*work*) fait(e) à la hâte; **~ly** *ad* précipitamment, à la hâte.

hurry ['hʌrɪ] *n* hâte *f*, précipitation *f* // *vi* se presser, se dépêcher // *vt* (*person*) faire presser, faire se dépêcher; (*work*) presser; **to be in a ~** être pressé(e); **to do sth in a ~** faire qch en vitesse; **to ~ in/out** entrer/sortir précipitamment.

hurt [hɜ:t] *vb* (*pt, pp* **hurt**) *vt* (*cause pain to*) faire mal à; (*injure, fig*) blesser // *vi* faire mal // *a* blessé(e); **~ful** *a* (*remark*) blessant(e).

hurtle ['hɜ:tl] *vt* lancer (de toutes ses forces) // *vi*: **to ~ past** passer en trombe; **to ~ down** dégringoler.

husband ['hʌzbənd] *n* mari *m*.

hush [hʌʃ] *n* calme *m*, silence *m* // *vt* faire taire; **~!** chut!

husk [hʌsk] *n* (*of wheat*) balle *f*; (*of rice, maize*) enveloppe *f*; (*of peas*) cosse *f*.

husky ['hʌskɪ] *a* rauque; (*burly*) costaud(e) // *n* chien m esquimau or de traîneau.

hustle ['hʌsl] *vt* pousser, bousculer // *n* bousculade *f*; **~ and bustle** *n* tourbillon *m* (d'activité).

hut [hʌt] *n* hutte *f*; (*shed*) cabane *f*; (*MIL*) baraquement *m*.

hutch [hʌtʃ] *n* clapier *m*.

hyacinth ['haɪəsɪnθ] *n* jacinthe *f*.

hybrid ['haɪbrɪd] *a, n* hybride (*m*).

hydrant ['haɪdrənt] *n* prise *f* d'eau; (*also*: **fire ~**) bouche *f* d'incendie.

hydraulic [haɪ'drɔ:lɪk] *a* hydraulique.

hydroelectric [haɪdrəu'lɛktrɪk] *a* hydro-électrique.

hydrogen ['haɪdrədʒən] *n* hydrogène *m*.

hyena [haɪ'i:nə] *n* hyène *f*.

hygiene ['haɪdʒi:n] *n* hygiène *f*.

hygienic [haɪ'dʒi:nɪk] *a* hygiénique.

hymn [hɪm] *n* hymne *m*; cantique *m*.

hyphen ['haɪfn] *n* trait *m* d'union.

hypnosis [hɪp'nəusɪs] *n* hypnose *f*.

hypnotism ['hɪpnətɪzm] *n* hypnotisme *m*.

hypnotist ['hɪpnətɪst] *n* hypnotiseur/euse.

hypnotize ['hɪpnətaɪz] *vt* hypnotiser.

hypocrisy [hɪ'pɔkrɪsɪ] *n* hypocrisie *f*.

hypocrite ['hɪpəkrɪt] *n* hypocrite *m/f*; **hypocritical** [-'krɪtɪkl] *a* hypocrite.

hypothesis, pl hypotheses [haɪ'pɔθɪsɪs, -si:z] *n* hypothèse *f*.

hypothetic(al) [haɪpəu'θɛtɪk(l)] *a* hypothétique.

hysteria [hɪ'stɪərɪə] *n* hystérie *f*.

hysterical [hɪ'stɛrɪkl] *a* hystérique; **to become ~** avoir une crise de nerfs.

hysterics [hɪ'stɛrɪks] *npl* (violente) crise de nerfs; (*laughter*) crise de rire.

I

I [aɪ] *pronoun* je; (*before vowel*) j'; (*stressed*) moi.

ice [aɪs] *n* glace *f*; (*on road*) verglas *m* // *vt* (*cake*) glacer; (*drink*) faire rafraîchir //

vi (*also:* ~ **over**) geler ; (*also:* ~ **up**) se givrer ; ~ **axe** *n* piolet *m* ; ~**berg** *n* iceberg *m* ; ~**box** *n* (US) réfrigérateur *m* ; (*Brit*) compartiment *m* à glace ; (*insulated box*) glacière *f* ; ~**-cold** *a* glacé(e) ; ~ **cream** *n* glace *f* ; ~ **cube** *n* glaçon *m* ; ~ **hockey** *n* hockey *m* sur glace.

Iceland ['aɪslənd] *n* Islande *f* ; ~**er** *n* Islandais/e ; ~**ic** [-'lændɪk] *a* islandais(e) // *n* (LING) islandais *m*.

ice rink ['aɪsrɪŋk] *n* patinoire *f*.

icicle ['aɪsɪkl] *n* glaçon *m* (*naturel*).

icing ['aɪsɪŋ] *n* (AVIAT etc) givrage *m* ; (CULIN) glaçage *m* ; ~ **sugar** *n* sucre *m* glace.

icon ['aɪkɔn] *n* icône *f*.

icy ['aɪsɪ] *a* glacé(e) ; (*road*) verglacé(e) ; (*weather, temperature*) glacial(e).

I'd [aɪd] = I would, I had.

idea [aɪ'dɪə] *n* idée *f*.

ideal [aɪ'dɪəl] *n* idéal *m* // *a* idéal(e) ; ~**ist** *n* idéaliste *m/f*.

identical [aɪ'dɛntɪkl] *a* identique.

identification [aɪdɛntɪfɪ'keɪʃən] *n* identification *f* ; **means of** ~ pièce *f* d'identité.

identify [aɪ'dɛntɪfaɪ] *vt* identifier.

identity [aɪ'dɛntɪtɪ] *n* identité *f*.

ideology [aɪdɪ'ɔlədʒɪ] *n* idéologie *f*.

idiocy ['ɪdɪəsɪ] *n* idiotie *f*, stupidité *f*.

idiom ['ɪdɪəm] *n* langue *f*, idiome *m* ; (*phrase*) expression *f* idiomatique.

idiosyncrasy [ɪdɪəu'sɪŋkrəsɪ] *n* particularité *f*, caractéristique *f*.

idiot ['ɪdɪət] *n* idiot/e, imbécile *m/f* ; ~**ic** [-'ɔtɪk] *a* idiot(e), bête, stupide.

idle ['aɪdl] *a* sans occupation, désœuvré(e) ; (*lazy*) oisif(ive), paresseux(euse) ; (*unemployed*) au chômage ; (*machinery*) au repos ; (*question, pleasures*) vain(e), futile ; **to lie** ~ être arrêté, ne pas fonctionner ; ~**ness** *n* désœuvrement *m* ; oisiveté *f* ; ~**r** *n* désœuvré/e ; oisif/ive.

idol ['aɪdl] *n* idole *f* ; ~**ize** *vt* idolâtrer, adorer.

idyllic [ɪ'dɪlɪk] *a* idyllique.

i.e. *ad* (*abbr of id est*) c'est-à-dire.

if [ɪf] *cj* si.

igloo ['ɪglu:] *n* igloo *m*.

ignite [ɪg'naɪt] *vt* mettre le feu à, enflammer // *vi* s'enflammer.

ignition [ɪg'nɪʃən] *n* (AUT) allumage *m* ; **to switch on/off the** ~ mettre/couper le contact ; ~ **key** *n* (AUT) clé *f* de contact.

ignoramus [ɪgnə'reɪməs] *n* personne *f* ignare.

ignorance ['ɪgnərəns] *n* ignorance *f*.

ignorant ['ɪgnərənt] *a* ignorant(e).

ignore [ɪg'nɔ:*] *vt* ne tenir aucun compte de, ne pas relever ; (*person*) faire semblant de ne pas reconnaître, ignorer ; (*fact*) méconnaître.

ikon ['aɪkɔn] *n* = **icon**.

I'll [aɪl] = I will, I shall.

ill [ɪl] *a* (*sick*) malade ; (*bad*) mauvais(e) // *n* mal *m* ; **to take** *or* **be taken** ~ tomber malade ; ~**-advised** *a* (*decision*) peu judicieux(euse) ; (*person*) malavisé(e) ; ~**-at-ease** *a* mal à l'aise.

illegal [ɪ'li:gl] *a* illégal(e) ; ~**ly** *ad* illégalement.

illegible [ɪ'lɛdʒɪbl] *a* illisible.

illegitimate [ɪlɪ'dʒɪtɪmət] *a* illégitime.

ill-fated [ɪl'feɪtɪd] *a* malheureux(euse) ; (*day*) néfaste.

ill feeling [ɪl'fi:lɪŋ] *n* ressentiment *m*, rancune *f*.

illicit [ɪ'lɪsɪt] *a* illicite.

illiterate [ɪ'lɪtərət] *a* illettré(e) ; (*letter*) plein(e) de fautes.

ill-mannered [ɪl'mænəd] *a* impoli(e), grossier(ère).

illness ['ɪlnɪs] *n* maladie *f*.

illogical [ɪ'lɔdʒɪkl] *a* illogique.

ill-treat [ɪl'tri:t] *vt* maltraiter.

illuminate [ɪ'lu:mɪneɪt] *vt* (*room, street*) éclairer ; (*building*) illuminer ; ~**d sign** *n* enseigne lumineuse ; **illumination** [-'neɪʃən] *n* éclairage *m* ; illumination *f*.

illusion [ɪ'lu:ʒən] *n* illusion *f* ; **to be under the** ~ **that** s'imaginer *or* croire que.

illusive, illusory [ɪ'lu:sɪv, ɪ'lu:sərɪ] *a* illusoire.

illustrate ['ɪləstreɪt] *vt* illustrer ; **illustration** [-'streɪʃən] *n* illustration *f*.

illustrious [ɪ'lʌstrɪəs] *a* illustre.

ill will [ɪl'wɪl] *n* malveillance *f*.

I'm [aɪm] = I am.

image ['ɪmɪdʒ] *n* image *f* ; (*public face*) image de marque ; ~**ry** *n* images *fpl*.

imaginary [ɪ'mædʒɪnərɪ] *a* imaginaire.

imagination [ɪmædʒɪ'neɪʃən] *n* imagination *f*.

imaginative [ɪ'mædʒɪnətɪv] *a* imaginatif(ive) ; plein(e) d'imagination.

imagine [ɪ'mædʒɪn] *vt* s'imaginer ; (*suppose*) imaginer, supposer.

imbalance [ɪm'bæləns] *n* déséquilibre *m*.

imbecile ['ɪmbəsi:l] *n* imbécile *m/f*.

imbue [ɪm'bju:] *vt*: **to** ~ **sth with** imprégner qch de.

imitate ['ɪmɪteɪt] *vt* imiter ; **imitation** [-'teɪʃən] *n* imitation *f* ; **imitator** *n* imitateur/trice.

immaculate [ɪ'mækjulət] *a* impeccable ; (REL) immaculé(e).

immaterial [ɪmə'tɪərɪəl] *a* sans importance, insignifiant(e).

immature [ɪmə'tjuə*] *a* (*fruit*) qui n'est pas mûr(e) ; (*person*) qui manque de maturité.

immediate [ɪ'mi:dɪət] *a* immédiat(e) ; ~**ly** *ad* (*at once*) immédiatement ; ~**ly next to** juste à côté de.

immense [ɪ'mɛns] *a* immense ; énorme.

immerse [ɪ'mə:s] *vt* immerger, plonger ; **to** ~ **sth in** plonger qch dans.

immersion heater [ɪ'mə:ʃnhi:tə*] *n* chauffe-eau *m* électrique.

immigrant ['ɪmɪgrənt] *n* immigrant/e ; immigré/e.

immigration [ɪmɪ'greɪʃən] *n* immigration *f*.

imminent ['ɪmɪnənt] *a* imminent(e).

immobilize [ɪ'məubɪlaɪz] *vt* immobiliser.

immoderate [ɪ'mɔdərət] *a* immodéré(e), démesuré(e).

immoral [ɪ'mɔrl] *a* immoral(e) ; ~**ity** [-'rælɪtɪ] *n* immoralité *f*.

immortal [ɪ'mɔ:tl] *a, n* immortel(le) ; ~**ize** *vt* immortaliser.

immune [ı'mjuːn] *a*: ~ **(to)** immunisé(e) (contre).

immunization [ımjunaı'zeıʃən] *n* immunisation *f*.

immunize ['ımjunaız] *vt* immuniser.

impact ['ımpækt] *n* choc *m*, impact *m*; *(fig)* impact.

impair [ım'pɛə*] *vt* détériorer, diminuer.

impale [ım'peıl] *vt* empaler.

impartial [ım'pɑːʃl] *a* impartial(e); ~**ity** [ımpɑːʃı'ælıtı] *n* impartialité *f*.

impassable [ım'pɑːsəbl] *a* infranchissable; *(road)* impraticable.

impassioned [ım'pæʃənd] *a* passionné(e).

impatience [ım'peıʃəns] *n* impatience *f*.

impatient [ım'peıʃənt] *a* impatient(e).

impeach [ım'piːtʃ] *vt* accuser, attaquer; *(public official)* mettre en accusation.

impeccable [ım'pɛkəbl] *a* impeccable, parfait(e).

impede [ım'piːd] *vt* gêner.

impediment [ım'pɛdımənt] *n* obstacle *m*; *(also:* **speech** ~) défaut *m* d'élocution.

impending [ım'pɛndıŋ] *a* imminent(e).

impenetrable [ım'pɛnıtrəbl] *a* impénétrable.

imperative [ım'pɛrətıv] *a* nécessaire; urgent(e), pressant(e); *(voice)* impérieux(euse) // *n (LING)* impératif *m*.

imperceptible [ımpə'sɛptıbl] *a* imperceptible.

imperfect [ım'pəːfıkt] *a* imparfait(e); *(goods etc)* défectueux(euse) // *n (LING: also:* ~ **tense)** imparfait *m*; ~**ion** [-'fɛkʃən] *n* imperfection *f*, défectuosité *f*.

imperial [ım'pıərıəl] *a* impérial(e); *(measure)* légal(e); ~**ism** *n* impérialisme *m*.

imperil [ım'pɛrıl] *vt* mettre en péril.

impersonal [ım'pəːsənl] *a* impersonnel(le).

impersonate [ım'pəːsəneıt] *vt* se faire passer pour; *(THEATRE)* imiter; **impersonation** [-'neıʃən] *n (LAW)* usurpation *f* d'identité; *(THEATRE)* imitation *f*.

impertinent [ım'pəːtınənt] *a* impertinent(e), insolent(e).

impervious [ım'pəːvıəs] *a* imperméable; *(fig)*: ~ **to** insensible à; inaccessible à.

impetuous [ım'pɛtjuəs] *a* impétueux(euse), fougueux(euse).

impetus ['ımpətəs] *n* impulsion *f*; *(of runner)* élan *m*.

impinge [ım'pındʒ]: **to** ~ **on** *vt fus (person)* affecter, toucher; *(rights)* empiéter sur.

implausible [ım'plɔːzıbl] *a* peu plausible.

implement *n* ['ımplımənt] outil *m*, instrument *m*; *(for cooking)* ustensile *m* // *vt* ['ımplıment] exécuter, mettre à effet.

implicate ['ımplıkeıt] *vt* impliquer, compromettre; **implication** [-'keıʃən] *n* implication *f*.

implicit [ım'plısıt] *a* implicite; *(complete)* absolu(e), sans réserve.

implore [ım'plɔː*] *vt* implorer, supplier.

imply [ım'plaı] *vt* suggérer, laisser entendre; indiquer, supposer.

impolite [ımpə'laıt] *a* impoli(e).

imponderable [ım'pɒndərəbl] *a* impondérable.

import *vt* [ım'pɔːt] importer // *n* ['ımpɔːt] *(COMM)* importation *f*; *(meaning)* portée *f*, signification *f*.

importance [ım'pɔːtns] *n* importance *f*.

important [ım'pɔːtnt] *a* important(e).

importation [ımpɔː'teıʃən] *n* importation *f*.

imported [ım'pɔːtıd] *a* importé(e), d'importation.

importer [ım'pɔːtə*] *n* importateur/trice.

impose [ım'pəuz] *vt* imposer // *vi*: **to** ~ **on sb** abuser de la gentillesse *(or* crédulité*)* de qn.

imposing [ım'pəuzıŋ] *a* imposant(e), impressionnant(e).

impossibility [ımpɒsə'bılıtı] *n* impossibilité *f*.

impossible [ım'pɒsıbl] *a* impossible.

impostor [ım'pɒstə*] *n* imposteur *m*.

impotence ['ımpətns] *n* impuissance *f*.

impotent ['ımpətnt] *a* impuissant(e).

impound [ım'paund] *vt* confisquer, saisir.

impoverished [ım'pɒvərıʃt] *a* pauvre, appauvri(e).

impracticable [ım'præktıkəbl] *a* impraticable.

impractical [ım'præktıkl] *a* pas pratique; *(person)* qui manque d'esprit pratique.

imprecise [ımprı'saıs] *a* imprécis(e).

impregnable [ım'prɛgnəbl] *a (fortress)* imprenable; *(fig)* inattaquable; irréfutable.

impregnate ['ımprɛgneıt] *vt* imprégner; *(fertilize)* féconder.

impresario [ımprı'sɑːrıəu] *n* impresario *m*.

impress [ım'prɛs] *vt* impressionner, faire impression sur; *(mark)* imprimer, marquer; **to** ~ **sth on sb** faire bien comprendre qch à qn.

impression [ım'prɛʃən] *n* impression *f*; *(of stamp, seal)* empreinte *f*; **to be under the** ~ **that** avoir l'impression que; ~**able** *a* impressionnable, sensible; ~**ist** *n* impressionniste *m/f*.

impressive [ım'prɛsıv] *a* impressionnant(e).

imprinted [ım'prıntıd] *a*: ~ **on** imprimé(e) sur; *(fig)* imprimé(e) *or* gravé(e) dans.

imprison [ım'prızn] *vt* emprisonner, mettre en prison; ~**ment** *n* emprisonnement *m*.

improbable [ım'prɒbəbl] *a* improbable; *(excuse)* peu plausible.

impromptu [ım'prɒmptjuː] *a* impromptu(e).

improper [ım'prɒpə*] *a* incorrect(e); *(unsuitable)* déplacé(e), de mauvais goût; indécent(e); **impropriety** [ımprə'praıətı] *n* inconvenance *f*; *(of expression)* impropriété *f*.

improve [ım'pruːv] *vt* améliorer // *vi* s'améliorer; *(pupil etc)* faire des progrès; ~**ment** *n* amélioration *f*; progrès *m*.

improvisation [ımprəvaı'zeıʃən] *n* improvisation *f*.

improvise ['ımprəvaız] *vt,vi* improviser.

imprudence [ım'pruːdns] *n* imprudence *f*.

imprudent [ım'pruːdnt] *a* imprudent(e).

impudent ['ɪmpjudnt] a impudent(e).
impulse ['ɪmpʌls] n impulsion f.
impulsive [ɪm'pʌlsɪv] a impulsif(ive).
impunity [ɪm'pju:nɪtɪ] n impunité f.
impure [ɪm'pjuə*] a impur(e).
impurity [ɪm'pjuərɪtɪ] n impureté f.
in [ɪn] prep dans ; (with time: during, within):
~ May/2 days en mai/2 jours ; (: after):
~ 2 weeks dans 2 semaines ; (with sub-
stance) en ; (with town) à ; (with country):
it's ~ France/Portugal c'est en
France/au Portugal // ad dedans, à
l'intérieur ; (fashionable) à la mode ; is he
~? est-il là? ; ~ the country à la
campagne ; ~ town en ville ; ~ the sun
au soleil ; ~ the rain sous la pluie ; ~
French en français ; a man ~ 10 un
homme sur 10 ; ~ hundreds par
centaines ; the best pupil ~ the class le
meilleur élève de la classe ; ~ saying this
en disant ceci ; their party is ~ leur parti
est au pouvoir ; to ask sb ~ inviter qn
à entrer ; to run/limp etc ~ entrer en
courant/boitant etc ; the ~s and outs of
les tenants et aboutissants de.
in., ins abbr of **inch(es)**.
inability [ɪnə'bɪlɪtɪ] n incapacité f.
inaccessible [ɪnək'sɛsɪbl] a inaccessible.
inaccuracy [ɪn'ækjurəsɪ] n inexactitude
f ; manque m de précision.
inaccurate [ɪn'ækjurət] a inexact(e) ;
(person) qui manque de précision.
inaction [ɪn'ækʃən] n inaction f, inactivité
f.
inactivity [ɪnæk'tɪvɪtɪ] n inactivité f.
inadequacy [ɪn'ædɪkwəsɪ] n insuffisance
f.
inadequate [ɪn'ædɪkwət] a insuffisant(e),
inadéquat(e).
inadvertently [ɪnəd'və:tntlɪ] ad par
mégarde.
inadvisable [ɪnəd'vaɪzəbl] a à
déconseiller ; it is ~ to il est déconseillé
de.
inane [ɪ'neɪn] a inepte, stupide.
inanimate [ɪn'ænɪmət] a inanimé(e).
inappropriate [ɪnə'prəuprɪət] a
inopportun(e), mal à propos ; (word,
expression) impropre.
inapt [ɪn'æpt] a inapte ; peu approprié(e) ;
~itude n inaptitude f.
inarticulate [ɪnɑ:'tɪkjulət] a (person) qui
s'exprime mal ; (speech) indistinct(e).
inasmuch as [ɪnəz'mʌtʃæz] ad dans la
mesure où ; (seeing that) attendu que.
inattention [ɪnə'tɛnʃən] n manque m
d'attention.
inattentive [ɪnə'tɛntɪv] a inattentif(ive),
distrait(e) ; négligent(e).
inaudible [ɪn'ɔ:dɪbl] a inaudible.
inaugural [ɪ'nɔ:gjurəl] a inaugural(e).
inaugurate [ɪ'nɔ:gjureɪt] vt inaugurer ;
(president, official) investir de ses
fonctions ; **inauguration** [-'reɪʃən] n
inauguration f ; investiture f.
in-between [ɪnbɪ'twi:n] a entre les deux.
inborn [ɪn'bɔ:n] a (feeling) innée(e) ; (defect)
congénital(e).
inbred [ɪn'brɛd] a inné(e), naturel(le) ;
(family) consanguin(e).

inbreeding [ɪn'bri:dɪŋ] n croisement m
d'animaux de même souche ; unions
consanguines.
Inc. abbr see **incorporated**.
incalculable [ɪn'kælkjuləbl] a
incalculable.
incapability [ɪnkeɪpə'bɪlɪtɪ] n incapacité f.
incapable [ɪn'keɪpəbl] a incapable.
incapacitate [ɪnkə'pæsɪteɪt] vt: to ~ sb
from doing rendre qn incapable de faire ;
~d a (LAW) frappé(e) d'incapacité.
incapacity [ɪnkə'pæsɪtɪ] n incapacité f.
incarcerate [ɪn'kɑ:səreɪt] vt incarcérer.
incarnate a [ɪn'kɑ:nɪt] incarné(e) // vt
['ɪnkɑ:neɪt] incarner ; **incarnation**
[-'neɪʃən] n incarnation f.
incendiary [ɪn'sɛndɪərɪ] a incendiaire.
incense n ['ɪnsɛns] encens m // vt [ɪn'sɛns]
(anger) mettre en colère ; ~ burner n
encensoir m.
incentive [ɪn'sɛntɪv] n encouragement m,
raison f de se donner de la peine ; ~ bonus
n prime f d'encouragement.
incessant [ɪn'sɛsnt] a incessant(e) ; ~ly
ad sans cesse, constamment.
incest ['ɪnsɛst] n inceste m.
inch [ɪntʃ] n pouce m (= 25 mm ; 12 in a
foot) ; within an ~ of à deux doigts de ;
~ tape n centimètre m (de couturière).
incidence ['ɪnsɪdns] n (of crime, disease)
fréquence f.
incident ['ɪnsɪdnt] n incident m ; (in book)
péripétie f.
incidental [ɪnsɪ'dɛntl] a accessoire ;
(unplanned) accidentel(le) ; ~ to qui
accompagne ; ~ expenses npl faux frais
mpl ; ~ly [-'dɛntlɪ] ad (by the way) à
propos.
incinerator [ɪn'sɪnəreɪtə*] n incinérateur
m.
incipient [ɪn'sɪpɪənt] a naissant(e).
incision [ɪn'sɪʒən] n incision f.
incisive [ɪn'saɪsɪv] a incisif(ive) ;
mordant(e).
incite [ɪn'saɪt] vt inciter, pousser.
inclement [ɪn'klɛmənt] a inclément(e),
rigoureux(euse).
inclination [ɪnklɪ'neɪʃən] n inclination f.
incline n ['ɪnklaɪn] pente f, plan incliné //
vb [ɪn'klaɪn] vt incliner // vi: to ~ to avoir
tendance à ; to be ~d to do être enclin(e)
à faire ; avoir tendance à faire ; to be well
~d towards sb être bien disposé(e) à
l'égard de qn.
include [ɪn'klu:d] vt inclure, comprendre ;
including prep y compris.
inclusion [ɪn'klu:ʒən] n inclusion f.
inclusive [ɪn'klu:sɪv] a inclus(e),
compris(e) ; ~ terms npl prix tout
compris.
incognito [ɪnkɔg'ni:təu] ad incognito.
incoherent [ɪnkəu'hɪərənt] a
incohérent(e).
income ['ɪŋkʌm] n revenu m ; ~ tax n
impôt m sur le revenu ; ~ tax inspector
n inspecteur m des contributions directes ;
~ tax return n déclaration f des revenus.
incoming ['ɪnkʌmɪŋ] a: ~ tide n marée
montante.
incompatible [ɪnkəm'pætɪbl] a incompa-
tible.

incompetence [ɪn'kɔmpɪtns] *n* incompé-
tence *f*, incapacité *f*.

incompetent [ɪn'kɔmpɪtnt] *a* incompé-
tent(e), incapable.

incomplete [ɪnkəm'pliːt] *a* incomplet(ète).

incomprehensible [ɪnkɔmprɪ'hɛnsɪbl] *a*
incompréhensible.

inconclusive [ɪnkən'kluːsɪv] *a* peu con-
cluant(e) ; (*argument*) peu convaincant(e).

incongruous [ɪn'kɔŋgruəs] *a* peu
approprié(e) ; (*remark*, *act*) incongru(e),
déplacé(e).

inconsequential [ɪnkɔnsɪ'kwɛnʃl] *a* sans
importance.

inconsiderate [ɪnkən'sɪdərət] *a* (*action*)
inconsidéré(e) ; (*person*) qui manque
d'égards.

inconsistent [ɪnkən'sɪstnt] *a* sans
cohérence ; peu logique ; qui présente des
contradictions ; ~ **with** en contradiction
avec.

inconspicuous [ɪnkən'spɪkjuəs] *a* qui
passe inaperçu(e) ; (*colour*, *dress*)
discret(ète) ; **to make o.s.** ~ ne pas se
faire remarquer.

inconstant [ɪn'kɔnstnt] *a* inconstant(e) ;
variable.

incontinence [ɪn'kɔntɪnəns] *n* inconti-
nence *f*.

incontinent [ɪn'kɔntɪnənt] *a* inconti-
nent(e).

inconvenience [ɪnkən'viːnjəns] *n*
inconvénient *m* ; (*trouble*) dérangement *m*
// *vt* déranger.

inconvenient [ɪnkən'viːnjənt] *a*
malcommode ; (*time*, *place*) mal choisi(e),
qui ne convient pas.

incorporate [ɪn'kɔːpəreɪt] *vt* incorporer ;
(*contain*) contenir // *vi* fusionner ; (*two
firms*) se constituer en société ; ~**d** *a* : ~**d
company** (*US*, *abbr* **Inc.**) société *f*
anonyme (S.A.).

incorrect [ɪnkə'rɛkt] *a* incorrect(e) ;
(*opinion*, *statement*) inexact(e).

incorruptible [ɪnkə'rʌptɪbl] *a*
incorruptible.

increase [ɪn'kriːs] augmentation *f* // *vi*,
vt [ɪn'kriːs] augmenter.

increasing [ɪn'kriːsɪŋ] *a* (*number*)
croissant(e) ; ~**ly** *ad* de plus en plus.

incredible [ɪn'krɛdɪbl] *a* incroyable.

incredulous [ɪn'krɛdjuləs] *a* incrédule.

increment ['ɪnkrɪmənt] *n* augmentation *f*.

incriminate [ɪn'krɪmɪneɪt] *vt* incriminer,
compromettre.

incubation [ɪnkju'beɪʃən] *n* incubation *f*.

incubator ['ɪnkjubeɪtə*] *n* incubateur *m* ;
(*for babies*) couveuse *f*.

incur [ɪn'kə:*] *vt* (*expenses*) encourir ;
(*anger*, *risk*) s'exposer à ; (*debt*)
contracter ; (*loss*) subir.

incurable [ɪn'kjuərəbl] *a* incurable.

incursion [ɪn'kə:ʃən] *n* incursion *f*.

indebted [ɪn'dɛtɪd] *a* : **to be** ~ **to sb** (*for*)
être redevable à qn (de).

indecent [ɪn'diːsnt] *a* indécent(e),
inconvenant(e) ; ~ **assault** *n* attentat *m* à
la pudeur ; ~ **exposure** *n* outrage *m*
(public) à la pudeur.

indecision [ɪndɪ'sɪʒən] *n* indécision *f*.

indecisive [ɪndɪ'saɪsɪv] *a* indécis(e) ;
(*discussion*) peu concluant(e).

indeed [ɪn'diːd] *ad* en effet ; vraiment ; **yes**
~! certainement!

indefinable [ɪndɪ'faɪnəbl] *a* indéfinissable.

indefinite [ɪn'dɛfɪnɪt] *a* indéfini(e) ;
(*answer*) vague ; (*period*, *number*)
indéterminé(e) ; ~**ly** *ad* (*wait*)
indéfiniment ; (*speak*) vaguement, avec
imprécision.

indelible [ɪn'dɛlɪbl] *a* indélébile.

indemnify [ɪn'dɛmnɪfaɪ] *vt* indemniser,
dédommager.

indentation [ɪndɛn'teɪʃən] *n* découpure *f* ;
(*TYP*) alinéa *m* ; (*on metal*) bosse *f*.

independence [ɪndɪ'pɛndns] *n* indépen-
dance *f*.

independent [ɪndɪ'pɛndnt] *a* indépen-
dant(e) ; ~**ly** *ad* de façon indépendante ;
~**ly of** indépendamment de.

indescribable [ɪndɪ'skraɪbəbl] *a* indes-
criptible.

index ['ɪndɛks] *n* (*pl*: ~**es**: *in book*) index
m ; (: *in library etc*) catalogue *m* ; (*pl*:
indices ['ɪndɪsiːz]: *ratio*, *sign*) indice *m* ; ~
card *n* fiche *f* ; ~ **finger** *n* index *m* ; ~-
linked *a* indexé(e) (sur le coût de la vie
etc).

India ['ɪndɪə] *n* Inde *f* ; ~**n** *a* indien(ne) //
n Indien/ne ; ~**n ink** encre *f* de Chine ;
~**n Ocean** *n* océan Indien ; ~ **paper** *n*
papier *m* bible.

indicate ['ɪndɪkeɪt] *vt* indiquer ; **indication**
[-'keɪʃən] *n* indication *f*, signe *m*.

indicative [ɪn'dɪkətɪv] *a* indicatif(ive) // *n*
(*LING*) indicatif *m*.

indicator ['ɪndɪkeɪtə*] *n* (*sign*) indicateur
m ; (*AUT*) clignotant *m*.

indices ['ɪndɪsiːz] *npl of* **index**.

indict [ɪn'daɪt] *vt* accuser ; ~**able** *a*
(*person*) passible de poursuites ; ~**able
offence** *n* délit pénal ; ~**ment** *n*
accusation *f*.

indifference [ɪn'dɪfrəns] *n* indifférence *f*.

indifferent [ɪn'dɪfrənt] *a* indifférent(e) ;
(*poor*) médiocre, quelconque.

indigenous [ɪn'dɪdʒɪnəs] *a* indigène.

indigestible [ɪndɪ'dʒɛstɪbl] *a* indigeste.

indigestion [ɪndɪ'dʒɛstʃən] *n* indigestion
f, mauvaise digestion.

indignant [ɪn'dɪgnənt] *a* : ~ (**at sth/with
sb**) indigné(e) (de qch/contre qn).

indignation [ɪndɪg'neɪʃən] *n* indignation *f*.

indignity [ɪn'dɪgnɪtɪ] *n* indignité *f*, affront
m.

indigo ['ɪndɪgəu] *a* indigo *inv* // *n* indigo
m.

indirect [ɪndɪ'rɛkt] *a* indirect(e) ; ~**ly** *ad*
indirectement.

indiscreet [ɪndɪ'skriːt] *a* indiscret(ète) ;
(*rash*) imprudent(e).

indiscretion [ɪndɪ'skrɛʃən] *n* indiscrétion
f ; imprudence *f*.

indiscriminate [ɪndɪ'skrɪmɪnət] *a*
(*person*) qui manque de discernement ;
(*admiration*) aveugle ; (*killings*) commis(e)
au hasard.

indispensable [ɪndɪ'spɛnsəbl] *a* indis-
pensable.

indisposed [ɪndɪ'spəuzd] *a* (*unwell*)
indisposé(e), souffrant(e).

indisposition [ɪndɪspə'zɪʃən] n (illness) indisposition f, malaise m.
indisputable [ɪndɪ'spju:təbl] a incontestable, indiscutable.
indistinct [ɪndɪ'stɪŋkt] a indistinct(e) ; (memory, noise) vague.
individual [ɪndɪ'vɪdjuəl] n individu m // a individuel(le) ; (characteristic) particulier(ère), original(e) ; ~ist n individualiste m/f ; ~ity [-'ælɪtɪ] n individualité f ; ~ly ad individuellement.
indoctrinate [ɪn'dɔktrɪneɪt] vt endoctriner ; **indoctrination** [-'neɪʃən] n endoctrinement m.
indolent ['ɪndələnt] a indolent(e), nonchalant(e).
indoor ['ɪndɔ:*] a d'intérieur ; (plant) d'appartement ; (swimming-pool) couvert(e) ; (sport, games) pratiqué(e) en salle ; ~s [ɪn'dɔ:z] ad à l'intérieur ; (at home) à la maison.
indubitable [ɪn'dju:bɪtəbl] a indubitable, incontestable.
induce [ɪn'dju:s] vt persuader ; (bring about) provoquer ; ~ment n incitation f ; (incentive) but m ; (pej: bribe) pot-de-vin m.
induct [ɪn'dʌkt] vt établir dans ses fonctions ; (fig) initier.
induction [ɪn'dʌkʃən] n (MED: of birth) accouchement provoqué ; ~ course n stage m de mise au courant.
indulge [ɪn'dʌldʒ] vt (whim) céder à, satisfaire ; (child) gâter // vi: to ~ in sth s'offrir qch, se permettre qch ; se livrer à qch ; ~nce n fantaisie f (que l'on s'offre) ; (leniency) indulgence f ; ~nt a indulgent(e).
industrial [ɪn'dʌstrɪəl] a industriel(le) ; (injury) du travail ; (dispute) ouvrier(ère) ; ~ **action** n action revendicative ; ~ **estate** n zone industrielle ; ~ist n industriel m ; ~ize vt industrialiser.
industrious [ɪn'dʌstrɪəs] a travailleur(euse).
industry ['ɪndəstrɪ] n industrie f ; (diligence) zèle m, application f.
inebriated [ɪ'ni:brɪeɪtɪd] a ivre.
inedible [ɪn'edɪbl] a immangeable ; (plant etc) non comestible.
ineffective [ɪnɪ'fektɪv] a inefficace.
ineffectual [ɪnɪ'fektʃuəl] a inefficace ; incompétent(e).
inefficiency [ɪnɪ'fɪʃənsɪ] n inefficacité f.
inefficient [ɪnɪ'fɪʃənt] a inefficace.
inelegant [ɪn'elɪgənt] a peu élégant(e).
ineligible [ɪn'elɪdʒɪbl] a (candidate) inéligible ; **to be ~ for** sth ne pas avoir droit à qch.
inept [ɪ'nept] a inepte.
inequality [ɪnɪ'kwɔlɪtɪ] n inégalité f.
ineradicable [ɪnɪ'rædɪkəbl] a indéracinable, tenace.
inert [ɪ'nɜ:t] a inerte.
inertia [ɪ'nɜ:ʃə] n inertie f ; ~ **reel seat belt** n ceinture f de sécurité à enrouleur.
inescapable [ɪnɪ'skeɪpəbl] a inéluctable, inévitable.
inessential [ɪnɪ'senʃl] a superflu(e).
inestimable [ɪn'estɪməbl] a inestimable, incalculable.
inevitable [ɪn'evɪtəbl] a inévitable.

inexact [ɪnɪg'zækt] a inexact(e).
inexhaustible [ɪnɪg'zɔ:stɪbl] a inépuisable.
inexorable [ɪn'eksərəbl] a inexorable.
inexpensive [ɪnɪk'spensɪv] a bon marché inv.
inexperience [ɪnɪk'spɪərɪəns] n inexpérience f, manque m d'expérience ; ~d a inexpérimenté(e).
inexplicable [ɪnɪk'splɪkəbl] a inexplicable.
inexpressible [ɪnɪk'spresɪbl] a inexprimable.
inextricable [ɪnɪk'strɪkəbl] a inextricable.
infallibility [ɪnfælə'bɪlɪtɪ] n infaillibilité f.
infallible [ɪn'fælɪbl] a infaillible.
infamous ['ɪnfəməs] a infâme, abominable.
infamy ['ɪnfəmɪ] n infamie f.
infancy ['ɪnfənsɪ] n petite enfance, bas âge ; (fig) enfance f, débuts mpl.
infant ['ɪnfənt] n (baby) nourrisson m ; (young child) petit(e) enfant ; ~ile a infantile ; ~ **school** n classes fpl préparatoires (entre 5 et 7 ans).
infantry ['ɪnfəntrɪ] n infanterie f ; ~ **man** n fantassin m.
infatuated [ɪn'fætjueɪtɪd] a: ~ **with** entiché(e) de.
infatuation [ɪnfætju'eɪʃən] n toquade f ; engouement m.
infect [ɪn'fekt] vt infecter, contaminer ; (fig: pej) corrompre ; ~ed with (illness) atteint(e) de ; ~ion [ɪn'fekʃən] n infection f ; contagion f ; ~ious [ɪn'fekʃəs] a infectieux(euse) ; (also: fig) contagieux(euse).
infer [ɪn'fə:*] vt conclure, déduire ; ~ence ['ɪnfərəns] n conclusion f ; déduction f.
inferior [ɪn'fɪərɪə*] a inférieur(e) ; (goods) de qualité inférieure // n inférieur/e ; (in rank) subalterne m/f ; ~ity [ɪnfɪərɪ'ɔrətɪ] n infériorité f ; ~ity complex n complexe m d'infériorité.
infernal [ɪn'fə:nl] a infernal(e) ; ~ly ad abominablement.
inferno [ɪn'fə:nəu] n enfer m ; brasier m.
infertile [ɪn'fə:taɪl] a stérile ; **infertility** [-'tɪlɪtɪ] n infertilité f, stérilité f.
infested [ɪn'festɪd] a: ~ (with) infesté(e) (de).
infidelity [ɪnfɪ'delɪtɪ] n infidélité f.
in-fighting ['ɪnfaɪtɪŋ] n querelles fpl internes.
infiltrate ['ɪnfɪltreɪt] vt (troops etc) faire s'infiltrer ; (enemy line etc) s'infiltrer dans // vi s'infiltrer.
infinite ['ɪnfɪnɪt] a infini(e).
infinitive [ɪn'fɪnɪtɪv] n infinitif m.
infinity [ɪn'fɪnɪtɪ] n infinité f ; (also MATH) infini m.
infirm [ɪn'fə:m] a infirme.
infirmary [ɪn'fə:mərɪ] n hôpital m ; (in school, factory) infirmerie f.
infirmity [ɪn'fə:mɪtɪ] n infirmité f.
inflame [ɪn'fleɪm] vt enflammer.
inflammable [ɪn'flæməbl] a inflammable.
inflammation [ɪnflə'meɪʃən] n inflammation f.
inflate [ɪn'fleɪt] vt (tyre, balloon) gonfler ; (fig) grossir ; gonfler ; faire monter ; **to ~ the currency** avoir recours à l'inflation ;

~d a (*style*) enflé(e) ; (*value*) exagéré(e) ;
inflation [ɪnˈfleɪʃən] n (ECON) inflation f.
inflexible [ɪnˈflɛksɪbl] a inflexible, rigide.
inflict [ɪnˈflɪkt] vt: **to ~ on** infliger à ;
~ion [ɪnˈflɪkʃən] n infliction f; affliction f.

inflow [ˈɪnfləu] n afflux m.

influence [ˈɪnfluəns] n influence f // vt influencer ; **under the ~ of** sous l'effet de ; **under the ~ of drink** en état d'ébriété.
influential [ɪnfluˈɛnʃl] a influent(e).
influenza [ɪnfluˈɛnzə] n grippe f.
influx [ˈɪnflʌks] n afflux m.

inform [ɪnˈfɔːm] vt: **to ~ sb (of)** informer or avertir qn (de) ; **to ~ sb about** renseigner qn sur, mettre qn au courant de.

informal [ɪnˈfɔːml] a (*person, manner*) simple, sans façon ; (*visit, discussion*) dénué(e) de formalités ; (*announcement, invitation*) non-officiel(le) ; **'dress ~'** 'tenue de ville' ; ~**ity** [-ˈmælɪtɪ] n simplicité f, absence f de cérémonie ; caractère non-officiel ; ~ **language** n langage m de la conversation.

information [ɪnfəˈmeɪʃən] n information f; renseignements mpl; (*knowledge*) connaissances fpl; **a piece of ~** un renseignement.
informative [ɪnˈfɔːmətɪv] a instructif(ive).
informer [ɪnˈfɔːmə*] n dénonciateur/-trice ; (*also*: **police ~**) indicateur/trice.

infra-red [ɪnfrəˈrɛd] a infrarouge.
infrequent [ɪnˈfriːkwənt] a peu fréquent(e), rare.
infringe [ɪnˈfrɪndʒ] vt enfreindre // vi: **to ~ on** empiéter sur ; ~**ment** n: ~**ment (of)** infraction f (à).
infuriate [ɪnˈfjuərɪeɪt] vt mettre en fureur ; **infuriating** a exaspérant(e).
ingenious [ɪnˈdʒiːnjəs] a ingénieux(euse).
ingenuity [ɪndʒɪˈnjuːɪtɪ] n ingéniosité f.
ingenuous [ɪnˈdʒɛnjuəs] a naïf(ive), ingénu(e).
ingot [ˈɪŋgət] n lingot m.
ingrained [ɪnˈgreɪnd] a enraciné(e).
ingratiate [ɪnˈgreɪʃieɪt] vt: **to ~ o.s. with** s'insinuer dans les bonnes grâces de, se faire bien voir de.
ingratitude [ɪnˈgrætɪtjuːd] n ingratitude f.
ingredient [ɪnˈgriːdiənt] n ingrédient m ; élément m.
ingrown [ˈɪngrəun] a: ~ **toenail** ongle incarné.
inhabit [ɪnˈhæbɪt] vt habiter.
inhabitant [ɪnˈhæbɪtnt] n habitant/e.
inhale [ɪnˈheɪl] vt inhaler ; (*perfume*) respirer // vi (*in smoking*) avaler la fumée.
inherent [ɪnˈhɪərənt] a: ~ (**in** or **to**) inhérent(e) (à).
inherit [ɪnˈhɛrɪt] vt hériter (de) ; ~**ance** n héritage m ; **law of ~ance** n droit m de la succession.
inhibit [ɪnˈhɪbɪt] vt (PSYCH) inhiber ; **to ~ sb from doing** empêcher or retenir qn de faire ; ~**ing** a gênant(e) ; ~**ion** [-ˈbɪʃən] n inhibition f.
inhospitable [ɪnhɔsˈpɪtəbl] a inhospitalier(ère).
inhuman [ɪnˈhjuːmən] a inhumain(e).

inimitable [ɪˈnɪmɪtəbl] a inimitable.
iniquity [ɪˈnɪkwɪtɪ] n iniquité f.
initial [ɪˈnɪʃl] a initial(e) // n initiale f // vt parafer ; ~**s** npl initiales fpl; (*as signature*) parafe m ; ~**ly** ad initialement, au début.
initiate [ɪˈnɪʃieɪt] vt (*start*) entreprendre ; amorcer ; lancer ; (*person*) initier ; **to ~ sb into a secret** initier qn à un secret ; **to ~ proceedings against sb** (LAW) intenter une action à qn ; **initiation** [-ˈeɪʃən] n (*into secret etc*) initiation f.
initiative [ɪˈnɪʃətɪv] n initiative f.
inject [ɪnˈdʒɛkt] vt (*liquid*) injecter ; (*person*) faire une piqûre à ; ~**ion** [ɪnˈdʒɛkʃən] n injection f, piqûre f.
injure [ˈɪndʒə*] vt blesser ; (*wrong*) faire du tort à ; (*damage: reputation etc*) compromettre.
injury [ˈɪndʒərɪ] n blessure f; (*wrong*) tort m ; ~ **time** n (SPORT) arrêts mpl de jeu.
injustice [ɪnˈdʒʌstɪs] n injustice f.
ink [ɪŋk] n encre f.
inkling [ˈɪŋklɪŋ] n soupçon m, vague idée f.
inky [ˈɪŋkɪ] a taché(e) d'encre.
inlaid [ˈɪnleɪd] a incrusté(e) ; (*table etc*) marqueté(e).
inland a [ˈɪnlənd] intérieur(e) // ad [ɪnˈlænd] à l'intérieur, dans les terres ; **I~ Revenue** n (*Brit*) fisc m, contributions directes ; ~ **waterways** npl canaux mpl et voies fpl navigables fpl.
in-laws [ˈɪnlɔːz] npl beaux-parents mpl; belle famille.
inlet [ˈɪnlɛt] n (GEO) crique f; ~ **pipe** n (TECH) tuyau m d'arrivée.
inmate [ˈɪnmeɪt] n (*in prison*) détenu/e ; (*in asylum*) interné/e.
inn [ɪn] n auberge f.
innate [ɪˈneɪt] a inné(e).
inner [ˈɪnə*] a intérieur(e) ; ~ **city** n centre m de zone urbaine ; ~ **tube** n (*of tyre*) chambre f à air.
innocence [ˈɪnəsns] n innocence f.
innocent [ˈɪnəsnt] a innocent(e).
innocuous [ɪˈnɔkjuəs] a inoffensif(ive).
innovation [ɪnəuˈveɪʃən] n innovation f.
innuendo, ~es [ɪnjuˈɛndəu] n insinuation f, allusion (malveillante).
innumerable [ɪˈnjuːmrəbl] a innombrable.
inoculation [ɪnɔkjuˈleɪʃən] n inoculation f.
inopportune [ɪnˈɔpətjuːn] a inopportun(e).
inordinately [ɪˈnɔːdɪnətlɪ] ad démesurément.
inorganic [ɪnɔːˈgænɪk] a inorganique.
in-patient [ˈɪnpeɪʃənt] n malade hospitalisé(e).
input [ˈɪnput] n (ELEC) énergie f, puissance f; (*of machine*) consommation f; (*computer*) information fournie.
inquest [ˈɪnkwɛst] n enquête (criminelle).
inquire [ɪnˈkwaɪə*] vi demander // vt demander, s'informer de ; **to ~ about** vt fus s'informer de, se renseigner sur ; **to ~ after** vt fus demander des nouvelles de ; **to ~ into** vt fus faire une enquête sur ; **inquiring** a (*mind*) curieux(euse), investigateur(trice) ; **inquiry** n demande f de renseignements ; (LAW) enquête f,

investigation *f*; **inquiry office** *n* bureau *m* de renseignements.

inquisitive [ɪn'kwɪzɪtɪv] *a* curieux(euse).

inroad ['ɪnrəʊd] *n* incursion *f*.

insane [ɪn'seɪn] *a* fou(folle); (MED) aliéné(e).

insanitary [ɪn'sænɪtərɪ] *a* insalubre.

insanity [ɪn'sænɪtɪ] *n* folie *f*; (MED) aliénation (mentale).

insatiable [ɪn'seɪʃəbl] *a* insatiable.

inscribe [ɪn'skraɪb] *vt* inscrire; (book etc): **to ~ (to sb)** dédicacer (à qn).

inscription [ɪn'skrɪpʃən] *n* inscription *f*; dédicace *f*.

inscrutable [ɪn'skru:təbl] *a* impénétrable.

insect ['ɪnsɛkt] *n* insecte *m*; **~icide** [ɪn'sɛktɪsaɪd] *n* insecticide *m*.

insecure [ɪnsɪ'kjʊə*] *a* peu solide; peu sûr(e); (person) anxieux (euse); **insecurity** *n* insécurité *f*.

insensible [ɪn'sɛnsɪbl] *a* insensible; (unconscious) sans connaissance.

insensitive [ɪn'sɛnsɪtɪv] *a* insensible.

inseparable [ɪn'sɛprəbl] *a* inséparable.

insert *vt* [ɪn'sɜ:t] insérer // *n* ['ɪnsə:t] insertion *f*; **~ion** [ɪn'sə:ʃən] *n* insertion *f*.

inshore [ɪn'ʃɔ:*] *a* côtier(ère) // *ad* près de la côte; vers la côte.

inside ['ɪn'saɪd] *n* intérieur *m* // *a* intérieur(e) // *ad* à l'intérieur, dedans // *prep* à l'intérieur de; (of time): **~ 10 minutes** en moins de 10 minutes; **~s** *npl* (col) intestins *mpl*; **~ forward** *n* (SPORT) intérieur *m*; **~ lane** *n* (AUT: in Britain) voie *f* de gauche; **~ out** *ad* à l'envers; (know) à fond; **to turn ~ out** retourner.

insidious [ɪn'sɪdɪəs] *a* insidieux(euse).

insight ['ɪnsaɪt] *n* perspicacité *f*; (glimpse, idea) aperçu *m*.

insignificant [ɪnsɪg'nɪfɪknt] *a* insignifiant(e).

insincere [ɪnsɪn'sɪə*] *a* hypocrite; **insincerity** ['-'sɛrɪtɪ] *n* manque *m* de sincérité, hypocrisie *f*.

insinuate [ɪn'sɪnjʊeɪt] *vt* insinuer; **insinuation** [-'eɪʃən] *n* insinuation *f*.

insipid [ɪn'sɪpɪd] *a* insipide, fade.

insist [ɪn'sɪst] *vi* insister; **to ~ on doing** insister pour faire; **to ~ that** insister pour que; (claim) maintenir or soutenir que; **~ence** *n* insistance *f*; **~ent** *a* insistant(e), pressant(e).

insolence ['ɪnsələns] *n* insolence *f*.

insolent ['ɪnsələnt] *a* insolent(e).

insoluble [ɪn'sɔljubl] *a* insoluble.

insolvent [ɪn'sɔlvənt] *a* insolvable; en faillite.

insomnia [ɪn'sɔmnɪə] *n* insomnie *f*.

inspect [ɪn'spɛkt] *vt* inspecter; (ticket) contrôler; **~ion** [ɪn'spɛkʃən] *n* inspection *f*; contrôle *m*; **~or** *n* inspecteur/trice; contrôleur/euse.

inspiration [ɪnspə'reɪʃən] *n* inspiration *f*.

inspire [ɪn'spaɪə*] *vt* inspirer; **inspiring** *a* inspirant(e).

instability [ɪnstə'bɪlɪtɪ] *n* instabilité *f*.

install [ɪn'stɔ:l] *vt* installer; **~ation** [ɪnstə'leɪʃən] *n* installation *f*.

instalment, installment (US) [ɪn'stɔ:lmənt] *n* acompte *m*, versement partiel; (of TV serial etc) épisode *m*.

instance ['ɪnstəns] *n* exemple *m*; **for ~** par exemple; **in many ~s** dans bien des cas.

instant ['ɪnstənt] *n* instant *m* // *a* immédiat(e); urgent(e); (coffee, food) instantané(e), en poudre; **the 10th ~** le 10 courant; **~ly** *ad* immédiatement, tout de suite.

instead [ɪn'stɛd] *ad* au lieu de cela; **~ of** au lieu de; **~ of sb** à la place de qn.

instep ['ɪnstɛp] *n* cou-de-pied *m*; (of shoe) cambrure *f*.

instigation [ɪnstɪ'geɪʃən] *n* instigation *f*.

instil [ɪn'stɪl] *vt*: **to ~ (into)** inculquer (à); (courage) insuffler (à).

instinct ['ɪnstɪŋkt] *n* instinct *m*.

instinctive [ɪn'stɪŋktɪv] *a* instinctif(ive); **~ly** *ad* instinctivement.

institute ['ɪnstɪtju:t] *n* institut *m* // *vt* instituer, établir; (inquiry) ouvrir; (proceedings) entamer.

institution [ɪnstɪ'tju:ʃən] *n* institution *f*; établissement *m* (scolaire); établissement (psychiatrique).

instruct [ɪn'strʌkt] *vt* instruire, former; **to ~ sb in sth** enseigner qch à qn; **to ~ sb to do** charger qn or ordonner à qn de faire; **~ion** [ɪn'strʌkʃən] *n* instruction *f*; **~ions** *npl* directives *fpl*; **~ions (for use)** mode *m* d'emploi; **~ive** *a* instructif(ive); **~or** *n* professeur *m*; (for skiing, driving) moniteur *m*.

instrument ['ɪnstrumənt] *n* instrument *m*; **~al** [-'mɛntl] *a* (MUS) instrumental(e); **to be ~al in** contribuer à; **~alist** [-'mɛntəlɪst] *n* instrumentiste *m/f*; **~ panel** *n* tableau *m* de bord.

insubordinate [ɪnsə'bɔ:dənɪt] *a* insubordonné(e); **insubordination** [-'neɪʃən] *n* insubordination *f*.

insufferable [ɪn'sʌfrəbl] *a* insupportable.

insufficient [ɪnsə'fɪʃənt] *a* insuffisant(e); **~ly** *ad* insuffisamment.

insular ['ɪnsjulə*] *a* insulaire; (outlook) étroit(e); (person) aux vues étroites.

insulate ['ɪnsjuleɪt] *vt* isoler; (against sound) insonoriser; **insulating tape** *n* ruban isolant; **insulation** [-'leɪʃən] *n* isolation *f*; insonorisation *f*.

insulin ['ɪnsjulɪn] *n* insuline *f*.

insult *n* ['ɪnsʌlt] insulte *f*, affront *m* // *vt* [ɪn'sʌlt] insulter, faire un affront à; **~ing** *a* insultant(e), injurieux(euse).

insuperable [ɪn'sju:prəbl] *a* insurmontable.

insurance [ɪn'ʃʊərəns] *n* assurance *f*; **fire/life ~** assurance-incendie/-vie; **~ agent** *n* agent *m* d'assurances; **~ policy** *n* police *f* d'assurance.

insure [ɪn'ʃʊə*] *vt* assurer.

insurrection [ɪnsə'rɛkʃən] *n* insurrection *f*.

intact [ɪn'tækt] *a* intact(e).

intake ['ɪnteɪk] *n* (TECH) admission *f*; adduction *f*; (of food) consommation *f*; (SCOL): **an ~ of 200 a year** 200 admissions *fpl* par an.

intangible [ɪn'tændʒɪbl] *a* intangible; (assets) immatériel(le).

integral ['ɪntɪgrəl] *a* intégral(e); (part) intégrant(e).

integrate ['ıntıgreıt] *vt* intégrer // *vi* s'intégrer.

integrity [ın'tɛgrıtı] *n* intégrité *f.*

intellect ['ıntəlɛkt] *n* intelligence *f*; **~ual** [-'lɛktjuəl] *a, n* intellectuel(le).

intelligence [ın'tɛlıdʒəns] *n* intelligence *f*; (MIL etc) informations *fpl*, renseignements *mpl*; **I~ Service** *n* services *mpl* de renseignements.

intelligent [ın'tɛlıdʒənt] *a* intelligent(e); **~ly** *ad* intelligemment.

intelligible [ın'tɛlıdʒıbl] *a* intelligible.

intemperate [ın'tɛmpərət] *a* immodéré(e); (*drinking too much*) adonné(e) à la boisson.

intend [ın'tɛnd] *vt* (*gift etc*): **to ~ sth for** destiner qch à; **to ~ to do** avoir l'intention de faire; **~ed** *a* (*insult*) intentionnel(le); (*journey*) projeté(e); (*effect*) voulu(e).

intense [ın'tɛns] *a* intense; (*person*) véhément(e); **~ly** *ad* intensément; profondément.

intensify [ın'tɛnsıfaı] *vt* intensifier.

intensity [ın'tɛnsıtı] *n* intensité *f.*

intensive [ın'tɛnsıv] *a* intensif(ive); **~ care unit** *n* service *m* de réanimation.

intent [ın'tɛnt] *n* intention *f* // *a* attentif(ive), absorbé(e); **to all ~s and purposes** en fait, pratiquement; **to be ~ on doing sth** être (bien) décidé à faire qch.

intention [ın'tɛnʃən] *n* intention *f*; **~al** *a* intentionnel(le), délibéré(e).

intently [ın'tɛntlı] *ad* attentivement.

inter [ın'tə:*] *vt* enterrer.

interact [ıntər'ækt] *vi* avoir une action réciproque; **~ion** [-'ækʃən] *n* interaction *f.*

intercede [ıntə'si:d] *vi*: **to ~ (with)** intercéder (auprès de).

intercept [ıntə'sɛpt] *vt* intercepter; (*person*) arrêter au passage; **~ion** [-'sɛpʃən] *n* interception *f.*

interchange *n* ['ıntətʃeındʒ] (*exchange*) échange *m*; (*on motorway*) échangeur *m* // *vt* [ıntə'tʃeındʒ] échanger; mettre à la place l'un(e) de l'autre; **~able** *a* interchangeable.

intercom ['ıntəkɔm] *n* interphone *m.*

interconnect [ıntəkə'nɛkt] *vi* (*rooms*) communiquer.

intercourse ['ıntəkɔ:s] *n* rapports *mpl.*

interest ['ıntrıst] *n* intérêt *m*; (COMM: *stake, share*) intérêts *mpl* // *vt* intéresser; **~ed** *a* intéressé(e); **to be ~ed in** s'intéresser à; **~ing** *a* intéressant(e).

interfere [ıntə'fıə*] *vi*: **to ~ in** (*quarrel, other people's business*) se mêler à; **to ~ with** (*object*) tripoter, toucher à; (*plans*) contrecarrer; (*duty*) être en conflit avec; **don't ~** mêlez-vous de vos affaires.

interference [ıntə'fıərəns] *n* (*gen*) intrusion *f*; (PHYSICS) interférence *f*; (RADIO, TV) parasites *mpl.*

interim ['ıntərım] *a* provisoire; (*post*) intérimaire // *n*: **in the ~** dans l'intérim.

interior [ın'tıərıə*] *n* intérieur *m* // *a* intérieur(e).

interjection [ıntə'dʒɛkʃən] *n* interjection *f.*

interlock [ıntə'lɔk] *vi* s'enclencher // *vt* enclencher.

interloper ['ıntələupə*] *n* intrus/e.

interlude ['ıntəlu:d] *n* intervalle *m*; (THEATRE) intermède *m.*

intermarry [ıntə'mærı] *vi* former des alliances entre familles (*or* tribus); former des unions consanguines.

intermediary [ıntə'mi:dıərı] *n* intermédiaire *m/f.*

intermediate [ıntə'mi:dıət] *a* intermédiaire; (SCOL: *course, level*) moyen(ne).

intermission [ıntə'mıʃən] *n* pause *f*; (THEATRE, CINEMA) entracte *m.*

intermittent [ıntə'mıtnt] *a* intermittent(e); **~ly** *ad* par intermittence, par intervalles.

intern *vt* [ın'tə:n] interner // *n* ['ıntə:n] (US) interne *m/f.*

internal [ın'tə:nl] *a* interne; (*dispute, reform etc*) intérieur(e); **~ly** *ad* intérieurement; **'not to be taken ~ly'** 'pour usage externe'; **~ revenue** *n* (US) fisc *m.*

international [ıntə'næʃənl] *a* international(e) // *n* (SPORT) international *m.*

internment [ın'tə:nmənt] *n* internement *m.*

interplay ['ıntəpleı] *n* effet *m* réciproque, jeu *m.*

interpret [ın'tə:prıt] *vt* interpréter // *vi* servir d'interprète; **~ation** [-'teıʃən] *n* interprétation *f*; **~er** *n* interprète *m/f*; **~ing** *n* (*profession*) interprétariat *m.*

interrelated [ıntərı'leıtıd] *a* en corrélation, en rapport étroit.

interrogate [ın'tɛrəugeıt] *vt* interroger; (*suspect etc*) soumettre à un interrogatoire; **interrogation** [-'geıʃən] *n* interrogation *f*; interrogatoire *m*; **interrogative** [ıntə'rɔgətıv] *a* interrogateur(trice) // *n* (LING) interrogatif *m*; **interrogator** *n* interrogateur/trice.

interrupt [ıntə'rʌpt] *vt* interrompre; **~ion** [-'rʌpʃən] *n* interruption *f.*

intersect [ıntə'sɛkt] *vt* couper, croiser // *vi* (*roads*) se croiser, se couper; **~ion** [-'sɛkʃən] *n* intersection *f*; (*of roads*) croisement *m.*

intersperse [ıntə'spə:s] *vt*: **to ~ with** parsemer de.

intertwine [ıntə'twaın] *vt* entrelacer // *vi* s'entrelacer.

interval ['ıntəvl] *n* intervalle *m*; (SCOL) récréation *f*; (THEATRE) entracte *m*; (SPORT) mi-temps *f*; **bright ~s** (*in weather*) éclaircies *fpl*; **at ~s** par intervalles.

intervene [ıntə'vi:n] *vi* (*time*) s'écouler (entre-temps); (*event*) survenir; (*person*) intervenir; **intervention** [-'vɛnʃən] *n* intervention *f.*

interview ['ıntəvju:] *n* (RADIO, TV etc) interview *f*; (*for job*) entrevue *f* // *vt* interviewer; avoir une entrevue avec; **~er** *n* interviewer *m.*

intestate [ın'tɛsteıt] *a* intestat.

intestinal [ın'tɛstınl] *a* intestinal(e).

intestine [ın'tɛstın] *n* intestin *m.*

intimacy ['ıntıməsı] *n* intimité *f.*

intimate *a* ['ıntımət] intime; (*knowledge*) approfondi(e) // *vt* ['ıntımeıt] suggérer, laisser entendre ; (*announce*) faire savoir ; ~ly *ad* intimement.

intimation [ɪntɪˈmeɪʃən] *n* annonce f.

intimidate [ɪnˈtɪmɪdeɪt] *vt* intimider ; **intimidation** [-ˈdeɪʃən] *n* intimidation f.

into [ˈɪntu] *prep* dans ; ~ **3 pieces/French** en 3 morceaux/français.

intolerable [ɪnˈtɔlərəbl] *a* intolérable.

intolerance [ɪnˈtɔlərns] *n* intolérance f.

intolerant [ɪnˈtɔlərnt] *a* intolérant(e).

intonation [ɪntəʊˈneɪʃən] *n* intonation f.

intoxicate [ɪnˈtɔksɪkeɪt] *vt* enivrer ; ~d *a* ivre ; **intoxication** [-ˈkeɪʃən] *n* ivresse f.

intractable [ɪnˈtræktəbl] *a* (*child, temper*) indocile, insoumis(e) ; (*problem*) insoluble.

intransigent [ɪnˈtrænsɪdʒənt] *a* intransigeant(e).

intransitive [ɪnˈtrænsɪtɪv] *a* intransitif(ive).

intra-uterine [ɪntrəˈjuːtərəɪn] *a* intra-utérin(e) ; ~ **device (I.U.D.)** *n* moyen de contraception intra-utérin.

intravenous [ɪntrəˈviːnəs] *a* intraveineux(euse).

intrepid [ɪnˈtrepɪd] *a* intrépide.

intricacy [ˈɪntrɪkəsɪ] *n* complexité f.

intricate [ˈɪntrɪkət] *a* complexe, compliqué(e).

intrigue [ɪnˈtriːg] *n* intrigue f // *vt* intriguer ; **intriguing** *a* fascinant(e).

intrinsic [ɪnˈtrɪnsɪk] *a* intrinsèque.

introduce [ɪntrəˈdjuːs] *vt* introduire ; **to ~ sb (to sb)** présenter qn (à qn) ; **to ~ sb to** (*pastime, technique*) initier qn à ; **introduction** [-ˈdʌkʃən] *n* introduction f ; (*of person*) présentation f ; **introductory** *a* préliminaire, d'introduction.

introspective [ɪntrəʊˈspektɪv] *a* introspectif(ive).

introvert [ˈɪntrəʊvəːt] *a,n* introverti(e).

intrude [ɪnˈtruːd] *vi* (*person*) être importun(e) ; **to ~ on** *or* **into** s'immiscer dans ; **am I intruding?** est-ce que je vous dérange? ; ~r *n* intrus/e ; **intrusion** [-ʒən] *n* intrusion f ; **intrusive** *a* importun(e), gênant(e).

intuition [ɪntjuːˈɪʃən] *n* intuition f.

intuitive [ɪnˈtjuːɪtɪv] *a* intuitif(ive).

inundate [ˈɪnʌndeɪt] *vt*: **to ~ with** inonder de.

invade [ɪnˈveɪd] *vt* envahir ; ~r *n* envahisseur m.

invalid *n* [ˈɪnvəlɪd] malade m/f ; (*with disability*) invalide m/f // *a* [ɪnˈvælɪd] (*not valid*) invalide, non valide ; ~ate [ɪnˈvælɪdeɪt] *vt* invalider, annuler.

invaluable [ɪnˈvæljuəbl] *a* inestimable, inappréciable.

invariable [ɪnˈvɛərɪəbl] *a* invariable ; (*fig*) immanquable.

invasion [ɪnˈveɪʒən] *n* invasion f.

invective [ɪnˈvektɪv] *n* invective f.

invent [ɪnˈvent] *vt* inventer ; ~**ion** [ɪnˈvenʃən] *n* invention f ; ~**ive** *a* inventif(ive) ; ~**iveness** *n* esprit inventif or d'invention ; ~**or** *n* inventeur/trice.

inventory [ˈɪnvəntrɪ] *n* inventaire m.

inverse [ɪnˈvəːs] *a* inverse // *n* inverse m, contraire m ; ~**ly** *ad* inversement.

invert [ɪnˈvəːt] *vt* intervertir ; (*cup, object*) retourner ; ~**ed commas** *npl* guillemets *mpl*.

invertebrate [ɪnˈvəːtɪbrət] *n* invertébré m.

invest [ɪnˈvest] *vt* investir // *vi* faire un investissement.

investigate [ɪnˈvestɪgeɪt] *vt* étudier, examiner ; (*crime*) faire une enquête sur ; **investigation** [-ˈgeɪʃən] *n* examen m ; (*of crime*) enquête f, investigation f ; **investigator** *n* investigateur/trice.

investiture [ɪnˈvestɪtʃə*] *n* investiture f.

investment [ɪnˈvestmənt] *n* investissement m, placement m.

investor [ɪnˈvestə*] *n* épargnant/e ; actionnaire m/f.

inveterate [ɪnˈvetərət] *a* invétéré(e).

invidious [ɪnˈvɪdɪəs] *a* injuste ; (*task*) déplaisant(e).

invigorating [ɪnˈvɪgəreɪtɪŋ] *a* vivifiant(e) ; stimulant(e).

invincible [ɪnˈvɪnsɪbl] *a* invincible.

inviolate [ɪnˈvaɪələt] *a* inviolé(e).

invisible [ɪnˈvɪzɪbl] *a* invisible ; ~ **ink** *n* encre f sympathique ; ~ **mending** *n* stoppage m.

invitation [ɪnvɪˈteɪʃən] *n* invitation f.

invite [ɪnˈvaɪt] *vt* inviter ; (*opinions etc*) demander ; (*trouble*) chercher ; **inviting** *a* engageant(e), attrayant(e) ; (*gesture*) encourageant(e).

invoice [ˈɪnvɔɪs] *n* facture f // *vt* facturer.

invoke [ɪnˈvəʊk] *vt* invoquer.

involuntary [ɪnˈvɔləntrɪ] *a* involontaire.

involve [ɪnˈvɔlv] *vt* (*entail*) entraîner, nécessiter ; (*associate*): **to ~ sb (in)** impliquer qn (dans), mêler qn à ; faire participer qn (à) ; ~**d** *a* complexe ; **to feel ~d** se sentir concerné(e) ; ~**ment** *n* mise f en jeu ; implication f ; ~**ment (in)** participation f (à) ; rôle m (dans).

invulnerable [ɪnˈvʌlnərəbl] *a* invulnérable.

inward [ˈɪnwəd] *a* (*movement*) vers l'intérieur ; (*thought, feeling*) profond(e), intime ; ~**ly** *ad* (*feel, think etc*) secrètement, en son for intérieur ; ~(**s**) *ad* vers l'intérieur.

iodine [ˈaɪəʊdiːn] *n* iode m.

iota [aɪˈəʊtə] *n* (*fig*) brin m, grain m.

IOU *n* (*abbr of I owe you*) reconnaissance f de dette.

IQ *n* (*abbr of intelligence quotient*) Q.I. m (quotient intellectuel).

Iran [ɪˈrɑːn] *n* Iran m ; ~**ian** [ɪˈreɪnɪən] *a* iranien(ne) // *n* Iranien/ne ; (*LING*) iranien m.

Iraq [ɪˈrɑːk] *n* Irak m ; ~**i** *a* irakien(ne) // *n* Irakien/ne ; (*LING*) irakien m.

irascible [ɪˈræsɪbl] *a* irascible.

irate [aɪˈreɪt] *a* courroucé(e).

Ireland [ˈaɪlənd] *n* Irlande f.

iris, ~**es** [ˈaɪrɪs, -ɪz] *n* iris m.

Irish [ˈaɪrɪʃ] *a* irlandais(e) // *npl*: **the ~** les Irlandais ; ~**man** *n* Irlandais m ; ~ **Sea** *n* mer f d'Irlande ; ~**woman** *n* Irlandaise f.

irk [əːk] *vt* ennuyer ; ~**some** *a* ennuyeux(euse).

iron [ˈaɪən] *n* fer m ; (*for clothes*) fer m à repasser // *a* de *or* en fer // *vt* (*clothes*) repasser ; ~**s** *npl* (*chains*) fers *mpl*, chaînes *fpl*; **to ~ out** *vt* (*crease*) faire disparaître au fer; (*fig*) aplanir; faire disparaître; **the ~ curtain** *n* le rideau de fer.

ironic(al) [aɪ'rɔnik(l)] *a* ironique.

ironing ['aɪənɪŋ] *n* repassage *m*; **~ board** *n* planche f à repasser.

ironmonger ['aɪənmʌŋgə*] *n* quincailler *m*; **~'s (shop)** *n* quincaillerie f.

iron ore ['aɪən'ɔ:*] *n* minerai *m* de fer.

ironworks ['aɪənwə:ks] *n* usine f sidérurgique.

irony ['aɪərənɪ] *n* ironie f.

irrational [ɪ'ræʃənl] *a* irrationnel(le); déraisonnable; qui manque de logique.

irreconcilable [ɪrekən'saɪləbl] *a* irréconciliable; (*opinion*): **~ with** inconciliable avec.

irredeemable [ɪrɪ'di:məbl] *a* (*COMM*) non remboursable.

irrefutable [ɪrɪ'fju:təbl] *a* irréfutable.

irregular [ɪ'regjulə*] *a* irrégulier(ère); **~ity** [-'lærɪtɪ] *n* irrégularité f.

irrelevance [ɪ'reləvəns] *n* manque *m* de rapport *or* d'à-propos.

irrelevant [ɪ'reləvənt] *a* sans rapport, hors de propos.

irreligious [ɪrɪ'lɪdʒəs] *a* irréligieux(euse).

irreparable [ɪ'repərəbl] *a* irréparable.

irreplaceable [ɪrɪ'pleɪsəbl] *a* irremplaçable.

irrepressible [ɪrɪ'presəbl] *a* irrépressible.

irreproachable [ɪrɪ'prəutʃəbl] *a* irréprochable.

irresistible [ɪrɪ'zɪstɪbl] *a* irrésistible.

irresolute [ɪ'rezəlu:t] *a* irrésolu(e), indécis(e).

irrespective [ɪrɪ'spektɪv]: **~ of** *prep* sans tenir compte de.

irresponsible [ɪrɪ'spɔnsɪbl] *a* (*act*) irréfléchi(e); (*person*) qui n'a pas le sens des responsabilités.

irretrievable [ɪrɪ'tri:vəbl] *a* irréparable, irrémédiable.

irreverent [ɪ'revərənt] *a* irrévérencieux(euse).

irrevocable [ɪ'revəkəbl] *a* irrévocable.

irrigate ['ɪrɪgeɪt] *vt* irriguer; **irrigation** [-'geɪʃən] *n* irrigation f.

irritable ['ɪrɪtəbl] *a* irritable.

irritate ['ɪrɪteɪt] *vt* irriter; **irritation** [-'teɪʃən] *n* irritation f.

is [ɪz] *vb see* be.

Islam ['ɪzlɑ:m] *n* Islam *m*.

island ['aɪlənd] *n* île f; (*also*: **traffic ~**) refuge *m* (pour piétons); **~er** *n* habitant/e d'une île, insulaire *m/f*.

isle [aɪl] *n* île f.

isn't ['ɪznt] = **is not**.

isolate ['aɪsəleɪt] *vt* isoler; **~d** *a* isolé(e); **isolation** [-'leɪʃən] *n* isolement *m*; **isolationism** [-'leɪʃənɪzm] *n* isolationnisme *m*.

isotope ['aɪsəutəup] *n* isotope *m*.

Israel ['ɪzreɪl] *n* Israël *m*; **~i** [ɪz'reɪlɪ] *a* israélien(ne) // *n* Israélien/ne.

issue ['ɪsju:] *n* question f, problème *m*; (*outcome*) résultat *m*, issue f; (*of banknotes etc*) émission f; (*of newspaper etc*) numéro *m*; (*offspring*) descendance f // *vt* (*rations, equipment*) distribuer; (*orders*) donner;

(*book*) faire paraître, publier; (*banknotes, cheques, stamps*) émettre, mettre en circulation; **at ~** en jeu, en cause.

isthmus ['ɪsməs] *n* isthme *m*.

it [ɪt] *pronoun* (*subject*) il(elle); (*direct object*) le(la), l'; (*indirect object*) lui; (*impersonal*) il; ce, cela, ça; **~'s raining** il pleut; **I've come from ~** j'en viens; **it's on ~** c'est dessus; **he's proud of ~** il en est fier; **he agreed to ~** il y a consenti.

Italian [ɪ'tæljən] *a* italien(ne) // *n* Italien/ne; (*LING*) italien *m*.

italic [ɪ'tælɪk] *a* italique; **~s** *npl* italique *m*.

Italy ['ɪtəlɪ] *n* Italie f.

itch [ɪtʃ] *n* démangeaison f // *vi* (*person*) éprouver des démangeaisons; (*part of body*) démanger; **I'm ~ing to do** l'envie me démange de faire; **~ing** *n* démangeaison f; **~y** *a* qui démange.

it'd ['ɪtd] = **it would**; **it had**.

item ['aɪtəm] *n* (*gen*) article *m*; (*on agenda*) question f, point *m*; (*in programme*) numéro *m*; (*also*: **news ~**) nouvelle f; **~ize** *vt* détailler, spécifier.

itinerant [ɪ'tɪnərənt] *a* itinérant(e); (*musician*) ambulant(e).

itinerary [aɪ'tɪnərərɪ] *n* itinéraire *m*.

it'll ['ɪtl] = **it will, it shall**.

its [ɪts] *a* son(sa), ses *pl* // *pronoun* le(la) sien(ne), les siens(siennes).

it's [ɪts] = **it is; it has**.

itself [ɪt'self] *pronoun* (*emphatic*) luimême(elle-même); (*reflexive*) soi.

ITV *n abbr of* Independent Television (*chaîne fonctionnant en concurrence avec la BBC*).

I.U.D. *n abbr see* intra-uterine.

I've [aɪv] = **I have**.

ivory ['aɪvərɪ] *n* ivoire *m*; **~ tower** *n* (*fig*) tour f d'ivoire.

ivy ['aɪvɪ] *n* lierre *m*.

J

jab [dʒæb] *vt*: **to ~ sth into** enfoncer *or* planter qch dans // *n* coup *m*; (*MED: col*) piqûre f.

jabber ['dʒæbə*] *vt,vi* bredouiller, baragouiner.

jack [dʒæk] *n* (*AUT*) cric *m*; (*BOWLS*) cochonnet *m*; (*CARDS*) valet *m*; **to ~ up** *vt* soulever (au cric).

jacket ['dʒækɪt] *n* veste f, veston *m*; (*of boiler etc*) enveloppe f; (*of book*) couverture f, jaquette f; **potatoes in their ~s** pommes de terre en robe des champs.

jack-knife ['dʒæknaɪf] *n* couteau *m* de poche // *vi*: **the lorry ~d** la remorque (du camion) s'est mise en travers.

jackpot ['dʒækpɔt] *n* gros lot.

jade [dʒeɪd] *n* (*stone*) jade *m*.

jaded ['dʒeɪdɪd] *a* éreinté(e), fatigué(e).

jagged ['dʒægɪd] *a* dentelé(e).

jail [dʒeɪl] *n* prison f; **~break** *n* évasion f; **~er** *n* geôlier/ière.

jam [dʒæm] *n* confiture f; (*of shoppers etc*) cohue f; (*also*: **traffic ~**) embouteillage *m* // *vt* (*passage etc*) encombrer, obstruer; (*mechanism, drawer etc*) bloquer, coincer; (*RADIO*) brouiller // *vi* (*mechanism, sliding* *part*) se coincer, se bloquer ; (*gun*) s'enrayer ; **to ~ sth into** entasser or comprimer qch dans ; enfoncer qch dans.

Jamaica [dʒəˈmeɪkə] n Jamaïque f.

jangle [ˈdʒæŋgl] vi cliqueter.

janitor [ˈdʒænɪtə*] n (*caretaker*) huissier m ; concierge m.

January [ˈdʒænjuərɪ] n janvier m.

Japan [dʒəˈpæn] n Japon m ; **~ese** [dʒæpəˈniːz] a japonais(e) // n, pl inv Japonais/e ; (*LING*) japonais m.

jar [dʒɑː*] n (*glass*) pot m, bocal m // vi (*sound*) produire un son grinçant or discordant ; (*colours etc*) détonner, jurer // vt (*subject: shock*) ébranler, secouer.

jargon [ˈdʒɑːgən] n jargon m.

jasmin(e) [ˈdʒæzmɪn] n jasmin m.

jaundice [ˈdʒɔːndɪs] n jaunisse f ; **~d** a (*fig*) envieux(euse), désapprobateur(trice).

jaunt [dʒɔːnt] n balade f ; **~y** a enjoué(e) ; désinvolte.

javelin [ˈdʒævlɪn] n javelot m.

jaw [dʒɔː] n mâchoire f.

jaywalker [ˈdʒeɪwɔːkə*] n piéton indiscipliné.

jazz [dʒæz] n jazz m ; **to ~ up** vt animer, égayer ; **~ band** n orchestre m or groupe m de jazz ; **~y** a bariolé(e), tapageur(euse).

jealous [ˈdʒɛləs] a jaloux(ouse) ; **~y** n jalousie f.

jeans [dʒiːnz] npl (blue-)jean m.

jeep [dʒiːp] n jeep f.

jeer [dʒɪə*] vi: **to ~ (at)** huer ; se moquer cruellement (de), railler ; **~s** npl huées fpl ; sarcasmes mpl.

jelly [ˈdʒɛlɪ] n gelée f ; **~fish** n méduse f.

jeopardize [ˈdʒɛpədaɪz] vt mettre en danger or péril.

jeopardy [ˈdʒɛpədɪ] n: **in ~** en danger or péril.

jerk [dʒəːk] n secousse f ; saccade f ; sursaut m, spasme m // vt donner une secousse à // vi (*vehicles*) cahoter.

jerkin [ˈdʒəːkɪn] n blouson m.

jerky [ˈdʒəːkɪ] a saccadé(e) ; cahotant(e).

jersey [ˈdʒəːzɪ] n tricot m.

jest [dʒɛst] n plaisanterie f ; **in ~** en plaisantant.

jet [dʒɛt] n (*gas, liquid*) jet m ; (*AUT*) gicleur m ; (*AVIAT*) avion m à réaction, jet m ; **~-black** a (d'un noir) de jais ; **~ engine** n moteur m à réaction.

jetsam [ˈdʒɛtsəm] n objets jetés à la mer (et rejetés sur la côte).

jettison [ˈdʒɛtɪsn] vt jeter par-dessus bord.

jetty [ˈdʒɛtɪ] n jetée f, digue f.

Jew [dʒuː] n Juif m.

jewel [ˈdʒuːəl] n bijou m, joyau m ; **~ler** n bijoutier/ère, joaillier m ; **~ler's (shop)** n bijouterie f, joaillerie f ; **~lery** n bijoux mpl.

Jewess [ˈdʒuːɪs] n Juive f.

Jewish [ˈdʒuːɪʃ] a juif(juive).

jib [dʒɪb] n (*NAUT*) foc m ; (*of crane*) flèche f // vi: **to ~ (at)** renâcler or regimber (devant).

jibe [dʒaɪb] n sarcasme m.

jiffy [ˈdʒɪfɪ] n (*col*): **in a ~** en un clin d'œil.

jigsaw [ˈdʒɪgsɔː] n (*also: ~ puzzle*) puzzle m.

jilt [dʒɪlt] vt laisser tomber, plaquer.

jingle [ˈdʒɪŋgl] n (*advert*) couplet m publicitaire // vi cliqueter, tinter.

jinx [dʒɪŋks] n (*col*) (mauvais) sort.

jitters [ˈdʒɪtəz] npl (*col*): **to get the ~** avoir la trouille or la frousse.

jiujitsu [dʒuːˈdʒɪtsuː] n jiu-jitsu m.

job [dʒɔb] n travail m ; (*employment*) emploi m, poste m, place f ; **~bing** a (*workman*) à la tâche, à la journée ; **~less** a sans travail, au chômage.

jockey [ˈdʒɔkɪ] n jockey m // vi: **to ~ for position** manœuvrer pour être bien placé.

jocular [ˈdʒɔkjulə*] a jovial(e), enjoué(e) ; facétieux(euse).

jog [dʒɔg] vt secouer // vi: **to ~ along** cahoter ; trotter ; **to ~ sb's memory** rafraîchir la mémoire de qn.

join [dʒɔɪn] vt unir, assembler ; (*become member of*) s'inscrire à ; (*meet*) rejoindre, retrouver ; se joindre à // vi (*roads, rivers*) se rejoindre, se rencontrer // n raccord m ; **to ~ up** vi s'engager.

joiner [ˈdʒɔɪnə*] n menuisier m ; **~y** n menuiserie f.

joint [dʒɔɪnt] n (*TECH*) jointure f ; joint m ; (*ANAT*) articulation f, jointure ; (*CULIN*) rôti m ; (*col: place*) boîte f // a commun(e) ; **~ly** ad ensemble, en commun.

joist [dʒɔɪst] n solive f.

joke [dʒəuk] n plaisanterie f ; (*also: practical ~*) farce f // vi plaisanter ; **to play a ~ on** jouer un tour à, faire une farce à ; **~r** n plaisantin m, blagueur/euse ; (*CARDS*) joker m.

jollity [ˈdʒɔlɪtɪ] n réjouissances fpl, gaieté f.

jolly [ˈdʒɔlɪ] a gai(e), enjoué(e) // ad (*col*) rudement, drôlement.

jolt [dʒəult] n cahot m, secousse f // vt cahoter, secouer..

Jordan [ˈdʒɔːdən] n Jordanie f.

jostle [ˈdʒɔsl] vt bousculer, pousser // vi jouer des coudes.

jot [dʒɔt] n: **not one ~** pas un brin ; **to ~ down** vt inscrire rapidement, noter ; **~ter** n cahier m (de brouillon) ; bloc-notes m.

journal [ˈdʒəːnl] n journal m ; **~ese** [-ˈliːz] n (*pej*) style m journalistique ; **~ism** n journalisme m ; **~ist** n journaliste m/f.

journey [ˈdʒəːnɪ] n voyage m ; (*distance covered*) trajet m.

jowl [dʒaul] n mâchoire f (*inférieure*) ; bajoue f.

joy [dʒɔɪ] n joie f ; **~ful, ~ous** a joyeux(euse) ; **~ ride** n virée f (*gén avec une voiture volée*).

J.P. n abbr see justice.

Jr, Jun., Junr abbr of junior.

jubilant [ˈdʒuːbɪlnt] triomphant(e), réjoui(e).

jubilation [dʒuːbɪˈleɪʃən] n jubilation f.

jubilee [ˈdʒuːbɪliː] n jubilé m.

judge [dʒʌdʒ] n juge m // vt juger ; **judg(e)ment** n jugement m ; (*punishment*) châtiment m ; **in my judg(e)ment** à mon avis, selon mon opinion.

judicial [dʒuːˈdɪʃl] a judiciaire ; (*fair*) impartial(e).

judicious [dʒuː'dɪʃəs] a judicieux(euse).

judo ['dʒuːdəu] n judo m.

jug [dʒʌg] n pot m, cruche f.

juggernaut ['dʒʌgənɔːt] n (huge truck) mastodonte m.

juggle ['dʒʌgl] vi jongler ; ~r n jongleur m.

Jugoslav ['juːgəuslɑːv] a,n = **Yugoslav.**

juice [dʒuːs] n jus m.

juicy ['dʒuːsɪ] a juteux(euse).

jukebox ['dʒuːkbɔks] n juke-box m.

July [dʒuː'laɪ] n juillet m.

jumble ['dʒʌmbl] n fouillis m // vt (also: ~ up) mélanger, brouiller ; ~ sale n (Brit) vente f de charité.

jumbo ['dʒʌmbəu] a: ~ jet avion géant, gros porteur (à réaction).

jump [dʒʌmp] vi sauter, bondir ; (start) sursauter ; (increase) monter en flèche // vt sauter, franchir // n saut m, bond m ; sursaut m ; to ~ the queue passer avant son tour.

jumper ['dʒʌmpə*] n pull-over m.

jumpy ['dʒʌmpɪ] a nerveux(euse), agité(e).

junction ['dʒʌŋkʃən] n (of roads) carrefour m ; (of rails) embranchement m.

juncture ['dʒʌŋktʃə*] n: at this ~ à ce moment-là, sur ces entrefaites.

June [dʒuːn] n juin m.

jungle ['dʒʌŋgl] n jungle f.

junior ['dʒuːnɪə*] a, n: he's ~ to me (by 2 years), he's my ~ (by 2 years) il est mon cadet (de 2 ans), il est plus jeune que moi (de 2 ans) ; he's ~ to me (seniority) il est en dessous de moi (dans la hiérarchie), j'ai plus d'ancienneté que lui ; ~ executive n jeune cadre m ; ~ minister n ministre m sous tutelle ; ~ partner n associé-(adjoint) m ; ~ school n école f primaire, cours moyen ; ~ sizes npl (COMM) tailles fpl fillettes/garçonnets.

juniper ['dʒuːnɪpə*] n: ~ berry baie f de genièvre.

junk [dʒʌŋk] n (rubbish) bric-à-brac m inv ; (ship) jonque f ; ~shop n (boutique f de) brocanteur m.

junta ['dʒʌntə] n junte f.

jurisdiction [dʒuərɪs'dɪkʃən] n juridiction f.

jurisprudence [dʒuərɪs'pruːdəns] n jurisprudence f.

juror ['dʒuərə*] n juré n.

jury ['dʒuərɪ] n jury m ; ~man n = juror.

just [dʒʌst] a juste // ad: he's ~ done it/left il vient de le faire/partir ; ~ as I expected exactement or précisément comme je m'y attendais ; ~ right/two o'clock exactement or juste ce qu'il faut/deux heures ; ~ as he was leaving au moment or à l'instant précis où il partait ; ~ before/enough/here juste avant/assez/là ; it's ~ me/a mistake ce n'est que moi/(rien) qu'une erreur ; ~ missed/caught manqué/attrapé de justesse ; ~ listen to this! écoutez un peu ça!

justice ['dʒʌstɪs] n justice f ; Lord Chief J~ premier président de la cour d'appel ; J~ of the Peace (J.P.) n juge m de paix.

justifiable [dʒʌstɪ'faɪəbl] a justifiable.

justifiably [dʒʌstɪ'faɪəblɪ] ad légitimement.

justification [dʒʌstɪfɪ'keɪʃən] n justification f.

justify ['dʒʌstɪfaɪ] vt justifier.

justly ['dʒʌstlɪ] ad avec raison, justement.

justness ['dʒʌstnɪs] n justesse f.

jut [dʒʌt] vi (also: ~ out) dépasser, faire saillie.

juvenile ['dʒuːvənaɪl] a juvénile ; (court, books) pour enfants // n adolescent/e.

juxtapose ['dʒʌkstəpəuz] vt juxtaposer.

K

kaleidoscope [kə'laɪdəskəup] n kaléidoscope m.

kangaroo [kæŋgə'ruː] n kangourou m.

keel [kiːl] n quille f ; on an even ~ (fig) à flot.

keen [kiːn] a (interest, desire) vif(vive) ; (eye, intelligence) pénétrant(e) ; (competition) vif, âpre ; (edge) effilé(e) ; (eager) plein(e) d'enthousiasme ; to be ~ to do or on doing sth désirer vivement faire qch, tenir beaucoup à faire qch ; to be ~ on sth/sb aimer beaucoup qch/qn ; ~ness n (eagerness) enthousiasme m ; ~ness to do vif désir de faire.

keep [kiːp] vb (pt,pp kept [kɛpt]) vt (retain, preserve) garder ; (hold back) retenir ; (a shop, the books, a diary) tenir ; (feed: one's family etc) entretenir, assurer la subsistance de ; (a promise) tenir ; (chickens, bees, pigs etc) élever // vi (food) se conserver ; (remain: in a certain state or place) rester // n (of castle) donjon m ; (food etc): enough for his ~ assez pour (assurer) sa subsistance ; to ~ doing sth continuer à faire qch ; faire qch continuellement ; to ~ sb from doing/sth from happening empêcher qn de faire or que qn (ne) fasse/que qch (n')arrive ; to ~ sb happy/a place tidy faire que qn soit content/qu'un endroit reste propre ; to ~ sth to o.s. garder qch pour soi, tenir qch secret ; to ~ sth (back) from sb cacher qch à qn ; to ~ time (clock) être à l'heure, ne pas retarder ; to ~ on vi continuer ; to ~ on doing continuer à faire ; to ~ out vt empêcher d'entrer ; '~ out' 'défense d'entrer' ; to ~ up vi se maintenir // vt continuer, maintenir ; to ~ up with se maintenir au niveau de ; ~er n gardien/ne ; ~ing n (care) garde f ; in ~ing with à l'avenant de ; en accord avec ; ~sake n souvenir m.

keg [kɛg] n barrique f, tonnelet m.

kennel ['kɛnl] n niche f ; ~s npl chenil m.

Kenya ['kɛnjə] n Kenya m.

kept [kɛpt] pt,pp of **keep.**

kerb [kəːb] n bordure f du trottoir.

kernel ['kəːnl] n amande f ; (fig) noyau m.

kerosene ['kɛrəsiːn] n kérosène m.

ketchup ['kɛtʃəp] n ketchup m.

kettle ['kɛtl] n bouilloire f.

kettle drums ['kɛtldrʌmz] npl timbales fpl.

key [kiː] n (gen, MUS) clé f ; (of piano, typewriter) touche f // cpd (-)clé ; ~board n clavier m ; ~hole n trou m de la serrure ;

~**note** n (MUS) tonique f; (fig) note dominante; ~ **ring** n porte-clés m.
khaki ['kɑːkɪ] a,n kaki (m).
kibbutz [kɪ'buːts] n kibboutz m.
kick [kɪk] vt donner un coup de pied à // vi (horse) ruer // n coup m de pied; (of rifle) recul m; (thrill): **he does it for** ~**s** il le fait parce que ça l'excite, il le fait pour le plaisir; **to** ~ **around** vi (col) traîner; **to** ~ **off** vi (SPORT) donner le coup d'envoi; ~**-off** n (SPORT) coup m d'envoi.
kid [kɪd] n gamin/e, gosse m/f; (animal, leather) chevreau m // vi (col) plaisanter, blaguer.
kidnap ['kɪdnæp] vt enlever, kidnapper; ~**per** n ravisseur/euse; ~**ping** n enlèvement m.
kidney ['kɪdnɪ] n (ANAT) rein m; (CULIN) rognon m.
kill [kɪl] vt tuer; (fig) faire échouer; détruire; supprimer // n mise f à mort; ~**er** n tueur/euse; meurtrier/ère; ~**ing** n meurtre m; tuerie f, massacre m; (col): **to make a** ~**ing** se remplir les poches, réussir un beau coup // a (col) tordant(e).
kiln [kɪln] n four m.
kilo ['kiːləu] n kilo m; ~**gram(me)** ['kɪləugræm] n kilogramme m; ~**metre**, ~**meter** (US) ['kɪləmiːtə*] n kilomètre m; ~**watt** ['kɪləuwɔt] n kilowatt m.
kilt [kɪlt] n kilt m.
kimono [kɪ'məunəu] n kimono m.
kin [kɪn] n see **next, kith**.
kind [kaɪnd] a gentil(le), aimable // n sorte f, espèce f; (species) genre m; **in** ~ (COMM) en nature; (fig): **to repay sb in** ~ rendre la pareille à qn.
kindergarten ['kɪndəgɑːtn] n jardin m d'enfants.
kind-hearted [kaɪnd'hɑːtɪd] a bon (bonne).
kindle ['kɪndl] vt allumer, enflammer.
kindly ['kaɪndlɪ] a bienveillant(e), plein(e) de gentillesse // ad avec bonté; **will you** ~**...** auriez-vous la bonté или l'obligeance de...; **he didn't take it** ~ il l'a mal pris.
kindness ['kaɪndnɪs] n bonté f, gentillesse f.
kindred ['kɪndrɪd] a apparenté(e); ~ **spirit** n âme f sœur.
kinetic [kɪ'nɛtɪk] a cinétique.
king [kɪŋ] n roi m; ~**dom** n royaume m; ~**fisher** n martin-pêcheur m; ~**pin** n cheville ouvrière; ~**-size** a long format inv; format géant inv.
kink [kɪŋk] n (of rope) entortillement m.
kinky ['kɪŋkɪ] a (fig) excentrique; aux goûts spéciaux.
kiosk ['kiːɔsk] n kiosque m; cabine f (téléphonique).
kipper ['kɪpə*] n hareng fumé et salé.
kiss [kɪs] n baiser m // vt embrasser; **to** ~ (**each other**) s'embrasser.
kit [kɪt] n équipement m, matériel m; (set of tools etc) trousse f; (for assembly) kit m; ~**bag** n sac m de voyage или de marin.
kitchen ['kɪtʃɪn] n cuisine f; ~ **garden** n jardin m potager; ~ **sink** n évier m; ~**ware** n vaisselle f; ustensiles mpl de cuisine.

kite [kaɪt] n (toy) cerf-volant m; (ZOOL) milan m.
kith [kɪθ] n: ~ **and kin** parents et amis mpl.
kitten ['kɪtn] n petit chat, chaton m.
kitty ['kɪtɪ] n (pool of money) cagnotte f.
kleptomaniac [klɛptəu'meɪnɪæk] n kleptomane m/f.
knack [næk] n: **to have the** ~ (**for doing**) avoir le coup (pour faire); **there's a** ~ il y a un coup à prendre или une combine.
knapsack ['næpsæk] n musette f.
knave [neɪv] n (CARDS) valet m.
knead [niːd] vt pétrir.
knee [niː] n genou m; ~**cap** n rotule f.
kneel [niːl] vi (pt,pp **knelt** [nɛlt]) s'agenouiller.
knell [nɛl] n glas m.
knelt [nɛlt] pt,pp of **kneel**.
knew [njuː] pt of **know**.
knickers ['nɪkəz] npl culotte f (de femme).
knife, knives [naɪf, naɪvz] n couteau m // vt poignarder, frapper d'un coup de couteau.
knight [naɪt] n chevalier m; (CHESS) cavalier m; ~**hood** n chevalerie f; (title): **to get a** ~**hood** être fait chevalier.
knit [nɪt] vt tricoter; (fig): **to** ~ **together** unir // vi (broken bones) se ressouder; ~**ting** n tricot m; ~**ting machine** n machine f à tricoter; ~**ting needle** n aiguille f à tricoter; ~**wear** n tricots mpl, lainages mpl.
knives [naɪvz] npl of **knife**.
knob [nɔb] n bouton m; (fig): **a** ~ **of butter** une noix de beurre.
knock [nɔk] vt frapper; heurter; (fig: col) dénigrer // vi (engine) cogner; (at door etc): **to** ~ **at/on** frapper à/sur // n coup m; **to** ~ **down** vt renverser; **to** ~ **off** vi (col: finish) s'arrêter (de travailler); **to** ~ **out** vt assommer; (BOXING) mettre k.-o.; ~**er** n (on door) heurtoir m; ~**-kneed** a aux genoux cagneux; ~**out** n (BOXING) knock-out m, K.-O. m; ~**out competition** n compétition f avec épreuves éliminatoires.
knot [nɔt] n (gen) nœud m // vt nouer; ~**ty** a (fig) épineux(euse).
know [nəu] vt (pt **knew**, pp **known** [njuː, nəun]) savoir; (person, author, place) connaître; **to** ~ **that...** savoir que...; **to** ~ **how to do** savoir comment faire; ~**-how** n savoir-faire m, technique f, compétence f; ~**ing** a (look etc) entendu(e); ~**ingly** ad sciemment; d'un air entendu.
knowledge ['nɔlɪdʒ] n connaissance f; (learning) connaissances, savoir m; ~**able** a bien informé(e).
known [nəun] pp of **know**.
knuckle ['nʌkl] n articulation f (des phalanges), jointure f.
K.O. n (abbr of knockout) K.-O. m // vt mettre K.-O.
Koran [kɔ'rɑːn] n Coran m.
kudos ['kjuːdɔs] n gloire f, lauriers mpl.
kw abbr of **kilowatt(s)**.

L

l. *abbr of* **litre.**
lab [læb] *n* (*abbr of* **laboratory**) labo *m*.
label ['leɪbl] *n* étiquette *f*; (*brand: of record*) marque *f* // *vt* étiqueter; **to ~ sb a...** qualifier qn de... .
laboratory [lə'bɔrətəri] *n* laboratoire *m*.
laborious [lə'bɔ:riəs] *a* laborieux(euse).
labour ['leɪbə*] *n* (*task*) travail *m*; (*workmen*) main-d'œuvre *f*; (*MED*) travail, accouchement *m* // *vi*: **to ~ (at)** travailler dur (à), peiner (sur); **in ~** (*MED*) en travail; **L~, the L~ party** le parti travailliste, les travaillistes *mpl*; **~ camp** *n* camp de travaux forcés; **~ed** *a* lourd(e), laborieux(euse); **~er** *n* manœuvre *m*; (*on farm*) ouvrier *m* agricole; **~ force** *n* main-d'œuvre *f*; **~ pains** *npl* douleurs *fpl* de l'accouchement.
labyrinth ['læbɪrɪnθ] *n* labyrinthe *m*, dédale *m*.
lace [leɪs] *n* dentelle *f*; (*of shoe etc*) lacet *m* // *vt* (*shoe*) lacer.
lack [læk] *n* manque *m* // *vt* manquer de; **through** *or* **for ~ of** faute de, par manque de; **to be ~ing** manquer, faire défaut; **to be ~ing in** manquer de.
lackadaisical [lækə'deɪzɪkl] *a* nonchalant(e), indolent(e).
laconic [lə'kɔnɪk] *a* laconique.
lacquer ['lækə*] *n* laque *f*.
lad [læd] *n* garçon *m*, gars *m*.
ladder ['lædə*] *n* échelle *f*; (*in tights*) maille filée // *vt, vi* (*tights*) filer.
laden ['leɪdn] *a*: **~ (with)** chargé(e) (de).
ladle ['leɪdl] *n* louche *f*.
lady ['leɪdi] *n* dame *f*; dame (du monde); **L~ Smith** lady Smith; **the ladies' (toilets)** les toilettes *fpl* des dames; **~bird, ~bug** (*US*) *n* coccinelle *f*; **~-in-waiting** *n* dame *f* d'honneur; **~like** *a* distingué(e).
lag [læg] *n* = **time ~** // *vi* (*also:* **~ behind**) rester en arrière, traîner // *vt* (*pipes*) calorifuger.
lager ['lɑ:gə*] *n* bière blonde.
lagging ['lægɪŋ] *n* enveloppe isolante, calorifuge *m*.
lagoon [lə'gu:n] *n* lagune *f*.
laid [leɪd] *pt, pp of* **lay**.
lain [leɪn] *pp of* **lie**.
lair [lɛə*] *n* tanière *f*, gîte *m*.
laity ['leɪəti] *n* laïques *mpl*.
lake [leɪk] *n* lac *m*.
lamb [læm] *n* agneau *m*; **~ chop** *n* côtelette *f* d'agneau; **~skin** *n* (peau *f* d')agneau *m*; **~swool** *n* laine *f* d'agneau.
lame [leɪm] *a* boiteux(euse).
lament [lə'mɛnt] *n* lamentation *f* // *vt* pleurer, se lamenter sur; **~able** ['læməntəbl] *a* déplorable, lamentable.
laminated ['læmɪneɪtɪd] *a* laminé(e); (*windscreen*) (en verre) feuilleté.
lamp [læmp] *n* lampe *f*.
lampoon [læm'pu:n] *n* pamphlet *m*.
lamp: ~post *n* réverbère *m*; **~shade** *n* abat-jour *m inv*.
lance [lɑ:ns] *n* lance *f* // *vt* (*MED*) inciser;

~ corporal *n* (soldat *m* de) première classe *m*.
lancet ['lɑ:nsɪt] *n* bistouri *m*.
land [lænd] *n* (*as opposed to sea*) terre *f* (ferme); (*country*) pays *m*; (*soil*) terre; terrain *m*; (*estate*) terre(s), domaine(s) *m(pl)* // *vi* (*from ship*) débarquer; (*AVIAT*) atterrir; (*fig: fall*) (re)tomber // *vt* (*obtain*) décrocher; (*passengers, goods*) débarquer; **to ~ up** *vi* atterrir, (finir par) se retrouver; **~ed gentry** *n* propriétaires terriens *or* fonciers; **~ing** *n* débarquement *m*; atterrissage *m*; (*of staircase*) palier *m*; **~ing craft** *n* chaland *m* de débarquement; **~ing stage** *n* débarcadère *m*, embarcadère *m*; **~ing strip** *n* piste *f* d'atterrissage; **~ing lady** *n* propriétaire *f*, logeuse *f*; **~locked** *a* entouré(e) de terre(s), sans accès à la mer; **~lord** *n* propriétaire *m*, logeur *m*; (*of pub etc*) patron *m*; **~lubber** *n* terrien/ne; **~mark** *n* (point *m* de) repère *m*; **~owner** *n* propriétaire foncier *or* terrien.
landscape ['lænskeɪp] *n* paysage *m*; **~d** *a* aménagé(e) (par un paysagiste).
landslide ['lændslaɪd] *n* (*GEO*) glissement *m* (de terrain); (*fig: POL*) raz-de-marée (électoral).
lane [leɪn] *n* (*in country*) chemin *m*; (*in town*) ruelle *f*; (*AUT*) voie *f*; file *f*; (*in race*) couloir *m*.
language ['læŋgwɪdʒ] *n* langue *f*; (*way one speaks*) langage *m*; **bad ~** grossièretés *fpl*, langage grossier.
languid ['læŋgwɪd] *a* languissant(e); langoureux(euse).
languish ['læŋgwɪʃ] *vi* languir.
lank [læŋk] *a* (*hair*) raide et terne.
lanky ['læŋkɪ] *a* grand(e) et maigre, efflanqué(e).
lantern ['læntn] *n* lanterne *f*.
lap [læp] *n* (*of track*) tour *m* (de piste); (*of body*): **in** *or* **on one's ~** sur les genoux // *vt* (*also:* **~ up**) laper // *vi* (*waves*) clapoter; **~dog** *n* chien *m* d'appartement.
lapel [lə'pɛl] *n* revers *m*.
Lapland ['læplænd] *n* Laponie *f*.
Lapp [læp] *a* lapon(ne) // *n* Lapon/ne; (*LING*) lapon *m*.
lapse [læps] *n* défaillance *f* // *vi* (*LAW*) cesser d'être en vigueur; se périmer; **to ~ into bad habits** prendre de mauvaises habitudes; **~ of time** laps de temps, intervalle *m*.
larceny ['lɑ:sənɪ] *n* vol *m*.
lard [lɑ:d] *n* saindoux *m*.
larder ['lɑ:də*] *n* garde-manger *m inv*.
large [lɑ:dʒ] *a* grand(e); (*person, animal*) gros(grosse); **at ~** (*free*) en liberté; (*generally*) en général; pour la plupart; **~ly** *ad* en grande partie; **~-scale** *a* (*map*) à grande échelle; (*fig*) important(e).
lark [lɑ:k] *n* (*bird*) alouette *f*; (*joke*) blague *f*, farce *f*; **to ~ about** *vi* faire l'idiot, rigoler.
larva, pl larvae ['lɑ:və, -i:] *n* larve *f*.
laryngitis [lærɪn'dʒaɪtɪs] *n* laryngite *f*.
larynx ['lærɪŋks] *n* larynx *m*.
lascivious [lə'sɪvɪəs] *a* lascif(ive).
laser ['leɪzə*] *n* laser *m*.

lash [læʃ] n coup m de fouet; (gen: **eyelash**) cil m // vt fouetter; (tie) attacher; **to ~ out** vi: **to ~ out** (at or against sb/sth) attaquer violemment (qn/qch); **to ~ out** (on sth) (col: spend) se fendre (de qch).

lass [læs] n (jeune) fille f.

lasso [læ'su:] n lasso m // vt prendre au lasso.

last [lɑ:st] a dernier(ère) // ad en dernier // vi durer; **~ week** la semaine dernière; **~ night** hier soir, la nuit dernière; **at ~** enfin; **~ but one** avant-dernier(ère); **~ing** a durable; **~-minute** a de dernière minute.

latch [lætʃ] n loquet m; **~key** n clè f (de la porte d'entrée).

late [leɪt] a (not on time) en retard; (far on in day etc) dernier(ère); tardif(ive); (recent) récent(e), dernier, (former) ancien(ne); (dead) défunt(e) // ad tard; (behind time, schedule) en retard; **of ~** dernièrement; **in ~ May** vers la fin (du mois) de mai, fin mai; **the ~ Mr X** feu M. X; **~comer** n retardataire m/f; **~ly** ad récemment; **~ness** n (of person) retard m; (of event) heure tardive.

latent ['leɪtnt] a latent(e).

later ['leɪtə*] a (date etc) ultérieur(e); (version etc) plus récent(e) // ad plus tard.

lateral ['lætərl] a latéral(e).

latest ['leɪtɪst] a tout(e) dernier(ère): **at the ~** au plus tard.

latex ['leɪtɛks] n latex m.

lath, ~s [læθ, læðz] n latte f.

lathe [leɪð] n tour m; **~ operator** n tourneur m (en usine).

lather ['lɑ:ðə*] n mousse f (de savon) // vt savonner // vi mousser.

Latin ['lætɪn] n latin m // a latin(e); **~ America** n Amérique latine; **~ American** a d'Amérique latine.

latitude ['lætɪtju:d] n latitude f.

latrine [lə'tri:n] n latrines fpl.

latter ['lætə*] a deuxième, dernier(ère) // n: **the ~** ce dernier, celui-ci; **~ly** ad dernièrement, récemment.

lattice ['lætɪs] n treillis m; treillage m.

laudable ['lɔ:dəbl] a louable.

laudatory ['lɔ:dətri] a élogieux(euse).

laugh [lɑ:f] n rire m // vi rire; **to ~ at** vt fus se moquer de; **to ~ off** vt écarter or rejeter par une plaisanterie or par une boutade; **~able** a risible, ridicule; **~ing** a (face) rieur(euse); **the ~ing stock of** la risée de; **~ter** n rire m; rires mpl.

launch [lɔ:ntʃ] n lancement m; (boat) chaloupe f; (also: **motor ~**) vedette f // vt (ship, rocket, plan) lancer; **~ing** n lancement m; **~(ing) pad** n rampe f de lancement.

launder ['lɔ:ndə*] vt blanchir.

launderette [lɔ:n'drɛt] n laverie f (automatique).

laundry ['lɔ:ndri] n blanchisserie f; (clothes) linge m; **to do the ~** faire la lessive.

laureate ['lɔ:riət] a see **poet**.

laurel ['lɔrl] n laurier m.

lava ['lɑ:və] n lave f.

lavatory ['lævətəri] n toilettes fpl.

lavender ['lævəndə*] n lavande f.

lavish ['lævɪʃ] a copieux(euse), somptueux(euse); (giving freely): **~ with** prodigue de // vt: **to ~ on sb/sth** (care) prodiguer à qn/qch; (money) dépenser sans compter pour qn/qch.

law [lɔ:] n loi f; (science) droit m; **~-abiding** a respectueux(euse) des lois; **~ and order** n l'ordre public; **~breaker** n personne f qui transgresse la loi; **~ court** n tribunal m, cour f de justice; **~ful** a légal(e); permis(e); **~fully** ad légalement; **~less** a sans loi.

law: ~ school n faculté f de droit; **~ student** n étudiant/e en droit.

lawsuit ['lɔ:su:t] n procès m.

lawyer ['lɔ:jə*] n (consultant, with company) juriste m; (for sales, wills etc) ≈ notaire m; (partner, in court) ≈ avocat m.

lax [læks] a relâché(e).

laxative ['læksətɪv] n laxatif m.

laxity ['læksɪtɪ] n relâchement m.

lay [leɪ] pt of **lie** // a laïque; profane // vt (pt, pp **laid** [leɪd]) poser, mettre; (eggs) pondre; (trap) tendre; (plans) élaborer; **to ~ the table** mettre la table; **to ~ aside** or **by** vt mettre de côté; **to ~ down** vt poser; **to ~ down the law** faire la loi; **to ~ off** vt (workers) licencier; **to ~ on** vt (water, gas) mettre, installer; (provide) fournir; (paint) étaler; **to ~ out** vt (design) dessiner, concevoir; (display) disposer; (spend) dépenser; **to ~ up** vt (to store) amasser; (car) remiser; (ship) désarmer; (subj: illness) forcer à s'aliter; **~about** n fainéant/e; **~-by** n aire f de stationnement (sur le bas-côté).

layer ['leɪə*] n couche f.

layette ['leɪɛt] n layette f.

layman ['leɪmən] n laïque m; profane m.

layout ['leɪaut] n disposition f, plan m, agencement m; (PRESS) mise f en page.

laze [leɪz] vi paresser.

laziness ['leɪzɪnɪs] n paresse f.

lazy ['leɪzɪ] a paresseux(euse).

lb. abbr of **pound** (weight).

lead [li:d] see also next headword; n (front position) tête f; (distance, time lead) avance f; (clue) piste f; (in battery) raccord m; (ELEC) fil m; (for dog) laisse f; (THEATRE) rôle principal // vb (pt,pp **led** [lɛd]) vt mener, conduire; (induce) amener; (be leader of) être à la tête de; (SPORT) être en tête de // vi mener, être en tête; **to ~ to** mener à; conduire à; aboutir à; **to ~ astray** vt détourner du droit chemin; **to ~ away** vt emmener; **to ~ back to** ramener à; **to ~ on** vt (tease) faire marcher; **to ~ on to** vt (induce) amener à; **to ~ up to** conduire à.

lead [lɛd] see also previous headword; n plomb m; (in pencil) mine f; **~en** a de or en plomb.

leader ['li:də*] n chef m; dirigeant/e, leader m; (of newspaper) éditorial m; **~ship** n direction f; qualités fpl de chef.

leading ['li:dɪŋ] a de premier plan; principal(e); **~ lady** n (THEATRE) vedette (féminine) ; ~ **light** n (*person*) vedette f, sommité f ; ~ **man** n (THEATRE) vedette (masculine).

leaf, leaves [li:f, li:vz] n feuille f ; (*of table*) rallonge f.

leaflet ['li:flɪt] n prospectus m, brochure f ; (POL REL) tract m.

leafy ['li:fɪ] a feuillu(e).

league [li:g] n ligue f ; (FOOTBALL) championnat m ; (*measure*) lieue f ; **to be in ~ with** avoir partie liée avec, être de mèche avec.

leak [li:k] n (*out, also fig*) fuite f ; (*in*) infiltration f // vi (*pipe, liquid etc*) fuir ; (*shoes*) prendre l'eau // vt (*liquid*) répandre ; (*information*) divulguer ; **to ~ out** vi fuir ; être divulgué(e).

lean [li:n] a maigre // n (*of meat*) maigre m // vb (pt,pp **leaned** or **leant** [lɛnt]) vt: **to ~ sth on** appuyer qch sur // vi (*slope*) pencher ; (*rest*): **to ~ against** s'appuyer contre ; être appuyé(e) contre ; **to ~ on** s'appuyer sur ; **to ~ back/forward** vi se pencher en arrière/avant ; **to ~ over** vi se pencher ; ~**ing** a penché(e) // n: ~**ing (towards)** penchant m (pour) ; ~**-to** n appentis m.

leap [li:p] n bond m, saut m // vi (pt,pp **leaped** or **leapt** [lɛpt]) bondir, sauter ; ~**frog** n jeu m de saute-mouton ; ~ **year** n année f bissextile.

learn, pt,pp **learned** or **learnt** [lə:n, -t] vt,vi apprendre ; ~**ed** ['lə:nɪd] a érudit(e), savant(e) ; ~**er** n débutant/e ; ~**ing** n savoir m.

lease [li:s] n bail m // vt louer à bail.

leash [li:ʃ] n laisse f.

least [li:st] a: **the ~ +** noun le (la) plus petit(e), le (la) moindre ; (*smallest amount of*) le moins de ; **the ~ + adjective** le moins ; **the ~ money** le moins d'argent ; **the ~ expensive** le moins cher ; **at ~** au moins ; **not in the ~** pas le moins du monde.

leather ['lɛðə*] n cuir m // cpd en or de cuir.

leave [li:v] vb (pt,pp **left** [lɛft]) vt laisser ; (*go away from*) quitter // vi partir, s'en aller ~ n (*time off*) congé m ; (MIL, *also: consent*) permission f ; **to be left** rester ; **there's some milk left over** il reste du lait ; **on ~** en permission ; **to take one's ~ of** prendre congé de ; **to ~ out** vt oublier, omettre.

leaves [li:vz] npl of **leaf**.

Lebanon ['lɛbənən] n Liban.

lecherous ['lɛtʃərəs] a lubrique.

lectern ['lɛktə:n] n lutrin m, pupitre m.

lecture ['lɛktʃə*] n conférence f ; (SCOL) cours (magistral) // vi donner des cours ; enseigner ; **to ~ on** faire un cours (or son cours) sur.

lecturer ['lɛktʃərə*] n (*speaker*) conférencier/ère ; (*at university*) professeur m (d'université), ≈ maitre assistant, ≈ maitre de conférences ; **assistant ~** n ≈ assistant/e ; **senior ~** n ≈ chargé/e d'enseignement.

led [lɛd] pt,pp of **lead**.

ledge [lɛdʒ] n (*of window, on wall*) rebord m ; (*of mountain*) saillie f, corniche f.

ledger ['lɛdʒə*] n registre m, grand livre.

lee [li:] n côté m sous le vent.

leech [li:tʃ] n sangsue f.

leek [li:k] n poireau m.

leer [lɪə*] vi: **to ~ at sb** regarder qn d'un air mauvais or concupiscent, lorgner qn.

leeway ['li:weɪ] n (*fig*): **to make up ~** rattraper son retard ; **to have some ~** avoir une certaine liberté d'action.

left [lɛft] pt,pp of **leave** // a gauche // ad à gauche // n gauche f ; **the L~** (POL) la gauche ; ~**-handed** a gaucher(ère) ; ~**hand side** n gauche f, côté m gauche ; ~**luggage (office)** n consigne f ; ~**-overs** npl restes mpl ; ~ **wing** n (MIL SPORT) aile f gauche ; (POL) gauche f ; ~**-wing** a (POL) de gauche.

leg [lɛg] n jambe f ; (*of animal*) patte f ; (*of furniture*) pied m ; (CULIN: *of chicken*) cuisse f ; **lst/2nd ~** (SPORT) match m aller/retour ; (*of journey*) 1ère/2ème étape ; ~ **of lamb** n (CULIN) gigot m d'agneau.

legacy ['lɛgəsɪ] n héritage m, legs m.

legal ['li:gl] a légal(e) ; ~**ize** vt légaliser ; ~**ly** ad légalement ; ~ **tender** n monnaie légale.

legation [lɪ'geɪʃən] n légation f.

legend ['lɛdʒənd] n légende f ; ~**ary** a légendaire.

-legged ['lɛgɪd] suffix: **two~** à deux pattes (or jambes or pieds).

leggings ['lɛgɪŋz] npl jambières fpl, guêtres fpl.

legibility [lɛdʒɪ'bɪlɪtɪ] n lisibilité f.

legible ['lɛdʒəbl] a lisible.

legibly ['lɛdʒəblɪ] ad lisiblement.

legion ['li:dʒən] n légion f.

legislate ['lɛdʒɪsleɪt] vi légiférer ; **legislation** [-'leɪʃən] n législation f ; **legislative** ['lɛdʒɪslətɪv] a législatif(ive) ; **legislator** n législateur/trice ; **legislature** ['lɛdʒɪslətʃə*] n corps législatif.

legitimacy [lɪ'dʒɪtɪməsɪ] n légitimité f.

legitimate [lɪ'dʒɪtɪmət] a légitime.

leg-room ['lɛgru:m] n place f pour les jambes.

leisure ['lɛʒə*] n loisir m, temps m libre ; loisirs mpl ; **at ~** (tout) à loisir ; à tête reposée ; ~ **centre** n centre m de loisirs ; ~**ly** a tranquille ; fait(e) sans se presser.

lemon ['lɛmən] n citron m ; ~**ade** n [-'neɪd] limonade f ; ~ **squeezer** n presse-citron m inv.

lend, pt,pp **lent** [lɛnd, lɛnt] vt: **to ~ sth (to sb)** prêter qch (à qn) ; ~**er** n prêteur/euse ; ~**ing library** n bibliothèque f de prêt.

length [lɛŋθ] n longueur f ; (*section: of road, pipe etc*) morceau m, bout m ; ~ **of time** durée f ; **at ~** (*at last*) enfin, à la fin ; (*lengthily*) longuement ; ~**en** vt allonger, prolonger // vi s'allonger ; ~**ways** ad dans le sens de la longueur, en long ; ~**y** a (très) long(longue).

leniency ['li:nɪənsɪ] n indulgence f, clémence f.

lenient ['li:nɪənt] a indulgent(e), clément(e) ; ~**ly** ad avec indulgence or clémence.

lens [lɛnz] n lentille f; (of spectacles) verre m; (of camera) objectif m.

lent [lɛnt] pt,pp of **lend**.

Lent [lɛnt] n Carême m.

lentil ['lɛntl] n lentille f.

Leo ['li:əu] n le Lion; **to be** ~ être du Lion.

leopard ['lɛpəd] n léopard m.

leotard ['li:ətɑ:d] n collant m (de danseur etc).

leper ['lɛpə*] n lépreux/euse.

leprosy ['lɛprəsı] n lèpre f.

lesbian ['lɛzbıən] n lesbienne f.

less [lɛs] det moins de // pronoun, ad moins; ~ **than that/you** moins que cela/vous; ~ **than half** moins de la moitié; ~ **and** ~ de moins en moins; **the** ~ **he works...** moins il travaille...

lessen ['lɛsn] vi diminuer, s'amoindrir, s'atténuer // vt diminuer, réduire, atténuer.

lesson ['lɛsn] n leçon f; **a maths** ~ une leçon or un cours de maths.

lest [lɛst] cj de peur de + infinitive, de peur que + sub.

let, pt,pp **let** [lɛt] vt laisser; (lease) louer; **he** ~ **me go** il m'a laissé partir; ~ **the water boil and...** faites bouillir l'eau et...; ~**'s go** allons-y; ~ **him come** qu'il vienne; **'to** ~**' 'à louer'; **to** ~ **down** vt (lower) baisser; (dress) rallonger; (hair) défaire; (disappoint) décevoir; **to** ~ **go** vi lâcher prise // vt lâcher; **to** ~ **in** vt laisser entrer; (visitor etc) faire entrer; **to** ~ **off** vt laisser partir; (firework etc) faire partir; (smell etc) dégager; **to** ~ **out** vt laisser sortir; (dress) élargir; (scream) laisser échapper; **to** ~ **up** vi diminuer, s'arrêter.

lethal ['li:θl] a mortel(le), fatal(e).

lethargic [lɛ'θɑ:dʒık] a léthargique.

lethargy ['lɛθədʒı] n léthargie f.

letter ['lɛtə*] n lettre f; ~**s** npl (LITERATURE) lettres; ~ **bomb** n lettre piégée; ~**box** n boîte f aux or à lettres; ~**ing** n lettres fpl; caractères mpl.

lettuce ['lɛtıs] n laitue f, salade f.

let-up ['lɛtʌp] n répit m, détente f.

leukaemia, leukemia (US) [lu:'ki:mıə] n leucémie f.

level ['lɛvl] a plat(e), plan(e), uni(e); horizontal(e) // n niveau m; (flat place) terrain plat; (also: **spirit** ~) niveau à bulle // vt niveler, aplanir; **to be** ~ **with** être au même niveau que; **'A'** ~**s** npl ≈ baccalauréat m; **'O'** ~**s** npl ≈ B.E.P.C.; **on the** ~ à l'horizontale; (fig: honest) régulier(ère); **to** ~ **off or out** vi (prices etc) se stabiliser; ~ **crossing** n passage m à niveau; ~**-headed** a équilibré(e).

lever ['li:və*] n levier m // vt: **to** ~ **up/out** soulever/extraire au moyen d'un levier; ~**age** n: ~**age (on or with)** prise f (sur).

levity ['lɛvıtı] n manque m de sérieux, légèreté f.

levy ['lɛvı] n taxe f, impôt m // vt prélever, imposer; percevoir.

lewd [lu:d] a obscène, lubrique.

liability [laıə'bılıtı] n responsabilité f; (handicap) handicap m; **liabilities** npl obligations fpl, engagements mpl; (on balance sheet) passif m.

liable ['laıəbl] a (subject): ~ **to** sujet(te) à; passible de; (responsible): ~ **(for)** responsable (de); (likely): ~ **to do** susceptible de faire.

liaison [li:'eızɔn] n liaison f.

liar ['laıə*] n menteur/euse.

libel ['laıbl] n écrit m diffamatoire; diffamation f // vt diffamer.

liberal ['lıbərl] a libéral(e); (generous): ~ **with** prodigue de, généreux(euse) avec.

liberate ['lıbəreıt] vt libérer; **liberation** [-'reıʃən] n libération f.

liberty ['lıbətı] n liberté f; **at** ~ **to do** libre de faire; **to take the** ~ **of** prendre la liberté de, se permettre de.

Libra ['li:brə] n la Balance; **to be** ~ être de la Balance.

librarian [laı'brɛərıən] n bibliothécaire m/f.

library ['laıbrərı] n bibliothèque f.

libretto [lı'brɛtəu] n livret m.

Libya ['lıbıə] n Libye f; ~**n** a libyen(ne), de Lybie // n Lybien/ne.

lice [laıs] npl of **louse**.

licence, license (US) ['laısns] n autorisation f, permis m; (COMM) licence f; (RADIO, TV) redevance f; (also: **driving** ~) permis m (de conduire); (excessive freedom) licence; ~ **plate** n plaque f minéralogique.

license ['laısns] n (US) = **licence** // vt donner une licence à; ~**d** a (for alcohol) patenté(e) pour la vente des spiritueux, qui a une patente de débit de boissons.

licensee [laısən'si:] n (in a pub) patron/ne, gérant/e.

licentious [laı'sɛnʃəs] a licentieux(euse).

lichen ['laıkən] n lichen m.

lick [lık] vt lécher // n coup m de langue; **a** ~ **of paint** un petit coup de peinture.

licorice ['lıkərıs] n = **liquorice**.

lid [lıd] n couvercle m.

lido ['laıdəu] n piscine f en plein air.

lie [laı] n mensonge m // vi mentir; (pt lay, pp lain [leı, leın]) (rest) être étendu(e) or allongé(e) or couché(e); (in grave) être enterré(e), reposer; (of object: be situated) se trouver, être; **to** ~ **low** (fig) se cacher, rester caché(e); **to** ~ **about** vi traîner; **to have a** ~**-down** s'allonger, se reposer; **to have a** ~**-in** faire la grasse matinée.

lieu [lu:]: **in** ~ **of** prep au lieu de.

lieutenant [lɛf'tɛnənt] n lieutenant m.

life, lives [laıf, laıvz] n vie f // cpd de vie; à vie; ~ **assurance** n assurance-vie f; ~ **belt** n bouée f de sauvetage; ~**boat** n canot m or chaloupe f de sauvetage; ~**buoy** n bouée f de sauvetage; ~ **expectancy** n espérance f de vie; ~**guard** n surveillant m de baignade; ~ **jacket** n gilet m or ceinture f de sauvetage; ~**less** a sans vie, inanimé(e); (dull) qui manque de vie or de vigueur; ~**like** a à qui semble vrai(e) or vivant(e); ressemblant(e); ~**line** n corde f de sauvetage; ~**long** a de toute une vie, de toujours; ~ **preserver** n (US) gilet m or ceinture f de sauvetage; (Brit: col) matraque f; ~**-raft** n radeau m de sauvetage; ~**-saver** n surveillant m de baignade; ~ **sentence** n condamnation f à vie *or* à perpétuité ; **~-sized** *a* grandeur nature *inv* ; **~ span** *n* (durée *f* de) vie *f* ; **~ support system** *n* (MED) respirateur artificiel ; **~time** *n*: **in his ~time** de son vivant ; **in a ~time** au cours d'une vie entière ; dans sa vie.

lift [lɪft] *vt* soulever, lever ; (*steal*) prendre, voler // *vi* (*fog*) se lever // *n* (*elevator*) ascenseur *m* ; **to give sb a ~** emmener *or* prendre qn en voiture ; **~-off** *n* décollage *m*.

ligament ['lɪgəmənt] *n* ligament *m*.

light [laɪt] *n* lumière *f* ; (*daylight*) lumière, jour *m* ; (*lamp*) lampe *f* ; (ALT: **traffic ~**, **rear ~**) feu *m* ; (: *headlamp*) phare *m* ; (*for cigarette etc*): **have you got a ~?** avez-vous du feu? // *vt* (*pt, pp* **lighted** *or* **lit** [lɪt]) (*candle, cigarette, fire*) allumer ; (*room*) éclairer *a* (*room, colour*) clair(e) ; (*not heavy, also fig*) léger(ère) ; **to ~ up** *vi* s'allumer ; (*face*) s'éclairer // *vt* (*illuminate*) éclairer, illuminer ; **~ bulb** *n* ampoule *f* ; **~en** *vi* s'éclairer // *vt* (*give light to*) éclairer ; (*make lighter*) éclaircir ; (*make less heavy*) alléger ; **~er** *n* (*also*: **cigarette ~**) briquet *m* ; (: *in car*) allume-cigare *m inv* ; (*boat*) péniche *f* ; **~-headed** *a* étourdi(e), écervelé(e) ; **~-hearted** *a* gai(e), joyeux(euse), enjoué(e) ; **~house** *n* phare *m* ; **~ing** *n* (*on road*) éclairage *m* ; (*in theatre*) éclairages ; **~ing-up time** *n* heure officielle de la tombée du jour ; **~ly** *ad* légèrement ; **~ meter** *n* (PHOT) photomètre *m*, cellule *f* ; **~ness** *n* clarté *f* ; (*in weight*) légèreté *f*.

lightning ['laɪtnɪŋ] *n* éclair *m*, foudre *f* ; **~ conductor** *n* paratonnerre *m*.

lightship ['laɪtʃɪp] *n* bateau-phare *m*.

lightweight ['laɪtweɪt] *a* (*suit*) léger(ère) ; (*boxer*) poids léger *inv*.

light year ['laɪtjɪə*] *n* année-lumière *f*.

lignite ['lɪgnaɪt] *n* lignite *m*.

like [laɪk] *vt* aimer (bien) // *prep* comme // *a* semblable, pareil(le) // *n*: **the ~** un(e) pareil(le) *or* semblable ; le(la) pareil(le) ; (*pej*) (d')autres du même genre *or* acabit ; **his ~s and dislikes** ses goûts *mpl or* préférences *fpl* ; **I would ~, I'd ~** je voudrais, j'aimerais ; **to be/look ~ sb/sth** ressembler à qn/qch ; **that's just ~ him** c'est bien de lui, ça lui ressemble ; **nothing ~...** rien de tel que... ; **~able** *a* sympathique, agréable.

likelihood ['laɪklɪhud] *n* probabilité *f*.

likely ['laɪklɪ] *a* probable ; plausible ; **he's ~ to leave** il va sûrement partir, il risque fort de partir.

like-minded [laɪk'maɪndɪd] *a* de même opinion.

liken ['laɪkən] *vt*: **to ~ sth to** comparer qch à.

likewise ['laɪkwaɪz] *ad* de même, pareillement.

liking ['laɪkɪŋ] *n*: **~ (for)** affection *f* (pour), penchant *m* (pour) ; goût *m* (pour).

lilac ['laɪlək] *n* lilas *m* // *a* lilas *inv*.

lilting ['lɪltɪŋ] *a* aux cadences mélodieuses ; chantant(e).

lily ['lɪlɪ] *n* lis *m* ; **~ of the valley** *n* muguet *m*.

limb [lɪm] *n* membre *m*.

limber ['lɪmbə*]: **to ~ up** *vi* se dégourdir, se mettre en train.

limbo ['lɪmbəu] *n*: **to be in ~** (*fig*) être tombé(e) dans l'oubli.

lime [laɪm] *n* (*tree*) tilleul *m* ; (*fruit*) lime *f* ; (GEO) chaux *f* ; **~ juice** *n* jus *m* de citron vert.

limelight ['laɪmlaɪt] *n*: **in the ~** (*fig*) en vedette, au premier plan.

limerick ['lɪmərɪk] *n* poème *m* humoristique (de 5 vers).

limestone ['laɪmstəun] *n* pierre *f* à chaux ; (GEO) calcaire *m*.

limit ['lɪmɪt] *n* limite *f* // *vt* limiter ; **~ation** [-'teɪʃən] *n* limitation *f*, restriction *f* ; **~ed** *a* limité(e), restreint(e) ; **~ed (liability) company (Ltd)** *n* ≈ société *f* anonyme (S.A.).

limousine ['lɪməzi:n] *n* limousine *f*.

limp [lɪmp] *n*: **to have a ~** boiter // *vi* boiter // *a* mou(molle).

limpet ['lɪmpɪt] *n* patelle *f* ; **like a ~** (*fig*) comme une ventouse.

line [laɪn] *n* (*gen*) ligne *f* ; (*rope*) corde *f* ; (*wire*) fil *m* ; (*of poem*) vers *m* ; (*row, series*) rangée *f* ; file *f*, queue *f* ; (COMM: *series of goods*) article(s) *m(pl)* // *vt* (*clothes*): **to ~ (with)** doubler (de) ; (*box*): **to ~ (with)** garnir *or* tapisser (de) ; (*subj: trees, crowd*) border ; **in his ~ of business** dans sa partie, dans son rayon ; **in ~ with** en accord avec ; **to ~ up** *vi* s'aligner, se mettre en rang(s) // *vt* aligner.

linear ['lɪnɪə*] *a* linéaire.

linen ['lɪnɪn] *n* linge *m* (de corps *or* de maison) ; (*cloth*) lin *m*.

liner ['laɪnə*] *n* paquebot *m* de ligne.

linesman ['laɪnzmən] *n* (TENNIS) juge *m* de ligne ; (FOOTBALL) juge de touche.

line-up ['laɪnʌp] *n* file *f* ; (SPORT) (composition *f* de l')équipe *f*.

linger ['lɪŋgə*] *vi* s'attarder ; traîner ; (*smell, tradition*) persister ; **~ing** *a* persistant(e) ; qui subsiste ; (*death*) lent(e).

lingo, ~es ['lɪŋgəu] *n* (*pej*) jargon *m*.

linguist ['lɪŋgwɪst] *n* linguiste *m/f* ; personne douée pour les langues ; **~ic** *a* linguistique ; **~ics** *n* linguistique *f*.

lining ['laɪnɪŋ] *n* doublure *f*.

link [lɪŋk] *n* (*of a chain*) maillon *m* ; (*connection*) lien *m*, rapport *m* // *vt* relier, lier, unir ; **~s** *npl* (terrain *m* de) golf *m* ; **to ~ up** *vt* relier // *vi* se rejoindre ; s'associer ; **~-up** *n* liaison *f*.

linoleum [lɪ'nəuliəm] *n* linoléum *m*.

linseed oil ['lɪnsi:d'ɔɪl] *n* huile *f* de lin.

lint [lɪnt] *n* tissu ouaté (*pour pansements*).

lintel ['lɪntl] *n* linteau *m*.

lion ['laɪən] *n* lion *m* ; **~ cub** lionceau *m* ; **~ess** *n* lionne *f*.

lip [lɪp] *n*-lèvre *f* ; (*of cup etc*) rebord *m* ; (*insolence*) insolences *fpl* ; **~-read** *vi* lire sur les lèvres ; **to pay ~ service to sth** ne reconnaître le mérite de qch que pour la forme *or* qu'en paroles ; **~stick** *n* rouge *m* à lèvres.

liquefy ['lɪkwɪfaɪ] *vt* liquéfier.

liqueur [lɪ'kjuə*] *n* liqueur *f*.

liquid ['lɪkwɪd] *n* liquide *m* // *a* liquide ; **~ assets** *npl* liquidités *fpl*, disponibilités *fpl*.

liquidate ['lıkwıdeıt] *vt* liquider;
liquidation [-'deıʃən] *n* liquidation *f*;
liquidator *n* liquidateur *m*.
liquidize ['lıkwıdaız] *vt* (*CULIN*) passer au
mixeur.
liquor ['lıkə*] *n* spiritueux *m*, alcool *m*.
liquorice ['lıkərıs] *n* réglisse *m*.
lisp [lısp] *n* zézaiement *m*.
list [lıst] *n* liste *f*; (*of ship*) inclinaison *f*
// *vt* (*write down*) inscrire; faire la liste
de; (*enumerate*) énumérer // *vi* (*ship*)
gîter, donner de la bande.
listen ['lısn] *vi* écouter; **to ~ to** écouter;
~er *n* auditeur/trice.
listless ['lıstlıs] *a* indolent(e), apathique;
~ly *ad* avec indolence *or* apathie.
lit [lıt] *pt,pp* of **light**.
litany ['lıtənı] *n* litanie *f*.
literacy ['lıtərəsı] *n* degré
d'alphabétisation, fait de de savoir lire et
écrire.
literal ['lıtərl] *a* littéral(e); (*unimaginative*)
prosaïque, sans imagination; **~ly** *ad*
littéralement.
literary ['lıtərərı] *a* littéraire.
literate ['lıtərət] *a* qui sait lire et écrire,
instruit(e).
literature ['lıtərıtʃə*] *n* littérature *f*;
(*brochures etc*) copie *f* publicitaire,
prospectus *mpl*.
lithe [laıð] *a* agile, souple.
lithography [lı'θɒgrəfı] *n* lithographie *f*.
litigate ['lıtıgeıt] *vt* mettre en litige // *vi*
plaider; **litigation** [-'geıʃən] *n* litige *m*;
contentieux *m*.
litmus ['lıtməs] *n*: **~ paper** papier *m* de
tournesol.
litre, liter (*US*) ['li:tə*] *n* litre *m*.
litter ['lıtə*] *n* (*rubbish*) détritus *mpl*,
ordures *fpl*; (*young animals*) portée *f* // *vt*
éparpiller; laisser des détritus dans // *vi*
(*ZOOL*) mettre bas; **~ bin** *n* boîte *f* à
ordures, poubelle *f*; **~ed with** jonché(e)
de, couvert(e) de.
little ['lıtl] *a* (*small*) petit(e); (*not much*):
it's ~ c'est peu; **~ milk** peu de lait //
ad peu; **a ~** un peu (de); **a ~ milk** un
peu de lait; **~ by ~** petit à petit, peu à
peu; **to make ~ of** faire peu de cas de.
liturgy ['lıtədʒı] *n* liturgie *f*.
live *vi* [lıv] vivre; (*reside*) vivre, habiter //
a [laıv] (*animal*) vivant(e), en vie; (*wire*)
sous tension; (*broadcast*) (transmis(e)) en
direct; **to ~ down** *vt* faire oublier (avec
le temps); **to ~ in** *vi* être logé(e) et
nourri(e); être interne; **to ~ on** *vt fus*
(*food*) vivre de // *vi* survivre, subsister;
to ~ up to *vt fus* se montrer à la hauteur
de.
livelihood ['laıvlıhud] *n* moyens *mpl*
d'existence.
liveliness ['laıvlınəs] *n* vivacité *f*, entrain
m.
lively ['laıvlı] *a* vif(vive), plein(e) d'entrain.
liver ['lıvə*] *n* (*ANAT*) foie *m*; **~ish** *a* qui
a mal au foie; (*fig*) grincheux(euse).
livery ['lıvərı] *n* livrée *f*.
lives [laıvz] *npl* of **life**.
livestock ['laıvstɔk] *n* cheptel *m*, bétail *m*.
livid ['lıvıd] *a* livide, blafard(e); (*furious*)
furieux(euse), furibond(e).

living ['lıvıŋ] *a* vivant(e), en vie // *n*: **to
earn** *or* **make a ~** gagner sa vie; **~ room**
n salle *f* de séjour; **~ standards** *npl*
niveau *m* de vie; **~ wage** *n* salaire *m*
permettant de vivre (décemment).
lizard ['lızəd] *n* lézard *m*.
llama ['lɑ:mə] *n* lama *m*.
load [ləud] *n* (*weight*) poids *m*; (*thing
carried*) chargement *m*, charge *f*; (*ELEC,
TECH*) charge // *vt*: **to ~ (with)** (*lorry, ship*)
charger (de); (*gun, camera*) charger
(avec); **a ~ of, ~s of** (*fig*) un *or* des tas
de, des masses de; **~ed** *a* (*dice*) pipé(e);
(*question, word*) insidieux(euse); (*col: rich*)
bourré(e) de fric; (: *drunk*) bourré.
loaf, loaves [ləuf, ləuvz] *n* pain *m*, miche
f // *vi* (*also*: **~ about, ~ around**)
fainéanter, traîner.
loam [ləum] *n* terreau *m*.
loan [ləun] *n* prêt *m* // *vt* prêter; **on ~**
prêté(e), en prêt; **public ~** emprunt
public.
loath [ləuθ] *a*: **to be ~ to do** répugner
à faire.
loathe [ləuð] *vt* détester, avoir en horreur;
loathing *n* dégoût *m*, répugnance *f*.
loaves [ləuvz] *npl* of **loaf**.
lobby ['lɒbı] *n* hall *m*, entrée *f*; (*POL:
pressure group*) groupe *m* de pression,
lobby *m* // *vt* faire pression sur.
lobe [ləub] *n* lobe *m*.
lobster ['lɒbstə*] *n* homard *m*.
local ['ləukl] *a* local(e) // *n* (*pub*) pub *m*
or café *m* du coin; **the ~s** *npl* les gens
mpl du pays *or* du coin; **~ call** *n*
communication urbaine; **~ government**
n administration locale *or* municipale.
locality [ləu'kælıtı] *n* région *f*, environs
mpl; (*position*) lieu *m*.
locally ['ləukəlı] *ad* localement; dans les
environs *or* la région.
locate [ləu'keıt] *vt* (*find*) trouver, repérer;
(*situate*) situer.
location [ləu'keıʃən] *n* emplacement *m*;
on ~ (*CINEMA*) en extérieur.
loch [lɔx] *n* lac *m*, loch *m*.
lock [lɔk] *n* (*of door, box*) serrure *f*; (*of
canal*) écluse *f*; (*of hair*) mèche *f*, boucle
f // *vt* (*with key*) fermer à clé; (*immobilize*)
bloquer // *vi* (*door etc*) fermer à clé;
(*wheels*) se bloquer.
locker ['lɔkə*] *n* casier *m*.
locket ['lɔkıt] *n* médaillon *m*.
lockjaw ['lɔkdʒɔ:] *n* tétanos *m*.
locomotive [ləukə'məutıv] *n* locomotive *f*.
locust ['ləukəst] *n* locuste *f*, sauterelle *f*.
lodge [lɔdʒ] *n* pavillon *m* (de gardien);
(*FREEMASONRY*) loge *f* // *vi* (*person*): **to ~
(with)** être logé(e) (chez), être en pension
(chez) // *vt* (*appeal etc*) présenter;
déposer; **to ~ a complaint** porter
plainte; **to ~ (itself) in/between** se loger
dans/entre; **~r** *n* locataire *m/f*; (*with
room and meals*) pensionnaire *m/f*.
lodgings ['lɔdʒıŋz] *npl* chambre *f*; meublé
m.
loft [lɔft] *n* grenier *m*.
lofty ['lɔftı] *a* élevé(e); (*haughty*)
hautain(e).
log [lɔg] *n* (*of wood*) bûche *f*; (*book*) =
logbook.

logarithm ['lɔgərɪðəm] *n* logarithme *m*.
logbook ['lɔgbuk] *n* (NAUT) livre *m* or journal *m* de bord ; (AVIAT) carnet *m* de vol ; (of lorry-driver) carnet de route ; (of events, movement of goods etc) registre *m* ; (of car) ≈ carte grise.
loggerheads ['lɔgəhɛdz] *npl*: **at ~ (with)** à couteaux tirés (avec).
logic ['lɔdʒɪk] *n* logique *f* ; **~al** *a* logique ; **~ally** *ad* logiquement.
logistics [lɔ'dʒɪstɪks] *n* logistique *f*.
loin [lɔɪn] *n* (CULIN) filet *m*, longe *f* ; **~s** *npl* reins *mpl*.
loiter ['lɔɪtə*] *vi* s'attarder ; **to ~ (about)** traîner, musarder ; (pej) rôder.
loll [lɔl] *vi* (also: **~ about**) se prélasser, fainéanter.
lollipop ['lɔlɪpɔp] *n* sucette *f* ; **~ man/lady** *n* contractuel/le qui fait traverser la rue aux enfants.
London ['lʌndən] *n* Londres *m* ; **~er** *n* Londonien/ne.
lone [ləun] *a* solitaire.
loneliness ['ləunlɪnɪs] *n* solitude *f*, isolement *m*.
lonely ['ləunlɪ] *a* seul(e) ; solitaire, isolé(e) ; **to feel ~** se sentir seul.
loner ['ləunə*] *n* solitaire *m/f*.
long [lɔŋ] *a* long(longue) // *ad* longtemps // *vi*: **to ~ for sth/to do** avoir très envie de qch/de faire ; attendre qch avec impatience/impatience de faire ; **he had ~ understood that...** il avait compris depuis longtemps que... ; **how ~ is this river/course?** quelle est la longueur de ce fleuve/la durée de ce cours? ; **6 metres ~** (long) de 6 mètres ; **6 months ~** qui dure 6 mois, de 6 mois ; **all night ~** toute la nuit ; **~ before** longtemps avant ; **before ~** (+ future) avant peu, dans peu de temps ; (+ past) peu de temps après ; **at ~ last** enfin ; **no ~er, any ~er** ne...plus ; **~-distance** *a* (race) de fond ; (call) interurbain(e) ; **~-haired** *a* (person) aux cheveux longs ; (animal) aux longs poils ; **~hand** *n* écriture normale or courante ; **~ing** *n* désir *m*, envie *f*, nostalgie *f* // *a* plein(e) d'envie or de nostalgie.
longitude ['lɔŋgɪtjuːd] *n* longitude *f*.
long: ~ jump *n* saut *m* en longueur ; **~-lost** *a* perdu(e) depuis longtemps ; **~-playing** *a*: **~-playing record (L.P.)** *n* (disque *m*) 33 tours *m inv* ; **~-range** *a* à longue portée ; **~-sighted** *a* presbyte ; (fig) prévoyant(e) ; **~-standing** *a* de longue date ; **~-suffering** *a* empreint(e) d'une patience résignée ; extrêmement patient(e) ; **~-term** *a* à long terme ; **~ wave** *n* grandes ondes ; **~-winded** *a* intarissable, interminable.
loo [luː] *n* (col) w.-c. *mpl*, petit coin.
loofah ['luːfə] *n* sorte d'éponge végétale.
look [luk] *vi* regarder ; (seem) sembler, paraître, avoir l'air ; (building etc): **to ~ south/on to the sea** donner au sud/sur la mer // *n* regard *m* ; (appearance) air *m*, allure *f*, aspect *m* ; **~s** *npl* mine *f* ; physique *m* ; beauté *f* ; **to ~ like** ressembler à ; **it ~s like him** on dirait que c'est lui ; **to ~ after** *vt fus* s'occuper de, prendre soin de ; garder, surveiller ; **to ~ at** *vt fus* regarder ; **to ~ down on** *vt fus*

(fig) regarder de haut, dédaigner ; **to ~ for** *vt fus* chercher ; **to ~ forward to** *vt fus* attendre avec impatience ; **to ~ on** *vi* regarder (en spectateur) ; **to ~ out** *vi* (beware): **to ~ out (for)** prendre garde (à), faire attention (à) ; **to ~ out for** *vt fus* être à la recherche de ; guetter ; **to ~ to** *vt fus* veiller à ; (rely on) compter sur ; **to ~ up** *vi* lever les yeux ; (improve) s'améliorer // *vt* (word) chercher ; (friend) passer voir ; **to ~ up to** *vt fus* avoir du respect pour ; **~-out** *n* poste *m* de guet ; guetteur *m* ; **to be on the ~-out (for)** guetter.
loom [luːm] *n* métier *m* à tisser // *vi* surgir ; (fig) menacer, paraître imminent(e).
loop [luːp] *n* boucle *f* ; (contraceptive) stérilet *m* ; **~hole** *n* porte *f* de sortie (fig), échappatoire *f*.
loose [luːs] *a* (knot, screw) desserré(e) ; (stone) branlant(e) ; (clothes) vague, ample, lâche ; (animal) en liberté, échappé(e) ; (life) dissolu(e) ; (morals, discipline) relâché(e) ; (thinking) peu rigoureux(euse), vague ; (translation) approximatif(ive) ; **to be at a ~ end** ne pas trop savoir quoi faire ; **~ly** *ad* sans serrer ; approximativement ; **~n** *vt* desserrer, relâcher, défaire.
loot [luːt] *n* butin *m* // *vt* piller ; **~ing** *n* pillage *m*.
lop [lɔp]: **to ~ off** *vt* couper, trancher.
lop-sided ['lɔp'saɪdɪd] *a* de travers, asymétrique.
lord [lɔːd] *n* seigneur *m* ; **L~ Smith** lord Smith ; **the L~** le Seigneur ; **the (House of) L~s** la Chambre des Lords ; **~ly** *a* noble, majestueux(euse) ; (arrogant) hautain(e) ; **~ship** *n*: **your L~ship** Monsieur le comte (or le baron or le Juge).
lore [lɔː*] *n* tradition(s) *f(pl)*.
lorry ['lɔrɪ] *n* camion *m* ; **~ driver** *n* camionneur *m*, routier *m*.
lose, *pt,pp* **lost** [luːz, lɔst] *vt* perdre ; (opportunity) manquer, perdre ; (pursuers) distancer, semer // *vi* perdre ; (clock) retarder ; **to get lost** *vi* se perdre ; **~r** *n* perdant/e.
loss [lɔs] *n* perte *f* ; **to be at a ~** être perplexe or embarrassé(e) ; **to be at a ~ to do** se trouver incapable de faire.
lost [lɔst] *pt,pp of* **lose** // *a* perdu(e) ; **~ property** *n* objets trouvés.
lot [lɔt] *n* (at auctions) lot *m* ; (destiny) sort *m*, destinée *f* ; **the ~** le tout ; tous *mpl*, toutes *fpl* ; **a ~** beaucoup ; **a ~ of** beaucoup de ; **~s of** des tas de ; **to draw ~s (for sth)** tirer (qch) au sort.
lotion ['ləuʃən] *n* lotion *f*.
lottery ['lɔtərɪ] *n* loterie *f*.
loud [laud] *a* bruyant(e), sonore, fort(e) ; (gaudy) voyant(e), tapageur(euse) // *ad* (speak etc) fort ; **~hailer** *n* porte-voix *m inv* ; **~ly** *ad* fort, bruyamment ; **~speaker** *n* haut-parleur *m*.
lounge [laundʒ] *n* salon *m* // *vi* se prélasser, paresser ; **~ suit** *n* complet *m* ; 'tenue de ville'.
louse, *pl* **lice** [laus, laɪs] *n* pou *m*.
lousy ['lauzɪ] *a* (fig) infect(e), moche.

lout [laut] *n* rustre *m*, butor *m*.

lovable ['lʌvəbl] *a* très sympathique ; adorable.

love [lʌv] *n* amour *m* // *vt* aimer ; aimer beaucoup ; **to ~ to do** aimer beaucoup *or* adorer faire ; **to be in ~ with** être amoureux(euse) de ; **to make ~** faire l'amour ; **'15 ~'** (*TENNIS*) '15 à rien *or* zéro' ; **~ at first sight** le coup de foudre ; **~ affair** *n* liaison (amoureuse) ; **~ letter** *n* lettre f d'amour ; **~ life** *n* vie sentimentale.

lovely ['lʌvlɪ] *a* (très) joli(e) ; ravissant(e), charmant(e) ; agréable.

lover ['lʌvə*] *n* amant *m* ; (*amateur*): **a ~ of** un(e) ami(e) de ; un(e) amoureux(euse) de.

lovesong ['lʌvsɔŋ] *n* chanson f d'amour.

loving ['lʌvɪŋ] *a* affectueux(euse), tendre, aimant(e).

low [ləu] *a* bas(basse) // *ad* bas // *n* (*METEOROLOGY*) dépression f // *vi* (*cow*) mugir ; **to feel ~** se sentir déprimé(e) ; **he's very ~** (*ill*) il est bien bas *or* très affaibli ; **to turn (down) ~** vt baisser ; **~-cut** *a* (*dress*) décolleté(e) ; **~er** *vt* abaisser, baisser ; **~ly** *a* humble, modeste ; **~-lying** *a* à faible altitude ; **~-paid** *a* mal payé(e), aux salaires bas.

loyal ['lɔɪəl] *a* loyal(e), fidèle ; **~ty** *n* loyauté f, fidélité f.

lozenge ['lɔzɪndʒ] *n* (*MED*) pastille f ; (*GEOM*) losange *m*.

L.P. *n abbr see* **long-playing.**

L-plates ['ɛlpleɪts] *npl* plaques *fpl* d'apprenti conducteur.

Ltd *abbr see* **limited.**

lubricant ['lu:brɪkənt] *n* lubrifiant *m*.

lubricate ['lu:brɪkeɪt] *vt* lubrifier, graisser.

lucid ['lu:sɪd] *a* lucide ; **~ity** *n* ['-'sɪdɪtɪ] *n* lucidité f.

luck [lʌk] *n* chance f ; **bad ~** malchance f, malheur *m* ; **good ~!** bonne chance! **~ily** *ad* heureusement, par bonheur ; **~y** *a* (*person*) qui a de la chance ; (*coincidence*) heureux(euse) ; (*number etc*) qui porte bonheur.

lucrative ['lu:krətɪv] *a* lucratif(ive), rentable, qui rapporte.

ludicrous ['lu:dɪkrəs] *a* ridicule, absurde.

ludo ['lu:dəu] *n* jeu *m* des petits chevaux.

lug [lʌg] *vt* traîner, tirer.

luggage ['lʌgɪdʒ] *n* bagages *mpl* ; **~ rack** *n* (*in train*) porte-bagages *m inv* ; (: *made of string*) filet *m* à bagages ; (*on car*) galerie f.

lugubrious [lu'gu:brɪəs] *a* lugubre.

lukewarm ['lu:kwɔ:m] *a* tiède.

lull [lʌl] *n* accalmie f // *vt* (*child*) bercer ; (*person, fear*) apaiser, calmer.

lullaby ['lʌləbaɪ] *n* berceuse f.

lumbago [lʌm'beɪgəu] *n* lumbago *m*.

lumber ['lʌmbə*] *n* bric-à-brac *m inv* ; **~jack** *n* bûcheron *m*.

luminous ['lu:mɪnəs] *a* lumineux(euse).

lump [lʌmp] *n* morceau *m* ; (*in sauce*) grumeau *m* ; (*swelling*) grosseur f // *vt* (*also*: **~ together**) réunir, mettre en tas ; **a ~ sum** une somme globale *or* forfaitaire ; **~y** *a* (*sauce*) qui a des grumeaux.

lunacy ['lu:nəsɪ] *n* démence f, folie f.

lunar ['lu:nə*] *a* lunaire.

lunatic ['lu:nətɪk] *n* fou/folle, dément/e // *a* fou(folle), dément(e).

lunch [lʌntʃ] *n* déjeuner *m* ; **it is his ~ hour** c'est l'heure où il déjeune ; **it is ~time** c'est l'heure du déjeuner.

luncheon ['lʌntʃən] *n* déjeuner *m* ; **~ meat** *n* sorte de saucisson ; **~ voucher** *n* chèque-déjeuner *m*.

lung [lʌŋ] *n* poumon *m* ; **~ cancer** *n* cancer *m* du poumon.

lunge [lʌndʒ] *vi* (*also*: **~ forward**) faire un mouvement brusque en avant.

lupin ['lu:pɪn] *n* lupin *m*.

lurch [lə:tʃ] *vi* vaciller, tituber // *n* écart *m* brusque, embardée f.

lure [luə*] *n* appât *m*, leurre *m* // *vt* attirer *or* persuader par la ruse.

lurid ['luərɪd] *a* affreux(euse), atroce.

lurk [lə:k] *vi* se tapir, se cacher.

luscious ['lʌʃəs] *a* succulent(e) ; appétissant(e).

lush [lʌʃ] *a* luxuriant(e).

lust [lʌst] *n* luxure f ; lubricité f ; désir *m* ; (*fig*): **~ for** soif f de ; **to ~ after** *vt fus* convoiter, désirer ; **~ful** *a* lascif(ive).

lustre, luster (*US*) ['lʌstə*] *n* lustre *m*, brillant *m*.

lusty ['lʌstɪ] *a* vigoureux(euse), robuste.

lute [lu:t] *n* luth *m*.

Luxembourg ['lʌksəmbə:g] *n* Luxembourg *m*.

luxuriant [lʌg'zjuərɪənt] *a* luxuriant(e).

luxurious [lʌg'zjuərɪəs] *a* luxueux(euse).

luxury ['lʌkfərɪ] *n* luxe *m* // *cpd* de luxe.

lying ['laɪɪŋ] *n* mensonge(s) *m(pl)*.

lynch [lɪntʃ] *vt* lyncher.

lynx [lɪŋks] *n* lynx *m inv*.

lyre ['laɪə*] *n* lyre f.

lyric ['lɪrɪk] *a* lyrique ; **~s** *npl* (*of song*) paroles *fpl* ; **~al** *a* lyrique ; **~ism** ['lɪrɪsɪzəm] *n* lyrisme *m*.

M

m. *abbr of* **metre, mile, million.**

M.A. *abbr see* **master.**

mac [mæk] *n* imper(méable) *m*.

macaroni [mækə'rəunɪ] *n* macaronis *mpl*.

macaroon [mækə'ru:n] *n* macaron *m*.

mace [meɪs] *n* masse f ; (*spice*) macis *m*.

machine [mə'fi:n] *n* machine f // *vt* (*dress etc*) coudre à la machine ; **~ gun** *n* mitrailleuse f ; **~ry** *n* machinerie f, machines *fpl* ; (*fig*) mécanisme(s) *m(pl)* ; **~ tool** *n* machine-outil f ; **machinist** *n* machiniste *m/f*.

mackerel ['mækrl] *n, pl inv* maquereau *m*.

mackintosh ['mækɪntʃ] *n* imperméable *m*.

mad [mæd] *a* fou(folle) ; (*foolish*) insensé(e) ; (*angry*) furieux(euse).

madam ['mædəm] *n* madame f ; **yes ~** oui Madame.

madden ['mædn] *vt* exaspérer.

made [meɪd] *pt, pp of* **make** ; **~-to-measure** *a* fait(e) sur mesure.

madly ['mædlɪ] *ad* follement.

madman ['mædmən] n fou m, aliéné m.
madness ['mædnɪs] n folie f.
magazine [mægə'ziːn] n (PRESS) magazine m, revue f; (MIL: store) dépôt m, arsenal m; (of firearm) magasin m.
maggot ['mægət] n ver m, asticot m.
magic ['mædʒɪk] n magie f // a magique; **~al** a magique; **~ian** [mə'dʒɪʃən] n magicien/ne.
magistrate ['mædʒɪstreɪt] n magistrat m; juge m.
magnanimous [mæg'nænɪməs] a magnanime.
magnate ['mægneɪt] n magnat m.
magnesium [mæg'niːzɪəm] n magnésium m.
magnet ['mægnɪt] n aimant m; **~ic** ['-'nɛtɪk] a magnétique; **~ism** n magnétisme m.
magnification [mægnɪfɪ'keɪʃən] n grossissement m.
magnificence [mæg'nɪfɪsns] n magnificence f.
magnificent [mæg'nɪfɪsnt] a superbe, magnifique.
magnify ['mægnɪfaɪ] vt grossir; (sound) amplifier; **~ing glass** n loupe f.
magnitude ['mægnɪtjuːd] n ampleur f.
magnolia [mæg'nəʊlɪə] n magnolia m.
magpie ['mægpaɪ] n pie f.
mahogany [mə'hɒgənɪ] n acajou m // cpd en (bois d')acajou.
maid [meɪd] n bonne f; **old ~** (pej) vieille fille.
maiden ['meɪdn] n jeune fille f // a (aunt etc) non mariée; (speech, voyage) inaugural(e); **~ name** n nom m de jeune fille.
mail [meɪl] n poste f; (letters) courrier m // vt envoyer (par la poste); **~box** n (US) boîte f aux lettres; **~ing list** n liste f d'adresses; **~-order** n vente f or achat m par correspondance.
maim [meɪm] vt mutiler.
main [meɪn] a principal(e) // n (pipe) conduite principale, canalisation f; **the ~s** (ELEC) le secteur; **in the ~** dans l'ensemble; **~land** n continent m; **~stay** n (fig) pilier m.
maisonette [meɪzə'nɛt] n appartement m en duplex.
maize [meɪz] n maïs m.
majestic [mə'dʒɛstɪk] a majestueux(euse).
majesty ['mædʒɪstɪ] n majesté f.
major ['meɪdʒə*] n (MIL) commandant m // a important(e), principal(e); (MUS) majeur(e).
majority [mə'dʒɒrɪtɪ] n majorité f.
make [meɪk] vt (pt, pp made [meɪd]) faire; (manufacture) faire, fabriquer; (cause to be): **to ~ sb sad** etc rendre qn triste etc; (force): **to ~ sb do sth** obliger qn à faire qch, faire faire qch à qn; (equal): **2 and 2 ~ 4** 2 et 2 font 4 // n fabrication f; (brand) marque f; **to ~ do with** se contenter de; se débrouiller avec; **to ~ for** vt fus (place) se diriger vers; **to ~ out**

vt (write out) écrire; (understand) comprendre; (see) distinguer; **to ~ up** vt (invent) inventer, imaginer; (parcel) faire // vi se réconcilier; (with cosmetics) se maquiller, se farder; **to ~ up for** vt fus compenser; racheter; **~-believe** a feint(e), de fantaisie; **~r** n fabricant m; **~shift** a provisoire, improvisé(e); **~-up** n maquillage m.
making ['meɪkɪŋ] n (fig): **in the ~** en formation or gestation.
maladjusted [mælə'dʒʌstɪd] a inadapté(e).
malaise [mæ'leɪz] n malaise m.
malaria [mə'lɛərɪə] n malaria f, paludisme m.
Malay [mə'leɪ] a malais(e) // n (person) Malais/e; (language) malais m.
Malaysia [mə'leɪzɪə] n Malaisie f.
male [meɪl] n (BIOL, ELEC) mâle m // a (sex, attitude) masculin(e); mâle; (child etc) du sexe masculin; **~ and female students** étudiants et étudiantes.
malevolence [mə'lɛvələns] n malveillance f.
malevolent [mə'lɛvələnt] a malveillant(e).
malfunction [mæl'fʌŋkʃən] n fonctionnement défectueux.
malice ['mælɪs] n méchanceté f, malveillance f; **malicious** [mə'lɪʃəs] a méchant(e), malveillant(e); (LAW) avec intention criminelle.
malign [mə'laɪn] vt diffamer, calomnier.
malignant [mə'lɪgnənt] a (MED) malin(igne).
malingerer [mə'lɪŋgərə*] n simulateur/trice.
malleable ['mælɪəbl] a malléable.
mallet ['mælɪt] n maillet m.
malnutrition [mælnjuː'trɪʃən] n malnutrition f.
malpractice [mæl'præktɪs] n faute professionnelle; négligence f.
malt [mɔːlt] n malt m // cpd (whisky) pur malt.
Malta ['mɔːltə] n Malte f; **Maltese** ['-'tiːz] a maltais(e) // n, pl inv Maltais/e.
maltreat [mæl'triːt] vt maltraiter.
mammal ['mæml] n mammifère m.
mammoth ['mæməθ] n mammouth m // a géant(e), monstre.
man, pl **men** [mæn, mɛn] n homme m; (CHESS) pièce f; (DRAUGHTS) pion m // vt garnir d'hommes; servir, assurer le fonctionnement de; être de service à; **an old ~** un vieillard.
manage ['mænɪdʒ] vi se débrouiller // vt (be in charge of) s'occuper de; gérer; **to ~ to do** se débrouiller pour faire; réussir à faire; **~able** a maniable; faisable; **~ment** n administration f, direction f; **~r** n directeur m; administrateur m; (of hotel etc) gérant m; (of artist) impresario m; **~ress** [-ə'rɛs] n directrice f; gérante f; **~rial** [-ə'dʒɪərɪəl] a directorial(e); **~rial staff** n cadres mpl; **managing** a: **managing director** directeur général.
mandarin ['mændərɪn] n (also: **~ orange**) mandarine f; (person) mandarin m.

mandate ['mændeɪt] *n* mandat *m*.
mandatory ['mændətərɪ] *a* obligatoire;
(*powers etc*) mandataire.
mandolin(e) ['mændəlɪn] *n* mandoline *f*.
mane [meɪn] *n* crinière *f*.
maneuver [mə'nuːvə*] *etc* (*US*) =
manoeuvre *etc*.
manful ['mænful] *a* courageux(euse),
vaillant(e).
manganese [mæŋgə'niːz] *n* manganèse *m*.
mangle ['mæŋgl] *vt* déchiqueter; mutiler
// *n* essoreuse *f*; calandre *f*.
mango, **~es** ['mæŋgəu] *n* mangue *f*.
mangrove ['mæŋgrəuv] *n* palétuvier *m*.
mangy ['meɪndʒɪ] *a* galeux(euse).
manhandle ['mænhændl] *vt* malmener.
manhole ['mænhəul] *n* trou *m* d'homme.
manhood ['mænhud] *n* âge *m* d'homme;
virilité *f*.
manhunt ['mænhʌnt] *n* chasse *f* à
l'homme.
mania ['meɪnɪə] *n* manie *f*; **~c** ['meɪnɪæk]
n maniaque *m/f*.
manicure ['mænɪkjuə*] *n* manucure *f* //
vt (*person*) faire les mains à; **~ set** *n*
trousse *f* à ongles.
manifest ['mænɪfɛst] *vt* manifester // *a*
manifeste, évident(e); **~ation** [-'teɪʃən] *n*
manifestation *f*.
manifesto [mænɪ'fɛstəu] *n* manifeste *m*.
manipulate [mə'nɪpjuleɪt] *vt* manipuler.
mankind [mæn'kaɪnd] *n* humanité *f*, genre
humain.
manly ['mænlɪ] *a* viril(e); cou-
rageux(euse).
man-made ['mæn'meɪd] *a* artificiel(le).
manner ['mænə*] *n* manière *f*, façon *f*;
~s *npl* manières; **~ism** *n* particularité *f*
de langage (*or* de comportement), tic *m*.
manoeuvre, **maneuver** (*US*)
[mə'nuːvə*] *vt,vi* manœuvrer // *n*
manœuvre *f*.
manor ['mænə*] *n* (*also:* **~ house**) manoir
m.
manpower ['mænpauə*] *n* main-d'œuvre
f.
manservant, *pl* **menservants**
['mænsə:vənt, 'mɛn-] *n* domestique *m*.
mansion ['mænʃən] *n* château *m*, manoir
m.
manslaughter ['mænslɔ:tə*] *n* homicide
m involontaire.
mantelpiece ['mæntlpi:s] *n* cheminée *f*.
mantle ['mæntl] *n* cape *f*; (*fig*) manteau
m.
manual ['mænjuəl] *a* manuel(le) // *n*
manuel *m*.
manufacture [mænju'fæktʃə*] *vt*
fabriquer // *n* fabrication *f*; **~r** *n*
fabricant *m*.
manure [mə'njuə*] *n* fumier *m*; (*artificial*)
engrais *m*.
manuscript ['mænjuskrɪpt] *n* manuscrit
m.
many ['mɛnɪ] *det* beaucoup de, de
nombreux(euses) // *pronoun* beaucoup, un
grand nombre; **a great ~** un grand
nombre (de); **~ a...** bien des... , plus
d'un(e)... ;

map [mæp] *n* carte *f* // *vt* dresser la carte
de; **to ~ out** *vt* tracer.
maple ['meɪpl] *n* érable *m*.
mar [mɑ:*] *vt* gâcher, gâter.
marathon ['mærəθən] *n* marathon *m*.
marauder [mə'rɔ:də*] *n* maraudeur/euse.
marble ['mɑ:bl] *n* marbre *m*; (*toy*) bille *f*;
~s *n* (*game*) billes.
March [mɑ:tʃ] *n* mars *m*.
march [mɑ:tʃ] *vi* marcher au pas; défiler
// *n* marche *f*; (*demonstration*) rallye *m*;
~-past *n* défilé *m*.
mare [mɛə*] *n* jument *f*.
margarine [mɑ:dʒə'ri:n] *n* margarine *f*.
margin ['mɑ:dʒɪn] *n* marge *f*; **~al** *a*
marginal(e).
marigold ['mærɪgəuld] *n* souci *m*.
marijuana [mærɪ'wɑ:nə] *n* marijuana *f*.
marina [mə'ri:nə] *n* marina *f*.
marine [mə'ri:n] *a* marin(e) // *n* fusilier
marin; (*US*) marine *m*.
marital ['mærɪtl] *a* matrimonial(e).
maritime ['mærɪtaɪm] *a* maritime.
marjoram ['mɑ:dʒərəm] *n* marjolaine *f*.
mark [mɑ:k] *n* marque *f*; (*of skid etc*) trace
f; (*SCOL*) note *f*; (*SPORT*) cible *f*; (*currency*)
mark *m* // *vt* marquer; (*stain*) tacher;
(*SCOL*) noter; corriger; **to ~ time** marquer
le pas; **to ~ out** *vt* désigner; **~ed** *a*
marqué(e), net(te); **~er** *n* (*sign*) jalon *m*;
(*bookmark*) signet *m*.
market ['mɑ:kɪt] *n* marché *m* // *vt* (*COMM*)
commercialiser; **~ day** *n* jour *m* de
marché; **~ garden** *n* (*Brit*) jardin
maraîcher; **~ing** *n* marketing *m*; **~ place**
n place *f* du marché.
marksman ['mɑ:ksmən] *n* tireur *m*
d'élite; **~ship** *n* adresse *f* au tir.
marmalade ['mɑ:məleɪd] *n* confiture *f*
d'oranges.
maroon [mə'ru:n] *vt* (*fig*): **to be ~ed** (*in*
or **at**) être bloqué(e) (à) // *a* bordeaux *inv*.
marquee [mɑ:'ki:] *n* chapiteau *m*.
marquess, **marquis** ['mɑ:kwɪs] *n*
marquis *m*.
marriage ['mærɪdʒ] *n* mariage *m*; **~
bureau** *n* agence matrimoniale.
married ['mærɪd] *a* marié(e); (*life, love*)
conjugal(e).
marrow ['mærəu] *n* moelle *f*; (*vegetable*)
courge *f*.
marry ['mærɪ] *vt* épouser, se marier avec;
(*subj: father, priest etc*) marier // *vi* (*also:*
get married) se marier.
Mars [mɑ:z] *n* (*planet*) Mars *f*.
marsh [mɑ:ʃ] *n* marais *m*, marécage *m*.
marshal ['mɑ:ʃl] *n* maréchal *m*; (*US: fire,*
police) ≈ capitaine *m* // *vt* rassembler;
~ing yard *n* gare *f* de triage.
marshy ['mɑ:ʃɪ] *a* marécageux(euse).
martial ['mɑ:ʃl] *a* martial(e); **~ law** *n* loi
martiale.
Martian ['mɑ:ʃɪən] *n* Martien/ne.
martyr ['mɑ:tə*] *n* martyr/e // *vt*
martyriser; **~dom** *n* martyre *m*.
marvel ['mɑ:vl] *n* merveille *f* // *vi*: **to ~
(at)** s'émerveiller (de); **~lous**, **~ous** (*US*)
a merveilleux(euse).
Marxism ['mɑ:ksɪzəm] *n* marxisme *m*.

Marxist ['mɑːksɪst] *a,n* marxiste (*m/f*).
marzipan ['mɑːzɪpæn] *n* pâte *f* d'amandes.
mascara [mæs'kɑːrə] *n* mascara *m*.
mascot ['mæskət] *n* mascotte *f*.
masculine ['mæskjulɪn] *a* masculin(e) // *n* masculin *m*; **masculinity** [-'lɪnɪtɪ] *n* masculinité *f*.
mashed [mæʃt] *a*: ~ **potatoes** purée *f* de pommes de terre.
mask [mɑːsk] *n* masque *m* // *vt* masquer.
masochist ['mæsəukɪst] *n* masochiste *m/f*.
mason ['meɪsn] *n* (*also*: **stone~**) maçon *m*; (*also*: **free~**) franc-maçon *m*; **~ic** [mə'sɔnɪk] *a* maçonnique; **~ry** *n* maçonnerie *f*.
masquerade [mæskə'reɪd] *n* bal masqué *m*, (*fig*) mascarade *f* // *vi*: **to ~ as** se faire passer pour.
mass [mæs] *n* multitude *f*, masse *f*; (*PHYSICS*) masse *f*; (*REL*) messe *f* // *vi* se masser; **the ~es** les masses.
massacre ['mæsəkə*] *n* massacre *m* // *vt* massacrer.
massage ['mæsɑːʒ] *n* massage *m* // *vt* masser.
masseur [mæ'sə:*] *n* masseur *m*; **masseuse** [-'sə:z] *n* masseuse *f*.
massive ['mæsɪv] *a* énorme, massif(ive).
mass media ['mæs'miːdɪə] *npl* mass-media *mpl*.
mass-produce ['mæsprə'djuːs] *vt* fabriquer en série.
mast [mɑːst] *n* mât *m*.
master ['mɑːstə*] *n* maître *m*; (*in secondary school*) professeur *m*; (*title for boys*): **M~ X** Monsieur X // *vt* maîtriser; (*learn*) apprendre à fond; (*understand*) posséder parfaitement or à fond; **M~'s degree** *n* ≈ maîtrise *f*; ~ **key** *n* passe-partout *m inv*; ~**ly** *a* magistral(e); ~**mind** *n* esprit supérieur // *vt* diriger, être le cerveau de; **M~ of Arts/Science (M.A./M.Sc.)** *n* ≈ titulaire *m/f* d'une maîtrise (en lettres/science); **M~ of Arts/Science degree (M.A./M.Sc.)** *n* ≈ maîtrise *f*; ~**piece** *n* chef-d'œuvre *m*; ~**plan** *n* stratégie *f* d'ensemble; ~**stroke** *n* coup de maître; ~**y** *n* maîtrise *f*, connaissance parfaite.
masturbate ['mæstəbeɪt] *vi* se masturber; **masturbation** [-'beɪʃən] *n* masturbation *f*.
mat [mæt] *n* petit tapis; (*also*: **door~**) paillasson *m* // *a* = **matt.**
match [mætʃ] *n* allumette *f*; (*game*) match *m*, partie *f*; (*fig*) égal/e; mariage *m*; parti *m* // *vt* assortir; (*go well with*) aller bien avec, s'assortir à; (*equal*) égaler, valoir // *vi* être assorti(e); **to be a good ~** être bien assorti(e); **to ~ up** *vt* assortir; ~**box** *n* boîte *f* d'allumettes; ~**ing** *a* assorti(e); ~**less** *a* sans égal.
mate [meɪt] *n* camarade *m/f* de travail; (*col*) copain/copine; (*animal*) partenaire *m/f*, mâle/femelle; (*in merchant navy*) second *m* // *vi* s'accoupler // *vt* accoupler.
material [mə'tɪərɪəl] *n* (*substance*) matière *f*, matériau *m*; (*cloth*) tissu *m*, étoffe *f* // *a* matériel(le); (*important*) essentiel(le); ~**s** *npl* matériaux *mpl*; ~**istic** [-ə'lɪstɪk] *a*

matérialiste; ~**ize** *vi* se matérialiser, réaliser; ~**ly** *ad* matériellement.
maternal [mə'tə:nl] *a* maternel(le).
maternity [mə'tə:nɪtɪ] *n* maternité *f* // *cpd* de maternité, de grossesse; ~ **hospital** *n* maternité *f*.
matey ['meɪtɪ] *a* (*col*) copain-copain *inv*.
mathematical [mæθə'mætɪkl] *a* mathématique.
mathematician [mæθəmə'tɪʃən] *n* mathématicien/ne.
mathematics [mæθə'mætɪks] *n* mathématiques *fpl*.
maths [mæθs] *n* math(s) *fpl*.
matinée ['mætɪneɪ] *n* matinée *f*.
mating ['meɪtɪŋ] *n* accouplement *m*; ~ **call** *n* appel *m* du mâle; ~ **season** *n* saison *f* des amours.
matriarchal [meɪtrɪ'ɑːkl] *a* matriarcal(e).
matrices ['meɪtrɪsiːz] *npl of* **matrix**.
matriculation [mətrɪkju'leɪʃən] *n* inscription *f*.
matrimonial [mætrɪ'məunɪəl] *a* matrimonial(e), conjugal(e).
matrimony ['mætrɪmənɪ] *n* mariage *m*.
matrix, pl matrices ['meɪtrɪks, 'meɪtrɪsiːz] *n* matrice *f*.
matron ['meɪtrən] *n* (*in hospital*) infirmière-chef *f*; (*in school*) infirmière; ~**ly** *a* de matrone; imposant(e).
matt [mæt] *a* mat(e).
matted ['mætɪd] *a* emmêlé(e).
matter ['mætə*] *n* question *f*; (*PHYSICS*) matière *f*, substance *f*; (*content*) contenu *m*, fond *m*; (*MED*: *pus*) pus *m* // *vi* importer; **it doesn't ~** cela n'a pas d'importance; (*I don't mind*) cela ne fait rien; **what's the ~?** qu'est-ce qu'il y a?, qu'est-ce qui ne va pas?; **no ~ what** quoiqu'il arrive; **that's another ~** c'est une autre affaire; **as a ~ of course** tout naturellement; **as a ~ of fact** en fait; **it's a ~ of habit** c'est une question d'habitude; ~**-of-fact** *a* terre à terre, neutre.
matting ['mætɪŋ] *n* natte *f*.
mattress ['mætrɪs] *n* matelas *m*.
mature [mə'tjuə*] *a* mûr(e); (*cheese*) fait(e) // *vi* mûrir; se faire; **maturity** *n* maturité *f*.
maudlin ['mɔːdlɪn] *a* larmoyant(e).
maul [mɔːl] *vt* lacérer.
Mauritius [mə'rɪʃəs] *n* l'île *f* Maurice.
mausoleum [mɔːsə'lɪəm] *n* mausolée *m*.
mauve [məuv] *a* mauve.
mawkish ['mɔːkɪʃ] *a* mièvre; fade.
max. *abbr of* **maximum.**
maxim ['mæksɪm] *n* maxime *f*.
maxima ['mæksɪmə] *npl of* **maximum.**
maximum ['mæksɪməm] *a* maximum // *n* (*pl* **maxima** ['mæksɪmə]) maximum *m*.
May [meɪ] *n* mai *m*.
may [meɪ] *vi* (*conditional*: **might**) (*indicating possibility*): **he ~ come** il se peut qu'il vienne; (*be allowed to*): ~ **I smoke?** puis-je fumer?; (*wishes*): ~ **God bless you!** (que) Dieu vous bénisse!; **he might be there** il pourrait bien y être, il se pourrait qu'il y soit; **I might as well go** je ferais aussi bien d'y aller, autant y

aller; **you might like to try** vous pourriez (peut-être) essayer.

maybe ['meɪbɪ] *ad* peut-être; ~ **he'll...** peut-être qu'il... .

mayday ['meɪdeɪ] *n* S.O.S. *m*.

May Day ['meɪdeɪ] *n* le Premier mai.

mayhem ['meɪhəm] *n* grabuge *m*.

mayonnaise [meɪə'neɪz] *n* mayonnaise *f*.

mayor [mɛə*] *n* maire *m*; ~**ess** *n* maire *m*; épouse *f* du maire.

maypole ['meɪpəul] *n* mât enrubanné (*autour duquel on danse*).

maze [meɪz] *n* labyrinthe *m*, dédale *m*.

M.D. *abbr* = *Doctor of Medicine*.

me [miː] *pronoun* me, m' + *vowel*; (*stressed, after prep*) moi.

meadow ['mɛdəu] *n* prairie *f*, pré *m*.

meagre, meager (*US*) ['miːgə*] *a* maigre.

meal [miːl] *n* repas *m*; (*flour*) farine *f*; ~**time** *n* l'heure *f* du repas; ~**y-mouthed** *a* mielleux(euse).

mean [miːn] *a* (*with money*) avare, radin(e); (*unkind*) mesquin(e), méchant(e); (*average*) moyen(ne) // *vt* (*pt, pp* **meant** [mɛnt]) (*signify*) signifier, vouloir dire; (*intend*): **to** ~ **to do** avoir l'intention de faire // *n* moyenne *f*; ~**s** *npl* moyens *mpl*; **by** ~**s of** par l'intermédiaire de; au moyen de; **by all** ~**s** je vous en prie; **to be meant for** être destiné(e) à; **what do you** ~? que voulez-vous dire?

meander [mɪ'ændə*] *vi* faire des méandres; (*fig*) flâner.

meaning ['miːnɪŋ] *n* signification *f*, sens *m*; ~**ful** *a* significatif(ive); ~**less** *a* dénué(e) de sens.

meanness ['miːnnɪs] *n* avarice *f*; mesquinerie *f*.

meant [mɛnt] *pt, pp* of **mean**.

meantime [miːn'taɪm] *ad*, **meanwhile** ['miːnwaɪl] *ad* (*also*: **in the** ~) pendant ce temps.

measles ['miːzlz] *n* rougeole *f*.

measly ['miːzlɪ] *a* (*col*) minable.

measurable ['mɛʒərəbl] *a* mesurable.

measure ['mɛʒə*] *vt, vi* mesurer // *n* mesure *f*; (*ruler*) règle (graduée); ~**d** *a* mesuré(e); ~**ments** *npl* mesures *fpl*; **chest/hip** ~**ment** tour *m* de poitrine/hanches.

meat [miːt] *n* viande *f*; ~ **pie** *n* pâté *m* en croûte; ~**y** *a* qui a le goût de la viande; (*fig*) substantiel(le).

Mecca ['mɛkə] *n* la Mecque.

mechanic [mɪ'kænɪk] *n* mécanicien *m*; ~**s** *n* mécanique *f* // *npl* mécanisme *m*; ~**al** *a* mécanique.

mechanism ['mɛkənɪzəm] *n* mécanisme *m*.

mechanization [mɛkənaɪ'zeɪʃən] *n* mécanisation *f*.

medal ['mɛdl] *n* médaille *f*; ~**lion** [mɪ'dælɪən] *n* médaillon *m*; ~**list**, ~**ist** (*US*) *n* (*SPORT*) médaillé/e.

meddle ['mɛdl] *vi*: **to** ~ **in** se mêler de, s'occuper de; **to** ~ **with** toucher à; ~**some** *a* indiscret(ète).

media ['miːdɪə] *npl* media *mpl*.

mediaeval [mɛdɪ'iːvl] *a* = **medieval**.

mediate ['miːdɪeɪt] *vi* s'interposer; servir d'intermédiaire; **mediation** [-'eɪʃən] *n* médiation *f*; **mediator** *n* médiateur/trice.

medical ['mɛdɪkl] *a* médical(e); ~ **student** *n* étudiant/e en médecine.

medicated ['mɛdɪkeɪtɪd] *a* traitant(e), médicamenteux(euse).

medicinal [mɛ'dɪsɪnl] *a* médicinal(e).

medicine ['mɛdsɪn] *n* médecine *f*; (*drug*) médicament *m*; ~ **chest** *n* pharmacie *f* (*murale ou portative*).

medieval [mɛdɪ'iːvl] *a* médiéval(e).

mediocre [miːdɪ'əukə*] *a* médiocre; **mediocrity** [-'ɔkrɪtɪ] *n* médiocrité *f*.

meditate ['mɛdɪteɪt] *vi*: **to** ~ **(on)** méditer (sur); **meditation** [-'teɪʃən] *n* méditation *f*.

Mediterranean [mɛdɪtə'reɪnɪən] *a* méditerranéen(ne); **the** ~ **(Sea)** la (mer) Méditerranée.

medium ['miːdɪəm] *a* moyen(ne) // *n* (*pl* **media**: *means*) moyen *m*; (*pl* **mediums**: *person*) médium *m*; **the happy** ~ le juste milieu.

medley ['mɛdlɪ] *n* mélange *m*.

meek [miːk] *a* doux(douce), humble.

meet, *pt, pp* **met** [miːt, mɛt] *vt* rencontrer; (*by arrangement*) retrouver, rejoindre; (*for the first time*) faire la connaissance de; (*go and fetch*): **I'll** ~ **you at the station** j'irai te chercher à la gare; (*fig*) faire face à; satisfaire à; se joindre à // *vi* se rencontrer; se retrouver; (*in session*) se réunir; (*join: objects*) se joindre; **to** ~ **with** *vt fus* rencontrer; ~**ing** *n* rencontre *f*; (*session: of club etc*) réunion *f*; (*interview*) entrevue *f*; **she's at a** ~**ing** (*COMM*) elle est en conférence.

megaphone ['mɛgəfəun] *n* porte-voix *m inv*.

melancholy ['mɛlənkəlɪ] *n* mélancolie *f* // *a* mélancolique.

mellow ['mɛləu] *a* velouté(e), doux(douce); (*colour*) riche et profond(e); (*fruit*) mûr(e) // *vi* (*person*) s'adoucir.

melodious [mɪ'ləudɪəs] *a* mélodieux(euse).

melodrama ['mɛləudrɑːmə] *n* mélodrame *m*.

melody ['mɛlədɪ] *n* mélodie *f*.

melon ['mɛlən] *n* melon *m*.

melt [mɛlt] *vi* fondre; (*become soft*) s'amollir; (*fig*) s'attendrir // *vt* faire fondre; (*person*) attendrir; **to** ~ **away** *vi* fondre complètement; **to** ~ **down** *vt* fondre; ~**ing** **point** *n* point *m* de fusion; ~**ing pot** *n* (*fig*) creuset *m*.

member ['mɛmbə*] *n* membre *m*; ~ **country/state** *n* pays *m*/état *m* membre; **M**~ **of Parliament (M.P.)** député *m*; ~**ship** *n* adhésion *f*; statut *m* de membre; (*nombre m de*) membres *mpl*, adhérents *mpl*.

membrane ['mɛmbreɪn] *n* membrane *f*.

memento [mə'mɛntəu] *n* souvenir *m*.

memo ['mɛməu] *n* note *f* (de service).

memoir ['mɛmwɑː*] *n* mémoire *m*, étude *f*; ~**s** *npl* mémoires.

memorable ['mɛmərəbl] *a* mémorable.

memorandum, *pl* **memoranda** [mɛmə'rændəm, -də] *n* note *f* (de service); (*DIPLOMACY*) mémorandum *m*.

memorial [mɪ'mɔ:rɪəl] *n* mémorial *m* //
a commémoratif(ive).

memorize ['mɛməraɪz] *vt* apprendre *or*
retenir par cœur.

memory ['mɛmərɪ] *n* mémoire *f*;
(*recollection*) souvenir *m*; **in ~ of** à la
mémoire de.

men [mɛn] *npl of* **man.**

menace ['mɛnəs] *n* menace *f* // *vt*
menacer; **menacing** a menaçant(e).

menagerie [mɪ'nædʒərɪ] *n* ménagerie *f*.

mend [mɛnd] *vt* réparer; (*darn*)
raccommoder, repriser // *n* reprise *f*; **on
the ~** en voie de guérison; **~ing** *n*
raccommodages *mpl*.

menial ['mi:nɪəl] *a* de domestique,
inférieur(e); subalterne.

meningitis [mɛnɪn'dʒaɪtɪs] *n* méningite *f*.

menopause ['mɛnəupɔ:z] *n* ménopause *f*.

menservants *npl of* **manservant.**

menstruate ['mɛnstrueɪt] *vi* avoir ses
règles; **menstruation** [-'eɪʃən] *n*
menstruation *f*.

mental ['mɛntl] *a* mental(e).

mentality [mɛn'tælɪtɪ] *n* mentalité *f*.

mention ['mɛnʃən] *n* mention *f* // *vt*
mentionner, faire mention de; **don't ~ it!**
je vous en prie, il n'y a pas de quoi!

menu ['mɛnju:] *n* (*set* ~) menu *m*;
(*printed*) carte *f*.

mercantile ['mə:kəntaɪl] *a* marchand(e);
(*law*) commercial(e).

mercenary ['mə:sɪnərɪ] *a* mercantile // *n*
mercenaire *m*.

merchandise ['mə:tʃəndaɪz] *n*
marchandises *fpl*.

merchant ['mə:tʃənt] *n* négociant *m*,
marchand *m*; **timber/wine ~** négociant
en bois/vins, marchand de bois/vins; **~
bank** *n* banque *f* d'affaires; **~ navy** *n*
marine marchande.

merciful ['mə:sɪful] *a* miséricor-
dieux(euse), clément(e).

merciless ['mə:sɪlɪs] *a* impitoyable, sans
pitié.

mercurial [mə:'kjuərɪəl] *a* changeant(e);
(*lively*) vif(vive).

mercury ['mə:kjurɪ] *n* mercure *m*.

mercy ['mə:sɪ] *n* pitié *f*, merci *f*; (REL)
miséricorde *f*; **to have ~ on sb** avoir pitié
de qn; **at the ~ of** à la merci de.

mere [mɪə*] *a* simple; **~ly** *ad* simplement,
purement.

merge [mə:dʒ] *vt* unir // *vi* se fondre;
(COMM) fusionner; **~r** *n* (COMM) fusion *f*.

meridian [mə'rɪdɪən] *n* méridien *m*.

meringue [mə'ræŋ] *n* meringue *f*.

merit ['mɛrɪt] *n* mérite *m*, valeur *f* // *vt*
mériter.

mermaid ['mə:meɪd] *n* sirène *f*.

merrily ['mɛrɪlɪ] *ad* joyeusement,
gaiement.

merriment ['mɛrɪmənt] *n* gaieté *f*.

merry ['mɛrɪ] *a* gai(e); **~-go-round** *n*
manège *m*.

mesh [mɛʃ] *n* maille *f*; filet *m* // *vi* (gears)
s'engrener.

mesmerize ['mɛzməraɪz] *vt* hypnotiser;
fasciner.

mess [mɛs] *n* désordre *m*, fouillis *m*,
pagaille *f*; (MIL) mess *m*, cantine *f*; **to ~**

about *vi* (*col*) perdre son temps; **to ~
about with** *vt fus* (*col*) chambarder,
tripoter; **to ~ up** *vt* salir; chambarder;
gâcher.

message ['mɛsɪdʒ] *n* message *m*.

messenger ['mɛsɪndʒə*] *n* messager *m*.

messy ['mɛsɪ] *a* sale; en désordre.

met [mɛt] *pt, pp of* **meet.**

metabolism [mɛ'tæbəlɪzəm] *n*
métabolisme *m*.

metal ['mɛtl] *n* métal *m* // *vt* empierrer;
~lic [-'tælɪk] *a* métallique; **~lurgy**
[-'tælədʒɪ] *n* métallurgie *f*.

metamorphosis, *pl* **phoses**
[mɛtə'mɔ:fəsɪs, -i:z] *n* métamorphose *f*.

metaphor ['mɛtəfə*] *n* métaphore *f*.

metaphysics [mɛtə'fɪzɪks] *n* métaphy-
sique *f*.

mete [mi:t]: **to ~ out** *vt fus* infliger.

meteor ['mi:tɪə*] *n* météore *m*.

meteorological [mi:tɪərə'lɔdʒɪkl] *a*
météorologique.

meteorology [mi:tɪə'rɔlədʒɪ] *n* météorol-
ogie *f*.

meter ['mi:tə*] *n* (*instrument*) compteur
m; (US) = **metre.**

method ['mɛθəd] *n* méthode *f*; **~ical**
[mɪ'θɔdɪkl] *a* méthodique.

Methodist ['mɛθədɪst] *a,n* méthodiste
(*m/f*).

methylated spirit ['mɛθɪleɪtɪd'spɪrɪt] *n*
(*also:* **meths**) alcool *m* à brûler.

meticulous [mɛ'tɪkjuləs] *a* méticu-
leux(euse).

metre, meter (US) ['mi:tə*] *n* mètre *m*.

metric ['mɛtrɪk] *a* métrique; **~al** *a*
métrique; **~ation** [-'keɪʃən] *n* conversion
f au système métrique.

metronome ['mɛtrənəum] *n* métronome *m*.

metropolis [mɪ'trɔpəlɪs] *n* métropole *f*.

mettle ['mɛtl] *n* courage *m*.

mew [mju:] *vi* (*cat*) miauler.

mews [mju:z] *n*: **~ cottage** *maisonnette
aménagée dans les anciennes écuries d'un
hôtel particulier.*

Mexican ['mɛksɪkən] *a* mexicain(e) // *n*
Mexicain/e.

Mexico ['mɛksɪkəu] *n* Mexique *m*; **~ City**
Mexico.

mezzanine ['mɛtsəni:n] *n* mezzanine *f*;
(*of shops, offices*) entresol *m*.

miaow [mi:'au] *vi* miauler.

mice [maɪs] *npl of* **mouse.**

microbe ['maɪkrəub] *n* microbe *m*.

microfilm ['maɪkrəufɪlm] *n* microfilm *m*
// *vt* microfilmer.

microphone ['maɪkrəfəun] *n* microphone
m.

microscope ['maɪkrəskəup] *n* microscope
m; **microscopic** [-'skɔpɪk] *a* microsco-
pique.

mid [mɪd] *a*: **~ May** la mi-mai; **~
afternoon** le milieu de l'après-midi; **in ~
air** en plein ciel; **~day** midi *m*.

middle ['mɪdl] *n* milieu *m*; (*waist*) ceinture
f, taille *f* // *a* du milieu; **~-aged** *a* d'un
certain âge; **the M~ Ages** *npl* le moyen
âge; **~-class** *a* ≈ bourgeois(e); **the ~
class(es)** ≈ les classes moyennes; **M~
East** *n* Proche-Orient *m*, Moyen-Orient *m*;

~**man** n intermédiaire m; ~ **name** n deuxième nom m.

middling ['mɪdlɪŋ] a moyen(ne).

midge [mɪdʒ] n moucheron m.

midget ['mɪdʒɪt] n nain/e // a minuscule.

Midlands ['mɪdləndz] npl comtés du centre de l'Angleterre.

midnight ['mɪdnaɪt] n minuit m.

midriff ['mɪdrɪf] n estomac m, taille f.

midst [mɪdst] n: **in the ~ of** au milieu de.

midsummer [mɪd'sʌmə*] n milieu m de l'été.

midway [mɪd'weɪ] a, ad: ~ **(between)** à mi-chemin (entre).

midweek [mɪd'wiːk] n milieu m de la semaine.

midwife, midwives ['mɪdwaɪf, -vz] n sage-femme f; ~**ry** [-wɪfərɪ] n obstétrique f.

midwinter [mɪd'wɪntə*] n milieu m de l'hiver.

might [maɪt] vb see **may** // n puissance f, force f; ~**y** a puissant(e) // ad (col) rudement.

migraine ['miːgreɪn] n migraine f.

migrant ['maɪgrənt] n (bird, animal) migrateur m; (person) migrant/e; nomade m/f // a migratoire(trice); migrant(e); nomade; (worker) saisonnier(ère).

migrate [maɪ'greɪt] vi émigrer; **migration** [-'greɪʃən] n migration f.

mike [maɪk] n (abbr of **microphone**) micro m.

mild [maɪld] a doux(douce); (reproach) léger(ère); (illness) bénin(bénigne) // n bière légère.

mildew ['mɪldjuː] n mildiou m.

mildly ['maɪldlɪ] ad doucement; légèrement.

mildness ['maɪldnɪs] n douceur f.

mile [maɪl] n mil(l)e m (= 1609 m); ~**age** n distance f en milles, ≈ kilométrage m; ~**ometer** n = **milometer**; ~**stone** n borne f (fig) jalon m.

milieu ['miːljəː] n milieu m.

militant ['mɪlɪtnt] a,n militant(e).

military ['mɪlɪtərɪ] a militaire // n: **the ~** l'armée f, les militaires mpl.

militate ['mɪlɪteɪt] vi: **to ~ against** militer contre.

militia [mɪ'lɪʃə] n milice f.

milk [mɪlk] n lait m // vt (cow) traire; (fig) dépouiller, plumer; ~ **chocolate** n chocolat m au lait; ~**ing** n traite f; ~**man** n laitier m; ~ **shake** n milk-shake m; ~**y** a lacté(e); (colour) laiteux(euse); **M~y Way** n Voie lactée.

mill [mɪl] n moulin m; (factory) usine f, fabrique f; (spinning ~) filature f; (flour ~) minoterie f // vt moudre, broyer // vi (also: ~ **about**) grouiller.

millennium, pl ~s or millennia [mɪ'lɛnɪəm, -'lɛnɪə] n millénaire m.

miller ['mɪlə*] n meunier m.

millet ['mɪlɪt] n millet m.

milli... ['mɪlɪ] prefix: ~**gram(me)** n milligramme m; ~**litre** n millilitre m; ~**metre** n millimètre m.

milliner ['mɪlɪnə*] n modiste f; ~**y** n modes fpl.

million ['mɪljən] n million m; ~**aire** n millionnaire m.

millstone ['mɪlstəun] n meule f.

millwheel ['mɪlwiːl] n roue f de moulin.

milometer [maɪ'lɒmɪtə*] n ≈ compteur m kilométrique.

mime [maɪm] n mime m // vt, vi mimer.

mimic ['mɪmɪk] n imitateur/trice // vt, vi imiter, contrefaire; ~**ry** n imitation f; (ZOOL) mimétisme m.

min. abbr of **minute(s)**, **minimum**.

minaret [mɪnə'rɛt] n minaret m.

mince [mɪns] vt hacher // vi (in walking) marcher à petits pas maniérés // n (CULIN) viande hachée, hachis m; **he does not ~ (his) words** il ne mâche pas ses mots; ~**meat** n hachis de fruits secs utilisés en pâtisserie; ~ **pie** n sorte de tarte aux fruits secs; ~**r** n hachoir m.

mincing ['mɪnsɪŋ] a affecté(e).

mind [maɪnd] n esprit m // vt (attend to, look after) s'occuper de; (be careful) faire attention à; (object to): **I don't ~ the noise** je ne crains pas le bruit, le bruit ne me dérange pas; **do you ~ if ...?** est-ce que cela vous gêne si ...?; **I don't ~** cela ne me dérange pas; **it is on my ~** cela me préoccupe; **to my ~** à mon avis or sens; **to be out of one's ~** ne plus avoir toute sa raison; **never ~** peu importe, ça ne fait rien; **to keep sth in ~** ne pas oublier qch; **to bear sth in ~** tenir compte de qch; **to make up one's ~** se décider; **'~ the step'** 'attention à la marche'; **to have in ~** to do avoir l'intention de faire; ~**ful** a: ~**ful of** attentif(ive) à, soucieux(euse) de; ~**less** a irréfléchi(e).

mine [maɪn] pronoun le(la) mien(ne), pl les miens(miennes) // a: **this book is ~** ce livre est à moi // n mine f // vt (coal) extraire; (ship, beach) miner; ~ **detector** n détecteur m de mines; ~**field** n champ m de mines; ~**r** n mineur m.

mineral ['mɪnərəl] a minéral(e) // n minéral m; ~**s** npl (soft drinks) boissons gazeuses (sucrées); ~**ogy** [-'rælədʒɪ] n minéralogie f; ~ **water** n eau minérale.

minesweeper ['maɪnswiːpə*] n dragueur m de mines.

mingle ['mɪŋgl] vt mêler, mélanger // vi: **to ~ with** se mêler à.

mingy ['mɪndʒɪ] a (col) radin(e).

miniature ['mɪnətʃə*] a (en) miniature // n miniature f.

minibus ['mɪnɪbʌs] n minibus m.

minicab ['mɪnɪkæb] n minitaxi m.

minim ['mɪnɪm] n (MUS) blanche f.

minima ['mɪnɪmə] npl of **minimum**.

minimal ['mɪnɪml] a minimal(e).

minimize ['mɪnɪmaɪz] vt minimiser.

minimum ['mɪnɪməm] n (pl: **minima** ['mɪnɪmə]) minimum m // a minimum.

mining ['maɪnɪŋ] n exploitation minière // a minier(ère); de mineurs.

minion ['mɪnjən] n (pej) laquais m; favori/te.

miniskirt ['mɪnɪskəːt] n mini-jupe f.

minister ['mɪnɪstə*] n (POL) ministre m; (REL) pasteur m; ~**ial** [-'tɪərɪəl] a (POL) ministériel(le).

ministry ['mɪnɪstrɪ] *n* ministère *m* ; (*REL*):
to go into the ~ devenir pasteur.
mink [mɪŋk] *n* vison *m* ; **~ coat** *n* manteau
m de vison.
minnow ['mɪnəu] *n* vairon *m*.
minor ['maɪnə*] *a* petit(e), de peu
d'importance ; (*MUS*) mineur(e) // *n* (*LAW*)
mineur/e.
minority [maɪ'nɔrɪtɪ] *n* minorité *f*.
minster ['mɪnstə*] *n* église abbatiale.
minstrel ['mɪnstrəl] *n* trouvère *m*,
ménestrel *m*.
mint [mɪnt] *n* (*plant*) menthe *f* ; (*sweet*)
bonbon *m* à la menthe // *vt* (*coins*) battre ;
the (Royal) M~ ≈ l'hôtel *m* de la
Monnaie ; **in ~ condition** à l'état de neuf ;
~ sauce *n* sauce *f* à la menthe.
minuet [mɪnju'et] *n* menuet *m*.
minus ['maɪnəs] *n* (*also*: **~ sign**) signe *m*
moins // *prep* moins.
minute *a* [maɪ'nju:t] minuscule ; (*detail*)
minutieux(euse) // *n* ['mɪnɪt] minute *f* ;
(*official record*) procès-verbal *m*, compte
rendu ; **~s** *npl* procès-verbal.
miracle ['mɪrəkl] *n* miracle *m* ;
miraculous [mɪ'rækjuləs] *a*
miraculeux(euse).
mirage ['mɪrɑ:ʒ] *n* mirage *m*.
mirror ['mɪrə*] *n* miroir *m*, glace *f* // *vt*
refléter.
mirth [mə:θ] *n* gaieté *f*.
misadventure [mɪsəd'ventʃə*] *n*
mésaventure *f* ; **death by ~** décès
accidentel.
misanthropist [mɪ'zænθrəpɪst] *n*
misanthrope *m/f*.
misapprehension ['mɪsæprɪ'henʃən] *n*
malentendu *m*, méprise *f*.
misappropriate [mɪsə'prəuprɪeɪt] *vt*
détourner.
misbehave [mɪsbɪ'heɪv] *vi* se conduire
mal ; **misbehaviour** *n* mauvaise conduite.
miscalculate [mɪs'kælkjuleɪt] *vt* mal
calculer ; **miscalculation** [-'leɪʃən] *n*
erreur *f* de calcul.
miscarriage ['mɪskærɪdʒ] *n* (*MED*) fausse
couche ; **~ of justice** erreur *f* judiciaire.
miscellaneous [mɪsɪ'leɪnɪəs] *a* (*items*)
divers(es) ; (*selection*) varié(e).
miscellany [mɪ'selənɪ] *n* recueil *m*.
mischance [mɪs'tʃɑ:ns] *n* malchance *f*.
mischief ['mɪstʃɪf] *n* (*naughtiness*) sottises
fpl ; (*harm*) mal *m*, dommage *m* ;
(*maliciousness*) méchanceté *f* ;
mischievous *a* (*naughty*) coquin(e),
espiègle ; (*harmful*) méchant(e).
misconception ['mɪskən'sepʃən] *n* idée
fausse.
misconduct [mɪs'kɔndʌkt] *n* inconduite
f ; **professional ~** faute professionnelle.
misconstrue [mɪskən'stru:] *vt* mal
interpréter.
miscount [mɪs'kaunt] *vt,vi* mal compter.
misdemeanour, misdemeanor (*US*)
[mɪsdɪ'mi:nə*] *n* écart *m* de conduite ;
infraction *f*.
misdirect [mɪsdɪ'rekt] *vt* (*person*) mal
renseigner ; (*letter*) mal adresser.
miser ['maɪzə*] *n* avare *m/f*.
miserable ['mɪzərəbl] *a* malheu-
reux(euse) ; (*wretched*) misérable.

miserly ['maɪzəlɪ] *a* avare.
misery ['mɪzərɪ] *n* (*unhappiness*) tristesse
f ; (*pain*) souffrances *fpl* ; (*wretchedness*)
misère *f*.
misfire [mɪs'faɪə*] *vi* rater ; (*car engine*)
avoir des ratés.
misfit ['mɪsfɪt] *n* (*person*) inadapté/e.
misfortune [mɪs'fɔ:tʃən] *n* malchance *f*,
malheur *m*.
misgiving(s) [mɪs'gɪvɪŋ(z)] *n(pl)* craintes
fpl, soupçons *mpl*.
misguided [mɪs'gaɪdɪd] *a* malavisé(e).
mishandle [mɪs'hændl] *vt* (*treat roughly*)
malmener ; (*mismanage*) mal s'y prendre
pour faire *or* résoudre *etc*.
mishap ['mɪshæp] *n* mésaventure *f*.
mishear [mɪs'hɪə*] *vt irg* mal entendre.
misinform [mɪsɪn'fɔ:m] *vt* mal renseigner.
misinterpret [mɪsɪn'tə:prɪt] *vt* mal
interpréter ; **~ation** [-'teɪʃən] *n*
interprétation erronée, contresens *m*.
misjudge [mɪs'dʒʌdʒ] *vt* méjuger, se
méprendre sur le compte de.
mislay [mɪs'leɪ] *vt irg* égarer.
mislead [mɪs'li:d] *vt irg* induire en erreur ;
~ing *a* trompeur(euse).
mismanage [mɪs'mænɪdʒ] *vt* mal gérer ;
mal s'y prendre pour faire *or* résoudre *etc* ;
~ment *n* mauvaise gestion.
misnomer [mɪs'nəumə*] *n* terme *or*
qualificatif trompeur *or* peu approprié.
misogynist [mɪ'sɔdʒɪnɪst] *n* misogyne
m/f.
misplace [mɪs'pleɪs] *vt* égarer.
misprint ['mɪsprɪnt] *n* faute *f*
d'impression.
mispronounce [mɪsprə'nauns] *vt* mal
prononcer.
misread [mɪs'ri:d] *vt irg* mal lire.
misrepresent [mɪsreprɪ'zent] *vt*
présenter sous un faux jour.
miss [mɪs] *vt* (*fail to get*) manquer, rater ;
(*regret the absence of*): **I ~ him/it** il/cela
me manque // *vi* manquer // *n* (*shot*) coup
manqué ; (*fig*): **that was a near ~** il s'en
est fallu de peu ; **to ~ out** *vt* oublier.
Miss [mɪs] *n* Mademoiselle.
missal ['mɪsl] *n* missel *m*.
misshapen [mɪs'ʃeɪpən] *a* difforme.
missile ['mɪsaɪl] *n* (*AVIAT*) missile *m* ;
(*object thrown*) projectile *m*.
missing ['mɪsɪŋ] *a* manquant(e) ; (*after
escape, disaster: person*) disparu(e) ; **to go
~** disparaître.
mission ['mɪʃən] *n* mission *f* ; **~ary** *n*
missionnaire *m/f*.
missive ['mɪsɪv] *n* missive *f*.
misspent ['mɪs'spent] *a*: **his ~ youth** sa
folle jeunesse.
mist [mɪst] *n* brume *f*, brouillard *m* // *vi*
(*also*: **~ over, ~ up**) devenir
brumeux(euse) ; (*windows*) s'embuer.
mistake [mɪs'teɪk] *n* erreur *f*, faute *f* //
vt (*irg: like* **take**) mal comprendre ; se
méprendre sur ; **to make a ~** se tromper,
faire une erreur ; **to ~ for** prendre pour ;
~n a (*idea etc*) erroné(e) ; **to be ~n** faire
erreur, se tromper ; **~n identity** *n* erreur
f d'identité.
mister ['mɪstə*] *n* (*col*) Monsieur *m* ; *see*
Mr.

mistletoe ['mɪsltəu] n gui m.
mistook [mɪs'tuk] pt of **mistake**.
mistranslation [mɪstræns'leɪʃən] n erreur f de traduction, contresens m.
mistreat [mɪs'tri:t] vt maltraiter.
mistress ['mɪstrɪs] n (also: lover) maîtresse f; (in primary school) institutrice f; see **Mrs**.
mistrust [mɪs'trʌst] vt se méfier de.
misty ['mɪstɪ] a brumeux(euse).
misunderstand [mɪsʌndə'stænd] vt, vi irg mal comprendre; ~**ing** n méprise f, malentendu m.
misuse n [mɪs'ju:s] mauvais emploi; (of power) abus m // vt [mɪs'ju:z] mal employer; abuser de.
mitigate ['mɪtɪgeɪt] vt atténuer.
mitre, miter (US) ['maɪtə*] n mitre f; (CARPENTRY) onglet m.
mitt(en) ['mɪt(n)] n mitaine f; moufle f.
mix [mɪks] vt mélanger // vi se mélanger // n mélange m; dosage m; **to ~ up** vt mélanger; (confuse) confondre; ~**ed** a (assorted) assortis(ies); (school etc) mixte; ~**ed grill** n assortiment m de grillades; ~**ed-up** a (confused) désorienté(e), embrouillé(e); ~**er** n (for food) batteur m, mixeur m; (person): **he is a good ~er** il est très liant; ~**ture** n assortiment m, mélange m; (MED) préparation f; ~**-up** n confusion f.
moan [məun] n gémissement m // vi gémir; (col: complain): **to ~ (about)** se plaindre (de); ~**ing** n gémissements mpl.
moat [məut] n fossé m, douves fpl.
mob [mɔb] n foule f; (disorderly) cohue f; (pej): **the ~** la populace // vt assaillir.
mobile ['məubaɪl] a mobile // n mobile m; ~ **home** n caravane f.
mobility [məu'bɪlɪtɪ] n mobilité f.
moccasin ['mɔkəsɪn] n mocassin m.
mock [mɔk] vt ridiculiser, se moquer de // a faux(fausse); ~**ery** n moquerie f, raillerie f; ~**ing** a moqueur(euse); ~**ingbird** n moqueur m; ~**-up** n maquette f.
mod [mɔd] a see **convenience**.
mode [məud] n mode m.
model ['mɔdl] n modèle m; (person: for fashion) mannequin m; (: for artist) modèle // vt modeler // vi travailler comme mannequin // a (railway: toy) modèle réduit inv; (child, factory) modèle; **to ~ clothes** présenter des vêtements; ~**ler**, ~**er** (US) n modeleur m; (~ maker) maquettiste m/f; fabricant m de modèles réduits.
moderate a,n ['mɔdərət] a modéré(e) // n (POL) modéré/e // vb ['mɔdəreɪt] vi se modérer, se calmer // vt modérer; ~**ation** [-'reɪʃən] n modération f, mesure f; **in moderation** à dose raisonnable, pris(e) or pratiqué(e) modérément.
modern ['mɔdən] a moderne; ~**ize** vt moderniser.
modest ['mɔdɪst] a modeste; ~**y** n modestie f.
modicum ['mɔdɪkəm] n: **a ~ of** un minimum de.

modification [mɔdɪfɪ'keɪʃən] n modification f.
modify ['mɔdɪfaɪ] vt modifier.
modulation [mɔdju'leɪʃən] n modulation f.
module ['mɔdju:l] n module m.
mohair ['məuhɛə*] n mohair m.
moist [mɔɪst] a humide, moite; ~**en** ['mɔɪsn] vt humecter, mouiller légèrement; ~**ure** ['mɔɪstʃə*] n humidité f; (on glass) buée f; ~**urizer** ['mɔɪstʃəraɪzə*] n produit hydratant.
molar ['məulə*] n molaire f.
molasses [məu'læsɪz] n mélasse f.
mold [məuld] n, vt (US) = **mould**.
mole [məul] n (animal) taupe f; (spot) grain m de beauté.
molecule ['mɔlɪkju:l] n molécule f.
molehill ['məulhɪl] n taupinière f.
molest [məu'lest] vt tracasser; molester.
mollusc ['mɔləsk] n mollusque m.
mollycoddle ['mɔlɪkɔdl] vt chouchouter, couver.
molt [məult] vi (US) = **moult**.
molten ['məultən] a fondu(e).
moment ['məumənt] n moment m, instant m; importance f; ~**ary** a momentané(e), passager(ère); ~**ous** [-'mentəs] a important(e), capital(e).
momentum [məu'mentəm] n élan m, vitesse acquise; **to gather ~** prendre de la vitesse.
monarch ['mɔnək] n monarque m; ~**ist** n monarchiste m/f; ~**y** n monarchie f.
monastery ['mɔnəstərɪ] n monastère m.
monastic [mə'næstɪk] a monastique.
Monday ['mʌndɪ] n lundi m.
monetary ['mʌnɪtərɪ] a monétaire.
money ['mʌnɪ] n argent m; **to make ~** gagner de l'argent; faire des bénéfices; rapporter; **danger ~** prime f de risque; ~**ed** a riche; ~**lender** n prêteur/euse; ~ **order** n mandat m.
mongol ['mɔŋgəl] a,n (MED) mongolien(ne).
mongoose ['mɔŋgu:s] n mangouste f.
mongrel ['mʌŋgrəl] n (dog) bâtard m.
monitor ['mɔnɪtə*] n (SCOL) chef m de classe; (also: **television ~**) moniteur m // vt contrôler.
monk [mʌŋk] n moine m.
monkey ['mʌŋkɪ] n singe m; ~ **nut** n cacahuète f; ~ **wrench** n clé f à molette.
mono... ['mɔnəu] prefix: ~**chrome** a monochrome.
monocle ['mɔnəkl] n monocle m.
monogram ['mɔnəgræm] n monogramme m.
monologue ['mɔnəlɔg] n monologue m.
monopolize [mə'nɔpəlaɪz] vt monopoliser.
monopoly [mə'nɔpəlɪ] n monopole m.
monorail ['mɔnəureɪl] n monorail m.
monosyllabic [mɔnəusɪ'læbɪk] a monosyllabique; (person) laconique.
monotone ['mɔnətəun] n ton m (or voix f) monocorde.
monotonous [mə'nɔtənəs] a monotone.
monotony [mə'nɔtənɪ] n monotonie f.
monsoon [mɔn'su:n] n mousson f.
monster ['mɔnstə*] n monstre m.

monstrosity [mɔns'trɔsɪtɪ] n monstruosi-té f, atrocité f.

monstrous ['mɔnstrəs] a (huge) gigantesque; (atrocious) mons-trueux(euse), atroce.

montage [mɔn'tuːʒ] n montage m.

month [mʌnθ] n mois m; ~**ly** a mensuel(le) // ad mensuellement // n (magazine) mensuel m, publication mensuelle.

monument ['mɔnjumənt] n monument m; ~**al** [-'mɛntl] a monumental(e); ~**al mason** n marbrier m.

moo [muː] vi meugler, beugler.

mood [muːd] n humeur f, disposition f; **to be in a good/bad** ~ être de bonne/mauvaise humeur; **to be in the** ~ **for** être d'humeur à, avoir envie de; ~**y** a (variable) d'humeur changeante, lunatique; (sullen) morose, maussade.

moon [muːn] n lune f; ~**beam** n rayon m de lune; ~**light** n clair m de lune; ~**lit** a éclairé(e) par la lune.

moor [muə*] n lande f // vt (ship) amarrer // vi mouiller.

Moor [muə*] n Maure/Mauresque.

moorings ['muərɪŋz] npl (chains) amarres fpl; (place) mouillage m.

Moorish ['muərɪʃ] a maure (mauresque).

moorland ['muələnd] n lande f.

moose [muːs] n, pl inv élan m.

moot [muːt] vt soulever // a: ~ **point** point m discutable.

mop [mɔp] n balai m à laver // vt éponger, essuyer; **to** ~ **up** vt éponger; ~ **of hair** n tignasse f.

mope [məup] vi avoir le cafard, se morfondre.

moped ['məupɛd] n (Brit) cyclomoteur m.

moquette [mɔ'kɛt] n moquette f.

moral ['mɔrl] a moral(e) // n morale f; ~**s** npl moralité f.

morale [mɔ'rɑːl] n moral m.

morality [mə'rælɪtɪ] n moralité f.

morally ['mɔrəlɪ] ad moralement.

morass [mə'ræs] n marais m, marécage m.

morbid ['mɔːbɪd] a morbide.

more [mɔː*] det plus de, davantage de // ad plus; ~ **people** plus de gens; **I want** ~ j'en veux plus or davantage; ~ **dangerous than** plus dangereux que; ~ **or less** plus ou moins; ~ **than ever** plus que jamais.

moreover [mɔː'rəuvə*] ad de plus.

morgue [mɔːg] n morgue f.

moribund ['mɔrɪbʌnd] a moribond(e).

morning ['mɔːnɪŋ] n matin m; matinée f; **in the** ~ le matin; **7 o'clock in the** ~ 7 heures du matin; ~ **sickness** n nausées matinales.

Moroccan [mə'rɔkən] a marocain(e) // n Marocain/e.

Morocco [mə'rɔkəu] n Maroc m.

moron ['mɔːrɔn] n idiot/e, minus m/f; ~**ic** [mə'rɔnɪk] a idiot(e), imbécile.

morose [mə'rəus] a morose, maussade.

morphine ['mɔːfiːn] n morphine f.

Morse [mɔːs] n (also: ~ **code**) morse m.

morsel ['mɔːsl] n bouchée f.

mortal ['mɔːtl] a, n mortel(le); ~**ity** [-'tælɪtɪ] n mortalité f.

mortar ['mɔːtə*] n mortier m.

mortgage ['mɔːgɪdʒ] n hypothèque f; (loan) prêt m (or crédit m) hypothécaire // vt hypothéquer.

mortified ['mɔːtɪfaɪd] a mortifié(e).

mortuary ['mɔːtjuərɪ] n morgue f.

mosaic [məu'zeɪɪk] n mosaïque f.

Moscow ['mɔskəu] n Moscou.

Moslem ['mɔzləm] a, n = **Muslim**.

mosque [mɔsk] n mosquée f.

mosquito, ~**es** [mɔs'kiːtəu] n moustique m; ~ **net** n moustiquaire f.

moss [mɔs] n mousse f; ~**y** a moussu(e).

most [məust] det la plupart de; le plus de // pronoun la plupart // ad le plus; (very) très, extrêmement; **the** ~ (also: + adjective) le plus; ~ **fish** la plupart des poissons; ~ **of** la plus grande partie de; **I saw** ~ j'en ai vu la plupart; c'est moi qui en ai vu le plus; **at the (very)** ~ au plus; **to make the** ~ **of** profiter au maximum de; ~**ly** ad surtout, principalement.

MOT n (abbr of Ministry of Transport): **the** ~ **(test)** la visite technique (annuelle) obligatoire des véhicules à moteur.

motel [məu'tɛl] n motel m.

moth [mɔθ] n papillon m de nuit; mite f; ~**ball** n boule f de naphtaline; ~**-eaten** a mité(e).

mother ['mʌðə*] n mère f // vt (care for) dorloter; ~**hood** n maternité f; ~**-in-law** n belle-mère f; ~**ly** a maternel(le); ~**-of-pearl** n nacre f; ~**-to-be** n future maman; ~ **tongue** n langue maternelle.

mothproof ['mɔθpruːf] a traité(e) à l'antimite.

motif [məu'tiːf] n motif m.

motion ['məuʃən] n mouvement m; (gesture) geste m; (at meeting) motion f // vt, vi: **to** ~ **(to) sb to do** faire signe à qn de faire; ~**less** a immobile, sans mouvement; ~ **picture** n film m.

motivated ['məutɪveɪtɪd] a motivé(e).

motivation [məutɪ'veɪʃən] n motivation f.

motive ['məutɪv] n motif m, mobile m // a moteur(trice).

motley ['mɔtlɪ] a hétéroclite; bigarré(e), bariolé(e).

motor ['məutə*] n moteur m; (col: vehicle) auto f // a moteur(trice); ~**bike** n moto f; ~**boat** n bateau m à moteur; ~**car** n automobile f; ~**cycle** n vélomoteur m; ~**cyclist** n motocycliste m/f; ~**ing** n tourisme m automobile // a: ~**ing accident** n accident m de voiture; ~**ing holiday** n vacances fpl en voiture; ~**ist** n automobiliste m/f; ~ **oil** n huile f de graissage; ~ **racing** n course f automobile; ~ **scooter** n scooter m; ~ **vehicle** n véhicule m automobile; ~**way** n (Brit) autoroute f.

mottled ['mɔtld] a tacheté(e), marbré(e).

motto, ~**es** ['mɔtəu] n devise f.

mould, mold (US) [məuld] n moule m; (mildew) moisissure f // vt mouler, modeler; (fig) façonner; ~**er** vi (decay) moisir; ~**ing** n (in plaster) moulage m, moulure f; (in wood) moulure; ~y a moisi(e).

moult, molt (US) [məult] vi muer.

mound [maund] n monticule m, tertre m.

mount [maunt] n mont m, montagne f; (horse) monture f; (for jewel etc) monture // vi monter // vi (also: ~ up) s'élever, monter.

mountain ['mauntɪn] n montagne f // cpd de (la) montagne; ~**eer** [-'nɪə*] n alpiniste m/f; ~**eering** [-'nɪərɪŋ] n alpinisme m; to go ~**eering** faire de l'alpinisme; ~**ous** a montagneux(euse); (very big) gigantesque; ~ **side** n flanc m or versant m de la montagne.

mourn [mɔ:n] vt pleurer // vi: to ~ (for) se lamenter (sur); ~**er** n parent/e or ami/e du défunt; personne f en deuil or venue rendre hommage au défunt; ~**ful** a triste, lugubre; ~**ing** n deuil m // cpd (dress) de deuil; in ~**ing** en deuil.

mouse, pl **mice** [maus, maɪs] n souris f; ~**trap** n souricière f.

moustache [məs'tɑ:ʃ] n moustache(s) f(pl).

mousy ['mausɪ] a (person) effacé(e); (hair) d'un châtain terne.

mouth, ~**s** [mauθ, -ðz] n bouche f; (of dog, cat) gueule f; (of river) embouchure f; (of bottle) goulot m; (opening) orifice m; ~**ful** n bouchée f; ~ **organ** n harmonica m; ~**piece** n (of musical instrument) embouchure f; (spokesman) porte-parole m inv; ~**wash** n bain m de bouche; ~**watering** a qui met l'eau à la bouche.

movable ['mu:vəbl] a mobile.

move [mu:v] n (movement) mouvement m; (in game) coup m; (: turn to play) tour m; (change of house) déménagement m // vt déplacer, bouger; (emotionally) émouvoir; (POL: resolution etc) proposer // vi (gen) bouger, remuer; (traffic) circuler; (also: ~ house) déménager; to ~ towards se diriger vers; to ~ sb to do sth pousser or inciter qn à faire qch; to get a ~ on se dépêcher, se remuer; to ~ about vi (fidget) remuer; (travel) voyager, se déplacer; to ~ along vi se pousser; to ~ away vi s'en aller, s'éloigner; to ~ back vi revenir, retourner; to ~ forward vi avancer // vt avancer; (people) faire avancer; to ~ in vi (to a house) emménager; to ~ on vi se remettre en route // vt (onlookers) faire circuler; to ~ out vi (of house) déménager; to ~ up vi avancer; (employee) avoir de l'avancement.

movement ['mu:vmənt] n mouvement m.

movie ['mu:vɪ] n film m; the ~**s** le cinéma; ~ **camera** n caméra f.

moving ['mu:vɪŋ] a en mouvement; émouvant(e).

mow, pt **mowed**, pp **mowed** or **mown** [mau, -n] vt faucher; (lawn) tondre; to ~ down vt faucher; ~**er** n faucheur/euse.

M.P. n abbr see member.

m.p.g. abbr = miles per gallon (30 m.p.g. = 29.5 l. aux 100 km).

m.p.h. abbr = miles per hour (60 m.p.h. = 96 km/h).

Mr ['mɪstə*] n: ~ X Monsieur X, M. X.

Mrs ['mɪsɪz] n: ~ X Madame X, Mme X.

Ms [mɪz] n (= Miss or Mrs): ~ X ≈ Madame X, Mme X.

M.Sc. abbr see master.

much [mʌtʃ] det beaucoup de // ad, n or pronoun beaucoup; ~ **milk** beaucoup de lait; **how** ~ **is it?** combien est-ce que ça coûte?; **it's not** ~ ce n'est pas beaucoup.

muck [mʌk] n (mud) boue f; (dirt) ordures fpl; to ~ **about** vi (col) faire l'imbécile; (waste time) traînasser; to ~ **up** vt (col: ruin) gâcher, esquinter; ~**y** a (dirty) boueux(euse), sale.

mucus ['mju:kəs] n mucus m.

mud [mʌd] n boue f.

muddle ['mʌdl] n pagaille f; désordre m, fouillis m // vt (also: ~ **up**) brouiller, embrouiller; to be in a ~ (person) ne plus savoir où l'on en est; to get in a ~ (while explaining etc) s'embrouiller; to ~ **through** vi se débrouiller.

mud: ~**dy** a boueux(euse); ~ **flats** npl plage f de vase; ~**guard** n garde-boue m inv; ~**pack** n masque m de beauté; ~**slinging** n médisance f, dénigrement m.

muff [mʌf] n manchon m.

muffin ['mʌfɪn] n petit pain rond et plat.

muffle ['mʌfl] vt (sound) assourdir, étouffer; (against cold) emmitoufler; ~**d** a étouffé(e), voilé(e).

mufti ['mʌftɪ] n: in ~ en civil.

mug [mʌg] n (cup) tasse f (sans soucoupe) (: for beer) chope f; (col: face) bouille f; (: fool) poire f // vt (assault) agresser; ~**ging** n agression f.

muggy ['mʌgɪ] a lourd(e), moite.

mulatto, ~**es** [mju:'lætəu] n mulâtre/sse.

mule [mju:l] n mule f.

mull [mʌl]: to ~ **over** vt réfléchir à, ruminer.

mulled [mʌld] a: ~ **wine** vin chaud.

multi... ['mʌltɪ] prefix multi...; ~**coloured**, ~**colored** (US) a multicolore.

multifarious [mʌltɪ'fɛərɪəs] a divers(es); varié(e).

multiple ['mʌltɪpl] a, n multiple (m); ~ **crash** n carambolage m; ~ **sclerosis** n sclérose f en plaques; ~ **store** n grand magasin (à succursales multiples).

multiplication [mʌltɪplɪ'keɪʃən] n multiplication f.

multiply ['mʌltɪplaɪ] vt multiplier // vi se multiplier.

multitude ['mʌltɪtju:d] n multitude f.

mum [mʌm] n maman f // a: to keep ~ ne pas souffler mot; ~**'s the word!** motus et bouche cousue!

mumble ['mʌmbl] vt, vi marmotter, marmonner.

mummy ['mʌmɪ] n (mother) maman f; (embalmed) momie f.

mumps [mʌmps] n oreillons mpl.

munch [mʌntʃ] vt, vi mâcher.

mundane [mʌn'deɪn] a banal(e), terre à terre inv.

municipal [mju:'nɪsɪpl] a municipal(e); ~**ity** [-'pælɪtɪ] n municipalité f.

munitions [mju:'nɪʃənz] npl munitions fpl.

mural ['mjuərl] n peinture murale.

murder ['mə:də*] n meurtre m, assassinat m // vt assassiner; ~**er** n meurtrier m, assassin *m*; ~ess *n* meurtrière *f*; ~ous *a* meurtrier(ère).

murk [mə:k] *n* obscurité *f*; ~y *a* sombre, ténébreux(euse).

murmur ['mə:mə*] *n* murmure *m* // *vt*, *vi* murmurer.

muscle ['mʌsl] *n* muscle *m*; **to ~ in** *vi* s'imposer, s'immiscer.

muscular ['mʌskjulə*] *a* musculaire; (*person, arm*) musclé(e).

muse [mju:z] *vi* méditer, songer // *n* muse *f*.

museum [mju:'zɪəm] *n* musée *m*.

mushroom ['mʌʃrum] *n* champignon *m* // *vi* (*fig*) pousser comme un (*or* des) champignon(s).

mushy ['mʌʃɪ] *a* en bouillie; (*pej*) à l'eau de rose.

music ['mju:zɪk] *n* musique *f*; ~al *a* musical(e); (*person*) musicien(ne) // *n* (*show*) comédie musicale; ~al box *n* boîte *f* à musique; ~al instrument *n* instrument *m* de musique; ~ hall *n* music-hall *m*; ~ian [-'zɪʃən] *n* musicien/ne; ~ stand *n* pupitre *m* à musique.

musket ['mʌskɪt] *n* mousquet *m*.

Muslim ['mʌzlɪm] *a*, *n* musulman(e).

muslin ['mʌzlɪn] *n* mousseline *f*.

musquash ['mʌskwɔʃ] *n* loutre *f*.

mussel ['mʌsl] *n* moule *f*.

must [mʌst] *auxiliary vb* (*obligation*): **I ~ do it** je dois le faire, il faut que je le fasse; (*probability*): **he ~ be there by now** il doit y être maintenant, il y est probablement maintenant, **I ~ have made a mistake** j'ai dû me tromper // *n* nécessité *f*, impératif *m*.

mustard ['mʌstəd] *n* moutarde *f*.

muster ['mʌstə*] *vt* rassembler.

mustn't ['mʌsnt] = must not.

musty ['mʌstɪ] *a* qui sent le moisi *or* le renfermé.

mute [mju:t] *a*,*n* muet(te).

muted ['mju:tɪd] *a* assourdi(e); voilé(e); (*MUS*) en sourdine; (: *trumpet*) bouché(e).

mutilate ['mju:tɪleɪt] *vt* mutiler; **mutilation** [-'leɪʃən] *n* mutilation *f*.

mutinous ['mju:tɪnəs] *a* (*troops*) mutiné(e); (*attitude*) rebelle.

mutiny ['mju:tɪnɪ] *n* mutinerie *f* // *vi* se mutiner.

mutter ['mʌtə*] *vt*,*vi* marmonner, marmotter.

mutton ['mʌtn] *n* mouton *m*.

mutual ['mju:tʃuəl] *a* mutuel(le), réciproque; ~ly *ad* mutuellement, réciproquement.

muzzle ['mʌzl] *n* museau *m*; (*protective device*) muselière *f*; (*of gun*) gueule *f* // *vt* museler.

my [maɪ] *a* mon(ma), mes *pl*.

myopic [maɪ'ɔpɪk] *a* myope.

myself [maɪ'self] *pronoun* (*reflexive*) me; (*emphatic*) moi-même; (*after prep*) moi.

mysterious [mɪs'tɪərɪəs] *a* mystérieux(euse).

mystery ['mɪstərɪ] *n* mystère *m*; ~ story *n* roman *m* à suspense.

mystic ['mɪstɪk] *n* mystique *m/f* // *a* (*mysterious*) ésotérique; ~al *a* mystique.

mystify ['mɪstɪfaɪ] *vt* mystifier; (*puzzle*) ébahir.

mystique [mɪs'ti:k] *n* mystique *f*.

myth [mɪθ] *n* mythe *m*; ~ical *a* mythique; ~ological [mɪθə'lɔdʒɪkl] *a* mythologique; ~ology [mɪ'θɔlədʒɪ] *n* mythologie *f*.

N

nab [næb] *vt* pincer, attraper.

nag [næg] *n* (*pej: horse*) canasson *m* // *vt* (*person*) être toujours après, reprendre sans arrêt; ~ging *a* (*doubt, pain*) persistant(e) // *n* remarques continuelles.

nail [neɪl] *n* (*human*) ongle *m*; (*metal*) clou *m* // *vt* clouer; **to ~ sb down to a date/price** contraindre qn à accepter *or* donner une date/un prix; ~brush *n* brosse *f* à ongles; ~file *n* lime *f* à ongles; ~ polish *n* vernis *m* à ongles; ~ scissors *npl* ciseaux *mpl* à ongles.

naïve [naɪ'i:v] *a* naïf(ïve).

naked ['neɪkɪd] *a* nu(e); ~ness *n* nudité *f*.

name [neɪm] *n* nom *m*; réputation *f* // *vt* nommer; citer; (*price, date*) fixer, donner; **in the ~ of** au nom de; ~ dropping *n* mention *f* (*pour se faire valoir*) du nom de personnalités qu'on connaît (*ou* prétend connaître); ~less *a* sans nom; (*witness, contributor*) anonyme; ~ly *ad* à savoir; ~sake *n* homonyme *m*.

nanny ['nænɪ] *n* bonne *f* d'enfants; ~ goat *n* chèvre *f*.

nap [næp] *n* (*sleep*) (petit) somme; **to be caught ~ping** être pris à l'improviste *or* en défaut.

napalm ['neɪpɑ:m] *n* napalm *m*.

nape [neɪp] *n*: ~ of the neck nuque *f*.

napkin ['næpkɪn] *n* serviette *f* (de table); (*Brit: for baby*) couche *f* (*gen pl*).

nappy ['næpɪ] *n* couche *f* (*gen pl*).

narcissus, *pl* **narcissi** [nɑ:'sɪsəs, -saɪ] *n* narcisse *m*.

narcotic [nɑ:'kɔtɪk] *n* (*drug*) stupéfiant *m*; (*MED*) narcotique *m*.

nark [nɑ:k] *vt* mettre en rogne.

narrate [nə'reɪt] *vt* raconter, narrer.

narrative ['nærətɪv] *n* récit *m* // *a* narratif(ive).

narrator [nə'reɪtə*] *n* narrateur/trice.

narrow ['nærəu] *a* étroit(e); (*fig*) restreint(e), limité(e) // *vi* devenir plus étroit, se rétrécir; **to have a ~ escape** l'échapper belle; **to ~ sth down to** réduire qch à; ~ gauge *a* à voie étroite; ~ly *ad*: **he ~ly missed injury/the tree** il a failli se blesser/rentrer dans l'arbre; **he only ~ly missed the target** il a manqué la cible de peu *or* de justesse; ~-minded *a* à l'esprit étroit, borné(e).

nasal ['neɪzl] *a* nasal(e).

nastily ['nɑ:stɪlɪ] *ad* (*say, act*) méchamment.

nastiness ['nɑ:stɪnɪs] *n* (*of remark*) méchanceté *f*.

nasty ['nɑ:stɪ] *a* (*person*) méchant(e); très désagréable; (*smell*) dégoûtant(e); (*wound, situation*) mauvais(e), vilain(e); **it's a ~ business** c'est une sale affaire.

nation ['neɪʃən] n nation f.
national ['næʃənl] a national(e) // n
(abroad) ressortissant/e ; (when home)
national/e ; ~ **dress** n costume national ;
~ism n nationalisme m ; **~ist** a,n
nationaliste (m/f) ; **~ity** [-'næLItI] n
nationalité f ; **~ization** [-aɪ'zeɪʃən] n
nationalisation f ; **~ize** vt nationaliser ;
~ly ad du point de vue national ; dans le
pays entier ; ~ **park** n parc national.
nation-wide ['neɪʃənwaɪd] a s'étendant à
l'ensemble du pays ; (problem) à l'échelle
du pays entier // ad à travers or dans tout
le pays.
native ['neɪtɪv] n habitant/e du pays,
autochtone m/f ; (in colonies) indigène m/f
// a du pays, indigène ; (country) natal(e) ;
(language) maternel(le) ; (ability) inné(e) ; a
~ **of Russia** une personne originaire de
Russie ; **a ~ speaker of French** une
personne de langue maternelle française.
NATO ['neɪtəu] n (abbr of North Atlantic
Treaty Organization) O.T.A.N.
natter ['nætə*] vi bavarder.
natural ['nætʃrəl] a naturel(le) ; ~ **gas** n
gaz naturel ; **~ist** n naturaliste m/f ; **~ize**
vt naturaliser ; (plant) acclimater ; **~ly** ad
naturellement ; **~ness** n naturel m.
nature ['neɪtʃə*] n nature f ; **by ~** par
tempérament, de nature.
naught [nɔ:t] n zéro m.
naughty ['nɔ:tɪ] a (child) vilain(e), pas
sage ; (story, film) polisson(ne).
nausea ['nɔ:sɪə] n nausée f ; **~te** ['nɔ:sɪeɪt]
vt écœurer, donner la nausée à.
nautical ['nɔ:tɪkl] a nautique ; ~ **mile** n
mille marin (= 1853 m).
naval ['neɪvl] a naval(e) ; ~ **officer** n
officier m de marine.
nave [neɪv] n nef f.
navel ['neɪvl] n nombril m.
navigable ['nævɪɡəbl] a navigable.
navigate ['nævɪɡeɪt] vt diriger, piloter //
vi naviguer ; **navigation** [-'ɡeɪʃən] n
navigation f ; **navigator** n navigateur m.
navvy ['nævɪ] n terrassier m.
navy ['neɪvɪ] n marine f ; **~-(blue)** a bleu
marine inv.
neap [ni:p] n (also: **~tide**) mortes- eaux
fpl.
near [nɪə*] a proche // ad près // prep
(also: ~ **to**) près de // vt approcher de ;
to come ~ vi s'approcher ; **~by** [nɪə'baɪ]
a proche // ad tout près, à proximité ; N~
East n Proche-Orient m ; **~er** a plus
proche // ad plus près ; **~ly** ad presque ;
I ~ly fell j'ai failli tomber ; **~ miss** n
collision évitée de justesse ; (when aiming)
coup manqué de peu or de justesse ;
~ness n proximité f ; **~side** n (AUT: right-
hand drive) côté m gauche ; **~-sighted** a
myope.
neat [ni:t] a (person, work) soigné(e) ;
(room etc) bien tenu(e) or rangé(e) ;
(solution, plan) habile ; (spirits) pur(e) ; **I
drink it** ~ je le bois sec or sans eau ; **~ly**
ad avec soin or ordre ; habilement.
nebulous ['nebjuləs] a nébuleux(euse).
necessarily ['nesɪsrɪlɪ] ad nécessairement.
necessary ['nesɪsrɪ] a nécessaire.

necessitate [nɪ'sesɪteɪt] vt nécessiter.
necessity [nɪ'sesɪtɪ] n nécessité f ; chose
nécessaire or essentielle.
neck [nek] n cou m ; (of horse, garment)
encolure f ; (of bottle) goulot m ; ~ **and**
~ à égalité.
necklace ['neklɪs] n collier m.
neckline ['neklaɪn] n encolure f.
necktie ['nektaɪ] n cravate f.
née [neɪ] a: ~ **Scott** née Scott.
need [ni:d] n besoin m // vt avoir besoin
de ; **to ~ to do** devoir faire ; avoir besoin
de faire.
needle ['ni:dl] n aiguille f // vt asticoter,
tourmenter ; **~cord** n velours m milleraies.
needless ['ni:dlɪs] a inutile ; **~ly** ad
inutilement.
needlework ['ni:dlwə:k] n (activity)
travaux mpl d'aiguille ; (object) ouvrage m.
needy ['ni:dɪ] a nécessiteux(euse) ; **in ~
circumstances** dans le besoin.
negation [nɪ'ɡeɪʃən] n négation f.
negative ['neɡətɪv] n (PHOT. ELEC) négatif
m ; (LING) terme m de négation // a
négatif(ive) ; **to answer in the ~** répondre
par la négative.
neglect [nɪ'ɡlekt] vt négliger // n (of
person, duty, garden) le fait de négliger ;
(state of) ~ abandon m.
negligee ['neɡlɪʒeɪ] n déshabillé m.
negligence ['neɡlɪdʒəns] n négligence f.
negligent ['neɡlɪdʒənt] a négligent(e) ;
~ly ad par négligence ; (offhandedly)
négligemment.
negligible ['neɡlɪdʒɪbl] a négligeable.
negotiable [nɪ'ɡəuʃɪəbl] a négociable.
negotiate [nɪ'ɡəuʃɪeɪt] vi négocier // vt
(COMM) négocier ; (obstacle) franchir,
négocier ; **negotiation** [-'eɪʃən] n
négociation f, pourparlers mpl ; **negotiator**
négociateur/trice.
Negress ['ni:ɡrɪs] n négresse f.
Negro ['ni:ɡrəu] a (gen) noir(e) ; (music,
arts) nègre, noir // n (pl: **~es**) Noir/e.
neighbour, neighbor (US) ['neɪbə*] n
voisin/e ; **~hood** n quartier m ; voisinage
m ; **~ing** a voisin(e), avoisinant(e) ; **~ly**
a obligeant(e) ; (relations) de bon voisinage.
neither ['naɪðə*] a, pronoun aucun(e) (des
deux), ni l'un(e) ni l'autre // cj : **I didn't
move** ~ **did Claude** je n'ai pas
bougé, ni Claude non plus ; ..., ~ **did I
refuse** ..., (et or mais) je n'ai pas non plus
refusé // ad: ~ **good nor bad** ni bon ni
mauvais.
neo... ['ni:əu] prefix néo-.
neon ['ni:ɔn] n néon m ; ~ **light** n lampe
f au néon ; ~ **sign** n enseigne (lumineuse)
au néon.
nephew ['nevju:] n neveu m.
nerve [nə:v] n nerf m ; (fig) sang-froid m,
courage m ; aplomb m, toupet m ; **he gets
on my ~s** il m'énerve ; **~-racking** a
éprouvant (pour les nerfs).
nervous ['nə:vəs] a nerveux(euse) ;
inquiet(ète), plein(e) d'appréhension ; **~
breakdown** n dépression nerveuse ; **~ly**
ad nerveusement ; **~ness** n nervosité f ;
inquiétude f, appréhension f.
nest [nest] n nid m ; ~ **of tables** n table
f gigogne.

nestle ['nɛsl] vi se blottir.
net [nɛt] n filet m // a net(te) ; ~ball n netball m.
Netherlands ['nɛðələndz] npl: the ~ les Pays-Bas mpl.
nett [nɛt] a = net.
netting ['nɛtɪŋ] n (for fence etc) treillis m, grillage m.
nettle ['nɛtl] n ortie f.
network ['nɛtwə:k] n réseau m.
neurosis, pl neuroses [njuə'rəusɪs, -sɪ:z] n névrose f.
neurotic [njuə'rɔtɪk] a, n névrosé(e).
neuter ['nju:tə*] a, n neutre (m) // vt (cat etc) châtrer, couper.
neutral ['nju:trəl] a neutre // n (AUT) point mort ; ~ity [-'trælɪtɪ] n neutralité f.
never ['nɛvə*] ad (ne ...) jamais ; ~ again plus jamais ; ~-ending a interminable ; ~theless [nɛvəðə'lɛs] ad néanmoins, malgré tout.
new [nju:] a nouveau(nouvelle) ; (brand new) neuf(neuve) ; ~-born a nouveau-né(e) ; ~comer ['nju:kʌmə*] n nouveau venu/nouvelle venue ; ~ly ad nouvellement, récemment ; ~ moon n nouvelle lune ; ~ness n nouveauté f.
news [nju:z] n nouvelle(s) f(pl) ; (RADIO, TV) informations fpl ; a piece of ~ une nouvelle ; ~ agency n agence f de presse ; ~agent n marchand m de journaux ; ~flash n flash m d'information ; ~letter n bulletin m ; ~paper n journal m ; ~reel n actualités (filmées) fpl ; ~ stand n kiosque m à journaux.
New Year ['nju:'jɪə*] n Nouvel An ; ~'s Day n le jour de l'An ; ~'s Eve n la Saint-Sylvestre.
New Zealand [nju:'zi:lənd] n la Nouvelle-Zélande.
next [nɛkst] a (seat, room) voisin(e), d'à côté ; (meeting, bus stop) suivant(e) ; prochain(e) // ad la fois suivante ; la prochaine fois ; (afterwards) ensuite ; when do we meet ~? quand nous revoyons-nous? ; ~ door ad à côté ; ~-of-kin n parent m le plus proche ; ~ time ad la prochaine fois ; ~ to prep à côté de ; ~ to nothing presque rien.
N.H.S. n abbr of National Health Service.
nib [nɪb] n (of pen) (bec m de) plume f.
nibble ['nɪbl] vt grignoter.
nice [naɪs] a (holiday, trip) agréable ; (flat, picture) joli(e) ; (person) gentil(le) ; (distinction, point) subtil(e) ; ~-looking a joli(e) ; ~ly ad agréablement ; joliment ; gentiment ; subtilement.
niceties ['naɪsɪtɪz] npl subtilités fpl.
nick [nɪk] n encoche f // vt (col) faucher, piquer ; in the ~ of time juste à temps.
nickel ['nɪkl] n nickel m ; (US) pièce f de 5 cents.
nickname ['nɪkneɪm] n surnom m // vt surnommer.
nicotine ['nɪkəti:n] n nicotine f.
niece [ni:s] n nièce f.
Nigeria [naɪ'dʒɪərɪə] n Nigéria m or f ; ~n a nigérien(ne) // n Nigérien/ne.
niggardly ['nɪgədlɪ] a pingre.
niggling ['nɪglɪŋ] a tatillon(ne).

night [naɪt] n nuit f ; (evening) soir m ; at ~ la nuit ; by ~ de nuit ; ~cap n boisson prise avant le coucher ; ~ club n boîte f de nuit ; ~dress n chemise f de nuit ; ~fall n tombée f de la nuit ; ~ie ['naɪtɪ] n chemise f de nuit.
nightingale ['naɪtɪŋgeɪl] n rossignol m.
night life ['naɪtlaɪf] n vie f nocturne.
nightly ['naɪtlɪ] a de chaque nuit or soir ; (by night) nocturne // ad chaque nuit or soir ; nuitamment.
nightmare ['naɪtmɛə*] n cauchemar m.
night school ['naɪtsku:l] n cours mpl du soir.
night-time ['naɪttaɪm] n nuit f.
night watchman ['naɪt'wɔtʃmən] n veilleur m de nuit.
nil [nɪl] n rien m ; (SPORT) zéro m.
nimble ['nɪmbl] a agile.
nine [naɪn] num neuf ; ~teen num dix-neuf ; ~ty num quatre-vingt-dix.
ninth [naɪnθ] a neuvième.
nip [nɪp] vt pincer // n pincement m.
nipple ['nɪpl] n (ANAT) mamelon m, bout m du sein.
nippy ['nɪpɪ] a (person) alerte, leste.
nitrogen ['naɪtrədʒən] n azote m.
no [nəu] det pas de, aucun(e) + sg // ad, n non (m) ; ~ entry défense d'entrer, entrée interdite ; ~ dogs les chiens ne sont pas admis.
nobility [nəu'bɪlɪtɪ] n noblesse f.
noble ['nəubl] a noble ; ~man n noble m ; nobly ad noblement.
nobody ['nəubədɪ] pronoun personne (with negative).
nod [nɔd] vi faire un signe de (la) tête (affirmatif ou amical) ; (sleep) somnoler // n signe m de (la) tête ; to ~ off vi s'assoupir.
noise [nɔɪz] n bruit m ; ~less a silencieux(euse) ; noisily ad bruyamment ; noisy a bruyant(e).
nomad ['nəumæd] n nomade m/f ; ~ic [-'mædɪk] a nomade.
no man's land ['nəumænzlænd] n no man's land m.
nominal ['nɔmɪnl] a (rent, fee) symbolique ; (value) nominal(e).
nominate ['nɔmɪneɪt] vt (propose) proposer ; (elect) nommer.
nomination [nɔmɪ'neɪʃən] n nomination f.
nominee [nɔmɪ'ni:] n candidat agréé ; personne nommée.
non... [nɔn] prefix non- ; ~alcoholic a non-alcoolisé(e) ; ~breakable a incassable ; ~committal ['nɔnkə'mɪtl] a évasif(ive) ; ~descript ['nɔndɪskrɪpt] a quelconque, indéfinissable.
none [nʌn] pronoun aucun/e ; he's ~ the worse for it il ne s'en porte pas plus mal.
nonentity [nɔ'nɛntɪtɪ] n personne insignifiante.
non: ~fiction n littérature f non-romanesque ; ~flammable a ininflammable.
nonplussed [nɔn'plʌst] a perplexe.
nonsense ['nɔnsəns] n absurdités fpl, idioties fpl.
non: ~-smoker n non-fumeur m ; ~-stick a qui n'attache pas ; ~-stop a

direct(e), sans arrêt (*or* escale) // *ad* sans arrêt.

noodles ['nu:dlz] *npl* nouilles *fpl.*

nook [nuk] *n*: ~**s and crannies** recoins *mpl.*

noon [nu:n] *n* midi *m.*

no one ['nəuwʌn] *pronoun* = **nobody.**

nor [nɔ:*] *cj* = **neither** // *ad see* **neither.**

norm [nɔ:m] *n* norme *f.*

normal ['nɔ:ml] *a* normal(e); ~**ly** *ad* normalement.

Normandy ['nɔ:məndɪ] *n* Normandie *f.*

north [nɔ:θ] *n* nord *m* // *a* du nord, nord (*inv*) // *ad* au *or* vers le nord; **N~ America** *n* Amérique *f* du Nord; ~**east** *n* nord-est *m*; ~**ern** ['nɔ:ðən] *a* du nord, septentrional(e); **N~ern Ireland** *n* Irlande *f* du Nord; **N~ Pole** *n* pôle *m* Nord; **N~ Sea** *n* mer *f* du Nord; ~**ward(s)** ['nɔ:θwəd(z)] *ad* vers le nord; ~**west** *n* nord-ouest *m.*

Norway ['nɔ:weɪ] *n* Norvège *f.*

Norwegian [nɔ:'wi:dʒən] *a* norvégien(ne) // *n* Norvégien/ne; (*LING*) norvégien *m.*

nose [nəuz] *n* nez *m*; (*fig*) flair *m*; ~**bleed** *n* saignement *m* de nez; ~**dive** *n* (descente *f* en) piqué *m*; ~**y** *a* curieux(euse).

nostalgia [nɔs'tældʒɪə] *n* nostalgie *f*; **nostalgic** *a* nostalgique.

nostril ['nɔstrɪl] *n* narine *f*; (*of horse*) naseau *m.*

nosy ['nəuzɪ] *a* = **nosey.**

not [nɔt] *ad* (ne ...) pas; ~ **at all** pas du tout; **you must** ~ *or* **mustn't do this** tu ne dois pas faire ça; **he isn't...** il n'est pas... .

notable ['nəutəbl] *a* notable.

notably ['nəutəblɪ] *ad* en particulier.

notch [nɔtʃ] *n* encoche *f.*

note [nəut] *n* note *f*; (*letter*) mot *m*; (*banknote*) billet *m* // *vt* (*also*: ~ **down**) noter; (*notice*) constater; ~**book** *n* carnet *m*; ~**case** *n* porte-feuille *m*; ~**d** ['nəutɪd] *a* réputé(e); ~**paper** *n* papier *m* à lettres.

nothing ['nʌθɪŋ] *n* rien *m*; ~ **new** rien de nouveau; **for** ~ (*free*) pour rien, gratuitement.

notice ['nəutɪs] *n* avis *m*; (*of leaving*) congé *m* // *vt* remarquer, s'apercevoir de; **to take** ~ **of** prêter attention à; **to bring sth to sb's** ~ porter qch à la connaissance de qn; **to avoid** ~ éviter de se faire remarquer; ~**able** *a* visible; ~ **board** *n* (*Brit*) panneau *m* d'affichage.

notify ['nəutɪfaɪ] *vt*: **to** ~ **sth to sb** notifier qch à qn; **to** ~ **sb of sth** avertir qn de qch.

notion ['nəuʃən] *n* idée *f*; (*concept*) notion *f.*

notorious [nəu'tɔ:rɪəs] *a* notoire (*souvent en mal*).

notwithstanding [nɔtwɪθ'stændɪŋ] *ad* néanmoins // *prep* en dépit de.

nougat ['nu:gɑ:] *n* nougat *m.*

nought [nɔ:t] *n* zéro *m.*

noun [naun] *n* nom *m.*

nourish ['nʌrɪʃ] *vt* nourrir; ~**ing** *a* nourrissant(e); ~**ment** *n* nourriture *f.*

novel ['nɔvl] *n* roman *m* // *a*

nouveau(nouvelle), original(e); ~**ist** *n* romancier *m*; ~**ty** *n* nouveauté *f.*

November [nəu'vɛmbə*] *n* novembre *m.*

novice ['nɔvɪs] *n* novice *m/f.*

now [nau] *ad* maintenant; ~ **and then,** ~ **and again** de temps en temps; **from** ~ **on** dorénavant; ~**adays** ['nauədeɪz] *ad* de nos jours.

nowhere ['nəuwɛə*] *ad* nulle part.

nozzle ['nɔzl] *n* (*of hose*) jet *m*, lance *f.*

nuance ['nju:ɑ:ns] *n* nuance *f.*

nuclear ['nju:klɪə*] *a* nucléaire.

nucleus, *pl* **nuclei** ['nju:klɪəs, 'nju:klɪaɪ] *n* noyau *m.*

nude [nju:d] *a* nu(e) // *n* (*ART*) nu *m*; **in the** ~ (tout(e)) nu(e).

nudge [nʌdʒ] *vt* donner un (petit) coup de coude à.

nudist ['nju:dɪst] *n* nudiste *m/f.*

nudity ['nju:dɪtɪ] *n* nudité *f.*

nuisance ['nju:sns] *n*: **it's a** ~ c'est (très) ennuyeux *or* gênant; **he's a** ~ il est assommant *or* casse-pieds.

null [nʌl] *a*: ~ **and void** nul(le) et non avenu(e); ~**ify** ['nʌlɪfaɪ] *vt* invalider.

numb [nʌm] *a* engourdi(e) // *vt* engourdir.

number ['nʌmbə*] *n* nombre *m*; (*numeral*) chiffre *m*; (*of house, car, telephone, newspaper*) numéro *m* // *vt* numéroter; (*include*) compter; **a** ~ **of** un certain nombre de; **the staff** ~**s 20** le nombre d'employés s'élève à *or* est de 20; ~**plate** *n* plaque *f* minéralogique *or* d'immatriculation.

numbness ['nʌmnɪs] *n* engourdissement *m.*

numeral ['nju:mərəl] *n* chiffre *m.*

numerical ['nju:'merɪkl] *a* numérique.

numerous ['nju:mərəs] *a* nombreux(euse).

nun [nʌn] *n* religieuse *f*, sœur *f.*

nurse [nə:s] *n* infirmière *f* // *vt* (*patient, cold*) soigner; (*hope*) nourrir; ~(**maid**) *n* bonne *f* d'enfants.

nursery ['nə:sərɪ] *n* (*room*) nursery *f*; (*institution*) pouponnière *f*; (*for plants*) pépinière *f*; ~ **rhyme** *n* comptine *f*, chansonnette *f* pour enfants; ~ **school** *n* école maternelle *f*; ~ **slope** *n* (*SKI*) piste *f* pour débutants.

nursing ['nə:sɪŋ] *n* (*profession*) profession *f* d'infirmière; ~ **home** *n* clinique *f*; maison *f* de convalescence.

nut [nʌt] *n* (*of metal*) écrou *m*; (*fruit*) noix *f*, noisette *f*, cacahuète *f* (*terme générique en anglais*); **he's** ~**s** (*col*) il est dingue; ~**case** *n* (*col*) dingue *m/f*; ~**crackers** *npl* casse-noix *m* *inv*, casse-noisette(s) *m*; ~**meg** ['nʌtmeg] *n* (noix *f*) muscade *f.*

nutrient ['nju:trɪənt] *n* substance nutritive.

nutrition [nju:'trɪʃən] *n* nutrition *f*, alimentation *f.*

nutritious [nju:'trɪʃəs] *a* nutritif(ive), nourrissant(e).

nutshell ['nʌtʃel] *n* coquille *f* de noix; **in a** ~ en un mot.

nylon ['naɪlɔn] *n* nylon *m*; ~**s** *npl* bas *mpl* nylon.

O

oaf [əuf] *n* balourd *m.*

oak [əuk] *n* chêne *m*.

O.A.P. *abbr see* **old.**

oar [ɔ:*] *n* aviron *m*, rame *f*; **~sman/woman** rameur/euse.

oasis, *pl* **oases** [əu'eɪsɪs, əu'eɪsi:z] *n* oasis *f*.

oath [əuθ] *n* serment *m*; *(swear word)* juron *m*; **to take the ~** prêter serment; **on ~** sous serment; assermenté(e).

oatmeal ['əutmi:l] *n* flocons *mpl* d'avoine.

oats [əuts] *n* avoine *f*.

obedience [ə'bi:dɪəns] *n* obéissance *f*; **in ~ to** conformément à.

obedient [ə'bi:dɪənt] *a* obéissant(e).

obelisk ['ɔbɪlɪsk] *n* obélisque *m*.

obesity [əu'bi:sɪtɪ] *n* obésité *f*.

obey [ə'beɪ] *vt* obéir à; *(instructions, regulations)* se conformer à // *vi* obéir.

obituary [ə'bɪtjuərɪ] *n* nécrologie *f*.

object *n* ['ɔbdʒɪkt] objet *m*; *(purpose)* but *m*, objet *m*; *(LING)* complément *m* d'objet // *vi* [əb'dʒɛkt]: **to ~ to** *(attitude)* désapprouver; *(proposal)* protester contre, élever une objection contre; **I ~!** je proteste!; **he ~ed that ...** il a fait valoir *or* a objecté que ...; **~ion** [əb'dʒɛkʃən] *n* objection *f*; *(drawback)* inconvénient *m*; **if you have no ~ion** si vous n'y voyez pas d'inconvénient; **~ionable** [əb'dʒɛkʃənəbl] *a* très désagréable; choquant(e); **~ive** *n* objectif *m* // *a* objectif(ive); **~ivity** [ɔbdʒɪk'tɪvɪtɪ] *n* objectivité *f*; **~or** *n* opposant/e.

obligation [ɔblɪ'geɪʃən] *n* obligation *f*, devoir *m*; *(debt)* dette *f* (de reconnaissance).

obligatory [ə'blɪgətərɪ] *a* obligatoire.

oblige [ə'blaɪdʒ] *vt* *(force)*: **to ~ sb to do** obliger *or* forcer qn à faire; *(do a favour)* rendre service à, obliger; **to be ~d to sb for sth** être obligé(e) à qn de qch; **obliging** *a* obligeant(e), serviable.

oblique [ə'bli:k] *a* oblique; *(allusion)* indirect(e).

obliterate [ə'blɪtəreɪt] *vt* effacer.

oblivion [ə'blɪvɪən] *n* oubli *m*.

oblivious [ə'blɪvɪəs] *a*: **~ of** oublieux(euse) de.

oblong ['ɔblɔŋ] *a* oblong(ue) // *n* rectangle *m*.

obnoxious [əb'nɔkʃəs] *a* odieux (euse); *(smell)* nauséabond(e).

oboe ['əubəu] *n* hautbois *m*.

obscene [əb'si:n] *a* obscène.

obscenity [əb'sɛnɪtɪ] *n* obscénité *f*.

obscure [əb'skjuə*] *a* obscur(e) // *vt* obscurcir; *(hide: sun)* cacher; **obscurity** *n* obscurité *f*.

obsequious [əb'si:kwɪəs] *a* obséquieux(euse).

observable [əb'zə:vəbl] *a* observable; *(appreciable)* notable.

observance [əb'zə:vns] *n* observance *f*, observation *f*.

observant [əb'zə:vnt] *a* observateur(trice).

observation [ɔbzə'veɪʃən] *n* observation *f*; *(by police etc)* surveillance *f*.

observatory [əb'zə:vətrɪ] *n* observatoire *m*.

observe [əb'zə:v] *vt* observer; *(remark)* faire observer *or* remarquer; **~r** *n* observateur/trice.

obsess [əb'sɛs] *vt* obséder; **~ion** [əb'sɛʃən] *n* obsession *f*; **~ive** *a* obsédant(e).

obsolescence [ɔbsə'lɛsns] *n* vieillissement *m*; **built-in** *or* **planned ~** *(COMM)* désuétude calculée.

obsolete ['ɔbsəli:t] *a* dépassé(e); démodé(e).

obstacle ['ɔbstəkl] *n* obstacle *m*; **~ race** *n* course *f* d'obstacles.

obstetrics [ɔb'stɛtrɪks] *n* obstétrique *f*.

obstinacy ['ɔbstɪnəsɪ] *n* obstination *f*.

obstinate ['ɔbstɪnɪt] *a* obstiné(e); *(pain, cold)* persistant(e).

obstreperous [əb'strɛpərəs] *a* turbulent(e).

obstruct [əb'strʌkt] *vt* *(block)* boucher, obstruer; *(halt)* arrêter; *(hinder)* entraver; **~ion** [əb'strʌkʃən] *n* obstruction *f*; obstacle *m*; **~ive** *a* obstructionniste.

obtain [əb'teɪn] *vt* obtenir // *vi* avoir cours; **~able** *a* qu'on peut obtenir.

obtrusive [əb'tru:sɪv] *a* *(person)* importun(e); *(smell)* pénétrant(e); *(building etc)* trop en évidence.

obtuse [əb'tju:s] *a* obtus(e).

obviate ['ɔbvɪeɪt] *vt* parer à, obvier à.

obvious ['ɔbvɪəs] *a* évident(e), manifeste; **~ly** *ad* manifestement; bien sûr.

occasion [ə'keɪʒən] *n* occasion *f*; *(event)* évènement *m* // *vt* occasionner, causer; **~al** *a* pris(e) *or* fait(e) *etc* de temps en temps; occasionnel(le); **~al table** *n* table décorative.

occupation [ɔkju'peɪʃən] *n* occupation *f*; *(job)* métier *m*, profession *f*; **unfit for ~** *(house)* impropre à l'habitation; **~al disease** *n* maladie *f* du travail; **~al hazard** *n* risque *m* du métier.

occupier [ə'bteɪn]* *n* occupant/e.

occupy ['ɔkjupaɪ] *vt* occuper; **to ~ o.s. with** *or* **by doing** s'occuper à faire.

occur [ə'kə:*] *vi* se produire; *(difficulty, opportunity)* se présenter; *(phenomenon, error)* se rencontrer; **to ~ to sb** venir à l'esprit de qn; **~rence** *n* présence *f*, existence *f*; cas *m*, fait *m*.

ocean ['əuʃən] *n* océan *m*; **~-going** *a* de haute mer; **~ liner** *n* paquebot *m*.

ochre ['əukə*] *a* ocre.

o'clock [ə'klɔk] *ad*: **it is 5 ~** il est 5 heures.

octagonal [ɔk'tægənl] *a* octogonal(e).

octane ['ɔkteɪn] *n* octane *m*.

octave ['ɔktɪv] *n* octave *f*.

October [ɔk'təubə*] *n* octobre *m*.

octopus ['ɔktəpəs] *n* pieuvre *f*.

odd [ɔd] *a* *(strange)* bizarre, curieux(euse); *(number)* impair(e); *(left over)* qui reste, en plus; *(not of a set)* dépareillé(e); **60-~** 60 et quelques; **at ~ times** de temps en temps; **the ~ one out** l'exception *f*; **~ity** *n* bizarrerie *f*; *(person)* excentrique *m/f*; **~-job man** *n* homme *m* à tout faire; **~ jobs** *npl* petits travaux divers; **~ly** *ad* bizarrement, curieusement; **~ments** *npl* *(COMM)* fins *fpl* de série; **~s** *npl* *(in betting)* cote *f*; **the ~s are against his coming** il y a peu de chances qu'il vienne; **it**

makes no ~s cela n'a pas d'importance ; **at ~s** en désaccord.

ode [əud] n ode f.

odious ['əudɪəs] a odieux(euse), détestable.

odour, odor (US) ['əudə*] n odeur f ; **~less** a inodore.

of [ɔv, əv] prep de ; **a friend ~ ours** un de nos amis ; **3 ~ them** went 3 d'entre eux y sont allés ; **the 5th ~ July** le 5 juillet ; **a boy ~ 10** un garçon de 10 ans.

off [ɔf] a,ad (engine) coupé(e) ; (tap) fermé(e) ; (food: bad) mauvais(e), avancé(e) ; (milk) tourné(e) ; (absent) absent(e) ; (cancelled) annulé(e) // prep de ; sur ; **to be ~** (to leave) partir, s'en aller ; **to be ~ sick** être absent(e) pour cause de maladie ; **a day ~** un jour de congé ; **to have an ~ day** n'être pas en forme ; **he had his coat ~** il avait enlevé son manteau ; **the hook is ~** le crochet s'est détaché ; le crochet n'est pas mis ; **10% ~** (COMM) 10% de rabais ; **5 km ~ (the road)** à 5 km (de la route) ; **~ the coast** au large de la côte ; **a house ~ the main road** une maison à l'écart de la grand-route ; **I'm ~ meat** je ne mange plus de viande ; je n'aime plus la viande ; **on the ~ chance** à tout hasard.

offal ['ɔfl] n (CULIN) abats mpl.

offbeat ['ɔfbi:t] a excentrique.

off-colour ['ɔf'kʌlə*] a (ill) malade, mal fichu(e).

offence, offense (US) [ə'fɛns] n (crime) délit m, infraction f ; **to give ~ to** blesser, offenser ; **to take ~ at** se vexer de, s'offenser de.

offend [ə'fɛnd] vt (person) offenser, blesser ; **~er** n délinquant/e ; (against regulations) contrevenant/e.

offensive [ə'fɛnsɪv] a offensant(e), choquant(e) ; (smell etc) très déplaisant(e) ; (weapon) offensif(ive) // n (MIL) offensive f.

offer ['ɔfə*] n offre f, proposition f // vt offrir, proposer ; **'on ~'** (COMM) 'en promotion' ; **~ing** n offrande f.

offhand [ɔf'hænd] a désinvolte // ad spontanément.

office ['ɔfɪs] n (place) bureau m ; (position) charge f, fonction f ; **to take ~** entrer en fonctions ; **~ block** n immeuble m de bureaux ; **~ boy** n garçon m de bureau ; **~r** n (MIL etc) officier m ; (of organization) membre m du bureau directeur ; (also: **police ~r**) agent m (de police) ; **~ work** n travail m de bureau ; **~ worker** n employé/e de bureau.

official [ə'fɪʃl] a (authorized) officiel(le) // n officiel m ; (civil servant) fonctionnaire m/f ; employé/e ; **~ly** ad officiellement.

officious [ə'fɪʃəs] a trop empressé(e).

offing ['ɔfɪŋ] n: **in the ~** (fig) en perspective.

off: ~-licence n (Brit: shop) débit m de vins et de spiritueux ; **~-peak** a aux heures creuses ; **~-putting** a rébarbatif(ive) ; rebutant(e), peu engageant(e) ; **~-season** a, ad hors-saison.

offset ['ɔfsɛt] vt irg (counteract) contrebalancer, compenser // n (also: **~ printing**) offset m fno.

offshore [ɔf'ɔ:*] a (breeze) de terre ; (island) proche du littoral ; (fishing) côtier(ère).

offside ['ɔf'saɪd] a (SPORT) hors jeu // a (AUT: with right-hand drive) côté droit.

offspring ['ɔfsprɪŋ] n progéniture f.

off: ~stage ad dans les coulisses ; **~-the-cuff** ad au pied levé ; de chic ; **~-the-peg** ad en prêt-à-porter ; **~-white** a blanc cassé inv.

often ['ɔfn] ad souvent ; **as ~ as not** la plupart du temps.

ogle ['əugl] vt lorgner.

oil [ɔɪl] n huile f ; (petroleum) pétrole m ; (for central heating) mazout m // vt (machine) graisser ; **~can** n burette f de graissage ; (for storing) bidon m à huile ; **~ change** n vidange f ; **~field** n gisement m de pétrole ; **~-fired** a au mazout ; **~ level** n niveau m d'huile ; **~ painting** n peinture f à l'huile ; **~ refinery** n raffinerie f de pétrole ; **~ rig** n derrick m ; (at sea) plate-forme pétrolière ; **~skins** npl ciré m ; **~ slick** n nappe f de mazout ; **~ tanker** n pétrolier m ; **~ well** n puits m de pétrole ; **~y** a huileux(euse) ; (food) gras(se).

ointment ['ɔɪntmənt] n onguent m.

O.K., okay ['əu'keɪ] excl d'accord! // a bien ; en règle ; en bon état ; pas mal // vt approuver, donner son accord à ; **is it ~?, are you ~?** ça va?

old [əuld] a vieux(vieille) ; (person) âgé(e) ; (former) ancien(ne), vieux ; **how are you?** quel âge avez-vous? ; **he's 10 years ~** il a 10 ans, il est âgé de 10 ans ; **~ age** n vieillesse f ; **~-age pensioner (O.A.P.)** n retraité/e ; **~er brother/sister** frère/sœur aîné(e) ; **~-fashioned** a démodé(e) ; (person) vieux jeu inv ; **~ people's home** n maison f de retraite.

olive ['ɔlɪv] n (fruit) olive f ; (tree) olivier m // a (also: **~-green**) (vert) olive inv ; **~ oil** n huile f d'olive.

Olympic [əu'lɪmpɪk] a olympique ; **the ~ Games, the ~s** les Jeux mpl olympiques.

omelet(te) ['ɔmlɪt] n omelette f ; **ham/cheese ~** omelette au jambon/fromage.

omen ['əumən] n présage m.

ominous ['ɔmɪnəs] a menaçant(e), inquiétant(e) ; (event) de mauvais augure.

omission [əu'mɪʃən] n omission f.

omit [əu'mɪt] vt omettre.

on [ɔn] prep sur // ad (machine) en marche ; (light, radio) allumé(e) ; (tap) ouvert(e), (là) ; **is the meeting still ~?** est-ce que la réunion a bien lieu? ; la réunion dure-t-elle encore? ; **when is this film ~?** quand passe or passe-t-on ce film? ; **~ the train** dans le train ; **~ the wall** sur le or au mur ; **~ television** à la télévision ; **~ learning this** en apprenant cela ; **~ arrival** à l'arrivée ; **~ the left** à gauche ; **~ Friday** vendredi ; **~ Fridays** le vendredi ; **a week ~ Friday** vendredi en huit ; **to have one's coat ~** avoir (mis) son manteau ; **to walk etc ~** continuer à marcher etc ; **it's not ~!** pas question! ; **~ and off** de temps à autre.

once [wʌns] ad une fois ; (formerly) autrefois // cj une fois que ; **at ~** tout de suite, immédiatement ; (simultaneously) à la fois ;

all at ~ *ad* tout d'un coup ; ~ **a week** une fois par semaine ; ~ **more** encore une fois ; ~ **and for all** une fois pour toutes.
oncoming ['ɔnkʌmɪŋ] *a* (*traffic*) venant en sens inverse.
one [wʌn] *det, num* un(e) // *pronoun* un(e) ; (*impersonal*) on ; **this** ~ celui-ci/celle-ci ; **that** ~ celui-là/celle-là ; **the** ~ **book which...** l'unique livre que... ; ~ **by** ~ un(e) par un(e) ; ~ **never knows** on ne sait jamais ; ~ **another** l'un(e) l'autre ; ~-**man** *a* (*business*) dirigé(e) *etc* par un seul homme ; ~-**man band** *n* homme-orchestre *m* ; ~**self** *pronoun* se ; (*after prep, also emphatic*) soi-même ; ~-**way** *a* (*street, traffic*) à sens unique.
ongoing ['ɔngəʊɪŋ] *a* en cours ; suivi(e).
onion ['ʌnjən] *n* oignon *m*.
onlooker ['ɔnlukə*] *n* spectateur/trice.
only ['əʊnlɪ] *ad* seulement // *a* seul(e), unique // *cj* seulement, mais ; **an** ~ **child** un enfant unique ; **not** ~ non seulement ; **I** ~ **took one** j'en ai seulement pris un, je n'en ai pris qu'un.
onset ['ɔnsɛt] *n* début *m* ; (*of winter, old age*) approche *f*.
onshore ['ɔnʃɔː*] *a* (*wind*) du large.
onslaught ['ɔnslɔːt] *n* attaque *f*, assaut *m*.
onto ['ɔntu] *prep* = **on to**.
onus ['əʊnəs] *n* responsabilité *f*.
onward(s) ['ɔnwəd(z)] *ad* (*move*) en avant ; **from this time** ~ dorénavant.
onyx ['ɔnɪks] *n* onyx *m*.
ooze [uːz] *vi* suinter.
opacity [əʊ'pæsɪtɪ] *n* (*of substance*) opacité *f*.
opal ['əʊpl] *n* opale *f*.
opaque [əʊ'peɪk] *a* opaque.
OPEC ['əʊpɛk] *n* (*abbr of Organization of petroleum exporting countries*) O.P.E.P. (*Organisation des pays exportateurs de pétrole*).
open ['əʊpn] *a* ouvert(e) ; (*car*) découvert(e) ; (*road, view*) dégagé(e) ; (*meeting*) public(ique) ; (*admiration*) manifeste ; (*question*) non résolu(e) ; (*enemy*) déclaré(e) // *vt* ouvrir // *vi* (*flower, eyes, door, debate*) s'ouvrir ; (*shop, bank, museum*) ouvrir ;. (*book etc: commence*) commencer, débuter ; **to** ~ **on to** *vt fus* (*subj: room, door*) donner sur ; **to** ~ **out** *vt* ouvrir // *vi* s'ouvrir ; **to** ~ **up** *vt* ouvrir ; (*blocked road*) dégager // *vi* s'ouvrir ; **in the** ~ (**air**) en plein air ; ~-**air** *a* en plein air ; ~**ing** *n* ouverture *f* ; (*opportunity*) occasion *f* ; débouché *m* ; (*job*) poste vacant ; ~**ly** *ad* ouvertement ; ~-**minded** *a* à l'esprit ouvert ; ~-**necked** *a* à col ouvert ; ~ **sandwich** *n* canapé *m* ; **the** ~ **sea** *n* le large.
opera ['ɔpərə] *n* opéra *m* ; ~ **glasses** *npl* jumelles *fpl* de théâtre ; ~ **house** *n* opéra *m*.
operate ['ɔpəreɪt] *vt* (*machine*) faire marcher, faire fonctionner ; (*system*) pratiquer // *vi* fonctionner ; (*drug*) faire effet ; **to** ~ **on sb** (*for*) (*MED*) opérer qn (de).
operatic [ɔpə'rætɪk] *a* d'opéra.
operating ['ɔpəreɪtɪŋ] *a* : ~ **table/theatre** table *f*/salle *f* d'opération.
operation [ɔpə'reɪʃən] *n* opération *f* ; **to be in** ~ (*machine*) être en service ;

(*system*) être en vigueur ; ~**al** *a* opérationnel(le).
operative ['ɔpərətɪv] *a* (*measure*) en vigueur // *n* (*in factory*) ouvrier/ère.
operator ['ɔpəreɪtə*] *n* (*of machine*) opérateur/trice ; (*TEL*) téléphoniste *m/f*.
operetta [ɔpə'rɛtə] *n* opérette *f*.
opinion [ə'pɪnɪən] *n* opinion *f*, avis *m* ; **in my** ~ à mon avis ; ~**ated** *a* aux idées bien arrêtées ; ~ **poll** *n* sondage *m* (d'opinion).
opium ['əʊpɪəm] *n* opium *m*.
opponent [ə'pəʊnənt] *n* adversaire *m/f*.
opportune ['ɔpətjuːn] *a* opportun(e) ; **opportunist** [-'tjuːnɪst] *n* opportuniste *m/f*.
opportunity [ɔpə'tjuːnɪtɪ] *n* occasion *f* ; **to take the** ~ **of doing** profiter de l'occasion pour faire.
oppose [ə'pəʊz] *vt* s'opposer à ; ~**d to** a opposé(e) à ; **as** ~**d to** par opposition à ; **opposing** *a* (*side*) opposé(e)s.
opposite ['ɔpəzɪt] *a* opposé(e) ; (*house etc*) d'en face // *ad* en face // *prep* en face de // *n* opposé *m*, contraire *m* ; (*of word*) contraire *m* ; '**see** ~ **page**' 'voir ci-contre' ; **his** ~ **number** son homologue *m/f*.
opposition [ɔpə'zɪʃən] *n* opposition *f*.
oppress [ə'prɛs] *vt* opprimer ; ~**ion** [ə'prɛʃən] *n* oppression *f* ; ~**ive** a oppressif(ive).
opt [ɔpt] *vi* : **to** ~ **for** opter pour ; **to** ~ **to do** choisir de faire ; **to** ~ **out of** choisir de quitter.
optical ['ɔptɪkl] *a* optique ; (*instrument*) d'optique.
optician [ɔp'tɪʃən] *n* opticien/ne.
optimism ['ɔptɪmɪzəm] *n* optimisme *m*.
optimist ['ɔptɪmɪst] *n* optimiste *m/f* ; ~**ic** [-'mɪstɪk] *a* optimiste.
optimum ['ɔptɪməm] *a* optimum.
option ['ɔpʃən] *n* choix *m*, option *f* ; (*SCOL*) matière *f* à option ; (*COMM*) option ; **to keep one's** ~**s open** (*fig*) ne pas s'engager ; ~**al** *a* facultatif(ive) ; (*COMM*) en option.
opulence ['ɔpjuləns] *n* opulence *f* ; abondance *f*.
opulent ['ɔpjulənt] *a* opulent(e) ; abondant(e).
or [ɔː*] *cj* ou ; (*with negative*): **he hasn't seen** ~ **heard anything** il n'a rien vu ni entendu ; ~ **else** sinon ; ou bien.
oracle ['ɔrəkl] *n* oracle *m*.
oral ['ɔːrəl] *a* oral(e) // *n* oral *m*.
orange ['ɔrɪndʒ] *n* (*fruit*) orange *f* // *a* orange *inv*.
oration [ɔː'reɪʃən] *n* discours solennel.
orator ['ɔrətə*] *n* orateur/trice.
oratorio [ɔrə'tɔːrɪəʊ] *n* oratorio *m*.
orb [ɔːb] *n* orbe *m*.
orbit ['ɔːbɪt] *n* orbite *f* // *vt* décrire une or des orbite(s) autour de.
orchard ['ɔːtʃəd] *n* verger *m*.
orchestra ['ɔːkɪstrə] *n* orchestre *m* ; ~**l** [-'kɛstrəl] *a* orchestral(e) ; (*concert*) symphonique.
orchid ['ɔːkɪd] *n* orchidée *f*.
ordain [ɔː'deɪn] *vt* (*REL*) ordonner ; (*decide*) décréter.
ordeal [ɔː'diːl] *n* épreuve *f*.
order ['ɔːdə*] *n* ordre *m* ; (*COMM*) commande *f* // *vt* ordonner ; (*COMM*) commander ; **in** ~ en ordre ; (*of document*) en

règle ; **in ~ of size** par ordre de grandeur ; **in ~ to do/that** pour faire/que + *sub* ; **to ~ sb to do** ordonner à qn de faire ; **the lower ~s** (*pej*) les classes inférieures ; **~ form** n bon m de commande ; (*MIL*) ordonnance f // a (*room*) en ordre ; (*mind*) méthodique ; (*person*) qui a de l'ordre.

ordinal ['ɔ:dɪnl] a (*number*) ordinal(e).

ordinary ['ɔ:dnrɪ] a ordinaire, normal(e) ; (*pej*) ordinaire, quelconque.

ordination [ɔ:dɪ'neɪʃən] n ordination f.

ordnance ['ɔ:dnəns] n (*MIL: unit*) service m du matériel ; **O~ Survey map** n ≈ carte f d'État-major.

ore [ɔ:*] n minerai m.

organ ['ɔ:gən] n organe m ; (*MUS*) orgue m, orgues fpl ; **~ic** [ɔ:'gænɪk] a organique.

organism ['ɔ:gənɪzəm] n organisme m.

organist ['ɔ:gənɪst] n organiste m/f.

organization [ɔ:gənaɪ'zeɪʃən] n organisation f.

organize ['ɔ:gənaɪz] vt organiser ; **~d la-bour** n main-d'œuvre syndiquée ; **~r** n organisateur/trice.

orgasm ['ɔ:gæzəm] n orgasme m.

orgy ['ɔ:dʒɪ] n orgie f.

Orient ['ɔ:rɪənt] n: **the ~** l'Orient m ; **oriental** [-'entl] a oriental(e) // n Oriental/e.

orientate ['ɔ:rɪənteɪt] vt orienter.

orifice ['ɔrɪfɪs] n orifice m.

origin ['ɔrɪdʒɪn] n origine f.

original [ə'rɪdʒɪnl] a original(e) ; (*earliest*) originel(le) // n original m ; **~ity** [-'nælɪtɪ] n originalité f ; **~ly** ad (*at first*) à l'origine.

originate [ə'rɪdʒɪneɪt] vi: **to ~ from** être originaire de ; (*suggestion*) provenir de ; **to ~ in** prendre naissance dans ; avoir son origine dans ; **originator** auteur m.

ornament ['ɔ:nəmənt] n ornement m ; (*trinket*) bibelot m ; **~al** [-'mentl] a décoratif(ive) ; (*garden*) d'agrément ; **~ation** [-'teɪʃən] n ornementation f.

ornate [ɔ:'neɪt] a très orné(e).

ornithologist [ɔ:nɪ'θɔlədʒɪst] n ornithologue m/f.

ornithology [ɔ:nɪ'θɔlədʒɪ] n ornithologie f.

orphan ['ɔ:fn] n orphelin/e // vt: **to be ~ed** devenir orphelin ; **~age** n orphelinat m.

orthodox ['ɔ:θədɔks] a orthodoxe.

orthopaedic, orthopedic (*US*) [ɔ:θə'pi:dɪk] a orthopédique.

oscillate ['ɔsɪleɪt] vi osciller.

ostensible [ɔs'tensɪbl] a prétendu(e) ; apparent(e) ; **ostensibly** ad en apparence.

ostentation [ɔstɛn'teɪʃən] n ostentation f.

ostentatious [ɔstɛn'teɪʃəs] a prétentieux(euse) ; ostentatoire.

osteopath ['ɔstɪəpæθ] n ostéopathe m/f.

ostracize ['ɔstrəsaɪz] vt frapper d'ostracisme.

ostrich ['ɔstrɪtʃ] n autruche f.

other ['ʌðə*] a autre ; **~ than** autrement que ; à part ; **~wise** ad,cj autrement.

otter ['ɔtə*] n loutre f.

ought, pt ought [ɔ:t] auxiliary vb: **I ~ to do it** je devrais le faire, il faudrait que je le fasse ; **this ~ to have been corrected** cela aurait dû être corrigé ; **he ~ to win** il devrait gagner.

ounce [auns] n once f (= 28.35 g ; 16 in a pound).

our ['auə*] a notre, pl nos ; **~s** pronoun le(la) nôtre, les nôtres ; **~selves** pronoun pl (*reflexive, after preposition*) nous ; (*emphatic*) nous-mêmes.

oust [aust] vt évincer.

out [aut] ad dehors ; (*published, not at home etc*) sorti(e) ; (*light, fire*) éteint(e) ; **~ here** ici ; **~ there** là-bas ; **he's ~** (*absent*), est sorti ; (*unconscious*) il est sans connaissance ; **to be ~ in one's calculations** s'être trompé dans ses calculs ; **to run/back** etc **~** sortir en courant/en reculant etc ; **~ loud** ad à haute voix ; **~ of** (*outside*) en dehors de ; (*because of: anger etc*) par ; (*from among*): **~ of 10** sur 10 ; (*without*): **~ of petrol** sans essence, à court d'essence ; **made ~ of wood** en or de bois ; **~ of order** (*machine*) en panne ; (*TEL: line*) en dérangement ; **~-of-the-way** écarté(e) ; (*fig*) insolite.

outback ['autbæk] n campagne isolée ; (*in Australia*) intérieur m.

outboard ['autbɔ:d] n: **~ (motor)** (moteur m) hors-bord m.

outbreak ['autbreik] n accès m ; début m ; éruption f.

outbuilding ['autbɪldɪŋ] n dépendance f.

outburst ['autbə:st] n explosion f, accès m.

outcast ['autkɑ:st] n exilé/e ; (*socially*) paria m.

outclass [aut'klɑ:s] vt surclasser.

outcome ['autkʌm] n issue f, résultat m.

outcry ['autkraɪ] n tollé m (général).

outdated [aut'deɪtɪd] a démodé(e).

outdo [aut'du:] vt irg surpasser.

outdoor [aut'dɔ:*] a de or en plein air ; **~s** ad dehors ; au grand air.

outer ['autə*] a extérieur(e) ; **~ space** n espace m cosmique ; **~ suburbs** npl grande banlieue.

outfit ['autfɪt] n équipement m ; (*clothes*) tenue f ; **'~ter's'** 'confection pour hommes'.

outgoings ['autgəuɪŋz] npl (*expenses*) dépenses fpl.

outgrow [aut'grəu] vt irg (*clothes*) devenir trop grand(e) pour.

outing ['autɪŋ] n sortie f ; excursion f.

outlandish [aut'lændɪʃ] a étrange.

outlaw ['autlɔ:] n hors-la-loi m inv // vt (*person*) mettre hors la loi ; (*practice*) proscrire.

outlay ['autleɪ] n dépenses fpl ; (*investment*) mise f de fonds.

outlet ['autlet] n (*for liquid etc*) issue f, sortie f ; (*for emotion*) exutoire m ; (*for goods*) débouché m ; (*also*: **retail ~**) point m de vente.

outline ['autlaɪn] n (*shape*) contour m ; (*summary*) esquisse f, grandes lignes.

outlive [aut'lɪv] vt survivre à.

outlook ['autluk] n perspective f.

outlying ['autlaɪɪŋ] a écarté(e).

outmoded [aut'məudɪd] a démodé(e) ; dépassé(e).

outnumber [aut'nʌmbə*] vt surpasser en nombre.

outpatient ['autpeɪʃənt] n malade m/f en consultation externe.

outpost ['autpəust] n avant-poste m.

output ['autput] n rendement m, production f.

outrage ['autreɪdʒ] n atrocité f, acte m de violence; scandale m // vt outrager; **~ous** [-'reɪdʒəs] a atroce; scandaleux(euse).

outrider ['autraidə*] n (on motorcycle) motard m.

outright ad [aut'rait] complètement; catégoriquement; carrément; sur le coup // a ['autrait] complet(ète); catégorique.

outset ['autset] n début m.

outside [aut'said] n extérieur m // a extérieur(e) // ad (au) dehors, à l'extérieur // prep hors de, à l'extérieur de; **at the ~** (fig) au plus or maximum; **~ lane** n (AUT: in Britain) voie f de droite; **~-left/-right** n (FOOTBALL) ailier gauche/droit; **~r** n (in race etc) outsider m; (stranger) étranger/ère.

outsize ['autsaiz] a énorme; (clothes) grande taille inv.

outskirts ['autskə:ts] npl faubourgs mpl.

outspoken [aut'spəukən] a très franc(he).

outstanding [aut'stændiŋ] a remarquable, exceptionnel(le); (unfinished) en suspens; en souffrance; non réglé(e).

outstay [aut'stei] vt: **to ~ one's welcome** abuser de l'hospitalité de son hôte.

outstretched [aut'stretʃt] a (hand) tendu(e); (body) ètendu(e).

outward ['autwəd] a (sign, appearances) extérieur(e); (journey) (d')aller; **~ly** ad extérieurement; en apparence.

outweigh [aut'wei] vt l'emporter sur.

outwit [aut'wit] vt se montrer plus malin que.

oval ['əuvl] a,n ovale (m).

ovary ['əuvəri] n ovaire m.

ovation [əu'veiʃən] n ovation f.

oven [ʌvn] n four m; **~proof** a allant au four.

over ['əuvə*] ad (par-)dessus // a (or ad) (finished) fini(e), terminé(e); (too much) en plus // prep sur; par-dessus; (above) au-dessus de; (on the other side of) de l'autre côté de; (more than) plus de; (during) pendant; **~ here** ici; **~ there** là-bas; **all ~** (everywhere) partout; (finished) fini(e); **~ and ~ (again)** à plusieurs reprises; **~ and above** en plus de; **to ask sb ~** inviter qn (à passer); **to go ~ to sb's** passer chez qn.

over... ['əuvə*] prefix: **~abundant** sur-abondant(e).

overact [əuvər'ækt] vi (THEATRE) outrer son rôle.

overall a,n ['əuvərɔ:l] a (length) total(e); (study) d'ensemble // n (Brit) blouse f // ad [əuvər'ɔ:l] dans l'ensemble, en général // **~s** npl bleus mpl (de travail).

overawe [əuvər'ɔ:] vt impressionner.

overbalance [əuvə'bæləns] vi basculer.

overbearing [əuvə'beəriŋ] a impérieux(euse), autoritaire.

overboard ['əuvəbɔ:d] ad (NAUT) par-dessus bord.

overcast ['əuvəka:st] a couvert(e).

overcharge [əuvə'tʃɑ:dʒ] vt: **to ~ sb for sth** faire payer qch trop cher à qn.

overcoat ['əuvəkəut] n pardessus m.

overcome [əuvə'kʌm] vt irg triompher de; surmonter; **to be ~ by** être saisi(e) de; succomber à; être victime de; **~ with grief** accablé(e) de douleur.

overcrowded [əuvə'kraudid] a bondé(e).

overcrowding [əuvə'kraudiŋ] n surpeuplement m; (in bus) encombrement m.

overdo [əuvə'du:] vt irg exagérer; (overcook) trop cuire.

overdose ['əuvədəus] n dose excessive.

overdraft ['əuvədrɑːft] n découvert m.

overdrawn [əuvə'drɔːn] a (account) à découvert.

overdrive ['əuvədraiv] n (AUT) (vitesse) surmultipliée f.

overdue [əuvə'dju:] a en retard; (recognition) tardif(ive).

overestimate [əuvər'estimeit] vt sur-estimer.

overexcited [əuvərik'saitid] a sur-excité(e).

overexertion [əuvərig'zə:ʃən] n surmenage m (physique).

overexpose [əuvərik'spəuz] vt (PHOT) sur-exposer.

overflow a [əuvə'fləu] déborder // n ['əuvəfləu] trop-plein m; (also: **~ pipe**) tuyau m d'écoulement, trop-plein m.

overgrown [əuvə'grəun] a (garden) envahi(e) par la végétation.

overhaul vt [əuvə'hɔ:l] réviser // n ['əuvəhɔ:l] révision f.

overhead ad [əuvə'hed] au-dessus // a ['əuvəhed] aérien(ne); (lighting) vertical(e); **~s** npl frais généraux.

overhear [əuvə'hiə*] vt irg entendre (par hasard).

overjoyed [əuvə'dʒɔid] a ravi(e), enchanté(e).

overland ['əuvəlænd] a, ad par voie de terre.

overlap vi [əuvə'læp] se chevaucher // n ['əuvəlæp] chevauchement m.

overleaf [əuvə'li:f] ad au verso.

overload [əuvə'ləud] vt surcharger.

overlook [əuvə'luk] vt (have view on) donner sur; (miss) oublier, négliger; (forgive) fermer les yeux sur.

overlord ['əuvəlɔ:d] n chef m suprême.

overnight [əuvə'nait] ad (happen) durant la nuit; (fig) soudain // a d'une (or de) nuit; soudain(e); **he stayed there ~** il y a passé la nuit; **if you travel ~...** si tu fais le voyage de nuit...; **he'll be away ~** il ne rentrera pas ce soir.

overpass ['əuvəpɑ:s] n pont autoroutier.

overpower [əuvə'pauə*] vt vaincre; (fig) accabler; **~ing** a irrésistible; (heat, stench) suffocant(e).

overrate [əuvə'reit] vt surestimer.

overreact [əuvəri:'ækt] vi réagir de façon excessive.

override [əuvə'raid] vt (irg: like ride) (order, objection) passer outre à; (decision)

annuler ; **overriding** a prépondérant(e).
overrule [əʊvəˈruːl] vt (decision) annuler ; (claim) rejeter.
overseas [əʊvəˈsiːz] ad outre-mer ; (abroad) à l'étranger // a (trade) extérieur(e) ; (visitor) étranger(ère).
overseer [ˈəʊvəsɪə*] n (in factory) contremaître m.
overshadow [əʊvəˈʃædəʊ] vt (fig) éclipser.
overshoot [əʊvəˈʃuːt] vt irg dépasser.
oversight [ˈəʊvəsaɪt] n omission f, oubli m.
oversimplify [əʊvəˈsɪmplɪfaɪ] vt simplifier à l'excès.
oversleep [əʊvəˈsliːp] vi irg se réveiller (trop) tard.
overspill [ˈəʊvəspɪl] n excédent m de population.
overstate [əʊvəˈsteɪt] vt exagérer ; **~ment** n exagération f.
overt [əʊˈvɜːt] a non dissimulé(e).
overtake [əʊvəˈteɪk] vt irg dépasser ; (AUT) dépasser, doubler ; **overtaking** n (AUT) dépassement m.
overthrow [əʊvəˈθrəʊ] vt irg (government) renverser.
overtime [ˈəʊvətaɪm] n heures fpl supplémentaires.
overtone [ˈəʊvətəʊn] n (also: **~s**) note f, sous-entendus mpl.
overture [ˈəʊvətʃʊə*] n (MUS, fig) ouverture f.
overturn [əʊvəˈtɜːn] vt renverser // vi se retourner.
overweight [əʊvəˈweɪt] a (person) trop gros(se) ; (luggage) trop lourd(e).
overwhelm [əʊvəˈwɛlm] vt accabler ; submerger ; écraser ; **~ing** a (victory, defeat) écrasant(e) ; (desire) irrésistible.
overwork [əʊvəˈwɜːk] n surmenage m // vt surmener // vi se surmener.
overwrought [əʊvəˈrɔːt] a excédé(e).
owe [əʊ] vt devoir ; **to ~ sb sth, to ~ sth to sb** devoir qch à qn.
owing to [ˈəʊɪŋtuː] prep à cause de, en raison de.
owl [aʊl] n hibou m.
own [əʊn] vt posséder // a propre ; **a room of my ~** une chambre à moi, ma propre chambre ; **to get one's ~ back** prendre sa revanche ; **on one's ~** tout(e) seul(e) ; **to ~ up** vi avouer ; **~er** n propriétaire m/f ; **~ership** n possession f.
ox, pl **oxen** [ɔks, ˈɔksn] n bœuf m.
oxide [ˈɔksaɪd] n oxyde m.
oxtail [ˈɔksteɪl] n: **~ soup** soupe f à la queue de bœuf.
oxygen [ˈɔksɪdʒən] n oxygène m ; **~ mask/tent** n masque m/tente f à oxygène.
oyster [ˈɔɪstə*] n huître f.
oz. abbr of **ounce(s)**.
ozone [ˈəʊzəʊn] n ozone m.

P

p [piː] abbr of **penny, pence**.
p.a. abbr of **per annum**.
P.A. see **public, personal**.

pa [pɑː] n (col) papa m.
pace [peɪs] n pas m ; (speed) allure f ; vitesse f // vi: **to ~ up and down** faire les cent pas ; **to keep ~ with** aller à la même vitesse que ; (events) se tenir au courant de ; **~maker** n (MED) stimulateur m cardiaque.
pacification [pæsɪfɪˈkeɪʃən] n pacification f.
pacific [pəˈsɪfɪk] a pacifique // n: **the P~ (Ocean)** le Pacifique, l'océan m Pacifique.
pacifist [ˈpæsɪfɪst] n pacifiste m/f.
pacify [ˈpæsɪfaɪ] vt pacifier ; (soothe) calmer.
pack [pæk] n paquet m ; ballot m ; (of hounds) meute f ; (of thieves etc) bande f ; (of cards) jeu m // vt (goods) empaqueter, emballer ; (in suitcase etc) emballer ; (box) remplir ; (cram) entasser ; (press down) tasser ; damer ; **to ~ (one's bags)** faire ses bagages ; **to ~ one's case** faire sa valise.
package [ˈpækɪdʒ] n paquet m ; ballot m ; (also: **~ deal**) marché global ; forfait m ; **~ tour** n voyage organisé.
packet [ˈpækɪt] n paquet m.
pack ice [ˈpækaɪs] n banquise f.
packing [ˈpækɪŋ] n emballage m ; **~ case** n caisse f (d'emballage).
pact [pækt] n pacte m ; traité m.
pad [pæd] n bloc(-notes) m ; (for inking) tampon encreur ; (col: flat) piaule f // vt rembourrer ; **~ding** n rembourrage m ; (fig) délayage m.
paddle [ˈpædl] n (oar) pagaie f // vi barboter, faire trempette ; **~ steamer** n bateau m à aubes ; **paddling pool** n petit bassin.
paddock [ˈpædək] n enclos m ; paddock m.
paddy [ˈpædɪ] n: **~ field** n rizière f.
padlock [ˈpædlɔk] n cadenas m // vt cadenasser.
padre [ˈpɑːdrɪ] n aumônier m.
paediatrics, pediatrics (US) [piːdɪˈætrɪks] n pédiatrie f.
pagan [ˈpeɪgən] a,n païen(ne).
page [peɪdʒ] n (of book) page f ; (also: **~ boy**) groom m, chasseur m ; (at wedding) garçon m d'honneur // vt (in hotel etc) (faire) appeler.
pageant [ˈpædʒənt] n spectacle m historique ; grande cérémonie ; **~ry** n apparat m, pompe f.
pagoda [pəˈgəʊdə] n pagode f.
paid [peɪd] pt, pp of **pay** // a (work, official) rémunéré(e) ; **to put ~ to** mettre fin à, régler.
pail [peɪl] n seau m.
pain [peɪn] n douleur f ; **to be in ~** souffrir, avoir mal ; **to have a ~ in** avoir mal à or une douleur à or dans ; **to take ~s to do** se donner du mal pour faire ; **~ed** a peiné(e), chagrin(e) ; **~ful** a douloureux(euse) ; difficile, pénible ; **~fully** ad (fig: very) terriblement ; **~killer** n calmant m ; **~less** a indolore ; **~staking** [ˈpeɪnzteɪkɪŋ] a (person) soigneux(euse) ; (work) soigné(e).
paint [peɪnt] n peinture f // vt peindre ; (fig) dépeindre ; **to ~ the door blue**

peindre la porte en bleu ; **to ~ in oils** faire
de la peinture à l'huile ; **~brush** n pinceau
m ; **~er** n peintre m ; **~ing** n peinture f ;
(picture) tableau m ; **~-stripper** n
décapant m.

pair [pɛə*] n (of shoes, gloves etc) paire f ;
(of people) couple m ; duo m ; paire ; **~ of
scissors** (paire de) ciseaux mpl ; **~ of
trousers** pantalon m.

pajamas [pɪˈdʒɑːməz] npl (US) pyjama(s)
m(pl).

Pakistan [pɑːkɪˈstɑːn] n Pakistan m ; **~i**
a pakistanais(e) // n Pakistanais/e.

pal [pæl] n (col) copain/copine.

palace [ˈpæləs] n palais m.

palatable [ˈpælɪtəbl] a bon(bonne),
agréable au goût.

palate [ˈpælɪt] n palais m.

palaver [pəˈlɑːvə*] n palabres fpl or mpl ;
histoire(s) f(pl).

pale [peɪl] a pâle ; **to grow ~** pâlir ; **~
blue** a bleu pâle inv ; **~ness** n pâleur f.

Palestine [ˈpælɪstaɪn] n Palestine f ;
Palestinian [-ˈtɪnɪən] a palestinien(ne) //
n Palestinien/ne.

palette [ˈpælɪt] n palette f.

palisade [pælɪˈseɪd] n palissade f.

pall [pɔːl] n (of smoke) voile m// vi: **to ~
(on)** devenir lassant (pour).

pallid [ˈpælɪd] a blême.

pally [ˈpælɪ] a (col) copain(copine).

palm [pɑːm] n (ANAT) paume f ; (also: **~
tree**) palmier m ; (leaf, symbol) palme f //
vt: **to ~ sth off on sb** (col) refiler qch
à qn ; **~ist** n chiromancien/ne ; **P~
Sunday** n le dimanche des Rameaux.

palpable [ˈpælpəbl] a évident(e),
manifeste.

palpitation [pælpɪˈteɪʃən] n palpitation(s)
f(pl).

paltry [ˈpɔːltrɪ] a dérisoire ; piètre.

pamper [ˈpæmpə*] vt gâter, dorloter.

pamphlet [ˈpæmflət] n brochure f.

pan [pæn] n (also: **sauce~**) casserole f ;
(also: **frying ~**) poêle f ; (of lavatory)
cuvette f // vi (CINEMA) faire un
panoramique.

panacea [pænəˈsɪə] n panacée f.

Panama [ˈpænəmɑː] n Panama m ; **~
canal** n canal m de Panama.

pancake [ˈpænkeɪk] n crêpe f.

panda [ˈpændə] n panda m ; **~ car** n ≈
voiture f pie inv.

pandemonium [pændɪˈməʊnɪəm] n tohu-
bohu m.

pander [ˈpændə*] vi: **to ~ to** flatter
bassement ; obéir servilement à.

pane [peɪn] n carreau m (de fenêtre).

panel [ˈpænl] n (of wood, cloth etc) panneau
m ; (RADIO, TV) panel m ; invités mpl, experts
mpl ; **~ling, ~ing** (US) n boiseries fpl.

pang [pæŋ] n: **~s of remorse** pincements
mpl de remords ; **~s of
hunger/conscience** tiraillements mpl
d'estomac/de la conscience.

panic [ˈpænɪk] n panique f, affolement m
// vi s'affoler, paniquer ; **~ky** a (person)
qui panique or s'affole facilement.

pannier [ˈpænɪə*] n (on animal) bât m ; (on
bicycle) sacoche f.

panorama [pænəˈrɑːmə] n panorama m ;
panoramic a panoramique.

pansy [ˈpænzɪ] n (BOT) pensée f ; (col)
tapette f, pédé m.

pant [pænt] vi haleter // n: see pants.

pantechnicon [pænˈteknɪkən] n (grand)
camion de déménagement.

panther [ˈpænθə*] n panthère f.

panties [ˈpæntɪz] npl slip m, culotte f.

pantomime [ˈpæntəmaɪm] n spectacle m
de Noël.

pantry [ˈpæntrɪ] n garde-manger m inv ;
(room) office f or m.

pants [pænts] n (woman's) culotte f, slip
m ; (man's) slip, caleçon m ; (US: trousers)
pantalon m.

papacy [ˈpeɪpəsɪ] n papauté f.

papal [ˈpeɪpəl] a papal(e), pontifical(e).

paper [ˈpeɪpə*] n papier m ; (also: **wall~**)
papier peint ; (also: **news~**) journal m ;
(study, article) article m ; (exam) épreuve
écrite // a en or de papier // vt tapisser
(de papier peint) ; **(identity) ~s** npl
papiers (d'identité) ; **~back** n livre m de
poche ; livre broché or non relié // a:
~back edition édition brochée ; **~ bag** n
sac m en papier ; **~ clip** n trombone m ;
~ hankie n mouchoir m en papier ; **~ mill**
n papeterie f ; **~weight** n presse-papiers
m inv ; **~work** n paperasserie f.

papier-mâché [ˈpæpjeɪˈmæʃeɪ] n papier
mâché.

paprika [ˈpæprɪkə] n paprika m.

par [pɑː*] n pair m ; (GOLF) normale f du
parcours ; **on a ~ with** à égalité avec, au
même niveau que.

parable [ˈpærəbl] n parabole f (REL).

parabola [pəˈræbələ] n parabole f (MATH).

parachute [ˈpærəʃuːt] n parachute m //
vi sauter en parachute ; **~ jump** n saut
m en parachute.

parade [pəˈreɪd] n défilé m ; (inspection)
revue f ; (street) boulevard m // vt (fig)
faire étalage de // vi défiler.

paradise [ˈpærədaɪs] n paradis m.

paradox [ˈpærədɔks] n paradoxe m ;
~ical [-ˈdɔksɪkl] a paradoxal(e).

paraffin [ˈpærəfɪn] n: **~ (oil)** pétrole
(lampant) ; **liquid ~** huile f de paraffine.

paragraph [ˈpærəgrɑːf] n paragraphe m.

parallel [ˈpærəlɛl] a parallèle ; (fig)
analogue // n (line) parallèle f ; (fig, GEO)
parallèle m.

paralysis [pəˈrælɪsɪs] n paralysie f.

paralytic [pærəˈlɪtɪk] a paralysé(e) ;
paralysant(e).

paralyze [ˈpærəlaɪz] vt paralyser.

paramount [ˈpærəmaʊnt] a: **of ~
importance** de la plus haute or grande
importance.

paranoia [pærəˈnɔɪə] n paranoia f.

paraphernalia [pærəfəˈneɪlɪə] n attirail
m, affaires fpl.

paraphrase [ˈpærəfreɪz] vt paraphraser.

paraplegic [pærəˈpliːdʒɪk] n paraplégique
m/f.

parasite [ˈpærəsaɪt] n parasite m.

paratrooper [ˈpærətruːpə*] n
parachutiste m (soldat).

parcel [ˈpɑːsl] n paquet m, colis m // vt

(also: ~ **up**) empaqueter; ~ **post** n
service m de colis postaux.
parch [pɑːʃ] vt dessécher; **~ed** a (person)
asoiffé(e).
parchment ['pɑːtʃmənt] n parchemin m.
pardon ['pɑːdn] n pardon m; grâce f //
vt pardonner à; (LAW) gracier; ~!
pardon!; ~ **me!** excusez-moi!; **I beg your
~!** pardon!, je suis désolé!; **I beg your
~?** pardon?
parent ['pɛərənt] n père m or mère f; **~s**
npl parents mpl; **~al** [pə'rɛntl] a
parental(e), des parents.
parenthesis, pl parentheses
[pə'rɛnθɪsɪs, -siːz] n parenthèse f.
Paris ['pærɪs] n Paris.
parish ['pærɪʃ] n paroisse f; (civil) ≈
commune f // a paroissial(e); **~ioner**
[pə'rɪʃənə*] n paroissien/ne.
Parisian [pə'rɪzɪən] a parisien(ne) // n
Parisien/ne.
parity ['pærɪtɪ] n parité f.
park [pɑːk] n parc m, jardin public // vt
garer // vi se garer; **~ing** n
stationnement m; **~ing lot** n (US) parking
m, parc m de stationnement; **~ing meter**
n parcomètre m; **~ing place** n place f de
stationnement.
parliament ['pɑːləmənt] n parlement m;
~ary [-'mɛntərɪ] a parlementaire.
parlour, parlor (US) ['pɑːlə*] n salon m.
parochial [pə'rəukɪəl] a paroissial(e);
(pej) à l'esprit de clocher.
parody ['pærədɪ] n parodie f.
parole [pə'rəul] n: **on ~** en liberté
conditionnelle.
parquet ['pɑːkeɪ] n: **~ floor(ing)** parquet
m.
parrot ['pærət] n perroquet m; **~ fashion**
ad comme un perroquet.
parry ['pærɪ] vt esquiver, parer à.
parsimonious [pɑːsɪ'məunɪəs] a
parcimonieux(euse).
parsley ['pɑːslɪ] n persil m.
parsnip ['pɑːsnɪp] n panais m.
parson ['pɑːsn] n ecclésiastique m;
(Church of England) pasteur m.
part [pɑːt] n partie f; (of machine) pièce
f; (THEATRE etc) rôle m; (MUS) voix f; partie
// a partiel(le) // ad = **partly** // vt
séparer // vi (people) se séparer; (roads)
se diviser; **to take ~ in** participer à,
prendre part à; **on his ~** de sa part; **for
my ~** en ce qui me concerne; **for the
most ~** en grande partie; dans la plupart
des cas; **to ~ with** vt fus se séparer de;
se défaire de; (take leave) quitter, prendre
congé de; **in ~ exchange** en reprise.
partial ['pɑːʃl] a partiel(le); (unjust)
partial(e); **to be ~ to** aimer, avoir un
faible pour; **~ly** ad en partie,
partiellement; partiellement.
participate [pɑː'tɪsɪpeɪt] vi: **to ~ (in)**
participer (à), prendre part (à);
participation [-'peɪʃən] n participation f.
participle ['pɑːtɪsɪpl] n participe m.
particle ['pɑːtɪkl] n particule f.
particular [pə'tɪkjulə*] a particulier(ère);
spécial(e); (detailed) détaillé(e); (fussy)
difficile; méticuleux(euse); **~s** npl détails
mpl; (information) renseignements mpl;

~ly ad particulièrement; en particulier.
parting ['pɑːtɪŋ] n séparation f; (in hair)
raie f // a d'adieu.
partisan [pɑːtɪ'zæn] n partisan/e // a
partisan(e); de parti.
partition [pɑː'tɪʃən] n (POL) partition f,
division f; (wall) cloison f.
partly ['pɑːtlɪ] ad en partie, partiellement.
partner ['pɑːtnə*] n (COMM) associé/e;
(SPORT) partenaire m/f; (at dance)
cavalier/ère // vt être l'associé or le
partenaire or le cavalier de; **~ship** n
association f.
partridge ['pɑːtrɪdʒ] n perdrix f.
part-time ['pɑːt'taɪm] a,ad à mi-temps, à
temps partiel.
party ['pɑːtɪ] n (POL) parti m; (team) équipe
f; groupe m; (LAW) partie f; (celebration)
réception f; soirée f; fête f.
pass [pɑːs] vt (time, object) passer; (place)
passer devant; (car, friend) croiser; (exam)
être reçu(e) à, réussir; (candidate)
admettre; (overtake, surpass) dépasser;
(approve) approuver, accepter // vi
passer; (SCOL) être reçu(e) or admis(e),
réussir // n (permit) laissez-passer m inv;
carte f d'accès or d'abonnement; (in
mountains) col m; (SPORT) passe f; (SCOL:
also: ~ **mark**): **to get a ~** être reçu(e)
(sans mention); **to ~ sth through a ring**
etc (faire) passer qch dans un anneau etc;
could you ~ the vegetables round?
pourriez-vous faire passer les légumes?;
to ~ away vi mourir; **to ~ by** vi passer
// vt négliger; **to ~ for** passer pour; **to
~ out** vi s'évanouir; **~able** a (road)
praticable; (work) acceptable.
passage ['pæsɪdʒ] n (also: ~ **way**) couloir
m; (gen, in book) passage m; (by boat)
traversée f.
passenger ['pæsɪndʒə*] n passager/ère.
passer-by [pɑːsə'baɪ] n passant/e.
passing ['pɑːsɪŋ] a (fig) passager(ère); **in
~** en passant.
passion ['pæʃən] n passion f; amour m;
to have a ~ for sth avoir la passion de
qch; **~ate** a passionné(e).
passive ['pæsɪv] a (also LING) passif(ive).
Passover ['pɑːsəuvə*] n Pâque (juive).
passport ['pɑːspɔːt] n passeport m.
password ['pɑːswɜːd] n mot m de passe.
past [pɑːst] prep (further than) au delà de,
plus loin que; après; (later than) après // a
passé(e); (president etc) ancien(ne) // n
passé m; **he's ~ forty** il a dépassé la
quarantaine, il a plus de or passé quarante
ans; **it's ~ midnight** il est plus de minuit,
il est passé minuit; **for the ~ few/3 days**
depuis quelques/3 jours; ces derniers/3
derniers jours; **to run ~** passer en
courant; **he ran ~ me** il m'a dépassé en
courant; il a passé devant moi en courant.
pasta ['pæstə] n pâtes fpl.
paste [peɪst] n (glue) colle f (de pâte);
(jewellery) strass m; (CULIN) pâté m (à
tartiner); pâte f // vt coller.
pastel ['pæstl] a pastel inv.
pasteurized ['pæstəraɪzd] a pasteurisé(e).
pastille ['pæstl] n pastille f.
pastime ['pɑːstaɪm] n passe-temps m inv,
distraction f.

pastoral ['pɑːstərl] a pastoral(e).

pastry ['peɪstrɪ] n pâte f; (cake) pâtisserie f.

pasture ['pɑːstʃə*] n pâturage m.

pasty n ['pæstɪ] petit pâté (en croûte) // a ['peɪstɪ] pâteux(euse); (complexion) terreux(euse).

pat [pæt] vt donner une petite tape à // n: **a ~ of butter** une noisette de beurre.

patch [pætʃ] n (of material) pièce f; (spot) tache f; (of land) parcelle f // vt (clothes) rapiécer; **a bad ~** une période difficile; **to ~ up** vt réparer; **~work** n patchwork m; **~y** a inégal(e).

pate [peɪt] n: **a bald ~** un crâne chauve or dégarni.

pâté ['pæteɪ] n pâté m, terrine f.

patent ['peɪtnt] n brevet m (d'invention) // vt faire breveter // a patent(e), manifeste; **~ leather** n cuir verni; **~ medicine** n spécialité f pharmaceutique.

paternal [pə'tə:nl] a paternel(le).

paternity [pə'tə:nɪtɪ] n paternité f.

path [pɑ:θ] n chemin m, sentier m; allée f; (of planet) course f; (of missile) trajectoire f.

pathetic [pə'θɛtɪk] a (pitiful) pitoyable; (very bad) lamentable, minable; (moving) pathétique.

pathologist [pə'θɔlədʒɪst] n pathologiste m/f.

pathology [pə'θɔlədʒɪ] n pathologie f.

pathos ['peɪθɔs] n pathétique m.

pathway ['pɑ:θweɪ] n chemin m, sentier m.

patience ['peɪʃns] n patience f; (CARDS) réussite f.

patient ['peɪʃnt] n patient/e; malade m/f // a patient(e) // **~ly** ad patiemment.

patio ['pætɪəu] n patio m.

patriotic [pætrɪ'ɔtɪk] a patriotique; (person) patriote.

patrol [pə'trəul] n patrouille f // vt patrouiller dans; **~ car** n voiture f de police; **~man** n (US) agent m de police.

patron ['peɪtrən] n (in shop) client/e; (of charity) patron/ne; **~ of the arts** mécène m; **~age** ['pætrənɪdʒ] n patronage m, appui m; **~ize** ['pætrənaɪz] vt être (un) client or un habitué de; (fig) traiter avec condescendance; **~ saint** n saint(e) patron(ne).

patter ['pætə*] n crépitement m, tapotement m; (sales talk) boniment m // vi crépiter, tapoter.

pattern ['pætən] n modèle m; (SEWING) patron m; (design) motif m; (sample) échantillon m.

paunch [pɔ:ntʃ] n gros ventre, bedaine f.

pauper ['pɔ:pə*] n indigent/e; **~'s grave** n fosse commune.

pause [pɔ:z] n pause f, arrêt m; (MUS) silence m // vi faire une pause, s'arrêter.

pave [peɪv] vt paver, daller; **to ~ the way for** ouvrir la voie à.

pavement ['peɪvmənt] n (Brit) trottoir m.

pavilion [pə'vɪlɪən] n pavillon m; tente f.

paving ['peɪvɪŋ] n pavage m, dallage m; **~ stone** n pavé m.

paw [pɔ:] n patte f // vt donner un coup de patte à; (subj: person: pej) tripoter.

pawn [pɔ:n] n gage m; (CHESS, also fig) pion m // vt mettre en gage; **~broker** n prêteur m sur gages; **~shop** n mont-de-piété m.

pay [peɪ] n salaire m; paie f // vb (pt,pp **paid** [peɪd]) vt payer // vi payer; (be profitable) être rentable; **to ~ attention (to)** prêter attention (à); **to ~ back** vt rembourser; **to ~ for** vt payer; **to ~ in** vt verser; **to ~ up** vt régler; **~able** a payable; **~ day** n jour m de paie; **~ee** n bénéficiaire m/f; **~ing** a payant(e); **~ment** n paiement m; règlement m; versement m; **~ packet** n paie f; **~roll** n registre m du personnel; **~ slip** n bulletin m de paie.

p.c. abbr of **per cent**.

pea [pi:] n (petit) pois.

peace [pi:s] n paix f; (calm) calme m, tranquillité f; **~able** a paisible; **~ful** a paisible, calme; **~keeping** n maintien m de la paix; **~ offering** n gage m de réconciliation.

peach [pi:tʃ] n pêche f.

peacock ['pi:kɔk] n paon m.

peak [pi:k] n (mountain) pic m, cime f; (fig: highest level) maximum m; (: of career, fame) apogée m; **~ period** n période f de pointe.

peal [pi:l] n (of bells) carillon m; **~s of laughter** éclats mpl de rire.

peanut ['pi:nʌt] n arachide f, cacahuète f; **~ butter** n beurre m de cacahuète.

pear [pɛə*] n poire f.

pearl [pə:l] n perle f.

peasant ['pɛznt] n paysan/ne.

peat [pi:t] n tourbe f.

pebble ['pɛbl] n galet m, caillou m.

peck [pɛk] vt (also: **~ at**) donner un coup de bec à; (food) picorer // n coup m de bec; (kiss) bécot m; **~ing order** n ordre m des préséances; **~ish** a (col): **I feel ~ish** je mangerais bien quelque chose, j'ai la dent.

peculiar [pɪ'kju:lɪə*] a étrange, bizarre, curieux(euse); particulier(ère); **~ to** particulier à; **~ity** [pɪkju:lɪ'ærɪtɪ] n particularité f; (oddity) bizarrerie f.

pecuniary [pɪ'kju:nɪərɪ] a pécuniaire.

pedal ['pɛdl] n pédale f // vi pédaler.

pedantic [pɪ'dæntɪk] a pédant(e).

peddle ['pɛdl] vt colporter.

pedestal ['pɛdəstl] n piédestal m.

pedestrian [pɪ'dɛstrɪən] n piéton m // a piétonnier(ère); (fig) prosaïque, terre à terre inv; **~ crossing** n passage clouté m.

pediatrics [pi:dɪ'ætrɪks] n (US) = **paediatrics**.

pedigree ['pɛdɪgri:] n ascendance f; (of animal) pedigree m // cpd (animal) de race.

peek [pi:k] vi jeter un coup d'œil (furtif).

peel [pi:l] n pelure f, épluchure f; (of orange, lemon) écorce f // vt peler, éplucher // vi (paint etc) s'écailler; (wallpaper) se décoller; **~ings** npl pelures fpl, épluchures fpl.

peep [pi:p] n (look) coup d'œil furtif; (sound) pépiement m // vi jeter un coup d'œil (furtif); **to ~ out** vi se montrer (furtivement); **~hole** n judas m.

peer [pɪə*] vi: to ~ at regarder attentivement, scruter // n (noble) pair m; (equal) pair m, égal/e; ~age n pairie f; ~less n incomparable, sans égal.

peeved [pi:vd] a irrité(e), ennuyé(e).

peevish ['pi:vɪʃ] a grincheux(euse), maussade.

peg [pɛg] n cheville f; (for coat etc) patère f; (also: **clothes** ~) pince f à linge; **off the** ~ ad en prêt-à-porter.

pejorative [pɪ'dʒɔrətɪv] a péjoratif(ive).

pekingese [pi:kɪ'ni:z] n pékinois m.

pelican ['pɛlɪkən] n pélican m.

pellet ['pɛlɪt] n boulette f; (of lead) plomb m.

pelmet ['pɛlmɪt] n cantonnière f; lambrequin m.

pelt [pɛlt] vt: to ~ sb (with) bombarder qn (de) // vi (rain) tomber à seaux // n peau f.

pelvis ['pɛlvɪs] n bassin m.

pen [pɛn] n (for writing) stylo m; (for sheep) parc m.

penal ['pi:nl] a pénal(e); ~ize vt pénaliser; (fig) désavantager; ~ servitude n travaux forcés.

penalty ['pɛnltɪ] n pénalité f; sanction f; (fine) amende f; (SPORT) pénalisation f; ~ (kick) n (FOOTBALL) penalty m.

penance ['pɛnəns] n pénitence f.

pence [pɛns] npl of **penny**.

pencil ['pɛnsl] n crayon m // vt: to ~ sth in noter qch au crayon; ~ sharpener n taille-crayon(s) m inv.

pendant ['pɛndnt] n pendentif m.

pending ['pɛndɪŋ] prep en attendant // a en suspens.

pendulum ['pɛndjuləm] n pendule m; (of clock) balancier m.

penetrate ['pɛnɪtreɪt] vt pénétrer dans; pénétrer; **penetrating** a pénétrant(e); **penetration** [-'treɪʃən] n pénétration f.

penfriend ['pɛnfrɛnd] n correspondant/e.

penguin ['pɛŋgwɪn] n pingouin m.

penicillin [pɛnɪ'sɪlɪn] n pénicilline f.

peninsula [pə'nɪnsjulə] n péninsule f.

penis ['pi:nɪs] n pénis m, verge f.

penitence ['pɛnɪtns] n repentir m.

penitent ['pɛnɪtnt] a repentant(e).

penitentiary [pɛnɪ'tɛnʃərɪ] n (US) prison f.

penknife ['pɛnnaɪf] n canif m.

pennant ['pɛnənt] n flamme f, banderole f.

penniless ['pɛnɪlɪs] a sans le sou.

penny, pl **pennies** or **pence** ['pɛnɪ, 'pɛnɪz, pɛns] n penny m (pl pennies) (new: 100 in a pound; old: 12 in a shilling; on tend à employer 'pennies' ou 'two-pence piece' etc pour les pièces, 'pence' pour la valeur).

pension ['pɛnʃən] n retraite f; (MIL) pension f; ~**able** a qui a droit à une retraite; ~**er** n retraité/e; ~ **fund** n caisse f de retraite.

pensive ['pɛnsɪv] a pensif(ive).

pentagon ['pɛntəgən] n pentagone m.

Pentecost ['pɛntɪkɔst] n Pentecôte f.

penthouse ['pɛnthaus] n appartement m (de luxe) en attique.

pent-up ['pɛntʌp] a (feelings) refoulé(e).

penultimate [pɛ'nʌltɪmət] a pénultième, avant-dernier(ère).

people ['pi:pl] npl gens mpl; personnes fpl; (citizens) peuple m // n (nation, race) peuple m // vt peupler; 4/**several** ~ came 4/plusieurs personnes sont venues; **the room was full of** ~ la salle était pleine de monde or de gens; ~ **say that...** on dit or les gens disent que.

pep [pɛp] n (col) entrain m, dynamisme m; to ~ up vt remonter.

pepper ['pɛpə*] n poivre m; (vegetable) poivron m // vt poivrer; ~**mint** n (plant) menthe poivrée; (sweet) pastille f de menthe.

peptalk ['pɛptɔ:k] n (col) (petit) discours d'encouragement.

per [pə:*] prep par; ~ **hour** (miles etc) à l'heure; (fee) (de) l'heure; ~ **kilo** etc le kilo etc; ~ **day/person** par jour/personne; ~ **cent** pour cent; ~ **annum** par an.

perceive [pə'si:v] vt percevoir; (notice) remarquer, s'apercevoir de.

percentage [pə'sɛntɪdʒ] n pourcentage m.

perceptible [pə'sɛptɪbl] a perceptible.

perception [pə'sɛpʃən] n perception f; sensibilité f; perspicacité f.

perceptive [pə'sɛptɪv] a pénétrant(e); perspicace.

perch [pə:tʃ] n (fish) perche f; (for bird) perchoir m // vi (se) percher.

percolator ['pə:kəleɪtə*] n percolateur m; cafetière f électrique.

percussion [pə'kʌʃən] n percussion f.

peremptory [pə'rɛmptərɪ] a péremptoire.

perennial [pə'rɛnɪəl] a perpétuel(le); (BOT) vivace // n plante f vivace.

perfect a,n ['pə:fɪkt] a parfait(e) // n (also: ~ **tense**) parfait m // vt [pə'fɛkt] parfaire; mettre au point; ~**ion** [-'fɛkʃən] n perfection f; ~**ionist** n perfectionniste m/f; ~**ly** ad parfaitement.

perforate ['pə:fəreɪt] vt perforer, percer; **perforation** [-'reɪʃən] n perforation f; (line of holes) pointillé m.

perform [pə'fɔ:m] vt (carry out) exécuter, remplir; (concert etc) jouer, donner // vi jouer; ~**ance** n représentation f, spectacle m; (of an artist) interprétation f; (of player etc) prestation f; (of car, engine) performance f; ~**er** n artiste m/f; ~**ing** a (animal) savant(e).

perfume ['pə:fju:m] n parfum m // vt parfumer.

perfunctory [pə'fʌŋktərɪ] a négligent(e), pour la forme.

perhaps [pə'hæps] ad peut-être; ~ **he'll...** peut-être qu'il... .

peril ['pɛrɪl] n péril m; ~**ous** a périlleux(euse).

perimeter [pə'rɪmɪtə*] n périmètre m; ~ **wall** n mur m d'enceinte.

period ['pɪərɪəd] n période f; (HISTORY) époque f; (SCOL) cours m; (full stop) point m; (MED) règles fpl // a (costume, furniture) d'époque; ~**ic** [-'ɔdɪk] a périodique; ~**ical** [-'ɔdɪk] a périodique // n périodique m; ~**ically** [-'ɔdɪklɪ] ad périodiquement.

peripheral [pə'rɪfərəl] a périphérique.
periphery [pə'rɪfərɪ] n périphérie f.
periscope ['pərɪskəup] n périscope m.
perish ['pɛrɪʃ] vi périr, mourir ; (decay) se détériorer ; ~**able** a périssable ; ~**ing** a (col: cold) glacial(e).
perjure ['pə:dʒə*] vt: **to ~ o.s.** se parjurer ; **perjury** n (LAW: in court) faux témoignage ; (breach of oath) parjure m.
perk [pə:k] n avantage m, à-côté m ; **to ~ up** vi (cheer up) se ragaillardir ; ~**y** a (cheerful) guilleret(te), gai(e).
perm [pə:m] n (for hair) permanente f.
permanence ['pə:mənəns] n permanence f.
permanent ['pə:mənənt] a permanent(e) ; ~**ly** ad de façon permanente.
permeable ['pə:mɪəbl] a perméable.
permeate ['pə:mɪeɪt] vi s'infiltrer // vt s'infiltrer dans ; pénétrer.
permissible [pə'mɪsɪbl] a permis(e), acceptable.
permission [pə'mɪʃən] n permission f, autorisation f.
permissive [pə'mɪsɪv] a tolérant(e) ; **the ~ society** la société de tolérance.
permit n [pə'mɪt] permis m // vt [pə'mɪt] permettre ; **to ~ sb to do** autoriser qn à faire, permettre à qn de faire.
permutation [pə:mju'teɪʃən] n permutation f.
pernicious [pə:'nɪʃəs] a pernicieux(euse), nocif(ive).
pernickety [pə'nɪkɪtɪ] a pointilleux(euse), tatillon(ne).
perpendicular [pə:pən'dɪkjulə*] a,n perpendiculaire (f).
perpetrate ['pə:pɪtreɪt] vt perpétrer, commettre.
perpetual [pə'pɛtjuəl] a perpétuel(le).
perpetuate [pə'pɛtjueɪt] vt perpétuer.
perpetuity [pə:pɪ'tju:ɪtɪ] n: **in ~** à perpétuité.
perplex [pə'plɛks] vt rendre perplexe ; (complicate) embrouiller.
persecute ['pə:sɪkju:t] vt persécuter ; **persecution** [-'kju:ʃən] n persécution f.
persevere [pə:sɪ'vɪə*] vi persévérer.
Persian ['pə:ʃən] a persan(e) // n (LING) persan m ; **the (~) Gulf** n le golfe Persique.
persist [pə'sɪst] vi: **to ~ (in doing)** persister (à faire), s'obstiner (à faire) ; ~**ence** n persistance f, obstination f ; opiniâtreté f ; ~**ent** a persistant(e), tenace.
person ['pə:sn] personne f ; ~**able** a de belle prestance, au physique attrayant ; ~**al** a personnel(le) ; individuel(le) ; ~**al assistant (P.A.)** n secrétaire privé/e ; ~**al call** (TEL) communication f avec préavis ; ~**ality** [-'nælɪtɪ] n personnalité f ; ~**ally** ad personnellement ; ~**ify** [-'sɔnɪfaɪ] vt personnifier.
personnel [pə:sə'nɛl] n personnel m ; ~ **manager** n chef m du personnel.
perspective [pə'spɛktɪv] n perspective f.
perspex ['pə:spɛks] n sorte de plexiglas.
perspicacity [pə:spɪ'kæsɪtɪ] n perspicacité f.
perspiration [pə:spɪ'reɪʃən] n transpiration f.

perspire [pə'spaɪə*] vi transpirer.
persuade [pə'sweɪd] vt persuader.
persuasion [pə'sweɪʒən] n persuasion f.
persuasive [pə'sweɪsɪv] a persuasif(ive).
pert [pə:t] a (brisk) sec(sèche), brusque ; (bold) effronté(e), impertinent(e).
pertaining [pə:'teɪnɪŋ]: ~ **to** prep relatif(ive) à.
pertinent ['pə:tɪnənt] a pertinent(e).
perturb [pə'tə:b] vt perturber ; inquiéter.
Peru [pə'ru:] n Pérou m.
perusal [pə'ru:zl] n lecture (attentive).
Peruvian [pə'ru:vjən] a péruvien(ne) // n Péruvien/ne.
pervade [pə'veɪd] vt se répandre dans, envahir.
perverse [pə'və:s] a pervers(e) ; (stubborn) entêté(e), contrariant(e).
perversion [pə'və:ʃn] n perversion f.
perversity [pə'və:sɪtɪ] n perversité f.
pervert n ['pə:və:t] perverti/e // vt [pə'və:t] pervertir.
pessimism ['pɛsɪmɪzəm] n pessimisme m.
pessimist ['pɛsɪmɪst] n pessimiste m/f ; ~**ic** [-'mɪstɪk] a pessimiste.
pest [pɛst] n animal m (or insecte m) nuisible ; (fig) fléau m.
pester ['pɛstə*] vt importuner, harceler.
pesticide ['pɛstɪsaɪd] n pesticide m.
pestle ['pɛsl] n pilon m.
pet [pɛt] n animal familier ; (favourite) chouchou m // vt choyer // vi (col) se peloter ; ~ **lion** lion apprivoisé.
petal ['pɛtl] n pétale m.
peter ['pi:tə*]: **to ~ out** vi s'épuiser ; s'affaiblir.
petite [pə'ti:t] a menu(e).
petition [pə'tɪʃən] n pétition f // vt adresser une pétition à.
petrified ['pɛtrɪfaɪd] a (fig) mort(e) de peur.
petrify ['pɛtrɪfaɪ] vt pétrifier.
petrol ['pɛtrəl] n (Brit) essence f ; ~ **engine** n moteur m à essence.
petroleum [pə'trəuliəm] n pétrole m.
petrol: ~ **pump** n (in car, at garage) pompe f à essence ; ~ **station** n station-service f ; ~ **tank** n réservoir m d'essence.
petticoat ['pɛtɪkəut] n jupon m.
pettifogging ['pɛtɪfɔgɪŋ] a chicanier(ère).
pettiness ['pɛtɪnɪs] n mesquinerie f.
petty ['pɛtɪ] a (mean) mesquin(e) ; (unimportant) insignifiant(e), sans importance ; ~ **cash** n menue monnaie ; ~ **officer** n second-maître m.
petulant ['pɛtjulənt] a irritable.
pew [pju:] n banc m (d'église).
pewter ['pju:tə*] n étain m.
phallic ['fælɪk] a phallique.
phantom ['fæntəm] n fantôme m ; (vision) fantasme m.
Pharaoh ['fɛərəu] n pharaon m.
pharmacist ['fɑ:məsɪst] n pharmacien/ne.
pharmacy ['fɑ:məsɪ] n pharmacie f.
phase [feɪz] n phase f, période f // vt: **to ~ sth in/out** introduire/supprimer qch progressivement.
Ph.D. (abbr = Doctor of Philosophy) title ≈ Docteur m en Droit or Lettres etc // n ≈ doctorat m ; titulaire m d'un doctorat.

pheasant ['feznt] n faisan m.
phenomenon, pl **phenomena**
[fə'nɔminən, -nə] n phénomène m.
phew [fju:] excl ouf!
phial ['faiəl] n fiole f.
philanderer [fi'lændərə*] n don Juan m.
philanthropic [filən'θrɔpık] a philan-
thropique.
philanthropist [fi'lænθrəpıst] n philan-
thrope m/f.
philatelist [fi'lætəlıst] n philatéliste m/f.
philately [fi'lætəlı] n philatélie f.
Philippines ['filıpi:nz] npl (also:
Philippine Islands) Philippines fpl.
philosopher [fi'lɔsəfə*] n philosophe m.
philosophical [filə'sɔfıkl] a philosophi-
que.
philosophy [fi'lɔsəfı] n philosophie f.
phlegm [flɛm] n flegme m; ~**atic**
[flɛg'mætık] a flegmatique.
phobia ['fəubjə] n phobie f.
phone [fəun] n téléphone m // vt
téléphoner; **to be on the** ~ avoir le
téléphone; (be calling) être au téléphone;
to ~ **back** vt,vi rappeler.
phonetics [fə'nɛtıks] n phonétique f.
phoney ['fəunı] a faux(fausse), factice //
n (person) charlatan m; fumiste m/f.
phonograph ['fəunəgra:f] n (US)
électrophone m.
phony ['fəunı] a,n = **phoney**.
phosphate ['fɔsfeıt] n phosphate m.
phosphorus ['fɔsfərəs] n phosphore m.
photo ['fəutəu] n photo f.
photo... ['fəutəu] prefix: ~**copier** n
machine f à photocopier; ~**copy** n
photocopie f // vt photocopier; ~**electric**
a photoélectrique; ~**genic** [-'dʒɛnık] a
photogénique; ~**graph** n photographie f
// vt photographier; ~**grapher**
[fə'tɔgrəfə*] n photographe m/f;
~**graphic** [-'græfık] a photographique;
~**graphy** [fə'tɔgrəfı] n photographie f;
~**stat** ['fəutəustæt] n photocopie f,
photostat m.
phrase [freız] n expression f; (LING)
locution f // vt exprimer; ~**book** n recueil
m d'expressions (pour touristes).
physical ['fızıkl] a physique; ~**ly** ad
physiquement.
physician [fi'zıʃən] n médecin m.
physicist ['fızısıst] n physicien/ne.
physics ['fızıks] n physique f.
physiology [fızı'ɔlədʒı] n physiologie f.
physiotherapist [fızıəu'θɛrəpıst] n
kinésithérapeute m/f.
physiotherapy [fızıəu'θɛrəpı] n
kinésithérapie f.
physique [fi'zi:k] n physique m;
constitution f.
pianist ['pi:ənıst] n pianiste m/f.
piano [pı'ænəu] n piano m.
piccolo ['pıkələu] n piccolo m.
pick [pık] n (tool: also: ~**-axe**) pic m,
pioche f // vt choisir; (gather) cueillir;
take your ~ faites votre choix; **the** ~
of le(la) meilleur(e) de; **to** ~ **a bone**
ronger un os; **to** ~ **one's teeth** se curer
les dents; **to** ~ **pockets** pratiquer le vol
à la tire; **to** ~ **on** vt fus (person) harceler;
to ~ **out** vt choisir; (distinguish)

distinguer; **to** ~ **up** vi (improve) remonter,
s'améliorer // vt ramasser; (telephone)
décrocher; (collect) passer prendre;
(learn) apprendre; **to** ~ **up speed** prendre
de la vitesse; **to** ~ **o.s. up** se relever.
picket ['pıkıt] n (in strike) gréviste m/f
participant à un piquet de grève; piquet
m de grève // vt mettre un piquet de grève
devant; ~ **line** n piquet m de grève.
pickle ['pıkl] n (also: ~**s**: as condiment)
pickles mpl // vt conserver dans du
vinaigre ou dans de la saumure.
pick-me-up ['pıkmi:ʌp] n remontant m.
pickpocket ['pıkpɔkıt] n pickpocket m.
pickup ['pıkʌp] n (on record player) bras
m pick-up; (small truck) pick-up m inv.
picnic ['pıknık] n pique-nique m // vi
pique-niquer; ~**ker** n pique-niqueur/euse.
pictorial [pık'tɔ:rıəl] a illustré(e).
picture ['pıktʃə*] n image f; (painting)
peinture f, tableau m; (photograph)
photo(graphie) f; (drawing) dessin m;
(film) film m // vt se représenter;
(describe) dépeindre, représenter; **the** ~**s**
le cinéma m; ~**book** n livre m d'images.
picturesque [pıktʃə'rɛsk] a pittoresque.
picture window ['pıktʃəwındəu] n baie
vitrée, fenêtre f panoramique.
piddling ['pıdlıŋ] a (col) insignifiant(e).
pidgin ['pıdʒın] a: ~ **English** n pidgin m.
pie [paı] n tourte f; (of meat) pâté m en
croûte.
piebald ['paıbɔ:ld] a pie inv.
piece [pi:s] n morceau m; (of land) parcelle
f; (item): **a** ~ **of furniture/advice** un
meuble/conseil // vt: **to** ~ **together**
rassembler; **in** ~**s** (broken) en morceaux,
en miettes; (not yet assembled) en pièces
détachées; **to take to** ~**s** démonter;
~**meal** ad par bouts; ~**work** n travail m
aux pièces.
pier [pıə*] n jetée f; (of bridge etc) pile f.
pierce [pıəs] vt percer, transpercer.
piercing ['pıəsıŋ] a (cry) perçant(e).
piety ['paıətı] n piété f.
piffling ['pıflıŋ] a insignifiant(e).
pig [pıg] n cochon m, porc m.
pigeon ['pıdʒən] n pigeon m; ~**hole** n
casier m; ~**toed** a marchant les pieds en
dedans.
piggy bank ['pıgıbæŋk] n tirelire f.
pigheaded ['pıg'hɛdıd] a entêté(e), têtu(e).
piglet ['pıglıt] n petit cochon, porcelet m.
pigment ['pıgmənt] n pigment m; ~**ation**
[-'teıʃən] n pigmentation f.
pigmy ['pıgmı] n = **pygmy**.
pigsty ['pıgstaı] n porcherie f.
pigtail ['pıgteıl] n natte f, tresse f.
pike [paık] n (spear) pique f; (fish) brochet
m.
pilchard ['pıltʃəd] n pilchard m (sorte de
sardine).
pile [paıl] n (pillar, of books) pile f; (heap)
tas m; (of carpet) épaisseur f // vb (also:
~ **up**) vt empiler, entasser // vi s'entasser.
piles [paılz] n hémorroïdes fpl.
pileup ['paılʌp] n (AUT) télescopage m,
collision f en série.
pilfer ['pılfə*] vt chaparder; ~**ing** n
chapardage m.

pilgrim ['pɪlgrɪm] n pèlerin m; **~age** n pèlerinage m.
pill [pɪl] n pilule f; **the ~** la pilule.
pillage ['pɪlɪdʒ] vt piller.
pillar ['pɪlə*] n pilier m; **~ box** n (Brit) boîte f aux lettres.
pillion ['pɪljən] n (of motor cycle) siège m arrière; **to ride ~** être derrière; (on horse) être en croupe.
pillory ['pɪlərɪ] n pilori m // vt mettre au pilori.
pillow ['pɪləu] n oreiller m; **~case** n taie f d'oreiller.
pilot ['paɪlət] n pilote m // cpd (scheme etc) pilote, expérimental(e) // vt piloter; **~ boat** n bateau-pilote m; **~ light** n veilleuse f.
pimp [pɪmp] n souteneur m, maquereau m.
pimple ['pɪmpl] n bouton m; **pimply** a boutonneux(euse).
pin [pɪn] n épingle f; (TECH) cheville f // vt épingler; **~s and needles** fourmis fpl; **to ~ sb against/to** clouer qn contre/à; **to ~ sb down** (fig) obliger qn à répondre.
pinafore ['pɪnəfɔ:*] n tablier m; **~ dress** n robe-chasuble f.
pincers ['pɪnsəz] npl tenailles fpl.
pinch [pɪntʃ] n pincement m; (of salt etc) pincée f // vt pincer; (col: steal) piquer, chiper // vi (shoe) serrer; **at a ~** à la rigueur.
pincushion ['pɪnkuʃən] n pelote f à épingles.
pine [paɪn] n (also: **~ tree**) pin m // vi: **to ~ for** aspirer à, désirer ardemment; **to ~ away** vi dépérir.
pineapple ['paɪnæpl] n ananas m.
ping [pɪŋ] n (noise) tintement m; **~-pong** n ® ping-pong m ®.
pink [pɪŋk] a rose // n (colour) rose m; (BOT) œillet m, mignardise f.
pin money ['pɪnmʌnɪ] n argent m de poche.
pinnacle ['pɪnəkl] n pinacle m.
pinpoint ['pɪnpɔɪnt] n pointe f d'épingle // vt indiquer (avec précision).
pinstripe ['pɪnstraɪp] n rayure très fine.
pint [paɪnt] n pinte f (= 0.56 l).
pinup ['pɪnʌp] n pin-up f inv.
pioneer [paɪə'nɪə*] n explorateur/trice; (early settler) pionnier m; (fig) pionnier m, précurseur m.
pious ['paɪəs] a pieux(euse).
pip [pɪp] n (seed) pépin m; (time signal on radio) top m.
pipe [paɪp] n tuyau m, conduite f; (for smoking) pipe f; (MUS) pipeau m // vt amener par tuyau; **~s** npl (also: **bag~s**) cornemuse f; **to ~ down** vi (col) se taire; **~ dream** n chimère f, utopie f; **~-line** n pipe-line m; **~r** n joueur/euse de pipeau (or de cornemuse); **~ tobacco** n tabac m pour la pipe.
piping ['paɪpɪŋ] ad: **~ hot** très chaud(e).
piquant ['pi:kənt] a piquant(e).
pique [pi:k] n dépit m.
piracy ['paɪərəsɪ] n piraterie f.
pirate ['paɪərət] n pirate m; **~ radio** n radio f pirate.
pirouette [pɪru'ɛt] n pirouette f // vi faire une or des pirouette(s).

Pisces ['paɪsi:z] n les Poissons mpl; **to be ~** être des Poissons.
pistol ['pɪstl] n pistolet m.
piston ['pɪstən] n piston m.
pit [pɪt] n trou m, fosse f; (also: **coal ~**) puits m de mine; (also: **orchestra ~**) fosse f d'orchestre // vt: **to ~ sb against sb** opposer qn à qn; **~s** npl (AUT) aire f de service; **to ~ o.s. against** se mesurer à.
pitch [pɪtʃ] n (throw) lancement m; (MUS) ton m; (of voice) hauteur f; (SPORT) terrain m; (NAUT) tangage m; (tar) poix f // vt (throw) lancer // vi (fall) tomber; (NAUT) tanguer; **to ~ a tent** dresser une tente; **to be ~ed forward** être projeté en avant; **~-black** a noir(e) comme poix; **~ed battle** n bataille rangée.
pitcher ['pɪtʃə*] n cruche f.
pitchfork ['pɪtʃfɔ:k] n fourche f.
piteous ['pɪtɪəs] a pitoyable.
pitfall ['pɪtfɔ:l] n trappe f, piège m.
pith [pɪθ] n (of plant) moelle f; (of orange) intérieur m de l'écorce; (fig) essence f; vigueur f.
pithead ['pɪthɛd] n bouche f de puits.
pithy ['pɪθɪ] a piquant(e); vigoureux(euse).
pitiable ['pɪtɪəbl] a pitoyable.
pitiful ['pɪtɪful] a (touching) pitoyable; (contemptible) lamentable.
pitiless ['pɪtɪlɪs] a impitoyable.
pittance ['pɪtns] n salaire m de misère.
pity ['pɪtɪ] n pitié f // vt plaindre; **what a ~!** quel dommage!; **~ing** a compatissant(e).
pivot ['pɪvət] n pivot m // vi pivoter.
pixie ['pɪksɪ] n lutin m.
placard ['plækɑ:d] n affiche f.
placate [plə'keɪt] vt apaiser, calmer.
place [pleɪs] n endroit m, lieu m; (proper position, rank, seat) place f; (house) maison f, logement m; (home): **at/to his ~** chez lui // vt (object) placer, mettre; (identify) situer; reconnaître; **to take ~** avoir lieu; se passer; **to ~ an order** passer une commande; **to be ~d** (in race, exam) se placer; **out of ~** (not suitable) déplacé(e), inopportun(e); **in the first ~** d'abord, en premier; **~ mat** n set m de table.
placid ['plæsɪd] a placide; **~ity** [plə'sɪdɪtɪ] n placidité f.
plagiarism ['pleɪdʒjərɪzm] n plagiat m.
plagiarize ['pleɪdʒjəraɪz] vt plagier.
plague [pleɪg] n fléau m; (MED) peste f.
plaice [pleɪs] n, pl inv carrelet m.
plaid [plæd] n tissu écossais.
plain [pleɪn] a (clear) clair(e), évident(e); (simple) simple, ordinaire; (frank) franc(franche); (not handsome) quelconque, ordinaire; (cigarette) sans filtre; (without seasoning etc) nature inv; (in one colour) uni(e) // ad franchement, carrément // n plaine f; **in ~ clothes** (police) en civil; **~ly** ad clairement; (frankly) carrément, sans détours; **~ness** n simplicité f.
plaintiff ['pleɪntɪf] n plaignant/e.
plait [plæt] n tresse f, natte f // vt tresser, natter.
plan [plæn] n plan m; (scheme) projet m // vt (think in advance) projeter; (prepare)

organiser // vi faire des projets ; to ~ to do projeter de faire.

plane [pleɪn] n (AVIAT) avion m ; (tree) platane m ; (tool) rabot m ; (ART, MATH etc) plan m // a plan(e), plat(e) // vt (with tool) raboter.

planet ['plænɪt] n planète f.

planetarium [plænɪ'tɛərɪəm] n planétarium m.

plank [plæŋk] n planche f ; (POL) point m d'un programme.

plankton ['plæŋktən] n plancton m.

planner ['plænə*] n planificateur/trice.

planning ['plænɪŋ] n planification f ; **family ~** planning familial.

plant [plɑːnt] n plante f ; (machinery) matériel m ; (factory) usine f // vt planter ; (colony) établir ; (bomb) déposer, poser.

plantation [plæn'teɪʃən] n plantation f.

plant pot [plɑːntpɔt] n pot m (de fleurs).

plaque [plæk] n plaque f.

plasma ['plæzmə] n plasma m.

plaster ['plɑːstə*] n plâtre m ; (also: **sticking ~**) pansement adhésif // vt plâtrer ; (cover): **to ~ with** couvrir de ; **in ~** (leg etc) dans le plâtre ; **~ed** a (col) soûl(e) ; **~er** n plâtrier m.

plastic ['plæstɪk] n plastique m // a (made of plastic) en plastique ; (flexible) plastique, malléable ; (art) plastique.

plasticine ['plæstɪsiːn] n ® pâte f à modeler.

plastic surgery ['plæstɪk'sə:dʒərɪ] n chirurgie f esthétique.

plate [pleɪt] n (dish) assiette f ; (sheet of metal, PHOT) plaque f ; (in book) gravure f ; **gold/silver ~** (dishes) vaisselle f d'or/d'argent.

plateau, ~**s** or ~**x** ['plætəu, -z] n plateau m.

plateful ['pleɪtful] n assiette f, assiettée f.

plate glass [pleɪt'glɑːs] n verre m (de vitrine).

platelayer ['pleɪtleɪə*] n (RAIL) poseur m de rails.

platform ['plætfɔːm] n (at meeting) tribune f ; (stage) estrade f ; (RAIL) quai m ; ~ **ticket** n billet m de quai.

platinum ['plætɪnəm] n platine m.

platitude ['plætɪtjuːd] n platitude f, lieu commun.

platoon [plə'tuːn] n peloton m.

platter ['plætə*] n plat m.

plausible ['plɔːzɪbl] a plausible ; (person) convaincant(e).

play [pleɪ] n jeu m ; (THEATRE) pièce f (de théâtre) // vt (game) jouer à ; (team, opponent) jouer contre ; (instrument) jouer de ; (play, part, piece of music, note) jouer // vi jouer ; **to ~ down** vt minimiser ; **to ~ up** vi (cause trouble) faire des siennes ; **to ~ act** vi jouer la comédie ; **~ed-out** a épuisé(e) ; **~er** n joueur/euse ; (THEATRE) acteur/trice ; (MUS) musicien/ne ; **~ful** a enjoué(e) ; **~goer** n amateur/trice de théâtre, habitué/e des théâtres ; **~ground** n cour f de récréation ; **~group** n garderie f ; **~ing card** n carte f à jouer ; **~ing field** n terrain m de sport ; **~mate** n camarade m/f, copain/copine ; **~-off** n (SPORT) belle f ; **~ on words** n jeu m de mots ; **~pen**

n parc m (pour bébé) ; **~thing** n jouet m ; **~wright** n dramaturge m.

plea [pliː] n (request) appel m ; (excuse) excuse f ; (LAW) défense f.

plead [pliːd] vt plaider ; (give as excuse) invoquer // vi (LAW) plaider ; (beg): **to ~ with sb** implorer qn.

pleasant ['plɛznt] a agréable ; **~ly** ad agréablement ; **~ness** n (of person) amabilité f ; (of place) agrément m ; **~ry** n (joke) plaisanterie f ; **~ries** npl (polite remarks) civilités fpl.

please [pliːz] vt plaire à // vi (think fit): **do as you ~** faites comme il vous plaira ; **~ !** s'il te (or vous) plaît ; **my bill, ~** l'addition, s'il vous plaît ; **~ yourself !** à ta (or votre) guise! ; **~d** a: **~d (with)** content(e) (de) ; **~d to meet you** enchanté (de faire votre connaissance) ; **pleasing** a plaisant(e), qui fait plaisir.

pleasurable ['plɛʒərəbl] a très agréable.

pleasure ['plɛʒə*] n plaisir m ; **'it's a ~'** 'je vous en prie' ; **~ steamer** n vapeur m de plaisance.

pleat [pliːt] n pli m.

plebiscite ['plɛbɪsɪt] n plébiscite m.

plebs [plɛbz] npl (pej) bas peuple.

plectrum ['plɛktrəm] n plectre m.

pledge [plɛdʒ] n gage m ; (promise) promesse f // vt engager ; promettre.

plentiful ['plɛntɪful] a abondant(e), copieux(euse).

plenty ['plɛntɪ] n abondance f ; **~ of** beaucoup de ; (bien) assez de.

pleurisy ['pluərɪsɪ] n pleurésie f.

pliable ['plaɪəbl] a flexible ; (person) malléable.

pliers ['plaɪəz] npl pinces fpl.

plight [plaɪt] n situation f critique.

plimsolls ['plɪmsəlz] npl (chaussures fpl) tennis fpl.

plinth [plɪnθ] n socle m.

plod [plɔd] vi avancer péniblement ; (fig) peiner ; **~der** n bûcheur/euse ; **~ding** a pesant(e).

plonk [plɔŋk] (col) n (wine) pinard m, piquette f // vt: **to ~ sth down** poser brusquement qch.

plot [plɔt] n complot m, conspiration f ; (of story, play) intrigue f ; (of land) lot m de terrain, lopin m // vt (mark out) pointer ; relever ; (conspire) comploter // vi comploter ; **~ter** n conspirateur/trice.

plough, plow (US) [plau] n charrue f // vt (earth) labourer ; **to ~ back** vt (COMM) réinvestir ; **to ~ through** vt fus (snow etc) avancer péniblement dans ; **~ing** n labourage m.

ploy [plɔɪ] n stratagème m.

pluck [plʌk] vt (fruit) cueillir ; (musical instrument) pincer ; (bird) plumer // n courage m, cran m ; **to ~ one's eyebrows** s'épiler les sourcils ; **to ~ up courage** prendre son courage à deux mains ; **~y** a courageux(euse).

plug [plʌg] n bouchon m, bonde f ; (ELEC) prise f de courant ; (AUT: also: **sparking ~**) bougie f // vt (hole) boucher ; (col: advertise) faire du battage pour, matraquer ; **to ~ in** vt (ELEC) brancher.

plum [plʌm] n (fruit) prune f // a: ~ **job** n (col) travail m en or.

plumb [plʌm] a vertical(e) // n plomb m // ad (exactly) en plein // vt sonder.

plumber ['plʌmə*] n plombier m.

plumbing ['plʌmɪŋ] n (trade) plomberie f; (piping) tuyauterie f.

plumbline ['plʌmlaɪn] n fil m à plomb.

plume [pluːm] n plume f, plumet m.

plummet ['plʌmɪt] vi plonger, dégringoler.

plump [plʌmp] a rondelet(te), dodu(e), bien en chair // vt: **to ~ sth (down) on** laisser tomber qch lourdement sur; **to ~ for** (col: choose) se décider pour.

plunder ['plʌndə*] n pillage m // vt piller.

plunge [plʌndʒ] n plongeon m // vt plonger // vi (fall) tomber, dégringoler; **to take the ~** se jeter à l'eau; **plunging** a (neckline) plongeant(e).

pluperfect [pluː'pəːfɪkt] n plus-que-parfait m.

plural ['plʊərl] a pluriel(le) // n pluriel m.

plus [plʌs] n (also: ~ **sign**) signe m plus // prep plus; **ten/twenty ~** plus de dix/vingt; **it's a ~** c'est un atout; ~ **fours** npl pantalon m (de) golf.

plush [plʌʃ] a somptueux(euse) // n peluche f.

ply [plaɪ] n (of wool) fil m; (of wood) feuille f, épaisseur f // vt (tool) manier; (a trade) exercer // vi (ship) faire la navette; **three ~ wool** n laine f trois fils; **to ~ sb with drink** donner continuellement à boire à qn; ~**wood** n contre-plaqué m.

P.M. abbr see **prime**.

p.m. ad (abbr of post meridiem) de l'après-midi.

pneumatic [njuː'mætɪk] a pneumatique.

pneumonia [njuː'məunɪə] n pneumonie f.

P.O. abbr see **post office**.

poach [pəutʃ] vt (cook) pocher; (steal) pêcher (on chasser) sans permis // vi braconner; ~**ed** a (egg) poché(e); ~**er** n braconnier m; ~ **ing** n braconnage m.

pocket ['pɔkɪt] n poche f // vt empocher; **to be out of ~** en être de sa poche; ~**book** n (wallet) portefeuille m; (notebook) carnet m; ~ **knife** n canif m; ~ **money** n argent m de poche.

pockmarked ['pɔkmɑːkt] a (face) grêlé(e).

pod [pɔd] n cosse f // vt écosser.

podgy ['pɔdʒɪ] a rondelet(te).

poem ['pəuɪm] n poème m.

poet ['pəuɪt] n poète m; ~**ic** [-'ɛtɪk] a poétique; ~ **laureate** n poète lauréat (nommé et appointé par la Cour royale); ~**ry** n poésie f.

poignant ['pɔɪnjənt] a poignant(e); (sharp) vif(vive).

point [pɔɪnt] n (tip) pointe f; (in time) moment m; (in space) endroit m; (GEOM, SCOL, SPORT, on scale) point m; (subject, idea) point m, sujet m; (also: **decimal ~**): **2 ~ 3 (2.3)** 2 virgule 3 (2,3) // vt (show) indiquer; (wall, window) jointoyer; (gun etc): **to ~ sth at** braquer or diriger qch sur // vi montrer du doigt; ~**s** npl (AUT) vis platinées; (RAIL) aiguillage m; **to make a ~** faire une remarque; **to make one's ~** se faire comprendre; **to get the ~** comprendre, saisir; **to come to the ~** en

venir au fait; **there's no ~ (in doing)** cela ne sert à rien (de faire); **good ~s** qualités fpl; **to ~ out** vt faire remarquer, souligner; **to ~ to** montrer du doigt; (fig) signaler; ~**-blank** ad (also: at ~**-blank range**) à bout portant; (fig) catégorique; ~**ed** a (shape) pointu(e); (remark) plein(e) de sous-entendus; ~**edly** ad d'une manière significative; ~**er** n (stick) baguette f; (needle) aiguille f; (dog) chien m d'arrêt; ~**less** a inutile, vain(e); ~ **of view** n point m de vue.

poise [pɔɪz] n (balance) équilibre m; (of head, body) port m; (calmness) calme m // vt placer en équilibre; **to be ~d for** (fig) être prêt à.

poison ['pɔɪzn] n poison m // vt empoisonner; ~**ing** n empoisonnement m; ~**ous** a (snake) venimeux(euse); (substance etc) vénéneux(euse).

poke [pəuk] vt (fire) tisonner; (jab with finger, stick etc) piquer; pousser du doigt; (put): **to ~ sth in(to)** fourrer or enfoncer qch dans // n (to fire) coup m de tisonnier; **to ~ about** vi fureter.

poker ['pəukə*] n tisonnier m; (CARDS) poker m; ~**-faced** a au visage impassible.

poky ['pəukɪ] a exigu(ë).

Poland ['pəulənd] n Pologne f.

polar ['pəulə*] a polaire; ~ **bear** n ours blanc.

polarize ['pəuləraɪz] vt polariser.

pole [pəul] n (of wood) mât m, perche f; (ELEC) poteau m; (GEO) pôle m.

Pole [pəul] n Polonais/e.

polecat ['pəulkæt] n (US) putois m.

polemic [pɔ'lɛmɪk] n polémique f.

pole star ['pəulstɑː*] n étoile polaire f.

pole vault ['pəulvɔːlt] n saut m à la perche.

police [pə'liːs] n police f; (man: pl inv) policier m, homme m; // vt maintenir l'ordre dans; ~ **car** n voiture f de police; ~**man** n agent m de police, policier m; ~ **record** n casier m judiciaire; ~ **state** n état policier; ~ **station** n commissariat m de police; ~**woman** n femme-agent f.

policy ['pɔlɪsɪ] n politique f; (also: **insurance ~**) police f (d'assurance).

polio ['pəulɪəu] n polio f.

Polish ['pəulɪʃ] a polonais(e) // n (LING) polonais m.

polish ['pɔlɪʃ] n (for shoes) cirage m; (for floor) cire f, encaustique f; (for nails) vernis m; (shine) éclat m, poli m; (fig: refinement) raffinement m // vt (put polish on shoes, wood) cirer; (make shiny) astiquer, faire briller; (fig: improve) perfectionner; **to ~ off** vt (work) expédier; (food) liquider; ~**ed** a (fig) raffiné(e).

polite [pə'laɪt] a poli(e); ~**ly** ad poliment; ~**ness** n politesse f.

politic ['pɔlɪtɪk] a diplomatique; ~**al** [pə'lɪtɪkl] a politique; ~**ian** [-'tɪʃən] n homme m politique, politicien m; ~**s** npl politique f.

polka ['pɔlkə] n polka f; ~ **dot** n pois m.

poll [pəul] n scrutin m, vote m; (also: **opinion ~**) sondage m (d'opinion) // vt obtenir.

pollen ['pɔlən] n pollen m; ~ **count** n taux m de pollen.

pollination [pɔlɪˈneɪʃən] n pollinisation f.
polling booth [ˈpəulɪŋbuːð] n isoloir m.
polling day [ˈpəulɪŋdeɪ] n jour m des élections.
polling station [ˈpəlɪŋsteɪʃən] n bureau m de vote.
pollute [pəˈluːt] vt polluer.
pollution [pəˈluːʃən] n pollution f.
polo [ˈpəuləu] n polo m; ~-**neck** a à col roulé.
polyester [pɔlɪˈɛstə*] n polyester m.
polygamy [pɔˈlɪgəmɪ] n polygamie f.
Polynesia [pɔlɪˈniːzɪə] n Polynésie f.
polytechnic [pɔlɪˈtɛknɪk] n (college) I.U.T. m, Institut m Universitaire de Technologie.
polythene [ˈpɔlɪθiːn] n polyéthylène m; ~ **bag** n sac m en plastique.
pomegranate [ˈpɔmɪgrænɪt] n grenade f.
pommel [ˈpɔml] n pommeau m.
pomp [pɔmp] n pompe f, faste f, apparat m.
pompous [ˈpɔmpəs] a pompeux(euse).
pond [pɔnd] n étang m; mare f.
ponder [ˈpɔndə*] vi réfléchir // vt considérer, peser; ~**ous** a pesant(e), lourd(e).
pontiff [ˈpɔntɪf] n pontife m.
pontificate [pɔnˈtɪfɪkeɪt] vi (fig): **to** ~ (**about**) pontifier (sur).
pontoon [pɔnˈtuːn] n ponton m.
pony [ˈpəunɪ] n poney m; ~**tail** n queue f de cheval; ~ **trekking** n randonnée f à cheval.
poodle [ˈpuːdl] n caniche m.
pooh-pooh [puːˈpuː] vt dédaigner.
pool [puːl] n (of rain) flaque f; (pond) mare f; (artificial) bassin m; (also: **swimming** ~) piscine f; (sth shared) fonds commun; (money at cards) cagnotte f; (billiards) poule f // vt mettre en commun.
poor [puə*] a pauvre; (mediocre) médiocre, faible, mauvais(e) // npl: **the** ~ les pauvres mpl; ~**ly** ad pauvrement; médiocrement // a souffrant(e), malade.
pop [pɔp] n (noise) bruit sec; (MUS) musique f pop; (US: col: father) papa m // vt (put) fourrer, mettre (rapidement) // vi éclater; (cork) sauter; **to** ~ **in** vi entrer en passant; **to** ~ **out** vi sortir; **to** ~ **up** vi apparaître, surgir; ~ **concert** n concert m pop; ~**corn** n pop-corn m.
pope [pəup] n pape m.
poplar [ˈpɔplə*] n peuplier m.
poplin [ˈpɔplɪn] n popeline f.
poppy [ˈpɔpɪ] n coquelicot m; pavot m.
populace [ˈpɔpjuləs] n peuple m.
popular [ˈpɔpjulə*] a populaire; (fashionable) à la mode; ~**ity** [-ˈlærɪtɪ] n popularité f; ~**ize** vt populariser; (science) vulgariser.
populate [ˈpɔpjuleɪt] vt peupler.
population [pɔpjuˈleɪʃən] n population f.
populous [ˈpɔpjuləs] a populeux(euse).
porcelain [ˈpɔːslɪn] n porcelaine f.
porch [pɔːtʃ] n porche m.
porcupine [ˈpɔːkjupaɪn] n porc-épic m.
pore [pɔː*] n pore m // vi: **to** ~ **over** s'absorber dans, être plongé(e) dans.
pork [pɔːk] n porc m.

pornographic [pɔːnəˈgræfɪk] a pornographique.
pornography [pɔːˈnɔgrəfɪ] n pornographie f.
porous [ˈpɔːrəs] a poreux(euse).
porpoise [ˈpɔːpəs] n marsouin m.
porridge [ˈpɔrɪdʒ] n porridge m.
port [pɔːt] n (harbour) port m; (opening in ship) sabord m; (NAUT: left side) bâbord m; (wine) porto m; **to** ~ (NAUT) à bâbord.
portable [ˈpɔːtəbl] a portatif(ive).
portal [ˈpɔːtl] n portail m.
portcullis [pɔːtˈkʌlɪs] n herse f.
portend [pɔːˈtɛnd] vt présager, annoncer.
portent [ˈpɔːtɛnt] n présage m.
porter [ˈpɔːtə*] n (for luggage) porteur m; (doorkeeper) gardien/ne; portier m.
porthole [ˈpɔːthəul] n hublot m.
portico [ˈpɔːtɪkəu] n portique m.
portion [ˈpɔːʃən] n portion f, part f.
portly [ˈpɔːtlɪ] a corpulent(e).
portrait [ˈpɔːtreɪt] n portrait m.
portray [pɔːˈtreɪ] vt faire le portrait de; (in writing) dépeindre, représenter; ~**al** n portrait m, représentation f.
Portugal [ˈpɔːtjugl] n Portugal m.
Portuguese [pɔːtjuˈgiːz] a portugais(e) // n, pl inv Portugais/e; (LING) portugais m.
pose [pəuz] n pose f; (pej) affectation f // vi poser; (pretend): **to** ~ **as** se poser en // vt poser, créer; ~**r** n question embarrassante.
posh [pɔʃ] a (col) chic inv.
position [pəˈzɪʃən] n position f; (job) situation f // vt mettre en place or en position.
positive [ˈpɔzɪtɪv] a positif(ive); (certain) sûr(e), certain(e); (definite) formel(le), catégorique; indéniable, réel(le).
posse [ˈpɔsɪ] n (US) détachement m.
possess [pəˈzɛs] vt posséder; ~**ion** [pəˈzɛʃən] n possession f; ~**ive** a possessif(ive); ~**ively** ad d'une façon possessive; ~**or** n possesseur m.
possibility [pɔsɪˈbɪlɪtɪ] n possibilité f; éventualité f.
possible [ˈpɔsɪbl] a possible; **if** ~ si possible; **as big as** ~ aussi gros que possible.
possibly [ˈpɔsɪblɪ] ad (perhaps) peut-être; **if you** ~ **can** si cela vous est possible; **I cannot** ~ **come** il m'est impossible de venir.
post [pəust] n poste f; (collection) levée f; (letters, delivery) courrier m; (job, situation) poste m; (pole) poteau m // vt (send by post, MIL) poster; (appoint): **to** ~ **to** affecter à; (notice) afficher; ~**age** n affranchissement m; ~**al** a postal(e); ~**al order** n mandat(-poste) m; ~**box** n boîte f aux lettres; ~**card** n carte postale.
postdate [pəustˈdeɪt] vt (cheque) postdater.
poster [ˈpəustə*] n affiche f.
poste restante [pəustˈrɛstɑ̃ːt] n poste restante.
posterior [pɔsˈtɪərɪə*] n (col) postérieur m, derrière m.
posterity [pɔsˈtɛrɪtɪ] n postérité f.
postgraduate [ˈpəustˈgrædjuət] n ≈ étudiant/e de troisième cycle.

posthumous ['pɒstjuməs] a posthume;
~**ly** ad après la mort de l'auteur, à titre
posthume.

postman ['pəustmən] n facteur m.

postmark ['pəustmɑːk] n cachet m (de la
poste).

postmaster ['pəustmɑːstə*] n receveur m
des postes.

post-mortem [pəust'mɔːtəm] n autopsie
f.

post office ['pəustɔfis] n (building) poste
f; (organization) postes fpl; ~ **box (P.O.
box)** n boîte postale (B.P.).

postpone [pəs'pəun] vt remettre (à plus
tard), reculer; ~**ment** n ajournement m,
renvoi m.

postscript ['pəustskript] n post-scriptum
m.

postulate ['pɒstjuleit] vt postuler.

posture ['pɒstʃə*] n posture f, attitude f
// vi poser.

postwar [pəust'wɔː*] a d'après-guerre.

posy ['pəuzi] n petit bouquet.

pot [pɒt] n (for cooking) marmite f,
casserole f; (for plants, jam) pot m; (col:
marijuana) herbe f // vt (plant) mettre en
pot; **to go to** ~ aller à vau-l'eau.

potash ['pɒtæʃ] n potasse f.

potato, ~**es** [pə'teitəu] n pomme f de
terre; ~ **flour** n fécule f.

potency ['pəutnsi] n puissance f, force f;
(of drink) degré m d'alcool.

potent ['pəutnt] a puissant(e); (drink)
fort(e), très alcoolisé(e).

potentate ['pəutnteit] n potentat m.

potential [pə'tɛnʃl] a potentiel(le) // n
potentiel m; ~**ly** ad en puissance.

pothole ['pɒthəul] n (in road) nid m de
poule; (underground) gouffre m, caverne f;
~**r** n spéléologue m/f; **potholing** n: **to go
potholing** faire de la spéléologie.

potion ['pəuʃən] n potion f.

potluck [pɒt'lʌk] n: **to take** ~ tenter sa
chance.

potpourri [pəu'puriː] n pot-pourri m.

potshot ['pɒtʃɒt] n: **to take** ~**s at**
canarder.

potted ['pɒtid] a (food) en conserve;
(plant) en pot.

potter ['pɒtə*] n potier m // vt: **to** ~
around, ~ **about** bricoler; ~**y** n poterie
f.

potty ['pɒti] a (col: mad) dingue // n
(child's) pot m; ~-**training** n
apprentissage m de la propreté.

pouch [pautʃ] n (ZOOL) poche f; (for
tobacco) blague f.

pouf(fe) [puːf] n (stool) pouf m.

poultice ['pəultis] n cataplasme m.

poultry ['pəultri] n volaille f; ~ **farm** n
élevage m de volaille.

pounce [pauns] vi: **to** ~ **(on)** bondir (sur),
fondre sur // n bond m, attaque f.

pound [paund] n livre f (weight = 453g,
16 ounces; money = 100 new pence, 20
shillings); (for dogs, cars) fourrière f // vt
(beat) bourrer de coups, marteler; (crush)
piler, pulvériser; (with guns) pilonner //
vi (beat) battre violemment, taper; ~
sterling n livre f sterling.

pour [pɔː*] vt verser // vi couler à flots;
(rain) pleuvoir à verse; **to** ~ **away** or **off**
vt vider; **to** ~ **in** vi (people) affluer, se
précipiter; **to** ~ **out** vi (people) sortir en
masse // vt vider; déverser; (serve: a
drink) verser; ~**ing** a: ~**ing rain** pluie
torrentielle.

pout [paut] n moue f // vi faire la moue.

poverty ['pɒvəti] n pauvreté f, misère f;
~-**stricken** a pauvre, déshérité(e).

powder ['paudə*] n poudre f // vt
poudrer; ~ **room** n toilettes fpl (pour
dames); ~**y** a poudreux(euse).

power ['pauə*] n (strength) puissance f,
force f; (ability, POL: of party, leader)
pouvoir m; (MATH) puissance f; (mental)
facultés mentales; (ELEC) courant m // vt
faire marcher; ~ **cut** n coupure f de
courant; ~**ed** a: ~**ed by** actionné(e) par,
fonctionnant à; ~**ful** a puissant(e); ~**less**
a impuissant(e); ~ **line** n ligne f
électrique; ~ **point** n prise f de courant;
~ **station** n centrale f électrique.

powwow ['pauwau] n assemblée f.

pox [pɒks] n see **chicken.**

p.p. abbr (= per procurationem): ~ **J.
Smith** pour M. J. Smith.

P.R. abbr of **public relations.**

practicability [præktikə'biliti] n
possibilité f de réalisation.

practicable ['præktikəbl] a (scheme)
réalisable.

practical ['præktikl] a pratique; ~ **joke**
n farce f; ~**ly** ad (almost) pratiquement.

practice ['præktis] n pratique f; (of
profession) exercice m; (at football etc)
entraînement m; (business) cabinet m;
clientèle f // vt,vi (US) = **practise**; **in** ~
(in reality) en pratique; **out of** ~
rouillé(e); **2 hours' piano** ~ 2 heures de
travail or d'exercices au piano; ~ **match**
n match m d'entraînement.

practise, (US) **practice** ['præktis] vt
(work at: piano, one's backhand etc)
s'exercer à, travailler; (train for: skiing,
running etc) s'entraîner à; (a sport, religion,
method) pratiquer; (profession) exercer //
vi s'exercer, travailler; (train) s'entraîner;
to ~ **for a match** s'entraîner pour un
match; **practising** a (Christian etc)
pratiquant(e); (lawyer) en exercice.

practitioner [præk'tiʃənə*] n
praticien/ne.

pragmatic [præg'mætik] a pragmatique.

prairie ['prɛəri] n savane f; (US): **the** ~**s**
la Prairie.

praise [preiz] n éloge(s) m(pl), louange(s)
f(pl) // vt louer, faire l'éloge de; ~**worthy**
a digne de louanges.

pram [præm] n landau m, voiture f
d'enfant.

prance [prɑːns] vi (horse) caracoler.

prank [præŋk] n farce f.

prattle ['prætl] vi jacasser.

prawn [prɔːn] n crevette f (rose).

pray [prei] vi prier.

prayer [prɛə*] n prière f; ~ **book** n livre
m de prières.

preach [priːtʃ] vt,vi prêcher; **to** ~ **at sb**
faire la morale à qn; ~**er** n prédicateur
m.

preamble [prɪ'æmbl] n préambule m.
prearranged [pri:ə'reɪndʒd] a organisé(e) or fixé(e) à l'avance.
precarious [prɪ'kɛərɪəs] a précaire.
precaution [prɪ'kɔːʃən] n précaution f; ~**ary** a (measure) de précaution.
precede [prɪ'siːd] vt,vi précéder.
precedence [prɪ'siːdəns] n préséance f.
precedent ['prɛsɪdənt] n précédent m.
preceding [prɪ'siːdɪŋ] a qui précède (or précédait).
precept ['priːsɛpt] n précepte m.
precinct ['priːsɪŋkt] n (round cathedral) pourtour m, enceinte f; **pedestrian** ~ n zone piétonnière; **shopping** ~ n centre commerical.
precious ['prɛʃəs] a précieux(euse).
precipice ['prɛsɪpɪs] n précipice m.
precipitate a [prɪ'sɪpɪtɪt] (hasty) précipité(e) // vt [prɪ'sɪpɪteɪt] précipiter; **precipitation** [-'teɪʃən] n précipitation f.
precipitous [prɪ'sɪpɪtəs] a (steep) abrupt(e), à pic.
précis, pl **précis** ['preɪsiː, -z] n résumé m.
precise [prɪ'saɪs] a précis(e); ~**ly** ad précisément.
preclude [prɪ'kluːd] vt exclure, empêcher; **to** ~ **sb from doing** empêcher qn de faire.
precocious [prɪ'kəʊʃəs] a précoce.
preconceived [priːkən'siːvd] a (idea) préconçu(e).
precondition [priːkən'dɪʃən] n condition f nécessaire.
precursor [prɪ'kɜːsə*] n précurseur m.
predator ['prɛdətə*] n prédateur m, rapace m; ~**y** a rapace.
predecessor ['priːdɪsɛsə*] n prédécesseur m.
predestination [priːdɛstɪ'neɪʃən] n prédestination f.
predetermine [priːdɪ'tɜːmɪn] vt déterminer à l'avance.
predicament [prɪ'dɪkəmənt] n situation f difficile.
predicate ['prɛdɪkɪt] n (LING) prédicat m.
predict [prɪ'dɪkt] vt prédire; ~**ion** [-'dɪkʃən] n prédiction f.
predominance [prɪ'dɒmɪnəns] n prédominance f.
predominant [prɪ'dɒmɪnənt] a prédominant(e); ~**ly** ad en majeure partie; surtout.
predominate [prɪ'dɒmɪneɪt] vi prédominer.
pre-eminent [priː'ɛmɪnənt] a prééminent(e).
pre-empt [priː'ɛmt] vt acquérir par droit de préemption; (fig): **to** ~ **the issue** conclure avant même d'ouvrir les débats.
preen [priːn] vt: **to** ~ **itself** (bird) se lisser les plumes; **to** ~ **o.s.** s'admirer.
prefab ['priːfæb] n bâtiment préfabriqué.
prefabricated [priː'fæbrɪkeɪtɪd] a préfabriqué(e).
preface ['prɛfəs] n préface f.
prefect ['priːfɛkt] n (Brit: in school) élève chargé(e) de certaines fonctions de discipline; (in France) préfet m.
prefer [prɪ'fɜː*] vt préférer; ~**able** ['prɛfrəbl] a préférable; ~**ably** ['prɛfrəblɪ]

ad de préférence; ~**ence** ['prɛfrəns] n préférence f; ~**ential** [prɛfə'rɛnʃəl] a préférentiel(le) ~**ential treatment** traitement m de faveur.
prefix ['priːfɪks] n préfixe m.
pregnancy ['prɛgnənsɪ] n grossesse f.
pregnant ['prɛgnənt] a enceinte af.
prehistoric ['priːhɪs'tɔrɪk] a préhistorique.
prehistory [priː'hɪstərɪ] n préhistoire f.
prejudge [priː'dʒʌdʒ] vt préjuger de.
prejudice ['prɛdʒʊdɪs] n préjugé m; (harm) tort m, préjudice m // vt porter préjudice à; ~**d** a (person) plein(e) de préjugés; (view) préconçu(e), partial(e).
prelate ['prɛlət] n prélat m.
preliminary [prɪ'lɪmɪnərɪ] a préliminaire; **preliminaries** npl préliminaires mpl.
prelude ['prɛljuːd] n prélude m.
premarital ['priː'mærɪtl] a avant le mariage.
premature ['prɛmətʃʊə*] a prématuré(e).
premeditated [priː'mɛdɪteɪtɪd] a prémédité(e).
premeditation [priːmɛdɪ'teɪʃən] n préméditation f.
premier ['prɛmɪə*] a premier(ère), capital(e), primordial(e) // n (POL) premier ministre.
première ['prɛmɪɛə*] n première f.
premise ['prɛmɪs] n prémisse f; ~**s** npl locaux mpl; **on the** ~**s** sur les lieux; sur place.
premium ['priːmɪəm] n prime f.
premonition [prɛmə'nɪʃən] n prémonition f.
preoccupation [priːɔkju'peɪʃən] n préoccupation f.
preoccupied [priː'ɔkjupaɪd] a préoccupé(e).
prep [prɛp] n (SCOL: study) étude f; ~ **school** n = **preparatory school.**
prepackaged [priː'pækɪdʒd] a préempaqueté(e).
prepaid [priː'peɪd] a payé(e) d'avance.
preparation [prɛpə'reɪʃən] n préparation f; ~**s** npl (for trip, war) préparatifs mpl.
preparatory [prɪ'pærətərɪ] a préparatoire; ~ **school** n école primaire privée.
prepare [prɪ'pɛə*] vt préparer // vi: **to** ~ **for** se préparer à; ~**d for** préparé(e) à; ~**d to** prêt(e) à.
preponderance [prɪ'pɒndərns] n prépondérance f.
preposition [prɛpə'zɪʃən] n préposition f.
preposterous [prɪ'pɒstərəs] a absurde.
prerequisite [priː'rɛkwɪzɪt] n condition f préalable.
prerogative [prɪ'rɒgətɪv] n prérogative f.
presbyterian [prɛzbɪ'tɪərɪən] a,n presbytérien(ne).
presbytery ['prɛzbɪtərɪ] n presbytère m.
preschool ['priː'skuːl] a préscolaire.
prescribe [prɪ'skraɪb] vt prescrire.
prescription [prɪ'skrɪpʃən] n prescription f; (MED) ordonnance f.
prescriptive [prɪ'skrɪptɪv] a normatif(ive).
presence ['prɛznz] n présence f; ~ **of mind** n présence d'esprit.
present ['prɛznt] a présent(e) // n cadeau m; (also: ~ **tense**) présent m // vt

[prɪ'zɛnt] présenter ; (give): to ~ sb with sth offrir qch à qn ; at ~ en ce moment ; ~able [prɪ'zɛntəbl] a présentable ; ~ation [-'teɪʃən] n présentation f ; (gift) cadeau m, présent m ; (ceremony) remise f du cadeau ; ~-day a contemporain(e), actuel(le) ; ~ly ad (soon) tout à l'heure, bientôt ; (at present) en ce moment.

preservation [prɛzə'veɪʃən] n préservation f, conservation f.

preservative [prɪ'zə:vətɪv] n agent m de conservation.

preserve [prɪ'zə:v] vt (keep safe) préserver, protéger ; (maintain) conserver, garder ; (food) mettre en conserve // n (for game, fish) réserve f ; (often pl: jam) confiture f ; (: fruit) fruits mpl en conserve.

preside [prɪ'zaɪd] vi présider.

presidency [prɛzɪdənsɪ] n présidence f.

president [prɛzɪdənt] n président/e ; ~ial ['dɛnʃl] a présidentiel(le).

press [prɛs] n (tool, machine, newspapers) presse f ; (for wine) pressoir m ; (crowd) cohue f, foule f // vt (push) appuyer sur ; (squeeze) presser, serrer ; (clothes: iron) repasser ; (pursue) talonner ; (insist): to ~ sth on sb presser qn d'accepter qch // vi appuyer, peser ; se presser ; we are ~ed for time le temps nous manque ; to ~ for sth faire pression pour obtenir qch ; to ~ on vi continuer ; ~ agency n agence f de presse ; ~ conference n conférence f de presse ; ~ cutting n coupure f de presse ; ~-gang n recruteurs de la marine (jusqu'au 19ème siècle) ; ~ing a urgent(e), pressant(e) // n repassage m ; ~ stud n bouton-pression m.

pressure [prɛʃə*] n pression f ; (stress) tension f ; ~ cooker n cocotte-minute f ; ~ gauge n manomètre m ; ~ group n groupe m de pression ; **pressurized** a pressurisé(e).

prestige [prɛs'tiːʒ] n prestige m.

prestigious [prɛs'tɪdʒəs] a prestigieux(euse).

presumably [prɪ'zjuːməblɪ] ad vraisemblablement.

presume [prɪ'zjuːm] vt présumer, supposer ; to ~ to do (dare) se permettre de faire.

presumption [prɪ'zʌmpʃən] n supposition f, présomption f ; (boldness) audace f.

presumptuous [prɪ'zʌmpʃəs] a présomptueux(euse).

presuppose [priːsə'pəuz] vt présupposer.

pretence, pretense (US) [prɪ'tɛns] n (claim) prétention f ; to make a ~ of doing faire semblant de faire ; on the ~ of sous le prétexte de.

pretend [prɪ'tɛnd] vt (feign) feindre, simuler // vi (feign) faire semblant ; (claim): to ~ to sth prétendre à qch ; to ~ to do faire semblant de faire.

pretense [prɪ'tɛns] n (US) = **pretence**.

pretentious [prɪ'tɛnʃəs] a prétentieux(euse).

preterite ['prɛtərɪt] n prétérit m.

pretext ['priːtɛkst] n prétexte m.

pretty ['prɪtɪ] a joli(e) // ad assez.

prevail [prɪ'veɪl] vi (win) l'emporter, prévaloir ; (be usual) avoir cours ; (persuade): to ~ (up)on sb to do do

persuader qn de faire ; ~ing a dominant(e).

prevalent ['prɛvələnt] a répandu(e), courant(e).

prevarication [prɪværɪ'keɪʃən] n (usage m de) faux-fuyants mpl.

prevent [prɪ'vɛnt] vt: to ~ (from doing) empêcher (de faire) ; ~able a évitable ; ~ative a préventif(ive) ; ~ion [-'vɛnʃən] n prévention f ; ~ive a préventif(ive).

preview ['priːvjuː] n (of film) avant-première f ; (fig) aperçu m.

previous ['priːvɪəs] a précédent(e) ; antérieur(e) ; ~ to doing avant de faire ; ~ly ad précédemment, auparavant.

prewar [priː'wɔː*] a d'avant-guerre.

prey [preɪ] n proie f // vi: to ~ on s'attaquer à ; it was ~ing on his mind ça le rongeait or minait.

price [praɪs] n prix m // vt (goods) fixer le prix de ; tarifer ; ~less a sans prix, inestimable ; ~ list n liste f des prix, tarif m.

prick [prɪk] n piqûre f // vt piquer ; to ~ up one's ears dresser or tendre l'oreille.

prickle ['prɪkl] n (of plant) épine f ; (sensation) picotement m.

prickly ['prɪklɪ] a piquant(e), épineux(euse) ; (fig: person) irritable ; ~ heat n fièvre f miliaire ; ~ pear n figue f de Barbarie.

pride [praɪd] n orgueil m ; fierté f // vt: to ~ o.s. on se flatter de ; s'enorgueillir de.

priest [priːst] n prêtre m ; ~ess n prêtresse f ; ~hood n prêtrise f, sacerdoce m.

prig [prɪg] n poseur/euse, fat m.

prim [prɪm] a collet monté inv, guindé(e).

primarily ['praɪmərɪlɪ] ad principalement, essentiellement.

primary ['praɪmərɪ] a primaire ; (first in importance) premier(ère), primordial(e) ; ~ colour n couleur fondamentale ; ~ school n école primaire f.

primate n (REL) ['praɪmɪt] primat m ; (ZOOL) ['praɪmeɪt] primate m.

prime [praɪm] a primordial(e), fondamental(e) ; (excellent) excellent(e) // vt (gun, pump) amorcer ; (fig) mettre au courant ; in the ~ of life dans la fleur de l'âge ; ~ minister (P.M.) n premier ministre ; ~r n (book) premier livre, manuel m élémentaire ; (paint) apprêt m ; (of gun) amorce f.

primeval [praɪ'miːvl] a primitif(ive).

primitive ['prɪmɪtɪv] a primitif(ive).

primrose ['prɪmrəuz] n primevère f.

primus (stove) ['praɪməs(stəuv)] n ® réchaud m de camping.

prince [prɪns] n prince m.

princess [prɪn'sɛs] n princesse f.

principal ['prɪnsɪpl] a principal(e) // n (headmaster) directeur m, principal m ; (money) capital m, principal m.

principality [prɪnsɪ'pælɪtɪ] n principauté f.

principally ['prɪnsɪplɪ] ad principalement.

principle ['prɪnsɪpl] n principe m.

print [prɪnt] n (mark) empreinte f ; (letters) caractères mpl ; (fabric) imprimé m ; (ART)

gravure f, estampe f ; (PHOT) épreuve f //
vt imprimer ; (publish) publier ; (write in
capitals) écrire en majuscules ; out of ~
épuisé(e) ; ~ed matter n imprimés mpl ;
~er n imprimeur m ; ~ing n impression
f ; ~ing press n presse f typographique ;
~-out n listage m.

prior ['praɪə*] a antérieur(e), précédent(e)
// n prieur m ; ~ to doing avant de faire.

priority [praɪ'ɒrɪtɪ] n priorité f.

priory ['praɪərɪ] n prieuré m.

prise [praɪz] vt: to ~ open forcer.

prism ['prɪzəm] n prisme m.

prison ['prɪzn] n prison f ; ~er n
prisonnier/ère.

prissy ['prɪsɪ] a bégueule.

pristine ['prɪstiːn] a virginal(e).

privacy ['prɪvəsɪ] n intimité f, solitude f.

private ['praɪvɪt] a privé(e) ;
personnel(le) ; (house, car, lesson)
particulier(ère) // n soldat m de deuxième
classe ; '~' (on envelope) 'personnelle' ; in
~ en privé ; ~ eye n détective privé ; ~ly
ad en privé ; (within oneself)
intérieurement.

privet ['prɪvɪt] n troène m.

privilege ['prɪvɪlɪdʒ] n privilège m ; ~d a
privilégié(e).

privy ['prɪvɪ] a: to be ~ to être au courant
de ; P~ council n conseil privé.

prize [praɪz] n prix m // a (example, idiot)
parfait(e) ; (bull, novel) primé(e) // vt
priser, faire grand cas de ; ~ fight n
combat professionnel ; ~ giving n
distribution f des prix ; ~winner n
gagnant/e.

pro [prəu] n (SPORT) professionnel/le ; the
~s and cons le pour et le contre.

probability [prɔbə'bɪlɪtɪ] n probabilité f.

probable ['prɔbəbl] a probable ; **probably**
ad probablement.

probation [prə'beɪʃən] n (in employment)
essai m ; (LAW) liberté surveillée ; (REL)
noviciat m, probation f ; on ~ (employee)
à l'essai ; (LAW) en liberté surveillée ; ~ary
a (period) d'essai.

probe [prəub] n (MED, SPACE) sonde f ;
(enquiry) enquête f, investigation f // vt
sonder, explorer.

probity ['prəubɪtɪ] n probité f.

problem ['prɔbləm] n problème m ; ~atic
[-'mætɪk] a problématique.

procedure [prə'siːdʒə*] n (ADMIN, LAW)
procédure f ; (method) marche f à suivre,
façon f de procéder.

proceed [prə'siːd] vi (go forward) avancer ;
(go about it) procéder ; (continue): to ~
(with) continuer, poursuivre ; to ~ to
aller à ; passer à ; to ~ to do se mettre
à faire ; ~ing n procédé m, façon d'agir
f ; ~ings npl mesures fpl ; (LAW) poursuites
fpl ; (meeting) réunion f, séance f ; (records)
compte rendu ; actes mpl ; ~s ['prəusiːdz]
npl produit m, recette f.

process ['prəuses] n processus m ;
(method) procédé m // vt traiter ; ~ed
cheese fromage fondu ; in ~ en cours ;
~ing n traitement m.

procession [prə'seʃən] n défilé m, cortège
m ; (REL) procession f.

proclaim [prə'kleɪm] vt déclarer,
proclamer.

proclamation [prɔklə'meɪʃən] n
proclamation f.

proclivity [prə'klɪvɪtɪ] n inclination f.

procrastination [prəukræstɪ'neɪʃən] n
procrastination f.

procreation [prəukrɪ'eɪʃən] n procréation
f.

procure [prə'kjuə*] vt (for o.s.) se
procurer ; (for sb) procurer.

prod [prɔd] vt pousser // n (push, jab) petit
coup, poussée f.

prodigal ['prɔdɪgl] a prodigue.

prodigious ['prə'dɪdʒəs] a prodi-
gieux(euse).

prodigy ['prɔdɪdʒɪ] n prodige m.

produce n ['prɔdjuːs] (AGR) produits mpl
// vt [prə'djuːs] produire ; (to show)
présenter ; (cause) provoquer, causer ;
(THEATRE) monter, mettre en scène ; ~r n
(THEATRE) metteur en scène ; (AGR, CINEMA)
producteur m.

product ['prɔdʌkt] n produit m.

production [prə'dʌkʃən] n production f ;
(THEATRE) mise f en scène ; ~ line n chaîne
f (de fabrication).

productive [prə'dʌktɪv] a productif(ive).

productivity [prɔdʌk'tɪvɪtɪ] n
productivité f.

profane [prə'feɪn] a sacrilège ; (lay)
profane.

profess [prə'fɛs] vt professer.

profession [prə'fɛʃən] n profession f ;
~al n (SPORT) professionnel/le // a
professionnel(le) ; (work) de
professionnel ; he's a ~al man il exerce
une profession libérale ; ~alism n
professionnalisme m.

professor [prə'fɛsə*] n professeur m
(titulaire d'une chaire).

proficiency [prə'fɪʃənsɪ] n compétence f,
aptitude f.

proficient [prə'fɪʃənt] a compétent(e),
capable.

profile ['prəufaɪl] n profil m.

profit ['prɔfɪt] n bénéfice m ; profit m //
vi: to ~ (by or from) profiter (de) ;
~ability [-'bɪlɪtɪ] n rentabilité f ; ~able a
lucratif(ive), rentable.

profiteering [prɔfɪ'tɪərɪŋ] n (pej)
mercantilisme m.

profound [prə'faund] a profond(e).

profuse [prə'fjuːs] a abondant(e) ; (with
money) prodigue ; ~ly ad en abondance,
profusion ; **profusion** [-'fjuːʒən] n
profusion f, abondance f.

progeny ['prɔdʒɪnɪ] n progéniture f ;
descendants mpl.

programme, program (US)
['prəugræm] n programme m ; (RADIO, TV)
émission f // vt programmer ;
programming, programing (US) n
programmation f.

progress n ['prəugrɛs] progrès m // vi
[prə'grɛs] progresser, avancer ; in ~ en
cours ; to make ~ progresser, faire des
progrès, être en progrès ; ~ion n
[prə'grɛʃən] n progression f ; ~ive [-'grɛsɪv] a
progressif(ive) ; (person) progressiste ;
~ively [-'grɛsɪvlɪ] ad progressivement.

prohibit [prə'hɪbɪt] *vt* interdire, défendre ; **to ~ sb from doing** défendre *or* interdire à qn de faire ; **~ion** [prəuɪ'bɪʃən] *n* (*US*) prohibition *f* ; **~ive** *a* (*price etc*) prohibitif(ive).

project *n* ['prɔdʒɛkt] (*plan*) projet *m*, plan *m* ; (*venture*) opération *f*, entreprise *f* ; (*gen* scol: *research*) étude *f*, dossier *m* // *vb* [prə'dʒɛkt] *vt* projeter // *vi* (*stick out*) faire saillie, s'avancer.

projectile [prə'dʒɛktaɪl] *n* projectile *m*.

projection [prə'dʒɛkʃən] *n* projection *f* ; saillie *f*.

projector [prə'dʒɛktə*] *n* projecteur *m*.

proletarian [prəulɪ'tɛərɪən] *a* prolétarien(ne) // *n* prolétaire *m/f*.

proletariat [prəulɪ'tɛərɪət] *n* prolétariat *m*.

proliferate [prə'lɪfəreɪt] *vi* proliférer ; **proliferation** [-'reɪʃən] *n* prolifération *f*.

prolific [prə'lɪfɪk] *a* prolifique.

prologue ['prəulɔg] *n* prologue *m*.

prolong [prə'lɔŋ] *vt* prolonger.

prom [prɔm] *n abbr of* **promenade** ; (*US:* *ball*) bal *m* d'étudiants.

promenade [prɔmə'nɑːd] *n* (*by sea*) esplanade *f*, promenade *f* ; **~ concert** *n* concert *m* (de musique classique) ; **~ deck** *n* pont *m* de promenade.

prominence ['prɔmɪnəns] *n* proéminence *f* ; importance *f*.

prominent ['prɔmɪnənt] *a* (*standing out*) proéminent(e) ; (*important*) important(e).

promiscuity [prɔmɪs'kjuːɪtɪ] *n* (*sexual*) légèreté *f* de mœurs.

promiscuous [prə'mɪskjuəs] *a* (*sexually*) de mœurs légères.

promise ['prɔmɪs] *n* promesse *f* // *vt,vi* promettre ; **promising** *a* prometteur(euse).

promontory ['prɔməntrɪ] *n* promontoire *m*.

promote [prə'məut] *vt* promouvoir ; (*venture, event*) organiser, mettre sur pied ; (*new product*) lancer ; **~r** *n* (*of sporting event*) organisateur/trice ; **promotion** [-'məuʃən] *n* promotion *f*.

prompt [prɔmpt] *a* rapide // *ad* (*punctually*) à l'heure // *vt* inciter ; provoquer ; (THEATRE) souffler (son rôle *or* ses répliques) à ; **to ~ sb to do** inciter *or* pousser qn à faire ; **~er** *n* (THEATRE) souffleur *m* ; **~ly** *ad* rapidement, sans délai ; ponctuellement ; **~ness** *n* rapidité *f* ; promptitude *f* ; ponctualité *f*.

promulgate ['prɔmʌlgeɪt] *vt* promulguer.

prone [prəun] *a* (*lying*) couché(e) (face contre terre) ; **~ to** enclin(e) à.

prong [prɔŋ] *n* pointe *f* ; (*of fork*) dent *f*.

pronoun ['prəunaun] *n* pronom *m*.

pronounce [prə'nauns] *vt* prononcer // *vi*: **to ~ (up)on** se prononcer sur ; **~d** *a* (*marked*) prononcé(e) ; **~ment** *n* déclaration *f*.

pronunciation [prənʌnsɪ'eɪʃən] *n* prononciation *f*.

proof [pruːf] *n* preuve *f* ; (*test, of book,* PHOT) épreuve *f* ; (*of alcohol*) degré *m* // *a*: **~ against** à l'épreuve de ; **to be 70° ~ ≈** titrer 40 degrés ; **~reader** *n* correcteur/trice (d'épreuves).

prop [prɔp] *n* support *m*, étai *m* // *vt* (*also:*

~ up) étayer, soutenir ; (*lean*): **to ~ sth against** appuyer qch contre *or* à.

propaganda [prɔpə'gændə] *n* propagande *f*.

propagation [prɔpə'geɪʃən] *n* propagation *f*.

propel [prə'pɛl] *vt* propulser, faire avancer ; **~ler** *n* hélice *f* ; **~ling pencil** *n* porte-mine *m inv*.

propensity [prə'pɛnsɪtɪ] *n* propension *f*.

proper ['prɔpə*] *a* (*suited, right*) approprié(e), bon(bonne) ; (*seemly*) correct(e), convenable ; (*authentic*) vrai(e), véritable ; (*col: real*) **n +** fini(e), vrai(e) ; **~ly** *ad* correctement, convenablement ; bel et bien ; **~ noun** *n* nom *m* propre.

property ['prɔpətɪ] *n* (*things owned*) biens *mpl* ; propriété(s) *f(pl)* ; immeuble *m* ; terres *fpl*, domaine *m* ; (CHEM *etc: quality*) propriété *f* ; **it's their ~** cela leur appartient, c'est leur propriété ; **~ owner** *n* propriétaire *m*.

prophecy ['prɔfɪsɪ] *n* prophétie *f*.

prophesy ['prɔfɪsaɪ] *vt* prédire // *vi* prophétiser.

prophet ['prɔfɪt] *n* prophète *m* ; **~ic** [prə'fɛtɪk] *a* prophétique.

proportion [prə'pɔːʃən] *n* proportion *f* ; (*share*) part *f* ; partie *f* // *vt* proportionner ; **~al, ~ate** *a* proportionnel(le).

proposal [prə'pəuzl] *n* proposition *f*, offre *f* ; (*plan*) projet *m* ; (*of marriage*) demande *f* en mariage.

propose [prə'pəuz] *vt* proposer, suggérer // *vi* faire sa demande en mariage ; **to ~ to do** avoir l'intention de faire ; **~r** *n* (*of motion etc*) auteur *m*.

proposition [prɔpə'zɪʃən] *n* proposition *f*.

propound [prə'paund] *vt* proposer, soumettre.

proprietary [prə'praɪətərɪ] *a* de marque déposée.

proprietor [prə'praɪətə*] *n* propriétaire *m/f*.

propulsion [prə'pʌlʃən] *n* propulsion *f*.

pro rata [prəu'rɑːtə] *ad* au prorata.

prosaic [prəu'zeɪɪk] *a* prosaïque.

prose [prəuz] *n* prose *f* ; (SCOL: *translation*) thème *m*.

prosecute ['prɔsɪkjuːt] *vt* poursuivre ; **prosecution** [-'kjuːʃən] *n* poursuites *fpl* judiciaires ; (*accusing side*) accusation *f* ; **prosecutor** *n* procureur *m* ; (*also:* **public ~**) ministère public.

prospect *n* ['prɔspɛkt] perspective *f* ; (*hope*) espoir *m*, chances *fpl* // *vt,vi* [prə'spɛkt] prospecter ; **~s** *npl* (*for work etc*) possibilités *fpl* d'avenir, débouchés *mpl* ; **prospecting** *n* prospection *f* ; **prospective** *a* (*possible*) éventuel(le) ; (*certain*) futur(e) ; **prospector** *n* prospecteur *m*.

prospectus [prə'spɛktəs] *n* prospectus *m*.

prosper ['prɔspə*] *vi* prospérer ; **~ity** [-'spɛrɪtɪ] *n* prospérité *f* ; **~ous** *a* prospère.

prostitute ['prɔstɪtjuːt] *n* prostituée *f*.

prostrate ['prɔstreɪt] *a* prosterné(e) ; (*fig*) prostré(e).

protagonist [prə'tægənɪst] *n* protagoniste *m*.

protect [prə'tɛkt] vt protéger; ~**ion** n protection f; ~**ive** a protecteur(trice); ~**or** n protecteur/trice.

protégé ['prəutɛʒeɪ] n protégé m; ~**e** n protégée f.

protein ['prəuti:n] n protéine f.

protest n ['prəutɛst] protestation f // vi [prə'tɛst] protester.

Protestant ['prɔtɪstənt] a,n protestant(e).

protocol ['prəutəkɔl] n protocole m.

prototype ['prəutətaɪp] n prototype m.

protracted [prə'træktɪd] a prolongé(e).

protractor [prə'træktə*] n rapporteur m.

protrude [prə'tru:d] vi avancer, dépasser.

protuberance [prə'tju:bərəns] n protubérance f.

proud [praud] a fier(ère); (pej) orgueilleux(euse); ~**ly** ad fièrement.

prove [pru:v] vt prouver, démontrer // vi: to ~ **correct** etc s'avérer juste etc; to ~ **o.s.** montrer ce dont on est capable; to ~ **o.s./itself (to be) useful** etc se montrer or se révéler utile etc.

proverb ['prɔvə:b] n proverbe m; ~**ial** [prə'və:bɪəl] a proverbial(e).

provide [prə'vaɪd] vt fournir; to ~ **sb with sth** fournir qch à qn; to ~ **for** vt (person) subvenir aux besoins de; (emergency) prévoir; ~**d (that)** cj à condition que + sub.

Providence ['prɔvɪdəns] n Providence f.

providing [prə'vaɪdɪŋ] cj à condition que + sub.

province ['prɔvɪns] n province f; **provincial** [prə'vɪnʃəl] a provincial(e).

provision [prə'vɪʒən] n (supply) provision f; (supplying) fourniture f; approvisionnement m; (stipulation) disposition f; ~**s** npl (food) provisions fpl; ~**al** a provisoire; ~**ally** ad provisoirement.

proviso [prə'vaɪzəu] n condition f.

provocation [prɔvə'keɪʃən] n provocation f.

provocative [prə'vɔkətɪv] a provocateur(trice), provocant(e).

provoke [prə'vəuk] vt provoquer; inciter.

prow [prau] n proue f.

prowess ['prauɪs] n prouesse f.

prowl [praul] vi (also: ~ **about**, ~ **around**) rôder // n: **on the** ~ à l'affût; ~**er** n rôdeur/euse.

proximity [prɔk'sɪmɪtɪ] n proximité f.

proxy ['prɔksɪ] n procuration f; **by** ~ par procuration.

prudence ['pru:dns] n prudence f.

prudent ['pru:dnt] a prudent(e).

prudish ['pru:dɪʃ] a prude, pudibond(e).

prune [pru:n] n pruneau m // vt élaguer.

pry [praɪ] vi: to ~ **into** fourrer son nez dans.

psalm [sɑ:m] n psaume m.

pseudo- ['sju:dəu] prefix pseudo-; ~**nym** n pseudonyme m.

psyche ['saɪkɪ] n psychisme m.

psychiatric [saɪk'ætrɪk] a psychiatrique.

psychiatrist [saɪ'kaɪətrɪst] n psychiatre m/f.

psychiatry [saɪ'kaɪətrɪ] n psychiatrie f.

psychic ['saɪkɪk] a (also: ~**al**) (méta)psychique; (person) doué(e) de télépathie or d'un sixième sens.

psychoanalyse [saɪkəu'ænəlaɪz] vt psychanalyser.

psychoanalysis, pl **lyses** [saɪkəuə'nælɪsɪs, -sɪ:z] n psychanalyse f.

psychoanalyst [saɪkəu'ænəlɪst] n psychanalyste m/f.

psychological [saɪkə'lɔdʒɪkl] a psychologique.

psychologist [saɪ'kɔlədʒɪst] n psychologue m/f.

psychology [saɪ'kɔlədʒɪ] n psychologie f.

psychopath ['saɪkəupæθ] n psychopathe m/f.

psychosomatic ['saɪkəusə'mætɪk] a psychosomatique.

psychotic [saɪ'kɔtɪk] a,n psychotique (m/f).

P.T.O. abbr (= please turn over) T.S.V.P. (tournez s'il vous plaît).

pub [pʌb] n (abbr of public house) pub m.

puberty ['pju:bətɪ] n puberté f.

public ['pʌblɪk] a public(ique) // n public m; **the general** ~ le grand public; ~ **address system (P.A.)** sonorisation f; hauts-parleurs mpl.

publican ['pʌblɪkən] n patron m de pub.

publication [pʌblɪ'keɪʃən] n publication f.

public: ~ company n société f anonyme (cotée en bourse); ~ **convenience** n toilettes fpl; ~ **house** n pub m.

publicity [pʌb'lɪsɪtɪ] n publicité f.

publicly ['pʌblɪklɪ] ad publiquement.

public: ~ opinion n opinion publique; ~ **relations (PR)** n relations publiques; ~ **school** n (Brit) école privée; ~**-spirited** a qui fait preuve de civisme.

publish ['pʌblɪʃ] vt publier; ~**er** n éditeur m; ~**ing** n (industry) édition f; (of a book) publication f.

puce [pju:s] a puce.

puck [pʌk] n (elf) lutin m; (ICE HOCKEY) palet m.

pucker ['pʌkə*] vt plisser.

pudding ['pudɪŋ] n dessert m, entremets m; (sausage) boudin m.

puddle ['pʌdl] n flaque f d'eau.

puerile ['pjuəraɪl] a puéril(e).

puff [pʌf] n bouffée f; (also: **powder** ~) houppette f // vt: to ~ **one's pipe** tirer sur sa pipe // vi sortir par bouffées; (pant) haleter; to ~ **out smoke** envoyer des bouffées de fumée; ~**ed** a (col: out of breath) tout(e) essoufflé(e).

puffin ['pʌfɪn] n macareux m.

puff pastry ['pʌf'peɪstrɪ] n pâte feuilletée.

puffy ['pʌfɪ] a bouffi(e), boursouflé(e).

pugnacious [pʌg'neɪʃəs] a pugnace, batailleur(euse).

pull [pul] n (tug): to give sth a ~ tirer sur qch; (fig) influence f // vt tirer; (muscle) se claquer // vi tirer; to ~ **a face** faire une grimace; to ~ **to pieces** mettre en morceaux; to ~ **one's punches** ménager son adversaire; to ~ **one's weight** y mettre du sien; to ~ **o.s. together** se ressaisir; to ~ **sb's leg** faire marcher qn; to ~ **apart** vt séparer; (break) mettre en pièces, démantibuler; to

~ down vt baisser, abaisser; (*house*) démolir; (*tree*) abattre; **to ~ in** vi (*AUT: at the kerb*) se ranger; (*RAIL*) entrer en gare; **to ~ off** vt enlever, ôter; (*deal etc*) conclure; **to ~ out** vi démarrer, partir; se retirer; (*AUT: come out of line*) déboîter // vt sortir; arracher; (*withdraw*) retirer; **to ~ round** vi (*unconscious person*) revenir à soi; (*sick person*) se rétablir; **to ~ through** vi s'en sortir; **to ~ up** vi (*stop*) s'arrêter // vt remonter; (*uproot*) déraciner, arracher; (*stop*) arrêter.

pulley ['pulɪ] n poulie f.

pull-in ['pulɪn] n (*AUT*) parking m.

pullover ['puləuvə*] n pull-over m, tricot m.

pulp [pʌlp] n (*of fruit*) pulpe f; (*for paper*) pâte f à papier.

pulpit ['pulpɪt] n chaire f.

pulsate [pʌl'seɪt] vi battre, palpiter; (*music*) vibrer.

pulse [pʌls] n (*of blood*) pouls m; (*of heart*) battement m; (*of music, engine*) vibrations fpl.

pulverize ['pʌlvəraɪz] vt pulvériser.

puma ['pjuːmə] n puma m.

pummel ['pʌml] vt rouer de coups.

pump [pʌmp] n pompe f; (*shoe*) escarpin m // vt pomper; (*fig: col*) faire parler; **to ~ up** vt gonfler.

pumpkin ['pʌmpkɪn] n potiron m, citrouille f.

pun [pʌn] n jeu m de mots, calembour m.

punch [pʌntʃ] n (*blow*) coup m de poing; (*fig: force*) vivacité f, mordant m; (*tool*) poinçon m; (*drink*) punch m // vt (*hit*): **to ~ sb/sth** donner un coup de poing à qn/sur qch; (*make a hole*) poinçonner, perforer; **to ~ a hole (in)** faire un trou (dans); **~-drunk** a sonné(e); **~-up** (*col*) bagarre f.

punctual ['pʌŋktjuəl] a ponctuel(le); **~ity** [-'ælɪtɪ] n ponctualité f.

punctuate ['pʌŋktjueɪt] vt ponctuer; **punctuation** [-'eɪʃən] n ponctuation f.

puncture ['pʌŋktʃə*] n crevaison f // vt crever.

pundit ['pʌndɪt] n individu m qui pontifie, pontife m.

pungent ['pʌndʒənt] a piquant(e); (*fig*) mordant(e), caustique.

punish ['pʌnɪʃ] vt punir; **~able** a punissable; **~ment** n punition f, châtiment m.

punt [pʌnt] n (*boat*) bachot m; (*FOOTBALL*) coup m de volée.

punter ['pʌntə*] n (*gambler*) parieur/euse.

puny ['pjuːnɪ] a chétif(ive).

pup [pʌp] n chiot m.

pupil ['pjuːpl] n élève m/f.

puppet ['pʌpɪt] n marionnette f, pantin m.

puppy ['pʌpɪ] n chiot m, petit chien.

purchase ['pəːtʃɪs] n achat m // vt acheter; **~r** n acheteur/euse.

pure [pjuə*] a pur(e).

purée ['pjuəreɪ] n purée f.

purge [pəːdʒ] n (*MED*) purge f; (*POL*) épuration f, purge // vt purger; (*fig*) épurer, purger.

purification [pjuərɪfɪ'keɪʃən] n purification f.

purify ['pjuərɪfaɪ] vt purifier, épurer.

purist ['pjuərɪst] n puriste m/f.

puritan ['pjuərɪtən] n puritain/e; **~ical** [-'tænɪkl] a puritain(e).

purity ['pjuərɪtɪ] n pureté f.

purl [pəːl] n maille f à l'envers // vt tricoter à l'envers.

purple ['pəːpl] a violet(te); cramoisi(e).

purport [pə'pɔːt] vi: **to ~ to be/do** prétendre être/faire.

purpose ['pəːpəs] n intention f, but m; **on ~** exprès; **~ful** a déterminé(e), résolu(e); **~ly** ad exprès.

purr [pəː*] n ronronnement m // vi ronronner.

purse [pəːs] n porte-monnaie m inv, bourse f // vt serrer, pincer.

purser ['pəːsə*] n (*NAUT*) commissaire m du bord.

pursue [pə'sjuː] vt poursuivre; **~r** n poursuivant/e.

pursuit [pə'sjuːt] n poursuite f; (*occupation*) occupation f, activité f; **scientific ~s** recherches fpl scientifiques.

purveyor [pə'veɪə*] n fournisseur m.

pus [pʌs] n pus m.

push [puʃ] n poussée f; (*effort*) gros effort; (*drive*) énergie f // vt pousser; (*button*) appuyer sur; (*thrust*): **to ~ sth (into)** enfoncer qch (dans); (*fig*) mettre en avant, faire de la publicité pour // vi pousser; appuyer; **to ~ aside** vt écarter; **to ~ off** vi (*col*) filer, ficher le camp; **to ~ on** vi (*continue*) continuer; **to ~ over** vt renverser; **to ~ through** vt (*measure*) faire voter; **to ~ up** vt (*total, prices*) faire monter; **~chair** n poussette f; **~ing** a dynamique; **~over** n (*col*): it's a **~over** c'est un jeu d'enfant; **~y** a (*pej*) arriviste.

puss, pussy(-cat) [pus, 'pusɪ(kæt)] n minet m.

put [put], pt, pp put [put] vt mettre, poser, placer; (*say*) dire, exprimer; (*a question*) poser; (*estimate*) estimer; **to ~ about** vi (*NAUT*) virer de bord // vt (*rumour*) faire courir; **to ~ across** vt (*ideas etc*) communiquer; faire comprendre; **to ~ away** vt (*store*) ranger; **to ~ back** vt (*replace*) remettre, replacer; (*postpone*) remettre, (*delay*) retarder; **to ~ by** vt (*money*) mettre de côté, économiser; **to ~ down** vt (*parcel etc*) poser, déposer; (*pay*) verser; (*in writing*) mettre par écrit, inscrire; (*suppress: revolt etc*) réprimer, faire cesser; (*attribute*) attribuer; **to ~ forward** vt (*ideas*) avancer, proposer; (*date*) avancer; **to ~ in** vt (*gas, electricity*) installer; (*application, complaint*) soumettre; **to ~ off** vt (*light etc*) éteindre; (*postpone*) remettre à plus tard, ajourner; (*discourage*) dissuader; **to ~ on** vt (*clothes, lipstick etc*) mettre; (*light etc*) allumer; (*play etc*) monter; (*food, meal*) servir; (*airs, weight*) prendre; (*brake*) mettre; **to ~ on the brakes** freiner; **to ~ out** vt mettre dehors; (*one's hand*) tendre; (*news, rumour*) faire courir, répandre; (*light etc*) éteindre; (*person: inconvenience*) déranger, gêner; **to ~ up** vt (*raise*) lever, relever, remonter; (*pin up*) afficher; (*hang*) accrocher; (*build*) construire, ériger; (*a tent*) monter; (*increase*) augmenter;

(*accommodate*) loger ; **to ~ up with** *vt fus* supporter.
putrid ['pju:trɪd] *a* putride.
putt [pʌt] *vt* poter (la balle) // *n* coup roulé ; **~er** *n* (GOLF) putter *m* ; **~ing green** *n* green *m*.
putty ['pʌtɪ] *n* mastic *m*.
put-up ['putʌp] *a*: **~ job** *n* affaire montée.
puzzle ['pʌzl] *n* énigme *f*, mystère *m* ; (*jigsaw*) puzzle *m* ; (*also*: **crossword ~**) problème *m* de mots croisés // *vt* intriguer, rendre perplexe // *vi* se creuser la tête ; **puzzling** *a* déconcertant(e), inexplicable.
PVC *abbr of* polyvinyl chloride.
pygmy ['pɪgmɪ] *n* pygmée *m/f*.
pyjamas [pɪ'dʒɑ:məz] *npl* pyjama *m*.
pylon ['paɪlən] *n* pylône *m*.
pyramid ['pɪrəmɪd] *n* pyramide *f*.
python ['paɪθən] *n* python *m*.

Q

quack [kwæk] *n* (*of duck*) coin-coin *m inv* ; (*pej*: *doctor*) charlatan *m*.
quad [kwɔd] *abbr of* **quadrangle**, **quadruplet**.
quadrangle ['kwɔdræŋgl] *n* (MATH) quadrilatère *m* ; (*courtyard*: *abbr*: **quad**) cour *f*.
quadruped ['kwɔdrʊped] *n* quadrupède *m*.
quadruple [kwɔ'drupl] *a,n* quadruple (*m*) // *vt*, *vi* quadrupler ; **~t** [-'dru:plɪt] *n* quadruplé(e).
quagmire ['kwægmaɪə*] *n* bourbier *m*.
quail [kweɪl] *n* (ZOOL.) caille *f*.
quaint [kweɪnt] *a* bizarre ; (*old-fashioned*) désuet(ète) ; au charme vieillot, pittoresque.
quake [kweɪk] *vi* trembler // *n abbr of* **earthquake**.
Quaker ['kweɪkə*] *n* quaker/esse.
qualification [kwɔlɪfɪ'keɪʃən] *n* (*degree etc*) diplôme *m* ; (*ability*) compétence *f*, qualification *f* ; (*limitation*) réserve *f*, restriction *f*.
qualified ['kwɔlɪfaɪd] *a* diplômé(e) ; (*able*) compétent(e), qualifié(e) ; (*limited*) conditionnel(le).
qualify ['kwɔlɪfaɪ] *vt* qualifier ; (*limit: statement*) apporter des réserves à // *vi*: **to ~ (as)** obtenir son diplôme (de) ; **to ~ (for)** remplir les conditions requises (pour) ; (SPORT) se qualifier (pour).
qualitative ['kwɔlɪtətɪv] *a* qualitatif(ive).
quality ['kwɔlɪtɪ] *n* qualité *f* // *cpd* de qualité ; **the ~ papers** la presse d'information.
qualm [kwɑ:m] *n* doute *m* ; scrupule *m*.
quandary ['kwɔndrɪ] *n*: **in a ~** devant un dilemme, dans l'embarras.
quantitative ['kwɔntɪtətɪv] *a* quantitatif(ive).
quantity ['kwɔntɪtɪ] *n* quantité *f* ; **~ surveyor** *n* métreur *m* vérificateur.
quarantine ['kwɔrnti:n] *n* quarantaine *f*.
quarrel ['kwɔrl] *n* querelle *f*, dispute *f* // *vi* se disputer, se quereller ; **~some** *a* querelleur(euse).
quarry ['kwɔrɪ] *n* (*for stone*) carrière *f* ;

(*animal*) proie *f*, gibier *m* // *vt* (*marble etc*) extraire.
quart [kwɔ:t] *n* ≈ litre *m* (= 2 pints).
quarter ['kwɔ:tə*] *n* quart *m* ; (*of year*) trimestre *m* ; (*district*) quartier *m* // *vt* partager en quartiers or en quatre ; (MIL) caserner, cantonner ; **~s** *npl* logement *m* ; (MIL) quartiers *mpl*, cantonnement *m* ; **a ~ of an hour** un quart d'heure ; **~-deck** *n* (NAUT) plage *f* arrière ; **~ ~ final** *n* quart *m* de finale ; **~ly** *a* trimestriel(le) // *ad* tous les trois mois ; **~master** *n* (MIL) intendant *m* militaire de troisième classe ; (NAUT) maître *m* de manœuvre.
quartet(te) [kwɔ:'tɛt] *n* quatuor *m* ; (*jazz players*) quartette *m*.
quartz [kwɔ:ts] *n* quartz *m* ; **~ watch** *n* montre *f* à quartz.
quash [kwɔʃ] *vt* (*verdict*) annuler, casser.
quasi- ['kweɪzaɪ] *prefix* quasi- + *noun* ; quasi, presque + *adjective*.
quaver ['kweɪvə*] *n* (MUS) croche *f* // *vi* trembler.
quay [ki:] *n* (*also*: **~-side**) quai *m*.
queasy ['kwi:zɪ] *a* (*stomach*) délicat(e) ; **to feel ~** avoir mal au cœur.
queen [kwi:n] *n* (*gen*) reine *f* ; (CARDS *etc*) dame *f* ; **~ mother** *n* reine mère *f*.
queer [kwɪə*] *a* étrange, curieux(euse) ; (*suspicious*) louche ; (*sick*): **I feel ~** je ne me sens pas bien // *n* (*col*) homosexuel *m*.
quell [kwɛl] *vt* réprimer, étouffer.
quench [kwɛntʃ] *vt* (*flames*) éteindre ; **to ~ one's thirst** se désaltérer.
query ['kwɪərɪ] *n* question *f* ; (*doubt*) doute *m* ; (*question mark*) point *m* d'interrogation // *vt* mettre en question or en doute.
quest [kwɛst] *n* recherche *f*, quête *f*.
question ['kwɛstʃən] *n* question *f* // *vt* (*person*) interroger ; (*plan*, *idea*) mettre en question or en doute ; **it's a ~ of doing** il s'agit de faire ; **there's some ~ of doing** il est question de faire ; **beyond ~** *ad* sans aucun doute ; **out of the ~** hors de question ; **~able** *a* discutable ; **~ing** *a* interrogateur(trice) // *n* interrogatoire *m* ; **~ mark** *n* point *m* d'interrogation.
questionnaire [kwɛstʃə'nɛə*] *n* questionnaire *m*.
queue [kju:] *n* queue *f*, file *f* // *vi* faire la queue.
quibble ['kwɪbl] *vi* ergoter, chicaner.
quick [kwɪk] *a* rapide ; (*reply*) prompt(e), rapide ; (*mind*) vif(vive) // *ad* vite, rapidement // *n*: **cut to the ~** (*fig*) touché(e) au vif ; **be ~!** dépêche-toi! ; **~en** *vt* accélérer, presser ; (*rouse*) stimuler // *vi* s'accélérer, devenir plus rapide ; **~lime** *n* chaux vive ; **~ly** *ad* vite, rapidement ; **~ness** *n* rapidité *f* ; promptitude *f* ; vivacité *f* ; **~sand** *n* sables mouvants ; **~step** *n* (*dance*) fox-trot *m* ; **~-witted** *a* à l'esprit vif.
quid [kwɪd] *n*, *pl inv* (*Brit*: *col*) livre *f*.
quiet ['kwaɪət] *a* tranquille, calme ; (*ceremony*, *colour*) discret(ète) // *n* tranquillité *f*, calme *m* ; **keep ~!** tais-toi! ; **on the ~** en secret, en cachette ; **~en** (*also*: **~en down**) *vi* se calmer, s'apaiser // *vt* calmer, apaiser ; **~ly** *ad* tranquillement, calmement ;

discrètement ; **~ness** n tranquillité f, calme m ; silence m.
quill [kwɪl] n plume f (d'oie).
quilt [kwɪlt] n édredon m ; **(continental)** ~ n couverture f édredon ; **~ing** n ouatine f ; molletonnage m.
quin [kwɪn] abbr of **quintuplet**.
quince [kwɪns] n coing m ; (tree) cognassier m.
quinine [kwɪˈniːn] n quinine f.
quintet(te) [kwɪnˈtɛt] n quintette m.
quintuplet [kwɪnˈtjuːplɪt] n quintuplé/e.
quip [kwɪp] n remarque piquante or spirituelle, pointe f // vt: ... he **~ped** ... lança-t-il.
quirk [kwəːk] n bizarrerie f.
quit, pt, pp **quit** or **quitted** [kwɪt] vt quitter // vi (give up) abandonner, renoncer ; (resign) démissionner ; **to ~ doing** arrêter de faire ; **notice to ~** congé m (signifié au locataire).
quite [kwaɪt] ad (rather) assez, plutôt ; (entirely) complètement, tout à fait ; **I ~ understand** je comprends très bien ; **~ a few of them** un assez grand nombre d'entre eux ; **~ (so)!** exactement!
quits [kwɪts] a: **~ (with)** quitte (envers).
quiver [ˈkwɪvə*] vi trembler, frémir // n (for arrows) carquois m.
quiz [kwɪz] n (game) jeu-concours m ; test m de connaissances // vt interroger ; **~zical** a narquois(e).
quoits [kwɔɪts] npl jeu m du palet.
quorum [ˈkwɔːrəm] n quorum m.
quota [ˈkwəʊtə] n quota m.
quotation [kwəʊˈteɪʃən] n citation f ; (of shares etc) cote f, cours m ; (estimate) devis m ; **~ marks** npl guillemets mpl.
quote [kwəʊt] n citation f // vt (sentence) citer ; (price) donner, fixer ; (shares) coter // vi: **to ~ from** citer ; **to ~ for a job** établir un devis pour des travaux.
quotient [ˈkwəʊʃənt] n quotient m.

R

rabbi [ˈræbaɪ] n rabbin m.
rabbit [ˈræbɪt] n lapin m ; **~ hole** n terrier m (de lapin) ; **~ hutch** n clapier m.
rabble [ˈræbl] n (pej) populace f.
rabid [ˈræbɪd] a enragé(e).
rabies [ˈreɪbiːz] n rage f.
RAC n abbr of Royal Automobile Club.
raccoon [rəˈkuːn] n raton m laveur.
race [reɪs] n race f ; (competition, rush) course f // vt (person) faire la course avec ; (horse) faire courir ; (engine) emballer // vi courir ; **~course** n champ m de courses ; **~horse** n cheval m de course ; **~ relations** npl rapports mpl entre les races ; **~track** n piste f.
racial [ˈreɪʃl] a racial(e) ; **~ discrimination** n discrimination raciale ; **~ism** n racisme m ; **~ist** a, n raciste m/f.
racing [ˈreɪsɪŋ] n courses fpl ; **~ car** n voiture f de course ; **~ driver** n pilote m de course.
racist [ˈreɪsɪst] a,n (pej) raciste (m/f).
rack [ræk] n (also: **luggage ~**) filet m à bagages ; (also: **roof ~**) galerie f // vt tourmenter ; **magazine ~** n porte-revues

m inv ; **shoe ~** n étagère f à chaussures ; **toast ~** n porte-toast m.
racket [ˈrækɪt] n (for tennis) raquette f ; (noise) tapage m ; vacarme m ; (swindle) escroquerie f ; (organized crime) racket m.
racoon [rəˈkuːn] n = **raccoon**.
racquet [ˈrækɪt] n raquette f.
racy [ˈreɪsɪ] a plein(e) de verve ; osé(e).
radar [ˈreɪdɑː*] n radar m // cpd radar inv.
radiance [ˈreɪdɪəns] n éclat m, rayonnement m.
radiant [ˈreɪdɪənt] a rayonnant(e) ; (PHYSICS) radiant(e).
radiate [ˈreɪdɪeɪt] vt (heat) émettre, dégager // vi (lines) rayonner.
radiation [reɪdɪˈeɪʃən] n rayonnement m ; (radioactive) radiation f.
radiator [ˈreɪdɪeɪtə*] n radiateur m ; **~ cap** n bouchon m de radiateur.
radical [ˈrædɪkl] a radical(e).
radii [ˈreɪdɪaɪ] npl of **radius**.
radio [ˈreɪdɪəʊ] n radio f ; **on the ~** à la radio ; **~ station** station f de radio.
radio... [ˈreɪdɪəʊ] prefix: **~active** a radioactif(ive) ; **~activity** n radioactivité f ; **~grapher** [-ˈɔgrəfə*] n radiologue m/f (technicien) ; **~graphy** [-ˈɔgrəfɪ] n radiographie f ; **~logy** [-ˈɔlədʒɪ] n radiologie f ; **~therapist** n radiothérapeute m/f.
radish [ˈrædɪʃ] n radis m.
radium [ˈreɪdɪəm] n radium m.
radius, pl **radii** [ˈreɪdɪəs, -ɪaɪ] n rayon m ; (ANAT) radius m.
raffia [ˈræfɪə] n raphia m.
raffish [ˈræfɪʃ] a dissolu(e) ; canaille.
raffle [ˈræfl] n tombola f.
raft [rɑːft] n (also: **life ~**) radeau m ; (logs) train m de flottage.
rafter [ˈrɑːftə*] n chevron m.
rag [ræg] n chiffon m ; (pej: newspaper) feuille f, torchon m ; (for charity) attractions organisées par les étudiants au profit d'œuvres de charité // vt chahuter, mettre en boite ; **~s** npl haillons mpl ; **~-and-bone man** n chiffonnier m ; **~bag** n (fig) ramassis m.
rage [reɪdʒ] n (fury) rage f, fureur f // vi (person) être fou/folle de rage ; (storm) faire rage, être déchaîné(e) ; **it's all the ~** cela fait fureur.
ragged [ˈrægɪd] a (edge) inégal(e), qui accroche ; (cuff) effiloché(e) ; (appearance) déguenillé(e).
raid [reɪd] n (MIL) raid m ; (criminal) hold-up m inv ; (by police) descente f, rafle f // vt faire un raid sur or un hold-up dans or une descente dans ; **~er** n malfaiteur m ; (plane) bombardier m.
rail [reɪl] n (on stair) rampe f ; (on bridge, balcony) balustrade f ; (of ship) bastingage m ; (for train) rail m ; **~s** npl rails mpl, voie ferrée ; **by ~** par chemin de fer ; **~ ing(s)** n(pl) grille f ; **~road** n (US), **~way** n chemin m de fer ; **~wayman** n cheminot m ; **~way station** n gare f.
rain [reɪn] n pluie f // vi pleuvoir ; **in the ~** sous la pluie ; **~bow** n arc-en-ciel m ; **~coat** n imperméable m ; **~drop** n goutte f de pluie ; **~fall** n chute f de pluie ; (measurement) hauteur f des précipitations ;

~proof *a* imperméable ; **~storm** *n* pluie torrentielle ; **~y** *a* pluvieux(euse).

raise [reɪz] *n* augmentation *f* // *vt* (*lift*) lever ; hausser ; (*build*) ériger ; (*increase*) augmenter ; (*a protest, doubt*) provoquer, causer ; (*a question*) soulever ; (*cattle, family*) élever ; (*crop*) faire pousser ; (*army, funds*) rassembler ; (*loan*) obtenir ; **to ~ one's voice** élever la voix.

raisin [ˈreɪzn] *n* raisin sec.

raj [rɑːdʒ] *n* empire *m* (*aux Indes*).

rajah [ˈrɑːdʒə] *n* radja(h) *m*.

rake [reɪk] *n* (*tool*) râteau *m* ; (*person*) débauché *m* // *vt* (*garden*) ratisser ; (*fire*) tisonner ; (*with machine gun*) balayer ; **to ~ through** (*fig: search*) fouiller (dans).

rakish [ˈreɪkɪʃ] *a* dissolu(e) ; cavalier(ère).

rally [ˈrælɪ] *n* (POL etc) meeting *m*, rassemblement *m* ; (AUT) rallye *m* ; (TENNIS) échange *m* // *vt* rassembler, rallier // *vi* se rallier ; (*sick person*) aller mieux ; (*Stock Exchange*) reprendre ; **to ~ round** *vt fus* se rallier à ; venir en aide à.

ram [ræm] *n* bélier *m* // *vt* enfoncer ; (*soil*) tasser ; (*crash into*) emboutir ; percuter ; éperonner.

ramble [ˈræmbl] *n* randonnée *f* // *vi* (*pej: also:* **~ on**) discourir, pérorer ; **~r** *n* promeneur/euse, randonneur/euse ; (BOT) rosier grimpant ; **rambling** *a* (*speech*) décousu(e) ; (BOT) grimpant(e).

ramification [ræmɪfɪˈkeɪʃən] *n* ramification *f*.

ramp [ræmp] *n* (*incline*) rampe *f* ; dénivellation *f* ; (*in garage*) pont *m*.

rampage [ræmˈpeɪdʒ] *n*: **to be on the ~** se déchaîner // *vi*: **they went rampaging through the town** ils ont envahi les rues et ont tout saccagé sur leur passage.

rampant [ˈræmpənt] *a* (*disease etc*) qui sévit.

rampart [ˈræmpɑːt] *n* rempart *m*.

ramshackle [ˈræmʃækl] *a* (*house*) délabré(e) ; (*car etc*) déglingué(e).

ran [ræn] *pt of* **run**.

ranch [rɑːntʃ] *n* ranch *m* ; **~er** *n* propriétaire *m* de ranch ; cowboy *m*.

rancid [ˈrænsɪd] *a* rance.

rancour, rancor (US) [ˈræŋkə*] *n* rancune *f*.

random [ˈrændəm] *a* fait(e) or établi(e) au hasard // *n*: **at ~** au hasard.

randy [ˈrændɪ] *a* (col) excité(e) ; lubrique.

rang [ræŋ] *pt of* **ring**.

range [reɪndʒ] *n* (*of mountains*) chaîne *f* ; (*of missile, voice*) portée *f* ; (*of products*) choix *m*, gamme *f* ; (MIL: also: **shooting ~**) champ *m* de tir ; (*also:* **kitchen ~**) fourneau *m* (de cuisine) // *vt* (*place*) mettre en rang, placer ; (*roam*) parcourir // *vi*: **to ~ over** couvrir ; **to ~ from ... to** aller de ... à ; **~r** *n* garde *m* forestier.

rank [ræŋk] *n* rang *m* ; (MIL) grade *m* ; (*also:* **taxi ~**) station *f* de taxis // *vi*: **to ~ among** compter or se classer parmi // *a* (qui sent) fort(e) ; extrême ; **the ~s** (MIL) la troupe ; **the ~ and file** (*fig*) la masse, la base.

rankle [ˈræŋkl] *vi* (*insult*) rester sur le cœur.

ransack [ˈrænsæk] *vt* fouiller (à fond) ; (*plunder*) piller.

ransom [ˈrænsəm] *n* rançon *f* ; **to hold sb to ~** (*fig*) exercer un chantage sur qn.

rant [rænt] *vi* fulminer ; **~ing** *n* invectives *fpl*.

rap [ræp] *n* petit coup sec ; tape *f* // *vt* frapper sur or à ; taper sur.

rape [reɪp] *n* viol *m* // *vt* violer.

rapid [ˈræpɪd] *a* rapide ; **~s** *npl* (GEO) rapides *mpl* ; **~ity** [rəˈpɪdɪtɪ] *n* rapidité *f*.

rapist [ˈreɪpɪst] *n* auteur *m* d'un viol.

rapport [ræˈpɔː*] *n* entente *f*.

rapture [ˈræptʃə*] *n* extase *f*, ravissement *m* ; **to go into ~s over** s'extasier sur ; **rapturous** *a* extasié(e) ; frénétique.

rare [rɛə*] *a* rare ; (CULIN: *steak*) saignant(e).

rarebit [ˈrɛəbɪt] *n* see **Welsh**.

rarefied [ˈrɛərɪfaɪd] *a* (*air, atmosphere*) raréfié(e).

rarely [ˈrɛəlɪ] *ad* rarement.

rarity [ˈrɛərɪtɪ] *n* rareté *f*.

rascal [ˈrɑːskl] *n* vaurien *m*.

rash [ræʃ] *a* imprudent(e), irréfléchi(e) // *n* (MED) rougeur *f*, éruption *f*.

rasher [ˈræʃə*] *n* fine tranche (de lard).

rasp [rɑːsp] *n* (*tool*) lime *f*.

raspberry [ˈrɑːzbərɪ] *n* framboise *f* ; **~ bush** *n* framboisier *m*.

rasping [ˈrɑːspɪŋ] *a*: **~ noise** grincement *m*.

rat [ræt] *n* rat *m*.

ratable [ˈreɪtəbl] *a* = **rateable**.

ratchet [ˈrætʃɪt] *n*: **~ wheel** roue *f* à rochet.

rate [reɪt] *n* (*ratio*) taux *m*, pourcentage *m* ; (*speed*) vitesse *f*, rythme *m* ; (*price*) tarif *m* // *vt* classer ; évaluer ; **to ~ sb/sth as** considérer qn/qch comme ; **to ~ sb/sth among** classer qn/qch parmi ; **~s** *npl* (*Brit*) impôts locaux ; (*fees*) tarifs *mpl* ; **~able value** *n* valeur locative imposable ; **~ of exchange** *n* taux *m* or cours *m* du change ; **~ of flow** *n* débit *m* ; **~payer** *n* contribuable *m/f* (*payant les impôts locaux*).

rather [ˈrɑːðə*] *ad* plutôt ; **it's ~ expensive** c'est assez cher ; (*too much*) c'est un peu cher ; **I would** or **I'd ~ go** j'aimerais mieux or je préférerais partir ; **I had ~ go** il vaudrait mieux que je parte.

ratification [rætɪfɪˈkeɪʃən] *n* ratification *f*.

ratify [ˈrætɪfaɪ] *vt* ratifier.

rating [ˈreɪtɪŋ] *n* classement *m* ; cote *f* ; (NAUT: *category*) classe *f* ; (: *sailor*) matelot *m*.

ratio [ˈreɪʃɪəu] *n* proportion *f* ; **in the ~ of 100 to 1** dans la proportion de 100 contre 1.

ration [ˈræʃən] *n* (*gen pl*) ration(s) *f(pl)* // *vt* rationner.

rational [ˈræʃənl] *a* raisonnable, sensé(e) ; (*solution, reasoning*) logique ; (MED) lucide ; **~e** [-ˈnɑːl] *n* raisonnement *m* ; justification *f* ; **~ize** *vt* rationaliser ; (*conduct*) essayer d'expliquer or de motiver ; **~ly** *ad* raisonnablement ; logiquement.

rationing [ˈræʃnɪŋ] *n* rationnement *m*.

rat poison [ˈrætpɔɪzn] *n* mort-aux-rats *f inv*.

rat race ['ræʧreɪs] n foire f d'empoigne.

rattle ['rætl] n cliquetis m; (louder) bruit m de ferraille; (object: of baby) hochet m; (: of sports fan) crécelle f // vi cliqueter; faire un bruit de ferraille or du bruit // vt agiter (bruyamment); **~snake** n serpent m à sonnettes.

raucous ['rɔːkəs] a rauque; **~ly** ad d'une voix rauque.

ravage ['rævɪʤ] vt ravager; **~s** npl ravages mpl.

rave [reɪv] vi (in anger) s'emporter; (with enthusiasm) s'extasier; (MED) délirer.

raven ['reɪvən] n corbeau m.

ravenous ['rævənəs] a affamé(e).

ravine [rə'viːn] n ravin m.

raving ['reɪvɪŋ] a: **~ lunatic** n fou furieux/folle furieuse.

ravioli [rævɪ'əʊlɪ] n ravioli mpl.

ravish ['rævɪʃ] vt ravir; **~ing** a enchanteur(eresse).

raw [rɔː] a (uncooked) cru(e); (not processed) brut(e); (sore) à vif, irrité(e); (inexperienced) inexpérimenté(e); **~ material** n matière première.

ray [reɪ] n rayon m; **~ of hope** n lueur f d'espoir.

rayon ['reɪɒn] n rayonne f.

raze [reɪz] vt raser, détruire.

razor ['reɪzə*] n rasoir m; **~ blade** n lame f de rasoir.

Rd abbr of **road**.

re [riː] prep concernant.

reach [riːʧ] n portée f, atteinte f; (of river etc) étendue f // vt atteindre; parvenir à // vi s'étendre; **out of/within ~** (object) hors de/à portée; **within easy ~** (of) (place) à proximité (de), proche (de); **to ~ out** vi: **to ~ out for** allonger le bras pour prendre.

react [riː'ækt] vi réagir; **~ion** [-'ækʃən] n réaction f; **~ionary** [-'ækʃənrɪ] a,n réactionnaire (m/f).

reactor [riː'æktə*] n réacteur m.

read, pt,pp **read** [riːd, rɛd] vi lire // vt lire; (understand) comprendre, interpréter; (study) étudier; (subj: instrument etc) indiquer, marquer; **to ~ out** vt lire à haute voix; **~able** a facile or agréable à lire; **~er** n lecteur/trice; (book) livre m de lecture; (at university) maître m de conférences; **~ership** n (of paper etc) (nombre m de) lecteurs mpl.

readily ['rɛdɪlɪ] ad volontiers, avec empressement; (easily) facilement.

readiness ['rɛdɪnɪs] n empressement m; **in ~** (prepared) prêt(e).

reading ['riːdɪŋ] n lecture f; (understanding) interprétation f; (on instrument) indications fpl; **~ lamp** n lampe f de bureau; **~ room** n salle f de lecture.

readjust [riːə'ʤʌst] vt rajuster; (instrument) régler de nouveau // vi (person): **to ~ (to)** se réadapter (à).

ready ['rɛdɪ] a prêt(e); (willing) prêt, disposé(e); (quick) prompt(e); (available) disponible // ad: **~-cooked** tout(e) cuit(e) (d'avance) // n: **at the ~** (MIL) prêt à faire feu; (fig) tout(e) prêt(e); **~ cash** n (argent m) liquide m; **~-made** a tout(e) fait(e); **~-mix** n (for cakes etc) préparation f en

sachet; **~ reckoner** n barème m; **~-to-wear** a en prêt-à-porter.

real [rɪəl] a réel(le); véritable; **in ~ terms** dans la réalité; **~ estate** n biens fonciers or immobiliers; **~ism** n (also ART) réalisme m; **~ist** n réaliste m/f; **~istic** [-'lɪstɪk] a réaliste.

reality [riː'ælɪtɪ] n réalité f; **in ~** en réalité, en fait.

realization [rɪəlaɪ'zeɪʃən] n prise f de conscience; réalisation f.

realize ['rɪəlaɪz] vt (understand) se rendre compte de; (a project, COMM: asset) réaliser.

really ['rɪəlɪ] ad vraiment.

realm [rɛlm] n royaume m.

ream [riːm] n rame f (de papier).

reap [riːp] vt moissonner; (fig) récolter; **~er** n (machine) moissonneuse f.

reappear [riːə'pɪə*] vi réapparaître, reparaître; **~ance** n réapparition f.

reapply [riːə'plaɪ] vi: **to ~ for** faire une nouvelle demande d'emploi concernant; reposer sa candidature à.

rear [rɪə*] a de derrière, arrière inv; (AUT: wheel etc) arrière // n arrière m, derrière m // vt (cattle, family) élever // vi (also: **~ up**) (animal) se cabrer; **~-engined** a (AUT) avec moteur à l'arrière; **~guard** n arrière-garde f.

rearm [riː'ɑːm] vt, vi réarmer; **~ament** n réarmement m.

rearrange [riːə'reɪnʤ] vt réarranger.

rear-view ['rɪəvjuː] a: **~ mirror** n (AUT) rétroviseur m.

reason ['riːzn] n raison f // vi: **to ~ with sb** raisonner qn, faire entendre raison à qn; **to have ~ to think** avoir lieu de penser; **it stands to ~ that** il va sans dire que; **~able** a raisonnable; (not bad) acceptable; **~ably** ad raisonnablement; **one can ~ably assume that ...** on est fondé à or il est permis de supposer que ...; **~ed** a (argument) raisonné(e); **~ing** n raisonnement m.

reassemble [riːə'sɛmbl] vt rassembler; (machine) remonter.

reassert [riːə'sɜːt] vt réaffirmer.

reassure [riːə'ʃuə*] vt rassurer; **to ~ sb of** donner à qn l'assurance répétée de; **reassuring** a rassurant(e).

reawakening [riːə'weɪkənɪŋ] n réveil m.

rebate ['riːbeɪt] n (on product) rabais m; (on tax etc) dégrèvement m; (repayment) remboursement m.

rebel n ['rɛbl] rebelle m/f // vi [rɪ'bɛl] se rebeller, se révolter; **~lion** n rébellion f, révolte f; **~lious** a rebelle.

rebirth [riː'bɜːθ] n renaissance f.

rebound vi [rɪ'baʊnd] (ball) rebondir; (bullet) ricocher // n ['riːbaʊnd] rebond m; ricochet m.

rebuff [rɪ'bʌf] n rebuffade f // vt repousser.

rebuild [riː'bɪld] vt irg reconstruire.

rebuke [rɪ'bjuːk] n réprimande f, reproche m // vt réprimander.

rebut [rɪ'bʌt] vt réfuter; **~tal** n réfutation f.

recall [rɪ'kɔːl] vt rappeler; (remember) se rappeler, se souvenir de // n rappel m; **beyond ~** a irrévocable.

recant [rɪ'kænt] *vi* se rétracter ; (*REL*) abjurer.
recap ['ri:kæp] *n* récapitulation *f* // *vt, vi* récapituler.
recapture [ri:'kæptʃə*] *vt* reprendre ; (*atmosphere*) recréer.
recede [rɪ'si:d] *vi* s'éloigner ; reculer ; redescendre ; **receding** *a* (*forehead, chin*) fuyant(e) ; **receding hairline** *n* front dégarni.
receipt [rɪ'si:t] *n* (*document*) reçu *m* ; (*for parcel etc*) accusé *m* de réception ; (*act of receiving*) réception *f* ; **~s** *npl* (*COMM*) recettes *fpl*.
receive [rɪ'si:v] *vt* recevoir ; (*guest*) recevoir, accueillir.
receiver [rɪ'si:və*] *n* (*TEL*) récepteur *m*, combiné *m* ; (*of stolen goods*) receleur *m* ; (*COMM*) administrateur *m* judiciaire.
recent ['ri:snt] *a* récent(e) ; **~ly** *ad* récemment ; **as ~ly as** pas plus tard que.
receptacle [rɪ'sɛptɪkl] *n* récipient *m*.
reception [rɪ'sɛpʃən] *n* réception *f* ; (*welcome*) accueil *m*, réception ; **~ desk** *n* réception ; **~ist** *n* réceptionniste *m/f*.
receptive [rɪ'sɛptɪv] *a* réceptif(ive).
recess [rɪ'sɛs] *n* (*in room*) renfoncement *m* ; (*for bed*) alcôve *f* ; (*secret place*) recoin *m* ; (*POL etc*: *holiday*) vacances *fpl*.
recharge [ri:'tʃɑ:dʒ] *vt* (*battery*) recharger.
recipe ['rɛsɪpɪ] *n* recette *f*.
recipient [rɪ'sɪpɪənt] *n* bénéficiaire *m/f* ; (*of letter*) destinataire *m/f*.
reciprocal [rɪ'sɪprəkl] *a* réciproque.
recital [rɪ'saɪtl] *n* récital *m*.
recite [rɪ'saɪt] *vt* (*poem*) réciter ; (*complaints etc*) énumérer.
reckless ['rɛkləs] *a* (*driver etc*) imprudent(e) ; (*spender etc*) insouciant(e) ; **~ly** *ad* imprudemment ; avec insouciance.
reckon ['rɛkən] *vt* (*count*) calculer, compter ; (*consider*) considérer, estimer ; (*think*): **I ~ that ...** je pense que ... ; **to ~ on** *vt fus* compter sur, s'attendre à ; **~ing** *n* compte *m*, calcul *m* ; estimation *f* ; **the day of ~ing** le jour du Jugement.
reclaim [rɪ'kleɪm] *vt* (*land*) amender ; (*: from sea*) assécher ; (*: from forest*) défricher ; (*demand back*) réclamer (le remboursement or la restitution de) ; **reclamation** [rɛklə'meɪʃən] *n* amendement *m* ; assèchement *m* ; défrichement *m*.
recline [rɪ'klaɪn] *vi* être allongé(e) or étendu(e) ; **reclining** *a* (*seat*) à dossier réglable.
recluse [rɪ'klu:s] *n* reclus/e, ermite *m*.
recognition [rɛkəg'nɪʃən] *n* reconnaissance *f* ; **to gain ~** être reconnu(e) ; **transformed beyond ~** méconnaissable.
recognizable ['rɛkəgnaɪzəbl] *a*: **~ (by)** reconnaissable (à).
recognize ['rɛkəgnaɪz] *vt*: **to ~ (by/as)** reconnaître (à/comme étant).
recoil [rɪ'kɔɪl] *vi* (*gun*) reculer ; (*spring*) se détendre ; (*person*): **to ~ (from)** reculer (devant) // *n* recul *m* ; détente *f*.
recollect [rɛkə'lɛkt] *vt* se rappeler, se souvenir de ; **~ion** [-'lɛkʃən] *n* souvenir *m*.

recommend [rɛkə'mɛnd] *vt* recommander ; **~ation** [-'deɪʃən] *n* recommandation *f*.
recompense ['rɛkəmpɛns] *vt* récompenser ; (*compensate*) dédommager.
reconcilable ['rɛkənsaɪləbl] *a* (*ideas*) conciliable.
reconcile ['rɛkənsaɪl] *vt* (*two people*) réconcilier ; (*two facts*) concilier, accorder ; **to ~ o.s. to** se résigner à ; **reconciliation** [-sɪlɪ'eɪʃən] *n* réconciliation *f* ; conciliation *f*.
recondition [ri:kən'dɪʃən] *vt* remettre à neuf ; réviser entièrement.
reconnaissance [rɪ'kɔnɪsns] *n* (*MIL*) reconnaissance *f*.
reconnoitre, reconnoiter (*US*) [rɛkə'nɔɪtə*] (*MIL*) *vt* reconnaître // *vi* faire une reconnaissance.
reconsider [ri:kən'sɪdə*] *vt* reconsidérer.
reconstitute [ri:'kɔnstɪtju:t] *vt* reconstituer.
reconstruct [ri:kən'strʌkt] *vt* (*building*) reconstruire ; (*crime*) reconstituer ; **~ion** [-kʃən] *n* reconstruction *f* ; reconstitution *f*.
record *n* ['rɛkɔ:d] rapport *m*, récit *m* ; (*of meeting etc*) procès-verbal *m* ; (*register*) registre *m* ; (*file*) dossier *m* ; (*also*: **police ~**) casier *m* judiciaire ; (*MUS*: *disc*) disque *m* ; (*SPORT*) record *m* // *vt* [rɪ'kɔ:d] (*set down*) noter ; (*relate*) rapporter ; (*MUS*: *song etc*) enregistrer ; **in ~ time** dans un temps record *inv* ; **to keep a ~ of** noter ; **off the ~** *a* officieux(euse) ; **to keep the ~ straight** (*fig*) mettre les choses au point ; **~ card** *n* (*in file*) fiche *f* ; **~er** *n* (*LAW*) avocat nommé à la fonction de juge ; (*MUS*) flûte *f* à bec ; **~ holder** *n* (*SPORT*) détenteur/trice du record ; **~ing** *n* (*MUS*) enregistrement *m* ; **~ library** *n* discothèque *f* ; **~ player** *n* électrophone *m*.
recount [rɪ'kaunt] *vt* raconter.
re-count *n* ['ri:kaunt] (*POL*: *of votes*) pointage *m* // *vt* [ri:'kaunt] recompter.
recoup [rɪ'ku:p] *vt*: **to ~ one's losses** récupérer ce qu'on a perdu, se refaire.
recourse [rɪ'kɔ:s] *n* recours *m* ; expédient *m* ; **to have ~ to** recourir à, avoir recours à.
recover [rɪ'kʌvə*] *vt* récupérer // *vi* (*from illness*) se rétablir ; (*from shock*) se remettre ; (*country*) se redresser.
re-cover [ri:'kʌvə*] *vt* (*chair etc*) recouvrir.
recovery [rɪ'kʌvərɪ] *n* récupération *f* ; rétablissement *m* ; redressement *m*.
recreate [ri:krɪ'eɪt] *vt* recréer.
recreation [rɛkrɪ'eɪʃən] *n* récréation *f* ; détente *f* ; **~al** *a* pour la détente, récréatif(ive).
recrimination [rɪkrɪmɪ'neɪʃən] *n* récrimination *f*.
recruit [rɪ'kru:t] *n* recrue *f* // *vt* recruter ; **~ing office** *n* bureau *m* de recrutement ; **~ment** *n* recrutement *m*.
rectangle ['rɛktæŋgl] *n* rectangle *m* ; **rectangular** [-'tæŋgjulə*] *a* rectangulaire.
rectify ['rɛktɪfaɪ] *vt* (*error*) rectifier, corriger ; (*omission*) réparer.
rector ['rɛktə*] *n* (*REL*) pasteur *m* ; **rectory** *n* presbytère *m*.

recuperate [rɪˈkjuːpəreɪt] vi récupérer ; (from illness) se rétablir.

recur [rɪˈkəː*] vi se reproduire ; (idea, opportunity) se retrouver ; (symptoms) réapparaître ; **~rence** n répétition f ; réapparition f ; **~rent** a périodique, fréquent(e) ; **~ring** a (MATH) périodique.

red [rɛd] n rouge m ; (POL: pej) rouge m/f // la rouge ; **in the ~** (account) à découvert ; (business) en déficit ; **~ carpet treatment** n réception f en grande pompe ; **R~ Cross** n Croix-Rouge f ; **~ currant** n groseille f (rouge) ; **~den** vt,vi rougir ; **~dish** a rougeâtre ; (hair) plutôt roux(rousse).

redecorate [rɛˈdɛkəreɪt] vt refaire à neuf, repeindre et retapisser ; **redecoration** [-ˈreɪʃən] n remise f à neuf.

redeem [rɪˈdiːm] vt (debt) rembourser ; (sth in pawn) dégager ; (fig, also REL) racheter ; **~ing** a (feature) qui sauve, qui rachète (le reste).

redeploy [riːdɪˈplɔɪ] vt (resources) réorganiser.

red-haired [rɛdˈhɛəd] a roux(rousse).

red-handed [rɛdˈhændɪd] a: **to be caught ~** être pris(e) en flagrant délit or la main dans le sac.

redhead [ˈrɛdhɛd] n roux/rousse.

red herring [ˈrɛdˈhɛrɪŋ] n (fig) diversion f, fausse piste.

red-hot [rɛdˈhɔt] a chauffé(e) au rouge, brûlant(e).

redirect [riːdaɪˈrɛkt] vt (mail) faire suivre.

redistribute [riːdɪˈstrɪbjuːt] vt redistribuer.

red-letter day [ˈrɛdlɛtəˈdeɪ] n grand jour, jour mémorable.

red light [ˈrɛdˈlaɪt] n: **to go through a ~** (AUT) brûler un feu rouge ; **red-light district** n quartier réservé.

redness [ˈrɛdnɪs] n rougeur f ; (of hair) rousseur f.

redo [riːˈduː] vt irg refaire.

redolent [ˈrɛdəulnt] a: **~ of** qui sent ; (fig) qui évoque.

redouble [riːˈdʌbl] vt: **to ~ one's efforts** redoubler d'efforts.

redress [rɪˈdrɛs] n réparation f.

red tape [ˈrɛdˈteɪp] n (fig) paperasserie f (administrative).

reduce [rɪˈdjuːs] vt réduire ; (lower) abaisser ; **'~ speed now'** (AUT) 'ralentir' ; **at a ~d price** (of goods) au rabais, en solde ; (of ticket etc) à prix réduit ; **reduction** [rɪˈdʌkʃən] n réduction f ; (of price) baisse f ; (discount) rabais m ; réduction.

redundancy [rɪˈdʌndənsɪ] n licenciement m, mise f au chômage.

redundant [rɪˈdʌndnt] a (worker) mis(e) au chômage, licencié(e) ; (detail, object) superflu(e) ; **to make ~** licencier, mettre au chômage.

reed [riːd] n (BOT) roseau m ; (MUS: of clarinet etc) anche f.

reef [riːf] n (at sea) récif m, écueil m.

reek [riːk] vi: **to ~ (of)** puer, empester.

reel [riːl] n bobine f ; (TECH) dévidoir m ; (FISHING) moulinet m ; (CINEMA) bande f // vt (TECH) bobiner ; (also: **~ up**) enrouler // vi (sway) chanceler.

re-election [riːɪˈlɛkʃən] n réélection f.

re-engage [riːɪnˈgeɪdʒ] vt (worker) réembaucher.

re-enter [riːˈɛntə*] vt rentrer dans ; **re-entry** n rentrée f.

ref [rɛf] n (col: abbr of referee) arbitre m.

refectory [rɪˈfɛktərɪ] n réfectoire m.

refer [rɪˈfəː*] vt: **to ~ sb (or sth) to** (dispute, decision) soumettre qch à ; (inquirer: for information) adresser or envoyer qn à ; (reader: to text) renvoyer qn à ; **to ~ to** vt fus (allude to) parler de, faire allusion à ; (apply to) s'appliquer à ; (consult) se reporter à ; **~ring to your letter** (COMM) en réponse à votre lettre.

referee [rɛfəˈriː] n arbitre m ; (for job application) répondant/e // vt arbitrer.

reference [ˈrɛfrəns] n référence f, renvoi m ; (mention) allusion f, mention f ; (for job application: letter) références ; lettre f de recommandation ; (: person) répondant/e ; **with ~ to** en ce qui concerne ; (COMM: in letter) me référant à ; **'please quote this ~'** (COMM) 'prière de rappeler cette référence' ; **~ book** n ouvrage m de référence.

referendum, pl referenda [rɛfəˈrɛndəm, -də] n référendum m.

refill vt [riːˈfɪl] remplir à nouveau ; (pen, lighter etc) recharger // n [ˈriːfɪl] (for pen etc) recharge f.

refine [rɪˈfaɪn] vt (sugar, oil) raffiner ; (taste) affiner ; **~d** a (person, taste) raffiné(e) ; **~ment** n (of person) raffinement m ; **~ry** n raffinerie f.

reflect [rɪˈflɛkt] vt (light, image) réfléchir, refléter ; (fig) refléter // vi (think) réfléchir, méditer ; **to ~ on** vt fus (discredit) porter atteinte à, faire tort à ; **~ion** [-ˈflɛkʃən] n réflexion f ; (image) reflet m ; (criticism): **~ion on** critique f de ; atteinte f à ; **on ~ion** réflexion faite ; **~or** n (also AUT) réflecteur m.

reflex [ˈriːflɛks] a, n réflexe (m) ; **~ive** [rɪˈflɛksɪv] a (LING) réfléchi(e).

reform [rɪˈfɔːm] n réforme f // vt réformer ; **the R~ation** [rɛfəˈmeɪʃən] n la Réforme ; **~ed** a amendé(e), assagi(e) ; **~er** n réformateur/trice.

refrain [rɪˈfreɪn] vi: **to ~ from doing** s'abstenir de faire // n refrain m.

refresh [rɪˈfrɛʃ] vt rafraîchir ; (subj: food) redonner des forces à ; (: sleep) reposer ; **~er course** n cours m de recyclage ; **~ment room** n buffet m ; **~ments** npl rafraîchissements mpl.

refrigeration [rɪfrɪdʒəˈreɪʃən] n réfrigération f.

refrigerator [rɪˈfrɪdʒəreɪtə*] n réfrigérateur m, frigidaire m.

refuel [riːˈfjuəl] vt ravitailler en carburant // vi se ravitailler en carburant.

refuge [ˈrɛfjuːdʒ] n refuge m ; **to take ~ in** se réfugier dans.

refugee [rɛfjuˈdʒiː] n réfugié/e.

refund n [ˈriːfʌnd] remboursement m // vt [rɪˈfʌnd] rembourser.

refurbish [riːˈfəːbɪʃ] vt remettre à neuf.

refurnish [riːˈfəːnɪʃ] vt remeubler.

refusal [rɪˈfjuːzəl] n refus m.

refuse *n* ['rɛfjuːs] ordures *fpl*, détritus *mpl* // *vt, vi* [rɪ'fjuːz] refuser ; **~ collection** *n* ramassage *m* d'ordures ; **~ collector** *n* éboueur *m*.

refute [rɪ'fjuːt] *vt* réfuter.

regain [rɪ'geɪn] *vt* regagner ; retrouver.

regal ['riːgl] *a* royal(e) ; **~ia** [rɪ'geɪlɪə] *n* insignes *mpl* de la royautè.

regard [rɪ'gɑːd] *n* respect *m*, estime *f*, considération *f* // *vt* considérer ; **to give one's ~s to** faire ses amitiés à ; **'with kindest ~s'** 'bien amicalement' ; **~ing, as ~s, with ~ to** en ce qui concerne ; **~less** *ad* quand même ; **~less of** sans se soucier de.

regatta [rɪ'gætə] *n* régate *f*.

regency ['riːdʒənsɪ] *n* régence *f*.

regent ['riːdʒənt] *n* régent/e.

régime [reɪ'ʒiːm] *n* régime *m*.

regiment ['rɛdʒɪmənt] *n* régiment *m* ; **~al** [-'mɛntl] *a* d'un or du régiment ; **~ation** [-'teɪʃən] *n* réglementation excessive.

region ['riːdʒən] *n* région *f* ; **in the ~ of** (*fig*) aux alentours de ; **~al** a régional(e) ; **~al development** *n* aménagement *m* du territoire.

register ['rɛdʒɪstə*] *n* registre *m* ; (*also*: **electoral ~**) liste électorale // *vt* enregistrer, inscrire ; (*birth*) déclarer ; (*vehicle*) immatriculer ; (*luggage*) enregistrer ; (*letter*) envoyer en recommandé ; (*subj: instrument*) marquer // *vi* se faire inscrire ; (*at hotel*) signer le registre ; (*make impression*) être (bien) compris(e) ; **~ed** *a* (*design*) déposé(e) ; (*letter*) recommandé(e).

registrar ['rɛdʒɪstrɑː*] *n* officier *m* de l'état civil ; secrétaire (général).

registration [rɛdʒɪs'treɪʃən] *n* (*act*) enregistrement *m* ; inscription *f* ; (*AUT: also:* **~ number**) numéro *m* d'immatriculation.

registry ['rɛdʒɪstrɪ] *n* bureau *m* de l'enregistrement ; **~ office** *n* bureau *m* de l'état civil ; **to get married in a ~ office** ≈ se marier à la mairie.

regret [rɪ'grɛt] *n* regret *m* // *vt* regretter ; **to ~ that** regretter que + *sub* ; **~fully** *ad* à or avec regret ; **~table** a regrettable.

regroup [riː'gruːp] *vt* regrouper // *vi* se regrouper.

regular ['rɛgjulə*] a régulier(ère) ; (*usual*) habituel(le), normal(e) ; (*soldier*) de métier ; (*COMM: size*) ordinaire // *n* (*client etc*) habitué/e ; **~ity** [-'lærɪtɪ] *n* régularité *f* ; **~ly** *ad* régulièrement.

regulate ['rɛgjuleɪt] *vt* régler ; **regulation** [-'leɪʃən] *n* (*rule*) règlement *m* ; (*adjustment*) réglage *m* // *cpd* réglementaire.

rehabilitation ['riːhəbɪlɪ'teɪʃən] *n* (*of offender*) réhabilitation *f* ; (*of disabled*) rééducation *f*, réadaptation *f*.

rehash [riː'hæʃ] *vt* (*col*) remanier.

rehearsal [rɪ'həːsəl] *n* répétition *f*.

rehearse [rɪ'həːs] *vt* répéter.

reign [reɪn] *n* règne *m* // *vi* régner ; **~ing** a (*monarch*) régnant(e) ; (*champion*) actuel(le).

reimburse [riːɪm'bəːs] *vt* rembourser.

rein [reɪn] *n* (*for horse*) rêne *f*.

reincarnation [riːɪnkɑː'neɪʃən] *n* réincarnation *f*.

reindeer ['reɪndɪə*] *n* (*pl inv*) renne *m*.

reinforce [riːɪn'fɔːs] *vt* renforcer ; **~d concrete** *n* béton armé ; **~ment** *n* (*action*) renforcement *m* ; **~ments** *npl* (*MIL*) renfort(s) *m(pl)*.

reinstate [riːɪn'steɪt] *vt* rétablir, réintégrer.

reissue [riː'ɪʃjuː] *vt* (*book*) rééditer ; (*film*) ressortir.

reiterate [riː'ɪtəreɪt] *vt* réitérer, répéter.

reject *n* ['riːdʒɛkt] (*COMM*) article *m* de rebut // *vt* [rɪ'dʒɛkt] refuser ; (*COMM: goods*) mettre au rebut ; (*idea*) rejeter ; **~ion** [rɪ'dʒɛkʃən] *n* rejet *m*, refus *m*.

rejoice [rɪ'dʒɔɪs] *vi*: **to ~** (**at** or **over**) se réjouir (de).

rejuvenate [rɪ'dʒuːvəneɪt] *vt* rajeunir.

rekindle [riː'kɪndl] *vt* rallumer ; (*fig*) raviver.

relapse [rɪ'læps] *n* (*MED*) rechute *f*.

relate [rɪ'leɪt] *vt* (*tell*) raconter ; (*connect*) établir un rapport entre ; **~d** a apparenté(e) ; **~d to** apparenté à ; **relating: relating to** *prep* concernant.

relation [rɪ'leɪʃən] *n* (*person*) parent/e ; (*link*) rapport *m*, lien *m* ; **~ship** *n* rapport *m*, lien *m* ; (*personal ties*) relations *fpl*, rapports ; (*also*: **family ~ship**) lien *m* de parenté ; (*affair*) liaison *f*.

relative ['rɛlətɪv] *n* parent/e // *a* relatif(ive) ; (*respective*) respectif(ive) ; **all her ~s** toute sa famille ; **~ly** *ad* relativement.

relax [rɪ'læks] *vi* se relâcher ; (*person: unwind*) se détendre // *vt* relâcher ; (*mind, person*) détendre ; **~ation** [riːlæk'seɪʃən] *n* relâchement *m* ; détente *f* ; (*entertainment*) distraction *f* ; **~ed** a relâché(e) ; détendu(e) ; **~ing** a délassant(e).

relay ['riːleɪ] *n* (*SPORT*) course *f* de relais // *vt* (*message*) retransmettre, relayer.

release [rɪ'liːs] *n* (*from prison, obligation*) libération *f* ; (*of gas etc*) émission *f* ; (*of film etc*) sortie *f* ; (*record*) disque *m* ; (*device*) déclencheur *m* // *vt* (*prisoner*) libérer ; (*book, film*) sortir ; (*report, news*) rendre public, publier ; (*gas etc*) émettre, dégager ; (*free: from wreckage etc*) dégager ; (*TECH: catch, spring etc*) déclencher ; (*let go*) relâcher ; lâcher ; desserrer ; **to ~ one's grip** or **hold** lâcher prise ; **to ~ the clutch** (*AUT*) débrayer.

relegate ['rɛləgeɪt] *vt* reléguer.

relent [rɪ'lɛnt] *vi* se laisser fléchir ; **~less** a implacable.

relevance ['rɛləvəns] *n* pertinence *f* ; **~ of sth to sth** rapport *m* entre qch et qch.

relevant ['rɛləvənt] a approprié(e) ; (*fact*) significatif(ive) ; (*information*) utile, pertinent(e) ; **~ to** ayant rapport à, approprié à.

reliability [rɪlaɪə'bɪlɪtɪ] *n* sérieux *m* ; solidité *f*.

reliable [rɪ'laɪəbl] a (*person, firm*) sérieux(euse) ; (*method*) sûr(e) ; (*machine*) solide ; **reliably** *ad*: **to be reliably informed** savoir de source sûre.

reliance [rɪ'laɪəns] *n*: **~ (on)** confiance *f* (en) ; besoin *m* (de), dépendance *f*.

relic ['rɛlɪk] *n* (*REL*) relique *f* ; (*of the past*) vestige *m*.

relief [rɪ'liːf] *n* (*from pain, anxiety*) soulagement *m* ; (*help, supplies*) secours *m(pl)* ; (*of* guard) relève f; (ART. GEO) relief m; ~ **road** n route f de délestage; ~ **valve** n soupape f de sûreté.

relieve [rɪ'liːv] vt (pain, patient) soulager; (bring help) secourir; (take over from: gen) relayer; (: guard) relever; **to** ~ **sb of sth** débarrasser qn de qch.

religion [rɪ'lɪdʒən] n religion f; **religious** a religieux(euse); (book) de piété.

reline [riː'laɪn] vt (brakes) refaire la garniture de.

relinquish [rɪ'lɪŋkwɪʃ] vt abandonner; (plan, habit) renoncer à.

relish ['relɪʃ] n (CULIN) condiment m; (enjoyment) délectation f // vt (food etc) savourer; **to** ~ **doing** se délecter à faire.

relive [riː'lɪv] vt revivre.

reload [riː'ləud] vt recharger.

reluctance [rɪ'lʌktəns] n répugnance f.

reluctant [rɪ'lʌktənt] a peu disposé(e), qui hésite; ~**ly** ad à contrecœur, sans enthousiasme.

rely [rɪ'laɪ]: **to** ~ **on** vt fus compter sur; (be dependent) dépendre de.

remain [rɪ'meɪn] vi rester; ~**der** n reste m; (COMM) fin f de série; ~**ing** a qui reste; ~**s** npl restes mpl.

remand [rɪ'mɑːnd] n: **on** ~ en détention préventive // vt: **to** ~ **in custody** écrouer; renvoyer en détention provisoire; ~ **home** n maison f d'arrêt.

remark [rɪ'mɑːk] n remarque f, observation f // vt (faire) remarquer, dire; (notice) remarquer; ~**able** a remarquable.

remarry [riː'mærɪ] vt se remarier.

remedial [rɪ'miːdɪəl] a (tuition, classes) de rattrapage.

remedy ['remədɪ] n: ~ (**for**) remède m (contre or à) // vt remédier à.

remember [rɪ'membə*] vt se rappeler, se souvenir de; ~ **me to** (in letter) rappelezmoi au bon souvenir de; **remembrance** n souvenir m, mémoire f.

remind [rɪ'maɪnd] vt: **to** ~ **sb of sth** rappeler qch à qn; **to** ~ **sb to do** faire penser à qn à faire, rappeler à qn qu'il doit faire; ~**er** n rappel m; (note etc) pense-bête m.

reminisce [remɪ'nɪs] vi: **to** ~ (**about**) évoquer ses souvenirs (de).

reminiscences [remɪ'nɪsnsɪz] npl réminiscences fpl, souvenirs mpl.

reminiscent [remɪ'nɪsnt] a: ~ **of** qui rappelle, qui fait penser à.

remission [rɪ'mɪʃən] n rémission f; (of debt, sentence) remise f; (of fee) exemption f.

remit [rɪ'mɪt] vt (send: money) envoyer; ~**tance** n envoi m, paiement m.

remnant ['remnənt] n reste m, restant m; ~**s** npl (COMM) coupons mpl; fins fpl de série.

remorse [rɪ'mɔːs] n remords m; ~**ful** a plein(e) de remords; ~**less** a (fig) impitoyable.

remote [rɪ'məut] a éloigné(e), lointain(e); (person) distant(e); ~ **control** n télécommande f; ~**ly** ad au loin; (slightly) très vaguement; ~**ness** n éloignement m.

remould ['riːməuld] n (tyre) pneu rechapé.

removable [rɪ'muːvəbl] a (detachable) amovible.

removal [rɪ'muːvəl] n (taking away) enlèvement m; suppression f; (from house) déménagement m; (from office: sacking) renvoi m; (MED) ablation f; ~ **man** n déménageur m; ~ **van** n camion m de déménagement.

remove [rɪ'muːv] vt enlever, retirer; (employee) renvoyer; (stain) faire partir; (doubt, abuse) supprimer; ~**r** (for paint) décapant m; (for varnish) dissolvant m; ~**rs** npl (company) entreprise f de déménagement.

remuneration [rɪmjuːnə'reɪʃən] n rémunération f.

rename [riː'neɪm] vt rebaptiser.

rend, pt, pp **rent** [rend, rent] vt déchirer.

render ['rendə*] vt rendre; (CULIN: fat) clarifier; ~**ing** n (MUS etc) interprétation f.

rendez-vous ['rɔndɪvuː] n rendez-vous m inv // vi opérer une jonction, se rejoindre.

renegade ['renɪgeɪd] n rénégat/e.

renew [rɪ'njuː] vt renouveler; (negotiations) reprendre; (acquaintance) renouer; ~**al** n renouvellement m; reprise f.

renounce [rɪ'nauns] vt renoncer à; (disown) renier.

renovate ['renəveɪt] vt rénover; (art work) restaurer; **renovation** [-'veɪʃən] n rénovation f; restauration f.

renown [rɪ'naun] n renommée f; ~**ed** a renommé(e).

rent [rent] pt, pp of **rend** // n loyer m // vt louer; ~**al** n (for television, car) (prix m de) location f.

renunciation [rɪnʌnsɪ'eɪʃən] n renonciation f; (self-denial) renoncement m.

reopen [riː'əupən] vt rouvrir; ~**ing** n réouverture f.

reorder [riː'ɔːdə*] vt commander de nouveau; (rearrange) réorganiser.

reorganize [riː'ɔːgənaɪz] vt réorganiser.

rep [rep] n (COMM: abbr of **representative**) représentant m (de commerce); (THEATRE: abbr of **repertory**) théâtre m de répertoire.

repair [rɪ'pɛə*] n réparation f // vt réparer; **in good/bad** ~ en bon/mauvais état; ~ **kit** n trousse f de réparations; ~ **man** n réparateur m; ~ **shop** n (AUT etc) atelier m de réparations.

repartee [repɑː'tiː] n repartie f.

repay [riː'peɪ] vt irg (money, creditor) rembourser; (sb's efforts) récompenser; ~**ment** n remboursement m; récompense f.

repeal [rɪ'piːl] n (of law) abrogation f; (of sentence) annulation f // vt abroger; annuler.

repeat [rɪ'piːt] n (RADIO, TV) reprise f // vt répéter; (pattern) reproduire; (promise, attack, also COMM: order) renouveler; (SCOL: a class) redoubler; ~**edly** ad souvent, à plusieurs reprises.

repel [rɪ'pel] vt (lit, fig) repousser; ~**lent** a repoussant(e) // n: **insect** ~**lent** insectifuge m; **moth** ~**lent** produit m antimite(s).

repent [rɪ'pent] vi: **to** ~ (**of**) se repentir (de); ~**ance** n repentir m.

repercussion [riːpə'kʌʃən] n (consequence) répercussion f.

repertoire ['rɛpətwɑː*] n répertoire m.
repertory ['rɛpətərɪ] n (also: ~ **theatre**) théâtre m de répertoire.
repetition [rɛpɪ'tɪʃən] n répétition f; (of promise, COMM: order etc) renouvellement m.
repetitive [rɪ'pɛtɪtɪv] a (movement, work) répétitif(ive); (speech) plein(e) de redites.
replace [rɪ'pleɪs] vt (put back) remettre, replacer; (take the place of) remplacer; (TEL): '~ **the receiver**' 'raccrochez'; ~**ment** n replacement m; remplacement m; (person) remplaçant/e; ~**ment part** n pièce f de rechange.
replenish [rɪ'plɛnɪʃ] vt (glass) remplir (de nouveau); (stock etc) réapprovisionner.
replete [rɪ'pliːt] a rempli(e); (well-fed) rassasié(e).
replica ['rɛplɪkə] n réplique f, copie exacte.
reply [rɪ'plaɪ] n réponse f // vi répondre.
report [rɪ'pɔːt] n rapport m; (PRESS etc) reportage m; (also: **school** ~) bulletin m (scolaire); (of gun) détonation f // vt rapporter, faire un compte rendu de; (PRESS etc) faire un reportage sur; (bring to notice: occurrence) signaler; (: person) dénoncer // vi (make a report) faire un rapport (or un reportage); (present o.s.): **to** ~ **(to sb)** se présenter (chez qn); **it is** ~**ed that** on dit or annonce que; ~**ed speech** n (LING) discours indirect; ~**er** n reporter m.
reprehensible [rɛprɪ'hɛnsɪbl] a répréhensible.
represent [rɛprɪ'zɛnt] vt représenter; (explain): **to** ~ **to sb that** expliquer à qn que; ~**ation** [-'teɪʃən] n représentation f; ~**ations** npl (protest) démarche f; ~**ative** n représentant/e; (US: POL) député m // a représentatif(ive), caractéristique.
repress [rɪ'prɛs] vt réprimer; ~**ion** [-'prɛʃən] n répression f; ~**ive** a répressif(ive).
reprieve [rɪ'priːv] n (LAW) grâce f; (fig) sursis m, délai m // vt gracier; accorder un sursis or un délai à.
reprimand ['rɛprɪmɑːnd] n réprimande f // vt réprimander.
reprint ['riːprɪnt] n réimpression f // vt [riː'prɪnt] réimprimer.
reprisal [rɪ'praɪzl] n représailles fpl.
reproach [rɪ'prəʊtʃ] n reproche m // vt: **to** ~ **sb with sth** reprocher qch à qn; **beyond** ~ irréprochable; ~**ful** a de reproche.
reproduce [riːprə'djuːs] vt reproduire // vi se reproduire; **reproduction** [-'dʌkʃən] n reproduction f; **reproductive** [-'dʌktɪv] a reproducteur(trice).
reprove [rɪ'pruːv] vt (action) réprouver; (person): **to** ~ **(for)** blâmer (de); **reproving** a réprobateur(trice).
reptile ['rɛptaɪl] n reptile m.
republic [rɪ'pʌblɪk] n république f; ~**an** a,n républicain(e).
repudiate [rɪ'pjuːdɪeɪt] vt (wife, accusation) répudier; (friend) renier.
repugnant [rɪ'pʌgnənt] a répugnant(e).
repulse [rɪ'pʌls] vt repousser.
repulsion [rɪ'pʌlʃən] n répulsion f.
repulsive [rɪ'pʌlsɪv] a repoussant(e), répulsif(ive).

reputable ['rɛpjutəbl] a de bonne réputation; (occupation) honorable.
reputation [rɛpju'teɪʃən] n réputation f; **to have a** ~ **for** être réputé(e) pour.
repute [rɪ'pjuːt] n (bonne) réputation; ~**d** a réputé(e); ~**dly** ad d'après ce qu'on dit.
request [rɪ'kwɛst] n demande f; (formal) requête f // vt: **to** ~ **(of or from sb)** demander (à qn); ~ **stop** n (for bus) arrêt facultatif.
requiem ['rɛkwɪəm] n requiem m.
require [rɪ'kwaɪə*] vt (need: subj: person) avoir besoin de; (: thing, situation) demander; (want) vouloir; exiger; (order) obliger; ~**d** a requis(e), voulu(e); **if** ~**d** s'il le faut; ~**ment** n exigence f; besoin m; condition requise.
requisite ['rɛkwɪzɪt] n chose nécessaire // a requis(e), nécessaire; **toilet** ~**s** accessoires mpl de toilette.
requisition [rɛkwɪ'zɪʃən] n: ~ **(for)** demande f (de) // vt (MIL) réquisitionner.
reroute [riː'ruːt] vt (train etc) dérouter.
resale ['riː'seɪl] n revente f.
rescind [rɪ'sɪnd] vt annuler; (law) abroger; (judgment) rescinder.
rescue ['rɛskjuː] n sauvetage m; (help) secours mpl // vt sauver; ~ **party** n équipe f de sauvetage; ~**r** n sauveteur m.
research [rɪ'səːtʃ] n recherche(s) f(pl) // vt faire des recherches sur; ~**er** n chercheur/euse; ~ **work** n recherches fpl; ~ **worker** n chercheur/euse.
resell [riː'sɛl] vt irg revendre.
resemblance [rɪ'zɛmbləns] n ressemblance f.
resemble [rɪ'zɛmbl] vt ressembler à.
resent [rɪ'zɛnt] vt éprouver du ressentiment de, être contrarié(e) par; ~**ful** a irrité(e), plein(e) de ressentiment; ~**ment** n ressentiment m.
reservation [rɛzə'veɪʃən] n (booking) réservation f; (doubt) réserve f; (protected area) réserve; (on road: also: **central** ~) bande f médiane; **to make a** ~ **(in an hotel/a restaurant/a plane)** réserver or retenir une chambre/une table/une place.
reserve [rɪ'zəːv] n réserve f; (SPORT) remplaçant/e // vt (seats etc) réserver, retenir; ~**s** npl (MIL) réservistes mpl; **in** ~ en réserve; ~**d** a réservé(e); **reservist** n (MIL) réserviste m.
reservoir ['rɛzəvwɑː*] n réservoir m.
reshape [riː'ʃeɪp] vt (policy) réorganiser.
reshuffle [riː'ʃʌfl] n: **Cabinet** ~ (POL) remaniement ministériel.
reside [rɪ'zaɪd] vi résider.
residence ['rɛzɪdəns] n résidence f; ~ **permit** n permis m de séjour.
resident ['rɛzɪdənt] n résident/e // a résidant(e).
residential [rɛzɪ'dɛnʃəl] a de résidence; (area) résidentiel(le).
residue ['rɛzɪdjuː] n reste m; (CHEM, PHYSICS) résidu m.
resign [rɪ'zaɪn] vt (one's post) se démettre de // vi démissionner; **to** ~ **o.s. to** (endure) se résigner à; ~**ation** [rɛzɪg'neɪʃən] n démission f; résignation f; ~**ed** a résigné(e).

resilience [rɪ'zɪlɪəns] n (of material) élasticité f; (of person) ressort m.

resilient [rɪ'zɪlɪənt] a (person) qui réagit, qui a du ressort.

resin ['rɛzɪn] n résine f.

resist [rɪ'zɪst] vt résister à; ~ance n résistance f.

resolute ['rɛzəluːt] a résolu(e).

resolution [rɛzə'luːʃən] n résolution f.

resolve [rɪ'zɔlv] n résolution f // vt (decide): to ~ to do résoudre or décider de faire; (problem) résoudre; ~d a résolu(e).

resonant ['rɛzənənt] a résonnant(e).

resort [rɪ'zɔːt] n (town) station f; (recourse) recours m // vi: to ~ to avoir recours à; in the last ~ en dernier ressort.

resound [rɪ'zaund] vi: to ~ (with) retentir (de); ~ing a retentissant(e).

resource [rɪ'sɔːs] n ressource f; ~s npl ressources; ~ful a plein(e) de ressource, débrouillard(e); ~fulness n ressource f.

respect [rɪs'pɛkt] n respect m // vt respecter; with ~ to en ce qui concerne; in ~ of sous le rapport de, quant à; in this ~ sous ce rapport, à cet égard; ~ability [-ə'bɪlɪtɪ] n respectabilité f; ~able a respectable; ~ful a respectueux(euse).

respective [rɪs'pɛktɪv] a respectif(ive); ~ly ad respectivement.

respiration [rɛspɪ'reɪʃən] n respiration f.

respirator ['rɛspɪreɪtə*] n respirateur m.

respiratory [rɛs'pɪrətərɪ] a respiratoire.

respite ['rɛspaɪt] n répit m.

resplendent [rɪs'plɛndənt] a resplendissant(e).

respond [rɪs'pɔnd] vi répondre; (to treatment) réagir.

response [rɪs'pɔns] n réponse f; (to treatment) réaction f.

responsibility [rɪspɔnsɪ'bɪlɪtɪ] n responsabilité f.

responsible [rɪs'pɔnsɪbl] a (liable): ~ (for) responsable (de); (character) digne de confiance; (job) qui comporte des responsabilités; **responsibly** ad avec conscience.

responsive [rɪs'pɔnsɪv] a qui n'est pas réservé(e) or indifférent(e).

rest [rɛst] n repos m; (stop) arrêt m, pause f; (MUS) silence m; (support) support m, appui m; (remainder) reste m, restant m // vi se reposer; (be supported): to ~ on appuyer or reposer sur; (remain) rester // vt (lean): to ~ sth on/against appuyer qch sur/contre; the ~ of them les autres; ~s with him to c'est à lui de.

restart [riː'stɑːt] vt (engine) remettre en marche; (work) reprendre.

restaurant ['rɛstərɔŋ] n restaurant m; ~ car n wagon-restaurant m.

rest cure ['rɛstkjuə*] n cure f de repos.

restful ['rɛstful] a reposant(e).

rest home ['rɛsthəum] n maison f de repos.

restitution [rɛstɪ'tjuːʃən] n (act) restitution f; (reparation) réparation f.

restive ['rɛstɪv] a agité(e), impatient(e); (horse) rétif(ive).

restless ['rɛstlɪs] a agité(e); ~ly ad avec agitation.

restock [riː'stɔk] vt réapprovisionner.

restoration [rɛstə'reɪʃən] n restauration f; restitution f.

restore [rɪ'stɔː*] vt (building) restaurer; (sth stolen) restituer; (peace, health) rétablir.

restrain [rɪs'treɪn] vt (feeling) contenir; (person): to ~ (from doing) retenir (de faire); ~ed a (style) sobre; (manner) mesuré(e); ~t n (restriction) contrainte f; (moderation) retenue f; (of style) sobriété f.

restrict [rɪs'trɪkt] vt restreindre, limiter; ~ed area n (AUT) zone f à vitesse limitée; ~ion [-kʃən] n restriction f, limitation f; ~ive a restrictif(ive).

rest room ['rɛstrum] n (US) toilettes fpl.

result [rɪ'zʌlt] n résultat m // vi: to ~ in aboutir à, se terminer par.

resume [rɪ'zjuːm] vt, vi (work, journey) reprendre.

resumption [rɪ'zʌmpʃən] n reprise f.

resurgence [rɪ'səːdʒəns] n réapparition f.

resurrection [rɛzə'rɛkʃən] n résurrection f.

resuscitate [rɪ'sʌsɪteɪt] vt (MED) réanimer; **resuscitation** [-'teɪʃən] n réanimation f.

retail ['riːteɪl] n (vente f au) détail m // cpd de or au détail // vt vendre au détail; ~er n détaillant/e; ~ price n prix m de détail.

retain [rɪ'teɪn] vt (keep) garder, conserver; (employ) engager; ~er n (servant) serviteur m; (fee) acompte m, provision f.

retaliate [rɪ'tælɪeɪt] vi: to ~ (against) se venger (de); to ~ (on sb) rendre la pareille (à qn); **retaliation** [-'eɪʃən] n représailles fpl, vengeance f.

retarded [rɪ'tɑːdɪd] a retardé(e).

retch [rɛtʃ] vi avoir des haut-le-coeur.

retentive [rɪ'tɛntɪv] a: ~ memory excellente mémoire.

rethink [riː'θɪŋk] vt repenser.

reticence ['rɛtɪsns] n réticence f.

reticent ['rɛtɪsnt] a réticent(e).

retina ['rɛtɪnə] n rétine f.

retinue ['rɛtɪnjuː] n suite f, cortège m.

retire [rɪ'taɪə*] vi (give up work) prendre sa retraite; (withdraw) se retirer, partir; (go to bed) (aller) se coucher; ~d a (person) retraité(e); ~ment n retraite f; **retiring** a (person) réservé(e); **retiring age** n âge m de la retraite.

retort [rɪ'tɔːt] n (reply) riposte f; (container) cornue f // vi riposter.

retrace [riː'treɪs] vt reconstituer; to ~ one's steps revenir sur ses pas.

retract [rɪ'trækt] vt (statement, claws) rétracter; (undercarriage, aerial) rentrer, escamoter // vi se rétracter; rentrer; ~able a escamotable.

retrain [riː'treɪn] vt (worker) recycler; ~ing n recyclage m.

retread [riː'trɛd] vt (AUT: tyre) rechaper.

retreat [rɪ'triːt] n retraite f // vi battre en retraite; (flood) reculer.

retrial [riː'traɪəl] n nouveau procès.

retribution [retrɪ'bjuːʃən] n châtiment m.
retrieval [rɪ'triːvəl] n récupération f;
réparation f; recherche f et extraction f.
retrieve [rɪ'triːv] vt (sth lost) récupérer;
(situation, honour) sauver; (error, loss) réparer; (COMPUTERS) rechercher; ~r n chien
m d'arrêt.
retrospect ['retrəspekt] n: in ~ rétrospectivement, après coup; ~ive [-'spektɪv] a
(law) rétroactif(ive).
return [rɪ'tɜːn] n (going or coming back) retour m; (of sth stolen etc) restitution f; (recompense) récompense f; (FINANCE: from
land, shares) rapport m; (report) relevé m,
rapport // cpd (journey) de retour; (ticket)
aller et retour; (match) retour // vi (person etc: come back) revenir; (: go back)
retourner // vt rendre; (bring back) rapporter; (send back) renvoyer; (put back)
remettre; (POL: candidate) élire; ~s npl
(COMM) recettes fpl; bénéfices mpl; **many
happy ~s (of the day)!** bon anniversaire!; ~**able** a (bottle etc) consigné(e).
reunion [riː'juːnɪən] n réunion f.
reunite [riːjuː'naɪt] vt réunir.
rev [rev] n (abbr of **revolution**: AUT) tour
m // vb (also: ~ **up**) vt emballer // vi s'emballer.
revamp ['riː'væmp] vt (house) retaper;
(firm) réorganiser.
reveal [rɪ'viːl] vt (make known) révéler;
(display) laisser voir; ~**ing** a
révélateur(trice); (dress) au décolleté
généreux or suggestif.
reveille [rɪ'vælɪ] n (MIL) réveil m.
revel ['revl] vi: **to ~ in sth/in doing** se
délecter de qch/à faire.
revelation [revə'leɪʃən] n révélation f.
reveller ['revlə*] n fêtard m.
revelry ['revlrɪ] n festivités fpl.
revenge [rɪ'vendʒ] n vengeance f; (in
game etc) revanche f // vt venger; **to take
~** se venger; ~**ful** a vengeur(eresse);
vindicatif(ive).
revenue ['revənjuː] n revenu m.
reverberate [rɪ'vɜːbəreɪt] vi (sound) retentir, se répercuter; (light) se réverbérer.
reverberation [-'reɪʃən] n répercussion f;
réverbération f.
revere [rɪ'vɪə*] vt vénérer, révérer.
reverence ['revərəns] n vénération f,
révérence f.
reverent ['revərənt] a respectueux(euse).
reverie ['revərɪ] n rêverie f.
reversal [rɪ'vɜːsl] n (of opinion) revirement
m.
reverse [rɪ'vɜːs] n contraire m, opposé m;
(back) dos m, envers m; (AUT: also: ~ **gear**)
marche f arrière // a (order, direction) opposé(e), inverse // vt (turn) renverser, retourner; (change) renverser, changer complètement; (LAW: judgment) réformer // vi
(AUT) faire marche arrière; ~**d charge
call** n (TEL) communication f en PCV.
reversion [rɪ'vɜːʃən] n retour m.
revert [rɪ'vɜːt] vi: **to ~** revenir à, retourner à.
review [rɪ'vjuː] n revue f; (of book, film)
critique f // vt passer en revue; faire la
critique de; ~**er** n critique m.

revise [rɪ'vaɪz] vt (manuscript) revoir, corriger; (opinion) réviser, modifier; (study:
subject, notes) réviser; **revision** [rɪ'vɪʒən]
n révision f.
revitalize [riː'vaɪtəlaɪz] vt revitaliser.
revival [rɪ'vaɪvəl] n reprise f; rétablissement m; (of faith) renouveau m.
revive [rɪ'vaɪv] vt (person) ranimer; (custom) rétablir; (hope, courage) redonner;
(play, fashion) reprendre // vi (person) reprendre connaissance; (hope) renaître;
(activity) reprendre.
revoke [rɪ'vəuk] vt révoquer; (promise, decision) revenir sur.
revolt [rɪ'vəult] n révolte f // vi se révolter,
se rebeller; ~**ing** a dégoûtant(e).
revolution [revə'luːʃən] n révolution f; (of
wheel etc) tour m, révolution; ~**ary** a, n
révolutionnaire (m/f); **rev(olution)
counter** n compte-tours m inv; ~**ize** vt révolutionner.
revolve [rɪ'vɔlv] vi tourner.
revolver [rɪ'vɔlvə*] n revolver m.
revolving [rɪ'vɔlvɪŋ] a (chair) pivotant(e);
(light) tournant(e); ~ **door** n (porte f à)
tambour m.
revue [rɪ'vjuː] n (THEATRE) revue f.
revulsion [rɪ'vʌlʃən] n dégoût m, répugnance f.
reward [rɪ'wɔːd] n récompense f // vt: **to
~ (for)** récompenser (de); ~**ing** a (fig)
qui (en) vaut la peine.
rewind [riː'waɪnd] vt irg (watch) remonter; (ribbon etc) réembobiner.
rewire [riː'waɪə*] vt (house) refaire l'installation électrique de.
reword [riː'wɜːd] vt formuler or exprimer
différemment.
rewrite [riː'raɪt] vt irg récrire.
rhapsody ['ræpsədɪ] n (MUS) rhapsodie f;
(fig) éloge délirant.
rhetoric ['retərɪk] n rhétorique f; ~**al**
[rɪ'tɔrɪkl] a rhétorique.
rheumatic [ruː'mætɪk] a rhumatismal(e).
rheumatism ['ruːmətɪzəm] n rhumatisme
m.
Rhine [raɪn] n: **the ~** le Rhin.
rhinoceros [raɪ'nɔsərəs] n rhinocéros m.
Rhodesia [rəu'diːʒə] n Rhodésie f; ~**n** a
rhodésien(ne) // n Rhodésien/ne.
rhododendron [rəudə'dendrn] n rhododendron m.
Rhone [rəun] n: **the ~** le Rhône.
rhubarb ['ruːbaːb] n rhubarbe f.
rhyme [raɪm] n rime f; (verse) vers mpl.
rhythm ['rɪðm] n rythme m; ~**ic(al)** a
rythmique; ~**ically** ad avec rythme.
rib [rɪb] n (ANAT) côte f // vt (mock)
taquiner.
ribald ['rɪbəld] a paillard(e).
ribbed [rɪbd] a (knitting) à côtes; (shell)
strié(e).
ribbon ['rɪbən] n ruban m; in ~**s** (torn)
en lambeaux.
rice [raɪs] n riz m; ~**field** n rizière f; ~
pudding n riz m au lait.
rich [rɪtʃ] a riche; (gift, clothes) somptueux(euse); **the ~** les riches mpl; ~**es**
npl richesses fpl; ~**ness** n richesse f.
rickets ['rɪkɪts] n rachitisme m.

rickety ['rɪkɪtɪ] a branlant(e).

rickshaw ['rɪkʃɔ:] n pousse(-pousse) m inv.

ricochet ['rɪkəʃeɪ] n ricochet m // vi ricocher.

rid, pt, pp **rid** [rɪd] vt: **to ~ sb of** débarrasser qn de; **to get ~ of** se débarrasser de; **good riddance!** bon débarras!

ridden ['rɪdn] pp of ride.

riddle ['rɪdl] n (puzzle) énigme f // vt: **to be ~d with** être criblé(e) de.

ride [raɪd] n promenade f, tour m; (distance covered) trajet m // vb (pt **rode**, pp **ridden** [rəud, 'rɪdn]) vi (as sport) monter (à cheval), faire du cheval; (go somewhere: on horse, bicycle) aller (à cheval or bicyclette etc); (journey: on bicycle, motor cycle, bus) rouler // vt (a certain horse) monter; (distance) parcourir, faire; **we rode all day/all the way** nous sommes restés toute la journée en selle/avons fait tout le chemin en selle or à cheval; **to ~ a horse/bicycle/camel** monter à cheval/à bicyclette/à dos de chameau; **to ~ at anchor** (NAUT) être à l'ancre; **horse/car ~** promenade or tour à cheval/en voiture; **to take sb for a ~** (fig) faire marcher qn; rouler qn; **~r** n cavalier/ère; (in race) jockey m; (on bicycle) cycliste m/f; (on motorcycle) motocycliste m/f; (in document) annexe f, clause additionnelle.

ridge [rɪdʒ] n (of hill) faîte m; (of roof, mountain) arête f; (on object) strie f.

ridicule ['rɪdɪkju:l] n ridicule m; dérision f // vt ridiculiser, tourner en dérision.

ridiculous [rɪ'dɪkjuləs] a ridicule.

riding ['raɪdɪŋ] n équitation f; **~ school** n manège m, école f d'équitation.

rife [raɪf] a répandu(e); **~ with** abondant(e) en.

riffraff ['rɪfræf] n racaille f.

rifle ['raɪfl] n fusil m // vt vider, dévaliser; **~ range** n champ m de tir; (indoor) stand m de tir.

rift [rɪft] n fente f, fissure f; (fig: disagreement) désaccord m.

rig [rɪg] n (also: **oil ~**: on land) derrick m; (: at sea) plate-forme pétrolière f // vt (election etc) truquer; **to ~ out** vt habiller; (pej) fringuer, attifer; **to ~ up** vt arranger, faire avec des moyens de fortune; **~ging** n (NAUT) gréement m.

right [raɪt] a (true) juste, exact(e); (correctly chosen: answer, road etc) bon(bonne); (suitable) approprié(e), convenable; (just) juste, équitable; (morally good) bien inv; (not left) droit(e) // n (title, claim) droit m; (not left) droite f // ad (answer) correctement; (not on the left) à droite // vt redresser // excl bon!; **to be ~** (person) avoir raison; (answer) être juste or correct(e); **~ now** en ce moment même; tout de suite; **~ against the wall** tout contre le mur; **~ ahead** tout droit; droit devant; **~ in the middle** en plein milieu; **~ away** immédiatement; **by ~s** en toute justice; **on the ~** à droite; **~ angle** n angle droit; **~eous** ['raɪtʃəs] a droit(e), vertueux(euse); (anger) justifié(e); **~eousness** ['raɪtʃəsnɪs] n droiture f, vertu f; **~ful** a (heir) légitime;

~fully ad à juste titre, légitimement; **~-handed** a (person) droitier(ère); **~-hand man** n bras droit (fig); **the ~-hand side** le côté droit; **~ly** ad bien, correctement; (with reason) à juste titre; **~-minded** a sensé(e), sain(e) d'esprit; **~ of way** n droit m de passage; (AUT) priorité f; **~ wing** n (MIL, SPORT) aile droite; (POL) droite f; **~-wing** a (POL) de droite.

rigid ['rɪdʒɪd] a rigide; (principle) strict(e); **~ity** [rɪ'dʒɪdɪtɪ] n rigidité f; **~ly** ad rigidement; (behave) inflexiblement.

rigmarole ['rɪgmərəul] n galimatias m; comédie f.

rigor mortis ['rɪgə'mɔ:tɪs] n rigidité f cadavérique.

rigorous ['rɪgərəs] a rigoureux(euse); **~ly** ad rigoureusement.

rigour, rigor (US) ['rɪgə*] n rigueur f.

rig-out ['rɪgaut] n (col) tenue f.

rile [raɪl] vt agacer.

rim [rɪm] n bord m; (of spectacles) monture f; (of wheel) jante f; **~less** a (spectacles) à monture invisible; **~med** a bordé(e); janté(e).

rind [raɪnd] n (of bacon) couenne f; (of lemon etc) écorce f.

ring [rɪŋ] n anneau m; (on finger) bague f; (also: **wedding ~**) alliance f; (for napkin) rond m; (of people, objects) cercle m; (of spies) réseau m; (of smoke etc) rond m; (arena) piste f, arène f; (for boxing) ring m; (sound of bell) sonnerie f; (telephone call) coup m de téléphone // vb (pt **rang**, pp **rung** [ræŋ, rʌŋ]) vi (person, bell) sonner; (also: **~ out**: voice, words) retentir; (TEL) téléphoner // vt (TEL: also: **~ up**) téléphoner à; **to ~ the bell** sonner; **to ~ back** vt, vi (TEL) rappeler; **to ~ off** vi (TEL) raccrocher; **~ binder** n classeur m à anneaux; **~leader** n (of gang) chef m, meneur m.

ringlets ['rɪŋlɪts] npl anglaises fpl.

ring road ['rɪŋrəud] n route f de ceinture.

rink [rɪŋk] n (also: **ice ~**) patinoire f.

rinse [rɪns] n rinçage m // vt rincer.

riot ['raɪət] n émeute f, bagarres fpl // vi faire une émeute, manifester avec violence; **a ~ of colours** une débauche or orgie de couleurs; **to run ~** se déchaîner; **~er** n émeutier/ère, manifestant/e; **~ous** a tapageur(euse); tordant(e); **~ously funny** tordant(e).

rip [rɪp] n déchirure f // vt déchirer // vi se déchirer; **~cord** n poignée f d'ouverture.

ripe [raɪp] a (fruit) mûr(e); (cheese) fait(e); **~n** vt mûrir // vi mûrir; se faire; **~ness** n maturité f.

riposte [rɪ'pɔst] n riposte f.

ripple ['rɪpl] n ride f, ondulation f; égrènement m, cascade f // vi se rider, onduler // vt rider, faire onduler.

rise [raɪz] n (slope) côte f, pente f; (hill) élévation f; (increase: in wages) augmentation f; (: in prices, temperature) hausse f, augmentation; (fig: to power etc) essor m, ascension f // vi (pt **rose**, pp **risen** [rəuz, 'rɪzn]) s'élever, monter; (prices) augmenter, monter; (waters, river) monter; (sun, wind, person: from chair, bed) se lever; (also: **~ up**: rebel) se révolter;

se rebeller ; **to give ~ to** donner lieu à ; **to ~ to the occasion** se montrer à la hauteur.

risk [rɪsk] *n* risque *m* ; danger *m* // *vt* risquer ; **to take** *or* **run the ~ of doing** courir le risque de faire ; **at ~** en danger ; **at one's own ~** à ses risques et périls ; **~y** a risqué(e).

risqué ['riːskeɪ] *a* (*joke*) risqué(e).

rissole ['rɪsəul] *n* croquette *f*.

rite [raɪt] *n* rite *m*.

ritual ['rɪtjuəl] *a* rituel(le) // *n* rituel *m*.

rival ['raɪvl] *n* rival/e ; (*in business*) concurrent/e // *a* rival(e) ; qui fait concurrence // *vt* être en concurrence avec ; **to ~ sb/sth in** rivaliser avec qn/qch de ; **~ry** *n* rivalité *f* ; concurrence *f*.

river ['rɪvə*] *n* rivière *f* ; (*major, also fig*) fleuve *m* ; **~bank** *n* rive *f*, berge *f* ; **~bed** *n* lit *m* (de rivière *or* de fleuve) ; **~side** *n* bord *m* de la rivière *or* du fleuve // *cpd* (*port, traffic*) fluvial(e).

rivet ['rɪvɪt] *n* rivet *m* // *vt* riveter ; (*fig*) river, fixer.

Riviera [rɪvɪ'ɛərə] *n*: **the (French) ~** la Côte d'Azur.

RN *abbr of* Royal Navy.

road [rəud] *n* route *f* ; (*small*) chemin *m* ; (*in town*) rue *f* ; (*fig*) chemin, voie *f* ; **'~up'** 'attention travaux' ; **~block** *n* barrage routier ; **~hog** *n* chauffard *m* ; **~ map** *n* carte routière ; **~side** *n* bord *m* de la route, bas-côté *m* // *cpd* (situé(e) *etc*) au bord de la route ; **~sign** *n* panneau *m* de signalisation ; **~ user** *n* usager *m* de la route ; **~way** *n* chaussée *f* ; **~worthy** *a* en bon état de marche.

roam [rəum] *vi* errer, vagabonder // *vt* parcourir, errer dans.

roar [rɔː*] *n* rugissement *m* ; (*of crowd*) hurlements *mpl* ; (*of vehicle, thunder, storm*) grondement *m* // *vi* rugir ; hurler ; gronder ; **to ~ with laughter** éclater de rire ; **a ~ing fire** une belle flambée ; **to do a ~ing trade** faire des affaires d'or.

roast [rəust] *n* rôti *m* // *vt* (*meat*) (faire) rôtir.

rob [rɔb] *vt* (*person*) voler ; (*bank*) dévaliser ; **to ~ sb of sth** voler *or* dérober qch à qn ; (*fig: deprive*) priver qn de qch ; **~ber** *n* bandit *m*, voleur *m* ; **~bery** *n* vol *m*.

robe [rəub] *n* (*for ceremony etc*) robe *f* ; (*also: bath ~*) peignoir *m* // *vt* revêtir (d'une robe).

robin ['rɔbɪn] *n* rouge-gorge *m*.

robot ['rəubɔt] *n* robot *m*.

robust [rəu'bʌst] *a* robuste ; (*material, appetite*) solide.

rock [rɔk] *n* (*substance*) roche *f*, roc *m* ; (*boulder*) rocher *m* ; roche ; (*sweet*) ≈ sucre *m* d'orge // *vt* (*swing gently: cradle*) balancer ; (: *child*) bercer ; (*shake*) ébranler, secouer // *vi* (se) balancer ; être ébranlé(e) *or* secoué(e) ; **on the ~s** (*drink*) avec des glaçons ; (*ship*) sur les écueils ; (*marriage etc*) en train de craquer ; **to ~ the boat** (*fig*) jouer les trouble-fête ; **~-bottom** *n* (*fig*) niveau le plus bas ; **~ery** *n* (jardin *m* de) rocaille *f*.

rocket ['rɔkɪt] *n* fusée *f* ; (MIL) fusée, roquette *f*.

rock face ['rɔkfeɪs] *n* paroi rocheuse.

rock fall ['rɔkfɔːl] *n* chute *f* de pierres.

rocking chair ['rɔkɪŋtʃɛə*] *n* fauteuil *m* à bascule.

rocking horse ['rɔkɪŋhɔːs] *n* cheval *m* à bascule.

rocky ['rɔkɪ] *a* (*hill*) rocheux(euse) ; (*path*) rocailleux(euse) ; (*unsteady: table*) branlant(e).

rod [rɔd] *n* (*metallic*) tringle *f* ; (TECH) tige *f* ; (*wooden*) baguette *f* ; (*also:* **fishing ~**) canne *f* à pêche.

rode [rəud] *pt of* ride.

rodent ['rəudnt] *n* rongeur *m*.

rodeo ['rəudɪəu] *n* rodéo *m*.

roe [rəu] *n* (*species: also:* **~ deer**) chevreuil *m* ; (*of fish*) œufs *mpl* de poisson ; **soft ~** laitance *f* ; **~ deer** *n* chevreuil *m* ; chevreuil femelle.

rogue [rəug] *n* coquin/e ; **roguish** *a* coquin(e).

role [rəul] *n* rôle *m*.

roll [rəul] *n* rouleau *m* ; (*of banknotes*) liasse *f* ; (*also:* **bread ~**) petit pain ; (*register*) liste *f* ; (*sound: of drums etc*) roulement *m* ; (*movement: of ship*) roulis *m* // *vt* rouler ; (*also:* **~ up:** *string*) enrouler ; (*also:* **~ out:** *pastry*) étendre au rouleau // *vi* rouler ; (*wheel*) tourner ; (*sway: person*) se balancer ; **to ~ by** *vi* (*time*) s'écouler, passer ; **to ~ in** *vi* (*mail, cash*) affluer ; **to ~ over** *vi* se retourner ; **to ~ up** *vi* (*col: arrive*) arriver, s'amener // *vt* (*carpet*) rouler ; **~ call** *n* appel *m* ; **~ed gold** plaqué *or inv* ; **~er** *n* rouleau *m* ; (*wheel*) roulette *f* ; **~er skates** *npl* patins *mpl* à roulettes.

rollicking ['rɔlɪkɪŋ] *a* bruyant(e) et joyeux(euse) ; (*play*) bouffon(ne) ; **to have a ~ time** s'amuser follement.

rolling ['rəulɪŋ] *a* (*landscape*) onduleux(euse) ; **~ pin** *n* rouleau *m* à pâtisserie ; **~ stock** *n* (RAIL) matériel roulant.

roll-on-roll-off ['rəulɔn'rəulɔf] *a* (*ferry*) transroulier(ère).

roly-poly ['rəulɪ'pəulɪ] *n* (CULIN) roulé *m* à la confiture.

Roman ['rəumən] *a* romain(e) // *n* Romain/e ; **~ Catholic** *a, n* catholique (*m/f*).

romance [rə'mæns] *n* histoire *f* (*or* film *m or* aventure *f*) romanesque ; (*charm*) poésie *f* ; (*love affair*) idylle *f* // *vi* enjoliver (à plaisir), exagérer.

Romanesque [rəumə'nɛsk] *a* roman(e).

Romania [rəu'meɪnɪə] *n* Roumanie *f* ; **~n** *a* roumain(e) // *n* Roumain/e.

romantic [rə'mæntɪk] *a* romantique ; sentimental(e).

romanticism [rə'mæntɪsɪzəm] *n* romantisme *m*.

romp [rɔmp] *n* jeux bruyants // *vi* (*also:* **~ about**) s'ébattre, jouer bruyamment.

rompers ['rɔmpəz] *npl* barboteuse *f*.

rondo ['rɔndəu] *n* (MUS) rondeau *m*.

roof [ruːf] *n* toit *m* ; (*of tunnel, cave*) plafond *m* // *vt* couvrir (d'un toit) ; **the ~ of the mouth** la voûte du palais ; **~ garden** *n* toit-terrasse *m* ; **~ing** *n* toiture *f* ; **~ rack** *n* (AUT) galerie *f*.

rook [ruk] n (bird) freux m; (CHESS) tour f // vt (cheat) rouler, escroquer.

room [ru:m] n (in house) pièce f; (also: **bed**~) chambre f (à coucher); (in school etc) salle f; (space) place f; ~**s** npl (lodging) meublé m; '~**s to let**' 'chambres à louer'; ~**ing house** n (US) maison f de rapport; ~**mate** n camarade m/f de chambre; ~ **service** n service m des chambres (dans un hôtel); ~**y** a spacieux(euse); (garment) ample.

roost [ru:st] n juchoir m // vi se jucher.

rooster ['ru:stə*] n coq m.

root [ru:t] n (BOT, MATH) racine f; (fig: of problem) origine f, fond m // vt (plant, belief) enraciner; **to** ~ **for** vt fus applaudir; **to** ~ **out** vt extirper.

rope [rəup] n corde f; (NAUT) cordage m // vt (box) corder; (climbers) encorder; **to** ~ **sb in** (fig) embringuer qn; **to know the** ~**s** (fig) être au courant, connaître les ficelles; ~ **ladder** n échelle f de corde.

rosary ['rəuzəri] n chapelet m; rosaire m.

rose [rəuz] pt of **rise** // n rose f; (also: ~**bush**) rosier m; (on watering can) pomme f // a rose.

rosé ['rəuzei] n rosé m.

rose: ~**bed** n massif m de rosiers; ~**bud** n bouton m de rose; ~**bush** n rosier m.

rosemary ['rəuzməri] n romarin m.

rosette [rəu'zɛt] n rosette f; (larger) cocarde f.

roster ['rɔstə*] n: **duty** ~ tableau m de service.

rostrum ['rɔstrəm] n tribune f (pour un orateur etc).

rosy ['rəuzi] a rose; **a** ~ **future** un bel avenir.

rot [rɔt] n (decay) pourriture f; (fig: pej) idioties fpl, balivernes fpl // vt, vi pourrir.

rota ['rəutə] n liste f, tableau m de service; **on a** ~ **basis** par roulement.

rotary ['rəutəri] a rotatif(ive).

rotate [rəu'teit] vt (revolve) faire tourner; (change round: crops) alterner; (:jobs) faire à tour de rôle // vi (revolve) tourner; **rotating** a (movement) tournant(e); **rotation** [-'teiʃən] n rotation f; **in rotation** à tour de rôle.

rotor ['rəutə*] n rotor m.

rotten ['rɔtn] a (decayed) pourri(e); (dishonest) corrompu(e); (col: bad) mauvais(e), moche; **to feel** ~ (ill) être mal fichu(e).

rotting ['rɔtiŋ] a pourrissant(e).

rotund [rəu'tʌnd] a rondelet(te); arrondi(e).

rouble, ruble (US) ['ru:bl] n rouble m.

rouge [ru:ʒ] n rouge m (à joues).

rough [rʌf] a (cloth, skin) rêche, rugueux(euse); (terrain) accidenté(e); (path) rocailleux(euse); (voice) rauque, rude; (person, manner: coarse) rude, fruste; (: violent) brutal(e); (district, weather) mauvais(e); (plan) ébauché(e); (guess) approximatif(ive) // n (GOLF) rough m; (person) voyou m; **to** ~ **it** vivre à la dure; **to play** ~ jouer avec brutalité; **to sleep** ~ coucher à la dure; **to feel** ~ être mal fichu(e); **to** ~ **out** vt (draft)

ébaucher; ~**en** vt (a surface) rendre rude or rugueux(euse); ~ **justice** n justice f sommaire; ~**ly** ad (handle) rudement, brutalement; (make) grossièrement; (approximately) à peu près, en gros; ~**ness** n rugosité f; rudesse f; brutalité f; ~ **work** n (at school etc) brouillon m.

roulette [ru:'lɛt] n roulette f.

Roumania [ru:'meiniə] n = **Romania**.

round [raund] a rond(e) // n rond m, cercle m; (of toast) tranche f; (duty: of policeman, milkman etc) tournée f; (: of doctor) visites fpl; (game: of cards, in competition) partie f; (BOXING) round m; (of talks) série f // vt (corner) tourner; (bend) prendre; (cape) doubler // prep autour de // ad: **right** ~, **all** ~ tout autour; **the long way** ~ (par) le chemin le plus long; **all the year** ~ toute l'année; **it's just** ~ **the corner** c'est juste après le coin; (fig) c'est tout près; **to go** ~ faire le tour or un détour; **to go** ~ **to sb's (house)** aller chez qn; **to go** ~ **an obstacle** contourner un obstacle; **to go** ~ **the back** passe par derrière; **to go** ~ **a house** visiter une maison, faire le tour d'une maison; **to go the** ~**s** (disease, story) circuler; **to** ~ **off** vt (speech etc) terminer; **to** ~ **up** vt rassembler; (criminals) effectuer une rafle de; (prices) arrondir (au chiffre supérieur); ~**about** a (AUT) rond-point m (à sens giratoire); (at fair) manège m (de chevaux de bois) // a (route, means) détourné(e); ~ **of ammunition** n cartouche f; ~ **of applause** n ban m, applaudissements mpl; ~ **of drinks** n tournée f; ~ **of sandwiches** n sandwich m; ~**ed** a arrondi(e); (style) harmonieux(euse); ~**ly** ad (fig) tout net, carrément; ~**-shouldered** a au dos rond; ~**sman** n livreur m; ~ **trip** n (voyage m) aller et retour m; ~**up** n rassemblement m; (of criminals) rafle f.

rouse [rauz] vt (wake up) réveiller; (stir up) susciter; provoquer; éveiller; **rousing** a (welcome) enthousiaste.

rout [raut] n (MIL) déroute f // vt mettre en déroute.

route [ru:t] n itinéraire m; (of bus) parcours m; (of trade, shipping) route f; '**all** ~**s**' (AUT) 'toutes directions'; ~ **map** n (for journey) croquis m d'itinéraire; (for trains etc) carte f du réseau.

routine [ru:'ti:n] a (work) ordinaire, courant(e); (procedure) d'usage // n (pej) routine f; (THEATRE) numéro m; **daily** ~ occupations journalières.

roving ['rəuviŋ] a (life) vagabond(e); ~ **reporter** n reporter volant.

row [rəu] n (line) rangée f; (of people, seats, KNITTING) rang m; (behind one another: of cars, people) file f // vi (in boat) ramer; (as sport) faire de l'aviron // vt (boat) faire aller à la rame or à l'aviron; **in a** ~ (fig) d'affilée.

row [rau] n (noise) vacarme m; (dispute) dispute f, querelle f; (scolding) réprimande f, savon m // vi se disputer, se quereller.

rowdiness ['raudinis] n tapage m, chahut m; (fighting) bagarre f.

rowdy ['raudi] a chahuteur(euse); bagarreur(euse) // n voyou m.

rowing ['rəuɪŋ] *n* canotage *m*; (*as sport*) aviron *m*; ~ **boat** *n* canot *m* (à rames).

rowlock ['rɔlək] *n* dame *f* de nage, tolet *m*.

royal ['rɔɪəl] *a* royal(e); ~**ist**, *n* royaliste (*m/f*).

royalty ['rɔɪəltɪ] *n* (*royal persons*) (membres *mpl* de la) famille royale; (*payment: to author*) droits *mpl* d'auteur; (: *to inventor*) royalties *fpl*.

r.p.m. *abbr* (AUT: = *revs per minute*) tr/mn (tours/minute).

R.S.P.C.A. *n* (*abbr of Royal Society for the Prevention of Cruelty to Animals*), ≈ S.P.A..

R.S.V.P. *abbr* (= *répondez s'il vous plaît*) R.S.V.P.

Rt Hon. *abbr* (= *Right Honourable*) titre donné aux députés de la Chambre des communes.

rub [rʌb] *n* (*with cloth*) coup *m* de chiffon or de torchon; (*on person*) friction *f* // *vt* frotter; frictionner; **to ~ sb up the wrong way** prendre qn à rebrousse-poil; **to ~ off** *vi* partir; **to ~ off on** déteindre sur.

rubber ['rʌbə*] *n* caoutchouc *m*; (*Brit*: *eraser*) gomme *f* (à effacer); ~ **band** *n* élastique *m*; ~ **plant** *n* caoutchouc *m* (*plante verte*); ~ **stamp** *n* tampon *m*; ~-**stamp** *vt* (*fig*) approuver sans discussion; ~**y** *a* caoutchouteux(euse).

rubbish ['rʌbɪʃ] *n* (*from household*) ordures *fpl*; (*fig:pej*) choses *fpl* sans valeur; camelote *f*; bêtises *fpl*, idioties *fpl*; ~ **bin** *n* boîte *f* à ordures, poubelle *f*; ~ **dump** *n* (*in town*) décharge publique, dépotoir *m*.

rubble ['rʌbl] *n* décombres *mpl*; (*smaller*) gravats *mpl*.

ruble ['ru:bl] *n* (*US*) = **rouble**.

ruby ['ru:bɪ] *n* rubis *m*.

rucksack ['rʌksæk] *n* sac *m* à dos.

ructions ['rʌkʃənz] *npl* grabuge *m*.

rudder ['rʌdə*] *n* gouvernail *m*.

ruddy ['rʌdɪ] *a* (*face*) coloré(e); (*sky*) rougeoyant(e); (*col: damned*) sacré(e), fichu(e).

rude [ru:d] *a* (*impolite: person*) impoli(e); (: *word, manners*) grossier(ère); (*shocking*) indécent(e), inconvenant(e); ~**ly** *ad* impoliment; grossièrement; ~**ness** *n* impolitesse *f*; grossièreté *f*.

rudiment ['ru:dɪmənt] *n* rudiment *m*; ~**ary** [-'mɛntərɪ] *a* rudimentaire.

rueful ['ru:ful] *a* triste.

ruff [rʌf] *n* fraise *f*, collerette *f*.

ruffian ['rʌfɪən] *n* brute *f*, voyou *m*.

ruffle ['rʌfl] *vt* (*hair*) ébouriffer; (*clothes*) chiffonner; (*water*) agiter; (*fig: person*) émouvoir, faire perdre son flegme à.

rug [rʌg] *n* petit tapis; (*for knees*) couverture *f*.

rugby ['rʌgbɪ] *n* (*also:* ~ **football**) rugby *m*.

rugged ['rʌgɪd] *a* (*landscape*) accidenté(e); (*tree bark*) rugueux(euse); (*features, kindness, character*) rude; (*determination*) farouche.

rugger ['rʌgə*] *n* (*col*) rugby *m*.

ruin ['ru:ɪn] *n* ruine *f* // *vt* ruiner; (*spoil: clothes*) abîmer; ~**s** *npl* ruine(s); ~**ation** [-'neɪʃən] *n* ruine *f*; ~**ous** *a* ruineux(euse).

rule [ru:l] *n* règle *f*; (*regulation*) règlement *m*; (*government*) autorité *f*, gouvernement *m* // *vt* (*country*) gouverner; (*person*) dominer; (*decide*) décider; (*draw: lines*) tirer à la règle // *vi* commander; décider; **as a** ~ normalement, en règle générale; ~**d a** (*paper*) réglé(e); ~**r** *n* (*sovereign*) souverain/e; (*leader*) chef *m* (d'État); (*for measuring*) règle *f*; **ruling** *a* (*party*) au pouvoir; (*class*) dirigeant(e) // *n* (LAW) décision *f*.

rum [rʌm] *n* rhum *m* // *a* (*col*) bizarre.

Rumania [ru:'meɪnɪə] *n* = **Romania**.

rumble ['rʌmbl] *n* grondement *m*; gargouillement *m* // *vi* gronder; (*stomach, pipe*) gargouiller.

rummage ['rʌmɪdʒ] *vi* fouiller.

rumour, rumor (US) ['ru:mə*] *n* rumeur *f*, bruit *m* (qui court) // *vt*: **it is** ~**ed that** le bruit court que.

rump [rʌmp] *n* (*of animal*) croupe *f*; ~**steak** *n* rumsteck *m*.

rumpus ['rʌmpəs] *n* (*col*) tapage *m*, chahut *m*; (*quarrel*) prise *f* de bec.

run [rʌn] *n* (*pas m de*) course *f*; (*outing*) tour *m* or promenade *f* (en voiture); parcours *m*, trajet *m*; (*series*) suite *f*, série *f*; (THEATRE) série de représentations; (SKI) piste *f* // *vb* (*pt* **ran**, *pp* **run** [ræn, rʌn]) *vt* (*operate: business*) diriger; (: *competition, course*) organiser; (: *hotel, house*) tenir; (*force through: rope, pipe*): **to ~ sth through** faire passer qch à travers; (*pass: hand, finger*): **to ~ sth over** promener or passer qch sur; (*water, bath*) faire couler // *vi* courir; (*pass: road etc*) passer; (*work: machine, factory*) marcher; (*bus, train: operate*) être en service; (: *travel*) circuler; (*continue: play*) se jouer; (: *contract*) être valide; (*slide: drawer etc*) glisser; (*flow: river, bath*) couler; (*colours, washing*) déteindre; (*in election*) être candidat, se présenter; **there was a ~ on** (*meat, tickets*) les gens se sont rués sur; **to break into a ~** se mettre à courir; **in the long ~** à longue échéance; à la longue; en fin de compte; **in the short ~** à brève échéance, à court terme; **on the ~** en fuite; **I'll ~ you to the station** je vais vous emmener or conduire à la gare; **to ~ a risk** courir un risque; **to ~ about** *vi* (*children*) courir çà et là; **to ~ across** *vt fus* (*find*) trouver par hasard; **to ~ away** *vi* s'enfuir; **to ~ down** *vi* (*clock*) s'arrêter (*faute d'avoir été remonté*) // *vt* (AUT) renverser; (*criticize*) critiquer, dénigrer; **to be ~ down** être fatigué(e) or à plat; **to ~ off** *vi* s'enfuir; **to ~ out** *vi* (*person*) sortir en courant; (*liquid*) couler; (*lease*) expirer; (*money*) être épuisé(e); **to ~ out of** *vt fus* se trouver à court de; **to ~ over** *vt sep* (AUT) écraser // *vt fus* (*revise*) revoir, reprendre; **to ~ through** *vt fus* (*instructions*) reprendre, revoir; **to ~ up** *vt* (*debt*) laisser accumuler; **to ~ up against** (*difficulties*) se heurter à; ~-**away** *a* (*horse*) emballé(e); (*truck*) fou(folle); (*inflation*) galopant(e).

rung [rʌŋ] *pp of* **ring** // *n* (*of ladder*) barreau *m*.

runner ['rʌnə*] *n* (*in race: person*) coureur/euse; (: *horse*) partant *m*; (*on sledge*) patin *m*; (*on curtain*) suspendeur m ; *(for drawer etc)* coulisseau m ; *(carpet: in hall etc)* chemin m ; ~ **bean** n *(BOT)* haricot m (à rames) ; ~**-up** n second/e.

running ['rʌnɪŋ] n course f ; direction f ; organisation f ; marche f, fonctionnement m // a *(water)* courant(e) ; *(commentary)* suivi(e) ; **6 days** ~ 6 jours de suite.

runny ['rʌnɪ] a qui coule.

run-of-the-mill ['rʌnəvðə'mɪl] a ordinaire, banal(e).

runt [rʌnt] n *(also: pej)* avorton m.

run-through ['rʌnθru:] n répétition f, essai m.

runway ['rʌnweɪ] n *(AVIAT)* piste f (d'envol *ou* d'atterrissage).

rupee [ru:'pi:] n roupie f.

rupture ['rʌptʃə*] n *(MED)* hernie f // vt: **to** ~ **o.s.** se donner une hernie.

rural ['rʊərl] a rural(e).

ruse [ru:z] n ruse f.

rush [rʌʃ] n course précipitée f, *(of crowd)* ruée f, bousculade f ; *(hurry)* hâte f, bousculade ; *(current)* flot m // vt transporter or envoyer d'urgence ; *(attack: town etc)* prendre d'assaut ; *(col: overcharge)* estamper ; faire payer // vi se précipiter ; **don't** ~ **me!** laissez-moi le temps de souffler! ; ~**es** npl *(BOT)* jonc m ; ~ **hour** n heures fpl de pointe or d'affluence.

rusk [rʌsk] n biscotte f.

Russia ['rʌʃə] n Russie f ; ~**n** a russe // n Russe m/f ; *(LING)* russe m.

rust [rʌst] n rouille f // vi rouiller.

rustic ['rʌstɪk] a rustique // n *(pej)* rustaud/e.

rustle ['rʌsl] vi bruire, produire un bruissement // vt *(paper)* froisser ; *(US: cattle)* voler.

rustproof ['rʌstpru:f] a inoxydable ; ~**ing** n traitement m antirouille.

rusty ['rʌstɪ] a rouillé(e).

rut [rʌt] n ornière f ; *(ZOOL)* rut m.

ruthless ['ru:θlɪs] a sans pitié, impitoyable ; ~**ness** n dureté f, cruauté f.

rye [raɪ] n seigle m ; ~ **bread** n pain m de seigle.

S

sabbath ['sæbəθ] n sabbat m.

sabbatical [sə'bætɪkl] a: ~ **year** n année f sabbatique.

sabotage ['sæbətɑ:ʒ] n sabotage m // vt saboter.

saccharin(e) ['sækərɪn] n saccharine f.

sack [sæk] n *(bag)* sac m // vt *(dismiss)* renvoyer, mettre à la porte ; *(plunder)* piller, mettre à sac ; **to get the** ~ être renvoyé or mis à la porte ; **a** ~**ful of** un (plein) sac de ; ~**ing** n toile f à sac ; renvoi m.

sacrament ['sækrəmənt] n sacrement m.

sacred ['seɪkrɪd] a sacré(e).

sacrifice ['sækrɪfaɪs] n sacrifice m // vt sacrifier.

sacrilege ['sækrɪlɪdʒ] n sacrilège m.

sacrosanct ['sækrəusæŋkt] a sacro-saint(e).

sad [sæd] a *(unhappy)* triste ; *(deplorable)* triste, fâcheux(euse) ; ~**den** vt attrister, affliger.

saddle ['sædl] n selle f // vt *(horse)* seller ; **to be** ~**d with sth** *(col)* avoir qch sur les bras ; ~**bag** n sacoche f.

sadism ['seɪdɪzm] n sadisme m ; **sadist** n sadique m/f ; **sadistic** [sə'dɪstɪk] a sadique.

sadly ['sædlɪ] ad tristement ; fâcheusement.

sadness ['sædnɪs] n tristesse f.

safari [sə'fɑ:rɪ] n safari m.

safe [seɪf] a *(out of danger)* hors de danger, en sécurité ; *(not dangerous)* sans danger ; *(cautious)* prudent(e) ; *(sure: bet etc)* assuré(e) // n coffre-fort m ; ~ **from** à l'abri de ; ~ **and sound** sain(e) et sauf(sauve) ; **(just) to be on the** ~ **side** pour plus de sûreté, par précaution ; ~**guard** n sauvegarde f, protection f // vt sauvegarder, protéger ; ~**keeping** n bonne garde ; ~**ly** ad sans danger, sans risque ; *(without mishap)* sans accident.

safety ['seɪftɪ] n sécurité f ; ~ **belt** n ceinture f de sécurité ; ~ **curtain** n rideau m de fer ; ~ **first!** la sécurité d'abord! ; ~ **pin** n épingle f de sûreté or de nourrice.

saffron ['sæfrən] n safran m.

sag [sæg] vi s'affaisser, fléchir ; pendre.

sage [seɪdʒ] n *(herb)* sauge f ; *(man)* sage m.

Sagittarius [sædʒɪ'tɛərɪəs] n le Sagittaire ; **to be** ~ être du Sagittaire.

sago ['seɪgəu] n sagou m.

said [sɛd] pt, pp of **say**.

sail [seɪl] n *(on boat)* voile f ; *(trip)*: **to go for a** ~ faire un tour en bateau // vt *(boat)* manœuvrer, piloter // vi *(travel: ship)* avancer, naviguer ; (: *passenger)* aller or se rendre (en bateau) ; *(set off)* partir, prendre la mer ; *(SPORT)* faire de la voile ; **they** ~**ed into Le Havre** ils sont entrés dans le port du Havre ; **to** ~ **through** vi, vt fus *(fig)* réussir haut la main ; ~**boat** n *(US)* bateau m à voiles, voilier m ; ~**ing** n *(SPORT)* voile f ; **to go** ~**ing** faire de la voile ; ~**ing boat** n bateau m à voiles, voilier m ; ~**ing ship** n grand voilier ; ~**or** n marin m, matelot m.

saint [seɪnt] n saint/e ; ~**ly** a saint(e), plein(e) de bonté.

sake [seɪk] n: **for the** ~ **of** pour (l'amour de), dans l'intérêt de ; par égard pour ; **for pity's** ~ par pitié.

salad ['sæləd] n salade f ; ~ **bowl** n saladier m ; ~ **cream** n *(sorte f de)* mayonnaise f ; ~ **dressing** n vinaigrette f ; ~ **oil** n huile f de table.

salaried ['sælərɪd] a *(staff)* salarié(e), qui touche un traitement.

salary ['sælərɪ] n salaire m, traitement m.

sale [seɪl] n vente f ; *(at reduced prices)* soldes mpl ; **'for** ~**'** 'à vendre' ; **on** ~ en vente ; **on** ~ **or return** vendu(e) avec faculté de retour ; ~**room** n salle f des ventes ; ~**sman** n vendeur m ; *(representative)* représentant m de commerce ; ~**smanship** n art m de la vente ; ~**swoman** n vendeuse f.

salient ['seɪlɪənt] a saillant(e).

saliva [sə'laɪvə] n salive f.

sallow ['sæləu] a cireux(euse).

salmon ['sæmən] n, pl inv saumon m ; ~ **trout** n truite saumonée.

saloon [sə'lu:n] *n* (*US*) bar *m*; (*AUT*) berline *f*; (*ship's lounge*) salon *m*.

salt [sɔlt] *n* sel *m* // *vt* saler // *cpd* de sel; (*CULIN*) salé(e); ~ **cellar** *n* salière *f*; ~-**free** *a* sans sel; ~**y** *a* salé.

salutary ['sæljutərɪ] *a* salutaire.

salute [sə'lu:t] *n* salut *m* // *vt* saluer.

salvage ['sælvɪdʒ] *n* (*saving*) sauvetage *m*; (*things saved*) biens sauvés *or* récupérés // *vt* sauver, récupérer.

salvation [sæl'veɪʃən] *n* salut *m*; S~ **Army** *n* Armée *f* du Salut.

salver ['sælvə*] *n* plateau *m* de métal.

salvo ['sælvəu] *n* salve *f*.

same [seɪm] *a* même // *pronoun*: **the** ~ le(la) même, les mêmes; **the** ~ **book as** le même livre que; **all** *or* **just the** ~ tout de même, quand même; **to do the** ~ faire de même, en faire autant; **to do the** ~ **as sb** faire comme qn; **the** ~ **again!** (*in bar etc*) la même chose!

sample ['sɑ:mpl] *n* échantillon *m*; (*MED*) prélèvement *m* // *vt* (*food, wine*) goûter.

sanatorium, *pl* sanatoria [sænə'tɔ:rɪəm, -rɪə] *n* sanatorium *m*.

sanctify ['sæŋktɪfaɪ] *vt* sanctifier.

sanctimonious [sæŋktɪ'məunɪəs] *a* moralisateur(trice).

sanction ['sæŋkʃən] *n* sanction *f* // *vt* cautionner, sanctionner.

sanctity ['sæŋktɪtɪ] *n* sainteté *f*, caractère sacré.

sanctuary ['sæŋktjuərɪ] *n* (*holy place*) sanctuaire *m*; (*refuge*) asile *m*; (*for wild life*) réserve *f*.

sand [sænd] *n* sable *m* // *vt* sabler; ~**s** *npl* plage *f* (de sable).

sandal ['sændl] *n* sandale *f*.

sandbag ['sændbæg] *n* sac *m* de sable.

sandcastle ['sændkɑ:sl] *n* château *m* de sable.

sand dune ['sænddju:n] *n* dune *f* de sable.

sandpaper ['sændpeɪpə*] *n* papier *m* de verre.

sandpit ['sændpɪt] *n* (*for children*) tas *m* de sable.

sandstone ['sændstəun] *n* grès *m*.

sandwich ['sændwɪtʃ] *n* sandwich *m* // *vt* (*also*: ~ **in**) intercaler; ~**ed between** pris en sandwich entre; **cheese/ham** ~ sandwich au fromage/jambon; ~ **course** *n* cours *m* de formation professionnelle.

sandy ['sændɪ] *a* sablonneux(euse); couvert(e) de sable; (*colour*) sable *inv*, blond roux *inv*.

sane [seɪn] *a* (*person*) sain(e) d'esprit; (*outlook*) sensé(e), sain(e).

sang [sæŋ] *pt of* **sing**.

sanguine ['sæŋgwɪn] *a* optimiste.

sanitarium, *pl* sanitaria [sænɪ'tɛərɪəm, -rɪə] *n* (*US*) = **sanatorium**.

sanitary ['sænɪtərɪ] *a* (*system, arrangements*) sanitaire; (*clean*) hygiénique; ~ **towel**, ~ **napkin** (*US*) *n* serviette *f* hygiénique.

sanitation [sænɪ'teɪʃən] *n* (*in house*) installations *fpl* sanitaires; (*in town*) système *m* sanitaire.

sanity ['sænɪtɪ] *n* santé mentale; (*common sense*) bon sens.

sank [sæŋk] *pt of* **sink**.

Santa Claus [sæntə'klɔ:z] *n* le Père Noël.

sap [sæp] *n* (*of plants*) sève *f* // *vt* (*strength*) saper, miner.

sapling ['sæplɪŋ] *n* jeune arbre *m*.

sapphire ['sæfaɪə*] *n* saphir *m*.

sarcasm ['sɑ:kæzm] *n* sarcasme *m*, raillerie *f*.

sarcastic [sɑ:'kæstɪk] *a* sarcastique.

sarcophagus, *pl* sarcophagi [sɑ:'kɔfəgəs, -gaɪ] *n* sarcophage *m*.

sardine [sɑ:'di:n] *n* sardine *f*.

Sardinia [sɑ:'dɪnɪə] *n* Sardaigne *f*.

sardonic [sɑ:'dɔnɪk] *a* sardonique.

sartorial [sɑ:'tɔ:rɪəl] *a* vestimentaire.

sash [sæʃ] *n* écharpe *f*; ~ **window** *n* fenêtre *f* à guillotine.

sat [sæt] *pt,pp of* **sit**.

satanic [sə'tænɪk] *a* satanique, démoniaque.

satchel ['sætʃl] *n* cartable *m*.

satellite ['sætəlaɪt] *a, n* satellite (*m*).

satin ['sætɪn] *n* satin *m* // *a* en *or* de satin, satiné(e).

satire ['sætaɪə*] *n* satire *f*; **satirical** [sə'tɪrɪkl] *a* satirique; **satirize** ['sætɪraɪz] *vt* faire la satire de, satiriser.

satisfaction [sætɪs'fækʃən] *n* satisfaction *f*.

satisfactory [sætɪs'fæktərɪ] *a* satisfaisant(e).

satisfy ['sætɪsfaɪ] *vt* satisfaire, contenter; (*convince*) convaincre, persuader; ~**ing** *a* satisfaisant(e).

saturate ['sætʃəreɪt] *vt*: **to** ~ **(with)** saturer (de); **saturation** [-'reɪʃən] *n* saturation *f*.

Saturday ['sætədɪ] *n* samedi *m*.

sauce [sɔ:s] *n* sauce *f*; ~**pan** *n* casserole *f*.

saucer ['sɔ:sə*] *n* soucoupe *f*.

saucy ['sɔ:sɪ] *a* impertinent(e).

sauna ['sɔ:nə] *n* sauna *m*.

saunter ['sɔ:ntə*] *vi*: **to** ~ **to** aller en flânant *or* se balader jusqu'à.

sausage ['sɔsɪdʒ] *n* saucisse *f*; ~ **roll** *n* friand *m*.

savage ['sævɪdʒ] *a* (*cruel, fierce*) brutal(e), féroce; (*primitive*) primitif(ive), sauvage // *n* sauvage *m/f* // *vt* attaquer férocement; ~**ry** *n* sauvagerie *f*, brutalité *f*, férocité *f*.

save [seɪv] *vt* (*person, belongings*) sauver; (*money*) mettre de côté, économiser; (*time*) (faire) gagner; (*food*) garder; (*avoid: trouble*) éviter // *vi* (*also*: ~ **up**) mettre de l'argent de côté // *n* (*SPORT*) arrêt *m* (du ballon) // *prep* sauf, à l'exception de.

saving ['seɪvɪŋ] *n* économie *f* // *a*: **the** ~ **grace of** ce qui rachète; ~**s** *npl* économies *fpl*; ~**s bank** *n* caisse *f* d'épargne.

saviour ['seɪvjə*] *n* sauveur *m*.

savour, savor (*US*) ['seɪvə*] *n* saveur *f*, goût *m* // *vt* savourer; ~**y** *a* savoureux(euse); (*dish: not sweet*) salé(e).

savvy ['sævɪ] *n* (*col*) jugeote *f*.

saw [sɔ:] *pt of* **see** // *n* (*tool*) scie *f* // *vt* (*pt* **sawed**, *pp* **sawed** *or* **sawn** [sɔ:n]) scier; ~**dust** *n* sciure *f*; ~**mill** *n* scierie *f*.

saxophone ['sæksəfəun] *n* saxophone *m*.

say [seɪ] *n*: **to have one's ~** dire ce qu'on a à dire ; **to have a ~** avoir voix au chapitre // *vt* (*pt, pp* **said** [sɛd]) dire ; **could you ~ that again?** pourriez-vous répéter ceci? ; **that is to ~** c'est-à-dire ; **to ~ nothing of** sans compter ; **~ that ... mettons** *or* **disons que ...** ; **that goes without ~ing** cela va sans dire, cela va de soi ; **~ing** *n* dicton *m*, proverbe *m*.

scab [skæb] *n* croûte *f* ; (*pej*) jaune *m* ; **~by** *a* croûteux(euse).

scaffold ['skæfəuld] *n* échafaud *m* ; **~ing** *n* échafaudage *m*.

scald [skɔ:ld] *n* brûlure *f* // *vt* ébouillanter ; **~ing** *a* (*hot*) brûlant(e), bouillant(e).

scale [skeɪl] *n* (*of fish*) écaille *f* ; (*MUS*) gamme *f* ; (*of ruler, thermometer etc*) graduation *f*, échelle (graduée) ; (*of salaries, fees etc*) barème *m* ; (*of map, also size, extent*) échelle *f* // *vt* (*mountain*) escalader ; (*fish*) écailler ; **~s** *npl* balance *f*, (*larger*) bascule *f* ; **on a large ~** sur une grande échelle, en grand ; **~ drawing** *n* dessin *m* à l'échelle ; **~ model** *n* modèle *m* à l'échelle ; **small-~ model** modèle réduit.

scallop ['skɔləp] *n* coquille *f* Saint-Jacques.

scalp [skælp] *n* cuir chevelu // *vt* scalper.

scalpel ['skælpl] *n* scalpel *m*.

scamp [skæmp] *vt* bâcler.

scamper ['skæmpə*] *vi*: **to ~ away, ~ off** détaler.

scan [skæn] *vt* scruter, examiner ; (*glance at quickly*) parcourir ; (*poetry*) scander ; (*TV, RADAR*) balayer.

scandal ['skændl] *n* scandale *m* ; (*gossip*) ragots *mpl* ; **~ize** *vt* scandaliser, indigner ; **~ous** *a* scandaleux(euse).

Scandinavia [skændɪ'neɪvɪə] *n* Scandinavie *f* ; **~n** *a* scandinave *f* // *n* Scandinave *m/f*.

scant [skænt] *a* insuffisant(e) ; **~y** *a* peu abondant(e), insuffisant(e), maigre.

scapegoat ['skeɪpgəut] *n* bouc *m* émissaire.

scar [skɑ:] *n* cicatrice *f* // *vt* laisser une cicatrice *or* une marque à.

scarce [skɛəs] *a* rare, peu abondant(e) ; **~ly** *ad* à peine, presque pas ; **scarcity** *n* rareté *f*, manque *m*, pénurie *f*.

scare [skɛə*] *n* peur *f* ; panique *f* // *vt* effrayer, faire peur à ; **to ~ sb stiff** faire une peur bleue à qn ; **~ bomb** alerte *f* à la bombe ; **~crow** *n* épouvantail *m* ; **~d** *a*: **to be ~d** avoir peur ; **~monger** *n* alarmiste *m/f*.

scarf, scarves [skɑ:f, skɑ:vz] *n* (*long*) écharpe *f* ; (*square*) foulard *m*.

scarlet ['skɑ:lɪt] *a* écarlate ; **~ fever** *n* scarlatine *f*.

scarves [skɑ:vz] *npl of* **scarf**.

scary ['skɛərɪ] *a* (*col*) qui fiche la frousse.

scathing ['skeɪðɪŋ] *a* cinglant(e), acerbe.

scatter ['skætə*] *vt* éparpiller, répandre ; (*crowd*) disperser // *vi* se disperser ; **~brained** *a* écervelé(e), étourdi(e) ; **~ed** *a* épars(e), dispersé(e).

scatty ['skætɪ] *a* (*col*) loufoque.

scavenger ['skævəndʒə*] *n* éboueur *m*.

scene [si:n] *n* (*THEATRE, fig etc*) scène *f* ; (*of crime, accident*) lieu(x) *m(pl)*, endroit *m* ; (*sight, view*) spectacle *m*, vue *f* ; **to appear on the ~** faire son apparition ; **~ry** *n* (*THEATRE*) décor(s) *m(pl)* ; (*landscape*) paysage *m* ; **scenic** *a* scénique ; offrant de beaux paysages *or* panoramas.

scent [sɛnt] *n* parfum *m*, odeur *f* ; (*fig: track*) piste *f* ; (*sense of smell*) odorat *m* // *vt* parfumer ; (*smell, also fig*) flairer.

sceptic, skeptic (*US*) ['skɛptɪk] *n* sceptique *m/f* ; **~al** *a* sceptique ; **~ism** ['skɛptɪsɪzm] *n* scepticisme *m*.

sceptre, scepter (*US*) ['sɛptə*] *n* sceptre *m*.

schedule ['ʃɛdjuːl] *n* programme *m*, plan *m* ; (*of trains*) horaire *m* ; (*of prices etc*) barème *m*, tarif *m* // *vt* prévoir ; **as ~d** comme prévu ; **on ~** à l'heure (prévue) ; à la date prévue ; **to be ahead of/behind ~** avoir de l'avance/du retard.

scheme [ski:m] *n* plan *m*, projet *m* ; (*method*) procédé *m* ; (*dishonest plan, plot*) complot *m*, combine *f* ; (*arrangement*) arrangement *m*, classification *f* // *vt,vi* comploter, manigancer ; **scheming** *a* rusé(e), intrigant(e) // *n* manigances *fpl*, intrigues *fpl*.

schism ['skɪzəm] *n* schisme *m*.

schizophrenic [skɪtsə'frɛnɪk] *a* schizophrène.

scholar ['skɔlə*] *n* érudit/e ; **~ly** *a* érudit(e), savant(e) ; **~ship** *n* érudition *f* ; (*grant*) bourse *f* (d'études).

school [sku:l] *n* (*gen*) école *f* ; (*in university*) faculté *f* ; (*secondary school*) collège *m*, lycée *m* // *cpd* scolaire // *vt* (*animal*) dresser ; **~book** *n* livre *m* scolaire *or* de classe ; **~boy** *n* écolier *m* ; collégien *m*, lycéen *m* ; **~days** *npl* années *fpl* de scolarité ; **~girl** *n* écolière *f* ; collégienne *f*, lycéenne *f* ; **~ing** *n* instruction *f*, études *fpl* ; **~-leaving age** *n* âge *m* de fin de scolarité ; **~master** *n* (*primary*) instituteur *m* ; (*secondary*) professeur *m* ; **~mistress** *n* institutrice *f* ; professeur *m* ; **~ report** *n* bulletin *m* (scolaire) ; **~room** *n* (salle *f* de) classe *f* ; **~teacher** *n* instituteur/trice ; professeur *m*.

schooner ['sku:nə*] *n* (*ship*) schooner *m*, goélette *f* ; (*glass*) grand verre (à xérès).

sciatica [saɪ'ætɪkə] *n* sciatique *f*.

science ['saɪəns] *n* science *f* ; **~ fiction** *n* science-fiction *f* ; **scientific** ['tɪfɪk] *a* scientifique ; **scientist** *n* scientifique *m/f* ; (*eminent*) savant *m*.

scintillating ['sɪntɪleɪtɪŋ] *a* scintillant(e), étincelant(e).

scissors ['sɪzəz] *npl* ciseaux *mpl* ; **a pair of ~** une paire de ciseaux.

sclerosis [sklɪ'rəusɪs] *n* sclérose *f*.

scoff [skɔf] *vt* (*col: eat*) avaler, bouffer // *vi*: **to ~ (at)** (*mock*) se moquer (de).

scold [skəuld] *vt* gronder, attraper, réprimander.

scone [skɔn] *n* sorte de petit pain rond au lait.

scoop [sku:p] *n* pelle *f* (à main) ; (*for ice cream*) boule *f* à glace ; (*PRESS*) reportage exclusif *or* à sensation ; **to ~ out** *vt* évider, creuser ; **to ~ up** *vt* ramasser.

scooter ['sku:tə*] *n* (*motor cycle*) scooter *m* ; (*toy*) trottinette *f*.

scope [skəup] n (capacity: of plan, undertaking) portée f, envergure f; (: of person) compétence f, capacités fpl; (opportunity) possibilités fpl; **within the ~ of** dans les limites de.

scorch [skɔ:tʃ] vt (clothes) brûler (légèrement), roussir; (earth, grass) dessécher, brûler; **~ed earth policy** n politique f de la terre brûlée; **~er** n (col: hot day) journée f torride; **~ing** a torride, brûlant(e).

score [skɔ:*] n score m, décompte m des points; (MUS) partition f; (twenty) vingt // vt (goal, point) marquer; (success) remporter // vi marquer des points; (FOOTBALL) marquer un but; (keep score) compter les points; **on that** ~ sur ce chapitre, à cet égard; **to** ~ **well/6 out of 10** obtenir un bon résultat/6 sur 10; **~board** n tableau m; **~card** n (SPORT) carton m; feuille f de marque; **~r** n auteur m du but; marqueur m de buts; (keeping score) marqueur m.

scorn [skɔ:n] n mépris m, dédain m // vt mépriser, dédaigner; **~ful** a méprisant(e), dédaigneux(euse).

Scorpio ['skɔ:piəu] n le Scorpion; **to be** ~ être du Scorpion.

scorpion ['skɔ:piən] n scorpion m.

Scot [skɔt] n Écossais/e.

scotch [skɔtʃ] vt faire échouer; enrayer; étouffer; **S~** n whisky m, scotch m.

scot-free ['skɔt'fri:] a sans être puni(e); sans payer.

Scotland ['skɔtlənd] n Écosse f.

Scots [skɔts] a écossais(e); **~man/woman** Écossais/e.

Scottish ['skɔtʃ] a écossais(e).

scoundrel ['skaundrl] n vaurien m; (child) coquin m.

scour ['skauə*] vt (clean) récurer; frotter; décaper; (search) battre, parcourir; **~er** n tampon abrasif or à récurer.

scourge [skə:dʒ] n fléau m.

scout [skaut] n (MIL) éclaireur m; (also: **boy** ~) scout m; **to** ~ **around** explorer, chercher.

scowl [skaul] vi se renfrogner, avoir l'air maussade; **to** ~ **at** regarder de travers.

scraggy ['skrægi] a décharné(e), efflanqué(e), famélique.

scram [skræm] vi (col) ficher le camp.

scramble ['skræmbl] n bousculade f, ruée f // vi avancer tant bien que mal (à quatre pattes or en grimpant); **to** ~ **for** se bousculer or se disputer pour (avoir); **~d eggs** npl œufs brouillés.

scrap [skræp] n bout m, morceau m; (fight) bagarre f; (also: ~ **iron**) ferraille f // vt jeter, mettre au rebut; (fig) abandonner, laisser tomber; **~s** npl (waste) déchets mpl; **~book** n album m.

scrape [skreip] vt,vi gratter, racler // n: **to get into a** ~ s'attirer des ennuis; **~r** n grattoir m, racloir m.

scrap: ~ **heap** n tas m de ferraille; (fig): **on the** ~ **heap** au rancart or rebut; **~ merchant** n marchand m de ferraille; ~ **paper** n papier m brouillon; **~py** a fragmentaire, décousu(e).

scratch [skrætʃ] n égratignure f, rayure f; éraflure f; (from claw) coup m de griffe // a: ~ **team** n équipe de fortune or improvisé(e) // vt (record) rayer; (paint etc) érafler; (with claw, nail) griffer // vi (se) gratter; **to be up to** ~ être à la hauteur.

scrawl [skrɔ:l] n gribouillage m // vi gribouiller.

scrawny ['skrɔ:ni] a décharné(e).

scream [skri:m] n cri perçant, hurlement m // vi crier, hurler; **to be a** ~ être impayable.

scree [skri:] n éboulis m.

screech [skri:tʃ] n cri strident, hurlement m; (of tyres, brakes) crissement m, grincement m // vi hurler; crisser, grincer.

screen [skri:n] n écran m, paravent m; (CINEMA, TV) écran; (fig) écran, rideau m // vt masquer, cacher; (from the wind etc) abriter, protéger; (film) projeter; (book) porter à l'écran; (candidates etc) filtrer; **~ing** n (MED) test m (or tests) de dépistage.

screw [skru:] n vis f; (propeller) hélice f // vt visser; **to have one's head** ~ed **on** avoir la tête sur les épaules; **~driver** n tournevis m; **~y** a (col) dingue, cinglé(e).

scribble ['skribl] n gribouillage m // vt gribouiller, griffonner.

scribe [skraib] n scribe m.

script [skript] n (CINEMA etc) scénario m, texte m; (in exam) copie f.

Scripture ['skriptʃə*] n Écriture Sainte.

scriptwriter ['skriptraitə*] n scénariste m/f, dialoguiste m/f.

scroll [skrəul] n rouleau m.

scrounge [skraundʒ] vt (col): **to** ~ **sth** (off or from sb) se faire payer qch (par qn), emprunter qch (à qn) // vi: **to** ~ **on sb** vivre aux crochets de qn; **~r** n parasite m.

scrub [skrʌb] n (clean) nettoyage m (à la brosse); (land) broussailles fpl // vt (floor) nettoyer à la brosse; (pan) récurer; (washing) frotter; (reject) annuler.

scruff [skrʌf] n: **by the** ~ **of the neck** par la peau du cou.

scruffy ['skrʌfi] a débraillé(e).

scrum(mage) ['skrʌm(idʒ)] n mêlée f.

scruple ['skru:pl] n scrupule m.

scrupulous ['skru:pjuləs] a scrupuleux(euse).

scrutinize ['skru:tinaiz] vt scruter, examiner minutieusement.

scrutiny ['skru:tini] n examen minutieux.

scuff [skʌf] vt érafler.

scuffle ['skʌfl] n échauffourée f, rixe f.

scull [skʌl] n aviron m.

scullery ['skʌləri] n arrière-cuisine f.

sculptor ['skʌlptə*] n sculpteur m.

sculpture ['skʌlptʃə*] n sculpture f.

scum [skʌm] n écume f, mousse f; (pej: people) rebut m, lie f.

scurrilous ['skʌriləs] a haineux(euse), virulent(e); calomnieux(euse).

scurry ['skʌri] vi filer à toute allure.

scurvy ['skə:vi] n scorbut m.

scuttle ['skʌtl] n (NAUT) écoutille f; (also: **coal** ~) seau m (à charbon) // vt (ship) saborder // vi (scamper): **to** ~ **away,** ~ **off** détaler.

scythe [saið] n faux f.

sea [si:] n mer f // cpd marin(e), de (la) mer, maritime; **on the** ~ (boat) en mer;

(*town*) au bord de la mer ; **to be all at ~** (*fig*) nager complètement ; **~ bird** *n* oiseau *m* de mer ; **~board** *n* côte *f* ; **~ breeze** *n* brise *f* de mer ; **~farer** *n* marin *m* ; **~food** *n* fruits *mpl* de mer ; **~ front** *n* bord *m* de mer ; **~going** *a* (*ship*) de haute mer ; **~gull** *n* mouette *f*.

seal [si:l] *n* (*animal*) phoque *m* ; (*stamp*) sceau *m*, cachet *m* ; (*impression*) cachet, estampille *f* // *vt* sceller ; (*envelope*) coller ; (: *with seal*) cacheter.

sea level ['si:lɛvl] *n* niveau *m* de la mer.

sealing wax ['si:lɪŋwæks] *n* cire *f* à cacheter.

sea lion ['si:laɪən] *n* lion *m* de mer.

seam [si:m] *n* couture *f* ; (*of coal*) veine *f*, filon *m*.

seaman ['si:mən] *n* marin *m*.

seamless ['si:mlɪs] *a* sans couture(s).

seamy ['si:mɪ] *a* louche, mal famé(e).

seance ['seɪɔns] *n* séance *f* de spiritisme.

seaplane ['si:pleɪn] *n* hydravion *m*.

seaport ['si:pɔ:t] *n* port *m* de mer.

search [sə:tʃ] *n* (*for person, thing*) recherche(s) *f*(*pl*) ; (*of drawer, pockets*) fouille *f* ; (*LAW: at sb's home*) perquisition *f* // *vt* fouiller ; (*examine*) examiner minutieusement ; scruter // *vi* : **to ~ for** chercher ; **to ~ through** *vt fus* fouiller ; **in ~ of** à la recherche de ; **~ing** *a* pénétrant(e) ; minutieux(euse) ; **~light** *n* projecteur *m* ; **~ party** *n* expédition *f* de secours ; **~ warrant** *n* mandat *m* de perquisition.

seashore ['si:ʃɔ:*] *n* rivage *m*, plage *f*, bord *m* de (la) mer.

seasick ['si:sɪk] *a* qui a le mal de mer.

seaside ['si:saɪd] *n* bord *m* de la mer ; **~ resort** *n* station *f* balnéaire.

season ['si:zn] *n* saison *f* // *vt* assaisonner, relever ; **~al** *a* saisonnier(ère) ; **~ing** *n* assaisonnement *m* ; **~ ticket** *n* carte *f* d'abonnement.

seat [si:t] *n* siège *m* ; (*in bus, train: place*) place *f* ; (*PARLIAMENT*) siège ; (*buttocks*) postérieur *m* ; (*of trousers*) fond *m* // *vt* faire asseoir, placer ; (*have room for*) avoir des places assises pour, pouvoir accueillir ; **~ belt** *n* ceinture *f* de sécurité ; **~ing room** *n* places assises.

sea water ['si:wɔ:tə*] *n* eau *f* de mer.

seaweed ['si:wi:d] *n* algues *fpl*.

seaworthy ['si:wə:ðɪ] *a* en état de naviguer.

sec. *abbr of* **second(s)**.

secede [sɪ'si:d] *vi* faire sécession.

secluded [sɪ'klu:dɪd] *a* retiré(e), à l'écart.

seclusion [sɪ'klu:ʒən] *n* solitude *f*.

second ['sɛkənd] *num* deuxième, second(e) // *ad* (*in race etc*) en seconde position ; (*RAIL*) en seconde // *n* (*unit of time*) seconde *f* ; (*in series, position*) deuxième *m/f*, second/e ; (*SCOL*) ≈ licence *f* avec mention bien or assez bien ; (*AUT: also*: **~ gear**) seconde *f* ; (*COMM: imperfect*) article *m* de second choix // *vt* (*motion*) appuyer ; **~ary** *a* secondaire ; **~ary school** *n* collège *m*, lycée *m* ; **~ class** *a* de deuxième classe ; **~er** *n* personne *f* qui appuie une motion ; **~hand** *a* d'occasion ; de seconde main ; **~ hand** *n* (*on clock*) trot-

teuse *f* ; **~ly** *ad* deuxièmement ; **~ment** [sɪ'kɔndmənt] *n* détachement *m* ; **~-rate** *a* de deuxième ordre, de qualité inférieure ; **~ thoughts** *npl* doutes *mpl* ; **on ~ thoughts** à la réflexion.

secrecy ['si:krəsɪ] *n* secret *m* ; **in ~** en secret, dans le secret.

secret ['si:krɪt] *a* secret(ète) // *n* secret *m*.

secretarial [sɛkrɪ'tɛərɪəl] *a* de secrétaire, de secrétariat.

secretariat [sɛkrɪ'tɛərɪət] *n* secrétariat *m*.

secretary ['sɛkrətərɪ] *n* secrétaire *m/f* ; (*COMM*) secrétaire général ; **S~ of State (for)** (*Brit*: *POL*) ministre *m* (de).

secretive ['si:krətɪv] *a* réservé(e) ; (*pej*) cachottier(ère), dissimulé(e).

sect [sɛkt] *n* secte *f* ; **~arian** [-'tɛərɪən] *a* sectaire.

section ['sɛkʃən] *n* coupe *f*, section *f* ; (*department*) section ; (*commercial*) rayon *m* ; (*of document*) section, article *m*, paragraphe *m* // *vt* sectionner ; **~al** *a* (*drawing*) en coupe.

sector ['sɛktə*] *n* secteur *m*.

secular ['sɛkjulə*] *a* profane ; laïque ; séculier(ère).

secure [sɪ'kjuə*] *a* (*free from anxiety*) sans inquiétude, sécurisé(e) ; (*firmly fixed*) solide, bien attaché(e) (or fermé(e) etc) ; (*in safe place*) en lieu sûr, en sûreté // *vt* (*fix*) fixer, attacher ; (*get*) obtenir, se procurer.

security [sɪ'kjurɪtɪ] *n* sécurité *f* ; mesures *fpl* de sécurité ; (*for loan*) caution *f*, garantie *f*.

sedate [sɪ'deɪt] *a* calme ; posé(e) // *vt* donner des sédatifs à.

sedation [sɪ'deɪʃən] *n* (*MED*) sédation *f*.

sedative ['sɛdɪtɪv] *n* calmant *m*, sédatif *m*.

sedentary ['sɛdntrɪ] *a* sédentaire.

sediment ['sɛdɪmənt] *n* sédiment *m*, dépôt *m*.

seduce [sɪ'dju:s] *vt* (*gen*) séduire ; **seduction** [-'dʌkʃən] *n* séduction *f* ; **seductive** [-'dʌktɪv] *a* séduisant(e), séducteur(trice).

see [si:] *vb* (*pt* **saw**, *pp* **seen** [sɔ:, si:n]) *vt* (*gen*) voir ; (*accompany*) : **to ~ sb to the door** reconduire or raccompagner qn jusqu'à la porte // *vi* voir // *n* évêché *m* ; **to ~ that** (*ensure*) veiller à ce que + *sub*, faire en sorte que + *sub*, s'assurer que ; **to ~ off** *vt* accompagner (à la gare or à l'aéroport *etc*) ; **to ~ through** *vt* mener à bonne fin // *vt fus* voir clair dans ; **to ~ to** *vt fus* s'occuper de, se charger de ; **~ you!** au revoir!, à bientôt!

seed [si:d] *n* graine *f* ; (*fig*) germe *m* ; (*TENNIS*) tête *f* de série ; **to go to ~** monter en graine ; (*fig*) se laisser aller ; **~ling** *n* jeune plant *m*, semis *m* ; **~y** *a* (*shabby*) minable, miteux(euse).

seeing ['si:ɪŋ] *cj* : **~ (that)** vu que, étant donné que.

seek, *pt,pp* **sought** [si:k, sɔ:t] *vt* chercher, rechercher.

seem [si:m] *vi* sembler, paraître ; **there seems to be ...** il semble qu'il y a ... ; on dirait qu'il y a ... ; **~ingly** *ad* apparemment.

seen [si:n] *pp of* **see**.

seep [si:p] *vi* suinter, filtrer.

seer [sɪə*] n prophète/prophétesse, voyant/e.

seersucker ['sɪəsʌkə*] n cloqué m, étoffe cloquée.

seesaw ['siːsɔː] n (jeu m de) bascule f.

seethe [siːð] vi être en effervescence ; **to ~ with anger** bouillir de colère.

see-through ['siːθruː] a transparent(e).

segment ['sɛgmənt] n segment m.

segregate ['sɛgrɪgeɪt] vt séparer, isoler ; **segregation** [-'geɪʃən] n ségrégation f.

seismic ['saɪzmɪk] a sismique.

seize [siːz] vt (grasp) saisir, attraper ; (take possession of) s'emparer de ; (LAW) saisir ; **to ~ (up)on** vt fus saisir, sauter sur ; **to ~ up** vi (TECH) se gripper.

seizure ['siːʒə*] n (MED) crise f, attaque f ; (LAW) saisie f.

seldom ['sɛldəm] ad rarement.

select [sɪ'lɛkt] a choisi(e), d'élite ; select inv // vt sélectionner, choisir ; **~ion** [-'lɛkʃən] n sélection f, choix m ; **~ive** a sélectif(ive) ; (school) à recrutement sélectif ; **~or** n (person) sélectionneur/euse ; (TECH) sélecteur m.

self [sɛlf] n (pl selves [sɛlvz]): **the ~** le moi inv // prefix auto- ; **~-adhesive** a **~-assertive** a autoritaire ; **~-assured** a sûr(e) de soi, plein(e) d'assurance ; **~-catering** a avec cuisine, où l'on peut faire sa cuisine ; **~-centred** a égocentrique ; **~-coloured** a uni(e) ; **~-confidence** n confiance f en soi ; **~-conscious** a timide, qui manque d'assurance ; **~-contained** a (flat) avec entrée particulière, indépendant(e) ; **~-control** n maîtrise f de soi ; **~-defeating** a qui a un effet contraire à l'effet recherché ; **~-defence** n légitime défense f ; **~-discipline** n discipline personnelle ; **~-employed** a qui travaille à son compte ; **~-evident** a évident(e), qui va de soi ; **~-explanatory** a qui se passe d'explication ; **~-indulgent** a qui ne se refuse rien ; **~-interest** n intérêt personnel ; **~-ish** a égoïste ; **~-ishness** n égoïsme m ; **~-lessly** ad sans penser à soi ; **~-pity** n apitoiement m sur soi-même ; **~-portrait** n autoportrait m ; **~-possessed** a assuré(e) ; **~-preservation** n instinct m de conservation ; **~-reliant** a indépendant(e) ; **~-respect** n respect m de soi, amour-propre m ; **~-respecting** a qui se respecte ; **~-righteous** a satisfait(e) de soi, pharisaïque ; **~-sacrifice** n abnégation f ; **~-satisfied** a content(e) de soi, suffisant(e) ; **~-seal** a (envelope) autocollant(e) ; **~-service** n libre-service m, self-service m ; **~-sufficient** a indépendant(e) ; **~-supporting** a financièrement indépendant(e) ; **~-taught** a autodidacte.

sell, pt,pp **sold** [sɛl, səʊld] vt vendre // vi se vendre ; **to ~ at or for 10F** se vendre 10F ; **to ~ off** vt liquider ; **~er** n vendeur/euse, marchand/e ; **~ing price** n prix m de vente.

sellotape ['sɛləʊteɪp] n ® papier collant, scotch m ®.

sellout ['sɛlaʊt] n trahison f, capitulation f ; (of tickets): **it was a ~** tous les billets ont été vendus.

selves [sɛlvz] npl of **self**.

semantic [sɪ'mæntɪk] a sémantique ; **~s** n sémantique f.

semaphore ['sɛməfɔː*] n signaux mpl à bras ; (RAIL) sémaphore m.

semen ['siːmən] n sperme m.

semi ['sɛmɪ] prefix semi-, demi- ; à demi, à moitié ; **~-breve** ronde f ; **~-circle** n demi-cercle m ; **~-colon** n point-virgule m ; **~-conscious** a à demi conscient(e) ; **~-detached (house)** n maison jumelée or jumelle ; **~-final** n demi-finale f.

seminar ['sɛmɪnɑː*] n séminaire m.

semiquaver ['sɛmɪkweɪvə*] n double croche f.

semiskilled ['sɛmɪ'skɪld] a: **~ worker** n ouvrier/ère spécialisé/e.

semitone ['sɛmɪtəʊn] n (MUS) demi-ton m.

semolina [sɛmə'liːnə] n semoule f.

senate ['sɛnɪt] n sénat m ; **senator** n sénateur m.

send, pt,pp **sent** [sɛnd, sɛnt] vt envoyer ; **to ~ sb to Coventry** mettre qn en quarantaine ; **to ~ away** vt (letter, goods) envoyer, expédier ; **to ~ away for** vt fus commander par correspondance, se faire envoyer ; **to ~ back** vt renvoyer ; **to ~ for** vt fus envoyer chercher ; faire venir ; **to ~ off** vt (goods) envoyer, expédier ; (SPORT: player) expulser or renvoyer du terrain ; **to ~ out** vt (invitation) envoyer (par la poste) ; **to ~ up** vt (person, price) faire monter ; (parody) mettre en boîte, parodier ; (blow up) faire sauter ; **~er** n expéditeur/trice ; **~-off** n: **a good ~-off** des adieux chaleureux.

senile ['siːnaɪl] a sénile.

senility [sɪ'nɪlɪtɪ] n sénilité f.

senior ['siːnɪə*] a (older) aîné(e), plus âgé(e) ; (of higher rank) supérieur(e) // n aîné/e ; (in service) personne f qui a plus d'ancienneté ; **~ity** [-'ɔrɪtɪ] n priorité f d'âge, ancienneté f.

sensation [sɛn'seɪʃən] n sensation f ; **to create a ~** faire sensation ; **~al** a qui fait sensation ; (marvellous) sensationnel(le).

sense [sɛns] n sens m ; (feeling) sentiment m ; (meaning) signification f ; (wisdom) bon sens // vt sentir, pressentir ; **it makes ~** c'est logique ; **~s** npl raison f ; **~less** a insensé(e), stupide ; (unconscious) sans connaissance ; **anyone in his ~s** tout homme sensé.

sensibility [sɛnsɪ'bɪlɪtɪ] n sensibilité f ; **sensibilities** npl susceptibilité f.

sensible ['sɛnsɪbl] a sensé(e), raisonnable ; sage ; pratique.

sensitive ['sɛnsɪtɪv] a: **~ (to)** sensible (à) ; **sensitivity** [-'tɪvɪtɪ] n sensibilité f.

sensual ['sɛnsjʊəl] a sensuel(le).

sensuous ['sɛnsjʊəs] a voluptueux(euse), sensuel(le).

sent [sɛnt] pt,pp of **send**.

sentence ['sɛntns] n (LING) phrase f ; (LAW: judgment) condamnation f, sentence f ; (: punishment) peine f // vt: **to ~ sb to death/to 5 years** condamner qn à mort/à 5 ans.

sentiment ['sɛntɪmənt] n sentiment m ; (opinion) opinion f, avis m ; **~al** [-'mɛntl] a sentimental(e) ; **~ality** [-'tælɪtɪ] n sentimentalité f, sensiblerie f.

sentry ['sɛntrɪ] n sentinelle f, factionnaire m.

separable ['sɛprəbl] a séparable.

separate a ['sɛprɪt] séparé(e), indépendant(e), différent(e) // vb ['sɛpəreɪt] vt séparer // vi se séparer; **~ly** ad séparément; **~s** npl (clothes) coordonnés mpl; **separation** [-'reɪʃən] n séparation f.

September [sɛp'tɛmbə*] n septembre m.

septic ['sɛptɪk] a septique; (wound) infecté(e).

sequel ['si:kwl] n conséquence f; séquelles fpl; (of story) suite f.

sequence ['si:kwəns] n ordre m, suite f; **~ of tenses** concordance f des temps.

sequin ['si:kwɪn] n paillette f.

serenade [sɛrə'neɪd] n sérénade f // vt donner une sérénade à.

serene [sɪ'ri:n] a serein(e), calme, paisible; **serenity** [sə'rɛnɪtɪ] n sérénité f, calme m.

sergeant ['sa:dʒənt] n sergent m; (POLICE) brigadier m.

serial ['sɪərɪəl] n feuilleton m // a (number) de série; **~ize** vt publier (or adapter) en feuilleton.

series ['sɪərɪ:s] n série f; (PUBLISHING) collection f.

serious ['sɪərɪəs] a sérieux(euse), réfléchi(e); grave; **~ly** ad sérieusement, gravement; **~ness** n sérieux m, gravité f.

sermon ['sə:mən] n sermon m.

serrated [sɪ'reɪtɪd] a en dents de scie.

serum ['sɪərəm] n sérum m.

servant ['sə:vənt] n domestique m/f; (fig) serviteur/servante.

serve [sə:v] vt (employer etc) servir, être au service de; (purpose) servir à; (customer, food, meal) servir; (apprenticeship) faire, accomplir; (prison term) faire; purger // vi (also TENNIS) servir; (be useful): **to ~ as/for/to do** servir de/à/faire // n (TENNIS) service m; **it ~s him right** c'est bien fait pour lui; **to ~ out, ~ up** vt (food) servir.

service ['sə:vɪs] n (gen) service m; (AUT: maintenance) révision f // vt (car, washing machine) réviser; **the S~s** les forces armées; **to be of ~ to sb, to do sb a ~** rendre service à qn; **to put one's car in for (a) ~** donner sa voiture à réviser; **dinner ~** n service m de table; **~able** a pratique, commode; **~ area** n (on motorway) aire f de services; **~man** n militaire m; **~ station** n station-service f.

serviette [sə:vɪ'ɛt] n serviette f (de table).

servile ['sə:vaɪl] a servile.

session ['sɛʃən] n (sitting) séance f; (SCOL) année f scolaire (or universitaire); **to be in ~** siéger, être en session or en séance.

set [sɛt] n série f, assortiment m; (of tools etc) jeu m; (RADIO, TV) poste m; (TENNIS) set m; (group of people) cercle m, milieu m; (CINEMA) plateau m; (THEATRE: stage) scène f; (: scenery) décor m; (MATH) ensemble m; (HAIRDRESSING) mise f en plis // a (fixed) fixe, déterminé(e); (ready) prêt(e) // vb (pt, pp set) (place) mettre, poser, placer; (fix) fixer; (adjust) régler; (decide: rules etc) fixer, choisir; (TYP) composer // vi (sun) se coucher; (jam, jelly, concrete) prendre; **to be ~ on doing**

être résolu à faire; **to be (dead) ~ against** être (totalement) opposé à; **to ~ (to music)** mettre en musique; **to ~ on fire** mettre le feu à; **to ~ free** libérer; **to ~ sth going** déclencher qch; **to ~ sail** partir, prendre la mer; **to ~ about** vt fus (task) entreprendre, se mettre à; **to ~ aside** vt mettre de côté; **to ~ back** vt (in time): **to ~ back (by)** retarder (de); **to ~ off** vi se mettre en route, partir // vt (bomb) faire exploser; (cause to start) déclencher; (show up well) mettre en valeur, faire valoir; **to ~ out** vi: **to ~ out to do** entreprendre de; avoir pour but or intention de // vt (arrange) disposer; (state) présenter, exposer; **to ~ up** vt (organization) fonder, constituer; (record) établir; (monument) ériger; **to ~ up shop** (fig) s'établir, s'installer; **~back** n (hitch) revers m, contretemps m.

settee [sɛ'ti:] n canapé m.

setting ['sɛtɪŋ] n cadre m; (of jewel) monture f.

settle ['sɛtl] vt (argument, matter) régler; (problem) résoudre; (MED: calm) calmer // vi (bird, dust etc) se poser; (sediment) se déposer; (also: **~ down**) s'installer, se fixer; se calmer; se ranger; **to ~ to sth** se mettre sérieusement à qch; **to ~ for sth** accepter qch, se contenter de qch; **to ~ in** vi s'installer; **to ~ on sth** opter or se décider pour qch; **to ~ up with sb** régler (ce que l'on doit à) qn; **~ment** n (payment) règlement m; (agreement) accord m; (colony) colonie f; (village etc) établissement m; hameau m; **~r** n colon m.

setup ['sɛtʌp] n (arrangement) manière f dont les choses sont organisées; (situation) situation f, allure f des choses.

seven ['sɛvn] num sept; **~teen** num dix-sept; **~th** num septième; **~ty** num soixante-dix.

sever ['sɛvə*] vt couper, trancher; (relations) rompre.

several ['sɛvərl] a,pronoun plusieurs (m/fpl); **~ of us** plusieurs d'entre nous.

severance ['sɛvərəns] n (of relations) rupture f; **~ pay** n indemnité f de licenciement.

severe [sɪ'vɪə*] a sévère, strict(e); (serious) grave, sérieux(euse); (hard) rigoureux(euse), dur(e); (plain) sévère, austère; **severity** [sɪ'vɛrɪtɪ] n sévérité f; gravité f; rigueur f.

sew, pt **sewed**, pp **sewn** [səu, səud, səun] vt,vi coudre; **to ~ up** vt (re)coudre; **it is all sewn up** (fig) c'est dans le sac or dans la poche.

sewage ['su:ɪdʒ] n vidange(s) f(pl).

sewer ['su:ə*] n égout m.

sewing ['səuɪŋ] n couture f; **~ machine** n machine f à coudre.

sewn [səun] pp of **sew**.

sex [sɛks] n sexe m; **to have ~ with** avoir des rapports (sexuels) avec; **~ act** n acte sexuel.

sextet [sɛks'tɛt] n sextuor m.

sexual ['sɛksjuəl] a sexuel(le).

sexy ['sɛksɪ] a sexy inv.

shabby ['ʃæbɪ] a miteux(euse); (behaviour) mesquin(e), méprisable.

shack [ʃæk] n cabane f, hutte f.
shackles ['ʃæklz] npl chaînes fpl, entraves fpl.
shade [ʃeɪd] n ombre f; (for lamp) abat-jour m inv; (of colour) nuance f, ton m; (small quantity): **a ~ of** un soupçon de // vt abriter du soleil, ombrager; **in the ~** à l'ombre; **a ~ smaller** un tout petit peu plus petit.
shadow ['ʃædəu] n ombre f // vt (follow) filer; ~ **cabinet** n (POL) cabinet parallèle formé par le parti qui n'est pas au pouvoir; **~y** a ombragé(e); (dim) vague, indistinct(e).
shady ['ʃeɪdɪ] a ombragé(e); (fig: dishonest) louche, véreux(euse).
shaft [ʃɑːft] n (of arrow, spear) hampe f; (AUT, TECH) arbre m; (of mine) puits m; (of lift) cage f; (of light) rayon m, trait m.
shaggy ['ʃægɪ] a hirsute; en broussaille.
shake [ʃeɪk] vb (pt **shook**, pp **shaken** [ʃuk, 'ʃeɪkn]) vt secouer; (bottle, cocktail) agiter; (house, confidence) ébranler // vi trembler // n secousse f; **to ~ hands with sb** serrer la main à qn; **to ~ off** vt secouer; (fig) se débarrasser de; **to ~ up** vt secouer; **~-up** n grand remaniement; **shaky** a (hand, voice) tremblant(e); (building) branlant(e), peu solide.
shale [ʃeɪl] n schiste argileux.
shall [ʃæl] auxiliary vb: **I ~ go** j'irai.
shallot [ʃə'lɔt] n échalote f.
shallow ['ʃæləu] a peu profond(e); (fig) superficiel(le), qui manque de profondeur.
sham [ʃæm] n frime f; (jewellery, furniture) imitation f // a feint(e), simulé(e) // vt feindre, simuler.
shambles ['ʃæmblz] n confusion f, pagaïe f, fouillis m.
shame [ʃeɪm] n honte f // vt faire honte à; **it is a ~ (that/to do)** c'est dommage (que + sub/de faire); **what a ~!** quel dommage!; **~-faced** a honteux(euse), penaud(e); **~ful** a honteux(euse), scandaleux(euse); **~less** a éhonté(e), effronté(e); (immodest) impudique.
shampoo [ʃæm'puː] n shampooing m // vt faire un shampooing à.
shamrock ['ʃæmrɔk] n trèfle m (emblème national de l'Irlande).
shandy ['ʃændɪ] n bière panachée.
shan't [ʃɑːnt] = **shall not**.
shanty ['ʃæntɪ] n cabane f, baraque f; **~town** n bidonville m.
shape [ʃeɪp] n forme f // vt façonner, modeler; (statement) formuler; (sb's ideas) former; (sb's life) déterminer // vi (also: **~ up**) (events) prendre tournure; (person) faire des progrès, s'en sortir; **to take ~** prendre forme or tournure; **-shaped** suffix: **heart-shaped** en forme de cœur; **~less** a informe, sans forme; **~ly** a bien proportionné(e), beau(belle).
share [ʃeə*] n (thing received, contribution) part f; (COMM) action f // vt partager; (have in common) avoir en commun; **to ~ out (among or between)** partager (entre); **~holder** n actionnaire m/f.
shark [ʃɑːk] n requin m.
sharp [ʃɑːp] a (razor, knife) tranchant(e), bien aiguisé(e); (point) aigu(guë); (nose,

chin) pointu(e); (outline) net(te); (cold, pain) vif(vive); (MUS) dièse; (voice) coupant(e); (person: quick-witted) vif(vive), éveillé(e); (: unscrupulous) malhonnête // n (MUS) dièse m // ad: **at 2 o'clock ~** à 2 heures pile or tapantes; **look ~!** dépêche-toi!; **~en** vt aiguiser; (pencil) tailler; (fig) aviver; **~ener** n (also: **pencil ~ener**) taille-crayon(s) m inv; (also: **knife ~ener**) aiguisoir m; **~-eyed** a à qui rien n'échappe; **~-witted** a à l'esprit vif, malin(igne).
shatter ['ʃætə*] vt fracasser, briser, faire voler en éclats; (fig: upset) bouleverser; (: ruin) briser, ruiner // vi voler en éclats, se briser, se fracasser.
shave [ʃeɪv] vt raser // vi se raser // n: **to have a ~** se raser; **~n a** (head) rasé(e); **~r** n (also: **electric ~**) rasoir m électrique.
shaving ['ʃeɪvɪŋ] n (action) rasage m; **~s** npl (of wood etc) copeaux mpl; **~ brush** n blaireau m; **~ cream** n crème f à raser; **~ soap** n savon m à barbe.
shawl [ʃɔːl] n châle m.
she [ʃiː] pronoun elle // cpd: **~- femelle; ~-cat** n chatte f; **~-elephant** n éléphant m femelle; NB: for ships, countries follow the gender of your translation.
sheaf, sheaves [ʃiːf, ʃiːvz] n gerbe f.
shear [ʃɪə*] vt (pt **~ed**, pp **~ed** or **shorn** [ʃɔːn]) (sheep) tondre; **to ~ off** vt tondre; (branch) élaguer; **~s** npl (for hedge) cisaille(s) f(pl).
sheath [ʃiːθ] n gaine f, fourreau m, étui m; (contraceptive) préservatif m; **~e** [ʃiːð] vt gainer; (sword) rengainer.
sheaves [ʃiːvz] npl of **sheaf**.
shed [ʃɛd] n remise f, resserre f // vt (pt, pp **shed**) (leaves, fur etc) perdre; (tears) verser, répandre.
she'd [ʃiːd] = **she had; she would**.
sheep [ʃiːp] n, pl inv mouton m; **~dog** n chien m de berger; **~ish** a penaud(e), timide; **~skin** n peau f de mouton.
sheer [ʃɪə*] a (utter) pur(e), pur et simple; (steep) à pic, abrupt(e); (almost transparent) extrêmement fin(e) // ad à pic, abruptement.
sheet [ʃiːt] n (on bed) drap m; (of paper) feuille f; (of glass, metal) feuille, plaque f; **~ lightning** n éclair m en nappe(s); **~ metal** n tôle f.
sheik(h) [ʃeɪk] n cheik m.
shelf, shelves [ʃɛlf, ʃɛlvz] n étagère f, rayon m; **set of shelves** rayonnage m.
shell [ʃɛl] n (on beach) coquillage m; (of egg, nut etc) coquille f; (explosive) obus m; (of building) carcasse f // vt (crab, prawn etc) décortiquer; (peas) écosser; (MIL) bombarder (d'obus).
she'll [ʃiːl] = **she will; she shall**.
shellfish ['ʃɛlfɪʃ] n, pl inv (crab etc) crustacé m; (scallop etc) coquillage m; (pl: as food) crustacés; coquillages.
shelter ['ʃɛltə*] n abri m, refuge m // vt abriter, protéger; (give lodging to) donner asile à // vi s'abriter, se mettre à l'abri; **~ed** a (life) retiré(e), à l'abri des soucis; (spot) abrité(e).
shelve [ʃɛlv] vt (fig) mettre en suspens or en sommeil; **~s** npl of **shelf**.

shepherd [ˈʃɛpəd] n berger m // vt (guide) guider, escorter ; **∼ess** n bergère f ; **∼'s pie** n ≈ hachis m Parmentier.

sheriff [ˈʃɛrɪf] n shérif m.

sherry [ˈʃɛrɪ] n xérès m, sherry m.

she's [ʃiːz] = she is ; she has.

shield [ʃiːld] n bouclier m // vt : **to ∼ (from)** protéger (de or contre).

shift [ʃɪft] n (change) changement m ; (of workers) équipe f, poste m // vt déplacer, changer de place, (remove) enlever // vi changer de place, bouger ; **∼ work** n travail m en équipe or par relais or par roulement ; **∼y** a sournois(e) ; (eyes) fuyant(e).

shilling [ˈʃɪlɪŋ] n shilling m (= 12 old pence ; 20 in a pound).

shilly-shally [ˈʃɪlɪʃælɪ] vi tergiverser, atermoyer.

shimmer [ˈʃɪmə*] n miroitement m, chatoiement m // vi miroiter, chatoyer.

shin [ʃɪn] n tibia m.

shine [ʃaɪn] n éclat m, brillant m // vb (pt,pp shone [ʃɔn]) vi briller // vt faire briller or reluire ; (torch): **to ∼ sth on** braquer qch sur.

shingle [ˈʃɪŋgl] n (on beach) galets mpl ; (on roof) bardeau m ; **∼s** n (MED) zona m.

shiny [ˈʃaɪnɪ] a brillant(e).

ship [ʃɪp] n bateau m ; (large) navire m // vt transporter (par mer) ; (send) expédier (par mer) ; (load) charger, embarquer ; **∼building** n construction navale ; **∼ment** n cargaison f ; **∼per** n affréteur m, expéditeur m ; **∼ping** n (ships) navires mpl ; (traffic) navigation f ; **∼shape** a en ordre impeccable ; **∼wreck** n épave f ; (event) naufrage m ; **∼yard** n chantier naval.

shire [ˈʃaɪə*] n comté m.

shirk [ʃəːk] vt esquiver, se dérober à.

shirt [ʃəːt] n (man's) chemise f ; **in ∼ sleeves** en bras de chemise ; **∼y** a (col) de mauvais poil.

shiver [ˈʃɪvə*] n frisson m // vi frissonner.

shoal [ʃəʊl] n (of fish) banc m.

shock [ʃɔk] n (impact) choc m, heurt m ; (ELEC) secousse f ; (emotional) choc, secousse f ; (MED) commotion f, choc // vt choquer, scandaliser ; bouleverser ; **∼absorber** n amortisseur m ; **∼ing** a choquant(e), scandaleux(euse) ; épouvantable ; révoltant(e) ; **∼proof** a anti-choc inv.

shod [ʃɔd] pt,pp of shoe ; **well-∼** a bien chaussé(e).

shoddy [ˈʃɔdɪ] a de mauvaise qualité, mal fait(e).

shoe [ʃuː] n chaussure f, soulier m ; (also: **horse∼**) fer m à cheval // vt (pt,pp shod [ʃɔd]) (horse) ferrer ; **∼brush** n brosse f à chaussures ; **∼horn** n chausse-pied m ; **∼lace** n lacet m (de soulier) ; **∼polish** n cirage m ; **∼shop** n magasin m de chaussures ; **∼tree** n embauchoir m.

shone [ʃɔn] pt,pp of shine.

shook [ʃʊk] pt of shake.

shoot [ʃuːt] n (on branch, seedling) pousse f // vb (pt,pp shot [ʃɔt]) vt (game) chasser ; tirer ; abattre ; (person) blesser (or tuer)

d'un coup de fusil (or de revolver) ; (execute) fusiller ; (film) tourner // vi (with gun, bow): **to ∼ (at)** tirer (sur) ; (FOOTBALL) shooter, tirer ; **to ∼ down** vt (plane) abattre ; **to ∼ in/out** vi entrer/sortir comme une flèche ; **to ∼ up** vi (fig) monter en flèche ; **∼ing** n (shots) coups mpl de feu, fusillade f ; (HUNTING) chasse f ; **∼ing range** n stand m de tir ; **∼ing star** n étoile filante.

shop [ʃɔp] n magasin m ; (workshop) atelier m // vi (also: **go ∼ping**) faire ses courses or ses achats ; **∼ assistant** n vendeur/euse ; **∼ floor** n ateliers mpl ; (fig) ouvriers mpl ; **∼keeper** n marchand/e, commerçant/e ; **∼lifter** n voleur/euse à l'étalage ; **∼lifting** n vol m à l'étalage ; **∼per** n personne f qui fait ses courses, acheteur/euse ; **∼ping** n (goods) achats mpl, provisions fpl ; **∼ping bag** n sac m (à provisions) ; **∼ping centre**, **∼ping center** (US) n centre commercial ; **∼soiled** a défraîchi(e), qui a fait la vitrine ; **∼ steward** n (INDUSTRY) délégué/e syndical(e) ; **∼ window** n vitrine f.

shore [ʃɔː*] n (of sea, lake) rivage m, rive f // vt : **to ∼ (up)** étayer.

shorn [ʃɔːn] pp of shear ; **∼ of** dépouillé(e) de.

short [ʃɔːt] a (not long) court(e) ; (soon finished) court, bref(brève) ; (person, step) petit(e) ; (curt) brusque, sec(sèche) ; (insufficient) insuffisant(e) // n (also: ∼ film) court métrage ; (a pair of) **∼s** un short ; **to be ∼ of sth** être à court de or manquer de qch ; **I'm 3 ∼** il m'en manque 3 ; **in ∼** bref ; en bref ; **∼ of doing** à moins de faire ; **everything ∼ of** tout sauf ; **it is ∼ for** c'est l'abréviation or le diminutif de ; **to cut ∼** (speech, visit) abréger, écourter ; (person) couper la parole à ; **to fall ∼ of** ne pas être à la hauteur de ; **to stop ∼** s'arrêter net ; **to stop ∼ of** ne pas aller jusqu'à ; **∼age** n manque m, pénurie f ; **∼bread** n ≈ sablé m ; **∼-circuit** n court-circuit m // vt court-circuiter // vi se mettre en court-circuit ; **∼coming** n défaut m ; **∼(crust) pastry** pâte brisée ; **∼cut** n raccourci m ; **∼en** vt raccourcir ; (text, visit) abréger ; **∼ening** n (CULIN) matière grasse ; **∼hand** n sténo(graphie) f ; **∼hand typist** n sténodactylo m/f ; **∼list** n (for job) liste f des candidats sélectionnés ; **∼-lived** a de courte durée ; **∼ly** ad bientôt, sous peu ; **∼ness** n brièveté f ; **∼-sighted** a myope ; (fig) qui manque de clairvoyance ; **∼ story** n nouvelle f ; **∼-tempered** a qui s'emporte facilement ; **∼-term** a (effect) à court terme ; **∼wave** n (RADIO) ondes courtes.

shot [ʃɔt] pt,pp of shoot // n coup m (de feu) ; (person) tireur m ; (try) coup, essai m ; (injection) piqûre f ; (PHOT) photo f ; **like a ∼** comme une flèche ; (very readily) sans hésiter ; **∼gun** n fusil m de chasse.

should [ʃʊd] auxiliary vb : **I ∼ go now** je devrais partir maintenant ; **he ∼ be there now** il devrait être arrivé maintenant ; **I ∼ go if I were you** si j'étais vous j'irais ; **I ∼ like to** j'aimerais bien, volontiers.

shoulder [ˈʃəʊldə*] n épaule f ; (of road): **hard ∼** accotement m // vt (fig) endosser, se charger de ; **∼ bag** n sac m à bandoulière ; ~ blade n omoplate f ; ~ strap n bretelle f.

shouldn't ['ʃudnt] = should not.

shout [ʃaut] n cri m // vt crier // vi crier, pousser des cris ; to give sb a ~ appeler qn ; to ~ down vt huer ; ~ing n cris mpl.

shove [ʃʌv] vt pousser ; (col: put): to ~ sth in fourrer or ficher qch dans ; to ~ off vi (NAUT) pousser au large ; (fig: col) ficher le camp.

shovel ['ʃʌvl] n pelle f // vt pelleter, enlever (or enfourner) à la pelle.

show [ʃəu] n (of emotion) manifestation f, démonstration f ; (semblance) semblant m, apparence f ; (exhibition) exposition f, salon m ; (THEATRE) spectacle m, représentation f ; (CINEMA) séance f // (pt ~ed, pp shown [ʃəun]) vt montrer ; (courage etc) faire preuve de, manifester ; (exhibit) exposer // vi se voir, être visible ; to ~ sb in faire entrer qn ; to ~ off vi (pej) crâner // vt (display) faire valoir ; (pej) faire étalage de ; to ~ sb out reconduire qn (jusqu'à la porte) ; to ~ up vi (stand out) ressortir ; (col: turn up) se montrer // vt démontrer ; (unmask) démasquer, dénoncer ; ~ business n le monde du spectacle ; ~down n épreuve f de force.

shower ['ʃauə*] n (rain) averse f ; (of stones etc) pluie f, grêle f ; (also: ~bath) douche f // vi prendre une douche, se doucher // vt: to ~ sb with (gifts etc) combler qn de ; (abuse etc) accabler qn de ; (missiles) bombarder qn de ; ~proof a imperméable ; ~y a (weather) pluvieux(euse).

showground ['ʃəugraund] n champ m de foire.

showing ['ʃəuɪŋ] n (of film) projection f.

show jumping ['ʃəudʒʌmpɪŋ] n concours m hippique.

showmanship ['ʃəumənʃip] n art m de la mise en scène.

shown [ʃəun] pp of show.

show-off ['ʃəuɔf] n (col: person) crâneur/euse, m'as-tu-vu/e.

showpiece ['ʃəupi:s] n (of exhibition etc) joyau m, clou m.

showroom ['ʃəurum] n magasin m or salle f d'exposition.

shrank [ʃræŋk] pt of shrink.

shrapnel ['ʃræpnl] n éclats mpl d'obus.

shred [ʃrɛd] n (gen pl) lambeau m, petit morceau // vt mettre en lambeaux, déchirer ; (CULIN) râper ; couper en lanières.

shrewd [ʃru:d] a astucieux(euse), perspicace ; ~ness n perspicacité f.

shriek [ʃri:k] n cri perçant or aigu, hurlement m // vt,vi hurler, crier.

shrift [ʃrift] n: to give sb short ~ expédier qn sans ménagements.

shrill [ʃril] a perçant(e), aigu(guë), strident(e).

shrimp [ʃrimp] n crevette grise.

shrine [ʃrain] n châsse f ; (place) lieu m de pèlerinage.

shrink, pt shrank, pp shrunk [ʃrɪŋk, ʃræŋk, ʃrʌŋk] vi rétrécir ; (fig) se réduire ; se contracter ; (wool) (faire) rétrécir // n (col: pej) psychanalyste ; ~age n rétrécissement m.

shrivel ['ʃrivl] (also: ~ up) vt ratatiner, flètrir // vi se ratatiner, se flétrir.

shroud [ʃraud] n linceul m // vt: ~ed in mystery enveloppé(e) de mystère.

Shrove Tuesday ['ʃrəuv'tju:zdɪ] n (le) Mardi gras.

shrub [ʃrʌb] n arbuste m ; ~bery n massif m d'arbustes.

shrug [ʃrʌg] n haussement m d'épaules // vt,vi: to ~ (one's shoulders) hausser les épaules ; to ~ off vt faire fi de.

shrunk [ʃrʌŋk] pp of shrink ; ~en a ratatiné(e).

shudder ['ʃʌdə*] n frisson m, frémissement m // vi frissonner, frémir.

shuffle ['ʃʌfl] vt (cards) battre ; to ~ (one's feet) traîner les pieds.

shun [ʃʌn] vt éviter, fuir.

shunt [ʃʌnt] vt (RAIL: direct) aiguiller ; (: divert) détourner // vi: to ~ (to and fro) faire la navette ; ~ing n (RAIL) triage m.

shush [ʃuʃ] excl chut!

shut, pt, pp shut [ʃʌt] vt fermer // vi (se) fermer ; to ~ down vt, vi fermer définitivement ; to ~ off vt couper, arrêter ; to ~ up vi (col: keep quiet) se taire // vt (close) fermer ; (silence) faire taire ; ~ter n volet m ; (PHOT) obturateur m.

shuttle ['ʃʌtl] n navette f ; (also: ~ service) (service m de) navette f.

shuttlecock ['ʃʌtlkɔk] n volant m (de badminton).

shy [ʃai] a timide ; to fight ~ of se dérober devant ; ~ness n timidité f.

Siamese [saiə'mi:z] a: ~ cat chat siamois.

Sicily ['sisili] n Sicile f.

sick [sik] a (ill) malade ; (vomiting): to be ~ vomir ; (humour) noir(e), macabre ; to feel ~ avoir envie de vomir, avoir mal au cœur ; to be ~ of (fig) en avoir assez de ; ~ bay n infirmerie f ; ~en vt écœurer ; ~ening a (fig) écœurant(e), révoltant(e), répugnant(e).

sickle ['sikl] n faucille f.

sick: ~ leave n congé m de maladie ; ~ly a maladif(ive), souffreteux(euse) ; (causing nausea) écœurant(e) ; ~ness n maladie f ; (vomiting) vomissement(s) m(pl) ; ~ pay n indemnité f de maladie.

side [said] n côté m ; (of lake, road) bord m // cpd (door, entrance) latéral(e) // vi: to ~ with sb prendre le parti de qn, se ranger du côté de qn ; by the ~ of au bord de ; ~ by ~ côte à côte ; from all ~s de tous côtés ; to take ~s (with) prendre parti (pour) ; ~board n buffet m ; ~boards, ~burns npl (whiskers) pattes fpl ; ~ effect n (MED) effet m secondaire ; ~light n (AUT) veilleuse f ; ~line n (SPORT) (ligne f de) touche f ; (fig) activité f secondaire ; ~long a oblique, de coin ; ~road n petite route, route transversale ; ~saddle ad en amazone ; ~ show n attraction f ; ~track vt (fig) faire dévier de son sujet ; ~walk n (US) trottoir m ; ~ways ad de côté.

siding ['saidiŋ] n (RAIL) voie f de garage.

sidle ['saidl] vi: to ~ up (to) s'approcher furtivement (de).

siege [si:dʒ] n siège m.

sieve [sɪv] n tamis m, passoire f // vt tamiser, passer (au tamis).

sift [sɪft] vt passer au tamis or au crible; (fig) passer au crible.

sigh [saɪ] n soupir m // vi soupirer, pousser un soupir.

sight [saɪt] n (faculty) vue f; (spectacle) spectacle m; (on gun) mire f // vt apercevoir; **in ~** visible; (fig) en vue; **out of ~** hors de vue; **~seeing** n tourisme m; **to go ~seeing** faire du tourisme; **~seer** n touriste m/f.

sign [saɪn] n (gen) signe m; (with hand etc) signe, geste m; (notice) panneau m, écriteau m // vt signer; **to ~ in/out** signer le registre (en arrivant/partant); **to ~ up** (MIL) vt engager // vi s'engager.

signal ['sɪgnl] n signal m // vt faire signe à; (message) communiquer par signaux.

signature ['sɪgnətʃə*] n signature f; **~ tune** n indicatif musical.

signet ring ['sɪgnətrɪŋ] n chevalière f.

significance [sɪg'nɪfɪkəns] n signification f; importance f.

significant [sɪg'nɪfɪkənt] a significatif(ive); (important) important(e), considérable.

signify ['sɪgnɪfaɪ] vt signifier.

sign language ['saɪnlæŋgwɪdʒ] n langage m par signes.

signpost ['saɪnpəust] n poteau indicateur.

silence ['saɪləns] n silence m // vt faire taire, réduire au silence; **~r** n (on gun, AUT) silencieux m.

silent ['saɪlnt] a silencieux(euse); (film) muet(te); **~ly** ad silencieusement.

silhouette [sɪlu:'ɛt] n silhouette f // vt: **~d against** se profilant sur, se découpant contre.

silicon chip ['sɪlɪkən'tʃɪp] n plaquette f de silicium.

silk [sɪlk] n soie f // cpd de or en soie; **~y** a soyeux(euse).

silly ['sɪlɪ] a stupide, sot(te), bête.

silt [sɪlt] n vase f; limon m.

silver ['sɪlvə*] n argent m; (money) monnaie f (en pièces d'argent); (also: **~ware**) argenterie f // cpd d'argent, en argent; **~ paper** n papier m d'argent or d'étain; **~-plated** a plaqué(e) argent; **~smith** n orfèvre m/f; **~y** a argenté(e).

similar ['sɪmɪlə*] a: **~ (to)** semblable (à); **~ity** [-'lærɪtɪ] n ressemblance f, similarité f; **~ly** ad de la même façon, de même.

simile ['sɪmɪlɪ] n comparaison f.

simmer ['sɪmə*] vi cuire à feu doux, mijoter.

simple ['sɪmpl] a simple; **~-minded** a simplet(te), simple d'esprit; **simplicity** [-'plɪsɪtɪ] n simplicité f; **simplification** [-keɪʃən] n simplification f; **simplify** ['sɪmplɪfaɪ] vt simplifier; **simply** ad simplement; avec simplicité.

simulate ['sɪmjuleɪt] vt simuler, feindre; **simulation** [-'leɪʃən] n simulation f.

simultaneous [sɪməl'teɪnɪəs] a simultané(e); **~ly** ad simultanément.

sin [sɪn] n péché m // vi pécher.

since [sɪns] ad,prep depuis // cj (time) depuis que; (because) puisque, étant donné que, comme; **~ then** depuis ce moment-là.

sincere [sɪn'sɪə*] a sincère; **sincerity** [-'sɛrɪtɪ] n sincérité f.

sine [saɪn] n (MATH) sinus m.

sinew ['sɪnju:] n tendon m; **~s** npl muscles mpl.

sinful ['sɪnful] a coupable.

sing, pt **sang**, pp **sung** [sɪŋ, sæŋ, sʌŋ] vt,vi chanter.

singe [sɪndʒ] vt brûler légèrement; (clothes) roussir.

singer ['sɪŋə*] n chanteur/euse.

singing ['sɪŋɪŋ] n chant m.

single ['sɪŋgl] a seul(e), unique; (unmarried) célibataire; (not double) simple // n (also: **~ ticket**) aller m (simple); (record) 45 tours m; **~s** npl (TENNIS) simple m; **to ~ out** vt choisir; distinguer; **~ bed** n lit à une place; **~-breasted** a droit(e); **in ~ file** en file indienne; **~-handed** ad tout(e) seul(e), sans (aucune) aide; **~-minded** a résolu(e), tenace; **~ room** n chambre f à un lit or pour une personne.

singlet ['sɪŋglɪt] n tricot m de corps.

singly ['sɪŋglɪ] ad séparément.

singular ['sɪŋgjulə*] a singulier(ère), étrange; remarquable; (au) (LING) singulier, du singulier // n (LING) singulier m; **~ly** ad singulièrement; remarquablement; étrangement.

sinister ['sɪnɪstə*] a sinistre.

sink [sɪŋk] n évier m // vb (pt **sank**, pp **sunk** [sæŋk, sʌŋk]) vt (ship) (faire) couler, faire sombrer; (foundations) creuser; (piles etc): **to ~ sth into** enfoncer qch dans // vi couler, sombrer; (ground etc) s'affaisser; **to ~ in** vi s'enfoncer, pénétrer; **a ~ing feeling** un serrement de cœur.

sinner ['sɪnə*] n pécheur/eresse.

Sino- ['saɪnəu] prefix sino-.

sinuous ['sɪnjuəs] a sinueux(euse).

sinus ['saɪnəs] n (ANAT) sinus m inv.

sip [sɪp] n petite gorgée // vt boire à petites gorgées.

siphon ['saɪfən] n siphon m; **to ~ off** vt siphonner.

sir [sə*] n monsieur m; **S~ John Smith** sir John Smith; **yes ~** oui Monsieur.

siren ['saɪərn] n sirène f.

sirloin ['sə:lɔɪn] n aloyau m.

sirocco [sɪ'rəkəu] n sirocco m.

sissy ['sɪsɪ] n (col: coward) poule mouillée.

sister ['sɪstə*] n sœur f; (nun) religieuse f, (bonne) sœur; (nurse) infirmière f en chef; **~-in-law** n belle-sœur f.

sit, pt,pp **sat** [sɪt, sæt] vi s'asseoir; (assembly) être en séance, siéger; (for painter) poser // vt (exam) passer, se présenter à; **to ~ tight** ne pas bouger; **to ~ down** vi s'asseoir; **to ~ up** vi s'asseoir; (not go to bed) rester debout, ne pas se coucher.

sitcom ['sɪtkɔm] n (abbr of **situation comedy**) comédie f de situation.

site [saɪt] n emplacement m, site m; (also: **building ~**) chantier m // vt placer.

sit-in ['sɪtɪn] n (demonstration) sit-in m inv, occupation f de locaux.

siting ['saɪtɪŋ] n (location) emplacement m.

sitter ['sɪtə*] n (for painter) modèle m.

sitting ['sɪtɪŋ] n (of assembly etc) séance f; (in canteen) service m; ~ **room** n salon m.

situated ['sɪtjueɪtɪd] a situé(e).

situation [sɪtju'eɪʃən] n situation f; '~s vacant/wanted' 'offres/demandes d'emploi'.

six [sɪks] num six; ~**teen** num seize; ~**th** a sixième; ~**ty** num soixante.

size [saɪz] n taille f; dimensions fpl; (of clothing) taille; (of shoes) pointure f; (glue) colle f; **to** ~ **up** vt juger, jauger; ~**able** a assez grand(e) or gros(se); assez important(e).

sizzle ['sɪzl] vi grésiller.

skate [skeɪt] n patin m; (fish: pl inv) raie f // vi patiner; ~**board** n skateboard m, planche f à roulettes; ~**r** n patineur/euse; **skating** n patinage m; **skating rink** n patinoire f.

skeleton ['skɛlɪtn] n squelette m; (outline) schéma m; ~ **staff** n effectifs réduits.

skeptic ['skɛptɪk] n (US) = **sceptic**.

sketch [skɛtʃ] n (drawing) croquis m, esquisse f; (THEATRE) sketch m, saynète f // vt esquisser, faire un croquis or une esquisse de; ~ **book** n carnet m à dessin; ~ **pad** n bloc m à dessin; ~**y** a incomplet(ète), fragmentaire.

skew [skju:] n: **on the** ~ de travers, en biais.

skewer ['skju:ə*] n brochette f.

ski [ski:] n ski m // vi skier, faire du ski; ~ **boot** n chaussure f de ski.

skid [skɪd] n dérapage m // vi déraper; ~**mark** n trace f de dérapage.

skier ['ski:ə*] n skieur/euse.

skiing ['ski:ɪŋ] n ski m.

ski jump ['ski:dʒʌmp] n saut m à skis.

skilful ['skɪlful] a habile, adroit(e).

ski lift ['ski:lɪft] n remonte-pente m inv.

skill [skɪl] n habileté f, adresse f, talent m; ~**ed** a habile, adroit(e); (worker) qualifié(e).

skim [skɪm] vt (milk) écrémer; (soup) écumer; (glide over) raser, effleurer // vi: **to** ~ **through** (fig) parcourir.

skimp [skɪmp] vt (work) bâcler, faire à la va-vite; (cloth etc) lésiner sur; ~**y** a étriqué(e); maigre.

skin [skɪn] n peau f // vt (fruit etc) éplucher; (animal) écorcher; ~**-deep** a superficiel(le); ~ **diving** n plongée sous-marine; ~ **graft** n greffe f de peau; ~**ny** a maigre, maigrichon(ne); ~ **test** n cuti-réaction) f; ~**tight** a (dress etc) collant(e), ajusté(e).

skip [skɪp] n petit bond or saut m; (container) benne f // vi gambader, sautiller; (with rope) sauter à la corde // vt (pass over) sauter.

ski pants ['ski:pænts] npl fuseau m (de ski).

skipper ['skɪpə*] n (NAUT. SPORT) capitaine m // vt (boat) commander; (team) être le chef de.

skipping rope ['skɪpɪŋrəup] n corde f à sauter.

skirmish ['skə:mɪʃ] n escarmouche f, accrochage m.

skirt [skə:t] n jupe f // vt longer, contourner; ~**ing board** n plinthe f.

skit [skɪt] n sketch m satirique.

ski tow ['ski:təu] n = **ski lift**.

skittle ['skɪtl] n quille f; ~s n (game) (jeu m de) quilles.

skive [skaɪv] (Brit) vi (col) tirer au flanc.

skulk [skʌlk] vi rôder furtivement.

skull [skʌl] n crâne m.

skunk [skʌŋk] n mouffette f; (fur) sconse m.

sky [skaɪ] n ciel m; ~**-blue** a bleu ciel inv; ~**light** n lucarne f; ~**scraper** n gratte-ciel m inv.

slab [slæb] n plaque f; dalle f.

slack [slæk] a (loose) lâche, desserré(e); (slow) stagnant(e); (careless) négligent(e), peu sérieux(euse) or consciencieux(euse) // n (in rope etc) mou m; ~**s** npl pantalon m; ~**en** (also: ~**en off**) vi ralentir, diminuer; (in one's work, attention) se relâcher // vt relâcher.

slag [slæg] n scories fpl; ~ **heap** n crassier m.

slam [slæm] vt (door) (faire) claquer; (throw) jeter violemment, flanquer; (criticize) éreinter, démolir // vi claquer.

slander ['slɑ:ndə*] n calomnie f; diffamation f // vt calomnier; diffamer; ~**ous** a calomnieux(euse); diffamatoire.

slang [slæŋ] n argot m.

slant [slɑ:nt] n inclinaison f; (fig) angle m, point m de vue; ~**ed** a tendancieux(euse); ~**ing** a en pente, incliné(e); couché(e).

slap [slæp] n claque f, gifle f; tape f // vt donner une claque or une gifle or une tape à // ad (directly) tout droit, en plein; ~**dash** a fait(e) sans soin or à la va-vite; ~**stick** n (comedy) grosse farce, style m tarte à la crème; a ~**-up meal** n un repas extra or fameux.

slash [slæʃ] vt entailler, tailler; (fig: prices) casser.

slate [sleɪt] n ardoise f // vt (fig: criticize) éreinter, démolir.

slaughter ['slɔ:tə*] n carnage m, massacre m // vt (animal) abattre; (people) massacrer; ~**house** n abattoir m.

Slav [slɑ:v] a slave.

slave [sleɪv] n esclave m/f // vi (also: ~ away) trimer, travailler comme un forçat; ~**ry** n esclavage m.

Slavic ['slævɪk] a slave.

slavish ['sleɪvɪʃ] a servile.

Slavonic [slə'vɔnɪk] a slave.

sleazy ['sli:zɪ] a miteux(euse), minable.

sledge [slɛdʒ] n luge f; ~**hammer** n marteau m de forgeron.

sleek [sli:k] a (hair, fur) brillant(e), luisant(e); (car, boat) aux lignes pures or élégantes.

sleep [sli:p] n sommeil m // vi (pt, pp **slept** [slɛpt]) dormir; (spend night) dormir, coucher; **to go to** ~ s'endormir; **to** ~ **in** vi (lie late) faire la grasse matinée; (oversleep) se réveiller trop tard; ~**er** n (person) dormeur/euse; (RAIL: on track) traverse f; (: train) train m de voitures-lits; ~**ily** ad d'un air endormi; ~**ing** a qui dort, endormi(e) ; ~**ing bag** n sac m de couchage ; ~**ing car** n wagon-lits m, voiture-lits f ; ~**ing pill** n somnifère m ; ~**lessness** n insomnie f ; **a** ~**less night** une nuit blanche ; ~**walker** n somnambule m/f ; ~**y** a qui a envie de dormir ; (fig) endormi(e).

sleet [sli:t] n neige fondue.

sleeve [sli:v] n manche f ; ~**less** (garment) sans manches.

sleigh [sleɪ] n traîneau m.

sleight [slaɪt] n: ~ **of hand** tour m de passe-passe.

slender ['slɛndə*] a svelte, mince ; faible, ténu(e).

slept [slɛpt] pt,pp of **sleep**.

slice [slaɪs] n tranche f ; (round) rondelle f // vt couper en tranches (or en rondelles).

slick [slɪk] a brillant(e) en apparence ; mielleux(euse) // n (also: **oil** ~) nappe f de pétrole, marée noire.

slid [slɪd] pt,pp of **slide**.

slide [slaɪd] n (in playground) toboggan m ; (PHOT) diapositive f ; (also: **hair** ~) barrette f ; (in prices) chute f, baisse f // vb (pt,pp **slid** [slɪd]) vt (faire) glisser // vi glisser ; ~ **rule** n règle f à calcul ; **sliding** a (door) coulissant(e) ; **sliding scale** n échelle f mobile.

slight [slaɪt] a (slim) mince, menu(e) ; (frail) frêle ; (trivial) faible, insignifiant(e) ; (small) petit(e), léger(ère) (before n) // n offense f, affront m // vt (offend) blesser, offenser ; **the** ~**est** le (or la) moindre ; **not in the** ~**est** pas le moins du monde, pas du tout ; ~**ly** ad légèrement, un peu.

slim [slɪm] a mince // vi maigrir, suivre un régime amaigrissant.

slime [slaɪm] n vase f ; substance visqueuse ; **slimy** a visqueux(euse), gluant(e).

sling [slɪŋ] n (MED) écharpe f // vt (pt,pp **slung** [slʌŋ]) lancer, jeter.

slip [slɪp] n faux pas ; (mistake) erreur f ; étourderie f ; bévue f ; (underskirt) combinaison f ; (of paper) petite feuille, fiche f // vt (slide) glisser // vi (slide) glisser ; (move smoothly): **to** ~ **into/out of** se glisser ou se faufiler dans/hors de ; (decline) baisser ; **to give sb the** ~ fausser compagnie à qn ; **a** ~ **of the tongue** un lapsus ; **to** ~ **away** vi s'esquiver ; **to** ~ **in** vt glisser ; **to** ~ **out** vi sortir ; ~**ped disc** n déplacement m de vertèbres.

slipper ['slɪpə*] n pantoufle f.

slippery ['slɪpərɪ] a glissant(e) ; insaisissable.

slip road ['slɪprəud] n (to motorway) bretelle f d'accès.

slipshod ['slɪpʃɔd] a négligé(e), peu soigné(e).

slip-up ['slɪpʌp] n bévue f.

slipway ['slɪpweɪ] n cale f (de construction or de lancement).

slit [slɪt] n fente f ; (cut) incision f ; (tear) déchirure f // vt (pt,pp **slit**) fendre ; couper ; inciser ; déchirer.

slither ['slɪðə*] vi glisser, déraper.

slob [slɔb] n (col) rustaud/e.

slog [slɔg] n gros effort ; tâche fastidieuse // vi travailler très dur.

slogan ['sləugən] n slogan m.

slop [slɔp] vi (also: ~ **over**) se renverser ; déborder // vt répandre ; renverser.

slope [sləup] n pente f, côte f ; (side of mountain) versant m ; (slant) inclinaison f // vi: **to** ~ **down** être or descendre en pente ; **to** ~ **up** monter ; **sloping** a en pente, incliné(e) ; (handwriting) penché(e).

sloppy ['slɔpɪ] a (work) peu soigné(e), bâclé(e) ; (appearance) négligé(e), débraillé(e) ; (film etc) sentimental(e).

slot [slɔt] n fente f // vt: **to** ~ **into** encastrer or insérer dans ; ~ **machine** n distributeur m (automatique), machine f à sous.

slouch [slautʃ] vi avoir le dos rond, être voûté(e).

slovenly ['slʌvənlɪ] a sale, débraillé(e), négligé(e).

slow [sləu] a lent(e) ; (watch): **to be** ~ retarder // ad lentement // vt,vi (also: ~ **down**, ~ **up**) ralentir ; ' ~ ' (road sign) 'ralentir' ; ~**ly** ad lentement ; **in** ~ **motion** au ralenti ; ~**ness** n lenteur f.

sludge [slʌdʒ] n boue f.

slug [slʌg] n limace f ; (bullet) balle f ; ~**gish** a mou(molle), lent(e).

sluice [slu:s] n vanne f ; écluse f.

slum [slʌm] n taudis m.

slumber ['slʌmbə*] n sommeil m.

slump [slʌmp] n baisse soudaine, effondrement m ; crise f // vi s'effondrer, s'affaisser.

slung [slʌŋ] pt,pp of **sling**.

slur [slə:*] n bredouillement m ; (smear): ~ **(on)** atteinte f (à) ; insinuation f (contre) ; (MUS) liaison f // vt mal articuler ; **to be a** ~ **on** porter atteinte à.

slush [slʌʃ] n neige fondue ; ~**y** a (snow) fondu(e) ; (street) couvert(e) de neige fondue ; (fig) sentimental(e).

slut [slʌt] n souillon f.

sly [slaɪ] a rusé(e) ; sournois(e) ; **on the** ~ en cachette.

smack [smæk] n (slap) tape f ; (on face) gifle f // vt donner une tape à, gifler ; (child) donner la fessée à // vi: **to** ~ **of** avoir des relents de, sentir ; **to** ~ **one's lips** se lécher les babines.

small [smɔ:l] a petit(e) ; ~ **ads** npl petites annonces ; ~**holder** n petit cultivateur ; **in the** ~ **hours** au petit matin ; ~**ish** a plutôt or assez petit ; ~**pox** n variole f ; ~ **talk** n menus propos.

smarmy ['smɑːmɪ] a (col) flagorneur(euse), lécheur(euse).

smart [smɑːt] a élégant(e), chic inv ; (clever) intelligent(e), astucieux(euse), futé(e) ; (quick) rapide, vif(vive), prompt(e) // vi faire mal, brûler ; **to** ~**en up** vi devenir plus élégant(e), se faire beau(belle) // vt rendre plus élégant(e).

smash [smæʃ] n (also: ~-**up**) collision f, accident m // vt casser, briser, fracasser ; (opponent) écraser ; (hopes) ruiner, détruire ; (SPORT: record) pulvériser // vi se briser, se fracasser ; s'écraser ; ~**ing** a (col) formidable.

smattering ['smætərɪŋ] n: **a** ~ **of** quelques notions de.

smear [smɪə*] n tache f, salissure f; trace f; (MED) frottis m // vt enduire; (fig) porter atteinte à.

smell [smɛl] n odeur f; (sense) odorat m // vb (pt,pp smelt or smelled [smɛlt, smɛld]) vt sentir // vi (food etc): to ~ (of) sentir; (pej) sentir mauvais; ~y a qui sent mauvais, malodorant(e).

smile [smaɪl] n sourire m // vi sourire; smiling a souriant(e).

smirk [smə:k] n petit sourire suffisant or affecté.

smith [smɪθ] n maréchal-ferrant m; forgeron m; ~y n forge f.

smitten ['smɪtn] a: ~ with pris(e) de; frappé(e) de.

smock [smɔk] n blouse f, sarrau m.

smog [smɔg] n brouillard mêlé de fumée.

smoke [sməuk] n fumée f // vt, vi fumer; to have a ~ fumer une cigarette; ~d a (bacon, glass) fumé(e); ~r n (person) fumeur/euse; (RAIL) wagon m fumeurs; smoking n: 'no smoking' (sign) 'défense de fumer'; smoking room n fumoir m; smoky a enfumé(e); (surface) noirci(e) par la fumée.

smolder ['sməuldə*] vi (US) = smoulder.

smooth [smu:ð] a lisse; (sauce) onctueux(euse); (flavour, whisky) moelleux(euse); (movement) régulier(ère), sans à-coups or heurts; (person) doucereux(euse), mielleux(euse) // vt lisser, défroisser; (also: ~ out) (creases, difficulties) faire disparaître.

smother ['smʌðə*] vt étouffer.

smoulder ['sməuldə*] vi couver.

smudge [smʌdʒ] n tache f, bavure f // vt salir, maculer.

smug [smʌg] a suffisant(e), content(e) de soi.

smuggle ['smʌgl] vt passer en contrebande or en fraude; ~r n contrebandier/ère; smuggling n contrebande f.

smutty ['smʌtɪ] a (fig) grossier(ère), obscène.

snack [snæk] n casse-croûte m inv; ~ bar n snack(-bar) m.

snag [snæg] n inconvénient m, difficulté f.

snail [sneɪl] n escargot m.

snake [sneɪk] n serpent m.

snap [snæp] n (sound) claquement m, bruit sec; (photograph) photo f, instantané m; (game) sorte f de jeu de bataille // a subit(e); fait(e) sans réfléchir // vt faire claquer; (break) casser net; (photograph) prendre un instantané de // vi se casser net or avec un bruit sec; to ~ open/shut s'ouvrir/se refermer brusquement; to ~ at vt fus (subj: dog) essayer de mordre; to ~ off vt (break) casser net; to ~ up vt sauter sur, saisir; ~ fastener n bouton-pression m; ~py a prompt(e), alerte; ~shot n photo f, instantané m.

snare [snɛə*] n piège m // vt attraper, prendre au piège.

snarl [snɑ:l] n grondement m or grognement m féroce // vi gronder.

snatch [snætʃ] n (fig) vol m; (small amount): ~es of des fragments mpl or

bribes fpl de // vt saisir (d'un geste vif); (steal) voler.

sneak [sni:k] vi: to ~ in/out entrer/sortir furtivement or à la dérobée; ~y a sournois(e).

sneer [snɪə*] n ricanement m // vi ricaner, sourire d'un air sarcastique.

sneeze [sni:z] n éternuement m // vi éternuer.

snide [snaɪd] a sarcastique, narquois(e).

sniff [snɪf] n reniflement m // vi renifler // vt renifler, flairer.

snigger ['snɪgə*] n ricanement m; rire moqueur // vi ricaner; pouffer de rire.

snip [snɪp] n petit bout; (bargain) (bonne) occasion or affaire // vt couper.

sniper ['snaɪpə*] n (marksman) tireur embusqué.

snippet ['snɪpɪt] n bribes fpl.

snivelling ['snɪvlɪŋ] a (whimpering) larmoyant(e), pleurnicheur(euse).

snob [snɔb] n snob m/f; ~bery n snobisme m; ~bish a snob inv.

snooker ['snu:kə*] n sorte de jeu de billard.

snoop ['snu:p] vi: to ~ on sb espionner qn.

snooty ['snu:tɪ] a snob inv, prétentieux(euse).

snooze [snu:z] n petit somme // vi faire un petit somme.

snore [snɔ:*] vi ronfler; snoring n ronflement(s) m(pl).

snorkel ['snɔ:kl] n (of swimmer) tuba m.

snort [snɔ:t] n grognement m // vi grogner; (horse) renâcler.

snotty ['snɔtɪ] a morveux(euse).

snout [snaut] n museau m.

snow [snəu] n neige f // vi neiger; ~ball n boule f de neige; ~bound a enneigé(e), bloqué(e) par la neige; ~drift n congère f; ~drop n perce-neige m; ~fall n chute f de neige; ~flake n flocon m de neige; ~man n bonhomme m de neige; ~plough, ~plow (US) n chasse-neige m inv; ~storm n tempête f de neige.

snub [snʌb] vt repousser, snober // n rebuffade f; ~-nosed a au nez retroussé.

snuff [snʌf] n tabac m à priser.

snug [snʌg] a douillet(te), confortable.

so [səu] ad (degree) si, tellement; (manner: thus) ainsi, de cette façon // cj donc, par conséquent; ~ as to do afin de or pour faire; ~ that (purpose) afin de + infinitive, pour que or afin que +sub; (result) si bien que, de (telle) sorte que; ~ do I, ~ am I etc moi etc aussi; if ~ si oui; I hope ~ je l'espère; 10 or ~ 10 à peu près or environ; ~ far jusqu'ici, jusqu'à maintenant; (in past) jusque-là; ~ long! à bientôt!, au revoir!; ~ many tant de; ~ much ad tant // det tant de; ~ and ~ n un tel(une telle).

soak [səuk] vt faire or laisser tremper // vi tremper; to be ~ed through être trempé jusqu'aux os; to ~ in vi pénétrer, être absorbé(e); to ~ up vt absorber.

soap [səup] n savon m; ~flakes npl paillettes fpl de savon; ~ powder n lessive f, détergent m; ~y a savonneux(euse).

soar [sɔ:*] vi monter (en flèche), s'élancer.

sob [sɔb] n sanglot m // vi sangloter.

sober ['sɔubə*] a qui n'est pas (or plus) ivre ; (sedate) sérieux(euse), sensé(e) ; (moderate) mesuré(e) ; (colour, style) sobre, discret(ète) ; **to ~ up** vt dégriser // vi se dégriser.

Soc. abbr of **society**.

so-called ['sɔu'kɔ:ld] a soi-disant inv.

soccer ['sɔkə*] n football m.

sociable ['sɔuʃəbl] a sociable.

social ['sɔuʃl] a social(e) // n (petite) fête ; **~ club** n amicale f, foyer m ; **~ism** n socialisme m ; **~ist** a,n socialiste (m/f) ; **~ly** ad socialement, en société ; **~ science** n sciences humaines ; **~ security** n aide sociale ; **~ welfare** n sécurité sociale ; **~ work** n assistance sociale ; **~ worker** n assistant/e social/e.

society [sə'saiəti] n société f ; (club) société, association f ; (also: **high ~**) (haute) société, grand monde.

sociological [sɔusiə'lɔdʒikl] a sociologique.

sociologist [sɔusi'ɔlədʒist] n sociologue m/f.

sociology [sɔusi'ɔlədʒi] n sociologie f.

sock [sɔk] n chaussette f // vt (hit) flanquer un coup à.

socket ['sɔkit] n cavité f ; (ELEC: also: **wall ~**) prise f de courant ; (: for light bulb) douille f.

sod [sɔd] n (of earth) motte f ; (col!) con m (!) ; salaud m (!).

soda ['sɔudə] n (CHEM) soude f ; (also: **~ water**) eau f de Seltz.

sodden ['sɔdn] a trempé(e) ; détrempé(e).

sodium ['sɔudiəm] n sodium m.

sofa ['sɔufə] n sofa m ; canapé m.

soft [sɔft] a (not rough) doux/(douce) ; (not hard) doux ; mou(molle) ; (not loud) doux, léger(ère) ; (kind) doux, gentil(le) ; (weak) indulgent(e) ; (stupid) stupide, débile ; **~ drink** n boisson non alcoolisée ; **~en** ['sɔfn] vt (r)amollir ; adoucir ; atténuer // vi se ramollir ; s'adoucir ; s'atténuer ; **~-hearted** a au cœur tendre ; **~ly** ad doucement ; gentiment ; **~ness** n douceur f ; **~ware** n logiciel m, software m.

soggy ['sɔgi] a trempé(e) ; détrempé(e).

soil [sɔil] n (earth) sol m, terre f // vt salir ; (fig) souiller ; **~ed** a sale ; (COMM) défraîchi(e).

solar ['sɔulə*] a solaire.

sold [sɔuld] pt,pp of **sell** ; **~ out** a (COMM) épuisé(e).

solder ['sɔuldə*] vt souder (au fil à souder) // n soudure f.

soldier ['sɔuldʒə*] n soldat m, militaire m.

sole [sɔul] n (of foot) plante f ; (of shoe) semelle f ; (fish: pl inv) sole f // a seul(e), unique ; **~ly** ad seulement, uniquement.

solemn ['sɔləm] a solennel(le) ; sérieux(euse), grave.

solicitor [sə'lisitə*] n (for wills etc) ≈ notaire m ; (in court) ≈ avocat m.

solid ['sɔlid] a (not hollow) plein(e), compact(e), massif(ive) ; (strong, sound, reliable, not liquid) solide ; (meal) consistant(e), substantiel(le) // n solide m.

solidarity [sɔli'dæriti] n solidarité f.

solidify [sə'lidifai] vi se solidifier // vt solidifier.

solidity [sə'liditi] n solidité f.

soliloquy [sə'liləkwi] n monologue m.

solitaire [sɔli'tɛə*] n (game, gem) solitaire m.

solitary ['sɔlitəri] a solitaire ; **~ confinement** n (LAW) isolement m.

solitude ['sɔlitju:d] n solitude f.

solo ['sɔuləu] n solo m ; **~ist** n soliste m/f.

solstice ['sɔlstis] n solstice m.

soluble ['sɔljubl] a soluble.

solution [sə'lu:ʃən] n solution f.

solve [sɔlv] vt résoudre.

solvent ['sɔlvənt] a (COMM) solvable // n (CHEM) (dis)solvant m.

sombre, somber (US) ['sɔmbə*] a sombre, morne.

some [sʌm] det (a few) quelques ; (certain) certains(certaines) ; (a certain number or amount) see phrases below ; (unspecified) un(e)... (quelconque) // pronoun quelques uns(unes) ; un peu // ad: **~ 10 people** quelque 10 personnes, 10 personnes environ ; **~ children came** des enfants sont venus ; **have ~ tea/ice-cream/water** prends du thé/de la glace/de l'eau ; **there's ~ milk in the fridge** il y a un peu de lait ou du lait dans le frigo ; **~ (of it) was left** il en est resté un peu ; **I've got ~** (i.e. books etc) j'en ai (quelques uns) ; (i.e. milk, money etc) j'en ai (un peu) ; **~body** pronoun quelqu'un ; **~ day** ad un de ces jours, un jour ou l'autre ; **~how** ad d'une façon ou d'une autre ; (for some reason) pour une raison ou une autre ; **~one** pronoun = **somebody** ; **~place** ad (US) = **somewhere**.

somersault ['sʌməsɔ:lt] n culbute f, saut périlleux // vi faire la culbute or un saut périlleux ; (car) faire un tonneau.

something ['sʌmθiŋ] pronoun quelque chose m ; **~ interesting** quelque chose d'intéressant.

sometime ['sʌmtaim] ad (in future) un de ces jours, un jour ou l'autre ; (in past): **~ last month** au cours du mois dernier.

sometimes ['sʌmtaimz] ad quelquefois, parfois.

somewhat ['sʌmwɔt] ad quelque peu, un peu.

somewhere ['sʌmwɛə*] ad quelque part.

son [sʌn] n fils m.

sonata [sə'nɑ:tə] n sonate f.

song [sɔŋ] n chanson f ; **~book** n chansonnier m ; **~writer** n auteur-compositeur m.

sonic ['sɔnik] a (boom) supersonique.

son-in-law ['sʌninlɔ:] n gendre m, beau-fils m.

sonnet ['sɔnit] n sonnet m.

sonny ['sʌni] n (col) fiston m.

soon [su:n] ad bientôt ; (early) tôt ; **~ afterwards** peu après ; see also as ; **~er** ad (time) plus tôt ; (preference): **I would ~er do** j'aimerais autant or je préférerais faire ; **~er or later** tôt ou tard.

soot [sut] n suie f.

soothe [su:ð] vt calmer, apaiser.

sop [sɒp] n: **that's only a** ~ c'est pour nous (or les etc) amadouer.

sophisticated [sə'fɪstɪkeɪtɪd] a raffiné(e); sophistiqué(e);   hautement perfectionné(e), très complexe.

sophomore ['sɒfəmɔ:*] n (US) étudiant/e de seconde année.

soporific [sɒpə'rɪfɪk] a soporifique // n somnifère m.

sopping ['sɒpɪŋ] a (also: ~ **wet**) tout(e) trempé(e).

soppy ['sɒpɪ] a (pej) sentimental(e).

soprano [sə'prɑ:nəu] n (voice) soprano m; (singer) soprano m/f.

sorcerer ['sɔ:sərə*] n sorcier m.

sordid ['sɔ:dɪd] a sordide.

sore [sɔ:*] a (painful) douloureux(euse), sensible; (offended) contrarié(e), vexé(e) // n plaie f; ~**ly** ad (tempted) fortement.

sorrel ['sɒrəl] n oseille f.

sorrow ['sɒrəu] n peine f, chagrin m; ~**ful** a triste.

sorry ['sɒrɪ] a désolé(e); (condition, excuse) triste, déplorable; ~! pardon!, excusez-moi!; **to feel** ~ **for sb** plaindre qn.

sort [sɔ:t] n genre m, espèce f, sorte f // vt (also: ~ **out**: papers) trier; classer; ranger; (: letters etc) trier; (: problems) résoudre, régler; ~**ing office** n bureau m de tri.

SOS n (abbr of save our souls) S.O.S. m.

so-so ['səusəu] ad comme ci comme ça.

soufflé ['su:fleɪ] n soufflé m.

sought [sɔ:t] pt,pp of **seek**.

soul [səul] n âme f; ~-**destroying** a démoralisant(e); ~**ful** a plein(e) de sentiment; ~**less** a sans cœur, inhumain(e).

sound [saund] a (healthy) en bonne santé, sain(e); (safe, not damaged) solide, en bon état; (reliable, not superficial) sérieux(euse), solide; (sensible) sensé(e) // ad: ~ **asleep** dormant d'un profond sommeil // n (noise) son m; bruit m; (GEO) détroit m, bras m de mer // vt (alarm) sonner; (also: ~ **out**: opinions) sonder // vi sonner, retentir; (fig: seem) sembler (être); **to** ~ **one's horn** (AUT) actionner son avertisseur; **to** ~ **like** ressembler à; ~ **barrier** n mur m du son; ~ **effects** npl bruitage m; ~**ing** n (NAUT etc) sondage m; ~**ly** ad (sleep) profondément; (beat) complètement, à plate couture; ~**proof** n insonoriser // a insonorisé(e); ~**track** n (of film) bande f sonore.

soup [su:p] n soupe f, potage m; **in the** ~ (fig) dans le pétrin; ~ **course** n potage m; ~**spoon** n cuiller f à soupe.

sour ['sauə*] a aigre, acide; (milk) tourné(e), aigre; (fig) acerbe, aigre; revêche; **it's** ~ **grapes** c'est du dépit.

source ['sɔ:s] n source f.

south [sauθ] n sud m // a au sud, du sud // ad au sud, vers le sud; **S~ Africa** n Afrique f du Sud; **S~ African** a sud-africain(e) // n Sud-Africain/e; **S~ America** n Amérique f du Sud; **S~ American** a sud-américain(e) // n Sud-Américain/e; ~-**east** n sud-est m; ~**erly** ['sʌðəlɪ] a du sud; au sud; ~**ern** ['sʌðən] a (du) sud; méridional(e); exposé(e) au

sud; **S~ Pole** n Pôle m Sud; ~**ward(s)** ad vers le sud; ~-**west** n sud-ouest m.

souvenir [su:və'nɪə*] n souvenir m (objet).

sovereign ['sɒvrɪn] a,n souverain(e); ~**ty** n souveraineté f.

soviet ['səuvɪət] a soviétique; **the S~ Union** l'Union f soviétique.

sow n [sau] truie f // vt [səu] (pt ~**ed**, pp **sown** [səun]) semer.

soy [sɔɪ] n (also: ~ **sauce**) sauce f de soja.

soya bean ['sɔɪəbi:n] n graine f de soja.

spa [spɑ:] n (spring) source minérale; (town) station thermale.

space [speɪs] n (gen) espace m; (room) place f; espace; (length of time) laps m de temps // cpd spatial(e) // vt (also: ~ **out**) espacer; ~**craft** n engin spatial; ~**man/woman** n astronaute m/f, cosmonaute m/f; **spacing** n espacement m; **single/double spacing** interligne m simple/double.

spacious ['speɪʃəs] a spacieux(euse), grand(e).

spade [speɪd] n (tool) bêche f, pelle f; (child's) pelle; ~**s** npl (CARDS) pique m; ~**work** n (fig) gros m du travail.

spaghetti [spə'getɪ] n spaghetti mpl.

Spain [speɪn] n Espagne f.

span [spæn] pt of **spin** // n (of bird, plane) envergure f; (of arch) portée f; (in time) espace m de temps, durée f // vt enjamber, franchir; (fig) couvrir, embrasser.

Spaniard ['spænjəd] n Espagnol/e.

spaniel ['spænjəl] n épagneul m.

Spanish ['spænɪʃ] a espagnol(e), d'Espagne // n (LING) espagnol m.

spank [spæŋk] vt donner une fessée à.

spanner ['spænə*] n clé f (de mécanicien).

spare [spɛə*] a de réserve, de rechange; (surplus) de or en trop, de reste // n (part) pièce f de rechange, pièce détachée // vt (do without) se passer de; (afford to give) donner, accorder, passer; (refrain from hurting) épargner; (refrain from using) ménager; **to** ~ (surplus) en surplus, de trop; ~ **part** n pièce f de rechange, pièce détachée; ~ **time** n moments mpl de loisir.

sparing ['spɛərɪŋ] a modéré(e), restreint(e); ~ **of** chiche de; ~**ly** ad avec modération.

spark [spɑ:k] n étincelle f; (fig) étincelle, lueur f; ~(**ing**) **plug** n bougie f.

sparkle ['spɑ:kl] n scintillement m, étincellement m, éclat m // vi étinceler, scintiller; (bubble) pétiller; **sparkling** a étincelant(e), scintillant(e); (wine) mousseux(euse), pétillant(e).

sparrow ['spærəu] n moineau m.

sparse [spɑ:s] a clairsemé(e).

spasm ['spæzəm] n (MED) spasme m; (fig) accès m; ~**odic** [-'mɔdɪk] a spasmodique; (fig) intermittent(e).

spastic ['spæstɪk] n handicapé/e moteur.

spat [spæt] pt,pp of **spit**.

spate [speɪt] n (fig): ~ **of** avalanche f or torrent m de; **in** ~ (river) en crue.

spatter ['spætə*] n éclaboussure(s) f(pl) // vt éclabousser // vi gicler.

spatula ['spætjulə] n spatule f.

spawn [spɔ:n] vt pondre // vi frayer // n frai m.

speak, *pt* **spoke**, *pp* **spoken** [spi:k, spəuk, ˈspəukn] *vt* (*language*) parler ; (*truth*) dire // *vi* parler ; (*make a speech*) prendre la parole ; **to ~ to sb/of or about sth** parler à qn/de qch ; **it ~s for itself** c'est évident ; **~ up!** parle plus fort! ; **~er** *n* (*in public*) orateur *m* ; (*also*: **loud~er**) haut-parleur *m* ; (*POL*): **the S~er** *le président de la chambre des Communes* ; **to be on ~ing terms** se parler.

spear [spɪə*] *n* lance *f* // *vt* transpercer.

spec [spɛk] *n* (*col*): **on ~** à tout hasard.

special [ˈspɛʃl] *a* spécial(e) ; **take ~ care** soyez particulièrement prudents ; **today's ~** (*at restaurant*) le menu ; **~ist** *n* spécialiste *m/f* ; **~ity** [spɛʃɪˈælɪtɪ] *n* spécialité *f* ; **~ize** *vi*: **to ~ize (in)** se spécialiser (dans) ; **~ly** *ad* spécialement, particulièrement.

species [ˈspi:ʃi:z] *n* espèce *f*.

specific [spəˈsɪfɪk] *a* précis(e) ; particulier(ère) ; (*BOT, CHEM etc*) spécifique ; **~ally** *ad* expressément, explicitement ; **~ation** [spɛsɪfɪˈkeɪʃn] *n* spécification *f* ; stipulation *f*.

specify [ˈspɛsɪfaɪ] *vt* spécifier, préciser.

specimen [ˈspɛsɪmən] *n* spécimen *m*, échantillon *m* ; (*MED*) prélèvement *m*.

speck [spɛk] *n* petite tache, petit point ; (*particle*) grain *m*.

speckled [ˈspɛkld] *a* tacheté(e), moucheté(e).

specs [spɛks] *npl* (*col*) lunettes *fpl*.

spectacle [ˈspɛktəkl] *n* spectacle *m* ; **~s** *npl* lunettes *fpl* ; **spectacular** [-ˈtækjulə*] *a* spectaculaire // *n* (*CINEMA etc*) superproduction *f*.

spectator [spɛkˈteɪtə*] *n* spectateur/trice.

spectra [ˈspɛktrə] *npl of* **spectrum**.

spectre, **specter** (*US*) [ˈspɛktə*] *n* spectre *m*, fantôme *m*.

spectrum, *pl* **spectra** [ˈspɛktrəm, -rə] *n* spectre *m* ; (*fig*) gamme *f*.

speculate [ˈspɛkjuleɪt] *vi* spéculer ; (*try to guess*): **to ~ about** s'interroger sur ; **speculation** [-ˈleɪʃən] *n* spéculation *f* ; conjectures *fpl* ; **speculative** *a* spéculatif(ive).

speech [spi:tʃ] *n* (*faculty*) parole *f* ; (*talk*) discours *m*, allocution *f* ; (*manner of speaking*) façon *f* de parler, langage *m* ; (*enunciation*) élocution *f* ; **~ day** *n* (*SCOL*) distribution *f* des prix ; **~less** *a* muet(te) ; **~ therapy** *n* orthophonie *f*.

speed [spi:d] *n* vitesse *f* ; (*promptness*) rapidité *f* ; **at full or top ~** à toute vitesse *or* allure ; **to ~ up** *vi* aller plus vite, accélérer // *vt* accélérer ; **~boat** *n* vedette *f* ; hors-bord *m inv* ; **~ily** *ad* rapidement, promptement ; **~ing** *n* (*AUT*) excès *m* de vitesse ; **~ limit** *n* limitation *f* de vitesse, vitesse maximale permise ; **~ometer** [spɪˈdɔmɪtə*] *n* compteur *m* (de vitesse) ; **~way** *n* (*SPORT*) piste *f* de vitesse pour motos ; **~y** *a* rapide, prompt(e).

speleologist [spɛlɪˈɔlədʒɪst] *n* spéléologue *m/f*.

spell [spɛl] *n* (*also*: **magic ~**) sortilège *m*, charme *m* ; (*period of time*) (courte) période // *vt* (*pt,pp* spelt *or* **~ed** [spɛlt, spɛld]) (*in writing*) écrire, orthographier ; (*aloud*) épeler ; (*fig*) signifier ; **to cast a ~ on sb**

jeter un sort à qn ; **he can't ~** il fait des fautes d'orthographe ; **~bound** *a* envoûté(e), subjugué(e) ; **~ing** *n* orthographe *f*.

spelt [spɛlt] *pt,pp of* **spell**.

spend, *pt,pp* **spent** [spɛnd, spɛnt] *vt* (*money*) dépenser ; (*time, life*) passer ; consacrer ; **~ing money** *n* argent *m* de poche ; **~thrift** *n* dépensier/ère.

spent [spɛnt] *pt,pp of* **spend** // *a* (*patience*) épuisé(e), à bout.

sperm [spə:m] *n* spermatozoïde *m* ; (*semen*) sperme *m* ; **~ whale** *n* cachalot *m*.

spew [spju:] *vt* vomir.

sphere [sfɪə*] *n* sphère *f* ; (*fig*) sphère, domaine *m* ; **spherical** [ˈsfɛrɪkl] *a* sphérique.

sphinx [sfɪŋks] *n* sphinx *m*.

spice [spaɪs] *n* épice *f* // *vt* épicer.

spick-and-span [ˈspɪkənˈspæn] *a* impeccable.

spicy [ˈspaɪsɪ] *a* épicé(e), relevé(e) ; (*fig*) piquant(e).

spider [ˈspaɪdə*] *n* araignée *f*.

spiel [spi:l] *n* laïus *m inv*.

spike [spaɪk] *n* pointe *f*.

spill, *pt,pp* **spilt** *or* **~ed** [spɪl, -t, -d] *vt* renverser ; répandre // *vi* se répandre.

spin [spɪn] *n* (*revolution of wheel*) tour *m* ; (*AVIAT*) (chute *f* en) vrille *f* ; (*trip in car*) petit tour, balade *f* // *vb* (*pt* **spun**, **span**, *pp* **spun** [spʌn, spæn]) *vt* (*wool etc*) filer ; (*wheel*) faire tourner // *vi* tourner, tournoyer ; **to ~ a yarn** débiter une longue histoire ; **to ~ a coin** jouer à pile ou face ; **to ~ out** *vt* faire durer.

spinach [ˈspɪnɪtʃ] *n* épinard *m* ; (*as food*) épinards.

spinal [ˈspaɪnl] *a* vertébral(e), spinal(e) ; **~ cord** *n* moelle épinière.

spindly [ˈspɪndlɪ] *a* grêle, filiforme.

spin-drier [spɪnˈdraɪə*] *n* essoreuse *f*.

spine [spaɪn] *n* colonne vertébrale ; (*thorn*) épine *f*, piquant *m* ; **~less** *a* invertébré(e) ; (*fig*) mou(molle), sans caractère.

spinner [ˈspɪnə*] *n* (*of thread*) fileur/euse.

spinning [ˈspɪnɪŋ] *n* (*of thread*) filage *m* ; (*by machine*) filature *f* ; **~ top** *n* toupie *f* ; **~ wheel** *n* rouet *m*.

spinster [ˈspɪnstə*] *n* célibataire *f* ; vieille fille.

spiral [ˈspaɪərl] *n* spirale *f* // *a* en spirale // *vi* (*fig*) monter en flèche ; **~ staircase** *n* escalier *m* en colimaçon.

spire [ˈspaɪə*] *n* flèche *f*, aiguille *f*.

spirit [ˈspɪrɪt] *n* (*soul*) esprit *m*, âme *f* ; (*ghost*) esprit, revenant *m* ; (*mood*) esprit, état *m* d'esprit ; (*courage*) courage *m*, énergie *f* ; **~s** *npl* (*drink*) spiritueux *mpl*, alcool *m* ; **in good ~s** de bonne humeur ; **in low ~s** démoralisé(e) ; **~ed** *a* vif(vive), fougueux(euse), plein(e) d'allant ; **~ level** *n* niveau *m* à bulle.

spiritual [ˈspɪrɪtjuəl] *a* spirituel(le) ; religieux(euse) // *n* (*also*: **Negro ~**) spiritual *m* ; **~ism** *n* spiritisme *m*.

spit [spɪt] *n* (*for roasting*) broche *f* // *vi* (*pt, pp* **spat** [spæt]) cracher ; (*sound*) crépiter.

spite [spaɪt] n rancune f, dépit m // vt contrarier, vexer; **in ~ of** en dépit de, malgré; **~ful** a malveillant(e), rancunier(ère).

spitroast ['spɪt'rəust] vt faire rôtir à la broche.

spittle ['spɪtl] n salive f; bave f; crachat m.

spiv [spɪv] n (col) chevalier m d'industrie, aigrefin m.

splash [splæʃ] n éclaboussement m; (sound) plouf; (of colour) tache f // vt éclabousser; vi (also: ~ about) barboter, patauger.

splay [spleɪ] a: **~footed** marchant les pieds en dehors.

spleen [spli:n] n (ANAT) rate f.

splendid ['splɛndɪd] a splendide, superbe, magnifique.

splendour, splendor (US) ['splɛndə*] n splendeur f, magnificence f.

splice [splaɪs] vt épisser.

splint [splɪnt] n attelle f, éclisse f.

splinter ['splɪntə*] n (wood) écharde f; (metal) éclat m // vi se fragmenter.

split [splɪt] n fente f, déchirure f; (fig: POL) scission f // vb (pt, pp split) vt fendre, déchirer; (party) diviser; (work, profits) partager, répartir // vi (divide) se diviser; **to ~ up** (couple) se séparer, rompre; (meeting) se disperser; **~ting headache** n mal m de tête atroce.

splutter ['splʌtə*] vi bafouiller; postillonner.

spoil, pt,pp **spoilt** or **~ed** [spɔɪl, -t, -d] vt (damage) abîmer; (mar) gâcher; (child) gâter; **~s** npl butin m; **~sport** n trouble-fête m, rabat-joie m.

spoke [spəuk] pt of **speak** // n rayon m.

spoken ['spəukn] pp of **speak**.

spokesman ['spəuksmən] n porteparole m inv.

sponge [spʌndʒ] n éponge f // vt éponger // vi: **to ~ on** vivre aux crochets de; **~ bag** n sac m de toilette; **~ cake** n ≈ gâteau m de Savoie; **~r** n (pej) parasite m; **spongy** a spongieux(euse).

sponsor ['spɔnsə*] n (in RADIO, TV) personne f (or organisme m) qui assure le patronage // vt patronner; parrainer; **~ship** n patronage m; parrainage m.

spontaneity [spɔntə'neɪɪtɪ] n spontanéité f.

spontaneous [spɔn'teɪnɪəs] a spontané(e).

spooky ['spu:kɪ] a qui donne la chair de poule.

spool [spu:l] n bobine f.

spoon [spu:n] n cuiller f; **~-feed** vt nourrir à la cuiller; (fig) mâcher le travail à; **~ful** n cuillerée f.

sporadic [spə'rædɪk] a sporadique.

sport [spɔ:t] n sport m; (person) chic type/chic fille // vt arborer; **~ing** a sportif(ive); **to give sb a ~ing chance** donner sa chance à qn; **~s car** n voiture f de sport; **~s jacket** n veste f de sport; **~sman** n sportif m; **~smanship** n esprit sportif, sportivité f; **~s page** n page f des sports; **~swear** n vêtements mpl de sport; **~swoman** n sportive f; **~y** a sportif(ive).

spot [spɔt] n tache f; (dot: on pattern) pois m; (pimple) bouton m; (place) endroit m, coin m; (small amount): **a ~ of** un peu de // vt (notice) apercevoir, repérer; **on the ~** sur place, sur les lieux; **to come out in ~s** se couvrir de boutons, avoir une éruption de boutons; **~ check** n sondage m, vérification ponctuelle; **~less** a immaculé(e); **~light** n projecteur m; (AUT) phare m auxiliaire; **~ted** a tacheté(e), moucheté(e); à pois; **~ted with** tacheté(e) de; **~ty** a (face) boutonneux(euse).

spouse [spauz] n époux/épouse.

spout [spaut] n (of jug) bec m; (of liquid) jet m // vi jaillir.

sprain [spreɪn] n entorse f, foulure f // vt: **to ~ one's ankle** se fouler or se tordre la cheville.

sprang [spræŋ] pt of **spring**.

sprawl [sprɔ:l] vi s'étaler.

spray [spreɪ] n jet m (en fines gouttelettes); (container) vaporisateur m, bombe f; (of flowers) petit bouquet // vt vaporiser, pulvériser; (crops) traiter.

spread [sprɛd] n propagation f; (distribution) répartition f; (CULIN) pâte f à tartiner // vb (pt,pp spread) vt étendre, étaler; répandre; propager // vi s'étendre; se répandre; se propager.

spree [spri:] n: **to go on a ~** faire la fête.

sprig [sprɪg] n rameau m.

sprightly ['spraɪtlɪ] a alerte.

spring [sprɪŋ] n (leap) bond m, saut m; (coiled metal) ressort m; (season) printemps m; (of water) source f // vi (pt sprang, pp sprung [spræŋ, sprʌŋ]) bondir, sauter; **to ~ from** provenir de; **to ~ up** vi (problem) se présenter, surgir; **~board** n tremplin m; **~-clean** n (also: ~-cleaning) grand nettoyage de printemps; **~time** n printemps m; **~y** a élastique, souple.

sprinkle ['sprɪŋkl] vt (pour) répandre; verser; **to ~ water etc on, ~ with water** etc asperger d'eau etc; **to ~ sugar etc on, ~ with sugar** etc saupoudrer de sucre etc; **~d with** (fig) parsemé(e) de.

sprint [sprɪnt] n sprint m // vi sprinter; **~er** n sprinteur/euse.

sprite [spraɪt] n lutin m.

sprout [spraut] vi germer, pousser; **(Brussels) ~s** npl choux mpl de Bruxelles.

spruce [spru:s] n épicéa m // a net(te), pimpant(e).

sprung [sprʌŋ] pp of **spring**.

spry [spraɪ] a alerte, vif(vive).

spud [spʌd] n (col: potato) patate f.

spun [spʌn] pt, pp of **spin**.

spur [spə:*] n éperon m; (fig) aiguillon m // vt (also: ~ on) éperonner; aiguillonner; **on the ~ of the moment** sous l'impulsion du moment.

spurious ['spjuərɪəs] a faux(fausse).

spurn [spə:n] vt repousser avec mépris.

spurt [spə:t] n jet m; (of energy) sursaut m // vi jaillir, gicler.

spy [spaɪ] n espion/ne // vi: **to ~ on** espionner, épier // vt (see) apercevoir; **~ing** n espionnage m.

sq. (MATH), **Sq.** (in address) abbr of **square**.

squabble ['skwɔbl] n querelle f, chamaillerie f // vi se chamailler.

squad [skwɔd] n (MIL, POLICE) escouade f, groupe m; (FOOTBALL) contingent m.

squadron ['skwɔdrn] n (MIL) escadron m; (AVIAT, NAUT) escadrille f.

squalid ['skwɔlid] a sordide, ignoble.

squall [skwɔ:l] n rafale f, bourrasque f.

squalor ['skwɔlə*] n conditions fpl sordides.

squander ['skwɔndə*] vt gaspiller, dilapider.

square [skwɛə*] n carré m; (in town) place f; (instrument) équerre f // a carré(e); (honest) honnête, régulier(ère); (col: ideas, tastes) vieux jeu inv, qui retarde // vt (arrange) régler; arranger; (MATH) élever au carré // vi (agree) cadrer, s'accorder; **all** – quitte; à égalité; **a** – **meal** un repas convenable; **2 metres** – (de) 2 mètres sur 2; **1** – **metre** 1 mètre carré; **~ly** ad carrément.

squash [skwɔʃ] n (drink): **lemon/orange** – citronnade f/ orangeade f; (SPORT) squash m // vt écraser.

squat [skwɔt] a petit(e) et épais(se), ramassé(e) // vi s'accroupir; **~ter** n squatter m.

squawk [skwɔ:k] vi pousser un or des gloussement(s).

squeak [skwi:k] n grincement m; petit cri // vi grincer, crier.

squeal [skwi:l] vi pousser un or des cri(s) aigu(s) or perçant(s).

squeamish ['skwi:miʃ] a facilement dégoûté(e); facilement scandalisé(e).

squeeze [skwi:z] n pression f; restrictions fpl de crédit // vt presser; (hand, arm) serrer; **to** – **out** vt exprimer; (fig) soutirer.

squelch [skwɛltʃ] vi faire un bruit de succion; patauger.

squib [skwib] n pétard m.

squid [skwid] n calmar m.

squint [skwint] vi loucher // n: **he has a** – il louche, il souffre de strabisme.

squire ['skwaiə*] n propriétaire terrien.

squirm [skwə:m] vi se tortiller.

squirrel ['skwirəl] n écureuil m.

squirt [skwə:t] n jet m // vi jaillir, gicler.

Sr abbr of **senior**.

St abbr of **saint**, **street**.

stab [stæb] n (with knife etc) coup m (de couteau etc); (col: try): **to have a** – **at (doing) sth** s'essayer à (faire) qch // vt poignarder.

stability [stə'biliti] n stabilité f.

stabilize ['steibəlaiz] vt stabiliser; **~r** n stabilisateur m.

stable ['steibl] n écurie f // a stable.

stack [stæk] n tas m, pile f // vt empiler, entasser.

stadium ['steidiəm] n stade m.

staff [stɑ:f] n (work force) personnel m; (: SCOL) professeurs mpl; (: servants) domestiques mpl; (MIL) état-major m; (stick) perche f, bâton m // vt pourvoir en personnel.

stag [stæg] n cerf m.

stage [steidʒ] n scène f; (profession): **the** – le théâtre; (point) étape f, stade m; (platform) estrade f // vt (play) monter, mettre en scène; (demonstration) organiser; (fig: perform: recovery etc) effectuer; **in** –**s** par étapes, par degrés; **~coach** n diligence f; – **door** n entrée f des artistes; – **fright** n trac m; – **manager** n régisseur m.

stagger ['stægə*] vi chanceler, tituber // vt (person) stupéfier; bouleverser; (hours, holidays) étaler, échelonner; **~ing** a (amazing) stupéfiant(e), renversant(e).

stagnant ['stægnənt] a stagnant(e).

stagnate [stæg'neit] vi stagner, croupir.

stag party ['stægpɑ:ti] n enterrement m de vie de garçon.

staid [steid] a posé(e), rassis(e).

stain [stein] n tache f; (colouring) colorant m // vt tacher; (wood) teindre; **~ed glass window** n vitrail m; **~less** a (steel) inoxydable; – **remover** n détachant m.

stair [stɛə*] n (step) marche f; –**s** npl escalier m; **on the** –**s** dans l'escalier; **~case**, **~way** n escalier m.

stake [steik] n pieu m, poteau m; (BETTING) enjeu m // vt risquer, jouer; **to be at** – être en jeu.

stalactite ['stæləktait] n stalactite f.

stalagmite ['stæləgmait] n stalagmite m.

stale [steil] a (bread) rassis(e); (beer) éventé(e); (smell) de renfermé.

stalk [stɔ:k] n tige f // vt traquer // vi marcher avec raideur.

stall [stɔ:l] n éventaire m, étal m; (in stable) stalle f // vt (AUT) caler // vi (AUT) caler; (fig) essayer de gagner du temps; –**s** npl (in cinema, theatre) orchestre m.

stalwart ['stɔ:lwət] n partisan m fidèle.

stamina ['stæminə] n vigueur f, endurance f.

stammer ['stæmə*] n bégaiement m // vi bégayer.

stamp [stæmp] n timbre m; (mark, also fig) empreinte f; (on document) cachet m // vi taper du pied // vt tamponner, estamper; (letter) timbrer; – **album** n album m de timbres(-poste); – **collecting** n philatélie f.

stampede [stæm'pi:d] n ruée f.

stance [stæns] n position f.

stand [stænd] n (position) position f; (MIL) résistance f; (structure) guéridon m; support m; (COMM) étalage m, stand m; (SPORT) tribune f // vb (pt,pp **stood** [stud]) vi être or se tenir (debout); (rise) se lever, se mettre debout; (be placed) se trouver // vt (place) mettre, poser; (tolerate, withstand) supporter; **to make a** – prendre position; **to** – **for parliament** se présenter aux élections (comme candidat à la députation); **it** –**s to reason** c'est logique; cela va de soi; **to** – **by** vi (be ready) se tenir prêt // vt fus (opinion) s'en tenir à; **to** – **for** vt fus (defend) défendre, être pour; (signify) représenter, signifier; (tolerate) supporter, tolérer; **to** – **in for** vt fus remplacer; **to** – **out** vi (be prominent) ressortir; **to** – **up** vi (rise) se lever, se mettre debout; **to** – **up for** vt *fus* défendre ; **to ~ up to** *vt fus* tenir tête à, résister à.

standard ['stændəd] *n* niveau voulu ; *(flag)* étendard *m* // *a (size etc)* ordinaire, normal(e) ; courant(e) ; **~s** *npl (morals)* morale *f*, principes *mpl* ; **~ization** ['-'zeɪʃən] *n* standardisation *f* ; **~ize** *vt* standardiser ; **~ lamp** *n* lampadaire *m* ; **~ of living** *n* niveau *m* de vie.

stand-by ['stændbaɪ] *n* remplaçant/e ; **~ ticket** *n* billet *m* sans garantie.

stand-in ['stændɪn] *n* remplaçant/e ; *(CINEMA)* doublure *f*.

standing ['stændɪŋ] *a* debout *inv* // *n* réputation *f*, rang *m*, standing *m* ; **of many years'** ~ qui dure or existe depuis longtemps ; **~ committee** *n* commission permanente ; **~ order** *n (at bank)* virement *m* automatique, prélèvement *m* bancaire ; **~ orders** *npl (MIL)* règlement *m* ; **~ room** *n* places *fpl* debout.

stand-offish [stænd'ɔfɪʃ] *a* distant(e), froid(e).

standpoint ['stændpɔɪnt] *n* point *m* de vue.

standstill ['stændstɪl] *n*: **at a ~** à l'arrêt ; *(fig)* au point mort ; **to come to a ~** s'immobiliser, s'arrêter.

stank [stæŋk] *pt of* **stink.**

stanza ['stænzə] *n* strophe *f* ; couplet *m*.

staple ['steɪpl] *n (for papers)* agrafe *f* // *a (food etc)* de base, principal(e) // *vt* agrafer ; **~r** *n* agrafeuse *f*.

star [stɑ:*] *n* étoile *f* ; *(celebrity)* vedette *f* // *vi*: **to ~ (in)** être la vedette (de) // *vt (CINEMA)* avoir pour vedette.

starboard ['stɑ:bəd] *n* tribord *m* ; **to ~** à tribord.

starch [stɑ:tʃ] *n* amidon *m* ; **~ed** *a (collar)* amidonné(e), empesé(e) ; **~y** *a* riche en féculents ; *(person)* guindé(e).

stardom ['stɑ:dəm] *n* célébrité *f*.

stare [stɛə*] *n* regard *m* fixe // *vt*: **to ~ at** regarder fixement.

starfish ['stɑ:fɪʃ] *n* étoile *f* de mer.

stark [stɑ:k] *a (bleak)* désolé(e), morne // *ad*: **~ naked** complètement nu(e).

starlight ['stɑ:laɪt] *n*: **by ~** à la lumière des étoiles.

starling ['stɑ:lɪŋ] *n* étourneau *m*.

starlit ['stɑ:lɪt] *a* étoilé(e) ; illuminé(e) par les étoiles.

starry ['stɑ:rɪ] *a* étoilé(e) ; **~-eyed** *a (innocent)* ingénu(e).

start [stɑ:t] *n* commencement *m*, début *m* ; *(of race)* départ *m* ; *(sudden movement)* sursaut *m* // *vt* commencer // *vi* partir, se mettre en route ; *(jump)* sursauter ; **to ~ doing sth** se mettre à faire qch ; **to ~ off** *vi* commencer ; *(leave)* partir ; **to ~ up** *vi* commencer ; *(car)* démarrer // *vt* déclencher ; *(car)* mettre en marche ; **~er** *n (AUT)* démarreur *m* ; *(SPORT: official)* starter *m* ; (: *runner, horse)* partant *m* ; *(CULIN)* entrée *f* ; **~ing handle** *n* manivelle *f* ; **~ing point** *n* point *m* de départ.

startle ['stɑ:tl] *vt* faire sursauter ; donner un choc à ; **startling** *a* surprenant(e), saisissant(e).

starvation [stɑ:'veɪʃən] *n* faim *f*, famine *f* ; **to die of ~** mourir de faim or d'inanition.

starve [stɑ:v] *vi* mourir de faim ; être affamé(e) // *vt* affamer ; **I'm starving** je meurs de faim.

state [steɪt] *n* état *m* // *vt* déclarer, affirmer ; formuler ; **the S~s** les États-Unis *mpl* ; **to be in a ~** être dans tous ses états ; **~ control** *n* contrôle *m* de l'État ; **~d** *a* fixé(e), prescrit(e) ; **~ly** *a* majestueux(euse), imposant(e) ; **~ment** *n* déclaration *f* ; *(LAW)* déposition *f* ; **~ secret** *n* secret *m* d'État ; **~sman** *n* homme *m* d'État.

static ['stætɪk] *n (RADIO)* parasites *mpl* // *a* statique ; **~ electricity** *n* électricité *f* statique.

station ['steɪʃən] *n* gare *f* ; poste *m* (militaire or de police *etc*) ; *(rank)* condition *f*, rang *m* // *vt* placer, poster.

stationary ['steɪʃnərɪ] *a* à l'arrêt, immobile.

stationer ['steɪʃənə*] *n* papetier/ère ; **~'s (shop)** *n* papeterie *f* ; **~y** *n* papier *m* à lettres, petit matériel de bureau.

station master ['steɪʃnɑ:stə*] *n (RAIL)* chef *m* de gare.

station wagon ['steɪʃənwægən] *n (US)* break *m*.

statistic [stə'tɪstɪk] *n* statistique *f* ; **~s** *npl (science)* statistique *f* ; **~al** *a* statistique.

statue ['stætju:] *n* statue *f* ; **statuesque** ['-'ɛsk] *a* sculptural(e).

stature ['stætʃə*] *n* stature *f* ; *(fig)* envergure *f*.

status ['steɪtəs] *n* position *f*, situation *f* ; prestige *m* ; statut *m* ; **the ~ quo** le statu quo ; **~ symbol** *n* marque *f* de standing, signe extérieur de richesse.

statute ['stætju:t] *n* loi *f* ; **~s** *npl (of club etc)* statuts *mpl* ; **statutory** *a* statutaire, prévu(e) par un article de loi.

staunch [stɔ:ntʃ] *a* sûr(e), loyal(e).

stave [steɪv] *n (MUS)* portée *f* // *vt*: **to ~ off** *(attack)* parer ; *(threat)* conjurer.

stay [steɪ] *n (period of time)* séjour *m* // *vi* rester ; *(reside)* loger ; *(spend some time)* séjourner ; **to ~ put** ne pas bouger ; **to ~ with friends** loger chez des amis ; **to ~ the night** passer la nuit ; **to ~ behind** *vi* rester en arrière ; **to ~ in** *vi (at home)* rester à la maison ; **to ~ on** *vi* rester ; **to ~ out** *vi (of house)* ne pas rentrer ; **to ~ up** *vi (at night)* ne pas se coucher.

STD *n (abbr of Subscriber Trunk Dialling)* l'automatique *m*.

steadfast ['stɛdfɑ:st] *a* ferme, résolu(e).

steadily ['stɛdɪlɪ] *ad* progressivement ; sans arrêt ; *(walk)* d'un pas ferme.

steady ['stɛdɪ] *a* stable, solide, ferme ; *(regular)* constant(e), régulier(ère) ; *(person)* calme, pondéré(e) // *vt* stabiliser ; assujettir ; calmer ; **to ~ oneself** reprendre son aplomb.

steak [steɪk] *n (meat)* bifteck *m*, steak *m* ; *(fish)* tranche *f* ; **~house** *n* ≈ grill-room *m*.

steal, *pt* **stole**, *pp* **stolen** [sti:l, stəul, 'stəuln] *vt*, *vi* voler.

stealth [stɛlθ] *n*: **by ~** furtivement ; **~y** *a* furtif(ive).

steam [sti:m] *n* vapeur *f* // *vt* passer à la vapeur ; *(CULIN)* cuire à la vapeur // *vi* fumer ; *(ship)*: **to ~ along** filer ; **~ engine**

n locomotive *f* à vapeur ; **~er** *n* (bateau *m* à) vapeur *m* ; **~roller** *n* rouleau compresseur ; **~y** *a* embué(e), humide.

steed [sti:d] *n* coursier *m*.

steel [sti:l] *n* acier *m* // *cpd* d'acier ; **~works** *n* aciérie *f*.

steep [sti:p] *a* raide, escarpé(e) ; (*price*) très élevé(e), excessif(ive) // *vt* (faire) tremper.

steeple ['sti:pl] *n* clocher *m* ; **~chase** *n* steeple(-chase) *m* ; **~jack** *n* réparateur *m* de clochers et de hautes cheminées.

steeply ['sti:pli] *ad* en pente raide.

steer [stɪə*] *n* bœuf *m* // *vt* diriger, gouverner ; guider // *vi* tenir le gouvernail ; **~ing** *n* (AUT) conduite *f* ; **~ing column** *n* colonne *f* de direction ; **~ing wheel** *n* volant *m*.

stellar ['stɛlə*] *a* stellaire.

stem [stɛm] *n* tige *f* ; queue *f* ; (NAUT) avant *m*, proue *f* // *vt* contenir, endiguer, juguler ; **to ~ from** *vt fus* provenir de, découler de.

stench [stɛntʃ] *n* puanteur *f*.

stencil ['stɛnsl] *n* stencil *m* ; pochoir *m* // *vt* polycopier.

step [stɛp] *n* pas *m* ; (*stair*) marche *f* ; (*action*) mesure *f*, disposition *f* // *vi*: **to ~ forward** faire un pas en avant, avancer ; **~s** *npl* = **stepladder** ; **to ~ down** *vi* (*fig*) se retirer, se désister ; **to ~ off** *vt fus* descendre de ; **to ~ over** *vt fus* marcher sur ; **to ~ up** *vt* augmenter ; intensifier ; **~brother** *n* demi-frère *m* ; **~child** *n* beau-fils/belle-fille ; **~father** *n* beau-père *m* ; **~ladder** *n* escabeau *m* ; **~mother** *n* belle-mère *f* ; **stepping stone** *n* pierre *f* de gué ; (*fig*) tremplin *m* ; **~sister** *n* demi-sœur *f*.

stereo ['stɛrɪəu] *n* (*system*) stéréo *f* ; (*record player*) chaîne *f* stéréo // *a* (*also*: **~phonic**) *a* stéréophonique.

stereotype ['stɪərɪətaɪp] *n* stéréotype *m* // *vt* stéréotyper.

sterile ['stɛraɪl] *a* stérile ; **sterility** [-'rɪlɪtɪ] *n* stérilité *f* ; **sterilization** [-'zeɪʃən] *n* stérilisation *f* ; **sterilize** ['stɛrɪlaɪz] *vt* stériliser.

sterling ['stə:lɪŋ] *a* sterling *inv* ; (*silver*) de bon aloi, fin(e) ; (*fig*) à toute épreuve, excellent(e) ; **~ area** *n* zone *f* sterling *inv*.

stern [stə:n] *a* sévère // *n* (NAUT) arrière *m*, poupe *f*.

stethoscope ['stɛθəskəup] *n* stéthoscope *m*.

stevedore ['sti:vədɔ:*] *n* docker *m*, débardeur *m*.

stew [stju:] *n* ragoût *m* // *vt*, *vi* cuire à la casserole ; **~ed tea** thé trop infusé.

steward ['stju:əd] *n* (AVIAT, NAUT, RAIL) steward *m* ; (*in club etc*) intendant *m* ; **~ess** *n* hôtesse *f*.

stick [stɪk] *n* bâton *m* ; morceau *m* // *vb* (*pt*, *pp* **stuck** [stʌk]) *vt* (*glue*) coller ; (*thrust*): **to ~ sth into** piquer *or* planter *or* enfoncer qch dans ; (*col*: *put*) mettre, fourrer ; (*col*: *tolerate*) supporter // *vi* se planter ; tenir ; (*remain*) rester ; **to ~ out**, **to ~ up** *vi* dépasser, sortir ; **to ~ up for** *vt fus* défendre ; **~er** *n* auto-collant *m*.

stickleback ['stɪklbæk] *n* épinoche *f*.

stickler ['stɪklə*] *n*: **to be a ~ for** être pointilleux(euse) sur.

sticky ['stɪkɪ] *a* poisseux(euse) ; (*label*) adhésif(ive).

stiff [stɪf] *a* raide ; rigide ; dur(e) ; (*difficult*) difficile, ardu(e) ; (*cold*) froid(e), distant(e) ; (*strong, high*) fort(e), élevé(e) ; **~en** *vi* raidir, renforcer // *vi* se raidir ; se durcir ; **~ neck** *n* torticolis *m* ; **~ness** *n* raideur *f*.

stifle ['staɪfl] *vt* étouffer, réprimer ; **stifling** *a* (*heat*) suffocant(e).

stigma, pl (BOT, MED, REL) **~ta,** (*fig*) **~s** ['stɪgmə, stɪg'mɑ:tə] *n* stigmate *m*.

stile [staɪl] *n* échalier *m*.

stiletto [stɪ'lɛtəu] *n* (*also*: **~ heel**) talon *m* aiguille.

still [stɪl] *a* immobile ; calme, tranquille // *ad* (*up to this time*) encore, toujours ; (*even*) encore ; (*nonetheless*) quand même, tout de même ; **~born** *a* mort-né(e) ; **~ life** *n* nature morte.

stilt [stɪlt] *n* échasse *f* ; (*pile*) pilotis *m*.

stilted ['stɪltɪd] *a* guindé(e), emprunté(e).

stimulant ['stɪmjulənt] *n* stimulant *m*.

stimulate ['stɪmjuleɪt] *vt* stimuler ; **stimulating** *a* stimulant(e) ; **stimulation** [-'leɪʃən] *n* stimulation *f*.

stimulus, pl stimuli ['stɪmjuləs, 'stɪmjulaɪ] *n* stimulant *m* ; (BIOL, PSYCH) stimulus *m*.

sting [stɪŋ] *n* piqûre *f* ; (*organ*) dard *m* // *vt* (*pt*, *pp* **stung** [stʌŋ]) piquer.

stingy ['stɪndʒɪ] *a* avare, pingre, chiche.

stink [stɪŋk] *n* puanteur *f* // *vi* (*pt* **stank**, *pp* **stunk** [stæŋk, stʌŋk]) puer, empester ; **~er** *n* (*col*) vacherie *f* ; dégueulasse *m/f* ; **~ing** *a* (*col*): **a ~ing...** un(e) vache de..., un(e) foutu(e)... .

stint [stɪnt] *n* part *f* de travail // *vi*: **to ~ on** lésiner sur, être chiche de.

stipend ['staɪpɛnd] *n* (*of vicar etc*) traitement *m*.

stipulate ['stɪpjuleɪt] *vt* stipuler ; **stipulation** [-'leɪʃən] *n* stipulation *f*, condition *f*.

stir [stə:*] *n* agitation *f*, sensation *f* // *vt* remuer // *vi* remuer, bouger ; **to ~ up** *vt* exciter ; **~ring** *a* excitant(e) ; émouvant(e).

stirrup ['stɪrəp] *n* étrier *m*.

stitch [stɪtʃ] *n* (SEWING) point *m* ; (KNITTING) maille *f* ; (MED) point de suture ; (*pain*) point de côté *m* // *vt* coudre, piquer ; suturer.

stoat [stəut] *n* hermine *f* (*avec son pelage d'été*).

stock [stɔk] *n* réserve *f*, provision *f* ; (COMM) stock *m* ; (AGR) cheptel *m*, bétail *m* ; (CULIN) bouillon *m* ; (FINANCE) valeurs *fpl*, titres *mpl* // *a* (*fig*: *reply etc*) courant(e), classique // *vt* (*have in stock*) avoir, vendre ; **well-~ed** bien approvisionné(e) *or* fourni(e) ; **to take ~** (*fig*) faire le point ; **to ~ up** *vt* remplir, garnir // *vi*: **to ~ up (with)** s'approvisionner (en).

stockade [stɔ'keɪd] *n* palissade *f*.

stockbroker ['stɔkbrəukə*] *n* agent *m* de change.

stock exchange ['stɔkɪkstʃeɪndʒ] *n* Bourse *f* (des valeurs).

stocking ['stɔkɪŋ] *n* bas *m*.

stockist ['stɔkɪst] n stockiste m.
stock market ['stɔkmɑːkɪt] n Bourse f,
marché financier.
stock phrase ['stɔk'freɪz] n cliché m.
stockpile ['stɔkpaɪl] n stock m, réserve f
// vt stocker, accumuler.
stocktaking ['stɔkteɪkɪŋ] n (COMM)
inventaire m.
stocky ['stɔkɪ] a trapu(e), râblé(e).
stodgy ['stɔdʒɪ] a bourratif(ive), lourd(e).
stoic ['stəʊɪk] n stoïque m/f ; **~al** a stoïque.
stoke [stəʊk] vt garnir, entretenir ;
chauffer ; **~r** n chauffeur m.
stole [stəʊl] pt of **steal** // n étole f.
stolen ['stəʊln] pp of **steal**.
stolid ['stɔlɪd] a impassible, flegmatique.
stomach ['stʌmək] n estomac m ;
(abdomen) ventre m // vt supporter,
digérer ; **~ ache** n mal m à l'estomac or
au ventre.
stone [stəʊn] n pierre f ; (pebble) caillou
m, galet m ; (in fruit) noyau m ; (MED) calcul
m ; (weight) mesure de poids = 6.348 kg. ;
14 pounds // cpd de or en pierre // vt
dénoyauter ; **~-cold** a complètement
froid(e) ; **~-deaf** a sourd(e) comme un
pot ; **~mason** n tailleur m de pierre(s) ;
~work n maçonnerie f ; **stony** a
pierreux(euse), rocailleux(euse).
stood [stʊd] pt,pp of **stand**.
stool [stuːl] n tabouret m.
stoop [stuːp] vi (also: **have a ~**) être
voûté(e) ; (bend) se baisser, se courber.
stop [stɔp] n arrêt m ; halte f ; (in
punctuation) point m // vt arrêter ; (break
off) interrompre ; (also: **put a ~ to**) mettre
fin à ; **~s'arrêter** ; (rain, noise etc) cesser,
s'arrêter ; **to ~ doing sth** cesser or arrêter
de faire qch ; **to ~ dead** vi s'arrêter net ;
to ~ off vi faire une courte halte ; **to ~
up** (hole) boucher ; **~lights** npl (AUT)
signaux mpl de stop, feux mpl arrière ;
~over n halte f, (AVIAT) escale f.
stoppage ['stɔpɪdʒ] n arrêt m ; (of pay)
retenue f ; (strike) arrêt de travail.
stopper ['stɔpə*] n bouchon m.
stop-press ['stɔp'prɛs] n nouvelles fpl de
dernière heure.
stopwatch ['stɔpwɔtʃ] n chronomètre m.
storage ['stɔːrɪdʒ] n emmagasinage m ;
(COMPUTERS) mise f en mémoire or réserve.
store [stɔː*] n provision f, réserve f ;
(depot) entrepôt m ; (large shop) grand
magasin // vt emmagasiner ; **to ~ up** vt
mettre en réserve, emmagasiner ; **~room**
n réserve f, magasin m.
storey, story (US) ['stɔːrɪ] n étage m.
stork [stɔːk] n cigogne f.
storm [stɔːm] n orage m, tempête f ;
ouragan m // vi (fig) fulminer // vt
prendre d'assaut ; **~cloud** n nuage m
d'orage ; **~y** a orageux(euse).
story ['stɔːrɪ] n histoire f ; récit m ; (US)
= **storey** ; **~book** n livre m d'histoires or
de contes ; **~teller** n conteur/euse.
stout [staʊt] a solide ; (brave) intrépide ;
(fat) gros(se), corpulent(e) // n bière
brune.
stove [stəʊv] n (for cooking) fourneau m ;
(: small) réchaud m ; (for heating) poêle m.

stow [stəʊ] vt ranger ; cacher ; **~away** n
passager/ère clandestin(e).
straddle ['strædl] vt enjamber, être à
cheval sur.
strafe [strɑːf] vt mitrailler.
straggle ['strægl] vi être (or marcher) en
désordre ; **~d along the coast**
disséminé(e) tout au long de la côte ; **~r**
n traînard/e ; **straggling, straggly** a (hair)
en désordre.
straight [streɪt] a droit(e) ; (frank)
honnête, franc(he) // ad (tout) droit ;
(drink) sec, sans eau // n: **the ~** la ligne
droite ; **to put or get ~** mettre en ordre,
mettre de l'ordre dans ; **~ away, ~off** (at
once) tout de suite ; **~ off, ~ out** sans
hésiter ; **~en** vt (also: **~en out**)
redresser ; **~forward** a simple ; honnête,
direct(e).
strain [streɪn] n (TECH) tension f ; pression
f ; (physical) effort m ; (mental) tension
(nerveuse) ; (MED) entorse f ; (streak, trace)
tendance f ; élément m // vt tendre
fortement ; mettre à l'épreuve ; (filter)
passer, filtrer // vi peiner, fournir un gros
effort ; **~s** npl (MUS) accords mpl, accents
mpl ; **~ed** a (laugh etc) forcé(e),
contraint(e) ; (relations) tendu(e) ; **~er** n
passoire f.
strait [streɪt] n (GEO) détroit m ; **~jacket**
n camisole f de force ; **~laced** a collet
monté inv.
strand [strænd] n (of thread) fil m, brin
m // vt (boat) échouer ; **~ed** a en rade,
en plan.
strange [streɪndʒ] a (not known)
inconnu(e) ; (odd) étrange, bizarre ; **~ly** ad
étrangement, bizarrement ; **~r** n
inconnu/e ; étranger/ère.
strangle ['stræŋgl] vt étrangler ; **~hold** n
(fig) emprise totale, mainmise f ;
strangulation [-'leɪʃən] n strangulation f.
strap [stræp] n lanière f, courroie f, sangle
f ; (of slip, dress) bretelle f // vt attacher
(avec une courroie etc) ; (child etc)
administrer une correction à.
strapping ['stræpɪŋ] a bien découplé(e),
costaud(e).
strata ['strɑːtə] npl of **stratum**.
stratagem ['strætɪdʒəm] n stratagème m.
strategic [strə'tiːdʒɪk] a stratégique.
strategist ['strætɪdʒɪst] n stratège m.
strategy ['strætɪdʒɪ] n stratégie f.
stratosphere ['strætəsfɪə*] n
stratosphère f.
stratum, pl strata ['strɑːtəm, 'strɑːtə] n
strate f, couche f.
straw [strɔː] n paille f.
strawberry ['strɔːbərɪ] n fraise f ; (plant)
fraisier m.
stray [streɪ] a (animal) perdu(e), errant(e)
// vi s'égarer ; **~ bullet** n balle perdue.
streak [striːk] n raie f, bande f, filet m ;
(fig: of madness etc): **a ~ of** une or des
tendance(s) à // vt zébrer, strier // vi: **to
~ past** passer à toute allure ; **~y** a
zébré(e), strié(e) ; **~y bacon** n ≈ lard m
(maigre).
stream [striːm] n ruisseau m ; courant m,
flot m ; (of people) défilé m ininterrompu, flot
// vt (SCOL) répartir par niveau // vi

ruisseler ; **to ~ in/out** entrer/sortir à flots.

streamer ['stri:mə*] n serpentin m, banderole f.

streamlined ['stri:mlaɪnd] a (AVIAT) fuselé(e), profilé(e) ; (AUT) aérodynamique ; (fig) rationalisé(e).

street [stri:t] n rue f ; **~car** n (US) tramway m ; **~ lamp** n réverbère m.

strength [streŋθ] n force f ; (of girder, knot etc) solidité f ; **~en** vt fortifier ; renforcer ; consolider.

strenuous ['strenjuəs] a vigoureux(euse), énergique ; (tiring) ardu(e), fatigant(e).

stress [stres] n (force, pressure) pression f ; (mental strain) tension (nerveuse) ; (accent) accent m // vt insister sur, souligner.

stretch [stretʃ] n (of sand etc) étendue f // vi s'étirer ; (extend): **to ~ to/as far as** s'étendre jusqu'à // vt tendre, étirer ; (spread) étendre ; (fig) pousser (au maximum) ; **at a ~** sans discontinuer, sans interruption ; **to ~ a muscle** se distendre un muscle ; **to ~ out** vi s'étendre // vt (arm etc) allonger, tendre ; (to spread) étendre ; **to ~ out for something** allonger la main pour prendre qch.

stretcher ['stretʃə*] n brancard m, civière f.

strewn [stru:n] a: **~ with** jonché(e) de.

stricken ['strɪkən] a très éprouvé(e) ; dévasté(e) ; **~ with** frappé(e) or atteint(e) de.

strict [strɪkt] a strict(e) ; **~ly** ad strictement ; **~ness** n sévérité f.

stride [straɪd] n grand pas, enjambée f // vi (pt **strode**, pp **stridden** [strəud, 'strɪdn]) marcher à grands pas.

strident ['straɪdnt] a strident(e).

strife [straɪf] n conflit m, dissensions fpl.

strike [straɪk] n grève f ; (of oil etc) découverte f ; (attack) raid m // vb (pt,pp **struck** [strʌk]) vt frapper ; (oil etc) trouver, découvrir // vi faire grève ; (attack) attaquer ; (clock) sonner ; **to ~ a match** frotter une allumette ; **to ~ down** vt (fig) terrasser ; **to ~ out** vt rayer ; **to ~ up** vt (MUS) se mettre à jouer ; **to ~ up a friendship with** se lier d'amitié avec ; **~breaker** n briseur m de grève ; **~r** n gréviste m/f ; (SPORT) buteur m ; **striking** a frappant(e), saisissant(e).

string [strɪŋ] n ficelle f, fil m ; (row) rang m ; chapelet m ; file f ; (MUS) corde f // vt (pt,pp **strung** [strʌŋ]): **to ~ out** échelonner ; **the ~s** npl (MUS) les instruments mpl à corde ; **~ bean** n haricot vert ; **~(ed) instrument** n (MUS) instrument m à cordes.

stringent ['strɪndʒənt] a rigoureux(euse) ; (need) impérieux(euse).

strip [strɪp] n bande f // vt déshabiller ; dégarnir, dépouiller ; (also: **~ down**: machine) démonter // vi se déshabiller ; **~ cartoon** n bande dessinée.

stripe [straɪp] n raie f, rayure f ; **~d** a rayé(e), à rayures.

strip light ['strɪplaɪt] n (tube m au) néon m.

stripper ['strɪpə*] n strip-teaseuse f.

striptease ['strɪpti:z] n strip-tease m.

strive, pt strove, pp striven [straɪv, strəuv, 'strɪvn] vi: **to ~ to do** s'efforcer de faire.

strode [strəud] pt of **stride**.

stroke [strəuk] n coup m ; (MED) attaque f ; (caress) caresse f // vt caresser ; **at a ~** d'un (seul) coup ; **on the ~ of 5** à 5 heures sonnantes ; **a 2-~ engine** un moteur à 2 temps.

stroll [strəul] n petite promenade // vi flâner, se promener nonchalamment.

strong [strɔŋ] a fort(e), vigoureux(euse) ; solide ; vif(vive) ; **they are 50 ~** ils sont au nombre de 50 ; **~hold** n bastion m ; **~ly** ad fortement, avec force ; vigoureusement ; solidement ; **~room** n chambre forte.

strove [strəuv] pt of **strive**.

struck [strʌk] pt,pp of **strike**.

structural ['strʌktʃərəl] a structural(e) ; (CONSTR) de construction ; affectant les parties portantes ; **~ly** ad du point de vue de la construction.

structure ['strʌktʃə*] n structure f ; (building) construction f ; édifice m.

struggle ['strʌgl] n lutte f // vi lutter, se battre.

strum [strʌm] vt (guitar) gratter de.

strung [strʌŋ] pt,pp of **string**.

strut [strʌt] n étai m, support m // vi se pavaner.

stub [stʌb] n bout m ; (of ticket etc) talon m ; **to ~ out** vt écraser.

stubble ['stʌbl] n chaume m ; (on chin) barbe f de plusieurs jours.

stubborn ['stʌbən] a têtu(e), obstiné(e), opiniâtre.

stubby ['stʌbɪ] a trapu(e) ; gros(se) et court(e).

stuck [stʌk] pt,pp of **stick** // a (jammed) bloqué(e), coincé(e) ; **~-up** a prétentieux(euse).

stud [stʌd] n clou m (à grosse tête) ; bouton m de col ; (of horses) écurie f, haras m ; (also: **~ horse**) étalon m // vt (fig): **~ded with** parsemé(e) or criblé(e) de.

student ['stju:dənt] n étudiant/e // cpd estudiantin(e) ; universitaire ; d'étudiant.

studied ['stʌdɪd] a étudié(e), calculé(e).

studio ['stju:dɪəu] n studio m, atelier m.

studious ['stju:dɪəs] a studieux(euse), appliqué(e) ; (studied) étudié(e) ; **~ly** ad (carefully) soigneusement.

study ['stʌdɪ] n étude f ; (room) bureau m // vt étudier ; examiner // vi étudier, faire ses études.

stuff [stʌf] n chose(s) f(pl), truc m ; affaires fpl ; (substance) substance f // vt rembourrer ; (CULIN) farcir ; **~ing** n bourre f, rembourrage m ; (CULIN) farce f ; **~y** a (room) mal ventilé(e) or aéré(e) ; (ideas) vieux jeu inv.

stumble ['stʌmbl] vi trébucher ; **to ~ across** (fig) tomber sur ; **stumbling block** n pierre f d'achoppement.

stump [stʌmp] n souche f ; (of limb) moignon m // vt: **to be ~ed** sécher, ne pas savoir que répondre.

stun [stʌn] vt étourdir ; abasourdir.

stung [stʌŋ] *pt, pp of* **sting**.

stunk [stʌŋk] *pp of* **stink**.

stunning ['stʌnɪŋ] *a* étourdissant(e), stupéfiant(e).

stunt [stʌnt] *n* tour *m* de force; truc *m* publicitaire; (*AVIAT*) acrobatie *f* // *vt* retarder, arrêter; **~ed** *a* rabougri(e); **~man** *n* cascadeur *m*.

stupefy ['stju:pɪfaɪ] *vt* étourdir; abrutir; (*fig*) stupéfier.

stupendous [stju:'pɛndəs] *a* prodigieux(euse), fantastique.

stupid ['stju:pɪd] *a* stupide, bête; **~ity** [-'pɪdɪtɪ] *n* stupidité *f*, bêtise *f*; **~ly** *ad* stupidement, bêtement.

stupor ['stju:pə*] *n* stupeur *f*.

sturdy ['stə:dɪ] *a* robuste, vigoureux(euse); solide.

sturgeon ['stə:dʒən] *n* esturgeon *m*.

stutter ['stʌtə*] *n* bégaiement *m* // *vi* bégayer.

sty [staɪ] *n* (*of pigs*) porcherie *f*.

stye [staɪ] *n* (*MED*) orgelet *m*.

style [staɪl] *n* style *m*; (*distinction*) allure *f*, cachet *m*, style *m*; **stylish** *a* élégant(e), chic *inv*.

stylized ['staɪlaɪzd] *a* stylisé(e).

stylus ['staɪləs] *n* (*of record player*) pointe *f* de lecture.

suave [swɑ:v] *a* doucereux(euse), onctueux(euse).

sub... [sʌb] *prefix* sub..., sous-; **subconscious** *a* subconscient(e) // *n* subconscient *m*; **subdivide** *vt* subdiviser; **subdivision** *n* subdivision *f*.

subdue [səb'dju:] *vt* subjuguer, soumettre; **~d** *a* contenu(e), atténué(e); (*light*) tamisé(e); (*person*) qui a perdu de son entrain.

subject *n* ['sʌbdʒɪkt] sujet *m*; (*SCOL*) matière *f* // *vt* [səb'dʒɛkt]: **to ~ to** soumettre à; exposer à; **to be ~ to** (*law*) être soumis(e) à; (*disease*) être sujet(te) à; **~ion** [-'dʒɛkʃən] soumission *f*, sujétion *f*; **~ive** *a* subjectif(ive); (*LING*) sujet(te); **~ matter** *n* sujet *m*; contenu *m*.

sub judice [sʌb'dju:dɪsɪ] *a* devant les tribunaux.

subjunctive [səb'dʒʌŋktɪv] *a* subjonctif(ive) // *n* subjonctif *m*.

sublet [sʌb'lɛt] *vt* sous-louer.

sublime [sə'blaɪm] *a* sublime.

submachine gun ['sʌbmə'ʃi:ngʌn] *n* fusil-mitrailleur *m*.

submarine [sʌbmə'ri:n] *n* sous-marin *m*.

submerge [səb'mə:dʒ] *vt* submerger; immerger // *vi* plonger.

submission [səb'mɪʃən] *n* soumission *f*.

submissive [səb'mɪsɪv] *a* soumis(e).

submit [səb'mɪt] *vt* soumettre // *vi* se soumettre.

subordinate [sə'bɔ:dɪnət] *a,n* subordonné(e).

subpoena [səb'pi:nə] (*LAW*) *n* citation *f*, assignation *f* // *vt* citer or assigner (à comparaître).

subscribe [səb'skraɪb] *vi* cotiser; **to ~ to** (*opinion, fund*) souscrire à; (*newspaper*) s'abonner à; être abonné(e) à; **~r** *n* (*to periodical, telephone*) abonné/e.

subscription [səb'skrɪpʃən] *n* souscription *f*; abonnement *m*.

subsequent ['sʌbsɪkwənt] *a* ultérieur(e), suivant(e); consécutif(ive); **~ly** *ad* par la suite.

subside [səb'saɪd] *vi* s'affaisser; (*flood*) baisser; (*wind*) tomber; **~nce** [-'saɪdns] *n* affaissement *m*.

subsidiary [səb'sɪdɪərɪ] *a* subsidiaire; accessoire // *n* filiale *f*.

subsidize ['sʌbsɪdaɪz] *vt* subventionner.

subsidy ['sʌbsɪdɪ] *n* subvention *f*.

subsistence [səb'sɪstəns] *n* existence *f*, subsistance *f*.

substance ['sʌbstəns] *n* substance *f*; (*fig*) essentiel *m*; **a man of ~** un homme jouissant d'une certaine fortune.

substandard [sʌb'stændəd] *a* de qualité inférieure.

substantial [səb'stænʃl] *a* substantiel(le); (*fig*) important(e); **~ly** *ad* considérablement; en grande partie.

substantiate [səb'stænʃɪeɪt] *vt* étayer, fournir des preuves à l'appui de.

substitute ['sʌbstɪtju:t] *n* (*person*) remplaçant/e *m*; (*thing*) succédané *m* // *vt*: **to ~ sth/sb for** substituer qch/qn à, remplacer par qch/qn; **substitution** [-'tju:ʃən] *n* substitution *f*.

subterfuge ['sʌbtəfju:dʒ] *n* subterfuge *m*.

subterranean [sʌbtə'reɪnɪən] *a* souterrain(e).

subtitle ['sʌbtaɪtl] *n* (*CINEMA*) sous-titre *m*.

subtle ['sʌtl] *a* subtil(e); **~ty** *n* subtilité *f*.

subtract [səb'trækt] *vt* soustraire, retrancher; **~ion** [-'trækʃən] *n* soustraction *f*.

subtropical [sʌb'trɔpɪkl] *a* subtropical(e).

suburb ['sʌbə:b] *n* faubourg *m*; **the ~s** la banlieue; **~an** [sə'bə:bən] *a* de banlieue, suburbain(e).

subvention [səb'vɛnʃən] *n* (*US: subsidy*) subvention *f*.

subversive [səb'və:sɪv] *a* subversif(ive).

subway ['sʌbweɪ] *n* (*US*) métro *m*; (*Brit*) passage souterrain.

sub-zero [sʌb'zɪərəu] *a* au-dessous de zéro.

succeed [sək'si:d] *vi* réussir; avoir du succès // *vt* succéder à; **to ~ in doing** réussir à faire; **~ing** *a* (*following*) suivant(e).

success [sək'sɛs] *n* succès *m*; réussite *f*; **~ful** *a* (*venture*) couronné(e) de succès; **to be ~ful (in doing)** réussir (à faire); **~fully** *ad* avec succès.

succession [sək'sɛʃən] *n* succession *f*.

successive [sək'sɛsɪv] *a* successif(ive), consécutif(ive).

successor [sək'sɛsə*] *n* successeur *m*.

succinct [sək'sɪŋkt] *a* succinct(e), bref(brève).

succulent ['sʌkjulənt] *a* succulent(e).

succumb [sə'kʌm] *vi* succomber.

such [sʌtʃ] *a*, *det* tel(telle); (*of that kind*): **~ a book** un livre de ce genre or pareil, un tel livre; **~ books** des livres de ce genre or pareils, de tels livres; (*so much*): **~ courage** un tel courage; **a long trip** un si long voyage; **~ good books** de si bons livres ; ~ **a long trip** that un voyage si *or* tellement long que ; ~ **a lot of** tellement *or* tant de ; **making** ~ **a noise that** faisant un tel bruit que *or* tellement de bruit que ; ~ **as** (*like*) tel(telle) que, comme ; **a noise** ~ **as to** un bruit de nature à ; **as** ~ *ad* en tant que tel(telle), à proprement parler ; ~**-and-**~ *det* tel(telle) ou tel(telle).

suck [sʌk] *vt* sucer ; (*breast, bottle*) téter ; ~**er** *n* (BOT, ZOOL, TECH) ventouse *f* ; (*col*) naïf/ïve, poire *f*.

suckle ['sʌkl] *vt* allaiter.

suction ['sʌkʃən] *n* succion *f*.

sudden ['sʌdn] *a* soudain(e), subit(e) ; **all of a** ~ soudain, tout à coup ; ~**ly** *ad* brusquement, tout à coup, soudain.

suds [sʌdz] *npl* eau savonneuse.

sue [su:] *vt* poursuivre en justice, intenter un procès à.

suede [sweid] *n* daim *m*, cuir suédé // *cpd* de daim.

suet ['suit] *n* graisse *f* de rognon *or* de bœuf.

Suez Canal ['su:izkə'næl] *n* canal *m* de Suez.

suffer ['sʌfə*] *vt* souffrir, subir ; (*bear*) tolérer, supporter // *vi* souffrir ; ~**er** *n* malade *m/f* ; victime *m/f* ; ~**ing** *n* souffrance(s) *f(pl)*.

suffice [sə'fais] *vi* suffire.

sufficient [sə'fiʃənt] *a* suffisant(e) ; ~ **money** suffisamment d'argent ; ~**ly** *ad* suffisamment, assez.

suffix ['sʌfiks] *n* suffixe *m*.

suffocate ['sʌfəkeit] *vi* suffoquer ; étouffer ; **suffocation** [-'keiʃən] *n* suffocation *f* ; (MED) asphyxie *f*.

sugar ['ʃugə*] *n* sucre *m* // *vt* sucrer ; ~ **beet** *n* betterave sucrière ; ~ **cane** *n* canne *f* à sucre ; ~**y** *a* sucré(e).

suggest [sə'dʒɛst] *vt* suggérer, proposer ; dénoter ; ~**ion** [-'dʒɛstʃən] *n* suggestion *f* ; ~**ive** *a* suggestif(ive).

suicidal [sui'saidl] *a* suicidaire.

suicide ['suisaid] *n* suicide *m*.

suit [su:t] *n* (*man's*) costume *m*, complet *m* ; (*woman's*) tailleur *m*, ensemble *m* ; (CARDS) couleur *f* // *vt* aller à ; convenir à ; (*adapt*) ~ **sth to** adapter *or* approprier qch à ; ~**able** *a* qui convient ; approprié(e) ; ~**ably** *ad* comme il se doit (*or* se devait etc), convenablement.

suitcase ['su:tkeis] *n* valise *f*.

suite [swi:t] *n* (*of rooms, also* MUS) suite *f* ; (*furniture*): **bedroom/dining room** ~ (ensemble *m* de) chambre *f* à coucher/salle *f* à manger.

sulfur ['sʌlfə*] *etc* (US) = **sulphur** *etc*.

sulk [sʌlk] *vi* bouder ; ~**y** *a* boudeur(euse), maussade.

sullen ['sʌlən] *a* renfrogné(e), maussade ; morne.

sulphur, sulfur (US) ['sʌlfə*] *n* soufre *m* ; ~**ic** [-'fjuərik] *a*: ~**ic acid** acide *m* sulfurique.

sultan ['sʌltən] *n* sultan *m*.

sultana [sʌl'tɑ:nə] *n* (*fruit*) raisin sec de Smyrne.

sultry ['sʌltri] *a* étouffant(e).

sum [sʌm] *n* somme *f* ; (SCOL *etc*) calcul *m* ; *f* ; **to** ~ **up** *vt,vi* résumer.

summarize ['sʌmərarz] *vt* résumer.

summary ['sʌməri] *n* résumé *m* // *a* (*justice*) sommaire.

summer ['sʌmə*] *n* été *m* // *cpd* d'été, estival(e) ; ~**house** *n* (*in garden*) pavillon *m* ; ~**time** *n* (*season*) été *m* ; ~ **time** (*by clock*) heure *f* d'été.

summit ['sʌmit] *n* sommet *m* ; ~ **(conference)** *n* (conférence *f* au) sommet *m*.

summon ['sʌmən] *vt* appeler, convoquer ; **to** ~ **up** *vt* rassembler, faire appel à ; ~**s** *n* citation *f*, assignation *f* // *vt* citer, assigner.

sump [sʌmp] *n* (AUT) carter *m*.

sumptuous ['sʌmptjuəs] *a* somptueux(euse).

sun [sʌn] *n* soleil *m* ; **in the** ~ au soleil ; ~**bathe** *vi* prendre un bain de soleil ; ~**burnt** *a* bronzé(e), hâlé(e) ; (*painfully*) brûlé(e) par le soleil ; ~ **cream** *n* crème *f* (anti-)solaire.

Sunday ['sʌndi] *n* dimanche *m*.

sundial ['sʌndaiəl] *n* cadran *m* solaire.

sundry ['sʌndri] *a* divers(e), différent(e) ; **all and** ~ tout le monde, n'importe qui ; **sundries** *npl* articles divers.

sunflower ['sʌnflauə*] *n* tournesol *m*.

sung [sʌŋ] *pp of* **sing**.

sunglasses ['sʌnglɑ:siz] *npl* lunettes *fpl* de soleil.

sunk [sʌŋk] *pp of* **sink** ; ~**en** *a* submergé(e) ; creux(euse).

sun : ~**light** *n* (lumière *f* du) soleil *m* ; ~**lit** *a* ensoleillé(e) ; ~**ny** *a* ensoleillé(e) ; (*fig*) épanoui(e), radieux(euse) ; ~**rise** *n* lever *m* du soleil ; ~**set** *n* coucher *m* du soleil ; ~**shade** *n* (*over table*) parasol *m* ; ~**shine** *n* (lumière *f* du) soleil *m* ; ~**spot** *n* tache *f* solaire ; ~**stroke** *n* insolation *f*, coup *m* de soleil ; ~**tan** *n* bronzage *m* ; ~**tan oil** *n* huile *f* solaire ; ~**trap** *n* coin très ensoleillé.

super ['su:pə*] *a* (*col*) formidable.

superannuation [su:pərænju'eiʃən] *n* cotisations *fpl* pour la pension.

superb [su:'pə:b] *a* superbe, magnifique.

supercilious [su:pə'siliəs] *a* hautain(e), dédaigneux(euse).

superficial [su:pə'fiʃəl] *a* superficiel(le) ; ~**ly** *ad* superficiellement.

superfluous [su'pə:fluəs] *a* superflu(e).

superhuman [su:pə'hju:mən] *a* surhumain(e).

superimpose ['su:pərim'pəuz] *vt* superposer.

superintendent [su:pərin'tɛndənt] *n* directeur/trice ; (POLICE) ≈ commissaire *m*.

superior [su'piəriə*] *a,n* supérieur(e) ; ~**ity** [-'ɔriti] *n* supériorité *f*.

superlative [su'pə:lətiv] *a* sans pareil(le), suprême // *n* (LING) superlatif *m*.

superman ['su:pəmæn] *n* surhomme *m*.

supermarket ['su:pəmɑ:kit] *n* supermarché *m*.

supernatural [su:pə'nætʃərəl] *a* surnaturel(le).

superpower ['su:pəpauə*] *n* (POL) grande puissance.

supersede [su:pə'si:d] *vt* remplacer, supplanter.

supersonic [ˈsuːpəˈsɔnɪk] *a* supersonique.
superstition [suːpəˈstɪʃən] *n* superstition
f.
superstitious [suːpəˈstɪʃəs] *a* superstitieux(euse).
supertanker [ˈsuːpətæŋkə*] *n* pétrolier
géant, superpétrolier *m*.
supervise [ˈsuːpəvaɪz] *vt* surveiller;
diriger; **supervision** [-ˈvɪʒən] *n*
surveillance *f*; contrôle *m*; **supervisor** *n*
surveillant/e; (*in shop*) chef *m* de rayon;
supervisory *a* de surveillance.
supper [ˈsʌpə*] *n* dîner *m*; (*late*) souper
m.
supple [ˈsʌpl] *a* souple.
supplement [ˈsʌplɪmənt] supplément *m*
// *vt* [ˈsʌplɪˈmɛnt] ajouter à, compléter;
~ary [-ˈmɛntərɪ] *a* supplémentaire.
supplier [səˈplaɪə*] *n* fournisseur *m*.
supply [səˈplaɪ] *vt* (*provide*) fournir;
(*equip*): **to ~ (with)** approvisionner *or*
ravitailler (en); fournir (en); alimenter
(en) // *n* provision *f*, réserve *f*; (*supplying*)
approvisionnement *m*; (*TECH*) alimentation
f // *cpd* (*teacher etc*) suppléant(e);
supplies *npl* (*food*) vivres *mpl*; (*MIL*)
subsistances *fpl*; **~ and demand** l'offre
f et la demande.
support [səˈpɔːt] *n* (*moral, financial etc*)
soutien *m*, appui *m*; (*TECH*) support *m*,
soutien // *vt* soutenir, supporter;
(*financially*) subvenir aux besoins de;
(*uphold*) être pour, être partisan de,
appuyer; (*endure*) supporter, tolérer; **~er**
n (*POL etc*) partisan/e; (*SPORT*) supporter *m*.
suppose [səˈpəuz] *vt, vi* supposer;
imaginer; **to be ~d to do** être censé(e)
faire; **~dly** [səˈpəuzɪdlɪ] *ad* soi-disant;
supposing *cj* si, à supposer que + *sub*;
supposition [sʌpəˈzɪʃən] *n* supposition *f*,
hypothèse *f*.
suppress [səˈprɛs] *vt* réprimer;
supprimer; étouffer; refouler; **~ion**
[səˈprɛʃən] *n* suppression *f*, répression *f*;
~or *n* (*ELEC etc*) dispositif *m* antiparasite.
supremacy [suˈprɛməsɪ] *n* suprématie *f*.
supreme [suˈpriːm] *a* suprême.
surcharge [ˈsəːtʃɑːdʒ] *n* surcharge *f*;
(*extra tax*) surtaxe *f*.
sure [ʃuə*] *a* (*gen*) sûr(e); (*definite,
convinced*) sûr(e), certain(e); **~!** (*of
course*) bien sûr!; **~ enough**
effectivement; **to make ~ of** s'assurer
de; vérifier; **~-footed** *a* au pied sûr; **~ly**
ad sûrement; certainement.
surety [ˈʃuərətɪ] *n* caution *f*.
surf [səːf] *n* ressac *m*.
surface [ˈsəːfɪs] *n* surface *f* // *vt* (*road*)
poser le revêtement de // *vi* remonter à
la surface; faire surface; **~ mail** *n*
courrier *m* par voie de terre (*or* maritime).
surfboard [ˈsəːfbɔːd] *n* planche *f* de surf.
surfeit [ˈsəːfɪt] *n*: **a ~ of** un excès de; une
indigestion de.
surfing [ˈsəːfɪŋ] *n* surf *m*.
surge [səːdʒ] *n* vague *f*, montée *f* // *vi*
déferler.
surgeon [ˈsəːdʒən] *n* chirurgien *m*.
surgery [ˈsəːdʒərɪ] *n* chirurgie *f*; (*room*)
cabinet *m* (de consultation); **to undergo**

~ être opéré(e); **~ hours** *npl* heures *fpl*
de consultation.
surgical [ˈsəːdʒɪkl] *a* chirurgical(e); **~
spirit** *n* alcool *m* à 90s.
surly [ˈsəːlɪ] *a* revêche, maussade.
surmise [səːˈmaɪz] *vt* présumer,
conjecturer.
surmount [səːˈmaunt] *vt* surmonter.
surname [ˈsəːneɪm] *n* nom *m* de famille.
surpass [səːˈpɑːs] *vt* surpasser, dépasser.
surplus [ˈsəːpləs] *n* surplus *m*, excédent *m*
// *a* en surplus, de trop.
surprise [səˈpraɪz] *n* (*gen*) surprise *f*;
(*astonishment*) étonnement *m* // *vt*
surprendre; étonner; **surprising** *a*
surprenant(e), étonnant(e).
surrealist [səˈrɪəlɪst] *a* surréaliste.
surrender [səˈrɛndə*] *n* reddition *f*,
capitulation *f* // *vi* se rendre, capituler.
surreptitious [sʌrəpˈtɪʃəs] *a* subreptice,
furtif(ive).
surround [səˈraund] *vt* entourer; (*MIL etc*)
encercler; **~ing** *a* environnant(e); **~ings**
npl environs *mpl*, alentours *mpl*.
surveillance [səːˈveɪləns] *n* surveillance *f*.
survey *n* [ˈsəːveɪ] enquête *f*, étude *f*; (*in
housebuying etc*) inspection *f*, (rapport *m*
d')expertise *f*; (*of land*) levé *m* // *vt*
[səːˈveɪ] passer en revue; enquêter sur;
inspecter; **~ing** *n* (*of land*) arpentage *m*;
~or *n* expert *m*; (arpenteur *m*) géomètre
m.
survival [səˈvaɪvl] *n* survie *f*; (*relic*)
vestige *m*.
survive [səˈvaɪv] *vi* survivre; (*custom etc*)
subsister // *vt* survivre à, réchapper de;
(*person*) survivre à; **survivor** *n*
survivant/e.
susceptible [səˈsɛptəbl] *a*: **~ (to)**
sensible (à); (*disease*) prédisposé(e) (à).
suspect *a, n* [ˈsʌspɛkt] suspect(e) // *vt*
[səsˈpɛkt] soupçonner, suspecter.
suspend [səsˈpɛnd] *vt* suspendre; **~ed
sentence** *n* condamnation *f* avec sursis;
~er belt *n* porte-jarretelles *m inv*; **~ers**
npl jarretelles *fpl*; (*US*) bretelles *fpl*.
suspense [səsˈpɛns] *n* attente *f*; (*in film
etc*) suspense *m*.
suspension [səsˈpɛnʃən] *n* (*gen AUT*)
suspension *f*; (*of driving licence*) retrait *m*
provisoire; **~ bridge** *n* pont suspendu.
suspicion [səsˈpɪʃən] *n* soupçon(s) *m(pl)*.
suspicious [səsˈpɪʃəs] *a* (*suspecting*)
soupçonneux(euse), méfiant(e); (*causing
suspicion*) suspect(e).
sustain [səsˈteɪn] *vt* supporter; soutenir;
corroborer; (*suffer*) subir; recevoir; **~ed**
a (*effort*) soutenu(e), prolongé(e).
sustenance [ˈsʌstɪnəns] *n* nourriture *f*;
moyens *mpl* de subsistance.
swab [swɔb] *n* (*MED*) tampon *m*;
prélèvement *m*.
swagger [ˈswægə*] *vi* plastronner,
parader.
swallow [ˈswɔləu] *n* (*bird*) hirondelle *f*; (*of
food etc*) gorgée *f* // *vt* avaler; (*fig*) gober;
to ~ up *vt* engloutir.
swam [swæm] *pt of* swim.
swamp [swɔmp] *n* marais *m*, marécage *m*
// *vt* submerger; **~y** *a* marécageux(euse).

swan [swɔn] n cygne m.

swap [swɔp] n échange m, troc m // vt: **to ~ (for)** échanger (contre), troquer (contre).

swarm [swɔːm] n essaim m // vi fourmiller, grouiller.

swarthy ['swɔːðɪ] a basané(e), bistré(e).

swastika ['swɔstɪkə] n croix gammée.

swat [swɔt] vt écraser.

sway [sweɪ] vi se balancer, osciller; tanguer // vt (influence) influencer.

swear, pt **swore**, pp **sworn** [swɛə*, swɔː*, swɔːn] vi jurer; **to ~ to sth** jurer de qch; **~word** n gros mot, juron m.

sweat [swɛt] n sueur f, transpiration f // vi suer; **in a ~** en sueur.

sweater ['swɛtə*] n tricot m, pull m.

sweaty ['swɛtɪ] a en sueur, moite or mouillé(e) de sueur.

swede [swiːd] n rutabaga m.

Swede [swiːd] n Suédois/e.

Sweden ['swiːdn] n Suède f.

Swedish ['swiːdɪʃ] a suédois(e) // n (LING) suédois m.

sweep [swiːp] n coup m de balai; (curve) grande courbe; (range) champ m; (also: **chimney ~**) ramoneur m // vb (pt, pp **swept** [swɛpt]) vt balayer // vi avancer majestueusement or rapidement; s'élancer; s'étendre; **to ~ away** vt balayer; entraîner; emporter; **to ~ past** vi passer majestueusement or rapidement; **to ~ up** vt, vi balayer; **~ing** a (gesture) large; circulaire; **a ~ing statement** une généralisation hâtive.

sweet [swiːt] n dessert m; (candy) bonbon m // a doux(douce); (not savoury) sucré(e); (fresh) frais(fraîche), pur(e); (fig) agréable, doux; gentil(le); mignon(ne); **~bread** n ris de veau; **~corn** n maïs sucré; **~en** vt sucrer; adoucir; **~heart** n amoureux/euse; **~ly** ad gentiment; mélodieusement; **~ness** n goût sucré; douceur f; **~ pea** n pois m de senteur; **to have a ~ tooth** aimer les sucreries.

swell [swɛl] n (of sea) houle f // a (col: excellent) chouette // vb (pt **~ed**, pp **swollen**, **~ed** ['swəulən]) vt augmenter; grossir // vi grossir, augmenter; (sound) s'enfler; (MED) enfler; **~ing** n (MED) enflure f; grosseur f.

sweltering ['swɛltərɪŋ] a étouffant(e), oppressant(e).

swept [swɛpt] pt,pp of **sweep**.

swerve [swəːv] vi faire une embardée or un écart; dévier.

swift [swɪft] n (bird) martinet m // a rapide, prompt(e); **~ness** n rapidité f.

swig [swɪg] n (col: drink) lampée f.

swill [swɪl] n pâtée f // vt (also: **~ out**, **~ down**) laver à grande eau.

swim [swɪm] n: **to go for a ~** aller nager or se baigner // vb (pt **swam**, pp **swum** [swæm, swʌm]) vi nager; (SPORT) faire de la natation; (head, room) tourner // vt traverser (à la nage); faire (à la nage); **~mer** n nageur/euse; **~ming** n nage f, natation f; **~ming baths** npl piscine f; **~ming cap** n bonnet m de bain; **~ming costume** n maillot m (de bain); **~ming**

pool n piscine f; **~suit** n maillot m (de bain).

swindle ['swɪndl] n escroquerie f // vt escroquer; **~r** n escroc m.

swine [swaɪn] n, pl inv pourceau m, porc m; (col!) salaud m (!).

swing [swɪŋ] n balançoire f; (movement) balancement m, oscillations fpl; (MUS) swing m; rythme m // vb (pt, pp **swung** [swʌŋ]) vt balancer, faire osciller; (also: **~ round**) tourner, faire virer // vi se balancer, osciller; (also: **~ round**) virer, tourner; **to be in full ~** battre son plein; **~ bridge** n pont tournant; **~ door** n porte battante.

swingeing ['swɪndʒɪŋ] a écrasant(e); considérable.

swinging ['swɪŋɪŋ] a rythmé(e); entraînant(e).

swipe [swaɪp] n grand coup; gifle f // vt (hit) frapper à toute volée; gifler; (col: steal) piquer.

swirl [swəːl] n tourbillon m // vi tourbillonner, tournoyer.

swish [swɪʃ] a (col: smart) rupin(e) // vi siffler.

Swiss [swɪs] a suisse // n, pl inv Suisse/esse; **~ German** a suisse-allemand(e).

switch [swɪtʃ] n (for light, radio etc) bouton m; (change) changement m, revirement m // vt (change) changer; intervertir; **to ~ off** vt éteindre; (engine) arrêter; **to ~ on** vt allumer; (engine, machine) mettre en marche; **~back** n montagnes fpl russes; **~board** n (TEL) standard m; **~board operator** n standardiste m/f.

Switzerland ['swɪtsələnd] n Suisse f.

swivel ['swɪvl] vi (also: **~ round**) pivoter, tourner.

swollen ['swəulən] pp of **swell** // a (ankle etc) enflé(e).

swoon [swuːn] vi se pâmer.

swoop [swuːp] n (by police etc) rafle f, descente f // vi (also: **~ down**) descendre en piqué, piquer.

swop [swɔp] n, vt = **swap**.

sword [sɔːd] n épée f; **~fish** n espadon m.

swore [swɔː*] pt of **swear**.

sworn [swɔːn] pp of **swear**.

swot [swɔt] vt, vi bûcher, potasser.

swum [swʌm] pp of **swim**.

swung [swʌŋ] pt, pp of **swing**.

sycamore ['sɪkəmɔː*] n sycomore m.

sycophantic [sɪkə'fæntɪk] a flagorneur(euse).

syllable ['sɪləbl] n syllabe f.

syllabus ['sɪləbəs] n programme m.

symbol ['sɪmbl] n symbole m; **~ic(al)** [-'bɔlɪk(l)] a symbolique; **~ism** n symbolisme m; **~ize** vt symboliser.

symmetrical [sɪ'mɛtrɪkl] a symétrique.

symmetry ['sɪmɪtrɪ] n symétrie f.

sympathetic [sɪmpə'θɛtɪk] a compatissant(e); bienveillant(e), compréhensif(ive); **~ towards** bien disposé(e) envers; **~ally** ad avec compassion (or bienveillance).

sympathize ['sɪmpəθaɪz] vi: **to ~ with**

sb plaindre qn ; s'associer à la douleur de qn ; **~r** n (POL) sympathisant/e.

sympathy ['sımpəθı] n compassion f ; **in ~ with** en accord avec ; (strike) en or par solidarité avec ; **with our deepest ~** en vous priant d'accepter nos sincères condoléances.

symphonic [sım'fɔnık] a symphonique.

symphony ['sımfənı] n symphonie f ; **~ orchestra** n orchestre m symphonique.

symposium [sım'pəʊzıəm] n symposium m.

symptom ['sımptəm] n symptôme m ; indice m ; **~atic** [-'mætık] a symptomatique.

synagogue ['sınəgɔg] n synagogue f.

synchromesh [sıŋkrəʊ'mεʃ] n synchronisation f.

synchronize ['sıŋkrənaız] vt synchroniser // vi: **to ~ with** se produire en même temps que.

syncopated ['sıŋkəpeıtıd] a syncopé(e).

syndicate ['sındıkıt] n syndicat (m, coopérative f.

syndrome ['sındrəʊm] n syndrome m.

synonym ['sınənım] n synonyme m ; **~ous** [sı'nɔnıməs] a: **~ous (with)** synonyme (de).

synopsis, pl **synopses** [sı'nɔpsıs, -si:z] n résumé m, synopsis m or f.

syntax ['sıntæks] n syntaxe f.

synthesis, pl **syntheses** ['sınθəsıs, -si:z] n synthèse f.

synthetic [sın'θεtık] a synthétique ; **~s** npl textiles artificiels.

syphilis ['sıfılıs] n syphilis f.

syphon ['saıfən] n, vb = **siphon**.

Syria ['sırıə] n Syrie f ; **~n** a syrien(ne) // n Syrien/ne.

syringe [sı'rındʒ] n seringue f.

syrup ['sırəp] n sirop m ; (also: **golden ~**) mélasse raffinée ; **~y** a sirupeux(euse).

system ['sıstəm] n système m ; (order) méthode f ; (ANAT) organisme m ; **~atic** [-'mætık] a systématique ; méthodique ; **~s analyst** n analyste-programmeur m/f.

T

ta [tɑ:] excl (Brit: col) merci!

tab [tæb] n (loop on coat etc) attache f ; (label) étiquette f ; **to keep ~s on** (fig) surveiller.

tabby ['tæbı] n (also: **~ cat**) chat/te tigré(e).

tabernacle ['tæbənækl] n tabernacle m.

table ['teıbl] n table f // vt (motion etc) présenter ; **to lay** or **set the ~** mettre le couvert or la table ; **~ of contents** n table f des matières ; **~cloth** n nappe f ; **~ d'hôte** [tɑ:bl'dəʊt] a (meal) à prix fixe ; **~ lamp** n lampe f décorative ; **~mat** n (for plate) napperon m, set m ; (for hot dish) dessous-de-plat m inv ; **~ salt** n sel fin or de table ; **~spoon** n cuiller f de service ; (also: **~spoonful**: as measurement) cuillerée f à soupe.

tablet ['tæblıt] n (MED) comprimé m ; (: for sucking) pastille f ; (for writing) bloc m ; (of stone) plaque f.

table: ~ tennis n ping-pong m, tennis m de table ; **~ wine** n vin m de table.

taboo [tə'bu:] a, n tabou (m).

tabulate ['tæbjuleıt] vt (data, figures) mettre sous forme de table(s) ; **tabulator** n tabulateur m.

tacit ['tæsıt] a tacite.

taciturn ['tæsıtə:n] a taciturne.

tack [tæk] n (nail) petit clou ; (stitch) point m de bâti ; (NAUT) bord m, bordée f // vt clouer ; bâtir // vi tirer un or des bord(s) ; **to change ~** virer de bord ; **on the wrong ~** (fig) sur la mauvaise voie.

tackle ['tækl] n matériel m, équipement m ; (for lifting) appareil m de levage ; (RUGBY) plaquage m // vt (difficulty) s'attaquer à ; (RUGBY) plaquer.

tacky ['tækı] a collant(e) ; pas sec(sèche).

tact [tækt] n tact m ; **~ful** a plein(e) de tact ; **~fully** ad avec tact.

tactical ['tæktıkl] a tactique ; **~ error** a erreur f de tactique.

tactics ['tæktıks] n,npl tactique f.

tactless ['tæktlıs] a qui manque de tact ; **~ly** ad sans tact.

tadpole ['tædpəʊl] n têtard m.

taffy ['tæfı] n (US) (bonbon m au) caramel m.

tag [tæg] n étiquette f ; **to ~ along** vi suivre.

tail [teıl] n queue f ; (of shirt) pan m // vt (follow) suivre, filer ; **~s** (on coin) (le côté) pile ; **to ~ away, ~ off** vi (in size, quality etc) baisser peu à peu ; **~back** n bouchon m ; **~ coat** n habit m ; **~ end** n bout m, fin f ; **~gate** hayon m (arrière).

tailor ['teılə*] n tailleur m (artisan) ; **~ing** n (cut) coupe f ; **~-made** a fait(e) sur mesure ; (fig) conçu(e) spécialement.

tailwind ['teılwınd] n vent m arrière inv.

tainted ['teıntıd] a (food) gâté(e) ; (water, air) infecté(e) ; (fig) souillé(e).

take, pt **took**, pp **taken** [teık, tuk, 'teıkn] vt prendre ; (gain: prize) remporter ; (require: effort, courage) demander ; (tolerate) accepter, supporter ; (hold: passengers etc) contenir ; (accompany) emmener, accompagner ; (bring, carry) apporter, emporter ; (exam) passer, présenter à ; **to ~ sth from** (drawer etc) prendre qch dans ; (person) prendre qch à ; **I ~ it that** je suppose que ; **to ~ for a walk** (child, dog) emmener promener ; **to ~ after** vt fus ressembler à ; **to ~ apart** vt démonter ; **to ~ away** vt emporter ; enlever ; **to ~ back** vt (return) rendre, rapporter ; (one's words) retirer ; **to ~ down** vt (building) démolir ; (letter etc) prendre, écrire ; **to ~ in** vt (deceive) tromper, rouler ; (understand) comprendre, saisir ; (include) couvrir, inclure ; (lodger) prendre ; **to ~ off** vi (AVIAT) décoller // vt (remove) enlever ; (imitate) imiter, pasticher ; **to ~ on** vt (work) accepter, se charger de ; (employee) prendre, embaucher ; (opponent) accepter de se battre contre ; **to ~ out** vt sortir ; (remove) enlever ; (licence) prendre, se procurer ; **to ~ sth out of** something or sb ; de prendre qch dans ; **to ~ over** vt (business) reprendre // vi: **to ~ over from sb** prendre la relève de qn ; **to ~ to** vt fus (person) se prendre d'amitié pour ; (*activity*) prendre goût à ; **to ~ up** *vt* (*one's story, a dress*) reprendre ; (*occupy: time, space*) prendre, occuper ; (*engage in: hobby etc*) se mettre à ; **~away** *a* (*food*) à emporter ; **~-home pay** *n* salaire net ; **~off** *n* (AVIAT) décollage *m* ; **~over** *n* (COMM) rachat *m* ; **~over bid** *n* offre publique d'achat.

takings ['teɪkɪŋz] *npl* (COMM) recette *f*.

talc [tælk] *n* (*also:* **~um powder**) talc *m*.

tale [teɪl] *n* (*story*) conte *m*, histoire *f* ; (*account*) récit *m* ; (*pej*) histoire.

talent ['tælnt] *n* talent *m*, don *m* ; **~ed** *a* doué(e), plein(e) de talent.

talk [tɔ:k] *n* propos *mpl* ; (*gossip*) racontars *mpl* (*pej*) ; (*conversation*) discussion *f* ; (*interview*) entretien *m* ; (*a speech*) causerie *f*, exposé *m* // *vi* (*chatter*) bavarder ; **to ~ about** parler de ; (*converse*) s'entretenir *or* parler de ; **to ~ sb out of/into doing** persuader qn de ne pas faire/de faire ; **to ~ shop** parler métier *or* affaires ; **to ~ over** *vt* discuter (de) ; **~ative** *a* bavard(e) ; **~er** *n* causeur/euse ; (*pej*) bavard/e.

tall [tɔ:l] *a* (*person*) grand(e) ; (*building, tree*) haut(e) ; **to be 6 feet ~** ≈ mesurer 1 mètre 80 ; **~boy** *n* grande commode ; **~ness** *n* grande taille ; hauteur *f* ; **~ story** *n* histoire *f* invraisemblable.

tally ['tælɪ] *n* compte *m* // *vi*: **to ~ (with)** correspondre (à).

tambourine [tæmbə'ri:n] *n* tambourin *m*.

tame [teɪm] *a* apprivoisé(e) ; (*fig: story, style*) insipide.

tamper ['tæmpə*] *vi*: **to ~ with** toucher à (*en cachette ou sans permission*).

tampon ['tæmpən] *n* tampon *m* hygiénique *or* périodique.

tan [tæn] *n* (*also:* **sun~**) bronzage *m* // *vt,vi* bronzer, brunir // *a* (*colour*) brun roux *inv*.

tandem ['tændəm] *n* tandem *m*.

tang [tæŋ] *n* odeur (*or* saveur) piquante.

tangent ['tændʒənt] *n* (MATH) tangente *f*.

tangerine [tændʒə'ri:n] *n* mandarine *f*.

tangible ['tændʒəbl] *a* tangible.

tangle ['tæŋgl] *n* enchevêtrement *m* // *vt* enchevêtrer ; **to get in(to) a ~** s'emmêler.

tango ['tæŋgəu] *n* tango *m*.

tank [tæŋk] *n* réservoir *m* ; (*for processing*) cuve *f* ; (*for fish*) aquarium *m* ; (MIL) char *m* d'assaut, tank *m*.

tankard ['tæŋkəd] *n* chope *f*.

tanker ['tæŋkə*] *n* (*ship*) pétrolier *m*, tanker *m* ; (*truck*) camion-citerne *m*.

tanned [tænd] *a* (*skin*) bronzé(e).

tantalizing ['tæntəlaɪzɪŋ] *a* (*smell*) extrêmement appétissant(e) ; (*offer*) terriblement tentant(e).

tantamount ['tæntəmaunt] *a*: **~ to** qui équivaut à.

tantrum ['tæntrəm] *n* accès *m* de colère.

tap [tæp] *n* (*on sink etc*) robinet *m* ; (*gentle blow*) petite tape // *vt* frapper *or* taper légèrement ; (*resources*) exploiter, utiliser ; **~-dancing** *n* claquettes *fpl*.

tape [teɪp] *n* ruban *m* ; (*also:* **magnetic ~**) bande *f* (magnétique) // *vt* (*record*) enregistrer (sur bande) ; **~ measure** *n* mètre *m* à ruban.

taper ['teɪpə*] *n* cierge *m* // *vi* s'effiler.

tape recorder ['teɪprɪkɔ:də*] *n* magnétophone *m*.

tapered ['teɪpəd], **tapering** ['teɪpərɪŋ] *a* fuselé(e), effilé(e).

tapestry ['tæpɪstrɪ] *n* tapisserie *f*.

tapioca [tæpɪ'əukə] *n* tapioca *m*.

tappet ['tæpɪt] *n* (AUT) poussoir *m* (de soupape).

tar [tɑ:] *n* goudron *m*.

tarantula [tə'ræntjulə] *n* tarentule *f*.

tardy ['tɑ:dɪ] *a* tardif(ive).

target ['tɑ:gɪt] *n* cible *f* ; (*fig: objective*) objectif *m* ; **~ practice** *n* exercices *mpl* de tir (à la cible).

tariff ['tærɪf] *n* (COMM) tarif *m* ; (*taxes*) tarif douanier.

tarmac ['tɑ:mæk] *n* macadam *m* ; (AVIAT) aire *f* d'envol // *vt* goudronner.

tarnish ['tɑ:nɪʃ] *vt* ternir.

tarpaulin [tɑ:'pɔ:lɪn] *n* bâche goudronnée.

tarragon ['tærəgən] *n* estragon *m*.

tart [tɑ:t] *n* (CULIN) tarte *f* ; (*col: pej: woman*) poule *f* // *a* (*flavour*) âpre, aigrelet(te).

tartan ['tɑ:tn] *n* tartan *m* // *a* écossais(e).

tartar ['tɑ:tɑ*] *n* (*on teeth*) tartre *m* ; **~ sauce** *n* sauce *f* tartare.

task [tɑ:sk] *n* tâche *f* ; **to take to ~** prendre à partie ; **~ force** *n* (MIL, POLICE) détachement spécial.

Tasmania [tæz'meɪnɪə] *n* Tasmanie *f*.

tassel ['tæsl] *n* gland *m* ; pompon *m*.

taste [teɪst] *n* goût *m* ; (*fig: glimpse, idea*) idée *f*, aperçu *m* // *vt* sentir le *or* avoir un goût de ; (*try*) goûter // *vi*: **to ~ of** (*fish etc*) avoir le *or* un goût de ; **it ~s like fish** ça a un *or* le goût de poisson, on dirait du poisson ; **what does it ~ like?** quel goût ça a? ; **you can ~ the garlic (in it)** on sent bien l'ail ; **can I have a ~ of this wine?** puis-je goûter un peu de ce vin? ; **to have a ~ of sth** goûter (à) qch ; **to have a ~ for sth** aimer qch, avoir un penchant pour qch ; **~ful** *a* de bon goût ; **~fully** *ad* avec goût ; **~less** *a* (*food*) qui n'a aucun goût ; (*remark*) de mauvais goût ; **tasty** *a* savoureux(euse), délicieux(euse).

tattered ['tætəd] *a* see **tatters**.

tatters ['tætəz] *mpl*: **in ~** (*also:* **tattered**) en lambeaux.

tattoo [tə'tu:] *n* tatouage *m* ; (*spectacle*) parade *f* militaire // *vt* tatouer.

tatty ['tætɪ] *a* (*col*) défraîchi(e), en piteux état.

taught [tɔ:t] *pt,pp of* **teach**.

taunt [tɔ:nt] *n* raillerie *f* // *vt* railler.

Taurus ['tɔ:rəs] *n* le Taureau ; **to be ~** être du Taureau.

taut [tɔ:t] *a* tendu(e).

tavern ['tævən] *n* taverne *f*.

tawdry ['tɔ:drɪ] *a* (d'un mauvais goût) criard.

tawny ['tɔ:nɪ] *a* fauve (*couleur*).

tax [tæks] *n* (*on goods etc*) taxe *f* ; (*on income*) impôts *mpl*, contributions *fpl* // *vt* taxer ; imposer ; (*fig: strain: patience etc*) mettre à l'épreuve ; **~ation** [-'seɪʃən] *n* taxation ; impôts *mpl*, contributions *fpl* ; **~ avoidance** *n* évasion fiscale ; **~ collector** *n* percepteur *m* ; **~ evasion** *n* fraude fiscale ; ~ **exile** n personne qui s'expatrie pour fuir une fiscalité excessive ; ~-**free** a exempt(e) d'impôts.

taxi ['tæksi] n taxi m // vi (AVIAT) rouler (lentement) au sol.

taxidermist ['tæksidə:mist] n empailleur/euse (d'animaux).

taxi: ~ **driver** n chauffeur m de taxi ; ~ **rank**, ~ **stand** n station f de taxis.

tax: ~ **payer** n contribuable m/f ; ~ **return** n déclaration f d'impôts or de revenus.

TB abbr of **tuberculosis**.

tea [ti:] n thé m ; (snack: for children) goûter m ; **high** ~ collation combinant goûter et dîner ; ~ **bag** n sachet m de thé ; ~ **break** n pause-thé f ; ~**cake** n petit pain brioché.

teach, pt, pp **taught** [ti:tʃ, tɔ:t] vt: **to** ~ **sb sth**, ~ **sth to sb** apprendre qch à qn ; (in school etc) enseigner qch à qn // vi enseigner ; ~**er** n (in secondary school) professeur m ; (in primary school) instituteur/trice ; ~**ing** n enseignement m ; ~**ing staff** n enseignants mpl.

tea cosy ['ti:kəuzi] n couvre-théière m.

teacup ['ti:kʌp] n tasse f à thé.

teak [ti:k] n teck m // a en or de teck.

tea leaves ['ti:li:vz] npl feuilles fpl de thé.

team [ti:m] n équipe f ; (of animals) attelage m ; ~ **games/work** jeux mpl/travail m d'équipe.

tea party ['ti:pɑ:ti] n thé m (réception).

teapot ['ti:pɔt] n théière f.

tear n [tɛə*] déchirure f ; [tiə*] larme f // vb [tɛə*] (pt **tore**, pp **torn** [tɔ:*, tɔ:n]) vt déchirer // vi se déchirer ; **in** ~**s** en larmes ; **to burst into** ~**s** fondre en larmes ; **to** ~ **along** vi (rush) aller à toute vitesse ; ~**ful** a larmoyant(e) ; ~ **gas** n gaz m lacrymogène.

tearoom ['ti:ru:m] n salon m de thé.

tease [ti:z] n taquin/e // vt taquiner ; (unkindly) tourmenter.

tea set ['ti:sɛt] n service m à thé.

teashop ['ti:ʃɔp] n pâtisserie-salon de thé f.

teaspoon ['ti:spu:n] n petite cuiller ; (also: ~**ful**: as measurement) ≈ cuillerée f à café.

tea strainer ['ti:streinə*] n passoire f (à thé).

teat [ti:t] n tétine f.

teatime ['ti:taim] n l'heure f du thé.

tea towel ['ti:tauəl] n torchon m (à vaisselle).

tea urn ['ti:ə:n] n fontaine f à thé.

technical ['tɛknikl] a technique ; ~**ity** [-'kæliti] n technicité f ; (detail) détail m technique ; ~**ly** ad techniquement.

technician [tɛk'niʃn] n technicien/ne.

technique [tɛk'ni:k] n technique f.

technological [tɛknə'lɔdʒikl] a technologique.

technologist [tɛk'nɔlədʒist] n technologue m/f.

technology [tɛk'nɔlədʒi] n technologie f.

teddy (bear) ['tɛdi(bɛə*)] n ours m (en peluche).

tedious ['ti:diəs] a fastidieux(euse).

tedium ['ti:diəm] n ennui m.

tee [ti:] n (GOLF) tee m.

teem [ti:m] vi grouiller, abonder ; **to** ~ **with** grouiller de ; **it is** ~**ing (with rain)** il pleut à torrents.

teenage ['ti:neidʒ] a (fashions etc) pour jeunes, pour adolescents ; ~**r** n jeune m/f, adolescent/e.

teens [ti:nz] npl: **to be in one's** ~ être adolescent(e).

tee-shirt ['ti:ʃə:t] n = **T-shirt**.

teeter ['ti:tə*] vi chanceler, vaciller.

teeth [ti:θ] npl of **tooth**.

teethe [ti:ð] vi percer ses dents.

teething ['ti:ðiŋ] a: ~ **ring** n anneau m (pour bébé qui perce ses dents) ; ~ **troubles** npl (fig) difficultés initiales.

teetotal ['ti:'təutl] a (person) qui ne boit jamais d'alcool.

telecommunications ['tɛlikəmju:ni'keiʃənz] n télécommunications fpl.

telegram ['tɛligræm] n télégramme m.

telegraph ['tɛligrɑ:f] n télégraphe m ; ~**ic** [-'græfik] a télégraphique ; ~ **pole** n poteau m télégraphique.

telepathic [tɛli'pæθik] a télépathique.

telepathy [tə'lɛpəθi] n télépathie f.

telephone ['tɛlifəun] n téléphone m // vt (person) téléphoner à ; (message) téléphoner ; ~ **booth**, ~ **box** n cabine f téléphonique ; ~ **call** n coup m de téléphone, appel m téléphonique ; communication f téléphonique ; ~ **directory** n annuaire m (du téléphone) ; ~ **exchange** n central m (téléphonique) ; ~ **number** n numéro m de téléphone ; ~ **operator** téléphoniste m/f, standardiste m/f ; **telephonist** [tə'lɛfənist] n téléphoniste m/f.

telephoto ['tɛli'fəutəu] a: ~ **lens** n téléobjectif m.

teleprinter ['tɛliprintə*] n téléscripteur m.

telescope ['tɛliskəup] n télescope m // vt télescoper ; **telescopic** [-'skɔpik] a télescopique.

televiewer ['tɛlivju:ə*] n téléspectateur/trice.

televise ['tɛlivaiz] vt téléviser.

television ['tɛliviʒən] n télévision f ; ~ **programme** n émission f de télévision ; ~ **set** n poste m de télévision.

tell, pt, pp **told** [tɛl, təuld] vt dire ; (relate: story) raconter ; (distinguish): **to** ~ **sth from** distinguer qch de // vi (have effect) se faire sentir, se voir ; **to** ~ **sb to do sth** dire à qn de faire ; **to** ~ **on** vt fus (inform against) dénoncer, rapporter contre ; **to** ~ **off** vt réprimander, gronder ; ~**er** n (in bank) caissier/ère ; ~**ing** a (remark, detail) révélateur(trice) ; ~**tale** a (sign) éloquent(e), révélateur(trice) // n (CONSTR) témoin m.

telly ['tɛli] n (col: abbr of **television**) télé f.

temerity [tə'mɛriti] n témérité f.

temp [tɛmp] n (abbr of **temporary**) (secrétaire f) intérimaire f.

temper ['tɛmpə*] n (nature) caractère m ; (mood) humeur f ; (fit of anger) colère f // vt (moderate) tempérer, adoucir ; **to be in a** ~ être en colère ; **to lose one's** ~ se mettre en colère.

temperament ['tɛmprəmənt] n (nature) tempérament m; ~al [-'mɛntl] a capricieux(euse).

temperance ['tɛmpərns] n modération f; (in drinking) tempérance f.

temperate ['tɛmprət] a modéré(e); (climate) tempéré(e).

temperature ['tɛmprətʃə*] n température f; **to have** or **run a ~** avoir de la fièvre; **~ chart** n (MED) feuille f de température.

tempered ['tɛmpəd] a (steel) trempé(e).

tempest ['tɛmpɪst] n tempête f.

tempi ['tɛmpiː] npl of **tempo.**

template ['tɛmplɪt] n patron m.

temple ['tɛmpl] n (building) temple m; (ANAT) tempe f.

tempo, ~s or **tempi** ['tɛmpəu, 'tɛmpiː] n tempo m; (fig: of life etc) rythme m.

temporal ['tɛmpərl] a temporel(le).

temporarily ['tɛmpərərɪlɪ] ad temporairement; provisoirement.

temporary ['tɛmpərərɪ] a temporaire, provisoire; (job, worker) temporaire; ~ **secretary** n (secrétaire f) intérimaire f.

temporize ['tɛmpəraɪz] vi atermoyer; transiger.

tempt [tɛmpt] vt tenter; **to ~ sb into doing** induire qn à faire; **~ation** [-'teɪʃən] n tentation f; **~ing** a tentant(e).

ten [tɛn] num dix.

tenable ['tɛnəbl] a défendable.

tenacious [tə'neɪʃəs] a tenace.

tenacity [tə'næsɪtɪ] n ténacité f.

tenancy ['tɛnənsɪ] n location f; état m de locataire.

tenant ['tɛnənt] n locataire m/f.

tend [tɛnd] vt s'occuper de // vi: **to ~ to do** avoir tendance à faire; (colour): **to ~ to** tirer sur.

tendency ['tɛndənsɪ] n tendance f.

tender ['tɛndə*] a tendre; (delicate) délicat(e); (sore) sensible; (affectionate) tendre, doux(douce) // n (COMM: offer) soumission f; (money): **legal ~** cours légal // vt offrir; **~ize** vt (CULIN) attendrir; **~ly** ad tendrement; **~ness** n tendresse f; (of meat) tendreté f.

tendon ['tɛndən] n tendon m.

tenement ['tɛnəmənt] n immeuble m (de rapport).

tenet ['tɛnət] n principe m.

tennis ['tɛnɪs] n tennis m; ~ **ball** n balle f de tennis; ~ **court** n (court m de) tennis; ~ **racket** n raquette f de tennis.

tenor ['tɛnə*] n (MUS) ténor m; (of speech etc) sens général.

tense [tɛns] a tendu(e); (person) tendu, crispé(e) // n (LING) temps m; **~ness** n tension f.

tension ['tɛnʃən] n tension f.

tent [tɛnt] n tente f.

tentacle ['tɛntəkl] n tentacule m.

tentative ['tɛntətɪv] a timide, hésitant(e); (conclusion) provisoire.

tenterhooks ['tɛntəhuks] npl: **on ~** sur des charbons ardents.

tenth [tɛnθ] num dixième.

tent: ~ **peg** n piquet m de tente; ~ **pole** n montant m de tente.

tenuous ['tɛnjuəs] a ténu(e).

tenure ['tɛnjuə*] n (of property) bail m; (of job) période f de jouissance; statut m de titulaire.

tepid ['tɛpɪd] a tiède.

term [təːm] n (limit) terme m; (word) terme, mot m; (SCOL) trimestre m; (LAW) session f // vt appeler; **~s** npl (conditions) conditions fpl; (COMM) tarif m; ~ **of imprisonment** peine f de prison; **in the short/long ~** à court/long terme; **'easy ~s'** (COMM) 'facilités de paiement'; **to be on good ~s with** bien s'entendre avec, être en bons termes avec; **to come to ~s with** (person) arriver à un accord avec; (problem) faire face à.

terminal ['təːmɪnl] a terminal(e); (disease) dans sa phase terminale // n (ELEC) borne f; (for oil, ore etc) terminal m; (also: **air ~**) aérogare f; (also: **coach ~**) gare routière.

terminate ['təːmɪneɪt] vt mettre fin à // vi: **to ~ in** finir en or par.

termination [təːmɪ'neɪʃən] n fin f; (of contract) résiliation f; ~ **of pregnancy** n (MED) interruption f de grossesse.

termini ['təːmɪnaɪ] npl of **terminus.**

terminology [təːmɪ'nɔlədʒɪ] n terminologie f.

terminus, pl termini ['təːmɪnəs, 'təːmɪnaɪ] n terminus m inv.

termite ['təːmaɪt] n termite m.

terrace ['tɛrəs] n terrasse f; (row of houses) rangée f de maisons (attenantes les unes aux autres); **the ~s** (SPORT) les gradins mpl; **~d** a (garden) en terrasses.

terracotta ['tɛrə'kɔtə] n terre cuite.

terrain [tɛ'reɪn] n terrain m (sol).

terrible ['tɛrɪbl] a terrible, atroce; (weather, work) affreux(euse), épouvantable; **terribly** ad terriblement; (very badly) affreusement mal.

terrier ['tɛrɪə*] n terrier m (chien).

terrific [tə'rɪfɪk] a fantastique, incroyable, terrible; (wonderful) formidable, sensationnel(le).

terrify ['tɛrɪfaɪ] vt terrifier.

territorial [tɛrɪ'tɔːrɪəl] a territorial(e).

territory ['tɛrɪtərɪ] n territoire m.

terror ['tɛrə*] n terreur f; **~ism** n terrorisme m; **~ist** n terroriste m/f; **~ize** vt terroriser.

terse [təːs] a (style) concis(e); (reply) laconique.

test [tɛst] n (trial, check) essai m; (: of goods in factory) contrôle m; (of courage etc) épreuve f; (MED) examens mpl; (CHEM) analyses fpl; (exam: of intelligence etc) test m (d'aptitude); (: in school) interrogation f de contrôle; (also: **driving ~**) (examen du) permis m de conduire // vt essayer; contrôler; mettre à l'épreuve; examiner; analyser; tester; faire subir une interrogation (de contrôle) à.

testament ['tɛstəmənt] n testament m; **the Old/New T~** l'Ancien/le Nouveau Testament.

test: ~ **case** n (LAW, fig) affaire-test f; ~ **flight** n vol m d'essai.

testicle ['tɛstɪkl] n testicule m.

testify ['tɛstɪfaɪ] vi (LAW) témoigner, déposer.

testimonial [tɛstɪ'məʊnɪəl] n (reference) recommandation f; (gift) témoignage m d'estime.

testimony ['tɛstɪmənɪ] n (LAW) témoignage m, déposition f.

test: ~ **match** n (CRICKET, RUGBY) match international; ~ **paper** n (SCOL) interrogation écrite; ~ **pilot** n pilote m d'essai; ~ **tube** n éprouvette f.

testy ['tɛstɪ] a irritable.

tetanus ['tɛtənəs] n tétanos m.

tether ['tɛðə*] vt attacher // n: **at the end of one's** ~ à bout (de patience).

text [tɛkst] n texte m; ~**book** n manuel m.

textile ['tɛkstaɪl] n textile m.

texture ['tɛkstʃə*] n texture f; (of skin, paper etc) grain m.

Thai [taɪ] a thaïlandais(e) // n Thaïlandais/e; (LING) thai m; ~**land** n Thaïlande f.

Thames [tɛmz] n: the ~ la Tamise.

than [ðæn, ðən] cj que; (with numerals): **more** ~ **10/once** plus de 10/d'une fois; **I have more/less** ~ **you** j'en ai plus/moins que toi; **she has more apples** ~ **pears** elle a plus de pommes que de poires.

thank [θæŋk] vt remercier, dire merci à; ~ **you (very much)** merci (beaucoup); ~**s** npl remerciements mpl // excl merci!; ~**s to** prep grâce à; ~**ful** a: ~**ful (for)** reconnaissant(e) (de); ~**less** a ingrat(e); **T**~**sgiving (Day)** n jour m d'action de grâce.

that [ðæt, ðət] cj que // det ce(cet + vowel or h mute), f cette; (not 'this'): ~ **book** ce livre-là // pronoun ce; (not 'this one') cela, ça; (the one) celui(celle); (relative: subject) qui; (: object) que, prep + lequel(laquelle); (with time): **on the day** ~ **he came** le jour où il est venu // ad: ~ **high** aussi haut; si haut; **it's about** ~ **high** c'est à peu près de cette hauteur; ~ **one** celui-là(celle-là); **what's** ~? qu'est-ce que c'est?; **who's** ~? qui est-ce?; **is** ~ **you?** c'est toi?; ~**'s what he said** c'est or voilà ce qu'il a dit; ~ **is...** c'est-à-dire..., à savoir...; **all** ~ tout cela, tout ça; **I can't work** ~ **much** je ne peux pas travailler autant que cela.

thatched [θætʃt] a (roof) de chaume; ~ **cottage** chaumière f.

thaw [θɔː] n dégel m // vi (ice) fondre; (food) dégeler // vt (food) (faire) dégeler; **it's** ~**ing** (weather) il dégèle.

the [ðiː, ðə] det le, f la, (l' + vowel or h mute), pl les; (NB: à + le(s) = au(x); de + le = du; de + les = des).

theatre, theater (US) ['θɪətə*] n théâtre m; ~**-goer** n habitué/e du théâtre.

theatrical [θɪ'ætrɪkl] a théâtral(e); ~ **company** n troupe f de théâtre.

theft [θɛft] n vol m (larcin).

their [ðɛə*] a leur, pl leurs; ~**s** pronoun le(la) leur, les leurs; **it is** ~**s** c'est à eux; **a friend of** ~**s** un de leurs amis.

them [ðɛm, ðəm] pronoun (direct) les; (indirect) leur; (stressed, after prep)

eux(elles); **I see** ~ je les vois; **give** ~ **the book** donne-leur le livre.

theme [θiːm] n thème m; ~ **song** n chanson principale.

themselves [ðəm'sɛlvz] pl pronoun (reflexive) se; (emphatic) eux-mêmes(elles-mêmes); **between** ~ entre eux(elles).

then [ðɛn] ad (at that time) alors, à ce moment-là; (next) puis, ensuite; (and also) et puis // cj (therefore) alors, dans ce cas // a: **the** ~ **president** le président d'alors or de l'époque; **from** ~ **on** dès lors.

theologian [θɪə'ləʊdʒən] n théologien/ne.

theological [θɪə'lɒdʒɪkl] a théologique.

theology [θɪ'ɒlədʒɪ] n théologie f.

theorem ['θɪərəm] n théorème m.

theoretical [θɪə'rɛtɪkl] a théorique.

theorize ['θɪəraɪz] vi élaborer une théorie; (pej) faire des théories.

theory ['θɪərɪ] n théorie f.

therapeutic(al) [θɛrə'pjuːtɪk(l)] a thérapeutique.

therapist ['θɛrəpɪst] n thérapeute m/f.

therapy ['θɛrəpɪ] n thérapie f.

there [ðɛə*] ad là, là-bas; ~, ~! allons, allons!; **it's** ~ c'est là; **he went** ~ il y est allé; ~ **is, are** il y a; ~ **he is** le voilà; ~ **has been** il y a eu; **on/in** ~ là-dessus/ -dedans; **to go** ~ and **back** faire l'aller et retour; ~**abouts** ad (place) par là, près de là; (amount) environ, à peu près; ~**after** ad par la suite; ~**fore** ad donc, par conséquent; ~**'s** = ~ **is**; ~ **has**.

thermal ['θəːml] a thermique.

thermometer [θə'mɒmɪtə*] n thermomètre m.

thermonuclear ['θəː məʊ'njuːklɪə*] a thermonucléaire.

Thermos ['θəːməs] n ® (also: ~ **flask**) thermos m or f inv ®.

thermostat ['θəːməʊstæt] n thermostat m.

thesaurus [θɪ'sɔːrəs] n dictionnaire m synonymique.

these [ðiːz] pl pronoun ceux-ci(celles-ci) // pl det ces; (not 'those'): ~ **books** ces livres-ci.

thesis, pl **theses** ['θiːsɪs, 'θiːsiːz] n thèse f.

they [ðeɪ] pl pronoun ils(elles); (stressed) eux(elles); ~ **say that...** (it is said that) on dit que...; ~**'d** = **they had**; **they would**; ~**'ll** = **they shall**; **they will**; ~**'re** = **they are**; ~**'ve** = **they have**.

thick [θɪk] a épais(se); (crowd) dense; (stupid) bête, borné(e) // n: **in the** ~ **of** au beau milieu de, en plein cœur de; **it's 20 cm** ~ ça a 20 cm d'épaisseur; ~**en** vi s'épaissir // vt (sauce etc) épaissir; ~**ness** n épaisseur f; ~**set** a trapu(e), costaud(e); ~**skinned** a (fig) peu sensible.

thief, thieves [θiːf, θiːvz] n voleur/euse.

thieving ['θiːvɪŋ] n vol m (larcin).

thigh [θaɪ] n cuisse f; ~**bone** n fémur m.

thimble ['θɪmbl] n dé m (à coudre).

thin [θɪn] a mince; (person) maigre; (soup) peu épais(se); (hair, crowd) clairsemé(e); (fog) léger(ère) // vt (hair) éclaircir; **to** ~ (**down**) (sauce, paint) délayer.

thing [θɪŋ] n chose f; (object) objet m; (contraption) truc m; ~s npl (belongings) affaires fpl; **for one** ~ d'abord; **the best** ~ **would be** te le mieux serait de; **how are** ~**s?** comment ça va?

think, pt, pp **thought** [θɪŋk, θɔ:t] vi penser, réfléchir // vt penser, croire; (imagine) s'imaginer; **to** ~ **of** penser à; **what did you** ~ **of them?** qu'as-tu pensé d'eux?; **to** ~ **about sth/sb** penser à qch/qn; **I'll** ~ **about it** je vais y réfléchir; **to** ~ **of doing** avoir l'idée de faire; **I** ~ **so** je crois ou pense que oui; **to** ~ **well of** avoir une haute opinion de; **to** ~ **over** vt bien réfléchir à; **to** ~ **up** vt inventer, trouver.

thinly ['θɪnlɪ] ad (cut) en tranches fines; (spread) en couche mince.

thinness ['θɪnnɪs] n minceur f; maigreur f.

third [θə:d] num troisième // n troisième m/f; (fraction) tiers m; (scol: degree) ≈ licence f avec mention passable; **a** ~ **of** le tiers de; ~**ly** ad troisièmement; ~-**party insurance** n assurance f au tiers; ~-**rate** a de qualité médiocre; **the T**~ **World** n le Tiers-Monde.

thirst [θə:st] n soif f; ~**y** a (person) qui a soif, assoiffé(e).

thirteen ['θə:'ti:n] num treize.

thirty ['θə:tɪ] num trente.

this [ðɪs] det ce(cet + vowel or h mute), f cette; (not 'that'): ~ **book** ce livre-ci // pronoun ce; ceci; (not 'that one') celui-ci(celle-ci); ~ **is what he said** voici ce qu'il a dit.

thistle ['θɪsl] n chardon m.

thong [θɔŋ] n lanière f.

thorn [θɔ:n] n épine f; ~ **bush** n buisson m d'épines; ~**y** a épineux(euse).

thorough ['θʌrə] a (search) minutieux(euse); (knowledge, research) approfondi(e); (work) consciencieux(euse); (cleaning) à fond; ~**bred** a (horse) pur-sang m inv; ~**fare** n rue f; '**no** ~**fare**' 'passage interdit'; ~**ly** ad minutieusement; en profondeur; à fond; **he** ~**ly agreed** il était tout à fait d'accord.

those [ðəuz] pl pronoun ceux-là(celles-là) // pl det ces; (not 'these') ~ **books** ces livres-là.

though [ðəu] cj bien que + sub, quoique + sub // ad pourtant.

thought [θɔ:t] pt, pp of **think** // n pensée f; (opinion) avis m; (intention) intention f; ~**ful** a pensif(ive); réfléchi(e); (considerate) prévenant(e); ~**less** a étourdi(e); qui manque de considération.

thousand ['θauzənd] num mille; ~**th** num millième; **one** ~ mille; ~**s of** des milliers de.

thrash [θræʃ] vt rouer de coups; donner une correction à; (defeat) battre à plate couture; **to** ~ **about** vi se débattre; **to** ~ **out** vt débattre de.

thread [θrɛd] n fil m; (of screw) pas m, filetage m // vt (needle) enfiler; **to** ~ **one's way between** se faufiler entre; ~**bare** a râpé(e), élimé(e).

threat [θrɛt] n menace f; ~**en** vi (storm) menacer // vt: **to** ~**en sb with sth/to do** menacer qn de qch/de faire.

three [θri:] num trois (m inv); ~-**dimensional** a à trois dimensions; (film) en relief; ~**fold** ad: **to increase** ~**fold** tripler; ~-**piece suit** n complet m (avec gilet); ~-**piece suite** n salon m comprenant un canapé et deux fauteuils assortis; ~-**ply** a (wood) à trois épaisseurs; (wool) trois fils inv; ~-**wheeler** n (car) voiture f à trois roues.

thresh [θrɛʃ] vt (AGR) battre; ~**ing machine** n batteuse f.

threshold ['θrɛʃhəuld] n seuil m.

threw [θru:] pt of **throw**.

thrift [θrɪft] n économie f; ~**y** a économe.

thrill [θrɪl] n frisson m, émotion f // vi tressaillir, frissonner // vt (audience) électriser; **to be** ~**ed** (with gift etc) être ravi; ~**er** n film m (or roman m or pièce f) à suspense.

thrive, pt **thrived**, **throve** pp **thrived**, **thriven** [θraɪv, θrəuv, 'θrɪvn] vi pousser or se développer bien; (business) prospérer; **he** ~**s on it** cela lui réussit; **thriving** a vigoureux(euse); prospère.

throat [θrəut] n gorge f; **to have a sore** ~ avoir mal à la gorge.

throb [θrɔb] n (of heart) pulsation f; (of engine) vibration f; (of pain) élancement m // vi (heart) palpiter; (engine) vibrer; (pain) lanciner; (wound) causer des élancements.

throes [θrəuz] npl: **in the** ~ **of** au beau milieu de; en proie à; **in the** ~ **of death** à l'agonie.

thrombosis [θrɔm'bəusɪs] n thrombose f.

throne [θrəun] n trône m.

throttle ['θrɔtl] n (AUT) accélérateur m // vt étrangler.

through [θru:] prep à travers; (time) pendant, durant; (by means of) par, par l'intermédiaire de; (owing to) à cause de // a (ticket, train, passage) direct(e) // ad à travers; **to put sb** ~ **to sb** (TEL) passer qn à qn; **to be** ~ (TEL) avoir la communication; (have finished) avoir fini; '**no** ~ **way**' 'impasse'; ~**out** prep (place) partout dans; (time) durant tout(e) le(la) // ad partout.

throve [θrəuv] pt of **thrive**.

throw [θrəu] n jet m; (SPORT) lancer m // vt (pt **threw**, pp **thrown** [θru:, θrəun]) lancer, jeter; (SPORT) lancer; (rider) désarçonner; (fig) déconcerter; (pottery) tourner; **to** ~ **a party** donner une réception; **to** ~ **away** vt jeter; **to** ~ **off** vt se débarrasser de; **to** ~ **out** vt jeter dehors; (reject) rejeter; **to** ~ **up** vi vomir; ~**away** a à jeter; ~-**in** n (SPORT) remise f en jeu.

thru [θru:] prep, a, ad (US) = **through**.

thrush [θrʌʃ] n grive f.

thrust [θrʌst] n (TECH) poussée f // vt (pt, pp **thrust**) pousser brusquement; (push in) enfoncer; ~**ing** a dynamique; (fig) qui se met trop en avant.

thud [θʌd] n bruit sourd.

thug [θʌg] n voyou m.

thumb [θʌm] n (ANAT) pouce m // vt (book) feuilleter; **to** ~ **a lift** faire de l'auto-stop, arrêter une voiture; ~ **index** n répertoire m (à onglets); ~**nail** n ongle m du pouce; ~**tack** n (US) punaise f (clou).

thump [θʌmp] n grand coup ; (sound) bruit sourd // vt cogner sur // vi cogner, frapper.

thunder ['θʌndə*] n tonnerre m // vi tonner ; (train etc): **to ~ past** passer dans un grondement or un bruit de tonnerre ; **~clap** n coup m de tonnerre ; **~ous** a étourdissant(e) ; **~storm** n orage m ; **~struck** a (fig) abasourdi(e) ; **~y** a orageux(euse).

Thursday ['θə:zdɪ] n jeudi m.

thus [ðʌs] ad ainsi.

thwart [θwɔ:t] vt contrecarrer.

thyme [taɪm] n thym m.

thyroid ['θaɪrɔɪd] n thyroïde f.

tiara [tɪ'ɑ:rə] n (woman's) diadème m.

tic [tɪk] n tic (nerveux).

tick [tɪk] n (sound: of clock) tic-tac m ; (mark) coche f ; (ZOOL) tique f ; (col): **in a ~** dans un instant // vi faire tic-tac // vt cocher ; **to ~ off** vt cocher ; (person) réprimander, attraper.

ticket ['tɪkɪt] n billet m ; (for bus, tube) ticket m ; (in shop: on goods) étiquette f ; (: from cash register) reçu m, ticket ; (for library) carte f ; **~ collector** n contrôleur/euse ; **~ holder** n personne munie d'un billet ; **~ office** n guichet m, bureau m de vente des billets.

tickle ['tɪkl] n chatouillement m // vt chatouiller ; (fig) plaire à ; faire rire ; **ticklish** a chatouilleux(euse).

tidal ['taɪdl] a à marée ; **~ wave** n raz-de-marée m inv.

tiddlywinks ['tɪdlɪwɪŋks] n jeu m de puce.

tide [taɪd] n marée f ; (fig: of events) cours m // vt: **to ~ sb over** dépanner qn.

tidily ['taɪdɪlɪ] ad avec soin, soigneusement.

tidiness ['taɪdɪnɪs] n bon ordre ; goût m de l'ordre.

tidy ['taɪdɪ] a (room) bien rangé(e) ; (dress, work) net(nette), soigné(e) ; (person) ordonné(e), qui a de l'ordre // vt (also: ~ up) ranger ; **to ~ o.s. up** s'arranger.

tie [taɪ] n (string etc) cordon m ; (also: **neck~**) cravate f ; (fig: link) lien m ; (SPORT: draw) égalité f de points ; match nul // vt (parcel) attacher ; (ribbon) nouer // vi (SPORT) faire match nul ; fixir à égalité de points ; **'black/white ~'** 'smoking/habit de rigueur' ; **to ~ sth in a bow** faire un nœud à or avec qch ; **to ~ a knot in** sth faire un nœud à qch ; **to ~ down** vt attacher ; (fig): **to ~ sb down to** contraindre qn à accepter, fixer à qn ; **to ~ up** vt (parcel) ficeler ; (dog, boat) attacher ; (arrangements) conclure ; **to be ~d up** (busy) être pris ou occupé.

tier [tɪə*] n gradin m ; (of cake) étage m.

tiff [tɪf] n petite querelle.

tiger ['taɪgə*] n tigre m.

tight [taɪt] a (rope) tendu(e), raide ; (clothes) étroit(e), très juste ; (budget, programme, bend) serré(e) ; (control) strict(e), sévère ; (col: drunk) ivre, rond(e) // ad (squeeze) très fort ; (shut) à bloc, hermétiquement ; **~s** npl collant m ; **~en** vt (rope) tendre ; (screw) resserrer ; (control) renforcer // vi se tendre, se resserrer ; **~-fisted** a avare ; **~ly** ad (grasp) bien, très fort ; **~-rope** n corde f raide.

tile [taɪl] n (on roof) tuile f ; (on wall or floor) carreau m ; **~d** a en tuiles ; carrelé(e).

till [tɪl] n caisse (enregistreuse) // vt (land) cultiver // prep, cj = **until.**

tiller ['tɪlə*] n (NAUT) barre f (du gouvernail).

tilt [tɪlt] vt pencher, incliner // vi pencher, être incliné(e).

timber ['tɪmbə*] n (material) bois m de construction ; (trees) arbres mpl.

time [taɪm] n temps m ; (epoch: often pl) époque f, temps ; (by clock) heure f ; (moment) moment m ; (occasion, also MATH) fois f ; (MUS) mesure f // vt (race) chronométrer ; (programme) minuter ; (remark etc) choisir le moment de ; **a long ~** un long moment, longtemps ; **for the ~ being** pour le moment ; **from ~ to ~** de temps en temps ; **in ~** (soon enough) à temps ; (after some time) avec le temps, à la longue ; (MUS) en mesure ; **in a week's ~** dans une semaine ; **on ~** à l'heure ; **5 ~s 5** 5 fois 5 ; **what ~ is it?** quelle heure est-il? ; **to have a good ~** bien s'amuser ; **~'s up!** c'est l'heure! ; **I've no ~ for it** (fig) cela m'agace ; **~keeper** n (SPORT) chronomètre m ; **~ lag** n décalage m ; (in travel) décalage m horaire ; **~less** a éternel(le) ; **~ limit** n limite f de temps, délai m ; **~ly** a opportun(e) ; **~ off** n temps m libre ; **~r** n (in kitchen) compte-minutes m inv ; **~-saving** a qui fait gagner du temps ; **~ switch** n minuteur m ; (for lighting) minuterie f ; **~table** n (RAIL) (indicateur m) horaire m ; (SCOL) emploi m du temps ; **~ zone** n fuseau m horaire.

timid ['tɪmɪd] a timide ; (easily scared) peureux(euse).

timing ['taɪmɪŋ] n minutage m ; chronométrage m ; **the ~ of his resignation** le moment choisi pour sa démission ; **~ device** n mécanisme m de retardement.

timpani ['tɪmpənɪ] npl timbales fpl.

tin [tɪn] n étain m ; (also: **~ plate**) fer-blanc m ; (can) boîte f (de conserve) ; (for baking) moule m (à gâteau) ; **~ foil** n papier m d'étain.

tinge [tɪndʒ] n nuance f // vt: **~d with** teinté(e) de.

tingle ['tɪŋgl] n picotement m ; frisson m // vi picoter.

tinker ['tɪŋkə*] n rétameur ambulant ; (gipsy) romanichel m ; **to ~ with** vt bricoler, rafistoler.

tinkle ['tɪŋkl] vi tinter // n (col): **to give sb a ~** passer un coup de fil à qn.

tinned [tɪnd] a (food) en boîte, en conserve.

tinny ['tɪnɪ] a métallique.

tin opener ['tɪnəupnə*] n ouvre-boîte(s) m.

tinsel ['tɪnsl] n guirlandes fpl de Noël (argentées).

tint [tɪnt] n teinte f ; (for hair) shampooing colorant.

tiny ['taɪnɪ] a minuscule.

tip [tɪp] n (end) bout m ; (protective: on umbrella etc) embout m ; (gratuity) pourboire m ; (for coal) terril m ; (for rubbish) décharge f ; (advice) tuyau m // vt (waiter) donner un pourboire à ; (tilt) incliner ; (overturn: also: **~ over**) renverser ; (*empty: also:* ~ **out**) déverser ; ~**off** n (*hint*) tuyau m ; ~**ped** a (*cigarette*) (à bout) filtre *inv* ; **steel**-~**ped** à bout métallique, à embout de métal.

tipple ['tɪpl] *vi* picoler // *n*: **to have a** ~ boire un petit coup.

tipsy ['tɪpsɪ] a un peu ivre, éméché(e).

tiptoe ['tɪptəu] *n*: **on** ~ sur la pointe des pieds.

tiptop ['tɪp'tɔp] a: **in** ~ **condition** en excellent état.

tire ['taɪə*] *n* (*US*) = **tyre** // *vt* fatiguer // *vi* se fatiguer ; ~**d** a fatigué(e) ; **to be** ~**d of** en avoir assez de, être las(lasse) de ; ~**dness** n fatigue f ; ~**less** a infatigable, inlassable ; ~**some** a ennuyeux(euse) ; **tiring** a fatigant(e).

tissue ['tɪʃu:] *n* tissu m ; (*paper handkerchief*) mouchoir m en papier, kleenex m ® ; ~ **paper** n papier m de soie.

tit [tɪt] *n* (*bird*) mésange f ; **to give** ~ **for tat** rendre coup pour coup.

titanium [tɪ'teɪnɪəm] n titane m.

titbit ['tɪtbɪt] *n* (*food*) friandise f ; (*news*) potin m.

titillate ['tɪtɪleɪt] *vt* titiller, exciter.

titivate ['tɪtɪveɪt] *vt* pomponner.

title ['taɪtl] *n* titre m ; ~ **deed** n (*LAW*) titre (constitutif) de propriété ; ~ **role** n rôle principal.

titter ['tɪtə*] *vi* rire (bêtement).

tittle-tattle ['tɪtltætl] n bavardages *mpl*.

titular ['tɪtjulə*] a (*in name only*) nominal(e).

tizzy ['tɪzɪ] *n*: **to be in a** ~ être dans tous ses états.

to [tu:, tə] *prep* à ; (*towards*) vers ; envers ; **give it** ~ **me** donne-le-moi ; **the key** ~ **the front door** la clé de la porte d'entrée ; **the main thing is** ~... l'important est de... ; **to go** ~ **France/Portugal** aller en France/au Portugal ; **I went** ~ **Claude's** je suis allé chez Claude ; **to go** ~ **town/school** aller en ville/à l'école ; **pull/push the door** ~ tire/pousse la porte ; **to go** ~ **and fro** aller et venir.

toad [təud] *n* crapaud m ; ~**stool** n champignon (vénéneux) ; ~**y** *vi* flatter bassement.

toast [təust] *n* (*CULIN*) pain grillé, toast m ; (*drink, speech*) toast m // *vt* (*CULIN*) faire griller ; (*drink to*) porter un toast à ; **a piece** *or* **slice of** ~ un toast ; ~**er** n grille-pain m *inv* ; ~**master** n animateur m pour réceptions ; ~**rack** n porte-toast m.

tobacco [tə'bækəu] *n* tabac m ; ~**nist** n marchand(e de tabac ; ~**nist's (shop)** n (bureau m de) tabac m.

toboggan [tə'bɔgən] *n* toboggan m ; (*child's*) luge f.

today [tə'deɪ] *ad,n* (*also fig*) aujourd'hui (m).

toddler ['tɔdlə*] *n* enfant m/f qui commence à marcher, bambin m.

toddy ['tɔdɪ] n grog m.

to-do [tə'du:] *n* (*fuss*) histoire f, affaire f.

toe [təu] *n* doigt m de pied, orteil m ; (*of shoe*) bout m ; **to** ~ **the line** (*fig*) obéir, se conformer ; ~**hold** n prise f ; ~**nail** n ongle m de l'orteil.

toffee ['tɔfɪ] *n* caramel m ; ~ **apple** n pomme caramélisée.

toga ['təugə] *n* toge f.

together [tə'geðə*] *ad* ensemble ; (*at same time*) en même temps ; ~ **with** *prep* avec ; ~**ness** n camaraderie f ; intimité f.

toil [tɔɪl] *n* dur travail, labeur m // *vi* travailler dur ; peiner.

toilet ['tɔɪlət] *n* (*lavatory*) toilettes *fpl*, cabinets *mpl* // *cpd* (*bag, soap etc*) de toilette ; ~ **bowl** n cuvette f des W.-C. ; ~ **paper** n papier m hygiénique ; ~**ries** *npl* articles *mpl* de toilette ; ~ **roll** n rouleau m de papier hygiénique ; ~ **water** n eau f de toilette.

token ['təukən] *n* (*sign*) marque f, témoignage m ; (*voucher*) bon m, coupon m ; **book/record** ~ chèque-livre/disque m.

told [təuld] *pt, pp of* **tell**.

tolerable ['tɔlərəbl] a (*bearable*) tolérable ; (*fairly good*) passable.

tolerance ['tɔlərns] *n* (*also:* TECH) tolérance f.

tolerant ['tɔlərnt] a: ~ (**of**) tolérant(e) (à l'égard de).

tolerate ['tɔləreɪt] *vt* supporter ; (MED, TECH) tolérer ; **toleration** [-'reɪʃən] n tolérance f.

toll [təul] *n* (*tax, charge*) péage m // *vi* (*bell*) sonner ; **the accident** ~ **on the roads** le nombre des victimes de la route ; ~**bridge** n pont m à péage.

tomato, ~**es** [tə'mɑ:təu] n tomate f.

tomb [tu:m] *n* tombe f.

tombola [tɔm'bəulə] *n* tombola f.

tomboy ['tɔmbɔɪ] *n* garçon manqué.

tombstone ['tu:mstəun] *n* pierre tombale.

tomcat ['tɔmkæt] *n* matou m.

tomorrow [tə'mɔrəu] *ad,n* (*also fig*) demain (m) ; **the day after** ~ après-demain ; ~ **morning** demain matin.

ton [tʌn] *n* tonne f (= 1016 kg ; 20 cwt) ; (NAUT: *also:* **register** ~) tonneau m (= 2.83 cu.m ; 100 cu. ft) ; ~**s of** (col) des tas de.

tonal ['təunl] a tonal(e).

tone [təun] *n* ton m ; (*of radio*) tonalité f // *vi* s'harmoniser ; **to** ~ **down** *vt* (*colour, criticism*) adoucir ; (*sound*) baisser ; **to** ~ **up** *vt* (*muscles*) tonifier ; ~-**deaf** a qui n'a pas d'oreille.

tongs [tɔŋz] *npl* pinces *fpl* ; (*for coal*) pincettes *fpl* ; (*for hair*) fer m à friser.

tongue [tʌŋ] *n* langue f ; ~ **in cheek** a ironiquement ; ~-**tied** a (*fig*) muet(te) ; ~-**twister** n phrase f très difficile à prononcer.

tonic ['tɔnɪk] *n* (MED) tonique m ; (MUS) tonique f ; (*also:* ~ **water**) tonic m.

tonight [tə'naɪt] *ad, n* cette nuit ; (*this evening*) ce soir.

tonnage ['tʌnɪdʒ] *n* (NAUT) tonnage m.

tonne [tʌn] *n* (*metric ton*) tonne f.

tonsil ['tɔnsl] *n* amygdale f ; ~**litis** [-'laɪtɪs] n amygdalite f.

too [tu:] *ad* (*excessively*) trop ; (*also*) aussi ; ~ **much** *ad* trop // *det* trop de ; ~ **many** *det* trop de ; ~ **bad!** tant pis !

took [tuk] *pt of* **take**.

tool [tu:l] *n* outil m // *vt* travailler,

ouvrager ; ~ **box/kit** n boîte f/trousse f
à outils.

toot [tu:t] n coup m de sifflet (or de klaxon)
// vi siffler ; (with car-horn) klaxonner.

tooth, pl **teeth** [tu:θ, ti:θ] n (ANAT. TECH)
dent f ; ~**ache** n mal m de dents ; ~**brush**
n brosse f à dents ; ~**paste** n (pâte f)
dentifrice m ; ~**pick** n cure-dent m ; ~
powder n poudre f dentifrice.

top [tɔp] n (of mountain, head) sommet m ;
(of page, ladder) haut m ; (of box, cupboard,
table) dessus m ; (lid: of box, jar) couvercle
m ; (: of bottle) bouchon m ; (toy) toupie
f // à du haut ; (in rank) premier(ère) ;
(best) meilleur(e) // vt (exceed) dépasser ;
(be first in) être en tête de ; **on ~ of** sur ;
(in addition to) en plus de ; **from ~ to toe**
de la tête aux pieds ; **at the ~ of the list**
en tête de liste ; **to ~ up** vt remplir ;
~**coat** n pardessus m ; ~**floor** n dernier
étage ; ~ **hat** n haut-de-forme m ; ~-
heavy a (object) trop lourd(e) du haut.

topic ['tɔpik] n sujet m, thème m ; ~**al** a
d'actualité.

top: ~**less** a (bather etc) aux seins nus ;
~**less swimsuit** n monokini m ; ~-**level**
a (talks) à l'échelon le plus élevé ; ~**most**
a le(la) plus haut(e).

topple ['tɔpl] vt renverser, faire tomber //
vi basculer ; tomber.

topsy-turvy ['tɔp si'tə:vi] a,ad sens
dessus-dessous.

torch [tɔ:tʃ] n torche f ; (electric) lampe f
de poche.

tore [tɔ:*] pt of **tear.**

torment n ['tɔ:mɛnt] tourment m // vt
[tɔ:'mɛnt] tourmenter ; (fig: annoy) agacer.

torn [tɔ:n] pp of **tear** // a : ~ **between**
(fig) tiraillé(e) entre.

tornado, ~es [tɔ:'neidəu] n tornade f.

torpedo, ~es [tɔ:'pi:dəu] n torpille f.

torpor ['tɔ:pə*] n torpeur f.

torque [tɔ:k] n couple m de torsion.

torrent ['tɔrnt] n torrent m ; ~**ial** [-'rɛnʃl]
a torrentiel(le).

torso ['tɔ:səu] n torse m.

tortoise ['tɔ:təs] n tortue f ; ~**shell**
['tɔ:təʃəl] a en écaille.

tortuous ['tɔ:tjuəs] a tortueux(euse).

torture ['tɔ:tʃə*] n torture f // vt torturer.

Tory ['tɔ:ri] a tory (pl tories),
conservateur(trice) // n tory m/f,
conservateur/trice.

toss [tɔs] vt lancer, jeter ; (pancake) faire
sauter ; (head) rejeter en arrière ; **to ~ a**
coin jouer à pile ou face ; **to ~ up for**
sth jouer qch à pile ou face ; **to ~ and**
turn (in bed) se tourner et se retourner.

tot [tɔt] n (drink) petit verre ; (child)
bambin m.

total ['təutl] a total(e) // n total m // vt
(add up) faire le total de, totaliser ; (amount
to) s'élever à.

totalitarian [təutælı'tɛəriən] a totalitaire.

totality [təu'tælıtı] n totalité f.

totem pole ['təutəmpəul] n mât m
totémique.

totter ['tɔtə*] vi chanceler.

touch [tʌtʃ] n contact m, toucher m ;
(sense, also skill: of pianist etc) toucher ;
(fig: note, also: FOOTBALL) touche f // vt

(gen) toucher ; (tamper with) toucher à ; **a**
~ **of** (fig) un petit peu de ; une touche de ;
in ~ with en contact or rapport avec ; **to**
get in ~ with prendre contact avec ; **to ~**
lose ~ (friends) se perdre de vue ; **to ~**
on vt fus (topic) effleurer, toucher ; **to ~**
up vt (paint) retoucher ; ~-**and-go** a
incertain(e) ; **it was ~-and-go whether**
we did it nous avons failli ne pas le faire ;
~**down** n atterrissage m ; (on sea)
amerrissage m ; ~**ed** a touché(e) ; (col)
cinglé(e) ; ~**ing** a touchant(e),
attendrissant(e) ; ~**line** n (SPORT) (ligne f
de) touche f ; ~**y** a (person) susceptible.

tough [tʌf] a dur(e) ; (resistant)
résistant(e), solide ; (meat) dur, coriace //
n (gangster etc) dur m ; ~ **luck!** pas de
chance! ; tant pis! ; ~**en** vt rendre plus
dur(e) (or plus résistant(e) or plus solide) ;
~**ness** n dureté f ; résistance f ; solidité f.

toupee ['tu:pei] n postiche m.

tour ['tuə*] n voyage m ; (also: **package**
~) voyage organisé ; (of town, museum)
tour m, visite f ; (by artist) tournée f //
vt visiter ; ~**ing** n voyages mpl
touristiques, tourisme m.

tourism ['tuərizm] n tourisme m.

tourist ['tuərist] n touriste m/f // ad
(travel) en classe touriste // cpd
touristique ; ~ **office** n syndicat m
d'initiative.

tournament ['tuənəmənt] n tournoi m.

tour operator ['tuər'ɔpəreitə*] n organi-
sateur m de voyages.

tousled ['tauzld] a (hair) ébouriffé(e).

tout [taut] vi : **to ~ for** essayer de
raccrocher, racoler ; **to ~ sth (around)**
essayer de placer or (re)vendre qch.

tow [təu] vt remorquer ; '**on ~**' (AUT)
'véhicule en remorque'.

toward(s) [tə'wɔ:d(z)] prep vers ; (of
attitude) envers, à l'égard de ; (of purpose)
pour.

towel ['tauəl] n serviette f (de toilette) ;
(also: **tea** ~) torchon m ; ~**ling** n (fabric)
tissu-éponge m ; ~ **rail** n porte-serviettes
m inv.

tower ['tauə*] n tour f ; ~ **block** n tour
f (d'habitation) ; ~**ing** a très haut(e),
imposant(e).

towline ['təulain] n (câble m de) remorque
f.

town [taun] n ville f ; **to go to ~** aller
en ville ; (fig) y mettre le paquet ; ~ **clerk**
n ≈ secrétaire m/f de mairie ; ~ **council**
n conseil municipal ; ~ **hall** n ≈ mairie
f ; ~ **planner** n urbaniste m/f ; ~
planning n urbanisme m.

towpath ['təupɑ:θ] n (chemin m de)
halage m.

towrope ['təurəup] n (câble m de)
remorque f.

toxic ['tɔksik] a toxique.

toy [tɔi] n jouet m ; **to ~ with** vt fus jouer
avec ; (idea) caresser ; ~**shop** m magasin
m de jouets.

trace [treis] n trace f // vt (draw) tracer,
dessiner ; (follow) suivre la trace de ;
(locate) retrouver ; **without ~** (disappear)
sans laisser de traces.

track [træk] n (mark) trace f ; (path: gen)
chemin m, piste f ; (: of bullet etc)

trajectoire f; (: of suspect, animal) piste ;
(RAIL) voie ferrée, rails mpl ; (on tape, SPORT)
piste // vt suivre la trace or la piste de ;
to keep ~ of suivre ; **to ~ down** vt (prey)
trouver et capturer ; (sth lost) finir par
retrouver ; **~ed** a (AUT) à chenille ; **~er**
dog n chien policier ; **~suit** n survêtement
m.

tract [trækt] n (GEO) étendue f, zone f;
(pamphlet) tract m; **respiratory ~** (ANAT)
système m respiratoire.

tractor ['træktə*] n tracteur m.

trade [treɪd] n commerce m ; (skill, job)
métier m // vi faire du commerce ; **to ~**
with/in faire du commerce avec/le
commerce de ; **to ~ in** vt (old car etc) faire
reprendre ; **~-in** (value) n reprise f;
~mark n marque f de fabrique ; **~name**
n marque déposée ; **~r** n commerçant/e,
négociant/e ; **~sman** n (shopkeeper)
commerçant ; **~ union** n syndicat m ; **~**
unionist syndicaliste m/f; **trading** n
affaires fpl, commerce m; **trading estate**
n zone industrielle ; **trading stamp** n
timbre-prime m.

tradition [trə'dɪʃən] n tradition f; **~s** npl
coutumes fpl, traditions ; **~al** a
traditionnel(le).

traffic ['træfɪk] n trafic m; (cars)
circulation f // vi: **to ~ in** (pej: liquor,
drugs) faire le trafic de ; **~ circle** n (US)
rond-point m ; **~ jam** n embouteillage m;
~ lights npl feux mpl (de signalisation) ; **~**
sign n panneau m (de signalisation) ; **~**
warden n contractuel/le.

tragedy ['trædʒədɪ] n tragédie f.

tragic ['trædʒɪk] a tragique.

trail [treɪl] n (tracks) trace f, piste f; (path)
chemin m, piste ; (of smoke etc) traînée f
// vt traîner, tirer ; (follow) suivre // vi
traîner ; **to ~ behind** vi traîner, être à la
traîne ; **~er** n (AUT) remorque f; (US)
caravane f; (CINEMA) court film de
lancement ; **~ing plant** n plante rampante.

train [treɪn] n train m; (in underground)
rame f; (of dress) traîne f // vt (apprentice,
doctor etc) former ; (sportsman) entraîner ;
(dog) dresser ; (memory) exercer ; (point:
gun etc): **to ~ sth on** braquer qch sur //
vi recevoir sa formation ; s'entraîner ;
one's ~ of thought le fil de sa pensée ;
~ed a qualifié(e), qui a reçu une
formation ; dressé(e) ; **~ee** [treɪ'ni:] n
stagiaire m/f; (in trade) apprenti/e ; **~er**
n (SPORT) entraîneur/euse ; (of dogs etc)
dresseur/euse ; **~ing** n formation f;
entraînement m; dressage m; **in ~ing**
(SPORT) à l'entraînement ; (fit) en forme ;
~ing college n école professionnelle ; (for
teachers) ≈ école normale.

traipse [treɪps] vi (se) traîner, déambuler.

trait [treɪt] n trait m (de caractère).

traitor ['treɪtə*] n traître m.

tram [træm] n (also: **~car**) tram(way) m ;
~line n ligne f de tram(way).

tramp [træmp] n (person) vagabond/e,
clochard/e // vi marcher d'un pas lourd
// vt (walk through: town, streets) parcourir
à pied.

trample ['træmpl] vt: **to ~ (underfoot)**
piétiner ; (fig) bafouer.

trampoline ['træmpəliːn] n trampolino m.

trance [trɑːns] n transe f; (MED) catalepsie
f.

tranquil ['træŋkwɪl] a tranquille ; **~lity**
tranquillité f; **~lizer** n (MED) tranquillisant
m.

transact [træn'zækt] vt (business) traiter ;
~ion [-'zækʃən] n transaction f; **~ions**
npl (minutes) actes mpl.

transatlantic ['trænzət'læntɪk] a
transatlantique.

transcend [træn'sɛnd] vt transcender ;
(excel over) surpasser.

transcript ['trænskrɪpt] n transcription f
(texte) ; **~ion** [-'skrɪpʃən] n transcription.

transept ['trænsɛpt] n transept m.

transfer n ['trænsfə*] (gen, also SPORT)
transfert m; (POL: of power) passation f;
(picture, design) décalcomanie f; (: stick-
on) autocollant m // vt ['træns'fə:*]
transférer ; passer ; décalquer ; **to ~ the**
charges (TEL) téléphoner en P.C.V. ;
~able [-'fə:rəbl] a transmissible,
transférable ; '**not ~able**' 'personnel'.

transform [træns'fɔ:m] vt transformer ;
~ation [-'meɪʃən] n transformation f;
~er n (ELEC) transformateur m.

transfusion [træns'fju:ʒən] n transfusion
f.

transient ['trænzɪənt] a transitoire,
éphémère.

transistor [træn'zɪstə*] n (ELEC, also: ~
radio) transistor m.

transit ['trænzɪt] n: **in ~** en transit ; **~**
lounge n salle f de transit.

transition [træn'zɪʃən] n transition f;
~al a transitoire.

transitive ['trænzɪtɪv] a (LING) transi-
tif(ive).

transitory ['trænzɪtərɪ] a transitoire.

translate [trænz'leɪt] vt traduire ;
translation [-'leɪʃən] n traduction f; (SCOL:
as opposed to prose) version f; **translator**
n traducteur/trice.

transmission [trænz'mɪʃən] n transmis-
sion f.

transmit [trænz'mɪt] vt transmettre ;
(RADIO, TV) émettre ; **~ter** n émetteur m.

transparency [træns'pɛərnsɪ] n (PHOT)
diapositive f.

transparent [træns'pærnt] a
transparent(e).

transplant vt [træns'plɑ:nt] transplanter ;
(seedlings) repiquer // n ['trænsplɑ:nt]
(MED) transplantation f.

transport n ['trænspɔ:t] transport m // vt
[træns'pɔ:t] transporter ; **~ation** [-'teɪʃən]
n (moyen m de) transport m; (of prisoners)
transportation f; **~ café** n ≈ restaurant
m de routiers.

transverse ['trænzvə:s] a transversal(e).

transvestite [trænz'vɛstaɪt] n travesti/e.

trap [træp] n (snare, trick) piège m;
(carriage) cabriolet m // vt prendre au
piège ; (immobilize) bloquer ; (jam)
coincer ; **to shut one's ~** (col) la fermer ;
~ door n trappe f.

trapeze [trə'pi:z] n trapèze m.

trapper ['træpə*] n trappeur m.

trappings ['træpɪŋz] npl ornements mpl;
attributs mpl.

trash [træʃ] n (pej: goods) camelote f; (: nonsense) sottises fpl; ~ **can** n (US) boîte f à ordures.

trauma ['trɔ:mə] n traumatisme m; ~**tic** [-'mætɪk] a traumatisant(e).

travel ['trævl] n voyage(s) m(pl) // vi voyager; (move) aller, se déplacer // vt (distance) parcourir; ~ **agent's** n agence f de voyages; ~**ler**, ~**er** (US) n voyageur/euse; ~**ler's cheque** n chèque m de voyage; ~**ling**, ~**ing** (US) n voyage(s) m(pl) // cpd (bag, clock) de voyage; (expenses) de déplacement; ~ **sickness** n mal m de route (or de mer or de l'air).

traverse ['trævəs] vt traverser.

travesty ['trævəstɪ] n parodie f.

trawler ['trɔ:lə*] n chalutier m.

tray [treɪ] n (for carrying) plateau m; (on desk) corbeille f.

treacherous ['trɛtʃərəs] a traître(sse).

treachery ['trɛtʃərɪ] n traîtrise f.

treacle ['tri:kl] n mélasse f.

tread [trɛd] n pas m; (sound) bruit m de pas; (of tyre) chape f, bande f de roulement // vi (pt trod, pp trodden [trɔd, 'trɔdn]) marcher; **to** ~ **on** vt fus marcher sur.

treason ['tri:zn] n trahison f.

treasure ['trɛʒə*] n trésor m // vt (value) tenir beaucoup à; (store) conserver précieusement; ~ **hunt** n chasse f au trésor.

treasurer ['trɛʒərə*] n trésorier/ère.

treasury ['trɛʒərɪ] n trésorerie f; **the T~** (POL) le ministère des Finances.

treat [tri:t] n petit cadeau, petite surprise // vt traiter; **it was a** ~ ça m'a (or nous a etc) vraiment fait plaisir; **to** ~ **sb to sth** offrir qch à qn.

treatise ['tri:tɪz] n traité m (ouvrage).

treatment ['tri:tmənt] n traitement m.

treaty ['tri:tɪ] n traité m.

treble ['trɛbl] a triple // n (MUS) soprano m // vt, vi tripler; ~ **clef** n clé f de sol.

tree [tri:] n arbre m; ~**-lined** a bordé(e) d'arbres; ~**top** n cime f d'un arbre; ~ **trunk** n tronc m d'arbre.

trek [trɛk] n voyage m; randonnée f; (tiring walk) tirée f // vi (as holiday) faire de la randonnée.

trellis ['trɛlɪs] n treillis m, treillage m.

tremble ['trɛmbl] vi trembler; (machine) vibrer; **trembling** tremblement m; vibrations fpl // a tremblant(e); vibrant(e).

tremendous [trɪ'mɛndəs] a (enormous) énorme, fantastique; (excellent) formidable.

tremor ['trɛmə*] n tremblement m; (also: **earth** ~) secousse f sismique.

trench [trɛntʃ] n tranchée f.

trend [trɛnd] n (tendency) tendance f; (of events) cours m; (fashion) mode f; ~**y** a (idea) dans le vent; (clothes) dernier cri inv.

trepidation [trɛpɪ'deɪʃən] n vive agitation.

trespass ['trɛspəs] vi: **to** ~ **on** s'introduire sans permission dans; (fig) empiéter sur; **'no** ~**ing'** 'propriété privée', 'défense d'entrer'.

tress [trɛs] n boucle f de cheveux.

trestle ['trɛsl] n tréteau m; ~ **table** n table f à tréteaux.

trial ['traɪəl] n (LAW) procès m, jugement m; (test: of machine etc) essai m; (hardship) épreuve f; (worry) souci m; **to be on** ~ passer en jugement; **by** ~ **and error** par tâtonnements.

triangle ['traɪæŋgl] n (MATH, MUS) triangle m; **triangular** [-'æŋgjulə*] a triangulaire.

tribal ['traɪbəl] a tribal(e).

tribe [traɪb] n tribu f; ~**sman** n membre m de la tribu.

tribulation [trɪbju'leɪʃən] n tribulation f, malheur m.

tribunal [traɪ'bju:nl] n tribunal m.

tributary ['trɪbjutərɪ] n (river) affluent m.

tribute ['trɪbju:t] n tribut m, hommage m; **to pay** ~ **to** rendre hommage à.

trice [traɪs] n: **in a** ~ en un clin d'œil.

trick [trɪk] n ruse f; (clever act) astuce f; (joke) tour m; (CARDS) levée f // vt attraper, rouler; **to play a** ~ **on sb** jouer un tour à qn; ~**ery** n ruse f.

trickle ['trɪkl] n (of water etc) filet m // vi couler en un filet or goutte à goutte; **to** ~ **in/out** (people) entrer/sortir par petits groupes.

tricky ['trɪkɪ] a difficile, délicat(e).

tricycle ['traɪsɪkl] n tricycle m.

trifle ['traɪfl] n bagatelle f; (CULIN) ≈ diplomate m // ad: **a** ~ **long** un peu long; **trifling** a insignifiant(e).

trigger ['trɪgə*] n (of gun) gâchette f; **to** ~ **off** vt déclencher.

trigonometry [trɪgə'nɔmətrɪ] n trigonométrie f.

trilby ['trɪlbɪ] n (chapeau m en) feutre m.

trim [trɪm] a net(te); (house, garden) bien tenu(e); (figure) svelte // n (haircut etc) légère coupe; (embellishment) finitions fpl; (on car) garnitures fpl // vt couper légèrement; (decorate): **to** ~ **(with)** décorer (de); (NAUT: a sail) gréer; ~**mings** npl décorations fpl; (extras: gen CULIN) garniture f.

Trinity ['trɪnɪtɪ] n: **the** ~ la Trinité.

trinket ['trɪŋkɪt] n bibelot m; (piece of jewellery) colifichet m.

trio ['tri:əu] n trio m.

trip [trɪp] n voyage m; (excursion) excursion f; (stumble) faux pas // vi faire un faux pas, trébucher; (go lightly) marcher d'un pas léger; **on a** ~ en voyage; **to** ~ **up** vi trébucher // vt faire un croc-en-jambe à.

tripe [traɪp] n (CULIN) tripes fpl; (pej: rubbish) idioties fpl.

triple ['trɪpl] a triple.

triplets ['trɪplɪts] npl triplés/ées.

triplicate ['trɪplɪkət] n: **in** ~ en trois exemplaires.

tripod ['traɪpɔd] n trépied m.

tripper ['trɪpə*] n touriste m/f; excursionniste m/f.

trite [traɪt] a banal(e).

triumph ['traɪʌmf] n triomphe m // vi: **to** ~ **(over)** triompher (de); ~**al** [-'ʌmfl] a triomphal(e); ~**ant** [-'ʌmfənt] a triomphant(e).

trivia ['trɪvɪə] npl futilités fpl.

trivial ['trɪvɪəl] a insignifiant(e); (commonplace) banal(e); ~**ity** [-'ælɪtɪ] n caractère insignifiant; banalité f.

trod [trɔd] pt of **tread**; **~den** pp of **tread**.

trolley ['trɔlɪ] n chariot m; **~ bus** n trolleybus m.

trollop ['trɔləp] n prostituée f.

trombone [trɔm'bəun] n trombone m.

troop [truːp] n bande f, groupe m; **~s** npl (MIL) troupes fpl; (: men) hommes mpl, soldats mpl; **to ~ in/out** vi entrer/sortir en groupe; **~er** n (MIL) soldat m de cavalerie; **~ing the colour** (ceremony) le salut au drapeau; **~ship** n (navire m de) transport m.

trophy ['trəufɪ] n trophée m.

tropic ['trɔpɪk] n tropique m; **in the ~s** sous les tropiques; **T~ of Cancer/Capricorn** n tropique du Cancer/Capricorne; **~al** a tropical(e).

trot [trɔt] n trot m // vi trotter; **on the ~** (fig: col) d'affilée.

trouble ['trʌbl] n difficulté(s) f(pl), problème(s) m(pl); (worry) ennuis mpl, soucis mpl; (bother, effort) peine f; (POL) conflits mpl, troubles mpl; (MED): **stomach etc ~** troubles gastriques etc // vt déranger, gêner; (worry) inquiéter // vi: **to ~ to do** prendre la peine de faire; **~s** npl (POL etc) troubles mpl; **to be in ~** avoir des ennuis; (ship, climber etc) être en difficulté; **to go to the ~ of doing** se donner le mal de faire; **it's no ~!** je vous en prie!; **what's the ~?** qu'est-ce qui ne va pas?; **~d** a, (person) inquiet(ète); (epoch, life) agité(e); **~-free** a sans problèmes or ennuis; **~maker** n élément perturbateur, fauteur m de troubles; **~shooter** n (in conflict) conciliateur m; **~some** a ennuyeux(euse), gênant(e).

trough [trɔf] n (also: **drinking ~**) abreuvoir m; (also: **feeding ~**) auge f; (channel) chenal m; **~ of low pressure** n (GEO) dépression f.

trounce [trauns] vt (defeat) battre à plates coutures.

troupe [truːp] n troupe f.

trousers ['trauzəz] npl pantalon m; **short ~** npl culottes courtes.

trousseau, pl **~x** or **~s** ['truːsəu, -z] n trousseau m.

trout [traut] n, pl inv truite f.

trowel ['trauəl] n truelle f.

truant ['truənt] n: **to play ~** faire l'école buissonnière.

truce [truːs] n trêve f.

truck [trʌk] n camion m; (RAIL) wagon m à plate-forme; (for luggage) chariot m (à bagages); **~ driver** n camionneur m; **~ farm** n (US) jardin maraîcher.

truculent ['trʌkjulənt] a agressif(ive).

trudge [trʌdʒ] vi marcher lourdement, se traîner.

true [truː] a vrai(e); (accurate) exact(e); (genuine) vrai, véritable; (faithful) fidèle.

truffle ['trʌfl] n truffe f.

truly ['truːlɪ] ad vraiment, réellement; (truthfully) sans mentir; (faithfully) fidèlement; **'yours ~'** (in letter) 'je vous prie d'agréer l'expression de mes sentiments respectueux.'

trump [trʌmp] n atout m; **~ed-up** a inventé(e) (de toutes pièces).

trumpet ['trʌmpɪt] n trompette f; (player) trompettiste m/f.

truncated [trʌŋ'keɪtɪd] a tronqué(e).

truncheon ['trʌntʃən] n bâton m (d'agent de police); matraque f.

trundle ['trʌndl] vt, vi: **to ~ along** rouler bruyamment.

trunk [trʌŋk] n (of tree, person) tronc m; (of elephant) trompe f; (case) malle f; **~s** npl caleçon m; (also: **swimming ~s**) maillot m or slip m de bain; **~ call** n (TEL) communication interurbaine; **~ road** ≈ route nationale.

truss [trʌs] n (MED) bandage m herniaire; **to ~ (up)** vt (CULIN) brider.

trust [trʌst] n confiance f; (LAW) fidéicommis m; (COMM) trust m // vt (rely on) avoir confiance en; (entrust): **to ~ sth to sb** confier qch à qn; (hope): **to ~ that** espérer que; **~ed** a en qui l'on a confiance; **~ee** [trʌs'tiː] n (LAW) fidéicommissaire m/f; (of school etc) administrateur/trice; **~ful**, **~ing** a confiant(e); **~worthy** a digne de confiance; **~y** a fidèle.

truth, **~s** [truːθ, truːðz] n vérité f; **~ful** a (person) qui dit la vérité; (description) exact(e), vrai(e); **~fully** ad sincèrement, sans mentir; **~fulness** n véracité f.

try [traɪ] n essai m, tentative f; (RUGBY) essai // vt (LAW) juger; (test: sth new) essayer, tester; (strain) éprouver // vi essayer; **to ~ to do** essayer de faire; (seek) chercher à faire; **to ~ on** vt (clothes) essayer; **to ~ it on** (fig) tenter le coup, bluffer; **to ~ out** vt essayer, mettre à l'essai; **~ing** a pénible.

tsar [zɑː*] n tsar m.

T-shirt ['tiːʃəːt] n tee-shirt m.

T-square ['tiːskwɛə*] n équerre f en T.

tub [tʌb] n cuve f; baquet m; (bath) baignoire f.

tuba ['tjuːbə] n tuba m.

tubby ['tʌbɪ] a rondelet(te).

tube [tjuːb] n tube m; (underground) métro m; (for tyre) chambre f à air.

tuberculosis [tjubəːkju'ləusɪs] n tuberculose f.

tube station ['tjuːbsteɪʃən] n station f de métro.

tubing ['tjuːbɪŋ] n tubes mpl; **a piece of ~** un tube.

tubular ['tjuːbjulə*] a tubulaire.

TUC n (abbr of Trades Union Congress) confédération f des syndicats britanniques.

tuck [tʌk] n (SEWING) pli m, rempli m // vt (put) mettre; **to ~ away** vt cacher, ranger; **to ~ in** vt rentrer; (child) border // vi (eat) manger de bon appétit; attaquer le repas; **to ~ up** vt (child) border; **~ shop** n boutique f à provisions (dans une école).

Tuesday ['tjuːzdɪ] n mardi m.

tuft [tʌft] n touffe f.

tug [tʌg] n (ship) remorqueur m // vt tirer (sur); **~-of-war** n lutte f à la corde.

tuition [tjuː'ɪʃən] n leçons fpl.

tulip ['tjuːlɪp] n tulipe f.

tumble ['tʌmbl] n (fall) chute f, culbute f // vi tomber, dégringoler; (with somersault) faire une or des culbute(s) // vt renverser, faire tomber; **~down** a délabré(e) ; ~ **dryer** n séchoir m (à linge) à air chaud.

tumbler ['tʌmblə*] n verre (droit), gobelet m ; acrobate m/f.

tummy ['tʌmɪ] n (col) ventre m.

tumour ['tjuːmə*] n tumeur f.

tumult ['tjuːmʌlt] n tumulte m ; **~uous** [-'mʌltjuəs] a tumultueux(euse).

tuna ['tjuːnə] n, pl inv (also: ~ **fish**) thon m.

tune [tjuːn] n (melody) air m // vt (MUS) accorder ; (RADIO, TV, AUT) régler, mettre au point ; **to be in/out of ~** (instrument) être accordé/désaccordé ; (singer) chanter juste/faux ; **to be in/out of ~ with** (fig) être en accord/désaccord avec ; **to ~ in (to)** (RADIO, TV) se mettre à l'écoute (de) ; **to ~ up** (musician) accorder son instrument ; **~ful** a mélodieux(euse) ; **~r** n (radio set) radio-préamplificateur m ; **piano ~r** accordeur m de pianos ; **~r amplifier** n radio-ampli m.

tungsten ['tʌŋstn] n tungstène m.

tunic ['tjuːnɪk] n tunique f.

tuning ['tjuːnɪŋ] n réglage m ; **~ fork** n diapason m.

Tunisia [tjuː'nɪzɪə] n Tunisie f ; **~n** a tunisien(ne) // n Tunisien/ne.

tunnel ['tʌnl] n tunnel m ; (in mine) galerie f // vi creuser un tunnel (or une galerie).

tunny ['tʌnɪ] n thon m.

turban ['təːbən] n turban m.

turbid ['təːbɪd] a boueux(euse).

turbine ['təːbaɪn] n turbine f.

turbojet ['təːbəʊ'dʒet] n turboréacteur m.

turbot ['təːbət] n, pl inv turbot m.

turbulence ['təːbjuləns] n (AVIAT) turbulence f.

turbulent ['təːbjulənt] a turbulent(e) ; (sea) agité(e).

tureen [tə'riːn] n soupière f.

turf [təːf] n gazon m ; (clod) motte f (de gazon) // vt gazonner ; **the T~** n le turf, les courses fpl ; **to ~ out** vt (col) jeter ; jeter dehors.

turgid ['təːdʒɪd] a (speech) pompeux(euse).

Turk [təːk] n Turc/Turque.

turkey ['təːkɪ] n dindon m, dinde f.

Turkey ['təːkɪ] n Turquie f.

Turkish ['təːkɪʃ] a turc(turque) // n (LING) turc m ; **~ bath** n bain turc ; **~ delight** n loukoum m.

turmoil ['təːmɔɪl] n trouble m, bouleversement m.

turn [təːn] n tour m ; (in road) tournant m ; (tendency: of mind, events) tournure f ; (performance) numéro m ; (MED) crise f, attaque f // vt tourner ; (collar, steak) retourner ; (milk) faire tourner ; (change): **to ~ sth into** changer qch en // vi tourner ; (person: look back) se (re)tourner ; (reverse direction) faire demi-tour ; (change) changer ; (become) devenir ; **to ~ into** se changer en ; **a good ~** un service ; **a bad ~** un mauvais tour ; **it gave me quite a ~** ça m'a fait un coup ; **'no left ~'** (AUT) 'défense de tourner à gauche' ; **it's your ~** c'est (à) votre tour ; **in ~** à son tour ; à tour de rôle ; **to take ~s** se relayer ; **to take ~s at** faire à tour de rôle ; **to ~ about** vi faire demi-tour ;

faire un demi-tour ; **to ~ away** vi se détourner, tourner la tête ; **to ~ back** vi revenir, faire demi-tour ; **to ~ down** vt (refuse) rejeter, refuser ; (reduce) baisser ; (fold) rabattre ; **to ~ in** vi (col: go to bed) aller se coucher // vt (fold) rentrer ; **to ~ off** vi (from road) tourner // vt (light, radio etc) éteindre ; (engine) arrêter ; **to ~ on** vt (light, radio etc) allumer ; (engine) mettre en marche ; **to ~ out** vt (light, gas) éteindre // vi: **to ~ out to be...** s'avérer..., se révéler... ; **to ~ up** (person) arriver, se pointer ; (lost object) être retrouvé(e) // vt (collar) remonter ; (increase: sound, volume etc) mettre plus fort ; **~around** n volteface f ; **~ed-up** a (nose) retroussé(e) ; **~ing** n (in road) tournant m ; **~ing circle** n rayon m de braquage ; **~ing point** n (fig) tournant m, moment décisif.

turnip ['təːnɪp] n navet m.

turnout ['təːnaut] n (nombre m de personnes dans l') assistance f.

turnover ['təːnəʊvə*] n (COMM: amount of money) chiffre m d'affaires ; (: of goods) roulement m ; (CULIN) sorte de chausson.

turnpike ['təːnpaɪk] n (US) autoroute f à péage.

turnstile ['təːnstaɪl] n tourniquet m (d'entrée).

turntable ['təːnteɪbl] n (on record player) platine f.

turn-up ['təːnʌp] n (on trousers) revers m.

turpentine ['təːpəntaɪn] n (also: **turps**) (essence f de) térébenthine f.

turquoise ['təːkwɔɪz] n (stone) turquoise f // a turquoise inv.

turret ['tʌrɪt] n tourelle f.

turtle ['təːtl] n tortue marine ; **~neck (sweater)** n pullover m à col montant.

tusk [tʌsk] n défense f.

tussle ['tʌsl] n bagarre f, mêlée f.

tutor ['tjuːtə*] n (in college) directeur/trice d'études ; (private teacher) précepteur/-trice ; **~ial** [-'tɔːrɪəl] (SCOL) (séance f de) travaux mpl pratiques.

tuxedo [tʌk'siːdəu] n (US) smoking m.

T.V. [tiː'viː] n (abbr of television) télé f.

twaddle ['twɔdl] n balivernes fpl.

twang [twæŋ] n (of instrument) son vibrant ; (of voice) ton nasillard // vi vibrer // vt (guitar) pincer les cordes de.

tweed [twiːd] n tweed m.

tweezers ['twiːzəz] npl pince f à épiler.

twelfth [twelfθ] num douzième ; **T~ Night** n la fête des Rois.

twelve [twelv] num douze ; **at ~** à midi ; (midnight) à minuit.

twentieth ['twentɪɪθ] num vingtième.

twenty ['twentɪ] num vingt.

twerp [twəːp] n (col) imbécile m/f.

twice [twaɪs] ad deux fois ; **~ as much** deux fois plus.

twig [twɪg] n brindille f // vt, vi (col) piger.

twilight ['twaɪlaɪt] n crépuscule m.

twill [twɪl] n serge f.

twin [twɪn] a,n jumeau(elle) // vt jumeler.

twine [twaɪn] n ficelle f // vi (plant) s'enrouler ; (road) serpenter.

twinge [twɪndʒ] n (of pain) élancement m ; (of conscience) remords m.

twinkle ['twɪŋkl] n scintillement m;
pétillement m // vi scintiller; (eyes)
pétiller.

twin town [twɪn'taun] n ville jumelée.

twirl [twə:l] n tournoiement m // vt faire
tournoyer // vi tournoyer.

twist [twɪst] n torsion f, tour m; (in wire,
flex) tortillon m; (in story) coup m de
théâtre // vt tordre; (weave) entortiller;
(roll around) enrouler; (fig) déformer // vi
s'entortiller; s'enrouler; (road) serpenter.

twit [twɪt] n (col) crétin/e.

twitch [twɪtʃ] n saccade f; (nervous) tic
m // vi se convulser; avoir un tic.

two [tu:] num deux; **to put ~ and ~
together** (fig) faire le rapport; **~-door** a
(AUT) à deux portes; **~-faced** a (pej:
person) faux(fausse); **~fold** ad: **to
increase ~fold** doubler; **~-piece** (suit)
n (costume m) deux-pièces m inv; **~-piece
(swimsuit)** n (maillot m de bain) deux-
pièces m inv; **~-seater** n (plane) (avion
m) biplace m; (car) voiture f à deux
places; **~some** n (people) couple m; **~-
way** a (traffic) dans les deux sens.

tycoon [taɪ'ku:n] n: **(business) ~** gros
homme d'affaires.

type [taɪp] n (category) genre m, espèce f;
(model) modèle m; (example) type m; (TYP)
type, caractère m // vt (letter etc) taper
(à la machine); **~-cast** a (actor)
condamné(e) à toujours jouer le même
rôle; **~script** n texte dactylographié;
~writer n machine f à écrire; **~written**
a dactylographié(e).

typhoid ['taɪfɔɪd] n typhoïde f.

typhoon [taɪ'fu:n] n typhon m.

typhus ['taɪfəs] n typhus m.

typical ['tɪpɪkl] a typique, caractéristique.

typify ['tɪpɪfaɪ] vt être caractéristique de.

typing ['taɪpɪŋ] n dactylo(graphie) f; **~
error** n faute f de frappe; **~ paper** n
papier m machine.

typist ['taɪpɪst] n dactylo m/f.

tyranny ['tɪrənɪ] n tyrannie f.

tyrant ['taɪərnt] n tyran m.

tyre, tire (US) ['taɪə*] n pneu m; **~
pressure** n pression f (de gonflage).

tzar [zɑ:*] n = **tsar**.

U

U-bend ['ju:bɛnd] n (AUT) coude m, virage
m en épingle à cheveux; (in pipe) coude.

ubiquitous [ju:'bɪkwɪtəs] a doué(e)
d'ubiquité, omniprésent(e).

udder ['ʌdə*] n pis m, mamelle f.

UFO ['ju:fəu] n (abbr of unidentified flying
object) O.V.N.I. (objet volant non identifié).

ugh [ə:h] excl pouah!

ugliness ['ʌglɪnɪs] n laideur f.

ugly ['ʌglɪ] a laid(e), vilain(e); (fig)
répugnant(e).

UHF abbr of ultra-high frequency.

UHT a (abbr of ultra-heat treated): **~ milk**
n lait upérisé or longue conservation.

U.K. n abbr see **united**.

ulcer ['ʌlsə*] n ulcère m; (also: **mouth ~**)
aphte f.

Ulster ['ʌlstə*] n Ulster m.

ulterior [ʌl'tɪərɪə*] a ultérieur(e); **~
motive** n arrière-pensée f.

ultimate ['ʌltɪmət] a ultime, final(e);
(authority) suprême; **~ly** ad en fin de
compte; finalement; par la suite.

ultimatum [ʌltɪ'meɪtəm] n ultimatum m.

ultraviolet ['ʌltrə'vaɪəlɪt] a ultraviolet(te).

umbilical [ʌmbɪ'laɪkl] a: **~ cord** cordon
ombilical.

umbrage ['ʌmbrɪdʒ] n: **to take ~** prendre
ombrage, se froisser.

umbrella [ʌm'brɛlə] n parapluie m; (fig):
under the ~ of sous les auspices de;
chapeauté(e) par.

umpire ['ʌmpaɪə*] n arbitre m // vt
arbitrer.

umpteen [ʌmp'ti:n] a je ne sais combien
de; **for the ~th time** pour la nième fois.

UN, UNO abbr see **united**.

unabashed [ʌnə'bæʃt] a nullement in-
timidé(e).

unabated [ʌnə'beɪtɪd] a non diminué(e).

unable [ʌn'eɪbl] a: **to be ~ to** ne (pas)
pouvoir, être dans l'impossibilité de; être
incapable de.

unaccompanied [ʌnə'kʌmpənɪd] a (child,
lady) non accompagné(e).

unaccountably [ʌnə'kauntəblɪ] ad inex-
plicablement.

unaccustomed [ʌnə'kʌstəmd] a
inaccoutumé(e), inhabituel(le); **to be ~ to
sth** ne pas avoir l'habitude de qch.

unadulterated [ʌnə'dʌltəreɪtd] a pur(e),
naturel(le).

unaided [ʌn'eɪdɪd] a sans aide, tout(e)
seul(e).

unanimity [ju:nə'nɪmɪtɪ] n unanimité f.

unanimous [ju:'nænɪməs] a unanime;
~ly ad à l'unanimité.

unashamed [ʌnə'ʃeɪmd] a sans honte;
impudent(e).

unassuming [ʌnə'sju:mɪŋ] a modeste,
sans prétentions.

unattached [ʌnə'tætʃt] a libre, sans at-
taches.

unattended [ʌnə'tɛndɪd] a (car, child, lug-
gage) sans surveillance.

unattractive [ʌnə'træktɪv] a peu attray-
ant(e).

unauthorized [ʌn'ɔ:θəraɪzd] a non
autorisé(e), sans autorisation.

unavoidable [ʌnə'vɔɪdəbl] a inévitable.

unaware [ʌnə'wɛə*] a: **to be ~ of**
ignorer, ne pas savoir, être inconscient(e)
de; **~s** ad à l'improviste, au dépourvu.

unbalanced [ʌn'bælənst] a déséquili-
bré(e).

unbearable [ʌn'bɛərəbl] a insupportable.

unbeatable [ʌn'bi:təbl] a imbattable.

unbeaten [ʌn'bi:tn] a invaincu(e).

unbecoming [ʌnbɪ'kʌmɪŋ] a malséant(e),
inconvenant(e).

unbeknown(st) [ʌnbɪ'nəun(st)] ad: **~ to**
à l'insu de.

unbelief [ʌnbɪ'li:f] n incrédulité f.

unbelievable [ʌnbɪ'li:vəbl] a incroyable.

unbend [ʌn'bɛnd] vb (irg) vi se détendre
// vt (wire) redresser, détordre.

unbounded [ʌn'baundɪd] a sans bornes,
illimité(e).

unbreakable [ʌn'breɪkəbl] a incassable.
unbridled [ʌn'braɪdld] a débridé(e), déchaîné(e).
unbroken [ʌn'brəukən] a intact(e); continu(e).
unburden [ʌn'bə:dn] vt: **to ~ o.s.** s'épancher, se livrer.
unbutton [ʌn'bʌtn] vt déboutonner.
uncalled-for [ʌn'kɔ:ldfɔ:*] a déplacé(e), injustifié(e).
uncanny [ʌn'kænɪ] a étrange, troublant(e).
unceasing [ʌn'si:sɪŋ] a incessant(e), continu(e).
uncertain [ʌn'sə:tn] a incertain(e); mal assuré(e); **~ty** n incertitude f, doutes mpl.
unchanged [ʌn'tʃeɪndʒd] a inchangé(e).
uncharitable [ʌn'tʃærɪtəbl] a peu charitable.
uncharted [ʌn'tʃɑ:tɪd] a inexploré(e).
unchecked [ʌn'tʃɛkt] a non réprimé(e).
uncle [ʌŋkl] n oncle m.
uncomfortable [ʌn'kʌmfətəbl] a inconfortable; (uneasy) mal à l'aise, gêné(e); désagréable.
uncommon [ʌn'kɔmən] a rare, singulier(ère), peu commun(e).
uncompromising [ʌn'kɔmprəmaɪzɪŋ] a intransigeant(e), inflexible.
unconditional [ʌnkən'dɪʃənl] a sans conditions.
uncongenial [ʌnkən'dʒi:nɪəl] a peu agréable.
unconscious [ʌn'kɔnʃəs] a sans connaissance, évanoui(e); (unaware) inconscient(e) // n: **the ~** l'inconscient m; **~ly** ad inconsciemment.
uncontrollable [ʌnkən'trəuləbl] a irrépressible; indiscipliné(e).
uncork [ʌn'kɔ:k] vt déboucher.
uncouth [ʌn'ku:θ] a grossier(ère), fruste.
uncover [ʌn'kʌvə*] vt découvrir.
unctuous [ʌŋktjuəs] a onctueux(euse), mielleux(euse).
undaunted [ʌn'dɔ:ntɪd] a non intimidé(e), inébranlable.
undecided [ʌndɪ'saɪdɪd] a indécis(e), irrésolu(e).
undeniable [ʌndɪ'naɪəbl] a indéniable, incontestable.
under ['ʌndə*] prep sous; (less than) (de) moins de; au-dessous de; (according to) selon, en vertu de // ad au-dessous; en dessous; **from ~** sth de dessous or de sous qch; **~ there** là-dessous; **~ repair** en (cours de) réparation.
under... ['ʌndə*] prefix sous-; **~age** a qui n'a pas l'âge réglementaire; **~carriage**, **~cart** n train m d'atterrissage; **~clothes** npl sous-vêtements mpl; (women's only) dessous mpl; **~coat** n (paint) couche f de fond; **~cover** a secret(ète), clandestin(e); **~current** n courant sous-jacent; **~cut** n (CULIN) (morceau m de) filet m // vt irg vendre moins cher que; **~developed** a sous-développé(e); **~dog** n opprimé m; **~done** a (CULIN) saignant(e); (pej) pas assez cuit(e); **~estimate** vt sous-estimer, mésestimer; **~exposed** a (PHOT) sous-exposé(e); **~fed** a sous-alimenté(e); **~foot** ad sous les pieds; **~go** vt irg subir; (treatment) suivre; **~graduate** n

étudiant/e (qui prépare la licence); **~ground** n métro m; (POL) clandestinité f; **~growth** n broussailles fpl, sous-bois m; **~hand(ed)** a (fig) sournois(e), en dessous; **~lie** vt irg être à la base de; **~line** vt souligner; **~ling** ['ʌndəlɪŋ] n (pej) sous-fifre m, subalterne m; **~mine** vt saper, miner; **~neath** [ʌndə'ni:θ] ad (en) dessous // prep sous, au-dessous de; **~paid** a sous-payé(e); **~pants** npl (Brit) caleçon m, slip m; **~pass** n passage souterrain; (on motorway) passage inférieur; **~play** vt minimiser; **~price** vt vendre à un prix trop bas; **~privileged** a défavorisé(e), économiquement faible; **~rate** vt sous-estimer, mésestimer; **~shirt** n (US) tricot m de corps; **~shorts** npl (US) caleçon m, slip m; **~side** n dessous m; **~skirt** n jupon m.
understand [ʌndə'stænd] vb (irg: like stand) vt, vi comprendre; **I ~ that...** je me suis laissé dire que...; je crois comprendre que...; **~able** a compréhensible; **~ing** a compréhensif(ive) // n compréhension f; (agreement) accord m.
understatement [ʌndə'steɪtmənt] n: **that's an ~** c'est (bien) peu dire, le terme est faible.
understood [ʌndə'stud] pt, pp of **understand** // a entendu(e); (implied) sous-entendu(e).
understudy ['ʌndəstʌdɪ] n doublure f.
undertake [ʌndə'teɪk] vt irg entreprendre; se charger de.
undertaker ['ʌndəteɪkə*] n entrepreneur m des pompes funèbres, croque-mort m.
undertaking [ʌndə'teɪkɪŋ] n entreprise f; (promise) promesse f.
underwater [ʌndə'wɔ:tə*] ad sous l'eau // a sous-marin(e).
underwear ['ʌndəweə*] n sous-vêtements mpl; (women's only) dessous mpl.
underweight [ʌndə'weɪt] a d'un poids insuffisant; (person) (trop) maigre.
underworld ['ʌndəwə:ld] n (of crime) milieu m, pègre f.
underwriter ['ʌndəraɪtə*] n (INSURANCE) souscripteur m.
undesirable [ʌndɪ'zaɪərəbl] a peu souhaitable; indésirable.
undies ['ʌndɪz] npl (col) dessous mpl, lingerie f.
undisputed [ʌndɪ'spju:tɪd] a incontesté(e).
undistinguished [ʌndɪs'tɪŋgwɪʃt] a médiocre, quelconque.
undo [ʌn'du:] vt irg défaire; **~ing** n ruine f, perte f.
undoubted [ʌn'dautɪd] a indubitable, certain(e); **~ly** ad sans aucun doute.
undress [ʌn'drɛs] vi se déshabiller.
undue [ʌn'dju:] a indu(e), excessif(ive).
undulating ['ʌndjuleɪtɪŋ] a ondoyant(e), onduleux(euse).
unduly [ʌn'dju:lɪ] ad trop, excessivement.
unearth [ʌn'ə:θ] vt déterrer; (fig) dénicher.
unearthly [ʌn'ə:θlɪ] a surnaturel(le); (hour) indu(e), impossible.
uneasy [ʌn'i:zɪ] a mal à l'aise, gêné(e); (worried) inquiet(ète).

uneconomic(al) ['ʌniːkə'nɒmɪk(l)] *a* peu économique ; peu rentable.

uneducated [ʌn'ɛdjukeɪtɪd] *a* sans éducation.

unemployed [ʌnɪm'plɔɪd] *a* sans travail, en chômage // *n*: **the** ~ les chômeurs *mpl.*

unemployment [ʌnɪm'plɔɪmənt] *n* chômage *m.*

unending [ʌn'ɛndɪŋ] *a* interminable.

unenviable [ʌn'ɛnvɪəbl] *a* peu enviable.

unerring [ʌn'əːrɪŋ] *a* infaillible, sûr(e).

uneven [ʌn'iːvn] *a* inégal(e) ; irrégulier(ère).

unexpected [ʌnɪk'spɛktɪd] *a* inattendu(e), imprévu(e).

unexploded [ʌnɪk'spləʊdɪd] *a* non explosé(e) *or* éclaté(e).

unfailing [ʌn'feɪlɪŋ] *a* inépuisable ; infaillible.

unfair [ʌn'fɛə*] *a*: ~ **(to)** injuste (envers) ; ~**ly** *ad* injustement.

unfaithful [ʌn'feɪθful] *a* infidèle.

unfamiliar [ʌnfə'mɪlɪə*] *a* étrange, inconnu(e).

unfasten [ʌn'fɑːsn] *vt* défaire ; détacher.

unfathomable [ʌn'fæðəməbl] *a* insondable.

unfavourable, unfavorable *(US)* [ʌn'feɪvərəbl] *a* défavorable.

unfeeling [ʌn'fiːlɪŋ] *a* insensible, dur(e).

unfinished [ʌn'fɪnɪʃt] *a* inachevé(e).

unfit [ʌn'fɪt] *a* en mauvaise santé ; pas en forme ; *(incompetent)*: ~ **(for)** impropre (à) ; *(work, service)* inapte (à).

unflagging [ʌn'flægɪŋ] *a* infatigable, inlassable.

unflappable [ʌn'flæpəbl] *a* imperturbable.

unflinching [ʌn'flɪntʃɪŋ] *a* stoïque.

unfold [ʌn'fəʊld] *vt* déplier ; *(fig)* révéler, exposer // *vi* se dérouler.

unforeseen ['ʌnfɔː'siːn] *a* imprévu(e).

unforgivable [ʌnfə'gɪvəbl] *a* impardonnable.

unfortunate [ʌn'fɔːtʃnət] *a* malheureux-(euse) ; *(event, remark)* malencontreux-(euse) ; ~**ly** *ad* malheureusement.

unfounded [ʌn'faʊndɪd] *a* sans fondement.

unfriendly [ʌn'frɛndlɪ] *a* froid(e), inimical(e).

unfurnished [ʌn'fəːnɪʃt] *a* non meublé(e).

ungainly [ʌn'geɪnlɪ] *a* gauche, dégingandé(e).

ungodly [ʌn'gɒdlɪ] *a* impie ; **at an ~ hour** à une heure indue.

unguarded [ʌn'gɑːdɪd] *a*: ~ **moment** *n* moment *m* d'inattention.

unhappiness [ʌn'hæpɪnɪs] *n* tristesse *f*, peine *f.*

unhappy [ʌn'hæpɪ] *a* triste, malheureux(euse) ; ~ **with** *(arrangements etc)* mécontent(e) de, peu satisfait(e) de.

unharmed [ʌn'hɑːmd] *a* indemne, sain(e) et sauf(sauve).

unhealthy [ʌn'hɛlθɪ] *a* *(gen)* malsain(e) ; *(person)* maladif(ive).

unheard-of [ʌn'həːdɒv] *a* inouï(e), sans précédent.

unhook [ʌn'huk] *vt* décrocher ; dégrafer.

unhurt [ʌn'həːt] *a* indemne, sain(e) et sauf(sauve).

unicorn ['juːnɪkɔːn] *n* licorne *f.*

unidentified [ʌnaɪ'dɛntɪfaɪd] *a* non identifié(e).

uniform ['juːnɪfɔːm] *n* uniforme *m* // *a* uniforme ; ~**ity** [-'fɔːmɪtɪ] *n* uniformité *f.*

unify ['juːnɪfaɪ] *vt* unifier.

unilateral [juːnɪ'lætərəl] *a* unilatéral(e).

unimaginable [ʌnɪ'mædʒɪnəbl] *a* inimaginable, inconcevable.

unimpaired [ʌnɪm'pɛəd] *a* intact(e).

uninhibited [ʌnɪn'hɪbɪtɪd] *a* sans inhibitions ; sans retenue.

unintentional [ʌnɪn'tɛnʃənəl] *a* involontaire.

union ['juːnjən] *n* union *f*; *(also:* **trade** ~) syndicat *m* // *cpd* du syndicat, syndical(e) ; **U~ Jack** *n* drapeau du Royaume-Uni.

unique [juː'niːk] *a* unique.

unison ['juːnɪsn] *n*: **in** ~ à l'unisson, en chœur.

unit ['juːnɪt] *n* unité *f*; *(section: of furniture etc)* élément *m*, bloc *m* ; *(team, squad)* groupe *m*, service *m.*

unite [juː'naɪt] *vt* unir // *vi* s'unir ; ~**d** *a* uni(e) ; unifié(e) ; *(efforts)* conjugué(e) ; **U~d Kingdom (U.K.)** *n* Royaume-Uni *m* ; **U~d Nations (Organization)** (UN, UNO) *n* (Organisation *f* des) Nations unies (O.N.U.) ; **U~d States (of America)** (US, USA) *n* États-Unis *mpl.*

unit trust ['juːnɪttrʌst] *n* *(Brit)* société *f* d'investissement.

unity ['juːnɪtɪ] *n* unité *f.*

universal [juːnɪ'vəːsl] *a* universel(le).

universe ['juːnɪvəːs] *n* univers *m.*

university [juːnɪ'vəːsɪtɪ] *n* université *f.*

unjust [ʌn'dʒʌst] *a* injuste.

unkempt [ʌn'kɛmpt] *a* mal tenu(e), débraillé(e) ; mal peigné(e).

unkind [ʌn'kaɪnd] *a* peu gentil(le), méchant(e).

unknown [ʌn'nəʊn] *a* inconnu(e).

unladen [ʌn'leɪdn] *a* *(ship, weight)* à vide.

unlawful [ʌn'lɔːful] *a* illégal(e).

unleash [ʌn'liːʃ] *vt* détacher ; *(fig)* déchaîner, déclencher.

unleavened [ʌn'lɛvnd] *a* sans levain.

unless [ʌn'les] *cj*: ~ **he leaves** à moins qu'il (ne) parte ; ~ **we leave** à moins de partir, à moins que nous (ne) partions ; ~ **otherwise stated** sauf indication contraire.

unlicensed [ʌn'laɪsənst] *a* non patenté(e) pour la vente des spiritueux.

unlike [ʌn'laɪk] *a* dissemblable, différent(e) // *prep* à la différence de, contrairement à.

unlikely [ʌn'laɪklɪ] *a* improbable ; invraisemblable.

unlimited [ʌn'lɪmɪtɪd] *a* illimité(e).

unload [ʌn'ləʊd] *vt* décharger.

unlock [ʌn'lɒk] *vt* ouvrir.

unlucky [ʌn'lʌkɪ] *a* malchanceux(euse) ; *(object, number)* qui porte malheur.

unmannerly [ʌn'mænəlɪ] *a* mal élevé(e), impoli(e).

unmarried [ʌnˈmærɪd] a célibataire.
unmask [ʌnˈmɑːsk] vt démasquer.
unmistakable [ʌnmɪsˈteɪkəbl] a indubitable ; qu'on ne peut pas ne pas reconnaître.
unmitigated [ʌnˈmɪtɪgeɪtɪd] a non mitigé(e), absolu(e), pur(e).
unnatural [ʌnˈnætʃrəl] a non naturel(le) ; contre nature.
unnecessary [ʌnˈnɛsəsərɪ] a inutile, superflu(e).
unnerve [ʌnˈnɜːv] vt faire perdre son sang-froid à.
UNO [juːˈnəʊ] n see **united**.
unobtainable [ʌnəbˈteɪnəbl] a (TEL) impossible à obtenir.
unoccupied [ʌnˈɒkjupaɪd] a (seat etc) libre.
unofficial [ʌnəˈfɪʃl] a non officiel(le) ; (strike) ≈ non sanctionné(e) par la centrale.
unorthodox [ʌnˈɔːθədɒks] a peu orthodoxe.
unpack [ʌnˈpæk] vi défaire sa valise, déballer ses affaires.
unpalatable [ʌnˈpælətəbl] a (truth) désagréable (à entendre).
unparalleled [ʌnˈpærəlɛld] a incomparable, sans égal.
unpleasant [ʌnˈplɛznt] a déplaisant(e), désagréable.
unplug [ʌnˈplʌg] vt débrancher.
unpopular [ʌnˈpɒpjulə*] a impopulaire.
unprecedented [ʌnˈprɛsɪdəntɪd] a sans précédent.
unpredictable [ʌnprɪˈdɪktəbl] a imprévisible.
unprepossessing [ˈʌnpriːpəˈzɛsɪŋ] a peu avenant(e).
unpretentious [ʌnprɪˈtɛnʃəs] a sans prétention(s).
unqualified [ʌnˈkwɒlɪfaɪd] a (teacher) non diplômé(e), sans titres ; (success) sans réserve, total(e).
unravel [ʌnˈrævl] vt démêler.
unreal [ʌnˈrɪəl] a irréel(le).
unreasonable [ʌnˈriːznəbl] a qui n'est pas raisonnable.
unrelated [ʌnrɪˈleɪtɪd] a sans rapport ; sans lien de parenté.
unrelenting [ʌnrɪˈlɛntɪŋ] a implacable ; acharné(e).
unreliable [ʌnrɪˈlaɪəbl] a sur qui (or quoi) on ne peut pas compter, peu fiable.
unrelieved [ʌnrɪˈliːvd] a (monotony) constant(e), uniforme.
unremitting [ʌnrɪˈmɪtɪŋ] a inlassable, infatigable, acharné(e).
unrepeatable [ʌnrɪˈpiːtəbl] a (offer) unique, exceptionnel(le).
unrepentant [ʌnrɪˈpɛntənt] a impénitent(e).
unrest[ʌnˈrɛst] n agitation f, troubles mpl.
unroll [ʌnˈrəʊl] vt dérouler.
unruly [ʌnˈruːlɪ] a indiscipliné(e).
unsafe [ʌnˈseɪf] a dangereux(euse), hasardeux(euse).
unsaid [ʌnˈsɛd] a: **to leave sth ~** passer qch sous silence.

unsatisfactory [ˈʌnsætɪsˈfæktərɪ] a qui laisse à désirer.
unsavoury, unsavory (US) [ʌnˈseɪvərɪ] a (fig) peu recommandable, répugnant(e).
unscathed [ʌnˈskeɪðd] a indemne.
unscrew [ʌnˈskruː] vt dévisser.
unscrupulous [ʌnˈskruːpjuləs] a sans scrupules, indélicat(e).
unseemly [ʌnˈsiːmlɪ] a inconvenant(e).
unsettled [ʌnˈsɛtld] a perturbé(e) ; instable ; incertain(e).
unshaven [ʌnˈʃeɪvn] a non or mal rasé(e).
unsightly [ʌnˈsaɪtlɪ] a disgracieux(euse), laid(e).
unskilled [ʌnˈskɪld] a: **~ worker** n manœuvre m.
unsophisticated [ʌnsəˈfɪstɪkeɪtɪd] a simple, naturel(le).
unspeakable [ʌnˈspiːkəbl] a indicible ; (bad) innommable.
unsteady [ʌnˈstɛdɪ] a mal assuré(e), chancelant(e), instable.
unstuck [ʌnˈstʌk] a: **to come ~** se décoller ; (fig) faire fiasco.
unsuccessful [ʌnsəkˈsɛsful] a (attempt) infructueux(euse) ; (writer, proposal) qui n'a pas de succès ; (marriage) malheureux(euse), qui ne réussit pas ; **to be ~** (in attempting sth) ne pas réussir ; ne pas avoir de succès ; (application) ne pas être retenu(e) ; **~ly** ad en vain.
unsuitable [ʌnˈsuːtəbl] a qui ne convient pas, peu approprié(e) ; inopportun(e).
unsuspecting [ʌnsəˈspɛktɪŋ] a qui ne se méfie pas.
unswerving [ʌnˈswɜːvɪŋ] a inébranlable.
untangle [ʌnˈtæŋgl] vt démêler, débrouiller.
untapped [ʌnˈtæpt] a (resources) inexploité(e).
unthinkable [ʌnˈθɪŋkəbl] a impensable, inconcevable.
untidy [ʌnˈtaɪdɪ] a (room) en désordre ; (appearance) désordonné(e), débraillé(e) ; (person) sans ordre, désordonné ; débraillé ; (work) peu soigné(e).
untie [ʌnˈtaɪ] vt (knot, parcel) défaire ; (prisoner, dog) détacher.
until [ənˈtɪl] prep jusqu'à ; (after negative) avant // cj jusqu'à ce que + sub, en attendant que + sub ; (in past, after negative) avant que + sub ; **~ then** jusque-là.
untimely [ʌnˈtaɪmlɪ] a inopportun(e) ; (death) prématuré(e).
untold [ʌnˈtəʊld] a incalculable ; indescriptible.
untoward [ʌntəˈwɔːd] a fâcheux (euse), malencontreux(euse).
untranslatable [ʌntrænzˈleɪtəbl] a intraduisible.
unused [ʌnˈjuːzd] a neuf(neuve).
unusual [ʌnˈjuːʒuəl] a insolite, exceptionnel(le), rare.
unveil [ʌnˈveɪl] vt dévoiler.
unwavering [ʌnˈweɪvərɪŋ] a inébranlable.
unwell [ʌnˈwɛl] a indisposé(e), souffrant(e).
unwieldy [ʌnˈwiːldɪ] a difficile à manier.
unwilling [ʌnˈwɪlɪŋ] a: **to be ~ to do** ne pas vouloir faire ; **~ly** ad à contrecœur, contre son gré.

unwind [ʌnˈwaɪnd] *vb* (*irg*) *vt* dérouler // *vi* (*relax*) se détendre.

unwitting [ʌnˈwɪtɪŋ] *a* involontaire.

unworthy [ʌnˈwəːðɪ] *a* indigne.

unwrap [ʌnˈræp] *vt* défaire; ouvrir.

unwritten [ʌnˈrɪtn] *a* (*agreement*) tacite.

up [ʌp] *prep*: **to go/be ~ sth** monter/être sur qch // *ad* en haut; en l'air; **~ there** là-haut; **~ above** au-dessus; **~ to** jusqu'à; **to be ~** (*out of bed*) être levé(e), être debout *inv*; **it is ~ to you** c'est à vous de décider, ça ne tient qu'à vous; **what is he ~ to?** qu'est-ce qu'il peut bien faire?; **he is not ~ to it** il n'en est pas capable; **~-and-coming** a plein d'avenir *or* de promesses; **~s and downs** *npl* (*fig*) hauts *mpl* et bas *mpl*.

upbringing [ˈʌpbrɪŋɪŋ] *n* éducation *f*.

update [ʌpˈdeɪt] *vt* mettre à jour.

upend [ʌpˈɛnd] *vt* mettre debout.

upgrade [ʌpˈɡreɪd] *vt* promouvoir; (*job*) revaloriser.

upheaval [ʌpˈhiːvl] *n* bouleversement *m*; branle-bas *m*; crise *f*.

uphill [ʌpˈhɪl] a qui monte; (*fig*: *task*) difficile, pénible // *ad*: **to go ~** monter.

uphold [ʌpˈhəʊld] *vt irg* maintenir; soutenir.

upholstery [ʌpˈhəʊlstərɪ] *n* rembourrage *m*; (*of car*) garniture *f*.

upkeep [ˈʌpkiːp] *n* entretien *m*.

upon [əˈpɔn] *prep* sur.

upper [ˈʌpə*] *a* supérieur(e); du dessus // *n* (*of shoe*) empeigne *f*; **the ~ class** ≈ la haute bourgeoisie; **~-class** *a* ≈ bourgeois(e); **~most** *a* le(la) plus haut(e); en dessus.

upright [ˈʌpraɪt] *a* droit(e); vertical(e); (*fig*) droit, honnête // *n* montant *m*.

uprising [ˈʌpraɪzɪŋ] *n* soulèvement *m*, insurrection *f*.

uproar [ˈʌprɔː*] *n* tumulte *m*, vacarme *m*.

uproot [ʌpˈruːt] *vt* déraciner.

upset *n* [ˈʌpsɛt] dérangement *m* // *vt* [ʌpˈsɛt] (*irg*: *like* **set**) (*glass etc*) renverser; (*plan*) déranger; (*person*: *offend*) contrarier; (: *grieve*) faire de la peine à; bouleverser // *a* [ʌpˈsɛt] contrarié(e); peiné(e); (*stomach*) détraqué(e), dérangé(e).

upshot [ˈʌpʃɔt] *n* résultat *m*.

upside [ˈʌpsaɪd]: **~-down** *ad* à l'envers.

upstairs [ʌpˈstɛəz] *ad* en haut // *a* (*room*) du dessus, d'en haut // *n*: **there's no ~** il n'y a pas d'étage.

upstart [ˈʌpstɑːt] *n* parvenu/e.

upstream [ʌpˈstriːm] *ad* en amont.

uptake [ˈʌpteɪk] *n*: **he is quick/slow on the ~** il comprend vite/est lent à comprendre.

up-to-date [ˈʌptəˈdeɪt] *a* moderne; très récent(e).

upturn [ˈʌptəːn] *n* (*in luck*) retournement *m*.

upward [ˈʌpwəd] *a* ascendant(e); vers le haut; **~(s)** *ad* vers le haut; **and ~(s)** et plus, et au-dessus.

uranium [juəˈreɪnɪəm] *n* uranium *m*.

urban [ˈəːbən] *a* urbain(e).

urbane [əːˈbeɪn] *a* urbain(e), courtois(e).

urchin [ˈəːtʃɪn] *n* gosse *m*, garnement *m*; **sea ~** *n* oursin *m*.

urge [əːdʒ] *n* besoin *m*; envie *f*; forte envie, désir *m* // *vt*: **to ~ sb to do** exhorter qn à faire, pousser qn à faire; recommander vivement à qn de faire; **to ~ on** *vt* aiguillonner, talonner.

urgency [ˈəːdʒənsɪ] *n* urgence *f*; (*of tone*) insistance *f*.

urgent [ˈəːdʒənt] *a* urgent(e); **~ly** *ad* d'urgence, sans délai.

urinal [ˈjuərɪnl] *n* urinoir *m*.

urinate [ˈjuərɪneɪt] *vi* uriner.

urn [əːn] *n* urne *f*; (*also*: **tea ~**) fontaine *f* à thé.

us [ʌs] *pronoun* nous.

US, USA *n abbr see* **united**.

usage [ˈjuːzɪdʒ] *n* usage *m*.

use *n* [juːs] emploi *m*, utilisation *f*; usage *m* // *vt* [juːz] se servir de, utiliser, employer; **she ~d to do it** elle le faisait (autrefois), elle avait coutume de le faire; **in ~** en usage; **out of ~** hors d'usage; **it's no ~** ça ne sert à rien; **to have the ~ of** avoir l'usage de; **to be ~d to** avoir l'habitude de, être habitué(e) à; **to ~ up** *vt* finir, épuiser; consommer; **~d** (*a car*) d'occasion; **~ful** *a* utile; **~fulness** *n* utilité *f*; **~less** *a* inutile; **~r** *n* utilisateur/trice, usager *m*.

usher [ˈʌʃə*] *n* placeur *m*; **~ette** [-ˈrɛt] *n* (*in cinema*) ouvreuse *f*.

USSR *n*: **the ~** l'URSS *f*.

usual [ˈjuːʒʊəl] *a* habituel(le); **as ~** comme d'habitude; **~ly** *ad* d'habitude, d'ordinaire.

usurer [ˈjuːʒərə*] *n* usurier/ère.

usurp [juːˈzəːp] *vt* usurper.

utensil [juːˈtɛnsl] *n* ustensile *m*.

uterus [ˈjuːtərəs] *n* utérus *m*.

utilitarian [juːtɪlɪˈtɛərɪən] *a* utilitaire.

utility [juːˈtɪlɪtɪ] *n* utilité *f*; (*also*: **public ~**) service public.

utilization [juːtɪlaɪˈzeɪʃn] *n* utilisation *f*.

utilize [ˈjuːtɪlaɪz] *vt* utiliser; exploiter.

utmost [ˈʌtməʊst] *a* extrême, le(la) plus grand(e) // *n*: **to do one's ~** faire tout son possible.

utter [ˈʌtə*] *a* total(e), complet(ète) // *vt* prononcer, proférer; émettre; **~ance** *n* paroles *fpl*; **~ly** *ad* complètement, totalement.

U-turn [ˈjuːˈtəːn] *n* demi-tour *m*.

V

v. *abbr of* **verse, versus, volt**; (*abbr of* *vide*) voir.

vacancy [ˈveɪkənsɪ] *n* (*job*) poste vacant; (*room*) chambre *f* disponible; **'no vacancies'** 'complet'.

vacant [ˈveɪkənt] *a* (*post*) vacant(e); (*seat etc*) libre, disponible; (*expression*) distrait(e).

vacate [vəˈkeɪt] *vt* quitter.

vacation [vəˈkeɪʃən] *n* vacances *fpl*; **~ course** *n* cours *mpl* de vacances.

vaccinate [ˈvæksɪneɪt] *vt* vacciner; **vaccination** [-ˈneɪʃən] *n* vaccination *f*.

vaccine [ˈvæksiːn] *n* vaccin *m*.

vacuum ['vækjum] *n* vide *m* ; ~ **cleaner**
n aspirateur *m* ; ~ **flask** *n* bouteille *f*
thermos ®.
vagary ['veɪgəri] *n* caprice *m*.
vagina [və'dʒaɪnə] *n* vagin *m*.
vagrant ['veɪgrnt] *n* vagabond/e,
mendiant/e.
vague [veɪg] *a* vague, imprécis(e) ;
(*blurred: photo, memory*) flou(e) ; ~**ly** *ad*
vaguement.
vain [veɪn] *a* (*useless*) vain(e) ; (*conceited*)
vaniteux(euse) ; **in** ~ en vain.
valance ['væləns] *n* (*of bed*) tour *m* de lit.
valentine ['væləntaɪn] *n* (*also:* ~ **card**)
carte *f* de la Saint-Valentin.
valeting ['vælɪtɪŋ] *a:* ~ **service** *n* pressing
m.
valiant ['væliənt] *a* vaillant(e), coura-
geux(euse).
valid ['vælɪd] *a* valide, valable ; (*excuse*)
valable ; ~**ity** [-'lɪdɪtɪ] *n* validité *f*.
valise [və'liːz] *n* sac *m* de voyage.
valley ['vælɪ] *n* vallée *f*.
valuable ['væljuəbl] *a* (*jewel*) de grande
valeur ; (*time*) précieux (euse) ; ~**s** *npl*
objets *mpl* de valeur.
valuation [vælju'eɪʃən] *n* évaluation *f*,
expertise *f*.
value ['vælju:] *n* valeur *f* // *vt* (*fix price*)
évaluer, expertiser ; (*cherish*) tenir à ; ~
added tax (VAT) *n* taxe *f* à la valeur
ajoutée (T.V.A.) ; ~**d** *a* (*appreciated*)
estimé(e) ; ~**r** *n* expert *m* (en estimations).
valve [vælv] *n* (*in machine*) soupape *f* ; (*on
tyre*) valve *f* ; (*in radio*) lampe *f*.
van [væn] *n* (*AUT*) camionnette *f* ; (*RAIL*)
fourgon *m*.
vandal ['vændl] *n* vandale *m/f* ; ~**ism** *n*
vandalisme *m* ; ~**ize** *vt* saccager.
vanguard ['væŋgɑːd] *n* avant-garde *m*.
vanilla [və'nɪlə] *n* vanille *f* // *cpd* (*ice
cream*) à la vanille.
vanish ['vænɪʃ] *vi* disparaître.
vanity ['vænɪtɪ] *n* vanité *f* ; ~ **case** *n* sac
m de toilette.
vantage ['vɑːntɪdʒ] *n:* ~ **point** bonne
position.
vapour, vapor (*US*) ['veɪpə*] *n* vapeur *f* ;
(*on window*) buée *f*.
variable ['vɛərɪəbl] *a* variable ; (*mood*)
changeant(e).
variance ['vɛərɪəns] *n:* **to be at** ~ (**with**)
être en désaccord (avec) ; (*facts*) être en
contradiction (avec).
variant ['vɛərɪənt] *n* variante *f*.
variation [vɛərɪ'eɪʃən] *n* variation *f* ; (*in
opinion*) changement *m*.
varicose ['værɪkəus] *a:* ~ **veins** *npl*
varices *fpl*.
varied ['vɛərɪd] *a* varié(e), divers(e).
variety [və'raɪətɪ] *n* variété *f* ; (*quantity*)
nombre *m*, quantité *f* ; ~ **show** *n*
(spectacle *m* de) variétés *fpl*.
various ['vɛərɪəs] *a* divers(e), différent(e) ;
(*several*) divers, plusieurs.
varnish ['vɑːnɪʃ] *n* vernis *m* // *vt* vernir.
vary ['vɛərɪ] *vt, vi* varier, changer ; ~**ing**
a variable.
vase [vɑːz] *n* vase *m*.
vast [vɑːst] *a* vaste, immense ; (*amount,*

success) énorme ; ~**ly** *ad* infiniment,
extrêmement ; ~**ness** *n* immensité *f*.
vat [væt] *n* cuve *f*.
VAT [væt] *n abbr see* **value**.
Vatican ['vætɪkən] *n:* **the** ~ le Vatican.
vault [vɔːlt] *n* (*of roof*) voûte *f* ; (*tomb*)
caveau *m* ; (*in bank*) salle *f* des coffres ;
chambre forte ; (*jump*) saut *m* // *vt* (*also:*
~ **over**) sauter (d'un bond).
vaunted ['vɔːntɪd] *a:* **much-**~ tant
célébré(e).
VD *n abbr see* **venereal**.
veal [viːl] *n* veau *m*.
veer [vɪə*] *vi* tourner, virer.
vegetable ['vɛdʒtəbl] *n* légume *m* // *a*
végétal(e) ; ~ **garden** *n* potager *m*.
vegetarian [vɛdʒɪ'tɛərɪən] *a*, *n*
végétarien(ne).
vegetate ['vɛdʒɪteɪt] *vi* végéter.
vegetation [vɛdʒɪ'teɪʃən] *n* végétation *f*.
vehemence ['viːɪməns] *n* véhémence *f*,
violence *f*.
vehicle ['viːɪkl] *n* véhicule *m*.
vehicular [vɪ'hɪkjulə*] *a:* **'no ~ traffic'**
'interdit à tout véhicule'.
veil [veɪl] *n* voile *m* // *vt* voiler.
vein [veɪn] *n* veine *f* ; (*on leaf*) nervure *f* ;
(*fig: mood*) esprit *m*.
velocity [vɪ'lɔsɪtɪ] *n* vélocité *f*.
velvet ['vɛlvɪt] *n* velours *m*.
vending machine ['vɛndɪŋməʃiːn] *n*
distributeur *m* automatique.
vendor ['vɛndə*] *n* vendeur/euse.
veneer [və'nɪə*] *n* placage *m* de bois ; (*fig*)
vernis *m*.
venerable ['vɛnərəbl] *a* vénérable.
venereal [vɪ'nɪərɪəl] *a:* ~ **disease** (**VD**) *n*
maladie vénérienne.
Venetian [vɪ'niːʃən] *a:* ~ **blind** *n* store
vénitien.
Venezuela [vɛnɛ'zweɪlə] *n* Venezuela *m* ;
~**n** *a* vénézuélien(ne) // *n* Vénézuélien/ne.
vengeance ['vɛndʒəns] *n* vengeance *f* ;
with a ~ (*fig*) vraiment, pour de bon.
venison ['vɛnɪsn] *n* venaison *f*.
venom ['vɛnəm] *n* venin *m* ; ~**ous** *a*
venimeux(euse).
vent [vɛnt] *n* orifice *m*, conduit *m* ; (*in
dress, jacket*) fente *f* // *vt* (*fig:* one's
feelings) donner libre cours à.
ventilate ['vɛntɪleɪt] *vt* (*room*) ventiler,
aérer ; **ventilation** [-'leɪʃən] *n* ventilation
f, aération *f* ; **ventilator** *n* ventilateur *m*.
ventriloquist [vɛn'trɪləkwɪst] *n*
ventriloque *m/f*.
venture ['vɛntʃə*] *n* entreprise *f* // *vt*
risquer, hasarder // *vi* s'aventurer, se
risquer.
venue ['vɛnjuː] *n* lieu *m* de rendez-vous et
rencontre ; (*SPORT*) lieu de la rencontre.
veranda(h) [və'rændə] *n* véranda *f*.
verb [vəːb] *n* verbe *m* ; ~**al** *a* verbal(e) ;
(*translation*) littéral(e).
verbatim [vəː'beɪtɪm] *a, ad* mot pour mot.
verbose [vəː'bəus] *a* verbeux(euse).
verdict ['vəːdɪkt] *n* verdict *m*.
verge [vəːdʒ] *n* bord *m* ; **'soft ~s'**
'accotements non stabilisés' ; **on the** ~ **of**
doing sur le point de faire ; **to** ~ **on** *vt
fus* approcher de.

verger ['vɜ:dʒə*] n (REL) bedeau m.
verification [verɪfɪ'keɪʃən] n vérification
f.
verify ['verɪfaɪ] vt vérifier.
vermin ['vɜ:mɪn] npl animaux mpl
nuisibles; (insects) vermine f.
vermouth ['vɜ:məθ] n vermouth m.
vernacular [və'nækjulə*] n langue f
vernaculaire, dialecte m.
versatile ['vɜ:sətaɪl] a (person) aux talents
variés; (machine, tool etc) aux usages
variés; aux applications variées.
verse [vɜ:s] n vers mpl; (stanza) strophe
f; (in bible) verset m.
versed [vɜ:st] a: (well-)~ in versé(e)
dans.
version ['vɜ:ʃən] n version f.
versus ['vɜ:səs] prep contre.
vertebra, pl -e ['vɜ:tɪbrə, -bri:] n
vertèbre f.
vertebrate ['vɜ:tɪbrɪt] n vertébré m.
vertical ['vɜ:tɪkl] a vertical(e) // n
verticale f; ~ly ad verticalement.
vertigo ['vɜ:tɪgəu] n vertige m.
verve [vɜ:v] n brio m; enthousiasme m.
very ['verɪ] ad très // a: the ~ book
which le livre même que; at the ~ end
tout à la fin; the ~ last le tout dernier;
at the ~ least au moins; ~ much
beaucoup.
vespers ['vespəz] npl vêpres fpl.
vessel ['vesl] n (ANAT, NAUT) vaisseau m;
(container) récipient m.
vest [vest] n tricot m de corps; (US:
waistcoat) gilet m // vt: to ~ sb with sth,
to ~ sth in sb investir qn de qch; ~ed
interests npl (COMM) droits acquis.
vestibule ['vestɪbju:l] n vestibule m.
vestige ['vestɪdʒ] n vestige m.
vestry ['vestrɪ] n sacristie f.
vet [vet] n (abbr of veterinary surgeon)
vétérinaire m/f // vt examiner
minutieusement; (text) revoir.
veteran ['vetərn] n vétéran m; (also: war
~) ancien combattant; ~ car n voiture
f d'époque.
veterinary ['vetrɪnərɪ] a vétérinaire; ~
surgeon n vétérinaire m/f.
veto ['vi:təu] n, pl ~es veto m // vt
opposer son veto à.
vex [veks] vt fâcher, contrarier; ~ed a
(question) controversé(e).
VHF abbr of very high frequency.
via ['vaɪə] prep par, via.
viable ['vaɪəbl] a viable.
viaduct ['vaɪədʌkt] n viaduc m.
vibrate [vaɪ'breɪt] vi: to ~ (with) vibrer
(de); (resound) retentir (de); vibration
['vaɪ'breɪʃən] n vibration f.
vicar ['vɪkə*] n pasteur m (de l'Église
anglicane); ~age n presbytère m.
vice [vaɪs] n (evil) vice m; (TECH) étau m.
vice- [vaɪs] prefix vice-; ~chairman n
vice-président/e.
vice squad ['vaɪsskwɔd] n ≈ brigade
mondaine.
vice versa ['vaɪsɪ'vɜ:sə] ad vice versa.
vicinity [vɪ'sɪnɪtɪ] n environs mpl,
alentours mpl.

vicious ['vɪʃəs] a (remark) cruel(le),
méchant(e); (blow) brutal(e); ~ness n
méchanceté f, cruauté f; brutalité f.
vicissitudes [vɪ'sɪsɪtju:dz] npl
vicissitudes fpl.
victim ['vɪktɪm] n victime f; ~ization
[-zeɪʃən] n brimades fpl; représailles fpl;
~ize vt brimer; exercer des représailles
sur.
victor ['vɪktə*] n vainqueur m.
Victorian [vɪk'tɔ:rɪən] a victorien(ne).
victorious [vɪk'tɔ:rɪəs] a victorieux(euse).
victory ['vɪktərɪ] n victoire f.
video ['vɪdɪəu] cpd vidéo inv; ~ (-tape)
recorder n magnétoscope m.
vie [vaɪ] vi: to ~ with lutter avec, rivaliser
avec.
Vienna [vɪ'enə] n Vienne.
view [vju:] n vue f; (opinion) avis m, vue
// vt (situation) considérer; (house)
visiter; on ~ (in museum etc) exposé(e);
in my ~ à mon avis; in ~ of the fact
that étant donné que; to have in ~ avoir
en vue; ~er n (viewfinder) viseur m;
(small projector) visionneuse f; (TV)
téléspectateur/trice; ~finder n viseur m;
~point n point m de vue.
vigil ['vɪdʒɪl] n veille f; ~ance n vigilance
f; ~ance committee n comité m
d'autodéfense; ~ant a vigilant(e).
vigorous ['vɪgərəs] a vigoureux(euse).
vigour, vigor (US) ['vɪgə*] n vigueur f.
vile [vaɪl] a (action) vil(e); (smell)
abominable; (temper) massacrant(e).
vilify ['vɪlɪfaɪ] vt calomnier.
villa ['vɪlə] n villa f.
village ['vɪlɪdʒ] n village m; ~r n
villageois/e.
villain ['vɪlən] n (scoundrel) scélérat m;
(criminal) bandit m; (in novel etc) traître
m.
vindicate ['vɪndɪkeɪt] vt défendre avec
succès; justifier.
vindictive [vɪn'dɪktɪv] a vindicatif(ive),
rancunier(ère).
vine [vaɪn] n vigne f; (climbing plant)
plante grimpante; ~ grower n viticulteur
m.
vinegar ['vɪnɪgə*] n vinaigre m.
vineyard ['vɪnjɑ:d] n vignoble m.
vintage ['vɪntɪdʒ] n (year) année f,
millésime m; ~ wine n vin m de grand
cru.
vinyl ['vaɪnl] n vinyle m.
viola [vɪ'əulə] n alto m.
violate ['vaɪəleɪt] vt violer; violation
[-'leɪʃən] n violation f.
violence ['vaɪələns] n violence f; (POL etc)
incidents violents.
violent ['vaɪələnt] a violent(e); ~ly ad
violemment; extrêmement.
violet ['vaɪələt] a (colour) violet(te) // n
(plant) violette f.
violin [vaɪə'lɪn] n violon m; ~ist n
violoniste m/f.
VIP n (abbr of very important person) V.I.P.
m.
viper ['vaɪpə*] n vipère f.
virgin ['vɜ:dʒɪn] n vierge f // a vierge; she
is a ~ elle est vierge; the Blessed V~

la Sainte Vierge; ~ity [-'dʒɪnɪtɪ] n
virginité f.
Virgo ['vəːgəu] n la Vierge; **to be** ~ être
de la Vierge.
virile ['vɪraɪl] a viril(e).
virility [vɪ'rɪlɪtɪ] n virilité f.
virtually ['vəːtjuəlɪ] ad (almost)
pratiquement.
virtue ['vəːtjuː] n vertu f; (advantage)
mérite m, avantage m; **by** ~ **of** par le fait
de.
virtuoso [vəːtju'əuzəu] n virtuose m/f.
virtuous ['vəːtjuəs] a vertueux(euse).
virulent ['vɪrulənt] a virulent(e).
virus ['vaɪərəs] n virus m.
visa ['viːzə] n visa m.
vis-à-vis [viːzə'viː] prep vis-à-vis de.
viscount ['vaɪkaunt] n vicomte m.
visibility [vɪzɪ'bɪlɪtɪ] n visibilité f.
visible ['vɪzəbl] a visible; **visibly** ad
visiblement.
vision ['vɪʒən] n (sight) vue f, vision f;
(foresight, in dream) vision; ~ary n
visionnaire m/f.
visit ['vɪzɪt] n visite f; (stay) séjour m //
vt (person) rendre visite à; (place) visiter;
~**ing card** n carte f de visite; ~**ing
professor** n ≈ professeur associé; ~**or**
n visiteur/euse; (in hotel) client/e; ~**ors'
book** n livre m d'or; (in hotel) registre m.
visor ['vaɪzə*] n visière f.
vista ['vɪstə] n vue f, perspective f.
visual ['vɪzjuəl] a visuel(le); (nerve)
optique; ~ **aid** n support visuel (pour
l'enseignement).
visualize ['vɪzjuəlaɪz] vt se représenter;
(foresee) prévoir.
vital ['vaɪtl] a vital(e); ~**ity** [-'tælɪtɪ] n
vitalité f; ~**ly** ad extrêmement; ~
statistics npl (fig) mensurations fpl.
vitamin ['vɪtəmɪn] n vitamine f.
vitiate ['vɪʃɪeɪt] vt vicier.
vivacious [vɪ'veɪʃəs] a animé(e), qui a de
la vivacité.
vivacity [vɪ'væsɪtɪ] n vivacité f.
vivid ['vɪvɪd] a (account) frappant(e);
(light, imagination) vif(vive); ~**ly** ad
(describe) d'une manière vivante;
(remember) de façon précise.
vivisection [vɪvɪ'sɛkʃən] n vivisection f.
V-neck ['viː'nɛk] n décolleté m en V.
vocabulary [vəu'kæbjulərɪ] n vocabulaire
m.
vocal ['vəukl] a (MUS) vocal(e); (communi-
cation) verbal(e); (noisy) bruyant(e); ~
chords npl cordes vocales; ~**ist** n
chanteur/euse.
vocation [vəu'keɪʃən] n vocation f; ~**al**
a professionnel(le).
vociferous [və'sɪfərəs] a bruyant(e).
vodka ['vɔdkə] n vodka f.
vogue [vəug] n mode f; (popularity) vogue
f.
voice [vɔɪs] n voix f; (opinion) avis m //
vt (opinion) exprimer, formuler.
void [vɔɪd] n vide m // a: ~ **of** vide de,
dépourvu(e) de.
voile [vɔɪl] n voile m (tissu).
volatile ['vɔlətaɪl] a volatil(e); (fig)
versatile.

volcanic [vɔl'kænɪk] a volcanique.
volcano, ~**es** [vɔl'keɪnəu] n volcan m.
volition [və'lɪʃən] n: **of one's own** ~ de
son propre gré.
volley ['vɔlɪ] n (of gunfire) salve f; (of
stones etc) pluie f, volée f; (TENNIS etc) volée
f; ~**ball** n volley(-ball) m.
volt [vəult] n volt m; ~**age** n tension f,
voltage m.
voluble ['vɔljubl] a volubile.
volume ['vɔljuːm] n volume m; ~ **control**
n (RADIO, TV) bouton m de réglage du
volume.
voluntarily ['vɔləntrɪlɪ] ad volontaire-
ment; bénévolement.
voluntary ['vɔləntərɪ] a volontaire;
(unpaid) bénévole.
volunteer [vɔlən'tɪə*] n volontaire m/f //
vi (MIL) s'engager comme volontaire; **to** ~
to do se proposer pour faire.
voluptuous [və'lʌptjuəs] a
voluptueux(euse).
vomit ['vɔmɪt] n vomissure f // vt, vi
vomir.
vote [vəut] n vote m, suffrage m; (cast)
voix f, vote; (franchise) droit m de vote //
vt (bill) voter; (chairman) élire // vi voter;
~ **of censure** n motion f de censure; ~
of thanks n discours m de remerciement;
~**r** n électeur/trice; **voting** n scrutin m.
vouch [vautʃ]: **to** ~ **for** vt se porter
garant de.
voucher ['vautʃə*] n (for meal, petrol) bon
m; (receipt) reçu m.
vow [vau] n vœu m, serment m // vi jurer.
vowel ['vauəl] n voyelle f.
voyage ['vɔɪdʒ] n voyage m par mer,
traversée f.
vulgar ['vʌlgə*] a vulgaire; ~**ity** [-'gærɪtɪ]
n vulgarité f.
vulnerability [vʌlnərə'bɪlɪtɪ] n vulnérabi-
lité f.
vulnerable ['vʌlnərəbl] a vulnérable.
vulture ['vʌltʃə*] n vautour m.

W

wad [wɔd] n (of cotton wool, paper) tampon
m; (of banknotes etc) liasse f.
wade [weɪd] vi: **to** ~ **through** marcher
dans, patauger dans // vt passer à gué.
wafer ['weɪfə*] n (CULIN) gaufrette f; (REL)
pain m d'hostie f.
waffle ['wɔfl] n (CULIN) gaufre f; (col)
rabâchage m; remplissage m // vi parler
pour ne rien dire; faire du remplissage.
waft [wɔft] vt porter // vi flotter.
wag [wæg] vt agiter, remuer // vi remuer.
wage [weɪdʒ] n salaire m, paye f // vt:
to ~ **war** faire la guerre; ~**s** npl salaire,
paye; ~ **claim** n demande f
d'augmentation de salaire; ~ **earner** n
salarié/e; (breadwinner) soutien m de
famille; ~ **freeze** n blocage m des salaires.
wager ['weɪdʒə*] n pari m.
waggle ['wægl] vt, vi remuer.
wag(g)on ['wægən] n (horse-drawn)
chariot m; (truck) camion m; (RAIL) wagon
m (de marchandises).
wail [weɪl] n gémissement m; (of siren)
hurlement m // vi gémir; hurler.

waist [weɪst] n taille f, ceinture f; ~**coat** n gilet m; ~**line** n (tour m de) taille f.
wait [weɪt] n attente f // vi attendre; to lie in ~ for guetter; I can't ~ to (fig) je meurs d'envie de; to ~ behind vi rester (à attendre); to ~ for attendre; to ~ on vt fus servir; ~**er** n garçon m (de café), serveur m; '**no** ~**ing**' (AUT) 'stationnement interdit'; ~**ing list** n liste f d'attente; ~**ing room** n salle f d'attente; ~**ress** n serveuse f.
waive [weɪv] vt renoncer à, abandonner.
wake [weɪk] vb (pt **woke**, ~**d**, pp **woken**, ~**d** [wəʊk, 'wəʊkn]) vt (also: ~ **up**) réveiller // vi (also: ~ **up**) se réveiller // n (for dead person) veillée f mortuaire; (NAUT) sillage m; ~**n** vt, vi = **wake**.
Wales [weɪlz] n pays m de Galles.
walk [wɔːk] n promenade f; (short) petit tour; (gait) démarche f; (pace): at a quick ~ d'un pas rapide; (path) chemin m; (in park etc) allée f // vi marcher; (for pleasure, exercise) se promener // vt (distance) faire à pied; (dog) promener; 10 minutes' ~ from à 10 minutes de marche de; from all ~s of life de toutes conditions sociales; ~**er** n (person) marcheur/euse; ~**ie-talkie** ['wɔːkɪ'tɔːkɪ] n talkie-walkie m; ~**ing** n marche f à pied; ~**ing holiday** n vacances passées à faire de la randonnée; ~**ing shoes** npl chaussures fpl de marche; ~**ing stick** n canne f; ~**out** n (of workers) grève-surprise f; ~**over** n (col) victoire f or examen m etc facile; ~**way** n promenade f.
wall [wɔːl] n mur m; (of tunnel, cave) paroi m; ~ **cupboard** n placard mural; ~**ed** a (city) fortifié(e).
wallet ['wɔlɪt] n portefeuille m.
wallflower ['wɔːlflauə*] n giroflée f; to be a ~ (fig) faire tapisserie.
wallop ['wɔləp] vt (col) taper sur, cogner.
wallow ['wɔləu] vi se vautrer.
wallpaper ['wɔːlpeɪpə*] n papier peint.
walnut ['wɔːlnʌt] n noix f; (tree) noyer m.
walrus, pl ~ or ~**es** ['wɔːlrəs] n morse m.
waltz [wɔːlts] n valse f // vi valser.
wan [wɔn] a pâle; triste.
wand [wɔnd] n (also: magic ~) baguette f (magique).
wander ['wɔndə*] vi (person) errer, aller sans but; (thoughts) vagabonder; (river) serpenter; ~**er** n vagabond/e.
wane [weɪn] vi (moon) décroître; (reputation) décliner.
wangle ['wæŋgl] vt (col) se débrouiller pour avoir; carotter.
want [wɔnt] vt vouloir; (need) avoir besoin de; (lack) manquer de // n: for ~ of par manque de, faute de; ~**s** npl (needs) besoins mpl; to ~ to do vouloir faire; to ~ sb to do vouloir que qn fasse; to be found ~**ing** ne pas être à la hauteur.
wanton ['wɔntn] a capricieux(euse); dévergondé(e).
war [wɔː*] n guerre f; to go to ~ se mettre en guerre.
ward [wɔːd] n (in hospital) salle f; (POL) section électorale; (LAW: child) pupille m/f; to ~ **off** vt parer, éviter.

warden ['wɔːdn] n (of institution) directeur/trice; (of park, game reserve) gardien/ne; (also: **traffic** ~) contractuel/le.
warder ['wɔːdə*] n gardien m de prison.
wardrobe ['wɔːdrəub] n (cupboard) armoire f; (clothes) garde-robe f; (THEATRE) costumes mpl.
warehouse ['wɛəhaus] n entrepôt m.
wares [wɛəz] npl marchandises fpl.
warfare ['wɔːfɛə*] n guerre f.
warhead ['wɔːhɛd] n (MIL) ogive f.
warily ['wɛərɪlɪ] ad avec prudence, avec précaution.
warlike ['wɔːlaɪk] a guerrier(ère).
warm [wɔːm] a chaud(e); (thanks, welcome, applause) chaleureux(euse); it's ~ il fait chaud; I'm ~ j'ai chaud; to ~ up vi (person, room) se réchauffer; (water) chauffer; (athlete, discussion) s'échauffer // vt réchauffer; chauffer; (engine) faire chauffer; ~**-hearted** a affectueux(euse); ~**ly** ad chaudement; vivement; chaleureusement; ~**th** n chaleur f.
warn [wɔːn] vt avertir, prévenir; ~**ing** n avertissement m; (notice) avis m; ~**ing light** n avertisseur lumineux.
warp [wɔːp] vi travailler, se voiler // vt voiler; (fig) pervertir.
warrant ['wɔrnt] n (guarantee) garantie f; (LAW: to arrest) mandat m d'arrêt; (: to search) mandat de perquisition.
warranty ['wɔrəntɪ] n garantie f.
warrior ['wɔrɪə*] n guerrier/ère.
warship ['wɔːʃɪp] n navire m de guerre.
wart [wɔːt] n verrue f.
wartime ['wɔːtaɪm] n: in ~ en temps de guerre.
wary ['wɛərɪ] a prudent(e).
was [wɔz] pt of **be**.
wash [wɔʃ] vt laver // vi se laver // n (paint) badigeon m; (washing programme) lavage m; (of ship) sillage m; to give sth a ~ laver qch; to have a ~ se laver, faire sa toilette; to ~ away vt (stain) enlever au lavage; (subj: river etc) emporter; to ~ down vt (wall) laver; laver à grande eau; to ~ off vi partir au lavage; to ~ up vi faire la vaisselle; ~**able** a lavable; ~**basin** n lavabo m; ~**er** n (TECH) rondelle f, joint m; ~**ing** n (linen etc) lessive f; ~**ing machine** n machine f à laver; ~**ing powder** n lessive f (en poudre); ~**ing-up** n vaisselle f; ~**-out** n (col) désastre m; ~**room** n toilettes fpl.
wasn't ['wɔznt] = **was not**.
wasp [wɔsp] n guêpe f.
wastage ['weɪstɪdʒ] n gaspillage m; (in manufacturing, transport etc) déchet m.
waste [weɪst] n gaspillage m; (of time) perte f; (rubbish) déchets mpl; (also: **household** ~) ordures fpl // a (material) de rebut; (heat) perdu(e); (food) inutilisé(e); (land) inculte // vt gaspiller; (time, opportunity) perdre; ~**s** npl étendue f désertique; to ~ away vi dépérir; ~**bin** n corbeille f à papier; (in kitchen) boîte f à ordures; ~ **disposal unit** n broyeur m d'ordures; ~**ful** a gaspilleur(euse); (process) peu économique; ~ **ground** n terrain m vague; ~**paper basket** n corbeille f à papier.

watch [wɔtʃ] n montre f; (act of watching) surveillance f; guet m; (guard: MIL) sentinelle f; (: NAUT: spell of duty) quart m; (NAUT: spell of duty) quart m // vt (look at) observer; (: match, programme) regarder; (spy on, guard) surveiller; (be careful of) faire attention à // vi regarder; (keep guard) monter la garde; **to ~ out** vi faire attention; **~dog** n chien m de garde; **~ful** a attentif(ive), vigilant(e); **~maker** n horloger/ère; **~man** n gardien m; (also: **night ~man**) veilleur m de nuit; **~ strap** n bracelet m de montre.

water ['wɔ:tə*] n eau f // vt (plant) arroser; **in British ~s** dans les eaux territoriales Britanniques; **to ~ down** vt (milk) couper d'eau; (fig: story) édulcorer; **~ closet** n w.-c. mpl, waters mpl; **~colour** n aquarelle f; **~colours** npl couleurs fpl pour aquarelle; **~cress** n cresson m (de fontaine); **~fall** n chute f d'eau; **~ hole** n mare f; **~ ice** n sorbet m; **~ing can** n arrosoir m; **~ level** n niveau m de l'eau; (of flood) niveau m des eaux; **~ lily** n nénuphar m; **~logged** a détrempé(e); imbibé(e) d'eau; (NAUT) ligne f de flottaison; **~ main** n canalisation f d'eau; **~mark** n (on paper) filigrane m; **~melon** n pastèque f; **~polo** n water-polo m; **~proof** a imperméable; **~shed** n (GEO) ligne f de partage des eaux; (fig) moment m critique, point décisif; **~-skiing** n ski m nautique; **~ softener** n adoucisseur m d'eau; **~tank** n réservoir m d'eau; **~tight** a étanche; **~works** npl (of moon) station f hydraulique; **~y** a (colour) délavé(e); (coffee) trop faible.

watt [wɔt] n watt m.

wave [weɪv] n vague f; (of hand) geste m, signe m; (RADIO) onde f; (in hair) ondulation f // vi faire signe de la main; (flag) flotter au vent // vt (handkerchief) agiter; (stick) brandir; (hair) onduler; **~length** n longueur f d'ondes.

waver ['weɪvə*] vi vaciller; (voice) trembler; (person) hésiter.

wavy ['weɪvɪ] a ondulé(e); onduleux(euse).

wax [wæks] n cire f; (for skis) fart m // vt cirer; (car) lustrer // vi (moon) croître; **~en** a cireux(euse); **~works** npl personnages mpl de cire; musée m de cire.

way [weɪ] n chemin m, voie f; (path, access) passage m; (distance) distance f; (direction) chemin, direction f; (manner) façon m, manière f; (habit) habitude f, façon; (condition) état m; **which ~?** — **this ~** par où or de quel côté? — par ici; **to be on one's ~** être en route; **to be in the ~** bloquer le passage; (fig) gêner; **to go out of one's ~ to do** (fig) se donner du mal pour faire; **in a ~** d'un côté; **in some ~s** à certains égards; d'un côté; **in the ~ of** en fait de, comme; **'~ in'** 'entrée'; **'~ out'** 'sortie'; **the ~ back** le chemin du retour; **this ~ and that** par-ci par-là; **'give ~'** (AUT) 'cédez la priorité'.

waylay [weɪ'leɪ] vt irg attaquer; (fig) **I got waylaid** quelqu'un m'a accroché.

wayward ['weɪwəd] a capricieux(euse), entêté(e).

W.C. ['dʌblju:'si:] n w.-c. mpl, waters mpl.

we [wi:] pl pronoun nous.

weak [wi:k] a faible; (health) fragile; (beam etc) peu solide; **~en** vi faiblir // vt affaiblir; **~ling** n gringalet m; faible m/f; **~ness** n faiblesse f; (fault) point m faible.

wealth [wɛlθ] n (money, resources) richesse(s) f(pl); (of details) profusion f; **~y** a riche.

wean [wi:n] vt sevrer.

weapon ['wɛpən] n arme f.

wear [wɛə*] n (use) usage m; (deterioration through use) usure f; (clothing): **sports/baby~** vêtements mpl de sport/pour bébés // vb (pt wore, pp worn [wɔ:*, wɔ:n]) vt (clothes) porter; mettre; (beard etc) avoir; (damage: through use) user // vi (last) faire de l'usage; (rub etc through) s'user; **town/evening ~** n tenue f de ville/de soirée; **~ and tear** n usure f; **to ~ away** vt user, ronger // vi s'user, être rongé(e); **to ~ down** vt user; (strength) épuiser; **to ~ off** vi disparaître; **to ~ on** vi se poursuivre; passer; **to ~ out** vt user; (person, strength) épuiser.

wearily ['wɪərɪlɪ] ad avec lassitude.

weariness ['wɪərɪnɪs] n épuisement m, lassitude f.

weary ['wɪərɪ] a (tired) épuisé(e); (dispirited) las(lasse); abattu(e) // vt lasser // vi: **to ~ of** se lasser de.

weasel ['wi:zl] n (ZOOL) belette f.

weather ['wɛðə*] n temps m // vt (wood) faire mûrir; (tempest, crisis) essuyer, être pris(e) dans; survivre à, tenir le coup durant; **~-beaten** a (person) hâlé(e); (building) dégradé(e) par les intempéries; **~ cock** n girouette f; **~ forecast** n prévisions fpl météorologiques, météo f; **~ vane** n = **~ cock**.

weave, pt wove, pp woven [wi:v, wəuv, 'wəuvn] vt (cloth) tisser; (basket) tresser; **~r** n tisserand/e; **weaving** n tissage m.

web [wɛb] n (of spider) toile f; (on foot) palmure f; (fabric, also fig) tissu m; **~bed** a (foot) palmé(e); **~bing** n (on chair) sangles fpl.

wed [wɛd] vt (pt, pp wedded) épouser // n: **the newly~~s** les jeunes mariés.

we'd [wi:d] = **we had**, **we would**.

wedded ['wɛdɪd] pt,pp of **wed**.

wedding ['wɛdɪŋ] n mariage m; **silver/golden ~** n noces fpl d'argent/d'or; **~ day** n jour m du mariage; **~ dress** n robe f de mariage; **~ present** n cadeau m de mariage; **~ ring** n alliance f.

wedge [wɛdʒ] n (of wood etc) coin m; (under door etc) cale f; (of cake) part f // vt (fix) caler; (push) enfoncer, coincer; **~-heeled shoes** npl chaussures fpl à semelles compensées.

wedlock ['wɛdlɔk] n (union f du) mariage m.

Wednesday ['wɛdnzdɪ] n mercredi m.

wee [wi:] a (Scottish) petit(e); tout(e) petit(e).

weed [wi:d] n mauvaise herbe // vt désherber; **~-killer** n désherbant m.

week [wi:k] n semaine f; **~day** n jour m de semaine; (COMM) jour ouvrable; **~end** n week-end m; **~ly** ad une fois par semaine, chaque semaine // a,n hebdomadaire (m).

weep, pt, pp **wept** [wiːp, wɛpt] vi (person) pleurer ; **~ing willow** n saule pleureur.

weigh [weɪ] vt,vi peser ; **to ~ anchor** lever l'ancre ; **to ~ down** vt (branch) faire plier ; (fig: with worry) accabler ; **to ~ up** vt examiner ; **~bridge** n pont-bascule m.

weight [weɪt] n poids m ; **sold by ~** vendu(e) au poids ; **~lessness** n apesanteur f ; **~ lifter** n haltérophile m ; **~y** a lourd(e).

weir [wɪə*] n barrage m.

weird [wɪəd] a bizarre ; (eerie) surnaturel(le).

welcome ['wɛlkəm] a bienvenu(e) // n accueil m // vt accueillir ; (also: **bid ~**) souhaiter la bienvenue à ; (be glad of) se réjouir de ; **to be ~** être le(la) bienvenu(e) ; **welcoming** a accueillant(e) ; (speech) d'accueil.

weld [wɛld] n soudure f // vt souder ; **~er** n (person) soudeur m ; **~ing** n soudure f (autogène).

welfare ['wɛlfɛə*] n bien-être m ; **~ state** n État-providence m ; **~ work** n travail social.

well [wɛl] n puits m // ad bien // a: **to be ~** aller bien // excl eh bien! bon! ; enfin! ; **~ done!** bravo! ; **get ~ soon!** remets-toi vite! ; **to do ~ in sth** bien réussir en or dans qch.

we'll [wiːl] = **we will, we shall**.

well: ~-behaved a sage, obéissant(e) ; **~-being** n bien-être m ; **~-built** a (building) bien construit(e) ; (person) bien bâti(e) ; **~-developed** a (girl) bien fait(e) ; **~-earned** a (rest) bien mérité(e) ; **~-groomed** a très soigné(e) de sa personne ; **~-heeled** a (col: wealthy) fortuné(e), riche.

wellingtons ['wɛlɪŋtənz] npl (also: **wellington boots**) bottes fpl de caoutchouc.

well: ~-known a (person) bien connu(e) ; **~-meaning** a bien intentionné(e) ; **~-off** a aisé(e), assez riche ; **~-read** a cultivé(e) ; **~-to-do** a aisé(e), assez riche ; **~-wisher** n: scores of **~-wishers** had gathered de nombreux amis et admirateurs s'étaient rassemblés ; **letters from ~-wishers** des lettres d'encouragement.

Welsh [wɛlʃ] a gallois(e) // n (LING) gallois m ; **~man/woman** n Gallois/e ; **~ rarebit** n croûte f au fromage.

went [wɛnt] pt of **go**.

wept [wɛpt] pt, pp of **weep**.

were [wəː*] pt of **be**.

we're [wɪə*] = **we are**.

weren't [wəːnt] = **were not**.

west [wɛst] n ouest m // a ouest inv, de or à l'ouest // ad à or vers l'ouest ; **the W~** n l'Occident m, l'Ouest ; **the W~ Country** n le sud-ouest de l'Angleterre ; **~erly** a (situation) à l'ouest ; (wind) d'ouest ; **~ern** a occidental(e), de or à l'ouest // n (CINEMA) western m ; **W~ Germany** n Allemagne f de l'Ouest ; **W~ Indies** npl Antilles fpl ; **~ward(s)** ad vers l'ouest.

wet [wɛt] a mouillé(e) ; (damp) humide ; (soaked) trempé(e) ; (rainy) pluvieux-(euse) ; **to get ~** se mouiller ; **~ blanket** n (fig) rabat-joie m inv ; **~ness** n humidité f ; **'~ paint'** 'attention peinture fraîche' ; **~ suit** n combinaison f de plongée.

we've [wiːv] = **we have**.

whack [wæk] vt donner un grand coup à ; **~ed** a (col: tired) crevé(e).

whale [weɪl] n (ZOOL) baleine f.

wharf, wharves [wɔːf, wɔːvz] n quai m.

what [wɔt] excl quoi!, comment! // det quel(le) // pronoun (interrogative) que, prep + quoi ; (relative, indirect: object) ce que ; (: subject) ce qui ; **~ are you doing?** que fais-tu?, qu'est-ce que tu fais? ; **~ has happened?** que s'est-il passé?, qu'est-ce qui s'est passé? ; **~'s in there?** qu'y a-t-il là-dedans?, qu'est-ce qu'il y a là-dedans? ; **I saw ~ you did/is on the table** j'ai vu ce que vous avez fait/ce qui est sur la table ; **~ a mess!** quel désordre! ; **~ is it called?** comment est-ce que ça s'appelle? ; **~ about doing ...?** et si on faisait ...? ; **~ about me?** et moi? ; **~ever** det: **~ever book** quel que soit le livre que (or qui) +sub ; n'importe quel livre // pronoun: **do ~ever is necessary/you want** faites (tout) ce qui est nécessaire/(tout) ce que vous voulez ; **~ever happens** quoi qu'il arrive ; **no reason ~ever** or **~soever** pas la moindre raison.

wheat [wiːt] n blé m, froment m.

wheel [wiːl] n roue f ; (AUT: also: **steering ~**) volant m ; (NAUT) gouvernail m // vt pousser, rouler ; // vi (also: **~ round**) tourner ; **~barrow** n brouette f ; **~chair** n fauteuil roulant.

wheeze [wiːz] n respiration bruyante (d'asthmatique) // vi respirer bruyamment.

when [wɛn] ad quand ; (at the time that) lorsque ; (whereas) alors que ; **on the day ~ I met him** le jour où je l'ai rencontré ; **~ever** ad quand donc // cj quand ; (every time that) chaque fois que.

where [wɛə*] ad,cj où ; **this is ~** c'est là que ; **~abouts** ad où donc // n: **sb's ~abouts** l'endroit où se trouve qn ; **~as** cj alors que ; **~ver** [-'ɛvə*] ad où donc // cj où que + sub.

whet [wɛt] vt aiguiser.

whether ['wɛðə*] cj si ; **I don't know ~ to accept or not** je ne sais pas si je dois accepter ou non ; **it's doubtful ~** il est peu probable que ; **~ you go or not** que vous y alliez ou non.

which [wɪtʃ] det (interrogative) quel(le), pl quels(quelles) ; **~ one of you?** lequel(laquelle) d'entre vous? ; **tell me ~ one you want** dis-moi lequel tu veux or celui que tu veux // pronoun (interrogative) lequel(laquelle), pl lesquels (lesquelles) ; (indirect) celui(celle) qui (or que) ; (relative: subject) qui, (: object) que, prep + lequel(laquelle) (NB: à + lequel = auquel ; de + lequel = duquel) ; **I don't mind ~** peu importe lequel ; **the apple ~ you ate/~ is on the table** la pomme que vous avez mangée/qui est sur la table ; **the chair on ~** la chaise sur laquelle ; **the book of ~** le livre dont or duquel ; **he said he knew, ~ is true/I feared** il a dit qu'il le savait, ce qui est vrai/ce que je

craignais ; **after** ~ après quoi ; **in** ~ **case**
auquel cas ; ~**ever** det: **take** ~**ever book
you prefer** prenez le livre que vous
préférez, peu importe lequel ; ~**ever book
you take** quel que soit le livre que vous
preniez ; ~**ever way you** de quelque
façon que vous + sub.

whiff [wɪf] n bouffée f.

while [waɪl] n moment m // cj pendant
que ; (as long as) tant que ; (whereas) alors
que ; bien que + sub ; **for a** ~ pendant
quelque temps.

whim [wɪm] n caprice m.

whimper ['wɪmpə*] n geignement m // vi
geindre.

whimsical ['wɪmzɪkl] a (person)
capricieux(euse) ; (look) étrange.

whine [waɪn] n gémissement m // vi
gémir, geindre ; pleurnicher.

whip [wɪp] n fouet m ; (for riding) cravache
f ; (Brit: POL: person) chef m de file (assurant
la discipline dans son groupe parlementaire)
// vt fouetter ; (snatch) enlever (or sortir)
brusquement ; ~**ped cream** n crème
fouettée ; ~**round** n collecte f.

whirl [wə:l] n tourbillon m // vt faire
tourbillonner ; faire tournoyer // vi
tourbillonner ; ~**pool** n tourbillon m ;
~**wind** n tornade f.

whirr [wə:*] vi bruire ; ronronner ;
vrombir.

whisk [wɪsk] n (CULIN) fouet m // vt
fouetter, battre ; **to** ~ **sb away or off**
emmener qn rapidement.

whisker ['wɪskə*] n: ~**s** (of animal)
moustaches fpl ; (of man) favoris mpl.

whisky, whiskey (Irlande, US) ['wɪskɪ]
n whisky m.

whisper ['wɪspə*] n chuchotement m ;
(fig: of leaves) bruissement m ; (rumour)
rumeur f // vt,vi chuchoter.

whist [wɪst] n whist m.

whistle ['wɪsl] n (sound) sifflement m ;
(object) sifflet m // vi siffler.

white [waɪt] a blanc(blanche) ; (with fear)
blême // n blanc m ; (person)
blanc/blanche ; ~**bait** n blanchaille f ; ~
collar worker n employé m de bureau ; ~
elephant n (fig) objet dispendieux et
superflu ; ~ **lie** n pieux mensonge ; ~**ness**
n blancheur f ; ~ **paper** n (POL) livre blanc ;
~**wash** n (paint) lait m de chaux // vt
blanchir à la chaux ; (fig) blanchir.

whiting ['waɪtɪŋ] n, pl inv (fish) merlan m.

Whitsun ['wɪtsn] n la Pentecôte.

whittle ['wɪtl] vt: **to** ~ **away,** ~ **down**
(costs) réduire, rogner.

whizz [wɪz] vi aller (or passer) à toute
vitesse ; ~ **kid** n (col) petit prodige.

WHO n (abbr of World Health Organization)
O.M.S. f (Organisation mondiale de la
Santé).

who [hu:] pronoun qui ; ~**dunit** [hu:'dʌnɪt]
n (col) roman policier ; ~**ever** pronoun:
~**ever finds** it celui(celle) qui le trouve,
(qui que ce soit), quiconque le trouve ; **ask**
~**ever you like** demandez à qui vous
voulez ; ~**ever he marries** qui que ce soit
or quelle que soit la personne qu'il épouse ;
~**ever told you that?** qui a bien pu vous
dire ça?, qui donc vous a dit ça?

whole [həul] a (complete) entier(ère),
tout(e) ; (not broken) intact(e),
complet(ète) // n (total) totalité f ; (sth not
broken) tout m ; **the** ~ **of** **the time** tout
le temps ; **the** ~ **of the town** la ville tout
entière ; **on the** ~, **as a** ~ dans
l'ensemble ; ~**hearted** a sans réserve(s),
sincère ; ~**sale** n (vente f en) gros m //
a de gros ; (destruction) systématique ;
~**saler** n grossiste m/f ; ~**some** a sain(e) ;
(advice) salutaire ; **wholly** ad entièrement,
tout à fait.

whom [hu:m] pronoun que, prep + qui
(check syntax of French verb used) ;
(interrogative) qui.

whooping cough ['hu:pɪŋkɔf] n
coqueluche f.

whopping ['wɔpɪŋ] a (col: big) énorme.

whore [hɔ:*] n (col: pej) putain f.

whose [hu:z] det: ~ **book is this?** à qui
est ce livre? ; ~ **pencil have you taken?**
à qui est le crayon que vous avez pris?,
c'est le crayon de qui que vous avez pris? ;
the man ~ **son you rescued** l'homme
dont or de qui vous avez sauvé le fils ; **the
girl** ~ **sister you were speaking to** la
fille à la sœur de qui or laquelle vous
parliez // pronoun: ~ **is this?** à qui est
ceci? ; **I know** ~ **it is** je sais à qui c'est.

Who's Who ['hu:z'hu:] n ≈ Bottin
Mondain.

why [waɪ] ad pourquoi // excl eh bien!,
tiens! ; **the reason** ~ la raison pour
laquelle ; ~**ever** ad pourquoi donc, mais
pourquoi.

wick [wɪk] n mèche f (de bougie).

wicked ['wɪkɪd] a mauvais(e),
méchant(e) ; inique ; cruel(le) ;
(mischievous) malicieux(euse).

wicker ['wɪkə*] n osier m ; (also: ~**work**)
vannerie f.

wicket ['wɪkɪt] n (CRICKET) guichet m ;
espace compris entre les deux guichets.

wide [waɪd] a large ; (region, knowledge)
vaste, très étendu(e) ; (choice) grand(e) //
ad: **to open** ~ ouvrir tout grand ; **to shoot**
~ tirer à côté ; ~**-angle lens** n objectif
m grand-angulaire ; ~**-awake** a bien
éveillé(e) ; ~**ly** ad (different) radicale-
ment ; (spaced) sur une grande étendue ;
(believed) généralement ; ~**n** vt élargir ;
~**ness** n largeur f ; ~ **open** a grand(e)
ouvert(e) ; ~**spread** a (belief etc) très
répandu(e).

widow ['wɪdəu] n veuve f ; ~**ed** a (qui est
devenu(e)) veuf(veuve) ; ~**er** n veuf m.

width [wɪdθ] n largeur f.

wield [wi:ld] vt (sword) manier ; (power)
exercer.

wife, wives [waɪf, waɪvz] n femme
(mariée), épouse f.

wig [wɪg] n perruque f.

wiggle ['wɪgl] vt agiter remuer // vi (loose
screw etc) branler ; (worm) se tortiller.

wild [waɪld] a sauvage ; (sea) déchaîné(e) ;
(idea, life) fou(folle) ; extravagant(e) ; ~**s**
npl régions fpl sauvages ; ~**erness**
['wɪldənɪs] n désert m, région f sauvage ;
~**-goose chase** n (fig) fausse piste ; ~**life**
n faune f ; ~**ly** ad (applaud)
frénétiquement ; (hit, guess) au hasard ;
(happy) follement.

wilful ['wɪlful] *a* (*person*) obstiné(e); (*action*) délibéré(e); (*crime*) prémédité(e).

will [wɪl] *auxiliary vb*: **he ~ come** il viendra // *vt* (*pt, pp* **~ed**): **to ~ sb to do** souhaiter ardemment que qn fasse; **he ~ed himself to go on** par un suprême effort de volonté, il continua // *n* volonté *f*; testament *m*; **~ing** *a* de bonne volonté, serviable; **he's ~ing to do it** il est disposé à le faire, il veut bien le faire; **~ingly** *ad* volontiers; **~ingness** *n* bonne volonté.

willow ['wɪləu] *n* saule *m*.

will power ['wɪlpauə*] *n* volonté *f*.

wilt [wɪlt] *vi* dépérir.

wily ['waɪlɪ] *a* rusé(e).

win [wɪn] *n* (*in sports etc*) victoire *f* // *vb* (*pt, pp* **won** [wʌn]) *vt* (*battle, money*) gagner; (*prize*) remporter; (*popularity*) acquérir // *vi* gagner; **to ~ over, ~ round** *vt* gagner, se concilier.

wince [wɪns] *n* tressaillement *m* // *vi* tressaillir.

winch [wɪntʃ] *n* treuil *m*.

wind *n* [wɪnd] (*also MED*) vent *m* // *vb* [waɪnd] (*pt, pp* **wound** [waund]) *vt* enrouler; (*wrap*) envelopper; (*clock, toy*) remonter; (*take breath away*: **the ~(s)** [wɪnd]) couper le souffle à // *vi* (*road, river*) serpenter; (*the ~(s)* (*MUS*) les instruments *mpl* à vent; **to ~ up** *vt* (*clock*) remonter; (*debate*) terminer, clôturer; **~break** *n* brise-vent *m inv*; **~fall** *n* coup *m* de chance; **~ing** *a* (*road*) sinueux(euse); (*staircase*) tournant(e); **~ instrument** *n* (*MUS*) instrument *m* à vent; **~mill** *n* moulin *m* à vent.

window ['wɪndəu] *n* fenêtre *f*; (*in car, train, also*: **~ pane**) vitre *f*; (*in shop etc*) vitrine *f*; **~ box** *n* jardinière *f*; **~ cleaner** *n* (*person*) laveur/euse de vitres; **~ frame** *n* châssis *m* de fenêtre; **~ ledge** *n* rebord *m* de la fenêtre; **~ pane** *n* vitre *f*, carreau *m*; **~sill** *n* (*inside*) appui *m* de la fenêtre; (*outside*) rebord *m* de la fenêtre.

windpipe ['wɪndpaɪp] *n* gosier *m*.

windscreen, windshield (*US*) ['wɪndskriːn, 'wɪndʃiːld] *n* pare-brise *m inv*; **~ washer** *n* lave-glace *m inv*; **~ wiper** *n* essuie-glace *m inv*.

windswept ['wɪndswɛpt] *a* balayé(e) par le vent.

windy ['wɪndɪ] *a* venté(e), venteux(euse); **it's ~** il y a du vent.

wine [waɪn] *n* vin *m*; **~ cellar** *n* cave *f* à vins; **~ glass** *n* verre *m* à vin; **~ list** *n* carte *f* des vins; **~ merchant** *n* marchand/e de vins; **~ tasting** *n* dégustation *f* (de vins); **~ waiter** *n* sommelier *m*.

wing [wɪŋ] *n* aile *f*; (*in air force*) groupe *m* d'escadrilles; **~s** *npl* (*THEATRE*) coulisses *fpl*; **~er** *n* (*SPORT*) ailier *m*.

wink [wɪŋk] *n* clin *m* d'œil // *vi* faire un clin d'œil; (*blink*) cligner des yeux.

winner ['wɪnə*] *n* gagnant/e.

winning ['wɪnɪŋ] *a* (*team*) gagnant(e); (*goal*) décisif(ive); **~s** *npl* gains *mpl*; **~ post** *n* poteau *m* d'arrivée.

winter ['wɪntə*] *n* hiver *m* // *vi* hiverner; **~ sports** *npl* sports *mpl* d'hiver.

wintry ['wɪntrɪ] *a* hivernal(e).

wipe [waɪp] *n* coup *m* de torchon (*or* de chiffon *or* d'éponge) // *vt* essuyer; **to ~ off** *vt* essuyer; **to ~ out** *vt* (*debt*) régler; (*memory*) oublier; (*destroy*) anéantir; **to ~ up** *vt* essuyer.

wire ['waɪə*] *n* fil *m* (de fer); (*ELEC*) fil électrique; (*TEL*) télégramme *m* // *vt* (*fence*) grillager; (*house*) faire l'installation électrique de; (*also*: **~ up**) brancher; **~ brush** *n* brosse *f* métallique.

wireless ['waɪəlɪs] *n* télégraphie *f* sans fil; (*set*) T.S.F. *f*.

wiry ['waɪərɪ] *a* noueux(euse), nerveux(euse).

wisdom ['wɪzdəm] *n* sagesse *f*; (*of action*) prudence *f*; **~ tooth** *n* dent *f* de sagesse.

wise [waɪz] *a* sage, prudent(e), judicieux(euse).

...wise [waɪz] *suffix*: **time~** en ce qui concerne le temps, question temps.

wisecrack ['waɪzkræk] *n* sarcasme *m*.

wish [wɪʃ] *n* (*desire,*) désir *m*; (*specific desire*) souhait *m*, vœu *m* // *vt* souhaiter, désirer, vouloir; **best ~es** (*on birthday etc*) meilleurs vœux; **with best ~es** (*in letter*) bien amicalement; **give her my best ~es** faites-lui mes amitiés; **to ~ sb goodbye** dire au revoir à qn; **he ~ed me well** il me souhaitait de réussir; **to ~ to do/do sth** désirer *or* vouloir faire/que qn fasse; **to ~ for** souhaiter; **it's ~ful thinking** c'est prendre ses désirs pour des réalités.

wisp [wɪsp] *n* fine mèche (*de cheveux*); (*of smoke*) mince volute *f*; **a ~ of straw** un fétu de paille.

wistful ['wɪstful] *a* mélancolique.

wit [wɪt] *n* (*gen pl*) intelligence *f*, esprit *m*; présence *f* d'esprit; (*wittiness*) esprit; (*person*) homme/femme d'esprit; **to be at one's ~s' end** (*fig*) ne plus savoir que faire; **to ~** *ad* à savoir.

witch [wɪtʃ] *n* sorcière *f*; **~craft** *n* sorcellerie *f*.

with [wɪð, wɪθ] *prep* avec; **red ~ anger** rouge de colère; **the man ~ the grey hat** l'homme au chapeau gris; **to be ~ it** (*fig*) être dans le vent; **I am ~ you** (*I understand*) je vous suis.

withdraw [wɪθ'drɔː] *vb* (*irg*) *vt* retirer // *vi* se retirer; (*go back on promise*) se rétracter; **~al** *n* retrait *m*; (*MED*) état *n* de manque.

wither ['wɪðə*] *vi* se faner; **~ed** *a* fané(e), flétri(e); (*limb*) atrophié(e).

withhold [wɪθ'həuld] *vt irg* (*money*) retenir; (*decision*) remettre; (*permission*): **to ~ (from)** refuser (à); (*information*): **to ~ (from)** cacher (à).

within [wɪð'ɪn] *prep* à l'intérieur de // *ad* à l'intérieur; **~ sight of** en vue de; **a mile of** à moins d'un mille de; **~ the week** avant la fin de la semaine.

without [wɪð'aut] *prep* sans.

withstand [wɪθ'stænd] *vt irg* résister à.

witness ['wɪtnɪs] *n* (*person*) témoin *m*; (*evidence*) témoignage *m* // *vt* (*event*) être témoin de; (*document*) attester l'authenticité de; **to bear ~ to sth** témoigner de qch; **~ box, ~ stand** (*US*) *n* barre *f* des témoins.

witticism ['wɪtɪsɪzm] n mot m d'esprit.
witty ['wɪtɪ] a spirituel(le), plein(e) d'esprit.
wives [waɪvz] npl of **wife**.
wizard ['wɪzəd] n magicien m.
wk abbr of **week**.
wobble ['wɔbl] vi trembler; (chair) branler.
woe [wəu] n malheur m.
woke [wəuk] pt of **wake**; ~n pp of **wake**.
wolf, wolves [wulf, wulvz] n loup m.
woman, pl **women** ['wumən, 'wɪmɪn] n femme f; ~ **doctor** n femme f médecin; ~**ly** a féminin(e); ~ **teacher** n professeur m femme f.
womb [wu:m] n (ANAT) utérus m.
women ['wɪmɪn] npl of **woman**.
won [wʌn] pt,pp of **win**.
wonder ['wʌndə*] n merveille f, miracle m; (feeling) émerveillement m // vi: **to ~ whether** se demander si; **to ~** at s'étonner de; s'émerveiller de; **to ~ about** songer à; **it's no ~ that** il n'est pas étonnant que // sub; ~**ful** a merveilleux(euse); ~**fully** ad (+ adjective) merveilleusement; (+ vb) à merveille.
wonky ['wɔŋkɪ] a (col) qui ne va or ne marche pas très bien.
won't [wəunt] = **will not**.
woo [wu:] vt (woman) faire la cour à.
wood [wud] n (timber, forest) bois m; ~ **carving** n sculpture f en or sur bois; ~**ed** a boisé(e); ~**en** a en bois; (fig) raide; inexpressif(ive); ~**pecker** n pic m (oiseau); ~**wind** n (MUS) bois m; **the ~wind** (MUS) les bois; ~**work** n menuiserie f; ~**worm** n ver m du bois.
wool [wul] n laine f; **to pull the ~ over sb's eyes** (fig) en faire accroire à qn; ~**len,** ~**en** (US) a de laine; (industry) lainier(ère); ~**lens** npl lainages mpl; ~**ly,** ~**y** (US) a laineux(euse); (fig: ideas) confus(e).
word [wə:d] n mot m; (spoken) mot, parole f; (promise) parole; (news) nouvelles fpl // vt rédiger, formuler; **in other** ~**s** en d'autres termes; **to break/keep one's** ~ manquer à/tenir sa parole; **I'll take your** ~ **for it** je vous crois sur parole; **to send** ~ **of** prévenir de; ~**ing** n termes mpl, langage m; ~**y** a verbeux(euse).
wore [wɔ:*] pt of **wear**.
work [wə:k] n travail m; (ART, LITERATURE) œuvre f // vi travailler; (mechanism) marcher, fonctionner; (plan etc) marcher; (medicine) faire son effet // vt (clay, wood etc) travailler; (mine etc) exploiter; (machine) faire marcher or fonctionner; **to be out of** ~ être au chômage; ~**s** n (factory) usine f // npl (of clock, machine) mécanisme m; **Minister/Ministry of** **W~s** ministre m/ministère m des Travaux publics; **to ~ loose** vi se défaire, se desserrer; **to ~ on** vt fus travailler à; (principle) se baser sur; **to ~ out** vi (plan etc) marcher // vt (problem) résoudre; (plan) élaborer; **it ~s out at £100** ça fait 100 livres; **to get ~ed up** se mettre dans tous ses états; ~**able** a (solution) réalisable; ~**er** n travailleur/euse, ouvrier/ère; ~**ing class** n classe ouvrière; ~**ing-class** a ouvrier(ère);

~**ing man** n travailleur m; **in** ~**ing order** en état de marche; ~**man** n ouvrier m; ~**manship** n métier m, habileté f; facture f; ~**shop** n atelier m; ~**-to-rule** n grève f du zèle.
world [wə:ld] n monde m // cpd (champion) du monde; (power, war) mondial(e); **to think the ~ of sb** (fig) ne jurer que par qn; **out of this ~** a extraordinaire; ~**ly** a de ce monde; ~**wide** a universel(le).
worm [wə:m] n ver m.
worn [wɔ:n] pp of **wear** // a usé(e); ~**out** a (object) complètement usé(e); (person) épuisé(e).
worried ['wʌrɪd] a inquiet(ète).
worrier ['wʌrɪə*] n inquiet/ète.
worry ['wʌrɪ] n souci m // vt inquiéter // vi s'inquiéter, se faire du souci; ~**ing** a inquiétant(e).
worse [wə:s] a pire, plus mauvais(e) // ad plus mal // n pire m; **a change for the ~** une détérioration; ~**n** vt,vi empirer; ~ **off** a moins à l'aise financièrement; (fig): **you'll be ~ off this way** ça ira moins bien de cette façon.
worship ['wə:ʃɪp] n culte m // vt (God) rendre un culte à; (person) adorer; **Your W~** (to mayor) Monsieur le Maire; (to judge) Monsieur le Juge; ~**per** n adorateur/trice; (in church) fidèle m/f.
worst [wə:st] a le(la) pire, le(la) plus mauvais(e) // ad le plus mal // n pire m; **at ~** au pis aller.
worsted ['wustɪd] n: (wool) ~ laine peignée.
worth [wə:θ] n valeur f // a: **to be ~** valoir; **it's ~ it** cela en vaut la peine; **50 pence ~ of apples** (pour) 50 pence de pommes; ~**less** a qui ne vaut rien; ~**while** a (activity) qui en vaut la peine; (cause) louable; **a ~while book** un livre qui vaut la peine d'être lu.
worthy [wə:ðɪ] a (person) digne; (motive) louable; ~ **of** digne de.
would [wud] auxiliary vb: **she ~ come** elle viendrait; **he ~ have come** il serait venu; ~ **you like a biscuit?** voulez-vous or voudriez-vous un biscuit?; **he ~ go there on Mondays** il y allait le lundi; ~**-be** a (pej) soi-disant.
wound vb (waund) pt, pp of **wind** // n,vt [wu:nd] n blessure f // vt blesser; ~**ed in the leg** blessé à la jambe.
wove [wəuv] pt of **weave**; ~**n** pp of **weave**.
wrangle ['ræŋgl] n dispute f // vi se disputer.
wrap [ræp] n (stole) écharpe f; (cape) pèlerine f // vt (also: ~ **up**) envelopper; ~**per** n (of book) couverture f; ~**ping paper** n papier m d'emballage; (for gift) papier cadeau.
wrath [rɔθ] n courroux m.
wreath, ~**s** [ri:θ, ri:ðz] n couronne f.
wreck [rɛk] n (sea disaster) naufrage m; (ship) épave f; (pej: person) loque humaine // vt démolir; (ship) provoquer le naufrage de; (fig) briser, ruiner; ~**age** n débris mpl; (of building) décombres mpl; (of ship) épave f.

wren [rɛn] *n* (ZOOL) roitelet *m*.

wrench [rɛntʃ] *n* (TECH) clé *f* (à écrous); (*tug*) violent mouvement de torsion; (*fig*) arrachement *m* // *vt* tirer violemment sur, tordre; **to ~ sth from** arracher qch à (violemment) à or de.

wrestle ['rɛsl] *vi*: **to ~ (with sb)** lutter (avec qn); **to ~ with** (*fig*) se débattre avec, lutter contre; **~r** *n* lutteur/euse; **wrestling** *n* lutte *f*; (*also*: **all-in wrestling**) catch *m*; **wrestling match** *n* rencontre *f* de lutte (or de catch).

wretched ['rɛtʃɪd] *a* misérable; (*col*) maudit(e).

wriggle ['rɪgl] *n* tortillement *m* // *vi* se tortiller.

wring, *pt*, *pp* **wrung** [rɪŋ, rʌŋ] *vt* tordre; (*wet clothes*) essorer; (*fig*): **to ~ sth out of** arracher qch à.

wrinkle ['rɪŋkl] *n* (*on skin*) ride *f*; (*on paper etc*) pli *m* // *vt* rider, plisser // *vi* se plisser.

wrist [rɪst] *n* poignet *m*; **~ watch** *n* montre-bracelet *f*.

writ [rɪt] *n* acte *m* judiciaire; **to issue a ~ against sb** assigner qn en justice.

write, *pt* **wrote**, *pp* **written** [raɪt, rəut, 'rɪtn] *vt,vi* écrire; **to ~ down** *vt* noter; (*put in writing*) mettre par écrit; **to ~ off** *vt* (*debt*) passer aux profits et pertes; (*depreciate*) amortir; **to ~ out** *vt* écrire; (*copy*) recopier; **to ~ up** *vt* rédiger; **~-off** *n* perte totale; **the car is a ~-off** la voiture est bonne pour la casse; **~r** *n* auteur *m*, écrivain *m*.

writhe [raɪð] *vi* se tordre.

writing ['raɪtɪŋ] *n* écriture *f*; (*of author*) œuvres *fpl*; **in ~** par écrit; **~ paper** *n* papier *m* à lettres.

written ['rɪtn] *pp* of **write**.

wrong [rɔŋ] *a* faux(fausse); (*incorrectly chosen: number, road etc*) mauvais(e); (*not suitable*) qui ne convient pas; (*wicked*) mal; (*unfair*) injuste // *ad* faux // *n* tort *m* // *vt* faire du tort à, léser; **you are ~ to do it** tu as tort de le faire; **you are ~ about that, you've got it ~** tu te trompes; **to be in the ~** avoir tort; **what's ~?** qu'est-ce qui ne va pas?; **to go ~** (*person*) se tromper; (*plan*) mal tourner; (*machine*) tomber en panne; **~ful** *a* injustifié(e); **~ly** *ad* à tort; **~ side** *n* (*of cloth*) envers *m*.

wrote [rəut] *pt* of **write**.

wrought [rɔːt] *a*: **~ iron** fer forgé.

wrung [rʌŋ] *pt*, *pp* of **wring**.

wry [raɪ] *a* désabusé(e).

wt. *abbr* of **weight**.

X Y Z

Xmas ['ɛksməs] *n abbr* of **Christmas**.

X-ray [ɛks'reɪ] *n* rayon *m* X; (*photograph*) radio(graphie) *f* // *vt* radiographier.

xylophone ['zaɪləfəun] *n* xylophone *m*.

yacht [jɔt] *n* yacht *m*; voilier *m*; **~ing** *n* yachting *m*, navigation *f* de plaisance; **~sman** *n* yacht(s)man *m*.

Yank [jæŋk] *n* (*pej*) Amerloque *m/f*.

yap [jæp] *vi* (*dog*) japper.

yard [jɑːd] *n* (*of house etc*) cour *f*; (*measure*) yard *m* (= 914 *mm*; 3 *feet*); **~stick** *n* (*fig*) mesure *f*, critère *m*.

yarn [jɑːn] *n* fil *m*; (*tale*) longue histoire.

yawn [jɔːn] *n* bâillement *m* // *vi* bâiller; **~ing** *a* (*gap*) béant(e).

yd. *abbr* of **yard(s)**.

year [jɪə*] *n* an *m*, année *f*; **every ~** tous les ans, chaque année; **to be 8 ~s old** avoir 8 ans; **~ly** *a* annuel(le) // *ad* annuellement.

yearn [jəːn] *vi*: **to ~ for sth/to do** aspirer à qch/à faire, languir après qch; **~ing** *n* désir ardent, envie *f*.

yeast [jiːst] *n* levure *f*.

yell [jɛl] *n* hurlement *m*, cri *m* // *vi* hurler.

yellow ['jɛləu] *a,n* jaune (*m*); **~ fever** *n* fièvre *f* jaune.

yelp [jɛlp] *n* jappement *m*; glapissement *m* // *vi* japper; glapir.

yeoman ['jəumən] *n*: **Y~ of the Guard** hallebardier *m* de la garde royale.

yes [jɛs] *ad* oui; (*answering negative question*) si // *n* oui *m*.

yesterday ['jɛstədɪ] *ad,n* hier (*m*).

yet [jɛt] *ad* encore; déjà // *cj* pourtant, néanmoins; **it is not finished ~** ce n'est pas encore fini *or* toujours pas fini; **must you go just ~?** dois-tu déjà partir?; **the best ~** le meilleur jusqu'ici *or* jusque-là; **as ~** jusqu'ici, encore; **a few days ~** encore quelques jours.

yew [juː] *n* if *m*.

Yiddish ['jɪdɪʃ] *n* yiddish *m*.

yield [jiːld] *n* production *f*, rendement *m*; rapport *m* // *vt* produire, rendre, rapporter; (*surrender*) céder // *vi* céder.

yodel ['jəudl] *vi* faire des tyroliennes, jodler.

yoga ['jəugə] *n* yoga *m*.

yog(h)ourt, yog(h)urt ['jəugət] *n* yaourt *m*.

yoke [jəuk] *n* joug *m*.

yolk [jəuk] *n* jaune *m* (d'œuf).

yonder ['jɔndə*] *ad* là(-bas).

you [juː] *pronoun* tu; (*polite form*) vous; (*pl*) vous; (*complement*) te,t' + *vowel* vous; (*stressed*) toi; vous; (*one*): **fresh air does ~ good** l'air frais fait du bien; **~ never know** on ne sait jamais.

you'd [juːd] = **you had**; **you would**.

you'll [juːl] = **you will**; **you shall**.

young [jʌŋ] *a* jeune // *npl* (*of animal*) petits *mpl*; (*people*): **the ~** les jeunes, la jeunesse; **~ish** *a* assez jeune; **~ster** *n* jeune *m* (garçon *m*); (*child*) enfant *m/f*.

your [jɔː*] *a* ton(ta), *pl* tes; votre, *pl* vos.

you're [juə*] = **you are**.

yours [jɔːz] *pronoun* le(la) tien(ne), les tiens(tiennes); le(la) vôtre, les vôtres; **is it ~?** c'est à toi (*or* à vous)?; **yours sincerely/faithfully** je vous prie d'agréer l'expression de mes sentiments les meilleurs/mes sentiments respectueux *or* dévoués.

yourself [jɔː'sɛlf] *pronoun* (*reflexive*) te; vous; (*after prep*) toi; vous; (*emphatic*) toi-même; vous-même; **yourselves** *pl pronoun* vous; (*emphatic*) vous mêmes.

youth [juːθ] *n* jeunesse *f*; (*young man: pl* **~s** [juːðz]) jeune homme *m*; **~ful** *a*

jeune ; de jeunesse ; juvénile ; ~ **hostel** n auberge f de jeunesse.
you've [ju:v] = **you have**.
Yugoslav ['ju:gəu'slɑ:v] a yougoslave // n Yougoslave m/f.
Yugoslavia ['ju:gəu'slɑ:vɪə] n Yougoslavie f.
Yule [ju:l]: ~ **log** n bûche f de Noël.

zany ['zeɪnɪ] a farfelu(e), loufoque.
zeal [zi:l] n zèle m, ferveur f; empressement m; ~**ous** ['zɛləs] a zélé(e) ; empressé(e).
zebra ['zi:brə] n zèbre m ; ~ **crossing** n passage m pour piétons.
zenith ['zɛnɪθ] n zénith m.
zero ['zɪərəu] n zéro m ; ~ **hour** n l'heure f H.
zest [zɛst] n entrain m, élan m ; zeste m.
zigzag ['zɪgzæg] n zigzag m // vi

zigzaguer, faire des zigzags.
zinc [zɪŋk] n zinc m.
Zionism ['zaɪənɪzm] n sionisme m.
zip [zɪp] n (also: ~ **fastener,** ~**per**) fermeture f éclair ® // vt (also: ~ **up**) fermer avec une fermeture éclair ®.
zither ['zɪðə*] n cithare f.
zodiac ['zəudɪæk] n zodiaque m.
zombie ['zɒmbɪ] n (fig): **like a** ~ l'air complètement dans les vapes, avec l'air d'un mort vivant.
zone [zəun] n zone f; (subdivision of town) secteur m.
zoo [zu:] n zoo m.
zoological [zuə'lɒdʒɪkl] a zoologique.
zoologist [zu'ɒlədʒɪst] n zoologiste m/f.
zoology [zu:'ɒlədʒɪ] n zoologie f.
zoom [zu:m] vi: **to** ~ **past** passer en trombe; ~ **lens** n zoom m, objectif m à focale variable.

NOTES TO THE USER OF THIS DICTIONARY

I. Using the dictionary

In using this book, you will either want to check the meaning of a French word you don't know, or find the French for an English word. These two operations are quite different, and so are the problems you may face when using one side of the dictionary or the other. In order to help you, we have tried to explain below the main features of this book.

The 'wordlist' is the alphabetical list of all the items in large bold type, ie. all the 'headwords'. Each 'entry', or article, is introduced by a headword, and may contain additional 'references' in smaller bold type, such as phrases, derivatives, and compound words. Section 1. below deals with the way references are listed.

The typography distinguishes between three broad categories of text within the dictionary. All items in bold type, large or smaller, are 'source language' references, for which an equivalence in the other language is provided. All items in standard type are translations. Items in italics are information about the words being translated, ie. either labels, or 'signposts' pinpointing the appropriate translation, or explanations.

1. *Where to look for a word*

1.1 Derivatives

In order to save space, a number of derivatives have been listed within entries, provided this does not break alphabetical order. Thus, **pensionnaire** and **pensionnat** are listed within the entry for **pension,** or **caller** and **calling** under **call.** You must remember this when looking for a word you don't find listed as a headword. These derivatives are always listed last within an entry (see also I.2 on entry layout).

1.2 Homographs

Homographs are words which are spelt in exactly the same way, like French **boucher** (to block) and **boucher** (butcher), or English **fine** (nice etc) and **fine** (penalty). As a rule, in order to save space, such words have been treated as one headword only. In the very few cases where this was not possible, either a cross-reference is given (see **pas,** in the French wordlist), or else the presence of a feminine form helps distinguish between two consecutive homograph entries (**boulot** vs **boulot,-te, vu** vs **vu,-e** vs **vue**).

1.3 Phrases

Because of the constraints of space, there can be only a limited number of idiomatic phrases in a pocket dictionary like this one. Particular emphasis is given to verbal phrases like **mettre au point, mettre à jour, prendre feu, faire feu, faire du feu,** etc, and also to basic constructions (see for instance the entries for **apply, agree, apprendre, moment**).

Verbal phrases with the ten or so basic verbs like *faire, mettre, prendre*, etc. are listed under the noun. Other phrases and idioms are listed under the first key word (ie. not a preposition), for instance **filer doux** under **filer, d'emblée** under **emblée**.

1.4 Abbreviations and proper names

For easier reference, abbreviations, acronyms and proper names have been listed alphabetically in the wordlist, as opposed to being relegated to the appendices. **M.O.T.** is used in every way like **certificate** or **permit, R.E.R.** like **métro**, and these words are treated like other nouns.

1.5 Compounds

Housewife, bicycle track, pare-chocs and **pomme de terre** are all compounds. One-word compounds like 'housewife' are no problem as regards consulting the dictionary, since they can appear only in one place and in strict alphabetical order. When it comes to other compounds, however – hyphenated compounds and compounds made up of separate words – each language presents its own peculiar problems.

1.5.1 French compounds

There are many compounds made up of two or more 'words'. When it comes to checking a French compound, you might not be aware that you are dealing with a compound and not a string of autonomous words, and there might inevitably be some toing and froing between entries.

As spelling is quite set in French, we have listed French compounds under the first word, and grouped them alphabetically within that entry. For instance, **cour martiale** is within the entry for **cour** and comes before the headword **courage. Fête mobile** is within the entry for **fête,** and comes before **Fête-Dieu** and **fêter** at the end of the same entry (see also section 2.). Remember that the meaning of a phrase or of a compound can be quite different from that of its elements taken separately, so be prepared to check through an entry thoroughly before giving up.

1.5.2 French 'verbes pronominaux'

Verbs like **se rappeler, se noyer, se promener, s'arroger** are called 'pronominaux' in French because they are used with a 'pronom personnel': je *me* rappelle, tu *te* promènes etc. They must be distinguished from truly reflexive or reciprocal uses like 'il *se* regarde dans la glace' (he is looking *at himself* in the mirror) and 'ils *se* regardaient sans rien dire' (they were looking *at each other* in silence). The 'verbes pronominaux' are intransitive or transitive verbs in their own right: 'se promener' is intransitive like 'flâner', and 's'arroger' transitive in the same way as 'prendre'.

There are no such verbs in English (which has another type of 'compound verb', the phrasal verb, see 1.5.4), where a verb used with 'oneself' is as a rule truly reflexive. Compare for instance the translations for **se noyer** (accidentellement) and **se noyer** (suicide). These verbs have been listed as phrases under the entry for the key word. See for instance the entries for **rappeler, rapporter, ingénier.**

1.5.3 English compounds

Here there is a problem of where to find a compound because of less predictable spelling than is the case with French: is it **airgun, air-gun** or **air gun**? This is why we choose to list them according to strict alphabetical order. Thus **tea set** comes between **tease** and **teashop**. The entries between **tax** and **technical** will provide a good illustration of the system of listing. It has drawbacks, for instance in that **tax-free** and **tax-payer** are separated by **taxi, taxidermist** and three 'taxi' compounds. However, in a short dictionary used by beginners, it has the merit of simplicity and consistency.

1.5.4 English 'phrasal verbs'

'Phrasal verbs' are verbs like **go off, blow up, cut down** etc. Here you have the advantage of knowing that these words belong together, whereas it will take the foreign user some time before he can identify these verbs immediately. They have been listed under the entry for the basic verb (eg. **go, blow, cut**), grouped alphabetically before any other derivative or compound − eg. **pull up** comes before **pulley.** For instance, look up **to back out, to look up** (a word), **to look out.**

1.6 Irregular forms

When looking up a French word, you may not immediately find the form you are looking for, although the word in question has been duly entered in the dictionary. This is possibly because you are looking up an irregular noun or verb form, and these are not always given as entries in their own right. Obviously we have assumed that you know the basics regarding French verb forms, noun plurals and feminine forms. Thus you will be expected to know that 'chantent' is a form of the verb **chanter,** chevaux the plural of **cheval,** and so on. However, in order to help you, we have included the main irregular forms as entries in their own right, with a cross-reference to the basic form.

Thus, if you come across the word 'buvais' and attempt to look up a verb 'buver', you won't find it but what you will find at that place in the wordlist, between **butte** and **buvard,** is the entry **buvais** *etc vb voir* **boire.**

Similarly, **fausse,** and **fasse** are cross-referred to *faux* and *faire* respectively. With past participles, it sometimes happens that in addition to the purely verbal form there is an adjectival or noun use, for instance **connu** or **meublé.** These usages are translated as autonomous words, but they are also cross-referred to the verb whenever appropriate (see for instance entries for **couvert** or **assis**).

2. *Entry layout*

All entries, however long or complex, are arranged in a very systematic manner. But it may be a little difficult at first to find one's way through an entry like **passer, back, round** or **run** because homographs are grouped together (see 1.2) and the text is run on without any breakdown into paragraphs, in order to save space. Ease of reference comes with practice, but the guidelines below will make it easier for you.

2.1 'Signposting'

If you look up a French word and find a string of quite different English translations, you are unlikely to have much trouble finding out which is the relevant one for the context, because you know what the English words mean, and the context will almost automatically rule out unsuitable translations.

It is quite a different matter when you want to find the French for, say, **lock,** in the context 'we got to the lock around lunchtime', and are faced with an entry that reads 'lock: serrure (f); écluse (f); mèche (f), boucle (f)'. Obviously you can then go to the other side and check what each translation means. But this is time-consuming, and it doesn't always work. This is why we have provided the user with signposts which pinpoint the relevant translation. For instance with **lock,** the entry reads: ... (*of door, box*) serrure *f*; (*of canal*) écluse *f*; (*of hair*) mèche *f*, boucle *f* ...

For the context suggested above, it is now clear that 'écluse' is the right word.

2.2 Grammatical categories and meaning categories

Complex entries are first broken down into grammatical categories, eg.:
lock *n* // *vt* // *vi*. Be prepared to go through entries like **run** or **back**
carefully, and you will find how useful all these 'signposts' are. Each
grammatical category is then split where appropriate into the various
meanings, eg.:

> **lock** *n* (*of door, box*) serrure *f*; (*of canal*) écluse *f*; (*of*
> *hair*) mèche *f*, boucle *f* // *vt* (*with key*) fermer à clé;
> (*immobilize*) bloquer // *vi* (*door etc*) fermer à clé;
> (*wheels*) se bloquer.

3. *Using the translations*

3.1 Gender

All feminine endings for French adjectives have been given on the
English-French side. This may appear to duplicate information given on
the other side, but we feel it is a useful reminder where and when it
matters. The feminine version is given for words like **driver, teacher,
research worker** etc. Remember that the French equivalents of **his,
her, its** or **the** do not behave like their English counterparts: see
section II for more information.

3.2 Plural

We have assumed knowledge on the part of the user of plural formation
in French (see section II), including the plural of compounds. A form
like 'yeux' is given (see entry for **eye**), but in the main, plural forms are
not shown.

3.3 Verb forms

Irregular French verbs appearing as translations have not been marked
as such, and the user should refer to the French verb tables when in
doubt (pp. 507–514).

3.4 Colloquial language

You should as a rule proceed with great caution when handling foreign
language which has a degree of informality. When an English word or
phrase has been labelled (*col*), ie. colloquial, you must assume that the
translation belongs to a similar level of informality. If the translation is
followed by (!) you should handle it with extreme care, or best avoid it
unless you are with close friends!

3.5 'Grammatical words'

It is exceedingly difficult to give adequate treatment for words like **for, away, whose, which, out, off** etc. in a short dictionary such as this one. We have tried to go some way towards providing as much relevant information as possible regarding the most frequent uses of these words. However, for further information use a good monolingual dictionary of French, especially one for foreign learners, and a good modern French grammar.

3.6 'Approximate' translations and cultural equivalents

It is not always possible to give a genuine translation, when for instance an English word denotes a thing or institution which either does not exist in France, or is quite different. Therefore, only an approximate equivalence can be given, or else an explanation. See for instance **whip, shadow cabinet, C.I.D.,** and on the French-English side **hémicycle, R.E.R., rosette.**

3.7 Alternative translations

As a rule, translations separated by commas can be regarded as broadly interchangeable for the meaning indicated. Translations separated by a semi-colon are not interchangeable and when in doubt you should consult either a larger bilingual dictionary such as the Collins-Robert French dictionary, or a good monolingual French dictionary. You will find however that there are very few cases of translations separated by a semi-colon without an intervening 'signpost'.

II. Notes on French grammar

When you are first confronted with French at school, or if you happen to be at a business meeting where you are the only one speaking little or no French, it may seem to you that French is very different from English. On the other hand, if you stand back and consider a wider range of related and unrelated languages, French can look very close to English.

We have tried here to show some of the main differences, especially with the beginner and the dictionary user in mind, without dwelling on subtleties or aspects of French that are broadly similar to English. Among the greatest obstacles for the beginner are gender, verb forms and tenses, the position of adjectives, the use of prepositions and of course the sounds of French.

1. Nouns and 'satellite' words (articles, adjectives)

1.1 Gender

One of the basic differences: 'the table and the knife', but '**la** table et **le** couteau'. Largely unpredictable, this business of gender must be learned as a feature to be remembered with each new word. It is most important to get the article right, and of course the agreement of adjectives and past participles: 'la **vieille** maison et le **vieux** chalet'. See also 1.4 (possessive adjectives).

1.2 Articles: le, la, un, du, des etc.

Apart from the problem of gender, there is the question of whether the article is used or not, and French does not always follow the English pattern. For instance you say 'I like wine' but the French say 'j'aime **le** vin'. Conversely, 'my father is **a** publisher' but 'mon père est éditeur'.

1.2.1 'le, la, les'

(a) In almost all cases where 'the' is not used in English, the article must be used in French. For instance:

apples are good for you **les** pommes sont bonnes pour la santé
salmon is expensive **le** saumon est cher
love is not enough **l'**amour ne suffit pas
he won't stand laziness il ne tolère pas **la** paresse
France is beautiful **la** France est belle
he likes skiing il aime **le** ski

NB. A few names of countries are used without the article in French, like Cuba or Madagascar, Chypre, Malte, Jersey.

(b) use of 'le/la' with parts of the body

Where the possessive is used in English, 'le/la' tends to be used in French (sometimes together with a pronoun):

I broke **my** leg je **me** suis cassé **la** jambe
Put up **your** hand levez **la** main
He trod on **my** foot il **m'**a marché sur **le** pied

(c) à + le, de + le

Remember the contracted forms (shown in the dictionary under **à** and **de**): je vais **au** cinéma, le parapet **du** pont.

1.2.2 'un, une, des'

(a) In structures of the type 'with incredible courage', the article 'un/une' is used in French:

He showed incredible coolness   il a fait preuve d'**un** sang-froid incroyable
A film in appallingly bad taste   un film d'**un** mauvais goût désolant

(b) On the other hand, this article is not used in French in structures equivalent to 'my father is a teacher':

my sister is **a** nurse   ma sœur est infirmière
he is **a** sailor's son   il est fils de marin (or: c'est **un** fils de marin, c'est le fils d'un marin)

But this only applies with names of professions and crafts:

his brother is an idiot   son frère est un imbécile

my sister is a very liberated young lady   ma sœur est une jeune fille très émancipée

(c) 'without a pen', 'without bread': no article in French

Where the English uses the article with a so-called 'countable' noun (like 'hat' as opposed to 'milk' or 'water' or 'bread'), the French doesn't: 'sans plume, on ne peut pas écrire', 'un repas sans pain'.

(d) 'des'

Remember to use 'des' in the plural, although there may be no article in English:

friends from Paris have arrived   **des** amis de Paris sont arrivés

1.2.3 'du, de la, des', 'de' = 'some', 'any'

Remember not to confuse 'du' as in 'le titre du livre' and 'du' as in 'j'aimerais du pain' (see entry **de**). Where you have 'some' or 'any' or sometimes nothing in English, the French use 'du' etc., as shown below:

je veux du pain   I want some bread

veux-tu du pain/de la soupe/des cigarettes? Would you like any (*or* some) bread/soup/cigarettes?

je ne veux pas de pain/soupe/cigarettes   I don't want any bread/soup/
cigarettes

1.3   Adjectives

Apart from the question of gender (subtil-subtile *but* utile, etc.), the
main difficulty is the position of adjectives. As a general rule, they follow
the noun (des plantes marines, un repas délicieux, des volets rouges).
Some adjectives or types of adjectives will always go after the noun (une
maison délabrée, des plantes marines, une robe rouge). Some can also
come before the noun for stylistic effect, without any change in meaning
(un délicieux repas). A few others will usually or always go before the
noun.

Among adjectives usually found before the noun are 'petit, grand,
haut, long, gros; vieux, jeune; bon, mauvais, joli; nouveau, ancien'.
Some like 'premier' are not found after the noun (except maybe in the
odd set phrase). Others like 'brave' or 'ancien' will be found in either
position, but with different meanings. The dictionary makes these
different meanings clear.

1.4   Possessives

1.4.1   Son/sa, mon/ma, ton/ta *vs* his/her/its, my, your

Contrary to what happens in English, the possessive varies according to
the gender of the noun it qualifies. Whether the owner is male or female,
it will be **sa** valise and **son** parapluie. There is no such difference in the
plural: **ses** valises et **ses** parapluies.

1.4.2   Le mien, la mienne, les miens, les miennes etc. *vs* mine etc.

Here again, the form of the possessive depends on the gender and
number of the qualified noun (ie. 'hers' will be **la sienne** if a car – la
voiture – is being referred to, and **le sien** if it's a handbag – le sac). In
the plural (ie. several owners) with a plural noun there is no gender
distinction: les nôtres, les vôtres, les leurs.

1.5   Demonstratives: *ce, ce ...-ci, celui-ci, ceux-ci* etc.

1.5.1   The distinction 'this' vs 'that' is rendered in French by a
demonstrative plus '-ci' or '-là', eg. **ce** garçon-**ci** – this boy; **ce**
garçon-**là** – that boy. However, whereas English always draws the
distinction between 'this' and 'that', the French demonstratives are often
used without the '-ci' and '-là' additions, so that 'ce garçon' may mean
'this boy' or 'that boy'. The main difference is again one of gender:
remember to use 'cette', 'celle' or 'celles' with a feminine noun.

1.6 Comparative and superlative: *plus ... que* etc.

1.6.1 The comparative and superlative in French are formed by placing **plus** and **le plus** respectively in front of the adjective or adverb. Eg.: plus grand – bigger; le plus grand – the biggest; plus vite – more quickly; le plus vite – the most quickly.

2. *Verbs*

This is one of the main areas of difficulty for English-speaking learners. There are four major problems. First the variety of endings (je par*s*, nous part*ons* etc) and the number of irregular or 'semi-irregular' forms. Second, the difference in the formation of negative or interrogative phrases (no equivalent of 'do', 'did' etc. as in 'I didn't go, did you?'). Third, the difference in the use of tenses (eg. no real equivalent of our 'continuous' tense). Fourth the use of 'avoir' or 'être' as auxiliary verbs where English just uses 'to have'.

2.1 Verb forms

The verb tables on pp. 507 to 514 will give you ending patterns for the main regular verbs, plus a list of the most common irregular verbs. There is no substitute for practice on this, but try not to look at these forms as a vast number of separate items to be learnt: there are two basic combining patterns, one relating to the person (a 'nous' form vs a 'vous' form etc), and one relating to the tense. Also, don't learn and practise too many different tenses at once, parrot-fashion. The present, the imperfect, the future, the conditional and the perfect will cater for most of your needs when it comes to expressing yourself in French.

2.2 Negatives and questions

'**ne (n')** + verb form + **pas** (+ past participle)' is the basic pattern of negative verb phrases. 'Je **ne** crois (vraiment) **pas** que ...', 'il **n'**est **pas** parti (tout de suite)', il **n'**a **pas** (tout de suite) répondu'. The one place where no adverb can fit is between 'ne' and the verb form. Otherwise, there are various possible combinations, depending on the adverb and the meaning of the whole sentence.

One easy way to form an interrogative phrase is to use the invariable question form **est-ce que/qu'**..., eg. 'il part demain': '**est-ce qu'**il part demain?'. Alternatively, use the inversion of verb and subject (but only when the subject is a pronoun), eg. 'il part demain': 'part-il demain?'. Very often in spoken French (and, whatever they say to the contrary, for most people), intonation only is used to indicate the question form: 'il part demain?' (voice raised on the last syllable).

2.3 Tenses

2.3.1 There is no equivalent in French of our 'progressive' -ing form (I am reading). When the English has the sense of 'to be in the process of doing ...' it can be translated with the structure 'être en train de' + infinitive. In other cases, the present tense or the imperfect will convey the same meaning: I was living at Rosalie's: j'habitais chez Rosalie; we are seeing him tomorrow: nous le voyons demain.

2.3.2 The two tenses of the past in English (I went there, he has taken it) do not correspond closely to the French. Of the imperfect (j'habitais), the perfect (j'ai répondu) and the past historic (je partis), the last is hardly ever used in spoken French. The perfect is used much more widely than its counterpart in English and it can be used in many cases when the English would use the preterite (*I went, he gave* etc.).

2.3.3 The perfect tense ('passé composé')

The use of 'avoir' as an auxiliary verb is by far the most common, hence it is convenient to concentrate on the few verbs which use 'être'. They are all intransitive and verbs expressing movement or becoming, like *aller, venir; partir, arriver, retourner; descendre, monter, entrer, sortir; naître, mourir, devenir.*

The second thing to remember is that the past participle will occasionally take the marks of gender and/or plural. Thick tomes have been written on the agreement of the past participle, but two basic rules should enable you to cope with most problems. The past participle remains in the form of the masculine singular (j'ai répondu, il a passé) unless: *a.* with a transitive verb, the object precedes the verb – '*les livres* que j'ai lu*s*'; *b.* the auxiliary 'être' is used: '*elle* est parti*e* hier'.

2.3.4 The imperfect ('imparfait')

This is used for an action or state without definite limits in time. Compare for instance 'he lived in London during the war: il habitait à Londres pendant la guerre', 'he stood near the window: il se tenait (il était) près de la fenêtre' and 'they lived here from '64 to '68: ils ont habité ici de 64 à 68', 'he stood up: il s'est levé (il se leva)'.

2.4 The subjunctive ('subjonctif'): je veux qu'il fasse ... *vs* je sais qu'il fait ...

Good command of the present tense of the subjunctive is necessary in order to speak reasonably good French. However, as far as basic communication is concerned, in only a very few cases is the use of the subjunctive essential in order to avoid a misunderstanding. In other words, the use of the subjunctive is a constraint which if ignored will identify you as a poor speaker of French without impairing communication in any significant way.

One instance where ignoring the subjunctive might lead to a misunderstanding is with the verb 'dire': 'dites-lui qu'il vienne' means 'tell him to come', but 'dites-lui qu'il vient' means 'tell him (or her) that he's coming'.

It is not possible to give a simple rule showing when the subjunctive should be used. This dictionary will occasionally show you when a particular construction requires the use of the subjunctive (see for instance English **lest**).

It usually follows a verb + *que* construction where the sentence expresses doubt, a hypothesis rather than a fact, a question (tu veux qu'on y aille?), an interdiction.

It is always used after 'vouloir que ...', 'il faut que ...'. There are also a few conjunctions which always take the subjunctive, usually those which express desire or intention (eg. 'afin que ...', 'de sorte que ...' — 'so that ...').

2.5 The passive

Broadly speaking, the passive voice is similar in French. 'He was dismissed' or 'he has been dismissed' can both be rendered by 'il a été renvoyé'. Note that impersonal uses such as 'I was told that ...' are often best rendered by the 'on' construction: 'on m'a dit que ...' (see entry for French **on**).

Constructions like 'the road is being repaired' are often best translated without using the passive: 'la route est en réparation', 'on est en train de réparer la route'. In cases like 'the book I was given' or 'the book I was given by my brother', where the subject ('I') would in fact be the indirect object in the active voice, the passive cannot be used in French: 'le livre qu'on m'a donné', 'le livre que m'a donné mon frère'.

3. *Personal pronouns*

I, me	**je** voyage, **je me** coiffe, il **me** parle, il **me** voit, il **m'**a vu, et **moi**?
we, us	**nous** voyageons, **nous nous** coiffons, il **nous** parle, il **nous** voit, il **nous** a vus(vues), et **nous**?
he, him	**il** voyage, **il se** coiffe, je **lui** parle, je **le** vois, je **l'**ai vu, et **lui**?
she, her	**elle** voyage, **elle se** coiffe, je **lui** parle, je **la** vois, je **l'**ai vue, et **elle**?

it	il(elle) est rouge, il(elle) se casse, je le(la) vois, je l'ai vu(e)
they, them	ils(elles) voyagent, ils(elles) se coiffent, je leur parle, je les vois, je les ai vus(vues), et eux(elles)?
you (*plural*)	vous voyagez, vous vous coiffez, coiffez-vous, je vous parle, je vous vois, je vous ai vus(vues), et vous?
you (*singular*)	*familiar form*: tu voyages, tu te coiffes, coiffe-toi, je te parle, je te vois, je t'ai vu(vue), et toi?
	polite form: vous voyagez, vous vous coiffez, coiffez-vous, je vous parle, je vous vois, et vous?

'Voyager' is an intransitive verb; 'se coiffer' is a reflexive verb ('verbe pronominal'); 'parler' is shown here with an indirect object ('parler à quelqu'un'); 'voir' is shown with a direct object ('voir quelqu'un'); the strong pronoun form is shown last, and is the one used after a preposition ('pour moi', 'après lui', 'devant nous' etc.); the imperative is shown for the 2nd person with the reflexive verb.

When there is a direct and an indirect object, personal pronouns are in the following order (indirect object shown in bold):

me	il me le(la) donne, il me l'a donné(donnée), il ne me l'a pas donné(donnée)
us	il nous le(la) donne, il nous l'a donné(donnée), il ne nous l'a pas donné(donnée)
him, her	je le(la) lui donne, je le(la) lui ai donné(donnée), je ne le(la) lui ai pas donné(donnée)
them	je le(la) leur donne, je le(la) leur ai donné(donnée), je ne le(la) leur ai pas donné(donnée)
you (*plural*)	je vous le(la) donne, je vous l'ai donné(donnée), je ne vous l'ai pas donné(donnée)
you (*singular*)	*familiar form*: je te le(la) donne, je te l'ai donné(donnée), je ne te l'ai pas donné(donnée)
	polite form: je vous le(la) donne, je vous l'ai donné(donnée), je ne vous l'ai pas donné(donnée)

506

III. French verbs

1. The following tables of irregular verbs are self-explanatory. Unless stated otherwise, if one form only is given, it is the first person singular; if two forms are given, they are the first person singular and the first person plural. If not shown, the second person singular is the same as the first; the second and third person plural are regularly formed on the root of the first person plural (ie. *part*ons, *part*ez, *part*ent).

2. For verbs in '-ir' not appearing in the list of irregular verbs, follow 'finir'. For verbs in '-duire', follow 'conduire'. For verbs in '-andre, -ondre, -perdre, -ordre', follow 'rendre'.

3. Do not forget to use the appropriate pronoun with pronominal verbs: je me rase, il se rase, vous vous êtes coupé.

4. 'Semi-irregular' verbs.

Some verbs are only 'irregular' in a few predictable ways:

4.1 A 'c' will change to a 'ç' before 'o' or 'a' (the corresponding sound remaining [s]): **placer,** nous plaçons, nous plaçâmes.

4.2 A 'g' will change to 'ge' before 'o' or 'a' (the corresponding sound remaining [ʒ]): **bouger,** nous bougeons, nous bougeâmes; **protéger,** nous protégeons, nous protégeâmes.

4.3 An 'l' or a 't' will change to 'll' or 'tt' before 'e(s)' or 'ent', and in the future and conditional tenses (ie. at the end of a syllable): **appeler,** j'appelle, ils appellent, ils appelleront (*but*: nous appelons, j'appelais); **jeter,** je jette, ils jettent, nous jetterons (*but*: nous jetons, je jetais).

4.4 An 'e' will change to 'è' if followed by a consonant sound within the syllable: **geler,** il gèle, ils gèlent, il gèlera (*but*: nous gelons, il gelait); **acheter,** j'achète, ils achètent, ils achèteront (*but*: nous achetons, j'achetais); also: **dépecer, protéger.**

4.5 A 'y' will change to 'i' before 'e(s)', 'ent', and in the future and conditional tenses (ie. at the end of a syllable): **nettoyer,** il nettoie, ils nettoient, ils nettoieront (*but*: vous nettoyez, je nettoyais); also for '-uyer' and '-ayer' verbs (ennuyer, balayer). **Payer** may either retain the 'y' or follow the above changes.

5. The 'temps composés' are formed as follows:

5.1 Perfect ('passé composé'): with 'être' je suis parti, tu es parti etc. (see 'être'); with 'avoir' j'ai couru, tu as couru etc. (see 'avoir')

5.2 Pluperfect ('plus-que-parfait'): j'étais parti etc.; j'avais couru etc.

5.3 Future anterior ('futur antérieur'): je serai parti etc.; j'aurai couru etc.

5.4 Past conditional ('conditionnel passé'): je serais parti etc.; j'aurais couru etc.

5.5 The past anterior ('passé antérieur') – j'eus couru etc. – and the pluperfect subjunctive ('plus-que-parfait du subjonctif') – j'eusse couru etc. – are rarely used.

6. The imperfect subjunctive ('imparfait du subjonctif') is practically obsolete in spoken French and rare in written French. It is recognizable by its 'ss' element – que je fusse, que nous fussions; que j'eusse, que nous eussions etc – and also by the circumflex in the 3rd person singular – qu'il fût, qu'il eût, qu'il allât.

A typical regular verb: 'parler' [paʀle]

PAST HISTORIC		
	ai	[e]
	as	[a]
	a	
parl-		[paʀl...
	âmes	[ɑm]
	âtes	[ɑt]
	èrent	[ɛʀ]

IMPERFECT		
	ais	[ɛ]
	ais	
	ait	
parl-		[paʀl...
	ions	[jɔ̃]
	iez	[je]
	aient	[ɛ]

PRESENT (+ SUBJUNCTIVE)			
	e		not sounded
	es		or [ə]
	e		
parl-		[paʀl...	
	ons (ions)		[ɔ̃] ([jɔ̃])
	ez (iez)		[e] ([je])
	ent		not sounded
			or [ə]

FUTURE (+ CONDITIONAL)			
	ai (ais)		[e] ([ɛ])
	as (ais)		[a] ([ɛ])
	a (ait)		[a] ([ɛ])
parl-e-r-		[paʀləʀ...	
	ons (ions)		[ɔ̃] ([jɔ̃])
	ez (iez)		[e] ([je])
	ont (aient)		[ɔ̃] ([ɛ])

IMPERATIVE	parle, parlez [paʀl(ə), paʀle]
PAST PARTICIPLE	parlé (parlée) [paʀle]
PERFECT	j'ai parlé, tu as parlé etc.

VERB TABLES

VERB TABLES: 1 Participe présent 2 Participe passé 3 Présent
4 Subjonctif présent 5 Imparfait 6 Futur 7 Conditionnel 8 Passé simple

absoudre 1 absolvant 2 absout(absoute) 3 absous, absout, absolvons
  4 absolve, absolvions 5 absolvais, absolvions 6 absoudrai, absoudrons
  7 absoudrais, absoudrions 8 absolus, absolûmes
acquérir 1 acquérant 2 acquis(acquise) 3 acquiers, acquiert,
  acquérons, acquièrent 4 acquière, acquérions 5 acquérais, acquérions
  6 acquerrai, acquerrons 7 acquerrais, acquerrions 8 acquis, acquîmes
aller 1 allant 2 allé(allée) 3 vais, vas, va, allons, allez, vont 4 aille, ailles,
  aille, allions, alliez, aillent 5 allais, allions 6 irai, irons 7 irais, irions
  8 allai, allâmes
assaillir 1 assaillant 2 assailli(assaillie) 3 assaille, assaillons 4 assaille,
  assaillions 5 assaillais, assaillions 6 assaillirai, assaillirons 7 assaillirais,
  assaillirions 8 assaillis, assaillîmes

asseoir 1 asseyant 2 assis(assise) 3 assieds, assied, asseyons, asseyez, asseyent 4 asseye, asseyions 5 asseyais, asseyions 6 assiérai, assiérons 7 assiérais, assiérions 8 assis, assîmes

atteindre 1 atteignant 2 atteint(atteinte) 3 atteins, atteint, atteignons 4 atteigne, atteignions 5 atteignais, atteignions 6 atteindrai, atteindrons 7 atteindrais, atteindrions 8 atteignis, atteignîmes

avoir 1 ayant 2 eu(eue) 3 ai, as, a, avons, avez, ont 4 aie, aies, ait, ayons, ayez, aient 5 avais, avions 6 aurai, aurons 7 aurais, aurions 8 eus, eûmes

battre 1 battant 2 battu(battue) 3 bats, bats, bat, battons, battez, battent 4 batte, battions 5 battais, battions 6 battrai, battrons 7 battrais, battrions 8 battis, battîmes

boire 1 buvant 2 bu(bue) 3 bois, boit, buvons, buvez, boivent 4 boive, buvions, boivent 5 buvais, buvions 6 boirai, boirons 7 boirais, boirions 8 bus, bûmes

bouillir 1 bouillant 2 bouilli(bouillie) 3 bous, bout, bouillons, bouillent 4 bouille, bouillions 5 bouillais, bouillions 6 bouillirai, bouillirons 7 bouillirais, bouillirions 8 bouillis, bouillîmes

clore 2 clos(close) 3 clos, clôt, closent 4 close 6 clorai 7 clorais

conclure 1 concluant 2 conclu(conclue) 3 conclus, conclut, concluons, concluent 4 conclue, concluions, concluent 5 concluais, concluions 6 conclurai, conclurons 7 conclurais, conclurions 8 conclus, conclûmes

conduire 1 conduisant 2 conduit(conduite) 3 conduis, conduit, conduisons 4 conduise, conduisions 5 conduisais, conduisions 6 conduirai, conduirons 7 conduirais, conduirions 8 conduisis, conduisîmes

connaître 1 connaissant 2 connu(connue) 3 connais, connaît, connaissons 4 connaisse, connaissions 5 connaissais, connaissions 6 connaîtrai, connaîtrons 7 connaîtrais, connaîtrions 8 connus, connûmes

coudre 1 cousant 2 cousu(cousue) 3 couds, coud, cousons 4 couse, cousions 5 cousais, cousions 6 coudrai, coudrons 7 coudrais, coudrions 8 cousis, cousîmes

courir 1 courant 2 couru(courue) 3 cours, court, courons 4 coure, courions 5 courais, courions 6 courrai, courrons 7 courrais, courrions 8 courus, courûmes

couvrir 1 couvrant 2 couvert(couverte) 3 couvre, couvrons 4 couvre, couvrions 5 couvrais, couvrions 6 couvrirai, couvrirons 7 couvrirais, couvririons 8 couvris, couvrîmes

craindre 1 craignant 2 craint(crainte) 3 crains, craint, craignons 4 craigne, craignions 5 craignais, craignions 6 craindrai, craindrons 7 craindrais, craindrions 8 craignis, craignîmes

croire 1 croyant 2 cru(crue) 3 crois, croit, croyons, croient 4 croie, croyions 5 croyais, croyions 6 croirai, croirons 7 croirais, croirions 8 crus, crûmes

croître 1 croissant 2 crû(crue) 3 croîs, croît, croissons 4 croisse, croissions 5 croissais, croissions 6 croîtrai, croîtrons 7 croîtrais, croîtrions 8 crûs, crûmes

cueillir 1 cueillant 2 cueilli(cueillie) 3 cueillé, cueillons, cueillent 4 cueille, cueillions 5 cueillais, cueillions 6 cueillerai, cueillerons 7 cueillerais, cueillerions 8 cueillis, cueillîmes

devoir 1 devant 2 dû(due) 3 dois, doit, devons, doivent 4 doive, devions, doivent 5 devais, devions 6 devrai, devrons 7 devrais, devrions 8 dus, dûmes

dire 1 disant 2 dit(dite) 3 dis, dit, disons, dites, disent 4 dise, disions 5 disais, disions 6 dirai, dirons 7 dirais, dirions 8 dis, dîmes.

dormir 1 dormant 2 dormi 3 dors, dort, dormons 4 dorme, dormions 5 dormais, dormions 6 dormirai, dormirons 7 dormirais, dormirions 8 dormis, dormîmes

écrire 1 écrivant 2 écrit(écrite) 3 écris, écrit, écrivons 4 écrive, écrivions 5 écrivais, écrivions 6 écrirai, écrirons 7 écrirais, écririons 8 écrivis, écrivîmes

être 1 étant 2 été 3 suis, es, est, sommes, êtes, sont 4 sois, sois, soit, soyons, soyez, soient 5 étais, étions 6 serai, serons 7 serais, serions 8 fus, fûmes

faire 1 faisant 2 fait(faite) 3 fais, fais, fait, faisons, faites, font 4 fasse, fassions, fassent 5 faisais, faisions 6 ferai, ferons 7 ferais, ferions 8 fis, fîmes

falloir 2 fallu 3 faut 4 faille 5 fallait 6 faudra 7 faudrait 8 fallut

finir 1 finissant 2 fini(finie) 3 finis, finis, finit, finissons, finissez, finissent 4 finisse, finissions 5 finissais, finissions 6 finirai, finirons 7 finirais, finirions 8 finis, finîmes

fuir 1 fuyant 2 fui 3 fuis, fuit, fuyons, fuient 4 fuie, fuyions, fuient 5 fuyais, fuyions 6 fuirai, fuirons 7 fuirais, fuirions 8 fuis, fuîmes

haïr 1 haïssant 2 haï(haïe) 3 hais, hait, haïssons 4 haïsse, haïssions 5 haïssais, haïssions 6 haïrai, haïrons 7 haïrais, haïrions

joindre 1 joignant 2 joint(jointe) 3 joins, joint, joignons, joignent 4 joigne, joignions 5 joignais, joignions 6 joindrai, joindrons 7 joindrais, joindrions 8 joignis, joignîmes

lire 1 lisant 2 lu(lue) 3 lis, lit, lisons 4 lise, lisions 5 lisais, lisions 6 lirai, lirons 7 lirais, lirions 8 lus, lûmes

luire 1 luisant 2 lui 3 luis, luit, luisons 4 luise, luisions 5 luisais, luisions 6 luirai, luirons 7 luirais, luirions

maudire 1 maudissant 2 maudit(maudite) 3 maudis, maudit, maudissons 4 maudisse, maudissions 5 maudissais, maudissions 6 maudirai, maudirons 7 maudirais, maudirions 8 maudis, maudîmes

mentir 1 mentant 2 menti 3 mens, ment, mentons 4 mente, mentions 5 mentais, mentions 6 mentirai, mentirons 7 mentirais, mentirions 8 mentis, mentîmes

mettre 1 mettant 2 mis(mise) 3 mets, met, mettons 4 mette, mettions 5 mettais, mettions 6 mettrai, mettrons 7 mettrais, mettrions 8 mis, mîmes

moudre 1 moulant 2 moulu(moulue) 3 mouds, moud, moulons

4 moule, moulions **5** moulais, moulions **6** moudrai, moudrons **7** moudrais, moudrions **8** moulus, moulûmes

mourir 1 mourant **2** mort(morte) **3** meurs, meurt, mourons, meurent **4** meure, mourions, meurent **5** mourais, mourions **6** mourrai, mourrons **7** mourrais, mourrions **8** mourus, mourûmes

mouvoir 1 mouvant **2** mû(mue) **3** meus, meut, mouvons, meuvent **4** meuve, mouvions, meuvent **5** mouvais, mouvions **6** mouvrai, mouvrons **7** mouvrais, mouvrions **8** mus, mûmes

naître 1 naissant **2** né(née) **3** nais, naît, naissons **4** naisse, naissions **5** naissais, naissions **6** naîtrai, naîtrons **7** naîtrais, naîtrions **8** naquis, naquîmes

nuire *voir* **luire**

offrir 1 offrant **2** offert(offerte) **3** offre, offrons **4** offre, offrions **5** offrais, offrions **6** offrirai, offrirons **7** offrirais, offririons **8** offris, offrîmes

partir 1 partant **2** parti(partie) **3** pars, part, partons **4** parte, partions **5** partais, partions **6** partirai, partirons **7** partirais, partirions **8** partis, partîmes

peindre 1 peignant **2** peint(peinte) **3** peins, peint, peignons **4** peigne, peignions **5** peignais, peignions **6** peindrai, peindrons **7** peindrais, peindrions **8** peignis, peignîmes

placer 'ç' before a vowel other than 'e' or 'i': 'nous plaçons' etc.

plaire 1 plaisant **2** plu **3** plais, plaît, plaisons **4** plaise, plaisions **5** plaisais, plaisions **6** plairai, plairons **7** plairais, plairions **8** plus, plûmes

pleuvoir 1 pleuvant **2** plu **3** pleut, pleuvent **4** pleuve, pleuvent **5** pleuvait, pleuvaient **6** pleuvra, pleuvront **7** pleuvrait, pleuvraient *NB. 3rd person only*

pourvoir 1 pourvoyant **2** pourvu(pourvue) **3** pourvois, pourvoit, pourvoyons, pourvoient **4** pourvoie, pourvoyions **5** pourvoyais, pourvoyions **6** pourvoirai, pourvoirons **7** pourvoirais, pourvoirions **8** pourvus, pourvûmes

pouvoir 1 pouvant **2** pu **3** peux, peut, pouvons, peuvent **4** puisse, puissions, puissent **5** pouvais, pouvions **6** pourrai, pourrons **7** pourrais, pourrions **8** pus, pûmes

prendre 1 prenant **2** pris(prise) **3** prends, prend, prenons, prennent **4** prenne, prenions, prennent **5** prenais, prenions **6** prendrai, prendrons **7** prendrais, prendrions **8** pris, prîmes

prévoir 1 prévoyant **2** prévu(prévue) **3** prévois, prévoit, prévoyons, prévoient **4** prévoie, prévoyions, prévoient **5** prévoyais, prévoyions **6** prévoirai, prévoirons **7** prévoirais, prévoirions **8** prévis, prévîmes

recevoir 1 recevant **2** reçu(reçue) **3** reçois, reçoit, recevons, reçoivent **4** reçoive, recevions **5** recevais, recevions **6** recevrai, recevrons **7** recevrais, recevrions **8** reçus, reçûmes

rendre 1 rendant **2** rendu(rendue) **3** rends, rend, rendons **4** rende, rendions **5** rendais, rendions **6** rendrai, rendrons **7** rendrais, rendrions **8** rendis, rendîmes

résoudre 1 résolvant 2 résolu(résolue) 3 résous, résout, résolvons 4 résolve, résolvions 5 résolvais, résolvions 6 résoudrai, résoudrons 7 résoudrais, résoudrions 8 résolus, résolûmes

rire 1 riant 2 ri 3 ris, rit, rions, rient 4 rie, riions, rient 5 riais, riions 6 rirai, rirons 7 rirais, ririons 8 ris, rîmes

rompre 1 rompant 2 rompu(rompue) 3 romps, rompt, rompons 4 rompe, rompons 5 rompais, rompions 6 romprai, romprons 7 romprais, romprions 8 rompis, rompîmes

savoir 1 sachant 2 su(sue) 3 sais, sait, savons, savent 4 sache, sachions 5 savais, savions 6 saurai, saurons 7 saurais, sauriez 8 sus, sûmes

sentir 1 sentant 2 senti(sentie) 3 sens, sent, sentons 4 sente, sentions 5 sentais, sentions 6 sentirai, sentirons 7 sentirais, sentirions 8 sentis, sentîmes

servir 1 servant 2 servi(servie) 3 sers, sert, servons 4 serve, servions 5 servais, servions 6 servirai, servirons 7 servirais, servirions 8 servis, servîmes

sortir 1 sortant 2 sorti(sortie) 3 sors, sort, sortons 4 sorte, sortions 5 sortais, sortions 6 sortirai, sortirons 7 sortirais, sortirions 8 sortis, sortîmes

souffrir 1 souffrant 2 souffert(soufferte) 3 souffre, souffrons 4 souffre, souffrions 5 souffrais, souffrions 6 souffrirai, souffrirons 7 souffrirais, souffririons 8 souffris, souffrîmes

suffire 1 suffisant 2 suffi 3 suffis, suffit, suffisons 4 suffise, suffisions 5 suffisais, suffisions 6 suffirai, suffirons 7 suffirais, suffirions 8 suffis, suffîmes

suivre 1 suivant 2 suivi(suivie) 3 suis, suit, suivons 4 suive, suivions 5 suivais, suivions 6 suivrai, suivrons 7 suivrais, suivrions 8 suivis, suivîmes

taire 1 taisant 2 tu(tue) 3 tais, tait, taisons 4 taise, taisions 5 taisais, taisions 6 tairai, tairons 7 tairais, tairions 8 tus, tûmes

tenir 1 tenant 2 tenu(tenue) 3 tiens, tient, tenons, tiennent 4 tienne, tenions, tiennent 5 tenais, tenions 6 tiendrai, tiendrons 7 tiendrais, tiendrions 8 tins, tînmes

traire 1 trayant 2 trait(traite) 3 trais, trait, trayons, traient 4 traie, trayions, traient 5 trayais, trayions 6 trairai, trairons 7 trairais, trairions

vaincre 1 vainquant 2 vaincu(vaincue) 3 vaincs, vainc, vainquons, vainquent 4 vainque, vainquions, vainquent 5 vainquais, vainquions 6 vaincrai, vaincrons 7 vaincrais, vaincrions 8 vainquis, vainquîmes

valoir 1 valant 2 valu 3 vaux, vaut, valons 4 vaille, valions, vaillent 5 valais, valions 6 vaudrai, vaudrons 7 vaudrais, vaudrions 8 valus, valûmes

venir 1 venant 2 venu(venue) 3 viens, vient, venons, viennent 4 vienne, venions, viennent 5 venais, venions 6 viendrai, viendrons 7 viendrais, viendrions 8 vins, vînmes

vêtir 1 vêtant 2 vêtu(vêtue) 3 vêts, vêt, vêtons, vêtent 4 vête, vêtions 5 vêtais, vêtions 6 vêtirai, vêtirons 7 vêtirais, vêtirions 8 vêtis, vêtîmes

vivre 1 vivant 2 vécu(vécue) 3 vis, vit, vivons 4 vive, vivions 5 vivais, vivions 6 vivrai, vivrons 7 vivrais, vivrions 8 vécus, vécûmes

voir 1 voyant 2 vu(vue) 3 vois, voit, voyons, voient 4 voie, voyions, voient 5 voyais, voyions 6 verrai, verrons 7 verrais, verrions 8 vis, vîmes

vouloir 1 voulant 2 voulu(voulue) 3 veux, veut, voulons, veulent 4 veuille, voulions, veuillent 5 voulais, voulions 6 voudrai, voudrons 7 voudrais, voudrions 8 voulus, voulûmes *impératif:* veuille, veuillez

IV. The sounds of French

Learning to pronounce French well is, as with all foreign languages, largely a matter of adopting different 'speech habits' from those used in speaking English.

A 'foreign accent' results from using the sounds of one's own language to approximate the sounds of the foreign language. This is particularly tempting when the same letter or letters represent similar sounds in each language. For instance the letter 'i' is used in both French and English, but to represent slightly different sounds in each, and many French speakers are unable to pronounce it in the English manner. It is possible that many do not even realize that the English speaker uses a different sound from the French – hence the typical French pronunciation of 'it is' which sounds to the English speaker as if it were written 'eet eese'.

These are the main ways in which French 'speech habits' differ from the English:

1. Activity of the lips

The lips play a very important part in French. When a vowel is described as having 'rounded' lips, the lips are slightly drawn together and pursed, as when the English speaker expresses exaggerated surprise with the vowel 'ooh!'. Equally, if the lips are said to be 'spread', the corners are pulled firmly back towards the cheeks, tending to reveal the front teeth.

In English, lip position is not important, and vowel sounds tend to merge because of this. In French, the activity of the lips means that every vowel sound is clearly distinct from every other.

2. No diphthongs

A diphthong is a glide between two vowel sounds in the same syllable. In English, there are few 'pure' vowel sounds, but largely diphthongs instead. Although speakers of English may *think* they produce one vowel sound in the word 'day', in fact they use a diphthong, which in this instance is a glide between the vowels [e] and [ɪ]: [deɪ]. In French the tension maintained in the lips, tongue and the mouth in general prevents diphthongs occurring, as the vowel sound is kept constant throughout. Hence the French word corresponding to the above example, 'dé', is pronounced with no final [ı] sound, but is phonetically represented thus: [de].

3. Consonants
Consonants in French are always given their full value. In English, consonants are often pronounced with a degree of laxness that can result in their practically disappearing altogether although not strictly 'silent'. In a relaxed pronunciation of a word such as 'hat', the 't' is often scarcely heard, or is replaced by a 'glottal stop' (a sort of jerk in the throat). Hence a Frenchman sounds unmistakeably foreign to an English speaker if he pronounces the 't' and 'l' in a word such as 'bottle' as energetically as he would in French.

4. Stress
In English, each word has its own particular stress pattern – for instance, the two different stress patterns for the word 'escort' produces two different words, one a noun and one a verb (*an escort bureau, may I escort you*). There is no possibility of this in French, since individual words have no characteristic stress pattern; syllables are stressed only when they occur at the end of the sentence or phrase:

eg. je les ai *vus*
    je les ai vus *hier*
    je les ai vus hier ma*tin*

The stressed syllable is in italics in each case, and all the other syllables are unstressed. This gives French a peculiarly 'staccato' effect, since all unstressed syllables tend to be of about the same length.

Pronunciation of the sounds of French

I. Vowels

as in:	Hints on pronunciation
[a] p*a*tte pl*a*t *a*mour	Pronounced more or less as in English 'pat'.
[ɑ] b*a*s p*â*te	Longer and further back in the mouth than [a]. This sound resembles the English exclamation of surprise: 'ah!'. Similar to the vowel in English 'car', without the r-sound, but a little shorter.
[ɛ] l*ai*t jou*e*t m*e*rci	Similar to the sound in English 'pet', but the lips are slightly further apart. Beware of substituting the English diphthong [eı] as in 'pay' when the sound [ɛ] comes at the end of a word

515

[e] *été jouer*	The tongue is held very tense and quite high in the mouth to pronounce a pure [e] sound. Again quite different from English [eɪ] of 'pay'
[ə] *le premier*	The lips are slightly rounded for this vowel, and this is what distinguishes it from the sound in 'butter'
[i] *ici vie lycée*	The lips are well spread towards the cheeks and held very tensely while uttering this sound. Try saying English 'see' with your lips in this position. The sound is however shorter in French than the corresponding English vowel
[ɔ] *mort homme*	The lips must be well rounded, and the sound is half-way between 'u' and 'o' in the English words 'cut' and 'cot'
[o] *mot dôme eau*	A 'pure' vowel with strongly rounded lips. Make sure this sound does not become the diphthong used in English 'bone' and 'low'
[u] *genou roue*	Again, a 'pure' vowel with strongly rounded lips. The lip position is like that used at the beginning of the consonant [w] in English
[y] *rue vêtu*	This sound is often considered the most difficult for English speakers to produce. Round your lips to say [u] (see above), then try to say [i] instead. Easier for Scots: try this sound in 'muesli' or 'Zürich'. There is no [j] sound (as in English 'pure') before this vowel
[œ] *sœur beurre*	Similar to the vowel sound in English 'fir' or 'murmur', but without the 'r' sounded, and with greater lip-rounding
[ø] *peu deux*	To pronounce this vowel, try to say [e] (see above) with strongly rounded lips

Nasal vowels

These are always spelt with a vowel followed by a 'nasal' consonant – *n* or *m*. The production of nasal vowels can scarcely be explained without the help of a teacher or a recording of the sound quality. As a guide, however, the vowel is pronounced by allowing air to come partly down the nose and partly through the mouth, and the consonant disappears altogether. Best tip: ask a native French speaker to say and repeat for

you the words 'maison', 'jardin', 'chambre', 'brun', and try to copy
what you hear.

[ã] lent sang dans ⎫

[ɛ̃] matin plein ⎬   In each case the vowel shown in the phonetic
  symbol is pronounced in the normal way, but air
[5] non pont ⎬   is allowed to come down the nose as well as
  through the mouth
[œ̃] brun un ⎭

II. Consonants

Those consonants which are pronounced more or less as in English are
represented phonetically as [b, f, g, k, m, p, v, w]. There is no aspiration
with the production of [b, p, d, t, g, k] in French. Most other consonants
are similar to their English counterparts but slight differences should be
noted:

[d] dinde ⎫

[t] tente ⎬   The tip of the tongue touches the upper teeth and
  not the roof of the mouth as in English
[n] nonne ⎬

[l] Lille ⎭

[s] ça tous ⎫   As in English, but the tip of the tongue is held
⎬   low, behind the bottom teeth
[z] zéro rose ⎭

[ʃ] chose tache   As in English 'shout'

[ʒ] je gilet beige   As in English 'measure', 'beige'

[j] yeux paille   As in English 'yes'

Three consonant sounds are not heard in English:

[ʀ] rare venir   For many speakers of English, 'r' is often silent,
  eg. 'farm'. In French, the 'r' is always
  pronounced, unless it follows an 'e' at the end of
  a word (chercher, berger). Its pronunciation in
  French is similar to the final sound of the Scottish
  word 'loch'. If you find this difficult, try thinking
  of the sound made when gargling, since the
  French [ʀ] is produced at the back of the mouth
  in a similar way

[ɲ] vi*gn*e a*gn*eau   Very similar to [nj] as in 'Spa*ni*ard'

[ɥ] *h*uile l*u*eur   Like a very rapid [y] (see above) followed by the next vowel sound in the word

There are two extra symbols used in this dictionary: * and '. See for instance the entry for *haie*. These symbols mean that no liaison is made before the following vowel:

cf. la haie *vs* l'habitation

les haies *vs* les habitations.

From spelling to sounds

French spelling can be very confusing since one and the same sound can be represented in many different ways in the written word. Conversely, a given letter or group of letters can have different pronunciations depending on its position in the word. You may therefore be surprised to learn that these differences are governed by fairly precise 'rules' that are not difficult to assimilate.

The most important distinction to be drawn is whether the group of letters comes at the end of a word or syllable, or whether the letters are split between two syllables. Eg. in 'ma-tin' the dash represents the break between syllables and you can see that the word consists of two syllables of which the final one ends in 'in', one of the characteristic spellings of the nasal vowel [ɛ̃]. However in 'ma-ti-née', as the dashes show, the 'i' and the 'n' belong to different syllables, and they no longer constitute a single sound. The 'i' has its usual value (as in 'ici'), and the 'n' is pronounced as part of the next syllable.

This example illustrates how one of several French consonants is silent when it occurs at the end of the word or syllable, but is sounded when it begins a word or syllable.

Other consonants which regularly behave in this way at the end of words are:

t	éclat [ekla]	BUT	écla-ter [eklate]
d	chaud [ʃo]	BUT	chau-dement [ʃodmã]
s	des [de]	BUT	dé-sir [deziʀ]
n	vain [vɛ̃]	BUT	va-nement [vɛnmã]
	matin [matɛ̃]	BUT	mati-née [matine]
m	parfum [paʀfœ̃]	BUT	parfu-mer [paʀfyme]
x	aux [o]	BUT	au-xiliaire [oksiljɛʀ]
z	nez [ne]	BUT	zé-zayer [zezeje]
r	aider [ede]	BUT	nous parle-rons [paʀləʀɔ̃]

'm' and 'n' at the end of syllables (but not necessarily at the end of words):

m im-perméable
  [ɛ̃pɛʀmeabl]   BUT i-magination [imaʒinɑsjɔ̃]
                 BUT im-mobile [imɔbil]
n in-cident [ɛ̃sidɑ̃] BUT i-nique [inik]

Typical pronunciation of some French spellings

There are several groups of vowels in French spelling which are regularly pronounced in the same way, and these can easily be learnt:

spelling	pronunciation	examples
ai	[ɛ] or [e]	maison, marchai (verb form), faire
au	[o]	auberge, landau
eau	[o]	eau, beau, tableau
ou	[u]	fou, oublier
eu	[œ] or [ø]	peur, feu, heureux, feuille
œu	[œ]	sœur, cœur
ue	[y]	rue
		BUT recueil [ʀəkœj]

Added to these are the many groups of letters occurring at the end of words, where their pronunciation is predictable, bearing in mind the tendency (see above) of final consonants to remain silent:

typical words	*pronunciation of final syllable*
pas, mât, chat	[ɑ] or [a]
marcher, marchez, marchais, marchait, baie, valet, mes, fumée	[e] or [ɛ]
nid	[i]
chaud, vaut, faux, sot, tôt, Pernod, dos, croc	[o]
bout, bijoux, sous, boue	[u]
fut, fût, crus, crûs	[y]
queue, heureux, bleus	[ø]
en, vend, vent, an, sang, grand, dans	[ɑ̃]
fin, feint, frein, vain	[ɛ̃]
on, pont, fond, avons	[ɔ̃]
brun, parfum	[œ̃]

V. The time

what time is it?   quelle heure est-il?

it is ...   il est ..., c'est ...
at what time?   à quelle heure?
at ...   à ...

00.00 minuit
00.10 minuit dix
00.15 minuit et quart
00.30 minuit et demie, minuit trente
00.45 une heure moins (le) quart

01.00 une heure du matin
01.10 une heure dix (du matin)
01.15 une heure et quart, une heure quinze
01.30 une heure et demie, une heure trente
01.45 deux heures moins (le) quart, une heure quarante-cinq, une heure trois quarts
01.50 deux heures moins dix, une heure cinquante
01.59 deux heures moins une, une heure cinquante-neuf

12.00 midi, douze heures
12.30 midi et demie, midi trente

13.00 une heure de l'après-midi, treize heures
01.30 une heure et demie (de l'après-midi), une heure trente, treize heures trente

19.00 sept heures du soir, dix-neuf heures
19.30 sept heures et demie (du soir), sept heures trente, dix-neuf heures trente

23.00 onze heures (du soir), vingt-trois heures
23.45 onze heures trois quarts, onze heures quarante-cinq, vingt-trois heures quarante-cinq, minuit moins quart

in 20 minutes   dans vingt minutes

20 minutes ago   il y a vingt minutes

wake me up at 7   réveillez-moi à sept heures

1 hour, 20', 45"   une heure, vingt minutes et quarante-cinq secondes

Dates and numbers

1. The date

what's the date today?	quelle est la date d'aujourd'hui?, quel jour sommes-nous?
it's the ...	nous sommes le ..., c'est le ...
1st of February	premier février
2nd of February	deux février
28th of February	vingt-huit février
he's coming on the 7th (of May)	il vient le sept (mai)

NB: use cardinal numbers except for the first day of the month

I was born in 1945
  je suis né en dix-neuf cent quarante-cinq
I was born on the 15th of July 1945
  je suis né le quinze juillet dix-neuf cent quarante-cinq

during the sixties	dans les années soixante
in the twentieth century	au vingtième siècle
in May	en mai
on Monday (the 15th)	lundi (quinze)
on Mondays	le lundi
next/last Monday	lundi prochain/dernier
in 10 days' time	dans dix jours

2. Telephone numbers
I would like Paris 334 22 15
  j'aimerais Paris trois cent trente-quatre / vingt-deux / quinze
give me Paris 302 02 02
  donnez-moi Paris trois cent deux / zéro deux / zéro deux
could you get me Dijon 22 00 79, extension 2233
  pouvez-vous m'appeler Dijon vingt-deux / zéro zéro / soixante-dix-neuf, poste vingt-deux / trente-trois
the Geneva prefix is 022
  l'indicatif de Genève est zéro / vingt-deux

3. Using numbers

he lives at number 10	il habite au dix
it's in chapter 7, on page 7	c'est au chapitre sept, à la page sept
he lives on the 7th floor	il habite au septième (étage)
he came in 7th	il est arrivé (le) septième
a share of one seventh	une part d'un septième
scale 1:25,000	échelle au vingt-cinq millième

Numbers

1	un(une)		1st	premier(première), 1er
2	deux		2nd	deuxième, 2e or 2ème
3	trois		3rd	troisième, 3e or 3ème
4	quatre		4th	quatrième
5	cinq		5th	cinquième
6	six		6th	sixième
7	sept		7th	septième
8	huit		8th	huitième
9	neuf		9th	neuvième
10	dix		10th	dixième
11	onze		11th	onzième
12	douze		12th	douzième
13	treize		13th	treizième
14	quatorze		14th	quatorzième
15	quinze		15th	quinzième
16	seize		16th	seizième
17	dix-sept		17th	dix-septième
18	dix-huit		18th	dix-huitième
19	dix-neuf		19th	dix-neuvième
20	vingt		20th	vingtième
21	vingt et un(une)		21st	vingt-et-unième
22	vingt-deux		22nd	vingt-deuxième
30	trente		30th	trentième
40	quarante		100th	centième
50	cinquante		101st	cent-unième
60	soixante		1,000th	millième
70	soixante-dix			
71	soixante et onze		1/2	un demi
72	soixante-douze		1/3	un tiers
80	quatre-vingts		2/3	deux tiers
81	quatre-vingt-un(-une)		1/4	un quart
90	quatre-vingt-dix		1/5	un cinquième
91	quatre-vingt-onze			
100	cent		0.5	zéro virgule cinq, 0,5
101	cent un(une)		1.5	un virgule cinq, 1,5
300	trois cents		10%	dix pour cent
301	trois cent un(une)			
1,000	mille, 1 000		2 + 2	deux plus deux
1,001	mille un(une)		2 ÷ 2	deux divisé par deux
5,000	cinq mille, 5 000		2 × 2	deux fois deux
1,000,000	un million		2 − 2 =	deux moins deux égale …

6^2 six au carré, six à la puissance deux ; 20 m^2 vingt mètres carrés
6^3 six au cube, six à la puissance trois ; 20 m^3 vingt mètres cubes